I0094835

PLAIDOYERS POLITIQUES

ET JUDICIAIRES

Ce volume a été déposé au ministère de l'intérieur (section de la librairie) en janvier 1882.

PARIS. TYPOGRAPHIE DE E. PLON ET Cie, RUE GARANCIÈRE, 8.

JULES FAVRE

PLAIDOYERS POLITIQUES
ET JUDICIAIRES

PUBLIÉS PAR

Mme Vve JULES FAVRE

Née VELTEN

TOME PREMIER

PARIS
E. PLON ET Cie, IMPRIMEURS-ÉDITEURS
RUE GARANCIÈRE, 10

1882

Jules Favre consentait difficilement à la reproduction de ses harangues, étant d'avis que la destinée des discours est de peu se survivre à eux-mêmes. Persuadé par nos instances, il me confia le soin de faire un choix de ses œuvres judiciaires. Mon travail était commencé quand nous eûmes l'indicible douleur de voir disparaître du milieu de nous celui qui en était l'âme. Privée de l'inestimable appui de son indulgente bonté, je me sentais cependant liée par la conscience et le cœur à l'accomplissement de cette pieuse tâche, que je croyais ne pas devoir remettre à d'autres mains plus expérimentées et plus habiles.

Le lecteur me pardonnera de n'avoir pas écarté de ce recueil ceux des plaidoyers dont nous ne possédons que des fragments, car ces œuvres incomplètes me semblent toutes marquées du sceau d'une puissante individualité. Elles nous révèlent, comme les autres, le touchant et sublime idéal du maître, qui est plus grand par son inépuisable dévouement que par la force et la hauteur de son esprit et les richesses infinies de sa merveilleuse parole.

« Croire à ce que ma raison comprend; marcher avec indépen-« dance à la conquête du vrai; tendre la main à tous ceux qui « souffrent; protéger, dans la mesure de mes forces, les faibles, les « humbles et les petits; détourner mes pas des sentiers des grands « et des heureux de la terre pour aller, quand cela est possible, « essuyer les larmes et consoler les douleurs; courir sus au men-« songe et démasquer l'hypocrisie partout où je les rencontrerai : « tel est le programme non de ce que je suis, non pas de ce que j'ai « été, mais de ce que je voudrais être. »

Ces principes l'ont guidé dans toute sa laborieuse carrière, qui, dès son brillant début, est un efficace enseignement pour ceux qui se préparent aux pénibles luttes du barreau. Ils verront en lui un frappant exemple du prodigieux essor que donne à l'âme le travail, éclairé, vivifié, soutenu et transfiguré par un amour ardent de sa profession. Puissent-ils, en lisant ses œuvres, entendre encore les harmonieux échos de sa voix incomparable, et se sentir animés par elle d'une sainte passion pour la vérité et la justice !

Versailles, ce 1er août 1881.

Veuve Jules FAVRE, née VELTEN.

PLAIDOYERS
POLITIQUES ET JUDICIAIRES

COURS D'ASSISES DU RHONE

PRÉSIDENCE DE M. D'ANGERVILLE

AUDIENCE DU 25 MARS 1833

Plaidoyer pour le journal *le Précurseur* (Anselme Petetin rédacteur), prévenu du délit d'excitation à la haine et au mépris du gouvernement.

Le journal *le Précurseur* fut poursuivi pour avoir inséré dans son numéro du 25 février 1833 la note suivante :

« Vingt-cinq patriotes lyonnais offrent à Jeanne, dont ils admirent le courage et partagent les opinions, la somme annuelle de 100 francs, qui lui seront payés pendant tout le temps de sa captivité. C'est un hommage qu'ils sont fiers d'adresser, en la personne de Jeanne, aux victimes héroïques du guet-apens politique du 5 et du 6 juin. Le premier quartier de cette rente, payable par trimestres, a été déposé au bureau du *Précurseur*. »

M. Latournelle, substitut du procureur général, après s'être efforcé de démontrer qu'il y avait une liaison intime entre la note poursuivie et les émeutes qui avaient eu lieu à Paris, conclut à l'application de la peine pour le délit d'excitation à la haine et au mépris du gouvernement.

Me Jules Favre, défenseur du *Précurseur*, prit la parole en ces termes :

MESSIEURS DE LA COUR, MESSIEURS LES JURÉS,

Ce n'est pas sans quelque étonnement que je me présente à cette barre, pour y défendre le *Précurseur* contre les attaques du ministère public. J'avais cru que l'indépendance du jury lyonnais pouvait désormais poursuivre ses vastes et pacifiques destinées. J'avais cru que le pouvoir, cinq fois averti par d'éclatantes manifestations, tiendrait enfin pour sérieuse l'alliance conclue entre la liberté de la presse et le pays. Mais il paraît que les leçons qui blessent son orgueil ne vont pas à son intelligence, puisqu'il vient de nouveau jeter à travers les textes usés de la Restauration, et ressusciter pour l'édification de tous ces accusations banales dont le bon sens public commence à faire justice. Du reste, je ne m'en plaindrai pas, et j'ai de mes juges une idée trop élevée pour que ma première parole devant eux porte l'empreinte de la défiance. Certes, lorsqu'une feuille politique s'est constituée, à ses risques et périls, le champion des intérêts populaires, lorsque dans la lutte elle a noblement mis en jeu son existence et la liberté de ses écrivains, et que plus tard elle a rencontré comme appui contre les susceptibilités haineuses de l'autorité offensée l'assentiment de la nation entière, prise à partie et légalement représentée par le jury, il lui sied, je pense, de déposer toute crainte au seuil de l'arène judiciaire où on la force à descendre; il lui sied d'aborder le front haut les juges, lorsque ceux-ci ont, de leur côté, fait taire les passions agitées de la vie pour ne conserver au fond de leur âme que le sentiment de leur dignité et de leurs devoirs.

Ils sont grands, messieurs les jurés, ces devoirs; ils sont faciles aussi. Dans cette enceinte même s'est commencée une œuvre de civilisation et de paix. Du haut des siéges que vous occupez, est tombée une parole, qui est devenue un baptême d'émancipation pour l'intelligence humaine, en vertu de laquelle il lui a été donné de prendre sa place dans le monde comme puissance légale et régulière. C'est à vous de nous dire si elle a démérité; à vous de prononcer si les traditions sous l'empire desquelles vous a été légué le redoutable héritage de la justice criminelle, sont antisociales ou bienfaisantes. Ainsi ce procès est plus grand que tous ceux qui l'ont précédé, car il les résume et les juge. Et ce n'est point seulement *le Précurseur,* mais la liberté de la presse lyonnaise, mais aussi l'opinion qui dicta à vos concitoyens cinq acquittements successifs, qui sont maintenant devant vous en cause : cortége illustre d'accusés que le ministère public a, sans le savoir, unis par des liens indissolubles de solidarité! cortége illustre où ne manqueront ni la garantie sainte d'un tribunal populaire, ni les vives sympathies du dehors. Que ne puis-je, messieurs, en dire autant de la défense! Mais quand je prononce ce mot, ne vous semble-t-il pas, comme à moi, qu'autour de nous planent encore de nobles et brillants souvenirs, bien capables vraiment d'intimider mon inexpérience? Vos yeux ne cherchent-ils pas à cette barre ces hommes supérieurs qui prêtèrent à la presse l'autorité puissante de leur parole? C'est qu'il fut mémorable, ce jour dans lequel le talent des orateurs sembla s'élever au niveau de votre justice, pour couvrir d'une double égide nos libertés menacées! Et cependant, messieurs, vous ferai-je la confession de mes témérités? Moi qui n'ai d'autre soutien que ma foi politique, j'ambitionne cette difficile tâche. Il me semblait que si la conviction peut jamais suppléer à la force, ma voix n'était pas tout à fait indigne de monter jusqu'à vous. Et puis, d'ailleurs, qu'importent après tout des considérations de cette nature? Qu'importe l'affaiblissement de la défense quand le tribunal est resté le même, toujours indépendant des suggestions du pouvoir qu'il domine, toujours animé de la plus pure sollicitude pour les intérêts du pays? Et quand je parle en leur nom, ne suis-je pas certain d'avance, messieurs, que votre bienveillance est là pour soutenir au besoin ma faiblesse, pour achever ce que ma jeune parole pourrait avoir d'ébauché et d'incomplet?

Le *Précurseur* est incriminé pour avoir inséré dans son numéro du 25 février dernier une *note communiquée* par laquelle vingt-cinq patriotes lyonnais offrent à Jeanne une souscription annuelle de cent francs. Cette note renferme l'expression de sentiments d'admiration et de sympathie pour un homme que les passions politiques font, à l'heure qu'il est, pourrir au fond d'un cachot. Le ministère public s'en est offensé! Lui dont l'âme s'émeut si vite aux sensibleries de sa dignité, il n'a pas compris les priviléges de l'infortune! Il a jalousé une larme tombée sur elle! il a converti en crime la pieuse et sincère expression de nos patriotiques regrets. Ainsi, ce n'était pas assez de traîner Jeanne devant les gardes nationaux qu'il avait combattus, point assez de l'avoir fait condamner à une peine infamante qui usera sa jeune vie dans les horreurs de la captivité; il fallait encore intenter un procès criminel à ceux qui osent l'aimer, lui détenu; il fallait les afficher comme de mauvais citoyens, les traduire en cour d'assises, afin qu'il fût bien avéré aux yeux de tous que les haines du pouvoir sont vivaces et implacables, et que ceux qu'il a frappés doivent être insultés, sous peine d'amende et de prison! Eh bien! je le déclare : le *Précurseur* se tient pour honoré de semblables poursuites!... Je demande si la postérité a flétri les noms des hommes de cœur qui, sous Tibère ou sous la Convention, moururent pour avoir porté le deuil de leurs amis! Et moi je dis qu'il vaut mieux les anathèmes du parquet, quelle que soit leur éloquence de commande, que la paix ignominieuse de certains publicistes, paix qu'ils achètent en jetant une boue officielle au visage de ceux que l'autorité leur montre du doigt! Non, nous n'en voulons pas, de cette paix! A nous, les réquisitoires! à nous, le banc des accusés! surtout, messieurs, quand il est à vos pieds. Car nous ne pensons pas qu'après les tourmentes que le pays a traversées, après les vicissitudes sans nombre d'humiliation et de misère qui ont ballotté les divers partis, il se puisse trouver un jury français qui nous juge coupables, pour nous être plaints avec amertume de la fatale destinée d'un condamné politique, pour avoir pleuré dans un sens contraire à celui du gouvernement!

Et néanmoins, dans ce touchant hommage de douleur, le ministère public a eu l'art de rencontrer deux délits : délit d'excitation à la haine et au mépris du gouvernement du roi, délit d'offense envers la personne des jurés, à raison de leurs fonctions. Il est vrai que le bon sens de la cour a écarté le second chef, malgré la vive opposition de M. le procureur du roi, qui tenait à ce que sa pensée vous arrivât entière, en sorte que l'accusation est déjà mutilée. Mais si elle a subi cet échec devant la magistrature choisie par le pouvoir, jugeant à huis clos et sans l'office de défenseur, que deviendra-t-elle en face d'une magistrature populaire, éclairée par les lumières de la publicité, forcée de lutter corps à corps avec l'accusé qui vient loyalement vous dire : Me voici, mes pairs! homme d'honneur, j'accepte votre juridiction! prenez ma vie et mon caractère, prenez l'accusation et jugez!

Pour moi, messieurs, qui suis chargé de traduire sa pensée, je n'éprouvai jamais peut-être d'embarras plus sérieux, non pas pour justifier le prévenu, mais pour savoir précisément ce qu'on lui reproche. Toutes les fois, en effet, que les mots d'excitation à la haine et au mépris du gouvernement du roi ont frappé mon oreille, ce fut comme un bourdonnement de termes vagues et sans valeur, ne laissant aucune idée dans mon cerveau. Et plus je me prenais à réfléchir, plus ma raison s'enfonçait perdue dans un mystérieux labyrinthe d'hypothèses et de contre-hypothèses, au milieu duquel la puissante logique de M. l'avocat général n'a pu me servir de fil conducteur. Je conçois un délit d'excitation à la révolte, au pillage, à la guerre civile; ainsi, pour en choisir un exemple horriblement célèbre, quand Marat écrivit dans son journal : « Le peuple de Paris est un être imbécile; il a présenté des pétitions à la Convention pour avoir du blé! Que dès demain il pende une douzaine d'accapareurs à la porte de leur boutique, et le blé lui viendra! » Quand bien même ces lignes n'auraient pas été scellées de sang, elles n'en contenaient pas moins une provocation flagrante : on peut la concevoir moins hideuse et tout aussi directe, tout aussi punissable. De même je comprends jusqu'à un certain point le délit d'attaque contre les droits que le roi tient de sa naissance ou de l'élection nationale, bien qu'assurément je ne voie ni crime ni danger à les discuter paisiblement; je me fais une idée d'un corps de délit. Mais d'excitation à la haine et au mépris du gouvernement du roi! pardon, messieurs, je n'y comprends rien. Est-ce un défaut de mon intelligence, je l'ignore; mais j'ai beau combiner mes souvenirs avec mes réflexions, je crains toujours que la confusion de mes idées ne se communique à mon discours, et qu'après avoir longuement raisonné, nous n'arrivions à ne plus nous entendre ni les uns ni les autres : ce qui serait à coup sûr la plus merveilleuse explication de la loi.

Et ne croyez point, messieurs, qu'elle soit nouvelle. Les parquets de la Restauration qui, sans être aussi prodigues de poursuites que ceux de la monarchie de Juillet, se permettaient quelquefois le procès politique, avaient ainsi donné naissance à une théorie complète sur la matière. Je l'ai souvent entendu développer par les hommes distingués de cette époque; et, en vérité, j'admirais comment on peut raisonnablement être dupe de ses propres illusions, ou plutôt comment l'hypocrisie de la défense peut être forcée de lutter contre l'hypocrisie de la loi. Ce système se résumait en cet axiome : Le roi règne et ne gouverne pas. Il est placé par la constitution dans un sanctuaire impénétrable d'inviolabilité. Il est le sommet caché du triangle social, le pondérateur sublime de l'équilibre universel. De la sphère élevée où il se trouve, il est dans l'État comme n'y étant plus, il descend jusqu'au moindre bourg par la puissance administrative et judiciaire qui émane de lui, et si l'on remonte cette vaste hiérarchie, on ne rencontre rien au delà de la responsabilité ministérielle, rien qu'une majesté abstraite, inagissante, un nom auguste que nulle bouche ne peut faire descendre dans les débats de la discussion..... D'où l'on concluait, messieurs, que la royauté devait demeurer en dehors de toute polémique; mais on se réservait la libre censure des actes des fonctionnaires; assurément je ne blâmerai pas les orateurs de l'opposition de cette époque d'avoir recouru à cette mystique interprétation. Ne pouvant surmonter la difficulté, il leur était permis de la tourner. Ils faisaient à la majesté du trône une large part, afin de critiquer à l'aise ses manifestations dans l'État. Mais si ce langage était opportun, vous conviendrez qu'il était peu clair et surtout peu logique. Qu'est-ce, en effet, que ce fantôme péniblement échassé au-dessus de la société? Qu'est-ce qu'un principe immobile, relégué dans une atmosphère nuageuse, et qui ne se rattache au pays que par ses bienfaits..... et sa liste civile? Et puis, d'ailleurs, si le roi règne et ne gouverne pas, pourquoi parler, dans la loi, de son gouvernement? Je concevrais une excitation à la haine et au mépris de son règne! Mais le gouvernement d'un roi qui ne gouverne pas! En vérité, messieurs, qu'est-ce autre chose qu'un non-sens?

Au reste, ces questions positives et insolubles n'étaient guère agitées alors parmi nous, simples étudiants, bons tout au plus à passer des examens, et non à en faire subir aux autres. Les politiques du temps se contentaient de cet inconcevable mysticisme qu'ils entouraient de phrases pompeuses. Cachant ainsi le vide de leurs idées sous la magnificence du langage, ils jetaient au peuple un appât dont celui-ci n'était pas dupe, et endormaient la monarchie, au sein de ces fictions mensongères qui ne la sauvèrent point le jour où elle voulut s'appuyer sur elle pour brider la nation.

Vingt juillet; nous pensions que son brillant soleil éclairerait enfin les ténèbres de notre législation. Nous pensions qu'avec tous les jésuitismes, qui prenaient alors la route de Cherbourg, disparaîtraient pour jamais ces mystiques ambages, aussi indignes de la majesté de la loi, qu'exclusifs d'une saine justice; mais dites-moi, de grâce, ce qu'il advint de nos espérances de Juillet. Belles chimères d'une jeunesse qui s'épanouit à la vie, et qui sont balayées dès le lendemain pour faire place à de tristes désenchantements! Pourtant je dois le dire : la plus grande et la plus solennelle jonglerie de cette époque fut sans contredit la révision des lois sur la presse. On nous donna le jury. Réforme immense qui, selon moi, est destinée à sauver la France et peut-être l'Europe d'un bouleversement inévitable sans elle! Mais le moyen de la refuser! Elle se portait écrite en pétition sur chaque baïonnette des combattants de Juillet. On la trouvait sur tous les champs de bataille et jusque sur les tombes des martyrs qui avaient succombé. Elle entra donc de force au Palais-Bourbon, et se fit place dans les actes officiels, en dépit des plus vives résistances. Il en était une autre non moins importante, quoique moins populaire, parce qu'elle ne pouvait être aussi bien comprise par les masses; elle dépendait de ceux que je pourrais nommer les savants, de ceux qui rédigent les lois. On se mit autrefois à l'œuvre; car, après Juillet, aucun semblant ne manqua. On rencontra dans la loi de 1822 des attaques contre les droits que le roi tient de sa naissance, et comme on voulait faire divorce avec la légitimité, au moins pour un temps, on écrivit : Les droits que le roi tient de l'élection nationale, et les procès continuèrent. Puis vint M. Dupin, M. Dupin qui avait prouvé à la tribune qu'il n'y avait plus de religion de la majorité des Francais; et M. Dupin démontra qu'il fallait faire aussi ce grand changement dans la loi de 1822. Et tout fut dit. En sorte que ces modifications se réduisirent à remplacer le titre de roi de France par celui de roi des Français, et la législation de la presse fut à peu près aussi bien traitée que les écriteaux d'illumination publique.

Nous voilà donc de nouveau, en 1833, dans l'ornière de la Restauration! Nous voici forcés de marcher dans l'obscurité, et de nous demander ce que peut être le gouvernement du roi! Voulez-vous l'ingénieuse explication de la Restauration : le roi règne et ne gouverne pas? Mais nos perplexités vont revenir! Qu'est-ce alors que son gouvernement? En le jetant au delà de l'horizon politique, on peut à toute force trouver un sens à la loi, car le roi a son gouvernement intérieur, celui de sa maison. Et l'on conçoit ce qu'il peut y avoir d'inconvenant et même de criminel, à nous *sujets*, de soulever le voile qui cache ses actions privées. Mais je crois que la matière des délits serait infiniment étroite. J'ai ouï dire, en effet, que ce gouvernement-là était un modèle d'ordre, de sagesse et d'économie; il n'a donc rien de commun avec le gouvernement du ministère. Qu'un homme soit néanmoins assez osé pour se plaindre de lire, en face du palais des Tuileries, certaine affiche d'expropriation, qui prouve qu'il ne faut pas pousser la niaiserie jusqu'à croire à certaine reconnaissance, il pourra être accusé d'irrévérence; mais que le ministère public, de son côté, laisse dormir ses foudres, car il paraît que la mode s'est introduite parmi les hauts fontionnaires de procéder directement en matière de diffamation, et je ne doute pas qu'on ne démontrât, par ministère d'huissier, comme quoi le débiteur principal doit être discuté avant la caution, surtout quand celle-ci lui doit une couronne.

Mais non, il est trop évident que cette étroite sphère n'est pas la nôtre, que l'accusation est toute politique. On nous poursuit pour avoir qualifié un acte du ministère. Mais si un pareil droit nous est contesté, je demande ce que deviendra la liberté de la presse, si le gouvernement du roi est celui de ses fonctionnaires. Il sera donc interdit de dénoncer un fait qui porterait atteinte à leur considération. Ainsi, qu'un premier ministre, c'est une supposition, soit connu par son esprit de rapacité, qu'il ait acquis en ce genre une réputation toute semblable à celle du consul romain Céthégus qui, dans la guerre des Gaules, fit enlever par des soldats apostés un convoi d'or destiné à la République; que, fidèle à ses antécédents, il spécule sur les marchés publics et s'enrichisse dans les adjudications au rabais; si la presse le dénonce, elle aura sans doute excité à la haine et au mépris de ce ministre, lequel fait partie du gouvernement du roi. Ce sera bien pis si elle prouve les faits! On la punira d'autant plus sévèrement qu'elle aura davantage raison. Et ce que je dis d'un premier ministre, je pourrais le dire du dernier fonctionnaire, de M. Vidocq, par exemple. M. Vidocq n'est point une abstraction, ni une majesté invisible : car il tire fort bien sur les gardes nationaux et fait des répétitions de pillage pour exercer sa bande et tricher les voleurs. Eh bien! si la presse le dénigre comme un échappé des bagnes, elle aura excité à la haine et au mépris du gouvernement du roi. Car le gouvernement qui s'appuie sur de tels rebuts ne mérite point l'estime et l'affection des honnêtes gens. Voilà donc la presse enchaînée! la voilà réduite à se faire l'humble servante de tous les ministères passés, présents et futurs! Je sais que le pouvoir n'a point encore été jusque-là; il savait bien qu'en usant à la rigueur de l'arme qu'il s'était donnée, il se blesserait lui-même; mais ces conséquences se trouvent dans la loi; elles en font un instrument d'arbitraire, un véritable lacet jeté au cou de la presse, et qui peut être serré au gré du caprice du plus fort.

Pour vous, messieurs les jurés, vous puisez vos éléments de conviction dans des motifs plus nobles. Planant au-dessus des lois par votre omnipotence, vous ne laissez point égarer votre raison à travers des textes subtils; vous vous demandez avant tout si l'écrit qui vous est dénoncé a soulevé des passions coupables. Mais si, par hasard, il a dit la vérité, quoiqu'il l'ait entourée d'irritation, loin de le condamner, vous le soutenez par votre justice. Entre la vérité et le pouvoir, votre choix n'est jamais douteux. C'est donc sur ce terrain que je vais conduire la discussion; mais je voulais en finir avec ces arguties des lois invoquées par le ministère public, je voulais démontrer que leur intention est hostile à la presse et qu'elles n'ont été faites que pour gêner la pensée et servir l'avancement de messieurs du parquet.

Je me sens plus à l'aise, messieurs. Débarrassé des phrases obscures que la Restauration avait glissées dans ses lois, nous pouvons chercher la vérité par les faits, et peser de nos mains la moralité de l'accusation. Je la résume dans une seule proposition. L'article incriminé a-t-il soulevé des passions subversives? Mais avant de l'aborder, permettez-moi de poser une question préjudicielle qui se présente naturellement à l'esprit. Toutes les fois qu'un prévenu est amené à vos pieds, quand vous avez entendu les divers témoignages invoqués en sa faveur ou contre lui, et que, recueillis en vous-mêmes, vous vous demandez compte de la sentence que vous allez porter, vous examinez scrupuleusement non-seulement la réalité de l'acte reproché, mais aussi le lien intentionnel qui se rattache au présumé coupable. Car vous n'êtes point les réparateurs du dommage, vous êtes les juges de l'homme. Et si le préjudice a été causé par une action non imputable à la volonté de l'être intelligent et libre qui est traduit devant vous, vous l'absolvez. A plus forte raison s'il est le résultat d'une action permise. Or, je soutiens qu'en publiant l'article incriminé, le *Précurseur* n'a fait qu'user de son droit, qu'il a été fidèle à la vérité historique, en un mot, qu'en parlant de la catastrophe de juin, il ne pouvait la qualifier autrement que de guet-apens politique. En voulez-vous la preuve? Franchissez un intervalle de vingt années; supposez-vous chargés d'écrire l'histoire des faits qui s'accomplissent sur la scène où nous sommes. L'histoire, vous le savez, n'est point le panégyrique ampoulé d'un règne, ni la sèche et froide anatomie d'une époque. Pour être vivante et bien comprise, elle doit pénétrer tous les mystères, épier tous les secrets, connaître l'origine des choses. Et pour avoir ces renseignements, à quelle autorité s'adressera-t-elle? Sera-ce par hasard au *Moniteur* ou aux réquisitoires du ministère public? Pensez-vous que, pour savoir la vérité, dans la fameuse affaire de l'attentat horrible, elle fût en droit de se tenir satisfaite du véridique discours de M. le procureur général? Non, messieurs, elle n'écrit point sous l'influence d'un parti, elle recueille religieusement les faits, les compare, et de leur rapprochement elle tire la vérité. Mais si, dans le nombre, il s'en rencontre qui aient passé par l'étamine de la justice, de la justice qui, loin de s'imprégner des passions contemporaines, conserve son impartialité même au milieu des orages qui ébranlent son siége, ne devront-ils pas inspirer à l'histoire une confiance sans réserve? Certes, la majesté de la justice me semble digne d'être l'appui de la majesté et de la certitude historiques. Maintenant pensez au rôle de la presse; elle n'est pas autre chose que l'histoire quotidienne, elle enregistre jour par jour les faits qui naissent. Et pour elle la vérité et l'indépendance sont aussi d'un précieux devoir. Quoi! nous nous ferions lâchement les historiographes de la peur et de la flatterie parce que nous sommes venus vingt ans trop tôt! Oh! non, mille fois mieux briser notre plume que la prostituer! Si jamais, ce qui n'arrivera pas, la liberté était morte, nous pourrions bien, par épuisement et lassitude, tendre nos mains aux chaînes en attendant qu'elles puissent porter le glaive, mais nous n'irons point mettre nos intelligences profanées au service d'une tyrannie grande ou petite.

Telle est la ligne que le *Précurseur* s'est tracée. Il a cherché la vérité politique et la vertu historique avec une infatigable persévérance, quelquefois avec passion, j'en conviens. Mais qui donc n'en aurait pas, lorsque tout brûle, lorsqu'on rencontre de violentes passions jusque dans les réquisitoires des magistrats? Les égoïstes seuls n'en ont pas, parce qu'ils renferment toutes leurs affections en eux-mêmes et se prennent pour centre de vie. Mais nous ne nous flattons pas de posséder cette vertu.

Le *Précurseur* a-t-il manqué son but, en qualifiant la catastrophe de juin de guet-apens politique? S'il en était ainsi, son erreur serait excusable, car il devait nécessairement la commettre. S'agissait-il d'un fait récent, descendu du télégraphe sur la place publique, et qui ne fût expliqué que par les rumeurs populaires, toujours mêlées d'exagérations et de mensonges? aurait-on accueilli imprudemment de téméraires versions? C'était un fait passé depuis dix mois et que la presse avait unanimement jugé. Que dis-je! la justice nationale était intervenue pour ratifier le jugement de la presse. Je ne suivrai point M. l'avocat général dans le récit plus ou moins sincère qu'il vous a présenté de la catastrophe de juin. Je vous dirai ce que je sais, les faits auxquels je me suis mêlé. Quand la nouvelle du massacre nous parvint, le *Précurseur*, à travers la vapeur de sang qui s'élevait autour des victimes tombées, vit tout de suite la ténébreuse main de la police guidant les fils de cet épouvantable drame; il la dénonça hautement, il défia le gouvernement de prouver la conspiration qu'il faisait annoncer fastueusement par ses journaux. Il fut saisi. Mais devait-il se tenir pour vaincu, alors qu'il était si puissant de son droit? Devait-il reculer devant M. le procureur du roi qui usait de la loi au profit des violateurs de la loi, et se faisait le complice des réactions illégales que la cour de cassation a flétries? Non, messieurs, il persiste avec plus de force. Saisi de nouveau, il proteste solennellement. Je vous le demande, à quelque parti que vous apparteniez, n'y a-t-il pas quelque chose de noble dans le spectacle d'une feuille indépendante, persécutée au nom des lois, par ceux qui les foulent aux pieds, et s'appuyant sur les lois en ruine pour venger l'humanité outragée; attaquant la violence quand la violence triomphait, et ne répondant à son orgueilleuse victoire que par un appel à la justice du pays, comme à une divinité tutélaire et infaillible?

Cet appel fut entendu. Le jury du mois de septembre déclara par son verdict que le *Précurseur* n'avait point calomnié, qu'il avait usé de son droit en dévoilant les turpitudes de la police. En même temps la vérité se faisait jour de toutes parts. La cour d'assises de Paris était comme un foyer brillant d'où partaient incessamment des rayons de lumière qui venaient éclairer ces grandes scènes de deuil. Dans l'affaire du *Corsaire,* il avait été prouvé que Vidocq et sa bande s'étaient déguisés en ouvriers et avaient tiré sur des gardes nationaux; dans celle de Geoffroy, qu'un agent de police à cheval portait un drapeau rouge, autour duquel s'étaient réunis des jeunes gens exaltés dont on avait exploité l'irritation. Plus tard, le procès de Jeanne démontre que les dragons avaient chargé sans sommation, et que la loi de 1831, faite par la Chambre pour protéger les citoyens, avait été violée. Et vous voulez, messieurs, qu'après une confirmation aussi éclatante de ses prévisions, le *Précurseur* ne crût pas au guet-apens? Oh! certes, cette foi de sa part a été légitime. Mais je vais plus loin, je dis qu'elle a été vraie. Je dis que tant de preuves parlent plus haut que tous les démentis officiels des hommes du pouvoir. Oui, il y a eu guet-apens politique au mois de juin, comme il y a eu guet-apens politique à Colmar, dans la conspiration du malheureux Caron. Pourquoi donc le ministère public, si jaloux de la réputation de la police, laisse-t-il impunément écrire qu'il y eut guet-apens à Colmar, et nous poursuit-il pour avoir avancé qu'il y avait eu guet-apens à Paris? En voulez-vous savoir la raison? C'est que ceux auxquels profita le guet-apens de Colmar sont maintenant à Prague, qu'ils n'ont plus rien à donner, tandis que ceux auxquels profite le guet-apens de Paris sont aux Tuileries!

Mais vous, messieurs les jurés, vous êtes nos juges, vous êtes les mandataires du peuple, et vous ne recevez point votre justice toute faite selon les inspirations du pouvoir! Vous pèserez toutes les circonstances que je vous ai rappelées, et si, ce que je ne puis croire, vous n'y trouviez point la preuve radicale des attentats de la police, c'est-à-dire de l'autorité supérieure qui la dirige, au moins y verrez-vous celle de la bonne foi du *Précurseur*. Au moins serez-vous convaincus qu'il a écrit sous l'empire d'une persuasion intime, et que les reproches de fausseté qu'on lui prodigue avec tant d'amertume sont de gratuites calomnies. Lisez d'ailleurs l'article incriminé, cet article de six lignes, dans lequel il n'est qu'un seul mot inculpé, et dites-moi, en conscience, s'il vous paraît écrit dans de mauvaises intentions, pour produire de l'effet sur les masses. Au moins faudrait-il convenir que le *Précurseur* connaît bien mal les ressources de la puissance dont il dispose. Mais non, le délit n'est évidemment ni dans la pensée ni dans la forme, et il a fallu toute l'imagination du ministère public pour l'y découvrir.

Mais puisqu'il nous a conduits sur ce terrain, je l'y veux maintenir. Je veux que cette défense soit complète, qu'elle fasse publiquement juger la moralité de ceux qui se flattent de représenter dignement la société! Certes, messieurs, depuis six mois le dégoût a saisi bien des âmes généreuses. Il a fallu une constance plus qu'ordinaire à l'écrivain politique pour demeurer à son poste. Cette constance, je ne l'aurais pas eue. Mais on nous traduit en cour d'assises, on dénature nos intentions; je m'expliquerai donc. Je dirai tout ce que nous avons sur le cœur; je veux m'abstenir de toute déclaration, renfermer au fond de mon âme l'indignation qui la soulève. Je serai calme et ne citerai que des faits. Et dans le nombre, je ne prendrai que ceux sur lesquels le doute est impossible, et je dirai qu'en les rappelant, non-seulement j'excuse le *Précurseur*, mais je prouve que la haine et le mépris qu'il pourrait avoir soulevés, loin d'être condamnables, sont choses saintes, parce qu'elles se trouvent au fond de toutes les âmes honnêtes. Ainsi, je ne parlerai point des fautes commises à l'extérieur, je n'examinerai point si l'on a déshonoré le nom français et compromis notre avenir, surtout financier; je ne toucherai point à la brûlante question des charges et des recettes publiques, et de tout ce gaspillage fait sous le voile des intérêts publics. Je m'attache à un seul fait : écoutez, messieurs. Au mois de juillet 1831, des bandes de misérables ont été enrégimentées par la police, elles se sont répandues sur les boulevards, ont frappé selon leur caprice, ont laissé presque sans vie des citoyens inoffensifs, des étudiants dont tout le crime était de porter des chapeaux blancs.

Au mois de juin 1832, Vidocq et sa bande se sont déguisés en ouvriers, ils ont simulé les insurgés afin de les exciter au meurtre, ils ont tiré eux-mêmes sur des gardes nationaux. Des sergents de ville ont frappé sans sommation.

Ce n'est pas tout; au mois de juillet on a trouvé un matin sur le pont d'Arcole des traces de sang; on a su que des agents de police, des magistrats, avaient égorgé des citoyens désarmés, que la Seine avait roulé des cadavres. Et la justice s'est tue! Et tandis que dans la moindre affaire criminelle des milliers d'émissaires sont lancés sur la trace des coupables, tandis que pour le coup de pistolet on a trouvé plus de cinquante auteurs de l'attentat, quand il n'y en avait pas un, le mystère a enveloppé cet horrible massacre. — Mais de grâce, messieurs les jurés, y avez-vous bien pensé? Vous êtes pères de famille, et vos enfants peuvent tomber sous le bâton obscur de la police, sans que vous ayez le droit de vous plaindre! Vous êtes contribuables, et vous avez payé pour solder l'assassinat de vos concitoyens! Et quand vous punissez la moindre violence commise contre les personnes, vous nous puniriez aussi, nous qui avons dénoncé ces infamies! Oh! non, vous ne le pouvez pas, sans vous faire les apologistes du meurtre : vous ne le pouvez pas, messieurs de la cour; le ministère public ne le peut pas davantage! Mais à lui j'adresse des interpellations bien autrement positives, car il représente ce qu'il y a dans l'État de plus saint et de plus outragé, il représente la loi. Or, je dirai que la nation est lasse de toutes ces comédies judiciaires faites en son nom. Il faut qu'on sache enfin si les victimes et ceux qui protestent pour elles seront condamnés, et les meurtriers récompensés et couverts de l'égide de la loi! Il faut qu'on sache si le ministère public accepte la solidarité de ces attentats. Il faut qu'on sache si l'assassinat sera par lui érigé en doctrine politique dans le sanctuaire même de la justice. Voilà donc les questions que je pose à M. l'avocat général, et je désire qu'elles soient entendues de toute la France, car je ne parle pas seulement au nom du *Précurseur,* mais au nom de tout le sang illégalement versé depuis dix-huit mois.

Au mois de juillet 1831, on a payé des assassins; ils ont assassiné pour le compte du gouvernement. Ces faits sont-ils vrais, oui ou non? Si M. l'avocat général les nie, j'en ai la preuve derrière moi: je lui démontrerai que je ne suis point un calomniateur.

Au mois de juin 1832, Vidocq et sa bande ont assassiné des gardes nationaux combattant pour la défense des lois; au mois de juillet, des sergents de ville ont assassiné sur le pont d'Arcole. Ces faits sont-ils vrais, oui ou non? Si M. l'avocat général les nie, j'en ai la preuve, et je lui montrerai que je ne calomnie pas.

Cette preuve faite, je lui demanderai s'il les approuve, ces faits. S'il les approuve, je me tairai, les jurés et le pays jugeront.

Mais s'il ne les approuve pas, je lui demanderai s'ils ne sont pas dignes du mépris, de la haine de toutes les âmes honnêtes. Et puis, ce qu'il pense du gouvernement qui les tolère, qui en profite; et par gouvernement, je n'entends pas M. Vidocq qui tue, M. Gisquet qui paye, M. Barthe qui ne poursuit pas. J'ai promis d'être logique jusqu'au bout. J'entends le gouvernement qui laisse en place MM. Barthe, Gisquet et Vidocq.

Et, de peur que mes paroles subséquentes ne fassent oublier ces interpellations, je n'ajouterai pas un mot, et j'attendrai pour répliquer que M. l'avocat général m'ait fait l'honneur de me répondre.

A la reprise de l'audience, M. le substitut du procureur général accusa la défense de n'avoir rien respecté et d'avoir calomnié le jury parisien. Il établit la réalité du gouvernement du roi; il ne nia pas les embrigadements de la Bastille, mais il soutint que le fait ne devait pas être imputé au ministre, et que c'était une affaire de police qu'il n'avait pas à justifier. Il dit aux jurés qu'il s'agissait, dans cette cause, d'absoudre ou de condamner le gouvernement, de le défendre de l'anarchie ou de l'y abandonner sans réserve.

Me Jules Favre répliqua ainsi :

Je serais, messieurs, à la fois bien malheureux et coupable si, par excès de zèle, j'avais compromis la cause de mon client. On fait le procès à mes paroles, et, ne pouvant trouver de crime dans l'article poursuivi, le ministère public s'est emparé des imprudences de mon inhabileté. Mais je n'accepte point cette demi-justice. M. le substitut a parlé de délit commis par la défense; s'il a dit vrai, qu'il me poursuive, et s'il ne me poursuit pas, qu'il me permette de lui répondre qu'il s'est servi d'une expression inconvenante et coupable dans la bouche de l'accusation, qui ne doit point multiplier à plaisir les crimes.

J'accepte votre théorie sur le gouvernement du roi, bien qu'assurément elle ne se rencontre pas dans la loi.

Les intentions du *Précurseur* n'ont pu être coupables, car il était démontré à tous ses rédacteurs que le coup d'État de juin était un guet-apens politique.

Quant à moi, je l'ai si bien pensé que je l'ai écrit tout au long dans le *Précurseur,* dans un article de deux colonnes, sous le titre de : *Police politique.* Cette démonstration a été répétée à satiété depuis le mois de septembre, et notamment dans un article *ex professo* de cinq colonnes, intitulé : *Coup d'État de juin,* article par lequel M. Anselme Petetin établit, les faits à la main, qu'il n'y a pas eu d'autre conspiration que celle de la police; si M. le substitut le désire, je le mettrai sous les yeux de MM. les jurés.

M. le substitut Delatournelle fait un signe négatif et ajoute : Tout ceci ne prouve rien; ces articles ont pu passer par une distraction de M. le procureur du roi.

Me Jules FAVRE. Je repousse tout à fait une semblable interprétation, et j'ai trop de confiance dans le zèle de M. le procureur du roi, pour croire qu'il apporte de telles distractions dans l'exercice de ses fonctions ; s'il en avait, messieurs, assurément ce ne serait pas dans ce sens.

On vous a dit que l'influence de l'honorable M. Barrot avait pu entraîner la décision des jurés de septembre. Une telle supposition me serait bien douloureuse, elle serait aussi affligeante pour la justice. Je crois, messieurs, que le nom et le talent de cet orateur célèbre n'eussent point surpris une sentence contraire à la vérité, et que le jury n'a écouté que la voix de sa conscience. Mais puisqu'on a cité ce témoignage, je m'en prévaudrai aussi pour vous faire voir que tout ce que j'ai dit de plus fort, M. Odilon Barrot l'avait dit avant moi. Je suis heureux de pouvoir vous rappeler ses paroles, et je ne pense point que le ministère public en conteste l'authenticité, puisqu'elles sont tirées d'un écrit revu par M. Barrot lui-même et dont M. le procureur du roi a eu connaissance. S'il eût renfermé des mensonges, on ne les expliquerait plus cette fois par une distraction de ce magistrat; ce serait, à coup sûr, abuser de la permission.

M. Barrot disait dans cette enceinte : « Ce n'est pas tout, messieurs. Pendant qu'on poursuivait ici le *Précurseur* pour avoir accusé la police, des débats qui avaient lieu à Paris jetaient sur ces machinations un jour terrible. La police a été surprise en flagrant délit : on l'a rencontrée à chaque pas dans toutes ces ignobles intrigues qui ont préparé la catastrophe des 5 et 6 juin ; on a saisi sa main en quelque sorte. *Des témoignages nombreux et tout à fait dignes de foi* ont attesté que là, comme dans les embrigadements du 14 juillet, la police avait sa part. Une brigade entière, échappée des bagnes, était sortie déguisée sous la livrée honorable du travail ; *elle a pris part à l'action, elle a tiré des coups de fusil, donné des coups de baïonnette; elle s'est mêlée aux insurgés,* elle a arrêté des citoyens. La constatation de ces faits a confondu la police, et l'a fait succomber dans le procès en diffamation qu'elle avait eu l'audace d'intenter au *Corsaire!* Et ce serait après l'acquittement du *Corsaire,* après que la police a été honteusement évincée de sa plainte, après qu'elle est restée flétrie sous des charges accablantes, que vous, messieurs, vous condamneriez un journal de province qui, loin des faits, les a pour ainsi dire instinctivement *devinés,* qui a dénoncé l'odieuse intervention de ces misérables ! Je ne le crains pas, car il y aurait là une haute contradiction ; je ne le crains pas surtout, parce que votre probité se révoltera de ces scandaleux excès ; parce que, si vous éprouvez vivement pour vos personnes et pour vos fortunes le besoin de la sécurité, vous ne voulez pas que la magistrature chargée de protéger cette sécurité soit confiée à des mains impures qui poussent au désordre pour se faire un mérite de le réprimer. » (Déf. du *Précurseur*, pag. 15 et 16.)

Qu'ai-je dit de plus fort? Et comment, après une telle déposition, pourriez-vous croire, messieurs, à l'innocence de la police et du pouvoir qui l'emploie? Comment condamneriez-vous le *Précurseur* comme ayant écrit contre sa pensée qu'il y avait guet-apens, lorsque M. Barrot lui-même l'a si victorieusement démontré?

Que devient aussi cette ingénieuse explication de M. l'avocat général, qui trouve tout naturel le déguisement de Vidocq et de sa bande, qui n'y voit qu'une loyale ruse de guerre? Sur qui tombe le reproche de calomnie adressé à ceux qui en concluent que les agents de police ont tiré sur les gardes nationaux? Et M. l'avocat général ose dire que le *Précurseur* a dû être instruit par les débats des cours d'assises! Oui, certes, il y a puisé des renseignements. Mais s'est-il rencontré une seule trace de ce complot républicain dont on vous parle encore ici avec une si incroyable assurance? Nous avons tout d'abord défié le gouvernement de le prouver : nous renouvelons aujourd'hui le défi, et nous le justifions. Car de tous les condamnés de juin nul n'a été convaincu de complot. On n'a pas même essayé d'établir entre eux le moindre lien; on n'a jugé que des combattants isolés, surpris par le désordre de l'émeute, improvisant leur défense en face d'une agression imprévue. Qu'il disparaisse donc pour jamais du sanctuaire de la justice, ce fantôme de conspiration que le pouvoir avait jeté comme un leurre, mais qu'il n'a plus le droit d'évoquer alors qu'il a été publiquement convaincu de mensonge!

Mais dans l'affaire du *Corsaire* il a été démontré que Vidocq s'était déguisé avec sa bande, qu'ils étaient tous sortis portant des armes chargées. M. Barrot vous a dit que des témoignages nombreux et dignes de foi assuraient qu'ils avaient tiré sur leurs concitoyens, donné des coups de baïonnette. Ceci me suffirait, parce que M. Barrot n'a pu prononcer dans cette enceinte des paroles si graves sans les avoir pesées. Mais je me rappelle un fait qui ne sera point nié par le ministère public, et s'il le niait, je m'engage dès à présent à lui prouver dans le *Précurseur* que ma mémoire n'est point infidèle. Un lieutenant-colonel de garde nationale a arrêté un insurgé en flagrant délit, et celui-ci s'est fait mettre en liberté en prouvant qu'il appartenait à la police. Voilà ce que nous a révélé la cour d'assises. Messieurs les jurés penseront-ils que de tels faits dussent changer la conviction du *Précurseur*, et qu'innocent au mois de septembre pour avoir, selon l'expression de M. Barrot, *deviné l'intervention de ces misérables*, il soit coupable au mois de février pour l'avoir rappelée, alors que tous les événements postérieurs établissaient qu'il ne s'était point trompé?

Ainsi, même en suivant les principes de M. l'avocat général, le *Précurseur* ne devrait point être condamné, puisqu'il a écrit de bonne foi, puisqu'il a dit la vérité. Mais j'ai été plus loin, j'ai soutenu qu'il y avait pour lui courage et nécessité dans l'accomplissement de ce devoir. J'ai avancé que toute âme honnête devait avoir pour ce gouvernement de légitimes sentiments de haine et de mépris. Ce jugement sévère, je l'ai basé sur des faits. Qu'y a-t-on répondu? Qu'ils étaient possibles, mais qu'on n'avait pas à justifier la police. L'ai-je bien entendu, messieurs? Est-ce l'organe de la loi, le protecteur des intérêts de tous, qui l'a dit? On lui dénonce un assassinat, un assassinat public, commis par des magistrats, et il répond que le fait est possible et qu'il n'a pas à justifier ceux qui en sont coupables! A les justifier, grand Dieu! Mais ne les justifie-t-il pas en ne les poursuivant pas? Quelle est donc cette puissance occulte qu'on place si bas qu'on la couvre à volonté de fange, qu'on lui fait une inviolabilité d'infamie, et qui est cependant assez haute pour qu'on profite de ses crimes? Car si les assassinats de juillet et de juin n'étaient point nécessaires, vous souffrez donc que le sang soit versé par les visirs de la police, selon leur caprice! S'ils étaient nécessaires au soutien du gouvernement, et que vous les excusiez comme tels, voyez un peu sur quoi vous vous appuyez. Et quand je m'indigne en demandant compte de telles horreurs, on jette sur moi un blâme dédaigneux, on m'accuse de sortir des bornes de la défense! Oh! oui, je m'indignerai; mais je n'aurai pas assez d'énergie pour dire qu'on a tenu bureau ouvert de meurtre au profit du pouvoir, et que le ministère public se contente froidement de répondre que cela est possible! Ces paroles resteront, messieurs; je ne me repens plus d'avoir élevé la voix: quel que soit notre sort, le pays saura ce qu'il peut attendre des ministres de la loi, et où ils sont descendus pour défendre le gouvernement; il saura qu'ils laissent la France prostituée à la police, basse ou haute, qu'importe? Le crime est moins à verser le sang qu'à en recueillir le fruit. Et je puis dire que le gouvernement qui soutient la police, celui qui l'excuse, celui qui en profite directement ou indirectement, que ce gouvernement se nomme Barthe ou Louis-Philippe, est aussi méprisable que ses plus méprisables agents.

Quant à l'affaire du pont d'Arcole, l'arrêt de non-lieu ne saurait justifier le gouvernement, car des citoyens recommandables ont écrit et signé dans les journaux de Paris que les sergents de ville avaient frappé sans provocation. S'ils calomnient, pourquoi ne les a-t-on pas poursuivis? C'est qu'ils offraient des preuves. Or, n'est-il pas inouï que le pouvoir se laisse ainsi accuser en face, et qu'il nie plus tard avoir commis les forfaits dont il lui eût été si facile de se justifier?

Tous les reproches qu'on lui a adressés étaient donc légitimes et devaient inspirer la haine et le mépris à tous les honnêtes gens, de quelque parti qu'ils fussent.

Mais est-ce là tout, messieurs? Ai-je épuisé les considérations qu'il m'appartient dans cette cause? J'ai démasqué les lois de 1819 et 1822, et prouvé qu'elles étaient dans la main du pouvoir une arme commode, à l'aide de laquelle il lui était toujours possible d'étouffer toute théorie gênante. J'ai aussi justifié l'article incriminé, en établissant d'abord que le *Précurseur* avait dû en conscience regarder le coup d'État de juin comme un guet-apens politique; en second lieu, en appuyant sur des faits incontestables, sur d'irrécusables témoignages la réalité de ce guet-apens. Mais je ne vous ai point dit le mot de ce procès, et, en vérité, il est si mesquin dans sa cause, qu'il a bien pu m'échapper au milieu des graves préoccupations qui ont dû me dominer. On a essayé une tentative nouvelle contre la presse, et ce qui le prouve, c'est que les auteurs véritables du prétendu délit ne se trouvent point à vos pieds. Nous sommes loin de nous en plaindre; bien que l'article vous ait été communiqué, et que, par un noble mouvement de générosité, les rédacteurs se soient fait connaître, nous en avons accepté la responsabilité, nous ne la déclinons pas davantage devant la justice que devant le public. Mais comment expliquer ce privilége de poursuite dont le parquet nous a fait l'honneur, si ce n'est par une intention évidente de ruiner la presse? Ce n'est pas d'hier qu'une conspiration a été ourdie contre une feuille indépendante, dont la publication choque certaines antipathies. Le bon sens et le patriotisme du jury de septembre l'ont déjouée. Votre sentence, messieurs, ne sera point différente. Je ne pense point, en effet, que les principes de tolérance universelle, le besoin sincère de libre examen, soient aujourd'hui moins respectés. Nécessaires à nous tous, au milieu des étranges dissidences d'opinion qui nous divisent, ils se sont incarnés dans nos mœurs, et se retrouveront dans votre décision. Je ne conçois plus aujourd'hui d'autre religion politique qui puisse fermer derrière nous le gouffre des révolutions. Tous les pouvoirs ressemblent à des pilotes sans boussole; ils errent au hasard dans une société qu'ils ne connaissent plus; vivant au jour le jour de violences, supportés provisoirement faute de mieux. En vérité, dans ce pêle-mêle général, je ne vois que la presse qui remplisse les fonctions d'agent civilisateur. Sans elle, tout est remis en question, et les forces aveugles qui fermentent au sein du corps social peuvent se rencontrer face à face et se livrer bataille.

Car vous n'ignorez pas, messieurs, que la nature humaine se révèle par une double manifestation : la violence et le droit. Ce n'est pas d'aujourd'hui qu'elles se sont disputé le monde; leur lutte a commencé sur son berceau; il est probable qu'elle ne finira qu'avec lui.

Seulement, dans les âges primitifs, le droit languissait, étouffé sous l'oppression de la force; il ne s'annonçait que par ces convulsions immenses qui accusent la présence d'un principe véritable, mais enchaîné. Dans l'avenir, au contraire, et nous y marchons, la violence sera subordonnée au droit qui la régularisera dans l'intérêt de tous. Mais pensez-vous que nous soyons voisins de la réalisation de cette utopie? Pensez-vous que le moment soit venu de laisser les idées désarmées, en présence d'un pouvoir qui voudrait en arrêter le progrès? Je ne parlerai point des innombrables procès intentés à la presse depuis près de trois ans, ni des humiliations de toute nature dont on a abreuvé tous ceux qui conservaient une plume indépendante. Non; j'ai assez contristé vos cœurs par de déplorables peintures, il est temps de nous élever à de plus hautes considérations. Messieurs, d'où sortons-nous? Du dix-huitième siècle. Il touchait au moyen âge. Il n'y a pas cinquante ans encore que la torture était admise comme preuve, et que le bourreau venait dicter les arrêts de la justice. Dix-huit cents ans après Jésus-Christ, l'esclavage colonial déshonore nos possessions d'outre-mer. Voulez-vous des faits plus spéciaux? Dites-moi si l'Europe ne sent pas ses flancs déchirés par l'éperon de la Sainte-Alliance sous le poids de laquelle elle se cabre vainement? Dites-moi si, dans les cours du Nord, ne se trame pas une machination secrète de quelque Saint-Barthélemy des idées libérales, dont notre France serait à la fois l'échafaud et la tombe? Et pour ne point sortir de chez nous, ne voyez-vous pas de tous côtés les systèmes les plus bizarres se heurter confusément sur le sol national, tous incomplets et transitoires, je le crois, mais tous unanimes à faire de notre société une satire impitoyable, tous unanimes à réclamer de radicales et promptes modifications? Est-ce là un symptôme insignifiant? Ne vous annonce-t-il pas, au contraire, qu'il existe dans l'État une foule de besoins opprimés, qui s'agitent et demandent satisfaction?

Et c'est alors qu'on étoufferait la discussion! Prenez-y garde, messieurs; tous ces besoins qui brûlent de se faire jour ne seront point apaisés par des amendes et des emprisonnements. Il leur faut une manifestation. Si vous les empêchez d'être journal, ils se feront émeute. Ils changeront leur plume contre des mousquets. Et alors, messieurs, je m'étonne comment, après les leçons de juillet et de novembre, on peut dire anathème à la pensée, confier follement les destinées de la France au hasard de la force brutale, surtout lorsqu'on est minorité de nombre et d'énergie.

Mais, dit-on, loin de calmer les passions populaires, la presse les irrite. Je conviens franchement qu'elle a commis des fautes. Quelle puissance n'a eu les siennes? Emancipée d'hier, elle a quelquefois porté dans le domaine de la liberté quelques-unes des habitudes de l'esclave; mais elle s'en fût bien vite dépouillée si on lui eût fait une large part d'indépendance : au contraire, on l'a mesquinement persécutée, traquée par de pédantesques réquisitoires, on l'a emprisonnée, ruinée... On s'irriterait à moins. N'est-il pas vrai, messieurs, que la contradiction aigrit, que les poursuites injustes poussent à la violence? Croyez-vous que les pensées soient bien calmes quand elles sortent du fond d'un cachot? L'expérience vient à l'appui de cette psychologie du cœur humain. Quand le *Précurseur* fut poursuivi au mois de septembre, le ministère public ne manquait pas de dire que l'indulgence encouragerait son audace, que sa violence s'accroîtrait avec l'impunité. Qu'est-il arrivé? Je prends pour juge tout homme de bonne foi : si le *Précurseur* n'a rien changé à l'inflexibilité de ses principes, au moins conviendra-t-on qu'il a renoncé à ces formes acerbes qu'on pouvait auparavant lui reprocher quelquefois; au moins lui doit-on rendre cette justice que son langage s'adresse plus à la raison qu'aux passions. Ainsi, il a puisé dans l'adhésion du jury des leçons de modération et de dignité. Il en sera de même toutes les fois que le jury interviendra entre le pouvoir et la presse. En émancipant celle-ci, il la moralisera; elle n'aura plus pour les masses que des paroles calmes et raisonnées. Elle sera impitoyable aux abus; qui s'en plaindrait? Elle tuera les mauvais gouvernements; mais les gouvernements sont-ils faits pour les peuples, ou les peuples pour les gouvernements? Au moins les tuera-t-elle paisiblement par la seule influence de ses doctrines, et vraiment notre malheureux pays a fait une assez triste expérience des révolutions à coups de fusil pour que nous puissions maintenant essayer des révolutions à coups de plume.

On a dit que notre crise sociale cache au fond une crise industrielle, et je le crois. Les éléments s'en multiplient autour de nous, et menacent de nous déborder. Mais qu'a-t-on fait pour la prévenir? A-t-on allégé les impôts qui entravent la production? A-t-on dirigé les efforts des travailleurs, vécu de leur vie, épousé leurs intérêts? On ne les comprend même pas! Que faire donc de ce peuple qui travaille et qui souffre, de ce peuple qui grossit de ses sueurs et de ses larmes le chiffre du budget et de la liste civile; qu'en faire si vous lui enlevez sa dernière espérance? Et quelle espérance lui restera-t-il, quand ses défenseurs naturels seront réduits au silence, quand la presse sera morte sous les coups du pouvoir? Quel terme verra-t-il à ses maux quand il dépendra du caprice de l'autorité de le reculer? Laissez-nous, au contraire, la liberté de penser et d'écrire, et tout le reste nous viendra par conséquence. Alors nous pourrons dire à cette France laborieuse qui s'émancipe et grandit chaque jour :

Patience! La presse réclame avec instance une place dans l'État pour l'intelligence et le travail. Patience! Les révolutions pacifiques, pour s'opérer plus lentement, sont plus durables, parce que chacun y met la main et les salue par d'unanimes acclamations. Patience! Car au milieu de toutes nos espérances brisées, il nous reste encore la presse et le jury : puissances solidaires, nées l'une de l'autre, et qui se soutiendront mutuellement : la presse, en combattant les usurpations du pouvoir, en préparant les améliorations sociales; le jury, en la défendant contre de dangereuses attaques. Ainsi, par leur double influence, la paix et les destinées publiques sont désormais assurées; ainsi est impossible le retour sanglant des proscriptions et des échafauds! Et quand la France renouvelée aura ressuscité l'enthousiasme populaire pour un système qui laissera toute faculté humaine se développer librement, cet enthousiasme aura ses hymnes de reconnaissance et ses fêtes nationales pour cette magistrature populaire, qui, dans les mauvais jours, ne manqua point aux idées, qui, de sa main puissante, ferma le règne de la violence, en permettant à la pensée de faire paisiblement la conquête du monde. Ce beau triomphe sera le vôtre, messieurs les jurés, comme celui de vos prédécesseurs. Il sera votre gloire et le salut du pays.

Après avoir entendu le prévenu, M. le président, dans le résumé des débats, blâma sévèrement l'énergie du défenseur; et le jury, après délibération, déclara le prévenu coupable, mais avec des circonstances atténuantes.

Me Jules Favre demanda l'annulation de la déclaration du jury, attendu que la question des circonstances atténuantes ne peut être posée en matière correctionnelle; et M. le président, sans consulter ses deux assesseurs, répondit que la déclaration du jury renfermant un verdict de culpabilité, la condamnation était acquise à la cour. Me Jules Favre ayant demandé acte de ses réserves sur la nullité de la déclaration, la cour, après une nouvelle délibération, rendit un arrêt qui condamnait M. Anselme Petetin à deux mois de prison et trois mille francs d'amende.

COUR ROYALE DE LYON

PRÉSIDENCE DE M. ACHARD JAMES

AUDIENCE CORRECTIONNELLE DU 18 MARS 1834

Me Jules Favre, prévenu du délit d'injures contre la magistrature, est défendu par lui-même et par Me Sauzet.

Après la condamnation de MM. Barracand et Perrein, qui avaient résisté à la police lors de la distribution des écrits républicains, Me Jules Favre, défenseur de M. Perrein, fit insérer dans le *Précurseur* un article pour lequel il fut traduit en police correctionnelle, avec MM. de Roussillac et Petetin, gérants du journal.

Voici l'article incriminé :

« Nous n'avons pas besoin de dire avec quelle morne surprise cette décision a été entendue. Nous désirons que la conscience de ceux qui l'ont rendue soit tranquille; mais une réprobation unanime, soit au barreau, soit dans le public, s'est élevée contre eux. Des hommes fort connus par leur attachement au gouvernement n'hésitaient pas à dire que c'était un arrêt de colère ou de peur, et non de justice; qu'il fallait gémir quand les magistrats se constituaient les vengeurs du pouvoir.

« Nous n'ajouterons pas que cette sévérité inqualifiable ruine l'avenir d'un jeune homme qui commençait à se distinguer à l'École de médecine de Lyon; qu'importe à MM. les conseillers? Ils ont pris pour mission de couvrir de leurs toges la précieuse inviolabilité de la police. La police s'y trouvera bien. Quelques-unes d'elles ont des taches ineffaçables; au train dont vont les choses, elles pourront venir aux autres. Mais il faut que les citoyens sachent maintenant ce qu'ils ont à attendre de la justice, et ce qu'on a fait de la plus sainte institution d'un pays. A Paris, elle condamne le *National,* et souffre dans son sanctuaire des magistrats qui l'avilissent par leurs fureurs. Partout elle accueille et accepte comme vérité irréfragable les dires de cette police qui se recrute dans la fange sociale, et devient chaque jour d'autant plus insolente qu'elle a de plus hauts souteneurs. Ainsi, la vie et l'honneur d'un Français dépendent de l'impudence de quatre sbires. Ils peuvent vous assommer dans la rue et vous faire condamner comme assassins. Qui peut savoir où nous mènera un tel aveuglement? Et comment ose-t-on reprocher la violence aux persécutés, quand on en peut trouver de si tristes exemples sur les siéges mêmes des ministres de la loi?

« La Chambre qui a condamné M. Perrein était ainsi composée : MM. Achard-James, président; Varenard, Gras, Genevais, Capelin et Luquet, conseillers.

« Il est bon qu'on sache quels sont les hommes capables d'une telle docilité ou d'une aberration si déplorable. »

Cet article fut l'occasion de poursuites dont le *Précurseur* rendit compte dans un second article qui fut également poursuivi.

Alors Me Jules Favre se déclara l'auteur du premier, et fut ainsi compris dans la plainte.

M. Thorigny, substitut du procureur général, soutint l'accusation avec une grande violence. Il revendiqua, pour les juges, le droit de punir les délits commis à l'audience, droit consacré par les ordonnances de 1508 et 1535, et l'assimila à celui de punir les injures ou les outrages commis par la voix de la presse, à l'occasion d'un jugement.

Il fit remarquer, *lui ancien substitut de la Restauration, parlant devant des magistrats ayant presque tous appartenu à la Restauration,* qu'on avait osé assimiler les juges aux juges passionnés de la Restauration et les signaler à la vengeance d'une faction anarchique. Il s'efforça de prouver que l'auteur de l'article était plus coupable que l'éditeur, qu'il avait déversé l'outrage et le mépris sur les personnes mêmes de la magistrature, et compromis la toge de l'avocat dans un langage d'injure. Il termina en rappelant qu'il importait à la considération de la magistrature et au salut du pays que de telles injures fussent réprimées.

Après ce réquisitoire, Me Jules Favre parla ainsi :

Avant que mon défenseur prenne la parole, j'ai besoin de présenter à la cour de courtes observations, non sur la légalité ou l'opportunité de la procédure adoptée par le ministère public, qui vous force à devenir appréciateurs et juges de vos propres injures, ni sur le réquisitoire de M. l'avocat général, à l'égard duquel j'aurais bien des choses à dire, ni sur le fond de l'article incriminé, mais sur les circonstances qui m'ont conduit à l'écrire, et plus tard à m'en déclarer l'auteur. La cour n'attend pas, je pense, de ma part de lâches et humiliantes paroles. Je n'aurais pas mis mon nom au jour, pour lui imprimer publiquement les flétrissures d'une solennelle bassesse; néanmoins, je n'hésite pas à déclarer que si des formes trop acerbes ont eu pour résultat d'offenser des personnes dont je respecte la dignité, je les regrette, persuadé qu'il m'était possible de concilier la critique, même sévère, d'un arrêt, critique qui était dans mon droit, avec des convenances qu'on ne met jamais de côté sans nuire à la cause qu'on défend et à son propre caractère.

C'est devant cette chambre que j'ai plaidé pour Perrein; j'étais malade quand il vint me prier de l'assister; je n'acceptai sa défense que parce que, des deux avocats auxquels je l'adressai, l'un était indisposé, l'autre absent. Du reste, l'issue de son procès ne me semblait pas douteuse. Acquitté en première instance, n'ayant contre lui que le témoignage d'hommes de police, il n'avait, selon moi, qu'à se présenter devant la cour pour voir confirmer la sentence des premiers juges. Il fut condamné à trois mois de prison. Quand je l'appris, mon étonnement fut aussi profond que mon affliction; je recueillis l'expression des mêmes sentiments dans les paroles de tous les membres du barreau auxquels je communiquai cette triste nouvelle. M. le procureur du roi, auquel je m'en plaignis amèrement, car c'était sur son appel que la condamnation avait été prononcée, me répondit qu'il eût été satisfait de quinze jours : c'était le vengeur de la loi et de la société, et l'on avait appliqué une peine six fois plus forte! Je demande comment le défenseur n'aurait pas été blessé au cœur. Je rentrai chez moi, et j'écrivis l'article incriminé.

Or, ceux qui me connaissent, et je suis assez heureux pour pouvoir invoquer à cet égard le témoignage même de la cour, savent que je mets quelque chaleur à défendre mes clients. Notre profession serait une dérision indigne, si l'intérêt qu'ils m'inspirent s'éteignait avec une plaidoirie. Je puis dire que les vives émotions d'une année d'exercice n'ont pas peu contribué à ruiner une santé déjà délicate. J'étais donc dans un état d'irritation et de souffrance en écrivant.

Je n'ai pas la prétention ni le droit de me constituer mon juge, et de dire si je suis sorti des bornes de la convenance; s'il en était ainsi, j'en serais puni, je serais le premier à me condamner pour avoir accompagné ce que je crois être la vérité, de paroles blessantes dont le sens aurait trompé mes intentions.

Quant à la publication des noms des membres de cette chambre, je n'ai pas besoin de dire qu'elle n'avait pas de but de vengeance : je rougirais d'insister sur ce point. J'ai le droit d'être cru en affirmant ici que, dans ma pensée, chaque homme doit aujourd'hui paraître au grand jour, que ce n'est pas l'injurier que de faire peser sur sa tête la responsabilité d'un acte public.

C'est aussi d'après ces principes que je n'ai pas hésité à me déclarer l'auteur de l'article poursuivi; je serais désolé que la cour pût voir dans cette démarche la moindre intention de scandale : je voudrais l'étouffer par des sacrifices plus durs que ceux que la loi et la sévérité de la magistrature peuvent m'imposer; je n'en puis donner une meilleure preuve que la présence du défenseur qui a bien voulu me prêter l'appui de sa parole puissante. Je me suis défié de la mienne, redoutant que, dans une cause où l'on me reproche un oubli de modération, l'irritation de l'audience ne donnât à ma pensée une couleur inconvenante. Je me suis déclaré, parce que telle était la vérité, et qu'à mes yeux l'homme qui recule devant l'accomplissement d'un devoir est un lâche. Ma position spéciale rendait cette obligation plus étroite encore. Avocat, je suis admis à l'honneur de représenter les plaideurs devant la justice. J'ai, toute ma vie, eu la plus haute idée de ce sacerdoce; j'ai cru qu'une seule tache secrète ou publique suffisait à faire déchoir celui qui en est revêtu. Or, si par malheur j'ai offensé la cour, et que le gérant du journal où ce délit, qui m'appartient, a été commis, soit passible d'une peine, comment pourrais-je paraître devant elle avec la pensée que j'ai acheté mon absolution et sa faveur par un honteux silence ! Non, elle me rongerait le cœur, j'ai horreur et dédain d'une considération ou d'une bienveillance qu'une révélation détruirait. J'aime mieux être condamné par la cour comme coupable d'offense que de me cacher derrière un homme que je laisserais frapper à mes pieds. Ce qu'un tel sentiment a d'impérieux, la cour le comprendra, j'en suis sûr ; elle concevra que j'ai pu me faire connaître sans la braver, que j'ai pu écrire l'article incriminé sans vouloir l'offenser.

C'est à elle à juger si ma plume s'est, malgré moi, remplie de fiel. Dans tous les cas, elle me permettra de le dire avec une franchise qui n'a rien de blessant pour sa dignité, quoi qu'il arrive, la responsabilité de l'article incriminé me semble allégée par une consolation qui peut-être est un privilége de ma position ; si je me suis trompé, j'expierai mon erreur par votre justice, mais du moins j'en souffrirai seul. (*Profonde sensation.*)

Me SAUZET, défenseur de Me Jules Favre, prit ensuite la parole. Il s'étonne d'être chargé de la défense d'un avocat devant la police correctionnelle ; il se demande si son client est un de ces hommes dont la probité douteuse peut faire supposer quelques actes contraires aux premiers devoirs de l'honorable profession d'avocat, le désintéressement et la délicatesse la plus scrupuleuse. « Non, s'écrie-t-il, c'est un jeune homme radieux d'espérance et d'avenir, un jeune homme à la noble parole, au caractère plus noble encore, qui est traduit devant vous ; un jeune homme au cœur passionné, à l'âme ardente et irritable, mais dont la délicatesse, l'élévation du sentiment, les vertus ne sont contestées par personne. » Puis il fait une magnifique peinture des devoirs du barreau protégeant toutes les infortunes, secourant tous les malheurs. Abordant ensuite la question de principe, il démontre que le législateur n'a pas voulu donner aux magistrats le droit de venger leurs injures. Il dit que c'est la loi de 1819 qui doit servir de base à la discussion, et que cette loi a posé deux principes : « La vie privée doit être murée ; la vie publique peut être discutée. » Il soutient que la discussion d'un arrêt est toujours permise, surtout au barreau, dont la cour de Lyon, en particulier, a l'habitude de respecter les anciennes immunités. Il prouve qu'il n'y a eu ni mauvaise foi ni inexactitude dans le compte rendu, et : « Quand il est question d'injures, dit-il, il ne faut pas voir les choses d'un seul côté. Ce n'est pas seulement de l'avocat qu'il s'agit, mais du *défenseur*, de celui qui est chargé de défendre l'honneur et la vie de ses clients. Savez-vous tout ce qu'il y a de grand dans ce ministère, les nuits d'angoisse qu'il nous coûte? Pensez-vous que les nœuds d'affection se rompent en présence du malheur? Le temps, lorsqu'il a apporté la raison sur ses ailes, mûrit nos jugements, mais cela n'arrive pas tout de suite ; les hommes sont pour le blâme, le blâme amer, surtout si le défenseur a reçu de la Providence une âme ardente et vive, une imagination brillante et susceptible de s'émouvoir profondément. Oh! il s'élève alors une révolte terrible dans son âme; il est impossible de modérer une telle douleur. »

Il termine en disant : « Messieurs, auriez-vous le courage de condamner mon client, de lui donner des fers? Des fers? la prison! à lui, avocat, assis à la barre; à lui des fers, et dans quel moment? Lorsque son zèle pour ses clients a altéré ses forces et sa santé, lorsqu'il est contraint de s'éloigner momentanément de cette barre où il reparaîtra quelque jour avec toute sa grandeur et tout son talent! A lui des fers dans un tel moment!..... »

Me Jules Favre fut acquitté.

TRIBUNAL DE LYON

POLICE CORRECTIONNELLE

PRÉSIDENCE DE M. PIC

AUDIENCE DU 22 AVRIL 1834

Plaidoyer pour les chefs d'atelier mutuellistes prévenus du délit de coalition illégale.

M. le procureur du roi ayant requis les peines prononcées par l'article 415 du Code pénal contre les chefs d'atelier mutuellistes, poursuivis comme prévenus du délit de coalition, leur défenseur, Me Jules Favre, prit la parole en ces termes :

MESSIEURS,

Lorsqu'à votre dernière audience, tout en rendant hommage aux intentions modérées du ministère public, je déplorais amèrement le zèle impatient qui jetait ce procès comme une provocation trop bien comprise par une population irritée et souffrante, j'étais loin de prévoir que mes tristes prophéties dussent recevoir sitôt leur cruel accomplissement, loin de penser qu'une plaidoirie commencée dans une cité florissante que les fureurs de l'invasion étrangère avaient respectée, s'achèverait au milieu des pompes funèbres, des gémissements des blessés, de la dévastation et de l'incendie prodigués par des mains françaises [1]. Et lorsque les terribles angoisses dont nous ont saturés tant de fléaux accumulés, sont frémissantes encore, lorsque le front des citoyens, que dis-je! la majesté des plus saintes lois, s'humilie devant la puissance des sabres que la révolte a investie de la dictature, M. le procureur du roi, comme s'il était jaloux du moindre retard des procédures, nous force à reparaître à vos pieds, nous que des ressentiments aveugles signalent comme les causes premières de tant de calamités! nous qu'on désigne à la haine de la

[1] A l'audience précédente, du 16 avril, la plaidoirie de Me Jules Favre avait été interrompue par la fusillade.

France en faisant peser sur nos têtes la responsabilité du sang de nos frères! Ne dirait-on pas, en vérité, qu'on a hâte de faire asseoir dans vos augustes conseils un déplorable triomphe, et qu'après l'epouvantable châtiment dont la fatalité à frappé tous les habitants de notre malheureuse patrie, sans pitié, innocents et coupables, on désire arracher à votre sagesse une sentence qui ne démente pas ces effrayantes et inutiles sévérités?

Cependant les prévenus ne la redoutent pas. Ils savent que vos décisions sont plus hautes que les enivrements guerriers, que les exigences furibondes des partis. D'ailleurs, j'ose le dire, vous les connaissez déjà : vous avez pu, avant cette semaine de deuil, apprécier leurs intentions et leurs caractères; vous avez été témoins de leur consternation sincère, à ce bruit homicide qui, en nous révélant la grandeur du mal, nous laissa sans force pour continuer ces débats. Vous êtes sûrs, comme nous, que dans cette catastrophe inouïe, ils n'ont eu d'autre solidarité que celle de la douleur, douleur d'autant plus cuisante qu'ils étaient le prétexte indirect d'un conflit que leurs sages conseils n'ont pu empêcher, qu'ils entrevoyaient les routes de misère et de larmes où cette tentative insensée précipitait la France.

Les prévenus ont donc pour eux la garantie de votre justice. Et qui mieux que vous en comprendra la dignité? Qui mieux que vous saura la dégager de l'atmosphère orageuse que les passions déchaînées ont soulevée autour de nous? Votre justice! elle a grandi de tous les maux que nous avons soufferts. Restée vierge, à côté de tant de souillures, elle a acquis l'autorité d'un simple et profitable enseignement. Que le pouvoir militaire abuse de sa force, qu'il fasse d'une répression nécessaire une orgie de massacres et de ruines, le mal est immense, il n'est pas sans remède. Mais si la justice, puissance morale et presque divine, s'oubliait jusqu'à écrire ses arrêts sous l'inspiration de la violence, que resterait-il aux hommes de cœur, sinon à ensevelir leur plume et leur parole, à jeter aux vents des hasards la fortune de la France, et à chercher loin de leur berceau déshonoré une terre plus hospitalière et un ciel moins ingrat?

Il n'en sera pas ainsi! Quand les tempêtes révolutionnaires renverseraient et traîneraient dans la fange toutes les idoles devant lesquelles l'humanité est successivement tombée à genoux, la justice demeurerait encore debout, comme une espérance dans le naufrage, comme l'égide sacrée à l'ombre de laquelle les hommes doivent un jour se réunir et se ressouvenir qu'ils sont frères. Aussi, messieurs, dans ces cruelles conjonctures, sommes-nous heureux de détourner un instant nos regards de tant de scènes de violence et de sang, pour invoquer son pacifique appui. Quelque difficile qu'il nous soit d'écarter de notre esprit nos préoccupations de douleur, si naturelles parmi tant de douleurs saignantes, ce n'est pas une faible consolation que de nous reporter à une époque antérieure à ces désastres, que de vous parler d'un délit qui peut bien être prévu par le Code pénal, mais qui avait pour but de les prévenir. Plût au ciel que le voile jeté sur le trépas des victimes pût leur rendre les généreuses vies que la mitraille a tranchées !

Vous avez entendu à votre audience M. le procureur du roi vous dire qu'en février, les autorités lyonnaises avaient mis en question l'application immédiate de l'article 415, et qu'après des avis divergents, on avait renvoyé l'exécution de la loi à un temps plus calme. Or, cette temporisation, que je loue, n'est pas seulement un acte éminent de sagesse, mais encore une attestation éclatante donnée à la moralité de l'association mutuelliste. Supposez, en effet, comme certaines gens le pensent, que les hommes qu'on appelle ses chefs soient des perturbateurs audacieux, rêvant je ne sais quelle utopie d'égalité despotique qui brutaliserait les capacités, écraserait toutes les fortunes sous le niveau chimérique d'une impossible répartition, étouffant ainsi l'industrie dans les embrassements adultères d'une communauté de biens qu'elle repousse; supposez que ces hommes ne craignent pas, dans l'occasion, d'appeler à leur aide l'arme décisive de la violence, comment expliquer le silence de M. le procureur du roi? Quoi! la société est menacée dans son existence par des conspirateurs à ciel ouvert, prêts à la bouleverser pour s'en partager les lambeaux! La publicité éclaire chacune de leurs démarches, et le pouvoir les laisse faire! Il s'endort, imbécile, sur la vague qui le doit engloutir, s'en remettant lâchement à la Providence et à la peur! Oh! c'est alors que l'accusation portée à la Chambre contre les fonctionnaires lyonnais ne serait point tombée devant une simple explication ministérielle. Elle se serait cramponnée à la tribune, elle s'y serait dressée de toute sa hauteur pour faire ombre sur la France. Et nous-mêmes, nous prévenus, nous l'eussions au besoin reprise à votre barre. Mais M. le procureur du roi savait que les intentions des mutuellistes étaient pures, il savait que dans la tempête qu'une déplorable erreur avait soulevée, nulle voix, si ce n'est celle de ces chefs tant calomniés, ne pouvait commander aux flots irrités de ronger de nouveau les grèves qu'ils menaçaient de submerger en un jour! Voilà pourquoi il s'est abstenu, et il a bien fait. Mais cette confiance inouïe qui consacrait ainsi comme nécessaire un pouvoir qu'on a depuis poursuivi comme anarchique, a-t-elle été démentie par les événements? Vous le savez, messieurs, cinquante mille bras s'étaient arrêtés simultanément. La faim avait dépassé le seuil de plus de dix mille ateliers. Il planait sur notre population je ne sais quelle atmosphère fiévreuse d'agitation, de guerre civile et de sanglants ressouvenirs. Nos rues étaient transformées en casernes, nos places en bivouacs, et notre grande cité était si bien gardée qu'elle tremblait de peur comme un enfant, qu'elle s'était faite fuyarde et recéleuse comme un bourgeois devant des Cosaques, qu'elle avait presque signé son testament; et, de ces craintes qui nous remuaient jusqu'au fond des entrailles, qui saisissaient la France, qu'est-il advenu? Elles se sont évanouies comme une fumée. Les travaux ont repris leur cours, la confiance est revenue, le crédit s'est ranimé, les barrières et les caves ont restitué les marchandises et les richesses qu'elles avaient soustraites à un péril imaginaire, et le calme a triomphé de ces paniques frayeurs. Or, ce résultat immense, inespéré, à qui le devons-nous? aux baïonnettes? Non, cette fois, grâce à Dieu, elles sont restées oisives. Aux réquisitoires en portefeuille? Eh! plût au ciel qu'ils n'en fussent jamais sortis! A quoi donc, messieurs? A la moralité de l'association mutuelliste qui n'a pas craint de revenir sur une mesure imprudente; et surtout aux courageux efforts de ces hommes que l'on poursuit aujourd'hui, après s'en être servi comme d'instruments de pacification.

Que de conclusions à tirer de ces faits! Que de considérations élevées ressortent de cette cause, plus larges et plus fécondes que la mesquine application de l'article 415! Que dire d'un pouvoir qui s'abdique quand il faut prévenir le mal, qui remet la garde des lois aux violateurs des lois, sauf à leur faire plus tard un procès criminel? De quel étrange malaise l'industrie est-elle donc tourmentée pour se réfugier ainsi dans l'illégalité, sans que l'autorité ose l'y poursuivre tant qu'elle y demeure? Toutes hautes questions dont la solution brisera plus d'une législation, infirmera plus d'une sentence. Mais que parlé-je d'avenir! Et pourquoi m'égarer dans des hypothèses dont la prévention me forcera au besoin de descendre? Pardonnez, messieurs, si l'affection que m'inspirent mes clients me fait ressouvenir des titres réels qu'ils ont à votre estime, et des services qu'ils ont rendus. Leur éclat n'est point terni par la position qu'ils occupent ici. Néanmoins cette position me rappelle qu'ils ont commis une faute et que je les en dois justifier. Ce n'est pas la première fois que le mutuellisme est traduit à vos pieds. Il y parut au mois d'août dernier; il était fort de toutes les sympathies qui l'entouraient. Si sa défense fut incomplète, au moins fut-elle sincère et dévouée. Les magistrats eux-mêmes ne lui refusèrent pas l'appui de leurs paternels avertissements.

Ils mutilèrent l'article 415 par l'article 461, témoignant ainsi de la lutte qui s'élevait entre leur conscience et la loi. Le défenseur ne se tint pas pour satisfait; il appela de cette sentence à une décision qui n'est pas esclave d'un texte rétrograde. Assurément il n'a pas la prétention de croire que cette chétive protestation ait eu quelque influence sur le mutuellisme. Mais au moins lia-t-elle son auteur à ses destinées. Et quand il est venu de nouveau s'asseoir sur les bancs, sa place était marquée, il est venu là prendre. Non qu'il se flatte de protéger ses clients, une amère expérience lui a trop enseigné que ni sa présence ni sa parole ne valent une protection. Il sait quelles préventions ont soulevées autour de lui l'ardeur de l'âge et l'exaltation d'une âme qu'il a peine à maîtriser. Devant d'autres magistrats, il les aurait redoutées; devant vous, il ne s'est souvenu que de la droiture de ses intentions, de la bonté de sa cause et surtout de votre justice; de votre justice, pour laquelle il ne saurait mieux témoigner de ses respects qu'en acceptant d'avance, avec docilité, ses arrêts.

La Société des mutuellistes, comme son nom l'annonce, était, vous le savez, messieurs, une alliance défensive pour lutter avec moins de désavantage contre la misère et les accidents de la vie. Ses membres s'engageaient à se soutenir réciproquement dans leurs maladies, à se fournir des instruments de travail : coalition aussi honorable pour ceux qui la formaient, que rassurante pour la paix de la cité. On lui donna une organisation régulière et des chefs; des assemblées périodiques furent déterminées, mais toutes pacifiques et d'intérêt privé, causantes plus que délibératives, entourant sans mystère la table d'un cabaret, et placées sous la présidence fortuite d'un membre qui maintenait le silence et prévenait la confusion. Ces assemblées, toujours peu nombreuses, parce qu'elles étaient fort multipliées, existèrent longtemps sans éveiller les susceptibilités de la police. Depuis quelques mois seulement, elle a jugé à propos d'y voir les éléments d'une menaçante conjuration. Ainsi réunis, les chefs d'atelier s'éclairèrent mutuellement. Le contact des hommes n'est jamais stérile : l'intelligence et le cœur y gagnent également. On y apprend à distinguer ses intérêts, et en même temps à respecter ceux d'autrui. L'égoïsme s'efface avec l'ignorance, et l'on s'aperçoit bien vite quelles garanties de sécurité et de force on acquiert par quelques légers sacrifices faits en vue du bien général.

Cet utile résultat ne fut point le seul. Les chefs d'atelier ne s'étaient point tout dit en se communiquant leurs procédés d'industrie, en pourvoyant aux secours à distribuer; ils avaient encore à se plaindre, car ils souffraient. Leurs salaires avaient subi des diminutions progressives; et les fabricants n'ayant pas voulu faire droit à leurs justes réclamations, les chefs d'atelier se crurent obligés de recourir à quelque remède extraordinaire. A la cupidité de certains fabricants, la Société des mutuellistes résolut d'opposer l'unanimité de l'inertie. Mais le conseil exécutif proclama le vote de la majorité sans donner aucun ordre aux compagnons. Dans cette crise, les mutuellistes étaient calmes et pleins d'une courageuse modération, tandis que l'autorité municipale déployait toutes les rigueurs d'une interprétation arbitraire.

Et vous, messieurs, qui êtes-vous? Pourquoi êtes-vous ici? Est-ce pour trancher, par votre médiation arbitrale, les différends survenus entre vos concitoyens? Non! Vous êtes les dépositaires des foudres légales, vous les tenez suspendues sur la liberté de vos semblables, de vos frères, de vos égaux devant Dieu et devant la raison. Oh! que votre mission est à la fois belle et redoutable! Dans son origine, elle atteint jusqu'au ciel par les principes absolus de justice éternelle qui en doivent être la base, et dont vous êtes les représentants et les interprètes. Dans son exécution, elle se confond avec l'emploi le plus vulgaire de la force, avec l'usage du sabre et le droit de la geôle : sans la garantie de votre équité, elle ne serait plus qu'une insupportable et monstrueuse tyrannie. Comme vos cœurs doivent battre sous vos toges à la pensée que vous avez dans vos mains de si grands intérêts et de si précieuses destinées! Car si la société, en vous instituant les ministres de ses châtiments, a fait de vous ses plus augustes soutiens, le prévenu qu'elle traduit à vos pieds, seul, n'ayant que vous, a le droit de réclamer l'appui de votre impartiale sagesse. Or, dans cette lutte solennelle, qui sera le juge du camp? Vos consciences? Nous le voudrions, messieurs; toutes nos inquiétudes s'évanouiraient; nous vous abandonnerions avec joie le sort des hommes honnêtes que nous défendons. Mais qui serait assez audacieux pour donner sa raison individuelle comme caution d'une pénalité? Qui oserait se poser comme loi vivante et obligatoire, et ouvrir un cachot de par l'autorité de sa conviction solitaire? L'humanité est trop infirme pour prétendre, sans s'égarer, à de telles hauteurs; pas assez dépravée pour accepter humblement un régime de bon plaisir. Aussi, messieurs, en vous plaçant sur vos siéges, l'État vous a donné un conseil auguste, permettez-moi de le dire : un maître. Ce maître, c'est la loi. Elle a tracé autour de vous un cercle inflexible : tout-puissants en deçà, vous n'êtes rien au delà. Quels que soient la désapprobation morale, le cri énergique de vos consciences indignées, la certitude des périls où la nation est jetée, le glaive échappe de vos mains. En user au nom d'une utilité quelconque, pour sainte soit-elle, quand on ne l'a reçu que pour la défense de la justice et de la légalité, ce serait forfaiture. C'est là ce que le marquis de Beccaria faisait entendre dans un langage à la fois simple et pittoresque, lorsqu'il disait : « La sentence criminelle doit être un syllogisme parfait : la majeure, le texte; la mineure, l'acte incriminé; la conclusion, la liberté ou la peine. » C'est aussi pour se conformer à cette pensée que le législateur vous ordonne d'insérer dans vos jugements le texte même de la loi en vertu de laquelle vous frappez. Ce n'est pas assez, comme dans les matières ordinaires, d'exiger des considérants motivés, qui soient comme le procès-verbal de vos débats intérieurs et qui rassurent la société et le prévenu; il faut la lettre même du précepte, la lettre étroite, judaïque, à laquelle il n'est pas permis de changer un mot, parce que tout importe, tout est de rigueur, quand il s'agit de punir une créature humaine, c'est-à-dire de la dépouiller des droits qu'elle tient de Dieu et qu'elle exerce sous la garantie de sa libéralité, égale pour tous. Par la même raison, il est défendu au magistrat de procéder par voie d'analogie ou d'induction. Il se renfermera dans sa cause; il ne puisera aucun exemple ailleurs, et, déposant son pouvoir aux pieds de la loi, toutes les fois qu'il la trouvera muette, il ne comblera point une lacune avec laquelle son autorité s'évanouit.

Ces hautes vérités sont de tous les âges. On les rencontre comme préface des législations de tous les peuples policés; et vous êtes trop versés dans les richesses du droit antique pour qu'il soit nécessaire de vous rappeler avec quelle précision énergique les jurisconsultes du Digeste les avaient exprimées. Au titre *ff De pœnis,* Marcien écrit ces belles paroles : « Le juge criminel se fera une chaîne des faits et de la loi. Il fuira avec un scrupule religieux l'affectation de la sévérité ou de l'indulgence. L'une ou l'autre serait une infraction à ses devoirs. » J'ai insisté sur cette démonstration, parce qu'elle devait devenir la base d'une invincible fin de non-recevoir derrière laquelle je prétends abriter mes clients. Je m'y attache avec d'autant plus d'opiniâtreté qu'au mois d'août dernier, j'ai eu la douleur de la voir dédaignée par les juges devant lesquels j'avais l'honneur de plaider, et j'ai pu croire que, mieux développée, elle n'aurait point été accueillie par ce mépris, qu'elle ne méritait point.

Je conteste que l'article 415 soit applicable aux chefs d'atelier, car ils ne sont point ouvriers. Non-seulement ils font des avances de métiers, de montage et d'autres frais accessoires, mais ils ne peuvent pas travailler eux-mêmes. Sujets à l'impôt de patente, ils doivent être réputés, suivant l'expression de la loi de brumaire an VII, *fabricants à métier*.

Tout étant de rigueur dans l'application des lois pénales, il est permis de repousser l'article 415, comme n'atteignant que la classe des ouvriers dont les chefs d'atelier ne font point partie.

Ce n'est point d'ailleurs une misérable dispute de mots. La distinction légale est aussi fondée en raison. La loi prévoit et punit les délits les plus communs; elle ne s'occupe pas de ceux que repousse la force vraisemblable des choses. Ainsi, les ouvriers n'ayant qu'un intérêt simple et facile à comprendre, savoir, l'augmentation de leur salaire, peuvent aisément se tromper sur les moyens de le satisfaire.

Quand le Code pénal se rédigeait, les ouvriers étaient ignorants, et l'ignorance s'exploite commodément. On pouvait craindre qu'ils ne fussent entraînés à des résistances aussi préjudiciables à leur existence qu'à la tranquilité publique et à la prospérité commerciale. Il n'en est point de même d'un chef d'industrie, dont les rapports avec les négociants sont compliqués et délicats; qui doit, pour réussir, combiner des chances, ménager des susceptibilités. La nature même de sa condition est une garantie suffisante pour la société : aussi la loi est-elle muette à son égard; elle ne prévoit pas plus une coalition des chefs d'atelier vis-à-vis des fabricants, qu'une coalition de fabricants vis-à-vis des commissionnaires. Or, on a donc faussement appliqué l'article 415.

Ce n'est pas tout : la simple lecture de cet article prouve qu'il ne prévoyait point une organisation industrielle semblable à celle de Lyon. En effet, de quoi parle-t-il? D'une coalition faite dans le but d'interdire le travail *dans un atelier,* empêcher *de s'y rendre avant ou après de certaines heures,* et en général de suspendre, empêcher, enchérir les travaux. Ces termes s'appliquent évidemment à des ouvriers travaillant dans une même manufacture, sur un même chantier, liés envers leur maître par des engagements et qui, d'ailleurs, doivent par leur union rendre impossible la continuation des travaux. Les chefs d'atelier sont libres; ils ont un domicile indépendant, et traitent de gré à gré avec le négociant. S'ils se coalisaient, ils ne violeraient aucune promesse; mais cette coalition, possible entre des ouvriers, répugne entre des chefs d'industrie, disséminés au sein d'une grande ville et qui, malgré la communauté de leurs intérêts, ne s'entendront jamais tous pour forcer la main au commerce qui les nourrit. En un mot, on comprend qu'un atelier soit brusquement désert par le concert de manœuvres dont le travail est toute la fortune du manufacturier, et c'est un fait de cette nature que punit l'article 415; mais des chefs d'atelier, citoyens et pères de famille, n'agissent point ainsi : le voudraient-ils, ils ne le pourraient. Maintenant si deux chefs d'atelier, éclairés par une discussion réciproque de leurs intérêts, s'accordent à reconnaître qu'il est désavantageux de travailler au-dessous d'un certain prix, s'ils vont réclamer une augmentation sans laquelle ils refusent leurs métiers, y aura-t-il coalition? Au lieu de deux, mettez-en quatre, vingt, cent, y aura-t-il davantage coalition dans le sens de l'article 415? Non, sans doute; car cette réclamation n'a de général que son motif; au fond, elle est tout individuelle. Chacun de ceux qui l'a fait est libre d'y renoncer. Il y renoncera fort vite, si elle est injuste, par la crainte de voir ses confrères en profiter.

Aussi le tribunal de police correctionnelle me semble s'être trompé, non-seulement en considérant les chefs d'atelier comme des ouvriers, et des ouvriers gagés, mais encore en qualifiant de coalition illégale les faits qui leur étaient reprochés. Il est demeuré constant que les prévenus ont averti les fabricants mauvais payeurs que le refus d'augmentation entraînerait la cessation des travaux, et que les travaux ont cessé. L'instruction n'a point établi de liaison entre ces deux actes, circonstance qui suffirait pour l'acquittement des prévenus, puisque le corps du délit manquait; mais les chefs d'atelier dont j'ai embrassé la cause ne veulent pas plus que moi d'arguties légales. Cette liaison restée obscure, ils la confessent, seulement ils en contestent la criminalité.

On se rappelle dans quelles conjonctures la société des mutuellistes délégua quelques-uns de ses membres auprès des fabricants. L'industrie venait de reprendre une activité universelle. De nombreuses commissions étaient jetées sur la place, et le salaire de l'ouvrier décroissait. Les compagnons des ateliers mal rétribués menaçaient ou s'éloignaient. Les fabricants bons payeurs se disaient écrasés par la concurrence, et contraints de diminuer leurs prix. Que serait-il arrivé si, par un fétichiste respect pour l'article 415, la société des mutuellistes n'était point intervenue? Je l'ignore. Toute vaine frayeur à part, l'expérience nous a montré où conduisent d'opiniâtres résistances quand elles mutilent la vie de l'homme et insultent à la misère du peuple. Mais on peut affirmer que le moindre mal eût été la suspension du travail. Ce résultat était inévitable. La société des mutuellistes, avec la puissance qu'on veut bien lui supposer, ne l'aurait point empêché. Elle ne l'aurait point voulu, parce qu'il serait injuste d'exiger du compagnon, pour enrichir le fabricant, un travail qui doit être rétribué plus avantageusement.

La suspension du travail n'a point été l'œuvre des mutuellistes, mais l'application de cette loi économique qui entraîne l'extinction de toute fabrication mal payée, alors que les bras qu'elle occupe peuvent sans dérangement trouver un salaire plus élevé. Que faisaient donc les chefs d'atelier en annonçant aux fabricants qu'un refus de leur part arrêterait leurs métiers? Menaçaient-ils? Non; pour menacer, il faut disposer d'une chance de bien ou de mal. Les chefs d'atelier, instruits à l'avance des volontés de leurs compagnons, ne les gouvernaient point. Ils en avaient ajourné l'exécution par ces tentatives de conciliation. Leur inefficacité constatée, les compagnons se retirèrent. Ils ne sont revenus qu'avec l'augmentation.

Mais on s'est transporté chez les ouvriers des fabricants désignés pour y couvrir les pièces. La Société, qui a nommé ses députés auprès des négociants, n'avoue plus ces nouveaux émissaires, et l'instruction n'a point produit leur mandat, même en copie de la main de M. le commissaire central. Cependant il importait de savoir s'ils agissaient de leur propre autorité ou comme envoyés des mutuellistes; car, dans le premier cas, on ne pourrait reprocher à ceux-ci que d'avoir empêché quelques jours la suspension des travaux, en essayant une démarche pacifique, reproche qu'ils acceptent. Dans le second, ils auraient précipité et régularisé la conséquence inévitable de l'abaissement du salaire; mais de coalition, je n'en vois nulle part. Une coalition suppose le lien des promesses réciproques, et l'enquête a constaté que chacun était et se savait libre. Les visiteurs ne sommaient point au nom d'une convention obligatoire, ils invoquaient l'intérêt général; on obéissait ou l'on résistait, et nulle sanction pénale, nulle violence ne ramenait les opposants au vœu de la majorité.

Est-ce tout, messieurs? Ai-je épuisé dans cette cause les considérations qui m'assurent l'acquittement de mes clients? Qu'ai-je fait jusqu'ici? Je suis peut-être coupable d'avoir fatigué votre attention par une discussion aride et déjà trop prolongée. Je me suis traîné à la remorque de la loi. J'ai combattu le Code pénal par le Code pénal, sans jamais élever mes regards plus haut que ses dispositions. N'aurai-je pas ainsi trahi les plus précieux intérêts de la défense, en la dépouillant de la majesté qui faisait sa noblesse et sa grandeur? N'aurai-je pas mal à propos usé votre patience et mon énergie, en la forçant de ramper dans une argumentation servile, quand elle devait planer dans ces régions sublimes où les vastes problèmes sociaux sont tenus en réserve? Croyez-vous, en effet, que votre jugement n'atteigne que les prévenus? Votre jugement, c'est la sentence de l'industrie lyonnaise tout entière. Si vous en doutiez, cette foule qui, à vos deux premières audiences, se pressait autour de vous, tumultueuse, pleine d'anxiété, attendant son arrêt, vous apprendrait assez de quels grands intérêts votre sagesse est responsable. Avant de vous le rappeler, je devais, pour mettre vos consciences à l'aise, approfondir la question légale. Je devais, sous peine de déserter ma cause, fouiller jusqu'aux entrailles du droit pénal, afin de démontrer que l'arme rouillée que le ministère public veut faire revivre n'a jamais été forgée pour nous frapper.

Maintenant que cette tâche est accomplie à la mesure de mes forces, permettez-moi, messieurs, avant de m'asseoir, d'interroger les faits que j'ai racontés et de leur demander leur moralité véritable : perturbateurs audacieux, nous avons jeté l'effroi dans une grande ville; nous avons glacé le sang de ses veines en paralysant son industrie, donné son cœur à dévorer à la faim, mis la guerre civile à ses portes et la terreur partout! Mais quoi! Sommes-nous donc des conspirateurs politiques rêvant, au moyen d'un hardi coup de main, l'usurpation d'une autorité jalousée? Non! Nous sommes des travailleurs pauvres, n'ayant que nos bras pour lendemain. Le repos, pour nous, c'est la ruine. Et nous nous y sommes volontairement condamnés! Si la détresse devait consumer des existences, elle aurait commencé par les nôtres; si la guerre civile devait immoler des victimes, nous serions tombés les premiers. Mais par quelle inconcevable folie une population est-elle donc ainsi poussée à un suicide systématique et raisonné? Prenez-y garde, messieurs, il y a dans ces faits un haut enseignement. Une population ne devient pas folle à plaisir. Elle ne se jette pas de gaieté de cœur dans ces extrémités fatales qu'elle rachète par ses larmes, ses souffrances et son sang. Quand de tels symptômes éclatent à la superficie, vous en pouvez conclure l'existence d'un mal profond et intérieur. Eh bien! oui! L'industrie lyonnaise est rongée par une lèpre incessante qui la consumera jusqu'à la moelle de ses os, si l'on n'a pour la guérir d'autre remède que les jugements de police correctionnelle, les sabres des gendarmes et la mitraille. A qui la faute? Dieu le sait, Dieu qui tient dans ses puissantes mains les fils mystérieux de nos destinées, et qui les débrouille alors qu'ils semblent le plus près de se rompre. C'est lui qui a fait gronder sur notre France le tonnerre de ses révolutions; c'est lui qui a soufflé sur notre sol, et la liberté est venue, comme un conquérant jeune et fier, moissonner les richesses que le pouvoir absolu laissait enfouies. Il nous a dotés du levain de la concurrence, et ce levain a fermenté sous ses regards, au soleil de la civilisation; il a enfanté des prodiges. Mais lorsqu'un principe s'est usé à servir le monde et a fait son temps, Dieu le retire pour le remplacer par des éléments nouveaux de grandeur qui puissent nourrir l'humanité, cette fille de sa sagesse et de son amour, qu'il ne laissera pas périr d'angoisse et de misère. Seulement à ces jours transitoires de rénovation, d'horribles malaises se manifestent. Toutes les douleurs parlent à la fois, d'autant plus éloquentes qu'elles sont plus injustes et plus exigeantes. On dirait que les sociétés qui se régénèrent se retournent pour se précipiter vers le chaos. Mais Dieu, qui les voit et les guide, se rit de leurs craintes : il ne permet ce désordre apparent que pour faire éclater sa grandeur et les convaincre de vanité jusqu'au désespoir de notre orgueil, assez fou pour n'avoir de confiance qu'en lui-même!

Telle est, messieurs, l'explication élevée de la crise où nous sommes. Les tempêtes, et quelles tempêtes! nous ont jetés sur le seuil de l'avenir d'où nous entrevoyons de lointaines et consolantes beautés. Peut-être ne nous sera-t-il pas donné de reposer nos têtes en Terre promise, à nous qui avons supporté toutes les dures fatigues du désert. Seulement, dites-moi, messieurs, sur qui elles pèsent le plus. N'est-ce pas sur ceux de nos frères que le hasard de la naissance a liés avec le besoin, et qui cheminent tout le long de la vie aux côtés de ce compagnon de douleur? Ah! pour eux, chaque crise sociale est un affreux malheur, parce qu'elle brise leur existence... Et quand ils s'associent pour alléger leur douleur, vous n'auriez pour eux que des sévérités!

La misère des ouvriers est prouvée par des chiffres, on peut la compter en francs et centimes. Mais peut-on, sans douleur, traduire ces chiffres par leurs conséquences, et voir à quelle dure existence sont condamnés des hommes qui sont nos égaux et nos frères? Si je disais que chaque année la fabrication des tissus qui font notre richesse flétrit de jeunes et florissantes vies, que de robustes organisations viennent s'étioler et sécher de fatigue pour produire à bas prix, consumant en quelques jours de privations et de travail les forces que Dieu leur avait données pour un plus long et meilleur emploi, qui n'unirait sa voix à la mienne pour réclamer énergiquement une modification à la constitution qui tolère et nécessite de si odieux sacrifices? Et cependant ce n'est là qu'une faible partie du mal. Quand la faim et la peine ont creusé le tombeau du pauvre travailleur, la société n'y prend pas garde : elle a toujours un coin de terre, un fossoyeur et un prêtre ; et lui, misérable victime d'un système qui l'a impitoyablement broyé pour donner sa substance en pâture à d'autres hommes, lui qui a souffert à la mamelle de sa mère où il suçait un lait corrompu par la fatigue, souffert dans son enfance, souffert dans sa jeunesse, il dit sans regret un éternel adieu à cette terre de malédiction où il n'a pu trouver sa place; et si la foi vit encore dans son cœur, il tend les bras à Dieu qui saura bien combler l'abîme de ses désirs si cruellement refoulés ici-bas. Mais il est quelque chose de pis que la mort, que la mort hideuse et désolante de l'hôpital, c'est la corruption, c'est l'avilissement de l'âme. Eh bien! la corruption est fille de la misère. L'ouvrier lutte contre elle avec désespoir, et son étreinte l'enlace, le pousse malgré lui à la banqueroute, au déshonneur. Quand à moi se joindront tous les hommes de cœur et de talent, pour demander pour l'ouvrier un salaire qui assure son indépendance, la société consentira peut-être à ouvrir les yeux et à prendre un parti.

Depuis cinq ans les chefs d'atelier qui avaient un faible patrimoine l'ont dévoré. La plupart sont endettés. Beaucoup d'entre eux n'ont payé ni leurs fournitures, ni leurs loyers. Végéter ainsi entre la dure nécessité de supporter l'humiliation d'une déconfiture, de s'entendre reprocher la détresse d'autrui à laquelle on a involontairement concouru, est-ce vivre?

Est-ce vivre que d'avoir toujours derrière soi des obligations d'honneur auxquelles on a manqué, et qui deviennent plus étroites, plus impitoyables, plus impossibles à remplir à mesure qu'elles s'accumulent; devant soi, le devoir impérieux de subvenir à l'entretien d'une famille et l'incertitude de son avenir?

Et quand, à cette vie ainsi réduite, précaire et mutilée, on veut encore arracher un lambeau pour ajouter aux richesses des riches, appellerez-vous justes et respectables les lois qui le permettent? Mettrez-vous des baïonnettes à leur service, réservant, par une stupide contradiction, vos sympathies pour les victimes que vous faites, et votre mépris pour les cupidités devant lesquelles vous agenouillez votre protection et votre assistance?

S'il y a des coupables, ils ne sont point à vos pieds. Les prévenus! tout leur crime est d'avoir écouté les plaintes de leurs frères, de n'avoir pas compris le danger des mesures qu'on leur demandait. Qui les condamnerait pour n'avoir pas fermé leur cœur aux instincts pressants de l'humanité, pour avoir manqué d'intelligence? Et pour cette faute légère vous les frapperiez d'une dure pénalité, vous leur donneriez des fers, vous les traiteriez comme de vils malfaiteurs, eux, hommes de bien, citoyens dévoués, auxquels on ne peut reprocher qu'une erreur généreuse dans ces jours désolants où la ligne des devoirs est si incertaine; vous les arracheriez à leurs familles auxquelles vous ne légueriez que la misère et le dénûment!

Oh! non, il n'en sera pas ainsi. Je ne vous dis pas ce qu'une sentence de condamnation ajouterait de douleur aux douleurs saignantes de la classe ouvrière. Je sais que vous ne cherchez pas le texte de vos décisions dans les murmures de la foule. Mais, messieurs, si vos consciences ne repoussaient point le vœu de ce grand peuple qui vous implore, ne serait-ce pas pour vous un bonheur de jeter une parole de consolation au milieu de tant d'infortunes? Ce serait la première, elle serait bien comprise, car non-seulement vous rendriez des pères à leurs enfants, des frères à leurs sœurs, des travailleurs à l'industrie, mais vous poseriez la base d'une pacification. D'une pacification! oh! la belle et douce espérance! Comme chacun sent le besoin de se rallier autour de son drapeau! Qui de vous, après tant d'angoisses, tant de rigueurs inutiles, tant de sang versé, n'est disposé à tous les sacrifices pour amener sa réalisation? Moi-même, messieurs, je ne craindrai pas d'humilier la défense en l'agenouillant, suppliante, aux pieds de votre tribunal. Mais je n'en ai pas besoin. Magistrats du pays, vous comprendrez de quelles destinées suprêmes vous êtes les arbitres, vous nous ferez justice; et cette justice, leçon pour le passé, avertissement pour l'avenir, sera votre gloire et votre salut, car elle deviendra le port commun où nos vieilles rivalités, lasses d'orages, viendront s'abattre et s'éteindront pour ne renaître jamais.

Après une délibération d'un quart d'heure, le tribunal prononça l'acquittement des trois chefs et la condamnation de six des membres du conseil exécutif à trente-cinq jours de prison.

COUR DES PAIRS

PRÉSIDENCE DE M. PASQUIER

AUDIENCES DES 17 ET 18 JUILLET 1835

Procès des accusés lyonnais.

La principale cause de l'émeute de Lyon paraît avoir été la loi sur les associations, qui, en brisant le lien d'union des ouvriers, les laissait sans force dans leurs justes réclamations contre les fabricants obstinés à maintenir le tarif de leurs journées au-dessous des besoins des travailleurs.

Toutes les associations de Lyon, à l'exemple de celles des autres villes, protestèrent contre le décret du gouvernement et se coalisèrent pour ne pas l'exécuter. Les provocations de l'autorité donnèrent lieu à quelques voies de fait contre les gendarmes, et la ville fut livrée aux horreurs de la guerre civile. Beaucoup de *mutuellistes* et de membres influents de la *Société des Droits de l'homme* furent arrêtés comme instigateurs de l'émeute. La plupart refusèrent de se défendre, après avoir protesté contre la juridiction de la Cour des pairs.

Me Jules Favre, chargé de la défense de plusieurs accusés, en particulier de Girard, de Carrier, de Poulard et de Thion, prit la parole en ces termes :

MESSIEURS LES PAIRS,

Ne vous étonnez pas si ma première parole devant vous est une expression de douleur. Depuis le jour où les pavés de la ville où je suis né ont été rougis du sang de mes concitoyens, chacun des actes du drame dont vous allez dénouer la scène a été marqué par l'immolation d'innocentes familles, l'ébranlement des principes jusqu'ici respectés, et le développement fatal de semences réactionnaires.

Et lorsque sur la tombe des victimes ou à l'ombre de leurs cachots, et jusque dans le sanctuaire de votre souveraineté, j'ai cherché la moralité ou le profit de tant de funérailles, de ruines et d'iniquités, je n'ai rencontré d'autre excuse que la satisfaction d'une politique hésitante, qui n'ayant ni la force de frapper ses ennemis, ni la générosité de leur pardonner, les a livrés étourdiment aux hasards d'une procédure dont elle n'avait calculé ni la sagesse ni la possibilité.

C'est à ces exigences qu'ont été successivement sacrifiés, et le salut d'une riche et florissante cité, et les droits les plus précieux qu'une double charte semblait nous garantir, et, le dirai-je, messieurs les pairs? votre dignité elle-même, qu'on n'a pas craint de compromettre dans cette arène si orageuse et si dangereuse pour elle.

Aujourd'hui la terre a dévoré ceux des factieux que la mitraille a jugés, et, pour amener devant vous ces débris mutilés d'un combat inégal, il a fallu seize mois de captivité préventive, il a fallu seize mois d'enfantement à cette accusation monstrueuse qui devait aboutir à un avortement. Il a fallu mettre en interdit toutes les juridictions ordinaires, et charger la pairie d'un fardeau qui l'eût écrasée, si quelques-uns des accusés n'eussent écouté les conseils de la politique, plutôt que les sentiments inflexibles du droit qui ne s'abaissent devant aucune considération de prudence.

Grâce à leur retraite, la cour est demeurée maîtresse du terrain, et nous, messieurs les pairs, qui avons promis d'y descendre à la voix d'un seul des prévenus, nous qui venons y heurter de front les formidables fantasmagories que depuis longtemps on promène sur la France comme un épouvantail artistement préparé, nous sentons toute la responsabilité qui pèse sur notre isolement, et nous déplorons les circonstances cruelles qui nous imposent le devoir d'une défense nécessairement incomplète.

Ce n'est pas ainsi que s'exprimaient les accusés lorsque, sur la paille de leurs cabanons, ils invoquaient la justice nationale. Ils bénissaient leurs chaînes, parce qu'ils les voyaient rattachées à votre barre, et qu'ils savaient qu'ils pourraient faire entendre leurs paroles du haut de votre institution.

Et moi-même, messieurs les pairs, moi leur compatriote et leur frère, moi qui ai été témoin de leurs angoisses, moi qui ai pleuré sur leurs misères, sur la détresse de leurs femmes, sur la nudité de leurs enfants, vous comprendrez que je souffrais de leurs souffrances, et que j'ai aussi espéré de leur espoir, que je les ai soutenus et consolés avec la promesse de votre impartialité, encore que je l'ignorasse moi-même. Vous comprendrez qu'eux traînés à Paris, j'aie brisé les liens des plus saintes intimités, je sois accouru aussi, non pour les couvrir de mes paroles et de ma protection, mais pour les revendiquer au nom des principes les plus sacrés de l'humanité violée en leur personne, et pour m'écrier à votre barre : « Pairs de France, ne touchez pas un cheveu de ces têtes, car elles ont déjà subi le baptême d'une injuste persécution! »

Qui a un cœur pour de telles émotions devinera si mes entrailles ont dû être déchirées lorsque, par une fatalité funeste, votre souveraineté a brisé les exigences de quelques-uns des accusés; lorsqu'un de vos arrets s'est élevé comme une muraille derrière laquelle il n'y a plus pour eux d'autre honneur que le silence; alors j'ai vu s'échapper de mes mains leur liberté, cette liberté que j'avais caressée comme ma plus douce et ma plus tendre chimère, et avec elle la joie de leurs familles gémissantes, qui peut-être s'éteindront dans la douleur en attendant qu'on les puisse sérieusement juger.

Croyez, messieurs les pairs, que cela est horrible, et si les conséquences de votre inflexibilité vous eussent apparu aussi nettes, aussi accablantes qu'elles le sont à mon esprit, peut-être eussiez-vous de vos mains déchiré votre arrêt.

Maintenant le mal est consommé, et je n'en aurais point parlé si je n'avais point entendu l'organe du ministère public traiter de rebelles ces accusés qui ont refusé de prendre part aux débats desquels vous avez exclu leurs défenseurs.

J'ai d'autant plus le droit de les venger de ces attaques, que j'ai énergiquement combattu leur résistance; mais plus mes efforts ont été persévérants et inefficaces, plus j'ai acquis la conviction du courage et de la moralité de leur résolution.

Des rebelles, messieurs, mais à quelle loi? Dans quelle loi trouverait-on une disposition qui puisse contraindre des accusés à ne pas protester contre une décision par l'éloquence muette de leur indignation? La loi, messieurs les pairs, elle n'accable pas l'homme abattu, elle n'offre pas dans la personne de l'accusé un holocauste à la justice : elle le prend au contraire sous sa protection, elle est pour lui paternelle; c'est bien le moins qu'elle lui laisse la liberté de se taire, quand elle lui arrache celle de parler suivant son cœur et sa conscience.

Mais est-il possible que la loi autorise une pareille contrainte? et les tristes scènes dont la cour a été le théâtre sont-elles le résultat de sa fidèle interprétation?

Messieurs, s'il en était ainsi, la loi serait sauvage : elle n'est qu'ambiguë; elle offre prise à la passion et à l'examen qui la peuvent corrompre. Mais d'un côté, mettez les arguments les plus spécieux, de l'autre, cette voix unanime des docteurs, s'élevant du seuil le plus lointain des âges écoulés pour réclamer l'imprescriptible droit de la défense; comparez et pensez à ce que l'opinion a fait de votre arrêt.

Considérez surtout que parmi les accusés qui sont absents, il en est qui n'avaient qu'un mot à prononcer pour voir tomber leurs fers, et ce mot, ils l'ont enfermé dans leur cœur, ils ont bouché leurs oreilles aux supplications de leurs familles, faisant ainsi à leur conviction profonde le sacrifice de leurs intérêts les plus chers; cela est noble. Que le ministère public appelle sur eux la vengeance des lois s'il en a, mais qu'il ne les flétrisse pas; il serait en opposition avec la conscience publique.

Et ne croyez pas avoir mis à couvert votre responsabilité personnelle par les précautions que vous a conseillées la prudence.

Les accusés ont été traduits à votre barre, mais le débat y est mort, et il n'a pas dépendu de votre souveraineté de lui donner la vie, pas plus qu'on ne pourra le ressusciter à l'aide de modifications posthumes. Ce n'est pas quand à tort ou à raison on a outragé la sainte liberté de défense, qu'on peut faire la paix avec elle en jetant à travers les barreaux d'une prison des lambeaux de réquisitoires auxquels on sait qu'il ne sera pas répondu.

Si vos consciences sont rassurées par de tels simulacres, je me tais, messieurs, mais, croyez-moi, ils ne trompent que vous. Craignez aussi que, les nécessités du moment refroidies, l'expédient ne se montre à vos yeux sous le voile de la justice, et que vous ne veniez à vous repentir d'avoir été trop puissants.

Je ne dis pas ces choses pour offenser la susceptibilité de la cour; elle est trop élevée pour que mon indépendance lui soit une insulte, trop pénétrée de ses devoirs pour ne pas m'écouter avec patience.

Représentant des accusés qui ont cru pouvoir et devoir se défendre, c'était bien le moins que je déplorasse cette fatalité qui a écarté des débats la lumière à la clarté de laquelle leur innocence eût brillé avec plus d'éclat. C'était bien le moins aussi que j'eusse quelques paroles de sympathie pour ceux de mes compatriotes malheureux que j'aurai la douleur de voir frapper à vos pieds sans défense, et que, forcé de respecter leur silence, je lui restituasse son véritable caractère.

Ce dernier adieu adressé aux amis que je laisse derrière moi sur la route, abandonnés à votre souveraineté, je dois entrer tout d'abord dans les viscères de ce monstrueux procès.

Je sais qu'il me serait possible d'élever des objections sérieuses sur l'étrange procédure qui a signalé sa marche; je sais que je pourrais critiquer la compétence de la cour. Cette question préjudicielle a retenti à la tribune d'une autre Chambre. Mais je vous le confesserai, messieurs, avec une douloureuse ingénuité, la force m'a failli, et les émotions ont dans mon âme triomphé des inspirations de la logique : j'ai cédé à un impérieux entraînement.

Savez-vous que j'ai à vous dire ce qu'on a fait de ma patrie désolée? Savez-vous que je viens à vous, messieurs les pairs, comme l'ambassadeur de ses misères dédaignées, comme le dénonciateur des crimes impunis qui l'ont désolée, que je suis tout couvert d'un sang innocent qui n'est pas encore vengé?

Oh! depuis seize mois, le souvenir de tant de désastres oppresse mon cœur; il est brisé par les confidences de mort que j'ai recueillies!

Si bien que je crains de succomber sous la tâche de l'histoire lamentable que je dois vous faire des passions rivales qui ont déchiré le sein d'une ville par leur lutte impie, et qui, infectant les pouvoirs de leur venin fébrile, les ont poussés à des actes de protection et de défense, auxquels nous eussions préféré la plus impitoyable des déclarations de guerre.

Si j'étais à Lyon, messieurs les pairs, je vous prendrais par la main et j'appuierais mon récit par le triste spectacle de nos édifices écroulés sous la mitraille; j'agenouillerais à vos pieds des veuves en larmes, des petits enfants mutilés; je vous ferais asseoir au pauvre foyer de nos ouvriers et recueillir dans leur naïveté le témoignage de l'indignation domestique.

Je vous montrerais une population courbée sous un travail dur et ingrat, écrasée d'impôts, revendiquant en vain les droits que Dieu ne refuse pas à la plus humble des créatures, menacée dans son existence, exposée à se voir dépouillée du fruit de ses sueurs, et je vous demanderais où serait votre courage et surtout où serait votre justice pour prononcer une condamnation.

Voilà, messieurs, ce que j'ai à vous dire, et vous comprenez, en présence d'une pareille mission, si je puis me livrer à de petites et mesquines controverses, à des argumentations de textes, à des difficultés de procédure, à des calculs, à des chiffres.

Eh! grand Dieu! que me font des obscurités légales, des violations de quelques règles de droit criminel, quand je vous parle de tout un grand peuple qui souffre et se résigne à ses malheurs, entraîné de toutes parts au mal par la fatalité de l'exaltation; de ces habitants qui ont pris les armes contre leurs compatriotes, de ces frères qui tombent sous les coups de leurs frères!

Ah! je puiserai là des conclusions plus nettes, plus éloquentes et plus fécondes que si j'en avais assis les prémisses sur les bords d'un article de loi toujours controversé. J'y trouverai un langage plus digne de la grandeur de la cause et de la majesté de l'assemblée qui m'écoute.

Toutefois, messieurs les pairs, avant de m'engager dans une pénible mission, avant de poursuivre le ministère public dans les incroyables détours de son dédale accusateur, qu'il me soit permis de vous soumettre une réflexion préliminaire qui m'a frappé et qui m'a semblé capitale pour la défense.

Depuis que je suis admis à l'honneur de vous étudier de près, j'ai médité assidûment sur la nature et la portée de votre institution; je l'ai pesée de mes faibles mains, j'en ai suivi la trace à travers les gloires et les calamités des générations qui dorment sous notre sol.

J'en ai comparé les ressorts avec les éléments contemporains de notre civilisation et les monuments de notre droit public. Et plus ma pensée a creusé, plus elle a mis a nu les fondements politiques sur lesquels vous reposez. Oh! alors j'ai compris ces récriminations qui ont accueilli votre juridiction, ces discussions solennelles sur votre compétence, et cet émoi des jurisconsultes qui prétendaient vous trouver en défaut sur l'exécution de leurs formules; mais il m'a semblé qu'on s'était préoccupé beaucoup trop de l'apparence, pas assez du fond des choses. On a voulu faire de vous un tribunal, et vous n'êtes pas un tribunal. Vous, des juges, messieurs les pairs? Vous n'avez pas un seul des éléments qui constituent un tribunal! Un accusé, dont vous avez pu apprécier le noble caractère et la mâle éloquence, vous disait, il y a quelques jours encore, qu'il ne connaissait pas de corps plus éminent que le vôtre. Cette opinion est la mienne, messieurs les pairs. Si je voulais composer une assemblée plus complète de toutes les illustrations, je serais fort embarrassé. Mais croyez-vous que la célébrité suffise pour conférer le sacre judiciaire, qu'un tribunal soit à l'aise pour être assis sur des lauriers militaires ou scientifiques? Non, messieurs les pairs, non, désabusez-vous!

Je comprends votre utilité politique, la valeur du rôle que vous êtes appelés à jouer. Glorieux représentants d'une époque qui a remué le monde, vous conservez les traditions du passé, vous ménagez les transitions de l'avenir, vous protégez les intérêts qui s'effacent contre le brusque envahissement des intérêts qui surgissent et dont vous modérez la frémissante impatience. Mais plus je reconnais et proclame l'utilité de votre rôle politique, plus votre caractère juridique, surtout en matière politique, me paraît exclure le caractère de juges. Non, messieurs les pairs, vous seriez à la fois juges et parties; cela ne s'est jamais vu. Je ne vous parle pas des autres monstruosités de votre assemblée considérée comme tribunal. Elle en fourmille.

Ne vous croyez pas juges parce que la Charte a écrit : Cour des pairs; parce que, plusieurs fois, vous avez vivifié ce texte par des précédents nombreux et incontestables; parce que nous sommes ici en votre présence, admis à présenter une défense; parce que des témoignages ont été entendus. Vos intelligences sont trop supérieures pour vous faire une telle illusion.

Je serais en peine de vous dire quelle est l'idée philosophique qui se cache et se débat sous la volumineuse procédure qui encombre vos bureaux. Mais je m'inquiète, vous ne l'avez pas oublié, de découvrir le paradoxe constitutionnel qui vous investit d'attributions judiciaires. Je ne le critique pas, je le suppose, au contraire, dicté par un sentiment profond de sagesse. Il est trop commun dans l'âge sceptique où nous vivons de voir traiter les plus solides institutions avec une dédaigneuse légèreté, et de prononcer sur elles des condamnations sans appel, des commodes hauteurs d'une ignorante fatuité. Nous n'avons pas voulu qu'un pareil reproche pût nous être adressé. C'est dans l'histoire, c'est dans l'analyse des dispositions de la Charte que nous avons voulu rencontrer la solution du problème contradictoire qui semble se poser entre la Chambre et la Cour des pairs.

Eh bien! nous sommes arrivés à cette déduction que la Cour des pairs n'est autre chose qu'un complément politique d'une force politique, qu'un instrument politique destiné à abattre définitivement les résistances agenouillées qui pourraient sans elle se redresser, et secouer de leur drapeau la poussière de la défaite. Cette opinion n'est pas une injure à votre pouvoir.

Dans tous les temps et à toutes les époques, cette fonction sociale a été remplie presque toujours par les corps les plus éminents. Nous pourrions, à cet égard, jeter les yeux sur les temps qui sont derrière nous, et nous y trouverions la confirmation de cette vérité : c'est qu'il faut bien reconnaître, en dépit des plus sublimes théories et des généreuses chimères dont on berce notre enfance, que la force joue toujours un rôle immense dans les affaires de ce monde. Dieu l'a ainsi voulu; et ce n'est pas à nous, pauvres créatures périssables, qu'il appartient de sonder les impénétrables secrets de sa providence. A chaque orage qu'il nous envoie, les destinées du monde se mêlent, et, pour y ramener le calme, l'épée de Brennus pèse toujours dans la balance.

Alors la force revêt les insignes du droit pour trôner en souveraine, et jamais elle ne manque de ministres qui fassent respecter son culte. Qu'ils chevauchent cuirassés dans les camps, ou qu'ils viennent s'asseoir sur l'hermine et le velours, peu importe, on les reconnaît à ce caractère ineffaçable qu'ils reçoivent l'ordre du plus fort, qu'ils sont là pour protéger ce qui est, pour garantir l'État. Or, l'État, pour nous autres vermisseaux d'un jour, c'est l'arbre sous lequel une nation s'abrite; et la force qui protége et soutient, c'est la force politique, qu'elle procède par l'échafaud ou le canon.

Cependant il faut bien le reconnaître, la force est moins haïssable quand elle se montre à visage découvert que quand elle se cache sous un voile respecté. En voulez-vous un exemple, le plus illustre qui se puisse citer? Il arriva un jour que la France se trouva attaquée au dedans, au dehors, et de deux côtés à la fois. Elle opposa une résistance furieuse; à la frontière, ses armées firent à leur empereur un piédestal de bataillons hachés. A l'intérieur, un proconsul encombrait les prisons en vertu de lois révolutionnaires et les faisait vider par la guillotine.

Je le demande, lequel des deux représentants, employant l'un et l'autre le système de la force, lorsqu'il aura paru au tribunal de Dieu, se sera montré plus couvert de sang, de deuil et de larmes, de Napoléon ou de Robespierre? Et cependant l'un est mort glorifié; on n'a pas tressé pour lui assez de couronnes, on n'a pas assez entonné d'hymnes nationaux; l'autre est mort chargé de l'exécration publique.

Et ne dites pas que l'un fut dévoué et l'autre lâche, car l'un est mort captif après la plus étonnante fortune, après le plus admirable règne; et l'autre, après quelques mois de sa dictature bourgeoise, a fini par glisser sur la planchette où il avait lié tant de victimes. Mais l'un canonnait des hommes en plein soleil; l'autre, pour se défaire de ceux qu'il appelait les ennemis de la patrie, les faisait passer par une audience. Voilà tout le secret du jugement de la postérité. C'est que la postérité, qui pardonne beaucoup, est sans pitié pour la profanation de la sainte idée de justice. Aussi les corps politiques feraient-ils mieux d'avouer hardiment leurs rigoureuses nécessités que de les dissimuler sous des formules qui ne trompent personne. Quelle que soit en effet leur volonté de se soustraire à cette influence extérieure, la raison d'État domine tout et violente la main qui rédige l'arrêt. Or, la raison d'État, ce n'est pas la justice. Ces vérités sont éternelles. Et ne pensez pas, messieurs les pairs, que, malgré tous vos scrupules de conscience, il soit donné d'échapper à leur fatale application.

Que dis-je! je les vois inscrites sur vos institutions. D'où descendez-vous, en effet? D'où vous vient cette majesté qui vous environne? Est-ce celle que les jurisconsultes romains, et Cicéron surtout, appelaient divine, et dont ils couronnaient leur préteur comme d'une auréole d'infaillibilité? Ne pensez pas que les siècles aient tellement pesé sur vous qu'il ne soit plus possible de vous reconnaître. Je vois encore à vos côtés l'épée de la féodalité. Si je fouillais vos archives, j'y trouverais les traditions de ces assemblées redoutables que les monarques barbares convoquaient sur la terre soumise, pour régler les affaires des duchés, recevoir les hommages et juger les hauts barons, leurs pairs. C'étaient des jugements qu'elles rendaient! Singuliers jugements que ceux qui dépouillaient d'une province un guerrier la défendant à outrance, et prenant souvent texte de la sentence pour s'agrandir et multiplier ses vassaux. C'étaient aussi des jugements qui, à une époque plus rapprochée, alors que notre glorieuse noblesse de parlement avait pris racine auprès de la tige conquérante, cassaient le testament du roi le plus absolu, et protégeaient la France contre les hasards d'une tutelle orageuse et du gaspillage de l'autorité royale. Ces jugements, je vous le demande, étaient-ils des faits judiciaires ou politiques?

Voulez-vous que je touche aux leçons contemporaines? Je le dois, pour dissiper tous les doutes qui pourraient obscurcir cette grave question; je le puis sans craindre que ma franchise soit inconciliable avec le respect que je porte à la cour; s'il était moins grand, nos paroles seraient plus déguisées. Je sais qu'elle veut tout entendre pour tout apprécier.

Je dirai donc tout de même que les institutions féodales et les lois de l'ancienne monarchie avaient chargé des corps politiques de la mission de prononcer judiciairement dans la forme, et politiquement au fond, sur des faits accomplis; tout de même aussi il a paru utile, sous l'empire de la Charte, de mettre l'État sous la sauvegarde d'une force constituée. Quelles sont en effet les attributions de la Cour des pairs? Elle connaît des crimes de haute trahison et des attentats contre la sûreté de l'État.

La sûreté de l'État, vous l'entendez? Oui, l'État a été placé sous l'égide de votre souveraineté. C'est pour sauver la fortune publique qu'on vous convie de sortir momentanément de la sphère neutre de votre puissance législative. C'est surtout lorsque l'État a été secoué par des crises, lorsque des luttes s'entre-croisent, que la constitution du pays arrête la justice ordinaire : elle se méfie d'elle, parce qu'elle est impartiale, et lui arrache son glaive pour le remettre entre vos mains, qui ne le sont pas. Ces hautes vérités, faut-il les redire encore à la France de 1835? n'y a-t-il pas dans vos archives des monuments impérissables que les lois lui ont enseignés?

Après la révolution de Juillet et le triomphe de l'insurrection, on traduisit devant la Cour des pairs les ministres que la foudre avait frappés sur les marches du trône, dont ils avaient joué la destinée. Quelle était leur excuse? Ils devaient dire : « Nous avons vu l'État en péril, nous avons voulu le sauver, et, pour obéir à la loi suprême de salut public, nous nous sommes réfugiés dans les organes du pouvoir constituant. »

C'était là leur système, et l'habile défenseur, dont beaucoup d'entre vous n'ont pas oublié les magnificences oratoires, le sentit si bien qu'il aborda hardiment ce système dans toutes ses conséquences. Seulement on lui répondit, ce qui était sans réplique : « Vous oubliez que vous êtes vaincus. L'État n'est plus vous; un État nouveau s'est formé sur d'autres bases. Nous vous condamnerons donc, parce que votre existence libre serait incompatible avec l'État nouveau que nous avons mission de défendre. »

Voilà la raison logique du drame de décembre 1830. Voilà qui explique comment, malgré ses sympathies naturelles et incontestables pour les ministres vaincus, la Cour des pairs a dû les condamner; elle a fait son devoir, elle a été aussi fidèle à son mandat qu'elle le serait en emprisonnant la République, si la République était en cause et qu'elle eût été vaincue.

Mais retournez le fait; supposez qu'en Juillet l'insurrection parisienne eût succombé, que les ministres eussent été vainqueurs, et que la Franee eût courbé la tête sous le joug des ordonnances, alors l'État, au lieu d'être à l'Hôtel de ville, aurait été aux Tuileries; alors aussi la Cour des pairs, fidèle à la loi de la victoire, eût protégé l'État ancien comme elle a protégé l'État nouveau, et elle aurait eu des peines contre les insurgés de Paris. En voulez-vous davantage pour vous convaincre que vos jugements sont toujours subordonnés à un principe qui n'est lui-même que la conséquence de la force et du fait politique?

Si vous en doutiez, réfléchissez, je vous en supplie, aux faits qui ont signalé ce procès. Je pourrais en citer un grand nombre, je me borne à un seul : que signifient, messieurs les pairs, ces retraites silencieuses ou motivées qui ont dégarni vos bancs? Pourquoi la pairie, si nombreuse, a-t-elle des juges si rares?

C'est qu'il y a dans votre isolement un énergique avertissement; c'est que le fait que vous allez accomplir est un fait politique dont l'appréciation dépend de la diversité des opinions politiques, et pour aller au but que vous voulez atteindre, il faut un autre dévouement que le dévouement judiciaire : ce dévouement, je le respecte, j'ai indiqué sa noble origine; seulement j'étais bien aise aussi d'indiquer sa véritable nature, de lui restituer son caractère, afin que tout fût dit sur votre pouvoir, et qu'il fût bien avéré que chez un corps politique, il peut y avoir la loi de la nécessité ou celle de la générosité, mais qu'il ne saurait y avoir justice.

De cette démonstration complète, il ressort deux conséquences : la première, qu'à mon avis on a tort de critiquer votre compétence: aux termes de la Charte, votre compétence est suffisamment établie; la seconde, que pour être digne de vous, pour correspondre à votre institution, la défense doit être nécessairement politique, et que, si elle s'écartait de cette ligne, elle manquerait son but, elle serait un non-sens aussi étrange qu'un réquisitoire qui serait basé sur les articles du Code pénal, devant vous qui êtes les maîtres souverains de la peine et de la loi.

Ne croyez pas que j'entende par là que la défense doive se faire le champion de théories, et mettre la main sur les artères de la monarchie pour compter les jours que Dieu lui a donné de vivre encore; ce serait une inconvenance inutile et dangereuse. Mais il lui appartient d'examiner avec indépendance quel a été le milieu politique dans lequel se sont accomplis les faits sur lesquels vous avez à prononcer; et si la défense parvient à établir que les accusés n'ont pas rêvé le renversement du gouvernement, qu'ils n'ont pas commis d'attentat; si, en second lieu, elle peut jeter des doutes dans vos âmes sur la nécessité d'une condamnation, si elle vous fait comprendre qu'il n'y a pas nécessité indispensable d'user de sévérité, je crois qu'elle aura accompli sa mission.

C'est sous ce double point de vue que j'ai compris la défense, et c'est ainsi que je chercherai à remplir ma tâche.

Lorsque, après la lutte d'avril, il fut donné à l'accusation de jeter sa procédure sur le champ de bataille, elle songea à se grandir elle-même, par l'édification imprévue d'une conspiration redoutable dont les fils auraient enlacé la France entière. Pour y parvenir, chacun des contre-coups de la catastrophe lyonnaise fut envisagé par elle comme un acte étudié d'un même drame. On alla jusqu'à incriminer les angoisses des cités environnantes et la douloureuse inquiétude de la presse patriote.

On ferait, messieurs, des complots à moins. Mais lorsqu'on use de pareils procédés, on s'expose à les voir s'évanouir au grand jour; et, si je ne me trompe, pour la conspiration en grand, elle est désormais enveloppée dans le linceul, et quoiqu'elle ait rencontré des débats mutilés qui n'ont pas jeté sur tout le procès le jour qu'une défense complète y aurait pu apporter; quoique, par une bonne fortune qu'elle ne méritait certes pas, l'accusation ait pu couvrir ses exigences derrière les arrêts d'une disjonction qui n'a été, après tout, que la destruction du système qu'elle avait élevé à plaisir, elle n'en a pas moins été forcée de voir s'évanouir son fantôme gigantesque et chéri, d'abandonner la France tout entière pour se réduire à Lyon; et nous, messieurs, nous espérons l'y poursuivre encore, la forcer dans les retranchements qu'elle s'est faits, et ne lui laisser d'autres théâtres que deux ou trois bureaux officiels, et tout autant d'estaminets, dans lesquels la police avait d'avance dressé pour ses agents des tribunes aux harangues.

L'accusation a cru devoir remonter jusqu'au mois de novembre 1831; nous, messieurs, nous vous demanderons la permission d'aller plus loin encore en arrière. Si la filiation de 1835 à 1831 est légitime, celle de 1831 à 1830 ne l'est pas moins, et aucune de ces époques n'est intelligible sans l'autre.

Eh bien! après la révolution de Juillet, le pouvoir avait de graves obligations à remplir. Ce n'est pas, en effet, impunément qu'on monte sur le trône à travers les fumées du triomphe populaire.

Il faut alors se découvrir humblement devant la masse d'Hercule, et l'on est mal venu à vouloir la briser, lorsqu'elle se tourne contre vous. La révolution de Juillet a été, il faut le dire franchement, la glorification de l'insurrection, et aussi, sous ce rapport, il ne faut pas en douter, pour le repos de la France, elle a été mauvaise et dangereuse. Oui, il eût été à souhaiter que la population parisienne tirât son épée sur le signal d'un pouvoir constitué. Sans doute, si elle eût attendu ce signal, il lui aurait manqué.

Honneur au peuple d'avoir compris qu'il ne devait prendre conseil que de sa valeur, qu'il devait suppléer par son bras aux pouvoirs tremblants et dispersés! Mais que ces pouvoirs qui, alors, étaient à la queue de l'émeute, dont la bravoure parisienne a fait une révolution, que ces pouvoirs qui, le lendemain, n'ont pas eu assez de flagornerie pour la guerre des rues, pour les guérillas de barricades, pour les combats de cheminée, viennent aujourd'hui les dénoncer à l'indignation publique, et réclamer contre eux des châtiments; il faut le dire avec douleur, cela est peu moral et peu logique, et donne le droit à leurs ennemis de leur répondre qu'ils ne blâment tant à présent l'insurrection que parce qu'elle ne leur profite pas.

Je ne dis pas cela pour légitimer les actes, et prétendre pour cela qu'ils ne sont pas répréhensibles. Seulement j'ai le droit d'affirmer devant la cour que les semences révolutionnaires qui, de temps à autre, ont produit dans la France ces agitations dont nous avons été les témoins depuis la révolution de Juillet, ont été jetées par le pouvoir lui-même et par la fatalité de la position qu'il avait prise.

M. le procureur général cherchait, à votre dernière audience, à expliquer la théorie de la *Société des Droits de l'homme* par la déclaration de M. Robespierre. (*On rit.*) Cette déclaration, je ne viens pas la défendre, il me sera permis de dire à M. le procureur général qu'il n'avait pas besoin de remonter si haut, qu'il ne lui était pas nécessaire d'exhumer des pièces mortes du passé, pour y trouver la glorification très-positive de l'insurrection, et qu'il n'avait qu'à chercher dans les discours officiels qui ont suivi la révolution de Juillet.

Il faut le dire nettement, après la révolution de Juillet, le peuple a été sous l'empire de deux illusions qui ont pu être funestes à sa tranquillité. D'abord il a cru que le pouvoir nouveau s'occuperait exclusivement de ses intérêts. Il a pensé que, dans le cas où il serait trompé, il aurait encore la faculté de recourir à la force pour reconquérir ses droits illégitimement froissés.

Voilà, messieurs, quelle a été la moralité nécessaire de la révolution de Juillet; et partout cette moralité a été bien comprise; elle l'a surtout été à Lyon, où vit une population laborieuse, économe, façonnée de longue main à des habitudes de famille, masse aisément gouvernable, et qui toutefois renferme dans son sein d'inflammables éléments. Si elle est patiente à supporter un mal auquel elle ne voit pas de remède, elle ne tolère pas l'injure, elle est impuissante à l'oublier. D'ailleurs, compacte et serrée comme une assemblée de frères et d'amis, elle a dû se prêter à l'esprit des associations, car la solidarité de souffrance y est un dogme du berceau.

A côté de cette population et au milieu d'elle vit une bourgeoisie riche et nombreuse qui sort de ses rangs et qui, peut-être pour cela, est en général intolérante pour les souffrances de la classe ouvrière. On vous a dit aujourd'hui même que l'industrie nationale, et l'on n'avait pas besoin de le dire, est la fabrication des étoffes de soie. Cette fabrication occupe plus de cinquante mille bras, et produit annuellement 60 millions. Cependant, dans ces vastes entreprises, les forces industrielles sont malheureusement réparties ; beaucoup sont perdues.

Le mal a été peu sensible tant que Lyon a conservé le monopole de ses productions ; mais lorsque la science de la fabrication a franchi le seuil de son enceinte, lorsque les étrangers ont pu s'emparer de ses secrets et sortir en même temps de ses voies routinières, alors une concurrence redoutable a eu lieu, alors aussi des tiraillements se sont manifestés dans son sein, et avec les souffrances a commencé le développement des mauvaises passions. D'autant, messieurs les pairs, qu'à Lyon comme ailleurs, l'esprit du siècle a fait des progrès, et l'esprit du siècle, c'est un peu l'amour du gain.

Je n'ai pas la prétention de dire que nous valons moins que nos pères ; mais assurément nous sommes plus qu'eux possédés d'une soif immense de nous enrichir ; et à une époque où l'argent est une puissance dans l'État, où il lave toutes les fautes passées, beaucoup s'inquiètent peu des moyens d'en amasser ; et cette morale, avec la tactique odieuse qui a été suivie par certains fabricants de Lyon, n'a pas moins contribué que la baisse des salaires à entretenir et à perpétuer l'irritation de la classe ouvrière ; car elle a été la source de vexations sordides, de manœuvres honteuses, sur lesquelles on a établi de scandaleuses fortunes, qui n'étaient souvent que l'exploitation de la détresse et des sueurs du pauvre.

C'est dans cette situation que la révolution de Juillet a trouvé la population parfaitement prête à la comprendre dans toutes les conséquences que j'avais l'honneur d'exposer à la cour. Ainsi, la population lyonnaise a cru qu'elle allait être satisfaite ; elle a fait des rêves et d'honneur national et de gros salaires, et elle s'est remise à son travail.

Quelques mois s'étaient à peine écoulés qu'elle s'est aperçue que son travail était encore moins productif ; les foudres de Juillet avaient en effet effrayé l'industrie, pacifique de sa nature, et la production s'était ralentie.

Le peuple souffrait, les impôts s'accroissaient, les salaires diminuaient. Il put voir que l'une de ses illusions s'échappant, il lui en restait une autre, celle de sa force ; mais, croyez-le, le peuple n'use de cette ressource extrême qu'à la dernière extrémité aussi. Le peuple sait très-bien que pour qu'elle soit féconde, il faut qu'il l'arrose de son sang. Or, ce n'est pas à la légère qu'il se décide à le verser. Lorsqu'une ville ou une nation s'insurge, on peut conclure qu'elle a été bien offensée ou bien souffrante ; car ce n'est pas sur la foi de quelques brouillons qu'on se résigne à tracer le champ clos autour d'un pouvoir qu'on aurait été beaucoup plus heureux de soutenir et d'aimer. Aussi le peuple lyonnais ne courut pas de suite aux armes pour vider la querelle. Il s'adressa aux autorités locales ; il leur exposa sa misère et leur demanda un moyen d'en sortir. Alors, à la tête de l'administration du département du Rhône, était un homme qu'on a pu diversement juger, mais auquel on ne saurait refuser un cœur généreux et des intentions droites.

Cet homme avait vu de près la détresse de nos ateliers, et son âme en avait été touchée. Il accueillit avec plus de joie que d'intelligence un moyen qui lui était proposé comme un remède universel, moyen qui n'était pas nouveau, qui avait ses prétentions rivales. Les fabricants furent convoqués, leurs délégués examinèrent les réclamations des ouvriers, le tarif fut de part et d'autre accepté et revêtu de toutes les signatures des parties intéressées, de la sanction de l'autorité locale. Il fut affiché sur les murs de notre ville, comme un pacte de famille, comme la véritable charte des ouvriers. Il ne fallait pas y manquer, ou il ne fallait pas l'accorder, puisqu'on était sûr qu'elle était inexécutable.

Bientôt la conduite des fabricants lyonnais vint jeter des semences d'irritation dans l'esprit des ouvriers. De tous côtés on parla de l'impossibilité d'exécuter le tarif qui avait été solennellement accordé. Ce qu'on avait fait en public, on chercha à le défaire en secret ; on écrivit au ministre. Bientôt les esprits se soulevèrent ; des rassemblements tumultueux eurent lieu ; ils furent attaqués par la force ; et cette fois, messieurs, la force eut le dessous. Ce ne fut pas la faute de la garnison ; mais nous étions encore trop près d'une époque qui, en même temps qu'elle amollissait le courage de l'armée, augmentait l'exaltation du peuple. Ce peuple prouva, du reste, par sa victoire, qu'il n'avait pas pris les armes dans des intentions de pillage et de vengeance ; et ce grand fait de novembre demeure comme un monument impérissable qui répond à toutes les déclamations sur les prétendus dangers de l'influence populaire. Le peuple prouva par sa modération qu'il avait voulu seulement reconquérir les droits qui lui avaient été illégitimement arrachés, et le gouvernement, à cette époque, parut le comprendre.

M. le duc d'Orléans et M. le maréchal ministre de la guerre n'apportèrent aux ouvriers que des paroles de paix et de conciliation. Ils n'eurent pour leurs souffrances que des sympathies et de la bienveillance. Cette fois M. le procureur du roi put déchirer ses procès-verbaux commencés, et la grande catastrophe fut couverte d'un voile d'abolition sur lequel le *Moniteur* voulut bien écrire des promesses d'amélioration pour l'avenir.

Quant à ces promesses, que sont-elles devenues? Filles éphémères des craintes qu'avait inspirées l'orage, elles se sont évanouies avec lui; elles ont produit la réorganisation du conseil des prud'hommes et la constitution d'une caisse de prévoyance.

Mais ces deux institutions ont été d'abord viciées dans leur principe. Le conseil des prud'hommes a été annihilé par la lutte qui s'est manifestée dans son sein, et dont vous savez l'origine. Les ouvriers réclamaient comme un droit imprescriptible la liberté de la défense, non pas, messieurs, pour se faire eux-mêmes la pâture des sangsues procédurières avec lesquelles M. l'avocat général a bien voulu ne pas confondre les avocats de Lyon, mais afin de pouvoir opposer aux fabricants des moyens à peu près aussi énergiques. Voilà ce que voulaient les ouvriers; ils voulaient être représentés par leurs pairs, ils voulaient qu'il fût permis à un chef d'atelier de porter la parole au nom de ses confrères. Les prud'hommes fabricants s'y sont refusés; et de là, ainsi que je le disais, une annulation presque complète de son autorité, de son intervention bienfaisante.

Là furent réduits tous les bienfaits du pouvoir : je me trompe, il nous dota encore de fortifications qui furent dirigées bien davantage contre notre turbulence que contre les dangers de l'invasion étrangère.

Telles furent les conséquences de novembre 1831. Cependant les ouvriers reconnurent dans ces funestes événements deux leçons qu'ils n'ont pas oubliées depuis : la première, c'est que, soit impuissance, soit mauvais vouloir, l'administration locale ne faisait rien pour eux, n'interviendrait jamais dans leurs querelles avec les fabricants; la seconde, c'est que les coups de fusil avançaient fort peu les questions industrielles, qu'il était inutile de recourir à de semblables arguments pour avoir raison. Aussi, messieurs les pairs, après novembre, les ouvriers lyonnais s'attachent avec ardeur à un moyen nouveau pour obtenir un remède pour leur plaie; ne l'oubliez pas, cette plaie existe toujours, et c'est pour la guérir que les ouvriers se sont insurgés en novembre 1831, que plus tard ils se sont formés en associations : nous allons voir les associations se développer sur la terre lyonnaise. C'est ici que se place l'association mutuelliste.

Il ne faut pas croire que le berceau du mutuellisme soit placé parmi les décombres de novembre. Le mutuellisme était né bien auparavant, dès l'année 1828. A cette époque, les ouvriers avaient senti que leur isolement était une cause puissante de leur détresse; que, faibles et divisés, ils étaient beaucoup plus facilement exploités par la classe qu'à tort ou à raison ils regardaient comme leur ennemie. C'est pourquoi ils s'étaient réunis. D'ailleurs, et pour combattre les plus inévitables accidents de la vie, n'était-il pas plus simple, au lieu de marcher au hasard, de se donner réciproquement la main? N'était-ce pas obéir aux principes de charité évangélique qui ont été apportés dans le monde par Jésus-Christ, qui disait : Aimez-vous! Sans doute il le disait à tous les hommes, mais surtout aux petits et aux humbles, dont il avait si bien senti les misères. C'est à eux qu'il disait : Associez-vous contre les entreprises des puissants qui ne sont pas des créatures plus privilégiées, plus bénies que vous.

De cette parole auguste est venue la chaîne non interrompue dont le mutuelliste a été un dernier et imperceptible anneau. Et, de même qu'au moyen âge, les serfs courbés, courbés sous l'épée des barons et sous la verge pontificale, se réunirent un jour, rédigèrent une charte communale et placèrent sur leur terre esclave le drapeau de la liberté civile à l'ombre duquel nous pouvons jouir aujourd'hui de notre titre d'hommes, de même aussi de pauvres ouvriers fabricants de Lyon se rassemblèrent afin de jeter dans les liens de l'existence mutuelle le premier fondement de l'avenir sous lequel il sera donné un jour aux classes laborieuses d'avoir leur pleine part du soleil.

Quel était le but de la Société mutuelliste? Elle ne voulait pas attaquer le gouvernement établi, elle le respectait; il y a mieux, elle l'invoquait comme une autorité tutélaire : elle ne se cachait pas de lui, mais elle voulait chercher des forces en elle-même; elle voulait créer un centre de secours réciproques; elle voulait nourrir les veuves, protéger et secourir les orphelins : voilà, messieurs, quel était le but de cette société! Et certes ce n'est pas pour nous une faible consolation que de rencontrer ainsi dans la partie la plus humble de la société des traces de dévouement et d'amour fraternels que souvent l'égoïsme dessèche dans les parties les plus brillantes et les plus élevées.

Mais les ouvriers lyonnais n'avaient pas à lutter seulement contre leur isolement. J'ai dit à la cour qu'ils étaient en présence des fabricants qui trop souvent exploitaient leur détresse, qui trop souvent profitaient de leur ignorance, pour faire sur leurs sueurs d'illicites bénéfices. Eh bien! la Société mutuelliste fut aussi dirigée contre ces efforts impies.

Depuis que la concurrence avait éclaté sur la place de Lyon, les fabricants qui ne voulaient pas réduire leurs inventaires avaient attaqué le prix de la main-d'œuvre; ils l'avaient réduit à un taux tel qu'il était impossible à un ouvrier de vivre en travaillant. Et puis certains d'entre eux se permettaient des trafics qui devaient nécessairement jeter dans la classe ouvrière des semences de démoralisation et de colère. La Société des mutuellistes eut donc pour but, au lieu d'un tarif, d'une mercuriale, que le maréchal ministre de la guerre avait promis et qui n'a jamais reçu son exécution, de faire une indication du prix de fabrique, indication réglée d'après les prix payés par les meilleures maisons, indication simple comme toutes les nécessités de l'industrie, et qui devait varier avec elles.

Vous voyez, messieurs, quel était le but du mutuellisme, qu'il n'y avait rien de séditieux, d'anarchique, et qu'alors qu'on en jetait les premières bases, on ne devait pas s'attendre qu'un jour vous seriez appelés à y porter les yeux.

Comment le mutuellisme a-t-il donc été contraint par une déplorable fatalité de sortir de cette ligne pacifique pour se jeter dans des voies exceptionnelles si violentes? C'est, messieurs, ce qu'il me reste à vous dire.

En vous racontant les débuts du mutuellisme et en vous signalant ses vues généreuses d'amélioration industrielle, je ne dois pas oublier avec quelles minutieuses précautions cette association s'était garantie contre toutes les influences extérieures, comment elle avait posé une limite que la politique ne pouvait pas franchir, comment aussi elle s'était méfiée des querelles religieuses, chose rare cependant dans notre âge où ces idées sont peu envahissantes.

Ainsi, dans les statuts du mutuellisme, on voit que la politique, que la religion doivent être sévèrement exclues de toutes les discussions, dans les réunions de la Société.

Ce n'est pas tout : non-seulement la Société mutuelliste se garantissait ainsi d'une inspiration violente, qui aurait pu la détourner de sa nature originelle, mais encore elle avait des peines contre les désordres moraux qui pouvaient se manifester dans son sein, et nous lisons dans ses statuts que l'ivrognerie et la débauche étaient sévèrement réprimées.

Comment cette association, dont le but était si calme, a-t-elle été jetée dans des voies violentes? Il faut en convenir, elle contenait dans son sein des germes de puissance qui tendaient à se développer facilement, et là était son écueil.

Ainsi passent toutes les institutions humaines : faibles, elles s'étiolent et périssent de langueur; fortes, au contraire, elles ont à redouter les abus de leur vigueur, et la résistance des intérêts qu'elles froissent dans leur marche.

Cependant, je me hâte de le dire, si la Société mutuelliste n'avait pas été harcelée par la législation; si elle n'avait pas été calomniée par les fabricants qu'elle soutenait ; si elle n'avait pas été mal comprise par l'autorité, et qu'elle eût au contraire près d'elle conseils et protection, j'ose croire que jamais elle n'aurait commis les fautes qui l'ont perdue.

Je n'ai pas besoin de dire à la Cour que son organisation était démocratique : elle était de trop près la fille du peuple pour n'en pas réfléchir toutes les susceptibilités, et pour n'en pas garantir tous les droits.

C'est ainsi que la Société tout entière, divisée en loges, était appelée à délibérer sur les moindres propositions et sur les plus minces intérêts. Elle avait à sa tête un conseil exécutif, un pouvoir suprême ; mais elle avait conçu contre ce conseil une telle méfiance, qu'elle l'avait dépouillé de tout pouvoir d'initiative, et qu'il n'était qu'un simple instrument de commencement et d'organisation supérieure et absolue de la Société.

Peut-être, messieurs, était-ce là une faute, peut-être eût-il été plus sage de placer à la tête de la société un corps moins énervé ; on eût ainsi moins respecté sa souveraineté, mais on l'eût mise en garde contre les excitations extérieures, parce que les masses peuvent souvent être mues par le conseil des hommes fougueux qui ont toujours de l'influence dans les assemblées populaires.

Telle fut, j'en conviens, la cause des fautes de février, mais avant février l'association s'était fait jour, elle avait grandi, grâce aux poursuites du parquet, car les associations industrielles doivent beaucoup de leur célébrité à la police correctionnelle.

En septembre 1833, huit ou dix métiers de fabriques lyonnaises avaient été arrêtés par l'Association mutuelliste, parce que les fabricants s'obstinaient à payer les salaires à un taux qu'ils avaient fixé.

Quatorze chefs d'atelier furent traduits devant le tribunal de première instance de Lyon, et j'en appelle ici aux souvenirs de M. l'avocat général qui portait la parole dans cette mémorable affaire en qualité de procureur du roi. Il pourra dire à la cour si alors ne parurent pas dans tout leur jour, d'un côté les prétentions cupides de quelques négociants, et de l'autre le bon vouloir des ouvriers.

Il fut prouvé, devant le tribunal de première instance, que certaines spéculations ne laissaient point à l'ouvrier le salaire qui lui était nécessaire pour vivre et entretenir sa famille ; que certaines fortunes scandaleuses étaient assises sur la ruine et la détresse de la classe ouvrière. Aussi les paroles sévères de M. le procureur du roi furent contre certains plaignants ; et les paroles de bienveillance et d'encouragement furent pour les prévenus.

M. le procureur du roi comprenait alors sa mission, et le tribunal alors partagea sa pensée. Si ce tribunal appliqua le Code pénal, ce fut plutôt comme un hommage du juge à la loi, que comme une expression de sa conscience.

Mais je dois le dire, en février on alla beaucoup plus loin qu'en septembre 1833; on alla beaucoup trop loin; on dépassa toutes les bornes d'égalité et de justice.

La cour sait bien qu'une querelle s'était élevée dans le sein de la catégorie des peluches, entre les ouvriers et les fabricants. Certains fabricants avaient baissé outre mesure les salaires, et dès lors les ouvriers irrités proposèrent à leur syndicat d'arrêter, non plus les métiers des fabricants récalcitrants, mais la totalité des métiers battants à Lyon.

C'était là, messieurs, une mesure violente et périlleuse; aussi, lorsque après avoir passé par la filière des loges, elle fut présentée au conseil exécutif, elle y rencontra une forte opposition.

A la tête du conseil exécutif était alors Girard; Girard dont la cour a pu apprécier la fermeté et l'intelligence sous ses dehors simples et modestes; Girard qu'elle a vu à la barre calme et courageux, et qui l'a été aussi pour combattre de toute son énergie la mesure qu'il savait devoir perdre la Société; car il voyait beaucoup plus loin que ses camarades, il apercevait qu'en agissant ainsi la Société creusait sous ses pieds un abîme.

Mais si, comme simple mutuelliste et dans sa loge, Girard dut faire de l'opposition, elle lui fut interdite dans le conseil exécutif. En effet, le conseil exécutif n'était autre chose qu'un instrument de transmission des volontés de toute la Société, et ne pouvait pas moins faire que de mettre la proposition aux voix, et la proposition passa.

Dès lors et le lendemain, la totalité des métiers fut suspendue.

Pour vous, messieurs les pairs, qui vivez au milieu d'une population si variée, qui n'est liée par aucun nœud de compacité, et qui se distribue dans les mille branches d'industries différentes, vous ne pouvez pas comprendre quelle stupeur produisit à Lyon cette suspension générale, quel effroi régna dans la ville, comment les sanglants souvenirs de novembre se dressèrent de toutes parts.

On crut alors que la guerre civile était imminente; la terreur fut telle que bientôt nos rues furent sillonnées par les convois de la bourgeoisie émigrante, qui allait chercher ailleurs une terre moins tourmentée et qui ne fût pas toujours dévouée aux orages.

Les négociants enfouissaient leurs trésors et leurs marchandises, l'industrie était tout entière paralysée, on était dans l'attente de grands événements.

Chaque jour la place des Terreaux était encombrée de rassemblements; ils étaient calmes et sombres, comme cet air lourd qui pèse sur nos poitrines à l'approche des tempêtes.

Les troupes arrivaient, les sommations étaient faites; on se retirait, mais on ne se retirait pas dans les ateliers.

Ceci dura dix jours, et je prie la cour de croire que ces dix jours furent longs et pleins d'angoisses. Lorsqu'ils furent écoulés, les travaux reprirent : nous crûmes tous que la fortune de Lyon était sauvée, le mal n'était que pallié.

C'est ici qu'il importe d'étudier quelle fut dans cette crise la conduite du conseil exécutif, et celle de l'autorité municipale et départementale.

Le conseil exécutif, je l'ai dit à la cour, avait désapprouvé la mesure de la suspension des métiers; il n'avait pu s'y opposer.

Une objection s'élève. Pourquoi ses membres restaient-ils à un poste où ils étaient forcés d'accomplir une volonté contraire à leur conscience?

Pourquoi, messieurs les pairs? vous avez bientôt trouvé la réponse. Élevés à ce grade par la conscience de leurs frères, les chefs du conseil exécutif ne pouvaient l'abandonner au moment de l'orage; ils devaient au contraire s'y attacher de toutes leurs forces, afin de tâcher de prévenir les funestes conséquences d'une mesure qu'ils n'avaient pu empêcher dans son origine.

Telle fut aussi la ligne de conduite qu'ils se tracèrent dès lors. Vous les voyez constamment rédiger des ordres du jour qui invitent la Société tout entière au calme et au repos, qui la garantissent contre toutes les irritations, qui lui apprennent que ce n'est point par la violence, mais par une attitude paisible et calme, qu'elle peut faire respecter ses droits.

Ce n'est pas tout : quand le conseil exécutif s'est aperçu que la suspension durait toujours; que l'autorité n'intervenait pas; qu'elle était prête, non pas à réconcilier, mais à combattre, alors le conseil exécutif a senti qu'il devait combattre de nouveau, lui aussi, la volonté de la majorité, et que, si cette majorité était toujours résistante, il valait mieux se sauver avec un coup d'État mutuelliste, que de se laisser enchaîner par la tyrannie de ses règlements.

C'est ainsi que le conseil exécutif, qui n'avait jamais donné d'ordre, qui n'avait pas à en donner, a pris sur lui d'enjoindre aux ouvriers de recommencer leurs travaux; une fois cette grande mesure réalisée, il l'a fait régulièrement voter par la majorité de la Société.

Voilà ce qu'a fait la Société, et elle ne l'a pas fait seule.

On parlait hier des menaces des hommes politiques sur les ouvriers; on disait qu'ils avaient, en février comme en avril, cherché à s'emparer de leurs frères, et à les entraîner sur la place publique. Eh bien! j'en demande pardon à M. le procureur général, il a commis une grave erreur. En février, cette majorité restait inactive; ce sont des hommes politiques qui sont allés prendre les ouvriers par la main, qui se sont mis à leur tête pour les supplier de reprendre leurs travaux. C'est dans les bureaux d'un journal républicain qu'après une discussion orageuse qui s'est prolongée bien avant dans la nuit, on a arrêté, à la demande de plusieurs négociants de la ville, la transaction qui devait amener une paix définitive.

Et pendant que ces choses se passaient, quelques chefs de la *Société des Droits de l'homme,* parmi lesquels je citerai Baune, parcouraient les ateliers et engageaient ceux qui s'y trouvaient à s'abstenir de toute mesure de violence.

Voilà, messieurs, encore une fois, comment le conseil exécutif s'est conduit; voilà comment des hommes politiques ont compris les intérêts de leur pays. Ils n'ont pas voulu qu'en février Lyon fût ensanglanté; ils ont compris que les événements de novembre avaient été désastreux et qu'il fallait en éviter le retour.

Et l'autorité municipale, qu'a-t-elle fait? elle qui était la protectrice naturelle des habitants, qui devait s'interposer entre les ouvriers et les troupes prêts à en venir aux mains, qu'a-t-elle fait? Elle s'est enveloppée dans son impassible dignité, elle a attendu l'arrivée des régiments, et, disposant son artillerie, elle a dit : Si les ouvriers descendent sur la place publique, il leur sera donné une vigoureuse leçon! Voilà quel a été le langage de l'autorité municipale.

Les hommes qui aimaient vraiment leur patrie, les hommes qui sentaient que le sort de Lyon se jouait dans ces dix jours, ont eu le bonheur de faire ce qu'aurait dû faire l'autorité; mais ils n'ont pas toujours été écoutés.

On vous a dit qu'au mois de février, M. le procureur du roi avait eu la sagesse, pour éviter tout conflit, de ne point faire poursuivre les chefs d'atelier qui étaient en flagrant délit de coalition.

Cette sagesse, je la reconnais, je lui rends hommage; mais seulement, et si le passé pouvait se ressaisir au prix de ce que j'ai de plus cher au monde, je voudrais que cette sagesse eût pu se continuer après; je voudrais que M. le procureur du roi eût laissé de côté les textes du Code pénal pour atteindre la loi des associations, qui devait mettre un terme à tous ces désordres et couper le mal prétendu dans sa racine.

Il ne l'a pas fait; à Dieu ne plaise que je veuille ici accuser ce qui n'aurait été que l'exécution d'un devoir; mais assurément je comprends trop bien le cœur de M. l'avocat général, pour n'être pas persuadé que, après tout ce qui s'est passé, il regrette un réquisitoire qui a préparé les éléments d'avril et qui a été le signal de la lutte; car, sans ce réquisitoire, qui peut dire ce qui serait arrivé?

Le réquisitoire a été lancé, des poursuites ont été dirigées contre six membres du conseil exécutif. Alors trente autres membres ont demandé l'honneur des mêmes poursuites. Parmi ces membres, il s'en trouvait qui n'étaient pas encore installés, d'autres qui n'étaient membres du conseil exécutif qu'honorairement : cependant ils voulurent, en présence des dangers qui menaçaient leurs frères, en partager la responsabilité, et confesser la solidarité de leur foi sur les bancs de la police correctionnelle.

Je dis que certains membres qui auraient appartenu au conseil exécutif n'y appartenaient pas en effet, et c'est une position fort bizarre, puisqu'ils avaient au contraire employé tous les moyens en leur pouvoir pour prévenir ces mesures.

Cependant, messieurs, les poursuites ont mis en cause plusieurs hommes; et ces hommes qu'on vous a dépeints comme si dangereux, comme s'insurgeant à tout propos contre les lois de leur pays, et disposant aussi d'une force redoutable, ces hommes sont venus comme les citoyens les plus humbles devant la police correctionnelle; ils sont venus expliquer leurs actes, et se mettre entre les mains de leurs magistrats légaux. Seulement une circonstance qu'il est impossible de leur imputer est venue compliquer le débat; je veux parler de la séance du samedi 5 avril.

Je n'ai pas besoin de le rappeler à la cour; elle sait fort bien qu'il devait y avoir une agitation extrême parmi la foule qui inondait les abords du tribunal. Ce fait n'est point nouveau; toutes les fois qu'à Lyon on plaide une cause qui touche la population, elle se presse aux portes du tribunal, qui sont trop étroites; elle attend avec anxiété le sort de ses frères.

Cette population, ordinairement calme, n'a pu échapper à quelque fermentation lorsqu'un témoin est sorti; ce témoin a été publiquement accusé, à tort je veux le croire, mais enfin publiquement accusé d'avoir faussé sa foi. Il a été d'abord assailli par des injures, et vous savez ce que sont les injures d'une foule : on commence par des injures, on finit par des voies de fait.

Cet excès a eu lieu, je le déplore, mais il ne peut être imputable à l'Association mutuelliste; il a été le résultat de l'effervescence qui régnait alors dans les esprits.

On appela la force armée; et soit que les ordres eussent été mal donnés, soit qu'ils eussent été mal exécutés, on envoya sur le théâtre de l'action une troupe trop faible. Cette troupe non-seulement ne fit pas évacuer la cour du Palais de justice, mais encore elle fraternisa ostensiblement avec les ouvriers, et l'on vit soixante ou quatre-vingts hommes d'un détachement obéir aux ordres qui leur étaient donnés par la foule, alors qu'ils furent sortis de la cour du Palais de justice, levant la crosse du fusil en l'air, en criant : Jamais nous ne tirerons sur nos frères. Je vous demande de quelle importance, de quel retentissement dut être ce fait dans la population lyonnaise, inquiète et agitée, dans l'attente de la loi des associations. Oh! cette loi des associations, il faut bien mettre sur le compte de sa responsabilité quelque chose des événements d'avril. Ce n'est pas ici le cas d'examiner publiquement si le gouvernement était en droit de porter cette loi exceptionnelle; seulement, messieurs, je dirai qu'elle avait produit dans tout le pays, et particulièrement à Lyon, une agitation extrême, non-seulement à cause de sa nature, mais encore à cause des hommes qui la présentaient au pays.

Et en effet, messieurs, pour beaucoup de patriotes français c'était non-seulement une question de liberté, mais encore une question de probité politique. On n'aime pas en France de voir des hommes qui se frappent publiquement la poitrine, et qui veulent faire croire qu'ils ont été dans l'erreur pendant longtemps; mais quand, d'une main, ils se frappent la poitrine et qu'ils tendent l'autre au budget, oh! alors, messieurs les pairs, on vient à soupçonner leur bonne foi. Et c'est ainsi que la loi des associations produisit en France un effet électrique, qui dut avertir le gouvernement qu'il touchait à une plaie saignante et vive, qu'il attaquait des intérêts chers au pays, et qu'il était sur le bord d'un abîme. Eh bien, la population lyonnaise, qui, par le rejet de l'amendement de M. Taillandier, avait appris qu'on en voulait non-seulement aux associations industrielles, mais qu'on poursuivait partout le principe d'association, qu'on l'empêcherait d'éclore et de se développer, la population lyonnaise était frémissante. Lorsqu'elle apprit qu'à propos d'un désordre, des militaires avaient fraternisé, qu'ils avaient déclaré qu'ils étaient les frères et les amis du peuple, elle se prit à croire que les idées de Juillet étaient encore vivantes dans l'armée; elle crut à son droit, elle pensa qu'il lui était impossible d'être violemment attaquée; mais alors aussi, et au dire du préfet du Rhône, l'administration crut au combat; elle perdit toute espérance de paix.

Nous verrons un peu plus tard, en discutant la question de complot, quelle conséquence il y a à tirer de ce fait; pour le moment, je n'examine que la conduite de l'association mutuelliste. Elle était étrangère à tout ce qui s'était passé dans la cour du Palais de justice, le 5 avril; elle partageait l'émotion contagieuse qui animait la population de Lyon, mais elle n'avait formé, et je dois le déclarer solennellement, aucun projet de résistance. On vous a lu une protestation faite par elle contre la loi des associations. Mais, messieurs, la loi des associations était attaquée de toutes parts, c'était un déluge de protestations; il n'y avait pas le plus petit village qui ne se targuât d'avoir la sienne, et qui ne la fît couvrir par des milliers de signatures, même quand il n'y avait que cinq cents habitants. Il n'est pas étonnant que la Société mutuelliste, attaquée par la loi, protestât tant qu'elle pouvait se réunir encore, pour protéger ses frères contre les vexations des fabricants. La protestation ne dit pas autre chose; mais de protestation armée, de combat sur la place publique, lisez donc de grâce, vous n'en trouverez pas un mot. Et cependant il faut ces choses pour prouver qu'on a médité, fomenté une insurrection.

La cause des mutuellistes avait été renvoyée au mercredi 9 avril. Mais dans l'intervalle du 5 au 9, que se passe-t-il? Les chefs de l'Association mutuelliste, nous a-t-on dit, ont conspiré; ils ont voulu que les places Saint-Jean et de la Préfecture devinssent le théâtre d'une lutte sanglante. Que font-ils? Ils vont, eux, le mercredi matin, eux derrière lesquels marche l'Association, se livrer à M. le procureur du roi et au tribunal. Vous conviendrez que ce sont des conspirateurs bien innocents, ceux qui commencent par se mettre préalablement sous la main de la justice. C'est là qu'ils ont été surpris par l'émeute. Depuis, on n'en a plus rien dit. On a bien signalé la participation individuelle de quelques-uns de ses membres à l'attentat; mais encore nous verrons, en discutant les charges, que peut-être et malgré lui le réquisitoire du procureur général a un peu exagéré la vérité criminelle. Nous n'en sommes pasencore là.

Nous devons constater qu'il n'y a eu de la part de la Société mutuelliste aucun acte qui prouve l'insurrection. Je n'ai à m'expliquer que sur des ordres du jour; ils sont au nombre de trois, dit l'accusation :

L'un a ordonné la suspension des métiers; l'autre, la réunion de tous les ouvriers sur les places Saint-Jean et de la Préfecture; enfin le troisième a changé le mot d'ordre *Patrie* pour adopter celui de la *Société des Droits de l'homme,* qui était *Association, Résistance, Courage.*

Quand j'étais devant la cour, que j'avais entendu parler d'ordres du jour qui établissaient la participation de la Société mutuelliste à l'insurrection, j'avais la bonhomie de croire que ces ordres du jour nous seraient représentés, qu'il en resterait quelques vestiges, aussi faibles que M. le procureur général l'aurait voulu; enfin que j'en aurais vu quelque chose. M. le procureur général, qui avait très-bien su se procurer les ordres du jour de la Société, alors qu'il s'agissait de tout petits procès de coalition, n'a pu donner aucun exemplaire de ces ordres du jour, alors qu'il s'agit du grand complot d'avril; et l'on s'est borné, dans l'instruction écrite et à votre barre, à des témoins qui ont dit qu'ils avaient entendu parler d'un ordre du jour, qu'ils avaient recueilli, en passant sur une place publique, le changement du mot d'ordre de *Patrie* en celui d'*Association, Résistance, Courage;* qu'il était bien possible qu'on eût donné l'ordre d'envoyer les lanceurs sur la place publique. C'est ainsi que M. le procureur général bâtit des réquisitoires et des considérations, qu'il vient demander à la première cour de justice du royaume des condamnations capitales! Mais il me semble qu'il aurait fallu un peu mieux préciser les faits. On vous a parlé surtout de l'instruction écrite, et dans le réquisitoire du procureur général, c'est sur cette instruction que tous les arguments ont porté.

La cour se rappellera les dépositions orales, ces dépositions qui seules peuvent faire croire aux accusations. Je les ai encore étudiées ce matin; j'ai voulu porter à la cour des souvenirs tout neufs; et, de ces dépositions, il résulte seulement une chose, savoir : qu'un témoin vient dire à la cour qu'il a entendu parler d'un ordre qu'on est venu lui communiquer dans un entr'acte de billard. Un autre dit qu'en passant sur la place Saint-Jean, on écrivit sur son calepin les mots *Association, Résistance, Courage*. Il n'y avait dans la procédure qu'un témoin qui parlât d'un ordre du jour qu'il avait eu entre les mains, et qui prétendait l'avoir brûlé; et, par une fatalité qui s'est représentée assez souvent, ce témoin n'a pas pu venir; il est précisément tombé malade au moment où il s'agissait de faire connaître la vérité. C'est là un malheur pour le réquisitoire; mais nous qui prenons les preuves pour ce qu'elles sont et ce qu'elles valent, nous devons dire à la cour qu'il est impossible d'asseoir une idée de participation au complot ou à l'attentat, de la part du conseil exécutif mutuelliste, sur des soupçons aussi vagues, sur des démonstrations aussi incohérentes.

Que s'est-il passé? Car il faut qu'il y ait quelque chose de vrai. C'est que le conseil exécutif, comme toute la Société mutuelliste, étant en dislocation, quelques-unes des loges qui se sont réunies au hasard, sans ordre du jour spécial, auront été dominées par des orateurs plus ou moins violents, et que là on aura dit : Allons sur la place Saint-Jean, sur la place de la Préfecture, et que ces bruits auront été répétés, et qu'ainsi, arrivant à l'oreille des témoins, on aura pris cela pour des ordres du jour en règle. Mais il suffit d'un mot pour faire comprendre que ces ordres du jour n'ont jamais existé. Le conseil exécutif n'était qu'un instrument de communication; pour qu'un ordre du jour aussi grave eût quelque valeur, il fallait nécessairement que la mesure eût été adoptée par la majorité de la Société. Nous prouve-t-on que les loges aient été réunies, qu'on ait mis aux voix cette suspension de travaux et ce changement de mot d'ordre? On ne saurait le prouver, parce que ces choses n'ont jamais eu lieu. En réalité, à dater de février, l'Association mutuelliste n'a été qu'un corps qui expirait, qui attendait que la loi d'association vînt lui donner le coup de mort.

Mais encore, j'admettrais que ces ordres du jour ont existé, que faudrait-il en conclure? Qu'il y a eu de la part du conseil exécutif un délit de coalition, qu'on s'est accordé pour suspendre les métiers, qu'on a envoyé les lanceurs sur la place publique. Je demande comment il est possible à M. le procureur général d'asseoir sur ces ordres du jour la preuve d'une participation à l'insurrection; il faudrait établir qu'on a voulu se battre, qu'on a préparé des armes, qu'on s'est rendu sur la place publique dans cette intention. Mais alors qu'on prouverait qu'on a suspendu les métiers, il est impossible d'en conclure qu'on a voulu une collision violente.

Si j'insiste sur ces faits, c'est bien plus afin que la part de chacun soit faite, et surtout celle de l'Association mutuelliste, que pour justifier Girard. Je me rappelle en effet, et avec joie, les paroles qui sont sorties de la bouche de M. le préfet du Rhône, et je l'en remercie; je me rappelle aussi celles que M. le procureur général a bien voulu prononcer à l'audience d'avant-hier. Peut-être me sera-t-il permis encore de déplorer amèrement cette tardive justice, et de ne pas effacer brusquement, dans l'espérance d'un prochain acquittement, tout un passé de seize mois de souffrances imméritées

Mais je me le rappelle et n'en parle que pour féliciter Girard. Quelle est, en effet, la cause des persécutions qu'a éprouvées cet homme? Elle est dans son inépuisable dévouement à ses frères, dans sa fermeté à se cramponner à son poste pour y combattre jusqu'au bout les mauvaises mesures qui pouvaient être prises par la Société! Il a tout sacrifié, tout, jusqu'à sa popularité, pour constater quelle était l'énergie de sa conscience. S'il eût agi moins noblement, s'il eût déserté au premier signal du conflit, oh! alors, messieurs, vous ne l'auriez pas devant vous. Mais Lyon eût été ensanglanté au moins par une collision dont la responsabilité eût pesé sur l'Association mutuelliste.

On vous a dit, messieurs les pairs, que la population lyonnaise était laborieuse et amie de l'ordre. On vous a présenté le tableau consolant de notre prospérité récente, et les miracles de cette industrie qui sait cicatriser les blessures que la guerre civile nous a faites. Cela est vrai; mais on aurait dû ajouter que le vieux levain de misère surnage encore, qu'il n'est pas détruit par cette activité momentanée qu'une crise peut ralentir, car ce levain est entretenu par les mauvaises conditions de notre industrie.

Là où le labeur ne suffit pas à celui qui l'accomplit, où la faim se traduit pour lui en chiffres impitoyables, il y a des entraves qui menacent la société, un vice radical, que le gouvernement ne peut laisser enraciner sans imprudence. Mais que serait-ce si je parlais de justice? Concevez-vous un état de choses tel que la sueur soit inféconde et ne produise pas le pain qui doit nourrir? Croyez-vous que cet état soit bon, qu'il n'offense pas l'ordre éternel et la sagesse providentielle, qui, en créant la terre pour tous, en y permettant des inégalités, a voulu que le plus humble eût sa pâture et son chaume pour reposer sa tête?

Eh bien! cet état de choses existe à Lyon. Trop souvent il suffit d'un orage pour réduire une centaine de familles au désespoir, au désespoir de la honte; ne voulant ni mendier, ni voler, elles s'éteignent à petit bruit dans la douleur; et témoins de la joie des riches, elles s'en prennent quelquefois à maudire la législation qui tolère ces criantes iniquités. Eh bien! messieurs les pairs, vous ne pouvez pas dire qu'un pareil état de choses soit bon. Aussi les esprits les plus élevés s'en inquiètent-ils; aussi cherchent-ils dans la constitution de notre industrie un remède à cette plaie qui déshonore et qui ronge la société.

Que le gouvernement jette enfin les yeux sur cette déplorable situation, qu'il ne se persuade pas qu'il suffit d'écraser brutalement les résistances, et qu'on en triomphe parce qu'on a étouffé la rébellion dans une ville en détresse. Les temps redevenus meilleurs, la cour rendue à ses suprêmes et ordinaires travaux, puisse-t-elle se rappeler qu'un ouvrier lyonnais, un pauvre ouvrier est venu lui dire : « Jamais les agitations ni les troubles civils ne franchiront le seuil de nos ateliers, si la faim ne les y précède pas, si nos intérêts et notre vie sont garantis par une législation meilleure. » Puissent ces plaintes obscures n'être pas infructueuses! Alors, messieurs les pairs, vous aurez plus fait pour le repos et la tranquillité de notre patrie que tous les régiments de France avec leurs militaires exécutions.

Je ne sais, messieurs les pairs, si je me fais illusion; mais il me semble que j'ai accompli une importante tâche, en écartant l'Association mutuelliste du champ de bataille d'avril; mais si cette démonstration suffit pour redresser une erreur de l'accusation et justifier Girard, elle laisse encore obscur le problème sanglant dont le pays et la cour demandent la solution. Ce n'est pas lorsque, huit jours durant, une ville a été livrée aux horreurs d'une guerre impitoyable; ce n'est pas lorsque, dans ses rues désolées, la mort a frappé en aveugle l'innocent et le coupable; ce n'est pas lorsque des crimes ont jeté l'épouvante parmi ses habitants et que l'autorité ne semble pas s'en être émue, qu'il est permis de cacher ces massacres sous des phrases de réquisitoire. La France attend autre chose de la cour, et j'ose le dire malgré ma faiblesse, elle attend aussi autre chose de la défense. Si des circonstances cruelles n'avaient pas dépeuplé cette enceinte, tous les accusés seraient venus à votre barre apporter avec une respectueuse fermeté le tribut de leurs courageuses révélations.

Alors la vérité serait sortie tout entière de l'ensemble de ces témoignages; je ne prétends pas, messieurs les pairs, accomplir seul cette grande tâche; mais mon devoir est d'en indiquer les points principaux. Souffrez donc que ma voix, quoique perdue dans cet isolement, arrive jusqu'à vous; souffrez que mes convictions se produisent avec leurs douloureuses et sincères émotions.

J'ai besoin de quelque force pour cette solennelle et dernière lutte, car la cause des accusés d'avril s'agrandit. Ce n'est pas seulement pour écarter des vengeances légales de leurs têtes que je me suis levé, c'est pour demander, au nom de ma patrie infortunée, la réparation de sanglantes iniquités, c'est pour lire à votre barre le testament des victimes qui sont tombées pour le maintien de l'État que vous représentez. Voilà comme j'ai compris mon rôle! Écoutez maintenant comment j'en comprends l'accomplissement.

Si je parviens à établir, d'une part, que les accusés ici présents n'ont pas tramé un complot contre la sûreté de l'État, et d'autre part, que, soit par imprudence, soit même par provocation, c'est le pouvoir qui a amené une collision violente; en d'autres termes, si, d'une part, l'insurrection a été du côté des accusés involontaire et fortuite, et si, d'autre part, elle a été, du côté du gouvernement, prévue et jusqu'à un certain point favorisée, alors, messieurs les pairs, j'aurai mis les accusés à couvert sous un double et irrésistible argument, alors l'accusation sera brisée; je me trompe, elle renaîtra plus terrible et plus solide contre ceux sans lesquels Lyon n'aurait pas été ensanglanté, contre ceux sans lesquels je n'aurais pas à remplir aujourd'hui devant la cour cette horrible tâche d'élever contre des magistrats français le reproche accablant d'avoir écrasé, dans un intérêt gouvernemental, des existences précieuses qu'il était de leur devoir de couvrir de leur protection.

Toutefois, dès le début de ces explications solennelles, il importe que la cour ne se méprenne pas sur la valeur de ma pensée.

Je ne veux pas dire que, de gaieté de cœur, le pouvoir ait laissé les citoyens et l'armée s'entr'égorger, mais seulement qu'il ne l'a pas empêché; je veux dire que le pouvoir, engagé dans une lutte violente, combattant les conséquences extrêmes de la souveraineté du peuple, dont il avait adopté le principe en Juillet, a été fatalement conduit à considérer comme des hostilités décisives les résistances qui se manifestaient sous ses pas, de toutes parts, les haines qui grondaient autour de lui; qu'il a été persuadé qu'il serait attaqué violemment, et que dès l'instant où cette oppinion lui a été acquise, il a cru légitime, licite de prévenir les mécontents, ses ennemis. Il s'est placé, lui d'un côté avec la société qu'il se flattait de représenter, et a laissé de l'autre les opposants, qu'il a cru pouvoir conduire sur la place publique afin d'en finir une fois pour toutes avec eux.

Et dans cet examen, que j'aurai soin de ne pas rendre irritant, je ne veux pas chercher quelle a été la volonté du pouvoir; s'il a voulu protéger l'état social, ou tel ou tel système politique; non, je ne m'élève pas à ces hautes et dangereuses théories; je m'empare de ses actes, et ses actes m'appartiennent, à moi, défenseur des accusés, à moi, Lyonnais.

J'examinerai donc si les actes accusent ou les hommes du gouvernement, ou ceux qui sont sur ces bancs. J'ai dit à la cour quel était l'état des esprits lors de la promulgation de la lois sur les associations. Elle avait produit à Lyon un effet électrique; et non-seulement l'irritation de quelques sociétés populaires avait fermenté, mais les nobles et éloquentes paroles de M. Pagès (de l'Ariége) avaient été répétées dans tous les ateliers. On s'était imaginé, messieurs les pairs, qu'il y avait contre le principe de la loi des associations je ne sais quelle émeute morale, parlementaire, qui forcerait la main au gouvernement, et l'avertirait qu'il se perdait : c'était pour appuyer cette grande manifestation que, de toutes parts, les sociétés ou politiques, ou industrielles, ou de bienfaisance, et même de simples citoyens qui ne se rattachaient à la grande famille que par les liens de la communauté ordinaire, se donnaient la main pour protester.

Il y avait donc une grande irritation. Le pouvoir s'en inquiétait; il devinait qu'au moment où la loi sur les associations serait promulguée, il y aurait là le signal de désordres graves. Eh bien, messieurs les pairs, je le demande à vos consciences d'hommes d'État, quel était l'intérêt du pouvoir se croyant menacé et pensant, à tort ou à raison, que les factions allaient lui disputer l'existence? Il devait nécessairement ne pas attendre l'époque où toutes se lèveraient à la fois pour lui demander compte de la violation des droits d'association.

Cette époque était facile à prévoir; on devait penser que du moment où une association serait attaquée en France, toutes se lèveraient à la fois; et déjà, dans ces premières réflexions, nous avons la conséquence que le pouvoir, convaincu qu'il serait attaqué, avait intérêt à précipiter l'attaque.

Quel était, au contraire, l'intérêt des sociétés populaires? Je ne veux pas examiner leur esprit, je ne veux pas chercher s'il y avait en France un parti assez insensé pour vouloir imposer ses volontés par la domination des armes, pour rêver une civilisation au moyen de la guillotine et des embrigadements de prison : je le nie. Mais je dis que si les associations politiques avaient eu ce désir, elles auraient eu pour intérêt d'attendre l'époque où toutes à la fois auraient pu manifester leur résistance. Déjà donc nous voyons un double désir contradictoire. De la part du gouvernement, il y a intérêt à précipiter la lutte, et de la part des associations politiques, il y a intérêt à la retarder. De la part du gouvernement, il y a intérêt à faire éclater la collision avant la promulgation de la loi des associations, et de la part des sociétés, il y a intérêt à attendre cette époque même de la promulgation.

Eh bien! c'est avant la promulgation que les événements d'avril ont éclaté : voilà pour la question du temps. Voyons la question du lieu!

Si le parti républicain, ce que je n'examine pas, mais ce que je nie, avait le désir et le projet de renverser le gouvernement, évidemment il devait l'attaquer au centre du pouvoir, là où les coups ont toujours porté juste ; où, depuis l'établissement de la monarchie française, se sont livrées toutes les batailles décisives ; là où il suffit de l'audace et de l'habileté pour trancher d'un coup de cognée la racine de l'arbre.

C'était à Paris.

Au contraire, le gouvernement avait intérêt à être attaqué en province ; les hommes d'État qui nous gouvernent ont trop d'expérience, ils sont trop familiers avec les leçons de l'histoire pour ne pas savoir que les insurrections provinciales ne sont que des chimères dorées qui conduisent leurs auteurs à l'échafaud.

Et quelle ville le gouvernement devait-il choisir entre toutes? quelle ville l'inquiétait davantage par ses éléments de collision? quelle ville, par son inflammabilité, pouvait plus lui faire soupçonner l'existence d'un volcan? C'était Lyon!

Et, d'une part, nous voyons que les associations politiques, en leur supposant toutefois l'intention de détruire le gouvernement, devaient l'attaquer à Paris et non à Lyon ; à Lyon, où la révolte, si elle réussissait, n'aurait rien produit que des gémonies pour les chefs militaires, et où, si elle était pulvérisée, au contraire, elle donnait au gouvernement une arme terrible pour l'accomplissement de ses projets. Eh bien! c'est à Lyon que l'insurrection éclate, et, sous ce double rapport, nous trouvons que, par une fatalité singulière, les intentions, les intérêts du gouvernement ont été bien servis, et au contraire, la fortune des associations a été trahie. Est-ce là, messieurs, le sort de ceux qui attaquent?

Je poursuis.

M. le procureur général, dans son réquisitoire, a voulu trouver les traces évidentes d'un grand complot depuis longtemps imaginé à Lyon ; pour cela, M. le procureur général est remonté un peu haut ;

il a apporté à la cour des pièces discordantes; il s'est emparé, j'ose le dire dans un langage dont la trivialité est peut-être indigne de cette assemblée, de tout ce qu'il a trouvé. En effet, il vous a parlé d'un voyage de M. Cavaignac à Lyon, d'un voyage de M. Garnier-Pagès, d'un projet de banquet qui avait échoué devant la volonté préfectorale; ce qui ne prouvait rien autre chose, sinon que la population lyonnaise comprend la voix de ses magistrats, et qu'il suffit d'une affiche conçue en bon français pour la faire renoncer à des projets qui pourraient troubler l'ordre.

Mais que M. Garnier-Pagès ou que M. Cavaignac soit venu à Lyon, qu'importe au complot? Ce n'est pas tout, M. le procureur général a mis en scène la *Société des Droits de l'homme,* et c'est la *Société des Droits de l'homme,* qui est absente, qui a supporté tout le fardeau de la responsabilité. Je n'ai pas mission de la défendre, un jour viendra, sans doute, où les obstacles étant levés, elle pourra venir à votre barre et se faire connaître, et probablement elle se disculpera du reproche que M. le procureur général a voulu faire peser sur elle.

Il a prétendu, en effet, que tous les membres de cette association étaient mus par des intentions mauvaises, qu'ils avaient je ne sais quel code sauvage d'assassinat légal et de pillage régulier. Oh! messieurs les pairs, la Société, je ne la défends pas; mais à la tête du comité de Lyon se trouvait un homme que je ne puis pas laisser outrager sans dire un mot pour lui: Baune! Baune, qui est un cœur honnête, un père de famille vertueux, certes, jamais il n'aurait souffert que sous son patronage de semblables doctrines s'infiltrassent dans la masse de la population.

Ce que je dis, ce n'est pas pour le défendre; il ne le veut pas, lui qui est innocent comme moi, qui, dans les fatales journées d'avril, retenu dans son lit par une paralysie aiguë, s'en est vu arracher par les militaires qui l'ont conduit à l'Hôtel de ville; il a résisté à toutes mes supplications, à moi qui voulais l'amener devant vous pour le couvrir de ma parole et de mon amitié; il s'est obstiné à penser qu'il valait mieux encore souffrir que faire le sacrifice d'un principe auquel il avait donné sa foi politique; mais il me pardonnera d'avoir méconnu ses intentions, de n'avoir pu laisser au fond de mon cœur une réponse qui est venue malgré moi sur mes lèvres quand j'ai entendu l'accusation de M. le procureur général. Baune était à la tête du comité général de Lyon, et cela me suffit pour prouver que ce comité n'avait pas les intentions odieuses qu'on lui impute.

D'ailleurs, messieurs, comment M. le procureur général l'a-t-il prouvé? Ce défaut de production d'ordres du jour dans l'affaire mutuelliste, nous l'avons fait remarquer; ici, ce sera bien pis. Non-seulement M. le procureur général était un peu embarrassé, il est allé chercher ses preuves dans des pièces qui sont tout à fait étrangères au comité, et qui, d'après M. le procureur général lui-même, ou plutôt d'après les décisions de la justice, sont tout à fait innocentes.

Singulier système, en vérité! Nous allons le prouver.

M. le procureur général a apporté à la barre de la cour des articles de journaux, des brochures, des proclamations. Toutes ces pièces ont reçu une éclatante publicité. Il en a conclu que le comité avait voulu l'insurrection. Je pourrais dire que, dans ces pièces, rien ne pousse à l'insurrection; ce ne sont pas des excitations à l'insurrection, ce ne sont pas là des preuves. Vous savez qu'en matière criminelle tout est de rigueur.

Il y a une meilleure version encore, messieurs, qui me faisait dire que M. le procureur général avait bâti l'édifice de son accusation criminelle sur des bases pures et innocentes. Ces journaux dont il a parlé, ils ont des représentants légaux; ces brochures, on en connaissait les auteurs; ces proclamations, on en connaissait les auteurs; elles étaient signées. Toutes ces publications ont-elles été poursuivies? Non, messieurs, on les a laissées paisiblement circuler dans la population. Aujourd'hui, ces pièces, qui n'ont excité aucune poursuite, on les produit comme preuves contre la *Société des Droits de l'homme;* on veut la faire condamner avec des éléments qui ne sont pas coupables. Eh! messieurs, cela est trop fort, cela passe mon intelligence. Sans doute que M. le procureur général n'a apporté à la cour que l'expression de sa profonde conviction; mais nous demanderons quelles preuves on apporte pour démontrer que la *Société des Droits de l'homme* a comploté contre la sûreté de l'État.

Ah! je sais, il y a un nommé Guichard, pharmacien, qui vous a rendu compte d'une conversation interrompue qu'il aurait eue avec Lagrange. Il vous a parlé de je ne sais quel conseil dont il n'a nommé ni les membres, ni le théâtre, et dans lequel on aurait arrêté, au scrutin, comme à la Chambre des députés, qu'il y aurait insurrection. Ce témoignage, que rien n'appuie, est selon moi sans aucune valeur. M. Lagrange, qui vous a déclaré qu'il désapprouvait l'insurrection, qui a fait une profession de foi devant la cour qui peut montrer sa sincérité, M. Lagrange a positivement nié ce fait. Une simple assertion ne peut suffire à faire croire qu'un pareil conseil ait été tenu et que les actes de ce conseil soient imputables à tel ou tel accusé ici présent; car c'est toujours à cette vérité, à cette démonstration qu'il faut arriver.

Il est d'ailleurs un fait qui n'a pas échappé à la haute intelligence de la cour : c'est que, jusqu'au 5 avril, le gouvernement, par les intelligences qu'il avait dans les sociétés publiques, savait fort bien qu'il n'y avait aucun projet actuel et immédiat d'insurrection. Le gouvernement savait qu'on se proposait tout au plus d'attendre l'époque de la promulgation de la loi sur les associations. M. le préfet vous a dit, M. le procureur général vous a répété que c'était la scène du 5 avril, et surtout le convoi du lendemain, qui avait donné au pouvoir la conviction qu'il serait attaqué le jour de la reprise de l'audience.

C'est donc du 5 au 9 avril qu'il faut chercher dans le système de l'accusation tous les actes qui ont préparé l'insurrection.

Tandis que le gouvernement se mettait en mesure, garnissait ses forts, préparait ses bataillons, les prétendus conspirateurs perdaient leur temps en vaines délibérations. On ne les voyait ni songer à leurs positions, ni nommer leurs capitaines; ils s'occupaient, chose étrange, à disloquer leur comité.

La conspiration n'était donc pas là. Elle était dans ces philippiques ardentes par lesquelles certains membres enflammaient le zèle paresseux des sections, dans ces instructions insurrectionnelles qui inquiétaient tellement les membres, qu'ils concevaient des soupçons contre leurs auteurs, et commençaient contre eux des enquêtes que plus tard ils ont terminées dans les cachots. Elle était dans l'action de ce capitaine qui tire son épée et sabre le peuple, dans ces soldats qui lèvent leurs crosses en l'air, en disant qu'ils ne tireront pas sur leurs frères. Voilà, messieurs, quelles furent les principales causes de la fermentation.

Qu'a fait M. le préfet du Rhône? J'ai ici le droit d'examiner sévèrement sa conduite. Il a dit à cette barre qu'il était convaincu que des projets étaient formés, que l'insurrection allait éclater, et qu'il l'attendait de pied ferme. Vous me pardonnerez ce langage, messieurs les pairs; mais il me semblait, en entendant cette froide déposition, que M. le préfet du Rhône était tout semblable à un général qui, dans un pays ennemi, après avoir fortifié son camp, dressé ses embuscades, s'applaudit de voir les bataillons ennemis s'approcher, parce qu'il sait qu'on pourra les réduire en poussière. Est-ce là, je le demande, messieurs, le langage d'un administrateur sage et paternel?

S'il existait un moyen, un seul moyen, non pas d'écraser, mais de prévenir l'insurrection, il faut le dire, l'administration aurait manqué à tous ses devoirs en ne l'adoptant pas. Ce moyen existait. En le rejetant elle a assumé sur sa tête la responsabilité de tous les événements postérieurs : car on ne gouverne pas seulement à coups de canon; et il est quelquefois nécessaire de faire des concessions utiles, de calmer des irritations légitimes, de savoir descendre au milieu de la foule pour l'exhorter, et non pour la mitrailler.

Ce moyen, on pouvait y avoir recours du 5 au 9 avril. Il était possible de renvoyer à un autre jour, de renvoyer dans une autre ville, la cause des mutuellistes; on savait fort bien que cette cause était l'unique prétexte de l'insurrection qui se préparait. On savait fort bien que si la cause n'avait pas été plaidée, les sections n'auraient pas été réunies sur la place Saint-Jean et sur la place de la Préfecture. Ce prétexte, on n'a pas voulu l'arracher à la population; on a favorisé l'insurrection : n'est-ce pas dire qu'on n'était pas fâché d'accepter la lutte et qu'on était bien aise d'en venir aux mains?

Ne croyez pas, messieurs, que je me laisse égarer ici par le zèle de la défense. Je pourrais trouver dans les révélations de la presse quel était le sentiment universel. Savez-vous ce que disait un journal de Lyon :

« Si, abusés par leurs détestables conseillers, les ouvriers troublaient la paix de la société par une démonstration quelconque, le pouvoir, qui est en mesure, et qui est prévenu, leur donnerait immédiatement une leçon vigoureuse. Nous ne voyons pas alors ce que l'ordre public y perdrait... »

Voilà, messieurs les pairs, le langage d'un organe non officiel, mais officieux de l'autorité! *Si les ouvriers troublent la paix, on leur donnera une vigoureuse leçon, et l'ordre public n'y perdra rien.*

Savez-vous, messieurs les pairs, comment la presse de Paris jugeait de semblables faits? Je ne vous lirai pas l'opinion d'un organe républicain, mais d'un journal constitutionnel qui défend à la fois la liberté, dont vous êtes les protecteurs, et le principe du gouvernement, dont vous êtes les suprêmes conservateurs.

« ...Le problème serait ainsi résolu; Lyon serait délivré d'une perpétuelle inquiétude... La résolution du ministère est d'étouffer l'émeute sous l'effort des régiments. »

Vous voyez, messieurs, que nous n'avions pas le monopole de ces jugements rigoureux, qu'ils étaient de toutes parts portés en France, et qu'ils l'ont enfin été à la barre de la première cour du royaume. L'administration, dans ces circonstances, a songé à ses devoirs de répression, et elle a oublié ses devoirs de prévention, de protection paternelle. Si elle l'avait voulu, Lyon n'aurait pas été ensanglanté.

Voilà, messieurs, quelles sont les circonstances préliminaires. Je vais maintenant entrer dans des détails; ma tâche sera pénible, j'aurai à faire entendre des plaintes amères; mais nous espérons que la cour saura comprendre la nécessité de nos paroles, et qu'elle n'y verra que l'accomplissement consciencieux d'un devoir devant lequel aucune considération humaine ne saurait nous faire reculer. Nous dirons donc la vérité telle que nous l'avons conçue; et si nous nous trompons, le ministère public est là pour nous rectifier; la cour et le pays, pour nous juger.

Dès cinq heures du matin, toute la place Saint-Jean, tous ses abords principaux furent couverts de régiments et d'artillerie. Elle en était tout à fait encombrée; de sorte que je puis dire que si quelques sections fourvoyées, égarées par de malheureuses instigations, avaient formé des projets insurrectionnels, assurément ces projets se seraient évanouis à la vue de toutes ces forces qui se déployaient, et qui étaient à la disposition du général commandant le département.

Sur les neuf heures du matin, le tribunal entra en séance. La foule était répandue sur la place publique; elle inondait les abords du Palais de justice; elle attendait le sort de ses frères qui venaient de se livrer à la justice du pays; elle était inquiète, et elle avait raison de l'être; en effet, calme et inoffensive, elle avait aperçu, à travers les moulures de sa gothique cathédrale, des canons de fusil. . . Elle s'était demandé avec angoisse si on était là pour la protéger, si l'on ne s'était pas placé là pour envoyer la mort d'une manière sûre, sans être exposé à la recevoir.

Vers les dix heures et demie, un homme arrive; il se jette au milieu d'un groupe, il y lit une proclamation non encore publiée. Cette proclamation, M. le procureur général l'attribue au comité de la *Société des Droits de l'homme*. Je crois que si quelques-uns des membres l'ont avoué, d'autres l'ont nié. Mais peu importe! Que produit-elle? On fait arrêter celui qui en donne lecture. Sur la place de la Préfecture, un jeune homme l'a fait arracher, et vous avez entendu un secrétaire de la préfecture dire qu'il a suffi de son courage pour imposer à la multitude. Quoi! cette multitude furieuse, prête à renverser le gouvernement et à établir sur ses ruines le triomphe de l'anarchie, se retire devant les regards d'un enfant!

A la place Saint-Jean, celui qui lisait la proclamation s'échappe; mais quelque temps après, des barricades se forment des trois côtés de la place. Un agent de police se rend sur la partie occidentale, et il avertit les individus qui se trouvent derrière l'une de ces barricades des dangers que leur fait courir la présence des troupes prêtes à faire feu. Alors, et suivant sa déposition, un coup de pistolet lui est tiré à bout portant, un coup de pistolet qui ne blesse personne. Je ne veux pas élever des doutes sur la sincérité de l'agent de police Bernet, qui a fait cette déposition; elle m'a été communiquée à l'instant même, ainsi qu'il l'a dit à la cour; il est venu auprès de moi, et par une singulière bizarrerie, il m'a pris à témoin de ce qui venait de se passer.

Mais moi, j'ai pensé qu'il y avait peut-être là-dessous quelque machination; j'ai pensé que cet homme, qui était resté sain et sauf après un coup de pistolet tiré à bout portant, était peut-être lui-même dupe d'une erreur. L'agent de police Bernet, après ce coup de feu, cherche-t-il à faire arrêter celui qui le lui a tiré? Non. Cet individu qui avait tiré à bout portant s'échappe, et sous les yeux de tous les agents de police, des autorités militaires, il trouve un asile dans les rues adjacentes.

Ce n'est pas tout. Les barricades s'étaient élevées en présence des agents de police et sous le front des régiments. L'agent de police Fèvre et le commissaire de police Moiroux s'avancent, non pas vers la barricade que Bernet avait essayé de démolir, mais vers celle qu'on avait formée du côté de la place Saint-Jean et Saint-Étienne. Et comment sont-ils accueillis? À coups de pierres. Le commissaire de police Moiroux a seul déposé de ces coups de pierres, et cependant, alors qu'il se présente devant la barricade, tout le monde s'enfuit; cette foule si menaçante se retire devant un seul homme qui n'était pas revêtu de ses insignes; elle se retire de telle sorte qu'il est impossible de faire les sommations.

C'est ici qu'il faut examiner avec sévérité la conduite du chef militaire. On parle du coup de pistolet, mais il faut se rappeler qu'il n'avait blessé personne.

L'agent de police Moiroux s'avance vers la barricade; tout le monde se retire; il la franchit avec l'agent de police Fèvre. C'est alors qu'une détonation se fait entendre et que Fèvre tombe expirant.

Ces faits, je ne les invente pas, je les prends dans la bouche de l'accusateur. Eh bien! alors que tout le monde fuit sans qu'il ait été fait de sommation, la troupe tire... Quelle a été l'excuse présentée par M. le procureur général? car dans cette cause il a beaucoup excusé! Il a dit qu'on avait pu ne pas faire de sommations, et le commissaire de police Moiroux a dit, lui, que le général Buchet trouvait inconvenant de faire des sommations. Inconvenant de faire des sommations, alors qu'il s'agissait de vie et de mort, alors qu'il s'agissait d'un acte qui devait allumer la guerre civile! Inconvenant, alors qu'il y avait un texte de loi formel, et qu'on le violait!

M. le procureur général a soutenu la thèse que l'érection des barricades seule autorisait la troupe à faire feu. Eh bien! je suis fâché de le dire, cette thèse me paraît à la fois illégale et barbare; illégale, car je ne trouve pas d'exception dans la loi. Ah! je conçois la conduite noble et courageuse de ce colonel qui, à la Croix-Rousse, s'avance au milieu de la foule, et tandis qu'il conseille à ses soldats une modération héroïque, en voit tomber trois, sans pour cela ordonner le feu. Il détruit la barricade, non pas à coups de fusil, mais avec les haches de ses sapeurs.

Mais à la place Saint-Jean, il n'en est pas ainsi. Des barricades étaient dressées; il n'y avait aucun fait agressif. Une barricade n'est qu'une mesure défensive tant qu'on n'attaque pas. Ici, personne n'attaquait. Je conviens que si la troupe, venant pour la détruire, avait vu qu'on fît contre elle usage de la force, elle eût pu en faire usage; mais rien de cela. Je dis donc que vous avez engagé une lutte que vous n'aviez pas encore le droit d'engager. Et cela est si vrai que vous avez tiré dans une rue vide; vous avez agi avec tant de précipitation, vous aviez tant d'envie d'engager le combat, que la première victime que vous avez jetée à terre, c'est un homme qui vous servait, et qui vous servait bien.

Est-ce là l'exécution de la loi sur les attroupements, de cette loi qui protége la vie des citoyens, qui ne permet à la force publique de recourir à la rigoureuse extrémité de son emploi, qu'après des sommations solennelles et réitérées? Celle de 1789 voulait qu'un drapeau fût déployé dans l'air, afin que les citoyens fussent bien avertis.

Eh bien! s'il suffit maintenant d'une charrette renversée pour autoriser la troupe à faire feu, à tirer sur les femmes qui sont à leurs fenêtres et sur les petits enfants qui sont dans les rues, que devient donc la loi?

Et que veut dire cette mort de l'agent de police Fèvre, cette mort que j'explique suivant la déposition de M. le commissaire de police Moiroux, mais que je dois aussi examiner dans l'intérêt de la défense? N'y a-t-il pas là un acte providentiel qui révèle quelque mystère caché? Quoi! la première victime, c'est un agent de l'autorité mêlé à l'insurrection, cachant ses insignes, et qu'on vous a signalé comme excitant à la sédition! Messieurs, ce fait est exact, il sera jugé selon sa valeur, la sagesse de la cour l'appréciera; la cour est trop élevée pour ne pas entendre toutes nos plaintes, pour ne pas sentir toutes nos douleurs, et pour ne pas comprendre que si nous avons cru apercevoir le doigt de la police dans les événements de Lyon, notre droit est de le lui signaler.

Eh bien! que faisait là cet agent de police? Il avait, dit M. Moiroux, franchi la barricade, il avait essayé de la démolir, et il poursuivait les insurgés. Mais pourquoi, alors qu'il remplissait un ministère si rigoureux, et qu'il devait s'entourer de toute la majesté qui environne l'officier public, pourquoi se cache-t-il? Pourquoi? parce qu'il avait intérêt à faire croire à une qualité qu'il n'avait pas. Vous avez entendu le témoignage de M....., pharmacien. Dans son réquisitoire, M. le procureur général l'a traité avec beaucoup de sévérité; je crois cependant que cette déposition méritait d'être sérieusement examinée.

Quel en est le sens? Le voici : c'est qu'un homme est tombé et qu'il excitait à la sédition. Et que dit à son tour le commissaire de police Moiroux? C'est qu'un homme seul est tombé à la première décharge, et que cet homme était un agent de police.

C'est ce commissaire de police, sous les ordres duquel était l'agent de police Fèvre, dont la seule déposition tend à interpréter ou plutôt à infirmer celle d'un citoyen désintéressé qui vient dire : Je ne sais pas quel est cet homme mort, mais il excitait l'insurrection. Ainsi, c'était un agent provocateur. La cour pourra en tirer telles conséquences qu'il conviendra.

On objectera que c'est une défense usée, que toutes les fois qu'on est traduit devant une cour de justice criminelle, sous l'accusation de complot et de conspiration, on se rejette sur l'excuse de la provocation. S'il en était ainsi, il faudrait en conclure que, dans toutes les séditions, il se rencontre des serviteurs dont le zèle trop ardent ne craint pas de compromettre l'autorité; je n'ai pas à examiner ce point, c'est l'affaire de l'histoire; mais je dois m'emparer de tous les faits que l'instruction a mis à ma disposition. Eh bien, il y a ici deux faits : omission de sommations et présence d'agents provocateurs. Ce n'est pas tout.

Nous allons voir maintenant quelle est la consigne qui a été donnée par le pouvoir militaire, et cela vous apprendra le secret de la résistance forcée et universelle qui s'est manifestée sur tous les points de Lyon à la fois. A peine le premier coup de feu est-il tiré, que les citoyens effrayés se dispersent dans toutes directions, et chacun cherche le premier asile que le hasard lui fournit. Eh bien! des témoins sont venus déposer devant vous, messieurs les pairs, que, sur cette foule craintive qui fuyait devant le danger, des coups de fusil ont été tirés.

J'ai dit à la cour, et ces paroles dont on avait contesté la sincérité se trouvent appuyées sur un témoignage authentique, j'ai dit que, alors que nous avions voulu sortir du tribunal, nous avions eu besoin d'en avertir au dehors pour qu'on ne tirât pas sur nous, et que le lieutenant-colonel avait donné la consigne de tirer sur tout ce qui n'était pas militaire. Du reste, ce fait est consigné dans les journaux, dans tous les écrits publics, après l'événement, et je pourrais citer notamment le témoignage d'un homme qui ne sera pas suspect à M. le procureur général, et qui, prenant la plume pour réclamer au nom de victimes innocentes contre l'indemnité que leur disputait parcimonieusement l'autorité, a dit que la consigne avait été donnée aux troupes de tirer sur des témoins inoffensifs.

Qu'en résulte-t-il? C'est que, sur beaucoup de points, la résistance a été légitime; ne comprenez-vous pas cette indignation qui s'élève dans le cœur d'un homme lorsqu'il voit tomber à ses côtés une victime innocente, une femme, un enfant? Ne comprenez-vous pas qu'alors il devienne instinctivement offensif? Prenez-vous les Lyonnais pour des lâches? Croyez-vous qu'ils ne sentent pas au fond de leur cœur qu'il y a une loi d'humanité qu'on ne peut violer? La nouvelle de la première exécution militaire de la place Saint-Jean s'est répandue partout comme un mouvement électrique, et a développé les semences d'irritation qui fermentaient. Alors toutes les mauvaises passions se sont fait jour, et des passions légitimes sont devenues mauvaises à leur tour. Qui en est responsable? Ceux qui ont donné ces consignes barbares qu'on ne saurait trop flétrir.

J'arrive à d'autres faits. Comment les insurgés se sont-ils procuré des armes? On dit qu'ils avaient pillé des postes; et à ce sujet je me rappelle que j'ai fait une omission. Un des chefs de l'armée a dit à la cour ce qu'il n'avait pas déposé devant le magistrat instructeur, à savoir que, dès neuf heures du matin, deux petits postes avaient été désarmés. Je crois que le fait n'est pas exact, d'autant moins que le commissaire central de police, interrogé sur ce fait, a déclaré qu'il n'en avait pas connaissance. Vous comprenez de quelle importance est ce fait dans le système de l'accusation; il tendrait, en effet, à démontrer qu'il y avait intention concertée d'attaquer la troupe, et que l'exécution de cette intention a eu lieu avant l'engagement de la place Saint-Jean.

Toutes les fois que la foudre de l'insurrection gronde sur une ville, il faut croire que ceux qui méditent l'insurrection se sont procuré des ressources. Eh bien! les insurgés auxquels on prête des intentions si perverses étaient si fort à court de munitions, qu'après quelques heures de combat, ils étaient forcés de faire de la poudre et d'attendre qu'elle fût séchée pour repousser l'agression.

Ils ont trouvé des munitions, ils ont trouvé des canons. La caserne du Bon-Pasteur contenait une soixantaine de fusils et des munitions. Comment se fait-il que le gouvernement, sachant aussi bien qu'il a dit le savoir les projets des insurgés, n'ait on pas dégarni cette caserne? Non, les régiments se sont retirés paisiblement sans être inquiétés, et ils ont laissé là soixante fusils et un grand nombre de cartouches, munitions dont les insurgés se sont emparés, et qui plus tard leur ont servi à faire la guerre.

Ce que je viens de dire de la caserne du Bon-Pasteur, je le dirai avec beaucoup plus d'autorité du fort Saint-Irénée. Il est certain que ce fort n'a pas été attaqué; il était défendu par quarante hommes, et il eût suffi de cinq pour repousser toute l'insurrection du faubourg Saint-Just. Eh bien! le deuxième jour, ces hommes ont quitté la place, où ils ont laissé deux ou trois canons qui ont été si bien encloués qu'il a suffi d'un manche de couteau pour les remettre en état de servir.

Je ne peux pas dire que de pareilles choses ont été préméditées, mais je dis qu'il y a dans toute cette affaire des imprudences capitales, des fautes incompréhensibles, et qu'après tout ce que j'ai raconté à la cour, cette direction, qui paraît consentie, cet abandon de munitions et d'armes est bien certainement pour beaucoup dans l'insurrection.

Que se passe-t-il ensuite? On repousse l'insurrection partout où l'on veut; on dégage les points qu'on veut dégager, les Terreaux, la préfecture; mais à la tête des rues étroites, où l'on ne veut pas s'engager, on construit des barricades solides, et là, pendant cinq jours, les soldats et les insurgés se tirent des coups de fusil. Assurément on aurait pu emporter les barricades à la baïonnette, car il n'y a jamais eu plus de quatre ou cinq hommes derrière ces barricades; et le jour où on a voulu le faire, on en est venu à bout. Ce qui s'est passé à la Guillotière le prouve d'une manière catégorique. La Guillotière ne s'est insurgée que le 10 au matin; on a construit des barricades à la tête du pont; qu'a fait l'autorité militaire? elle a amené de l'artillerie, et elle a incendié la place. Une pareille façon d'agir était peut-être dans les ordres et dans les intérêts du pouvoir militaire; mais en présence de la révolte, on doit traiter avec quelques égards les habitants d'une grande ville, et ne pas faire payer aux innocents la faute des coupables.

L'insurrection de Lyon eût pu être finie en deux jours. Quel procédé a-t-on employé pour la combattre? Je ne veux pas dire des choses irritantes; mais vous avez entendu un militaire qui vous a dit que les habitants d'une maison n'ayant pas voulu ouvrir leurs portes pour qu'on y posât des factionnaires, il y avait attaché un pétard et avait fait sauter la maison. Dans la rue Mercier, on s'est trompé de maison; une maison avait, disait un chef militaire, servi de retranchement à deux ou trois insurgés : on a attaché un pétard à la maison voisine, deux femmes sont descendues à moitié mortes parmi les décombres.

Pensez-vous que des faits semblables ne doivent pas allumer la colère populaire, semer l'irritation et prolonger la lutte? On vient reprocher aux insurgés de s'être battus en désespérés, d'avoir pendant six jours arboré le drapeau de la révolte; mais n'a-t-on pas voulu la réprimer avec des moyens tels qu'il était impossible qu'il en fût autrement?

A la Croix-Rousse, que s'est-il passé? M. le procureur général a considéré, dans son réquisitoire, Carrier, le mutuelliste, comme chef de la Croix-Rousse. J'espère, à l'aide des témoignages, rétablir la vérité sur ce point, et prouver que M. le procureur général, qui, pour un grand nombre d'autres accusés, a montré une impartialité de langage et une modération de sentiments dont je me plais à lui rendre hommage, a sur ce point singulièrement erré. Carrier, signalé comme chef, se trouvait à Lyon le mercredi 9, le jour où éclatait l'insurrection à la Croix-Rousse ; qu'y voit-on ? On y voit un sieur Picot, qui, arrivé le mercredi 9 par le bateau à vapeur, va, dès le jeudi matin, exciter les insurgés au désordre.

Ce Picot, nous l'avons signalé comme un de ces êtres vils qui se vendent au plus offrant et dernier enchérisseur, et qui ne craignent pas d'exposer leur vie pour gagner un honteux salaire et servir les hommes qui les ont achetés. Le parquet a repoussé nos attaques ; il a prétendu, tout en nous abandonnant la moralité d'un témoin qui cependant n'avait pas été par lui dévoilée, que Picot n'était qu'un misérable qui était venu dans l'insurrection avec l'espérance d'en profiter, et qui ensuite avait vendu ses camarades parce qu'ils étaient malheureux.

M. le procureur général a été plus loin, il a voulu mettre Picot à l'abri d'un texte du Code pénal. Cet article accorde bien aux tribunaux le droit de renvoyer celui qui a dénoncé, mais à une condition, c'est qu'il n'ait pas pris part à l'attentat. Encore faut-il qu'il soit livré à la justice ; car il faut proclamer cette vérité, que les parquets sont trop disposés à oublier, qu'ils ne sont pas la justice elle-même. Il ne leur appartient pas de prononcer, ils doivent seulement faire connaître.

Le sentiment de tous les auteurs sur la matière est que le dénonciateur doit être préalablement mis sous la main de la justice ; si plus tard il est prouvé qu'il n'a pas pris part à l'attentat, il est renvoyé ; mais ni magistrat instructeur, ni parquet n'a le droit de lui accorder sa grâce.

Voilà pour la légalité. Maintenant, que nous apprend le fait ? Picot, qui s'est battu à la Croix-Rousse, qui a insurgé la commune, s'est rendu auprès de l'autorité militaire ; là on l'a jugé comme un traître et comme un déserté, et l'on s'est emparé de sa personne ; M. le général Fleury vous a dit qu'il l'avait renvoyé sous escorte à M. le procureur du roi, en ordonnant qu'on eût bien soin de ne pas le relâcher ; et dès que Picot arrive auprès de l'autorité civile, Picot est libre, il sert la police, il dénonce ceux avec lesquels il a combattu.

Je le demande, messieurs les pairs, n'est-il pas certain qu'il a montré le signe de l'alliance, le signe mystérieux qui lui a été envoyé dans le cabanon de Clairvaux, et qui seul pouvait faire tomber ses fers ?

Si ce signe n'avait pas été produit, alors je dirais à M. le procureur général qu'il n'a pas fait son devoir, qu'il a eu pour cet homme des entrailles d'une indulgence qui ne s'explique pas, et qui doit faire naître dans la nation des soupçons que toutes les protestations de M. le procureur du roi ne pourront détruire.

Picot certainement vous appartenait; s'il ne vous eût point appartenu, vous l'eussiez livré à la justice. Comme il a été libre, comme il a toujours servi ce pouvoir contre lequel il avait combattu, nous avons le droit de dire que, comme Mercé et beaucoup d'autres qui ont paru sur le théâtre de l'insurrection, il y est venu parce qu'il avait reçu son mandat.

J'ai été bien long, messieurs les pairs; et je suis d'autant plus coupable que la cour m'a prêté une attention bienveillante, et dont j'ai besoin de lui témoigner ma reconnaissance; mais elle m'excusera en pensant aux souvenirs impérieux et tristes qui se mêlent dans mon esprit, et qui quelquefois y causent de la confusion.

Je n'ai pas tout dit sur l'homme dont j'ai parlé tout à l'heure; et je tiens d'autant plus à préciser les faits sur cette circonstance que, dans beaucoup d'autres, le parquet a douté de la sincérité et de l'intelligence de nos appréciations : c'est à vos souvenirs, messieurs les pairs, que je veux en appeler.

Lorsque Picot a parlé à cette barre, nous avons fait entendre contre lui une parole accusatrice et flétrissante. Quelle a été son attitude? Il s'est tu, il a été écrasé sous le poids de la vérité.

Croyez-vous que si sa conscience eût été pure, croyez-vous que si nous nous étions hasardé à lui adresser un reproche qu'il n'eût pas mérité, il n'eût à l'instant réclamé, et qu'il fût sorti de votre audience, silencieux et comme foudroyé? J'en atteste vos souvenirs. Ils vous apprendront que cet homme, qui a été muet lorsque nous le stigmatisions, était bien ce que nous disions, et que c'est vraiment parce qu'il était à lui, que le parquet l'a fait remettre en liberté.

Maintenant nous avons tout dit sur lui; nous l'avons joint à la liste à la tête de laquelle il faut inscrire le nom de Mercé et de F... Nous avons dit qu'il était comme eux un agent soldé et encouragé par un pouvoir occulte que nous ne connaissons pas, mais qui n'avait pas intérêt à la tranquillité de la ville de Lyon.

Nous reprenons le récit des faits.

Vous n'avez pas oublié quel est l'enchaînement logique de nos idées.

D'abord nous avons dit que le pouvoir avait intérêt à la lutte, qu'il l'avait précipitée, qu'il l'avait amenée par la violation de la loi des associations, par la consigne qui avait été donnée par l'autorité militaire, et aussi par les agents provocateurs qui ont été répandus parmi les insurgés.

Jetons en finissant un regard sur une des plus douloureuses pages de cette sanglante scène. Je veux parler de Vaise, qui a été nommé à juste titre la rue Transnonain de Lyon; de Vaise, qui a eu aussi un quartier dans lequel la victoire s'est ruée impitoyable et entière, dans lequel elle a mis sous ses pieds les lois qui doivent protéger les vaincus.

L'insurrection a éclaté à Vaise dans la journée du jeudi. Elle a éclaté, comme partout ailleurs, spontanée et provoquée. En effet, vous le savez, c'est un homme étranger à la commune, c'est un homme qui était à la campagne, qui a soulevé la commune de Vaise, dans le système d'accusation. C'est Reverchon, qui n'y était pas connu, qui avait si peu comploté qu'il s'en est allé le mercredi matin. Alors que le mouvement devait éclater, Reverchon s'était retiré dans une petite terre qu'il possède près de Lyon; et c'est après avoir entendu le canon, qu'inquiet sur sa famille, il veut revenir à Lyon. Il veut forcer les barricades; mais, repoussé par les troupes, il est forcé de se replier sur Vaise. Vous savez ce qu'il a fait.

Après lui est venu Desgarniers, autre chef de hasard, qui, après avoir accompli une mission commerciale à cent cinquante lieues de Lyon, s'est trouvé, par une fatalité funeste, à la tête du faubourg de Vaise. Forcé par les insurgés de prendre les armes et de les commander, Desgarniers s'aperçut que la résistance était impossible, et il s'éclipsa.

Le samedi, les troupes entrèrent à Vaise. On a dit qu'elles avaient été appelées par les habitants; mais il faut bien le reconnaître, un certain nombre de ses habitants ne le voulaient pas. Il y avait à Vaise, comme dans les autres faubourgs de Lyon, un noyau insurrectionnel; il y avait des hommes que des passions funestes avaient appelés à la résistance. Il y en avait d'autres aussi qui avaient entendu dire qu'on égorgeait les femmes et les enfants; l'insurrection était donc flagrante à Vaise. Le combat a été sanglant; il a coûté la vie à plusieurs soldats, sur la tombe desquels nous versons des larmes à la sincérité desquelles la cour croira. Après leur mort, après la soumission de Vaise, on a voulu pénétrer dans les maisons où les insurgés s'étaient retranchés, et là, messieurs, on a mis à mort tout ce qui s'est présenté. Les chefs vous ont dit qu'on s'était contenté d'exterminer les hommes qui étaient soupçonnés d'avoir pris part au combat, ou bien qu'on saisissait les armes à la main. Eh bien! ces chefs, on ne leur a pas dit la vérité. Vous avez entendu un témoin qui est venu déposer qu'une femme avait été égorgée, dans une souillarde, c'est-à-dire l'endroit le plus retiré de l'appartement, où elle s'était réfugiée; qu'un vieillard de soixante-dix ans avait été assassiné dans son lit, et que ses restes inanimés avaient été jetés par la croisée. J'ai dans les mains des certificats, il y a des témoins dont nous avons soumis les noms à la cour; si vous doutez de notre foi, enquérez-vous : vous verrez que nous ne sommes ni des imposteurs, ni des dupes.

Lorsque ces faits ont été avancés, M. le général Aymard les avait couverts par sa dénégation et par la plus énergique des réprobations. Les témoins sont venus dire que des prisonniers avaient été fusillés; alors le général Aymard, qui, la veille, avait affirmé que jamais il n'avait eu connaissance d'un fait de ce genre, vous a dit qu'il avait connu celui-là, mais qu'il n'avait pu en découvrir les auteurs. Il y a dans cette double version une contradiction qui nuit au témoignage du général Aymard. Il est prouvé qu'il a été instruit des faits que nous dénonçons, mais que, sentant dans son âme l'horreur qu'ils devaient inspirer, il a cru qu'il était sage de les déguiser à la justice, et qu'il fallait les mettre sur le compte de l'exagération mutuelle des soldats au milieu des scènes de carnage dans lesquelles ils se trouvaient.

Nous aussi nous faisons la part de la bataille, nous aussi nous comprenons qu'alors qu'on est exposé de toutes parts à la mort, on peut pousser la répression jusqu'à la barbarie; mais lorsque ces faits ont été publiés, lorsqu'ils sont dénoncés publiquement, et que les chefs militaires et de l'autorité civile se taisent, il y a là quelque chose qui apprend à la cour que les ordres les plus impitoyables avaient été donnés, qu'on avait laissé aux soldats carte blanche sur la vie des citoyens. C'est ainsi que, de conséquence en conséquence, nous rencontrons la preuve que tout a été prévu, calculé dans cette déplorable affaire, que la lutte a été connue d'avance, qu'on en a d'avance favorisé les éléments, et qu'à l'instant où l'on a ordonné aux militaires de repousser la force par la force, on a voulu que la force allât jusqu'à ses dernières conséquences, et qu'elle engendrât une résistance de laquelle on pût profiter plus tard.

Voilà, messieurs, les sentiments qui ont animé les malheureux accusés quand ils vous ont révélé ces atrocités. Et ne croyez pas qu'il ait jamais été dans notre intention, non pas seulement d'attaquer l'armée, qui n'est pas solidaire de quelques fautes isolées, mais de nous livrer à je ne sais quel système de récriminations odieuses, à jeter des paroles qui pussent engendrer dans le pays des haines vivaces.

Messieurs, ce serait bien mal connaître et nos intentions et nos intérêts. Eh quoi! nous qui avons à peine échappé aux désastres les plus horribles qui se puissent imaginer, nous qui avons versé des larmes sur le deuil de notre patrie, nous voudrions aujourd'hui réchauffer les éléments qui pourraient amener une nouvelle catastrophe!

Non, messieurs les pairs, vous ne le croyez pas; je vous assure que si nous sommes venu à votre barre pour signaler ces faits, c'est parce que ces faits nous atteignaient, c'est parce qu'il était essentiel qu'ils fussent authentiquement dévoilés, afin que si jamais des circonstances pareilles se présentaient, l'épée qui commanderait de pareils massacres fût déshonorée, et qu'il ne fût plus possible de voir renaître de semblables catastrophes.

Voilà, messieurs, tout ce que nous avions à dire sur les faits de Lyon, et c'est ainsi que se termine cette horrible et pénible tâche que nous avions à remplir. Nous voulions vous démontrer quels avaient été l'intérêt et l'intention du gouvernement.

Nous persistons à croire que, se voyant attaqué violemment, le gouvernement a pensé aussi qu'il était le maître de l'insurrection, et que, certain de la subir, il a cru en pouvoir choisir le terrain.

Nous disons ensuite que, dans l'exécution de ce dessein, il a déployé une barbarie qui, certes, ne trouvera pas d'excuse dans cette cour.

Et, en regard de ces faits, si nous voulons jeter les yeux sur ce qui s'est passé dans le camp des insurgés, nous serons frappés d'y voir les faits prendre un tout autre caractère.

A Dieu ne plaise, messieurs les pairs, que je jette des paroles d'approbation sur l'insurrection d'une minorité. Non, et ce serait bien mal comprendre les idées d'ordre dont je dois être le défenseur devant la cour. Mais en même temps qu'il faut faire des concessions, des concessions aux principes, il n'est pas défendu de reconnaître qu'il y a eu de part et d'autre des torts et de l'exaltation.

Je dis qu'ils n'ont pas comploté, et je l'ai prouvé, car s'ils avaient comploté, ils eussent agi autrement, ils auraient eu des armes, des munitions, ils auraient pris des positions; en un mot, ils auraient conduit leur insurrection de manière à réussir, car ils pouvaient trouver au sein de la population lyonnaise tout ce qui était nécessaire pour un triomphe complet. Mais une fois qu'ils ont été jetés dans la voie fatale de l'insurrection, est-ce qu'on a à leur reprocher quelques-uns de ces actes qui déshonorent ceux qui s'y livrent?

J'ai entendu dire au banc du ministère public que les actes d'humanité dont il louait les insurgés étaient le résultat d'une spéculation froide.

Oh! messieurs, vous avez vu Lagrange, vous savez si c'est un homme de calcul, si, alors qu'il a protégé au péril de sa vie la vie d'un homme menacé, il a pu penser qu'un jour il serait traduit devant une cour, et qu'il aurait le salaire de cette généreuse spéculation!

Savez-vous comment ce jeune homme répondait aux calomnies des personnes qui l'entouraient, alors qu'il défendait les jours de l'agent de police Corteys? On lui disait qu'il était un lâche, et lui s'en allait tranquillement à la barricade, et il se promenait sous les feux de peloton; les balles ont respecté sa noble tête. La main du bourreau ou du garde chiourme ne la touchera pas. (*Mouvement.*)

Il y a eu dans l'esprit des insurgés un sentiment profond, et lorsqu'ils se sont révoltés, c'est parce qu'ils ont cru qu'ils étaient eux-mêmes attirés sur le terrain. Peut-être y a-t-il eu complot sur ce point; j'avouerai que peut-être dans quelques sections des Droits de l'homme, il a été dit : Nous n'entraînerons pas le combat; mais si les militaires sont agresseurs, nous nous défendrons. Voilà le complot! On a résolu de résister à une attaque que l'on savait être injuste; mais ces résolutions même ont été isolées, et si l'on eût voulu se concerter, le résultat eût été différent.

Il est certain que, dans tous les cas, il ressort une grande leçon pour le pays.

Vous jugerez, messieurs, les circonstances de cette affaire, et vous verrez qu'il est impossible d'en séparer une seule. Lorsque les accusés ont été ainsi traqués de toutes parts, lorsqu'ils sont traduits à votre barre sous la prévention d'un complot qu'ils n'ont pas concerté; quand ils ont la conviction faite qu'ils ont été les victimes d'un intérêt gouvernemental bien ou mal senti, leur intérêt se réduirait à vous dire par ma bouche : Vous nous accusez d'avoir attenté contre la sûreté de l'État, et moi j'accuse le pouvoir de n'avoir pas déjoué cet attentat.

Je l'accuse d'avoir nourri l'émeute, en attirant les insurgés sur la place publique, alors qu'il lui était facile de la comprimer.

Vous nous accusez d'avoir construit des barricades, moi je vous accuse de les avoir laissé élever sous les yeux des agents de police et de l'autorité civile, et d'avoir jeté parmi les groupes inoffensifs des excitateurs soldés.

Vous nous accusez d'avoir usé de la force contre les défenseurs de l'ordre; moi je vous accuse d'avoir déchiré la loi qui protége la vie des citoyens, d'avoir donné la consigne qui, à elle seule, suffisait pour allumer l'insurrection, d'avoir compromis la vie des femmes, des enfants, des vieillards, d'avoir prolongé la lutte sans nécessité, et d'avoir enseveli sous les ruines de nos maisons nos familles qui ne vous attaquaient pas.

Je vous accuse d'avoir été sourds aux demandes de trêve et de conciliation qui étaient faites de toutes parts, et de n'avoir pas épargné la vie des vaincus.

Vous avez fait votre réquisitoire, voilà le mien : ils resteront tous deux affichés à la porte de ce palais, et nous verrons lequel durera davantage, lequel la France lira avec le plus d'indignation! (*Le plus profond silence règne dans l'assemblée. Tous les pairs écoutent dans une immobile attention qui permet d'entendre toutes les paroles de l'orateur, exténué de fatigue.*)

Mais, messieurs les pairs, que parlé-je d'accusation? Pardonnez si la violence des émotions qui m'agitent et me dominent se communique involontairement à mon langage Pardonnez si j'oublie la défense pour m'abandonner à ces plaintes véhémentes. Je sens que mon cœur m'échappe. C'est qu'il y a là une conviction qui me dit que si le pouvoir avait voulu, avec un peu plus de précautions, avec un peu plus d'intelligence et moins de précipitation, Lyon n'aurait pas été ensanglanté, et nous ne serions pas devant vous à répéter chaque jour qu'avec quelques mesures conciliatoires on eût pu épargner tant de deuil; que tant de familles, aujourd'hui consternées, gémissantes et privées de leurs pères ou de leurs enfants, seraient dans la joie, que tant de haines qui les agitent ne seraient pas écloses, et qu'enfin ces récriminations affreuses n'auraient pas eu occasion de naître.

Oh! trois fois soient maudites les discordes civiles qui moissonnent les vies les plus généreuses, qui, leurs morts ensevelis, continuent leurs champs de bataille à travers le pays, et jusque sur les pages de l'histoire!

Trois fois soient maudites les ambitions inquiètes qui, pour le bénéfice de leurs spéculations, ne craignent point de troubler le pays et la sainte observation de ses lois!

Trois fois soient maudites aussi les obstinations intéressées qui se font sourdes au cri du peuple, qui dérisionnent sa misère, qui croient le peuple rassassié quand elles sont repues!

Trois fois soient maudites, aussi bien que les agressions, les répressions impitoyables qui frappent partout où il y a vie, et croient avoir sauvé le pays quand elles ont détruit dans les villes des quartiers entiers par les volées de la mitraille!

Oui, messieurs, une minorité turbulente qui appuierait ces doctrines avec la force, qui voudrait ressusciter les lois barbares du comité de salut public, serait mauvaise et factieuse; je pourrais dire seulement : Montrez-la à la France, et la France la repoussera. Mais convenez avec moi que tout n'est pas permis à ceux qui gouvernent; qu'ils ne peuvent heurter de front tous les sentiments, tous les intérêts; qu'ils ne peuvent laisser organiser l'insurrection et la guerre civile, et infliger à des citoyens des traitements plus barbares que ceux des colons vis-à-vis de leurs esclaves révoltés.

Dites-moi qu'au-dessus du trône, des pouvoirs constitués, des corps politiques les plus respectés, des forces les plus légales, il est une loi d'humanité qu'on ne peut pas oublier, même dans la chaleur de la bataille, et dont on ne peut excuser la violation sans déshonneur; dites-le-moi, messieurs les pairs, et alors je serai consolé, et alors je ne retournerai pas à Lyon le front humilié, je ne m'en irai pas avec la douleur amère d'avoir parlé devant la Chambre des pairs d'assassinats, d'y avoir été bafoué comme un insensé.

J'ai besoin de dire ces choses, j'ai besoin de rapporter à mes compatriotes qui m'attendent des paroles de paix, et de leur apprendre que désormais de pareilles atrocités sont impossibles, parce qu'elles sont mises au ban de la civilisation française. J'ai besoin de le dire, parce que ce sont eux qui m'ont envoyé, qui ont soutenu ma faiblesse, qui m'ont répété : Parlez haut et franc, et soyez sûr que vous avez derrière vous des cœurs qui bondissent à vos accents.

Moi je suis venu, confiant dans la sainteté de ma cause, confiant en vous aussi, messieurs les pairs; je me suis dit : Quelque immense que soit l'abîme qui nous sépare, moi chétif, et vous tout-puissants, nos âmes seront cependant rapprochées par un sentiment commun, et il y aura un moment où vous comprendrez toutes les indignations de la défense, un moment où vous, hommes politiques, vous lui tendrez la main quand elle vous demandera justice.

Ce moment est venu, messieurs; vous ne connaissez pas tout, mais vous avez pu tout deviner. Vous savez comment une grande population a été entraînée par des excitations étrangères à une de ces effervescences si naturelles dans notre âge de crises politiques. Vous savez que sur plusieurs points les mesures prises pour étouffer l'insurrection ont été, au contraire, de nature à l'animer. Vous savez que si la résistance a été terrible et factieuse, elle a du moins été pure de ces lâchetés auxquelles on a pu se livrer quelquefois avec un ennemi abattu, et de ces violences cupides qui cachent le vol sous le drapeau insurrecteur.

Maintenant c'est à vous de voir si, dans les terribles accidents de cette lutte, il n'y a pas eu plus de fatalité que de crime; c'est à vous de voir si, en frappant des hommes que le ministère public vous signale comme des rebelles, vous n'allez pas atteindre des citoyens généreux qui ont mal compris l'intérêt de leur pays, qui ont été séduits par de funestes précédents, et qui peut-être, en voyant une victime tomber à leurs pieds, sont malgré eux devenus soldats.

Je livre ces considérations à la sagesse de la cour. Je veux aussi lui abandonner les accusés... J'allais dire les miens; ils me l'auraient pardonné. Je vais lui abandonner les présents et les absents, ceux dont vous allez entendre l'habile et consciencieuse défense, et ceux qu'un dissentiment fatal a retenus muets au fond de leurs cachots.

Voilà, messieurs les pairs, que je plie sous la fatigue et que les forces me manquent pour ajouter ce qui me restait encore à vous dire pour les accusés.

On vous répétait hier que la société réclamait leur punition, et que vous manqueriez à vos devoirs en vous montrant magnanimes et humains. Oh! vous ne croirez pas ces rigoureux conseils!

Comment trouveraient-ils accès dans une cour dont plusieurs

membres ont eu la gloire de solliciter de l'autorité royale une solennelle mesure de réconciliation, lorsqu'un des hommes d'État qui me font l'honneur de m'écouter, a signalé sa courte présence au pouvoir en séchant les larmes des prisonniers et en mettant sous son haut patronage la plus sainte et la plus grande idée qui soit sortie de la victoire?

Oh! non! non! messieurs les pairs, vous penserez que notre France, si tourmentée, tour à tour déchirée par les luttes insensées des partis, a besoin d'oubli plutôt que de châtiments. Les cachots ne produisent rien que le désespoir et la vengeance; leurs portes s'abaissent tôt ou tard, et ceux qui les franchissent répandent partout autour d'eux l'exaspération de leurs souffrances.

M. le procureur général a renoncé à ses réquisitoires de mort. J'en remercie la civilisation qui parle plus haut que la loi dont il est l'organe; j'en remercie aussi votre souveraineté qui permet d'invoquer devant elle, au lieu du Code pénal, les enseignements de nos mœurs publiques. Je n'ai pas la prétention de percer le mystère de cette souveraineté, mais tout me dit que mes efforts n'ont pas été inutiles, que vous aurez égard aux besoins de ma patrie, à la situation exeptionnelle et violente dans laquelle elle s'est trouvée malgré elle; qu'en vous élevant à la haute mission que la constitution du pays vous confie, vous saurez par votre arrêt accomplir la grande œuvre de pacification après laquelle la nation soupire, et qui doit être un terrain commun sur lequel viendront s'éteindre et se confondre les discussions cruelles qui, trop longtemps, l'ont déchirée.

Me Favre, trop fatigué pour présenter la défense particulière de ses clients, demande à être entendu après les autres défenseurs.

A l'audience du 22 juillet, il défend Poulard, Thion, et après l'interrogatoire de Carrier, il prend la parole en ces termes :

MESSIEURS LES JURÉS,

Les explications que vous venez d'entendre me sembleraient suffire pour la défense de Carrier; car, dans son langage naïf, il a, ce me semble, réfuté toutes les charges que l'accusation a accumulées sur sa tête. L'accusation, j'ose le dire, s'est montrée contre lui implacable; elle a mis en oubli, et son noble et généreux caractère, et les témoignages honorables qui sont venus ici l'entourer et le défendre. L'accusation a persisté, malgré les témoignages authentiques, à le considérer comme chef de l'insurrection de la Croix-Rousse, et à faire peser sur sa tête innocente la responsabilité de tout le sang versé.

Je ne crains pas de le dire, l'accusation est tombée à l'égard de Carrier dans une erreur qu'elle reconnaîtra; l'accusation reconnaîtra tôt ou tard qu'elle s'est méprise sur le véritable rôle que Carrier a joué, et qu'alors même qu'elle obtiendrait contre lui une condamnation, elle ne pourrait se féliciter de ce triomphe, car elle n'a pu nier qu'en avril sa conduite n'ait été honorable. S'il a été nommé membre du conseil exécutif des mutuellistes, il n'a jamais été installé, jamais il n'a reçu cette espèce de sacre qui devait lui donner qualité.

Carrier s'est déclaré républicain, et j'ai entendu avec surprise M. l'avocat général se faire une arme de cette déclaration pour l'accabler. A propos de quoi donc l'accusation vient-elle ici parler d'opinions? Est-ce que dans une cause criminelle, ce n'est pas assez de toutes les interprétations diverses qu'on peut tirer des témoignages, des antécédents? Est-ce qu'on veut encore établir des tables de proscription pour tous ceux qui ne professent pas une adoration parfaite pour tous les principes professés par le gouvernement? Ah! si le ministère public a entrepris une pareille tâche, la vôtre, messieurs les pairs, sera agrandie à l'infini, il faudra vous armer d'une longue patience, vous aurez bien des accusés à juger, et bien des gens, jusqu'au défenseur qui porte ici la parole devant vous, réclameront leur part dans cette accusation.

Je suis républicain! L'opinion est notre patrimoine; elle nous appartient, et M. l'avocat général n'a pas le droit de la sonder; il n'a pas le droit de nous ouvrir la conscience pour écrire sur ses lambeaux les pages de ses réquisitoires!

Comment l'accusation a-t-elle pu signaler Carrier comme l'homme qui a insurgé la Croix-Rousse? le ministère public ne savait-il donc pas fort bien que la Croix-Rousse était en insurrection alors que Carrier y vint pour embrasser sa femme et ses enfants? Le ministère pnblic n'avait-il donc pas puisé la connaissance de ces faits dans ces dossiers privilégiés dont le contenu nous a été longtemps caché?

M. MARTIN DU NORD, *procureur général.* Expliquez-vous; qu'entendez-vous par ces dossiers privilégiés?

Me FAVRE. J'entends ces notes si tardivement produites, et qui nous ont appris les antécédents de Picot, antécédents qui n'avaient pas été révélés à l'ouverture des débats, antécédents qu'on voulait cacher pour se servir de sa déposition contre les accusés. Si ces explications ne vous suffisent pas, monsieur le procureur général, j'espère qu'elles satisferont la cour.

LE PROCUREUR GÉNÉRAL. Il n'y a pas eu de dossier privilégié; lorsque, dans les débats, la défense a manifesté le désir de connaître les antécédents de Picot, des renseignements vous ont été communiqués sur-le-champ.

Me Favre. Je ne sais pas jusqu'à quel point ces interruptions sont permises.

Si la plaidoierie doit dégénérer en conversation, je le veux bien, mais il faudra que la cour l'autorise. Je répète que vous aviez dans vos pièces des notes qui vous apprenaient que Picot était, sinon un malfaiteur, au moins un insurgé, et vous n'en avez rien dit.

Je le répète, après que la vérité a été manifestée à tous les esprits, faudra-t-il que le ministère public veuille encore faire peser sur la tête de Carrier, qui est innocent, la responsabilité d'actes dont il connaît l'origine?

La Croix-Rousse était donc insurgée : elle l'avait été, grâce aux instigations d'un homme qui n'a point paru devant la cour. Cet homme, c'est Dauphin.

On a prétendu que Dauphin n'avait pas pu être rencontré, qu'il s'était esquivé, qu'il avait eu peur de ces menaces que je ne sais quelle main a charbonnées sur les murs du palais du Luxembourg.

Il n'en est rien. Le sieur Dauphin, qui a pu faire d'abord quelque résistance au mandat de la justice, est arrivé à Paris. Si les renseignements qui me sont donnés sont exacts, à peine s'y était-il rendu qu'il a reçu son ordre de départ; on n'a pas voulu le faire paraître. Nous aurions prouvé qu'il avait joué un rôle analogue à celui de Picot, et nous l'aurions surpris en flagrant délit de mensonge.

Eh bien! voilà les hommes qui ont commencé l'insurrection, ils sont libres, et toutes les rigueurs ont pesé sur ceux qui en ont arrêté les désastres.

Mais, dit-on, les faits même invoqués en faveur de Carrier prouvent qu'il a été l'un des insurgés, s'il n'a été le chef de l'insurrection. Il se réunissait au *Café Suisse* et dans un autre café avec les insurgés.

Eh bien! il a fait ce qu'ont fait les habitants de la Croix-Rousse, je ne vois pas là un chef qui donne des ordres, qui est consulté sur tout, qui est entouré de son état-major. Carrier, loin d'être un chef, n'a pas même posé une sentinelle; j'en demande pardon à la cour, mais il me semble que le ministère public a, dans cette circonstance, dépassé toutes les bornes.

Ici se place un fait sur lequel l'accusation se croit solidement appuyée. Carrier a signé des passes pour deux filles qui sont venues plus tard les apporter à l'instruction; mais il n'y a rien dans ce fait qui constate que Carrier soit le chef de l'insurrection. Ces filles étaient regardées comme espions de l'autorité militaire; on les a interrogées, ce n'est point Carrier qui les a interrogées. Sur ce qu'il a appris de ces filles, il a jugé qu'il fallait leur rendre la liberté, il les a protégées de son influence, il leur a donné une passe ainsi conçue :

« Laissez passer la citoyenne N..... *Signé :* CARRIER. » Je ne pense pas qu'on lui fasse un crime de ce petit semblant de formule républicaine; car les pièces ne sont pas de sa main. Le nom de Carrier n'était pas une recommandation superflue; il jouit d'une grande considération parmi les ouvriers; il a été nommé capitaine de la garde nationale, bien que la garde nationale de Lyon ne soit que sur le papier.

D'autres personnes qu'il a fait assigner comme témoins à décharge ont déclaré qu'elles lui avaient demandé des passes; qu'il les avait délivrées après quelque résistance, et qu'elles n'avaient pu servir. Il n'exerçait donc aucune autorité, et l'on dénature ce fait si simple; on dit à Carrier : Vous avez délivré des passes, donc vous étiez chef, donc vous avez dirigé des bandes armées contre le drapeau du pays, donc vous avez soufflé le feu de la discorde dans la ville!

Non, messieurs, il n'est point permis au ministère public de torturer ainsi les faits; en le faisant, il outre-passe tous ses droits.

M. LE PROCUREUR GÉNÉRAL. Nous ne pouvons tolérer de pareilles expressions; il n'est pas possible qu'on vienne incriminer nos intentions. Jamais la défense n'a eu le droit de prétendre que nous torturons les faits, afin d'établir une accusation contre Carrier ou tout autre individu.

Nous avons jusqu'ici montré beaucoup de patience; mais la cour appréciera l'indignation que nous ressentons lorsqu'on vient constamment attaquer nos intentions, et prétendre que, malgré le bon droit de l'accusé, nous avons voulu faire condamner un homme que nous considérons comme innocent.

Nous invitons l'avocat à se renfermer dans un langage convenable, à ne jamais attaquer nos intentions qui ont toujours été loyales et droites. Sans cela, nous nous verrions obligés d'user de notre droit pour obtenir que justice soit faite de ces attaques, que nous ne pouvons pas tolérer plus longtemps.

Me FAVRE. Permettez-moi, monsieur l'avocat général, il me semble que je vous ai écouté; nous ne demandons que justice, et certes, si dans l'accomplissement de notre difficile tâche, il nous arrivait de nous écarter de la limite de nos devoirs, nous serions le premier à demander que la sévérité de la cour nous y ramenât. Mais il nous semble que le silence de son président nous est un sûr garant qu'ici nous n'avons pas mérité de reproches.

Nous sommes quelque peu familier, malgré notre inexpérience, avec les formes des tribunaux, et dans toutes les cours d'assises, nous avons vu qu'il était permis à la défense d'adresser des reproches, même des reproches sévères, au ministère public.

Ici je ne critique ni n'attaque les intentions de celui qui est l'organe du ministère public. Son intention, je la respecte, mais seulement il me sera permis, à moi, de dire qu'il est un fait qu'il a mal interprété, sans l'avoir torturé.

Et l'on viendrait dire que la défense oublie ses devoirs! On parle même de réquisitions! Il faut que M. le procureur général s'explique. Il m'est impossible de continuer la défense avec l'appréhension de pareilles interruptions. Si M. le procureur général pense que mes paroles soient coupables, qu'il requière contre moi, je m'en rapporterai à la sagesse de la Cour, car il n'a jamais été dans mon intention d'attaquer le ministère public; lorsque je défends mon client avec zèle en repoussant de sa tête une accusation capitale, je suis dans mon droit, et je pense que le privilége de la défense doit m'être conservé.

M. LE PRÉSIDENT. Défenseur, vous n'avez certainement point eu le dessein d'incriminer les intentions du ministère public. Cela ne peut être douteux; personne ne pourrait croire qu'un ministère public, pour rendre plus grave l'accusation, eût voulu torturer les faits. Il nous semble cependant que le ministère public a dû être justement sensible à ces expressions auxquelles nous sommes persuadé que le défenseur n'a pas lui-même attaché le sens qu'on pouvait naturellement y mettre.

Cette explication donnée, la défense continuera.

Me FAVRE. Je vous disais, messieurs les pairs, qu'envisagé même dans l'hypothèse la plus défavorable, le principal fait reproché à Carrier ne saurait entraîner contre lui aucune condamnation.

Le témoignage d'honorables magistrats prouve qu'il a fait les plus héroïques efforts pour étouffer l'insurrection.

A la nouvelle de ces regrettables événements, il s'épouvante, il pleure! Oui, Carrier pleure, il pleure sur les calamités de son pays, sur les calamités qui accablaient tant de familles innocentes! Oui, il pleure, ce conspirateur! Et il promet, il jure de s'interposer, au risque de son salut personnel; il se jette au milieu de l'émeute. Et quand M. Puyroche le presse d'accepter des passeports, Carrier les refuse. Vous avez entendu sur ce point les déclarations des magistrats de la Croix-Rousse. Carrier protestait de son innocence; il disait que s'il acceptait des passe-ports sous un faux nom, on l'arrêterait. Effectivement, s'il n'en avait pas accepté, il ne serait point à vos pieds. Et cependant Carrier, qui vous a été représenté par M. le maire de la Croix-Rousse comme ayant rendu de grands services, est traîné devant l'autorité militaire, et plus tard dans les cachots, dénoncé, car les dénonciateurs ne manquent jamais contre ceux qui sont sous la main de la justice.

Si de tout cela on peut induire que Carrier a été un chef d'insurrection, qu'il a exercé un commandement, savez-vous ce qu'il faut dire? C'est que MM. Puyroche, Dugast et Sandier étaient aussi des chefs d'insurrection, car ces magistrats, si remplis de leur dignité et de leurs devoirs, n'ont pas craint de conjurer leurs administrés, de leur représenter que s'ils ne détruisaient pas les barricades, les maisons de la Croix-Rousse allaient être consumées le lendemain.

Voilà à quelles inspirations cédaient ces magistrats, voilà à quelles inspirations cédait Carrier quand il allait vers ses camarades, leur disant qu'ils avaient tort de prolonger une insurrection qui ne faisait que verser du sang. Quand il les eut émus, touchés, il se retira; et c'est grâce aux faux passe-ports qui lui avaient été donnés, qu'il fut arrêté et, par suite, conduit devant vous.

Je fatigue peut-être le patience de la cour, mais j'ai oublié de parler d'une déposition écrite, celle de Jorris, témoin qui n'a pas été entendu par la cour, et dont la déposition a été citée par le ministère public avec l'intention bien avouée de la faire considérer comme aggravante. Jorris a déclaré qu'il avait vu Carrier au milieu de l'insurrection, armé, et qu'il lui avait donné des cartouches; mais le ministère public a oublié de dire que cet individu a été appelé devant le magistrat, non comme témoin, mais comme inculpé; et par conséquent il aura cherché à repousser les faits qui lui étaient reprochés en les rejetant sur un autre.

Messieurs les pairs, quand vous pèserez tous ces faits, quand vous rapprocherez les charges, vous vous demanderez s'il est possible de regarder Carrier comme ayant pris part à l'insurrection. Carrier est un ancien militaire dont le courage bouillonne. Et vous voulez, s'il avait pris part à l'insurrection, qu'il se fût contenté du rôle d'ordonnateur civil, de signataire de laisser-passer pour des femmes et des enfants. Ah! s'il avait accepté un rôle dans l'insurrection, il n'aurait pas seulement envoyé ses camarades aux barricades, il aurait pris part au combat. Or, aucun témoin n'est venu déposer de ce fait. N'oubliez pas sa conduite, messieurs; ses antécédents parlent plus haut que ma faible voix. Et, j'ose le dire, si après la révélation de toutes ces circonstances, après les attestations de ceux qui ont suivi Carrier pas à pas, une condamnation pesait sur la tête de cet homme, ce serait une véritable calamité pour Lyon; car il serait dit que toutes les fois que pendant une insurrection on ne se renferme par chez soi, qu'on cherche à arrêter le mal, qu'on se jette à l'émeute pour la prendre corps à corps et la terrasser, alors on est un mauvais citoyen et un séditieux. Ce sont ces actes qui absoudront Carrier.

Me Jules Favre, touché de l'infortune de la famille de l'accusé Baune, lequel avait refusé de se défendre, écrivit aux pairs la lettre ci-jointe, le 28 juillet 1835 :

DE LA COUR DES PAIRS.

Messieurs,

J'ai rempli devant la cour un mandat avoué, j'ai défendu à la mesure de mes forces ceux des accusés qui ont cru pouvoir m'accepter.

Mais ma conscience crierait contre moi si je n'allais pas au delà, si je n'avais un mot à dire à la cour en faveur du client qui a préféré le silence à la justification.

Peut-être en le prononçant m'exposé-je à perdre son amitié. J'ai tout pesé : j'ai cru qu'il valait mieux encore épargner à la cour, s'il était possible, la responsabilité d'un arrêt inique, à moi-même l'éternelle douleur d'une condamnation que j'aurais pu conjurer.

Ce client, cet ami, c'est M. Baune.

Injustement compris dans l'accusation d'avril, il est venu à Paris dans la pensée d'exposer avec calme et courage ses principes et sa vie politiques. C'eût été assez pour son absolution. Les entraves élevées au début du procès ont ému sa conscience ; quand la majorité de ses camarades a cru devoir s'abstenir, il s'est engagé après elle. Dès lors, toute retraite a été coupée par une ligne que l'honneur l'empêchait de franchir.

Et moi qui avais autrement compris sa position, moi qui avais désiré les débats, dans l'intérêt, non de la cour, mais de ceux qu'elle va juger, je me serais tu comme Baune, je n'écrirais pas maintenant en me cachant de lui, s'il était seul à souffrir ! Mais il a une jeune femme et trois enfants en bas âge, qui n'ont d'autre ressource que son travail ; pour eux, je me suis senti plus faible que lui.

Ceci n'est donc pas une défense : que serait le mémoire le plus complet auprès de la vivante contradiction de l'audience ? C'est la pensée inquiète et douloureuse d'un ami se produisant à ses risques sous la seule forme qui lui soit laissée.

Baune est traduit devant la cour comme républicain. Il s'est assis au Comité des Droits de l'homme lyonnais, et lorsque ses affaires l'ont appelé dans les villes environnantes, il a trouvé des âmes disposées à l'entendre, il les a liées à la sienne par les nœuds d'une fraternité que la loi tolérait.

Vainement a-t-on voulu lui faire un crime des statuts de l'association. Ces statuts étaient publics. S'ils étaient anarchiques, pourquoi les parquets n'ont-ils pas déféré aux tribunaux les hommes qui s'en faisaient une bannière? Leur silence est une déclaration d'innocence ou un piége. Dans l'un et l'autre cas, il ruine radicalement toute poursuite ultérieure.

La Société des Droits de l'homme n'est pas seulement fille de Juillet. Ses traditions se rattachent aux doctrines des affiliations secrètes qui réunissaient sous la Restauration la fraction la plus ardente de l'opposition. A la différence de ses aînées, elle a marché au grand jour. Elle a prêché un gouvernement assis sur des bases vraiment populaires, garantissant les intérêts les plus humbles et souriant au travail le plus obscur.

Si, par une admiration sincère d'une époque à la fois héroïque et funeste, elle a mêlé à ses programmes d'avenir les devises d'un passé dont les générations contemporaines s'effrayent, je ne pense pas qu'elle ait jamais prétendu réaliser ses utopies par la hache et le niveau.

Ce que je puis affirmer à la cour, c'est que Baune repousserait une pareille propagande. Les intimités de son cœur me sont ouvertes, et je n'y vois qu'un amour vrai du peuple, une exaltation passionnée pour la grandeur et la prospérité de la France, surtout une abnégation stoïque de lui-même, une calme et honnête prédestination aux sacrifices individuels; sa vie en a été semée.

D'ailleurs l'esprit de Baune est trop élevé, trop nourri de fortes études pour que l'illusion lui soit possible. Il sait par l'expérience de l'histoire ce que vaut une réforme mise à la queue d'une échauffourée de carrefour. Quand il rêvait l'établissement des principes républicains, il comptait sur la presse, les associations, la prédication pacifique, non sur la guerre civile.

Qu'on dise que ces théories étaient dangereuses, ce n'est pas ici le lieu de les défendre; qu'on reconnaisse au moins que l'intention de ceux qui les professaient n'était pas coupable.

Celles de Baune n'ont pas été épargnées : on a voulu en faire un postulant désappointé, attaquant par dépit le pouvoir qui aurait rejeté ses services. Voici la vérité : après la révolution de Juillet, Baune a demandé une place de consul dans le Levant. Je pourrais dire à la cour qu'il a cédé aux sollicitations de ses amis instruits de ses goûts pour les mœurs et la nature orientales; mais qu'ai-je besoin de ces détails? Baune, comme beaucoup de patriotes, croyait alors à la sincérité de hautes promesses. Il avait vu les institutions républicaines et la royauté fiancées sous la bénédiction du peuple victorieux. Un adversaire de la branche aînée pouvait sans déroger accepter l'investiture d'une autorité ainsi retrempée. Mais son opposition avait déjà vieilli dans les ventes du carbonarisme; elle a repris son essor naturel quand le gouvernement nouveau a cru devoir s'engager dans les voies de son prédécesseur.

Si les opinions et les antécédents de Baune sont à l'abri de tout reproche, que lui veut l'accusation?

Comme membre du Comité des Droits de l'homme, il a pris part à des proclamations, à une protestation qui sont appelées coupables.

Cependant elles n'ont pas été poursuivies. Encore une fois, M. le procureur du roi était-il aveugle ou complice?

Non! ces pièces sont innocentes en elles-mêmes. Violentes, parce que la France tressaillait alors, et qu'il n'était donné à personne d'écrire des lignes paisibles sur son sol agité; pleines d'inquiétudes douloureuses et de sinistres préoccupations; agressives contre des hommes et des principes qu'un grand nombre de bons citoyens accusent de nos malheurs; telles étaient les remontrances du Comité des Droits de l'homme. On y cherche en vain un appel à l'insurrection. Il est même digne de remarque que la pensée qui les résume, c'est la crainte d'une attaque, de la destruction arbitraire du régime légal. Ainsi avant Juillet les ordonnances étaient dans l'air; la presse les y voyait et les dénonçait à l'opinion : et les esprits s'exaltaient. Qui peut dire ce qu'aurait produit au milieu de ces éléments de fermentation un de ces accidents fatals qui ont précipité la catastrophe d'avril?

La protestation du comité de Lyon annonçait l'intention de résister à la loi des associations. Oui, mais par la force d'inertie! Or, était-il défendu à des hommes de cœur de disputer ainsi bravement à la légalité un droit sacré? D'ailleurs, d'où était parti le signal de cette insurrection morale? On avait entendu à la tribune nationale un député s'écrier : « Je désobéirai à votre loi pour obéir à ma conscience. J'agirai malgré vos ministres et votre loi. » Quelle est donc cette loi qui, avant de naître, est condamnée à la violation par un législateur? et comment punir des citoyens qui ne la respectent pas, lorsqu'elle est flétrie dans le sanctuaire d'où elle sort?

Si un mandataire de la nation a pu dire impunément que la désobéissance à la loi lui était un devoir de conscience, les associations ne pouvaient sans lâcheté se dispenser de répéter ses paroles. Leur protestation n'a pas d'autre sens. Aucune n'invoque le sabre : celle des Lyonnais moins que toute autre.

Enfin que la cour daigne y réfléchir : l'émeute d'avril a éclaté avant la promulgation de la loi. La protestation ne peut donc être présentée comme un fait de complot ou de préparation d'attentat.

Plusieurs témoins ont déposé des dissensions qui ont divisé la *Société des Droits de l'homme*. Plusieurs ont déclaré que Baune était le chef du parti modéré. En février, il parcourait les ateliers pour y exhorter les ouvriers à conserver une attitude calme. Avant avril il combattait énergiquement les rares avis de violence que des excitations imprudentes ou perfides faisaient naître ; et les dégoûts qui l'ont abreuvé dans l'accomplissement de cette tâche ont amené la démission dont la circulaire indiquée par l'accusation ne donne pas les véritables motifs.

Baune a été réélu le 8 avril au soir. Mais a-t-on jamais établi sa participation à aucun acte de nature à préparer l'insurrection? On a parlé de conciliabules, de conseils de guerre : nul n'y a signalé la présence de Baune.

L'a-t-on entendu au milieu des groupes fouetter des passions par quelqu'une de ces paroles impressives que dictent le sentiment du danger et l'heure de la décision?

Non. Tourmenté des angoisses qui torturaient toutes les âmes, il est venu sur la place Saint-Jean ; il y a rencontré des amis qui ont rapporté à la cour le sens de son langage, il a déploré avec eux la fatalité qui semblait rendre une collision imminente.

Puis, travaillé d'une paralysie aiguë, il a gagné son lit, d'où le lendemain, sans ordre, une escouade l'a arraché malgré les supplications de sa femme, cinq ou six fois menacée de mort.

Oh! si Baune m'eût permis de le défendre, j'aurais demandé comment, dans une ville qu'une ordonnance de mise en état de siége n'a point jetée sous la loi du glaive, un citoyen peut impunément être livré à l'exaspération des soldats, voir son domicile envahi, sa famille maltraitée, sans qu'on ait d'autre excuse que la suspicion ! J'aurais sommé le chef militaire de me dire à quel code il empruntait la disposition en vertu de laquelle il garrottait ignominieusement un homme arrêté dans son lit, et que la maladie laissait à peine assez fort pour soutenir une marche de dix minutes, au travers des plus sinistres menaces!

J'ai gardé ces plaintes sur mon cœur. Mais la cour me permettra de la supplier de ne pas faire porter à Baune la peine de son silence et du mien ; de le juger au fond de son cachot, comme elle l'eût fait à sa barre, et je crois que, lorsqu'elle voudra examiner avec conscience quelles charges pèsent sur lui, elle ne pourra le déclarer coupable.

L'accusation lui reproche une phrase qu'il aurait prononcée dans une réunion d'ouvriers, dissoute, du reste, sur la simple sommation d'un commissaire de police. Eh ! pourquoi, aurait dit Baune, ne proclamerions-nous pas les principes républicains?

Le propos aurait-il été tenu, ce qui n'est pas, l'accusation serait repoussée par une double réponse. D'abord la réunion aurait eu lieu le 3 mars. Procès-verbal a été dressé. Où sont les poursuites? Et vraiment l'abstention du parquet a été sage et intelligente. Comment trouver répréhensibles des paroles que la révolution de Juillet avait mises dans la bouche du prince qui nous gouverne? lui aussi vantait les institutions républicaines. Baune n'a jamais dit qu'il en désirât l'établissement par la force. Là seulement serait le délit.

On répète chaque jour qu'il est illicite et dangereux de prononcer le mot de république sous une monarchie. Mais on oublie que la souveraineté nationale est plus haute que le trône, et qu'elle est solennellement reconnue comme dogme de notre droit public. Comment, sous un pareil régime, peut-il être défendu de dire que la forme gouvernementale peut changer? et si l'on reconnaît cette muabilité, n'implique-t-il pas contradiction de condamner les hommes que leurs convictions profondes poussent à solliciter un changement pacifique?

J'ajoute, et ceci me paraît décisif, que rien n'indique le moindre rapport entre le propos que Baune aurait tenu et les événements d'avril. Serait-ce assez pour l'accusation d'en signaler un détourné et contingent? Non; on ne procède pas en matière de complot par analogie et supposition. Montrez-moi le lien intentionnel, ou laissez-moi requérir une absolution.

Or, tout en avouant son opinion, Baune ne dissimule pas sa haute désapprobation pour tout moyen violent. Que ferez-vous donc de lui, puisque vous n'avez pas d'autre preuve contre lui que ses opinions ou leur manifestation? Vous le renverrez. Autrement vous créeriez et vous appliqueriez à la fois une loi des suspects. Je n'ai pas besoin de dire où elle se rattacherait, et la responsabilité qu'elle vous imposerait.

On reproche encore à Baune d'avoir servi de mot d'ordre à certains insurgés. Ainsi, l'un d'eux demandant, à la tête d'une bande, des armes aux villageois, invoque le nom de Baune. A-t-il montré un écrit, cité un ordre de lui? non. Si dans une crise politique il suffit d'être désigné pour encourir une peine, quel citoyen, le plus éminent, le plus dévoué au gouvernement soit-il, peut être sûr de ne pas s'éteindre dans une prison d'État?

Voilà tout. La cour consultera la procédure écrite, elle n'y rencontrera pas une autre charge : elle parcourra le résumé des débats oraux, elle n'en trouvera pas une seule.

Le réquisitoire parle des articles de la *Glaneuse;* Baune y est étranger, et le gérant a été mis en liberté; du *Comité des Droits de l'homme,* Baune n'y a paru que pour conseiller la modération : d'ailleurs, deux autres membres du comité ont été élargis ; de prétendus conciliabules ; mais il avoue que la participation de Baune n'est pas établie , des préparatifs de l'insurrection, Baune n'a paru sur la place Saint-Jean que pour exprimer sa douleur, puis la souffrance l'a conduit dans son lit; de l'exécution de l'attentat, Baune a été arrêté le second jour, atteint d'une paralysie; les cachots fermés sur lui ne se sont pas rouverts.

Où donc est son crime, et comment le pourrait-on condamner?

Si la cour n'avait pas renvoyé déjà les principaux instruments du parti républicain, les hommes de la presse lyonnaise, j'aurais craint que la raison d'État ne lui dictât un arrêt où la loi de la nécessité et de la conservation fût seule invoquée. Tout en protestant, j'en aurais compris la valeur; mais ses décisions précédentes m'avertissent qu'elle a voulu se pénétrer des devoirs d'une cour de justice, rechercher les actes et non les opinions.

C'est de sa part une preuve de virilité. Les pouvoirs faibles frappent les hommes en vue de leurs hostilités futures, les pouvoirs forts se contentent d'être justes; ils ne supposent pas la possibilité éventuelle du crime pour atteindre le criminel.

Aussi l'opinion lyonnaise conclut-elle, de l'acquittement de la presse, celui de Baune. Si Baune est un coupable, il y en avait de plus grands que lui. Ils ne peuvent être libres et lui captif.

J'ose donc croire que la cour sera conséquente avec ses arrêts, ou plutôt qu'elle puisera aux mêmes sources de souveraineté et de raison le texte d'une même sentence.

Suis-je trop petit pour lui dire que la condamnation de Baune empoisonnerait ma vie? J'ai honte de parler de moi à la cour des pairs, mais elle a écouté ma faible voix quand elle gémissait sur les malheurs de ma patrie : maintenant c'est à la dérobée que je dépose à ses pieds cette requête en faveur d'une femme et de trois petits enfants que le dénûment m'a donnés et que j'ai aimés en proportion de leurs souffrances. C'est pour eux qu'en terminant, je sens malgré moi s'échapper de ma plume le mot de prière.

Ce mot n'est que de moi, et je le laisse, puisque Baune ne le lira point.

Jules FAVRE.

Paris, le 28 juillet 1835.

La Cour déclare :

Girard et Poulard acquittés de l'accusation portée contre eux;

Baune, Thion et Carrier coupables du crime d'attentat prévu par les articles 87, 91, 59 et 69 du Code pénal, et par l'article 1er de la loi du 17 mai 1819;

Condamne :

Baune à la peine de la déportation;

Thion à dix années de détention;

Carrier à cinq années de détention.

Nous croyons que les lecteurs du procès d'avril apprécieront la lettre ci-jointe de Me Jules Favre sur les accusés lyonnais défendus par lui devant la cour des pairs; ils y reconnaîtront le dévouement de l'avocat à ses clients dont la cause devenait la sienne, sa tendre compassion pour toutes les souffrances, et sa noble indignation contre l'arbitraire des pouvoirs.

Après avoir raconté son voyage à Clairvaux, ses démarches inutiles pour descendre dans les cachots, sa course rapide vers Paris, ses sollicitations près du ministère, Me Jules Favre continue ainsi :

Après quatre jours d'attente, j'obtins une autorisation; je repartis immédiatement pour Clairvaux, où, grâce aux ordres ministériels, je trouvai des visages moins sombres. Cependant il me fallut subir de nouveau les interrogations du gendarme et de l'agent de police. Mon identité constatée, je fus conduit au directeur.

Le lendemain matin, je vis Baune. J'avais préparé mon cœur à le recevoir, je savais d'avance que je le retrouverais tel que je l'ai toujours connu depuis que la persécution l'écrase, calme sans ostentation, continuant avec son invariable modération ses rêves de philosophisme politique. J'eus cependant besoin de toute ma force pour être aussi courageux que lui. Vous n'en ignorez pas le motif secret. La captivité de Baune est la couronne de toutes les douleurs qui m'ont frappé à la cour des pairs. C'est lui surtout que de fausses et à jamais déplorables mesures m'ont arraché; lui dont l'acquittement était ma plus chère pensée; lui qui devait marcher à la tête du procès, au lieu de se jeter à la suite d'un comité de défense, égaré par un dévouement irréfléchi. Et je le revoyais accablé sous une pénalité barbare, séparé du monde entier, mort vivant que les discordes politiques ensevelissent dans les cachots, sans que les idées auxquelles il s'est héroïquement sacrifié en aient avancé d'un pouce.

O mon ami! nul ne sondera la profondeur de la plaie que ce chagrin m'a laissée! Vous qui avez traversé avant moi les routes épineuses où je suis engagé, vous vous en étonnez peu. Quand vous m'avez retrouvé triste et affaissé, vous vous êtes pris à sourire; vous m'avez dit que la vie était ainsi faite, et qu'au milieu de tant de déceptions extérieures, elle avait encore sa grandeur et son utilité. Moi, comme un malade plus docile que confiant, je me suis remis en marche, et me voici debout. Ne croyez pourtant pas que mes blessures soient guéries, pauvre ami, elles saignent comme au premier jour.

Et je venais les rouvrir à Clairvaux. J'en suis quelquefois à me reprocher le plus vulgaire plaisir, à la pensée des souffrances imméritées qui brisent des existences qu'on devait sauver. J'avais besoin du contact de leur adversité. Mais, au lieu d'hommes abattus, j'ai rencontré des courages robustes, moins entamés qu'avant la destruction de leurs légitimes espérances d'acquittement. Je les cherchais à terre pour leur donner la main : insensé que jétais! C'est moi qui ai puisé de fortifiantes leçons dans leurs rapides et incomplètes communications; je suis sorti retrempé de ces voûtes sombres où j'ai appris comment la conscience allége les fers et met le cœur si haut que la douleur lui arrive émoussée et comme sanctifiée.

Ne croyez pas que cette énergie soit le privilége de ceux que leurs habitudes antérieures semblaient prédestiner à l'holocauste. A ces caractères d'élite, je n'avais pas supposé de faiblesse possible. J'avais vu le mal plier sur eux. Mais je m'inquiétais de ceux que ne soutiennent ni la dignité d'un rôle politique, ni la prévision réfléchie des humaines vicissitudes; qui, dans leur ignorance, ont touché le fond de l'abîme avant d'en avoir aperçu le bord, et n'attendent ni gloire ni profit du naufrage où sont engloutis leur avenir et le bonheur de leurs familles. Ils sont nombreux parmi les condamnés lyonnais. Les nobles pairs qui les ont frappés s'absolvent en répétant qu'à part cinq ou six accusés, ils n'ont jugé que de la canaille. Canaille, messeigneurs, dont le sang vaut le vôtre et dont la liberté est d'autant plus précieuse que la richesse ne la supplée pas. C'était vis-à-vis d'elle surtout que l'indulgence était un devoir. N'avez-vous pas vu que la plupart de ces hommes simples ont pris au sérieux les phrases sonores d'émancipation populaire? Ils ont quitté leurs ateliers pour descendre dans la rue où ceux qui gouvernent aujourd'hui se glorifient d'avoir aligné des soldats français. Qu'espéraient-ils en obéissant à la fatalité qui les poussait à la guerre civile? Je vous entends : le pillage. Vous les calomniez. Ils ont vaincu un jour, et ce jour-là la vie et les caisses des riches ont été respectées. Qu'espéraient-ils donc? Ils cédaient à cette fièvre qui s'empare des plus débonnaires organisations quand ce bruit éclate dans une grande cité : On a tiré sur le peuple! Cependant vous les avez accablés comme des agitateurs politiques, vous les avez grandis afin qu'ils fussent à la taille de vos châtiments. Voici que vraiment ils y sont. Leur âme s'est élevée dans la persécution; grâce à vous, ils se sont régénérés. De la basse fosse où les retient votre justice, ils tournent avec anxiété leurs regards vers leurs pauvres ménages délaissés, mais ils sont patients et résignés, ils supportent vaillamment cette épreuve que nulle compensation ne rachètera. Cette canaille, messeigneurs, valait la peine d'un peu plus de réserve dans la graduation de vos sévérités.

Et d'où leur est venue cette force? De l'éducation? Ils n'en ont reçu d'autre que celle du travail. De la religion? Hélas! ainsi vont les choses, qu'elle s'est affadie; honteuse des superfétations qui la dénaturent, elle n'a plus de paroles qui persuadent et consolent ceux dont la foi a chancelé. La force leur est venue de la souffrance même, et de cette conviction que la souffrance leur est infligée comme nécessité politique et non comme punition déshonorante. Ils sentent que sous la livrée des forçats l'opinion les distingue. Il suffit. La sentence qui ne tue pas la considération exalte celui qui la subit. Elle n'a d'autre utilité que la réussite d'un système ministériel ou de quelque autre combinaison tout aussi éphémère.

Il faut avoir vécu de la vie des prisonniers pour savoir ce qu'ont d'irritant ces mille caprices de la geôle, toujours nouveaux, empiétant sans cesse sur les droits les plus légitimes, tracassant pour régner, poursuivant le pauvre reclus jusque dans ses plus indifférentes actions, la bouche pleine de menaces s'appuyant sur la sanction du sabre et de la torture. Hier vous vous promeniez sur cette pierre, autour de ces plantes étiolées; demain on vous en chassera brutalement, sans motif, et votre cœur se fendra, et vous vous trouverez aimer cette pierre autant que la présence d'un frère; tout gonflé de cette douleur, vous croirez la confier à un de vos compagnons d'infortune, on vient de le boucler dans son cabanon. — Mais il est malade. — Monsieur, c'est ma consigne. — Et vous voulez, mon ami, que l'âme ne se révolte pas? Vous ne comprenez pas que la mesure se comble, et qu'un jour on se dise : Après tout, ce rayon de soleil vaut bien la vie qu'on me fait; je vais m'y mettre, et si l'on veut m'en arracher, je me ferai tuer.

Ce jour vint pour les condamnés de Clairvaux. — Nous n'irons pas au cachot; on nous y traînera, on nous égorgera peut-être. Qu'importe? — Et les chambres furent barricadées. — Voici les gardiens qui heurtent. — On n'ouvre pas. — Le directeur qui menace. — On n'ouvre pas. — La garnison qui ébranle les portes avec les crosses de fusils. — On n'ouvre pas davantage. Enfin les ais volent en éclats. On se précipite sur les prisonniers, on les accable de coups; quelques-uns se débattent. Frappez donc, commande un officier, et comme Jeanne se retourne pour répondre : *Les soldats français ne frappent pas un ennemi lié*, une baïonnette lui perce la gorge, ressort à la nuque et va fixer contre la muraille cette noble tête qui conserve la force d'articuler : « Vous êtes bien lâches! » Ce n'était pas la douleur, c'était l'assassinat qu'il avait senti! ô Lyon, ô avril!

Du moins on avait l'excuse de la guerre; si des hommes désarmés et suppliants ont été hachés, c'était le jour de la bataille; la poudre et l'eau-de-vie avaient leur part du sang; sous les voûtes de Clairvaux le sang versé criait plus haut. On a été sourd. La justice est venue en compter les taches; elle les a couvertes d'une ordonnance de non-lieu, abritée derrière le généreux silence de sa victime. Le ministère a vu les vêtements; leurs lacérations et leurs souillures étaient la plus énergique accusation. Le directeur n'a pas été destitué.

L'autorisation ministérielle que j'avais rapportée de Paris ne concernait que les détenus lyonnais, je ne pus obtenir officiellement la permission de voir Trélat. Je l'avais connu à Paris, et j'avais pu apprécier son noble caractère. En visitant le quartier des enfants où il est enfermé avec M. Lionne, j'eus le plaisir de l'embrasser et de juger par mes propres yeux que la force morale soutient les organisations les plus faibles, alors qu'elle semble les devoir briser.

M. Trélat est un de ces hommes rares qui disent toujours moins qu'ils ne pensent, et cachent sous des dehors modestes une âme grande et dévouée. Austère et probe dans sa vie privée, il a porté dans ses relations politiques sa consciencieuse inflexibilité. Aussi, le cas échéant, il gênerait fort certains désintéressements d'occasion qui jouent aux révolutions comme à qui perd gagne, et calculent patiemment leur tour de rafle. Il serait également incommode aux utopistes réactionnaires qui proscrivent et confisquent sur le papier pour l'épuration du gouvernement futur. Il braverait courageusement l'égoïsme des uns, l'emportement des autres; et je respecte trop la vertu pour ne pas croire qu'il triomphât. Devant la Chambre des pairs, il s'est montré tel que ses amis l'ont connu dans son intérieur : simple et grave, n'appuyant ses convictions ni de l'enflure de la voix, ni des hardiesses du geste; moins habile que M. Michel, plus éloquent peut-être, fidèle à ses profondes et fières antipathies, cette honnête et rude franchise lui a valu trois années de prison. La pairie a prouvé par cet exorbitant privilége de sévérité que le corps le plus éminent de l'État peut céder au plaisir de frapper un ennemi qui se découvre; elle a puni l'orateur quand l'écrivain seul était en cause. Avec plus de modération, elle se fût peut-être élevée au-dessus de l'attaque; mais elle a grandi M. Trélat : le département du Puy-de-Dôme, où il rédigeait un journal patriote, s'est empressé de couvrir son amende, et tous les cœurs généreux battent aujourd'hui à son nom, à la pensée de sa loyauté et de ses souffrances.

Après sa condamnation, on lui conseillait de fuir : la Chambre des pairs sentait si bien l'énormité de sa résolution, qu'elle aurait volontiers fermé les yeux sur son évasion. M. Trélat lui a refusé cette satisfaction. Bien que sa santé habituellement chancelante dût lui faire redouter, plus qu'à tout autre, les rigueurs de la captivité, il s'est volontairement constitué. On l'a d'abord laissé à Sainte-Pélagie; mais sa coopération à la rédaction du *National* a été jugée si coupable par M. Thiers, qui s'y connaît, qu'on s'est hâté de l'envoyer à Clairvaux, afin qu'il fût privé à la fois des consolations de ses amis et d'honorables moyens d'existence. On n'a pas pu lui ôter le dévouement de madame Trélat, qui est venue avec son jeune fils réclamer sa part des misères de l'exil.

Étrange inconséquence de nos mœurs politiques! Cet homme, scellé dans un désert par la souveraineté d'une Assemblée offensée, n'en recueille pas moins les témoignages d'estime de ceux qui rivent ses fers. On rend hommage à l'élévation de son caractère, à la pureté de ses convictions, et cependant on lui inflige le châtiment des malfaiteurs !

Qu'ils jouissent de leur force, qu'ils se glorifient à tenir dans leurs mains la vie et les trésors d'un grand peuple ; la destinée est belle ! mais qu'ils cessent de lier à leur char les victimes tombées dans la mêlée où ils ont ramassé leurs foudres ! Ils désiraient une grande leçon ; elle a été donnée. Ils ont tiré des prisonniers politiques toute l'utilité qu'ils pouvaient en attendre. De plus longues tortures seraient sans excuse ; car, je l'ai dit plus haut, je l'ai proclamé à la face de la pairie elle-même, le droit n'est pour rien dans de telles catastrophes ; il s'absorbe dans les théories de salut public. La patrie sauvée, les échafauds et les prisons ne sont plus qu'une inutile atrocité. Renoncez donc à cet appareil de terreur qui vous nuirait après vous avoir servis.

Mais qui sait? à force de fatiguer l'oreille des puissants, on finit par leur trouver une âme. D'ailleurs, ils subiront malgré eux l'influence de leur siècle. Autrefois, l'autorité triomphante eût terminé sa procédure criminelle par le gibet ; aujourd'hui, elle n'oserait, parce qu'autour d'elle les mœurs se sont adoucies, et qu'elle-même s'est laissé pénétrer de la contagion. Grâce à la conséquence du même principe, des peines sans résultats infligées à des hommes de cœur, quels que soient leurs antécédents, sont réprouvées par l'opinion, dès qu'ils cessent d'être dangereux ; le gouvernement qui reçoit son impulsion, ne fût-ce que par instinct de conservation, doit ouvrir les prisons comme il a pour jamais, il le faut croire, enseveli dans les archives du passé la hache du bourreau politique. Car, à quoi bon sauver la vie, si l'on jette sur elle le linceul d'un cachot éternel? Or, le moment est venu. Les passions sommeillent, le pouvoir s'est fortifié de toutes les crises qu'il a traversées ; aux mouvements de la rue a succédé la recomposition philosophique ; guichetiers, laissez passer ces victimes de nos discordes politiques ; c'est la fortune et la conscience du pays qui les viennent prendre par la main.

Jules FAVRE.

TRIBUNAL DE POLICE CORRECTIONNELLE

DE CHALON-SUR-SAONE

PRÉSIDENCE DE M. CANAT

AUDIENCE DU 26 JANVIER 1836

Affaire de M. Julien Duchesne, rédacteur en chef du *Patriote* de Saône-et-Loire et imprimeur à Châlons-sur-Saône, renvoyé de la plainte en contravention à la loi de l'imprimerie. (Loi de 1814.)

M. Julien Duchesne en prévention pour avoir publié, avant la déclaration et le dépôt exigés par la loi, un recueil de chansons intitulé : *la Voix du peuple*, et pour en avoir fait imprimer plus d'exemplaires que le nombre mille déclaré.

Me Jules Favre, son défenseur, s'exprime ainsi :

MESSIEURS,

Je n'ai jamais porté la parole dans une affaire de presse sans être agité d'un sentiment d'involontaire tristesse que j'ai peine à dominer en paraissant à cette barre. Lors, en effet, que je comparais la sévérité des réquisitoires du parquet à l'équivoque arbitraire du délit et surtout au jugement qu'en porte la conscience publique, j'étais invinciblement conduit à conclure que de telles poursuites n'ont rien de commun avec les idées éternelles d'ordre et de justice, et qu'elles cachent toujours un intérêt gouvernemental, admis ainsi furtivement à forcer le prétoire, où cependant il ne peut descendre sans insulter à l'indépendance de la magistrature et profaner la sainteté de ses délibérations. Et si ces réflexions s'appliquent aux préventions dirigées contre les hardiesses de la pensée, qu'est-ce à dire lorsque le débat se resserre, lorsqu'il ne s'agit plus que d'une mesquine contravention d'imprimerie, d'une inexactitude fortuitement glissée dans la déclaration, d'une faute d'orthographe ou de calcul? Ne faut-il pas gémir des susceptibilités d'une loi jalouse qui s'empare de ces éléments pour en édifier un procès-verbal criminel; qui, après avoir multiplié les embûches et les entraves, oblige celui qui s'y heurte à se venir justifier en police correctionnelle entre un vagabond et un filou? Cette rigueur exorbitante n'est-elle pas un contre-sens moral? n'offense-t-elle pas les délicatesses de la logique, chez une nation surtout qui se flatte de s'asseoir en reine de l'intelligence au milieu de l'Europe, et qui s'est mise un jour en train de jeter bas une dynastie de huit siècles, parce que, forte de sa vénérable ancienneté, elle n'avait pas craint de porter sur la presse une main téméraire?

Mais ainsi vont les choses humaines que souvent les conséquences les plus légitimes d'un principe sont immolées sur le berceau même où il a pris naissance. Le lendemain de la révolution de Juillet, lorsque le Palais-Bourbon craquait encore, au retentissement d'une tempête qu'il n'avait pas provoquée, un orateur blanchi dans les luttes parlementaires et dont toute la vie avait été dévouée au triomphe de la liberté, se leva pour réclamer l'affranchissement de la presse qui, la première, s'était jetée courageusement corps et biens dans la mêlée. C'était bien le moins qu'on fît tomber les fers de ses mains victorieuses. Cependant il n'en fut rien. L'Assemblée, qui avait écouté par décence, se vengea de la contrainte qu'elle s'était imposée, en passant brutalement à l'ordre du jour; et la proposition étouffée descendit avec son auteur dans la tombe prématurée que lui avaient creusée les déceptions politiques. Aujourd'hui, nous sommes bien loin de cette époque; et si Benjamin Constant perçait sa fosse pour reparaître à cette tribune qu'il a tant de fois illustrée, sa noble parole se briserait contre des murmures d'indignation. Aujourd'hui, en effet, les méfiances de la Restauration ont été dépassées, les traditions absolutistes de l'Empire glorifiées, la pensée déclarée suspecte et condamnée à être sage sous peine de déportation murée. Nous ne nous étonnerons donc pas qu'on vienne réclamer contre l'imprimerie l'application des lois votées sous le canon des alliés, et qui n'étaient elles-mêmes que la reproduction des décrets émanés du bon plaisir impérial, signés de cette épée qui déchirait les constitutions et pourchassait les représentants du pays. Seulement il nous sera permis de dire dans ce sanctuaire où les passions politiques ne pénètrent pas, où les doctrines de nécessité et de terrorification s'effacent devant la pratique et la science du juste, que de telles dispositions légales méritent peu de faveur, qu'elles doivent inspirer à la conscience du juge de secrètes répugnances, comme tout ce qui est empreint d'hostilité systématique et de rancune, et que loin de s'associer à leur esprit de taquinerie et de persécution, la magistrature doit en vivifier l'interprétation par l'admission large et libérale des questions de bonne foi; qu'elle ne peut se décider à prononcer une sentence de condamnation qui, dans les mains de l'administration, est un brevet de spoliation, que lorsqu'à la matérialité du fait se joint la criminalité de l'intention, et surtout lorsque la matérialité du fait repose sur des preuves irréfragables.

Nous venons de résumer ainsi en deux mots la défense de M. Julien Duchesne. Nous ne la placerons pas dans la sphère élevée des considérations puissantes qui surgissent de la législation de la presse. Nous la ferons plus humble, nous la réduirons aux proportions étroites d'une discussion de fait. Nous ne lui laisserons pas franchir les limites de l'atelier. Si nous avons essayé de caractériser tout d'abord les prescriptions légales dont on nous menace, c'était moins pour nous complaire dans leur critique rationnelle, que pour vous mettre en garde contre l'exagération de leurs principes, pour vous montrer d'où elles viennent et quel est leur but. Il nous semblait d'ailleurs qu'admis à l'honneur de paraître devant un tribunal où notre parole est inconnue, nous devions à sa dignité de nous exprimer avec franchise sur la valeur des textes dont l'appréciation sera bientôt soumise à sa haute sagesse, de peur qu'une réserve silencieuse de notre part ne fût considérée comme une adhésion à la moralité de la loi, ou peut-être comme une habile dissimulation de nos intimes sympathies destinées à conjurer le péril auquel nous sommes exposés. M. Julien Duchesne, nous en sommes sûrs, n'aurait pas voulu d'un acquittement acheté au prix de ces hypocrites ménagements; nous n'aurions pu le solliciter. Cette déclaration faite, nous courberons nos fronts devant la loi, parce que nous savons qu'il n'y a pas de société possible sans ce vasselage de toutes les volontés sous son joug, fût-elle cynique et violente. Nous serions même heureux d'être frappés de ses rigueurs, si notre sacrifice en amenait la réforme. Mais vous n'admettez pas de ces dévouements spontanés; vous demandez à celui qui poursuit de péremptoires démonstrations, sinon vous déliez l'instance par un acquittement.

On reproche à M. J. Duchesne d'avoir dissimulé quatre mille exemplaires dans une déclaration faite conformément à la loi du 2 octobre 1814. Et pour cette faute on requiert contre lui une modeste amende de mille francs, et une condamnation qui le dépouillera de son état, qui le mettra au ban de l'industrie à laquelle il a consacré son existence. Je n'en accuse pas M. le procureur du roi, il a réclamé l'exécution de la loi. Mais cette loi, messieurs, admirez sa bénigne mansuétude, c'est un avertissement qu'elle donne, elle débute par un excessif châtiment pécuniaire, par une spoliation! Et pourquoi cette pénalité sauvage? pour réprimer l'infraction la plus légère, la plus excusable, la plus facile à commettre; une infraction à une disposition réglementaire, à une exigence bureaucratique que rien n'explique, si ce n'est la tyrannie inquisitoriale du gouvernement! A quoi bon, en effet, ce dépôt à la préfecture, ces déclarations minutieuses? A-t-on voulu seulement enrichir la bibliothèque de M. le ministre de l'Intérieur, qui n'a que faire d'encombrer ses rayons des milliers de volumes dus chaque année à l'inépuisable fécondité de nos auteurs? A-t-on voulu obtenir une statistique fidèle de tous les tirages, afin d'épargner au *Journal de la librairie* de lourdes erreurs? Non, la pensée du législateur a été plus profonde et plus machiavélique; c'est pour surveiller les moindres manifestations de la presse, pour s'insinuer dans les actes les plus obcurs de sa vie qu'on l'a ainsi environnée de contrôleurs et d'Argus incessamment occupés à compter ses pulsations pour en transmettre le chiffre à l'autorité supérieure. C'est aussi pour lui tendre d'inévitables piéges dans lesquels on pût la faire tomber à volonté, qu'on a si fort grossi le code de ses obligations, qu'il est impossible que quelques-unes ne soient pas oubliées. La presse a été traitée en ennemie; il a fallu qu'à chaque heure elle fût prête à justifier de ses opérations, à se dépouiller aux yeux de la police. On n'aurait pas usé de tant de précautions vis-à-vis d'un repris de justice. La pensée de la loi est donc un soupçon de méfiance et de despotisme; c'est l'inquiétude jalouse du maître qui veut tout savoir et s'irrite si, dans la foule de ses esclaves, il aperçoit un rire dont ses espions ne peuvent lui traduire la cause. Mais de vues générales de bien public, de sollicitude pour les intérêts moraux qui jouent dans les sociétés modernes un rôle si puissant, n'en cherchez pas vestige dans cette loi : vous retourneriez tous ces textes, que vous n'en trouveriez pas un atome.

Elle est donc radicalement vicieuse dans son principe, puisqu'elle est une gêne inutile; il suffisait d'un dépôt pour garantir la société, avertir l'autorité chargée de dénoncer à la justice nationale les écrits qui peuvent compromettre la paix publique; vicieuse dans ses conséquences, puisqu'elle se résout en une pénalité extraordinaire. Il en est ainsi de toute procédure administrative qui n'est pas nécessaire; par là même elle est dangereuse, privée de sanction; elle périt dans le mépris. Soutenue par un châtiment, c'est une injustice qui étaye une injustice; c'est-à-dire que le législateur offense deux fois Dieu, qui n'a pas permis qu'il y eût des hommes commandant à d'autres hommes pour que le pouvoir fût entre les mains des premiers un instrument de vexation et de rapines; Dieu, qui n'a pas soufflé sur notre argile pour que notre intelligence se déshonorât, en se forgeant à elle-même de honteuses chaînes. C'est pourtant ce qu'a fait la loi. Vous pourrez donc l'appliquer, puisqu'elle est debout; mais vos consciences murmureront, car elle offense leur droiture.

Je me trompe, vous n'aurez pas à vous faire cette violence. La prévention, assez mal assise sur les preuves prétendues fournies par M. le procureur du roi, s'est évanouie complétement à la clarté des faits révélés par le débat. Avant d'entrer dans leur examen, souffrez que je vous communique une réflexion qui m'a frappé. S'il faut en croire la plainte, M. Julien Duchesne se serait commis imprudemment contre la brutale inflexibilité d'un texte pénal qui pouvait briser son imprimerie, qui est son Louvre à lui, l'arche où s'abrite son opinion. Or, comment expliquer cette témérité? Il est au palais un axiome plus vieux que la salle des Pas perdus de la Sainte-Chapelle, qui paraissait déjà si vieille à notre vieux Boileau. Cet axiome nous enseigne que tout procès suppose un intérêt. Pour les procès civils, cet intérêt est souvent le plaisir de les faire. On a vu des gens qui ne vivent pas seulement de pain, mais encore de papier timbré, d'ajournements et d'états de frais. Mais quant aux procès criminels, même en police correctionnelle, on se donne rarement le plaisir de les subir pour eux-mêmes; on ne se brouille pas avec la justice du roi sans quelque chance de gain ou de renommée. Je me demande laquelle a pu séduire M. Julien Duchesne, et vraiment je m'y perds. Je ne présume pas en effet que la préfecture de Saône-et-Loire trafique des déclarations et augmente son tarif à mesure que s'accroît le nombre des exemplaires. Je ne vois pour M. Julien Duchesne d'autre avantage que l'économie d'un bulletin dans lequel on écrit mille au lieu de cinq mille, et je ne la juge pas capable de contre-balancer les inconvénients d'une poursuite. Parlera-t-on d'un intérêt moral? du désir de ne pas éveiller la sollicitude du chef du parquet? Si une pareille pensée m'était venue, je me garderais de l'exprimer. Je craindrais trop de blesser les convenances, persuadé que M. le procureur du roi ne mesure pas l'importance d'un délit aux feuilles imprimées, et qu'à ses yeux un outrage à la morale résulte encore plus du sens d'un écrit que de son tirage. M. J. Duchesne était donc sans intérêt, si ce n'est l'intérêt d'être condamné et ruiné; il n'a donc pas commis la contravention. L'eût-il commise, sa bonne foi l'absoudrait.

Nous n'avons pas besoin de cette excuse. Les faits nous ont suffisamment justifiés. Permettez-moi de vous les rappeler brièvement, et de vous faire l'historique de ce petit livre à l'occasion duquel nous avons l'honneur de paraître devant vous. Il a déjà produit deux procès criminels, ému le parquet de Dijon, fait monter le chef de celui de Châlon sur son siége, rassemblé autour de vous cette foule attentive qui m'entoure. Il est beaucoup de livres plus gros qui n'ont pas eu tant de succès. L'idée de cet ouvrage ne nous appartient pas; elle est toute à Demay, qui, après avoir occupé dans l'armée un rang honorable d'où l'indépendance de ses opinions l'a exclu, exerce aujourd'hui à Dijon la profession de commissionnaire. Au mois d'août dernier, il crut le moment venu de publier un recueil des chansons composées depuis 1789 jusqu'en 1836. Non pas toutes, mais un choix, depuis la *Marseillaise*, répétée par tant de voix différentes, jusqu'à la *Parisienne*, aux accents de laquelle la France de 1830 saluait nos rêves de liberté ; depuis les dithyrambes de Lebrun et les odes de Chénier le conventionnel, jusqu'aux pochades de monseigneur Altaroche, l'un des trois hommes d'État du *Charivari*. L'idée n'était peut-être pas si déplacée. Après toutes les dissensions qui avaient déchiré le pays, les secousses violentes qui l'avaient agité, il n'était pas mal de jeter en pâture aux esprits la fugitive amorce de cette littérature chansonnière, fille indiscrète des mœurs nationales, qui peut devenir l'écho des mécontents, mais qui est trop bruyante, trop expansive de sa nature pour enfanter jamais des conspirations et inspirer des craintes au pouvoir. Toutefois il paraît que, malgré sa prudence, M. Demay laissa se glisser dans sa compilation quelques hémistiches séditieux, et que les imprimeurs auxquels il s'adressa prirent au sérieux les plaisanteries exigées par la tyrannie de la rime et la gaieté du couplet, car nous allons le voir, après plusieurs inconstances typographiques, conduit à accepter un secours qui, malgré lui, s'est trouvé illégal et indélicat, et plus tard exposé aux récriminations juridiques des hommes du roi de Dijon.

M. Demay, après avoir fait imprimer deux livraisons à madame Brugnot, à Dijon, eut recours à un second imprimeur qui mit au bas de ses feuilles le nom de M. Julien Duchesne. Ce fut pour éviter les tracasseries qu'un pareil procédé pouvait entraîner, que M. Julien Duchesne se décida, non sans de longues hésitations, à tirer avec les mêmes planches et sur le même papier mille exemplaires de la *Voix du peuple*. Le 20 avril, il reçut les manuscrits, il l'indiqua sur son registre. Le 11 septembre, il déposa. Au mois de novembre suivant, l'ouvrage fut dénoncé au jury de la Côte-d'Or; un grand nombre d'exemplaires qui n'avaient pas été détruits furent saisis, on ne songea pas cependant à faire un procès de contravention, M. Julien Duchesne était en prévention. Ce n'est qu'après son acquittement qu'on s'est avisé de l'actionner comme contrevenant.

La déclaration a eu lieu le 28 août, et le dépôt le 11 septembre. Avant cette époque, aucun exemplaire n'est sorti des mains de M. Julien Duchesne. Il n'a jamais tiré plus de mille exemplaires. On a saisi chez M. Demay un registre main courante qui constate l'envoi de plus de cinq mille exemplaires avant le 11 septembre. Mais comment un pareil document peut-il être opposé? Il n'émane pas de M. Julien Duchesne, il fourmille d'inexactitudes, il est démenti et commenté par la déposition de M. Demay. D'ailleurs, le ministère public prouve-t-il que ces exemplaires ont vraiment passé sous les presses de M. Julien Duchesne? Dira-t-il un seul mot qui détruise, non la vraisemblance, mais la possibilité de la contrefaçon? Non. Donc sa démonstration est incomplète. En matière criminelle, on ne procède pas par voie d'analogie. Enfin, du 28 août au 11 septembre, dans une imprimerie de province qui n'a qu'une presse, c'est déjà un miracle de tirer mille exemplaires, avec tant d'autres labeurs et d'ouvrages de ville; il était physiquement impossible de composer et de tirer encore cinq mille autres exemplaires.

Cette contravention, dont on a fait si grand bruit, n'était donc qu'une chimère, un rêve dans lequel se berçait M. le procureur du roi; un fantôme habilement jeté dans cette enceinte pour faire disparaître à son ombre, et l'imprimerie de M. Julien Duchesne, et le journal qui y a pris racine et qui gêne certaines susceptibilités.

Ce procès n'a d'autre but. Que l'organe du ministère public regarde comme permis de nous étouffer sous des fictions légales; qu'il prenne pour nous atteindre une route détournée, après avoir échoué dans une attaque de front, peu importe, nul ne s'y trompe, et nous moins que personne. Vous parlez de contravention, de déclaration inexacte! Ayez donc le mérite de la franchise! Car vous avez beau vous envelopper dans les embûches de règlements spéciaux, vous poser comme l'exécuteur d'une loi impartiale qui frappe toutes les publications, ces voiles ne vous cachent pas assez; je vous reconnais et je vous signale! Vous vous nommez poursuite politique! Ce sont des motifs politiques qui vous inspirent; vous visez l'imprimeur, et c'est le journaliste que vous prétendez blesser. Si nous nous appelions œuvre de M. Jolivet ou *Cuisinier parisien*, vous nous auriez fait grâce de votre plainte!

En voulez-vous une preuve sans réplique? Examinez comment ce procès est né. Il sort d'un acquittement. Tant que vous avez espéré obtenir une condamnation contre nous, vous vous êtes abstenus. La contravention était cependant tout aussi flagrante, tout aussi matérielle. Vous avez fermé les yeux. Épargnez-nous donc vos protestations de zèle pour l'observation de la loi. Vous l'avez laissé violer, quand vous pensiez que nous serions frappés d'autre part. Et lorsque la justice du jury est venue déranger vos calculs, vous avez ramassé votre réquisitoire oublié, et vous avez essayé de faire réformer à votre manière la sentence nationale. Tout le procès est là. Le caractériser ainsi, c'est le juger; car j'ai trop de confiance dans la justice du tribunal devant lequel j'ai l'honneur de parler, pour croire un instant qu'il s'associe à des ressentiments indignes de son équité. Si pendant cinq années M. Julien Duchesne a lutté courageusement pour le triomphe de ses opinions, s'il a bravé les misères de sa constitution frêle et souffreteuse, et donné sa vie à dévorer au labeur opiniâtre et consciencieux du journalisme; s'il a risqué sa liberté, compromis sa fortune dans les chances diverses de cette mêlée, qui l'en accusera?

Qui blâmera la modération de ses principes, la constance généreuse et ferme de ses tendances, la loyauté de sa polémique? Qui osera me contredire quand je le salue ici publiquement comme un bon et digne citoyen? Et c'est contre lui qu'on requiert un bill de confiscation, c'est lui qu'on veut dépouiller de ce qu'il a de plus cher au monde, de son imprimerie, de son apostolat politique! Et pourquoi? Parce que sa fière indépendance a effrayé les hommes timides qui prennent le tremble au seul nom d'émancipation populaire, froissé les renégats qui calomnient son patriotisme après l'avoir trahi; parce que sa plume libre n'a pas ménagé certains amours-propres plus intraitables et plus rancuneux que des hobereaux de village! Voilà ses crimes! Et moi je le félicite de les avoir commis. Toutes ces amertumes qu'il a traversées, ces chicanes aboyant derrière lui, cette poussière soulevée par les petitesses qu'il a offensées, c'est le patrimoine de l'écrivain qui ne demande ses inspirations qu'à son cœur. L'estime publique qui le vient protéger à vos pieds le venge suffisamment de ces tracasseries. C'est elle qui plaidera sa cause auprès de vous. Et vraiment voici que j'ai oublié la contravention qui lui était reprochée; c'est qu'elle est morte dans la discussion, morte sous les dépositions, morte sous les déclarations et les registres, morte sous les preuves tirées de son impossibilité physique. Je ne vois plus que des motifs politiques; mais s'ils ont pu servir de prétexte à une poursuite, ils n'écriront jamais une condamnation où se liraient vos noms. J'attends l'acquittement de M. Julien Duchesne.

M. le procureur du roi annonce qu'il ne suivra pas l'avocat dans les digressions qu'il a cru devoir se permettre. Il réduira ce procès à une simple question de fait. La loi existe; il n'a pas à en justifier la moralité. Quant à ses intentions, il proteste de leur pureté; il n'a cédé à aucun ressentiment politique. Il persiste à voir dans les circonstances de la cause la preuve de la double contravention reprochée à M. Julien Duchesne. La déposition de M. Demay, dont il n'attaque pas la véracité, lui semble détruite par les nombreux témoins muets qui abondent dans l'affaire, la main courante de M. Demay, les exemplaires saisis, le registre de M. J. Duchesne, qu'il s'obstine à regarder comme constatant la date de l'impression au 20 août, parce qu'on lit sur le dos de ce registre cette étiquette : *Impressions diverses.*

Me Jules Favre réplique en ces termes :

Dans le système que M. le procureur du roi vient de développer, M. Julien Duchesne n'est pas seul coupable. Le défenseur l'est aussi, et d'un délit qui, pour être assez commun au barreau, n'en est pas moins grave : du délit de digression. Je ne ferai pas le même reproche à M. le procureur du roi. Les objections que je m'étais permises sur la moralité de la loi et l'impulsion secrète de cette poursuite sont demeurées sans réponse de sa part. Ne les croyez cependant pas sans valeur. Ce serait vous outrager que de regarder comme superflue la critique de la loi. Vous êtes sans doute ses ministres, mais ses ministres intelligents, et vous savez la réformer par l'interprétation, lorsqu'une observation trop étroite vous conduirait à une injustice, parce qu'au-dessus des textes écrits, sont des rapports d'éternelle sagesse qui les dominent. Il n'arrive que trop souvent que le législateur les fait fléchir devant les fantaisies du pouvoir ; la magistrature intervient alors, et dans le cercle légal de ses attributions, elle modifie et corrige l'œuvre de la passion et de l'erreur. Telle est, messieurs, votre noble tâche. Nous en avons compris la hauteur, et voilà pourquoi nous n'avons pas humblement prosterné nos consciences devant une loi que nous jugeons mauvaise.

Quant aux motifs politiques qui ont déterminé ce procès, on n'a pas cherché à les contester. J'ai fait, en les indiquant, d'amples réserves sur les intentions de M. le procureur du roi. Je les respecte, mais je persiste à croire que cette rigueur de sa part est surtout due à notre position exceptionnelle, et que, sans le savoir peut-être, le ministère public est au service d'exigences qui ne sont pas nées dans cette enceinte. Mes observations demeurent donc fortifiées par le silence de celui qui les devait réfuter; la loi subsiste, je l'ai reconnu; seulement elle est flétrie, et vous savez ce qu'on fait d'une telle loi; quand on n'est pas assez puissant pour la briser, on échappe à son application par des voies détournées. Nous n'avons pas même à vous demander de faire prévaloir l'équité sur ses dispositions, nous soutenons que le fait matériel qui pourrait en motiver l'exécution est une illusion du parquet.

M. le procureur du roi a déclaré que la déposition de M. Demay était combattue par des témoins muets à l'autorité desquels il aimait mieux se ranger. Il me permettra d'embrasser un avis opposé. Entre des témoins qui parlent et des témoins qui ne parlent pas, je préférerai toujours ceux qui parlent, parce que du moins on peut les faire expliquer, les sommer de rendre compte de leurs contradictions. Mais ces rames de papier que vous apportez à l'audience comme preuve décisive contre nous, que voulez-vous en tirer? C'est précisément parce qu'elles sont muettes que nous les récusons. M. Demay, qui parle tout exprès pour la cause, nous inspire plus de confiance. Le tribunal jugera entre votre système et le nôtre.

Le ministère public avoue ses doutes quant à la date de la déclaration faite par M. Julien Duchesne; la plainte, ajoute-t-il, est sur ce point presque renversée. Nous avons peine à concevoir cet excès de prudence quand on accuse; pourquoi réserver ainsi la condamnation, alors qu'on n'a rien de certain pour l'asseoir? A nos yeux, une prévention presque renversée n'existe plus : ce n'est pas sur des semi-preuves que vous portez atteinte à l'honneur et à la fortune des citoyens.

Toujours des hypothèses, messieurs, et cependant toujours des réquisitions! Quel est donc cet étrange, j'allais dire ce monstrueux système? Le solide vous manque à chaque pas, et tout chancelants que vous êtes, vous n'en poursuivez pas moins votre route vers une condamnation! Vous ne pouvez rien affirmer, et vous concluez pour le châtiment! Mais, grand Dieu! si dans cette cause une tête était en jeu, vous termineriez donc vos hésitations par un appel à la mort? Je ne m'arrête pas à cette idée, elle m'oppresse! Mais est-ce à vous qu'il faut dire que la plus insignifiante sentence de justice est un acte aussi grave que celle qui dépouille de la vie; qu'il n'est pas permis au juge d'être inique ou léger parce qu'il ne tue pas? Et d'ailleurs, n'est-ce pas de l'existence de M. Julien Duchesne qu'il s'agit? N'est-elle pas menacée par le jugement qu'on sollicite de vous? Si je n'avais pas mis la prévention en poussière, je la placerais, cette existence, à l'abri derrière les incertitudes de M. le procureur du roi; elles seules me donneraient le droit de requérir une absolution. Le doute vous désarmerait; je n'en réclame pas le bénéfice. Je veux que vous acquittiez M. Julien Duchesne parce qu'il est innocent; parce que, des contraventions qu'on lui reproche, il ne reste plus rien qu'un aveu de confiance, de vague, tombé de la bouche même qui devait tout prouver.

Le tribunal, considérant que, d'après le débat oral et les pièces fournies au procès, il n'y a pas eu pour Julien Duchesne publication de recueil de chansons avant la déclaration et le dépôt, et que, quant aux exemplaires excédant le nombre de mille déclaré, il n'est pas prouvé que Julien Duchesne en soit l'imprimeur, renvoie Julien Duchesne de la plainte sans dépens.

COUR D'ASSISES DE LA SEINE

PRÉSIDENCE DE M. LASSIS

AUDIENCE DU 30 JUILLET 1836

Le *National* prévenu du double délit d'outrage à la morale publique et d'apologie du crime d'Alibaud [1].

Les articles incriminés étaient ainsi conçus :

Premier article : « Samedi, après avoir entendu sans sourciller la lecture de la sentence de la cour des pairs qui le condamnait à mort, Alibaud crut que l'exécution aurait lieu le lendemain, et, pour être plus tôt prêt, se jeta tout habillé sur son lit. Quand six heures furent sonnées, il comprit qu'on lui donnait vingt-quatre heures de répit; sa journée fut calme comme toutes celles qui avaient précédé. Point de changement d'humeur, rien de forcé, rien qui ressemblât à la misérable forfanterie de Fieschi. Il se laissa aller à l'entretien du prêtre et causa avec lui..... Quelque temps après, la porte s'ouvrit, et l'abbé Grivel se représenta. Ils eurent une courte conversation..... Je meurs pour la République, je répète que je n'avais pas de complice..... »

Deuxième article : « Lors de l'exécution de Fieschi, on eut soin de jeter dans le public une excuse que nous avons aujourd'hui le droit de traiter d'hypocrisie. Il était impossible de faire grâce au criminel qui avait immolé un si grand nombre de victimes. La clémence royale, fort disposée à se manifester, ressentait trop de douleurs privées pour être maîtresse d'elle-même. Le sang d'Alibaud nous apprend ce qu'il y avait de réel dans cette contrainte. Il n'avait tué personne, il n'avait dirigé son coup que contre une seule poitrine; mais comme les mauvaises raisons sont plus faciles que les actions nobles, on n'a pas manqué d'insinuer qu'il n'est mort que parce qu'il n'a pas voulu demander sa grâce. Il ne le pouvait pas, s'il était vrai que le gouvernement n'eût pas été étranger aux sollicitations qui ont suivi sa condamnation; ce serait une hypocrisie de plus, car après l'attitude qu'il avait prise aux débats, Alibaud aurait fait preuve d'une étrange lâcheté en mendiant sa vie. Il eût fallu qu'il s'agenouillât aux pieds de l'ennemi politique dont il avait visé le cœur. Un tel abaissement n'était pas à espérer d'un homme qui avait montré constamment une calme et sincère fermeté. En faire une condition de générosité, c'était se résoudre à frapper. »

Le gérant du *National*, M. Maurice Persat, signataire des deux articles, est défendu par Me Jules Favre, qui, après le réquisitoire de M. l'avocat général Plougoulm, s'exprime en ces termes :

[1] Bien que cette plaidoirie soit incomplète, nous la publions à cause des circonstances où elle fut prononcée.

MESSIEURS LES JURÉS,

Je m'étais, la semaine dernière, chargé de défendre le *National;* mais je ne devais pas être seul. Aujourd'hui, cette place vide à mes côtés et un abattement douloureux et trop légitime ont jeté dans mon esprit un trouble si grand qu'il faut les exigences impérieuses du devoir pour me donner la force de trouver quelques mots à vous dire. Aussi bien, j'avais espéré que, désarmé par l'imposante unanimité des regrets qui, de toutes parts, ont éclaté, la prévention s'arrêterait devant la tombe, en présence de laquelle nous ne trouvons, nous, que des larmes.

Nous espérions que le ministère public ne s'osbstinerait pas à poursuivre au delà de son asile suprême cette noble pensée qui vient d'y descendre, couronnée du deuil et de l'admiration de la France. Je m'en rapportais, sur ce point, à ce sentiment de haute convenance et de pudeur publique dont l'ascendant, pour l'honneur de la dignité humaine s'impose aux intelligences les moins généreuses et les moins disposées à les accepter. Lorsque j'ai vu l'inflexibilité du parquet, restant seul debout au milieu de l'affliction universelle, je me suis demandé avec amertume si l'on ne profitait pas, pour nous frapper, de cette fatalité qui nous prive à jamais de la seule bouche qui pouvait nous défendre.

Je n'ai pas la prétention d'élever ma voix à la place de la sienne; mais je sens que j'ai à remplir une solennelle mission, puisqu'on n'a pas craint de l'accuser et de faire peser sur sa mémoire, respectée de tous, excepté peut-être de M. l'avocat général.....

M. PLOUGOULM. Mais de qui voulez-vous parler? Est-ce de M. Armand Carrel? Dans aucun temps je n'ai attaqué sa personne, je ne voudrais pas attaquer sa mémoire.

Me Jules FAVRE. Il y a, monsieur, une intelligence publique qui ne se méprend pas. Tout le monde connait l'inspiration sous laquelle le *National* était écrit, et quand vous venez nous accuser d'outrage à la morale publique, nous avons le droit de protester pour le respect qui est dû à la moralité la plus éclatante et la plus pure. Nous avons le droit de déchirer le voile.

M. LE PRÉSIDENT. Vous n'avez pas le droit de dénaturer la prévention; l'accusation ne connaît que M. Maurice Persat, M. l'avocat général n'a pas dit un mot d'Armand Carrel.

Me Jules FAVRE. Si je suis hors de la défense, je demande à être censuré; si je suis dans les limites de mon droit, je demande à être entendu. Quand on attaque un journal, c'est évidemment à la pensée de ce journal que l'on s'adresse. Or, la pensée du *National,* c'était lui! Je serais un lâche si je ne le défendais pas, c'est pour moi une question d'honneur.

M. le Président. M. Carrel, je le répète, n'a pas été attaqué par M. l'avocat général.

M. Persat. Et moi, monsieur, je déclare que Me Jules Favre ne fait qu'émettre ma pensée. Je ne saurais l'exprimer comme lui, mais c'est là ma pensée tout entière.

Me Jules Favre. Et qui donc voulez-vous que je défende ici? L'accusation est portée contre nos principes, ceux-là seuls répondent des principes qui les ont exprimés. MM. les jurés vont avoir à se prononcer tout à l'heure sur une question d'opinion. Or, vous m'accorderez bien, je pense, que la moralité d'un homme peut entrer pour quelque chose dans l'appréciation de ses écrits. C'est donc mon droit de persévérer, c'est mon devoir aussi, car M. Carrel n'est plus. J'ajouterai, messieurs, que M. Carrel avait demandé et obtenu la permission de venir à cette barre donner lui-même quelques explications. (*Sensation prolongée.*) M. Carrel n'est plus, et il y va de notre honneur à ne pas souffrir qu'on incrimine la pensée qui a jailli de son cerveau.

M. Plougoulm. Oui, M. Carrel est venu plusieurs fois se défendre en personne, mais il s'est borné au rôle de défenseur. Je répète ici que le nom de M. Carrel a été bien loin de notre pensée; mais la vérité est que l'on veut faire planer son nom au-dessus de cette cause. (*Rumeurs.*)

M. le Président. Il est vrai que M. Armand Carrel est venu me demander la permission de défendre le journal, et que je la lui avais accordée. Mais il ne s'est pas présenté comme auteur de l'article, et comme il faut que cette discussion ait un terme, je vous invite à vous borner à la défense du gérant.

Me Jules Favre. Je voulais dire que l'on ne peut pas prétendre ignorer quelle était la pensée du journal et quelles inspirations il suivait.

Nous sommes donc ici, messieurs, parce que le *National* avait, au milieu d'une population frémissante au récit d'un meurtre manqué et d'une exécution consommée, jeté des insinuations provocatrices, destinées à aiguiser de nouveau le poignard qui venait de s'émousser. Nous serions ainsi les odieux champions de l'assassinat politique. Et, messieurs, une accusation si grave, on la fonde sur je ne sais quelle impression générale à laquelle on déclare s'en rapporter sans la définir. Quant à moi, si mon intelligence est frappée de quelque chose, de l'impossibilité où l'on est de préciser le délit, c'est de le définir. On invoque, il est vrai, à son secours la morale publique. Nous avons outragé la morale publique; mais l'outrage, montrez-le-nous; la morale dont vous parlez, développez-la devant nous, que nous sachions bien ce qu'elle proscrit, ce qu'elle ordonne! Ne craignez-vous pas, messieurs, qu'il ne s'agisse ici que de cette morale de convention que chaque gouvernement modifie pour son usage et fait ployer selon ses besoins? Savez-vous, messieurs, si la raison d'État n'est pas cachée sous le voile mystérieux de la morale publique, et si ce n'est pas à elle qu'on vous demande de nous sacrifier aujourd'hui? Autant d'hommes, autant de systèmes; et pour défendre les systèmes et les hommes qui en sont les garanties, autant de morales publiques successivement inventées et successivement abolies. Sous M. de Villèle, la morale publique, c'était l'obéissance absolue et le faux en matière électorale. (*Onrit.*) Sous M. de Clermont-Tonnerre, la morale publique, c'était l'inquisition dans les casernes et la dénonciation mutuelle. Sous MM. Franchet et Delavau, la morale publique, c'était la dénonciation dans les rues par les agents de police. Qu'a de commun, mon Dieu! la morale éternelle avec cette morale publique? Cessez donc d'invoquer contre nous un symbole profané par vos prédécesseurs, ou dépêchez-vous de l'invoquer maintenant, car dans trois mois cette morale publique sera peut-être changée. Remarquez dans quelle obscurité nous nous trouvons, nous sommes ici le jouet des artifices du langage et à la merci de tout ce qu'il y a de plus périlleux dans les définitions. Vous nous accusez d'avoir fait l'apologie d'un crime, c'est bien le moins que vous nous disiez d'où vous faites ressortir le délit. Il y a loin de l'apologie d'un crime à l'intérêt que l'on manifeste pour un condamné, et se montrer inexorable n'est pas travailler au profit de la morale publique et agir dans l'intérêt de la sécurité personnelle des chefs du gouvernement. Ah! si vous prétendez faire ressortir le délit d'une vague expression d'intérêt, quelle carrière n'allez vous pas ouvrir à l'accusation! Quel déchaînement de délits et de pénalités, si quand un homme tombera, une seule fleur jetée sur la terre qui le recouvre doit être un crime! Et dans quel temps voulez-vous consacrer une pareille loi? Vous vous êtes défendus d'avoir pensé à l'homme que nous pleurons; mais savez-vous sur quelle tête retomberait votre accusation? Savez-vous qui vous proclameriez coupable? C'est un vieux capitaine de l'Empire dont la poitrine a été cent fois labourée par les balles, et sur laquelle la main de Napoléon s'est arrêtée en y posant la croix; c'est un de ces hommes qui ont exposé leur vie partout où il y a eu de l'honneur à le faire; un de ces hommes enfin dont la France peut s'enorgueillir. Il y a dans cette tête quelque chose de plus fort que la prévention, de plus fort que moi-même pour vous persuader : l'honneur militaire, trente ans de vaillance vous répondent que cet homme n'aurait pas souffert l'apologie d'un crime.

L'article incriminé ne s'occupe nullement de l'attentat en lui-même, mais de la conduite d'Alibaud à ses derniers moments.

Toute la question a été de savoir si Alibaud était mort avec courage. Nous nous sommes prononcés, et nous ne pensons pas que le pays en soit venu à ce degré d'abjection morale qu'il doive être défendu de dire qu'il soit mort courageusement. Dira-t-on que nous avons parlé de l'attentat avec trop d'impassibilité? Devions-nous joindre notre voix à celles qui étaient inspirées par la passion ou le salaire et qui prodiguaient les outrages à l'agonie d'un supplicié? Ce que nous avons dit d'Alibaud est la vérité, et si la vérité est dangereuse, il faut en conclure que c'est une politique fatale que celle qui l'a mise en évidence. C'est à vous, messieurs les jurés, que je le demande : Ne faut-il pas plaindre un pays où l'on ne craint pas d'entourer un assassin d'une auréole politique et de l'admiration de quelques hommes sombres et fanatiques qui pourraient voir plus tard dans son supplice l'occasion d'une vengeance? Le sang appelle le sang! C'est une mauvaise manière de protéger la vie des rois que de se montrer inexorable. Vous savez l'impression sous laquelle nous sommes encore, et vous comprendrez le désordre de nos paroles. Un moment j'ai pensé que notre ami, celui qui nous inspire, était en cause, et comme sa pensée vivait encore, nous ne voulions pas qu'il fût permis de mêler un blâme à son triomphe funéraire. M. l'avocat général a protesté contre cette interprétation, je n'insiste pas. J'abandonne mon client à votre justice. Quant à la pensée de celui qui n'est plus, le pays l'a adoptée, elle est inviolable.

Me Jules Favre réplique à M. l'avocat général en ces termes :

Je me hâte de dire que nous sommes séparés par un abîme de M. l'avocat général. Parce que nous avons donné à Alibaud son véritable caractère, il en conclut que nous lui reconnaissons le droit de faire ce qu'il a fait. On se trompe et l'on vous trompe.

Nous avons sincèrement déploré cette atteinte sanglante aux droits de l'humanité; mais, vous le savez, il y a des raisons de temps et de lieu. Quand nous avons publié les articles incriminés aujourd'hui, le temps avait marché, et marché vite, car le jour du supplice était venu. Alibaud n'était pas tant un coupable qu'un condamné ; l'expiation frappait encore plus que le crime. Ces retours sont communs, et n'ont pas lieu seulement pour les condamnés politiques. Nous avons raconté après les autres la fermeté d'Alibaud, et vous avez remarqué que dans l'énumération des titres qu'il a donnés au supplicié, M. l'avocat général n'a pas dit qu'il était vil. Quand un homme brave seul toutes les forces et la justice des hommes, on peut dire de lui qu'il est un insensé, un grand coupable, mais on ne peut pas dire qu'il soit lâche ni vil.

Le jury, après délibération, déclare le prévenu coupable par son second article, et la cour le condamne à trois mois de prison et à mille francs d'amende.

AFFAIRE DE Me DUPONT

CONSULTATION CONTRE L'ARRÊT DE LA COUR D'ASSISES

APPEL AUX BARREAUX DE FRANCE.

Le 7 octobre 1836, la cour d'assises de la Seine prononça contre Me Dupont l'interdit de ses fonctions pendant une année, pour délit d'offense envers les magistrats, Me Dupont ayant fait entendre à l'audience des paroles qui, rapportées par la *Gazette des Tribunaux*, furent jugées irrespectueuses, contrevenant ainsi à l'article 311 du Code d'instruction criminelle et manquant au serment qu'il avait prêté de ne jamais s'écarter du respect dû aux tribunaux et aux autorités publiques.

C'est à cette occasion que Me Jules Favre rédigea la consultation suivante :

La consultation qui va suivre doit exprimer, selon nous, les sentiments et les idées du barreau. Les vacances ne nous ont pas permis de recueillir les adhésions de nos confrères; nous ne pouvons toutefois douter un seul instant de leur sympathie pour une cause qui est la leur, et nous ne craignons pas d'en provoquer le témoignage.

Les avocats à la cour royale de Paris, soussignés :

Vu 1° les arrêts rendus par la cour d'assises de la Seine les 5 et 6 octobre 1836, prononçant, le premier, la jonction de la poursuite disciplinaire intentée contre Me Dupont, avocat à la cour royale de Paris, et de la plainte en délit de compte rendu infidèle, injurieux et de mauvaise foi, dirigée contre le gérant de la *Gazette des Tribunaux;* le second, l'interdiction de Me Dupont pendant une année;

2° Les procès-verbaux des séances de la cour d'assises des 1er, 2, 5 et 6 octobre 1836;

3° Les articles 90 du Code de procédure civile, 103 du décrèt du 30 mars 1808, 16, 18 et 43 de l'ordonnance du 20 novembre 1822, 311, 227, 307, 75, du Code d'instruction criminelle;

Considérant que lesdits arrêts et la procédure qui les a préparés sont directement attentatoires à l'indépendance sans laquelle le ministère de l'avocat ne peut être exercé par des hommes de conscience et de cœur, et de plus, essentiellement contraires à l'esprit comme au texte des lois qui règlent les pouvoirs de la magistrature et les obligations du barreau;

Considérant qu'il importe de rétablir par tous les moyens légaux les principes véritables que ces arrêts ont méconnus, principes sur lesquels repose l'administration d'une justice impartiale et libre, et avec elle les garanties et les droits de tous,

Ont cru remplir leur devoir et faire un acte utile, en appelant l'attention de tous les barreaux de France sur une question vitale pour leur dignité et pour les intérêts des justiciables, dont ils sont les représentants et les patrons.

En conséquence, après une mûre délibération et l'étude approfondie des décisions et des lois ci-dessus,

Ils ont arrêté les résolutions suivantes :

1° *La cour d'assises a commis un excès de pouvoir et faussement interprété les articles* 91 *du Code de procédure civile*, 7, 15 *et* 16 *de la loi du* 25 *mars* 1822; 311 *du Code d'instruction criminelle*, 103 *du décret du* 30 *mars* 1808, *en permettant à son président de faire subir à Mᵉ Dupont un interrogatoire à l'occasion d'un compte rendu inséré dans la* Gazette des Tribunaux.

2° *La cour d'assises a commis un excès de pouvoir, faussement interprété les mêmes articles, et violé l'article* 227 *du Code d'instruction criminelle, en ordonnant la jonction de la cause de Mᵉ Dupont et de celle du gérant de la* Gazette des Tribunaux;

3° *La cour d'assises a commis un excès de pouvoir, faussement interprété les mêmes articles et les articles* 75 *du Code d'instruction criminelle*, 16, 18 *et* 43 *de l'ordonnance du* 20 *novembre* 1822, *en refusant d'entendre les témoins cités par le gérant de la* Gazette, *sur tout ce qu'ils savaient, et en déclarant, d'après les preuves acquises, Mᵉ Dupont coupable du délit d'offense envers les magistrats.*

Chacune de ces propositions mériterait un sérieux et long examen. Les éléments de leur solution se rattachent aux prescriptions les plus graves de la procédure criminelle, aux considérations les plus élevées du droit pénal.

Les soussignés se contenteront de les rappeler sommairement, voulant seulement indiquer les idées fondamentales qui peuvent éclairer l'opinion sur la limite des droits et des devoirs réciproques de la magistrature et du barreau :

L'interrogatoire que le président a fait subir à Mᵉ Dupont était illégal.

Il suffit pour l'établir de poser le fait.

Dans une cause criminelle, un avocat soutient, sous les yeux de la justice, une contestation publique contre l'accusation. Chacune de ses paroles est adressée à l'officier du parquet ou à la cour. Ces paroles, jointes à celles de l'inculpé, du président et de l'homme du roi, forment le débat, la *matière* de l'audience.

S'il s'écarte du respect que lui commande la loi, soit vis-à-vis des pouvoirs constitués, soit vis-à-vis des magistrats qu'il a pour juges ou pour contradicteurs, ce ne peut être que par une de ces paroles prononcées pour tous, entendues de tous.

Toute autre parole n'appartient pas à l'audience; elle ne peut pas plus nuire à l'avocat qu'à l'inculpé; elle ne peut pas offenser la magistrature.

En effet, il n'y a offense, dans le sens de la loi, que lorsque l'outrage est proféré avec l'intention évidente d'insulter celui contre lequel il est lancé, que lorsqu'il est entouré d'une publicité telle qu'il tombe à l'instant dans le domaine commun, ou, du moins, lorsqu'il est prouvé que son auteur a voulu qu'il en fût ainsi.

C'est pourquoi il a toujours été reconnu que l'injure qu'un assistant, un officier ministériel ou un défenseur se permet à l'audience, vis-à-vis d'un magistrat, donne naissance à une action immédiate, et dont l'exercice, contrairement à toutes les notions ordinaires, est réservé à la partie lésée. Cette règle rigoureuse est puisée dans la nécessité de faire respecter à chaque moment les délégués de la puissance publique, qui perdraient bientôt leur considération et leur force, s'ils étaient impunément en butte à des attaques de nature à les troubler sur leurs siéges et à provoquer contre eux le mépris ou l'animosité.

Mais l'essence même des dispositions qui les investissent de ce pouvoir répressif démontre qu'il ne s'étend qu'aux délits d'audience, c'est-à-dire à ceux qui saisissent tout l'auditoire, à commencer par les juges.

Que serait, en effet, un désordre dont ne s'apercevraient pas ceux auxquels est dévolu le soin de maintenir l'ordre? Évidemment, il n'aurait pas un caractère public; il pourrait être répréhensible en lui même; mais ne portant pas atteinte au magistrat dans ses fonctions, n'occasionnant aucun trouble extérieur, il n'aurait ni la nature ni les conséquences d'un délit d'audience; il ne pourrait être poursuivi ni puni comme tel.

Il en résulte que le président d'une cour de justice n'a le droit de demander compte à un assistant, ou à un officier ministériel, ou à un avocat, que des paroles publiquement proférées pour tout l'auditoire, et que lui-même a pu et dû entendre.

C'est encore ce droit ainsi borné et interprété qui est la source des injonctions qu'il peut adresser à un défenseur pour l'engager à ne pas dépasser les limites de la convenance et de la modération que lui tracent les devoirs de son ministère.

En allant au delà, le président excède ses prérogatives, il empiète sur celles non moins sacrées de la défense.

Ainsi, lorsque, d'après des témoignages étrangers, les paroles prononcées par l'avocat lui reviennent toutes différentes de celles qu'il a retenues, sans que d'ailleurs aucune circonstance puisse lui faire croire qu'il s'est trompé, il n'a pas le droit d'interpeller l'avocat sur ces témoignages, et de le sommer de constater les nuances de son improvisation.

Et de son côté, l'avocat interpellé peut se renfermer dans un silence absolu; il n'a pas à s'expliquer sur un fait qui lui est étranger; il ne répond que de sa parole, de sa parole publique, et non des commentaires ou de la traduction plus ou moins fidèle qu'on a pu faire sans sa participation.

On sent où conduirait un système opposé, quels piéges il tendrait à la défense, et à quel rôle il la réduirait. Ce ne serait pas assez pour un avocat de mettre un frein au frémissement d'une irritation souvent légitime, de modérer son client, de s'imposer à lui-même une mesure difficilement conciliable avec le zèle qui le brûle, avec le devoir de ne laisser échapper aucune vérité; il faudrait encore qu'il fût soumis à l'humiliante et dangereuse obligation d'étudier et de comparer tout ce qui aurait été écrit sur l'audience. Allons plus loin: pour être conséquent, il faudrait qu'il connût tout ce qui a été dit par les assistants, qu'il se tînt prêt à répondre sur un mot, sur un membre de phrase rapportés isolément, dont la constatation irréfléchie peut perdre son client et compromettre sa dignité personnelle. Il n'est pas un homme de bon sens qui voulût accepter les fonctions si délicates de défenseur avec de pareilles conditions, parce qu'elles ruinent de fond en comble l'indépendance de celui qui les subit, et n'en font plus qu'un plastron exposé aux insultes du premier venu auquel il conviendra d'écrire à côté de son nom de sottes ou inconvenantes paroles.

L'avocat ne peut répondre que de celles qu'il a prononcées; il n'a prononcé que celles que tout l'auditoire a entendues, et l'auditoire se compose surtout des magistrats. Ceux-ci n'ont, par conséquent, le droit de consulter que leurs impressions ou leurs souvenirs: c'est par cette raison qu'ils sont à la fois juges et parties. Tout ce qui n'a pas été dit pour venir jusqu'à eux ne les offense pas, et la loi ne punit que ce qui les offense.

L'interrogatoire que M. le président de la cour d'assises a fait subir à Me Dupont sur un article de la *Gazette des Tribunaux* était donc un excès évident de pouvoir. M. le président n'avait qu'un droit, celui de demander à l'avocat s'il avait participé à la rédaction signalée comme infidèle, droit qu'il tenait non de l'article 90 du Code de procédure civile et des décrets et ordonnances relatifs à la responsabilité du barreau, mais de la loi du 25 mars 1822, qui permet à la magistrature de connaître des délits de compte rendu inexact, injurieux et de mauvaise foi.

Dès l'instant que Me Dupont avait déclaré qu'il était étranger à cette rédaction, toute responsabilité cessait pour lui, et c'était à la fois, de la part de M. le président, une inconséquence et une fausse application de la loi, que de l'interroger sur la réalité des paroles qu'on lui prêtait. *Une inconséquence,* car ces paroles n'avaient pu appartenir au débat, qu'à la condition d'être entendues de M. le président et de M. l'avocat général : quelques-unes étaient placées comme réponses à des discours non moins inconvenants mis dans la bouche de ces magistrats. Il fallait donc supposer ou que tout était faux, ou que M. le président et M. l'avocat général n'avaient aucun souvenir de ce qu'ils avaient dit eux-mêmes ; de plus, qu'ils avaient donné l'exemple d'une scandaleuse tolérance et d'un oubli non moins répréhensible de leur dignité. *Une fausse application de la loi,* car il ne s'agissait plus d'un délit d'audience, mais d'un compte rendu. Or, si le premier fait peut être imputé à l'avocat, le second ne peut l'être qu'au journaliste.

L'interrogatoire venait donc à la fois d'une confusion d'idées et d'une usurpation de pouvoir.

Me Dupont l'a fait observer en termes pleins de modération. Les avocats soussignés, tout en rendant un juste hommage aux motifs honorables qui l'ont déterminé à ne pas borner là sa réponse, regrettent néanmoins qu'un excès de loyauté et de condescendance envers la cour ait pu le faire renoncer à l'exercice entier de ses prérogatives.

Quoi qu'il en soit, ses franches et nettes explications, parties d'un cœur qui ne pouvait accepter le soupçon, devaient arrêter toute poursuite ; il se séparait du journaliste qui demeurait seul comptable de sa rédaction, il s'empressait de désavouer toute intention d'offense. Cette déclaration aurait suffi pour réparer le tort d'un discours imprudent, s'il eût été tenu. Quel est celui, en effet, qui, appelé aux luttes du barreau, n'a jamais laissé déborder, dans la chaleur de la contradiction, de vives et téméraires expressions ? Les magistrats qui savent toutes les difficultés qui environnent l'avocat, toutes les perfidies de l'improvisation dont l'entraînement le trompe souvent à son insu, sont heureux d'accepter des explications aussi honorables pour eux que pour celui qui les donne. Mais les demander pour les contredire, pour en faire le sujet d'un débat public, pour écrire ensuite dans un arrêt que l'avocat a trahi la vérité, c'est manquer aux plus saintes traditions, c'est briser les liens qui unissent la magistrature et le barreau, c'est introduire dans le sanctuaire de la justice des éléments de lutte et de dégradation ! La loi ne l'a pas permis.

C'est pourtant ce qu'a fait la cour d'assises.

1° *Elle a violé, par son arrêt de jonction, l'article 227 du Code d'instruction criminelle et ceux des lois spéciales ci-dessus rapportées.*

Malgré les dénégations de Me Dupont, M. l'avocat général avait fait des réserves contre lui ; en même temps, une plainte était portée contre le gérant de la *Gazette des Tribunaux*.

Maintenant les positions et les droits respectifs sont nettement tracés.

Me Dupont répondait de ses paroles publiques, le gérant de la *Gazette des Tribunaux* de son compte rendu : le premier, en vertu de l'article 90 du Code de procédure civile, sur la police des audiences, et des décrets sur la profession d'avocat ; le second, en vertu de la loi du 25 mars 1822. Le premier était poursuivi à raison d'un délit d'audience, le second à raison d'un délit de presse.

Ces deux délits ne peuvent être commis que par des voies différentes ; ils n'ont ni la même nature, ni la même portée; ils ne sont pas prévus par les mêmes lois; ils ne sont pas réprimés par les mêmes peines.

Ce serait donc anéantir tous les principes du droit criminel que d'en poursuivre simultanément les prétendus auteurs.

La loi ne permet, en effet, la jonction que pour les délits connexes (art. 226), et l'article 227 définit ainsi la connexité :

« Les délits sont connexes, soit lorsqu'ils ont été commis en même temps par plusieurs personnes réunies, soit lorsqu'ils l'ont été par différentes personnes, même en différents temps et en divers lieux, mais par suite d'un concert formé à l'avance entre elles, soit lorsque les coupables ont commis les uns pour se procurer les moyens de commettre les autres, pour en faciliter, pour en consommer l'exécution, ou pour en assurer l'impunité. »

L'article 307 du même Code, sur lequel le ministère public insistait particulièrement, n'est que la confirmation de cette règle de logique et d'équité. Le voici : « Lorsqu'il aura été formé, à raison du même délit, plusieurs actes d'accusation contre différents accusés, le procureur général pourra en requérir la jonction, et le président pourra l'ordonner, même d'office. »

Or il est impossible, sans faire violence à ces textes, d'expliquer l'arrêt de jonction rendu par la cour.

Les délits n'avaient pas été commis en même temps par les deux prévenus réunis ; ils n'étaient pas le résultat d'un concert ; ils procédaient d'une origine différente ; ils ne se ressemblaient ni par la nature des actes, ni par la qualité des personnes, ni par les lois, ni par les châtiments dont ils provoquaient l'application.

Il ne s'agissait *pas du même délit*, donc on n'était pas dans l'hypothèse prévue par l'article 307 que la cour a mal à propos invoqué.

Aussi, loin de s'en tenir à ces termes exprès, elle lui a donné une extension qui le détruit et renverse en même temps les plus solides garanties de l'accusé.

Elle a dit en effet : « Considérant que les articles 227 et 307 du Code d'instruction criminelle contiennent des règles qui doivent s'appliquer à tous les faits et devant toutes les juridictions; que l'objet de ces articles a été d'arriver à une bonne et prompte administration de la justice, en jugeant en même temps des accusations, quel qu'en soit le titre, qui sont désignées contre les mêmes personnes ou qui peuvent s'éclairer mutuellement. »

Malgré l'embarras et l'impropriété de cette rédaction, il est facile de voir que la cour a voulu poser en principe qu'il appartenait à la justice de joindre les actions criminelles entre lesquelles un rapport même éloigné était découvert.

Car elle a inexactement interprété le fait en parlant de deux accusations dirigées contre les *mêmes personnes*. Dans l'espèce, tout était séparé : personnes, délits, accusations.

Or ce principe ainsi entendu est en directe opposition avec le texte de l'article 307; de plus, il bouleverse toutes les notions du droit. Dire qu'il y a connexité quand les juges pensent que deux accusations peuvent s'éclairer mutuellement, c'est leur donner la faculté de joindre une cause de banqueroute à une cause de meurtre, d'amalgamer les témoignages et de porter dans l'administration de la justice une confusion désastreuse pour la défense.

La cour ne s'est pas moins gravement trompée quand elle a ajouté dans le second considérant de son arrêt :

« Que les poursuites disciplinaires dirigées contre Mᵉ Dupont et le gérant de la *Gazette des Tribunaux* présentent à juger la même question; qu'il s'agit dans l'un et l'autre cas de vérifier si les paroles attribuées à Mᵉ Dupont dans le compte rendu ont été ou n'ont pas été réellement prononcées par lui; que de la solution de cette question dépend le jugement des deux actions. »

Pour Mᵉ Dupont, la question n'était pas seulement dans la matérialité des paroles; il fallait savoir de plus : 1° comment elles avaient été prononcées; 2° en réponse de quelles interpellations; 3° avec quelles intentions.

Il était encore essentiel de signaler ce qui les avait précédées ou suivies ; en un mot, c'était bien plutôt leur moralité que leur réalité que la cour devait apprécier.

C'est pourquoi les avocats soussignés n'ont pas craint de poser en thèse, dans le développement de leur première résolution, que toute la question se réduisait à savoir si des paroles entendues de l'auditoire, et de nature à offenser les magistrats, avaient été proférées.

Le gérant de la *Gazette des Tribunaux* était placé dans une autre situation. Il lui suffisait d'établir par témoins que les lambeaux de discours, isolément insérés dans le compte rendu, et modifiés suivant l'esprit des sténographes, étaient sortis de la bouche de l'avocat, ou qu'il avait cru les entendre tels qu'il les avait recueillis.

En effet, la loi ne le punissait que dans le cas de mauvaise foi. Il pouvait écarter ce reproche sans prouver cependant l'exactitude des paroles prononcées, toujours plus ou moins infidèlement traduites par ceux qui les saisissent.

L'avocat et le gérant étaient donc placés sur un terrain différent, et les avocats soussignés osent croire que si la cour s'était plus religieusement attachée aux prescriptions du Code d'instruction criminelle, la condamnation de Me Dupont n'aurait pas été prononcée.

Mais une fois engagée dans cette voie fausse, la cour devait être conduite à l'erreur qu'elle a commise; elle y a marché par de nouvelles et nécessaires violations de la loi.

Aussi les soussignés ont-ils posé comme troisième résolution :

3° *Qu'elle a mal interprété l'article* 75 *du Code d'instruction criminelle et les textes ci-dessus indiqués, en refusant d'entendre les témoins sur tout ce qu'ils savaient, en déclarant Me Dupont coupable du délit d'offense envers les magistrats.*

L'arrêt de jonction rendu et Me Dupont forcé de se défendre dans une sphère qui n'était pas la sienne, des témoins ont été produits par le gérant de la *Gazette des Tribunaux.*

Aux termes de l'article 75 du Code d'instruction criminelle, ils devaient déclarer toute la vérité, c'est-à-dire tout ce qu'ils savaient sur la plainte. Pour être conséquente avec sa doctrine, la cour devait provoquer plutôt que restreindre leurs explications. Après avoir rendu commune à Me Dupont la poursuite intentée contre le journaliste, dans l'intérêt des deux prévenus, il fallait en éclairer toutes les faces. Le juge n'a pas le droit de décider que la preuve d'un fait est insignifiante ou dangereuse. Si le fait est contenu dans l'acte d'accusation, il faut que tout ce qui le concerne soit révélé.

La cour a méconnu ce principe de justice vulgaire; elle a limité le champ des témoignages, elle a choisi arbitrairement le texte sur lequel ils devaient porter; elle a dit aux témoins : Vous déposerez sur ce qui est à la charge d'un des prévenus que je vous désigne; quant à ce qui est à sa décharge, je vous ordonne le silence.

Il est, en effet, un raisonnement péremptoire, aux conclusions duquel il est impossible d'échapper. En fait : le gérant de la *Gazette* avait mis d'inconvenantes paroles dans la bouche de Me Dupont, de M. l'avocat général et de M. le président.

Admettre la fausseté des unes, c'était reconnaître la fausseté des autres; ou bien admettre que les témoins se trompaient sur l'exactitude des unes, c'était reconnaître qu'ils se trompaient sur les autres.

Il fallait donc, à peine de s'exposer au reproche d'une partialité inouïe, entendre les dépositions sur tous les faits reprochés au gérant de la *Gazette*. Les magistrats n'avaient pas d'autres moyens de s'éclairer.

Car s'ils pouvaient conserver quelques doutes sur les paroles attribuées à Me Dupont, ils étaient sûrs des leurs. Ils avaient donc entre les mains la mesure de la sincérité du gérant de la *Gazette* et de ses témoins.

Eh bien! la cour a déclaré par un arrêt qu'elle refusait au prévenu cette arme justificative, qu'elle repoussait pour elle-même cette source de vérité; elle a dit que ses souvenirs lui suffisaient pour tout ce qui avait été proféré par M. l'avocat général, et qu'elle ne voulait entendre les témoignages que sur les faits reprochés à Me Dupont.

Mais il ne s'agissait pas seulement de savoir ce qui avait été dit; il fallait encore juger la véracité des témoins, et la cour en ôtait la faculté au prévenu.

Il y a mieux : l'un d'eux, malgré l'interruption de M. le président, a déposé, sous la foi du serment, que les paroles prêtées à M. l'avocat général avaient été réellement prononcées. La cour avait dit le contraire en s'en référant à ses souvenirs; dans son opinion, le témoin se trompait, et c'est cependant sur son témoignage qu'elle a condamné Me Dupont!

De plus, la dénégation de M. l'avocat général a prouvé le délit du gérant de la *Gazette*, et il a été acquitté!

On a donc scindé : les témoignages ont été tenus pour véridiques en ce qui concernait le délit de Me Dupont, pour mensongers en ce qui concernait le délit du gérant et les paroles de M. l'avocat général.

Ni la loi, ni la logique, ni la justice n'autorisent une telle procédure.

Néanmoins qu'est-il résulté du débat?

1° Que la traduction du travail sténographique pris à l'audience n'avait été faite que deux jours après; que plusieurs séances avaient été fondues en une seule; c'est-à-dire que le compte rendu était l'œuvre personnelle du rédacteur, qui n'avait consulté que des notes dont lui-même reconnaissait l'inévitable inexactitude.

2° Que même d'après la version des témoins, il est très-incertain que Me Dupont ait prononcé précisément les paroles rapportées par le journaliste, et qu'il est au contraire incontestable que ce dernier en a défiguré plusieurs.

3° Que nul désordre n'a suivi ces paroles, qui n'ont paru à aucune des deux personnes, qui les ont rappelées avec des variantes, offensantes envers la cour.

Les avocats soussignés ne peuvent voir dans des faits ainsi posés le délit d'audience qui a servi de base à la condamnation de Mᵉ Dupont.

Et qu'on ne prétende pas que la cour était souveraine dans cette appréciation. Il a été jugé souvent, et c'est un principe conservateur en matière criminelle, que la qualification d'un fait punissable rentrait dans l'application de la loi, et donnait par conséquent lieu à censure de la part de la cour suprême.

Or, à supposer, ce que les avocats soussignés sont loin d'admettre, que les propos eussent été tenus, ils l'eussent été de manière que deux personnes seulement les eussent entendus, et encore si imparfaitement, qu'elles ont chacune différé en les rapportant.

Si ces propos constituent un délit d'outrage, il n'y a pas un avocat qui n'ait encouru le châtiment qui vient de frapper Mᵉ Dupont.

A qui faut-il apprendre que l'avocat est homme, qu'il sent avec vivacité, avec amertume souvent, tous les incidents dommageables à celui qu'il défend? que dans la chaleur de sa conviction froissée, il est partial, injuste même? que, cédant à des impressions qu'il ne voudrait pas manifester publiquement, il s'épanche auprès de ses collègues dans des confidences animées, et dont la mesure n'est pas toujours le principal attribut? Si de tels discours sont un délit, si le sténographe qui se glisse à la barre peut recueillir perfidement et traduire en outrages des explosions de l'âme destinées à des oreilles discrètes, les princes du barreau, ceux que l'ordre contemple avec orgueil, et la magistrature avec respect, pour leur talent, leur modération et leur indépendance, seront bientôt tenus de s'expliquer en pleine audience sur des conversations tronquées au gré d'un imprudent, de leurs ennemis peut-être; ils seront frappés s'il se rencontre deux témoins, véridiques ou non, pour appuyer l'affirmation de celui qui aura fait de l'esprit ou du scandale à leurs dépens! Voilà cependant ce qui est écrit dans l'arrêt de la cour d'assises.

C'est parce qu'ils sont profondément persuadés que la vénération dont la justice doit être environnée ferait place à la méfiance et au discrédit, si la dignité de l'avocat n'était plus qu'un vain nom; c'est parce que, dans leur pensée, le magistrat n'a de valeur qu'autant que la parole sur laquelle il prononce est libre, que les avocats soussignés n'ont pas craint de relever les erreurs capitales dans lesquelles la cour d'assises est tombée. Ils espèrent que la cour suprême les redressera. Le savant jurisconsulte qui remplit auprès d'elle les nobles fonctions du ministère public, a trop illustré la profession d'avocat, trop bien défendu ses justes droits, pour ne pas sentir les conséquences énormes d'un semblable précédent.

Ce n'était pas assez de ce recours ordinaire. La cause de Mᵉ Dupont est celle de tous les avocats; la cause des avocats est celle des justiciables. Les soussignés ont voulu, au nom de cette solidarité, convier à la défense de hautes vérités tous les hommes de conscience dont s'honore le barreau français. Par cette manifestation spontanée, il ont usé du droit que la constitution politique accorde à tout citoyen; ils ont accompli un devoir que leur imposaient les principes de confraternité sur lesquels leur ordre repose, et ce devoir leur était aussi dicté par les règles éternelles de la justice qu'ils seraient indignes d'interpréter, s'ils ne se sentaient la force d'en réclamer le maintien quand elles leur semblent violées.

Délibéré à Paris, le 10 octobre 1836.

Signé : Jules FAVRE, LEDRU-ROLLIN.

COUR D'ASSISES DE LA SEINE

PRÉSIDENCE DE M. DELAHAYE

AUDIENCE DU 23 MAI 1838

Complot Huber. — Attentat contre la vie du roi. — Plaidoyer pour mademoiselle Grouvelle.

Mademoiselle Laure Grouvelle, accusée d'avoir pris part à un complot ayant pour but de détruire ou de changer le gouvernement, fut défendue par Me Jules Favre, qui prit la parole en ces termes :

MESSIEURS LES JURÉS,

Si je n'avais d'autre mission à remplir devant vous que de réclamer la liberté de mademoiselle Laure Grouvelle, je pourrais, après le discours que vous venez d'entendre, et malgré les réquisitions sévères du ministère public, renoncer à la parole et m'en référer à votre justice. Si je ne me trompe, en effet, l'accusation est désormais vaincue, et le menaçant échafaudage par elle péniblement élevé, écroulé durant les débats, a été complétement mis en poussière par l'habile et jeune orateur [1] dont les généreux accents retentissent encore à vos oreilles. Mais, vous l'avez compris à l'avance, ma position est ici exceptionnelle ; elle mérite de ma part une explication, de la vôtre une attention toute spéciale. Je viens défendre une femme impliquée dans un procès politique, représentée comme ayant voulu renverser le gouvernement établi, par la suppression violente de son chef. Or, le désavantage d'une situation pareille est précisément d'être extraordinaire, de froisser des susceptibilités respectables et des préjugés puissants ; désavantage qui, au premier aperçu, paraît petit devant vous, et qui cependant est énorme, puisque vous subissez l'influence de l'opinion, et que l'opinion, n'en doutez pas un instant, cherche toujours dans la conduite d'une femme qui oublie la faiblesse de son sexe pour se jeter dans les hasards d'une conjuration, des motifs honteux ou ridicules. La calomnie est le patrimoine de qui-

[1] Me Arago, défenseur d'Huber.

conque ne se renferme pas dans l'égoïsme des affections privées. Il faut s'y résigner ou s'abstenir; mais celle qui s'attache à une femme est la plus cruelle, la plus meurtrière de toutes; elle l'est d'autant plus que celle qu'elle attaque est plus vulnérable, qu'elle est plus étrangère aux ambitions matérialistes qui servent souvent de mobiles secrets au dévouement, comme de textes au reproche. Ainsi, on ne peut supposer une femme dévorée par la soif des honneurs et des richesses, alors on en fait une Montpensier ou une Catherine Théo, et les esprits vulgaires s'en vont accréditant ces odieuses préventions, et se vengent ainsi d'une supériorité qu'ils ne peuvent comprendre.

Je savais toutes ces choses, messieurs les jurés, lorsque mademoiselle Grouvelle m'a appelé. Je savais qu'avant d'écarter de sa tête le châtiment que l'accusation y suspend, j'aurais à protéger son honneur et son caractère contre les insinuations de la malignité, et c'est pourquoi j'ai accepté avec reconnaissance et bonheur le fardeau qu'elle confiait à mon zèle; car, sans la connaître personnellement, j'étais conduit vers elle par la notoriété de ses nobles et belles actions. Mais lorsqu'il m'a été donné d'étudier de près cette nature simple et dévouée, lorsque dans les longues communications de la prison, qui ont aussi leur triste douceur, j'ai pu pénétrer l'intimité de ses sentiments cachés et voir ce qu'ils renferment d'abnégation et de grandeur, lorsque cette vie si pleine, si tourmentée, si véritablement évangélique, s'est déroulée à mes yeux, oh! alors, messieurs les jurés, j'ai senti tout ce que la tâche qui m'était imposée avait à la fois de glorieux et de pesant; j'ai senti que cette cause était la mienne, plus que la mienne, et qu'en dehors de l'acquittement que vous ne pouvez vous dispenser de prononcer, j'avais à vous demander quelque chose de plus précieux : votre estime, votre vénération pour cette femme; j'avais à vous la montrer telle qu'elle est, telle qu'elle a toujours été: généreuse, dévouée, pure. Voilà quel est pour moi le point capital de la défense, voilà quel a été, quel est encore le premier besoin de mon cœur, même en présence des charges qu'on a accumulées sur sa tête innocente.

J'irai même jusqu'à dire que ces charges, je les aurais dédaignées, j'aurais dit à mademoiselle Grouvelle : Laissez faire l'accusation, laissez-la s'embarrasser dans ses impossibilités et poursuivre ses insaisissables fantômes : elle ne prévaudra pas contre vous, et la vérité naïve tombée de votre bouche forcera les imprudents qui l'ont intentée à rougir d'eux-mêmes! Mais mademoiselle Grouvelle n'était pas seule, elle n'était pas la maîtresse de sa générosité. On en fait une sorte de Catilina, groupant autour d'elle des hommes d'action, tous prêts à servir la violence de ses passions politiques. C'est elle qui a ourdi le complot, qui en a tenu tous les fils; c'est elle qui a inspiré Huber et Steuble, qui a fait mouvoir Annat et Vincent Giraud, qui a entraîné les hésitations de M. Leproux, qui a été le mauvais génie de cet excellent et digne M. de Vauquelin ; c'est elle qui, dans son sein, a réchauffé ce reptile impur que l'instruction a nommé Vallantin ! Elle a donc tout fait ! S'il y a une pensée coupable dans l'affaire, c'est à elle qu'elle appartient. Il faut donc que, dans l'intérêt de son honneur, dans l'intérêt de ses coaccusés qui expient ici, les uns, l'amitié honorable qu'ils lui ont vouée, les autres, les secours qu'elle a été si heureuse de leur prodiguer, j'attaque de front l'accusation, que je la suive pas à pas, que je démontre une à une ses erreurs, que je fasse enfin, du point de vue qui m'est particulier, ce qui a été si net et si complet au nom d'Huber.

Tels sont donc les deux pivots de ma défense. J'ai à vous dire d'abord comment cette jeune femme a été conduite ici ; ensuite, pourquoi elle n'y devrait pas être : deux idées fort simples, au développement desquelles j'attache un égal prix. Je vous prie de les accueillir avec une égale bienveillance.

Mademoiselle Laure Grouvelle ne vous a pas dissimulé la nature de ses opinions ; elle vous a dit qu'elle est républicaine, elle l'a pu sans offenser les lois de septembre ; la place qu'elle occupe ici la met à l'abri de leur action. Ce qu'elle ne vous a pas dit, ce que je dois ajouter, c'est que ses convictions profondes sont chez elle une religion de naissance dont les germes puisés au berceau se sont fortifiés dans les enseignements du foyer domestique. Son père, homme de lettres distingué, faisait des vers et des opéras pour les grandes dames de Versailles. C'était la mode alors ; la philosophie se cachait sous les madrigaux. Quand vint la Révolution, M. Grouvelle brûla ses poëmes et se mit à écrire des pamphlets politiques qui sont restés. Plus tard, il quitta sa plume, paya sa dette de sang à la patrie, et combattit dans les rangs des braves dont le courage assura le triomphe de la cause populaire. Après le 10 août, il fut nommé secrétaire du Conseil exécutif, et ce fut en cette qualité qu'il accompagna le ministre Garat dans la douloureuse visite que celui-ci rendit aux prisonniers du Temple, pour leur donner connaissance des décrets de la Convention. C'est la première page où son nom est écrit dans l'histoire ; il s'y retrouve plus tard à l'occasion d'une mission qu'il remplit à Copenhague, où il représenta plusieurs années la République française comme son ambassadeur. A son retour en France, il entra au Corps législatif ; il y défendit, comme on le pouvait au Corps législatif, les idées de liberté dont il avait été l'apôtre dans sa jeunesse. Sa santé délabrée par le travail l'obligea à se retirer dans une petite ville de province ; là, malgré les soins de sa famille, il succomba à la fleur de son âge, laissant deux enfants et une veuve, une veuve dont vous me permettrez de dire quelques mots, car elle appartient à ma cause, une veuve digne, à tous égards, de remplir la mission paternelle que venait brusquement d'interrompre un trépas prématuré. Fille de M. Darcet, directeur de la Monnaie, madame veuve Grouvelle unissait aux charmes d'un esprit délicat et fin, qui se transmet comme un autre héritage, vous vous en êtes aperçus, la puissance d'une volonté énergique et l'entraînement d'un cœur chaud et dévoué. C'était une femme des anciens jours par l'austère gravité de ses mœurs, une fille de notre âge par la hardiesse de ses vues et le courage ardent de ses convictions. Ainsi douée, émancipée et fortifiée à la fois par l'épreuve des orages révolutionnaires qu'elle avait traversés, elle ne songea pas, vous le pouvez croire, à énerver sa fille par une de ces molles et futiles éducations qui font de tant de femmes du monde d'élégantes et souvent dangereuses inutilités. Non! son amour était trop vrai, son intelligence trop élevée, pour qu'elle ne cherchât pas à pénétrer cette jeune âme qui lui était confiée des sentiments qu'elle-même nourrissait. Mademoiselle Laure avait trois ans quand elle perdit son père : son enfance, épanouie sur un cercueil, fut sérieuse et triste, toute pleine d'enseignements dont le souvenir est demeuré ineffaçable, car lorsque de telles leçons profitent, leur influence s'étend sur toute la vie.

Madame Grouvelle ne pouvait mieux honorer la mémoire de son mari qu'en se consacrant au soulagement des infortunes. Elle excellait dans l'art de les deviner, de ménager la pudeur de ceux qui souffrent et qu'un secours indiscret offense; elle allait les chercher dans leurs pauvres chaumières, elle assistait les malades, elle consolait les prisonniers; et sa fille l'accompagnait dans l'exercice de ces saintes œuvres, et toute petite, elle se formait à la pratique de ces nobles vertus qu'elle a continuées, surpassées même. Il faut remonter à ses années les plus tendres pour trouver le premier acte public de son dévouement. Elle n'avait que huit ans : une jeune fille comme elle tomba dans un bassin profond; elle, sans savoir nager, s'y jeta après elle et la retira. Ce trait est bien simple, je vous le cite parce qu'il résume l'histoire de toute sa vie : se sacrifier pour le salut de son semblable.

Plus tard, dans la petite ville qu'elle habite, elle brigue comme un honneur le droit de s'asseoir au chevet des mourants. Ceux que l'opiniâtreté des soins peut arracher au tombeau, elle les sauve; ceux que la nature abandonne, elle leur aide à franchir la terrible limite à laquelle tant de courages s'amollissent ou se révoltent; ceux qui sont pauvres, elle les ensevelit de ses mains. Voilà quelle fut sa jeunesse! Et tandis que ses compagnes rêvent de parures, de fêtes et d'amour, elle, dévorée par le besoin de dévouement qui la domine, va chercher ceux qui ont faim, ceux qui pleurent, pour les nourrir et pour essuyer leurs larmes!

Vous comprenez, du reste, qu'une pareille vie l'ait affranchie de bonne heure de cette timidité excessive que nous aimons dans les jeunes filles, sans nous en rendre compte, et qui n'est, après tout, que la marque de la faiblesse et de la servilité de la femme. Vous comprenez qu'elle ait contracté des habitudes d'indépendance dans son langage et dans ses actes. C'était la condition de la sainte mission qu'elle entreprenait; et pour la remplir dignement, c'était bien la peine, vraiment, de sacrifier quelques préjugés et d'offenser quelques pruderies de salon. Tout le bien qu'elle a fait, tout le bien qu'elle fera, l'absout suffisamment de ces misérables puérilités.

D'ailleurs, cette franchise a chez elle une autre source. La fille de Grouvelle a été élevée dans les principes de pure égalité; on lui a appris que tous les hommes sont frères, et qu'il n'y a entre eux d'autres différences que celles qu'y font le malheur et le vice. Or, ces idées avaient poussé en elle de profondes racines; elles s'étaient développées par l'initiation douloureuse des souffrances journalières qu'elle était appelée à guérir. Les sentiments démocratiques ont une double origine; ils viennent de la tête ou du cœur : de la tête, chez ceux que la méditation et l'étude amènent à reconnaître la fragilité des gouvernements d'exception; du cœur, chez ceux qu'émeuvent les misères des petits et qui placent leurs espérances dans des améliorations sociales auxquelles tous auraient part.

Or, comment mademoiselle Grouvelle, qui vivait avec les pauvres, qui allait au-devant de tous les malheureux, n'aurait-elle pas aimé le peuple? Comment n'aurait-elle pas embrassé avec ardeur la cause de la liberté, qui est celle des persécutés? Elle vous l'a dit avec une simplicité noble et touchante, auprès de laquelle mes paroles sont bien pâles : Où pouvais-je trouver du bien à faire? Était-ce parmi les heureux du siècle, parmi ceux à qui tout sourit, et les faveurs de la fortune, et celles du pouvoir, et qui ne s'informent pas du maître qu'ils servent, pourvu que leur joug soit doré? Non, elle les laissait à leurs joies égoïstes; mais elle tendait la main aux proscrits, elle ouvrait sa maison aux suspects, sa bourse à ceux qui fuyaient d'asile en asile devant les tracasseries de la police; et à chaque service rendu, elle s'associait davantage à leur sort, à leurs doctrines, à leurs rêves d'avenir. Voilà comment elle a été républicaine! Elle l'a été par vertu, tandis que d'autres l'étaient par calcul. Seulement elle est demeurée fidèle à ses convictions, pour lesquelles elle est aujourd'hui poursuivie, calomniée, traînée devant la cour d'assises, dont elle n'a pas cherché les tristes honneurs, tandis que d'autres se sont servis de ces opinions comme d'un marchepied pour obtenir le droit de l'accuser et de faire condamner en elle les principes qu'ils ont reniés après en avoir profité !

J'ajouterai, pour achever ce portrait, que cette jeune fille si pure, si heureusement douée, à laquelle rien ne manquait, ni les grâces extérieures, ni les dons de l'esprit, ni l'appui de la considération sociale et de la fortune, a cependant volontairement renoncé aux douceurs qu'une femme désire le plus, pour se donner plus librement aux infortunes qu'elle soulageait, et aussi, je dois le dire, pour soigner sa mère, sa mère que, depuis quatorze ans, un cruel accident enchaîne sur un lit de douleur et qui, après avoir été son guide, son soutien, lui offre ainsi l'occasion de pratiquer dans l'intérieur de la famille les vertus qu'elle lui a enseignées, et de la récompenser de son dévouement par sa piété filiale.

Cette mère, un trait va vous la peindre : à l'époque de la révolution de Juillet, elle était à la campagne avec sa fille. Comme autrefois son père, M. Grouvelle le fils se battait dans les rangs du peuple. Madame Grouvelle fit venir sa fille près de son lit et lui dit : Ma fille, je n'ai plus besoin de toi, quand ton frère brave la mort. Va à Paris; s'il a succombé, tu me le rapporteras; s'il est blessé, tu le soigneras. Et mademoiselle Grouvelle vint à Paris. La mitraille avait épargné son frère, mais elle avait rempli les ambulances d'hommes du peuple mutilés. L'ardente charité de mademoiselle Grouvelle ne trouva que trop d'occasions de dévouement !

Alors elle pensait que de pareils actes touchaient à leur terme. Elle croyait, comme beaucoup d'autres, que la France entrait dans une ère de régénération et de paix. Vous savez comment les événements qui se succédèrent dans les années suivantes brisèrent ces illusions. Ce n'est pas le lieu de rechercher de quel côté furent les fautes commises. Mais au nom de celle qui en a tant souffert, qui, dans ces tempêtes, a perdu sa force, sa santé, son repos, sa liberté, qui s'est vue, elle souffrante et délicate, exposée pendant de longs jours aux horreurs du secret, il m'est permis de déplorer la fatalité qui a jeté mon pays dans cette série de troubles et de déchirements. A aucune époque, celle de la Terreur exceptée, il n'y eut plus de procès politiques que de 1832 à 1834. C'est aussi dans cette période que se montre dans toute son énergie, dans toute sa beauté, l'admirable caractère de mademoiselle Grouvelle. Alors les prisons ne désemplissaient pas, les perquisitions domiciliaires frappaient chaque maison.

Vous avez souvent entendu parler, messieurs les jurés, des douleurs des captifs; vous avez gémi sur les abus de notre législation criminelle et sur les tristes nécessités qui poussent les pouvoirs sociaux dans des voies de rigoureuse répression; mais vous ne pouvez vous faire une idée, même faible, de tout ce qu'entraînent de misères à leur suite ces cruelles persécutions, surtout pour l'homme du peuple. Le malfaiteur prévoit les chances de l'emprisonnement et se soumet à ses conséquences. Mais lorsqu'un chef de famille, un ouvrier laborieux que l'entraînement d'une passion excusable pousse à une entreprise contre le gouvernement, ou qui est victime d'une fausse dénonciation, est subitement arraché à ses travaux, jeté pendant des mois entiers sous les verrous, la ruine assiége sa maison, et des malheurs de toute espèce l'accablent. En prison, il lui faut endurer les privations les plus dures, car il n'a pas d'argent. Au dehors, sa femme et ses enfants manquent de tout, ses engagements s'accumulent, son crédit se perd; oh! de quels désespoirs n'avons-nous pas été les témoins désolés! Eh bien! mademoiselle Grouvelle conçut la généreuse pensée de faire face à toutes ces souffrances. Pendant cinq ans, elle a été l'ange tutélaire des prisonniers, passant sa vie à les servir, courant de Sainte-Pélagie à la Force, de la Force à la Conciergerie, accueillant les femmes, les assistant dans leurs maladies, dans leurs couches, descendant aux moindres détails, acceptant toutes les importunités, travaillant toutes les nuits à une immense correspondance dont voici quelques fragments (l'avocat montre de volumineuses liasses de lettres), suppléant à la force physique qui lui manquait par l'excès de son zèle dévorant et la vigueur de sa volonté! Je regrette de ne pouvoir vous les lire toutes, ces lettres; si vous aviez, comme moi, passé une journée entière à les mettre en ordre, vous sauriez ce qu'il faut penser des calomnies dont on a abreuvé cette femme, vous verriez avec quel dévouement elle remplissait son admirable mission, avec quelle grâce touchante elle faisait taire les haines, les petites rivalités qui ne sont pas une des moindres plaies de la captivité! Vous apprendriez qu'elle ne se contentait pas de soulager le corps, mais qu'elle fortifiait l'âme par les principes de la plus pure vertu. Oh! elle a bien mérité le nom de Notre-Dame de Bon-Secours que les détenus lui avaient donné dans l'élan de leur pieuse reconnaissance, car elle a été pour eux leur mère, leur sœur, leur protectrice, leur bienfaisante patronne.

Elle ne se bornait pas à ces actes de généreuse charité, elle stimulait sans cesse les sympathies, si promptes à se refroidir; elle organisait les commissions, faisait des quêtes à domicile, infatigable à solliciter, parce que les besoins renaissaient incessamment autour d'elle, et que son cœur n'en voulait laisser aucun sans satisfaction.

Ce fut cette abnégation qui, dans une circonstance douloureuse, la conduisit à porter ses consolations aux malheureuses familles de deux illustres suppliciés. Elle fit plus, elle recueillit les dépouilles des victimes, elle leur rendit les derniers devoirs, et sur la terre qui les couvrait, elle plaça la pierre funèbre où, par ses soins, fut écrite leur lamentable destinée. Elle accomplit ce devoir avec cette simplicité de cœur qu'elle a toute sa vie mise à de pareils actes, et ce sont ces actes que le ministère public a eu le triste courage d'incriminer; je n'en aurais pas parlé, s'il n'avait lui-même évoqué ces ombres sanglantes pour les faire planer sur ce procès et provoquer une condamnation. Oh! je l'avoue, en entendant ces étranges reproches sortir de la bouche de l'organe de la loi, en l'entendant attaquer la pitié de mademoiselle Grouvelle pour des hommes morts et qu'elle croit innocents, je me suis involontairement rappelé ces sévères paroles de l'annaliste de Rome, écrites pour un autre âge, mais qui conviennent si bien au réquisitoire auquel je réponds : « *Ne feminæ quidem exsortes periculi. Quia occupandæ reipublicæ argui non poterant ob lacrymas incusabantur*. Les femmes elles-mêmes n'étaient point à l'abri de leurs persécutions; ne pouvant les accuser d'envahir l'État, ils faisaient un procès criminel à leurs larmes. » J'en suis fâché, monsieur le procureur général, mais ces lignes ont été écrites pour les officiers de justice qui poursuivaient des condamnations sous le règne de Tibère et de son ministre Séjan. Voilà les exemples que vous suivez.

M. LE PRÉSIDENT, *avec vivacité*. Voulez-vous vous arrêter ou suivre une pareille pensée? Nous ne pouvons vous accorder le droit de mettre le ministère public en accusation; il ne vous appartient pas de discuter sa conscience.

Me Jules FAVRE. Je ne la discute pas. Loin de là, je la lui abandonne. Ces souvenirs se sont involontairement présentés à mon esprit, tant la similitude des faits est complète. Si les paroles que j'ai citées sont sévères, ce n'est pas à moi qu'il faut s'en prendre, ce n'est pas moi qui les ai écrites, c'est Tacite.

M. LE PRÉSIDENT. Oui, mais c'est vous qui faites le rapprochement. Si vous continuez ainsi, la cour sera obligée d'user contre vous des droits qu'elle tient de la loi.

Me Jules FAVRE, *avec force*. La cour est libre d'agir comme il lui plaît; je connais ses droits, je connais aussi mes devoirs, et rien au monde ne m'empêchera de les remplir dans toute leur étendue, quelles que soient les réquisitions qui me menacent. Je continue :

Encore une fois, ce n'est pas moi qui ai ouvert cette discussion; elle a été ouverte, je ne veux reculer devant aucune difficulté.

Qu'a fait mademoiselle Grouvelle? Elle a reçu de la main du bourreau des restes informes et mutilés. Et vous vous indignez! Qu'êtes-vous donc? Représentants de la justice humaine, ne savez-vous pas que votre puissance expire avec la mort? Quand votre glaive s'est abaissé, il n'y a plus de coupable, l'homme s'est affranchi de vous par le trépas, il n'y a plus que des débris qui appartiennent à notre piété, et au-dessus une mémoire qui est du domaine de l'histoire, de l'histoire qui se fait vite aujourd'hui, et qui, réformant quelquefois les condamnations politiques, relève la victime pour mettre le juge sur la claie!

Voilà ce que je vous accuse d'avoir oublié, et cependant les enseignements ne vous manquaient pas; voilà ce que vous auriez dû vous rappeler, et vous auriez compris comment mademoiselle Grouvelle a pu ensevelir Pepin et Morey, sans que vous ayez le droit de la dire régicide!

Mais elle a admiré Alibaud! elle a fait son éloge, elle est capable de l'imiter!

Triste sophisme, messieurs les jurés! Interrogée sur Alibaud, mademoiselle Grouvelle a fait la seule réponse qui fût digne d'elle : « Le jour, a-t-elle dit, où un homme meurt sur l'échafaud est toujours pour moi un jour de deuil. » Et pour moi aussi, messieurs les jurés. On est allé au delà : on lui a demandé si elle croyait à Alibaud une belle âme; elle s'est tue, et elle a bien fait. Ce n'était de sa part ni impuissance, ni faiblesse, mais sentiment exquis de sa situation. Que voulait-on d'elle, en effet? Si elle eût manifesté de l'horreur pour l'acte d'Alibaud, on l'eût taxée de lâcheté; si elle l'eût glorifié, on en eût tiré la preuve de sa culpabilité. Elle ne pouvait pas répondre.

Mais moi, messieurs les jurés, moi qui suis l'intermédiaire entre elle et votre justice; moi qui la défends, non comme un avocat, mais comme un ami, tout pénétré des sentiments qui l'animent, je puis compléter sa pensée, je le dois, et vous souffrirez que je le fasse avec l'indépendance de mon caractère et de ma profession; il n'y a que les esprits timides qui reculent devant la vérité. Vous êtes trop élevés pour qu'elle puisse vous blesser.

Eh bien! je dirai avec la conscience universelle, et contre l'avis de M. le procureur général, que jamais les crimes politiques n'ont été confondus avec les crimes ordinaires; qu'ils appartiennent à un ordre exceptionnel, et que c'est méconnaître la vérité que de les juger avec les notions communes du juste. Les exemples ne peuvent-ils pas être cités en foule? Et pour ne toucher que des faits contemporains, l'histoire, vous-mêmes, appelez-vous Charlotte Corday un monstre? Niez-vous l'élan de la jeunesse allemande lors de l'exécution du meurtrier Staps? Croyez-vous qu'on puisse effacer la mémoire de toutes les couronnes jetées sur l'échafaud de Sand? Que vous enseignent donc ces leçons? Que souvent une âme généreuse peut être, par l'exaltation d'une pensée sainte dans son origine, poussée à des actes violents. Le blâme qui leur appartient ne détruit pas leurs nobles qualités; elles prennent au contraire, par leur sacrifice, une couleur plus brillante. Alibaud, mourant à la fleur de son âge, calme, résigné, persévérant dans les idées qui l'avaient armé, a pu être accompagné par les sympathies et les regrets de ceux qui plaignaient sa jeunesse et son courage! On a pu lui trouver une belle âme sans être soupçonné de régicide!

J'abandonne pour jamais, messieurs les jurés, ces lugubres et irritants souvenirs. J'ai à vous montrer des actes plus consolants et auxquels le ministère public a été forcé de rendre hommage. Lorsqu'en 1832, la capitale de la France fut frappée de deux fléaux à la fois, de la guerre civile et d'une épidémie contagieuse qui moissonnait sans acception de victimes, mademoiselle Grouvelle, toujours fidèle à ses principes de dévouement, s'enferma à l'hôpital des Lazaristes, puis à l'Hôtel-Dieu, et pendant près de trois mois elle prodigua aux malades les soins les plus opiniâtres. Atteinte elle-même, mourante, elle ne cessa pas un instant de servir les cholériques. Vous dirai-je les honorables attestations que toutes les administrations lui ont données en lui envoyant la grande médaille décernée par le gouvernement? Non; vous avez entendu les témoignages du maire, des infirmiers; vous vous rappelez la déposition touchante de cet ancien officier que mademoiselle Grouvelle a, par son courage admirable, deux fois arraché à la mort. Vous connaissez maintenant cette femme; jugez-la.

C'est elle cependant que le ministère public n'a pas craint de nommer une criminelle abominable! Elle, messieurs les jurés, cette noble créature, ainsi outragée! Oh! qu'elle se console, qu'elle se raffermisse; il y a quelque chose qui crie plus haut que toutes les réquisitions du parquet, ce sont les bénédictions de tous les malheureux qu'elle a secourus, vêtus, dont elle a essuyé les larmes. A l'heure où je vous parle, il y a des milliers de cœurs qui battent pour elle, non dans les palais ni dans les maisons des puissants, mais dans les chaumières, dans les mansardes où souffrent les indigents! Il y a des milliers de voix qui la réclament, qui me jalousent, moi, messieurs les jurés, qui viens la glorifier devant vous, et vraiment je n'ai rien fait pour mériter un tel honneur!

C'est derrière ce rempart que je la place, messieurs les jurés, et je le crois inattaquable. Cependant j'ai promis de descendre dans les détails de l'accusation et de la convaincre d'erreur sur tous les points; je vais tenir parole. Je prends d'avance l'engagement de ne pas laisser debout une seule des propositions de M. le procureur général, et de montrer que toutes les fois qu'il a repoussé les explications des accusés, il s'est jeté dans des hypothèses inadmissibles et déraisonnables.

Qu'a été son réquisitoire? Rien qu'une longue affirmation. Il s'est borné à reproduire et amplifier l'acte d'accusation, et s'est complètement isolé de ces débats. Son siége était fait, il n'a rien voulu y changer. Je comprends qu'avec une pareille méthode, on arrive facilement à de sévères conclusions. Mais ce qui s'est passé sous vos yeux ne vous a-t-il rien appris? Les révélations qui, de toutes parts, ont jailli des interrogatoires, les rétractations d'un des principaux accusés, la confusion des trois témoins à charge, les seuls qu'on ait rencontrés sur soixante et onze appelés par le ministère public, tout cela n'est-il rien, tout cela devait-il être dédaigné? Nous allons, nous, nous en emparer; nous demandons à M. le procureur général la permission d'être long, à la condition de renverser pièce à pièce l'œuvre qu'il a élevée. »

Les charges se composent des témoignages, des aveux des accusés, des faits reconnus, des pièces saisies. Quant aux témoignages, on n'a pu invoquer que ceux de Schiller, de Ringault et de Ferrault. Or, tous trois sont impurs : Schiller est un faussaire chassé du Hanovre, Ferrault un homme condamné à une peine infamante, Ringault un vil espion de prison. D'ailleurs leurs dépositions, examinées de près, offrent des traces d'évidente fausseté; elles doivent être rejetées.

Quant aux aveux des accusés, c'est-à-dire à la déclaration de Steuble consignée dans l'instruction, elle a été faite par Steuble à la suite d'une maladie qui avait affaibli son cerveau, et d'un secret horrible dans le plus affreux des cachots. L'interprète Simonnin l'a faussée par une addition apocryphe. Huit jours après, Steuble a protesté, il a énergiquement réitéré ses rétractations à l'audience. Or, il détestait Huber; il n'a communiqué avec aucun de ses coaccusés; sa rétractation est spontanée et détruit la déclaration précédente.

On ne peut s'arrêter davantage à l'aveu de Vallantin, que le ministère public a trouvé si infâme qu'il a rougi de s'en servir, et qui d'ailleurs est aussi matériellement faux.

Il ne reste donc que les faits avérés et les pièces.

Or, l'impossibilité du complot est prouvée par les circonstances mêmes dont s'est emparé le ministère public.

Elle résulte également du plan qu'il suppose aux conjurés.

Y eût-il eu complot, la renonciation serait évidente et la condamnation impossible.

Avant tout, comment croire que mademoiselle Grouvelle, qui est mourante, qui est entourée d'une famille qu'elle chérit et dont elle est la joie, ait voulu renverser le gouvernement? Où est son intérêt?

Elle voit Huber à sa sortie de Clairvaux, elle reçoit Steuble, qui lui est présenté comme un ouvrier malheureux à secourir. Steuble rêve de machines, l'instruction l'a surabondamment établi; il a une créance en Angleterre, cela est encore démontré. Huber est poursuivi par la police, ils quittent ensemble la France : mademoiselle Grouvelle les aide de sa bourse.

L'accusation veut que ce soit pour un complot. Pourquoi quitter Paris? L'impossibilité d'entrer la machine en France est un fait incontestable. Pourquoi les accusés auraient-ils accepté cet inconvénient s'ils pouvaient l'éviter? D'ailleurs, où est la convention qui les lie? Le ministère public affirme qu'elle a été formée chez mademoiselle Grouvelle; il affirme, mais ne le prouve pas, et tout repose sur cette supposition.

Puis, comment se procure-t-on de l'argent? Il fallait 400 francs; mademoiselle Grouvelle pouvait les trouver ou dans ses ressources ou dans celles de son frère. Pour un but si grave on ne ménage aucun sacrifice, on évite surtout les moyens qui augmentent le nombre des confidents. Si mademoiselle Grouvelle n'a pas les fonds nécessaires, elle les cherchera à Paris, où elle a de nombreux amis? Non, elle envoie un émissaire en Normandie. — Au moins elle ne l'instruira pas de ses projets? Au contraire, elle lui commandera le secret? — Non, Vincent Giraud, qui aurait pu obtenir de M. Vauquelin, dont la générosité est inépuisable, tout ce qu'il aurait voulu, l'instruit sans nécessité. Cela est complétement incroyable.

Au contraire, dans le système de la défense tout s'explique, et les lettres de M. de Vauquelin lui-même, celles de Godard, invoquées par l'accusation, prouvent qu'il ne s'est jamais agi que d'une œuvre de bienfaisance.

Huber et Steuble vont à Londres avec 400 francs, pour une conspiration qui doit absorber plusieurs milliers de francs! Au bout de trois semaines, Huber revient. Pourquoi? Pour chercher de l'argent, dit l'accusation : cela est encore incroyable; s'il y avait eu conjuration, Huber n'aurait pas quitté un instant Steuble, qu'il savait faible et mal entouré. Il ne serait pas surtout resté trois semaines ou un mois à Paris, travaillant paisiblement; enfin, il n'y serait pas demeuré quinze jours sans voir mademoiselle Grouvelle. Toutes ces circonstances démontrent invinciblement qu'il n'y avait aucune résolution concertée d'agir.

Huber repart le 21 septembre; il retourne à Londres. Qu'y fait-il? Il se querelle avec Steuble, lui prend ses plans et le chasse : voilà comment ils s'entendent. Steuble revient à Paris, il se plaint d'Huber, réclame ses plans comme son secret; Huber revient bientôt après, et repart au bout de deux jours.

L'accusation dit que c'est pour chercher le plan. Elle a raison; mais elle se trompe en ajoutant que le but définitif fut la construction de la machine; car on avait Steuble entre les mains : il était bien plus simple de le mettre à l'œuvre. Si on est allé chercher les plans, ce n'est évidemment que pour les lui rendre. S'il en était autrement, Huber les aurait rapportés à son second retour de Londres. En les laissant dans cette ville, il prouve que son intention n'était pas de s'en servir, et que Steuble n'a jamais dessiné ces plans que comme ceux d'une machine de guerre destinée à être vendue.

Ainsi, il n'y a nulle part de complot. Les accusés sont constamment divisés de lieu, de pensées et d'actes.

Le plan qu'on leur prête le prouve aussi évidemment. Les experts ont reconnu que le dessin s'appliquait à une machine de guerre. Tout son système détruit l'idée du crime pour lequel elle semble destinée.

Si nous passons à l'examen des pièces, loin d'y trouver la trace d'un complot, nous y voyons que, s'il est question d'une entreprise, Huber (car c'est de lui qu'il s'agit, mademoiselle Grouvelle n'a pas écrit une ligne qui puisse la compromettre), Huber ne parle que de la manière la plus hypothétique; tout est, selon lui, subordonné à la marche de la nouvelle Chambre. Or il s'agit, selon l'accusation, de tuer le roi à l'ouverture des Chambres. Cela implique contradiction.

La note saisie chez Annat parle de deux machines : il n'a jamais été question que d'une. Les moyens d'exécution sont d'ailleurs si absurdes, qu'ils n'ont pu entrer dans la tête d'Huber ni de mademoiselle Grouvelle. Ils indiquent dans leur auteur une ignorance totale du lieu sur lequel on doit agir et des plus simples précautions prises par la police de Paris.

Enfin, en supposant même qu'il y ait eu complot, la renonciation serait impossible à nier. Elle résulte du carnet saisi sur Huber. L'accusation argumente de la traduction des chiffres. Cette traduction est un mystère pour la défense. Mais en l'acceptant telle qu'elle est, elle justifie complétement les accusés, car elle établit que la machine n'a pas été livrée, et qu'on a abandonné l'idée de s'en servir.

Le projet serait donc dans tous les cas avorté, et les accusés ne seraient pas coupables. Le complot n'est nulle part.

J'ai fini, messieurs les jurés, et cependant je ne puis me résoudre à me taire. Vous me pardonnerez si, dans cet instant solennel, je me sens oppressé par cette anxiété douloureuse qui s'empare de moi toutes les fois que j'abandonne le sort d'un accusé à la décision des hommes; c'est que jamais cause ne me fut si chère, jamais la responsabilité de mon ministère ne me parut si écrasante. Ce n'est pas que je doute de votre justice, oh! non, Dieu m'en est témoin : je sais que vous n'êtes pas seulement des juges éclairés, mais des citoyens honnêtes et timorés; je sais que vos consciences ont religieusement recueilli chacune des impressions de ce débat, que la vérité s'est fait jour, que le doute ne peut plus troubler vos pensées, et que s'il y demeurait, ce serait pour vous dicter un acquittement. Je sais tout cela, et néanmoins, je vous le confesse humblement, je ne puis m'empêcher de frémir à l'idée d'une erreur possible qui jetterait cette femme souffreteuse et faible, qui m'est confiée, dans les tortures d'une prison perpétuelle qui serait pour elle un rapide tombeau, qui l'arracherait à une mère sexagénaire qu'une cruelle infirmité enchaîne loin d'elle; cette mère, hier encore, elle me redemandait sa fille bien-aimée, elle m'a fait promettre de la lui ramener, et moi je le lui ai promis, je m'y suis engagé d'honneur, et je suis venu la défendre suivant mon cœur. Ai-je trop présumé de mes forces et de votre justice, messieurs les jurés? Oh! non! n'est-ce pas que vous me la rendrez, que vous ne me réduirez pas au désespoir d'aller seul au chevet de la paralytique, lui annoncer qu'elle est à jamais sur cette terre séparée de sa fille, et que sa main amie ne lui fermera pas les yeux?

Oh! messieurs, en présence d'une pareille possibilité, et si je m'abandonnais à mes impressions personnelles, j'irais presque jusqu'à vous supplier ; j'humilierais la défense jusqu'à la déprécation, sauf à ne pas me pardonner plus tard à moi-même cette faiblesse. Mais mademoiselle Grouvelle ne me le pardonnerait pas! Elle a voulu, quand elle m'a appelé, que je fusse fort comme elle, que je m'associasse à son courage. C'est en son nom que je me relève et que je vous dis : Oubliez ce que vous venez d'entendre, oubliez cette famille dans l'angoisse, cette vieille mère qui pleure! ne voyez que les actes de mademoiselle Grouvelle, et jugez-là! Pesez aussi l'accusation, comptez ses contradictions, sondez ses obscurités, mesurez le vide de ses démonstrations, et prononcez si cette femme peut être le chef de ce complot qui n'est nulle part, si cet ange peut être un assassin.

M. le procureur général vous disait hier en finissant que l'impunité dans cette affaire serait un véritable malheur public. Je lui réponds, moi, que ce serait un malheur public bien plus grand que de voir l'abnégation et la générosité sacrifiées sur de si futiles présomptions et frappées de peines infamantes. C'est alors qu'il faudrait renier la vertu! C'est alors qu'il faudrait jeter de la boue à notre siècle, dans lequel le dévouement conduirait aux gémonies, dans lequel une existence toute pleine d'œuvres sublimes ne suffirait pas, le jour du soupçon venu, pour garantir contre d'abominables soupçons.

Non, messieurs les jurés, vous ne ferez pas cette injure au temps et au pays dans lequel vous vivez. Vous acquitterez Laure Grouvelle, parce qu'elle est pure des actes qui lui sont reprochés. Vous acquitterez ses coaccusés, parce qu'elle les tient tous par la main, et que l'accusation renversée pour elle, elle les entraîne tous hors de cette enceinte justifiés comme elle, comme elle enfin rendus à la liberté.

Après trois heures de délibération, le jury déclare mademoiselle Laure Grouvelle coupable de participation à un complot ayant eu pour but de détruire ou de changer le gouvernement, sans qu'il y ait eu de sa part des actes commis ou commencés pour en faciliter l'exécution.

La cour, considérant que de la déclaration du jury il résulte qu'il y a des circonstances atténuantes en faveur de Laure Grouvelle;

Vu les articles 87, 89, 463 et 401 du Code pénal, la condamne à cinq années d'emprisonnement.

LETTRE

ADRESSÉE AU PRÉFET DE LA SEINE PAR M. JULES FAVRE

AU SUJET D'UN REFUS DE COMMUNIQUER AVEC MADEMOISELLE GROUVELLE

« MONSIEUR LE PRÉFET,

« Je me suis présenté ce matin à la Conciergerie pour voir mademoiselle Grouvelle. La porte m'en a été refusée; les gardiens m'ont renvoyé à vous. J'ai eu l'honneur de réclamer une entrevue. M. votre secrétaire intime m'a répondu que je n'en obtiendrais ni aujourd'hui ni demain, et que votre volonté formelle était de n'accorder aucune permission pour voir mademoiselle Grouvelle. Il a ajouté que son frère seul était excepté de cette mesure. J'ai su que mes confrères étaient, vis-à-vis des accusés dont ils sont les conseils, frappés d'une égale interdiction. J'ai constaté dans la conversation que j'ai eue avec M. votre secrétaire deux faits dont il est convenu : le premier, que vous ne vouliez pas me répéter en face ce que vous l'avez chargé de me dire; le second, que vous n'aviez aucune raison plausible à me donner pour excuser votre conduite. Je lui ai promis de prendre l'opinion publique pour arbitre, elle prononcera pour vous. Jamais, que je sache, il ne s'est rencontré un magistrat capable, par mesure de police, de séparer le condamné du défenseur. Dire, comme M. votre secrétaire, que notre ministère finit avec le verdict du jury, c'est offenser la raison et les plus simples notions d'humanité : la raison, puisque le verdict est remis en question par le pouvoir, et que nul n'a le droit, sans anéantir la défense, d'empêcher les communications de l'accusé et de son avocat dans un moment si décisif; l'humanité, parce que, en dehors de nos fonctions légales, nous en remplissons de non moins sacrées, en soutenant par les consolations du cœur celui que la justice des hommes vient de foudroyer. Voilà, Monsieur le préfet, ce que vous auriez dû comprendre, et ce que sentiraient tous ceux qui ont un cœur honnête et une pensée libre! J'ajouterai que cette persécution contre une femme mourante, à la vertu de laquelle le ministère public n'a pu se dispenser de rendre hommage, que les sympathies de tous ont environnée pendant les débats et au moment de sa condamnation; que cette persécution, dis-je, est une indignité que je vous mets au défi d'avouer comme homme et dont vous ne pourrez vous empêcher de rougir comme fonctionnaire. Je doute que vous soyez dans votre droit; dans tous les cas, sachez que l'exercice en est barbare et sauvage, et qu'il ne vous honore pas. Si vous avez, je ne dis pas une raison, mais un prétexte pour l'excuser, je consens à être regardé comme un imprudent. Sinon, que mes reproches restent jusqu'à ce que la conscience publique les ait détruits, car c'est là notre seul juge. Vous vous retranchez derrière votre qualité pour torturer une femme; moi qui suis son défenseur et son ami, vous trouvant caché derrière votre porte, je n'ai d'autre moyen d'obtenir justice que d'appeler sur vous le jugement de mes concitoyens.

« Je ne me tiens pas cependant comme vaincu. Je veux savoir si, dans mon pays qui se glorifie de jouir d'institutions libres, le chef de la police peut dépouiller un accusé de la garantie que respectent les plus mauvais gouvernements, celle de la défense.

« *Signé :* Jules FAVRE.

« Paris, 29 mai 1838. »

LETTRE

A UN RÉDACTEUR DE JOURNAL AU SUJET DE MADEMOISELLE GROUVELLE.

« 25 juillet 1838.

« MONSIEUR LE RÉDACTEUR,

« Permettez-moi de rectifier les faits inexacts que renferme la note ministérielle que vous avez insérée ce matin en vertu des lois de septembre.

« Il y est dit que *mademoiselle Grouvelle s'est obstinément refusée à voir sa mère, à moins que l'administration ne se soumît à des conditions tout à fait inacceptables.* Voici la vérité :

« La demande que j'avais adressée à M. le ministre, le 12 juillet dernier, était restée sans réponse, ainsi que deux autres, lorsque, jeudi passé, à neuf heures du matin, M. le directeur de la Conciergerie avertit mademoiselle Grouvelle que deux agents de police l'attendaient pour la conduire chez sa mère. Elle réclama la remise de cette visite au lendemain, ou au moins au jour même à trois heures, afin qu'elle pût prévenir madame Grouvelle, à laquelle une émotion inopinée eût été fatale, et qui, d'ailleurs, dans l'état de maladie où elle se trouve, ne peut supporter le matin la moindre conversation. On répondit qu'elle y irait de suite ou pas du tout, et qu'elle n'aurait qu'une heure, y compris l'aller et le retour. Placée dans cette dure extrémité, mademoiselle Grouvelle aima mieux se priver du bonheur de voir sa mère que de lui causer une secousse mortelle. Le lendemain, je me plaignis à M. le directeur; il me promit de faire une démarche nouvelle auprès de M. le préfet. Le surlendemain, mademoiselle Grouvelle était enlevée; je laisse à juger si une fille qui demande deux heures pour préparer à une dernière entrevue sa vieille mère infirme, qu'elle n'a pas embrassée depuis huit mois, *pose des conditions inacceptables,* et si le ministre qui les lui refuse brutalement peut, sans rougir, dicter à son huissier qu'il a concilié la sérénité de ses devoirs avec les bienséances et les obligations de l'humanité.

« Suivant la note officielle, quatre médecins auraient autorisé la translation de mademoiselle Grouvelle dans une maison centrale. Le fait est inexact. Les médecins n'ont eu à résoudre que cette seule question: « La malade peut-elle, sans danger pour sa vie, supporter un voyage de vingt-quatre heures? » Ils n'ont point été appelés à s'expliquer sur les conséquences de son séjour dans une prison éloignée de Paris. C'est ce que m'a affirmé l'un des signataires du certificat. Du reste, l'état de mademoiselle Grouvelle leur a paru si grave qu'ils ont pris sur eux de le décrire, et leur avis a confirmé, à peu de chose près, celui de M. Magendie. M. le ministre a donc été averti, et la présence du médecin qui a accompagné mademoiselle Grouvelle prouve assez le péril de sa position. M. le ministre sait qu'elle a beaucoup empiré dans les dix jours qui ont suivi la visite des médecins.

« J'avais supplié M. Alexis de Jussieu, que j'ai eu seul l'honneur de voir, de ne pas lui choisir Clairvaux pour lieu de détention, lui représentant que, d'après l'avis de tous les médecins, mademoiselle Grouvelle y mourrait au bout de très-peu de temps. C'était dans ma bouche un mauvais argument.

« Je n'ajoute rien de plus. Cette rigueur inouïe déployée contre une femme me paraît si contraire à nos mœurs, que je ne puis l'expliquer que par les nécessités de la politique. M. de Montalivet est allé au delà, et si sa conscience l'absout, je ne l'en félicite pas.

« Je vous prie d'agréer l'assurance de mon estime dévouée.

« *Signé :* Jules FAVRE. »

TRIBUNAL CIVIL DE LA SEINE

PRÉSIDENCE DE M. ROUSSIGNÉ

AUDIENCE DU 14 MARS 1839

Demande en payement de 200,000 francs de dommages-intérêts. — M. de Labenne, ancien conseiller à la cour royale de l'île Bourbon, contre M. Richemond des Bassyns.

Un magistrat dont les cheveux ont blanchi dans le difficile exercice des fonctions judiciaires des colonies, se plaint, sous forme de demande en payement de dommages-intérêts, et à la suite d'une lutte déplorable, d'avoir été violemment arraché de son siége, transporté mourant à bord d'un navire faisant voile pour la métropole, et destitué plus tard, au mépris des ordonnances de 1816 et 1828, qui devaient garantir son caractère d'inamovibilité.

C'est M. Richemond des Bassyns qui, par la révélation d'une lettre toute confidentielle, aurait causé sa ruine et porté une atteinte irréparable à sa vieille réputation d'honneur et de probité.

Me Jules Favre, avocat de M. de Labenne, s'exprime ainsi :

M. de Labenne avait été pendant douze ans avocat à la Guadeloupe. Dans un pays où les hommes d'affaires amassent facilement une fortune considérable, il était pauvre, cependant, alors que déjà il était revêtu, de fait, des fonctions judiciaires qu'il remplissait avec distinction et auxquelles il fut promu, en 1823, en qualité de conseiller à la cour royale de Bourbon, de conseiller inamovible en vertu de l'ordonnance de 1816, qui conférait aux magistrats de l'île le bienfait de l'inamovibilité. Il existe de graves divisions dans la magistrature d'outre-mer; il y a de la part des magistrats colons un esprit d'âpre jalousie contre les magistrats métropolitains, et le procureur général d'alors, M. Frappier de Jérusalem, ne crut pouvoir trouver un appui plus solide qu'en la personne de M. de Labenne, qu'il appela bientôt à faire partie du comité de législation des colonies.

Avec un caractère ardent et une constitution irritable, M. de Labenne, dans sa haine de toute injustice, avait beaucoup à souffrir, placé qu'il était en face des magistrats colons. Les humiliations auxquelles il avait été en butte, et qui s'étaient contenues d'abord dans le secret de la chambre du conseil, dégénérèrent en avanies publiques, et en 1827 on osa insulter M. de Labenne sur son siége de magistrat. C'est à cette époque, lorsqu'il était irrité par l'injustice et par la maladie, que la cour, sur les réquisitions de l'avocat général, dressait contre M. de Labenne un procès-verbal d'insubordination qu'elle envoyait au procureur général. Le gouverneur de l'île, de son côté, enjoignait à la cour d'examiner l'affaire de nouveau; mais, malgré les réquisitoires de l'avocat général mieux informé, la cour décidait que M. de Labenne devait être suspendu de ses fonctions pendant un mois. C'était en décembre 1827. Chassé de son siége, en proie à une irritation physique et morale, loin de sa famille et de ses amis, M. de Labenne écrit, dans la solitude où il s'est retiré, une longue lettre confidentielle à M. Richemond des Bassyns, à Paris. Dans l'épanchement de son cœur, M. de Labenne s'explique avec une amère franchise sur la légitimité de ses griefs. Il ignorait qu'au moment où il se justifiait ainsi auprès d'un ami, la constitution judiciaire de l'île était changée. Une ordonnance du 30 décembre 1827 prononçait la dissolution de la cour royale de Bourbon.

On était à la veille du jour où la France fut délivrée du ministère Villèle, à ce moment de la Restauration où le gouvernement, fatigué des résistances invincibles de la magistrature, préludait par d'habiles changements dans les colonies au renversement de l'inamovibilité dans la métropole.

M. de Labenne cependant était l'objet d'un honneur qu'il avait bien mérité. Il était promu à la présidence de la cour royale de Pondichéry. Sa santé lui défendait de franchir les mers; il ne put accepter les hautes fonctions dont il était investi. Il avait compris aussi qu'envoyé comme conseiller inamovible à Bourbon, il ne pouvait, sous forme d'un avancement honorable, accepter une injuste destitution. Aussi oubliant les animosités de ses collègues, il réclama avec énergie au nom du principe d'inamovibilité; son mémoire obtint un grand succès, et une ordonnance postérieurement rendue rétablit M. de Labenne et ses collègues sur leurs siéges inamovibles. M. de Labenne était donc conseiller inamovible à la révolution de Juillet. Le personnel avait changé, et M. de Labenne, dont l'ambition se trouvait satisfaite, jouissait enfin de quelque repos. M. Moiroud, ex-avocat général à Pondichéry, avait accepté la présidence de Bourbon, lorsqu'il fut appelé à remplir les fonctions du ministère public près du conseil d'État. M. le procureur général Girard s'adressa à M. Moiroud lui-même et l'invita dans les termes les plus pressants à signaler à l'administration M. de Labenne pour lui succéder. Tranquille et honoré, M. de Labenne pensait donc et écrivait à ses amis que l'île Bourbon serait son tombeau.

Il n'en a pas été ainsi. Violemment arraché du siége qu'il avait reconquis par son courage et par la force du principe d'inamovibilité, le magistrat qui n'a jamais prévariqué languit dans une profonde misère, destitué, sans qu'il soit possible de lui rien reprocher.

On n'a pas oublié la lettre confidentielle de M. de Labenne à M. des Bassyns, lettre devenue inutile après l'ordonnance du 30 décembre 1827. M. des Bassyns n'avait reçu cette lettre que postérieurement à l'ordonnance; il devait croire que M. de Labenne siégeait comme président de la cour de Pondichéry. Quant à cette lettre, elle était tellement confidentielle qu'il y était question des affaires les plus secrètes de M. des Bassyns, et qu'elle se terminait par la recommandation expresse de ne point laisser tomber dans les mains d'une personne de la colonie cet écrit qui s'exprimait en termes fort vifs sur le compte des magistrats colons. M. de Labenne apprit en 1831 que M. des Bassyns avait fait de cette lettre le plus déplorable et le plus déloyal usage. Quel motif avait poussé M. des Bassyns à communiquer la lettre confidentielle de M. de Labenne?

M. de Labenne avait eu le tort d'attaquer avec une grande énergie l'ordonnance du 30 décembre 1827. Or, M. des Bassyns, membre du conseil de l'amirauté, avait été profondément blessé par ce mémoire qui flétrissait si justement une ordonnance illégale dont il était l'un des auteurs. Il vit dans le mémoire de M. de Labenne une audacieuse censure de sa conduite, et il résolut de s'en venger.

Un avoué révoqué à Bourbon par suite du rapport de M. de Labenne, un sieur Gasc, nommé plus tard greffier à l'un des tribunaux de l'île, avait été mis en rapport à Paris avec M. des Bassyns; celui-ci, tout l'indique, lui avait révélé l'écrit confidentiel de M. de Labenne, et c'est comme instrument de M. des Bassyns que Gasc, muni de nombreux extraits de la lettre confidentielle, était retourné à Bourbon. Peu de jours après le débarquement de Gasc, un avoué, ex-conseiller auditeur de l'ancienne cour, se dit outragé dans un écrit dont on affirme que Gasc a copié des fragments dans les bureaux de la marine à Paris, où on lui en aurait donné communication par ordre du ministre. Bientôt l'un des anciens conseillers, président des assises à Saint-Denis, transmet au procureur général une lettre qui dénonce l'écrit de M. de Labenne, et lui signale que cet écrit renferme des outrages et des calomnies contre différents fonctionnaires publics, et plus particulièrement contre la plupart des membres de la cour; il ajoute que dans ces circonstances plusieurs conseillers lui ont déclaré leur résolution de ne plus siéger, dès ce moment, avec M. de Labenne, jusqu'à ce qu'il se soit disculpé. M. le procureur général mande auprès de lui M. de Labenne et le greffier. M. de Labenne se défend en disant que s'il a écrit la lettre qu'on lui reproche, c'était un *écrit purement confidentiel,* et qu'il ne pouvait y avoir de délit que de la part de celui qui aurait trahi le secret des lettres. Malgré cette justification, M. le procureur général fait au gouvernement militaire un rapport dans lequel il propose d'offrir à M. Labenne les moyens de passer en France pour aller rendre compte de sa conduite au ministre de la Marine.

Il est vrai, dit M. le procureur général, que M. de Labenne ne reconnaît pas pour être son ouvrage le mémoire apporté par M. Gasc; qu'il dit avec raison qu'un écrit confidentiel, livré sous la foi de son sceau, ne peut devenir public que par suite d'une insigne lâcheté; que, dans tous les cas, ce qu'il contient est réputé non écrit. M. le procureur général termine en disant : « Toutefois nous devons aussi déclarer que M. de Labenne jouit d'une réputation d'intégrité et de probité qui n'a jamais été attaquée. »

Une conférence a eu lieu entre le gouvernement militaire, le procureur général et M. de Labenne, et il est reconnu que le greffier Gasc est seul répréhensible. Quoi qu'il en soit, le gouverneur de l'île, frappé de ce fait que copie de la lettre confidentielle adressée à M. des Bassyns a été prise dans les bureaux de la marine, et par ordre du ministre, comme l'avait prétendu Gasc, n'hésite pas à agir militairement contre M. de Labenne, et lui notifie les pièces dénoncées comme des griefs pour lesquels il ira en France rendre compte de sa conduite.

M. de Labenne, après avoir gardé le silence, répond à une nouvelle lettre du gouverneur, qui le presse de s'expliquer, qu'il n'y a ni cause légale, ni prétexte plausible pour l'arracher à ses fonctions. Il prie M. le gouverneur de retirer l'ordre qu'il lui a donné de passer en France et que sa santé ne lui permet pas d'exécuter. Le gouverneur ne veut plus laisser de répit à M. de Labenne; il lui écrit :

« J'ai déjà eu l'honneur de vous dire que je me chargeais de faire lever les obstacles que l'on voudrait mettre à votre départ; ce que je vous ai dit autrefois, je vous le répète aujourd'hui : Veuillez bien faire vos préparatifs. Il est plus que temps que votre résolution s'accomplisse; autrement je me verrais dans la nécessité de recourir à des moyens d'une exécution plus prompte. »

Le 14 février 1832, quelques jours après cette lettre, M. de Labenne reçoit un passe-port où il est écrit de la main du gouverneur : *Se rendant en France par ordre du gouverneur*.

Le 22 mars, M. de Labenne, affecté qu'il était d'une complication de maladies cruelles qui lui faisaient redouter les voyages par mer, est transporté presque mourant à bord d'un navire. Les souffrances de M. de Labenne sont attestées par un certificat du capitaine, du second capitaine et du lieutenant du navire *la Lydie*.

De Nantes, M. de Labenne se rend à Paris, et il adresse au ministre un mémoire dans lequel il établit avec force que, comme magistrat inamovible, en vertu des ordonnances de 1816 et de 1828, il n'est justiciable que de la cour de cassation. Cependant M. de Labenne est soumis à la délibération d'une commission devant laquelle il n'est ni appelé, ni entendu, et qui décide : « que le gouverneur de Bourbon n'a pas excédé ses pouvoirs en renvoyant en France M. de Labenne; qu'aucune des allocations qu'il a réclamées ne lui est due ; mais qu'il dépend de lui d'aller reprendre ses fonctions à Bourbon, si cela lui convient ». La décision ministérielle aboutit à traiter un magistrat inamovible comme un sous-lieutenant.

Que devait faire M. de Labenne? Retourner immédiatement à Bourbon? Mais il est certain que les mêmes causes devaient produire les mêmes effets. Les animosités qui s'étaient soulevées contre lui ne s'étaient pas calmées. Il y avait une frappante contradiction dans les solutions ministérielles, qui avaient pour motif le désir d'affranchir le gouverneur, destitué depuis le départ de M. de Labenne de la colonie, des poursuites personnelles de ce magistrat, et d'éviter pour le Trésor les conséquences de la demande en indemnité. M. de Labenne était ou coupable ou innocent. Dans le premier cas, comment pouvait-on le renvoyer à un siége où sa présence susciterait de légitimes plaintes et troublerait l'ordre public? Dans le second cas, comment pouvait-on lui refuser toute justice et le considérer comme étant venu en France par option, et volontairement, sans même l'avoir appelé ni entendu, sans voir les pièces dont il était nanti, telles que l'ordre de départ du 2 février et son passe-port écrit de la main du gouverneur? M. de Labenne demanda une audience au ministre ; il sollicita d'être placé en France, à l'exemple de l'ancien procureur général de Bourbon, M. Girard, qui écrivait en décembre 1830 à M. Moiroud qu'il avait bien souffert dans cette colonie de Bourbon, qu'il appelle *un pays de déraison*. Le ministre promit à M. de Labenne de le recommander au Garde des Sceaux. Le ministre semblait comprendre alors que M. de Labenne ne pouvait, malade comme il l'était, retourner à Bourbon, en face de ceux qui n'avaient pas craint de l'insulter sur son siége. M. de Labenne ne pouvait se faire de nouveau hisser sur un navire, s'épuiser dans des voyages successifs à quatre mille cinq cents lieues de la France, cherchant partout la justice et ne la trouvant pas, et condamné à mourir de douleur sur l'Océan.

Il résulte des certificats délivrés à M. de Labenne par MM. Dupuytren, Sper et Lisfranc, qui lui ont prodigué leurs soins, que, cruellement atteint de maladies et affections qui avaient dû s'exaspérer par le climat de l'île Bourbon, M. de Labenne devait se garder de s'exposer aux efforts que provoque le mal de mer pendant le cours d'une longue navigation. Mais l'inspecteur général du service de santé de la marine visita seul M. de Labenne, et il affirma dans un certificat produit au ministère que l'affection de M. de Labenne n'était pas assez grave pour qu'il eût à en redouter les accidents.

« J'estime, disait en finissant M. l'inspecteur général, qu'il peut lui être accordé une prolongation de congé de trois mois, en lui signifiant qu'après ce délai il ne sera plus admis à faire de nouvelles réclamations et qu'il devra se rendre immédiatement à son poste. »

M. le ministre de la Marine accorda donc un congé de trois mois. Trois jours avant l'expiration du congé, M. de Labenne est averti que c'est à Nantes qu'il doit se rendre pour s'embarquer. Il s'adresse de nouveau à M. le ministre pour en obtenir une prolongation de séjour. Non-seulement le ministre refuse, mais il avertit M. de Labenne que s'il ne s'est pas conformé dans un mois à son ordre de départ, il sera considéré comme démissionnaire et qu'on pourvoira à son remplacement, conformément à l'article 48 de la loi du 20 avril 1810. M. de Labenne part, quoique certain de succomber dans la traversée. Mais à peine a-t-il fait deux lieues hors de Paris, dans la malle-poste, que le mouvement de la voiture lui cause les souffrances les plus aiguës, et que parvenu à Étampes, il est forcé de s'y arrêter; de retour à Paris, en danger de mourir, M. de Labenne supplie le ministre de lui accorder un nouveau délai. Que va faire le ministre?

Le 4 octobre 1838, le ministre écrit à M. de Labenne :

« J'ai l'honneur de vous informer que Sa Majesté, par ordonnance du 21 septembre, a pourvu à votre remplacement. »

Le traitement de M. de Labenne a cessé; il est considéré comme démissionnaire, il ne lui est accordé aucune pension de retraite; en outre, son traitement de France ne lui est réglé depuis son départ de la colonie que pour le tiers du traitement colonial. Ainsi, on n'a rien voulu entendre. On s'en est tenu à ce certificat qui disait que, quel que fût l'état de souffrance de M. de Labenne, il ne devait plus avoir aucun congé.

M. de Labenne se pourvut devant le conseil d'Etat, qui décida que le ministre avait eu le droit de le destituer, et qu'il n'avait droit, comme magistrat démissionnaire, ni à un traitement, ni à une pension, ni à une indemnité.

Aujourd'hui M. de Labenne est entièrement ruiné. Les modestes ressources qu'il avait réalisées en partant de Bourbon ont été promptement épuisées dans la maison de santé où il a reçu les soins des hommes de l'art les plus éminents. Le magistrat qui avait 10,000 francs de traitement à l'île Bourbon, savez-vous quelle est sa retraite? 720 francs, c'est-à-dire trente-huit sous par jour. Et ce magistrat n'a rien à se reprocher, si ce n'est un fanatisme d'honneur et de loyauté. M. de Labenne occuperait les plus hauts emplois à cette heure s'il n'avait pas rencontré sur sa route des hommes dont l'animosité s'est dressée en face d'un homme de bien, s'il n'avait pas rencontré aussi des protecteurs assez indignes pour faire abus de confidences qui l'ont précipité dans l'abîme.

Sans doute on ne manquera pas de dire à M. de Labenne destitué, cassé, repoussé, que c'est en désespoir de cause qu'il s'adresse à la justice civile, et que sa demande en dommages-intérêts n'est qu'un remède héroïque, inutile, comme tout autre recours. Oui, c'est à la dernière extrémité que M. de Labenne s'adresse à M. Richemond des Bassyns, mais après les réserves qu'il a toujours faites de se pourvoir contre les auteurs d'une violation du secret des lettres; M. de Labenne ne peut oublier que M. Richemond des Bassyns est la cause de tous ses malheurs. C'est lui qui a communiqué à Gasc ces extraits qui ont été colportés à Bourbon et traîtreusement délivrés à ceux qui en devaient garder un implacable ressentiment.

M. Richemond des Bassyns est responsable de la perte de la fortune, de l'état et du repos de M. de Labenne, pour avoir divulgué la lettre confidentielle qui lui avait été adressée. Le chiffre de 200,000 francs de dommages-intérêts n'est pas exagéré. M. de Labenne, qui a toujours vécu dans l'opulence, qui devait être investi des dignités les plus élevées, est dans la dernière misère, forcé de mettre ses vêtements en gage, et d'aller tendre la main, lui, ce magistrat si honorable, à la porte de l'hôtel de M. Richemond des Bassyns qui se retranche derrière ses millions. Ah! si M. des Bassyns avait compris sa position, il se serait empressé de laisser tomber sur la grande infortune dont il est la seule cause, quelques miettes de son splendide festin.

Après la plaidoirie de Me Ph. Dupin, avocat de M. des Bassyns, et les répliques, le Tribunal a prononcé son jugement, ainsi conçu :

« Attendu que s'il est constant que l'ordre donné à de Labenne de quitter la colonie pour venir en France rendre compte de sa conduite au ministre de la Marine, a été motivé par la révélation indiscrète de plusieurs extraits du mémoire adressé à des Bassyns en décembre 1827, il n'est pas établi que cette révélation et la publicité donnée aux extraits dont il s'agit proviennent soit de la faute, soit de la négligence ou de l'imprudence de des Bassyns;

« Attendu que la destitution de Labenne, prononcée par ordonnance royale du 21 septembre 1833, a été motivée sur ce qu'il devait être réputé démissionnaire dans les termes de l'article 48 du décret du 20 avril 1810, pour s'être absenté plus de six mois sans congé, quoiqu'il lui eût été enjoint plusieurs fois de retourner à son poste;

« Attendu que cette destitution est un acte de l'autorité compétente, dont des Bassyns ne peut être responsable dans les circonstances de la cause,

« Le Tribunal déboute de Labenne de sa demande et le condamne aux dépens. »

Ce jugement fut confirmé en appel au mois de juillet de la même année.

COUR DES PAIRS

PRÉSIDENCE DE M. PASQUIER.

AUDIENCE DU 6 JUILLET 1839

Affaire des 12 et 13 mai. (Émeute à Paris.)

Me Jules Favre, défenseur de Roudil :

MESSIEURS LES PAIRS,

La défense de l'accusé pour lequel j'ai l'honneur de me présenter devant vous est malheureusement fort simple. Toutefois, j'ose le dire, les faits qui le concernent ont dans leur évidence même, dans la franchise que l'inculpé a mise à les confesser, un caractère d'atténuation qui n'a pas sans doute échappé à votre haute sagesse, si bien que je pourrais m'emparer pour toute défense des paroles qui viennent d'être prononcées par notre honorable bâtonnier (Me Paillet).

Roudil, en effet, est un jeune ouvrier, c'est un enfant, et un enfant, permettez-moi de le dire, plein de cœur, d'ignorance et de sincérité. Il n'a jamais aspiré au périlleux honneur du commandement d'une troupe d'insurgés; il n'était pas digne de comparaître devant une juridiction aussi élevée, à raison de son peu d'importance, sous l'accusation d'attentat contre la sûreté de l'État. Aussi ai-je été tenté un moment, lors de l'ouverture des débats, d'élever une exception d'incompétence, car Roudil n'est ni un conspirateur ni un chef de parti. Et à supposer que la séduction fatale à laquelle il a cédé ne l'absolve pas tout à fait; à supposer qu'une peine légère lui soit nécessaire pour l'avertir et lui servir d'enseignement, à lui qui, à peine initié dans la vie, n'a pu commettre que des fautes excusables, au moins ne frapperez-vous pas sur lui avec cette sévérité que les nécessités politiques peuvent quelquefois exiger. N'oubliez pas qu'interrogé par le magistrat pour savoir quelle était son opinion politique, il a répondu qu'il n'en avait pas encore, mais qu'il en aurait peut-être un jour.

Cependant, messieurs, Roudil a été saisi, les armes à la main, au milieu d'hommes qui ont combattu avec intrépidité ; mais personne ne peut dire qu'il ait été conduit dans leurs rangs par suite d'une résolution désespérée et qu'il ait pris part à un attentat dont il ignorait entièrement le but. Cela s'explique par son âge, par sa position sociale, par le malheur des temps dans lesquels nous vivons, surtout par le désordre moral auquel sont fatalement livrées les générations actuelles ; cela s'explique surtout, messieurs, par les instincts guerriers de notre nation.

Roudil est un ouvrier laborieux, étranger à toute société politique ; cependant il n'est pas étranger aux sentiments généreux de l'histoire contemporaine de son pays ; il est imprégné du milieu dans lequel il vit, et soyez sûrs que, dans les travaux comme dans les loisirs de l'atelier, il a entendu raconter avec admiration les traits héroïques de dévouement qui ont illustré la grande et sainte insurrection de Juillet ; sa jeune imagination en a été impressionnée, et quand il a vu des hommes armés parcourir la rue, se dévouer, il a obéi à un sentiment généreux, il a fait comme ceux qu'il voyait faire ; on lui a dit qu'il y avait du bruit dans la rue, il est descendu dans la rue, il a chargé son arme et s'est fait prendre. Voilà son système. Sa carrière politique a été courte, elle s'est terminée là. Un hasard, un bonheur a voulu qu'il ait été arrêté avant d'avoir fait usage de son arme. Je dis bonheur, car dans une guerre civile, c'est encore un bonheur, quand on y a pris part, de n'avoir pas souillé sa main du sang de ses concitoyens.

Il n'est pas établi que Roudil ait tiré sur les gardes municipaux. Les témoins qui l'ont déclaré ne l'ont pas fait d'une manière assez motivée. Un coup de fusil a été tiré par lui, un seul coup, et l'on sait comment : c'est dans la lutte qu'il a engagée avec ceux qui voulaient l'arrêter ; le coup est parti en l'air, parce que, dans cette lutte, on a appuyé sa main sur la gâchette du fusil qu'il portait. Un coup a donc été tiré par lui, mais contre sa volonté.

Il résulte de la déposition de M. le capitaine Pernetti que, des deux coups dont le fusil double était chargé, un seul coup a été tiré. L'un des deux canons du fusil a été trouvé chargé, et ce canon n'avait pas fait feu.

Ici, messieurs, et dans ce fait, une circonstance m'a frappé, et elle m'a paru de nature à impressionner vos hautes intelligences ; c'est qu'avant de recharger son fusil à deux coups, un homme, dans la position où l'accusation place l'accusé Roudil, aurait certainement tiré le coup qui lui restait. Ainsi donc il n'a pas tiré ; ce n'est qu'en cédant à l'imprudence, à l'irréflexion de son âge que Roudil s'est laissé entraîner sur le terrain, qu'il a fait l'arrière-garde des insurgés, mais arrière-garde timide, comme cela était dans les allures, dans les habitudes, les nécessités de son âge.

Est-ce donc qu'il n'y a pas pour un acte de cette nature des explications et des excuses? Ma conscience me dit que mon rôle ne doit pas s'arrêter là. Si j'étais devant un jury, je me bornerais à invoquer comme atténuantes les circonstances que je viens de vous signaler, et que l'impartialité de M. le procureur général vous avait déjà signalées avant moi; je prouverais que l'intention qui l'a fait agir manquait des caractères qui la rendent criminelle; je serais compris par ces représentants du pays. Mais devant vous, messieurs les pairs, ma tâche est plus élevée, et celui qui paraît à votre banc, dans ce combat éphémère et passager, a l'honneur de s'élever jusqu'à vous et d'examiner, comme vous jugez vous-mêmes.

Je vous demande donc s'il n'y a pas quelque chose ici qui doive purement et simplement faire absoudre Roudil, et les hommes de sa catégorie. Je demande si quelque chose n'explique pas comment des hommes inconnus les uns aux autres, animés de passions différentes, ont pu ainsi se trouver tout à coup et sans convention préalable, d'accord pour l'exécution. Je demande si l'on ne trouve pas une réponse à cette question dans l'examen et l'appréciation, dans le jugement impartial et sincère de l'époque où nous vivons.

Je parlerai, messsieurs, avec toute l'indépendance et la liberté qu'on peut puiser en présence de votre haute juridiction. N'êtes-vous pas, messieurs, la représentation la plus complète du principe révolutionnaire qui a pris naissance dans les flancs du dix-huitième siècle, qui, depuis 89, combat un à un et met en poussière les systèmes, les croyances et les idées de nos pères? Je le demande donc à M. le procureur général : après cette lutte, qui a duré cinquante années, et dont nous ne sommes certes pas les derniers champions, quels sont les principes, les croyances, les droits qui sont restés debout et incontestés, de telle sorte qu'on puisse les élever au milieu de tous comme une bannière, autour de laquelle toutes les résistances doivent s'incliner? Quant à moi, je ne trouve cela nulle part; tout, au contraire, a été livré à la confusion. Dans les plus hautes comme dans les plus humbles questions, la société est affectée d'un sentiment de malaise, d'une terreur vague, inconnue. Cela vient de ce que nous sentons bien que nous marchons vers un but, que nous n'y sommes pas, mais qu'enfin nous y arriverons.

Voilà, messieurs les pairs, ce que reconnaît et proclame la conscience publique. Maintenant, si vous voulez être plus précis et appliquer exclusivement ces idées générales aux faits politiques, les preuves de l'anarchie morale qui tourmentent la société n'abondent-elles pas? Ne les voyez-vous pas éclater de toutes parts? Lorsque la Restauration s'est élevée sur les débris de l'Empire, vous savez quels hommes ont été revêtus de dignités éminentes, quels sont ceux qui ont été appelés dans les conseils de la couronne. Ne sont-ce pas ceux qui ont fait preuve de courage, de dévouement; qui n'avaient pas reculé devant les sacrifices, les persécutions, les calomnies des procès politiques et même devant la hache des bourreaux? Et la Restauration, est-ce qu'elle a manqué d'agresseurs? N'a-t-elle pas eu à combattre des complots bonapartistes, et plus tard les complots plus lents et plus sûrs de la Charbonnerie?

Lorsque les journées de Juillet sont arrivées, quels sont les hommes qui ont recueilli les fruits de la lutte? Ne sont-ce pas les membres avoués des sociétés secrètes? Ne sont-ce pas ceux qui sont venus dire : « Ce gouvernement, qui vient d'être renversé, nous l'avons toujours et persévéramment attaqué? » Il n'y a pas eu pour ces hommes assez de palmes civiques, assez d'honneurs, assez de récompenses utiles. La presse, la nation tout entière ont salué ces nouveaux vainqueurs et ont invoqué avec eux, comme premier titre à la reconnaissance publique, la longue lutte qu'ils avaient soutenue. Ce n'est donc pas moi qui le veux ainsi, c'est la nécessité, ce sont les lois de la Providence; les sociétés se composent ainsi par des lois fatales : les révolutions, comme les individus, subissent l'influence des causes qui ont présidé à leur naissance. Ne comprenez-vous pas que le pays au milieu duquel s'agitent de pareilles questions, au milieu duquel les fortunes s'édifient et s'écroulent avec tant de mobilité, est tourmenté nécessairement par un désordre moral qui se fait surtout sentir dans les classes inférieures?

En vous disant cela, messieurs, je ne prétends pas dire que, dans un état social quelconque, les insurrections soient permises; mais je le dis pour vous faire comprendre, à vous pour lesquels les hautes vérités sont familières, comment dans ces luttes, au milieu de tous ces débris, il y a quelque chose qui surnage, c'est la tolérance, la mansuétude pour les fautes et les erreurs politiques, car nous vivons dans un temps où celui qui est aujourd'hui traîné sur la claie peut, dans dix ans, devenir un héros. Il faut le dire, messieurs les pairs, l'échafaud ne doit pas se relever, et ce qu'il faut recueillir du cri de la civilisation, c'est que les peines éternelles doivent être maudites et mises au ban de la société.

Voilà, messieurs les pairs, la conclusion que j'ai voulu tirer de cet aperçu que vous m'avez permis de vous présenter; anarchie partout, fautes qui doivent s'excuser, mais miséricorde pour ceux qui sont plongés dans les luttes et qui y sont descendus de bonne foi. Aussi puis-je reprocher à M. le procureur général d'avoir méconnu ce sentiment, en venant vous dire qu'il était essentiel d'assurer le repos public, en faisant tomber la tête de quelques-uns de ces jeunes hommes.

Or, messieurs les pairs, à une telle parole, j'ai été douloureusement ému. J'ai vu que M. le procureur général se faisait illusion à lui-même. Non, cela n'est pas vrai, que M. le procureur général me permette de le lui dire ; non, le repos de mon pays n'est pas intéressé à ce que vous versiez le sang. Cela n'est pas possible. Je supplierai M. le procureur général de remonter lui-même aux leçons de l'histoire, et de me dire si les réactions ne naissent pas des supplices politiques, si le bourreau ne donne pas aux têtes qu'il fauche une auréole ; des coupables il fait des victimes, et des hommes politiques il fait des martyrs. Vous le savez, vous, messieurs les pairs, qui avez blanchi dans l'expérience des affaires. Les noms des martyrs sont des taches au front des dynasties, et au jour des tempêtes populaires ce sont des étendards; car enfin on a prononcé dans cette enceinte le nom de jeunes hommes tombés sous le couteau de la justice; ils avaient conspiré aussi, ils avaient été condamnés suivant les lois du pays, et vous savez que leur sang a été jeté à la face de la Restauration. (*Mouvement.*)

Vous dites que le sang appelle le sang, que le sang des hommes qui sont devant vous doit être versé en réparation. Eh bien, messieurs les pairs, avec votre haute indépendance qui vous prescrit de tout entendre, avec celle que je puise dans l'honneur extrême que j'ai de parler devant vous, je vous dirai : Les hommes qui sont descendus dans la rue ont exposé leur vie en combattant contre leurs concitoyens. Ils étaient tourmentés par un rêve, par une utopie ; ils se croyaient les vengeurs, les soutiens de l'humanité; ils croyaient que la population allait se lever et marcher avec eux. Qu'est-il arrivé? Ils sont descendus dans la rue, ils ont combattu avec une intrépidité rare. Vous avez entendu le récit de ces scènes douloureuses, de ces Français égorgeant des Français ; de ces braves soldats qui reçoivent des insurgés sanglants, qui les soignent en frères, puis qui retournent à la bataille faire encore des victimes, parce que c'est leur devoir; et c'est alors, messieurs, que vous songeriez à dresser l'échafaud ! (*Mouvement.*)

Prenez-y bien garde, messieurs, ce serait la tribune la plus sanglante, la plus dangereuse, car ils y monteraient bravement, héroïquement, comme ils ont paru à votre audience, et quand ils tendraient les mains à la population, quand ils donneraient leur tête au bourreau, songez que leur parole serait écoutée, que le malheur des uns, l'indignation des autres, la pitié de tous les accompagnerait dans la tombe, et que peut-être un jour ce sentiment se réveillerait comme un sentiment de haine et de vengeance.

Les accusés, vous les connaissez, messieurs, ce sont des hommes dévoués qui ont comparu devant vous comme ils le devaient, faisant le sacrifice de leur vie. Ce n'est pas pour eux, messieurs, c'est au nom de mon pays, c'est afin que le repos public soit bien assuré, que je vous supplie de ne pas essayer de le cimenter par le sang de ces hommes. Et c'est une prière, messieurs les pairs, que j'avais besoin de vous faire, bien qu'elle ne rentrât pas dans mon rôle; mais vous m'excuserez, elle débordait mon cœur depuis douze jours, et je suis sûr que vous l'entendrez.

On a rappelé d'autres époques; on a dit que vous aviez tranché la question. Oui, messieurs, l'échafaud politique a été brisé par vos mains, et il faut que cette épreuve solennelle soit aujourd'hui la dernière; il faut que votre arrêt soit placé au-dessus de toutes les luttes des factions, ce sera un arrêt précieux pour l'humanité, pour la liberté et pour la civilisation. (*Sensation prolongée.*)

A l'audience du 12 juillet 1839, la cour des pairs déclare Roudil coupable du crime d'attentat prévu par les articles 87, 88, 91 du Code pénal, et le condamne à cinq années de détention.

TRIBUNAL CIVIL DE GRENOBLE

PRÉSIDENCE DE M. PAL

AUDIENCE DU 20 AOUT 1841

Simon Didier contre le *Courrier de l'Isère.*

Le *Courrier de l'Isère*, dans son numéro du 20 avril 1841, contenait un article où il était dit que *Paul Didier avait voulu rétablir une jacquerie au profit de son ambition et de sa fortune personnelle.* M. Simon Didier, blessé par cet article dans sa piété filiale, intenta au gérant du *Courrier de l'Isère* un procès à fins civiles. La cause fut appelée le 20 août devant le tribunal civil de Grenoble.

L'avoué de M. Simon Didier, absent, lut des conclusions tendantes à ce que le gérant du *Courrier de l'Isère* fût déclaré coupable de diffamation envers la mémoire de Paul Didier, son père, et condamné à cent mille francs de dommages-intérêts qui devaient être affectés à l'un des établissements de bienfaisance de Grenoble.

Me Jules Favre, avocat de M. Simon Didier, prit la parole en ces termes :

MESSIEURS,

Je chercherais vainement à dissimuler la vive et profonde émotion que j'éprouve en paraissant devant vous. Je viens, au nom d'un fils, solliciter de votre justice la réparation d'un outrage dirigé contre la mémoire de son père, mort sur un échafaud politique, dans ces jours de deuil national dont l'humiliation pèse encore sur la France; et cette réparation, je la demande dans la ville même qui fut le théâtre de sa téméraire entreprise, à deux pas du lieu où il l'expia par le plus douloureux sacrifice, au sein d'une population qui, aujourd'hui, après vingt-cinq années, frémit au souvenir de l'héroïque résignation des vaincus et de la sanglante insolence du vainqueur.

Comment, dès lors, pourrais-je espérer toucher froidement aux récits de ce lugubre épisode? Comment me soustraire à la contagion de ces saintes et brûlantes passions qui dorment sous la cendre des tombeaux que je dois interroger?

Il est nécessaire cependant que j'élève mon âme au-dessus de tout mouvement tumultueux, de peur qu'on ne m'accuse de cacher des haines politiques sous le voile de la piété filiale; ne l'a-t-on pas essayé déjà? n'a-t-on pas voulu faire de M. Simon Didier, que je représente, l'auxiliaire de je ne sais quel entrepreneur de procès antidynastiques, auquel serait échue la singulière mission de tenir en haleine le zèle de MM. les procureurs du roi? M. Simon Didier a repoussé, comme il le devait, cette offensante supposition, et certes il serait bien indigne d'élever la voix devant vous si, obéissant à une impulsion extérieure, il relevait l'échafaud de son père pour complaire aux exigences d'un parti.

Grâce à Dieu, il n'en est rien. M. Simon Didier a voulu seul, et seul il soutient ce procès. Sur ce point important, personne peut-être mieux que moi ne pourrait lui rendre témoignage.

Que de fois, en effet, n'ai-je pas vu ses yeux se mouiller de pleurs au récit de la catastrophe qui le rendit orphelin! La pensée fixe, incessante de sa vie, c'est le culte de la mémoire de son père..... Ce fut pour s'y consacrer exclusivement que, renonçant à toute carrière active, il s'ensevelit vivant avec sa vieille mère dans un petit hameau près de Lyon; et là, tous deux cachés au monde, ils entretenaient religieusement la plaie toujours nouvelle qu'une incurable douleur avait faite à leur âme. Ils auraient pu, comme d'autres, chercher des consolations à une si grande infortune dans l'intérêt universel qu'elle excitait et dans les faveurs que plus tard elle provoqua; ils s'y refusèrent, tenant leur pensée élevée au-dessus de ces compensations misérables, et ne voulant pas livrer à la compassion du monde la sainte pudeur de leurs larmes.

Lorsque la digne veuve de Didier eut fermé les yeux entre les bras de son fils, celui-ci quitta la retraite où il avait accompli jusqu'au bout les pieux devoirs que lui avait imposés son père au moment de paraître devant Dieu; il vint à Paris, dans un faubourg solitaire, où il continua la même existence de méditation, de recueillement et de deuil.

C'est là que je l'ai connu et que j'ai pu apprécier son noble désintéressement, sa fierté antique et les rares qualités de son cœur; c'est assez vous faire entendre qu'un homme ainsi trempé n'a été l'agent d'aucune suggestion étrangère; qu'il a cédé au mouvement spontané de son âme quand il est venu me dire : « Jusqu'ici j'ai supporté sans me plaindre les outrages dirigés contre la mémoire de mon père; ils partaient du camp du vainqueur, c'était la loi de la défaite. La victime n'attend ni justice, ni pitié, du glaive qui la frappe; mais aujourd'hui que ceux que mon père a cru servir et pour lesquels il est mort insultent à sa tombe, mon silence serait une lâche adhésion à leurs calomnies. Le jour de la justification est venu, et devant les tribunaux de mon pays, je forcerai l'histoire, qu'on égare, à retourner en arrière pour y recueillir d'utiles et sanglantes vérités. »

C'est ainsi, messieurs, que le procès est commencé. Simon Didier aurait voulu le soutenir en personne, et il le devait; mais, hélas! qui peut sonder les misères de notre humaine infirmité? Cet homme, si énergique dans le renoncement, a senti ses esprits se troubler à la pensée de fouler aux pieds le sol arrosé du sang de son père, il a prévu que son courage pourrait lui défaillir à ces solennelles épreuves, et, remettant entre mes mains le triste et saint dépôt de sa douleur: « Allez, m'a-t-il dit, suppléez ma faiblesse, vengez mon père et soyez sûr que la justice écoutera votre voix, car cette voix sera la mienne, un grand et noble sentiment l'animera. » Et je suis venu, messieurs, moins confiant en moi-même que dans la mission que je remplis et dans les bienveillantes sympathies que je trouve près de vous, au milieu de ce barreau où Didier aurait rencontré beaucoup d'interprètes plus habiles, parmi tant d'hommes éminents par le caractère et par le talent, et que représentent si bien l'indépendance et le savoir de celui que nous sommes fiers de saluer comme le chef de cet ordre. Qu'il me permette de le lui dire publiquement! c'est dans son patronage que j'ai puisé la force de supporter le fardeau de cette défense; qu'il me serve encore de sauvegarde près de vous! Qu'il m'inspire cette heureuse alliance de modération et de hardiesse sans laquelle l'accomplissement de cette difficile tâche me serait impossible : difficile, oui, messieurs, précisément parce que l'histoire contemporaine ne s'écrit pas avec la même liberté d'esprit qu'y apporteront nos descendants. Lorsque les générations auront disparu, et avec elles les passions qui les agitent, la vérité, qui souvent nous échappe au milieu des entraves et des fictions, se produira d'elle-même, et les ombres les plus illustres ne quitteront pas leur sépulcre pour réclamer le privilége d'une inviolabilité éteinte. Mais aujourd'hui nous ne pouvons faire abstraction de nous-mêmes; nous traînons après nous le poids des nécessités sociales qui nous régissent. Le libre examen a ses limites, et si la pensée publique les franchit, on doit les respecter dans le langage officiel, sous peine de jeter le trouble dans les institutions. Je tâcherai de ne pas oublier ce principe, et de ne pas perdre de vue non plus que je suis devant un tribunal et que les questions qui m'occupent sont avant tout judiciaires.

Ces questions sont en elles-mêmes fort simples. Simon Didier se plaint de calomnies qui atteindraient la mémoire de son père : j'ai à prouver en droit qu'il le peut; en fait, qu'il y est fondé.

Avant tout, cependant, permettez-moi de vous rappeler en quelques mots dans quelles circonstances le procès est né.

Une feuille politique qui représente à Grenoble les regrets du passé a été conduite par les nécessités de sa polémique à rechercher les secrets ressorts de la conspiration de Didier. Elle en a fait remonter la responsabilité jusqu'à un personnage élevé, placé si près du trône de ses parents, de ses rois légitimes, qu'en un jour d'orage il y fut jeté et s'y maintint. Le ministère public s'émut et considéra cette interprétation historique comme une offense à la majesté royale actuelle. Des poursuites furent dirigées contre le journal. A leur aide vint une feuille écrite sous les inspirations de l'autorité. Elle combattit violemment les assertions de l'article incriminé, et, pour les détruire, ne trouva rien de mieux que de faire de Paul Didier un ambitieux désespéré, conspirant sans but, sans principe fixe, déchaînant les passions de la multitude pour refaire sa fortune; en un mot, voulant rétablir *une nouvelle jacquerie*.

Simon Didier connut cet outrage trois semaines seulement après qu'il eut été inséré dans les colonnes du *Courrier de l'Isère*. Un de ses parents lui envoya les numéros diffamatoires. Aussitôt, cédant à un mouvement d'indignation bien légitime, il adressa au rédacteur en chef du *Courrier* la lettre suivante, qu'ont rendue célèbre des poursuites répétées sur toute la surface de la France :

« Paris, 17 mai 1841.

« *A Monsieur le rédacteur-gérant du* Courrier de l'Isère.

« MONSIEUR,

« Fils de Didier (de Grenoble), j'ai lu avec une profonde surprise dans les numéros des 20 et 22 avril 1841 la proposition suivante : « Didier voulait établir une jacquerie en 1816. »

« Une jacquerie, c'est-à-dire le caprice armé des mauvaises passions, le pillage, l'organisation du massacre facultatif, l'insécurité des personnes et des propriétés, le brigandage qui ne serait pas réprimé par la force, puisque la force serait avec lui! Et alors, à quoi bon une jacquerie, qui s'improvise d'ailleurs et ne s'institue pas? Dans quel but cette absence d'institution et de discipline, dans un temps où la tactique fait tout à la guerre, quand l'individualisme armé ne peut rien produire en France, surtout aux pays de plaine? C'était donc pour ruiner toutes les ressources du pays, exploiter les propriétés et les voyageurs?

« Mon père établissant une jacquerie! mon père chef de voleurs! Votre langage, Monsieur, et ce langage est d'autant plus grave que vous êtes considéré en ceci comme l'organe du gouvernement, est l'expression du vertige. Les serviteurs du pouvoir devraient se rappeler que l'échafaud de Grenoble mérite d'être respecté par lui d'abord, et par tout le monde ensuite, qui doit honorer le martyr d'une conviction politique. Le gouvernement en a profité, dès qu'il siége par l'effet d'une foule de tentatives semblables. Non, je ne devais pas m'attendre à voir la mémoire de mon père attaquée par de si pitoyables calomnies; non, je ne devais pas m'attendre à voir un journal comme le vôtre exploiter l'échafaud de mon père.

« Et quand même mon père, sans la participation du duc d'Orléans, avec lequel il avait passé, m'a dit ma mère, plusieurs heures en conférence avant l'explosion du complot, aurait voulu hisser Louis-Philippe sur le trône, faudrait-il perdre les intruments de son élévation? Machiavel donne cet avis, et l'on voit que si la politique est ingrate, elle n'est pas neuve.

« Sous un gouvernement qui se dit réparateur, mon père, Didier de Grenoble, chef de brigands! Lui, Monsieur, ne trahissait pas ses complices! il a refusé l'occasion d'un recours en grâce! Sa dernière demande a été de comparaître devant Louis XVIII, qui seul il ferait des révélations importantes. Mon père était déchiré des exécutions précipitées sans forme de jugement, dirigées contre ses complices. Au lieu d'interroger, on redoutait le cri de la vérité que provoquait cependant l'intérêt du gouvernement d'alors. Les condamnés sans interrogatoire, sans défense valable et en forme, sont toujours innocents aux yeux de la loi, voilà le droit. En fait, des innocents ont dû être confondus avec des coupables. C'est le fruit de cette manière d'agir.

« Mon père nous destina et nous promit des papiers importants où ses vues politiques étaient révélées, ainsi qu'une lettre à M. l'évêque de Grenoble pour le rassurer contre toutes voies de fait. « Ces « papiers vous seront remis », dit mon père. Ils ne l'ont pas été. Il est fâcheux que M. Motte, le défenseur de mon père, ne se soit mêlé d'aucune affaire après le 10 juin 1816; il était désigné par la victime comme conseil de la famille.

« J'ai le titre. Mon père nous dit que des précautions avaient été prises pour empêcher que les opinions contraires fussent inquiétées. Voilà les faits sur lesquels il appuya. Aujourd'hui, c'est un chef de voleurs!

« Sous les yeux du représentant de l'autorité dont vous vous dites l'interprète, deux articles, l'un du 20, l'autre du 22 avril, ont été imprimés, distribués par vous. Cette calomnie, miraculeuse par l'excès d'insanité, n'a pas été démentie; le tout a été fait à côté du tombeau de mon père, du berceau, du séjour de ma mère, dans notre ville natale. L'autorité n'a ni prévenu, ni arrêté, ni réclamé. Un démenti tardif ne signifierait rien. Je n'ai plus qu'à protester et à vous appeler devant la justice.

« Là, Monsieur, le pays tout entier jugera le martyr d'une conviction politique, qui avait un but politique, qui n'était pas un chef de brigands méditant une jacquerie, car il avait des complices élevés et nombreux, et la classe pauvre qui marchait sous ses ordres était nationale et honnête.

« Voulez-vous que je vous dise quel était le caractère de mon père? il était religieux, libéral, organisateur et monarchique. Nier et détruire n'était son fait qu'à condition d'établir. Je pourrai parler de lui plus tard. Comme libéral, religieux, organisateur, mon père a été l'infortunée personnification de l'époque actuelle, qui veut tout cela.

« A présent, moi son fils, je jure devant Dieu et devant les hommes que je n'accepterai à aucun prix la loi du mutisme qu'on prétendrait m'imposer, et que je saurai venger mon père, qui devait être glorifié ou jamais sous ce gouvernement. J'ai des titres à cet égard.

« Ni la mémoire de mon père, ni ma défunte mère, n'ont rien gagné à ce gouvernement que des humiliations; cette dernière est la plus affreuse de toutes, et c'est devant les tribunaux de mon pays, Monsieur, que je vous forcerai à la réparer.

« *Signé :* Simon DIDIER. »

Cette lettre fut suivie de l'assignation qui vous a saisis. Et cette assignation exige de ma part quelques explications préliminaires sur la nature de la juridiction devant laquelle nous nous présentons.

Si je consulte le texte et l'esprit de nos lois de la presse, je trouve que la police correctionnelle et la cour d'assises sont exclusivement compétentes pour connaître des actions en diffamation. Il est certain que dans les grandes discussions qui ont agité les Chambres en 1819, 1828, 1835, il n'est venu à la pensée d'aucun des orateurs que le plaignant pût saisir le tribunal civil. C'est à la fin de 1835 que, pour la première fois, on a imaginé cette procédure; plus tard, en 1838, dans l'affaire Parquin, la question a été vivement débattue, et la cour de cassation l'a décidée par les principes généraux, écrits dans l'article 3 du Code d'instruction criminelle qui permet à celui qui souffre d'un délit de porter son action devant la juridiction civile. Depuis, la cour suprême a persisté dans cette jurisprudence.

Pourquoi néanmoins, pendant vingt-six années, où certes les procès de presse ont été assez fréquents, ne trouve-t-on que deux exemples d'une poursuite devant les tribunaux civils pour obtenir réparation d'une diffamation, tandis qu'en Angleterre on n'agit presque jamais autrement? Il faut en chercher la raison dans la différence des caractères nationaux. En Angleterre, l'argent répare tout; pourvu qu'on en obtienne, on est vengé. En France, l'esprit est prompt et chevaleresque. A peine l'offense est-elle commise, que l'offensé brûle de l'effacer; et s'il ne choisit pas un remède plus efficace qu'une plainte devant les tribunaux, il lui faut au moins la procédure la plus rapide, la plus éclatante, celle qui flétrira le mieux son adversaire. *Magis contumeliæ quam pecuniæ persecutionem habet oratio.*

Oui, il répugne à nos mœurs, et nous ne devons pas nous en plaindre, de mêler un calcul d'argent à des réparations d'honneur. Et c'est pourquoi, après les conclusions prises au commencement de cette audience, j'éprouve l'impérieux besoin de vous faire comprendre la position exceptionnelle de Simon Didier. En sollicitant la condamnation du *Courrier de l'Isère,* il ne cède point à un sentiment d'animosité. Il ne vous demande qu'une déclaration solennelle qui réhabilite la mémoire de son père. Pour l'obtenir, il a préféré la procédure la plus lente, parce que l'instruction s'y prépare avec plus de soin, et qu'une plus grande latitude y est laissée à la défense. Il a voulu surtout, grâce à la nature de son action, s'environner d'une publicité qu'on lui eût refusée en police correctionnelle. Quant aux dommages-intérêts, on les a fixés à un chiffre énorme, afin de proclamer par un éclatant symbole l'étendue du préjudice et la grandeur du procès. Mais est-ce à vous qu'il faut dire que ce chiffre est de pure forme, que, dans aucun cas, la main du fils de Paul Didier ne touchera un denier de son offenseur? Grands dieux! un fils battre monnaie sur l'échafaud de son père, et se faire de sa piété une source de lucre! Non, messieurs, vous n'avez pas cru à cette indignité, vous ne vous êtes pas mépris sur nos intentions, et je rougirais d'insister sur cette protestation!

Cette situation expliquée, j'aborde immédiatement les questions de la cause.

La loi protége-t-elle la mémoire des morts? permet-elle aux héritiers de diriger une action contre ceux qui l'ont calomniée?

Cette question est importante et délicate. Importante, parce qu'elle touche aux principes les plus élevés de la morale, au repos et à l'honneur des familles; délicate, parce qu'elle semble placée audessus des textes dans lesquels nous avons coutume de puiser nos raisons de solution.

En effet, la lettre de la loi est muette, aucune disposition n'autorise une semblable poursuite.

Si de la loi on passe à la doctrine, il semble au premier aperçu que cette poursuite choque toutes les idées reçues. N'est-ce pas déjà une prérogative énorme du droit civil, que de donner la vie à la volonté d'un homme qui n'est plus, de la rendre l'arbitre de la destinée des familles et d'intérêts actuels? Cela était peut-être nécessaire, mais ici que veut-on? Intenter un procès civil ou criminel, solliciter une condamnation au nom de celui dont on ignore les sentiments, ou plutôt qui ne vit que par le souvenir, et a perdu pour jamais l'existence individuelle. Irez-vous interroger la poussière de son tombeau? Vous n'y trouverez plus que ces débris sans nom qui attestent la misère de notre nature. Vous vous plaignez d'une injure qui atteint un tiers? Qui vous dit qu'elle n'a pas été pardonnée? Qui vous dit que cette poursuite, suggérée par votre orgueil, ne sera pas une offense pour la mémoire que vous prétendez défendre malgré le silence et l'oubli qui la protégent?

Ces considérations sont graves, et je n'en ai pas dissimulé la force. Elles sont loin d'être décisives.

Je comprends que si l'homme était une entité ontologique, subsistant pas sa propre vertu, sans souvenir du passé, sans lien avec l'avenir, il n'aurait à s'occuper que du moment présent, que de lui-même. Dans cet ordre d'idées, le culte des morts serait une stupidité profonde. Mais en est-il ainsi? J'en appelle à la conscience universelle. Dans le grand travail de l'humanité, les générations ne sont-elles pas solidaires les unes des autres? Qui sommes-nous? Les fils de nos pères? Plus encore. Nous sommes leurs continuateurs et leurs représentants; nous descendons dans le monde tout revêtus de leur personnalité. Aussi est-ce avec raison que le vieux droit civil dont la langue est plus poétique qu'on ne le pense communément, dit : *Le mort saisit le vif.* Ils se confondent en un seul par des liens dont l'héritage ne donne qu'une idée incomplète. Qui ne comprend dès lors que ce soit m'outrager dans ce que j'ai de plus cher que d'insulter la mémoire de l'auteur de mes jours? Quoi! on pourrait infliger à cette mémoire l'infamie, et je serais forcé de dévorer cet affront! Ah! pardonnez, messieurs. A cette pensée, j'oublie devant qui je suis, cet auditoire, cette cause; mon cœur se brise et m'échappe, et je sens à ses battements que je n'accepterais pas cette honte. Personne de vous ne l'accepterait. N'est-ce donc plus le vieux sang gaulois qui coule dans nos veines? César écrivait de nos pères *feroces natura, injuriarum impatientes.* Oui, nous sommes impatients de l'injure, elle nous brûle comme un fer rouge, elle nous laisse sans sommeil jusqu'à la réparation! Et cette noble susceptibilité qui fait notre force et notre gloire, nous l'abdiquerions quand nos parents seraient outragés! Nous souffririons qu'on insultât leurs tombes, qu'on jetât de la boue à leurs mémoires! Ah! s'il en est ainsi, détruisez ces mausolées élevés par la douleur et la piété; profanez ces lieux saints où nous déposons les restes sacrés de ceux que nous avons aimés; brûlez les archives de famille, dites qu'il n'y a plus d'honneur, plus de gloire, plus de saintes traditions! que les hommes sont un vil troupeau de brutes que Dieu a courbées sous le poids de leurs besoins sensuels et condamnées à vivre sans intelligence et sans amour!

Messieurs, il faut aller jusque-là ou reconnaître que la loi ne nous contraint point à livrer aux morsures de la calomnie ce que nous avons de plus précieux et de plus cher. Or, en remontant à ses principes généraux, on rencontre les dispositions protectrices qui nous sauvent de ces fatales conséquences. Elles sont inscrites dans les règles du droit civil qui assujettit l'auteur d'un préjudice quelconque à en subir la réparation. C'est à ce texte simple, clair et fécond que nous emprunterons la doctrine dont nous vous demanderons l'application au nom de la morale et de la paix des familles.

Ici, toutefois, je rencontre une objection considérable et dont je sens d'avance la portée. S'il est sage d'accorder une satisfaction légale aux sentiments pieux et tendres d'un fils dont le père a été diffamé, ne doit-on pas faire une exception pour les hommes publics dont les noms appartiennent à l'histoire? Ne serait-ce pas la dégrader que de lui faire subir la censure intolérable de susceptibilités individuelles? Que deviendra l'indépendance de l'annaliste avec la perspective de procès en diffamation? Ne vaut-il pas mieux blesser quelques vanités, offenser même des droits légitimes, que de dépouiller l'histoire de ses franchises?

Ces raisons, messieurs, ne sont que spécieuses, un mot vous le fera sentir : aujourd'hui, la mort change peu la situation d'un homme public vis-à-vis de l'histoire. Autrefois, lorsque les personnages politiques étaient protégés pendant leur vie par l'auréole du pouvoir, le jugement du pays pouvait commencer pour eux à leur mort. Mais maintenant, quiconque met la main aux affaires appartient à la libre discussion; tous ses actes sont contrôlés, toutes ses intentions sont interprétées, et le plus souvent avec injustice. C'est le droit de la presse, et le pouvoir n'est possible qu'à la condition d'accepter sa censure. Direz-vous cependant qu'on doit tout supporter d'elle, parce qu'elle est l'histoire quotidienne? qu'elle peut impunément attribuer à l'homme politique des actions honteuses? Non, la loi l'arrête dans ses écarts et permet à l'homme public de prendre le pays pour juge de la diffamation. Si ce droit lui est accordé de son vivant, pourquoi son héritier, son fils, en serait-il dépouillé après sa mort? Croyez-vous que la réputation politique ne soit pas aussi chère que la vertu privée? Croyez-vous qu'à la mort commence une ère d'impartialité et de justice telles qu'on puisse ouvrir librement la carrière à l'écrivain jusque-là contenu? Mille exemples contemporains ne sont-ils pas là pour nous apprendre que l'esprit de parti s'assied au chevet des mourants, qu'il échafaude ses panégyriques, ou verse son venin sur les tombes? Quel est l'homme politique, ayant eu une grande influence dans le pays et mort dans cette dernière période de vingt-cinq années, dont la biographie pourrait être écrite aujourd'hui sans passion? Ne venez donc pas, au nom de la postérité et de l'histoire, réclamer des immunités dont les partis profiteront seuls. Si par postérité, si par histoire vous entendez ce jugement solennel que la nation entière prononce par la bouche des sages, laissez écouler le torrent des générations qui ne peuvent en un jour s'affranchir des passions qui les agitent, et pendant qu'elles grondent encore, souffrez qu'au milieu de leur tourmente puisse s'élever la voix d'un fils, réclamant au nom de son père calomnié!

Souffrez-le, alors surtout qu'il vient défendre un échafaud. Je comprends que celui-là dont le père est mort au sein du pouvoir dédaigne d'imprudentes attaques. Les actes du défunt sont là pour venger sa mémoire. Mais celui dont la célébrité est due au contact du bourreau, il a besoin que la piété veille sur sa tombe pour la protéger, pour en écarter l'infamie! Que Simon Didier poursuive donc l'œuvre qu'il a commencée! Son action est sainte, elle est légale. Que les portes du prétoire s'ouvrent devant lui! La loi, la morale, la religion le prennent par la main et le conduisent à vos pieds, où il vient déposer ses douleurs et ses plaintes, et demander à votre sagesse une sentence de réhabilitation.

Ses plaintes sont-elles fondées? Simon Didier a-t-il eu raison de sortir de l'obscurité à laquelle il s'était condamné et d'entretenir le monde de ses griefs? Vous le savez, le *Courrier de l'Isère* a reproché à Paul Didier d'avoir voulu rétablir la Jacquerie en France, c'est-à-dire le pillage organisé, dans le seul but de satisfaire son ambition et sa cupidité. Peut-on, je vous le demande, diriger contre un conspirateur politique une accusation plus infamante? Vos consciences m'ont répondu, et je ne veux rien ajouter à l'autorité de leur jugement.

Je ne pense pas en effet que dans une discussion de cette gravité, on veuille jouer sur les mots et chercher dans d'ingénieuses subtilités un remède impossible à la plus cruelle des blessures. Avec de l'esprit on explique tout. On peut vous dire que la Jacquerie fut une sainte insurrection des paysans du quatorzième siècle, et qu'on n'a point insulté à la mémoire de Didier en l'assimilant aux vilains qui se faisaient bravement hacher par les seigneurs pour la défense du roi et de l'indépendance nationale.

Mais, j'en suis sûr à l'avance, mon habile adversaire a trop de tact pour se servir de telles armes; il épuiserait sans résultat son trésor d'érudition. Il ne s'agit point de ce que fut la Jacquerie, mais de ce que vous avez voulu dire. Or, vous avez été clairs et précis. Dans trois articles successifs, vous avez représenté Paul Didier comme un homme ambitieux et cupide, conspirant pour sa propre fortune, et déchaînant sur son pays les calamités d'une guerre d'extermination dans un but de sordide spéculation. C'est-à-dire que vous avez, autant qu'il était en vous, et dans un intérêt de parti, dégradé son caractère; d'un martyr politique, vous avez fait un supplicié vulgaire trouvant sur l'échafaud la juste peine qu'il avait méritée.

Vous avez donc insulté; nous pouvons donc demander une réparation.

Ce n'est pas tout, je dois et vais prouver que vous avez calomnié.

Ce n'est point, en effet, une action en diffamation, mais en réparation d'un dommage, que nous exerçons. Or, pour être admis à se plaindre d'un préjudice, il faut l'avoir souffert injustement. Si le *Courrier de l'Isère* était demeuré dans la vérité, il n'aurait pas dépassé son droit, et nous ne retirerions de ce procès que honte et confusion. Encore une fois, il a calomnié, nous sommes fondés à lui demander raison de ses outrages.

Or, je le demande à tous ceux qui m'entendent, à l'histoire : Paul Didier était-il mû par des idées de désordre brutal et de pillage?

Si toute cette province, au milieu de laquelle Paul Didier a vécu, au milieu de laquelle il est mort, était assemblée autour de moi, et que je pusse l'interroger tout entière, elle me répondrait : Ceux qui accusent Didier d'avoir rêvé le pillage le calomnient. Si j'allais plus loin, si je lui demandais encore si Paul Didier avait puisé ses inspirations politiques en dehors de lui-même, elle me répondrait qu'il était l'agent d'un parti dont le nom et le chef ne sont un mystère pour personne. Mais, vous le comprenez, ce n'est point à cette notoriété populaire que nous devons surtout nous attacher. Je dois, par des preuves positives et certaines, justifier la mémoire de Didier en établissant ce qu'il fut, ce qu'il voulut, pour quels principes, pour quels hommes il est mort.

Ici, messieurs, je sais que je vais toucher des questions brûlantes, mais je sais aussi que ma parole est celle d'un homme libre devant des magistrats éclairés et indépendants. Ne sommes-nous pas tous animés d'un saint respect pour les lois, d'un ardent amour pour notre pays, d'un désir sincère de découvrir la vérité, et si cette vérité contrariait quelques-uns des hommes du pouvoir, qui de nous consentirait à se dégrader au point de l'enfermer lâchement en lui-même?

Je parlerai donc sans crainte comme vous m'écouterez sans passion, et si l'histoire contemporaine, que je vais rappeler, contient un acte d'accusation, que ceux-là dont la conscience est souillée se voilent la face et qu'ils rendent grâce à Dieu de les avoir jusqu'ici épargnés dans sa colère. (*Profonde sensation.*)

Paul Didier, messieurs, était-il donc un Arteweld ou un Mazaniello, échappé de son atelier ou de son bateau de pêcheur et jeté à la tête de la multitude par un de ces caprices de la fortune, en tout semblable à la tempête qui élève la vague vers le ciel pour la briser aussitôt sur les rochers du rivage? Non, lorsque Didier est mort, sa carrière était complète, et tout entière elle dépose contre les suppositions d'un tel caractère. Né dans la classe bourgeoise, il se prépara par de fortes études à la profession d'avocat, où il conquit bientôt de grands et légitimes succès qui ne lui suffirent cependant pas. Doué d'une âme ardente, d'un esprit inquiet, mobile, amateur de nouveautés, il portait impatiemment le poids de ses désirs; aussi accueillit-il avec enthousiasme la révolution de 89, si belle à son aurore, et dont cette province a le glorieux privilége d'avoir été le berceau. Dans la célèbre assemblée de Vizille, de concert avec Mounier et Barnave dont il était l'ami, il prépara la rédaction des cahiers des états généraux; puis, lorsque la Révolution se fut engagée dans la voie de terreur, où la poussait la fatalité, Didier, non par timidité, mais par un sentiment d'opposition qui était inné dans son âme, refusa d'accepter sa tyrannique dictature, et quitta la France après avoir sollicité le dangereux honneur de défendre Louis XVI. Rentré au Consulat, il fut choisi par Bonaparte, qui se connaissait en hommes, comme directeur de l'École de droit de Grenoble, et là, pendant trois années, dans la pratique de ces modestes et difficiles fonctions, il fut le modèle du professeur et du citoyen.

Je voudrais qu'il me fût donné de les peindre comme je les sens, ces années si courtes et si fécondes, pendant lesquelles Didier, du haut de sa chaire, échauffait ses enseignements par les lumières de la plus pure morale. Pourquoi cette gloire ne satisfit-elle pas son ambition? C'est qu'il y avait dans sa nature un besoin dévorant d'activité qui devait le pousser fatalement jusqu'au repos de la tombe.

Faut-il croire ce que dit un auteur bien placé pour savoir la vérité, et qui, du reste, n'a pas été démenti, que, vers cette époque, Didier ouvrit l'oreille aux propositions d'un émissaire venu des îles de Sardaigne? Peu importe. Ce qu'il y a de certain, c'est que Didier ne conspirait pas pour le rétablissement d'une jacquerie. Le nom de ses complices, Lainé, Maine de Biran, Royer-Collard, Chateaubriand, le garantit assez de tout soupçon à cet égard. Il rêvait le retour des Bourbons, comme le rétablissement des libertés publiques. Les Bourbons revenus, il fut encore jeté dans l'opposition.

Il est aujourd'hui avéré que dès les premiers mois du règne de

Louis XVIII, un comité insurrectionnel se forma à Paris, centre de tous les mécontentements. Il ne pouvait songer à se servir de l'épée du héros que, par une déloyauté qui lui est familière, l'Angleterre avait perdue dans l'immensité de l'Océan. Il fallait au mouvement projeté un chef prêt au premier signal. Je n'ai pas besoin de dire son nom.

Or, à cette époque, un homme était placé à la tête du ministère de la police et s'y faisait remarquer par des qualités précisément contraires à celles de Paul Didier. Né aussi dans la classe bourgeoise, il avait de bonne heure sucé le lait des cours, et ce lait lui avait profité. Élevé dans le palais de la reine mère, il avait deviné la chute prochaine du maître et, mettant en pratique les leçons de Talleyrand et de Fouché dont il s'inspirait déjà, il s'apprêtait à le trahir à propos. Des antichambres de madame Lætitia, il passa sans secousses dans celles du nouveau roi, et bientôt il y conquit une puissance que nul ne songea à braver. Cette puissance est aujourd'hui jugée. L'histoire dira par quelles mesures arbitraires il abusa d'une autorité jusque-là sans exemple, et ne descendit du faîte du pouvoir que lorsque, suivant l'expression d'un illustre écrivain, les pieds lui glissèrent dans le sang du duc de Berry. Cet homme habile dans l'art de tromper, consommé dans toutes les ruses du machiavélisme politique, connut les plans du comité dont j'ai parlé. Il sut jour par jour les résolutions des conspirateurs et ne fit rien pour s'y opposer. Se préparait-il, en cas de succès de leur part, une place dans le camp des vainqueurs, ou bien voulait-il seulement fomenter la révolte pour l'écraser à son aise, je vous laisse à l'apprécier. Ce qu'il m'importe de constater, c'est que tout fut connu de lui, et qu'au jour où le complot éclata, il mit autant de précipitation à le réprimer, qu'il avait apporté de discrétion à le préparer.

Je ne veux pas reproduire devant vous les déplorables scènes qui suivirent l'échec du malheureux Didier, vous peindre ces tristes parodies de la justice dans lesquelles les accusés et les défenseurs étaient insultés par les juges. Je ne veux pas vous faire assister à ces égorgements barbares dans lesquels on comprenait ceux-là mêmes que le vainqueur se refusait à condamner; mais je dois vous rappeler cependant que lorsque les entrailles du général Donadieu s'étaient émues à la vue de tant de sang versé, lorsqu'il sollicitait la grâce des malheureux paysans, on lui répondait par le télégraphe de les exécuter, car avant tout, on voulait en finir avec la conspiration, et placer la province dans une espèce de terreur.

Ce double rapprochement, messieurs, vous en dit assez, et de cet homme dont je n'ai parlé qu'à regret, je ne veux plus dire qu'un seul mot. On sait quels ont été ses constantes liaisons, sa fortune et son crédit politique depuis la révolution de Juillet.

A ces premières et décisives lumières, il faut joindre celles qui jaillissent de l'homme dont on a si étrangement défiguré le caractère. J'ai dit quels avaient été ses antécédents, les habitudes de son esprit, les faiblesses de sa vie. Qui pourra croire qu'un personnage si considérable dans sa province, qui, pendant quarante années, avait noblement porté le fardeau d'une existence tourmentée, dévouée aux passions politiques, se fût jeté à l'étourdie dans un complot sans principe et sans but? Comment croire que le doyen des professeurs de cette école, l'avocat vénéré qui avait brillé autant par l'éclat de ses vertus que par celui du talent, le penseur religieux qui, le premier, après les orages de la Révolution, avait, dans une brochure pleine de hardiesse et de foi, appelé l'attention du chef de l'État sur la nécessité de relever les autels en France, comment croire qu'un tel homme eût voulu souiller ses cheveux blancs par un attentat de brigand, consommé sur sa ville natale? Messieurs, pour le juger, écoutez-le dans ce moment suprême où, sur le point de paraître devant Dieu, la créature se dépouille de tout esprit d'orgueil et d'intérêt, et révèle tout entière l'intimité de sa nature. Voici un fragment des paroles prononcées par Didier devant le tribunal qui l'envoya à l'échafaud :

« Messieurs, « la gloire a un tel attrait que les hommes la mettent au-« dessus de tout et la préfèrent même à la pensée de la mort ». Cette pensée de Pascal m'avait souvent frappé; elle semblait me présager la destinée qui m'attendait. J'avais réfléchi sur les moyens de me l'appliquer à moi-même, à mes derniers moments..... Je ne suis pas du nombre des hommes qui ne regardent la mort que comme le terme de cette vie, sans y voir le commencement de l'autre; la nature humaine répugne à sa destruction, et cependant la crainte de la mort ne me domine pas; mais je ne saurais vaincre l'effroi que me cause la pensée de paraître devant la justice éternelle. Les principes et les devoirs religieux seront la base de ma défense.

« Mes sentiments religieux ne datent pas de ce jour. A l'avénement de Bonaparte, lorsque le nouveau dominateur de la France s'occupait à relever les autels, je rédigeai une brochure intitulée : *Retour à la religion*. Ma production fut présentée à Bonaparte par M. Savoie Rollin, à qui il dit, après l'avoir lue : « Quand on écrit ainsi, c'est une lâcheté de ne pas se nommer. » Voilà pourquoi la dernière édition porte mon nom. Cet ouvrage me fournit des réponses bien péremptoires aux accusations de M. le procureur du roi. Non, ce n'est pas la mémoire d'un brigand que je dois laisser à mes enfants. On pourra dire que leur père a été égaré, mais jamais qu'il chercha ses intérêts dans les malheurs de la France...

« Ma tentative a déjà coûté la vie à bien des malheureux; elle a plongé bien des familles dans le désespoir, elle a éveillé le soupçon sur un grand nombre de citoyens, elle en a conduit plusieurs au supplice. Oh! certainement, ce sont là de grands maux..... J'ai sans cesse présentes ces familles qui me demandent compte des membres que je leur ai enlevés. Je m'attendais à des reproches de la part de ces malheureuses veuves qui ont été entendues hier par la cour; mais non, elles ont respecté mon infortune; grâces leur soient rendues. Quoiqu'il soit vrai que je n'aie trompé personne, et que tout ce que l'on a dit de contraire ne soit que calomnie et iniquité..... je ne forme qu'un vœu, c'est que l'on mette un terme aux rigueurs que l'on exerce envers les malheureux que j'ai entraînés dans ma ruine; ils sont innocents, seul je suis coupable, moi seul je dois expier le crime.

« Je puis dire, et je prends Dieu à témoin, que cette entreprise, que j'ai suivie à travers mille périls renaissants, mille fatigues, mille obstacles, cette entreprise n'a eu aucun principe d'intérêt personnel; elle n'en a eu d'autre que l'intérêt du peuple qui me paraissait malheureux; j'ai pu me tromper, mais du moins qu'on ne cherche pas à me faire un crime des motifs qui m'ont dirigé. J'ai parcouru bien des chaumières, et c'est là que j'ai puisé l'exaspération qui m'a fait commencer cette entreprise qui va me conduire à l'échafaud.

« Je m'étais nourri des pensées de Pascal et de Cicéron, que j'avais pour compagnon de pèlerinage; je n'ai donc voulu commettre aucun attentat. Je m'étais fait à moi-même l'objection qui m'a été faite ici, d'être maître de ma troupe, assez pour la diriger. Mais mon détachement était composé en grande partie de militaires qui devaient prévenir le pillage et les excès, et je ne doute pas que ce moyen ne m'eût complétement réussi. J'ai été coupable, sans doute, d'avoir formé un attroupement à main armée; mais, je le répète, et je l'ai prouvé, j'aurais empêché le désordre par ma fermeté. Le ciel n'a pas voulu que mes desseins aient réussi; eh bien! je me soumets. »

Ce langage si plein de fermeté, de résignation et de candeur, est-il celui d'un misérable anarchiste qui a manqué son coup, ou d'un conspirateur politique abusé par ses illusions, trompé par ses amis, et n'ayant plus d'autre souci que d'écarter de sa mémoire tout soupçon de basse intrigue et de passions égoïstes?

Voulez-vous pénétrer plus avant dans la conscience de la victime? Permettez-moi de mettre sous vos yeux un touchant témoignage de la pureté de son âme. Ce sont les adieux que, la veille de sa mort, il écrivit dans son cachot à sa malheureuse femme et à ses fils :

« On me permet, mes chers enfants, de vous écrire, et j'en rends grâce au ciel. Je dois d'abord vous assurer que le bon Dieu m'a beaucoup protégé dans mes derniers moments. J'ai été malade après notre entrevue, et j'ai eu le bonheur d'offrir à Jésus-Christ, mon Sauveur, toutes mes souffrances ; jetons-nous, mes amis, dans les bras de la Providence. Vous connaissez toutes mes recommandations ; j'en ai une plus particulière à vous faire, je vous supplie d'y avoir égard : c'est de vous éloigner. Digne mère, aie soin de tes enfants chéris, si faits pour l'être ; mes enfants, ayez soin de votre mère, consolez notre Louis. Qu'il embrasse aussi avec ferveur notre sainte religion, et, comme je l'ai dit, qu'un grand malheur soit la conservation du christianisme dans notre famille. Adieu, mes enfants, éloignez-vous, je vous en conjure ; je prierai ce soir M. Toscan de vous faire connaître mon vœu. Donnez-moi cette dernière preuve de votre attachement. Priez Dieu pour moi.

« *Signé :* DIDIER.

« Le 7 juin 1816.

« Soyez assurés que je mourrai sans aucun ressentiment, pardonnant de tout cœur à tous ceux qui m'ont fait du mal. Adieu, tous mes enfants, petits-enfants, chers gendres ; pardonnez-moi, tous mes parents, les chagrins que je vous cause.

« D... »

Ai-je besoin, messieurs, d'insister davantage ? L'émotion qui me domine à la lecture de ce sublime testament du chrétien, prêt à marcher au supplice, ne vous a-t-elle pas gagnés vous-mêmes ? Et cette émotion n'en dit-elle pas plus que tous mes raisonnements ? Paul Didier n'est-il pas jugé, réhabilité, et la calomnie du *Courrier de l'Isère* ne vient-elle pas se briser contre l'admirable abnégation de ce vieillard mourant pour sa foi politique, en offrant à Dieu l'holocauste de sa vie ?

Et cependant, pour que la vérité éclate de toutes parts, faut-il ajouter à ces démonstrations sans réplique l'opinion de l'ennemi de Didier, de ceux-là mêmes qui le combattirent et réprimèrent sa tentative insurrectionnelle ? Écoutez le général Donnadieu lui-même, dans un mémoire adressé au roi et daté de Grenoble, le 23 janvier 1817 : « Telles furent les déclarations de Didier, qu'il m'a réitérées en présence du chef d'escadron comte d'Agoult, aide de camp du ministre de la Guerre ; c'est devant cet officier qu'il me parla encore de conférences et de relations qu'il aurait eues, par l'intermédiaire d'un tiers, avec un personnage dont je dois taire le nom et dont S. Exc. le ministre de la Guerre a dû, Sire, rendre compte à Votre Majesté. » Et plus loin : « Didier était un homme de valeur, d'intelligence, de probité surtout. S'il n'eût pas voulu préserver la ville de toute crainte de pillage en s'y présentant le premier, la conspiration réussissait ;

c'est à ce mouvement d'honnêteté que j'ai dû la victoire. » Et le commissaire Palis s'exprime ainsi : « Didier comptait sur toutes les communes du département ; toutes lui étaient dévouées, à l'exception de Grenoble, où une partie de la noblesse et de la bourgeoisie était pour le roi. Néanmoins il pouvait compter sur quelques habitants et sur une partie de la troupe de ligne. *Il ne voulait que de braves gens pour former le rassemblement, afin d'éviter le pillage et le massacre.* »

Comment, en présence de tant de témoignages qui n'ont pas été démentis, serait-il encore possible de faire de Didier un instrument de désordres populaires, agissant en dehors de toute pensée politique? N'est-il pas certain, au contraire, qu'il fut un des précurseurs de l'ordre nouveau, et qu'il se rattachait précisément aux espérances que nous avons vues se réaliser?

Comment en douter, lorsque ses complices ont été récompensés, lorsque les conspirateurs de la Restauration sont aujourd'hui assis dans les conseils du prince, comblés de dignités et d'honneurs? L'opinion publique ne s'éclaire-t-elle pas par de tels enseignements? Et pourquoi nous serait-il interdit d'en tirer la conclusion logique qu'ils contiennent?

Quoi, messieurs, cette pensée serait anarchique et séditieuse! Mais qui sommes-nous? Sous quel règne sommes-nous placés? La royauté du droit divin ne s'est-elle pas à jamais perdue dans les orages du pouvoir constituant dont elle a voulu follement se couronner? La royauté nouvelle n'est-elle pas la fille légitime de toutes les conjurations successives qui ont commencé en 1815 pour finir en 1830? N'est-elle pas la pupille de la multitude qui a posé sur son diadème le sceau de sa terrible souveraineté? Ne s'est-elle pas glorifiée elle-même d'être la royauté des barricades? Et nous, serions-nous coupables pour lui rappeler son berceau? C'est par une singulière aberration que les pouvoirs sont disposés à renier leur origine et à payer d'ingratitude ceux qui se sont sacrifiés à leur élévation. Mais qu'importent les contradictions et les injustices d'un jour, dans le vaste mouvement qui entraîne l'humanité vers le but mystérieux que la Providence lui assigne! Que signifient les protestations stériles démenties par les faits? L'histoire ne les enregistre que pour rendre plus éclatants les enseignements qu'elle en tire. C'est à elle, messieurs, qu'il appartient de résumer les documents de ce grand procès, d'en résoudre les questions indécises, de faire jaillir la lumière sur les points encore obscurs, d'assigner à chacun sa part de vertu, de gloire, de malheur et de responsabilité. A d'autres cette grande œuvre. Pour moi, je crois avoir accompli la mienne à la mesure de mes forces si, en fouillant les matériaux de cette mémorable époque, l'annaliste rencontre un fils penché sur la tombe d'un supplicié, son père, y inscrivant votre sentence réparatrice, et sauvant ainsi cette chère mémoire de l'infamie dont l'esprit de parti avait essayé de la couvrir!

RÉPLIQUE DE Mᵉ JULES FAVRE

MESSIEURS,

Mon habile adversaire nous a prouvé hier, ce que nous savions déjà, ce qu'on est toujours heureux d'entendre confirmer par de telles leçons, que tout est possible avec de l'esprit et de la science, qu'il leur est facile de déplacer les questions d'un procès à l'aide d'ingénieux rapprochements, et de substituer à de gênantes réalités les commodes hypothèses d'une brillante imagination. Et vraiment, entraîné par le charme de sa parole, j'en arrivais à douter de moi-même, à me croire un de ces vilains du moyen âge, des tortures desquels il vous a présenté un tableau si éloquent, à me demander si nous étions en 1358 ou en 1816 : il m'a fallu le calme de la réflexion pour m'apercevoir que tout cela n'était qu'une illusion, et que de ce parallèle académique, si remarquable, il ne devait rester dans nos esprits que le souvenir du plaisir qu'il nous a causé et la conviction qu'il était parfaitement étranger à la cause. Tâchons d'y revenir, de ramener la discussion à ses points essentiels. Je vais l'essayer par quelques observations qui seront aussi courtes, aussi substantielles que possible.

Mon adversaire a établi trois propositions que je dois réfuter.

1° Les morts ne sauraient être protégés par les lois sur la diffamation. Leurs corps appartiennent à la destruction, leurs âmes sont au ciel, où mon adversaire n'a nulle envie de les suivre.

2° Le *Courrier de l'Isère* n'a pu offenser Paul Didier en l'accusant d'avoir rêvé l'établissement d'une Jacquerie, car l'histoire prouve que la Jacquerie fut une sainte et patriotique insurrection.

3° Le *Courrier de l'Isère,* qui n'a pas prêté à Didier d'intentions subversives, l'aurait pu cependant sans dépasser son droit : il n'aurait fait en cela qu'user du privilége d'indépendance qui appartient à la presse et à l'histoire.

Voilà, messieurs, l'argumentation dans toute sa force. Je vous demande la permission de la combattre et de la détruire avec la méthode qu'on a mise à l'exposer.

Le défenseur du *Courrier de l'Isère* a cherché un appui à sa première proposition dans la loi, dans l'opinion de ceux qui l'ont faite, dans la jurisprudence et même dans des considérations de morale.

J'avais reconnu moi-même que la législation spéciale relative aux délits de la presse ne s'occupe point du respect qui doit environner la mémoire des morts. De ce silence on conclut que les insultes adressées à leurs tombes ne peuvent jamais devenir la source d'une action en réparation. Cette conclusion est singulièrement hasardée, et peut-être n'y arrive-t-on que faute d'avoir bien posé la question qu'elle doit résoudre.

Je sais, et la peine que mon adversaire a prise pour me l'enseigner était inutile, que les morts ne peuvent personnellement exercer une action. Ils n'ont pas d'état, m'a-t-on dit, ils ne sauraient se présenter devant le procureur du roi, y affirmer leur plainte. Toutes ces choses sont incontestables. Aussi n'ai-je point la prétention de les faire conclure en personne. Je croyais avoir suffisamment expliqué que je réclamais ce privilége pour leurs représentants. La question est donc celle-ci : Les vivants peuvent-ils être offensés par les outrages dont la mémoire des morts est l'objet? La loi ne spécifie pas, ne pouvait pas spécifier quels sont les éléments de la diffamation : elle résulte, suivant elle, de toute allégation qui porte atteinte à l'honneur ou à la considération. Or cette atteinte peut résulter de calomnies lancées contre la vie de mon père, c'est là ce que proclame la conscience universelle, et les sentiments que j'ai eu l'honneur d'exprimer devant vous à l'audience d'hier ne pourraient être critiqués que par celui qui manquerait de cœur.

Cependant, le défenseur du *Courrier* n'a pas craint de toucher à ces considérations. Il a prétendu que je faisais la loi au lieu de l'interpréter; il a essayé d'y effacer les saintes garanties que j'y avais trouvées, il est allé jusqu'à dire que la morale l'exigeait.

A ses yeux, en effet, l'homme est apparu comme un être isolé, ne relevant que de lui-même, ne puisant que dans la substance intime de sa propre vertu les titres à la considération publique. Qu'importe, s'est-il écrié, l'origine d'un grand citoyen? Il peut être le fils d'un forçat, je n'en serai pas moins fier de lui presser la main!

Ce sont là, messieurs, de nobles et généreux sentiments; mais sont-ils dans la nature, sont-ils dans les habitudes, dans les nécessités de notre vie sociale? Et mon adversaire ne se fait-il pas illusion, ici comme sur beaucoup d'autres points, pour le besoin de sa cause? Je sais que dans le vaste mouvement qui nous entraîne, l'aristocratie de la naissance a singulièrement perdu de sa puissance et de sa splendeur, que les blasons s'en vont en poussière sous le nivellement de la démocratie; mais est-ce à dire que l'homme n'ait plus de berceau, plus de foyer domestique, et que, dans l'orgueil de son individualité, il puisse renier les traditions de son enfance? Ah! messieurs, n'accueillons point de si désolantes doctrines, n'outrageons point l'ordre nouveau qui ne nous fait point acheter ses bienfaits par de tels sacrifices ! Nous portons tous au dedans de nous-mêmes les traces de ces premières leçons qui ont marqué notre entrée dans la vie. Si nous avons quelque valeur, nous le devons à la sagesse de notre père, à l'amour trois fois sacré de notre mère! et il se pourrait qu'on outrageât sous nos yeux ces dignes objets de notre vénération, sans qu'il nous fût permis de les venger! Et la loi qui étoufferait en nous des sentiments si impérieux, qui nous ordonnerait d'être impie, serait une loi morale! Disons-le avec le grand Tertullien, ce serait une loi abominable : *Lex immanis, tristitiæ atque luctus plena.* Ce serait une loi sauvage qu'il faudrait violer au nom de la vertu! Revenons donc à la seule doctrine acceptable et sociale, à celle qui garantit le repos et la dignité des familles, et concluons que l'offense dirigée contre la mémoire du père rejaillit contre les fils, que c'est pour ces derniers un droit et un devoir d'en demander réparation.

Cette théorie est absolue. Elle n'admet point la distinction qu'on a posée entre la vie privée et la vie publique. L'existence de l'homme public appartient à la presse, j'en conviens, mais à la condition que la presse ne la calomnie pas. Il en est de même de sa mémoire. Elle est pour ses enfants un héritage non moins précieux que celui des vertus de l'homme privé. L'un et l'autre doivent être défendus par les nobles susceptibilités de la piété filiale.

A l'appui de cette opinion, j'ai l'autorité de M. Chassang dans son traité *Des délits et contraventions de la parole et de la presse;* et vous connaissez tous l'arrêt rendu sur la question par la cour de Paris dans l'affaire des enfants Périer.

Je passe à l'examen de la seconde proposition. J'ai dit que Simon Didier avait eu raison de voir une insulte à la mémoire de son père dans cette imputation *qu'il voulait établir une nouvelle Jacquerie,* et, cherchant à légitimer cette opinion par l'examen loyal de la pensée incriminée, je vous ai avertis de vous mettre en garde contre les excuses historiques sous lesquelles on essayerait de faire disparaître sa portée odieuse. Que nous importent ces commentaires posthumes? Qu'avez-vous entendu dire? Est-ce un éloge, est-ce un blâme que vous avez décerné? Si c'est un blâme, ne va-t-il pas jusqu'à la calomnie? Voilà les seules questions du procès; toutes les autres sont des faux-fuyants.

Cependant, mon adversaire a protesté. Vainement, a-t-il dit, on voudrait émousser à l'avance mes armes, je les ai et je m'en sers. Oui, vous vous en êtes servi; reste à savoir si vous n'avez pas tiré en l'air.

Qu'avez-vous dit? que la *Jacquerie* était une réaction nécessaire du peuple opprimé par les brigandages des grands seigneurs? Et vous avez accumulé les citations à l'appui de cette réhabilitation d'une guerre d'extermination et de pillage, de ce qu'il y a de plus horrible dans tous les temps et dans tous les pays! Singulier entraînement d'un esprit subjugué par le besoin de se faire un système! Vous en êtes arrivé à nous peindre la *Jacquerie* sous les plus belles couleurs! Accuser Didier d'avoir voulu la rétablir, c'était proclamer qu'il était animé de vues patriotiques, qu'il se dévouait pour le salut du petit peuple écrasé par les hautes classes et l'invasion étrangère!

Messieurs, cette étrange argumentation me rappelait, malgré moi, ce mot profond d'un écrivain célèbre dont les mordantes satires remuèrent puissamment tout le dix-septième siècle : Érasme répondait aux critiques qui le déchiraient : « *Improbus est qui in alieno libro ingeniosus.* Celui-là manque de probité qui est ingénieux en interprétant la pensée d'autrui. » Le mot est amer; mais combien il est juste quand il s'applique à celui qui veut faire oublier une insulte en défigurant le sens de ses propres paroles! Je vous avais convié à une discussion simple et consciencieuse, vous l'avez fuie, vous vous êtes jeté dans l'équivoque de systèmes historiques qui étaient bien loin de votre plume lorsqu'elle nous calomniait. Que la Jacquerie ait été une révolte nécessaire, je vous l'accorde; mais que nous importe? Abandonnez ce quatorzième siècle dans lequel vous avez fait une si longue excursion; revenez au nôtre, à notre article, et dites-moi si, lorsque vous avez avancé que Didier voulait *une Jacquerie,* qu'il agissait seul, sans plan politique, pour refaire sa fortune et assouvir son ambition, vous n'avez pas insulté à sa mémoire.

Vainement, en effet, avez-vous essayé de substitner le sens historique au sens pratique de l'expression que vous avez employée. Un exemple choisi par vous était la meilleure preuve du vice de cette appréciation. La Ligue, à vous entendre, fut une entreprise mille fois plus coupable que la *Jacquerie.* Vous avez dit cependant que Simon Didier n'aurait pas été offensé si vous aviez accusé son père d'avoir rêvé le rétablissement de la sainte Ligue. Pourquoi? Vous l'avez vous-même très-justement expliqué. La Jacquerie était une guerre des paysans contre les seigneurs; la Ligue, une lutte des seigneurs entre eux. L'histoire de la Jacquerie a été écrite par les vainqueurs, qui ont flétri l'insurrection soulevée contre eux. Le mot de Jacquerie, en traversant les âges, a donc retenu un sens odieux; il est devenu le type du pillage et de tous les excès qui l'accompagnent. Si vous vouliez changer ce sens, que n'ajoutiez-vous les désaveux que nous avons entendus à l'audience d'hier?

Je pourrais joindre plusieurs exemples à celui que je vous ai emprunté. Permettez-moi d'en citer deux. Je suppose que le *Courrier de l'Isère* imprime que *Louis-Philippe* est un Néron. Le ministère public s'indignera et lancera ses foudres. Mais que dirait-on si, à la cour d'assises où il serait traduit, le *Courrier* venait produire un ouvrage récent qui a fait grand bruit en Allemagne, où il a été écrit, et dans lequel on prouve que l'histoire s'est complétement trompée sur le compte de Néron? Ainsi, ces vertueuses déclamations qu'on a mises sous notre plume de collégiens n'étaient que méchanceté pure: Néron était le plus doux, le plus populaire de tous les princes. Il a eu, il est vrai, la faiblesse d'assassiner sa mère, d'incendier Rome pour son plaisir, de se servir, en guise de flambeaux, d'hommes enduits de soufre, de chrétiens (ce qui serait une circonstance atténuante); mais à part ces erreurs, c'était un monarque irréprochable, adoré de la multitude, qui l'accueillait, à son entrée dans le cirque, par d'immenses acclamations.. Si le *Courrier de l'Isère* s'avisait d'un pareil système de défense, on lui rirait au nez, et on le condamnerait. Telle pourrait bien être aujourd'hui sa destinée.

De même, vous vous tiendriez pour offensé si l'on vous accusait de prêcher la loi agraire. Accepteriez-vous la justification de celui qui vous démontrerait, l'histoire et la législation à la main, que la loi agraire était bonne à Rome, qu'elle était la plus juste prétention du monde, qu'elle ne comportait point le nivellement absolu des fortunes, mais simplement le partage de l'*ager publicus,* des terres conquises par le sang des plébéiens? Vous répondriez avec raison : Nous ne sommes point à Rome; la loi agraire réclamée par les Gracques pouvait être utile à la République, et c'est précisément pourquoi l'on a tué ceux qui la défendaient. Flétrie par ceux qui la repoussaient et qui ont été les plus forts, elle n'a conservé qu'un sens funeste. Elle est le symbole du babouvisme. Les mots ne valent que par les idées qu'ils représentent actuellement, non par celles qu'ils représentaient à leur création.

C'est ainsi que les armes dont vous avez persisté à vous servir se brisent entre vos mains; c'est ainsi que, ramené du passé au présent, du système à la réalité, vous êtes forcé de convenir, tout en désavouant vos intentions, que vous avez insulté à la mémoire de Paul Didier.

Cette insulte, messieurs, n'est pas seulement dans le mot Jacquerie. Pour bien comprendre la pensée de l'écrivain, il faut se placer à son point de vue. Le *Courrier de l'Isère* a voulu défendre plutôt qu'attaquer. Vous le savez, la gazette avait placé dans le palais d'un prince le siége de la conspiration de 1816. Le *Courrier* a cherché à rompre ce lien. C'est pourquoi il a représenté Didier agissant seul, sans ramifications, sans projets politiques. Il lui en fallait un cependant. C'est alors qu'on lui prête des idées de pillage et de grossière ambition. Ainsi, pour complaire à vos patrons, pour satisfaire les exigences du parti que vous servez, vous avez défiguré l'histoire; vous avez fermé votre main, pleine de documents accusateurs, et changeant les rôles, de Didier, instrument d'une pensée plus élevée, vous avez fait un brouillon audacieux, déchaînant sur son pays l'anarchie populaire pour refaire sa fortune.

En aviez-vous le droit? Les priviléges de l'histoire et de la presse, que vous avez revendiqués, livraient-ils à vos injustes sévérités, disons vrai, à vos calomnies, une tombe que, les premiers, vous deviez environner de respects?

Mon adversaire est allé jusque-là, et, sur ce point décisif, sa plus forte, sa principale argumentation a été de chercher à me mettre en contradiction avec moi-même, de saisir sur mes lèvres la vérité qui s'y serait placée malgré moi. Ainsi, c'est en vertu de la liberté que je conteste au *Courrier*, que je vous aurais tracé la vive peinture des pratiques à l'aide desquelles un ministre de la police encourageait la conspiration pour l'étouffer ensuite avec une abominable précipitation. C'est en vertu de cette même liberté que j'aurais fait remonter plus haut la hardiesse de mes accusations, que j'aurais flétri par des allusions décentes, mais directes, le chef suprême de l'État.

Messieurs, si de telles paroles étaient sorties d'une bouche moins loyale que celle de mon adversaire, je les aurais prises pour un piége. J'aurais cru qu'on voulait m'entraîner sur un terrain semé d'écueils, afin d'y compromettre les intérêts sacrés qui me sont confiés. Ai-je besoin de le proclamer de nouveau? Défenseur d'un fils pieux qui sollicite de vous la réhabilitation de son père, je suis venu pour laver l'infamie et non pour l'infliger. Si les nécessités de ma cause m'ont conduit à m'expliquer sur la solidarité dont on a parlé, j'ai essayé de le faire sans passion comme sans faiblesse, et j'ai puisé dans le profond respect que m'inspire la sagesse du tribunal, le sentiment des convenances dont je ne crois pas m'être écarté. Sans doute je n'ai point abdiqué dans cette enceinte les sympathies du citoyen, mais je les ai fait taire sous la toge de l'avocat, et j'ai tâché de dire tout ce qui devait justifier Didier, sans rechercher comme sans éviter l'occasion d'offenser qui que ce soit. J'ai suffisamment protesté contre toute intention d'avilir ses complices. Ce que j'ai entendu flétrir et ce que je flétris encore, c'est le machiavélisme de ceux qui ont organisé à la fois la conspiration et les massacres qui l'ont suivie. Ce que j'ai entendu flétrir, ce que je flétris encore, c'est l'ingratitude de ceux qui, pour échapper à la communauté de souvenirs, calomnient le sang versé dans leur cause! Ce que j'ai avancé et ce que je maintiens, c'est que Paul Didier n'était ni un brigand ni un anarchiste, qu'il n'était pas seul à conspirer. Ce que j'ai avancé, ce que je maintiens, c'est qu'il voulait ce que nous avons voulu plus tard, c'est qu'il a servi ce qui s'est réalisé sous nos yeux, c'est que l'échafaud de Grenoble a été la première marche du trône de Juillet!

Quant à l'homme dont vous avez rappelé la sanglante célébrité et auquel je ne toucherai plus, je l'ai jugé avec l'opinion de tous, avec ses actes, avec les documents contemporains. Quel est celui qui se lèvera pour me démentir?

Voilà toute ma pensée, je vous la livre. Sans doute, je l'ai émise en vertu du droit de libre discussion, qui est un des plus glorieux priviléges de notre époque; mais, comprenez-le bien, ce droit, j'en ai usé à mes risques et périls, il ne saurait être sans limites. Si j'avais dépassé ces limites, l'honorable magistrat qui préside cette audience aurait su m'y faire rentrer. Il y a mieux, l'action des tiers est toujours réservée. Que ceux-là qui se croiront diffamés saisissent les tribunaux : c'est là leur droit, et je n'entends pas les en dépouiller quand j'en demande la consécration pour une illustre mémoire.

Ainsi, je veux avec vous que l'histoire soit indépendante, que la presse soit libre. Mais je leur refuse l'omnipotence de la calomnie. C'est bien le moins, messieurs, qu'on impose ce frein à celui qui prend en lui-même la redoutable mission de faire comparaître ses concitoyens à la barre de sa propre opinion et de les y juger en dernier ressort. Lui demander une impartialité constante serait vouloir l'impossible; exiger de lui qu'il ne fausse pas les faits, qu'il ne substitue pas sciemment l'imposture à la vérité, c'est assurément poser une règle aussi morale que favorable à la dignité de la science.

Écrivez donc l'histoire de Didier, jugez-le sévèrement, vous le pouvez; ne changez pas ses actes pour déshonorer sa mémoire et servir vos maîtres. Ne venez pas surtout nous dire que vous êtes resté en deçà des bornes permises, que, si vous aviez voulu puiser dans le *Moniteur* de 1816, vous auriez été bien plus accablant contre la victime, bien plus cruel pour la tendre piété de son fils!

Messieurs, mon cœur s'est ému d'une bien douloureuse surprise, quand j'ai entendu cette triste excuse de l'adversaire. Vous exaltiez hier votre délicatesse, votre générosité, en nous annonçant que vous tiendriez loin de tous les regards ces pages sanglantes où vous auriez pu chercher des inspirations! Vous n'avez été ni délicat ni généreux, vous avez été prudent, car ces documents, si vous les aviez lus, vous auraient fait mourir sous la honte de leur citation! Quoi! vous n'avez pas senti tout ce qu'il y avait de révoltant à nous parler de ces bulletins funèbres dans lesquels les vainqueurs et les bourreaux écrivaient d'ignobles diatribes avec le sang des suppliciés! Et depuis quand, grand Dieu! un historien qui se respecte va-t-il prendre copie des actes d'accusation dressés sous les échafauds? Que diriez-vous si je prétendais trouver le portrait de Louis XVI et de l'infortunée Marie-Antoinette dans les colonnes cyniques du *Père Duchêne?* si je vous parlais de *l'archiduchesse d'Autriche cueillant elle-même les fruits de la vigne qu'elle a plantée, de la race des vipères de Capet dont le plus doux plaisir est de manger la chair du peuple?* Vous me repousseriez avec horreur, et vous auriez raison! Eh bien, vous qui aimez les parallèles, croyez-vous que la feuille d'Hébert et le *Moniteur* de 1816 ne puissent être assimilés? En 1793, on égorgeait au nom de l'égalité populaire; en 1816, on fusillait au nom de l'aristocratie royaliste! En 1793, la loi des suspects arrachait les proscrits de leurs retraites pour les envoyer à la mort; en 1816, les murailles de cette ville infortunée étaient souillées par d'abominables placards dans lesquels on tarifait à vingt mille francs la tête d'un fugitif: on annonçait que celui qui lui donnerait asile passerait par les armes, que la maison où il aurait dormi serait rasée! Laissez donc ces pamphlets sanglants, la fureur des partis y a versé son venin! Vous ne nous faites pas grâce en refusant de vous associer à leurs colères! car elles sont la plus éclatante preuve de la vertu de la victime qu'on a voulu couvrir d'infamie; elles sont la page la plus éloquente qu'on puisse écrire pour sa réhabilitation!

Forcé de désavouer les expressions offensantes de son client et de rendre hommage au caractère de Paul Didier, mon adversaire a essayé de jeter le blâme sur l'action de son fils: vous avez été imprudent, s'est-il écrié. La douleur aime le calme et la solitude de la méditation! La piété filiale ne livre pas aux contradictions de la foule le jugement d'une mémoire chérie: elle se contente de l'environner de sa vénération et de ses regrets.

Messieurs, je répondrai que si la mémoire des morts a besoin de silence et de paix, elle a aussi besoin de justice, et que le fils pieux qui la défend n'est jamais mal inspiré. La douleur résignée dont mon adversaire vous a fait la peinture n'est pas une douleur de chrétien, c'est, permettez-moi de le dire, une douleur d'eunuque. Il en est une autre plus forte et non moins religieuse, une douleur virile qui n'exclut point le courage de se produire, de s'avouer publiquement et de revendiquer le complet exercice de son droit. C'est à elle que Simon Didier a cédé lorsqu'il est venu devant vous écarter de la tombe de son père l'opprobre d'une odieuse imputation. Il a été imprudent, dites-vous! Il eût mieux fait de gémir et de prier! Mais quoi! avez-vous oublié ces nobles et touchantes paroles prononcées par Paul Didier au moment suprême où il fut traduit à la cour prévôtale: « La gloire a un tel attrait que les hommes la mettent au-dessus de tout et la préfèrent même à la pensée de la mort. » De quelle gloire parlait-il, cet homme si religieux dont je vous ai lu hier les sublimes adieux à sa famille? Était-ce de ce vain retentissement que font dans l'histoire les actions fameuses et même criminelles? Voulait-il de la gloire de Catilina ou d'Érostrate? Non; à ses yeux, la gloire était l'auréole ceignant le front de celui qui se dévoue pour le bien de ses semblables et qui meurt dans sa force pour une généreuse espérance que son sang fécondera! Et lorsque Paul Didier a tout sacrifié à cette grande idée, son fils aurait pu souffrir que, dans la ville même où son précieux sang a été versé, on le représentât comme un chef de pillards? Il aurait été imprudent en protestant, à la face du pays tout entier, contre cette intolérable accusation! Mais, messieurs, quelle que soit votre décision, Simon Didier n'a-t-il pas obtenu tout ce qu'il pouvait désirer? Ce concours d'auditeurs qui m'entourent et frémissent à mes paroles, ces cœurs qui répètent les accents de mon cœur, cette solennité éclatante, votre justice attentive, émue, prête à tendre la main au martyr pour le relever et lui assigner sa place véritable dans l'histoire, tout cela n'est-il donc rien? n'est-ce pas le plus beau triomphe que pouvait souhaiter la piété filiale? N'est-ce donc rien aussi que les rétractations de l'adversaire, contraint de reconnaître qu'il eût été insensé et coupable d'outrager cette mémoire maintenant réhabilitée? Simon Didier a été imprudent! Vous-même, en vous inclinant devant la vertu de son père, vous reconnaissez qu'il a été grand, qu'il a été pieux. Oui, c'est la Providence qui a inspiré son fils, la Providence qui à des jours de persécution et de deuil fait succéder des jours de réparation : ce jour s'est levé pour Didier; votre justice va lui donner la consécration de votre sainte autorité, mais déjà la calomnie n'est plus, elle est morte sous ma parole.

A l'audience du 20 août 1841, le tribunal a prononcé son jugement en ces termes :

« Attendu que l'action par laquelle un fils vient demander la réparation des outrages faits à la mémoire de son père et venger son honneur offensé, est une action fondée sur la morale publique, qui, si elle n'est pas textuellement écrite dans nos Codes, résulte cependant clairement de l'ensemble de notre législation;

« Attendu que si la vie politique et publique des citoyens appartient à l'histoire; que si la presse a le droit de dire leurs actions, de juger leurs opinions, leurs intentions, elle doit le faire avec exactitude dans l'exposé des faits, avec bonne foi et impartialité dans ses appréciations;

« Attendu que le rédacteur du *Courrier de l'Isère* dans le nº 3376, de ce journal du 20 avril dernier, en imputant à Paul Didier le projet d'etablir en France une nouvelle Jacquerie, sans apporter aucun fait pour justifier cette accusation, a dépassé les justes limites dans lesquelles doit être restreint le droit de la presse;

« Mais attendu que le rédacteur du *Courrier de l'Isère* a, par l'organe de son défenseur, expliqué sa pensée, justifié sa bonne foi, et détruit ainsi dans l'article incriminé le caractère de diffamation qu'il pouvait avoir dans le principe; que cette juste réparation doit suffire aujourd'hui au fils de Paul Didier ;

« Par ces motifs,

« Le tribunal, ayant tel égard que de raison aux conclusions des parties, met le rédacteur du *Courrier de l'Isère* hors d'instance sur les demandes de Simon Didier, le condamnant seulement aux dépens. »

COUR D'ASSISES DE LA SEINE

PRÉSIDENCE DE M. DIDELOT

AUDIENCE DU 23 NOVEMBRE 1841

QUATRIÈME PROCÈS DU *NATIONAL*

Délit d'excitation à la haine et au mépris du gouvernement.

Après le réquisitoire de M. Hébert, procureur général, Me Jules Favre, défenseur du *National,* s'exprime en ces termes :

MESSIEURS,

Les espérances des hommes qui rédigent le *National* sont d'une nature telle, qu'elles se peuvent avouer, même devant vous, sans être atteintes par les insinuations de M. le procureur général. Il a essayé, dans ses dernières paroles, d'élever une confusion entre vos doctrines et celles d'hommes sur le compte desquels nous nous expliquerons tout à l'heure. Cette confusion, nous la repousserons par des explications nettes et péremptoires; mais avant tout, il faut rentrer dans le procès actuel et tâcher de n'en pas sortir.

Pour apprécier l'article incriminé, messieurs, il faut se reporter aux circonstances au milieu desquelles il a été écrit. Depuis la révolution de Juillet, jamais procès de presse ne s'offrit avec plus de gravité. Cette position exceptionnelle ne vient pas seulement de la fièvre de sévérité qui, sur un signe de M. le garde des Sceaux, s'est emparée subitement des officiers du ministère public, et qui, d'un bout de la France à l'autre, a multiplié les poursuites contre l'expression de toute pensée indépendante, même contre celle qui, jusqu'ici et dans les plus mauvais jours, avait été regardée comme inviolable et sacrée; elle tient, en ce qui concerne le *National,* à une circonstance plus intime. Déjà condamné il y a quelques mois, il encourrait, par le fait d'une seconde condamnation, la peine de la suspension prononcée par les lois de septembre. (*M. Hébert fait un signe négatif.*)

J'aperçois M. le procureur général faire un signe de dénégation; je l'en remercie et je l'en félicite. Je l'en remercie pour la presse, je l'en félicite pour lui-même, puisqu'il reconnaît que les lois ont mis dans sa main une arme réprouvée par les mœurs publiques. Je ne devais pas moins constater qu'un verdict de condamnation lui donnerait la faculté de requérir la confiscation d'une propriété privée et la destruction d'un organe courageux, dirigé par des hommes de cœur, dont on n'a jamais contesté la conscience et la loyauté.

Votre mission est donc particulièrement élevée, messieurs, et si vous en doutiez, vous l'apprendriez par la présence de M. le procureur général, qui n'a voulu remettre à personne le fardeau et la responsabilité de cette lutte pour laquelle il semble avoir été revêtu de ses éminentes fonctions. Qu'il me permette toujours de lui dire : Nous avions droit d'attendre de lui, dans une si capitale affaire, non de la générosité, nous ne sommes pas si exigeants, mais au moins les égards qui sont dus aux accusés; nous ne les avons pas obtenus. Toute la France sait que l'habile et puissant orateur qui déjà plus d'une fois a vengé le *National* des réquisitoires du parquet[1] assiste aujourd'hui même un honorable député[2], traduit à la barre d'une cour d'assises pour avoir dit sa pensée aux électeurs qui la lui demandaient et qui l'ont consacrée par leurs votes. A l'heure qu'il est, cette voix qui devrait s'élever dans cette enceinte, retentit devant le jury de Maine-et-Loire; elle y proclame les grands principes constitutionnels qui, je l'espère, feront triompher la liberté électorale si étrangement menacée par cette téméraire poursuite. Le ministère public le savait, et c'est précisément ce jour qu'il a choisi pour nous traduire devant vous.

Le *National* aurait pu faire défaut; il ne l'a pas voulu; il a cru plus digne de répondre à l'empressement du ministère public par un empressement pareil, puisé toutefois dans des motifs contraires. Ainsi, le ministère public cherche à profiter de la force acquise à la prévention par le rang et le talent de celui qui la soutient, par l'affaiblissement même de la défense. La défense, toute désarmée qu'elle est, n'ayant que son zèle, à défaut de puissance, n'a pas reculé devant le combat, protégée qu'elle est par l'autorité de la raison, par la garantie de votre bon sens et de votre honnêteté, messieurs les jurés. De tels avantages compensent suffisamment, à ses yeux, l'inégalité des armes, l'inégalité des positions; vous ne nous punirez donc point d'avoir cru en vous plus qu'en nous-mêmes, et l'insistance du ministère public ne lui produira, je l'espère, qu'un double échec dans une même journée, à cent lieues de distance.

M. LE PRÉSIDENT. Maître Favre, je vous ferai observer que le jour

[1] Me Marie.

[2] M. Ledru.

de l'audience a été fixé par le président et qu'il a été accepté par le ministère public, et s'il y a une responsabilité à encourir, c'est au président qu'elle appartient.

Me Jules FAVRE. Je ne demande pas mieux que de rectifier ce que j'ai dit d'inexact en ce qui concerne le ministère public, et de reporter la responsabilité dont parle M. le président à celui qui vient de l'assumer.

M. LE PRÉSIDENT. Nous n'acceptons pas de responsabilité.

Me Jules FAVRE. Cette question sera appréciée par MM. les jurés qui me comprennent. Je disais, messieurs, que la prévention qui nous amène devant vous doit nécessairement échouer, parce que le gérant du *National* est défendu par la Charte elle-même, qu'une condamnation déchirerait en portant atteinte au droit de libre discussion, qui est une des bases fondamentales de nos institutions.

M. le procureur général vous a dit qu'il nous avait ménagé en n'usant pas du droit rigoureux de citation directe; je l'en remercie sous un double rapport : d'abord il a rendu hommage à la sagesse de la magistrature, qui a plus d'une fois modéré l'élan de poursuites précipitées; en deuxième lieu, nous avons gagné à cette marche régulière, puisque des trois délits articulés dans le premier réquisitoire, deux, et les plus menaçants, sont demeurés à la porte de la Chambre des mises en accusation. Le troisième aura le même sort, il ne franchira pas le seuil du sanctuaire de vos délibérations. Ce délit, messieurs, je l'appelle de tous le moins grave, peut-être cependant est-il le plus dangereux; les deux premiers étaient clairs et faciles à saisir : on nous accusait d'avoir exprimé un vœu de renversement, d'avoir fait l'apologie d'actes qualifiés crimes; au point de vue de la morale, de tels délits méritent non-seulement une punition légale, mais encore l'animadversion des gens de bien. Mais exciter à la haine et au mépris du gouvernement du roi, en vérité que veut-on dire par ces paroles? ne constituent-elles pas la définition d'un délit par lui-même impalpable, et le plus élastique de tous ceux qui jamais ont servi à édifier un réquisitoire? S'il fallait s'en tenir aux termes mêmes de la loi, on pourrait y trouver des éléments de condamnation contre quelque article que ce soit; on arriverait même aux conséquences les plus immorales, qui n'ont point été, certes, dans les préventions du législateur.

En effet, c'est un acte vertueux que d'exciter à la haine et au mépris des choses haïssables et méprisables; d'où il suit que, plus un gouvernement serait mauvais, plus il serait protégé par la loi; et les honnêtes gens qui exprimeraient leur pensée sur ces excès en seraient récompensés par la prison. Il faut donc aller jusqu'à dire, ou que les gouvernements sont impeccables, ou reconnaître aux écrivains le droit de censurer leurs actes et, par conséquent, d'exciter contre eux la haine ou le mépris si ces actes l'ont mérité.

Tel est, messieurs, le point culminant de toute cette discussion. M. le procureur général l'a reconnu lui-même en vous disant qu'à toutes les époques, depuis que la liberté de la presse est consacrée par votre droit public, on avait livré les fonctionnaires à l'examen indépendant des écrivains. Ce dogme est aujourd'hui incarné dans nos mœurs et ne pourrait en être arraché sans que la nation, déchue de sa grandeur, fût réduite à l'état d'un vil troupeau d'esclaves.

Nous sommes donc d'accord, M. le procureur général et moi, sur le principe; seulement, je n'admets pas les entraves dont il voudrait entourer l'exercice du droit précieux qu'il m'accorde; je veux que l'écrivain en use loyalement, sans réticences méticuleuses, à ses risques et périls, et n'ayant d'autres limites à sa censure que celles qui touchent au mensonge et à la calomnie.

Je ne fais pas de la presse un dictateur sans contrôle : je lui impose le contrôle du pays; qu'elle soit ardente, vive, passionnée, mais qu'elle respecte la vérité des faits; si elle la fausse sciemment, si, dans un intérêt de parti, on suppose des actes qu'elle sait être matériellement controuvés, elle est coupable, elle mérite une punition. C'est à ces termes simples que je réduis toute la théorie doctrinale relative à l'interprétation de ces mots : Excitation à la haine et au mépris du gouvernement du roi, et je l'appuie à la fois sur l'autorité de la raison et sur les textes mêmes de la loi. Celle de 1822, la première, a parlé de ce délit; dans la loi de 1819, il n'est question que de la diffamation; elle ne prévoit pas que cette diffamation puisse atteindre l'ensemble des pouvoirs établis, et c'est pour combler cette lacune qu'a été écrite la loi de 1822.

Vous avez donc à vous demander, messieurs les jurés, si l'article incriminé est calomnieux et mensonger. Or, ce qui nous a déjà frappé, c'est qu'il est difficile d'en rencontrer un plus grave, plus mesuré, plus contenu dans la forme. L'écrivain, interpellé de faire connaître son programme, jette un coup d'œil sur le passé et s'explique avec franchise sur ses espérances. Il pouvait, c'était son droit, colorer vivement sa polémique; il a préféré ne pas abandonner un instant son langage austère et plein de dignité. On sent que, dans ce retour sur lui-même, il impose un frein aux mouvements de son cœur et s'étudie à parler des maux de la patrie comme un homme qui espère un meilleur avenir. Telle est la couleur générale de l'article. M. le procureur général y voit un délit à chaque phrase; je me demande avec surprise comment il peut se faire cette illusion.

Cette surprise, messieurs, je ne suis pas seul à l'éprouver. Lorsque le *National* fut saisi, le journal *la Presse,* qui avait provoqué la déclaration, blâma en termes énergiques les rigueurs dont elle était le prétexte. Voici en quels termes il s'exprimait :

« Le *National* a publié ce matin un manifeste dans lequel il expose sa position passée et actuelle vis-à-vis de l'ordre de choses qui nous régit, et ce qu'il appelle le secret de sa politique. Nous avions préparé une réponse à cet article, empreint d'une gravité toute spéciale; mais le *Messager* annonce ce soir que le *National* a été saisi dans la journée. En présence de cet acte du pouvoir, nous croyons devoir supprimer les réflexions que l'article du *National* nous avait inspirées. Nous ne pouvons cependant nous empêcher de regretter qu'on n'ait pas cru devoir abandonner cet article à la libre discussion des écrivains amis de nos institutions. Quel que soit le résultat des poursuites intentées, la discussion eût été, selon nous, bien plus convenable et surtout plus efficace. »

Le *Courrier français* n'était pas moins explicite dans son numéro du 20 septembre :

« Ce n'est, en effet, que ce matin que le *National* a été saisi dans ses bureaux. Mais qu'importe un peu plus ou un peu moins de diligence dans l'exécution des ordres impitoyables? On veut à tout prix envelopper la presse dans la solidarité des troubles qui agitent les départements. Le ministère, ne sachant ni prévenir ni réprimer l'émeute, entame une campagne contre les journaux pour faire diversion aux échecs que l'autorité a essuyés. C'est là sans doute le système que le *Journal des Débats* développe aujourd'hui, et qui consiste à ne pas laisser dormir les lois de septembre. Que le ministère poursuive donc; qu'il attaque toutes les opinions l'une après l'autre; *qu'au lieu de se montrer reconnaissant, dans sa faiblesse, de l'appui que les journaux indépendants, depuis le* Constitutionnel *jusqu'au* National, *prêtent à l'ordre menacé, il cherche à leur faire perdre, à force de tracasseries, la modération que l'étranger lui-même a louée en eux;* nous n'en serons pas surpris : le ministère cède à la fatalité de ses doctrines et de sa position. Quant à la presse, sa mission grandit et s'élève dans ses épreuves. Nous comprenons pour notre part ce que l'opinion publique attend de nous, et nous ne laisserons ni surprendre notre patience ni abattre notre énergie. La liberté de notre parole est la dernière et la seule garantie qui reste en ce moment à toutes les autres. Le devoir, un devoir impérieux fait de nous les représentants de cette pensée qui a suscité les révolutions et qui devait en conserver religieusement les résultats. Soyons dignes de cette destinée, et portons en nous, comme dit Tite-Live, le courage d'une grande nation. »

Depuis, les feuilles des différentes nuances de l'opposition ont été unanimes à s'associer à cette censure. M. le procureur général a cherché à vous effrayer sur le résultat de votre verdict; il vous a représenté la société comme profondément impressionnée par notre délit : la preuve la meilleure qu'il se trompe se trouve dans l'expression même de l'opinion publique, représentée par ses organes principaux. Voici comment le *Siècle* envisage le procès actuel :

« Toutes les fois qu'il y a un acte de petitesse à commettre, on peut être sûr que le pouvoir n'y manquera pas. Il y a même certaines infractions à la règle ou à la loi qu'il se permet sans le moindre scrupule, pour peu que ses passions y soient intéressées. Est-ce à tort, par exemple, que le *National* s'étonne, à l'occasion du nouveau procès qui lui est intenté pour demain 23 novembre, de n'avoir reçu qu'après quinze jours la publication de l'arrêt de la chambre d'accusation qui le renvoie devant la cour d'assises, bien que la législation sur la presse ordonne de faire immédiatement cette notification? Est-ce à tort également qu'il se plaint de ce qu'on a choisi pour l'assignation précisément le jour où l'on savait que son défenseur habituel, Me Marie, bâtonnier de l'ordre des avocats, devait être retenu hors de Paris? Si cette désignation n'avait été l'objet d'un calcul, moins habile après tout que mesquin, aurait-on refusé à Me Marie la remise qu'il a demandée avant son départ?

« Nous laissons à l'impartialité du public le soin de résoudre ces questions. Quant au procès en lui-même, il est sans contredit le plus inexplicable de tous ceux qui ont été depuis quelque temps intentés au *National*. Nous admettons sans difficulté que, dans l'article déféré à la cour d'assises et que nous n'avons pas actuellement sous les yeux, il se soit rencontré quelque expression qui ait provoqué l'humeur de MM. les ministres ou des membres du parquet, dont la susceptibilité, d'après les fameuses circulaires, doit être toujours en éveil; mais ce qui est inconcevable, c'est qu'on en soit venu à poursuivre cet article, dont la pensée, au fond, est la condamnation de toutes les tentatives violentes dirigées contre le gouvernement par le parti républicain et la déclaration formelle que ce parti, désormais, reconnaissant le vœu et subissant la loi de la majorité nationale, ne cherchera plus que dans la discussion le triomphe de ses convictions politiques. Nous défions bien M. Hébert, et plus éloquent que lui, de persuader jamais au jury qu'il se cache un délit et une grave atteinte à l'existence du gouvernement dans une déclaration de cette nature.

« Il n'est personne qui, avant de connaître l'impression produite sur le parquet par l'article du *National,* n'en ait ressenti une toute contraire ; personne qui n'ait enregistré, comme un retour et une sorte d'hommage à la constitution, l'engagement spontané pris par des hommes sincères de ne plus faire d'appel à la force et de respecter, en gardant leurs opinions, le repos aussi bien que les droits de la majorité nationale. Cette ère nouvelle, cette espèce de transformation annoncée par le parti républicain, a frappé notamment M. Duvergier de Hauranne, qui, après une appréciation sévère du passé, s'exprimait en ces termes dans l'avant-dernier numéro de la *Revue des Deux Mondes :*

« Aujourd'hui, le parti républicain paraît reconnaître son tort. « D'un côté, il affecte de se séparer ouvertement, avec éclat, des sectes « désorganisatrices auxquelles trop longtemps il est resté associé ; de « l'autre, *il déclare que désormais il demandera à la discussion seule, à la « discussion calme et grave, le triomphe de ses principes.* »

« M. Duvergier ajoute que si le parti républicain persiste dans de tels projets, il pourra par degrés reprendre la position qu'il avait avant 1830, et que ses violences lui ont enlevée, non pas toutefois sans laisser derrière lui une bonne partie de son armée.

« Voilà le jugement des hommes qui ne sont pas aveuglés par la manie des répressions et qui, tout en combattant les doctrines de leurs adversaires, leur savent gré d'avoir assez d'empire sur eux-mêmes pour reconnaître qu'ils se sont trompés, pour se séparer hautement de toutes les passions brutales qui pouvaient s'agiter derrière eux, et pour s'imposer volontairement une règle de conduite plus modérée.

« Cette manière de juger n'est pas, à ce qu'il paraît, celle du ministère et de MM. les gens du roi, qui ont trouvé l'article du *National* très-répréhensible. Mais ce sera, nous en sommes convaincus, celle du jury, qui préférera toujours de paisibles discussions à la guerre civile et aux émeutes. »

Et M. le procureur général ne dédaignera pas, sans doute, ce jugement, puisqu'il est exprimé au nom de dix mille abonnés, ce qui est une puissance.

Le *Courrier français* s'empressait hier de signaler l'étrangeté de la poursuite impolitique du ministère public :

« Le *National* comparaît le 23 novembre devant la cour d'assises de la Seine. Ce nouveau procès ne s'explique pas. Le numéro que l'on incrimine, loin de contenir matériellement un délit, n'en suppose pas même l'intention. Dans l'article qui a provoqué la poursuite, le *National* déclarait formellement que le parti qu'il représente ne se révolterait plus, et qu'il n'obligerait pas désormais le gouvernement à venir lutter avec lui, corps à corps, dans les rues de Lyon et de Paris. Il renonçait à la politique insurrectionnelle, annonçant qu'il fondait ses seules espérances sur les tendances contre-révolutionnaires du pouvoir. Cette déclaration n'avait rien de coupable ; elle devait rassurer au contraire tous les amis de la paix publique, en montrant que les partis les plus éloignés de la monarchie actuelle se résignaient à ne pas franchir les bornes constitutionnelles de la discussion. L'article incriminé est précisément, ou nous nous trompons fort, celui auquel M. Duvergier de Hauranne a fait allusion, en donnant acte au parti radical de son attitude plus calme et plus modérée.

« Nous ajouterons, dussions-nous avoir l'air de faire un panégyrique, et pour un journal dont nous ne partageons pas les tendances, que le gouvernement commet une grande faute en persécutant le *National* à outrance, après les services récents que cette feuille a rendus au pays. Le *National* a donné l'exemple du courage le plus rare, de celui qu'il faut avoir contre ses propres amis, en défendant avec autant d'énergie que de talent les fortifications de Paris. Il a prouvé que, dans un moment décisif, tous les hommes de cœur, à quelque opinion qu'ils appartinssent, pouvaient s'unir dans un intérêt vraiment national. Mais si le gouvernement a mis en oubli cette belle conduite, les jurés s'en souviendront. »

Enfin, voici le *Constitutionnel* qui, de son point de vue, ne craint pas de réduire à l'avance à ses justes proportions le réquisitoire que vous avez entendu :

« Le *National* va de nouveau comparaître devant le jury. L'article incriminé déclarait que le parti au nom duquel parle la feuille radicale avait renoncé aux luttes de rue, et qu'il n'entendait plus renouveler les scènes sanglantes qui, dans d'autres temps, avaient affligé Lyon et Paris. Cette déclaration n'est pas, à coup sûr, digne de blâme, et nous ne connaissons que les communistes, avec lesquels le *National* a toujours eu maille à partir, qui puissent s'en irriter. Il est vrai que cette feuille ne renonce pas à combattre le pouvoir et qu'elle compte, pour lui venir en aide, sur les fautes incessantes de ceux qui nous gouvernent. Mais, dès que les opinions arrivent sur le terrain de la discussion, les principes qui garantissent à tous la liberté d'écrire doivent les protéger. Les fautes des ministres ne doivent, en définitive, peser que sur eux-mêmes, et le gouvernement de Juillet est assez fort pour sortir sain et sauf des mains d'un mauvais ministère. Mais il n'est que trop vrai que l'imprudence et la maladresse de ceux qui dirigent les affaires de l'État donnent aux partis hostiles des encouragements et des espérances. Nous l'avons dit, et le *National*, en s'expliquant aussi franchement qu'il l'a fait, n'a fait, à notre avis, que constater ce progrès heureux de l'opinion qu'il représente, qui a passé de la révolte à la discussion.

« Le jury appréciera, dans sa sagesse, l'article qui lui est déféré. Nous ne ferons sur ce procès qu'une observation : le moment est-il bien choisi, quand on préoccupe à bon droit le public des projets insensés des communistes, et quand ces projets éclatent par une abominable tentative, de poursuivre une feuille qui, malgré sa position hostile au pouvoir, s'est tournée énergiquement contre les niveleurs de la propriété? Il nous semble qu'à moins d'énormités que nous n'avons pas vues dans l'article incriminé, il faut savoir quelque gré de leur ferme défense des principes sociaux à des hommes qui, après tout, ne sont pas les amis politiques de l'établissement de Juillet. »

Ces articles sont graves; ils répondent suffisamment aux craintes exprimées par M. le procureur général, et à sa prétention de créer, pour le délit qu'il nous reproche, une sorte de notoriété qui le dispense de toute preuve. Maintenant, permettez-moi de mettre sous vos yeux le corps même du délit. M. le procureur général vous a annoncé qu'il le lirait sans commentaires. Il devait savoir, habile qu'il est en toute chose, et surtout en lecture d'écrits coupables, que l'intonation peut être un commentaire plus perfide que les réflexions les plus incisives, et qu'il est facile de faire saillir les passages qu'on désigne à la sévérité, grâce à cette figure de répétition dont il a fait un usage si complaisant.

J'essayerai de ne pas l'imiter.

(Lecture de l'article incriminé.)

Cet article se résume par deux propositions. La première est un retour respectif sur l'histoire du parti radical; l'écrivain rappelle que, dans les premières années qui ont suivi la révolution de Juillet, la démocratie crut possible de réaliser ses espérances en continuant le mouvement insurrectionnel qui venait de renverser le trône: les destinées sont aujourd'hui accomplies; une ère nouvelle s'est ouverte dans laquelle les hommes les plus avancés ne doivent plus recourir qu'aux armes légales que leur fournit la libre discussion. Telle est la deuxième proposition de l'article; c'est une séparation bien tranchée entre une époque d'agitation et de trouble, et celle où le triomphe des doctrines du progrès ne doit être assuré que par les voies de la raison.

Comment de telles pensées, de telles espérances pourraient-elles contenir un délit? Nous était-il défendu de nous replier sur nous-mêmes, et de signaler franchement les fautes du passé? Ces fautes, d'ailleurs, ne portent-elles pas avec elles leur explication naturelle? Était-il possible que, lorsque la France était ébranlée par la chute d'une dynastie, lorsque mille passions, mille ambitions fermentaient dans son sein, ceux qui croyaient à l'insuffisance des hommes qui s'étaient emparés du pouvoir, ne cherchassent pas à les renverser par la violence qui venait de les introniser? Où était le frein, quand tous les freins venaient de se briser? Où était la limite aux rêves les plus ardents, lorsqu'une monarchie venait d'être détruite en trois jours?

Aussi, messieurs, vous vous rappelez l'état de la France à cette époque, la fièvre insurrectionnelle qu'on y entretenait; ces phalanges du vainqueur pour lesquelles on créait un ordre spécial; l'historiographe de la Révolution porté au siége occupé aujourd'hui par M. le procureur général; tant d'autres récompensés comme lui et plus que lui pour avoir fait appel à la force, et vous comprendrez comment le parti radical a continué l'agitation révolutionnaire, même lorsque le pays désirait le repos.

Mais, encore une fois, ce sont là des questions historiques sur lesquelles nous avons eu le droit de nous expliquer avec franchise.

Nous avons ajouté que désormais notre rôle consisterait à discuter les actes du gouvernement, et que s'il persistait dans la voie où il est engagé, ses actes le perdraient infailliblement. Nous lui avons reproché d'humilier la France à l'extérieur, de la déchirer à l'intérieur, et nous avons souhaité que le pays ouvrît enfin les yeux sur les destinées qu'on lui propose, et se levât pour faire justice des hommes qui l'entraînaient vers l'abîme.

Est-ce là un délit? Pour l'apprécier, daignez un instant vous souvenir des principes que j'ai développés plus haut. Avons-nous calomnié, avons-nous sciemment invoqué des faits inexacts? C'est l'histoire d'hier qui va vous répondre. A Dieu ne plaise, cependant, que je m'engage ici dans une démonstration douloureuse de tous les faits du gouvernement, que je vous dise ce qu'il a fait pour compromettre notre sécurité au dehors, pour alarmer nos intérêts les plus chers au dedans; quelques rapprochements rapides suffiront pour vous faire comprendre ma pensée et justifier celle du *National*.

Messieurs, à quelque parti que l'on se rattache, il est un point qu'on ne saurait contester : que la France était belle, forte, glorieuse le lendemain de la révolution de Juillet. Tout émue de son noble et magnanime triomphe, elle étendait ses mains libres d'entraves naturelles et déchirait les honteux traités de 1815. A sa voix, un million d'hommes s'étaient armés pour la défendre; les nations s'inclinaient devant elle; elle n'avait qu'à vouloir, pour reprendre sans coup férir la prépondérance que les concessions de la branche aînée lui avaient arrachée. Qui de nous, dans le légitime orgueil de son patriotisme, ne s'est laissé aller aux rêves brillants qu'autorisait une si belle perspective?

Eh bien! messieurs, détournez les yeux de ce tableau et portez-les, en omettant tous les faits intermédiaires, sur la mémorable et triste discussion de l'adresse de 1840. Là, deux hommes, dont l'un quittait et dont l'autre prenait le ministère, se disputent entre eux la honte de s'être laissé bafouer par l'étranger. Le premier, qui a marqué son passage aux affaires par des mesures aussi lâchement abandonnées qu'étourdiment résolues, qui, après avoir tracé autour de son ennemi deux ou trois cercles de Popilius, les a successivement laissé franchir en enfonçant chaque fois davantage son épée dans le fourreau, accuse hautement le second, son ambassadeur, de l'avoir trompé; il rejette sur lui la responsabilité de ses échecs et proclame que sous son ministère la France est déchue de son rang, qu'elle doit désormais se résigner à n'occuper que le rang d'un État de second ordre. Et pendant que ces sophistes amusent par ces misérables luttes de vanité l'assemblée qui perd son temps à les écouter, que se passe-t-il au dehors? L'Angleterre, notre infatigable ennemie, poursuit sans relâche ses projets d'agrandissement.

Profitant de l'aveuglement de nos hommes d'État, elle nous brave jusque dans la Méditerranée, qui devait être un lac français. Elle y possède déjà Malte, les îles Ioniennes, Gibraltar; elle a la main sur Aden et sur les Dardanelles; ce n'est point assez, elle se fraye un passage vers l'Inde au travers des ruines fumantes de Beyrouth et de Saint-Jean-d'Acre bombardés. De son glaive insolent elle tranche les vieux liens d'affection qui nous unissaient au pacha, et ces événement s'accomplissent à une portée de canon de notre escadre qui se tait, qui s'enfuit par ordre du pouvoir, et nos équipages frémissants viennent cacher dans les eaux de Toulon leur inaction et leur douleur. (*Mouvement.*)

Et c'est la France de la République, de l'Empire, qui souffre ces choses, et vous prétendez qu'elle n'est pas humiliée? Ah! messieurs, le mal n'est pas sans doute sans remède, ce pays est trop généreux et trop fort pour accepter longtemps une telle déchéance. Mais comment s'en relever, si ce n'est en protestant contre elle, et comment le cri de ces citoyens indignés pourrait-il être regardé comme un délit?

Mais nous avons parlé de désordre intérieur; encore une fois, sommes-nous restés dans la vérité? Néanmoins, rappelez-vous un des plus graves incidents de la discussion dont je viens de parler; celui qui rejetait sur son prédécesseur l'humiliation du pays, cet homme sinistre qui a eu le triste privilége d'offrir le sang et les misères de la France abattue comme un encens à ses vainqueurs, le rédacteur du *Moniteur de Gand,* le créateur des cours prévôtales et de la censure, M. Guizot, s'écriait : « Vous vous trompez; le mal n'est plus au dehors, il est au dedans; c'est là qu'est le péril. La société est dévorée par le cancer des factions; elle a besoin d'être rudement châtiée, d'être traitée par le fer et le feu. » Et comme si, à la voix de ce mauvais génie, le démon des dissensions civiles eût semé ses brandons sur la France, d'un bout à l'autre du territoire éclatent des troubles et des séditions. Était-ce le parti radical qui conspirait? Non, c'était le pouvoir, engagé dans des mesures fausses et violentes, rencontrant à chaque pas des résistances légales, et les brisant par ses ordres impitoyables. (*Sensation.*)

Est-il besoin de vous citer les douloureux exemples de ces exécutions? Toulon, Foix, Montauban, Clermont ne parlent-ils pas assez haut? La guerre civile avec toutes ses fureurs n'a-t-elle pas été allumée au sein de ces villes? N'y a-t-on pas vu les propriétés menacées, le sang français misérablement versé par des mains françaises dans des luttes inutiles? Ces effroyables désordres étaient le résultat des fautes du pouvoir, et à ces faits qui le condamnent sans retour, ajoutez ces croisades contre la presse, ces persécutions contre les fonctionnaires indépendants, les traitements indignes qu'il inflige aux écrivains, les projets réactionnaires dont il ne se cache plus, et ne trouvez-vous pas, dans cette série d'excès, une justification plus que suffisante des accusations du *National?*

Le ministère public l'a senti; aussi a-t-il cherché à vous faire prendre le change; il a procédé par voie d'insinuations, mais ses insinuations ont été claires et précises, elles appellent une réponse qui ne lui permette plus d'insister sans être accusé de calomnie et de mauvaise foi.

Vous avez essayé de ressusciter les fantômes évoqués par un document que la France a déjà jugé; vous avez voulu faire croire que le pays était menacé par les desseins de quelques misérables ramassés dans les cabarets où la police laisse librement prêcher de sauvages doctrines; je ne veux point examiner si vos récits sont sincères, si, à l'heure qu'il est, il existe une secte animée des intentions que vous lui avez prêtées; à coup sûr, si elle s'est revélée, elle est peu dangereuse, elle n'est qu'un triste exemple des folies auxquelles peut aboutir l'esprit humain. Mais ce que je ne puis tolérer, c'est que vous la représentez comme ayant séduit un nombre considérable d'hommes du peuple, comme se rattachant par des liens intimes aux écrivains qui défendent la cause de la liberté. Non, il n'est pas vrai que les classes laborieuses, qui sont la force vive, l'honneur et l'espérance du pays, soient égarées par ce vertige insensé. Les semences dont vous avez parlé ne germeraient pas dans leur sein, et vous n'auriez pas besoin de vos réquisitoires pour les étouffer.

Quant à nous, nous n'avons pas attendu l'éclat de ce procès pour protester nettement contre cette assimilation que vous prétendez établir entre nos doctrines et celles que vous réprouvez. Ce que nous voulons, c'est le gouvernement du pays par le pays; ce sont les améliorations matérielles par l'organisation du travail et l'équitable répartition des charges publiques. Ce que nous voulons surtout, c'est rétablir le privilége de la vertu et du sens moral en purgeant le pays des corrupteurs et des sangsues qui le dégradent et l'épuisent. Mais que, pour atteindre ce résultat, nous détruisions la nationalité française, que, pour relever l'homme, nous courbions son front vers la terre, nous le condamnions au matérialisme, que nous blasphémions Dieu, que nous niions l'immortalité de l'âme, que nous jetions la société dans les sales orgies de l'épicurisme et dans les hontes de la promiscuité, que nous profanions le sanctuaire de la famille, que nous arrachions l'époux à l'épouse, le fils à la mère, le frère à la sœur; que nous portions atteinte à la propriété, base fondamentale de l'ordre dont nous sommes les défenseurs, c'est là, messieurs, ce qu'on ne peut nous reprocher sans folie, et ce que M. le procureur général n'essayera plus. (*Mouvement prolongé.*)

Sachez-le bien, si vous voulez le respect de la religion, de la famille et de la propriété, nous le voulons comme vous, nous le voulons plus fortement, et surtout plus efficacement; nous sommes des hommes d'ordre, d'organisation et de travail, prêts à sacrifier nos vies pour assurer la liberté de notre pays et pour le sauver, si jamais il y était exposé, des excès dont vous avez exagéré la portée pour effrayer l'opinion.

Ne nous calomniez donc plus; n'anticipez pas sur le réquisitoire de la cour des pairs, et ne vous flattez pas de demander avec une condamnation contre nous les têtes des communistes. Ces têtes sont sacrées, puisqu'elles sont accusées; mais encore une fois, si nous pouvons séparer des hommes que vous avez attaqués les doctrines que vous avez mises dans leur bouche, ces doctrines, nous les réprouvons comme vous.

C'est pourquoi, messieurs les jurés, je sollicite avec confiance un verdict d'acquittement. Je ne voudrais pas, pour l'honneur de mon pays, qu'il fût possible de croire que, à l'époque où nous vivons, le jury a traité les écrivains honnêtes et consciencieux comme des séditieux en délire qui rêvent le bouleversement social.

Je ne vous parlerai plus des dangers que court la propriété du *National;* vous devez, je le reconnais, vous élever au-dessus de pareilles considérations. Libres, indépendants, souverains, vous n'avez devant les yeux que l'intérêt public et la conscience de ceux que vous avez à juger. Pénétrez-y, messieurs, scrutez leur pensée, et vous les acquitterez, car cette pensée est éclairée par leur vie et par leur caractère. Pourquoi se sont-ils voués à une existence de travail, d'abnégation et de péril? C'est qu'entraînés par d'ardentes convictions, ils croient servir utilement leur pays en se faisant le champion de ses libertés. Ce sont vos droits qu'ils défendent, c'est votre sécurité qui les inquiète, c'est à la grandeur, à la prospérité de notre commune patrie qu'ils ont consacré tous leurs efforts; heureux de souffrir et d'être persécutés pour avoir mis trop de vivacité dans l'expression de sentiments dont l'origine est si pure; heureux surtout de vous avoir pour juges, car vous ne les punirez point pour avoir trop aimé la France.

Cette admirable plaidoirie produit sur l'auditoire une longue sensation. Me Favre est aussitôt entouré par les membres nombreux du barreau qui assistent aux débats. L'audience est suspendue pendant un quart d'heure.

(Compte rendu du *National.*)

RÉPLIQUE DE Me JULES FAVRE.

J'aurais beaucoup de choses à dire si je voulais répondre à toutes les considérations qui nous ont été présentées par M. le procureur général. Dans son habile réquisitoire, il a touché bien des points nouveaux. Heureusement, tous sont favorables à la défense, et je signalerai parmi eux l'espèce d'abandon qu'il a fait de la poursuite, et la réserve qu'il a annoncée pour le cas où vous prononceriez un acquittement. Il vous a dit qu'il n'avait pas fait le procès, seulement qu'il l'a soutenu. Recherchons maintenant si, dans sa réplique, il se trouve de nouveaux arguments auxquels nous n'ayons pas répondu.

M. le procureur général nous a fait l'honneur de penser que nous n'étions pas des impies et des anthropophages; que nous n'étions pas du nombre de ces gens qui aspirent à l'abolition de ce qu'il y a de plus sacré parmi nous, de la famille et de la propriété. Pourtant il nous a liés à ces hommes en nous disant : Ce ne sont pas là vos doctrines, sans doute; mais les vôtres portent, comme elles, au désordre et au renversement des pouvoirs établis.

Je dois m'expliquer sur ce reproche, non-seulement pour l'honneur du gérant du *National*, mais aussi pour l'honneur de mon pays. Je dis pour l'honneur de mon pays, car il me semble qu'il est bien grave d'entendre sortir de la bouche de M. le procureur général cette pensée qu'il y a en France une multitude d'hommes voués au pillage et à l'assassinat. Rassurez-vous, messieurs; sur cent cinquante prévenus, dix-sept seulement sont traduits devant la Cour des pairs; et que voulaient-ils? Attaquer un régiment avec deux ou trois pistolets! Et ce sont ces hommes que nous prendrions pour soldats, sauf à les envoyer ensuite les premiers au supplice! Non, messieurs; nous sommes profondément séparés d'eux; nous les abandonnons au bon sens public, mais nous tenions à constater qu'ils ne forment dans le pays qu'une minorité que l'on se plaît à grossir pour effrayer l'opinion!

M. le procureur général veut éloigner de cette enceinte l'opinion émise sur cette affaire par divers journaux. Il s'étonne même de ce que plusieurs des articles que j'ai cités aient paru aujourd'hui même. J'aurais été beaucoup plus étonné s'ils eussent paru demain. De quoi donc s'occupe la presse? De ce qui se passe chaque jour. D'ailleurs, si j'ai cité ces articles, c'est parce que le réquisitoire de M. le procureur général faisait appel à l'opinion. J'étais donc dans ma cause; et croit-on que l'opinion de ces journaux, dont les doctrines sont opposées aux nôtres, soit indifférente dans l'affaire? Ces journaux s'adressent à des abonnés qu'ils ont intérêt à ménager : soixante à quatre-vingt mille personnes, c'est quelque chose, et M. le procureur général, qui connaît si bien la statistique, me pardonnera de citer ce chiffre.

Quant au reproche d'avoir humilié la France, on se montre bien accommodant. Dès qu'il est constant que les faits que j'ai invoqués sont exacts, que des hommes haut placés ont fait des promesses à l'étranger, n'avons-nous pas eu raison de dire que le pays était déchu?

Je n'ai pas eu l'honneur d'être compris de M. le procureur général, lorsqu'il a pensé que j'avais établi cette théorie : Plus les circonstances au milieu desquelles les écrits sont publiés sont graves, plus les pouvoirs publics doivent être relâchés et indulgents. J'ai dit à MM. les jurés : Il y a entre les circonstances extérieures et l'écrit incriminé un lien moral que vous devez établir. Vous devez vous placer dans les conditions où la conscience de l'écrivain a été impressionnée.

Quand les événements sont graves, quand ils compromettent l'honneur du pays, vous comprenez alors que le cœur s'émeut et que la plume s'anime. Or, lorsque l'article a été écrit, le pays était-il dans un état de calme tel qu'une sainte colère ne fût permise et qu'elle ne pût être consciencieusement exprimée par celui qui avait à sa disposition une feuille publique? Ce ne sont pas les mots, les phrases, les syllabes qu'il faut rechercher dans notre article : c'est la pensée dominante. Or, la pensée n'est-elle pas celle-ci : l'insurrection est désormais un moyen que nous réprouvons; c'est par la discussion que le parti démocratique doit procéder? Eh bien! je le demande maintenant, une telle déclaration jetée à la face des perturbateurs au moment où la tranquillité du pays était troublée, n'était-elle pas une protestation contre ce qui se passait? N'était-ce pas l'œuvre de bons citoyens?

Un mot maintenant des détails qui vous ont été donnés par M. le procureur général; car je veux que la loyauté des écrivains du *National* ressorte évidente de cette affaire. Mais oubliez-vous donc que nous avons le droit de juger tous les actes de tous les ministres qui nous paraissent hostiles au pays? Faut-il vous rappeler ces actes? Faut-il vous parler de la loi de disjonction, des circulaires donnant le signal des procès de presse? Voilà pour le jury. Que dirai-je de la garde nationale? Elle est la force du gouvernement, dites-vous? A Paris, soit; mais vous avez tort pour les provinces, et ici la statistique de M. le procureur général nous sert. Depuis 1836, cinquante quatre gardes nationales ont été dissoutes, elles n'ont pas été réorganisées dans l'année.

M. le Procureur général. Elles le sont.

Me Jules Favre. A cet égard, je suis aussi bien renseigné que M. le procureur général, et je sais que la garde nationale de Lyon, par exemple, n'a été réorganisée que plusieurs années après sa dissolution. Et comment les réorganise-t-on? On les rassemble, mais on n'arme ni officiers ni soldats. C'est ce qu'on a fait à Grenoble, à Strasbourg, à Mâcon. Vous le voyez donc : le gouvernement se défie des gardes nationales et les traite en suspectes, et il se fâcherait de ce que nous le lui avons dit?

Nous avons accusé le gouvernement d'allumer la guerre civile : Calomnie, nous dit-on! Il n'y a eu de troubles que dans quelques bourgades... Mais Toulouse, mais Lille, mais Mâcon, sont-ce là de simples bourgades? ne sont-ce pas des cités importantes? Quand même il ne serait tombé qu'un seul homme par la faute du ministère, ce serait un malheur que nous aurions le droit de lui reprocher. Mais à Clermont n'y a-t-il pas eu plus de cent personnes mises hors de combat? Et ce sont là, selon l'expression de M. le procureur général, des symptômes *imperceptibles!* Cette guerre civile, quelle est sa cause? une mesure imprudente, insensée, du ministère. Lorsque, sans attendre la convocation des Chambres, malgré l'avis d'un grand nombre de conseils municipaux, vous, ministres des ordres impitoyables, vous avez fait couler le sang, nul n'aurait le droit de vous dénoncer au pays! Les meilleures inspirations du cœur seraient étouffées, et les grands citoyens seraient conduits aux gémonies pour avoir osé dire la vérité! Il n'en peut être ainsi. En attaquant la pensée ministérielle, en le faisant avec courage, avec vivacité peut-être, quand la patrie est en péril, le *National* a usé de son droit, il a rempli son devoir.

Un seul mot encore. M. le procureur général, tout en nous séparant de ces hommes de désordre qu'il signalait à votre animadversion, nous a reproché de pousser les esprits vers leurs doctrines. Si l'on devait condamner les écrivains pour les conséquences que certaines imaginations peuvent tirer de leurs écrits, où serait-on conduit? On ferait le même reproche à des critiques plus modérés que nous, et l'on arriverait ainsi à interdire toute discussion, à mettre la presse dans un état de muette servilité devant les actes du pouvoir.

Votre sagesse, messieurs, ne permettra pas qu'il en soit ainsi. Vous examinerez notre article, non dans les conséquences qu'on en aurait pu tirer, mais en lui-même. Dans le temps où nous vivons, vous ne pourriez à ce point entraver le droit de discussion des actes du gouvernement, sans que le repos, la dignité, l'honneur de notre chère patrie fussent compromis par le résultat d'un verdict de condamnation.

M. le président résume les débats. Le jury, après avoir délibéré, rend un verdict de non-culpabilité, et la cour prononce l'acquittement de M. Delaroche, gérant du *National*.

COUR ROYALE DE PARIS

PRÉSIDENCE DE M. SYLVESTRE

AUDIENCES DES 27 NOVEMBRE ET 2 DÉCEMBRE 1841

Plaidoyer pour MM. Hetzel, éditeurs des œuvres de Granville, contre un contrefacteur.

Les Animaux peints par eux-mêmes, dessinés par Grandville et traduits en statuettes.

L'imitation servile de dessins gravés ou lithographiés au moyen d'un art différent, tel que la sculpture, constitue-t-elle le délit de contrefaçon?

Le tribunal correctionnel a répondu négativement le 16 juin 1841.

MM. Hetzel et Paulin ont interjeté appel de cette décision.

Me Jules Favre, leur avocat, s'est exprimé en ces termes :

MESSIEURS,

Aussitôt que la pensée, de la région immatérielle où elle naît, descend dans le monde extérieur pour y prendre une forme, elle devient une création originale sur laquelle repose un droit privatif au profit de celui qui l'a conçue et réalisée.

De là résulte un droit de propriété. Les tribunaux ont constamment décidé que la reproduction d'une œuvre originale sans la permission de son auteur constitue le délit de contrefaçon. Les magistrats, considérant « que la reproduction est en effet un mode de jouissance, et souvent le plus profitable », n'ont pas hésité à la condamner toutes les fois que l'idée, la conception, la création ont été servilement imitées, fût-ce à l'aide de procédés différents.

Toutefois, je me hâte de reconnaître que, pour la dignité de l'art, ces principes ne doivent pas être poussés jusqu'à leurs plus extrêmes conséquences. Je ne dirai donc pas que la reproduction peut être poursuivie dans ses manifestations les plus humbles, par exemple : que M. Foyatier peut saisir son *Spartacus* coulé en chocolat derrière les vitraux des confiseurs; on est allé jusque-là. De tels abus doivent être signalés pour recevoir une éclatante censure. La reproduction est toujours une contrefaçon, mais les magistrats sont les juges souverains de la question du préjudice sans lequel il n'y a ni délit, ni action à intenter.

Ici, le dommage est incontestable : c'est un objet d'art contrefait par un objet d'art, et la contrefaçon s'adresse au même public que l'œuvre originale; celui qui achètera la statuette pourra se passer du dessin. D'ailleurs, si les principes du jugement attaqué étaient maintenus, il en résulterait de singulières conséquences. Ou la reproduction *reconnue servile* de l'œuvre de Grandville par les procédés matériels de la sculpture constitue une contrefaçon, ou elle constitue une invention. Si elle constitue une invention, elle en a tous les priviléges et constitue par le fait un droit de propriété au profit du reproducteur, devenu ainsi inventeur rien que pour avoir changé la matière. Or, supposons qu'un nouvel imitateur copie de nouveau par les procédés plastiques les mêmes vignettes de Grandville; allons plus loin : supposons que Grandville lui-même préside à cette reproduction de son œuvre, et voilà le nouvel imitateur contrefaisant le premier; voilà Grandville lui-même exposé à se voir poursuivi comme contrefacteur de sa propre idée; le voilà par le fait dépouillé, et sa condamnation sera d'autant plus assurée que l'on aura copié plus fidèlement.

Voilà, messieurs, ce qui ressort rigoureusement, logiquement du jugement dont nous appelons. C'est jusqu'à ces absurdes conséquences qu'il faut aller. Ce simple rapprochement suffirait à renverser le système des premiers juges, et nous ramènerait forcément à la raison, au bon sens, au droit tel que j'ai essayé de le préciser plus haut.

On nous a contrefaits, on nous a porté préjudice, on a déshonoré notre œuvre originale par ces indignes reproductions qui ne manqueraient pas de se continuer si le jugement était confirmé. Préservez-nous, messieurs, d'un tel malheur; sauvez les animaux peints par eux-mêmes des animaux sculptés par d'autres que par eux, et rendez au livre dont on veut les séparer les charmantes créations de Grandville.

La cour infirme le jugement, ordonne la confiscation de l'œuvre contrefaite, et condamne les contrefacteurs aux dépens.

COUR D'ASSISES DE L'EURE

AUDIENCE DU 13 DÉCEMBRE 1841

Plaidoyer pour M. Davenay, rédacteur du *Journal de l'Eure,* prévenu du délit d'excitation à la haine et au mépris du gouvernement.

Le *Journal de l'Eure* est poursuivi pour délit d'excitation à la haine et au mépris du gouvernement, par deux articles intitulés, l'un : *la Situation;* l'autre : *les Émeutes parisiennes.*

M. Rouland, avocat général, s'efforce de démontrer ce qu'il appelle les mensonges et les calomnies des articles incriminés, et requiert l'application de la loi contre les gérants du journal

Après l'éloquente plaidoirie de Me Saudbreuil, défenseur de M. Du Breuil, Me Jules Favre, défenseur de M. Davenay, prend la parole en ces termes :

MESSIEURS LES JURÉS,

Les très-courtes observations que vient de vous présenter l'honorable avocat qui m'a précédé dans ce débat, vous prouvent que le *Journal de l'Eure* n'avait pas besoin de chercher son défenseur hors des bancs de ce barreau; mais M. Selme Davenay a bien voulu faire un appel à mon zèle, et je n'avais pas à hésiter; car, dans les mauvais jours où nous nous trouvons, quand la presse est attaquée sur tous les points du royaume, tous ceux qui ont une parole indépendante ne doivent pas reculer devant les occasions de la défendre.

Et tout d'abord, qu'il me soit permis de le dire, j'ai entendu retentir dans cette enceinte des paroles étranges, des paroles qui ne devraient pas sortir de la bouche du ministère public. Si, en effet, la modération est la compagne de la véritable force, de celle qui se puise dans l'examen calme des faits et non dans les excitations de la passion, M. l'avocat général aura été loin de produire une impression favorable sur vos esprits, et j'aurai peu de chose à faire pour réfuter son réquisitoire. Cependant, je dois l'avouer, il s'est placé sur un terrain où j'éprouve un embarras mortel à le rencontrer.

Il n'entre pas dans mes habitudes de me servir de ces formules auxquelles j'avais le droit de ne pas m'attendre, et qui ont acquis d'autant plus de gravité qu'elles sont sorties de la bouche de l'organe de la loi. Elles ont, je ne crains pas de le dire, douloureusement affligé cette audience, et je me garderai de les repousser par des formules analogues, parce qu'il ne me semble pas nécessaire, pour être vigoureux, de manquer aux règles des convenances et de la bonne compagnie... (*Sensation*) Non, la défense, dans sa dignité, ne repoussera pas l'injure par l'injure, et elle ne s'oubliera pas jusqu'à redresser ces mots de *menteur* et d'*infâme* qui ont été prodigués par le ministère public avec si peu de mesure et de ménagement. Je répondrai à ses reproches d'infamie et de mensonge, sans avoir recours à de semblables paroles ; en remplissant mon ministère avec toute l'énergie dont je me sens capable, je prouverai à M. l'avocat général qu'il est facile de s'abstenir de ces fâcheux écarts, et à une partie de ses attaques, je ne ferai d'autre réponse qu'un appel au bon sens, à la conscience, aux lumières des membres du jury.

Ce que vous devez savoir, messieurs, ce qu'il importe de vous expliquer avant tout, c'est que c'est ici non-seulement un procès grave, mais difficile, et que vous devez apporter dans son examen un scrupule plus grand, pour deux raisons principales : la première, c'est que les circonstances extérieures influent toujours sur les poursuites dirigées contre la presse, et qu'il existe toujours des illusions dans lesquelles l'esprit de parti peut faire tomber; la seconde, c'est qu'en matière de presse, les délits qu'il s'agit de réprimer sont les plus insaisissables et les plus élastiques du monde.

Dans les procès faits aux crimes ordinaires, il y a un fait simple, matériel; quel que soit le ministre qui tient le timon des affaires, qu'il s'appelle M. Thiers ou M. Guizot, les prévenus sont toujours poursuivis avec une égale énergie. Mais en est-il de même dans les procès faits aux écrivains politiques? Évidemment non. Qu'est-ce à dire, sinon qu'à tel ou tel système politique est attaché tel ou tel système de répression? Tantôt il y a liberté absolue, tantôt il y a recrudescence de poursuites, selon que tels ministres sont au pouvoir; à tel nom se rattachent les idées de liberté, de laisser-faire, à tel autre des idées de poursuites et de répression, et ceci vous explique pourquoi, dans ce procès, le ministère public, malgré l'impartialité qui doit être sa règle, est sorti des bornes de la convenance et de la modération; c'est que, dans cette cause, il voit une cause politique et qu'il a intérêt à la gagner. (*M. l'avocat général prend vivement des notes.*) Encore une fois, je ne me servirai pas des expressions injurieuses employées par le ministère public, je ne lui dirai pas, et je pourrais le faire par voie de récrimination : Je vais vous arracher votre masque! non, je sais me contenir dans les bornes de mes devoirs, j'établirai la position respective des adversaires, et cela me suffira pour gagner ce procès. (*Mouvement.*)

Messieurs les jurés, lorsque dans l'exercice de vos éminentes fonctions, vous avez à prononcer sur un crime ordinaire, votre mission est simple et nettement limitée; vous puisez dans le débat, dans les pièces de l'instruction, dans les dépositions des témoins, la lumière qui éclaire vos consciences, et vous prononcez avec sécurité sur la culpabilité de l'accusé. Mais ici, voyez quelle différence! Il s'agit, pour vous, de descendre dans les plis du cœur, d'analyser la pensée de l'écrivain, d'interroger sa conscience, et vous concevez que cette interprétation dépend du point de vue où le juge s'est placé. Apprécier la pensée d'un écrivain, c'est consommer l'œuvre la plus difficile à l'homme, c'est presque égaler Dieu. Vous devez donc vous mettre en garde contre les illusions du sophisme, et quand vous recherchez si une pensée est coupable, vous devez laisser au dehors toutes les inspirations politiques.

Rien n'est donc plus difficile que de juger un délit de presse, et en voulez-vous une preuve? je vais la tirer de ce procès même. Depuis la poursuite dirigée contre le délit qu'on nous impute, nous avons passé par trois phases judiciaires : nos articles ont été examinés par le procureur du roi, par la chambre du conseil et par la chambre des mises en accusation. Eh bien! aucune de ces trois autorités n'a été d'accord sur la façon d'apprécier la position légale des prévenus. Messieurs les jurés, nous attendons avec confiance la décision de la quatrième autorité, qui est la vôtre, et nous espérons qu'au lieu de multiplier les délits, vous les anéantirez tous (*on rit*), et ce qui vous prouve encore, messieurs les jurés, combien les distinctions en pareille matière sont difficiles à établir, c'est que le délit que nous avons commis, délit qui, si nous en croyons le ministère public, serait gros comme une montagne, a échappé à la vue de MM. les gens du roi, et qu'après avoir été aperçu par les juges composant la chambre du conseil, il a de nouveau, en partie du moins, disparu aux yeux de messieurs de la chambre des mises en accusation. N'est-il pas évident que nous marchons dans les sentiers les plus obscurs, et qu'il ne faudra pas moins que toutes les lumières de votre intelligence pour accorder entre eux MM. les magistrats? (*Nouveaux rires dans l'auditoire.*)

Ceci posé, vous voyez avec moi que le ministère public peut toujours faire des saisies, des réquisitoires, et toujours vous demander des condamnations; mais aussi qu'il peut souvent rencontrer des acquittemeuts. Quel est donc le délit qu'on nous reproche? Dans le premier article, nous avons excité à la haine et au mépris du gouvernement. Rien de plus clair que ce délit, vous a-t-on dit; et l'on a ajouté : Que diriez-vous si un journal venait travestir et calomnier vos actes? Vous en demanderiez réparation. Eh bien! le gouvernement fait comme vous. Il n'y a qu'un malheur en tout cela, c'est que M. l'avocat général a été forcé de nous faire une concession dont nous nous emparons avec empressement; cette concession, c'est que la faculté de critiquer les actes des fonctionnaires publics appartient à tous les citoyens, et que cette faculté peut s'exercer, non pas avec cette mansuétude que M. l'avocat ne recommande qu'à ses ennemis (*sourires*), mais avec cette franchise de parole, cette liberté de pensée, et tous les élans de cette passion sainte qui émane de la conviction et que l'écrivain a le droit de faire passer dans la feuille qu'il rédige.

La presse, messieurs, ne demande ni la liberté illimitée ni la dictature : elle relève d'une puissance qui est la vôtre, et ne croyez pas que, placée sous cette juridiction, elle se révolte ou qu'elle murmure. Quelle est la règle qui se place entre le pouvoir qui attaque nos libertés et la presse qui montre au gouvernement les voies où il s'égare? Cette règle, c'est votre conscience. Si vous trouvez dans l'article qui vous est déféré, de l'ardeur, de la passion, même du fiel, est-ce que vous ne tiendrez pas compte à l'écrivain des circonstances au milieu desquelles il aura formulé sa pensée et tenu sa plume? L'ecrivain emporté par la chaleur de ses convictions doit être considéré comme innocent, quand même il aurait été jusqu'à l'expression de la haine et du mépris dans ses attaques. Toute la question est de savoir si les attaques sont fondées. Vous avez beau me dire qu'il a excité à la haine et au mépris du gouvernement, le jury acquittera, si les actes du gouvernement ont été méprisables. (*Mouvement.*)

Ce que je dis, messieurs, pourrait vous sembler paradoxal et hardi; cependant, je le dis avec M. Odilon Barrot et avec M. Thiers, qu'on peut citer aujourd'hui avec une accolade (*sourires*); ce que je disais, M. Thiers l'a dit dans la discussion des lois de septembre 1835, qu'on n'accusera pas sans doute de bienveillance pour la presse.

M. Thiers, comme ministre du roi à cette époque, reconnaissait que l'examen de tous ses actes appartenait à la discussion, à la critique, à la passion, à la haine, quelquefois à la calomnie. Et M. Odilon Barrot parlait comme M. Thiers.

On ne peut donc pas poser en règle absolue qu'il est abominable d'exciter à la haine et au mépris du gouvernement. Autrement, prenez-y garde, quelle serait la condition de la presse? Dans le système du ministère public, ce serait de faire toujours et en tous cas l'apologie du gouvernement. (*M. l'avocat général fait un signe de dénégation.*) Je remercie M. l'avocat général du signe de dénégation qu'il vient de faire. Je lui demande maintenant : me permettra-t-il de critiquer les actes d'un garde champêtre? Oui; eh bien! à plus forte raison il me sera permis de critiquer à un point de vue sévère les actes d'un ministre, d'un ministère tout entier, surtout quand ce ministère trahit les intérêts et l'honneur du pays. Et si cette pensée, si cette critique excite à la haine du gouvernement, quel sera l'homme responsable, sinon celui qui aura entraîné la France dans les voies fatales? Oui, je le dis avec M. Thiers et M. Odilon Barrot, si le gouvernement fait des actes coupables, c'est un droit pour la presse, et bien plus, c'est un devoir d'exciter à la haine et au mépris du gouvernement. (*Sensation.*) Et quand vous êtes assez téméraires pour traduire devant la jutice du pays les écrivains courageux qui se plaignent des lâchetés du pouvoir, la justice du pays vous répond par des acquittements! Voilà les leçons que vous recevez du jury! (*Sensation prolongée.*)

Maintenant, à l'aide des lumières que je viens de puiser dans la discussion des principes légaux, j'examine si les articles contiennent véritablement les délits qui nous sont imputés. M. l'avocat général en a vu deux dans le premier article. Je vais le relire et le discuter, avec cette bonne foi dont le ministère public ne peut vouloir le monopole; qu'il me permette d'en réclamer quelque chose pour moi. (*Rires dans l'auditoire.*)

Dans l'article intitulé *Situation,* le ministère public nous reproche d'avoir attaqué le roi. Mais, messieurs, il ne s'agit pas du roi dans cet article, et c'est M. l'avocat général tout seul qui le fait figurer ici; en telle sorte que, si j'avais l'honneur d'être assis sur son siége de ministère public, je me verrais dans la nécessité de prendre des réquisitions contre lui. (*Nouveaux rires.*) Dans cet article, tout nous semble parlementaire; mais il s'y trouve des lettres italiques qui deviennent coupables dans la pensée de M. l'avocat général; c'est moins que cela encore. Le délit, quel est-il? un monosyllabe, c'est *on.* *On,* c'est le roi, s'écrie le ministère public. Je croyais que tous ceux qui étudient la langue et la grammaire, et M. l'avocat général et moi nous y sommes forcés par état, prenaient *on* pour une particule collective. Que répondre? rien. J'attendrai la réplique de M. l'avocat général, car il s'est réservé beaucoup d'armes qu'il n'a pas encore produites, et il fortifiera, je l'espère, cette partie du débat qui, dans son réquisitoire, me paraît faible. (*Long murmure d'approbation dans l'auditoire.*)

M. LE PRÉSIDENT : Huissier, faites faire silence.

Me FAVRE, *continuant :* M. l'avocat général est trop bien habitué aux finesses de la langue, pour se méprendre sur le sens de ce mot, de cette innocente particule. *On,* dans l'article, signifie l'ensemble des volontés, des influences, des intrigues qui décident de l'existence ministérielle. Et ici pas de subterfuges; oui, nous avons parlé des Tuileries et des personnes qui y viennent plus par intérêt que par affection; oui, nous avons parlé de la cour, de cette réunion d'hommes qui composent l'entourage des rois, qui les trompent, les compromettent devant le pays indigné, et les conduisent quelquefois, les uns à l'échafaud, les autres à Cherbourg! (*Mouvement prolongé.*)

Voilà ce que nous avons attaqué! et remarquez, messieurs, que ce que je viens de vous dire, la défense aurait pu s'en dispenser. Sommes-nous accusés pour avoir attaqué la personne du roi et détourné de Sa Majesté l'inviolabilité, cette auréole protectrice qui, pour nous, est le moins clair et le plus mystérieux de tous les dogmes connus? Non, messieurs, en désignant cet être impersonnel, nous avons parlé de cette collection d'influences et d'intrigues qui se meuvent au château et ailleurs, et, par exemple aussi, de la majorité des Chambres qui décide des existences ministérielles et devant laquelle la puissance royale est souvent forcée de se courber.

Nous avons parlé du ministère, nous avons spécialisé nos critiques, nous avons désigné M. Guizot, et nous avons souhaité que, devant l'action libre de la Chambre, il fût forcé d'abandonner son portefeuille; où est le venin, le fiel, le délit? Je me demande si notre article n'est pas écrit dans la forme la plus modérée et si, sous ce rapport, il ne pourrait pas soutenir avantageusement la comparaison avec le réquisitoire que vous venez d'entendre.

Mais, nous dit-on, c'est le dernier paragraphe qui recèle le délit: jusqu'à présent nous n'en avons tenu que le germe; dans les dernières lignes il éclate à tous les yeux. Voici cette fin d'article:

« Bonnes gens, qui ne savent pas, ou feignent de ne pas savoir que les masses en France ne s'occupent pas de politique pour des changements de ministère; qu'elles subissent longtemps sans se plaindre le joug qu'un système impopulaire fait peser sur elles, mais que lorsqu'elles se décident enfin à sortir de leur léthargie, ce n'est plus seulement pour assister à une révolution de portefeuilles. »

Bonnes gens! Est-ce clair? nous dit M. l'avocat général, qui veut toujours que nous ayons attaqué la personne royale. Mais pour nous rien n'est moins clair que ce mot *bonnes gens;* cette expression est on ne peut plus collective: elle s'applique encore aux influences désignées d'ordinaire dans la presse indépendante par le terme *château.*

Il faut donc abandonner ce délit banal d'excitation à la haine et au mépris du gouvernement. M. l'avocat général, si je ne me trompe et si j'ai bien compris son réquisitoire, en a lui-même fait bon marché, et je passe au deuxième article : *les Émeutes parisiennes.*

On nous accuse d'avoir exprimé le vœu, l'espoir et la menace du renversement du gouvernement, et l'on invoque contre nous la loi de septembre.

Or, pour encourir les pénalités de cette loi, il ne suffit point d'exprimer un vœu, un espoir, une menace, qui ne sont que les éléments du délit; mais pour que ce délit soit complet, il faut qu'il y ait eu de la part de l'écrivain acte d'adhésion formelle à une autre forme de gouvernement, qu'il ait émis le vœu de voir un autre État, une autre dynastie succéder à l'État constitutionnel, à la dynastie actuellement régnante.

Eh bien, l'article est complexe, et pour être coupable, il ne suffit pas que nous ayons dit d'une façon générale : « Le pays, après telles ou telles erreurs de ceux qui nous gouvernent, aboutira à un cataclysme »; il faudrait que nous eussions formulé notre pensée, en exprimant par exemple le vœu de la restauration des Bourbons ou de l'avénement de la république. Qu'a dit l'écrivain? que si M. Guizot continuait à rester aux affaires et à déshonorer la France, le gouvernement serait bouleversé; que le ministère actuel, par ses résistances entêtées, entraînerait lui-même le pays dans les voies révolutionnaires, et il a dit : Je souhaite que ce ministère soit renversé; est-il sorti de son droit, je vous le demande? et dans quel temps vivons-nous donc, pour que de pareilles paroles soient poursuivies? Oh! je le sais, c'est la folie de tous les pouvoirs de se croire éternels, de croire à leur force virtuelle; et c'est cette folie qui m'explique les tentatives successives du pouvoir contre la presse, depuis l'établissement du système constitutionnel parmi nous. Qu'arrive-t-il alors? c'est que la liberté de penser ne peut ère emprisonnée, et que, s'échappant des liens où on veut la retenir, elle souffle tout à coup l'esprit de révolte sur les populations, qui s'émeuvent et s'insurgent. Ces révolutions ne sont-elles pas dans les desseins de la Providence, puisqu'elles se renouvellent à toutes les époques? Que le ministère public me réponde! Est-ce que le pays, depuis cent ans, a été assez ménagé par les révolutions, pour qu'il soit permis à M. l'avocat général de prononcer de pareils réquisitoires, et de revendiquer l'éternité pour son gouvernement? Quel principe représente-t-il donc ici, après la révolution de 1830? est-ce le principe dynastique ou le principe révolutionnaire? (*Mouvement.*)

Il y a douze ans, sur le trône de France régnait un homme qui se faisait fort aussi de résister à l'opinion publique. Il voulut un jour en finir avec elle. La presse l'inquiétait, il la fit poursuivre, et il arriva qu'un autre homme qui lui était personnellement dévoué, dont les cheveux avaient blanchi dans l'exil volontaire où il avait suivi ceux auxquels il avait consacré toute sa vie, il arriva, dis-je, que ce vieillard fit entendre au monarque un avertissement sévère. Cet homme fut amené devant une cour de justice, sur le banc des criminels; dans sa sollicitude, dans sa prévision, il s'était écrié : *Malheureux roi! Malheureuse France!* Et j'entends encore la voix du ministère public lui reprocher d'avoir fait remonter le blâme jusqu'à la responsabilité royale et s'écrier : « Insensés! songez que, quels que puissent être les égarements de la passion, ils viendront toujours se briser contre le trône. » Qui donc était insensé? Le vieillard ou les conseillers du trône? L'indépendance de la magistrature protégeait l'écrivain, et quelques jours après la couronne du monarque volait en éclats, et Charles X reprenait, abandonné de tous, le chemin de l'exil. (*Sensation.*) Et maintenant, quels sont ces hommes que nous avons attaqués? Quels sont-ils par leurs actes passés et par leurs actes présents? Nous avons le droit de les examiner. Ce n'est pas notre faute si leur vie est pour eux une flétrissure. Quand Charles X, qui n'était encore que le comte d'Artois, quitta pour la première fois la France d'où l'exilait notre glorieuse Révolution, quel homme avait-il à côté de lui? Ce même vieillard dont je vous parlais tout à l'heure. Homme de l'émigration, imbu de toutes les idées de l'ancien régime, on conçoit qu'il ait pu s'égarer jusqu'au point d'abandonner sa patrie que l'ennemi attaquait et qui avait besoin de ses enfants pour la défendre; mais M. Guizot, cet homme qui s'est enfui à Gand, avait-il les mêmes traditions et peut-il avoir la même excuse? Ah! je veux en parler sans passion, mais j'ai bien le droit de dire que M. Guizot, chassé de la Sorbonne par Napoléon, qui y voyait clair quand les hommes manquaient de cœur, est allé à l'étranger se mettre aux pieds des alliés, et qu'après avoir rédigé le *Moniteur de Gand* qui traitait de vils brigands nos braves tombés à Waterloo, et qui insultait notre gloire et le drapeau sacré de la patrie, il revenait en France pour organiser les cours prévôtales et la censure; que plus tard encore cet homme est apparu dans le conseil pour se proclamer exécuteur impitoyable, et dire effrontément que tout devait lui céder. J'ai bien le droit de vous rappeler ce que disait M. Guizot, alors que de ses deux mains il se cramponnait à la tribune d'où voulait l'arracher M. Thiers, qui lui reprochait de s'être laissé jouer par l'Angleterre : Ce n'est pas à l'extérieur qu'est le danger, disait-il, c'est à l'intérieur! Eh bien! c'est lui qui a produit toutes nos dissensions; c'est par sa fatale influence que les factions ont dévoré notre pays, et quand nous l'accusons d'avoir conspiré contre notre gloire et notre honneur au dehors, d'avoir ensanglanté nos cités par ses ordres impitoyables, vous voulez nous punir!... Ah! non, messieurs les jurés, vous ne nous condamnerez pas pour avoir été hardis, et généreusement hardis!... (*Des applaudissements éclatent dans toute la salle. Longue et vive sensation.*)

M. LE PRÉSIDENT : Si ces applaudissements se renouvellent, je serai obligé de faire évacuer la salle. Toutes marques d'approbation ou d'improbation sont défendues.

Me FAVRE : Je crois en avoir assez dit, messieurs, pour vous convaincre que les délits qu'on nous reproche n'existent pas. M. l'avocat général vous a raconté les rassemblements qui ont eu lieu à Paris au commencement de septembre et qui ont duré vingt et un jours, au grand détriment de la sécurité publique et du commerce. Provoqués par la nouvelle de l'insurrection de Clermont, dont la population parisienne avait été douloureusement affectée, ils auraient pu être promptement dissipés, et la police semble avoir pris plaisir à les tolérer; puis, lorsqu'elle s'est décidée à agir, partout où elle s'est présentée elle a traité les citoyens avec une brutalité révoltante, à coups de bâton et de plat de sabre. Si vous voulez des preuves, nous vous citerons des autorités venues d'hommes patentés, et vous savez si de nos jours la patente est une puissance. Eh bien ! j'ouvre le *National*... (*Sourire au banc du ministère public.*) Je remarque que M. l'avocat général fait un signe de dédain. Pourquoi n'irions-nous pas chercher de l'appui chez nos amis? D'ailleurs, le numéro du journal que je vais vous lire n'a pas été poursuivi, le parquet n'y a trouvé rien à reprendre, et vous savez s'il laisse rien passer dans le *National* qui lui déplaise!

Voici donc la lettre que publiait cette feuille sous la date du 14 septembre :

« Vendredi au soir, à dix heures, au moment où la police dissipait le rassemblement qui s'était formé sur la place du Châtelet, plusieurs personnes s'étaient réfugiées chez le marchand de tabac, à l'angle de la rue Saint-Germain-l'Auxerrois et de la place du Châtelet. Un homme venait d'allumer sa pipe, et, placé près de la porte, regardait sur la place. Alors un grand nombre de sergents de ville, précédés d'individus à figure sinistre et armés de cannes et de bâtons, passaient devant la boutique en chassant devant eux le rassemblement. L'un de ces individus, sans qualité, sans titre apparent, prit par le bras le fumeur curieux, en lui adressant ces paroles : « *Marche donc, canaille!* » Or, il était dans l'intérieur de la maison; mais, à cette brusque attaque, il repoussa son adversaire et sortit en murmurant contre sa brutalité. A peine avait-il fait quelques pas, que les agents armés de bâtons l'entourèrent, firent pleuvoir sur lui une grêle de coups de canne et de bâton; quand il fut presque assommé, les sergents de ville s'en emparèrent et le conduisirent au poste.

« De pareils faits ne sont-ils pas bien capables de provoquer l'indignation?

« Quelques instants plus tard, une femme traversait la place en marchant très-vite; l'un de ces hommes aux bâtons, ne trouvant pas probablement qu'elle marchât assez vite, l'engagea à se hâter davantage en la frappant violemment à coups de pied.

« Voici les noms et adresses de plusieurs personnes qui pourront, au besoin, attester ces faits :

« M. Royer, fabricant, rue Saint-Germain-l'Auxerrois, 45;

« M. et madame Loipleur, imprimeur, rue des Juifs, 10;

« M. Joncielle, emballeur, rue Saint-Germain-l'Auxerrois, 45;

« M. Antoine Faubert, imprimeur;

« M. Verger, imprimeur. »

Eh bien! cet article ne dit pas autre chose que ce que nous avons dit nous-mêmes. Il était publié le 14 septembre, et le nôtre est du 16; que voulez-vous que pense le journaliste qui reçoit un semblable article non poursuivi par le pouvoir? Nous avons parlé par insinuation sans rien préciser; le *National*, au contraire, a cité des faits. Tout à l'heure M. l'avocat général a fait l'éloge de la conscience des ministres. Si cet éloge est mérité, M. Guizot a dû être profondément offensé, et M. Martin du Nord, qui est ministre de la justice, et M. Benjamin Delessert, qui est préfet de police, ont dû se sentir bien vivement irrités d'une pareille lettre publiée dans le *National*. Si les faits qu'elle contient sont faux, l'irritation de ces trois personnages a dû se traduire par des poursuites. Comment m'expliquerez-vous alors que l'article n'ait pas été poursuivi? Les journalistes de la province ont-ils dû se méfier de ces journaux écrits au siége même des événements et circulant en toute liberté par toute la France? D'ailleurs, ce qui était grave le 13 était bien grave encore le 15 et le 16; et si alors le tapage et l'émeute redoublaient, la brutalité de la police redoublait aussi. M. l'avocat général m'a demandé des preuves, j'en ai déjà donné, j'en vais donner encore.

Voici une autre lettre :

« Vendredi dernier, deux jeunes gens de notre maison passaient place du Châtelet, à neuf heures du soir, lorsque des cris qui partaient d'un groupe assez nombreux se firent entendre. Ces deux jeunes gens, poussés par la curiosité, s'avancèrent assez près, pour savoir ce qui se passait, lorsqu'une nuée d'assommeurs, de sergents de ville, les assaillirent à coups de bâton, et non contents de les avoir maltraités, ils les conduisirent en prison. Le lendemain, des perquisitions furent faites à leurs domiciles; inutile de dire qu'elles furent sans résultat. Leurs patrons, connaissant la probité et les bons antécédents de leurs employés, et sûrs d'ailleurs de leur innocence, allèrent les réclamer, mais en vain! cette responsabilité ne suffisait pas à M. Delessert. Le jour de leur arrestation, un propriétaire voisin allait réclamer les jeunes détenus chez le commissaire du quartier où ils avaient été arrêtés. Ce commissaire répondit qu'il n'avait pas le temps de s'occuper de pareilles *canailles*...

« Agréez, etc.

« L. DUMAS, rue Saint-Antoine, 75. »

Ces faits ont une extrême gravité : vous avez entendu, dans la bouche du ministère public, quelques-unes de ces imputations qui ne s'échangent jamais dans le monde sans qu'on se rencontre avec des armes plus incisives que des paroles (*mouvement*) ; eh bien! je vous le demande à présent, n'avions-nous pas le droit, connaissant ces faits, de les qualifier avec la vigueur qu'on nous reproche, et les écrivains qui recueillent de pareils renseignements, qui les reproduisent en les flétrissant, méritent-ils d'être conduits en cour d'assises, d'être condamnés à l'amende et à la prison?... Mais y a-t-il dans l'article du *Journal de l'Eure* quelque chose qui sente la calomnie? Je vais vous le relire, messieurs les jurés ; je vous demande pardon de fatiguer ainsi votre attention, mais le procès est grave, et c'est pour nous, vous le savez bien, puisque M. l'avocat général vous l'a dit, une question d'honneur, de liberté et d'argent, les trois choses que l'on aime le mieux dans ce monde. (*Sourires dans l'auditoire.*)

Le *Journal de l'Eure* a dit que la tentative d'assassinat était venue en aide au ministère ; les termes mêmes du rapport de M. de Bastard confirment cette assertion, et la réaction essayée contre la presse depuis ce jour fatal ne rappelle que trop celle dont, à une autre époque, lors du meurtre du duc de Berry, elle fut l'objet. Le rédacteur, il faut lui rendre cette justice, proteste contre les doctrines des communistes : eh bien! ces communistes contre lesquels il s'élève, ils tenaient à Paris leurs réunions, non pas seulement dans les caves, comme les premiers chrétiens, quoique pour un bien autre but, mais dans des cabarets, publiquement, comme le constate M. de Bastard. La police connaissait ces réunions, elle les tolérait, elle y laissait lire un journal infâme, l'*Humanitaire,* je crois, dont deux épouvantables numéros ont paru sans être poursuivis, sans que ses auteurs aient été recherchés. Le ministère doit donc porter la responsabilité des désordres que son inconcevable négligence a encouragés, et le *Journal de l'Eure* a pu dire que la tentative d'assassinat qui en a été la conséquence devait, jusqu'à un certain point, lui être imputée. Mais quand il a fallu s'expliquer sur cette tentative, il n'a pas hésité à la flétrir du nom de stupide. Cette qualification paraît insuffisante à M. l'avocat général. Nous n'en connaissons pas de plus énergique, de plus propre à dépouiller l'assassinat politique de cette fausse auréole dont on l'a trop souvent entouré.

Quant aux troubles de Mâcon et de Clermont, vous savez les regrets qu'ont causés à tous les bons citoyens les détails de ces tristes événements. Ici, mon cœur bat avec celui de M. l'avocat général, et je me réunis à lui pour donner des larmes au sang versé ; mais pourquoi restreindre ainsi la cause et mettre en face les uns des autres des citoyens égarés et ces braves soldats qui gémissaient d'avoir à verser du sang français, eux qui auraient tant voulu tourner leurs balles contre les poitrines de l'ennemi? Le ministère public a raconté, comme il les connaît, les événements de Mâcon; mais j'étais à Mâcon au moment où les troubles éclataient, et je pourrais lui dire que le jugement du tribunal correctionnel de cette ville a reconnu que la troupe avait fait feu la première, et que cette malheureuse femme qu'on avait dite tuée par une bûche, avait eu la cervelle emportée par les balles des soldats! Mais je ne veux pas insister sur ces douloureux événements, je ne veux rien reprocher à ces militaires qui, comme les citoyens, ont été égarés : les vrais coupables sont les fauteurs de ces déplorables scènes, ce sont ceux qui lancent les soldats contre le peuple, qui résistent aux conseils municipaux et qui, pour une question d'amour-propre, ensanglantent le pays. Voilà pourquoi nous avons dit que le ministère était responsable du sang versé; vous avez parlé du procès perdu par le *National* à l'occasion des troubles de Mâcon; le jury parisien a rendu un verdict de culpabilité, parce qu'il pensait alors que le premier coup de feu était parti des rangs des citoyens. La vérité s'est fait connaître par le jugement du tribunal de Mâcon, et nous savons aujourd'hui que le premier coup de feu est parti des rangs des soldats. Encore une fois, je ne leur adresse point de reproches : ce que je constate, c'est l'existence des désordres qui désolent la France. Et la source de ces désordres, je la place dans les résistances entêtées de ce ministère que je proclame impitoyable, qui n'a pas voulu, dans la question brûlante du recensement, attendre la réunion des pouvoirs parlementaires et qui a répondu à toutes les protestations en expédiant partout des ordres sanguinaires; c'est contre le ministère, duquel ces ordres sont émanés, que nous nous sommes élevés, et nous n'avons pas attaqué la personne royale. Vous relirez nos articles, et vous verrez que nous avons attaqué le ministère et toujours le ministère; c'était notre droit, nous en avons usé; c'était notre devoir, nous l'avons rempli.

Dois-je m'arrêter aux critiques que M. l'avocat général a faites des lettres italiques employées dans l'article? En réalité, la chose en vaut-elle la peine, et peut-on attacher tant d'importance à la forme plus ou moins penchée d'un caractère d'imprimerie? (*On rit.*) Vous laisserez ces misères, et c'est notre pensée que vous rechercherez au fond de l'article : cette pensée, vous la connaissez déjà, et vous l'absoudrez, j'en suis sûr.

Et maintenant ne m'est-il pas permis de dire, comme mon jeune et honorable confrère, que ce qu'on veut dans cette cause, ce n'est pas la répression d'un délit qui est si bien dans les nuages, que trois autorités judiciaires n'ont pu réussir à l'apprécier; ce que l'on veut, c'est l'anéantissement de tout esprit d'opposition dans ce département : c'est la mort de la presse libérale que médite le pouvoir, et ceci vous explique la présence extraordinaire de M. l'avocat général dans ce procès. Partout des ordres ont été donnés.

La liberté de la pensée triomphera dans tous les temps, et vous comprenez que les calomnies qu'on nous a adressées par voie d'insinuation, nous ne les acceptons pas. Si vous avez des faits contre nous, produisez-les, faites des biographies, mais n'insinuez pas. Ah! je le sais, depuis que de tristes exemples et de fâcheux précédents ont été donnés par la magistrature élevée, le ministère public n'a plus ces nobles et saints scrupules d'autrefois. D'après ces précédents, ce ne serait pas le jury qui devrait connaître du crime de M. Davenay, auquel vous reprochez si vivement ses antipathies secrètes contre la dynastie régnante.

Organe du ministère public, ne manquez-vous pas à tous vos devoirs en nous provoquant, comme vous l'avez fait, à déclarer ici nos sympathies et nos antipathies? Nous répondrons à vos provocations que notre caractère est nettement dessiné dans notre journal; et quels que soient les piéges de l'accusation, nous n'y tomberons pas. (*Mouvement.*)

M. l'avocat général vous dira-t-il que toute opposition doit être flétrie? essayera-t-il, comme on l'a fait ailleurs, d'étendre cette proscription jusqu'à la critique la plus modérée, parce qu'elle mine les fondements du pouvoir? Et pour appuyer ses dangereuses propositions, aura-t-il recours aux calomnies dont MM. les gens du roi sont aujourd'hui si prodigues contre les écrivains? Je comprendrais que ces exagérations pussent produire quelque effet dans tout autre département que celui-ci. Mais ici, comment espérer de faire illusion sur la moralité des hommes de l'opposition, lorsque ce pays est fier de choisir pour son représentant le vénérable apôtre de la démocratie, que je vois assis au milieu de vous? (*Tous les regards se tournent vers M. Dupont de l'Eure.*) Sa longue carrière pleine d'éminentes vertus, de services éclatants et désintéressés, n'est-elle pas la meilleure apologie de l'indépendance de la pensée? Qu'il me permette de le lui dire publiquement, la cause de la démocratie aurait été plus tôt gagnée si elle n'avait eu que des défenseurs tels que lui. A ceux qui nous accusent de rêver des troubles et des désordres, d'être des fauteurs de révolte et d'anarchie, nous répondrons : voilà notre Nestor et notre guide! C'est à nous rapprocher d'une si belle vie que tendent tous nos efforts. Placés sous un si noble patronage, nous pouvons défier toutes les calomnies et toutes les injures. Les bruits s'émoussent contre d'aussi éminentes vertus. Cherchez un pareil homme parmi les courtisans qui encombrent les palais des monarques, parmi ces instruments nécessaires aux gouvernements qui, culbutés du pouvoir, reviennent sans cesse aux affaires. Quel homme avez-vous dans les rangs conservateurs que vous puissiez lui comparer pour la probité, pour la sagesse et le courage civil? D'aussi nobles natures ne se révèlent que par leur simplicité et leur naturelle dignité. Inclinez-vous devant lui, car la population lui prodigue ses respects et ses hommages! Voilà notre modèle et notre gloire!

Messieurs les jurés, c'est sous l'auréole de cette gloire que je place les rédacteurs du *Journal de l'Eure,* et que je vous demande pour eux un acquittement. Ils ont défendu les principes dont il a été continuellement l'apôtre. Placés sous son patronage, nous ne pouvons être condamnés.

Une très-vive émotion partagée par la cour, le parquet et tout l'auditoire, succède à ce discours.

Me Favre est aussitôt entouré, félicité par la foule.

A la reprise de l'audience, M. Rouland, dans une courte réplique, accuse le journal de vouloir le renversement de la dynastie nouvelle, et son rédacteur d'avoir déversé le ridicule et le mépris sur ce qui doit rester inviolable et sacré. Il termine en demandant la condamnation des deux prévenus.

Me Jules Favre discute et anéantit tous les arguments du ministère public. Ensuite M. le président résume les débats, et le jury, après délibération, ayant déclaré, sur toutes les questions, la non-culpabilité des prévenus, M. le président prononce leur acquittement.

COUR D'ASSISES DE LA SEINE

PRÉSIDENCE DE M. CHAMPANHET

AUDIENCE DU 10 MARS 1842

Procès de presse. — Roman intitulé : *le Nom de famille.* — Outrage à la morale publique. Excitation à la haine et au mépris du gouvernement. — Excitation au mépris et à la haine contre plusieurs classes et personnes.

A la fin de l'année 1841 parut un roman de M. A. Luchet ayant pour titre: *le Nom de famille.* Cet ouvrage, ayant paru au ministère public renfermer plusieurs délits, fut l'objet de poursuites.

L'auteur et l'éditeur, par ordonnance de la chambre du conseil, sont mis en prévention et renvoyés devant la cour d'assises.

Me Jules Favre, défenseur de M. Luchet, s'exprime ainsi :

MESSIEURS LES JURÉS,

C'est avec une réserve extrême que le ministère public doit soumettre au jury l'appréciation difficile des délits de presse. Je vous le dis pour vous mettre en garde contre le système suivi par M. l'avocat général, et pour vous faire comprendre qu'il suffit de se placer à deux points de vue différents pour juger un livre bon ou mauvais, utile ou dangereux. Pour démontrer ce que j'avance, aurai-je besoin de reprendre phrase à phrase toutes les parties incriminées du livre dont je défends l'auteur? Non, messieurs, je restreindrai ma plaidoirie à des proportions plus simples. Je démontrerai d'abord que l'esprit général de ce livre n'est pas aussi mauvais que l'on a essayé de vous le faire entendre. Puis, sans entrer toutefois dans la discussion des grands principes sociaux qu'il attaque, je dirai qu'avec la tolérance, avec l'assentiment même de tous les pouvoirs, il existe dans notre littérature une critique poussée à un tel point qu'elle détruit tout sans cesser pourtant de paraître mériter à ceux qui la font, les premières places de l'État. Je vous demanderai enfin, messieurs les jurés, si lorsque depuis vingt ans on a ainsi lâché les écluses à la raison humaine, il n'y a pas une sorte de surprise à venir commencer des poursuites contre ceux qui se sont laissé entraîner au cours de ce torrent. Voilà tout le plan de cette défense : elle n'est pas calquée sans doute sur le réquisitoire; mais M. l'avocat général a plus d'une arme dans son carquois; il saura parfaitement y répondre.

D'abord est-il vrai que l'ouvrage de M. Luchet détruise tout ce qu'il y a de saint et de respectable? Ici M. l'avocat général s'est livré à son analyse, et chaque passage saillant a été par lui couvert de flétrissure. Permettez-moi de vous dire que les énormités qu'il y a vues ne s'y trouvent pas. Ainsi, il accuse l'auteur d'avoir stigmatisé trois familles honorables de notre pays, et d'avoir violé ce principe que la *vie privée doit être murée*. C'est là une première erreur, et ce n'est pas la seule qu'il importe de relever. Dans le roman, il n'est pas question des Montmorency; il est vrai (et je rétablis ce fait pour répondre au signe de dénégation que me fait M. l'avocat général) que les Tancarville auraient, suivant l'auteur, été alliés à cette famille; mais c'est là une supposition sur laquelle il n'est pas possible de se méprendre.

Quant aux Tancarville et aux Croixmare, je n'ai jamais entendu parler de ces familles dans notre histoire. Mais eussent-elles existé, s'ensuivrait-il que l'auteur aurait voulu les insulter? Un auteur de roman n'est-il pas dans la nécessité de choisir des noms de personnages et souvent de prendre ceux qui offrent le plus de sonorité? Si on lui refuse le droit d'emprunter ceux de familles illustres, pourquoi ne lui refuserait-on pas aussi celui de donner aux acteurs de son drame des noms plébéiens? Il faudrait aller jusque-là, car l'honneur d'un nom plébéien n'est pas moins digne de respect qu'un autre. Or qu'arriverait-il? Les romanciers seraient contraints de chercher des noms dans la mythologie grecque, pourvu encore que les dieux de la fable n'aient pas des descendants qui viennent se mettre à l'abri du réquisitoire de M. l'avocat général. (*Rires.*)

Entrant davantage dans la trame du livre, comment donc est-il possible d'y trouver tout condamnable? Voyons donc son ensemble et son dénoûment. La marquise de Tancarville donne, à Rouen, le jour à un héritier. Au milieu de la joie et des fêtes qui suivent cet heureux événement, apparait tout à coup un homme ensanglanté, pâle et couvert de vêtements en lambeaux. Il s'écrie : « Il y a ici un mensonge; c'est moi qui suis le père de l'enfant. » On le chasse, on le croit fou; il ne l'était pas, il avait dit vrai. Voilà le sujet du prologue. Est-ce là quelque chose de nouveau? Ces scènes ne se reproduisent-elles pas tous les jours sur notre théâtre? De notre temps, où la littérature s'adresse surtout aux passions matérielles, se plaît dans les spectacles sanglants, faut-il faire un crime à Luchet de s'être laissé entraîner à cette tendance?

Cependant l'action se développe : l'homme qu'on a chassé du palais de la marquise, Maurice, se réfugie dans l'échoppe d'un savetier. Celui-ci, qui s'est trouvé dans une autre sphère, qui a reçu une instruction solide, l'écoute, le reprend et le console.

Plus tard, par suite d'incidents dramatiques, Maurice se trouve auprès du lit de mort de la marquise ; et là, en présence de son mari, cette femme confesse, sans se justifier, qu'Ernest est le fruit de l'adultère. Après sa mort, le marquis ne garde pas l'enfant, il le laisse à Maurice qui devient son instituteur. Mais qu'arrive-t-il? Malgré la surveillance de ce père, l'enfant se jette dans la débauche. Il entraîne une jeune fille et la perd avec lui. Devenu le type de la rouerie, il fonde un journal et trompe ses actionnaires. Mais le jour de la vengeance arrive : il est provoqué en duel et il est tué.

M. l'avocat général trouve cela immoral. N'est-ce pas cependant l'image de la vie? N'est-ce pas malheureusement ce qui se passe tous les jours? Et d'ailleurs ne faut-il pas voir avant tout la pensée du livre, le dénoûment? Eh bien! ce dénoûment, le voici : Le marquis jette à la face de cet homme son infamie et son héritage ; il déchire son blason de son épée, et il lui dit : « Vous aurez deux cent cinquante mille francs de rente, mais vous serez flétri par votre père. » Est-ce que cette moralité ne va pas bien à notre époque qui se courbe devant le veau d'or? Quand on flétrit cette possession d'une fortune acquise au prix de son honneur, ne fait-on pas une chose sainte et respectable? Vous qui accusez ce livre, lisez-le donc jusqu'au bout, et vous verrez que la pensée de l'auteur est celle-ci : Dans notre société, la passion individuelle est écrasée par nos institutions; cependant ces institutions doivent être acceptées, et c'est à la passion individuelle à se courber devant elles!

Quant aux détails d'exécution, sans doute le style est animé et plein d'ardeur; mais tout ce qu'il y a de sacré est-il foulé aux pieds? Quel est donc ce jeune homme qui aurait fait ces choses? Est-ce un débauché, un homme dépravé? C'est un fils tendre et respectueux, et s'il a plus de besoins, c'est qu'il n'est pas seul, c'est qu'il a une jeune épouse dont il est l'appui. Pardonnez-lui donc un peu d'ardeur à signaler des abus dont son âme était vivement émue. Est-ce d'aujourd'hui que l'on trouve dans les écrits cette lutte entre la position individuelle et la société? Et ne s'est-elle pas vue de tout temps, depuis le *Prométhée* d'Eschyle jusqu'à la *Chaîne* de M. Scribe, *si tanta licet componere parvis* (j'en demande pardon à Eschyle)?

Le délit d'excitation à la haine et au mépris du gouvernement ne se comprend pas dans un livre de huit cents pages dont deux ou trois seulement sont consacrées à la politique. Les poëtes et les peintres, a dit Horace, ont des licences, et quand une allusion politique est noyée pour ainsi dire au milieu d'un roman, le remède se trouve à côté du mal. Il est impossible de l'atteindre. Aussi n'a-t-on jamais poursuivi des ouvrages qui en contenaient de plus vives que celles que l'on rencontre dans le livre de M. Luchet. Il y a donc, sous ce rapport, une tolérance générale qui se justifie par l'impossibilité où l'on est d'atteindre un délit si peu saisissable dans des ouvrages si volumineux.

Quand, dans un roman, on parle d'une insurrection, est-il défendu de dire qu'elle a été accompagnée de cris et de désordre? Qui donc ne connaît pas l'histoire de nos révolutions et qui ne pourrait faire le martyrologe de tous les hommes immolés pour les joies de la société? Quand M. Luchet parle de 1832, est-il possible qu'il ne soit pas ému de tout ce qui se passait à cette époque sur laquelle il serait bon que l'eau du Léthé s'écoulât? Et s'il fait allusion aux conseils de guerre, institués pour immoler les vaincus, n'est-il pas dans son droit de blâmer amèrement une tentative que la loi défendait, que la cour suprême a abolie? Voilà sa pensée, et vous ne trouverez pas qu'il est coupable pour avoir osé écrire ce qui est dans la conscience de tout le monde.

La prévention reproche à Luchet un autre délit, celui d'avoir tourné en dérision certaines classes de la société et notamment les ministres de la religion. Ce délit ne saurait résulter de ce que dans certains passages des paroles amères sont placées dans la bouche de plusieurs personnages. Comprendrait-on qu'un romancier fût forcé de leur faire toujours tenir un langage vertueux? Mais alors il faudrait supprimer Tartufe du théâtre, il faudrait fermer la bouche aux tyrans et aux traîtres lorsqu'ils arrivent sur la scène. Ce qu'il faut voir avant tout, c'est le but de l'auteur. Eh bien! quand Maurice s'est plaint si amèrement à Pasquier, l'auteur n'a-t-il pas soin de le faire reprendre par celui-ci? Maurice lui-même n'a-t-il pas honte de ses paroles?

D'autres passages, ceux qui paraissent le plus gravement compromis, sont tirés textuellement des ouvrages de Fourier ou des publications du *Globe,* qui a prêché, sans être poursuivi, pendant plusieurs années, l'abolition de l'héritage et de la famille.

Enfin, que dire du passage relatif aux pharmaciens? Nos artistes les plus ingénieux n'ont-ils pas ridiculisé sans aucun danger diverses classes ou diverses célébrités? A entendre M. l'avocat général, les épiciers, si ridiculisés depuis dix ans, pourraient venir se plaindre contre tous les auteurs d'ouvrages légers. A l'aide du réquisitoire...

M. LE PRÉSIDENT, *interrompant.* Maître Favre, j'ai une observation à vous faire.

Me FAVRE. Je suis prêt à l'entendre.

M. le Président. Vous, comme les autres défenseurs en général, vous avez l'habitude de prendre corps à corps l'organe du ministère public, M. l'avocat général, le réquisitoire de M. l'avocat général... les doctrines de M. l'avocat général ! Il y a un arrêt de la chambre des mises en accusation qui fixe les bornes de la prévention : c'est sur cet arrêt qu'il faut discuter, M. l'avocat général ne fait que le développer.

Me Favre. J'ai deux réponses à faire à cette observation. La première, c'est que l'arrêt de renvoi disparaît des débats, quant à la discussion des faits, après qu'il a été lu ; la seconde, c'est que la lutte ne s'engage pas avec cet arrêt : ce n'est pas lui, c'est M. l'avocat général qui plaide ; c'est donc à lui que la défense doit s'adresser.

M. le Président. C'est l'arrêt de la chambre des mises en accusation qui fixe le débat ; voilà mon observation.

Me Favre. Je déclare que je ne puis continuer si l'on me défend de prononcer le nom de M. l'avocat général. (*Le défenseur se rassied.*)

M. le Président. Vous ne pouvez vous attaquer au réquisitoire de M. l'avocat général.

Me Favre. Le réquisitoire que j'attaque est bien celui que prononce M. l'avocat général. Il ne s'agit pas de celui d'un autre, je pense.

M. le Président. Plaidez comme vous l'entendrez.

Me Favre. Je plaide comme la loi me l'ordonne, monsieur le président.

M. le Président. C'est nous qui en jugerons ; c'est à nous qu'il appartient de le décider.

Me Favre. J'arrive à ce qui concerne l'attaque contre les ministres de la religion. Partout ne prêche-t-on pas la liberté absolue de la pensée en matière de religion ? Les œuvres de Voltaire ne sont-elles pas répandues partout ? A l'heure où je parle, tous les dogmes religieux sont attaqués, et au delà du Rhin l'on permet ces attaques, on permet l'impression d'un ouvrage, celui de Strauss, où la divinité du Christ est niée. En France, cet ouvrage a été analysé dans la *Revue des Deux Mondes* par M. Edgard Quinet, et cette publication n'a pas provoqué les poursuites du ministère public...

M. l'Avocat général. Nous avons une observation à vous faire, et si elle ne suffisait pas, nous ferions un réquisitoire sur ce point. Votre citation, si nous ne nous trompons, a pour objet de mettre en doute un dogme fondamental.

Me Favre. Ce n'est pas mon intention.

M. l'Avocat général. Alors vous vous faites mal comprendre. Si vous vouliez mettre en doute un dogme religieux, je me lèverais immédiatement pour prendre des réquisitions.

Me Favre. Je veux seulement établir qu'un dogme a été nié et discuté, et que cela a pu avoir lieu sans que le ministère public ait poursuivi.

M. L'AVOCAT GÉNÉRAL. Eh bien! dans ces termes mêmes nous ne pouvons permettre le développement de votre pensée.

Me FAVRE. Puisque M. l'avocat général y met tant d'insistance, je m'abstiendrai d'en dire davantage sur ce point. J'ajouterai seulement un mot. Voici un petit livre publié en France, dans lequel la divinité de Jésus-Christ et tous les dogmes de la religion catholique sont ouvertement niés. Je ne l'ouvrirai pas, puisque M. l'avocat général s'y oppose. Je dirai seulement qu'il n'a pas été poursuivi.

M. L'AVOCAT GÉNÉRAL. Cela ne prouverait qu'une chose, c'est qu'il y a des délits qui échappent à la vigilance du ministère public. Ce livre, nous vous prions de le déposer entre nos mains.

Me FAVRE. J'en demande pardon à M. l'avocat général; mais ce n'est point à moi de venir en aide à son zèle. D'ailleurs ce livre, comme tant d'autres dont j'avais à parler (et je m'en étais assuré avant d'en faire usage), a plus de six mois de date; le délit est donc couvert par la prescription. J'aurais dû citer encore des articles de journaux publiés par M. Théophile Gautier, et dans lesquels il appelle Jésus-Christ *un glorieux bambin,* et la vierge Marie *la maîtresse de Dieu.* Cependant M. Théophile Gautier n'a pas été traduit en cour d'assises! Il été tout récemment décoré de l'ordre royal de la Légion d'honneur!

Au reste, je défère au vœu exprimé par M. l'avocat général, et je m'abstiens de citations. Je constate seulement que, par là même, il est établi combien ces attaques sont imprudentes, puisqu'elles autoriseraient la défense à discuter les principes fondamentaux de la société.

Quant au délit d'attaque contre la famille et le mariage, il n'est pas défendu de signaler les abus de ces institutions. J'ai sous les yeux un passage tiré des archives de la police, par M. de Sartine, qui dit que la famille est un répertoire de crimes, un arsenal d'infamies. Quant aux malédictions contre le mariage que M. Luchet met dans la bouche de la marquise mourante, on ne peut pas plus les reprocher à l'auteur qu'on n'est en droit de reprocher à Racine d'avoir mis dans la bouche d'Athalie des imprécations contre le dieu des Juifs.

Il reste donc à examiner les prétendues agressions générales contre la morale sociale et religieuse. Luchet est-il le premier qui ait épanché les sentiments pénibles qui étouffaient son âme? N'y a-t-il pas un long cri de douleur proféré dans toute la littérature, depuis le drame de *René* jusqu'au dithyrambe de *Lélia,* jusqu'à l'homélie passionnée des *Paroles d'un croyant?* N'a-t-on pas vu les hommes de génie de tous les pays, Byron et Gœthe, par exemple, s'associer à ces gémissements émanés d'une âme généreuse?

Est-ce à dire que tous ces hommes veulent renverser ce qui existe ? Non, sans doute. En présence de nos institutions faussées, des malheurs qui accablent tant de classes de la société, en écoutant les plaintes échappées de tous les cœurs souffrants, il y a deux partis à prendre : on peut rester indifférent ou bien on peut se mêler à ceux qui pleurent. C'est ce dernier parti qu'a pris Luchet. Habitué au dévouement depuis son enfance, il a pu être froissé souvent ; mais en déposant ses douleurs dans un livre, il n'a rien conçu, même en s'égarant, qui n'émanât d'un cœur honnête.

Je n'ajouterai plus qu'un mot, messieurs ; M. l'avocat général vous a dit : « Nous ne ferons point appel à vos opinions politiques, nous nous adressons à vos sentiments moraux. » Et moi aussi je m'adresse à ces sentiments, et je proclame devant vous que ce jeune homme a voulu simplement signaler des abus, exprimer ses plaintes ; mais qu'il n'a rien voulu détruire.

Après deux heures de délibération, le jury déclare Luchet coupable sur toutes les questions, et la Cour le condamne à deux ans d'emprisonnement et à 1,000 francs d'amende, en ordonnant la destruction des exemplaires saisis.

TRIBUNAL CIVIL DE LA SEINE

PRÉSIDENCE DE M. THOMASSY

AUDIENCE DU 15 DÉCEMBRE 1842

Conspiration Didier. — M. le général Donnadieu contre M. Crétineau-Jolly. — Demande à fin de publication de quatre-vingt-trois lettres attribuées à M. le duc Decazes.

M. Crétineau-Jolly, rédacteur en chef de la *Gazette du Dauphiné*, avait annoncé dans le *Journal de la librairie* la publication prochaine de l'*Histoire de la conspiration Didier*, ouvrage rédigé d'après des documents inédits et authentiques, parmi lesquels figurent quatre-vingt-trois lettres autographes de M. Decazes, adressées à un agent provocateur en Dauphiné. M. le général Donnadieu a soutenu qu'après cette annonce du *Journal de la librairie*, M. Crétineau-Jolly avait pris envers lui l'engagement de publier cette histoire, dans laquelle il était appelé à jouer un des principaux rôles en sa qualité de général commandant à Grenoble lors de la conspiration de Didier. M. Crétineau-Jolly ayant retardé cette publication, M. le général Donnadieu a intenté contre M. Crétineau-Jolly, devant le Tribunal civil, une action en dommages-intérêts.

Me Jules Favre, son avocat, s'exprime ainsi :

MESSIEURS,

Je comprends le motif qui fait désirer au Tribunal que je me renferme dans l'examen de la question légale de cette affaire. Je serai bref dans l'exposé de cette cause. Mon adversaire, d'ailleurs, est absent; il a pensé que cette tactique était sa meilleure défense.

M. Crétineau-Jolly a fait publier dans plusieurs journaux une lettre explicative des motifs qui l'ont empêché de publier les documents historiques qui sont entre ses mains. Il fuit le combat que nous lui avons offert. Il nous fait une guerre de Parthe, et nous lance un trait en se dérobant.

Il y a deux ans, un procès qui eut un grand retentissement fut intenté par le fils de Paul Didier, l'une des victimes les plus illustres de la guerre civile de 1816. Les débats et le jugement de cette affaire réveillèrent les souvenirs et excitèrent une vive émotion dans le pays et dans la presse. La *Gazette du Dauphiné*, dont la rédaction en chef était confiée à M. Crétineau-Jolly, se mit en rapport avec M. le général Donnadieu, qui, en sa qualité de commandant de la division, dont le siége était à Grenoble, avait étouffé l'insurrection, et avait reçu les confidences du malheureux Didier au moment où il allait monter sur l'échafaud.

Après le jugement du procès, le 28 août 1841, le journal *la Mode* publia un article dans lequel on parlait d'un personnage célèbre dans l'histoire de ce temps, qui tient un rang élevé dans l'État et qui aurait, en 1816, commandé au général Donnadieu de frapper les victimes de la conspiration de 1816, afin d'acheter leur silence.

L'article de la *Mode* était ainsi conçu :

« On nous écrit de Grenoble qu'on vient de trouver dans cette ville quatre-vingt-trois lettres écrites par M. Decazes, et que ces lettres vont être bientôt publiées. Si cette nouvelle se confirme, il faudra changer le mot de M. de Talleyrand. Il avait dit : « Tout ceci finira par hasard. » On devra dire : « Tout ceci finira par des lettres. »

Le *Journal de la librairie* du 2 octobre 1841 contenait l'annonce suivante :

« Publication de l'*Histoire politique contemporaine de Didier et autres conspirateurs sous la Restauration,* par F. Gros.

« Sous presse : *Histoire de la conspiration de Didier*, par Crétineau-Jolly, un fort volume in-8° (paraîtra le 15 novembre).

« Ouvrage rédigé d'après des documents inédits et authentiques, parmi lesquels figurent quatre-vingt-trois lettres autographes de M. Decazes, adressées à un agent provocateur en Dauphiné. »

Malgré cette annonce si positive, M. Crétineau-Jolly gardait le silence. Cependant il y avait un homme qui avait un grand intérêt à ce que la publication promise par M. Crétineau-Jolly ne fût pas abandonnée : c'était le général Donnadieu.

Le Tribunal a paru désirer que je ne m'explique pas sur l'intérêt du général dans cette publication. Je me conformerai au désir que M. le président a exprimé, je ne dirai qu'un mot : c'est que l'intérêt du général était légitime, grave, sérieux, en cherchant à repousser les calomnies du personnage dont il s'agit.

Le général Donnadieu s'adressa alors à M. Crétineau-Jolly pour lui demander avec instance de donner suite à sa publication. Ce n'était pas un intérêt de curiosité qui le faisait agir, c'était l'intérêt de toute sa vie, c'était le besoin de réhabiliter son honneur outragé. Le nom du général Donnadieu, pour la génération nouvelle, est celui d'un impitoyable réacteur. Il avait donc un intérêt immense à ce que la vérité sur la conspiration de Grenoble fût proclamée. Le général a dit à M. Crétineau-Jolly : « Ces lettres que vous allez publier sont capitales pour moi; elles peuvent laver mon honneur de vieux soldat qui a été souillé par des calomniateurs. »

M. Crétineau-Jolly répondit au général, le 29 décembre 1841, que son travail était commencé, que l'introduction était faite, et qu'il n'y avait plus qu'à encadrer les faits et les lettres.

Le travail de M. Crétineau-Jolly n'avait pas encore paru au mois de janvier 1842. M. le général Donnadieu le pressait de publier ces documents, en lui faisant remarquer que d'un jour à l'autre l'un des personnages intéressés dans la conspiration Didier pouvait disparaître.

M. Crétineau-Jolly lui répondit que pour ne pas se jeter dans le gouffre béant de la cour des pairs ou du jury, il attendait pour cette publication la chute du ministère ou un temps d'arrêt dans la réaction.

Depuis lors M. Crétineau-Jolly a refusé de publier les lettres qui sont entre ses mains, malgré l'offre que M. le général Donnadieu lui a faite de l'affranchir de toute responsabilité en publiant ces lettres sous son nom. Et non-seulement il a refusé de les publier, mais il a refusé de les déposer chez un notaire et de les faire voir en présence de MM. La Rochejaquelein, Réveillère, Dudon et Berryer.

C'est alors que le général, ne pouvant vaincre la résistance de M. Crétineau-Jolly, a pris le parti de s'adresser à la justice.

Le 30 juillet 1842, il a fait signifier à M. Crétineau-Jolly une sommation dans laquelle il déclare assumer sur lui la responsabilité de la publication, pourvu, bien entendu, qu'elle ne comprenne que des lettres autographes de M. Decazes.

M. Crétineau-Jolly n'a pas répondu à cette sommation, et c'est ainsi que l'affaire se présente devant vous, et que vous avez à juger en ce moment si l'action dirigée par M. le général Donnadieu contre M. Crétineau-Jolly est fondée.

Si M. Crétineau-Jolly était présent à cette barre, si nous pouvions le faire interroger par le Tribunal, ou si du moins nous pouvions lui adresser les interpellations judiciaires que la liberté de notre ministère autorise, nul doute que M. Crétineau-Jolly ne fût confondu dans cette enceinte, et obligé de convenir qu'il avait pris l'engagement le plus formel vis-à-vis de M. le général Donnadieu.

L'intérêt du général Donnadieu, je l'ai expliqué, et tout le monde le comprend. Cet intérêt se rattache à l'intérêt public, car il importe de rétablir la vérité sur un fait historique encore incertain. Cela ne suffit pas, sans doute. Il ne suffit pas que l'intérêt du général Donnadieu dans cette affaire soit celui de toute sa vie; qu'il s'agisse pour lui de la réparation d'une longue et cruelle injure qui a empoisonné son existence de vieux soldat et qui lui a fait oublier le prix des services rendus à son pays.

Il y a eu de la part de M. Crétineau-Jolly vis-à-vis de M. le général Donnadieu, non-seulement un engagement d'honneur, un engagement moral, mais encore un engagement légal contracté par la lettre du 29 décembre 1841. L'absence de M. Crétineau-Jolly vient fortifier l'engagement qu'il a pris et qu'il lui est impossible de méconnaître, aujourd'hui qu'il persiste à garder le silence et à fuir le débat.

Que le Tribunal me permette de le dire avec loyauté : le général Donnadieu a voulu arriver à un éclaircissement historique qui lui importait vivement dans sa position personnelle. M. Crétineau-Jolly dit maintenant au général Donnadieu : « J'ai dans les mains des documents qui importent à votre honneur attaqué, et je ne veux pas les publier après m'y être formellement engagé. » Si le Tribunal ne croit pas, dans ces circonstances, devoir accueillir l'action que nous avons formée devant lui, le général Donnadieu se retournera vers celui qui a été la cause de tous ses malheurs. Il lui dira : « Nous avons servi ensemble le pays, vous dans les conseils du monarque, et moi dans les camps. Une insurrection a éclaté; chargé de l'étouffer, j'ai élevé la voix en faveur des insurgés, et l'on m'a répondu par des ordres de supplice. Poursuivi par les gémissements des victimes, en butte aux accusations les plus odieuses, rayé par vous, j'ai été traité comme assassin. Vous avez fait de moi un paria, vous m'avez signalé comme un homme sanguinaire. Rétabli dans mon grade après votre chute, j'ai été rayé par vous de nouveau des cadres de l'armée quand vous êtes redevenu tout-puissant. Des documents accusateurs étaient publiés, tendant à établir que vous aviez trahi votre prince et votre pays, et c'est moi qui ai pris souci de votre honneur. Abandonné par vous, je m'en remets à la postérité, qui nous jugera. »

Pour tenir ce langage avec autorité, il fallait d'abord subir l'épreuve de votre justice.

Quelle que soit votre décision, messieurs, elle constatera que M. Crétineau-Jolly ne s'est pas présenté, et elle sera la base d'un procès plus grand, plus solennel, que celui qui vient de s'agiter dans cette enceinte.

Le Tribunal a jugé que s'il était établi que M. Crétineau-Jolly eût manifesté au général Donnadieu l'intention de publier les lettres dont s'agit, cette manifestation d'intention ne suffisait pas néanmoins pour servir de base à une action civile.

En conséquence, le Tribunal a donné défaut contre M. Crétineau-Jolly, mais en même temps il a débouté le général Donnadieu de sa demande et l'a condamné aux dépens.

TRIBUNAL CORRECTIONNEL DE LA SEINE

AUDIENCE DU 27 JANVIER 1843

Les actionnaires du chemin de fer de Paris à Versailles (rive gauche), contre MM. Fould et Léo, administrateurs.

Les actionnaires ayant accusé les administrateurs de les avoir trompés et d'avoir pratiqué des manœuvres frauduleuses, MM. Fould et Léo les traduisirent en correctionnelle pour délit de diffamation.

Me Jules Favre, défenseur des actionnaires, s'exprime en ces termes :

Nous venons d'entendre les accents d'une conviction loyale et d'un talent élevé, auquel nous sommes heureux, à chaque expérience nouvelle, de rendre un public hommage. Mais nous n'avions certes pas besoin de la sévérité et de l'énergie de ses conclusions, non plus que de l'éloquente plaidoirie de nos adversaires, pour nous faire une juste idée de la position difficile de ceux dont nous venons ici compléter la défense.

Lorsque nous avons été appelé par leur confiance et par l'amitié de leur honorable avocat à leur prêter le secours de notre ministère, nous ne nous sommes pas dissimulé un instant la violence des orages que nous allions soulever et des récriminations nombreuses auxquelles nous nous exposions. Notre attente n'a pas été trompée. Vous le savez, les hommes que nous avons attaqués, on leur a tressé des couronnes; on les a placés sur un piédestal, et l'on a voulu qu'ils fussent considérés comme les *Curtius* des sociétés anonymes et de la commandite, s'étant dévoués pour leur pays.

Quant aux actionnaires qui les poursuivent, ce sont des hommes abominables, des hommes de mauvaise foi, qui, avec une intention évidemment calomnieuse, ont voulu les perdre dans l'opinon publique.

Je ne reprendrai pas un à un tous les reproches qui leur sont faits; ils ont été à l'avance détruits dans la belle et complète plaidoirie de Me Joly, et je ne dois pas oublier que je ne suis ici qu'un incident, et peut-être un incident très-inutile. Toutefois, parmi ces reproches, il en est un que j'ai été fâché, je l'avoue, de trouver dans la bouche de M. l'avocat du roi.

Il nous a dit : « Vous êtes inexcusables; vous n'aviez aucun intérêt à poursuivre, et cependant vous vous êtes présentés le front haut et plein d'assurance, uniquement pour porter atteinte à l'honneur de vos adversaires. »

A-t-on oublié, messieurs, ce qui s'est passé sur le seuil même de ce débat? Quelle a été la première parole de la défense? Elle a demandé que les éléments du procès fussent soumis à une magistrature qui pût les apprécier. En sorte que le reproche qui nous est fait d'avoir recouru à la citation directe, tombe complétement à faux, puisque nous n'avions pas le choix des moyens.

Lorsque nous avons paru devant la justice, nous avons voulu que la lumière se fît sur ce qui ne nous semblait pas suffisamment établi. Quelle sera la réponse de nos adversaires, s'ils ont réellement à cœur d'obtenir un débat complet; s'ils ne veulent aucune réticence; s'ils veulent sortir de cette audience non-seulement acquittés, mais justifiés par votre jugement? Ils viendront au-devant de nous, les mains pleines de documents, pour nous éclairer et nous confondre; et nous y étions résignés, si nous avions eu tort. Mais ce n'est pas ainsi qu'ils procèdent; quand nous réclamons une instruction, ils s'ameutent, ils veulent un jugement immédiat.

Les faits sur lesquels repose notre assignation sont nombreux et très-compliqués, et, pour que nous soyons éclairés, il faut que nos adversaires nous communiquent des documents que nous n'avons pas. Savez-vous ce qu'ils nous répondent? « Les documents appartiennent à la justice, et non à vous! »

Depuis que j'ai l'honneur d'exercer ma profession devant vous, messieurs, c'est la première fois que j'entends un pareil langage; je l'aurais cru impossible de la part de ceux qui, en tous points, sont nos maîtres; car il n'est point seulement une inconvenance vis-à-vis de la partie adverse, il est un blasphème vis-à-vis de la justice.

Mon étonnement devait se continuer; ce qui n'était qu'à l'état de menace dans la bouche de nos adversaires s'est trouvé à l'état de conclusions dans celle de M. l'avocat du roi. Il s'est trouvé que des pièces que nous avions vainement demandées et que nous n'avons jamais pu vérifier, ont été sur le bureau de M. l'avocat du roi. Ces pièces ont-elles été bien copiées, bien analysées? Nous n'en savons rien; nous sommes ici dans les ténèbres les plus complètes.

Qu'on ne vienne pas nous dire au moins qu'on a montré des pièces à l'égard desquelles on ne voulait pas de débat contradictoire! Qu'on ne vienne pas nous dire que la commission qui a été nommée, et dont l'histoire a été semée de tant de vicissitudes successives, a pu sérieusement examiner les documents dont nous demandions la communication! Cela n'est pas vrai en fait; et d'ailleurs mes adversaires savent bien mieux que moi qu'après les parties, restent les défenseurs, que les défenseurs sont les instruments vivants de ceux qu'ils représentent; et que, s'ils n'ont pas été éclairés, la justice risque fort de ne pas l'être.

Cependant j'aurais tort, si je ne tenais pas compte à nos adversaires d'un semblant de générosité. Ils nous ont dit : « Les livres sont « à votre disposition ; seulement vous ne vous ferez pas accompagner « de vos clients; vous viendrez, vous défenseurs, les consulter le jour « et à l'heure qu'il vous conviendra. »

C'est une proposition dérisoire que nous ne pouvions pas accepter, et qui a laissé le débat au point où il en était.

Maintenant que ce reproche (et c'est le plus grave) est réduit à sa juste valeur, je vais vous montrer, par des réflexions très-simples, comment les hommes que nous représentons ont été nécessairement conduits à suivre la voie correctionnelle, puisque toute autre leur était fermée; comment, à la suite des différents incidents qui se sont produits dans le cours de l'existence de la Société du chemin de fer, ils n'ont eu d'autre refuge que le tribunal devant lequel nous avons l'honneur de paraître.

Et qu'on ne dise pas que nous avons voulu nous jouer de votre justice. Nous connaissons toute la gravité de l'acte que nous accomplissons ; sans doute, c'est un fait énorme que d'arracher des citoyens à la tranquillité de la vie privée, que de venir leur infliger le supplice des débats correctionnels, et de les clouer tout vivants au pilori de la publicité, quel que soit d'ailleurs le résultat du jugement. Nous surtout, messieurs, dont le ministère est un ministère de secours; nous surtout qui, lorsque nous abandonnons les luttes civiles pour descendre dans l'arène criminelle, protégeons ordinairement les accusés, nous devons hésiter avant d'élever la voix contre un prévenu; nous devons avoir une ferme conviction ; ce devoir, messieurs, nous l'avons toujours accompli, et nous espérons l'accomplir jusqu'au bout. Peut-être pourrions-nous appeler à notre aide aussi les ressources du pathétique et de l'indignation; peut-être l'occasion nous serait-elle fournie, dans le cours de la rapide revue que nous devons vous présenter, d'échauffer aussi les passions; mais nous demanderons encore à nos maîtres de ne pas les imiter en cela ; nous ne voyons pas ce que la vérité y gagnerait, et nous savons ce que la dignité de la justice pourrait y perdre. Le bon droit est plus simple, plus mesuré, plus calme; il puise sa force en lui-même plutôt que dans l'éclat de la colère et la provocation de l'injure.

Nous allons donc examiner quelles sont les circonstances qui ont produit ce procès; et nous maintiendrons ce que nous avons déjà eu l'honneur de vous dire, que ceux que nous représentons ont été forcés de venir en police correctionnelle, non pas comme prévenus, ils s'en seraient bien passés, mais comme plaignants.

Il y a deux faits qui me semblent dominer tout le procès et desquels il n'est pas possible que vous ne nous teniez pas compte ; ces deux faits, les voici : c'est que l'opération du chemin de fer (rive gauche) a été pour tous ceux qui y ont mis leur argent une immense déception, et aujourd'hui, ce n'est plus un mystère pour personne : la faillite est aux portes de l'administration, écrasée sous le poids de ses engagements auxquels elle ne peut faire face. Il est également incontestable que cette ruine est due aux fautes du conseil d'administration, qui a ainsi assumé sur lui une lourde responsabilité.

En effet, quelle est la position respective de ceux qui se présentent aux pieds de votre tribunal? Voici cinq ou six hommes, il est vrai, qui ont été, comme l'a dit si spirituellement mon adversaire, décimés au début de leur action en police correctionnelle. Ils étaient soixante-quinze, ils ne restent plus que six. Cependant, il ne faut pas croire que leur action soit tout à fait isolée, et que derrière ne viennent pas s'asseoir ceux qui ont reculé devant une poursuite reconventionnelle. Ces six personnes représentent toute cette opposition qui a fait entendre de si vives plaintes, et dont on est venu à bout par des moyens que nous allons qualifier. Derrière elles sont ces petits capitalistes, ces rentiers, ces domestiques, qui ont jeté le denier de leurs économies dans la caisse de MM. Fould et Léo. Mais tous ces hommes, est-ce qu'ils n'ont pas en équité le droit de demander, je ne dirai pas une responsabilité pécuniaire, mais une responsabilité morale, à MM. Fould et Léo? Est-ce qu'ils n'ont pas le droit de leur dire : « Pouvions-nous, à l'avance, mesurer la portée de l'entreprise dans laquelle nous nous sommes engagés sur la foi de votre nom? Avions-nous les moyens et la capacité d'aller étudier le projet qui nous a attirés? Nous avons été séduits par votre réputation dans le monde financier, par ce qu'on disait de votre habileté en affaires, par votre haute position, et aujourd'hui, nous payons de nos sueurs l'insuccès de l'entreprise à laquelle vous nous avez si fatalement attachés. »

A cette première considération, il vient s'en joindre une autre, c'est que le conseil d'administration a commis des fautes énormes, que, malgré l'opposition de la majorité réelle, il s'est perpétué au pouvoir ; et il faudra bien reconnaître sans doute que ceux qui ont le plus souffert, que ceux qui ont perdu leur argent, seraient excusables, quand bien même ils pousseraient leurs plaintes jusqu'à la témérité ; ils ont bien le droit de venir, devant toutes les juridictions, demander la justice que les administrateurs leur ont refusée. Du reste, et c'est un hommage qu'il faut lui rendre, l'avocat de M. Fould a reconnu lui-même qu'il y avait quelque chose de respectable dans la position de ces malheureux actionnaires.

Ceci posé, j'ai à vous montrer comment mes clients ont été obligés de choisir le tribunal de police correctionnelle.

M. l'avocat du roi vous a dit avec beaucoup de justesse, selon moi, que pour mesurer la portée d'une plainte téméraire il fallait avant tout examiner la position, les antécédents de celui qui était l'objet d'une plainte; on peut dire que :

Ainsi que la vertu, l'honneur a ses degrés;

que s'il s'agit, par exemple, d'un de ces hommes dont le caractère est à l'abri de toute espèce de soupçon; qui, par ses services publics, a acquis une incontestable estime, et que, dans un jour de mauvaise passion, la jalousie et l'envie traînent devant la justice, la justice doit se montrer d'autant plus sévère envers le calomniateur. Il n'est donc pas inutile, il est même convenable que nous passions en revue les hommes devant lesquels nous sommes, et que nous les jugions avec les documents qui appartiennent à la cause.

Ces hommes sont-ils, comme l'a dit M. l'avocat du roi, placés assez haut pour qu'il soit impossible de les atteindre par le soupçon, sans encourir les rigueurs de votre justice? Je ne veux rien dire de blessant, mais que ces messieurs le croient aussi, je ne veux en aucune manière déserter la cause qui m'est confiée. Est-ce que, par hasard, nous avons été les premiers à qualifier sévèrement leur conduite? Non, ils ont été très-souvent l'objet de qualifications en tout semblables à celles que nous employons aujourd'hui; et, ce qu'il y a de plus remarquable, ces qualifications leur ont été données quelquefois par des hommes vis-à-vis desquels ils se trouvent dans les termes de la plus tendre et de la plus touchante amitié. Nous aurons plus tard à en examiner la cause; nous aurons à nous demander ce que signifie certaine communauté d'intérêts inexplicable. Mais, pour le moment, il nous suffit de vous dire comment des hommes d'un caractère inattaquable ont apprécié ceux que vous avez à juger.

MM. Fould et Léo se présentent à la Chambre des députés pour y obtenir le prêt de 5 millions, et vous vous rappelez ce *tolle* général d'une fraction de l'assemblée contre les banquiers de la rive gauche. On dit « qu'il était indigne de gaspiller comme ils l'avaient fait les « fonds de la société ». (*Me Dupin fait des signes de dénégations.*) Si Me Dupin ne trouve pas ces expressions assez énergiques, il peut recourir au *Moniteur,* il en trouvera de plus sévères. (*On rit.*)

M. Boissy-d'Anglas s'exprimait en ces termes :

« Ce qui m'afflige profondément, c'est de voir le ministère, sur « lequel le pays doit fonder ses espérances de moralité et de bonne

« administration, venir à cette tribune soutenir les prétentions de « spéculateurs avides qui n'ont pas obtenu le succès qu'ils espéraient « de leur folle entreprise... Devons-nous disposer de l'argent des « contribuables pour réparer un mal qui a son origine dans la cupi- « dité des premiers actionnaires? »

La citation vous convient-elle? Il y en a d'autres (*on rit*); et si vous vouliez recourir aux paroles prononcées par M. Lherbette, vous verriez que cet honorable député venait, avec des documents, prouver à la Chambre que les 5 millions sollicités devant elle auraient le même usage que l'argent primitif des actionnaires, qui avait servi d'amorce à ceux qui avaient acheté les actions 700, 800 et 900 francs.

Je sais, car il faut rendre justice à tout le monde, que M. Fould monta aussi à la tribune, qu'il vint dire que sa société était la plus morale, la plus honnête de toutes, et qu'il demanda, en suppliant beaucoup, l'emprunt des 5 millions qui lui fut accordé; ce que je sais aussi, c'est qu'à la même époque on publiait contre M. Fould des brochures que je ne veux pas vous lire, mais dont on vous a cité des passages, passages peu agréables pour ceux qu'ils concernent, dans lesquels on parle « des dépeceurs d'actions, des traficants agioteurs qui « avaient gagné 5 millions en manipulant les coupons de la petite « ligne de Paris à Versailles ».

Pour me servir de l'ingénieuse expression du plus ingénieux de mes adversaires, un des principes *du droit de bourse* est de savoir endurer beaucoup d'injures, quand on en tire de bons résultats : c'est sans doute ce qui explique pourquoi ces messieurs se sont tus. (*On rit.*)

Mais les voici qui se taisent encore dans des circonstances bien plus singulières, et sur lesquelles je vous demande la permission d'appeler votre attention.

Lorsque je suis arrivé dans ces débats déjà commencés, j'y ai rencontré un homme que je suis fâché vraiment de n'y pas apercevoir en ce moment, un homme qui est avocat, que je n'avais jamais eu l'honneur de voir au Palais, bien qu'il m'arrive d'y venir quelquefois, un homme dont j'ai besoin de parler, il est dans l'affaire, et, comme l'a dit très-spirituellement M. l'avocat du roi, il y a écrit, beaucoup trop écrit peut-être : c'est M. Glade. (*Rire général.*)

J'ai vu M. Glade dans les rapports de l'amitié la plus satisfaisante avec M. Fould, lui communiquant des notes et lui donnant tous les témoignages de la sympathie la plus innocente... toutefois sous bénéfice d'inventaire. (*On rit.*)

J'ai voulu savoir d'où venait à M. Fould ce secours étranger, et j'ai demandé à Me Joly. Me Joly a eu la bonté de me remettre cette seule pièce (*Me Favre montre le rapport de M. Glade*), qui porte la signature de M. Glade. Je l'ai lue, et j'ai été tout surpris lorsqu'à la première ligne j'ai rencontré toutes nos accusations : ce que nous avons dit, M. Glade l'avait écrit avant nous.

Écoutez plutôt :

« Vous vous souvenez, messieurs, de cette tumultueuse assemblée « que pouvaient à peine contenir les vastes salons de Hertz. Vous « vous rappelez encore cette série d'actes plus étranges les uns que « les autres, qui a commencé par la nomination subreptice du prési- « dent et du bureau, et a fini par ce vote de boules noires et rouges « que le président déposait au hasard dans l'urne. Vous vous rappe- « lez et ces préférences sympathiques de la part du bureau pour les « partisans déclarés de la fusion des deux compagnies, et ces inter- « ruptions systématiques adressées aux adversaires de ces projets, « préférences et interruptions qui, irritant les esprits à un haut « degré, ont nécessité l'intervention de la force publique, sous le « regard de laquelle on a pu achever seulement ce vote, non moins « illégal en la forme que désastreux au fond pour nous. »

Plus loin : « Nous vîmes ceux qui ont accepté le mandat de travail- « ler avec énergie à la prospérité de cette jeune entreprise, consentir « à leur propre suicide en s'appuyant sur la violation audacieuse de « nos statuts, et invoquant cette violation même pour pouvoir con- « sommer, par ce suicide, la ruine de notre compagnie... Aussi, à « l'assemblée générale du 27 décembre dernier, et il faut rendre cette « justice à l'adresse des parties intéressées, aucun moyen n'a été « négligé pour *enlever* une délibération conforme à leurs desseins... « Quelle opinion peut-on donc se former de la moralité des hommes « influents qui dirigent une entreprise aussi importante, et quelle « confiance peuvent inspirer ces mêmes hommes qui n'ont pas reculé « devant le choix de pareils moyens pour arriver à leurs fins? »

M. Glade résume son opinion sur le conseil d'administration :

« Ce n'est plus par des faux-fuyants ou des détours qu'il pourrait « échapper aux questions qui le presseraient de toutes parts ; il fau- « drait enfin rentrer dans la vérité : les actionnaires ne peuvent plus « aujourd'hui avoir foi dans de vaines paroles ou dans des réticences « calculées. »

Eh bien, je demanderai aux défenseurs de M. Fould, qui aiment la logique et qui nous en donnent des preuves tous les jours, comment s'appelle dans des termes connus, que nous savons adoucir quand nous ne voulons pas faire une injure grossière, comment s'appelle *sortir* de la *vérité*. Le défenseur de M. Léo l'a dit en latin, je ne le répéterai pas après lui. (*On rit.*)

M. Glade disait donc que MM. Fould et Léo étaient sortis de la vérité ; que leur administration était détestable, déplorable ; qu'ils nommaient des présidents subrepticement; qu'ils faisaient des élections pour les assemblées générales, afin d'arriver à la spoliation de la société.

Et cependant, c'est ce même M. Glade qui apporte ici des notes, dans l'intérêt de MM. Fould et Léo, qui s'assied à côté d'eux et qui les protége de sa présence. Je ne veux pas dire que M. Glade est ici une arme à deux tranchants, qu'il eût été plus convenable pour lui de se souvenir un peu plus aujourd'hui de son opinion de la veille; mais peut-être, dans l'intérêt de la dignité de la robe qu'il porte, n'aurait-il pas dû à ces audiences la faire voir sur ces bancs.

Ces choses ne sont pas en dehors de la cause, et elles ont été abordées par M. l'avocat du roi, avec une modération si habile, que je ne veux pas y revenir. Toutefois, j'ai le droit de parler encore de M. Glade, jadis l'accusateur de ces messieurs, aujourd'hui leur défenseur, de M. Glade qui, le 8 septembre 1842, à une assemblée d'actionnaires réunis à la mairie du troisième arrondissement, pérorait avec une grande énergie contre M. Fould. Voici, du reste, en quels termes on reproduit son discours :

« M. Glade *blâme énergiquement* les désordres de toute espèce qui « lui ont paru régner dans presque toutes les branches de l'adminis« tration, et notamment dans la comptabilité et le contentieux. Il « dit que l'administration actuelle ne peut plus rendre à la compagnie « d'autre service que celui de se retirer et de faire place à des hom« mes qui inspireraient confiance aux actionnaires et au public. » *Ce discours est accueilli par de nombreux applaudissements.*

Je supplie le tribunal de retenir ce fait, et de remarquer l'influence qu'il a dû exercer sur la détermination des actionnaires que nous défendons. Voilà un homme qui a été membre d'une commission d'enquête, qui est descendu dans tous les mystères de la comptabilité, qui a tout examiné, tout vu, et qui dit que ces messieurs ont malversé, que l'administration est au pillage.

Je vous le demande, messieurs, de telles paroles ne devaient-elles pas échauffer les imaginations? puis tout à coup, de cette hostilité si vive, M. Glade passe à l'amitié la plus dévouée et la plus compromettante.

Il me semble que, pour vous comme pour nous, il y a quelque chose, sinon de suspect, au moins d'inattendu dans cette réconciliation si subite.

L'offense de M. Glade avait été telle que tout rapprochement paraissait impossible. Cependant MM. Fould et Léo serrent affectueusement la main à M. Glade. J'avoue que de pareilles choses sont, à mes yeux, inexplicables, et que, s'il m'était permis de recourir à une doctrine que je suis fâché d'avoir rencontrée dans la bouche de

M. l'avocat du roi, la doctrine du mystère qui lui a été si utile, je dirais qu'il doit y avoir dans cet étrange dénoûment quelque chose que je ne sais pas, mais que je devine et que vous apprécierez. On ne fait pas, de ses ennemis les plus acharnés, des amis aussi passionnés, sans quelque intérêt. La noblesse, la générosité de sentiments n'opèrent que rarement de ces sortes de miracles, et vous me permettrez de ne pas croire à celui-là. (*On rit.*)

Je dis donc que la conduite de M. Glade doit demeurer dans le débat comme un grave incident. En effet, qu'avons-nous dit de plus fort que M. Glade? nous avons copié son rapport. D'où il suit que MM. Fould et Léo ne s'indignent que parce qu'ils sont en police correctionnelle, mais que, lorsqu'ils rencontrent au civil des attaques contre leur honneur, ils les reçoivent sans mot dire; leur honneur si chatouilleux ne serait-il qu'une question de compétence? (*Hilarité générale.*) Assurément je ne veux pas aller jusque-là, mais il y a dans ce fait un enseignement qui restera.

Si donc je démontre que mes clients ont été trompés par le rapport de M. Glade qu'on a accepté, il sera impossible que le tribunal accueille les conclusions sévères de M. l'avocat du roi.

Eh bien, je rencontre dans le dossier un acte dont on n'a rien dit jusqu'à présent, et qui cependant a sa gravité, qui dirigeait précisément contre MM. Fould et Léo les attaques qu'on nous reproche. C'est une espèce de cartel qu'on envoie à ces messieurs, et dans lequel on les avertit bien longtemps à l'avance qu'on doit les poursuivre en police correctionnelle. Cette menace leur est faite par un acte extrajudiciaire, dont voici un passage :

« Mais... qu'en prenant hypothétiquement les comptes comme « exacts, il y a dans la conduite des administrateurs anciens et nou« veaux un dol bien caractérisé, dont il est important de constater « l'existence afin d'en poursuivre la répression par les voies lé« gales... »

Plus loin : « Cet exposé était inexact; il cachait une fraude, une « machination ténébreuse, une véritable escroquerie... Les requé« rants sont donc déterminés à saisir les tribunaux correctionnels de « tous les faits qui constituent à leurs yeux le délit d'escroquerie... « Ils déclarent qu'ils sont prêts à soutenir cette accusation contre qui « de droit, dès qu'ils auront réuni les matériaux dont une partie leur « a été tenue cachée jusqu'à ce jour. »

Cet acte est signifié à la date du 27 juillet 1842. Que vont faire MM. Fould et Léo? Vous croyez sans doute qu'ils vont s'indigner et poursuivre les auteurs de cette pièce, déposée chez leur portier? Point du tout : ils garderont le silence, ils se tairont avec une humilité vraiment chrétienne. (*On rit.*) Une assemblée générale des actionnaires aura lieu, et ils resteront sous le coup de ces imputations sans chercher même à se justifier.

Il y a mieux : il se passe dans cette assemblée un fait qui, selon moi, a été mal apprécié par M. l'avocat du roi; je lui demande la permission de ne pas partager son opinion.

Lorsque l'ordre du jour est épuisé, plusieurs membres demandent qu'une commission d'enquête soit nommée; car, dans l'acte extrajudiciaire dont je viens de parler, le conseil d'administration était attaqué de la manière la plus grave. On disait nettement à MM. Fould et Léo : « Vous vous êtes rendus coupables d'escroquerie, et nous allons « vous dénoncer à la justice. »

L'assemblée générale désire donc une enquête; MM. Fould et Léo doivent la solliciter eux-mêmes, ils y trouveront le moyen de se justifier; eh bien, ils s'y opposent, et de toutes leurs forces; et comme les actionnaires insistaient, le conseil d'administration tout entier, son président en tête, se retire de l'assemblée. M. l'avocat du roi a dit qu'il n'avait pas à s'expliquer sur une semblable désertion; je crois que cela a été de sa part une très-grande réserve. Le conseil accusé ne pouvait fuir devant l'acte extrajudiciaire sans encourir les plus légitimes soupçons. Supposez que l'un d'entre nous, qui avons l'honneur de paraître tous les jours devant la justice, se trouvât sous le coup de pareilles accusations; supposez qu'on lui signifiât qu'il a manqué à la délicatesse, et qu'au lieu de venir ici se justifier il allât chercher des appuis hors de cette enceinte, vous diriez qu'il est coupable, messieurs, et peut-être auriez-vous raison.

Telle est pourtant la conduite du conseil d'administration. Il se trouve devant ses pairs; il est attaqué violemment; on demande une enquête, et il s'y refuse, et il fuit honteusement! Que pensez-vous, messieurs, d'hommes ainsi accusés qui dédaignent de se justifier, qui aiment mieux la protestation de la fuite? De ce fait ressort une série d'inductions, de preuves, dont l'esprit des actionnaires devait nécessairement être frappé, et qui devait les conduire à cette conclusion que le conseil avait réellement beaucoup à se reprocher, puisqu'il refusait toute explication.

Cependant, malgré les efforts et la fuite du conseil, une commission est nommée, et ici je dois dire, en ce qui concerne M. Delaire, qu'il est bien innocent de sa nomination; il était alors retenu dans son lit par une maladie aiguë. Assurément il n'a pas eu l'initiative du dangereux honneur qui lui a été conféré.

Quoi qu'il en soit, la commission est composée de MM. Minard, Bessas-Lamégie, Delaire, Glade et Govard. Elle s'assemble et demande des communications, qui lui sont plus ou moins refusées. Je dis plus ou moins refusées, car M. Bessas-Lamégie n'a pas obtenu tout ce qu'il demandait; MM. Fould et Léo, hommes vraiment diplomatiques, exigeaient que la commission se présentât en corps. Les communications furent donc rares, difficiles, et obtenues, si je puis le dire, en luttant pied à pied.

C'est ainsi que l'on arriva à cette fameuse assemblée du 24 octobre, qu'il faut bien que je qualifie contrairement à l'opinion de M. l'avocat du roi et celle de mes adversaires.

Vous savez qu'une scission s'était manifestée dans le sein de la commission : la majorité voulait que son action fût dirigée dans un sens purement civil; mais la minorité n'avait aucun parti pris sur l'instance correctionnelle, vers laquelle elle penchait cependant.

Ce fut sous ces auspices que se réunit l'assemblée du 24 octobre.

Cette assemblée a-t-elle été régulière; tout s'y est-il passé convenablement? C'est ce que j'examinerai plus tard.

Mais je dois dire, dès à présent, qu'il y a quelque chose de profondément triste à voir ces hommes qui se prévalent aujourd'hui de leur position sociale pour écraser sous de lourds dommages-intérêts ceux qui ont osé les attaquer, à les voir, dis-je, chercher, pour le triomphe de leur intérêt personnel, leurs recrues à l'office et à l'écurie, et se faire défendre par leurs laquais.

Les choses se sont ainsi passées; l'assemblée a été tumultueuse, la délibération impossible; nous allions même dire, avec des hommes honorables, qu'elle a été escamotée, et que c'est à la suite de cet escamotage qu'une protestation a été signée par la minorité.

Qu'a produit cette protestation? La plainte du 11 novembre. En sorte que cet acte volumineux a été rédigé sous l'empire de l'irritation, qui était la conséquence du tumulte de l'assemblée. Cette précipitation et les passions de l'assemblée vous expliqueraient déjà les erreurs qui ont pu s'y glisser.

Je supplie donc le tribunal de ne pas perdre de vue la position dans laquelle se trouvaient les actionnaires vis-à-vis d'un conseil d'administration qui, menacé d'une plainte en escroquerie, s'obstinait à se taire et à prendre la fuite, au lieu de se justifier; qui s'était opposé avec une sorte de fureur à la nomination d'une commission d'enquête, et qui, le 24 octobre, lorsque cette commission, nommée malgré lui, devait faire son rapport, avait étouffé toute discussion, employé la force pour empêcher la minorité de parler, s'était même oublié au point de faire jeter des membres à la porte. Que vouliez-vous que pensassent les actionnaires? Mais ils devaient penser naturellement que des hommes qui se servent de telles armes n'en ont pas d'autres; que tout ce que l'on a dit d'eux est vrai, puisqu'ils ne se sont même pas émus de la menace faite par huissier d'une plainte en escroquerie.

Me Bethmont. Vous dites que nous n'avons pas répondu à la menace qui nous a été faite? Votre reproche est tout à fait gratuit; nous avons si bien répondu à cette menace que nous avons fait condamner le *Siècle*.

Me Favre. Je suis fort heureux de la rectification, parce qu'elle ne rectifie rien, et je remercie bien sincèrement mon confrère Me Bethmont de l'avoir faite. Le *Siècle* a éte condamné, il est vrai, pour un petit article inséré dans ses colonnes; mais il n'y a rien de commun entre cet article et l'acte extrajudiciaire que nous avons signifié. Vous pouviez, si vous le vouliez, nous faire un procès sur nos articulations, Dieu merci! assez précises. Vous avez attaqué le *Siècle*, à la bonne heure! mais il eût été plus courageux et plus juste d'attaquer ceux qui figuraient dans l'acte extrajudiciaire.

Je vais vous poser la question d'une manière bien simple. MM. Berrurrier, Minard et Delaire, qui figurent dans l'acte du 29 juillet, ont-ils été poursuivis? Répondez, oui ou non? Vous avez poursuivi le *Siècle*, parce qu'il vous avait attaqué à l'époque des élections, et que vous étiez bien aises de rentrer à la Chambre, dont vous avez été exclus : et voilà tout.

M. le Président. Maître Favre, n'insistez pas sur ce point.

Me Favre. Ce n'est pas moi qui insiste, ce sont mes adversaires qui ont la bonté de m'engager à le faire. (*On rit.*) Au surplus, je me borne, si cela leur fait plaisir, à constater purement et simplement qu'ils ont refusé de répondre à l'accusation la plus grave.

J'ai dit que, dans le sein de la commission, il s'était manifesté une scission. La majorité désirait que la vérité fût connue, mais elle voulait qu'elle le fût par les voies ordinaires; elle demandait un arbitrage et nullement un procès de police correctionnelle. Sur cela, M. l'avocat du roi s'écrie : « Vous êtes des imprudents, des calomniateurs; « vous avez été éclairés par l'opposition de vos collègues, et vous « n'en avez pas moins persévéré. »

Messieurs, je reconnais la sagesse des paroles de M. l'avocat du roi, puisqu'il paraît que la vérité ne peut ici se faire jour sans danger; toutefois permettez-moi encore ce détail, qui est un des épisodes de la triste vie des actionnaires; permettez-moi de vous dire que l'arbitrage était, aux yeux de tous, une ressource stérile; que déjà on y avait eu recours contre l'assemblée du 27 décembre. M. Glade avait alors trouvé des adhérents au procès qu'il faisait à l'administration. J'ai même une liste signée de lui constatant qu'un grand nombre d'actionnaires avaient souscrit, qui pour 3 francs, qui pour 10, qui pour 15 francs par action; on était arrivé ainsi à un chiffre de 1,562 francs pour parer aux frais du procès. Avec ce denier de guerre, on est allé devant des arbitres qui ont repoussé les prétentions de la minorité. Et M. Glade, rendant compte de son mandat, a présenté aux actionnaires un mémoire de déboursés et d'honoraires d'après lequel les 1,562 francs sont absorbés, moins 38 francs 58 centimes qu'il annonce tenir à leur disposition. Ce qui ne fait point 25 centimes par action. Ne croit-on pas entendre Perrin Dandin :

> Tenez, la cour vous donne à chacun une écaille,
> Sans dépens, et qu'en paix chacun chez soi s'en aille.

Après une telle expérience, les actionnaires devaient avoir peu de goût à revenir devant arbitres.

Mais, nous dit-on, pourquoi attaquer les banquiers, et n'attaquer que les banquiers?

La raison en est bien simple. Nous les avons attaqués, parce qu'ils étaient à la tête de l'entreprise; et nous n'avions point à nous enquérir s'ils étaient ou non banquiers. Mais ne les avons-nous attaqués que pour faire du scandale? Pas le moins du monde. Vous vous souvenez que nous avons demandé une instruction, désirant que tous les documents que nous ne connaissons pas fussent communiqués et soumis à l'examen d'un magistrat impartial qui pût faire descendre la lumière dans ses ténèbres; mais nous le désirions dans l'intérêt de la justice, dans l'intérêt même de cette plainte reconventionnelle dont nous aurons à nous occuper tout à l'heure.

Et en effet, ceux que je représente sont accusés de diffamation, d'avoir méchamment falsifié des faits. Comment le savez-vous? Comment pouvez-vous vous initier à tous les détails de cette administration compliquée, sur lesquels il est facile de faire illusion à ceux qui ne les connaissent pas? Cela est impossible; il est impossible, par conséquent, de mesurer la portée de l'action en diffamation. Il est bien évident que, si nous avons été trompés par tous les documents qui nous ont été fournis, nous sommes de bonne foi, et notre bonne foi nous excuse. Nous sollicitions avec instances une instruction préalable; nous ne l'avons pas obtenue. Nous nous inclinons devant les décisions de la justice avec tout le respect que nous lui devons, mais nous sommes forcé de raisonner avec les demi-révélations que nous ont fournies les débats.

Vous n'attendez pas de moi que je reproduise tous les détails dans lesquels est entré l'honorable avocat qui a plaidé le premier, ni tous ceux auxquels ont répondu mes adversaires; ce serait une tâche au-dessus de mes forces et de votre patience. Il me suffira de vous rappeler les principaux points sur lesquels il est nécessaire d'appeler votre attention.

L'administration du chemin de fer de la rive gauche a été malheureuse; nul ne conteste, et M. Bessas-Lamégie entendu comme rapporteur de la commission, l'ami de M. Léo, n'a point dissimulé que, dans sa pensée, des reproches graves devaient être adressés aux administrateurs.

Ainsi, on leur a dit : « Vous deviez, jusqu'à ce que le cinquième « fût payé, ne créer que des actions nominales, et vous ne l'avez pas « fait. Pourtant, cette injonction de l'acte social n'était pas une « vaine formalité; car, à côté de cette disposition, s'en trouvait une « autre qui portait que les actionnaires souscripteurs étaient respon- « sables de la totalité du versement, quand bien même l'action aurait « passé dans des mains étrangères. De sorte qu'il était entré dans « les combinaisons du rédacteur de l'acte qu'il fût impossible de ne « pas savoir entre les mains de qui se trouvaient les actions en souf- « france. C'est pour cela qu'on avait voulu qu'un livre fût créé, ayant « à son talon le nom du souscripteur, et que, jusqu'au dernier ver- « sement, l'action fût nominale. »

Ce sont les dispositions expresses de l'acte social, et M. l'avocat du roi s'est trompé, lorsqu'il a dit qu'il y avait possibilité de créer des actions nominatives ou au porteur, indifféremment. Cette possibilité n'existait pas; il suffit, pour s'en convaincre, de lire l'article 16 des statuts, qui porte, je le répète, que jusqu'au dernier versement, ces actions devront être nominatives.

Eh bien, nous avons dit, en en faisant, non un reproche d'escroquerie, mais de témérité : « Les administrateurs se sont joués des « statuts sociaux; dans un intérêt qu'il est facile de comprendre, ils « ont créé des actions au porteur, afin de les faire circuler plus « facilement. De plus, les fondateurs ont négligé d'inscrire sur le « livre à souche le nom du souscripteur; de sorte que, lorsqu'il s'est « trouvé des insolvabilités, ces insolvabilités ont été supportées par « la compagnie. »

A cet égard, le défenseur de M. Léo s'est trompé quand il a nié l'exactitude de ce dernier fait; car, je puis vous montrer qu'on a affecté 20,000 francs à ces insolvabilités. Or, les administrateurs n'ont ainsi violé les statuts que parce qu'ils pouvaient agioter plus librement sur les actions au porteur. Cette manœuvre a si bien réussi, que tout le monde sait avec quelle faveur les actions du chemin de fer ont été accueillies. Émises à 500 francs, elles se sont élevées au taux de 600, 630 et 700 francs.

Nous allons prouver maintenant comment s'est opérée cette hausse, et comment elle a été suivie d'une baisse également incompréhensible. Mais auparavant, il faut que nous répondions ici, une fois pour toutes, à un argument du défenseur de M. Léo.

Il nous a dit : « Nous avons été trompés; le gouvernement nous

« avait promis la concession d'une grande ligne; il ne nous a pas « tenu parole. »

A cet égard, il y a une réponse à faire, c'est que c'était là une promesse ministérielle, et qu'une promesse ministérielle faite à un député n'a pas toujours la valeur d'un contrat; M. Fould doit le savoir. (*On rit.*)

Il y a plus, c'est que la valeur même de cette promesse a été contestée. Nous avons cherché aussi nos renseignements dans le grave *Moniteur*, et nous y avons vu que M. Legrand était monté à la tribune et qu'il avait démenti, de la manière la plus formelle, la promesse alléguée par M. Fould.

M. FOULD. M. Legrand n'a pas dit cela.

Me FAVRE. Il l'a dit. Qu'il ait dit la vérité ou non, cela ne me regarde pas. C'est un procès que vous lui ferez, si bon vous semble. Mais vous ne sauriez me le faire. Il y a plus, c'est que vous avez toujours spéculé sur les actions du chemin de fer de Paris à Versailles, sans vous occuper le moins du monde de l'embranchement de Tours.

Voyons maintenant quelle a été la cause de la hausse des actions; je sais ce qu'on peut dire de l'engouement du public : il suffisait à cette époque d'avoir une idée, pour qu'elle fût mise en commandite et exploitée par les banquiers.

En effet, en 1837, au moment où ces actions sont créées, elles obtiennent une hausse considérable jusqu'en octobre 1838, où elles subissent la plus grande dépréciation. Cela étant, nous avons dû nous inquiéter de la raison véritable de cette hausse, et c'est alors qu'en parcourant les registres de la société, nous avons été frappé d'une observation qui vous a été soumise; je n'ai pas envie de recommencer ici le cours de droit financier qui vous a été présenté par nos daversaires; je n'aborde même cette question qu'avec une timidité que le tribunal comprend, et je désire, dans mon intérêt personnel, être le plus court possible; mais il ne m'est pas permis de ne pas revenir sur quelques points.

Nous sommes tous d'accord ici. Le report est une opération légitime et sérieuse, j'en conviens, quand elle est légitime et sérieuse. Vous savez mieux que moi que les opérations de bourse, quand elles sont légitimes, portent le nom du vendeur et de l'acheteur, et que, si vous ne consultiez que les carnets des agents de change, vous ne verriez jamais de marchés fictifs, mais toujours des reports. M. Fould le sait mieux que personne, puisque, la semaine dernière, un agent de change a été condamné pour des opérations qui n'étaient que des reports d'une certaine nature.

M. FOULD. Le fait n'est pas exact.

Me FAVRE. M. Fould se trompe, mais il n'importe.

Toujours est-il que nous reconnaissons avec nos adversaires que l'opération des reports peut être légitime, quand elle consiste exclusivement dans le nantissement d'une valeur publique livrable à terme. Sur ce point, pas de contestation.

Lorsque, le 27 septembre 1837, le conseil d'administration permet à M. Léo d'employer les fonds français, il prend une délibération dans le cercle de ses attributions conforme à la prudence et à la sagesse financière. Mais la question est de savoir si MM. Fould et Léo se sont conformés à la décision du conseil d'administration.

Nous ne vous disons pas que vous devez être condamnés pour avoir fait des reports, nous disons seulement que les opérations qui sont sur vos livres sont des opérations fictives.

En effet, que se passe-t-il? MM. Fould et Léo sont autorisés à disposer des valeurs qu'ils puisent dans la caisse de la société, contre une liquidation qui doit être faite à la fin du mois; d'après leurs livres, que nous n'avons pas vus, que vous n'avez pas voulu montrer même à un juge d'instruction; d'après ces livres, MM. Fould et Léo auraient opéré des reports sur un grand nombre d'actions qui se trouvaient dans leurs mains.

MM. Fould et Léo avaient deux qualités réelles, il ne faut pas le perdre de vue, celle de banquiers et celle d'administrateurs du chemin de fer. Comme administrateurs, avaient-ils souscrit un plus ou moins grand nombre d'actions? Je ne m'en occupe pas; mais comme banquiers, ils étaient détenteurs du montant de toutes les actions.

Aux termes de la délibération, que devaient-ils faire? changer ce montant contre des valeurs facilement négociables. Mais supposez (ceci n'est qu'une hypothèse, mais nous allons voir si cette hypothèse n'est pas la réalité), supposez que MM. Fould et Léo, à la fois banquiers et administrateurs, aillent se faire à eux-mêmes un nantissement; supposez qu'ils puisent de leurs propres mains dans la caisse, au moyen de la double qualité qui leur appartient, quelle en sera la conséquence? que MM. Fould et Léo auront remis à des agents de change un énorme capital, à l'aide duquel ils pourront opérer sur leurs propres valeurs; de telle sorte qu'ils seront maîtres du cours de ces valeurs; qu'en en élevant le prix à volonté, ils pourront tromper et engager les actionnaires sérieux, et qu'à la liquidation, ils se déferont à un taux considérable de leurs actions, qu'ils délivreront pour ne plus les posséder.

S'il en était ainsi, et si nous arrivions à cette preuve, nous dirions à MM. Fould et Léo : Vainement avez-vous écrit sur vos livres « Opération de reports » ; vainement avez-vous fait profiter la société de 93,000 francs; si vous avez gagné 93,000 francs d'une main et *trois millions* de l'autre, sur 12,000 actions dont vous étiez porteurs, il est évident qu'il y a eu fraude de votre part, et que vous avez fraudé la société de 3 millions de francs qui lui appartenaient.

Maintenant, cette hypothèse que nous maintenons à l'état d'hypothèse, n'est-elle pas la vérité? Est-il possible d'expliquer autrement la conduite de MM. Fould et Léo? C'est là ce que je recommande à vos lumières, à votre sagacité, et je vous demande comment vous comprendrez autrement qu'au mois de septembre 1837, c'est-à-dire quelques semaines après le vote de la loi, que les agents de change qui viennent prendre les capitaux de MM. Fould et Léo, se trouvent détenteurs d'une quantité considérable d'actions du chemin de fer. MM. Fould et Léo nous ont dit que, lorsqu'ils avaient soumissionné douze mille actions, qui formaient l'importance de leur part dans le capital social, ils avaient derrière eux pour quarante-cinq millions de soumissionnaires.

Ils vous ont dit également qu'ils avaient placé au pair 6,784 actions; mais s'ils les ont placées, ces actions, c'est sans doute chez leurs clients. Comment se fait-il donc qu'elles soient restées dans leurs mains? Qu'importe qu'ils aient placé 6,784 actions! Il est certain qu'ils en ont un plus grand nombre dans leurs mains; il est également certain que les actionnaires ont soumissionné des actions dans l'un ou l'autre de ces buts : ou, ayant confiance dans l'entreprise, ils les ont prises pour les garder, et ce sont les pères de famille; ou bien ils ont soumissionné pour jeter immédiatement ces actions sur le parquet et se livrer à des spéculations. Dans l'un comme dans l'autre cas, les porteurs de ces actions n'auront pas été les donner à un agent de change pour que ce dernier les prêtât à un banquier. Le premier porteur les a prises pour les garder; le second, pour les vendre dès le lendemain, si le cours a augmenté de quelques centimes, car le surlendemain, la baisse pourra arriver.

Mais qu'on livre ces actions en masse si considérable pour les donner à titre de nantissement, cela n'est pas possible, cela n'est pas croyable; il n'est pas croyable surtout qu'il se soit présenté, dès les premiers jours de septembre, un assez grand nombre de porteurs d'actions pour en délivrer à MM. Fould et Léo de 2,000 à 2,500.

Ainsi, d'une part, il est impossible que les porteurs sérieux d'actions ou que les spéculateurs aient pu les confier en si grand nombre à des agents de change, pour que ceux-ci les prêtassent à MM. Fould et Léo; et d'une autre part, MM. Fould et Léo, qui avaient un si grand nombre d'actions, sont les seuls qui aient pu faire ce qu'ils ont fait; en réalité, ces actions ne venaient pas des agents de change, et MM. Fould et Léo ont trafiqué seuls à la Bourse, dans leur intérêt privé. Si ce n'est pas là une preuve complète, c'est au moins une présomption qui entraîne la conviction.

Il est un autre fait plus décisif encore, nous n'avons pas vu les livres, on nous les a cachés, et cependant nous sommes certains que, sur ces livres, le dépôt n'est pas mentionné d'uue manière régulière.

Comment se fait le dépôt? Par constatation détaillée de chaque objet déposé. Si le dépôt est sérieux, nous devons retrouver sur les livres les numéros d'ordre des 9,500 actions déposées. Il importait de les connaître, puisque toutes n'avaient pas la même valeur. Eh bien, nous sommes sûrs d'avance que vous ne trouverez pas sur les livres les numéros de ces actions; vous verrez qu'on se sera contenté de dire que tel jour on a déposé tant d'actions; preuve nouvelle que les actions étaient dans les mains du même agent de change, et que c'est ainsi qu'on obtenait la hausse et la baisse. Quand les actions sont tout à coup descendues de 800 à 450 francs, est-ce que le chemin de fer était placé dans une position désespérée? Est-ce que les embarras de son administration étaient connus? Est-ce que c'était après un de ces grands événements qui ébranlent la confiance publique et font refluer les capitaux vers les caisses de ceux qui les possèdent?

A cet égard, je ne comprends pas comment M. l'avocat du roi a pu faire remonter la cause de cette baisse aux chemins de Paris à Orléans, ou de Paris à Rouen. Il est certain que les actions sont tombées; mais elles ne sont tombées que parce que vous les avez abandonnées, que parce que vous avez cessé ce report et ce jeu sur les actions dont vous étiez possesseurs. J'en trouve les preuves dans la diminution de jour en jour plus grande des actions déposées. Lorsque l'opération a commencé, MM. Fould et Léo avaient la presque totalité des actions. Il leur était donc bien facile d'en donner 2,000 et tant; mais, par suite de ce jeu, on en a vendu 600 à prime; nécessairement on n'en avait plus que 2,000; le mois suivant, on en a vendu davantage, et le dépôt diminue encore. Telle est, messieurs, l'explication de ce décroissement graduel constaté par les livres de M. Fould, et qu'il serait impossible de comprendre si les dépôts eussent été faits par des actionnaires sérieux.

Ces preuves nous semblent péremptoires, et nous vous rappelons que, lorsque nous vous avons reproché de la manière la plus formelle de vous être livrés à des opérations de jeu, vous n'avez pas répondu; que, lorsque nous avons renouvelé ce reproche dans l'assemblée, vous avez honteusement fui. Vous ne vous êtes donc jamais justifiés; nous vous mettons encore au défi de le faire, vous n'avez donc pas le droit de nous poursuivre en accusation calomnieuse.

Seuls, vous aviez les actions; seuls, vous pouviez être à la fois acheteurs et vendeurs. J'ajoute que vous n'avez point opéré régulièrement, que cela résulte de vos livres, que votre dépôt est fictif et que mon accusation demeure. En supposant qu'elle ne soit pas démontrée jusqu'à la dernière évidence, notre bonne foi est prouvée, et il vous est impossible d'obtenir une condamnation contre nous.

Je passe aux omnibus.

On vient nous dire que dans cette affaire tout a été légal, qu'il n'y a pas la moindre accusation à porter contre MM. Fould et Léo. J'avoue que je ne comprends pas comment M. l'avocat du roi, avec sa noble impartialité, a pu laisser, sans les relever, des faits d'une moralité aussi suspecte.

Vous savez ce qui s'est passé à l'occasion de ces omnibus. La Société du chemin de fer était constituée ; elle existait depuis le 1er août 1837. Elle avait trois ans pour construire le chemin. De plus, d'après le cahier des charges qu'elle avait accepté, elle devait conduire le chemin jusqu'à la rue d'Assas, c'est-à-dire jusqu'à quelques mètres de la Croix-Rouge, au centre du faubourg Saint-Germain.

Au mois de février cependant, on crée une société d'omnibus qui, dans les prévisions d'une construction mutilée du chemin de fer s'arrêtant à la barrière du Maine, devait prendre les voyageurs dans l'intérieur de Paris et les conduire à ce point extrême de la ville.

C'était beaucoup se presser. On commence à peine le chemin de fer, et une société, une société en commandite, bien entendu, se constitue. De plus, le chemin de fer devait aller jusqu'à la rue d'Assas. S'il eût été jusqu'à la rue d'Assas, la nécessité des omnibus ne se faisait plus sentir. Cependant on crée ces omnibus.

Nous l'avons dit, d'après M. Glade et d'après beaucoup d'autres témoins, cette création trahissait la pensée spéculative de MM. Fould et Léo. Nous n'avons jamais soutenu que l'entreprise du chemin de fer ne fût pas sérieuse, et je prie nos adversaires de vouloir bien ne pas nous rendre absurdes pour se donner la facilité de nous répondre. Nous avons dit uniquement, et nous y persistons, qu'au lieu de s'occuper sérieusement de la construction du chemin de fer, on avait spéculé sur les actions.

C'est le 13 février que MM. Fould et Léo s'adressent à MM. Moreau et Feuillant pour traiter de la concession des omnibus. Ils disent que cette concession est gratuite ; que l'administration du chemin de fer ne doit point être mêlée à cette affaire. Nous sommes d'accord sur tous ces points en théorie. Mais nous avons à nous demander comment MM. Fould et Léo se sont fait remettre, au moment de la création de cette entreprise, 250 actions, dont la moitié était libérée, c'est-à-dire une somme de 125,000 francs. M. l'avocat du roi l'a reconnu, il y avait de leur part une espèce d'inconvenance pour ne rien dire de plus. Vous aviez dit que la Société du chemin de fer devait rester étrangère à la création des omnibus ; conséquemment, il était de bon goût de ne pas vous y immiscer.

MM. Fould et Léo reçoivent, le fait est constant, 250 actions. A la vérité, ils disent que c'est pour commission. Il faut convenir que la commission est un peu chère; toujours est-il qu'ils prétendent que le marché était sérieux et légitime. C'est ce que le tribunal appréciera dans sa sagesse.

Il faut être juste; à la dernière audience, vous avez entendu les doléances de M. Fould, qui, par l'organe de son avocat, Mᵉ Dupin, vous disait : « Cette opération d'omnibus, dont vous vous prévalez « contre nous, a été désastreuse; aujourd'hui, les actions n'ont plus « aucune valeur; j'en ai encore 1,200 à votre service, si la fantaisie « vous en prend. »

J'ai le malheur d'être, comme mon honorable confrère Mᵉ Dupin, très-incrédule à l'endroit des choses que je n'ai pas vues. S'il faut parler franchement, je ne crois pas un mot des assertions de M. Fould. Comment! M. Fould aurait trouvé l'occasion de gagner 200 francs par action, et il n'en aurait pas profité! Vous vous rappelez le document qui vous a été mis sous les yeux par Mᵉ Joly, et qui vous prouve qu'aussitôt émises, les actions des omnibus ont été accueillies avec une faveur extraordinaire. Il fallait être privilégié, et très-privilégié, pour en obtenir; n'en avait pas qui voulait. (*On rit.*) Voici, au surplus, le prospectus répandu par nos adversaires :

« Les actionnaires du chemin de fer de Paris à Versailles auront « droit, par préférence, aux actions de la nouvelle société, à raison « d'*une action* pour six de la Compagnie du chemin de fer, dont ils « justifieront la propriété d'ici au 28 février.

« Le solde des actions de la Compagnie des voitures qui n'aura pas « été souscrit par les actionnaires du chemin de fer de Versailles « avant le 28 février, sera réparti au marc le franc, le 2 mars, entre « les autres souscripteurs. »

Vous le voyez, messieurs, c'était une espèce de combat; on se pressait à la porte de M. Fould; on l'assiégeait, et M. Fould était forcé de créer une distribution par contribution entre les amateurs.

Qui croira que M. Fould, malgré son désintéressement connu, ait résisté à la tentation? Qui croira qu'ayant entre les mains 250 actions, qui gagnaient 200 francs chacune, il les ait gardées dans son portefeuille? Non, il ne les a pas conservées, et s'il l'eût fait, je dirais que ce trait doit être gravé en lettres d'or dans la biographie des banquiers, pour l'édification et la stupéfaction des banquiers des siècles futurs. (*Hilarité générale et prolongée.*) Car, messieurs, que sont les banquiers? Des marchands d'argent qui le font valoir dans l'intérêt public, je le veux, mais un peu dans leur intérêt personnel. Un banquier qui a des valeurs qu'il peut céder à bénéfice ne les garde pas, et vous ne pouvez pas accuser M. Fould d'une telle maladresse sans manquer aux égards que vous devez à son habileté financière. (*On rit.*)

Revenons à la réalité. Croyons que s'il reste 1,200 actions à M. Fould, c'est qu'après les avoir vendues 700 ou 800 francs, il les a rachetées à 100 ou 200 francs au plus, et qu'en définitive, il a beaucoup gagné à cette opération.

Mais ici une pensée me frappe. M. Fould nous a dit qu'il avait exigé cette modeste prime de 250 actions, pour la commission qui lui avait été demandée par MM. Moreau et Feuilland; je lui en demande bien pardon; évidemment, il ne disait pas la vérité à MM. Moreau et Feuilland, ou il ne la disait pas au public. En effet, dans son prospectus, M. Fould déclare que les amateurs d'actions sont beaucoup plus nombreux que les actions elles-mêmes; et cependant il vend, et très-cher, son ministère, pour échanger ces actions contre les écus sonnants des malheureux capitalistes qui ne les verront plus. Qu'on trouve cela bien, je ne m'y oppose pas; c'est une morale de Bourse, mais vous conviendrez, messieurs, que c'est une morale un peu judaïque. (*On rit.*) Je veux bien ne rien dire de fâcheux à MM. Fould et Léo, mais je les défie de me prouver qu'ils n'aient pas imposé, ou au public, ou à MM. Moreau, Chalon, et Feuilland. Je n'ajouterai pas qu'ils ont imposé à l'un et aux autres : je m'en tiens à la générosité de mon hypothèse, et il n'est pas facile de s'en tirer, même avec la morale de la Bourse.

Il n'est pas dans mes habitudes de pousser un adversaire jusque dans ses derniers retranchements; cependant, vous m'accusez de calomnie, je suis bien obligé de vous opposer des faits. Tant pis si les faits vous diffament! Vous avez avoué qu'il vous restait 1,200 actions, et vous disiez dans le temps qu'il n'y en avait pas pour tout le monde. Donc, ces actions ont dû sortir de vos mains; et si nous nous rappelons leurs cours, nous voyons qu'elles se sont élevées à plus de 600 francs. S'il en est ainsi, et je ne sais pas comment vous me contrediriez, quelle est, je vous le demande, la moralité du fait? Il est évident, d'une part, que vous n'avez pas exposé 250 actions, c'eût été beaucoup trop; il est évident, de l'autre, que vous n'étiez pas embarrassé de les placer, puisqu'il n'y en avait pas pour tout le monde. Je laisse au tribunal les conclusions à tirer.

Je me borne à maintenir que, lorsque MM. Moreau, Chalon et Feuilland ont obtenu la concession des omnibus, ils ont subi la loi du plus fort. On leur a dit : « Nous avons trois ans pour faire notre chemin; mais hâtez-vous de traiter, nous sommes pressés, et nous vous prévenons que nous voulons la moitié des avantages. »

M. l'avocat du roi nous a dit que la Société du chemin de fer avait voulu rester étrangère à cette entreprise. Sans doute, elle n'a pas voulu confondre sa position avec la nouvelle société; mais elle a parfaitement entendu retirer de cette affaire le lucre qui lui appartenait. Nous croyons donc que MM. Fould et Léo n'ont pas pu se faire délivrer ces 250 actions, sans porter préjudice à la société, et qu'ils ont ainsi commis un véritable détournement.

J'arrive au dernier fait relevé par nous, et sur lequel nous avons insisté : je veux parler de l'Assemblée du 24 octobre 1842, dans laquelle on a voulu escamoter la délibération.

M. l'avocat général a reconnu que les manœuvres frauduleuses, les violations des statuts sociaux, pouvaient résulter de la violence matérielle employée dans une assemblée pour emporter d'assaut la délibération. Seulement, il a fait deux distinctions que nous ne saurions admettre. Suivant lui en premier lieu, « les manœuvres frauduleuses n'existent pas dans l'espèce; on a repoussé des procédés mauvais, par des procédés peu convenables; c'était la guerre dans le sein de la société ».

En second lieu, « les manœuvres frauduleuses, même prouvées, ne suffiraient pas; il faudrait encore que l'on montrât un but frauduleux de la part du conseil, ce qu'on n'a pas fait ».

Quant aux manœuvres frauduleuses, je n'ai pas compris la réserve de M. l'avocat du roi. Il nous a reproché d'avoir donné l'exemple de ces dédoublements d'actions pour augmenter les forces de l'opposition.

M. l'avocat du roi aurait pu se reporter à une époque précédente, et il aurait vu qu'au moyen de ce dédoublement, le conseil d'administration était parvenu à escamoter les délibérations du 27 octobre 1851. De sorte que les actionnaires ont bien été forcés d'employer les armes qu'on leur opposait.

Est-ce que M. l'avocat du roi a fait abstraction de tous les témoignages de ces actionnaires qui sont venus déposer qu'ils avaient été insultés, injuriés; que ce n'était pas une délibération, mais un pugilat? Deux témoins n'ont-ils pas avoué avoir envoyé à la réunion leur concierge et leur valet de chambre pour soutenir la délibération à coups de poing?

Pour nous, si nous avons dédoublé nos actions, nous les avons au moins confiées à d'autres actionnaires, et nous vous mettons au défi de citer un fait analogue à celui que vous avez été contraints de confesser.

Oui, vous avez reconnu qu'il y avait, pour le conseil d'administration, une révélation honteuse dans la présence de vos valets au sein de l'assemblée générale, de vos valets chargés d'imposer par la violence le triomphe de vos mauvais desseins. Voilà ce que vous avez fait. Rappelez-vous la déposition de l'honorable M. Gilet, membre du conseil général de la Seine, vous dépeignant le conseil d'administration entouré de séides qui empêchaient qu'on ne l'approchât, qui, par leurs vociférations, rendaient toute discussion impossible ; et cet homme, placé debout sur l'estrade, criant : « Voici des bulletins pour l'administration. Approchez, prenez et votez. » Si bien que sur 1,600 membres présents, 400 suffrages seulement ont été exprimés ; qu'il a été impossible à la minorité des actionnaires de se faire entendre ; que le président, que vous avez illégalement fait nommer pour favoriser cette manœuvre, a étouffé les paroles de tous ceux qui, comme M. Glade, voulaient se faire entendre, et que les coups de pied, les coups de canne, le tapage le plus infernal, sont venus au secours de sa partialité. Il a fallu, pour que M. Glade ait pu parvenir à jeter quelques mots au milieu du tumulte, que la nature ait été envers lui plus que libérale, en lui donnant un timbre de voix approprié à la violence d'un tel orage. (*On rit.*) Enfin, les mots de *canaille* et d'autres que je ne veux pas répéter sont sortis de la bouche de vos gens, et l'on a vu s'élancer d'un cabinet où vous les aviez fait cacher, le commissaire de police et les sergents de ville pour empoigner ceux qui voulaient parler.

Voilà votre conduite ! vous, les dépositaires et les dispensateurs des deniers de pauvres pères de famille ruinés, vous qui devriez avoir un saint respect pour ces malheureux, qui, sur la foi de votre habileté, sont venus engloutir dans vos caisses les économies de longues années ! Voilà comment vous comprenez vos devoirs ! Et, non contents de les avoir dépouillés, vous les insultez ; quand ils viennent demander des comptes qui ne se refusent jamais, vous les faites chasser par vos laquais ; vous employez la force matérielle pour étouffer leur cris et pour enlever un vote sur un objet social. Et ces malheureux pères de famille qui viennent aujourd'hui se plaindre, qui viennent vous dénoncer ces actes odieux, seraient condamnés comme calomniateurs ! Non, cela ne peut être, et je suis convaincu que, quand bien même, dans un moment d'illégitime irritation, leurs plaintes auraient eu quelque chose d'exagéré, de téméraire, ils seraient excusables ; et, d'un autre côté, il n'est pas possible que ceux qui ont ainsi abusé de leur position et de leur force ne soient pas coupables.

Ainsi, d'irrécusables témoignages ont établi que vous avez faussé la délibération du 24 octobre ; que vous avez employé la violence pour faire taire l'opposition ; que vous avez arraché le vote par la force. Est-ce que, par hasard, nous avons besoin de nouvelles preuves pour démontrer que votre but était mauvais ? La justice ne peut pas nous demander l'impossible, et lorsque nous venons dénoncer des faits de cette nature, elle doit nous écouter, et non nous accuser.

Quant au projet de fermage, je me bornerai à une très-courte analyse.

Ce projet de fermage offrait environ 1 ou 1 1/2 pour cent du capital. Nous vous demandons comment il a pu venir à la pensée d'administrateurs de proposer de semblables conditions; nous vous demandons surtout comment ils ont pu descendre à la violence et à la lutte pour les imposer aux actionnaires.

Un projet de cette nature était grave, important; M. l'avocat du roi l'a reconnu. Il vous a dit qu'on avait appelé la publicité, la concurrence, les soumissions cachetées; qu'on avait convié à cette enchère tous les capitalistes de Paris.

M. l'avocat du roi n'a pas réfléchi que le temps moral n'a pas été donné pour tout cela. En effet, le cahier des charges devait être dressé le 24 octobre, et les soumissions ouvertes le 14 novembre; c'est-à-dire, qu'en moins de trois semaines, il fallait apprécier la valeur du chemin, en examiner les ressources, faire l'inventaire du matériel, se rendre compte de tout.

Vous avouerez, messieurs, que c'était là un projet fait uniquement à la convenance de ceux qui, pour en profiter, n'avaient pas besoin d'étudier le cahier des charges, qui étaient au courant de tout; de ceux, en un mot, qui ont administré le chemin, qui voulaient le confisquer à leur profit. En voulez-vous la preuve?

On disait que le cautionnement serait versé, savez-vous comment?

« Le fermier versera, à titre de cautionnement et dans les vingt-« quatre heures de l'acceptation..., soit en espèces, *soit en créances de* « *la compagnie,* liquides au jour du bail, une somme de trois cent « mille francs... »

Ne voyez-vous pas toute une révélation dans cet article? Quels sont les créanciers de la société? MM. Fould et Léo. Qui peut donc verser le cautionnement en créances de la société? MM. Fould et Léo seuls; MM. Fould et Léo dont la pensée évidente était de se rendre preneurs du bail, et de continuer cette omnipotence dans laquelle ils se sont perpétués jusqu'ici.

Nous avons donc eu raison de nous opposer à ce projet, et quand nous avons voulu faire prévaloir nos motifs, nous avons rencontré la barrière de vos violences passionnées, nous avons dû nous retirer plutôt que d'engager un combat.

Je le dis hautement, il y a dans la révélation de ce fait une gravité qui frappera la conscience du tribunal. Il est impossible qu'il n'admette pas que des actionnaires ainsi violentés ont le droit de se plaindre; il est impossible que le tribunal ne soit pas touché de la position de ces hommes qui ont accusé une année entière leurs adversaires, sans pouvoir les saisir, et rencontrant toujours vis-à-vis d'eux des impossibilités devant lesquelles ils devaient s'arrêter.

Eh bien, c'est en présence de ces faits, c'est sur la conviction que les administrateurs avaient réellement détourné à leur profit une partie de la fortune sociale, que les actionnaires, au sortir de cette assemblée orageuse, tout émus encore de la honte et de l'affront qu'ils recevaient, ont rédigé la plainte qui vous a saisis.

Nous avons articulé des faits graves qui auraient pu être éclaircis et réfutés par nos adversaires, et nos adversaires ne l'ont pas voulu; ils ont éludé nos plaintes. Nous avons demandé une instruction, elle nous a été refusée ; le débat a été commencé, vous en connaissez les incidents.

Il nous reste à nous expliquer sur les réquisitions de M. l'avocat du roi.

M. l'avocat du roi, au nom de la société qu'il représente si bien, s'est élevé avec une éloquente chaleur contre cet abus que l'on fait de votre justice, contre ce scandale des débats qui n'ont souvent d'autre objet que de satisfaire des haines violentes et des cupidités cachées.

S'il en était ainsi, si nous n'étions, comme l'a dit M. l'avocat du roi, que des artisans de désordre ; si nous étions venus, de gaieté de cœur, jeter le trouble dans une entreprise prospère ; si nous avions voulu battre monnaie sur la réputation de nos adversaires, nous mériterions assurément d'être chassés de ce prétoire, et qu'un grand exemple fût donné en notre personne, afin que les citoyens apprissent que leur honneur est garanti par les sévérités de la loi.

Mais, je vous le demande, y a-t-il dans notre conduite un seul acte qui ait pu justifier cette attaque de nos adversaires et que j'ai été fâché de retrouver dans la bouche de M. l'avocat du roi? Y a-t-il dans notre plainte un seul mot qui autorise de tels soupçons, je devrais dire de telles calomnies? Est-ce que ceux qui sont ici se sont présentés en disant, pour répéter l'expression de Me Paillet : « La bourse ou l'honneur! » Se sont-ils, de près ou de loin, livrés à un seul acte que vous puissiez interpréter comme une spéculation?

Prenez-y garde, si le langage passionné est permis aux intérêts privés, celui qui sort de la bouche de l'homme de la loi doit être grave. Ici l'expression de tous les sentiments est tolérée, mais sur votre siége la froide raison seule a le droit de se faire entendre. Il ne vous est pas permis de qualifier si durement notre conduite. Une enquête seule aurait pu vous y autoriser, et vous ne l'avez pas voulu.

Ce n'est point ainsi que la justice doit procéder. Elle dédaigne ces passions; il lui faut des faits réels, circonstanciés, précis. Si elle n'en rencontre pas, elle demeure dans le doute. Je vous le répète encore, je vous mets au défi de me prouver qu'il y ait eu dans la conduite de ceux que vous avez à juger, un seul fait qui vous autorise à les présenter sous de si odieuses couleurs.

Ont-ils surpris leurs adversaires? ont-ils, abusant du droit de citation directe, cherché à les amener devant vous, sans qu'ils eussent le temps de préparer leur défense? ont-ils enfin procédé sous l'empire d'une fatale passion?

Les plaintes que nous vous portons ne sont pas nouvelles; en 1841 et en 1842, elles ont été produites, et les administrateurs n'y ont pas répondu; si bien que ceux qui les avaient articulées se sont trouvés dans cette nécessité, ou de passer pour des calomniateurs, ou de venir devant la justice éclaircir les débats que depuis longtemps ils avaient provoqués.

Est-cé que cette position ne mérite pas quelques égards? Est-ce qu'on n'en aura pas pour ceux dont les intérêts ont été si cruellement froissés? pour ceux qui, amorcés par la réputation de M. Fould, ont jeté dans ses mains des capitaux qui sont à jamais perdus?

Il m'est impossible d'admettre que nos exagérations, même prouvées, puissent passer pour de la calomnie, telle qu'elle est qualifiée par le Code pénal.

Mes cliens ne peuvent être accusés de diffamation. La diffamation ne peut résulter que d'un acte qui se produit en dehors d'un procès; on pourrait donc les accuser, tout au plus, de dénonciation calomnieuse.

Suivant la distinction établie par M. l'avocat du roi, la dénonciation calomnieuse suppose nécessairement la mauvaise foi et l'intention de nuire; s'il n'y a pas eu mauvaise foi, c'est-à-dire si celui qui a articulé des faits attentatoires à l'honneur d'un de ses concitoyens a été trompé par des documents qui ont pu l'égarer, il n'a pas commis le délit de dénonciation calomnieuse. Que s'il y avait eu dénonciation calomnieuse faite avec légèreté et non point avec l'intention de nuire, les éléments constitutifs du délit manqueraient encore, et la condamnation ne pourrait être prononcée.

Y a-t-il eu mauvaise foi, intention de nuire de la part de mes clients? J'ai eu l'honneur de vous dire quelle était la position respective des parties; je vous ai expliqué assez comment la plainte avait été portée et soutenue. Je comprends très-bien que lorsqu'un homme étranger à celui qu'il attaque vient abuser de votre justice et le traduire sur les bancs de la police correctionnelle, je comprends très-bien, dis-je, qu'il puisse s'élever des doutes sérieux, qu'on puisse se demander si cette instance ne cache pas un intérêt qu'on ne peut avouer. Mais ici, est-ce que les demandeurs n'avaient pas avec les défendeurs maille à partir depuis longtemps? Est-ce que leurs intérêts n'étaient pas mêlés au point que des réclamations très-vives avaient été adressées par les premiers aux seconds? Il est très-certain que ceux que je représente étaient exposés à attaquer, et avec beaucoup de vivacité, les membres du conseil d'administration.

Pourquoi? c'est qu'il est incontestable que le chemin de fer, commencé sous de si heureux auspices, avait abouti à un désastre; que ce désastre était imputé aux membres du conseil d'administration. Or, vous devez comprendre que ceux qui avaient perdu leur argent dans cette affaire ne devaient pas être satisfaits. En sorte que ce n'est pas dans le dessein de nuire qu'ils ont attaqué le conseil d'administration, mais dans le dessein très-légitime de rentrer dans leurs capitaux. Ils ont signalé la fausse route des membres du conseil. Ils ont dit que ces membres avaient perdu la confiance de l'assemblée, qu'ils devaient être remplacés, qu'ils étaient condamnés à l'inertie, et qu'ils compromettaient les intérêts sociaux. Est-ce que c'était dans l'intention de nuire? Pas le moins du monde, c'était dans le dessein d'obtenir un autre état de choses, d'amener une révolution sociale, qui pût rendre la vie au corps social déjà si souffrant. Ainsi, dès le commencement, il y a eu un noyau d'opposition qui s'est grossi à mesure que l'état est devenu plus précaire, et alors que les fautes de l'administration se sont augmentées, l'opposition s'est encore accrue. Mais, encore une fois, dans ces attaques il n'y a pas eu la moindre intention de nuire; et si après avoir épuisé toutes les ressources dont ils pouvaient user pour se faire entendre, les actionnaires chassés se sont adressés à vous, ils ont subi une contrainte sociale qui ne saurait leur être imputée.

Ont-ils eu des motifs de ressentiment personnel contre M. Fould? On a donné à entendre, dans les débats, que MM. Delaire, Bessas-Lamégie, Minard et je ne sais plus qui encore, auraient rêvé les honneurs très-dangereux d'administrateurs futurs du chemin de fer. Ce rêve, messieurs, n'aurait pas été un crime, mais la vérité est que tout ceci n'est qu'une supposition ridicule.

Quant à M. Delaire personnellement, vous le voyez, à l'assemblée du 1er août 1842, il était malade; il est nommé commissaire pour son malheur : il fait partie de la commission d'enquête, il est de cette minorité active qui voulait des explications claires et complètes, et ne les obtint pas. Mais jusqu'au 1er août 1842, il est resté étranger à toutes les délibérations. Il n'insiste depuis que pour demander des éclaircissements, et ce n'est que lorsque ces éclaircissements lui sont refusés, qu'il se résout à la voie dangereuse de la police correctionnelle.

Il n'y a que la conduite officielle qui puisse tomber sous l'appréciation de la justice. M. Delaire, dites-vous, a été l'âme de l'opposition. Est-ce qu'en suivant, une à une, chacune des phases de cette affaire, vous ne voyez pas qu'un homme très-ardent dans ses convictions avait déjà dressé l'acte d'accusation du conseil d'administration, en sorte que M. Delaire n'a fait que continuer l'œuvre de M. Glade? Et si plus tard M. Delaire a été abandonné par M. Glade qui le poussait dans le camp ennemi, c'est encore là un de ces mystères que vous me permettrez de ne pas expliquer.

Mais M. Delaire n'est pas actionnaire sérieux. Il était purement et simplement porteur des actions de M. Minard, et, moins que personne, il aurait dû apporter dans cette affaire des investigations tracassières.

M. Delaire vous a répondu qu'il était actionnaire sérieux et propriétaire de quinze actions; qu'avec ses actions et celles que lui avaient remises MM. Minard et Berrurier, il s'était présenté à l'administration plusieurs fois, et notamment à l'occasion de l'assemblée générale qui devait avoir lieu le 16 juillet 1842, et avait obtenu, sur le bordereau qu'il avait produit, huit ou dix cartes pour lui et divers actionnaires dont il avait complété le droit électoral suivant l'usage avoué de tous pour légitime; que toutes les actions, a-t-il ajouté, ayant la même valeur et étant au porteur, il n'avait pris aucun soin de leur application à tel ou tel nom; qu'il s'était borné à les diviser par dizaines, et d'appliquer chaque dizaine à chaque personne au nom de laquelles il se faisait délivrer des cartes d'entrée aux assemblées.

La preuve de ce fait, nous aurions pu la trouver dans les communications que nous avons demandées et qui nous ont été refusées. Si vous aviez daigné nous les faire, nous y aurions vu que M. Delaire s'était présenté à l'administration avec des actions qui n'étaient ni celles de M. Minard, ni celles de tout autre, mais bien sa propriété à lui.

Si vous, MM. Fould et Léo, aviez eu la loyauté de produire le bordereau des actions présentées par M. Delaire, comme vous produisez le bordereau de celles présentées par M. Bessas-Lamégie dans le même but, le tribunal y verrait également que non-seulement M. Delaire n'avait point eu besoin de recourir à M. Minard ou Berrurier pour se faire électeur, mais qu'il avait pu concourir avec eux à compléter le cens électoral de plusieurs actionnaires.

Maintenant, M. Delaire ne dit pas de qui il tient ses actions. Il est dans son droit : le principe et la dénomination de ces sortes de valeurs indiquent bien que la possession suffit pour attribuer la propriété; c'est même le seul mérite des actions au porteur. Mais alors même qu'il ne serait pas actionnaire, qu'il ne serait que simple mandataire, n'aurait-il pas le droit de faire des investigations? En vérité, quand vous venez à chaque instant nous faire le reproche de coupables spéculations que rien ne justifie, ces accusations, pour me servir d'un terme modéré, tombent dans le vide et n'offensent que la justice. Vous n'avez pas le droit de dire que ce sont des spéculations, quand vous n'articulez pas même un fait, et vous vous bornez à de simples insinuations; c'est de la calomnie!

Que M. Delaire soit actionnaire, ou simple porteur d'actions, comme mandataire, peu importe; il a été nommé membre de la commission, il l'a été régulièrement, et cela suffit.

J'ai répondu, je crois, de la manière la plus péremptoire, en ce qui touche le premier élément du délit; j'ai démontré qu'il n'y avait pas eu dessein de nuire, mais droit légitime, exercé en contrôlant chacune des opérations du conseil d'administration; que c'est à la suite de leur expulsion de l'assemblée du 24 octobre, que les actionnaires ont abordé le terrain de la police correctionnelle.

Devant ce tribunal, ont-ils dénaturé les faits, comme l'a dit M. l'avocat du roi?

M. l'avocat du roi a prétendu qu'en articulant que MM. Fould et Léo avaient trompé le gouvernement en même temps que les actionnaires, à l'occasion du prêt de 5 millions, nous avions dénaturé les faits. Là-dessus, il nous a cité le rapport et même le *Moniteur;* nous le prions de rapprocher ces documents officiels de ceux mis à la disposition des actionnaires, et il reconnaîtra alors que notre articulation est pleinement justifiée, encore bien que nous fussions dans l'erreur quand nous croyons que nos administrateurs avaient caché au gouvernement comme aux actionnaires qu'ils eussent contracté des engagements au delà du fonds social à leur disposition.

Mais encore, quelle a été la cause de cette erreur? C'est que les administrateurs ne tenaient pas le même langage aux actionnaires et au gouvernement; c'est que, dans les rapports faits aux actionnaires en 1838 et en 1839, ils ne s'expliquaient pas sur le déficit.

Je recommande cette observation à la sagesse du tribunal; le tribunal pèsera les termes de ces rapports, et il verra qu'ils sont toujours écrits d'une manière ambiguë, captieuse et propre à tromper les actionnaires. Je maintiens ces paroles.

Voilà, messieurs, comment j'explique les légères inexactitudes qui ont pu se glisser dans l'assignation.

Mais les faits que nous avons allégués sont-ils détruits? Est-ce qu'il n'en reste rien? Est-ce qu'il vous est démontré que MM. Fould et Léo n'ont pas agioté? Est-ce qu'il vous est démontré que ces 250 actions des omnibus n'ont pas été données à MM. Fould et Léo, comme prix de la concession qu'ils faisaient à MM. Moreau, Chalon et Feuilland? Est-ce qu'il vous est démontré que la délibération du 24 octobre a été une délibération loyale, grave, sage, où tout a été pesé avec maturité, où la voix de tous a pu se faire entendre, où l'on a respecté la liberté de discussion, la liberté de suffrage chez les malheureux qui ont perdu leur argent?

Si, dans votre conscience d'hommes honnêtes, vous ne pouvez pas nier qu'il n'y ait eu plus ou moins de manœuvres frauduleuses dans tous ces actes, il vous sera impossible de n'avoir pas quelques égards pour ceux qui sont venus, à leurs risques et périls, porter leur plainte et vous dénoncer de pareils faits.

Ces faits, M. l'avocat du roi a eu raison de le dire, ces faits porteront leur enseignement, et dans ce procès et hors de ce procès. Ils apprendront à ceux qui sont à la tête des sociétés en commandite ou des sociétés anonymes, que l'argent des personnes qui ont eu confiance en eux n'est pas une marchandise à leur merci ; que lorsqu'ils l'ont gaspillé, ils ne peuvent pas échapper à la juste réprobation qu'ils méritent en se faisant assister de leur valetaille pour étouffer les cris des malheureux qu'ils ont ruinés!

Voilà ce qui restera. Si ces faits ne sont pas des délits, ils sont au moins de révoltantes immoralités : et vous, messieurs, vous ne punirez pas comme calomniateurs ceux qui ont eu la fermeté de les signaler à votre justice.

Le tribunal condamne Delaire à un mois d'emprisonnement et cinq cents francs d'amende, attendu qu'il résulte des débats et des rapports faits aux actionnaires que MM. Fould et Léo n'ont pas usé de manœuvres frauduleuses pour déterminer les actionnaires à souscrire des actions; que la majeure partie des faits compris aux poursuites sont couverts par la prescription; que Delaire connaissait parfaitement le vice de ses imputations, et qu'il n'a porté plainte qu'en vue d'une spéculation.

POLICE CORRECTIONNELLE DE PARIS

PRÉSIDENCE DE M. PERROT

AUDIENCE DU 18 NOVEMBRE 1845

Les administrateurs du chemin de fer de Strasbourg à Bâle, contre M. Meyer, rédacteur-gérant du journal *le Courrier du Haut-Rhin*. — Plainte en diffamation, M. Meyer ayant cru devoir proposer une exception d'incompétence.

Me Jules Favre, avocat du prévenu, justifie cette proposition en ces termes :

MESSIEURS,

Nous nous présentons devant vous avec la conviction que la plainte portée par les administrateurs du chemin de fer de Strasbourg à Bâle n'est pas fondée, et nous espérons faire partager cette conviction au tribunal, et prouver que ce que nous avons écrit est sincère et légitime. A ce titre nous étions prêts à plaider la question au fond; mais nous devons avant tout développer nos moyens d'incompétence. Ces moyens sont graves, sérieux; le principe touche à une question d'ordre public; il y touche à deux titres : il s'y rattache par une question de juridiction et par une grande question d'intérêt général.

Lorque la France résolut de sillonner son sol de voies de fer, deux systèmes furent mis en présence. Par l'un on proposait d'en confier l'exécution à l'État; par l'autre, de l'abandonner à la spéculation privée. Les défenseurs du second parlèrent de la nécessité d'organiser l'association, d'ouvrir une nouvelle voie à l'industrie; ils redoutaient enfin la dépense que le premier système imposait à l'État. Ces raisons pouvaient avoir leur valeur; mais malheureusement, à côté de l'association vint se placer l'abus de l'agiotage. L'industrie avait déjà une assez belle part dans les besoins de tout genre auxquels elle est appelée à fournir, sans qu'il fût nécessaire de lui sacrifier l'intérêt public. Cependant, les raisons des défenseurs de la spéculation triomphèrent, et il fut fait appel aux compagnies, mais surtout, il faut le dire, par suite d'un préjugé légitime peut-être, par suite de la défiance qu'on avait du pouvoir.

M. LE PRÉSIDENT. Ce n'est pas de votre cause.

Me FAVRE. J'ai dit que c'était là un préjugé, et je ne crois pas m'être écarté des règles de la procédure et de la réserve, en reproduisant une pensée qui a reçu une consécration éclatante à la Chambre des pairs.

M. LE PRÉSIDENT. Nous ne sommes pas à la Chambre des pairs.

Me FAVRE. S'il m'est impossible de dire un mot...

M. LE PRÉSIDENT. Vous pouvez en dire beaucoup; car nous avons grand plaisir à vous entendre, mais vous sortiez de votre cause.

Me FAVRE. Pour faire comprendre l'esprit d'opposition que rencontra l'exécution par l'État, il était nécessaire d'insister sur un préjugé qui l'a empêchée en partie. Quoi qu'il en soit, les lignes importantes furent concédées aux compagnies, et sans rechercher les avantages qu'elles pourront procurer dans l'avenir aux maîtres nouveaux que nous nous sommes donnés, je me bornerai à envisager la situation actuelle. A voir l'agiotage scandaleux auquel on se livre, les fortunes scandaleuses qui ont été plus ou moins prélevées sur la fortune et le crédit publics, il est permis aux esprits sérieux et honnêtes de concevoir des inquiétudes et de souhaiter qu'à côté de cette riche moisson abandonnée à la spéculation, à qui on livre le pays, toutes ses forces vives (car avec le transport elle sera maîtresse de toutes choses, vivres et industries), il est permis, dis-je, de souhaiter que l'État n'abandonne pas tout contrôle; or, ce droit de contrôle appartient à l'opinion publique, à la presse qui la représente, à la magistrature, à la magistrature française surtout, on peut le dire, même ici, qui est demeurée pure de tout cet agiotage, et qui, opposant la simplicité de ses mœurs au luxe des parvenus, a su conserver toute son autorité, malgré la puissance de l'argent, et saura prouver, nous l'espérons, que les questions morales sont supérieures à toutes les autres, et que les principes ne seront pas sacrifiés aux rois de la Bourse; et c'est ici une solennelle occasion, il faut le reconnaître, de traiter cette question.

Et d'abord, je vous demanderai pourquoi cette question a été apportée devant un tribunal correctionnel. Sont-ce des personnes privées qui se plaignent que certaines critiques ont dépassé les limites permises, ou ces critiques s'adressaient-elles à l'administration du chemin de fer de Strasbourg, sur des faits connus en Alsace? Et à ce sujet je demanderai pourquoi nous avons été cités à Paris, pourquoi, si l'on ne désirait que la vérité, on n'a pas choisi le tribunal qui, situé au sein de la localité, pouvait mieux que tout autre apprécier les faits. Nous ne nous en plaindrions pas si nous n'avions à nous préoccuper que de votre indépendance et de votre justice; nous ne voudrions pas d'autres juges, si vous pouviez avoir une connaissance complète des faits; mais vous ne sauriez l'avoir, et c'est pour cela qu'on vous a choisis. Si l'on eût adressé de vives critiques au chemin de fer de Versailles, il serait étrange que le tribunal de Strasbourg fût appelé à les apprécier; et cependant, voilà ce qu'on a fait, parce qu'on espère faire de la question qui vous est soumise une pure question de diffamation, supprimer la discussion des faits et obtenir de vous un précédent qu'on puisse placer, au seuil de la spéculation, comme un moyen d'intimidation contre la presse. Il est une considération toute personnelle qui nous fait regretter que Meyer n'ait pas été traduit devant le tribunal de Strasbourg; s'il y eût été appelé, il aurait été protégé par la notoriété publique. Meyer, en effet, n'a pas agi par quelque rancune, mais seulement en vue de l'intérêt public; il n'a pas cherché à attaquer les personnes; il n'a fait que se rendre l'écho de plaintes universelles consignées dans un rapport de la chambre de commerce et dans les procès-verbaux des délibérations du conseil municipal et du conseil général.

En présence de ces documents, la défense de Meyer serait forte; ici, elle se trouve dépossédée de tous ses avantages; il est inconnu de vous, il a à parler de faits qui vous sont étrangers, et parfaitement connus et appréciés en Alsace. Aussi y a-t-il déjà là une sorte d'incompétence morale. Cependant, nous avions accepté le débat, et nous étions prêts, je le répète, à plaider au fond, et il nous eût été facile de prouver que Meyer était suivi des vœux de l'Alsace. Mais il est un autre motif, et en élevant la discussion à son véritable point, il est impossible à Meyer de repousser ce moyen d'incompétence qui se présente pour lui. Il ne s'agit pas d'un intérêt privé, mais d'un intérêt général pour lequel il est décidé à combattre avec courage.

Ce second moyen est fort simple, au surplus, et si la cause n'eût pas acquis un certain éclat par suite des circonstances actuelles, de la situation que les compagnies prétendent se faire, il n'exigerait que de fort courtes explications. Il s'agit, en effet, de savoir si des administrateurs de chemins de fer, attaqués en raison des actes de leur administration, ont agi comme personnes privées ou comme personnes publiques; si leurs plaintes doivent être jugées correctionnellement ou appréciées par le jury.

Je développerai le moyen en me bornant à rappeler les principes de la loi, et en en faisant la juste application à la cause, à demander si des actionnaires et concessionnaires de compagnie sont de simples particuliers, protégés par l'article 14 de la loi de 1819. Rappelons d'abord le principe général écrit dans l'article 1er de la loi d'octobre 1830; il déclare que les délits de presse seront jugés par le jury. Voilà le principe général, la règle fondamentale. Mais une exception à ce principe est contenue dans l'article 2 qui renvoie devant la juridiction correctionnelle pour les diffamations commises envers de simples particuliers. Dans ce cas, il n'y a pas de preuves à fournir des faits avancés, comme le spécifie l'article 20 de la loi de 1819, que je crois devoir citer. Il est ainsi conçu :

« Nul n'est admis à prouver la vérité des faits diffamatoires, si ce n'est dans le cas d'imputation contre les dépositaires ou agents de l'autorité, ou contre toutes personnes ayant agi dans un caractère public, de faits relatifs à leurs fonctions. »

Ces quelques dispositions que j'ai rappelées renferment toute l'économie de notre législation sur cette matière. L'article 1er de la loi d'octobre 1830, qui fixe la règle générale; l'exception posée par l'article 2 à cette règle, exception qui place la diffamation envers les particuliers sous la législation renfermée dans l'article 14 de la loi de 1819; et il faut reconnaître que la distinction faite entre l'homme public et l'homme privé est nettement, sagement établie, et ces principes ressortent de l'intérêt général, car il est si naturel que l'homme public soit contenu par l'opinion publique, que le législateur de 1819 ne pouvait, dans ses intentions libérales, s'empêcher de consacrer ce principe.

Rappelez-vous, messieurs, la lutte que souleva dans le temps à la Chambre des députés cette loi défendue par le gouvernement et attaquée par la portion la moins libérale de la Chambre. C'est alors qu'on dit que les gouvernés n'étaient pas faits pour les gouvernants; qu'il fallait que l'on trouvât des garanties de bonne administration dans l'opinion publique, et qu'il était de l'intérêt des personnes publiques de n'être pas renfermées dans l'obscurité. Ces principes ont prévalu, et ils ont assuré la liberté des administrés et la dignité de l'administration. Le principe ressortait de l'intérêt général, par l'article 14 de la loi en discussion. On déclare qu'il y avait un intérêt général à saisir de la diffamation des particuliers la police correctionnelle, qu'il y avait un interêt général à ce que ces faits ne fussent pas l'objet d'un débat contradictoire qui pouvait révéler des secrets fâcheux qu'on devait ensevelir dans l'intérieur de la famille.

Cela est vrai dans une certaine mesure, du reste; mais cependant on ne saurait dire que la loi de 1819 ne soit pas sévère, cruelle même pour le particulier diffamé : il est dur pour les deux parties en effet de ne pouvoir prouver la calomnie; mais l'individu, je le répète, a dû se sacrifier à l'intérêt général qui protége les particuliers, pour ainsi dire par une sorte de pudeur publique, et presque malgré eux, dans les lois de presse. Tout donc est harmonieux, et les dispositions qui se combattent sortent d'un même sentiment, celui de l'intérêt général.

Cette vérité, ces principes doivent nous conduire à la solution de la question. Il nous suffit, en effet, de rechercher quelles sont les personnes publiques, quel est le caractère de la personne publique, et toutes les fois que nous reconnaîtrons qu'une personne quitte la vie privée pour se jeter dans l'arène publique, la discussion des faits sera possible, et l'on devra recourir à l'appréciation du jury.

Je dois ici rappeler un fait important : c'est que primitivement le sens de l'article 20 était moins étendu qu'il ne l'est devenu après sa rédaction définitive. Il ne parlait d'abord que des dépositaires du pouvoir, des agents de l'autorité, et ce fut sur un amendement de M. Royer-Collard qu'on y ajouta l'espression plus générale des personnes ayant un caractère public.

Permettez-moi de mettre sous vos yeux un article de la *Gazette des tribunaux* dans lequel la question de compétence est spécialement traitée. Le rédacteur de cet article, après s'être prononcé dans le sens de la défense, se demande quelles seraient les conséquences d'un système contraire. « Voilà, dit-il, une industrie qui, peu à peu, va tenir dans sa main toutes les voies de communication, dont le public sera incessamment tributaire, qui peut compromettre chaque jour par ses fautes les plus précieux intérêts; et elle serait placée sur la même ligne que l'industrie privée? et le public ne pourrait pas demander compte de l'usage d'un privilége délégué par l'État? Il sera permis d'accuser un préfet d'en négliger l'entretien, de compromettre par négligence, par fraude, dans un intérêt personnel, la facilité de la circulation et la sûreté publique; en cas de plainte du fonctionnaire, la preuve de sa faute ou de ses fraudes pourra être donnée. Or, voilà qu'une industrie nouvelle déplace toutes les grandes voies de communication, les met en régie, confère à des fermiers les droits de la puissance administrative, et par cela seul les garanties d'un contrôle nécessaire disparaîtraient? Ce contrôle qui pourra s'exercer le lendemain du jour où, la concession terminée, l'État administre à son tour, il sera interdit la veille sous peine de diffamation? Cela ne nous semble pas possible. En quelques mains que soit un service de ce genre, il n'en est pas moins un service public, exploité sur une propriété de l'État, régi, entre les mains du fermier, par les mêmes lois que s'il était entre les mains de l'administration publique, investi des mêmes pouvoirs, des mêmes garanties d'autorité et d'inviolabilité. Or, peut-on dire que dans ces conditions les chefs d'une telle entreprise n'agissent pas dans un caractère public? N'en est-il pas d'eux à plus forte raison comme des concessionnaires d'un droit de passe ou de péage? »

Au surplus, reportons-nous à la discussion de la loi devant la Chambre des députés. On a paru croire qu'en parlant de personnes ayant agi dans un caractère public, la loi avait entendu seulement désigner ceux qui, n'étant plus agents ni dépositaires de l'autorité au moment de la diffamation, n'avaient été attaqués qu'en raison de leurs anciennes fonctions. Tel ne peut être le sens de la loi. Il suffit pour s'en convaincre de relire la discussion et notamment les paroles de M. Royer-Collard, qui fut un des principaux défenseurs de l'amendement de la commission : « Il y a une classe nombreuse de personnes, répondait-il à ses adversaires, qui ne sont pas positivement dépositaires de l'autorité, mais qui sortent néanmoins de la vie privée, et qui n'en peuvent réclamer le privilége. Il est juste et nécessaire, dans l'intérêt public, qu'il soit permis de dire ce qu'un homme a réellement dit en public, et fait avec un caractère public, et qu'on soit admis à le prouver; il y a la même raison que pour les agents de l'autorité. » En même temps que ces paroles expliquent le sens véritable de l'amendement, elles donnent la raison du vague de ses expressions et de la latitude qui a dû être ainsi laissée à l'appréciation des tribunaux. *Toutes autres personnes*... dit la loi. Il y a *une classe immense de personnes*... ajoute M. Royer-Collard; et il fait entendre dans quel sens doivent être prises les expressions de la loi.

L'amendement fut adopté. Ce n'est pas tout; plaçons à côté de ces paroles les observations d'un grand nombre d'avocats généraux, notamment de M. Chassan, qui assimile les élèves internes des hôpitaux à des personnes ayant un caractère public. Ainsi, la distinction est parfaitement établie dans la législation. Toutes les fois qu'on aura attaqué des actes touchant à des personnes agissant dans un intérêt public, c'est devant le jury que devra être portée la plainte de celui qui se croira diffamé. Lorsqu'au contraire ces actes seront isolés, individuels, touchant à des intérêts de famille, c'est la police correctionnelle qui sera le juge compétent, et cela par la raison que je viens d'indiquer.

Telle est la jurisprudence d'un arrêt de la cour de cassation, rendu dans l'affaire Pasquier, et qui a décidé qu'un amiable compositeur doit être considéré comme ayant agi dans un caractère public.

Le tribunal voit avec quel soin la jurisprudence a consacré le principe. Eh bien! ce principe une fois bien posé, est-ce qu'il est possible de n'en pas faire l'application aux plaignants? Est-ce qu'il est possible de considérer les administrateurs d'un chemin de fer comme de simples particuliers? Une pareille opinion blesserait les règles les plus communes.

En effet, quelle est l'origine du pouvoir des administrateurs du chemin de fer de Strabourg? Quel est l'exercice de ce pouvoir, sa nature et ses conséquences?

L'origine du pouvoir de ces administrateurs vient évidemment de l'État. Il ne s'agit point ici de la liberté commerciale : ce n'est pas en vertu de leurs capitaux, de leur intelligence qu'ils le possèdent, c'est en vertu du privilége, d'une concession, en un mot. Ils ne font que succéder à l'État. L'État, c'est l'autorité publique, et, considéré à ce point de vue, il a des obligations à remplir; entre autres, il doit protéger l'industrie, contribuer à ses progrès, à ses développements, et veiller à ce que jamais l'intérêt public ne soit sacrifié à l'intérêt privé. Or, pour atteindre ce but, il faut qu'il ouvre des voies de circulation, qu'il rende les communications libres et faciles, et dans l'exercice de ces devoirs, toutes les personnes qu'il prépose sont des dépositaires de l'autorité publique. Soutenir qu'il n'en est pas ainsi, ce serait aller contre les principes de tout gouvernement civilisé. Cela s'entend depuis le dernier des fonctionnaires jusqu'aux premiers dans la hiérarchie administrative. Les agents voyers, les préposés au balayage, les cantonniers, tous ces employés ont un caractère public, et les administrateurs d'un chemin de fer ne seraient que des personnes privées! Une telle doctrine est dérisoire, car enfin les plus infimes seraient exclus des termes de l'article 14, tandis que le riche banquier qui réalise des bénéfices énormes, qui est plus opulent qu'un roi, serait traité comme une personne privée. Ah! messieurs, il y aurait là une injustice trop révoltante, que certes vous ne consacrerez jamais.

Maintenant, d'où procède le pouvoir de l'administration d'un chemin de fer, si ce n'est de l'État, qui concède un privilége, un monopole, à condition que cette administration lui succédera dans toutes les charges qui lui sont imposées vis-à-vis du pays? Cela est si vrai que l'État s'empare du sol pour le céder à l'administration, et ceux qui la composent sont si bien personnes de l'État que, comme l'État, leurs transactions sont affranchies des droits d'enregistrement et de timbre. En tout, c'est l'État qui agit, ou plutôt les Compagnies qui agissent au nom de l'État. Un instant il a été question de laisser à l'État l'exploitation du chemin de fer. Cette pensée n'a pas prévalu, mais elle indique suffisamment quelles étaient la nature et l'importance des nouvelles voies de communication qui bientôt vont sillonner la France. Quoi qu'il en soit, les concessions ont été limitées, et à leur expiration l'État rentrera dans la propriété des chemins de fer. Eh bien! franchissons la limite de quarante ans; qui succédera alors aux Compagnies? L'État. C'est l'État qui viendra exploiter par lui-même. A cette époque, les agents des chemins de fer deviendront les siens. Ceux-là, on ne nous contestera pas leur qualité. Ainsi, pour admettre le système de nos adversaires, il faut un intervalle de quarante ans; il faudra souffrir pendant quarante ans la loi du monopole, du privilége. Je dis que cela est exorbitant, et je soutiens que les administrateurs des chemins de fer sont des usufruitiers temporaires, une sorte de fermiers généraux qui, pour avoir obtenu une longue concession, ne doivent pas moins compte au public des actes de leur gestion.

J'arrive à l'exercice du pouvoir des Compagnies. Si j'examine cet exercice, j'y vois à chaque pas l'État; j'y vois l'État le contrôler, le surveiller. C'est l'État qui donne ses ordres; c'est la Compagnie qui les exécute. Partout on voit l'immixtion de l'État. Je suis porteur d'un document en forme d'affiche apposé dans toute l'Alsace; et, dans ce document, l'autorité règle, ordonne. En est-il de même à l'égard de l'industrie privée? L'État n'y a que faire. Mais quand il s'agit du chemin de fer de Strasbourg, il fixe le tarif, indique les heures de départ et d'arrivée. Enfin, le document dont je parle contient quarante-trois articles où l'autorité ne cesse d'imposer ses volontés comme elle les impose à ses agents, à ses délégués.

Et s'il fallait ajouter des considérations d'intérêt public, combien ressortirait la nécessité de placer les chemins de fer sous la main de l'État, si lui-même n'eût pris ce soin! Je demande à mes adversaires s'ils préconiseraient à leur préjudice la doctrine qu'ils émettent aujourd'hui; je leur demande s'ils ne s'élèveraient pas contre une doctrine qui permettrait aux Compagnies d'élever ou d'abaisser les tarifs de transport selon l'intérêt de l'industrie qu'elles voudraient protéger, et établir ainsi une concurrence dangereuse. Je ne le crois pas. Quant à nous, quels que soient les bienfaits des chemins de fer, je n'en voudrais pas à ce prix, s'ils nous livraient aux traitants, qui nous mangeraient sans pitié quand leurs intérêts personnels se trouveraient en jeu; quand la presse, bâillonnée par eux, ne pourrait plus les signaler à l'exécration publique.

Mais rassurons-nous : la magistrature ne voudra pas, lorsque, dans les débats politiques, ce qu'il y a de plus élevé est attaqué, critiqué, que les administrations de chemins de fer, inviolables comme l'arche sainte, restent à l'abri des coups de l'opinion publique. Autrement, la presse, qui la représente, tomberait sous les susceptibilités de l'agiotage.

Après la plaidoirie de Me Paillet, M. Saillard, avocat du roi, soutient que les administrateurs ne sont pas les délégués de l'État, et conclut au rejet du déclinatoire.

Le tribunal, statuant sur le déclinatoire, le rejette, et renvoie la cause à quinzaine pour être plaidée au fond.

TRIBUNAL DE COMMERCE DE LA SEINE

PRÉSIDENCE DE M. BOURGET

AUDIENCE DU 13 AVRIL 1846

Affaire de MM. de Tastet et de Franchessin, contre MM. de Molé, Ganneron, de l'Espée et autres administrateurs du chemin de fer de Paris à Strasbourg.

A la fin de 1843, MM. de Franchessin et Firmin de Tastet conçurent le projet de former une compagnie pour soumissionner le chemin de fer de Paris à Strasbourg. Ils s'entendirent, à ce sujet, avec MM. Ganneron, de Molé, etc., etc. Une convention fut signée; cette convention n'ayant pas été tenue, MM. de Franchessin et Firmin de Tastet ont introduit une instance devant le tribunal de commerce de la Seine contre MM. de Molé, Ganneron, etc., etc.

Me Jules Favre a exposé les faits de la cause et demandé l'exécution de la convention.

Me Flandin, avocat de MM. Ganneron et consorts, a répondu à Me Jules Favre que la demande n'était fondée ni en droit ni en raison, et que c'était une spéculation sur le scandale.

Me Chaix-d'Est-Ange a dit ensuite quelques mots pour M. de Molé.

Me Jules Favre a répliqué en ces termes :

MESSIEURS,

Je ne demande au tribunal que quelques minutes d'attention pour répondre aux seuls points spéciaux des plaidoiries que vous venez d'entendre. Cependant, et avant d'y toucher, qu'il me soit permis de repousser d'un mot les étranges et téméraires personnalités auxquelles mes deux adversaires n'ont pas craint de recourir. Chacun d'eux, dans la limite de son rôle et de sa position, s'est efforcé de nous accabler sous le poids de ses dédains. « Qui êtes-vous, nous ont-ils dit à satiété, vous qui prétendez entrer en contrat avec nous? Jetés par l'intrigue au milieu des grandes et patriotiques négociations qui nous absorbent et nous enrichissent, vous avez réclamé; mais dès le principe vous vous êtes démasqués! Néanmoins, nous avons daigné vous faire votre part; aujourd'hui, il nous plaît de vous la reprendre, et vous vous plaignez! Vous êtes vraiment bien osés de troubler le repos de personnages aussi éminents que nous ! Allez! nous ne vous connaissons pas; nous n'avons rien de commun avec vous ! »

Messieurs, un tel langage m'a peu surpris dans la bouche de M. le comte Molé qui, jusqu'ici, a fait un si fréquent abus de l'argument, d'ailleurs facile et peu concluant, du mépris. J'examinerai dans un instant quelle est sa valeur en ce qui le concerne. Mais, je l'avoue, je m'attendais peu à le rencontrer dans les explications de M. Ganneron, M. Ganneron dont toute la carrière est industrielle; M. Ganneron, chef d'une maison de banque, mêlé comme financier, comme député, à de grandes affaires, aurait dû montrer plus de prudence et de respect pour la vérité, surtout quand il nous a laissé des preuves non équivoques de la considération et des égards dont il entoure les hommes qu'il lui paraît utile, je ne sais dans quel intérêt, de rabaisser à votre barre. Voici une lettre écrite par lui à M. de Tastet, qui le vaut à tous égards. Elle est de la veille du procès; ses termes sont obséquieux, presque affectueux. Ils témoignent d'une grande déférence et d'une estime réelle. On n'écrit pas ainsi aux gens que l'on méprise, et l'on n'affecte pas de grands airs de dédain avec ceux auxquels on a donné de pareilles armes.

D'ailleurs, à quoi se réduisent toutes ces déclamations? Vous nous repoussez aujourd'hui qu'il s'agit d'acquitter votre dette; vous nous avez accueillis quand il s'agissait de profiter de notre travail et de notre argent. Voici la correspondance qui établit que vous avez pris l'un et l'autre avec reconnaissance; voici votre propre engagement, qui constate que vous y avez mis un prix : 60,000 francs et un demi vingtième dans les bénéfices. Après cela, retranchez-vous tant qu'il vous plaira derrière votre dignité prétendue! Tout le monde comprendra que ces fastueuses déclarations ne sont qu'un prétexte pour échapper à une obligation que toutes vos calomnieuses insinuations ne parviendront pas à détruire.

M. le comte Molé a-t-il été plus heureux? Était-il plus fondé dans ce système hautain de réticences et d'injures sous lequel il a cru nous accabler? Son défenseur a usé de tout ce qu'il avait d'amertume dans l'expression, dans l'attitude, dans le geste, pour traduire sa vertueuse indignation. Qu'il me permette de le lui dire : il a saisi comme une bonne fortune l'occasion de vous la montrer : son merveilleux talent aidant, il a eu tout le succès de son bonheur, mais je doute qu'il ait réussi à venger son client.

Que signifient, en effet, ces pompeuses protestations de désintéressement rapprochées des faits si clairs et si décisifs du procès? M. le comte Molé, dites-vous, n'a été mû que par des considérations élevées : supposer d'autres vues à un tel caractère, c'est une indignité! Quel eût été d'ailleurs son intérêt? Il a stipulé, tant pour lui que pour ses collègues, une indemnité annuelle de 140,000 francs, ce qui, pour chacun d'eux, donne environ 8,000 francs. Comment croire qu'un si haut personnage, comblé des faveurs de la fortune, saturé d'honneurs, ait pu être influencé par un si mince lucre?

Messieurs, ce n'est pas moi qui me chargerai de l'expliquer. Je me contente de signaler le fait, en vous priant d'en tirer la moralité. M. le comte Molé, après des hésitations prolongées, s'est décidé à placer son nom à la tête d'un comité de patronage, en proclamant bien haut que, cédant à de nobles inspirations, il dédaignait toute pensée de gain. Plus tard cependant, il a consenti à transformer le comité de patronage en comité d'administration, et, désertant les voies désintéressées annoncées avec tant d'éclat, il s'est empressé, tout gentilhomme qu'il est, de prendre sa part dans les 140,000 francs que le comité s'est alloués. Et veuillez le remarquer : ce chiffre n'est qu'un minimum représentant un vingtième dans les bénéfices, qui, d'après des calculs assurés, devaient dépasser de beaucoup 200,000 fr.; de plus, et ceci est autrement grave pour la moralité de l'affaire, ce minimum devait être attribué au conseil d'administration aussitôt la concession obtenue, c'est-à-dire avant tout bénéfice; aussi était-il pris sur le capital, et considéré comme élément des frais généraux. J'ajoute que ces stipulations acceptées par M. le comte Molé, et dont il entendait profiter, ont été condamnées par la Chambre et biffées dans le cahier des charges de 1845; enfin le tribunal se rappelle que, grâce à ses exigences ultérieures, le conseil d'administration, présidé par M. Molé, s'est fait attribuer un vingtième et demi en sus, appartenant, dans l'origine aux fondateurs, c'est-à-dire 120,000 fr. de rente de plus.

Quand on s'est mêlé à de tels actes, quand on n'a pas craint de descendre des hauteurs politiques pour mettre la main sur de tels profits, il sied mal de se draper si fièrement dans sa pureté et de revendiquer l'inviolabilité d'une renommée invulnérable, et si toutes ces négociations conduisent à un procès, ce n'est point assez d'injurier des adversaires devant les prétentions desquels on s'est d'ailleurs une fois incliné. Vous avez reproché durement à MM. de Franchessin et de Tastet, d'avoir abusé de la justice en traduisant devant elle, sans motif plausible et dans une intention de scandale, l'homme d'État qui, suivant vous, ne leur doit rien. Il vous paraît excessif de l'amener dans cette enceinte, pour lui demander des explications. Mais quoi! n'avez-vous pas reconnu vous-même que tout citoyen en doit le tribut aux magistrats? N'avez-vous pas reconnu que, si haut placé qu'on soit, eût-on, par le hasard de la naissance, été appelé à l'insigne honneur de gouverner son pays, on ne saurait, pas plus que le plus humble d'entre nous, se soustraire à cette obligation? Or, est-il vrai que M. le comte Molé ait signé un contrat qui le lie à MM. de Franchessin et de Tastet? Vous ne le contestez pas; le voici : j'en demande l'exécution. Comment pouvez-vous vous étonner d'être en cause? Je vous dis : Faites respecter votre signature, ou par votre fait personnel, ou par le fait de ceux qui vous ont succédé. Qu'y a-t-il d'intolérable, d'illégal, d'irrespectueux dans une telle prétention, et pourquoi votre orgueil en est-il à ce point blessé?

Ce n'est donc pas pour un vain simulacre que nous vous avons conduit ici : c'est pour obtenir de vous le payement de ce que vous nous avez promis; et nous l'obtiendrons ou par vous, ou grâce à vous. Nous voulions votre fait ou votre parole. Nous avons l'un et l'autre. La justice fera le reste.

Nous vous avons aussi personnellement attaqué à propos de votre brusque et intempestive démission, qui nous a causé un tort considérable. Nous maintenons sur cette partie du procès tout ce qui est écrit dans nos conclusions. Seulement, nous nous sommes à cet égard exprimés avec une extrême réserve. Le tribunal en comprendra les motifs. Il peut y avoir dans la détermination de M. le comte Molé des considérations qui échappent à notre critique. Comme l'a dit mon adversaire, il n'était point rivé à l'administration; cependant il lui devait son concours et son appui. Si des motifs généreux l'avaient entraîné; si, comme il l'annonce lui-même avec une si incroyable assurance, il avait été le premier à deviner l'avenir des railways; s'il se croyait indispensable à leur établissement, pourquoi a-t-il cédé devant quelques clameurs? A l'entendre, ses détracteurs lui inspiraient un souverain mépris. C'était le cas dès lors de s'élever au-dessus de leur blâme et de persévérer dans sa résolution première. Au lieu de cela, il faiblit, il abandonne la partie; sa démission et celle de ses collègues députés entraînent l'ajournement de la loi, la perte d'avantages considérables pour MM. de Franchessin et de Tastet : pourquoi ne serait-il pas responsable du préjudice qu'il leur a causé?

C'est ici que pour toute réponse l'adversaire n'a plus mis de bornes à son admiration. Il s'est complu à vous relire cette démission motivée avec de si hautaines paroles; il y a trouvé un chef-d'œuvre de noblesse, de style, de sentiments élevés. Je m'étais permis d'y signaler l'empreinte d'un intolérable orgueil. « J'aime l'orgueil, s'est-il écrié; il est l'attribut d'un grand cœur et d'une ferme pensée! » Cela peut être, dans une certaine mesure, mais que mon adversaire en convienne avec moi : l'orgueil n'est permis qu'à la condition d'être honnête, il n'est honnête qu'à la condition d'être sincère. Or, M. le comte Molé, en jetant fièrement du haut de la tribune de la Chambre des pairs sa commission d'administration de chemin de fer, n'a été que superbe, il n'a pas été vrai. « La Chambre peut croire, a-t-il dit, que désormais je ne m'occuperai plus ni de cette affaire ni d'aucune autre semblable. » Voilà ce que vous avez poétiquement appelé avoir secoué à notre porte la poussière de ses pieds! Il ne l'a secouée que pour en prendre ailleurs; et l'homme d'État, le puritain, le gentilhomme blessé par un soupçon n'a pas craint de se donner à lui-même un éclatant démenti. Il existe, vous le savez, une association industrielle ayant pour but de monopoliser toutes les houillères du bassin de la Loire, association de toutes parts attaquée comme illégale et monstrueuse, qui vient d'amener de sinistres événements dont toute la France gémit, et le tribunal me saura gré de n'en pas dire davantage. Quel est celui qui figure à la tête du conseil d'administration? C'est M. le comte Molé. Que l'adversaire me dise maintenant ce que valent ses déclarations solennelles et quelle base lui reste pour y asseoir le piédestal de son orgueil.

Mais en voilà assez sur ces personnalités. Je les ai abordées à regret, à la suite de mes adversaires, et je suis loin de les avoir épuisées. J'ai hâte de revenir aux points véritables du procès. Cette partie de ma tâche ne sera pas plus difficile.

Dans toute la défense de M. Ganneron, je ne rencontre que deux objections sérieuses : 1° L'engagement pris par le comité et constaté dans les rapports déposés chez Me Ph. Dupin n'était valable que pour la durée de la session de 1844 ; 2° la compagnie qui exploite aujourd'hui le chemin de fer de Paris à Strasbourg n'est pas celle qui s'est obligée vis-à-vis de MM. de Franchessin et de Tastet.

A ces deux objections, deux réponses péremptoires.

Toutefois, permettez-moi d'écarter préalablement tout ce qui vous a été dit de M. Corréard, dont la position ne saurait se confondre avec celle des demandeurs actuels. Que M. Corréard ait porté ses travaux à une autre compagnie, nous l'ignorons, et cela importe peu. Ces travaux n'avaient qu'une utilité temporaire ; ils devaient éclairer les souscripteurs, déterminer le mouvement opéré tant à Londres qu'à Paris. Ce mouvement produit, le capital encaissé, ils devenaient inutiles. Après la discussion publique de 1844, ils sont tombés dans le domaine de tous, et c'est à cette époque seulement que M. Corréard les aurait portés ailleurs. MM. de Franchessin et de Tastet, au contraire, ont procuré à la compagnie des avantages permanents, l'assiette même sur laquelle elle repose. Ils ont amené les capitaux anglais, sans lesquels l'affaire était impossible. Ces capitaux sont restés malgré l'ajournement de 1844. Il n'y a rien de commun entre cette situation et celle de M. Corréard.

Ceci bien expliqué, comment serait-il possible de limiter à la session de 1844 la durée de l'engagement pris par les deux comités français et anglais? L'esprit et le texte de la convention du 17 mars 1844 répugnent également à cette interprétation. Qu'a-t-on voulu en effet? On le dit clairement. Rémunérer MM. de Franchessin et de Tastet. Donc on reconnaissait leurs droits; et l'on ne pouvait introduire de clause résolutoire que pour le cas où leurs soins, leurs démarches, leurs études, ne produiraient aucun résultat. C'est là ce qu'on entendait en prenant pour limite la session de 1844. Mais dans son engagement particulier et postérieur du 12 mai, M. Ganneron complète la pensée commune ; il dit : *Si la société se constitue*. Or, elle s'est constituée, elle est debout, elle jouit des avantages dus à l'intervention des demandeurs. Donc il faut les payer. Je ne sais ce qu'il y a à répondre à ce raisonnement d'équité et de bon sens.

Y a-t-il, comme vous le prétendez, une société nouvelle? Je m'étonne que le défenseur de M. Ganneron, dont l'esprit est si éclairé, se soit fait illusion sur ce point. Pour qu'il y ait société nouvelle, il faut qu'il y ait eu dissolution et liquidation de l'ancienne, formation d'un contrat nouveau. Or, vous nous produisez un acte d'addition et de modification. La Chambre avait voté des embranchements qui exigent l'augmentation du capital social; cette augmentation est régularisée, mais le capital ancien de 70 millions vous reste; les 35 millions de fonds anglais engagés jusqu'en 1845 sont dans votre caisse : c'est donc toujours la même société. Et comme vous l'avez déclaré vous-même à la tribune, comme vous l'avez dit dans vos circulaires, ces changements ne détruisent pas sa constitution. Or, je ne saurais trop le répéter, cette constitution est en partie l'ouvrage de M. de Franchessin et de M. de Tastet ; vous avez vous-même fixé leurs droits à 60,000 francs et 1/2 20e dans les bénéfices. Vous ne pouvez vous soustraire à votre obligation.

Vous ne le pouvez, surtout en invoquant, comme vous l'avez essayé, et c'est un bien misérable moyen, l'insuffisance de vos ressources. Nous vous avons prouvé que les bénéfices par vous réalisés sur les intérêts des sommes déposées ont dépassé 500,000 francs. Vous avez traité ces calculs d'imposture. Je ne comprends pas ces gros mots quand il s'agit de chiffres. Au lieu de nous injurier, que ne nous montrez-vous vos livres? L'un est plus commode que l'autre, je le sais; mais je sais aussi que ceux qui refusent toute justification et se contentent d'invectiver n'imposent ni à la justice ni à l'opinion. Or, en réponse à vos dénégations, je vous livre votre propre compte, en vous sommant de le démentir autrement que par de vaines paroles :

Compte des intérêts des fonds versés par les actionnaires et du bénéfice sur le change.

En mars 1844 :

Les banquiers de la Compagnie Molé, pour le chemin de fer de Paris à Strasbourg, ont encaissé, tant à Paris qu'à Londres, la somme de 7 millions pour le premier déposit de 50 francs par action, sur 140,000 actions représentant 70 millions de francs, somme à laquelle cette Compagnie avait d'abord estimé le capital qui lui était nécessaire.

Les banquiers ont gardé ces 7 millions pendant un an et neuf mois, de mars 1844 à décembre 1845, ce qui, en calculant les intérêts à 3 0/0 l'an, fait un boni de. . . . . 367,500 fr.

En avril 1845, le capital de la Compagnie ayant été augmenté de 55 millions pour la construction et l'exploitation des embranchements de Metz et de Reims, — le premier déposit de 50 francs par action sur les 110,000 actions représentant les 55 millions, est resté pendant sept mois (depuis mai 1845 jusqu'à décembre 1845) entre les mains des banquiers, ce qui, pour les 5,500,000 francs, en calculant les intérêts à 3 0/0 l'an, fait un boni de. . 96,250

Le comité anglais bénéficie, en outre, de la différence du change sur 5 livres sterling qu'il reçoit par action *définitive*, tandis qu'il ne paye en France que 125 francs, ce qui, sur les 25,000 actions *définitives*, formant le cinquième afférent aux Anglais, fait un boni de. 72,000

Soit ensemble. 535,750

Maintenant, en admettant, si l'on veut, que M. Ganneron ait encaissé et remboursé le *déposit* sur la moitié du fonds social, soit sur 125,000 actions, et qu'il ait tenu compte de 20 centimes d'intérêt par action aux souscripteurs, cela fait 125,000 actions 25,000

Ainsi, il reste encore pour payer les frais, un *boni* bien clair et bien net d'au moins. 510,750

Vous aviez donc entre les mains, vous avez encore des sommes dix fois supérieures au chiffre de nos réclamations, et, à moins de supposer que vous n'ayez absorbé 510,750 francs en frais généraux, en attributions mystérieuses de minimums de bénéfices, vous êtes en mesure d'acquitter votre obligation sans imposer à la Compagnie aucun sacrifice.

Mais qu'importent ces justifications surabondantes de votre part? MM. de Franchessin et de Tastet n'ont pas à s'inquiéter des moyens de libération de leurs adversaires. Ils avaient à démontrer leur droit au payement de la somme de 60,000 francs, à une indemnité pour la représentation des bénéfices dont ils sont privés, aux actions qui leur ont été promises.

Ce droit existerait et serait sanctionné par le tribunal, en l'absence de tout contrat, tant sont concluantes les considérations d'équité qui le protégent. Il a pour appui, ce qui est non moins décisif, l'autorité d'une convention contre laquelle ni le rang, ni la fortune, ni les sophismes ne sauraient prévaloir.

Le tribunal, tout en reconnaissant les titres des demandeurs à une indemnité, a pensé qu'ils manquaient de titre légal contre la société adjudicataire, que l'exécution des engagements pris lors de la constitution de la société primitive était subordonnée à une condition résolutoire, et que cette condition s'était accomplie par la démission de MM. Molé, Ganneron et autres administrateurs.

COUR D'ASSISES DES ARDENNES

PRÉSIDENCE DE M. HUOT, CONSEILLER A LA COUR ROYALE DE METZ

AUDIENCE DU 16 JANVIER 1847

M. Lavocat, député de Vouziers et directeur des Gobelins, contre M. de Boullenois, électeur. — Plainte en diffamation.

Après la plaidoirie de Me Léon Duval, avocat du plaignant, Me Jules Favre, défenseur de M. de Boullenois, s'exprime ainsi :

MESSIEURS,

Si pour défendre M. Ernest de Boullenois, j'avais le malheur de me lever devant des hommes qui fussent capables de céder aux égarements de la passion, et de substituer aux idées de justice les entraînements et les rancunes de l'esprit de parti, je pourrais concevoir de sérieuses inquiétudes. Que signifient, en effet, l'éclat extraordinaire de cette solennité, l'indignation, les colères qui viennent, dans la bouche de mon adversaire, de revêtir une forme si brillante, mais si acerbe, si injurieuse, si impitoyable? Pourquoi ces efforts désespérés à l'audience ? pourquoi, au dehors, ces sollicitations si ardentes qui, depuis plusieurs semaines, troublent la tranquillité de votre département et semblent vous poursuivre jusque sur ces siéges? Pourquoi le chef du parquet nous honore-t-il aujourd'hui de sa présence et apporte-t-il l'éclat de son rang et de son talent dans cette cause? S'agit-il d'un de ces grands événements qui tiennent les destinées du pays en suspens, ou d'un de ces forfaits qui jettent au sein des populations une terreur telle que leur révélation judiciaire éveille profondément la curiosité publique par l'espérance des plus émouvantes péripéties? En aucune manière.

Dans une élection politique, il est arrivé qu'un homme que beaucoup d'entre vous connaissent, qui, quoi qu'il arrive, n'en restera pas moins un homme honnête et pur, qui ne sacrifie ses opinions à aucune influence, et ne court pas après les places et les faveurs, un homme riche, bien posé, un électeur a fait imprimer une brochure dans laquelle il demandait des explications à un candidat. Cet homme, c'est M. de Boullenois; le candidat, c'est M. Lavocat. Aujourd'hui, M. Lavocat se montre singulièrement susceptible. Il met la main sur la garde de son épée et nous en laisse voir la lame à demi tirée. Cependant il a sommeillé le premier jour; il s'est tu, il s'est contenté d'une réponse que vous apprécierez. L'électeur a riposté, et le second jour du scrutin, M. Lavocat, afin de s'assurer la victoire qui était indécise, a jeté au milieu du champ de bataille la promesse et la menace d'une plainte.

Voilà comment le débat s'est engagé.

Si M. Lavocat était fort de son passé et des actes de sa vie, je m'étonnerais qu'il eût fait tant de fracas. Les questions d'honneur n'ont pas besoin de tout cet apparat. M. Lavocat n'avait qu'à descendre dans le prétoire et à découvrir sa poitrine aux coups de tous. Il n'avait qu'à dire : De quoi m'accuse-t-on? Où sont les témoins?

Mon adversaire a bien senti le faible du procès.

Pour la première fois j'ai entendu plaider une affaire en diffamation sans qu'on ait lu les écrits incriminés; mon adversaire en a pris ce qui lui a paru le plus venimeux, pour me servir de cette expression qu'il affectionne, il en a détaché toutes les noirceurs; mais quant à l'écrit dans ce qu'il a de loyal, d'inoffensif, d'honorable, il l'a complétement négligé. Il a prêté à M. de Boullenois des intentions qu'il n'a jamais eues, des paroles qu'il n'a jamais dites. Si l'écrit vous avait été lu dans son entier, vous en auriez vu la loyauté; mais aimant mieux vous faire illusion, c'est par une sorte de dissection qu'on a procédé, faisant un autre procès à côté du procès.

M. Lavocat ne ménage aucune espèce de ressources. Vous le voyez paraître en personne à l'audience et s'envelopper de toutes ses dignités. M. Lavocat, j'ai le droit de le dire, appartient à cette famille de personnages politiques qui sont glorieux de leurs succès et en tirent toujours le plus habile parti, qui, dans leur carrière, ont su s'élever aux premiers rangs et ont rencontré cependant des échecs devant le vœu populaire.

Il est de ces hommes qui exploitent leurs défaites comme leurs victoires. Il va dans le délire de sa vanité jusqu'à dire dans des écrits que vous verrez, que sa cause est celle du pays tout entier; que le chef de l'État et la France ont les yeux fixés sur vous. Vous croyez que je ris; vous verrez!

Mon client, je dois le faire remarquer, n'a jamais voulu percer le cœur de M. Lavocat. Il a voulu obtenir de lui des explications sur des faits dont la presse s'était occupée, et qui étaient d'une notoriété si générale que le simple soupçon ne saurait être une injure pour

M. Lavocat. Mais aller jusqu'à dire que M. de Boullenois s'est posé en adversaire systématique de M. Lavocat; qu'il a voulu, pour me servir de je ne sais quelle sanglante métaphore, l'égorger, l'assassiner; ce sont là des exagérations gratuites auxquelles il serait superflu de répondre.

Quelles que soient les épigrammes de mon adversaire, épigrammes tellement fines qu'elles passent à côté du but, M. de Boullenois restera ce qu'il a toujours été, un homme pur, dévoué à la science, vivant d'affections de famille, n'ayant jamais ployé le genou devant personne. Il ne connaît pas M. Lavocat, il ne l'a jamais rencontré au milieu de ces compétiteurs qui servent la fortune d'hommes comme M. Lavocat. Mais il lui est arrivé un jour de se ressouvenir qu'il était citoyen; il a su que M. Lavocat se présentait aux élections de Vouziers. C'est alors qu'il a publié les écrits incriminés. Excédait-il son droit? Non. Mon adversaire, dans son habile plaidoirie, s'est placé sous l'égide de la Constituante; il a dit que la liberté n'avait jamais cessé d'être son idole, et qu'aujourd'hui encore il lui rendait un public hommage; ce n'est pas là un culte désintéressé.

Vous voulez la liberté. Mais quand la liberté vous gêne, vous l'entendez en ce sens que celui qui en a usé doit comparaître à la cour d'assises. Qu'a fait M. Boullenois? Il a dit: Voilà des actes qui ne sont pas nouveaux. Avant de savoir si je dois voter pour vous et vous envoyer à la Chambre, je désire que vous vous expliquiez. Voilà la source du droit au nom duquel il a parlé. Quant à l'exercice de ce droit, est-ce que M. de Boullenois a fait preuve d'une bien grande témérité? Est-ce que la réputation de M. Lavocat était tellement immaculée que le langage de M. Boullenois dût la ternir? Il n'a fait que répéter ce que des journaux avaient imprimé bien avant la publication de sa brochure. Jamais M. Lavocat n'a songé à les attaquer.

Je lis dans le *Courrier français* du 23 juillet 1846 que M. Lavocat, après avoir été condamné à mort par contumace, sous la Restauration, pour conspiration, a renié depuis 1830 ses anciennes opinions politiques; qu'il servait à cette époque dans la jeune garde, et qu'il était à son début dans la carrière militaire; que le licenciement le jeta parmi les mécontents; que deux fois sous la Restauration il fut condamné à mort par contumace, d'abord par la Cour des pairs pour avoir pris part à la conspiration du 19 août 1820, puis en 1824 par la cour d'assises de la Seine, pour avoir pris part à un autre complot contre la sûreté de l'État.

Je pourrais demander à M. Lavocat qui se dit un vétéran de la grande armée, et au nom duquel on s'écrie : « Vous ne savez à quelles extrémités il peut se résoudre si vous ne vengez pas son honneur », je pourrais lui demander pourquoi, lui si impétueux, si jaloux de son honneur, il a respecté l'écrivain qui a tracé ces lignes.

Le *Courrier français* poursuit :

« M. Lavocat s'offrit sans répugnance pour une de ces tristes missions qu'on n'accepte pas sans y être astreint par le devoir; il se fit le gardien des ministres traduits devant la Cour des pairs.

« Ce zèle trop visiblement intéressé de M. Lavocat le mit dans une malheureuse évidence. Il lui valut successivement la croix de chevalier, d'officier et de commandeur de la Légion d'honneur, et la direction de l'administration des Gobelins.

« En 1834, M. Lavocat, espérant faire illusion sur son importance aux personnes qui ne pouvaient le connaître que de loin et très-imparfaitement, se mit sur les rangs pour la députation, et fut élu à Vouziers. Automate parlementaire, il a toujours voté toutes les mesures liberticides, toutes les dilapidations ministérielles. Lorsqu'il s'est agi de consacrer le concours, sans condition, pour les votes de la Chambre, le ministère l'a trouvé aussi obéissant que de coutume. Menacé aux dernières élections de ne pas voir renouveler son mandat, M. Lavocat fit usage de tous les moyens d'influence que sa qualité de courtisan mettait à sa disposition : captation, immoralité, intimidation, tels furent les griefs élevés contre son élection dans une protestation signée par un grand nombre d'électeurs. »

De toutes ces choses, en avons-nous dit un mot? Le *Courrier français* parle ensuite de l'affaire de Fieschi, dans laquelle, dit-il, M. Lavocat joua le rôle de *confesseur officieux!* Que voulez-vous de plus? Il est impossible de dire en moins de mots quelque chose de plus fâcheux pour la moralité d'un homme. Voici, du reste, ce que dit le journaliste :

« A la suite de l'affaire Fieschi, dans laquelle il joua, comme on sait, le rôle de confesseur officieux, M. Lavocat eut à se justifier d'une telle conduite devant les électeurs de la douzième légion, dont il était lieutenant-colonel. Le résultat de cette justification fut que M. Lavocat ne put obtenir même la dernière place sur la liste des dix candidats au grade de colonel et de lieutenant-colonel. »

Ces faits sont-ils exacts? Les électeurs de la garde nationale vous ont-ils exclu?

« Il y a quatre années à peine, continue le journal (et ceci nous conduit à l'affaire Heurdequin), un procès trop célèbre dévoila les scandales de l'administration de la ville. Inutile de rappeler comment le nom de M. Lavocat fut mêlé à cette affaire déplorable. Qui ne se souvient qu'elle lui valut encore une marque éclatante de désapprobation dans le sein du collége électoral du douzième arrondissement? »

A l'expiration de son mandat de membre du conseil général de la Seine, M. Lavocat ne crut pas devoir se présenter de nouveau; mais il insista vivement pour être placé sur la liste des douze candidats aux fonctions de maire et adjoint. C'était, suivant ses propres expressions, une récompense à laquelle il attachait le plus grand prix. Le collége fit justice, le nom de M. Lavocat ne fut pas porté sur le bulletin. Aussi, deuxième protestation du pouvoir souverain, du corps électif. Sachant qu'il n'a pas de chances d'être réélu, M. Lavocat ne se présente pas, et pour que M. Lavocat se retire, il faut que la partie soit bien désespérée.

L'expression de la pensée indépendante du journaliste n'a pas été critiquée par M. Lavocat. Il en est de même de la biographie de M. Lavocat, extraite de la *Galerie des pritchardistes* par le *National.*

Ainsi M. Lavocat était accusé d'avoir arraché les secrets renfermés dans une âme de boue et de sang pour faciliter son avancement personnel; il était accusé d'avoir abusé de ses fonctions pour trahir les secrets du conseil municipal; il était accusé d'avoir, sous forme de facétie, sali sa plume d'une expression de la plus haute inconvenance. Et il gardait le silence... Il allait faire des visites de porte en porte dans l'arrondissement de Vouziers; des articles de journaux, il n'en était nullement question. M. de Boullenois a dit : « Quoi! vous ne répondez pas... Eh bien, c'est moi, fraction obscure du corps électoral, qui viendrai vous demander des explications. » Vous allez voir avec quelle bonne foi M. de Boullenois procède.

On a fait de lui je ne sais quel *bravo* électoral, se cachant dans l'ombre, tenant le stylet pour en frapper M. Lavocat et se désaltérer avec son sang. Ces images sont bien placées dans une plaidoirie, mais c'est une fantasmagorie qui se dissipe au moindre examen.

M. de Boullenois va-t-il poursuivre M. Lavocat dans son hôtel des Gobelins, sur les bords de la Bièvre? Non; il l'attend dans l'enceinte électorale; c'est là qu'il lui demande des explications. Se cache-t-il? Sa première parole est celle-ci : « Je soussigné Charles-Auguste-Ernest de Boullenois... » Il commence par se nommer, on dirait un exploit.

M. Lavocat n'attaque pas le passage relatif au vote Pritchard : il s'en glorifie; je ne lui en fais pas mon compliment.

Vous connaissez le passage relatif au procès Fieschi. Comment M. Lavocat a-t-il pu dire de bonne foi dans une lettre écrite par lui que M. de Boullenois l'avait dénoncé comme complice de Fieschi? Évidemment M. Lavocat a plus d'esprit qu'il ne veut paraître en avoir. Non! on ne le représentait pas comme le complice de Fieschi; ce qu'on lui reprochait, c'était d'avoir servi la justice d'une manière à la fois irrégulière et peu honnête.

Quant à l'affaire Heurdequin, c'est de la même manière que M. de Boullenois va en provoquer des explications loyales et complètes. C'est là ce que mon adversaire a appelé une vipère. A coup sûr, son venin était bien innocent. Singulier diffamateur que celui qui donne au diffamé tous les moyens de se justifier, qui se contente d'émettre un doute, et qui annonce lui-même qu'il tient son opinion en réserve!

M. Lavocat est allé trouver à Réthel M. Mortimer-Ternaux qui était candidat comme lui et qui, en cette qualité, se faisait petit comme tous les candidats, lesquels courbent la tête, sauf à la relever ensuite.

M. Mortimer-Ternaux a écrit alors à M. Lavocat une lettre que celui-ci s'est empressé de répandre à profusion. M. Mortimer-Ternaux l'a écrite *spontanément,* dit-il... Spontanément! et c'était M. Lavocat qui était allé chercher la lettre... Quelle spontanéité!... M. Ternaux écrit que la circonstance Heurdequin n'avait aucune importance; qu'après comme avant, M. Lavocat a joui de l'estime, de l'affection de tous ses collègues. Et M. Lavocat, imitant le procédé de certains charlatans, fait imprimer le mot *tous* en lettres majuscules. Ce n'est pas de la plus grande exactitude; car M. Lavocat nous apporte des certificats de quatre de ses collègues. Or, il y a trente-six membres dans le conseil municipal, si je sais bien compter; qui de trente-six ôte quatre ou cinq (car M. Lavocat est du nombre, et il s'estime autant que les quatre autres; reste trente et un) ces trente et un membres ont refusé de répondre. M. Galis qu'on a traité avec une légèreté si inqualifiable, M. Galis n'a pas daigné donner son certificat à cet ami qu'il aime et à qui il pardonne ses espiégleries!

Je pourrais m'arrêter. Il y a cependant dans le procès une question que je ne veux pas laisser à l'écart, M. de Boullenois a-t-il été de bonne foi? Vous le savez, il n'a fait que répéter ce qui courait les rues. A-t-il été convenable, modéré? Vous avez entendu la lecture de ses publications. Il s'est exprimé avec la plus grande réserve, quoiqu'il y ait dans les faits dont il parlait quelque chose qu'une condamnation contre M. de Boullenois n'effacerait pas.

Que M. Lavocat continue son œuvre; qu'ils distribue les mairies et les justices de paix; qu'il fasse courber le genou à tous ceux qui sont sous sa dépendance, soit; mais qu'il espère voir s'abaisser dans la lutte la justice qu'il invoque, les noms les plus augustes qu'il interprète de la manière la plus inconvenante, la présence de M. le procureur général, voilà ce qui devrait lui être interdit. Ce qui lui est interdit surtout, c'est de perdre un innocent. Dans la chambre de vos délibérations vous vous demanderez : M. de Boullenois a-t-il rempli son devoir? Et de ce procès il sortira complétement justifié. Quant à son adversaire, nous le renvoyons aux prochaines élections; le corps électoral prononcera.

Après plusieurs heures de délibération, le jury rend un verdict affirmatif sur les questions qui lui étaient soumises. M. de Boullenois est déclaré coupable de diffamation contre M. Lavocat comme simple particulier, et contre M. Lavocat comme membre du conseil municipal de Paris.

La cour le condamne à huit jours de prison et 1,000 francs d'amende; elle fixe à 2,000 francs le montant des dommages-intérêts envers M. Lavocat.

COUR ROYALE DE PARIS

1re ET 3e CHAMBRES RÉUNIES

PRÉSIDENCE DE M. LE PREMIER PRÉSIDENT SÉGUIER

AUDIENCES SOLENNELLES DES 27 FÉVRIER, 6, 13, 20 MARS 18 ET 22 AVRIL 1847

Liberté d'esclaves. — Renvoi après cassation. — MM. Duvergier et Fontaine, avocats des appelants.

Catherine Léonard, fille d'une mulâtresse, esclave de madame Duplessis-Voisin, avait été inscrite, sur le registre de baptême de la Martinique, comme ayant été affranchie par M. Duplessis-Voisin, usufruitier des biens de sa femme. Mais elle était restée avec sa mère sur l'habitation de M. Duplessis. Après le décès de celui-ci, elle fut comprise dans l'inventaire, et en 1812, par une ordonnance de M. le président du tribunal de Saint-Pierre, elle fut déclarée esclave des héritiers de madame Duplessis et employée comme telle; ce qui en 1840 donna lieu à une instance judiciaire, à la requête de M. le procureur du roi, pour faire proclamer le droit de Catherine Léonard et de ses onze enfants.

Par jugement du tribunal de première instance de Saint-Pierre, Catherine Léonard et ses enfants furent déclarés libres. Mais, sur l'appel de leurs prétendus maîtres, ce jugement fut infirmé par la cour royale de la Martinique, par le motif principal que la mention d'affranchissement contenue dans l'acte de baptême ne pouvait équivaloir à un titre direct de liberté. M. le procureur général de la Martinique, prenant en main la cause de la liberté, se pourvut en cassation contre cette décision, et la cassation fut prononcée malgré les conclusions contraires de M. l'avocat général Delangle, l'arrêt attaqué ayant faussement appliqué et, par suite violé les dispositions de l'arrêt du Conseil d'État du roi du 8 juin 1776, de l'arrêt du Conseil souverain de la Martinique du 10 novembre 1796, des articles 46 et 54 de l'édit de 1685, et des principes de la coutume de Paris sur la communauté.

Me Duvergier, chargé de soutenir, devant la cour royale de Paris, les intérêts des héritiers de madame Duplessis-Voisin, fait valoir surtout l'irrégularité du titre d'affranchissement, et les dispositions d'ordonnance tombées en désuétude.

Me Jules Favre, au nom de Catherine Léonard et de ses enfants intervenants dans la cause, lui répond en ces termes :

Il est impossible de ne voir dans cette cause qu'une simple question de droit qui sera froidement discutée et tranchée par vous, sans que vous vous préoccupiez de ses conséquences. Que l'adversaire se soit fait jusqu'à ce point illusion; qu'il se soit retranché derrière la science et l'impassibilité du jurisconsulte, commentant des lambeaux de textes, je le comprends, car c'était la nécessité de son rôle. Mais si, au lieu de s'arrêter à l'enveloppe, il eût regardé au fond de ce procès, il en eût éprouvé une telle horreur que je doute qu'il eût conservé le courage de le soutenir.

De quoi s'agit-il? Que demande-t-on? De maintenir, que dis-je! de faire entrer en servitude une femme de cinquante-six ans, avec ses onze enfants. On veut que, par l'autorité de la justice, ils soient, eux et les leurs, voués à cet état d'humiliation et d'opprobre où l'homme cesse d'être homme, et descend, par l'abus de la force, au rang de la chose inanimée qu'on brise à son caprice, de l'animal qu'on foule aux pieds, qu'on frappe, qu'on parque et qu'on vend, bétail vil et muet qui n'a ni la faculté ni le droit de se plaindre!

Quand je pense que c'est là que tend l'effort de l'adversaire, que c'est là ce qu'il réclame devant la cour royale de Paris, toute mon âme s'émeut malgré moi, et il ne faut pas moins que tout le respect et toute la confiance que m'inspirent son esprit éclairé et ses sentiments élevés, pour que j'en puisse contenir l'expansion. Je me demande comment il est possible qu'au dix-neuvième siècle après Jésus-Christ, lorsqu'en Europe la barbarie a depuis longtemps succombé dans la lutte engagée par elle contre la liberté, dans le pays le plus policé du monde, dans la ville qui peut se dire, avec un légitime orgueil, la reine par l'intelligence, l'asile, la consolatrice de l'infortune, aux pieds d'une cour que chaque jour vivifie, par ses hautes lumières, la législation la plus libérale; je me demande comment il est possible de discuter si une femme et ses onze enfants seront remis aux fers, rendus à la geôle, au fouet du commandeur! Mon adversaire vous disait que la loi subsistait encore et qu'il fallait la faire exécuter. Laissez répondre Bossuet par les lois éternelles contre lesquelles les lois passagères ne prévalent pas : « Il n'y a pas de droit contre le droit. » Ne reconnaissez-vous pas, ne proclamez-vous pas que l'esclavage est un odieux et criminel attentat contre Dieu aux yeux duquel toutes les créatures humaines sont égales? Comment, en jugeant la loi par votre conscience, avez-vous eu la force de mettre votre talent à son service? Il a fallu que vous éloignassiez votre cœur qui vous eût désavoué. Singulier contraste! le ministère public, organe de la loi, proteste contre un de ses abus; c'est lui qui, au nom du pouvoir de l'État, tend la main aux infortunés, les relève et les rappelle à la vie, tandis qu'au nom d'un intérêt privé, vous les repoussez dans le tombeau de la servitude!

Je dirais bien mal et bien faiblement ces choses que je ne puis ni ne dois dire. Si quelque chose peut égaler le respect que j'ai pour la cour, c'est celui que m'inspire mon honorable adversaire. C'est pourquoi j'aurais voulu n'avoir pas à le combattre. Mais ce qui me rassure autant que son autorité et son intervention m'effrayent, c'est la sagesse de la cour, l'esprit chrétien qui souffle sur elle, la certitude, comme l'a si bien dit la cour de cassation, que votre intelligence suivra la pente de vos cœurs, c'est-à-dire la liberté. C'est quelque chose de touchant et d'auguste de voir cette assemblée solennelle, cette compagnie réunissant toutes les pompes pour prononcer sur le sort d'une pauvre négresse des Antilles. N'est-ce pas la protestation la plus éclatante contre le fait brutal qui l'a opprimée? N'est-ce pas le plus beau témoignage de respect pour les droits impérissables de l'homme, quelles que soient sa couleur, sa patrie et sa condition? Avec une protection, une garantie pareille, les infortunés qui plaident n'ont rien à craindre. Ils sont sauvés aussitôt qu'ils ont touché votre toge; vous êtes leurs patrons, leur liberté ne leur sera plus ravie.

Je le dis avec d'autant plus de confiance que j'ai pour eux la loi, le fait, l'autorité de la cour souveraine et bientôt celle de votre arrêt.

M. Voisin-Duplessis s'est marié en 1784 avec Luce Lesage; et, par son contrat de mariage, celle-ci s'est réservé une esclave propre, appelée Lisette, qu'on prétend être la mère de Catherine Léonarde. Cependant rien n'est moins certain que cette origine contre laquelle l'acte de naissance proteste doublement, car il porte les noms de Marie-Louise, comme ceux d'une esclave appartenant à M. Duplessis-Voisin.

En 1791, sur l'habitation de celui-ci, naissent deux enfants jumeaux du sexe féminin, d'une mère esclave; et ils ne sont pas portés au rôle des esclaves. Pourquoi? Parce qu'au moment de leur naissance, ils étaient destinés à la liberté.

Cette naissance était la conséquence d'un fait bien commun aux colonies, dont la législation s'est souvent occupée, mais qu'elle a été impuissante à réprimer, puisqu'il est le résultat inévitable de l'esclavage.

M. Duplessis-Voisin ne pouvait vouloir que ces deux enfants fussent esclaves. Ils ne l'étaient que par leur mère; aussi, peu de temps après leur naissance, à l'âge de deux ans, reçurent-ils le bienfait de l'affranchissement.

Ils n'avaient pas été baptisés, et c'est là un fait normal aux colonies où un grand nombre d'enfants d'esclaves ne le sont pas. M. Duplessis-Voisin songea à les faire baptiser. Ils reçurent le baptême le même jour, ensemble, sous les noms de Marie Thomassine et Catherine

Léonard. M. Duplessis-Voisin n'intervint pas, mais il n'a pu ignorer le fait.

Leurs parrains et marraines n'étaient pas les premiers venus, ils n'étaient ni des domestiques, ni des gens de basse condition. Pour Catherine, c'était un médecin, Léonard Linard, et Marie-Catherine Petit; pour Thomassine, M. Dupuis, commandant, et madame Juramy, née Voisin, nièce de M. Duplessis. Comment aurait-on donné de pareils parrains et marraines à deux esclaves? Comment peut-on dire que M. Duplessis ne l'a pas su? ce sont ses amis et ses parents qui ont tenu les enfants sur les fonts. Cette solennité de famille prouve qu'il s'agissait, non pas de deux esclaves, mais de deux petites filles libres.

M. le curé Dargnaisse, qui a rédigé l'acte de baptême, atteste que les enfants avaient été affranchis l'année précédente par M. Duplessis-Voisin.

Après la mort de madame Duplessis-Voisin, on parle, dans l'inventaire, de Lisette et de ses trois enfants, Marie et Catherine, âgées de six ans, et Benjamin. En 1805, dans un nouvel inventaire, fait après le décès de M. Duplessis, on comprend Lisette et ses trois enfants. En 1809, madame Juramy, héritière de madame Duplessis, donne la mère et la fille Catherine à madame Caseneuve. Les enfants libres des esclaves vivaient en servitude, c'est ce que nous expliquent les mœurs coloniales; on ne pouvait les mettre en liberté, ils restaient dans leurs familles. Et alors même qu'ils étaient portés aux inventaires, leur liberté ne pouvait être effacée par cet abus.

En 1812, Catherine, âgée de vingt et un ans, était ignorante comme une esclave et déjà plusieurs fois mère. Sa fécondité la rendait précieuse : on fit annuler l'acte de l'état civil qui constatait son affranchissement. Elle resta en servitude jusqu'en 1840, et elle avait alors donné le jour à onze enfants.

Que penser des avantages de leur situation dont mon adversaire fait une peinture pleine de charmes? A l'en croire, ils jouissaient des délices de l'oisiveté, et on ne les occupait pas même des travaux de la maison. Il faut beaucoup de courage et d'esprit pour oser vanter les douceurs de l'esclavage. Si la liberté est, au dire de l'adversaire, un si inutile fardeau, pourquoi les esclaves la revendiquent-ils? Pourquoi les plus excellents traitements ne leur font-ils pas oublier les bienfaits de la liberté qui est la dignité de l'existence?

Mais ce séduisant tableau n'est qu'un roman, tout de même que cet empressement à laisser Catherine et ses enfants libres.

Il a fallu que le procureur général menaçât de séquestre, pour que l'on cédât.

M. Caseneuve forma opposition à la déclaration d'affranchissement, et il appela en cause les héritiers Juramy. Le procès commença.

Les divers documents législatifs qu'a invoqués Me Duvergier ne peuvent recevoir d'application dans l'espèce. Ce qu'avait voulu le législateur, c'est que les affranchissements ne fussent pas abandonnés à l'arbitraire des maîtres, c'est que la puissance publique intervînt, qu'on ne pût porter sur les actes de baptême des libres, et comme libres des enfants nés dans l'état d'esclavage. Tel n'est pas l'acte de baptême de Catherine Léonard. Cet acte constitue en sa faveur une possession d'état. C'est ce qu'a jugé tout d'abord la cour de cassation.

Si la cause qui vous est soumise était une question d'état ordinaire, si l'on contestait à un enfant la qualité d'enfant légitime fondée sur un acte de l'état civil, nous répondrions avec l'article 317 du Code civil que cet enfant puise dans son acte de l'état civil, un titre irréfragable, qu'à son entrée dans la vie il a été salué du baptême de la légitimité, et qu'il n'est plus possible d'en dépouiller son front.

Eh bien! nous avons, nous aussi, le droit d'invoquer notre acte de baptême. Il fait foi d'une chose qui nous sauve et nous protége, de notre liberté.

On l'a si bien compris qu'on a vu qu'il fallait aller, pour détruire cet acte, jusqu'à l'inscription de faux. M. Caseneuve a osé intenter l'inscription de faux; mais il a senti bientôt que l'acte de baptême était plus puissant, et il s'est désisté.

La cour de cassation a donc posé les vrais principes, et ils auront la consécration de votre sagesse.

La cour de cassation a jugé en second lieu que si quelques-uns des arrêts et ordonnances qu'on a cités sont à la rigueur applicables à la cause, ils sont, sinon abrogés, du moins tombés en désuétude, et tellement tombés en désuétude que les curés sont excusables de ne pas s'y être conformés. Je n'ai point l'intention d'approfondir la question de savoir si les lois peuvent tomber en désuétude; dans une telle discussion de doctrine, j'aurais trop de désavantage vis-à-vis de mon honorable adversaire. Mais si c'est là une question à l'école, ce n'en est pas une au Palais. L'opinion que les lois peuvent tomber en désuétude a été soutenue par M. Mérilhou dans l'*Encyclopédie du droit*. Je renvoie à la dissertation d'un homme qui aurait été mon maître. Certainement les lois se relâchent quand les mœurs les ont abandonnées. Lorsqu'il y a d'un côté un texte formel, et de l'autre l'opinion des masses, c'est un bonheur d'arriver devant une cour de justice comme celle-ci, avec un arrêt de la cour suprême qui dit que le texte est tombé en désuétude. Il y aurait une rigueur injuste et extrême à s'en prévaloir contre la liberté d'une créature tombée des mains de Dieu.

L'arrêt du conseil du 8 juin 1776 a d'ailleurs explicitement abrogé les dispositions qu'on lui oppose.

Rappelez-vous enfin dans quelles circonstances cet acte de baptême a été dressé. Au mois d'avril 1794, la Martinique était agitée par une fermentation héroïque et sainte; elle repoussait la domination étrangère; elle voulait conquérir la liberté, et les noirs allaient s'en rendre dignes en versant leur sang pour leur pays. Si dans de tels moments il y avait eu inobservation de quelques formalités, pourrait-on s'en faire un argument contre nous?

On est allé jusqu'à dire que l'acte d'affranchissement n'était pas rapporté, et que son absence devait faire retomber Catherine Léonard et ses enfants dans les fers. Eh quoi! nous serions condamnés à rapporter cet acte! Mais le pouvons-nous? En 1812, il y avait un acte qui constatait l'affranchissement; M. le procureur du roi l'a fait bâtonner alors. L'île a passé sous la domination anglaise, qui n'était pas favorable à la liberté. C'est donc nous demander l'impossible que de nous demander le titre direct de notre affranchissement.

Aux termes de l'article 47 du Code noir sainement interprété, tel que la cour de Cassation l'a toujours entendu, l'affranchissement de la mère entraîne celui des enfants impubères. Loin qu'il y ait là un obstacle à la libération de Catherine Léonard, c'est un texte qui doit lui profiter.

Qu'a voulu, en effet, le Code noir par cette disposition? Tout en assimilant les esclaves aux bêtes de somme, il veut que les liens de la famille soient respectés; et, par une heureuse contradiction, cette législation pleine d'iniquités comprend que la créature ne peut être arrachée du sein qui l'a nourrie tant qu'il lui faut les soins et les caresses de sa mère, et que celle-ci serait au désespoir si on la privait des sourires de son enfant.

Quelle en est la conséquence? Si l'enfant est vendu, la mère le suit, elle est acquise à l'acheteur sans supplément. Peut-on se faire de cette disposition une arme contre la liberté? Direz-vous que, ne pouvant séparer l'enfant pour le vendre, on ne pourra pas l'affranchir parce que sa mère est esclave?

Quel cruel abus du paralogisme! Quelle humiliation! Quelle misère! N'est-ce pas assez pour l'enfant d'être victime de votre législation barbare, de subir la maxime du *partus sequitur?* Parce que ce jeune être palpite sur le sein d'une femme esclave, est-il voué à l'ignominie, à la douleur, à la servitude? Vainement Dieu l'anime-t-il de son souffle : aussitôt qu'il paraît à la lumière, il est esclave; son premier vagissement annonce en ce monde le cri d'un esclave! Et ce n'est pas assez : aussitôt qu'il est né, il est rivé à sa chaîne; ni la pitié, ni la religion, ni la fantaisie ne peuvent toucher le cœur du maître et le faire renoncer à son droit précieux! La législation interpose son sceptre d'airain : tant que la mère est esclave, l'enfant demeure esclave aussi; conçu dans les fers, il y restera.

Mais c'est précisément le contraire que proclame l'article 47 de l'ordonnance de 1685, interprété toujours en faveur de la liberté. Les maîtres peuvent affranchir. Si l'enfant est affranchi, la mère a droit aussi à sa liberté. On ne pourra plus les séparer... Vous dites, vous, dans l'esclavage; je dis, moi, dans la liberté!

Catherine Léonard n'était point *un propre* de madame Duplessis, et quand bien même elle aurait eu ce caractère, aux termes de l'article 232 de la coutume de Paris, le mari aurait pu l'affranchir.

Alors même que l'acte de baptême aurait été rédigé en violation de la loi, Catherine Léonard, d'après la législation coloniale, ne devrait point revenir entre les mains de son maître, mais bien être vendue au nom du roi. Eh bien! cela tournerait encore au profit de la liberté. Jamais personne n'a voulu renchérir sur le roi. Le roi lui-même n'a plus voulu d'esclaves. Une loi de 1846 a brisé les fers des anciens esclaves du domaine.

Quand, au nom de l'humanité, de la religion et de la pitié, je m'écriais que je n'aurais pas la douleur de voir ces malheureux plongés dans les misères de l'esclavage, je savais que ces grandes considérations pouvaient s'appuyer sur l'autorité sévère, positive, de la loi, et que vous pouviez comme jurisconsultes prononcer l'arrêt d'émancipation. Je suis donc sans crainte. Que pourraient redouter les infortunés que je défends par mes faibles efforts, de la force et de l'éclat qui rehaussent le talent de mon adversaire? Lui-même a pressenti sa défaite dans ses dernières paroles. Quel était le sens de cette supplique adressée à la caisse du fisc pour obtenir en faveur de M. de Caseneuve le rachat des esclaves dont la propriété lui échappe? Il sentait bien que ce serait une inhumanité de replacer dans les mains de leur maître des esclaves rebelles qui ont lutté pour obtenir leur liberté, crime qu'on ne pardonne pas et que ces malheureux expient trop souvent par de cruelles tortures. Il nous faisait l'éloge de la mansuétude du maître, incapable d'une dureté! Je voudrais le croire, mais je ne le puis. Non, l'esclavage est un coupable et odieux abus de la force, qui dégrade plus le maître que l'esclave. Celui-ci souffre, il est immolé, il meurt sous le fouet, sous le soleil qui le brûle, sous le bâton qui l'accable. Mais le maître est l'instrument de ce supplice; c'est lui qui, sur un caprice, le charge de chaînes, fait couler son sang. Ce ne sont pas là des exagérations. Souvenez-vous du procès, lisez les rapports qui font frémir d'horreur. Il s'agit de décider si cet abominable régime sera appliqué à douze personnes libres de naissance, libres de fait, qui plaident non pour recouvrer, mais pour conserver leur liberté, en sorte que votre arrêt la leur ravirait et perpétuerait cette existence d'humiliation et de larmes. Non, cela ne se peut, je n'ai pas à redouter un pareil malheur. Si la loi vous y contraignait, vous trouveriez dans votre souveraineté une arme pour lui résister, car elle vous permet d'être humains, de laisser tomber du haut de vos siéges des paroles de consolation et d'espérance à ceux qui souffrent et pleurent. Tous ensemble vous bénissent et tendent les bras vers vous. Si l'heure de la délivrance n'est pas encore venue pour tous, ne repoussez pas de l'autel de votre justice ceux que la force a ravalés au-dessous de la brute ; allez en faire des hommes à l'image de Dieu pour leur donner vraiment la vie.

Après plus d'une heure de délibération, la cour, par son arrêt, a confirmé le jugement du tribunal de Saint-Pierre, qui déclarait Catherine Léonard libre ainsi que ses enfants, considérant qu'elle avait été affranchie l'année qui avait précédé son baptême; que les curés, remplissant les fonctions d'officiers de l'état civil, avaient mission de reconnaître et de constater l'état de liberté des enfants qu'ils baptisaient, sans être tenus de mentionner les titres de liberté, et que l'arrêt du conseil souverain de la Martinique du 10 novembre 1796 établit que les dispositions de l'arrêt du 8 juin 1876 et les ordonnances antérieures étaient tombées en désuétude.

TRIBUNAL CORRECTIONNEL DE PARIS

PRÉSIDENCE DE M. D'HERBELOT

AUDIENCE DU 3 AOUT 1847

Affaire de M. Jules Talabot contre le *Courrier français*. — Concession de mines en Algérie. — Plainte en diffamation.

Me Jules Favre oppose, au nom du *Courrier français*, à la demande de M. Talabot un moyen d'incompétence tiré de ce que le *Courrier français* n'a pas attaqué M. Jules Talabot simple particulier, mais bien l'administration de la guerre, et il conclut au renvoi devant le jury.

Développant ces conclusions d'incompétence, il s'exprime ainsi :

Je remercie mon honorable adversaire (Me Duvergier) des explications qu'il a données au tribunal. Ces explications me seront précieuses dans le cours de ma discussion, et elles abrégeront ma tâche. Elles prouveront que le *Courrier français* n'a pas attaqué M. Jules Talabot comme personne privée, et qu'en cette qualité, il n'a rien à faire dans le débat. Mon adversaire, après avoir professé la plus grande estime pour le *Courrier français,* voudrait cependant lui prendre cinquante mille francs.

Quant au *Courrier français,* il se devait à lui-même, il devait à l'opinion publique dont il est l'organe, de protester solennellement contre la compétence du tribunal correctionnel. Accepter cette compétence, c'était faire supposer que, poussé par une mesquine passion, il avait pu descendre jusqu'au rôle de diffamateur. Ce serait vous accuser de mettre votre justice, vos lumières, votre intégrité au service de cette passion mesquine. Non, vous n'éviterez pas la justice dont vous avez peur, et la vérité que vous voulez écarter se fera jour.

Il ne convenait pas au gérant du *Courrier français* de se prêter à la tactique habile et désespérée de l'adversaire. Le gérant du *Courrier français* a dû répondre par le cri, par le soulèvement de l'opinion publique; il a dû y répondre par respect de soi-même et d'autrui. Si M. Talabot l'avait compris, il ne serait pas venu dans cette enceinte. Il aurait compris qu'il doit cruellement souffrir, lui qui se plaint de ce qu'on l'accuse d'une bassesse, et bien plus, d'un crime, de ne pas se présenter devant le pays, afin que devant le jury la preuve soit faite, et que l'on puisse faire éclater la vérité. M. Talabot nous a donné le droit de dire qu'il y a peu de courage, à lui, colonel de la garde nationale, à s'exposer à nos coups, couvert de la cuirasse de la police correctionnelle, et qu'il allait jouer le rôle d'un Curtius de comédie, se jetant dans le gouffre pour qu'il ne se rouvre pas après lui.

Nous allons voir s'il ne ressort pas de tous les faits du procès que ce n'est pas ici que le débat doit s'engager. Je vous le demande, est-ce qu'il s'agit dans cette affaire de l'honneur de M. Talabot? est-ce qu'il y a là une de ces atteintes portées au foyer domestique? Je le demande au public et à M. Talabot, est-ce que les articles dont il s'agit n'ont pas été dictés par le soulèvement de l'opinion publique, à la suite de ces scandales qui ont alarmé le pays et qui ont demandé satisfaction à la justice? Si je voulais des cautions en faveur de l'opinion que j'exprime, sans forfaire aux droits de la défense et du citoyen, j'invoquerais le témoignage d'un homme dont les paroles ont de la gravité, surtout quand on considère le rôle qu'il peut être appelé à jouer dans le procès. Je veux parler de M. le garde des Sceaux.

L'affaire qui vous occupe a fait du bruit dans le monde. Que M. Jules Talabot me permette de le lui dire : Je veux que son piédestal industriel soit aussi élevé que possible ; grand négociant, colonel de la garde nationale. Mais enfin, si grand qu'il se croie, parce qu'il a été attaqué par un journal, peut-il croire que l'État en ait été ébranlé, et qu'il ait suffi de cette attaque pour émouvoir la presse et pour susciter des interpellations à la seule tribune qui soit encore debout aujourd'hui?

Dans la séance du 27 juillet, des explications ont été demandées au cabinet, et M. le marquis de Boissy a adjuré M. le ministre de la Justice de lui répondre. Est-ce que M. le ministre a répondu, sinon avec le dédain (je me trompe, mon adversaire a parlé de son estime pour le *Courrier*), du moins avec la réprobation avec laquelle mon adversaire a parlé du rôle qu'aurait rempli le rédacteur en chef du *Courrier* abusé? Est-ce que M. le garde des Sceaux a pensé qu'il s'agissait là d'une querelle entre un particulier et un journal? M. le garde des Sceaux a dit que les assertions du *Courrier* étaient calomnieuses, mais que le débat éclaircirait tout ; que la lumière se ferait et que tout le monde serait satisfait, jusqu'à M. de Boissy, à moins, a ajouté M. le garde des Sceaux, qu'il ne convienne au journaliste de circonscrire le débat.

Ces paroles ont une grande gravité, parce qu'il n'a pas été question dans cette allocution de l'honneur de M. Talabot. Il n'a pas même été nommé, ce qui prouve qu'il n'a pas occupé ce rôle du premier plan dans lequel il veut se placer. M. le garde des Sceaux s'est occupé uniquement de l'administration de la guerre..... Qu'est-ce à dire? L'administration de la guerre a été seule attaquée. Le *Courrier français* a dirigé ses attaques contre le cabinet seul. Si les attaques ont passé à travers la personne de M. Talabot, c'est que M. Talabot a été l'instrument du délit.

Dans cette heure lourde et funeste qui pèse sur toutes les âmes indépendantes et les cœurs généreux, ce n'est pas à moi qu'il appartient de présenter le triste et effrayant tableau de chacun de ces jours, dont pas un ne se lève sans produire un nouveau scandale. Le *Courrier* a voulu, pour sa part, rechercher sur qui la responsabilité historique et nationale devra peser. Les mœurs publiques semblent avoir reçu une grave altération.

Autrefois, les citoyens s'abordaient toujours sans rougir : on s'inquiétait de savoir quelle était la capitale dans laquelle étaient entrées nos légions triomphantes; aujourd'hui, celui qui se respecte, celui qui aime son pays, n'ouvre pas sans trembler la gazette nationale qui doit lui apprendre une nouvelle honte. Ce n'est plus dans les cabinets diplomatiques, ce n'est plus sur les champs de bataille que s'agitent les intérêts publics : c'est au Palais de justice, dans les salles de la police correctionnelle ou de la cour d'assises.

Dans la suite des articles incriminés, le *Courrier français* n'a pas eu en vue d'attaquer M. Jules Talabot comme simple particulier, mais bien comme directeur de la Société algérienne, et en lui, la société tout entière, et le cabinet, et les ministres, et les hauts fonctionnaires de l'administration de la guerre, intention nettement formulée, et qui en conséquence rend ce journal, non pas justiciable du tribunal de police correctionnelle où les preuves ne pourraient être produites, mais bien de la cour d'assises et du jury, devant lesquels la lumière pourrait se faire.

Après la réplique de Me Duvergier, avocat de M. Talabot,

Le tribunal se déclare compétent, en s'appuyant sur l'article 2 de la loi du 8 octobre 1830,

Attendu que M. Talabot a été personnellement attaqué, et qu'il n'est revêtu d'aucun caractère public qui lui interdise d'invoquer le bénéfice des dispositions de l'article 14 de la loi du 25 mai 1819.

COUR D'ASSISES DE LA SEINE

PRÉSIDENCE DE M. LE CONSEILLER JURIEU

AUDIENCE DU 30 AOUT 1847

Affaire de la *Démocratie pacifique.* — Outrage à la morale publique.

Par suite de l'opposition formée contre l'arrêt par défaut prononcé le 24 août contre eux, MM. Cantagrel et Méray comparaissent devant la cour d'assises, appelée à prononcer contradictoirement.

Après la réquisition de M. l'avocat général Bresson, Me Jules Favre, défenseur des prévenus, prend la parole en ces termes :

MESSIEURS LES JURÉS,

Il y a peut-être de ma part une grande témérité à venir à l'improviste devant vous pour présenter la défense des écrivains contre lesquels M. l'avocat général vient de solliciter vos sévérités. Cette défense devait avoir un organe plus digne, plus exercé, mieux préparé. Mon confrère et ami Bethmont avait promis aux prévenus l'appui de son cœur dévoué, de son esprit si brillant et si fin; et je ne doute pas un instant qu'il ne vous eût séduits par les grâces enchanteresses de sa parole, et que vous n'eussiez été heureux de vous laisser aller à sa conviction. Malheureusement le jour où les écrivains de la *Démocratie pacifique* ont été cités devant la cour d'assises, M. Bethmont était éloigné du barreau par une grave maladie. La remise qu'ils ont demandée ne leur a pas été accordée ; et telle est la rigueur de la loi sur la presse qu'à peine l'arrêt par défaut est prononcé, l'écrivain doit reparaître devant ses juges. Les franchises et les délais dont la justice use envers le voleur, le criminel, sont refusés aux écrivains. Il semble que l'État soit en péril si l'on met la moindre relâche à les poursuivre. Or, cette assignation fut prise au dépourvu à un moment où le vent fortuné de la Férie souffle sur ce sombre palais et pousse aux champs tous ceux qu'un impérieux devoir ne retient pas. Aussi, dans leur embarras, ils sont venus tout éperdus à la cour d'assises où j'étais avant-hier soir, tout brisé d'émotion et de fatigue, en attendant avec impatience l'acte de votre souveraine justice qui devait acquitter deux innocents. Il a fallu céder à leurs instances. Je l'ai fait, parce que ces écrivains, aussi recommandables par leur talent qu'éprouvés par leur caractère, devaient moins que tout autre s'attendre à être cités devant la justice comme ayant porté atteinte aux bonnes mœurs.

Leur rôle dans la presse est nettement tracé, et je ne veux en dire qu'un mot. Ce ne sont pas seulement des opposants, ce sont des rénovateurs. Dénués d'ambition et d'esprit de parti, ils consacrent leurs efforts, leur fortune, leur vie entière au triomphe d'idées dont la réalisation est le salut du genre humain.

Ce sont là de nobles tendances; on peut les croire fausses, mais nul n'a le droit de les blâmer.

Il y a des hommes qui se déclarent satisfaits du milieu où ils vivent et considèrent comme une impiété le moindre changement. Vrais favoris de la destinée, ils semblent être entrés dans la vie par une porte d'ivoire. Tous leurs jours sont calmes, et si quelque chose en trouble la sérénité, c'est la pensée qu'on peut rêver quelque chose de mieux. Mais en dehors de ces optimistes dont la quiétude convertie en principe de gouvernement mènerait la société à sa ruine, il est des esprits ardents, résolus, infatigables, des cœurs enthousiastes et passionnés qui se livrent avec un zèle généreux à l'étude des misères sociales, qui en recherchent les causes et en veulent trouver le remède, et qui, après l'avoir découvert, fatiguent les pouvoirs et le monde de leurs avertissements et de leurs prédications. Méconnaître la grandeur de ce rôle, ce serait renier l'histoire, calomnier la nature humaine et accuser de folie tous les siècles écoulés dans lesquels sont demeurés à jamais grands les noms de Socrate et de Jésus-Christ. Généreuse folie devant laquelle la sagesse et la prudence vulgaires sont toujours bien petites !

Ai-je besoin de dire que cet amour du bien, cette fièvre de désintéressement forment le trait caractéristique de ces ouvriers de l'avenir qui savent qu'ils travaillent au crépuscule du matin, que le soleil n'éclairera pas leur œuvre, et qui n'en sont pas moins patients, dévoués et pleins d'ardeur?

J'en parle sans être suspect de partialité, car jamais leur doctrine n'a été étudiée par moi profondément. Dans le peu que j'en connais, j'ai cru remarquer des impossibilités radicales. Mais en voyant tant d'abus, tant de souffrances dans cette société travaillée par tant de misères, chancelant sur sa base et cherchant sa loi et sa foi, j'accueille avec espérance et avec respect tout effort consciencieux pour la sauver; et je ne saurais être insensible à l'abnégation d'hommes qui ont abandonné des positions toutes faites pour s'attacher à un révélateur obscur, à un pauvre persécuté. En les voyant à l'œuvre, je ne puis m'empêcher de penser à ces pêcheurs quittant leurs barques pour suivre le Sauveur des hommes.

J'avais besoin de vous dire sans détour mon opinion sur eux. Ils doivent être jugés comme des hommes graves et sérieux, dégagés des passions du siècle, voulant le bien et agissant dans un but élevé.

Pour l'atteindre, ils ont recours à toutes les voies. La plus efficace est la presse quotidienne. Ils ont fondé un journal et ils ont cru nécessaire de sacrifier à la mode en l'ornant d'un feuilleton.

Je ne les en félicite pas. De toutes les plaies de notre époque, une des plus déplorables est celle de ces créations irréfléchies, trop souvent écloses au souffle du mercantilisme, qui convertissent le dernier étage du journal en lambeaux de romans, ajustés tant bien que mal aux exigences de la typographie.

Ce que la vraie littérature, le bon goût, le style y perdent, tout le monde le sent. Il suffit d'avoir touché une plume pour savoir que l'inspiration a ses heures et qu'elle fait souvent défaut quand on la contraint à obéir. D'ailleurs cette composition d'imagination, pour être utile, a besoin d'ordre et de suite.

Mais les mœurs de ces romans quotidiens lus par un nombre infini de personnes de toutes les classes, doivent aller à toutes. Aussi, on flatte, on remue les passions, on descend aux trivialités et l'on donne au monde étonné l'exemple du droit de cité accordé aux ignominies de l'argot, aux peintures de ruisseau.

Ce que je dis du feuilleton n'est pas trop sévère.

Quelle arme ces écrivains ont brisée!

Faut-il fouiller l'histoire pour se faire une idée de la place éclatante qu'occupe le roman sérieux et savant, à toutes les époques, par son influence décisive?

Aristophane faisait rougir les Athéniens de leur légèreté; les germes de la Révolution ont été répandus par les écrits passionnés de Rousseau et peut-être même par le roman héroïque de l'archevêque de Cambrai.

Je comprends donc que les penseurs donnent à leurs théories cette forme populaire. C'est là ce que les prévenus ont voulu, ce qu'ils ont essayé.

Pour juger ces feuilletons, ce n'est pas assez de les lire, il faudrait analyser l'œuvre tout entière. J'ai eu ce courage. Peu habitué à ces sortes de dévouement, je suis demeuré convaincu que rien n'est plus éloigné de la pensée de l'auteur que toute atteinte à la morale publique, et que si jamais composition fut vertueuse, ce fut celle-ci. Seulement c'est l'œuvre d'un très-jeune homme; aussi l'on y trouve les défauts de l'inexpérience. La donnée est très-simple et assez profonde. L'auteur a voulu démontrer le déplorable effet de la contrainte par laquelle la société fausse et dénature nos penchants. C'est un amour contrarié dont il a entrepris d'écrire l'histoire.

Le jeune homme qui en est le héros est envoyé à Paris et confié aux mains d'un jeune étourdi. Doué d'une nature ardente, riche, impétueuse, il se laisse aller à des séductions : voilà ce que raconte l'auteur.

Ici se trouve l'écueil contre lequel tous les écrivains risquent de se briser. Pour peindre les passions, il faut raconter leurs tumultes, leurs ravages, leurs explosions ; et ce sont précisément ces tableaux qui peuvent allumer les désirs, colorer les joues et faire prononcer aux moralistes des paroles sévères. Dans toutes les grandes compositions on retrouve ces passages scabreux : ils sont dans l'*Énéide* de Virgile, dans le délicieux poëme de l'évêque Longus, *Daphnis et Chloé,* et dans les lettres brûlantes de la *Nouvelle Héloïse.*

Dans *Télémaque* lui-même, on ne comprend pas bien, si la morale n'a pas été offensée, pourquoi Mentor fait quitter à son élève l'île de Calypso d'une si étrange manière.

Ici, ce n'est pas dans une grotte, c'est dans une chambre d'étudiant que les tableaux sont un peu libres.

Si l'emprunt est fait à la littérature moderne, à madame Sand, à M. Soulié, à M. Eugène Sue et à M. Gautier, le tort de M. Méray, c'est d'être jeune, d'avoir écrit naïvement des choses qu'on doit retrancher.

Mais est-ce un tort qu'il faut expier par la prison?

Quant au journaliste, qu'a-t-il fait? Il a accueilli un roman louable qui, au milieu de scènes irréprochables, avait, comme tous, sa mauvaise journée. Comment a-t-il dû la juger? Pour cette appréciation, il n'y a rien d'absolu ; il a dû se demander ce qu'on tolérait, à quel régime le parquet laissait mettre la société. Il y a, en effet, pour ces questions, une appréciation de tolérance et de mode, comme pour les costumes. Si, aujourd'hui, nos femmes se présentaient dans les promenades publiques ou même dans les salons avec les costumes du Directoire, elles feraient rougir tout le monde. Il est possible que nos neveux soient un jour scandalisés des modes et des publications d'aujourd'hui.

Vérification faite, le journaliste a dû se sentir à l'aise, car certes l'indulgence de l'administration a été grande jusqu'à ce jour. Les grands journaux donnent l'exemple des libertés les plus alarmantes ; et tous les jours, dans nos rues, n'étale-t-on pas des nudités? Notre société n'est pas chaste ; elle a quelque chose de commun avec les bas siècles de Rome. Mais alors ne vous étonnez pas que nos écrivains se souviennent de Perse et de Pétrone. Les poursuivre, ce serait d'un excellent effet; les condamner, ce serait une rigueur contraire à la justice, alors surtout que leurs sentiments sont purs et qu'ils n'ont péché que par une exagération de couleur.

On serait d'autant plus disposé à juger ainsi, qu'il s'agit d'une feuille indépendante qui, par sa position exceptionnelle, est moins protégée que d'autres organes et à laquelle on voudrait faire expier certains actes de courage. Si vous la condamniez, je crois que, bien faussement sans doute, on expliquerait cette condamnation par ses tendances politiques, et peut-être se rappellerait-on cette image si vive de Montaigne, nous parlant de la toile d'araignée qui laisse passer les grosses mouches et étouffe les petites. (*Mouvement.*)

Je devais protester contre toute spéculation sur de tristes et basses passions et vous montrer qu'en admettant trop légèrement des scènes qu'il eût été plus sage de retrancher, les rédacteurs n'ont pas été infidèles à leurs principes; qu'ils n'ont pas été non plus au-dessous de leur caractère. J'espère que ces simples réflexions les protégeront devant vous, et qu'en appréciant leur conduite, votre indépendance dictera vos décisions; vous les avertirez avec indulgence, au lieu de les punir avec une inutile sévérité.

Après le résumé des débats, MM. les jurés prononcent un verdict de culpabilité, et la cour, après délibération en chambre du conseil, condamne MM. Cantagrel et Méray à un mois de prison et 600 francs d'amende, avec contrainte par corps.

TRIBUNAL CIVIL DE LA SEINE

PRÉSIDENCE DE M. DE BELLEYME

AUDIENCE DU 4 JUILLET 1849

Affaire des journaux suspendus : *la Réforme, le Peuple, la Vraie République, la Tribune des peuples* et *le Travail affranchi*, contre le ministre de l'Intérieur, M. Dufaure.

M. Sallé, substitut du procureur de la République, propose l'exception d'incompétence, après avoir fait connaître au tribunal que M. le ministre de l'Intérieur n'a pas cru devoir constituer avoué.

Me Jules Favre, défenseur des journaux suspendus, s'exprime en ces termes :

MESSIEURS,

M. l'avocat de la République vient de vous dire que c'est par déférence pour la justice du pays, pour la magistrature, que le ministre de l'Intérieur n'a pas constitué avoué, et qu'en agissant ainsi il voulait vous donner une marque de sa confiance en vos formes protectrices, en vos lumières. C'est là une assertion que je n'entends en aucune façon contester, parce qu'elle a passé par la bouche du ministère public ; mais, au nom des journaux que je représente, j'ai le droit de m'étonner de ce dédain, et je dirai que ce procédé est, non pas peu courtois (nous n'en sommes pas à ces choses), mais, au moins, peu généreux.

Comment ! c'est quand on a eu pour nous les procédés que vous connaissez et que nous venons déférer à votre justice ; c'est quand nous appelons le ministre à venir discuter devant vous ses actes ; quand cet appel est, de notre part, un hommage rendu à la loi, c'est alors que le ministre dédaigne de se présenter ! Il me semble cependant que l'affaire valait la peine d'un débat contradictoire.

Il n'en est pas ainsi. Le ministre ne se présente pas ; il fait présenter un déclinatoire qu'il ne soutient pas, un déclinatoire d'office. Eh bien ! je me charge de démontrer que la loi que le ministère semble traiter en vassale, que la loi qu'il foule aux pieds, nous donne le droit de faire entendre devant vous notre défense et notre protestation légale contre les actes que nous reprochons au pouvoir.

Si, dans les liens du déclinatoire qu'on nous oppose, je démontre qu'en expulsant de ce prétoire les plaignants qui embrassent l'autel de votre justice, vous les enverrez se briser le front devant des impossibilités qui les attendent et qui sont préparées à l'avance, vous m'obligerez à vous demander en vertu de quel privilége on nous fait subir un si odieux déni de justice, en vertu de quel article de la Constitution on entend nous fermer la porte de votre justice.

Vous savez, messieurs, et à Dieu ne plaise que, dans un débat pareil, je fasse entendre une parole de récrimination, vous savez si cette affaire, au fond, comporte des considérations politiques. Je les présenterai, je n'en épargnerai aucune, bien sûr que je suis de ne pas m'écarter du respect qui est dû à votre haute sagesse. Je le répète, il n'y aura pas de récriminations de ma part; je ne veux pas cacher l'homme politique sous la robe de l'homme de loi. Le langage de la loi est le seul que j'essayerai de faire entendre.

Vous connaissez, messieurs, l'objet de la contestation, et jamais cause plus grande, je ne crains pas de le dire, n'a été offerte à vos méditations. Il s'agit de savoir si la liberté de la presse, si la liberté des personnes, si le droit de propriété ne sont plus que de vains mots, et si ces conquêtes de nos révolutions peuvent être anéanties sans façon par le sabre d'un soldat.

Vous savez comment ces questions ont été tranchées dans la journée du 13 juin, vous savez comment se sont accomplis les actes que nous vous déférons. Le 13 juin n'a pas encore, ne peut avoir d'historien: la justice est saisie, et nul n'a le droit de se prononcer sur ces événements tant qu'elle n'a pas dit son mot, tant qu'il y a des prévenus placés sous sa main.

Mais les autres, les vainqueurs, ils sont tout-puissants, et ils doivent compte à Dieu d'abord, puis à vous, à votre justice, de l'usage qu'ils ont fait de leur victoire. Ils ont profité de la confusion inséparable d'une prise d'armes pour accomplir des faits de dévastation et de pillage. Je sais bien qu'il a été dit à la tribune nationale que la loi serait vengée! Mais c'est là une parole de ministre, et l'expérience nous a appris que les ministres, en pareil cas, n'exécutent pas toujours fidèlement leurs promesses. Aussi, cela ne nous suffit-il pas, et nous avons, heureusement pour nous, une autre caution, celle de la justice, qui est chargée de rappeler à l'exécution de la loi ceux qui s'en écartent, et qui a prouvé si souvent qu'elle avait le courage et l'indépendance nécessaires pour accomplir cette haute mission.

C'est par le fait de la force, et pas autrement (car l'état de siége n'était pas encore proclamé), que la publication de six journaux a été violemment interrompue. Un magistrat, d'un ordre inférieur, je n'ai pas besoin de le dire, accompagné d'hommes armés, s'est présenté au siége où se publiaient ces feuilles, et il a pesé de toute l'autorité de la force sur la publication de ces journaux. C'était assumer, sous le prétexte d'un grand péril, une bien lourde responsabilité, je vous le jure. Cet état de choses a duré trois jours, du 13 au 16 juin, et c'est le 16 au soir seulement, qu'en vertu de l'arrêté de suspension, un ordre de la place annonçait que le général Changarnier occupait militairement les bureaux des journaux.

Tel est, messieurs, l'état des choses; tel est le péril qu'on fait courir à la loi en apprenant par ce détestable exemple aux successeurs des hommes d'aujourd'hui, et ils en auront, que l'on peut par la force se mettre au-dessus des lois et les fouler aux pieds. Nous ne nous sommes pas roidis contre la force, mais nous avons levé le front d'un homme libre, et nous nous sommes adressés à la justice du pays.

Est-ce à dire pour cela que nous n'avions pas prévu le déclinatoire qu'on nous oppose aujourd'hui? ce déclinatoire, que le ministère public, suivant les... (je m'empresse de retirer un mot que je n'ai pas encore prononcé), que le ministère public, obéissant aux inspirations de sa conscience honnête, à qui nous en devons la communication, soutient au seuil même du procès? Non, nous le connaissions à l'avance, et il nous était fort facile de le tourner, par exemple, en assignant l'un de nos imprimeurs, ce qui nous aurait permis d'examiner à notre aise le fond même de l'affaire. Mais ce subterfuge nous a paru indigne, non pas de nous qui sommes plaignants, mais de vous, de la majesté de votre justice, et nous n'avons pas voulu arriver à la discussion du fond par un détour. Nous avons préféré aborder franchement cette discussion que le ministère fuit, qu'il fait soutenir ici par un procureur fondé, empruntant au siége éminent qu'il occupe une autorité nouvelle qui se joint à l'autorité de sa parole. C'est qu'ainsi il nous paraissait que la question était nettement posée entre le droit et la force, et nous avons voulu vous donner l'occasion de vous prononcer nettement sur une difficulté ainsi présentée.

Sans doute, au premier abord, il peut paraître y avoir doute en présence des textes énoncés dans le déclinatoire; mais, en descendant dans l'intimité de la question, on arrive, vous allez le voir, d'éliminations en éliminations, à démontrer que ce déclinatoire est un véritable déni de justice pour ceux qui se plaignent aujourd'hui devant vous.

On y parle, en effet, de la Constitution de 1848! Mais cette Constitution qu'on invoque contre nous doit être aussi un peu, j'imagine, notre sauvegarde, notre garantie, notre palladium. Or, voici ce que porte l'article 8 que je demande à placer sous vos yeux:

« Art. 8. Les citoyens ont le droit de s'associer, de s'assembler paisiblement et sans armes, de pétitionner, de manifester leurs pensées par la voie de la presse ou autrement.

« L'exercice de ces droits n'a pour limites que les droits ou la liberté d'autrui et la sécurité publique.

« La presse ne peut, en aucun cas, être soumise à la censure. »

Voilà, messieurs, ce que dit la Constitution sur la liberté de penser, car c'est elle qui est dans la liberté de la presse. Il ne peut y avoir doute sur ce point; des orateurs, qui ont pris part dans la Constituante à la discussion de cet article, ont clairement démontré que l'entendre autrement, ce serait aller jusqu'à attenter à la liberté du discours, et peut-être, comme sous les empereurs romains, jusqu'à la liberté du silence.

Cet article doit être le point de départ de notre discussion, notre palladium.

Et l'article 11 de la Constitution, que dit-il? Je le lis:

« Art. 11. Toutes les propriétés sont inviolables. Néanmoins l'État peut exiger le sacrifice d'une propriété pour cause d'utilité publique légalement constatée, et moyennant une juste et préalable indemnité. »

Il est encore plus net, plus précis, s'il est possible, sur le droit de propriété que ne l'est l'article 8 sur la liberté de penser et d'écrire. Il constate un droit qui ne saurait être contesté par aucun homme raisonnable: « Les propriétés sont inviolables! » En vérité, j'ai honte de lire ces choses, non pas pour moi, mais pour ceux qui m'y forcent. Les propriétés, donc, sont inviolables! Eh bien, en présence de cette déclaration de la loi, je dis que cette loi serait une déception si elle ne se mettait en action par des magistrats indépendants et courageux, pour sauvegarder des propriétés brutalement menacées, pour rappeler à l'exécution du principe qu'elle a si formellement consacré.

Voilà la loi! Elle n'existe plus, on l'a foulée aux pieds, et la liberté de la presse n'est plus qu'un vain mot; mais la magistrature française n'a jamais fait défaut à la défense des libertés publiques, et plus que jamais aujourd'hui nous plaçons en elle notre plus ferme appui.

Comment, vous allez chercher vos arguments dans une loi que vous méconnaissez, et qu'il me suffit de vous montrer pour vous faire fuir! Mais n'oubliez donc pas que c'est l'abus de la force et le mépris de la loi qui ont dirigé la hache des conventionnels comme ils ont dicté les décrets de fructidor.

Mais, nous dit-on, la censure n'est pas rétablie; la Constitution n'est donc pas violée; de quoi vous plaignez-vous? Est-ce de bonne foi qu'on parle ainsi? Qui ose donc tenir un semblable langage? Non, la censure n'est pas rétablie, mais la liberté de la presse est supprimée de fait, par un abus intolérable de la force, et parce qu'un chef militaire s'est installé militairement dans les bureaux des journaux et les a empêchés de paraître! Voilà l'objet de nos plaintes.

Et la propriété, qu'est-elle devenue? Est-ce qu'il faut entendre par *la propriété* seulement le champ que je cultive, ou tout autre corps matériel? Est-ce que les œuvres de l'intelligence, est-ce que ce qu'elle produit ne constituent pas aussi une propriété? Est-ce qu'il n'est pas absolument indispensable de maintenir dans le sens le plus absolu, comme principe incontesté, comme axiome sacré, le respect de toute propriété ?

Eh bien, il existe une loi sur la presse, sur les journaux, une loi de 1828, loi qu'on a brodée et rajeunie en 1835, loi de sagesse, a-t-on dit souvent, je veux bien le croire, mais enfin, loi qui permet de faire appel aux capitaux pour l'exploitation d'un journal. Un journal représente donc une propriété, propriété matérielle d'une part, et d'autre part, il représente la propriété de l'intelligence de ceux qui le rédigent, du travail même de l'être intéressant qui, sous le nom modeste de nouvelliste, recueille des faits à coups de ciseaux, du travail aussi des nombreux employés qui vivent de sa publication, imprimeurs, plieuses et porteurs, au total souvent près de cent familles qui vivent de l'exploitation d'un journal.

Eh bien! tout cela a été détruit chez nous. Et il n'y aurait pas une répression possible! Et nos plaintes mêmes seraient écartées avant d'avoir pu se formuler! S'il en était ainsi, il faudrait dire ou que toutes les notions du juste ou de l'injuste sont bouleversées, ou que nous vivons dans un pays de détestables fictions, ou bien enfin que la justice n'a plus qu'une seule balance et qu'elle proclame la suprématie du droit individuel dans toute sa sauvagerie.

Cela n'est pas possible. Il faut que la loi soit bilatérale et que le droit soit respecté des deux côtés. Est-ce que nous n'avions pas accompli toutes les obligations que ces lois de 1828 et de 1835 nous imposaient? Est-ce que nous n'avions pas fourni notre cautionnement, déposé chaque matin notre feuille au parquet? Si nous avons manqué à quelqu'une de ces obligations, qu'on nous dise laquelle. Mais si nous les avons toutes remplies, que nos droits restent entiers et que la loi à laquelle nous avons obéi les fasse respecter.

Ces textes, ces lois, ont été écartés par le pouvoir qui a pris militairement possession de nos bureaux, de nos personnes, de nos propriétés. Nous avons donc le droit de nous plaindre.

Mais à qui?

Ici se présente la difficulté soulevée par le ministère public. Selon lui, l'acte dont nous nous plaignons est essentiellement administratif, et il est impossible de faire comparaître le ministre de l'Intérieur devant vous. S'il était là, je ne doute pas qu'il ne fît plaider le danger qu'il y aurait à faire empiéter l'autorité judiciaire sur le terrain de l'autorité administrative, et à confondre ainsi des pouvoirs qui doivent être avec soin séparés!

Ah! s'il m'était permis de faire une incursion en sens inverse, je demanderais au ministre de l'Intérieur si, dans tous les temps, il a scrupuleusement respecté ce principe; s'il n'a jamais empiété sur le pouvoir judiciaire, s'il n'a pas sur la conscience, je ne dis pas quelques péchés véniels, nous serions tout prêts à l'absoudre, mais quelques grosses omissions, quelque énormité illégale. (*On rit.*)

Mais laissons ces récriminations, et voyons s'il est possible de nous renvoyer à nous pourvoir ailleurs, et surtout *où* il vous sera possible de nous renvoyer. Remarquez, en effet, que le ministère public dit bien que vous êtes incompétents, mais il ne vous dit pas quel tribunal devra être, en définitive, le juge du procès. Nous rechercherons celui qui est, nous le supposons, dans sa pensée, et nous verrons si, *ratione materiæ* et surtout *ratione personæ,* il nous offre les garanties que nous sommes en droit d'exiger.

Le ministère public a cité beaucoup de textes, textes bigarrés de dates et d'époques diverses. J'ai beaucoup à dire sur ces textes et sur la portée qu'ils peuvent avoir dans l'espèce.

Nous sommes, messieurs, d'un pays où l'on est fort facile à faire des constitutions (*on rit*), mais où l'on est plus facile encore à en sortir dès qu'elles sont faites. Or, les lois qu'on a citées sont de deux époques bien distinctes : il y a d'abord les décrets de 1790 et la Constitution de l'an III, puis la Constitution de l'an VIII. Je ne veux pas faire devant vous de la science facile, en examinant quelles étaient les différences d'opinions à ces deux époques; j'aurais l'air de vouloir vous apprendre quelque chose, et ce serait peut-être m'écarter du procès. Je me bornerai à vous dire que ce sont des lois de détail, des lois de circonstances, sans application au procès qui vous est soumis.

Ainsi, le décret des 7-14 octobre porte, dans la partie citée par le ministère public : « Les réclamations d'incompétence à l'égard des corps administratifs ne sont, en aucun cas, du ressort des tribunaux; elles seront portées au roi, chef de l'administration générale; et, dans le cas où l'on prétendrait que les ministres de Sa Majesté auraient fait rendre une décision contraire aux lois, les plaintes seront adressées au Corps législatif. » Mais ce qu'il suffit de dire pour faire disparaître ce texte du débat, c'est que ce décret qui le contient est intitulé : « Décret qui règle différents points de compétence des corps administratifs *en matière de grande voirie.* »

Ainsi, ces lois qui ont été si souvent citées, qui ont orné bien des réquisitoires avant de décorer le vôtre, sont des lois de circonstance, des lois détournées de leur but, des lois rendues à une époque qu'il ne faut jamais considérer comme une époque d'autorité légale.

Les lois rendues à cette époque ont été méconnues, bouleversées dans la pratique. La Constitution de l'an VIII, promulguée à une époque d'ordre, je le reconnais, où un homme voulait l'unité, à la condition, bien entendu, de l'absorber en sa personne, a changé tout cela, et organisé le pouvoir administratif.

Voici ce que porte l'article 52 de cette Constitution : « Sous la direction des consuls, un conseil d'État est chargé de rédiger les projets de loi et les règlements d'administration publique, et de résoudre les difficultés qui s'élèvent *en matière administrative.* »

Voilà la loi de cette juridiction, et si vous n'avez pas d'autres textes à nous opposer, le tribunal devant lequel nous sommes est compétent. Cette Constitution a été suivie bientôt après de la loi du 5 nivôse an VIII, où l'on a essayé de définir d'une manière précise les attributions du conseil d'État. On y lit (art. 11) :

« Le conseil d'État développe le sens des lois, sur le renvoi qui lui est fait par les consuls des questions qui lui ont été présentées ;

« Il prononce d'après un semblable renvoi :

« 1° Sur les conflits qui peuvent s'élever entre l'administration et les tribunaux ;

« 2° Sur les affaires contentieuses dont la décision était précédemment remise aux ministres. »

Telles sont, messieurs, les lois fondamentales sur le conseil d'État ; toutes les lois qui ont suivi depuis ne sont relatives qu'à l'organisation de la procédure devant cette haute juridiction.

Et puisque je parle des lois qui ont suivi, permettez-moi de vous faire remarquer que le ministère public, dans son réquisitoire, a oublié de vous parler de la loi du 3 mars 1849, sur le conseil d'État, et de m'étonner de cet oubli ; car, après tout, cette loi vaut bien qu'on en parle.

Elle avait un précédent. En 1845, on avait fait une loi sur le conseil d'État, et beaucoup de bons esprits n'en étaient pas satisfaits. La révolution de Février est survenue, et l'on en a profité pour refondre, pour changer cette institution. Vous dirai-je les différences qu'il y a entre le nouveau conseil et l'ancien? Non ; vous le savez aussi bien que moi. Vous savez que cette loi du 3 mars 1849 a donné lieu à des discussions éclatantes. On avait reconnu qu'il y avait un danger de tous les instants dans la distinction des deux juridictions. On avait foi aux lumières, à l'indépendance de la magistrature ordinaire, et l'on ne voulait pas confier à d'autres qu'à eux le jugement des difficultés qui pourraient se présenter. Les raisons puissantes qui furent apportées à l'appui de cette thèse ne furent pas adoptées. Le contentieux fut conservé; mais la difficulté resta la même, parce qu'on ne sait jamais bien au juste quand il y a matière contentieuse, quand il y a matière judiciaire. A ce moment, comme cela a trop souvent lieu dans les grandes assemblées délibérantes, les esprits éminents, dont le concours eût été alors si utile, se retirèrent de la discussion. Chacun cependant se disait: « Allons, nous verrons cette fois la difficulté résolue, la matière élucidée. » Il n'en fut rien; la question ne fit pas un pas.

La difficulté est restée entière, et le ministère public ne l'a même pas présentée : il s'est borné à vous lire son réquisitoire, fort éloquent sans doute *(on rit)*, moins éloquent cependant que ne l'aurait été sa parole. Il n'a pas vu que le conseil d'État est un tribunal de second degré pour les affaires ordinaires, que c'est une sorte de Cour d'appel pour les conseils de préfecture, les conseils généraux et les décisions ministérielles; il n'est pas autre chose.

Mais quand un ministre a violé une propriété, quand il a violé la loi, c'est à vous que nous venons; nous sommes dans votre prétoire, et tant qu'on ne nous montrera pas une loi formelle qui nous en chasse, nous y resterons et nous vous demanderons justice.

Voilà, messieurs, nos raisons légales; mais il y a aussi des raisons politiques, et c'est ici que triomphe ce que je vous disais tout à l'heure, à savoir que, chassés de cette enceinte, nous sommes réduits à courir sur le territoire de la République en criant: « La loi est violée! la liberté de la presse n'existe plus! notre plume a été brisée par le sabre! »

En effet, messieurs, que diriez-vous d'un juge qui, chargé de juger un procès, donnerait à l'une des parties une consultation sur le débat qui lui est soumis? Que penseriez-vous d'un magistrat qui aurait ainsi avili sa toge? Eh bien! le conseil d'État a fait ce que je viens de dire, il a dit son mot sur l'affaire. C'est mon droit, c'est mon devoir d'en parler, et je vais vous dire ce qui s'est passé.

Le conseil d'État a été consulté par le ministre de l'Intérieur; il a répondu, et par là même il a proclamé son incompétence, non-seulement par la loi, mais surtout par la morale publique.

Cette consultation a été rendue le 21 juin, et il faut croire que le ministre doutait un peu de son droit, car il a gardé la consultation en portefeuille et ne l'a publiée que le 28.

Et d'abord, pourquoi le ministre a-t-il consulté le conseil d'État? En vertu de quelle loi? Autrefois, le conseil d'État avait le droit d'interpréter la loi; ce droit lui a été enlevé. Aussi n'est-ce pas sur une difficulté dans le texte ou dans l'esprit de la loi que le ministre a demandé cette consultation. Il a consulté le conseil d'État sur ses actes, à lui ministre de l'Intérieur. C'était une idée, je ne dirai pas comme une autre, je la trouve beaucoup plus mauvaise qu'une autre (*on rit*), mais c'était une idée fort dangereuse. Le ministre venait de supprimer la liberté de la presse; il avait supprimé un texte, deux textes, peut-être trois de la Constitution, et il est allé là-dessus demander l'avis du conseil d'État.

Je regrette beaucoup, messieurs, que la date de cette consultation soit concomitante à celle de l'assignation que nous avons donnée. Le ministre de l'Intérieur est non-seulement un grand homme d'État, mais encore un profond jurisconsulte, et il est impossible de supposer qu'il ait voulu chercher un moyen d'éluder la loi; non, il a voulu s'éclairer au point de vue administratif, sans prétendre, j'en suis certain, entraver l'action de la justice. Et voilà pourquoi l'avis du 21 n'a été publié que le 28.

Voyons donc cet avis du conseil d'État :

CONSEIL D'ÉTAT

SÉANCE DU 20 JUIN 1849

Avis sur les conséquences de l'état de siége.

Sur une communication du ministre de l'Intérieur demandant au conseil d'État de déterminer les conséquences administratives, judiciaires ou de toute autre nature, de la déclaration de l'état de siége,

« Le conseil d'État,

« Vu la lettre, en date du 16 juin 1849, par laquelle M. le ministre de l'Intérieur invite la section de la législation à rechercher et à indiquer les conséquences administratives, judiciaires ou de toute autre nature que la législation attribue à la déclaration de l'état de siége;

« Vu la lettre du 19 du même mois, par laquelle M. le ministre de l'Intérieur demande que l'avis donné par la section de législation soit soumis à l'examen du conseil d'État tout entier;

« Vu la loi du 13 juin 1849, qui met en état de siége la ville de Paris et toute la circonscription comprise dans la première division militaire, et qui décide que cette mesure pourra être étendue par le pouvoir exécutif aux villes dans lesquelles des insurrections éclateront;

« Vu l'article 106 de la Constitution ainsi conçu :

« Une loi déterminera les cas dans lesquels l'état de siége pourra être « déclaré et réglera les formes et les effets de cette mesure »;

« Vu la loi du 4 juillet 1791 et celle du 10 fructidor an V;

« Vu les articles 50, 101, 102, 103, 104, du décret du 24 décembre 1811;

« Vu les décrets de l'Assemblée nationale constituante, en date des 24 et 27 juin 1848;

« Considérant que, tant qu'il n'est pas intervenu de loi pour l'exécution de l'article 106 de la Constitution, la législation actuelle sur l'état de siége doit continuer à être appliquée;

« Que, dès lors, les droits que l'état de siége, déclaré par l'Assemblée nationale, confère au gouvernement, doivent être réglés par ladite législation;

« En ce qui touche les pouvoirs administratifs :

« Considérant, d'une part, que, d'après l'article 101 du décret du 24 décembre 1811, « dans les places en état de siége, l'autorité dont les magis- « trats étaient revêtus pour le maintien de l'ordre et de la police passe « tout entière au commandant d'armes, qui l'exerce ou leur en délègue « telle partie qu'il juge convenable »;

« Que, d'après l'article 102 du même décret, « le gouverneur ou com- « mandant exerce cette autorité ou la fait exercer, en son nom et sous sa « surveillance; »

« Que, d'après ces dispositions, la dévolution des pouvoirs administratifs à l'autorité militaire est absolue et illimitée; mais que, dans tous les cas où cette autorité n'a pas réclamé l'exercice de ces pouvoirs, ils continuent, en vertu d'une délégation tacite, à être exercés par les magistrats administratifs;

« Considérant, d'autre part, que l'étendue qu'il convient de donner à l'exercice du pouvoir militaire doit être déterminée, soit par le gouvernement dans des instructions générales, soit par les commandants, pour les divers cas, en appréciant les faits et les circonstances;

« En ce qui touche les pouvoirs judiciaires :

« Considérant que, d'après l'article 103 du décret du 24 décembre 1811, pour tous les délits dont le commandant n'a pas jugé à propos de laisser la connaissance aux tribunaux ordinaires, les fonctions d'officier de police sont remplies par un agent militaire, et les tribunaux ordinaires sont remplacés par les tribunaux militaires;

« Qu'il résulte de cette disposition que les tribunaux ordinaires, pour les délits qui sont de leur compétence, d'après les règles du droit commun, conservent leur juridiction, tant que l'autorité militaire ne les en a pas dessaisis;

« En ce qui touche les autres effets de l'état de siége :

« Considérant que, d'après l'article 304 du décret du 14 décembre 1811, dans l'état de siége, le commandant militaire détermine le service de la garde nationale;

« Qu'il résulte de cette disposition, et de la nature même des choses, que la garde nationale passe de droit, en cas d'état de siége, sous l'autorité du commandant militaire;

« Considérant que l'autorité militaire a droit, dans le cas de l'état de siége, de prendre, pour la sûreté et la tranquillité publiques, toutes les mesures qu'elle juge nécessaires, droit expressément reconnu par les articles 92 et 95 du décret précité, pour le cas de l'état de guerre, qui est toujours compris dans l'état de siége, et dans lequel l'autorité militaire a des pouvoirs moins étendus que dans l'état de siége;

« Qu'à ce titre, elle peut procéder à l'enlèvement des armes; à des visites domiciliaires, à l'éloignement des personnes dangereuses, et empêcher les publications et les réunions qui seraient de nature à entretenir le désordre et l'agitation; que plusieurs de ces mesures ayant été prises en 1848, l'Assemblée constituante a passé à l'ordre du jour sur les réclamations auxquelles elles avaient donné lieu;

« Que le devoir du gouvernement est d'user de ces droits toutes les fois que l'intérêt de l'État l'exige, mais seulement dans le cas d'une nécessité évidente et dans les limites de cette nécessité;

« Que la même règle de conduite doit être prescrite à tous ses agents;

« Qu'à Paris, les mesures autorisées par l'état de siége émanent directement du pouvoir exécutif; que, dans les autres lieux, les commandants n'agissent que sous l'autorité du gouvernement dont ils engagent la responsabilité, et qu'ainsi cette responsabilité ne peut jamais être éludée,

« Est d'avis que les conséquences de l'état de siége doivent être réglées d'après les solutions qui précèdent. »

Le présent avis a été délibéré et adopté par le conseil d'État dans sa séance du 21 juin 1849.

Le vice-président de la République,
Président du conseil d'État,
H. BOULAY (de la Meurthe).

Serait-il donc vrai que les conséquences de l'état de siége pussent aller jusqu'au point où les pousse le conseil d'État! Quoi, sous le prétexte des exigences du salut public, on pourrait ne plus rien respecter, ni liberté de la presse, ni propriété, ni liberté individuelle ! On pourrait, sans autre raison que ces exigences, éloigner tout citoyen par cela seul qu'on le jugerait dangereux! Ah ! si ce sont là les bienfaits que nous promettait la République , celle que nous avons est une République menteuse! Qu'on nous ramène aux carrières de la monarchie ; au moins alors nous n'avions pas le mensonge sous l'apparence de la loi ; nous ne cachions pas un visage esclave sous le masque d'un homme libre !

En 1832, la cour de cassation mettait la loi en travers de prétentions semblables à celles que nous combattons aujourd'hui, et si la monarchie fût alors entrée dans la voie libérale que la magistrature lui ouvrait, elle existerait encore, et elle nous aurait épargné les terribles tempêtes que son impéritie a déchaînées sur nous.

On nous parle des nécessités du salut public! Eh! messieurs, n'oublions pas que ces ressources extrêmes ont toujours été celles des gouvernements faibles, et qu'elles les ont toujours perdus.

Messieurs, à une époque où Bossuet n'est plus là pour s'écrier : *Et nunc reges, intelligite, erudimini qui judicatis terram;* quand rien ne tient plus autour de nous, quand tout s'ébranle et s'écroule, c'est à la loi, c'est à la justice, c'est à la magistrature qu'il faut se rattacher. C'est donc à vous, messieurs, que nous nous adressons ; c'est à votre justice que nous faisons un appel seulement; c'est enfin dans vos consciences que nous déposons nos droits.

Le tribunal, conformément aux conclusions de M. le procureur de la République, se déclare incompétent, la suspension des journaux ayant été prononcée par le décret du 13 juin, et constituant un acte du ministre de l'Intérieur dans l'exercice de ses fonctions.

COUR D'ASSISES DE LA SEINE

PRÉSIDENCE DE M. DESPARBÈS DE LUSSAN

AUDIENCE DU 9 FÉVRIER 1850

Affaire du journal *la Réforme* contre le ministère public.

Le rédacteur de la *Réforme*, accusé d'avoir excité à la haine et au mépris du gouvernement, est défendu par Me Jules Favre, qui s'exprime en ces termes :

Pour répondre au réquisitoire de M. le procureur, une réflexion me préoccupe. Elle a sans doute frappé vos esprits.

N'y a-t-il pas une rigueur extrême dans les poursuites dont vous êtes saisis? Elles ne sont pas dirigées contre un organe redoutable, actif, infatigable; la *Réforme* n'est plus, elle a succombé sous vos foudres; un procès à sa mémoire vous est déféré. M. Léoutre est sorti ce matin de Sainte-Pélagie pour comparaître devant vous, et il y retournera après votre verdict, quel que soit ce verdict. Le journal n'est plus...

Or, dans l'ancien droit, nous avons bien entendu parler de condamnations solennelles contre des défunts. On allait même, par une barbarie sauvage, jusqu'à arracher de la terre leurs restes inanimés pour les jeter sur la claie.

La civilisation moderne a fait disparaître ces cruelles exécutions. La justice ne dispute plus le coupable à la mort, elle s'arrête devant son linceul.

Mais ces règles d'humanité ne sont pas appliquées aux journaux : ils peuvent périr, mais leur crime leur survit, on vient sur leur tombe demander que le jugement les atteigne dans la nuit du néant. Au moins retranchera-t-on le grand argument de l'utilité politique, puisqu'on s'attaque à un ennemi qui ne peut plus nuire.

D'un autre côté, par une sorte d'anachronisme, on va poursuivre un article du mois d'août 1849, à l'occasion des événements de juin. N'est-ce pas une histoire bien vieille, et à quoi bon ressusciter ces souvenirs éteints et provoquer une discussion sur des faits consommés?

Je ne sais pas ce que la paix publique peut y gagner. Si des débats irritants sont autant d'éléments qui la peuvent troubler, je vois ce qu'elle doit y perdre.

Et comme si, dans ce procès, tout était en dehors des situations ordinaires, le ministère qui a ordonné des poursuites, qui voulait se défendre, se justifier, n'est plus ; il a disparu pour faire place à un autre, en sorte qu'une ombre de cabinet est en présence d'une ombre de journal. Mais j'espère qu'il n'y aura pas même une ombre de condamnation.

Et, pour que tout soit flottant, douteux, indécis, on nous a poursuivis, mis en accusation sans daigner nous dire pourquoi. « Vous avez commis deux délits », nous dit-on. Par quelle pensée? par quelle phrase? on ne l'explique pas, il a fallu que nous le cherchassions.

Or, quel est l'esprit de l'article incriminé? C'est l'explication des événements de juin. Il se résume par ces deux propositions : 1° Ils ont été provoqués par les fautes du pouvoir ; 2° ils ont été mis à profit par lui. Il n'y a pas autre chose. Ces deux propositions sont-elles vraies? sont-elles séditieuses?

Pouvons-nous contester l'histoire d'hier? Ne vit-elle pas dans nos souvenirs? N'est-il pas incontestable qu'après l'élection du 10 décembre, un parti considérable, remuant, influent, a rêvé le renversement de la République? N'a-t-il pas cru que cette élection profondément démocratique avait une signification monarchique? Ne l'a-t-on pas vu à l'œuvre, provoquer le renversement de la Constituante, la révision immédiate de la Constitution et l'appel au peuple? N'étaient-ce pas là des armes de guerre contre la République?

Eh bien! le nouveau cabinet, formé le 10 décembre, vers qui a-t-il penché? A qui a-t-il donné la main? N'est-ce pas à celui qui attaquait la République? N'est-il pas évident qu'il s'est fait l'apôtre de la résistance? Cette politique n'a-t-elle pas soulevé des semences d'irritation? N'a-t-elle pas réveillé les haines? N'a-t-elle pas enfanté les partis extrêmes?

Et en effet, tandis qu'à la Constituante la majorité était composée d'hommes sages et prudents, vraiment républicains, n'a-t-on pas vu la Législative formée des deux partis les plus violents : d'un côté, de tout ce qui avait servi, aimé le régime déchu ; de l'autre, de tout ce qu'il y avait d'ardent, d'implacable, de fanatique?

Cette situation n'était-elle pas un immense danger? Qui l'avait créée? La politique à outrance, la politique de compression, la politique de revirement et surtout l'expédition romaine.

En effet, la Constituante avait proclamé sa sympathie pour la cause italienne et adhéré au manifeste de M. de Lamartine. Elle ne pouvait pas renverser la République romaine, elle ne le voulait pas. Tout le prouve : et le rapport du 16 avril, et le vote du 7 mai, et la Constitution.

Et cependant, malgré ces articles formels, malgré le vote, l'attaque fut ordonnée, et le pape fut remis sur son trône temporel.

C'est au milieu de ces circonstances que s'ouvre la carrière pour la Législative, laquelle, composée d'éléments inconciliables, sans modérateurs, devait aboutir à un déchirement.

Qui est-ce qui avait créé cette situation, tendu ces ressorts, jeté l'or et le sang de la France pour le rétablissement du pouvoir temporel?

Supprimez la guerre de Rome que tous jugent une calamité qui nous place dans la position la plus ridicule, la plus honteuse, et les événements de juin sont impossibles.

Comment se sont-ils accomplis? Je respecte le jugement, mais il n'est pas défendu de dire que, dans cette journée marquée par des faits déplorables, la foule fut chargée par des cavaliers et des fantassins, et que des citoyens sans défense furent frappés, égorgés en fuyant.

Et quant aux conséquences de ces tristes événements, ne les a-t-on pas largement exploitées? Je ne parle pas des violences coupables dont vous n'êtes pas les auteurs. Mais n'a-t-on pas suspendu les journaux contrairement à la loi? N'a-t-on pas mis Paris en état de siége? N'a-t-on pas abrogé les lois sur les clubs et sur la presse, malgré la Constitution? Six départements ne sont-ils pas encore en état de siége? N'est-ce pas là une suffisante exploitation de la victoire? N'avons nous pas pu dire qu'on s'en est servi pour étouffer les libertés publiques? Voilà le jugement de l'écrivain!

Je ne parle pas de la forme, de la vivacité, de l'âpreté du langage; le fond, c'est l'histoire. Quant à la forme, elle échappait à la suspension, elle sortait des silos militaires où elle avait été enchaînée. A ce captif libéré, on peut pardonner l'amertume de la plainte.

Cependant on veut y voir deux délits, une excitation à la haine et une apologie de l'insurrection.

Je vais en intervertir l'ordre, et commencer par le deuxième qui est une chimère pure.

On a voulu empêcher la glorification d'un fait déterminé, précis, dont le caractère est incontestable, par exemple de l'assassinat politique. Ne glorifiez-vous pas Guillaume Tell, Brutus, Charlotte Corday? Leur action est néanmoins un délit : il en est de même de l'insurrection, de l'érection des barricades.

Mais expliquer la conduite d'hommes qui ne sont pas jugés, chercher à en écarter toute pensée mauvaise, soutenir qu'ils ont voulu défendre la loi en bons patriotes, ce n'est pas faire l'apologie d'un délit, c'est simplement en être les avocats.

Quant à exciter à la haine et au mépris du gouvernement, c'est un délit bien vague, bien dangereux, dans tous les cas tout à fait relatif. Il ne consiste pas à faire haïr, détester le gouvernement, mais à faire cela injustement, à dénaturer les actes, à calomnier les intentions du gouvernement; là est le délit.

Ici il n'y a rien de semblable.

Nous avons rappelé des fautes, nous les avons blâmées sévèrement. Étions-nous dans notre tort?

Nous avons des complices.

Je disais que vous nous poursuiviez au nom d'une ombre de cabinet qui n'est pas seulement mort, mais condamné. Et condamné par qui? Par le pouvoir exécutif et par la majorité qui a accepté son message.

C'est donc ce cabinet qui a commis de si graves fautes et qu'on a chassé comme des laquais, qu'on nous accuse d'avoir critiqué! Et c'est parce que nous l'avons critiqué, que nous avons excité à la haine et au mépris du gouvernement!

Quand nous disons qu'il n'a rien su faire, qu'il a tout compromis; qu'il a fallu s'en débarrasser si vite qu'on ne lui a pas même accordé un délai de quarante-huit heures pour prononcer un discours et assister à un banquet, on nous fait un procès!

Est-ce de la sagesse? Est-ce de la justice?

On parle de la nécessité des condamnations : elles ne font qu'aigrir les ressentiments et fortifier les convictions.

Qu'a servi à l'Église, à l'autorité civile, durant le dernier siècle, de multiplier les rigueurs? La Bastille a-t-elle arrêté la pensée? Les bûchers ont-ils réduit en cendres l'esprit révolutionnaire? *Émile* brûlé sur l'escalier du palais, les *Provinciales* honorées de la même exécution n'ont-ils pas remué le monde? Et tous ces écrivains qui confessent la liberté dans les cachots n'ont-ils pas plus fait pour la révolution que les conspirateurs ou les émeutiers?

Condamnez, vous augmenterez le mal, vous rendrez plus dangereuses les influences que vous croyez combattre.

Mais pouvez-vous condamner? L'esprit que vous poursuivez vous échappe. Quant à l'écrivain, le voici, déjà frappé. On veut que vous lui infligiez de nouvelles rigueurs, que vous alourdissiez sa chaîne, que vous rendiez plus lointaine son espérance de liberté. Si cet holocauste était indispensable, je le comprendrais. Mais pour un temps qui n'est plus, pour des faits accomplis auxquels personne ne songe, pour un cabinet honteusement tombé, honteusement abandonné, sur la tombe duquel vous avez écrit impuissance et violence, ce serait dépasser toutes les limites de la justice, et vos consciences me rassurent contre un tel résultat.

Le jury ayant rendu un verdict de culpabilité, la cour, après en avoir délibéré, condamne M. Léoutre à quatre mois de prison et 3,000 francs d'amende.

COUR D'APPEL DE PARIS

PRÉSIDENCE DE M. LE PREMIER PRÉSIDENT TROPLONG

AUDIENCE DU 10 DÉCEMBRE 1850

Lettres de Benjamin Constant à madame Récamier. — Publication faite en feuilleton par le journal *la Presse* et par madame Colet (née Revoil).

Le tribunal, en première instance, avait donné gain de cause à madame Lenormant, légataire universelle, et à madame Détournelle, sœur de Benjamin Constant, en défendant la publication des lettres de madame Récamier; mais il n'avait pas ordonné la restitution du manuscrit de ces lettres par madame Louise Colet. De là un appel de madame Lenormant, légataire, et l'intervention des exécuteurs testamentaires, dont Me Berryer soutient l'appel incident.

Me Jules Favre, avocat de madame Louise Colet, s'exprime en ces termes :

Les adversaires font à madame Colet une situation singulière et cruelle; ils veulent la retenir au débat malgré sa résistance, malgré ses efforts pour cacher sa défaite dans la retraite. Ce n'est pas que je ne me plaise à rendre un public hommage à la modération de langage des exécuteurs testamentaires, et, malgré certaines réserves qui laisseraient planer quelques soupçons, ils ont fait entendre une tout autre parole que celle de première instance, et madame Louise Colet n'a plus à repousser des imputations calomnieuses. Toutefois, si on ne la désigne plus comme une sorte de forban littéraire, qui aurait forcé la porte de madame Récamier pour soustraire des manuscrits, il est évident qu'on n'est pas animé à son égard d'une grande bienveillance. Nous voulons, et c'est notre droit, justice complète; il nous la faut, et nous ne souffrirons pas que l'opinion soit égarée, même par ces incertitudes de langage.

Nous avions cru, après notre désistement, n'avoir plus rien à dire; mais l'appel incident nous rappelle sur le terrain. Appel soutenu à l'audience, non en accusant madame Louise Colet d'avoir usé de surprise, comme disent les actes de la procédure, mais, au milieu de tous les ménagements employés par l'avocat, en bon et loyal adversaire qu'il est, en articulant qu'une main quelconque (c'est une main coupable qu'il faudrait dire) aurait trempé dans cette affaire. Voyons où est la vérité.

Et d'abord, où est le débat actuel? Madame Colet, pour l'acquit d'un devoir pieux, publiait les lettres de Benjamin Constant; on ordonne qu'elle suspendra cette publication, elle obéit à cette décision. On veut plus aujourd'hui; on demande l'exécution (l'exécution infamante) de l'acte du 17 juillet 1816; on demande que cet acte soit déclaré nul.

Mais que signifie cette réclamation d'une copie? La copie, c'est quelque chose d'immatériel; si elle a été multipliée, à quoi sert la réclamation? C'est donc un morceau de papier, quelque chose sans valeur qu'on veut avoir; on se bat donc *propter nugas*.

Et pourquoi, d'autre part, la nullité de l'acte du 17 juillet, quand on déclare être convaincu de la bonne foi de madame Colet? En vérité, c'est tout simplement une fantaisie de jurisconsulte, un point de droit qu'on veut faire décider. L'appel incident est vraiment sans objet.

Il est vrai que, sur l'appel incident, on a changé de système comme de défenseur; il est vrai que cet appel incident avait d'abord été suggéré par une pensée des plus hostiles; il est vrai que l'intervention des exécuteurs testamentaires a eu pour objet d'opérer une transformation qui avait toute sorte d'intérêt.

Mais cette intervention n'est pas recevable; la légataire universelle est en cause. Pourquoi les exécuteurs testamentaires interviendraient-ils? Je ne puis l'expliquer qu'autant qu'ils supporteraient les frais de cette intervention, et que par le désir de nous faire entendre la parole d'un orateur que nous aimons tant à voir au barreau : rien de mieux sous ce point de vue; mais il n'y a pas d'autre utilité à leur présence, et il est entendu que ce doit être à leurs frais.

En tout cas, nous ne sommes plus exposés à ces récriminations, à ces injures de madame Lenormant contre madame Colet, injures et récriminations dont les journaux malheureusement font foi.

Quoi qu'il en soit, madame Colet a prétendu être propriétaire (qu'on me permette ce mot) sous bénéfice d'inventaire; cette qualité lui a été déniée; les premiers juges ont pensé que cette publication ne serait pas honorable pour la mémoire de Benjamin Constant. Madame Colet s'est désistée de l'appel qu'elle avait interjeté, et, malgré cette abnégation, ses adversaires non-seulement lui disputent le droit de publier les lettres qui lui ont été données même ailleurs que dans les journaux, mais encore ils demandent la nullité de l'acte de donation du 17 juillet; madame Colet résiste, non par un intérêt matériel, mais pour accomplir une mission pieuse qu'elle a reçue, ainsi que l'établissent des documents certains, documents que madame Lenormant eût dû être la dernière à contester, puisqu'ils émanent de sa mère adoptive.

Je ne dirai rien de madame Louise Colet personnellement; on ne l'a point attaquée ici, on n'a point touché à cette auréole glorieuse qui lui appartient, sa qualité de femme loyale et désintéressée; l'adversaire a l'esprit trop élevé pour attaquer une femme poëte. C'est précisément cette double qualité et le sentiment qu'elle inspire qui avaient rapproché madame Récamier de madame Colet. En première instance, on osait dire que la porte du sanctuaire où régnait madame Récamier avait été forcée par madame Colet; mais, pour expliquer son admission dans ce sanctuaire, il n'est pas besoin, à moins d'être héritière et légataire universelle, de recourir à la calomnie.

Sur le seuil était la poésie conduisant par la main une femme poëte, et derrière cette porte était cette femme, modèle de beauté, de génie, douée de cette nature généreuse, sympathique, qui savait concentrer autour d'elle tout ce qui était grand, illustre, bon et généreux. Sur ce point, j'ai des documents en foule; j'étais prêt pour répondre à des calomnies, si elles s'étaient produites; mais je n'ai trouvé, cette fois, que la modération et l'aménité, et mon adversaire m'a facilement désarmé par de tels moyens. Je n'en dois pas moins vous dire, car c'est un juste sujet d'orgueil pour elle, que des vers de madame Colet avaient été lus chez madame Récamier, en présence de MM. de Chateaubriand, Ampère et Ballanche; que madame Récamier témoigna aussitôt, par une lettre à madame Dupin, qu'elle désirait voir l'auteur de ces vers, et qu'ainsi commencèrent ces relations qui établirent bientôt entre ces deux femmes une véritable amitié. J'ai une foule de lettres qui démontrent que madame Colet avait conquis toutes les sympathies de madame Récamier. Cette liaison ne tarda pas à prendre un caractère plus sérieux.

En 1844, madame Récamier, étant au couvent des Augustines, recevait fréquemment madame Colet; les heures fuyaient au milieu des entretiens les plus touchants; elles en vinrent à un sujet fort commun entre des personnes d'élite comme elles l'étaient toutes; il s'agissait des calomnies que le vulgaire prodigue si facilement aux femmes qu'il juge dignes de son attention. On parla de Benjamin Constant, de ce roman dont il était l'auteur, page sanglante arrachée à un jeune homme, mais non pas son dernier mot sur les orages de la vie.

Madame Louise Colet sut apprécier Benjamin Constant. « Vous l'avez bien jugé, dit madame Récamier; demain, je vous ferai connaître ce caractère si calomnié. » Le lendemain, en effet, on prit connaissance des lettres; madame Récamier annonça son intention de les publier; il lui appartenait, à elle qui l'avait vu étouffer la voix de l'amour le plus pur, il lui appartenait, en écartant des voiles que la pudeur commune aurait pu vouloir refermer, de faire connaître sous son vrai jour l'homme célèbre que la critique et l'envie poursuivaient.

Aussi, en 1844, la pensée de la publication fut arrêtée dans son esprit, et elle choisit pour cette mission madame Colet, qui en était justement fière. Ce n'est pas que madame Colet ne confesse humblement que des hommes de génie, des hommes illustres dans l'intimité de madame Récamier, ne pussent en être chargés convenablement. Mais il est dans le cœur d'une femme des plaies qu'une femme seule peut guérir, il est des choses qu'un homme ne saurait comprendre ni juger; madame Colet avait donc grande raison de s'enorgueillir du choix dont elle était honorée.

Du reste, que ce travail ait été fait par madame Colet, il n'y a là-dessus aucun doute; nous rapportons le brouillon de sa main; qu'il ait eu lieu sous les yeux de madame Récamier, c'est un fait non moins certain. On a trouvé dans les papiers de l'illustre défunte le manuscrit copié par la personne qu'elle chargeait ordinairement de ce soin. Il y avait une introduction; et l'on ne fait pas une introduction, une notice pour une œuvre qu'on ne voudrait pas publier. Tout ceci est établi, ce sont les faits mêmes du procès.

Ici surgit une objection qui n'est pas de mon adversaire, elle n'est pas digne de lui. On dit que madame Récamier, peu satisfaite du travail de madame Colet, a fait des changements importants, d'où suit que le travail de madame Colet ne devait pas être publié. Or, il faut savoir qu'il s'agit de plus de quarante pages, sur lesquelles il n'y en a pas six qui contiennent quelques modifications insignifiantes, et dont trois ou quatre seulement sont de la main de madame Récamier.

Autre objection : M. Ballanche aurait fait, à force de corrections, un autre manuscrit. Nous ne contestons pas l'autorité littéraire de l'auteur d'*Antigone;* mais il faudrait au moins être conséquents avec vous-mêmes. Vous prétendez que madame Récamier n'a voulu, à aucune époque, publier les lettres en question; puis vous êtes forcés de reconnaître que madame Colet d'abord, ensuite M. Ballanche, en ont été chargés par elle.

Et puis, l'introduction est-elle de M. Ballanche? Non, elle est de madame Louise Colet; on n'en était donc pas si mécontent que vous le dites, et la preuve, c'est qu'on a pris les mêmes phrases, les mêmes paragraphes, la même œuvre enfin, mais abrégée. C'est après ce travail terminé que madame Colet a reçu, le 17 juillet 1846, le don de madame Récamier, avec la condition exprimée dans l'acte de ce jour.

Encore un coup, laissons de côté ces détails relatifs à la forme de l'acte, à la différence de plumes, d'encre... Est-ce que la pensée de madame Récamier n'a pas été que les lettres fussent publiées quand elle ne serait plus, et qu'elles restassent sa propriété, si madame Colet venait à décéder avant elle? Sans doute madame Récamier n'était pas jurisconsulte, elle ne distinguait pas entre la possession matérielle et le droit incorporel. Mais il faut reconnaître, à moins de vouloir descendre le procès dans les misères d'une expertise en écriture, à moins de s'arrêter à de prétendues fautes d'orthographe, que madame Récamier donnait ouvertement le pouvoir de faire usage de la publication des lettres qu'elle communiquait.

D'ailleurs, quelles sont donc ces fautes d'orthographe? On les amplifie considérablement; car enfin, il s'agit d'un seul mot, *eccriture,* lorsque déjà le temps avait glacé cette main charmante, lorsqu'elle n'écrivait plus de billets à Benjamin Constant; il n'y a là qu'un *c* légèrement élargi. Qu'en concluez-vous enfin? Rien, sans doute, et cela ne valait pas par conséquent toutes ces insinuations. N'a-t-elle pas signé elle-même? Plusieurs personnes attestent l'affirmative. Ce n'est pas la même encre partout. Quelle énormité! Eh bien! si vous le voulez, la date n'est pas du même jour que l'acte, mais il n'y a pas de différence entre le corps d'écriture et la date; sans quoi on ne manquerait pas de nous dire que c'était un blanc-seing... Je rougis, vraiment, d'entrer dans tous ces détails; mais l'objection, du moins, est réduite à néant.

Quel est maintenant le caractère de cet acte du 17 juillet qu'on est bien forcé d'accepter? Sur cela on a dit beaucoup de choses, mais qui ne sont pas le vrai mot du procès. Je n'ai pas à examiner s'il y a eu donation de la copie des lettres; madame Colet ne sera pas donataire de madame Récamier, elle aura reçu d'elle un mandat spécial, comme l'ont dit les premiers juges. Je suis d'accord avec mon adversaire sur ce point qu'il importe que les jugements ne renferment pas des qualifications extralégales; mais la mission donnée à madame Colet de réaliser le vœu de madame Récamier est, dans ses termes, un mandat mêlé de donation, mais sous une condition spéciale, celle de veiller à la défense de la mémoire de Benjamin Constant par la publication de ses lettres.

Faut-il dire, avec mon second adversaire, que ce mandat a été révoqué par la mort de madame Récamier? C'est une erreur de fait évidente. Le mandat n'est pas nécessairement révoqué par la mort du mandant, puisqu'il est des mandats qui ne peuvent être exécutés qu'après cette mort, lors, par exemple, qu'il s'agit d'un tombeau, d'une statue à élever au défunt; c'est l'exemple que donne Ulpien, § *Des mandats.* Il a été ainsi jugé par un arrêt de la cour de Nîmes du 9 janvier 1833, dans une espèce où des héritiers (car les héritiers n'ont pas toujours d'aussi bons sentiments que les testateurs) voulaient faire considérer comme révoqué le mandat de restituer des objets trouvés dans la succession.

Telle est aussi l'opinion des plus éminents jurisconsultes, parmi lesquels il en est un que les convenances ne nous permettent pas de nommer ici; et il est à remarquer que nous nous trouvons dans une espèce toute pareille à celle citée par Ulpien, et que nous sommes aussi chargés d'élever un monument après la mort de celle qui nous a confié cette mission.

En fait, maintenant je n'ai rien à réfuter. On convient qu'en 1846 madame Récamier jouissait encore de la vue, et il est établi, par des lettres de personnes qui l'approchaient intimement, madame Clémence Robert, madame Amelin, M. le docteur Ficher, que madame Récamier a signé et pu signer l'écrit incriminé. Je puis passer à un autre ordre de preuves, et je vous dois la citation d'une partie d'une lettre de Béranger :

« En revenant sur ce passé, j'ai recueilli mes souvenirs sur l'acte en question. Vous m'aviez fait confidence de cette donation et de la notice que madame Récamier avait désiré que vous fissiez pour mettre en tête de la publication des lettres de Constant, notice pour laquelle elle vous avait fourni des renseignements que vous ne pouviez tenir que d'elle seule.

« Vous savez que je ne me suis lié avec madame Récamier qu'auprès du lit de mort de notre illustre ami Chateaubriand. Benjamin Constant, avec qui nous avions été également liés, était souvent le sujet de nos conversations. Un jour elle me demanda si vous m'aviez confié la notice et les lettres. Je répondis que je ne connaissais des lettres que les fragments cités par M. Loménie. Quant à la notice, je l'avais lue assez légèrement. Elle me dit : « — Quand le moment de publier viendra, j'espère que vous serez consulté par madame Colet, à qui j'ai donné ces lettres. »

D'autres lettres encore de plusieurs amis de madame Récamier attestent qu'elle les a entretenus de son projet de publication des lettres, par l'intermédiaire de madame Colet. Plus tard, madame Colet, dans un état de grossesse qui lui causait des inquiétudes, écrivait sur le même sujet à madame Desbordes-Valmore, en lui envoyant les lettres, et après l'heureuse délivrance de madame Colet, madame Desbordes-Valmore lui rendait ces lettres.

Je ne conteste pas les pouvoirs que le testament donne à madame Lenormant de détruire tous les papiers de la succession, mais, bien entendu, sauf ceux sur lesquels des tiers auraient des droits, ceux qui en auraient été distraits; c'est aussi simple que cela.

On nous dit que la vie intime peut souffrir de ces publications qui ne permettent pas aux bruits du cœur de rester dans le calme de la retraite, qu'il y a là un devoir pieux, un droit de propriété littéraire, le droit des familles, la nécessité de sauvegarder la sainteté des confidences intimes, toutes considérations graves, principes consacrés par la cour suprême, mais qui n'ont rien d'absolu.

Un de mes adversaires, en effet, rapporte ici le monument le plus éclatant de l'incertitude de la législation, les débats d'une commission où M. Portalis a émis son avis, M. Pardessus un autre avis, sans que M. Cuvier pût les partager. Toute cette théorie a pour limite nécessaire l'intérêt public; mais ce n'est pas le calcul de l'héritier qui en est juge. D'ailleurs, je veux vous faire apprécier les véritables sentiments qui inspirent la famille Benjamin Constant. Voici une lettre du 6 juillet 1849, adressée au rédacteur en chef de la *Presse :*

« MONSIEUR,

« Je lis dans la *Presse* du 3 courant ces mots :

« Mais justement blessée de la forme dans laquelle des héritiers sans « droits lui ont interdit cette publication, la *Presse* y répondra en devan- « çant l'époque qu'elle avait fixée. »

« Je désirerais savoir, Monsieur, si c'est aux héritiers de madame Récamier ou à ceux de Benjamin Constant que s'adresse ce défi. Dans ce dernier cas, je vous dirais, Monsieur, que le frère de Benjamin Constant a le droit de trouver étonnant que des étrangers publient, sans même en parler aux parents, des lettres d'un aussi mince intérêt, quand ces mêmes parents sont possesseurs de documents bien autrement importants, bien autrement faits pour exciter la curiosité d'une correspondance dont le nom fait le seul mérite. Si je me suis abstenu de me plaindre de l'illégalité de cette publication, c'est parce que j'ai pensé que les parents de madame Récamier étaient plus intéressés encore à le faire que moi.

« Comme j'ai ici un journal de mon frère, où il écrivait jour par jour ce qu'il avait pensé, ce qu'il avait vu, ce qu'il avait fait, si je trouve des contradictions dans la publication de madame Colet, je ne vous cache pas que je les signalerai...

« Quelque avantageux que puisse être votre marché avec madame Colet, je suis fâché, Monsieur, que l'obscurité dans laquelle je me complais vous ait empêché de vous adresser à moi, car je vous en aurais procuré un meilleur assurément, qui n'eût blessé les susceptibilités de personne, et dont personne au moins n'aurait contesté l'authenticité.

« Agréez, je vous prie, Monsieur, l'assurance de ma considération distinguée.

« Charles DE CONSTANT-REBECQUE.

« Poligny (Jura), le 6 juillet 1849. »

Me BELLAC. La lettre n'est pas de madame Destournelles.

Me FAVRE. Elle est de son beau-frère. Enfin on vous plaide de grands principes, et lorsque les lettres de madame de Staël ont été demandées aux héritiers Benjamin Constant, ceux-ci les ont refusées.

Cependant on nous concède que lorsque l'intérêt public est en jeu, lorsque des hommes d'une haute personnalité, dont le nom est éclairé par le flambeau du talent, sont désignés et dépeints sous des couleurs défavorables ou fausses, alors la justice a des sympathies pour cette situation et fait rétablir la vérité. Ici l'intérêt public n'est point exposé, si ce n'est à être servi utilement. S'il s'agissait d'un intérêt sordide, il faudrait le réprimer, mais il ne faut pas, sous prétexte de l'opposition des collatéraux, empêcher des publications utiles. Et comment Byron et sa littérature seront-ils compris, si sa vie intime n'est pas connue? Comment pourrons-nous apprécier Molière et ses tableaux saisissants de l'amour et de la jalousie, si nous ne savons qu'il était lui-même en proie aux tourments de la passion pour cette sirène qui vivait près de lui et qu'il adorait?

Benjamin Constant a joué un rôle qui a été défiguré par les passions de son temps; n'en est-il pas toujours ainsi des hommes politiques animés d'une ardente et sincère conviction? Il a été appelé homme sans cœur. On a dit que l'auteur d'*Adolphe* s'était fait un jeu de la passion dévorante qu'il décrivait. Qui a songé à le venger de la calomnie? Une femme de génie, cette femme que les efforts de sa légataire universelle ne défendront pas de l'admiration de la postérité, qui, aimée avec adoration, avec folie, opposait à cet amour pur, à cette adoration respectueuse, la barrière de la grâce et de la vertu, et qui réussit à convertir les aspirations importunes de l'âme passionnée en une amitié qui ne s'est jamais démentie.

Voilà ce qu'on trouvera dans les lettres intimes. N'a-t-on pas assez, de nos jours, déifié la passion dans toutes ses folies? Ne faut-il pas montrer aujourd'hui le tableau de la passion subalternisée par la vertu? *Semper fortis Ajax, fortissimus in furore.* L'âme conserve de la vigueur dans le calme de la méditation; mais l'incendie du cœur peut produire les actions les plus sublimes, surtout lorsque, comme Benjamin Constant, on rencontre un ange sous les traits d'une Récamier!

Madame Récamier tenait le sceptre de la beauté, seule royauté qui soit reconnue, sans acception de parti; elle dut jusqu'à ses derniers jours cet empire extraordinaire au charme, à la délicatesse au tact exquis dont elle était douée; elle conjurait les cœurs et fixait les intelligences; tout ce qui était grand, éloquent, se groupait autour d'elle; son nom est glorieusement inscrit sur toutes les pages de l'histoire contemporaine; chaste et digne, elle échappa aux sécheresses du cœur; elle avait subi l'influence de son époque, moitié grecque, moitié romaine, et elle avait gardé quelque chose de cette sorte de paganisme, véritable *Vénus pudique* de ce temps, mais Vénus Aphrodite, fière de sa beauté... Et quand vous en faites la vierge chrétienne, non... Rappelez-vous que Canova a reproduit ses traits sous le nom de Béatrix; que Gérard lui a consacré un tableau qui a été remis à la ville natale de cette femme illustre ; que son portrait, par David, est au Louvre!

Quel rôle jouera-t-elle dans les lettres de Benjamin Constant? Elle y paraîtra en face de cet homme au cœur livré aux orages, avec l'immatérialité, la pureté des affections; elle y paraîtra faible, belle, sensible, pleine de cœur. On y trouvera son véritable caractère, femme célèbre au milieu de toutes les célébrités, et livrée elle-même à la publicité.

Et déjà les *Mémoires d'outre-tombe* ont reproduit la majeure partie des lettres de Benjamin Constant, parce qu'en effet M. de Chateaubriand les avait reçues d'elle sans doute pour qu'elles fussent publiées, et il est remarquable que cette publication a eu lieu depuis le jugement, sans que cependant on pût s'en plaindre. Quant à madame Colet, détentrice des lettres, elle ne demande que le maintien de ce jugement, elle ne fait le projet d'aucune spéculation; elle n'a d'autre souci que d'obéir au vœu de madame Récamier, et à la mission qu'elle a acceptée.

La Cour,

Considérant que la correspondance dont il s'agit est une collection de lettres confidentielles écrites par Benjamin Constant à la veuve Récamier; que celle-ci était liée par le pacte synallagmatique de ne les rendre publiques qu'avec le consentement de leur auteur ; que ce consentement n'a jamais été donné par Benjamin Constant ; que la veuve Récamier ne pouvait donc les livrer à la publicité, ni par elle-même, ni par mandataire;

Considérant que la copie n'a été confiée à Louise Colet que dans l'unique but de l'accomplissement du mandat; que ce mandat ne pouvant recevoir son exécution, Louise Colet n'a plus d'intérêt à la conserver; qu'il est même évident que la laisser entre ses mains, ce serait une manière indirecte de s'écarter de l'inviolabilité du secret que la législation tient à faire garder,

Ordonne que, dans les cinq jours de la prononciation du présent arrêt, Louise Colet remettra à la femme Lenormant, légataire universelle de la veuve Récamier, la copie du manuscrit joint à l'acte du 17 juillet 1846, etc.

COUR D'APPEL DE PARIS

PRÉSIDENCE DE M. FEREY

AUDIENCE DU 10 JANVIER 1851

Madame Mongruel, somnambule, prévenue de délit d'escroquerie et condamnée par jugement du tribunal, est défendue en appel par MMes Duvergier et Jules Favre.

Me Jules Favre s'exprime en ces termes :

Ma tâche serait facile si je pouvais faire disparaître les préventions anciennes et enracinées qui accompagnent la science magnétique. Mon rôle se réduirait à prouver que ceux qui sont traduits devant vous en ont usé avec bonne foi, qu'ils n'en ont déshonoré l'exercice par aucune de ces pratiques que la probité désavoue. Mais je crains d'être obligé d'aller un peu au delà pour restituer à la science magnétique la légitime autorité qui lui appartient. Non pas que je veuille convertir cette enceinte en une arène de discussion physiologique et médicale, mais je manquerais à mes devoirs si je ne posais pas avec fermeté et indépendance les limites rationnelles et juridiques devant lesquelles doit s'arrêter l'action des pouvoirs publics, comme devant les conquêtes incontestables de la science, devant les capitales révélations d'études et d'observations qui sont aujourd'hui hors de toute controverse. Là je trouve la partie délicate de la mission que j'ai à remplir ; mais la conviction profonde de l'indulgence du tribunal, et la certitude où je suis qu'en cela je rends hommage à des vérités fécondes qui ne sont qu'un rayon de la puissance céleste, me soutiendront pour triompher d'un état de souffrance contre lequel j'ai quelque peine à lutter.

Les prévenus ont à répondre à deux sortes d'inculpation : 1° celle de l'exercice illégal de la médecine; 2° celle de l'escroquerie. Elles se confondent dans la pratique de la science magnétique sous le nom d'exploitation de l'état somnambulique. Mais, je l'ai dit, cette inculpation doit être éclairée avant toutes choses par l'appréciation de la bonne foi des prévenus. C'est pour cela qu'après avoir mis tant de soins à s'enquérir de leurs antécédents, il faut s'en expliquer avec franchise.

M. Mongruel, un des élèves les plus distingués de l'École normale du département de l'Eure, a rempli pendant longtemps les fonctions d'instituteur primaire à Beaumontel. Il s'y était marié ; sa femme y tomba gravement malade et y mourut. On a dit qu'il avait abandonné elle et ses enfants; mais c'est une calomnie repoussée par les attestations les plus péremptoires.

Il s'était occupé de magnétisme par curiosité. Il vint à Paris en 1847 et y rencontra une jeune personne de son pays, qui, dès sa plus tendre enfance, avait donné les preuves de la plus grande lucidité comme somnambule naturelle. Il la vit magnétiser, fut témoin de ses réponses, la magnétisa à son tour et s'y attacha. Elle est aujourd'hui sa femme, et se montre une véritable mère pour les enfants du premier lit.

Après 1848, ils ouvrirent ensemble un cabinet de consultations. Là ils firent de nombreuses cures attestées par des témoins dignes de foi et des certificats honorables. Comme tous les somnambules de Paris, madame Mongruel était consultée sur toute espèce de questions, et elle les résolvait avec une grande lucidité. Elle n'était pas plus inquiétée que toutes les personnes qui se trouvent dans le même cas, lorsque deux plaintes portées contre elle attirèrent l'attention du parquet. Celle de Creuillot était due à une spéculation; c'était une véritable intimidation pour arracher un sacrifice d'argent. Il demandait d'abord 500 francs, puis 300; madame Mongruel a refusé, et il a poursuivi. L'autre, celle de Lemoyne, est le fruit d'un cerveau dérangé par une aliénation véritable ou par une disposition qui y ressemble beaucoup, une jalousie amoureuse poussée jusqu'au délire. C'est à ces deux causes que madame Mongruel a dû le triste honneur de figurer sur ces bancs et d'être traitée comme une criminelle.

Je comprends que le parquet s'en soit ému; mais l'instruction ne s'est nullement attachée à établir la seule circonstance qui pourrait être constitutive d'une escroquerie. Cette circonstance est celle-ci: A-t-elle feint le somnambulisme? Si à l'aide de ce mensonge, de cette amorce, elle a trompé la bonne foi et s'est fait remettre de l'argent pour un pouvoir imaginaire, c'est une escroquerie. Mais elle n'est nullement accusée de cette feinte. On reconnaît qu'elle est somnambule; c'est donc le magnétisme, le somnambulisme qu'on poursuit. On le range au nombre des chimères, des illusions. On traite ceux qui l'ont étudié et qui y croient, de visionnaires; ceux qui le pratiquent, de charlatans, de menteurs, de voleurs; et ceux qu'il a soulagés, de dupes, de niais. Tel est l'ensemble des propositions et des jugements qui doivent être prouvés pour qu'on puisse poursuivre des magnétiseurs, des somnambules.

Cette preuve, où est-elle? Comment a-t-elle été faite? On ne l'a pas essayé, on ne le pouvait pas!

C'est donc à notre tour à poser cette question et à la résoudre : Qu'est-ce que le magnétisme? Est-ce une illusion? Est-ce un vertige? Ne peut-on en proclamer l'existence et l'efficacité sans encourir le blâme de tous les gens sensés, les foudres de la science orthodoxe?

Permettez-moi de dire qu'il est triste et presque honteux que nous soyons forcés de poser cette question et de supposer qu'elle a besoin de démonstration, après les immenses travaux auxquels elle a donné lieu, les solutions qu'ils ont amenées et la lumière qui a éclairé ces grandes thèses.

Qu'au moyen âge on n'ait pas osé les produire, cela se conçoit; mais qu'à la fin du siècle dernier on ait persécuté, bafoué, insulté ceux qui ne demandaient qu'à les appuyer de preuves irréfragables, et qu'aujourd'hui, après le jugement solennel des savants, après les observations de tant d'hommes illustres, on nie des faits incontestablement établis, c'est là ce qui confond! Et cependant, puisque le doute est permis, il est permis aussi de démontrer la lumière du jour.

J'ai écouté avec une religieuse attention les critiques dirigées contre mon Mémoire, dans le savant et lumineux rapport qui vous a été fait à la dernière audience. Ces critiques n'ont rien changé à ma conviction.

Il est vrai que le ministère public reconnaît que, dans le procès qui nous occupe, le magnétisme joue un certain rôle; mais suivant lui, ce n'est qu'une question secondaire. Pour moi, messieurs, et pour vous aussi, je l'espère, c'est la question capitale. M. l'avocat général s'arrête, en fait de magnétisme, à 1825. Tout ce qui a été découvert depuis dans cette voie n'existe point à ses yeux : c'est là qu'est son erreur. Le magnétisme est une science; elle marche, elle avance, elle découvre; ce qu'elle sait aujourd'hui, elle l'ignorait hier. Elle est donc, comme toute science, mêlée d'incontestables vérités et d'inévitables erreurs. La science n'est pas comme la morale : elle n'est pas absolue, immuable, éternelle, toujours la même. Non, pour elle, il y a des questions de date; ce qui paraît une erreur scientifique aujourd'hui, ce qui est condamné comme tel par les corps savants, sera une vérité irréfragable dans cinquante ans.

Le ministère public, en fait de magnétisme, s'arrête à 1825. Or, si nous étions en 1784, il condamnerait sans doute, il flétrirait, il chercherait à faire punir tous les faits magnétiques sans exception. Mais nous sommes en 1851; il est obligé d'accepter, pour partie au moins, les découvertes de la science magnétique de 1785 à 1824; seulement il refuse d'aller plus loin. Eh bien! moi je lui dis : Vous avez tort de vous arrêter en chemin. Cette science n'est pas restée stationnaire; elle a marché de découvertes en découvertes. Vous êtes incrédule à l'égard de ces conquêtes nouvelles de la science, comme vous l'auriez été peut-être en 1784 à l'égard du principe de la science magnétique elle-même. Eh bien! soit, je vous ajourne à 1860, et alors, j'en suis convaincu, ce qui vous paraît une erreur deviendra pour vous une vérité.

Nous sommes donc dans une situation exceptionnelle. Il n'y a pas de pénalité possible, car il n'y a pas de responsabilité possible. La science peut commettre des erreurs innocentes et qui, d'ailleurs, seront peut-être un jour des vérités. Il n'y a donc pas de condamnation possible.

Le magnétisme tel que le pratique madame Mongruel est inconcevable, dites-vous. Mais est-ce que l'homme n'est pas entouré de mystères impénétrables? Dites-moi pourquoi, dans les entrailles de la terre, certains corps se cherchent, se mêlent, s'unissent étroitement et forment des minéraux merveilleux qui, ramenés à la surface, éblouissent et fascinent les regards des hommes. Expliquez-moi le paratonnerre conduisant la foudre, l'électricité courant sur un fil de fer, l'aiguille aimantée se tournant vers le nord, le daguerréotype reproduisant les images. Ces magnifiques découvertes ne sont-elles pas de la magie? Au moyen âge, n'auraient-elles pas exposé leurs auteurs? Eh quoi! Galilée n'a-t-il pas été poursuivi pour avoir découvert la loi naturelle du système planétaire? Fra-Paolo n'a-t-il pas caché la découverte de la circulation de peur d'être victime de l'Inquisition? L'inventeur de la vapeur n'est-il pas mort d'abandon et de désespoir dans le cabanon d'un fou? Qui songe cependant aujourd'hui à révoquer en doute les phénomènes produits par ces divers agents? Parce que le magnétisme vous semble inexplicable, ne niez donc pas son existence. C'est une vérité; seulement elle appartient à un ordre de phénomènes qui étonnent l'intelligence. Ainsi, cette vérité a été présentée comme si elle n'eût été qu'une jonglerie et un mensonge. L'histoire du magnétisme appartient à cette cause, car la seule question du procès est celle du magnétisme.

Le magnétisme, c'est la vie, c'est l'action de l'âme sur les êtres organisés. C'est la transmission subtile d'un fluide que nous portons tous en nous; et ce fluide peut produire les effets les plus extraordinaires. Il amène notamment l'état somnambulique, dans lequel l'homme acquiert des facultés nouvelles, surprenantes, merveilleuses; ou plutôt, libre, dégagée de toutes les entraves ordinaires, l'âme recouvre une partie de sa puissance, de ses attributs divers.

Il nous serait facile de démontrer, l'histoire à la main, et en remontant aux époques les plus reculées, que le magnétisme fut connu et mis en pratique chez les peuples de l'antiquité. La tradition qui fait sortir la médecine des temples est la consécration de cette vérité: « Hippocrate naquit à Cos, île de la mer Egée, consacrée à Esculape, qui y avait un temple fameux; les membres de sa famille exerçaient comme un double sacerdoce dans le temple de ce dieu, en desservant les autels et en soignant les malades. Dans cette famille, le fils héritait de la tradition orale des cures opérées par ses aïeux, cures attestées par les offrandes ou tablettes votives et par des recueils précieux d'observations écrites. Le moyen qu'Hippocrate employait le plus souvent, soit pour la conservation de la santé, soit pour la guérison des maladies, était les frictions de la peau [1]. »

L'imposition des mains, si fort en usage chez les Égyptiens et les populations de l'Asie, les oracles, les consultations des sibylles, les cures miraculeuses produites par un grand nombre de prêtres, de philosophes, d'hommes de toutes conditions même, dont la postérité a gardé le souvenir, n'étaient que des opérations magnétiques, diversifiées suivant les connaissances ou l'intérêt de ceux qui les mettaient en pratique. Les écrits des savants du moyen âge attestent aussi que ce principe n'a pas cessé d'être transmis par les études et les méditations de tous les hommes qui se sont occupés de sciences naturelles. Mais c'est principalement vers la fin du dix-huitième siècle que, grâce aux travaux d'un esprit supérieur, doué d'une grande fermeté, d'un amour passionné de la vérité, les observations relatives au magnétisme acquirent une éclatante notoriété, que son utile thérapeutique fut mise en lumière, et que, les persécutions des corps officiels aidant, il prit définitivement possession du domaine intellectuel, où il n'a fait depuis que grandir et se fortifier.

Ce fut vers l'année 1772 que Mesmer, médecin à Vienne, membre de la Faculté de cette capitale, fut conduit, par une série d'expériences minutieuses, à proclamer l'existence d'un agent, d'un fluide universel qu'il nomma magnétisme, et dont il étudia les merveilleuses propriétés. Ce fluide, capable de se dégager et de se transmettre, devenait surtout un agent très-efficace de guérison, dans une foule d'affections sur lesquelles la médecine demeurait impuissante. Mesmer, encouragé d'abord par le baron de Stoeren, premier médecin de l'empereur, fut bientôt rebuté et invité à ne pas compromettre la Faculté par une innovation de ce genre.

Vainement implora-t-il comme une grâce la faveur de faire des expériences et de traiter les malades. Vainement produisit-il des exemples de cures extraordinaires, notamment celle d'une jeune fille aveugle, toutes les portes lui furent fermées. Ses confrères l'accablèrent d'injures, le traitèrent de visionnaire et d'insensé. Craignant la persécution des hommes influents qui avaient déchaîné l'opinion contre lui, justement dégoûté par l'obstination de ceux qui persistaient à le condamner sans vouloir le juger, il prit le parti d'abandonner sa patrie et de venir en France.

[1] *Dictionnaire de médecine*, article HIPPOCRATE, par le docteur FELLER.

Comment cette pensée ne se serait-elle pas présentée à lui? La France de Montesquieu, de Voltaire, des encyclopédistes, ne devait-elle pas sembler le port fortuné où pouvaient aborder sans crainte tous les novateurs, où les philosophes, les expérimentateurs devaient rencontrer toutes les hardiesses d'un examen indépendant? Mais si elle était radicale en politique et en morale, elle était timide et routinière dans les procédés scientifiques. Mesmer ne savait pas que cette nation allie à un amour extrême des nouveautés un penchant irrésistible à la raillerie, une disposition générale à se dégoûter très-vite de ce qu'elle a entrepris, pour retourner à ses vieilles routines. Il avait également compté sans la douane des Facultés et des Académies. Ces corps savants sont institués pour donner à la science un puissant essor; en réalité, ils s'attachent à l'immobilité. Tous s'imaginent avoir touché aux colonnes d'Hercule, et jettent l'anathème sur quiconque veut aller au delà.

On écrirait une triste et curieuse histoire en racontant toutes les persécutions qui ont été dirigées contre l'esprit d'invention par ces gardiens du passé. Mesmer avait cru avoir à se plaindre des savants autrichiens; il vit bientôt qu'ils étaient les mêmes dans tous les pays, et qu'en France, où les préjugés paraissaient plus sérieusement combattus que partout ailleurs, on était sûr d'échouer quand, sans pouvoir flatter les passions, on apportait une vérité utile, bouleversant les habitudes et les intérêts des hommes en crédit.

Il faut lire, dans les ouvrages du temps, le récit de toutes les tribulations qu'il eut à surmonter. Dès son arrivée, les malades de toutes conditions affluèrent chez lui. Le bruit de ses cures et de ses étranges procédés agita tout Paris. Jamais homme n'eut une vogue semblable. Ce n'était pas là ce qu'il avait cherché; il voulait avant tout faire subir à sa découverte le contrôle des hommes spéciaux. Quelques-uns l'accueillirent avec bonté, la plupart l'éconduisirent; mais aucun ne voulut prendre au sérieux ses propositions. Après trois années de fatigues, de luttes quotidiennes, de démarches stériles, il crut avoir déterminé l'Académie des sciences à examiner sa méthode et ses cures. Au dernier moment, il n'essuya que des refus.

La Faculté de médecine se montra plus intolérante encore; il lui offrit de soigner les malades qui lui seraient confiés, elle n'accepta pas cette expérience. Alors, abandonnant Paris et sa clientèle, il se retira au village de Créteil, emmenant avec lui des malades qu'il traita publiquement. Au bout de deux mois, il écrivit à la Faculté, qui refusa de nommer une commission chargée de vérifier ses cures. Mesmer les fit attester par des témoignages. Il écrivit un livre éloquent, profond et amer, où il se plaignit avec une véhémence bien naturelle de l'indifférence et de l'aveuglement des hommes de science.

Abreuvé de dégoûts, il se préparait à quitter la France, lorsque ses malades s'émurent et présentèrent une supplique à la reine, qui lui fit enjoindre de rester. Par l'intermédiaire d'un ministre, elle lui fit offrir une somme d'argent considérable, un château pour établir un hospice, une riche pension pour qu'il continuât l'application de sa méthode. Mesmer rejeta toute espèce d'avantage pécuniaire, mais demanda avec empressement qu'une commission vérifiât les faits qu'il annonçait. C'est ainsi qu'il fallut l'intervention de l'autorité publique pour triompher de la résistance des corps savants.

Mais déjà la passion s'était prononcée. Au milieu de ces détracteurs systématiques, dont l'ardeur ne faisait que s'accroître par l'engouement de la ville, Mesmer avait rencontré un homme courageux, indépendant, qui avait hautement pris son parti. M. Deslon, l'un des directeurs de la Faculté, premier médecin du comte d'Artois, frappé des effets extraordinaires du magnétisme, l'avait étudié et défendu. Il eut l'audace d'exposer dans un Mémoire remarquable les faits nombreux dont il avait été le témoin et ceux que lui-même avait provoqués.

L'indignation du corps médical fut au comble ; un membre de la Faculté fut chargé de dresser une réquisition en règle ; il accomplit sa mission avec un zèle fanatique. M. Deslon y répondit en appuyant ses arguments sur des expériences. La Faculté lui laissa à peine la liberté de parler, puis elle rendit contre lui (le 10 décembre 1780) un décret par lequel elle lui enjoignait d'être plus circonspect à l'avenir et le rayait du tableau des membres de la Faculté. Les propositions de Mesmer étaient rejetées par la même décision.

Il y avait donc contre Mesmer un jugement prétendu solennel et scientifique, lorsque les commissaires nommés par le gouvernement commencèrent leur examen; il est difficile de croire qu'ils aient échappé à la prévention que ce précédent faisait naître dans leur esprit.

Aussi, au lieu d'étudier le magnétisme dans la pratique de Mesmer, ils se contentèrent de se rendre chez M. Deslon et d'y observer très-superficiellement les procédés mis en usage par ce médecin. Ils refusèrent positivement de suivre les traitements, remarquant avec une singulière naïveté « que les guérisons ne signifiaient rien en médecine », et rédigeant leur rapport après une investigation si incomplète, ils condamnèrent le magnétisme « comme n'existant pas, car il échappe à tous les sens ». Ils ajoutèrent « que l'imagination, l'attouchement sont les seules vraies causes attribuées au magnétisme animal; par conséquent tout traitement public où les moyens du magnétisme sont employés ne peut avoir à la longue que des effets funestes, et d'ailleurs le traitement des maladies ne peut fournir que des résultats toujours incertains, souvent trompeurs ».

Le bruit du mesmérisme fut perdu bientôt dans le tumulte de la Révolution. La science n'avait plus rien à faire dans ces grandes commotions. Elle subissait le servage sanglant de la politique : Bailly et Lavoisier périssaient comme Chénier! Mais avec des temps plus tranquilles, le magnétisme reparut. S'il avait été un rêve, il se serait évaporé dans ce sang généreux.

Les germes de la science magnétique avaient été déposés dans de trop hautes intelligences pour que l'oubli dédaigneux du vulgaire ou les railleries intéressées de ses ennemis pussent l'étouffer. L'étude solitaire et patiente, les observations de plus en plus précises firent peu à peu des conquêtes nouvelles. Dès 1784, M. de Puységur avait expérimenté le somnambulisme. Les expériences se continuèrent, les adeptes s'accrurent, les faits et les observations s'accumulèrent. Pour tout homme attentif, impartial, le doute était impossible. Différents faits bouleversaient complétement les idées physiologiques : ainsi l'insensibilité complète pendant que les opérations avaient lieu. Et lorsqu'en 1813, le savant et vertueux Deleuze publia son *Histoire du magnétisme animal,* l'opinion était déjà préparée à recevoir favorablement les affirmations contenues dans ce beau travail. Il souleva naturellement de bruyantes tempêtes dans le corps médical. Mais cette controverse, poussée jusqu'à la passion et à l'injure, ne fit qu'accroître la renommée de l'auteur et le nombre de ses partisans.

En 1825, M. Foissac, témoin d'un grand nombre d'expériences, fut convaincu, et, comme docteur, il provoqua l'examen de l'Académie sur le rapport de 1784. Après le rapport de 1831, son opinion fut appuyée par celle de diverses autorités médicales, MM. Cloquet, Rostan, Georget, Husson, Pelletan. En présence de leur sérieux avis, comment le doute est-il permis? Vous vous refusez à croire parce que les faits dérangent les notions connues, parce qu'ils sont contraires aux lois établies! Que sont ces lois si ce ne sont des hypothèses? Elles attestent l'état de la science, mais elles ne peuvent l'empêcher d'avancer. D'ailleurs, où est leur démonstration? On arrive bien vite à l'inconnu, à l'impossible. Comment mon œil voit-il? Comment mon bras se meut-il? Qu'est-ce que le rêve? Qu'est-ce que le somnambulisme? Qu'est-ce que la catalepsie? N'est-ce pas le renversement des lois connues? Comment nous, si faibles et si bornés, avons-nous la prétention de tout expliquer? Notre raison a la vue si courte; nous ne savons pas nous distinguer nous-mêmes. Notre âme est tellement comprimée, alourdie, épaissie de ténèbres, qu'elle s'ignore. Eh bien! ne peut-il pas se faire que par des circonstances physiologiques particulières, elle recouvre quelque chose de son énergie particulière? Ne lutte-t-elle pas quelquefois courageusement contre ses entraves? N'en triomphe-t-elle pas? N'avons-nous pas des éclairs qui illuminent, puis des brouillards qui obscurcissent notre pensée? Expliquez-moi comment les liqueurs spiritueuses troublent l'intelligence et paralysent le corps. Or, si notre être spirituel peut subir une nuit artificielle, pourquoi n'y pourrait-on produire une clarté extraordinaire? Que savons-nous? Quelle chose n'est pas pour nous un mystère?

A quoi bon raisonner là où le raisonnement est inutile, peut-être impossible? Les faits sont-ils constants, qu'on les vérifie. Eh bien! dans le somnambulisme naturel, les sens sont déplacés, et ils acquièrent une énergie incomparable. Le malade indique ses remèdes, prévoit ses crises. Si l'on doute, qu'on examine, qu'on expérimente, qu'on cherche à prendre en défaut!

Si madame Mongruel n'a pas feint le somnambulisme, où peut être son délit? Nulle part! Est-ce l'exercice illégal de la médecine? La loi de ventôse n'a pu être faite pour ces cas non prévus. D'ailleurs, sur quoi repose-t-elle? Sur la nécessité de la science; mais, s'il est établi que les somnambules aperçoivent la maladie, que le fluide lumineux éclaire le corps, les organes, ils n'usurpent rien, ils ne font qu'indiquer des faits. En fait, madame Mongruel a presque toujours été assistée d'un médecin. L'exception a été très-rare. Aucune plainte sérieuse ne s'est produite contre elle. Une enquête minutieuse a prouvé que beaucoup de malades ont été guéris par elle, qu'aucun n'a été compromis. Et il y a peu de médecins qui pussent soutenir un pareil contrôle.

La plainte de Lemoyne est tout à fait inadmissible. Dès l'instant que vous n'allez pas jusqu'à dire que madame Mongruel a feint le sommeil, elle était en somnambulisme. Si c'est un moyen frauduleux, il doit être proscrit; il deviendra un élément de condamnation pour le traitement médical. Quant aux questions posées, elle a été de bonne foi, elle a cru pouvoir les résoudre, comme elle en a résolu un grand nombre d'autres. S'est-elle trompée? Cela est possible; mais cela ne saurait être le texte d'une incrimination. L'élément du délit, l'intention frauduleuse, manque. Vous pouvez dire qu'elle s'est exagéré son pouvoir; elle y a cru, là est sa justification.

Mais où est la preuve qu'elle se soit trompée? Quels témoins lui opposez-vous? M. Lemoyne est peu croyable dans sa propre cause. Madame Lemoyne rend hommage à la lucidité de madame Mongruel, mais sa raison est peu sûre.

En résumé, ce procès est fait au magnétisme. Mais le magnétisme ne peut être atteint par la justice. Le condamner en vertu de la loi civile, ce serait une barbarie. Rome, plus éclairée, le tolère. M. Lacordaire l'enseigne du haut de la chaire de vérité.

Oui, c'est une vérité! c'est une lumière! c'est la preuve la plus éclatante de la spiritualité de l'âme. C'est touché et vaincu par elle que Georget abjurait ses erreurs et tombait à genoux devant Dieu.

Qu'on l'étudie! Qu'on l'examine! Qu'on lui donne droit de cité! Que le législateur environne son exercice de certaines garanties! Qu'on punisse ceux qui le feignent!

Mais qu'on le considère comme l'élément d'un délit, qu'on le flétrisse, qu'on l'emprisonne, cela est impossible. Car, malgré vos jugements, tout accablé qu'il serait dans les fers, courbé sous l'humiliation, il s'écrierait comme le philosophe physicien du moyen âge: « *Pur si muove!* » La postérité a ratifié la protestation de l'illustre captif. Aujourd'hui, messieurs, la gloire de la magistrature, c'est d'être au-dessus des préjugés, des erreurs, de maintenir l'exécution rigoureuse de la loi, de consacrer en même temps l'inviolabilité de la science, le respect de tous les systèmes, l'indépendance du génie humain dans toutes les formules par lesquelles Dieu permet sa manifestation au monde. Ne condamnez donc pas le magnétisme!

La cour, après un délibéré d'une heure dans la chambre du conseil, a rendu son arrêt qui, infirmant la décision des premiers juges, renvoie les sieur et dame Mongruel des fins de la prévention sur le chef relatif à l'escroquerie, et les condamne chacun à cinq jours d'emprisonnement et 15 francs d'amende pour pronostication et explication des songes, et à 5 francs d'amende pour exercice illégal de la médecine.

TRIBUNAL CIVIL DE PÉRIGUEUX

PRÉSIDENCE DE M. DE LA ROQUE DE MONS

AUDIENCES DES 9, 10 ET 17 MAI 1851

Duel. — Action en dommages-intérêts de la famille Dupont, contre M. Chavoix, représentant du peuple. — Demande d'une somme de 100,000 francs.

M. Auguste Dupont ayant publié dans l'*Écho de Vésone*, dont il était rédacteur en chef, divers articles injurieux contre M. Chavoix, représentant du peuple, et contre sa famille, celui-ci lui en demanda réparation et, après le refus formel de M. Dupont de lui en donner aucune autre que celle d'un duel, une rencontre eut lieu, et M. Dupont y tomba mortellement frappé.

La famille de M. Dupont intenta contre M. Chavoix une action en dommages-intérêts; mais la veuve Dupont et son fils s'en désistèrent, et les trois filles et les gendres de M. Dupont restèrent seuls en cause.

Me Jules Favre, défenseur de M. Chavoix, s'exprime en ces termes:

MESSIEURS,

Hier, en écoutant mon honorable adversaire, je ne pouvais me défendre de cette réflexion qu'il est des situations tellement périlleuses et fausses qu'il n'est donné à aucun homme de pouvoir vaincre les obtacles qu'elles présentent, et que les athlètes les plus vigoureux doivent rester comme écrasés sous le poids de la tâche qu'ils ont entreprise. Aussi, que d'efforts, que d'art, que de brillantes ressources, que de passion même dépensés à profusion par la défense des héritiers Dupont pour dissimuler les vices de ce détestable procès!

Au sein de ce barreau dont mon honorable collègue faisait hier un si juste éloge, éloge auquel je m'associe de grand cœur et que j'affaiblirais en le répétant; aux pieds de cette magistrature qui tient tant à honneur de se placer au-dessus des partis, qui ne se laisse pas entraîner par les petites passions qui nous agitent, s'il a prouvé tout ce qu'il pouvait, il a aussi prouvé combien était grande son impuissance à relever une mauvaise cause; ne pouvant vaincre, il n'a été vaincu que par lui-même. A la fatalité de cette position, venait encore s'ajouter la défaveur publique attachée à une action qui soulève des débats qu'il eût été plus sage de ne pas produire au grand jour.

Il a voulu intervertir les rôles, et il vous a parlé d'expiation. Il s'est élevé avec énergie, au nom de la morale, contre le funeste usage du duel; il a parlé de repression nécessaire; mais ses vertueuses philippiques, bien placées dans la bouche du ministère public, sont au moins étranges sur la tombe de celui qui succomba dans son dixième combat singulier. Mais vainement a-t-on cherché à couvrir par la pompe oratoire le véritable mobile de l'action de la famille Dupont. Cette action, elle reste ce qu'elle était, l'action d'enfants qui viennent réclamer le prix du sang de leur père, qui ont le courage de chiffrer sur un cercueil la valeur de sa vie, prématurément tranchée.

Ce triste courage, il est vrai, n'a point égaré tous les membres de la famille Dupont. Il en est un, celui qui par son sexe, les habitudes de son esprit, les dispositions de son âme, doit mieux comprendre les réparations qu'exige une grande infortune; il en est un qui n'a pas voulu s'associer aux calculs sordides des autres héritiers, qui ne nous laissent voir aujourd'hui que des figures avides de spéculateurs; il n'a pas voulu être soupçonné de tendre la main à travers un cercueil, pour recevoir la rançon de la mort paternelle. Il a laissé seuls pour champions déplorables dans cette cause des alliés, des gendres, moins directement intéressés au culte de la mémoire du défunt, et moins compétents que lui dans cette question d'honneur et de délicatesse. Et pourtant c'était le plus intéressé; c'est le fils, c'est l'héritier du nom, celui qui a reçu les confidences paternelles, qui connaissait les pensées intimes, les sentiments loyaux et chevaleresques, je me plais à le reconnaître, de celui qui n'est plus. Il vous a désavoués, il vous a condamnés, et sous cet anathème qui vient de votre camp, qui est prononcé par la bouche la plus respectable et la plus pure, celle d'une mère, vous ne pouvez échapper à l'invincible répulsion qu'inspire cet odieux procès.

Aurai-je besoin de répondre à toutes les indignes attaques dirigées contre celui que je viens défendre? On aurait voulu déplacer le terrain du débat, faire d'une contestation civile une lutte scandaleuse dans laquelle on espérait faire disparaître le fond du procès. C'est un piége qu'on a voulu tendre, et certes je n'en accuse pas mon adversaire, à celui dont on a essayé de ternir l'honneur, et auquel on vient aujourd'hui demander 100,000 francs pour une mort que nous avons été les premiers à déplorer. Je n'y tomberai pas, je m'enfermerai dans les limites de ma cause, et je prouverai qu'en fait comme en droit, M. Chavoix peut repousser victorieusement les indignes attaques de ses adversaires.

Et, grâce à Dieu, je n'ai pas besoin de beaucoup d'efforts pour faire justice des insinuations dirigées contre lui. Il a pour lui le témoignage de la province tout entière, le témoignage d'un passé irréprochable et pur, le témoignage de sa conscience, le témoignage des saintes traditions de sa famille.

Ah! il aurait été bien coupable de les méconnaître et d'outrager ainsi la mémoire de ceux qui lui avaient appris à être un honnête homme, un bon citoyen, un vrai patriote! C'est en les défendant qu'il a compromis sa vie; tant que l'injure ne s'est adressée qu'à sa personne, il a fait ce que nous aurions tous fait : il a dédaigné les dégoûtantes attaques que tous les hommes politiques de quelque valeur sont exposés à subir. Mais on avait insulté son père, et dès lors, il ne lui était plus possible de rester impassible; il a exigé une réparation, serait-ce là un crime?

Je ne suivrai pas mon honorable adversaire dans la revue de politique rétrospective à laquelle il s'est livré; je ne répondrai pas aux épigrammes dirigées contre des puissances qui ont résisté à de plus rudes attaques [1]. Ces colosses ont défié la massue des Antées réactionnaires; ils n'ont rien à craindre de ces innocents coups d'épingle.

Je n'entrerai pas dans des détails oiseux, car je ne veux pas abuser de la patience du tribunal et de l'auditoire qui me fait l'honneur de m'entendre. Je ne dirai que ce que je crois rigoureusement utile au débat.

Vous avez eu raison de le dire, mon honorable adversaire : « Il faut avant tout se demander dans quelles circonstances s'est produite la rencontre funeste du 20 août dernier. »

M. Chavoix pendant vingt ans a honorablement exercé la profession de médecin, ne demandant rien au pauvre, prenant peu au riche, non toutefois que son patrimoine fût considérable. Notre adversaire l'a singulièrement exagéré, il l'a vu au travers des yeux cupides de ses clients.

Nous pouvons mettre sous les yeux du tribunal le total des recettes produites par la clientèle de M. Chavoix; et, au vu de ses registres, le tribunal pourrait se convaincre qu'elles s'élèvent, en moyenne, à environ 1,400 francs par an; et pourtant M. Chavoix avait la plus belle clientèle de sa contrée, où il était l'un des médecins les plus appelés. Son père lui avait laissé une fortune modeste, mais suffi-

[1] Allusion à ces paroles de Me Princeteau : « Le gouvernement provisoire venait d'imposer la République à la souveraineté du peuple. »

sante pour ses goûts, et qui lui permettait de n'attendre pas après la rémunération de son travail de chaque jour.

En 1838, il fut appelé à mettre le pied dans la carrière politique. Ai-je besoin de dire combien est grande la malignité qui a atteint l'homme politique dans les actes même les plus intimes de la vie privée? M. Chavoix apprit bientôt à connaître les hommes. Il les vit sous un aspect autre que celui sous lequel il les avait entrevus pendant qu'il marchait dans la voie paisible d'une profession honorée. C'est à cette époque que s'engage entre M. Chavoix et le maréchal Bugeaud une lutte qui s'est continuée avec tant d'éclat pendant dix ans.

En 1848, la République arrive. Dirai-je avec vous qu'elle a été imposée à la France, alors qu'elle était acclamée par ceux mêmes qui ne la désiraient pas? car ceux qui l'attaquent aujourd'hui étaient les plus empressés à la reconnaître. La République subsiste, et je dirai, empruntant un mot célèbre : « La République est comme le soleil; aveugles ceux qui ne la voient pas, et bien insensés seraient ceux qui voudraient la renverser. »

La République n'est pas un gouvernement de désordre, c'est le gouvernement protecteur de tous les droits et de tous les intérêts, le règne de la justice et de la vérité. La République fut acceptée par tous les hommes amis de leur pays. Sans doute, elle a eu ses jours d'orage. Tant de changements, tant d'existences froissées devaient inévitablement créer une agitation immense et remuer la société jusque dans ses bases les plus profondes.

Dans le département de la Dordogne, M. Chavoix fut appelé au poste important et difficile de commissaire du Gouvernement provisoire. On a voulu lui faire jouer le rôle de tyran, de proconsul sanguinaire; ses antécédents, son caractère et ses mœurs paisibles protestent énergiquement contre ces accusations. C'était un tableau de fantaisie.

Vous avez entendu hier mon honorable adversaire vous lire un prétendu discours prononcé par M. Chavoix, à l'occasion d'une visite des travailleurs de Périgueux, et dans lequel on lui fait exprimer les doctrines les plus exagérées, promettre l'abolition immédiate du paupérisme, lequel doit être remplacé par le Pactole, qui coulera au milieu du département afin que chacun puisse y puiser à son gré. On nous a dit, il est vrai (la précaution n'était pas inutile), que le rédacteur était placé un peu loin pour saisir d'une manière exacte les paroles de M. Chavoix. Ce discours a été totalement dénaturé. En voici la preuve, c'est le vrai discours imprimé :

« CITOYENS TRAVAILLEURS,

« Permettez-moi de presser fraternellement la main de l'orateur qui vient de me parler en votre nom, et puisse ce serrement de main cordial parcourir comme une secousse électrique vos rangs pressés, pour aller porter à vos cœurs les sentiments dont je suis animé pour vous!

« Je suis travailleur comme vous, travailleur par la pensée, travailleur par les mains, exerçant une profession qui m'a permis d'être souvent en contact avec le peuple, de connaître ses besoins et d'apprécier l'étendue des maux qui l'affligent. Parmi les impôts injustes qui pèsent sur nos populations, il en est un surtout que je voudrais voir disparaître : c'est l'impôt du sel. J'ai vu trop souvent de malheureux paysans obligés de se nourrir d'aliments grossiers, et forcés de payer 20 centimes le demi-kilogramme de sel, cet assaisonnement indispensable de leur nourriture de chaque jour. Aussi j'ai formé depuis longtemps les vœux les plus sincères pour l'abolition complète, ou au moins une large diminution de l'impôt du sel. Et si vos suffrages, comme vous me le faites espérer, me font l'honneur de m'appeler à l'Assemblée constituante, je prends l'engagement de faire tous mes efforts pour obtenir la suppression de cet impôt, et d'appuyer toutes les réformes sociales qui doivent découler de la révolution de Février.

« Vive la République! »

L'Assemblée répète en masse : Vive la République!

Le cri de : Vive la République! n'était pas alors séditieux, et beaucoup de ceux qui le proscrivent aujourd'hui se montraient les plus fervents à le proférer.

Le prétendu discours publié par l'*Écho* était, vous le savez, une falsification des paroles de M. Chavoix; c'était un travestissement de la pensée d'autrui, c'était un acte d'insigne mauvaise foi, qui tendait à nuire à l'honorable citoyen qu'on devait harceler plus tard avec tant de violence.

Le rédacteur de l'*Écho de Vésone* avait pris pour devise : « Respect à l'autorité », et cependant il ne laissait aucune occasion d'attaquer ceux qui en étaient les dépositaires. Que pouvait-il, de bonne foi, blâmer dans ce discours, dans ces vœux de paix adressés à ceux qui sont la gloire, l'honneur, la force et le nerf de cette nation? N'était-ce pas s'honorer que de presser la main des travailleurs, de leur promettre de réclamer la diminution, l'abolition de l'impôt du sel et l'allégement des charges qui pèsent sur eux? Et, remarquez-le, M. Chavoix a tenu les promesses faites, car c'est sur sa proposition que l'impôt du sel a été diminué.

Eh bien! loin de seconder de si louables efforts, l'*Écho de Vésone* falsifiait et dénaturait les paroles de son adversaire, pour les rendre odieuses et ridicules.

Voilà comment il respectait la vérité; voilà comment il défendait l'autorité. Et pourquoi? Parce que cette autorité avait échappé à ses amis, parce que ses envoyés n'avaient pas obtenu de succès près de Ledru-Rollin.

Il serait parfaitement inutile de récapituler toutes les attaques passionnées, toutes les calomnies odieuses que produisit l'*Écho de Vésone,* souvent dans des termes que le bon goût, la décence et le respect de soi-même répudiaient.

M. Chavoix ne les combattait le plus souvent que par son silence : ses concitoyens le jugeaient, et ils l'ont si bien jugé que lors des élections qui suivirent ces diatribes outrées, il rentra dans l'Assemblée législative avec une immense majorité, et son calomniateur resta à la porte.....

Aujourd'hui, il demeurera fidèle au même principe; il cherchera à ne rien dire qui sorte des limites nécessaires de sa défense, et surtout qui passionne ce débat. D'ailleurs, dans cette lutte cruelle, à chaque pas forcé de heurter un souvenir fatal pour défendre sa fortune menacée, son honneur tenu en échec, dans la nécessité de réveiller la mémoire de celui sur lequel un déplorable hasard lui a donné un si fatal avantage, ai-je besoin de dire que la modération pour lui est une rigoureuse obligation, un devoir?

Il ne rendra point le mal pour le mal. En présence de cette tombe involontairement creusée, il oublie ses anciens griefs, l'animosité des attaques dont il fut si longtemps l'objet; il ne voit plus que le grand malheur dont il a été l'instrument contraint. Il ne dira que ce qui est essentiel à sa défense.

Je ne veux pas affliger votre audience de toutes les citations faites hier par mon honorable adversaire. Ces insultes, ces injures, ces dégoûtantes diatribes n'étaient pas publiées seulement pour donner un échantillon du style de la feuille rédigée par M. Auguste Dupont; c'était pour arriver à M. Chavoix, pour associer son nom à une mesure fâcheuse, dans l'espérance de le faire ainsi participer à l'impopularité de l'impôt des quarante-cinq centimes.

Cette haine, déjà si grande, devint surtout extrême, ne connut plus de bornes après l'échec que subit M. Dupont aux élections de mai 1849.

Je passe tous les articles de polémique personnelle, d'attaques systématiques, de persévérantes et calomnieuses insinuations, et j'arrive au fait principal, à l'affaire de Jean Roux.

Et qu'il me soit permis de le dire : Mon honorable contradicteur a émis une prétention étrange. Il a dit qu'un écrivain avait le droit de fouiller dans les actes de la vie privée de celui qui a obtenu l'insigne honneur de représenter ses concitoyens. Ah! je proteste contre une pareille doctrine. Comment? la presse pourrait s'emparer de nos affaires, lire nos papiers de famille, scruter nos registres, pénétrer dans les greffes, dans les cabinets de nos conseils, pour jeter le résultat de ses investigations en pâture à la malignité publique! Que deviendraient toutes nos garanties avec un pareil système? Où serait la sécurité pour le citoyen?

La loi y a pourvu.

Je comprends qu'un candidat réponde sans détour à toutes les questions que lui adressent les électeurs. Mais cette concession faite aux mœurs républicaines, à la nécessité d'écarter tous les voiles à ce moment suprême où le mandat populaire est conféré, je refuse positivement au journaliste le droit de fouiller les actes de la vie privée, d'y chercher à toutes les heures des prétextes à la satisfaction d'animosités personnelles. La vie politique appartient tout entière au publiciste, mais il ne doit pas aller au delà. Voilà la loi, voilà la morale. Celui qui viole cette loi et cette morale dégrade la presse.

Faut-il beaucoup d'efforts pour démontrer que la guerre incessante faite par l'*Écho de Vésone* à M. Chavoix n'était ni juste, ni d'intérêt public? Dans cette lutte quotidienne, dans cette misérable polémique, l'intérêt public disparaît complétement, et, d'un autre côté, toute défense est impossible de la part du citoyen attaqué. — Voyez ce qui se passe. — Vous m'accusez d'avoir accablé de poursuites rigoureuses un malheureux débiteur; je suis obligé, pour me défendre, de révéler la mauvaise foi de celui sur le sort duquel vous vous apitoyez. Mais cette révélation m'expose à des poursuites en diffamation; et vous m'avez placé dans cette position cruelle d'être immolé sans pouvoir me défendre. — De tout cela il faut conclure que la vie privée n'appartient pas à la critique du journaliste, car il suffit que le moindre élément d'une affaire soit altéré ou omis pour qu'elle paraisse sous une couleur autre que celle qui lui appartenait.

Si, comme on l'a prétendu, M. Dupont avait agi dans la plénitude de son droit; s'il avait accompli un devoir de conscience, il aurait cherché à s'éclairer avant de porter une accusation contre un ennemi politique; il n'eût pas persisté dans la mauvaise voie où il était entré, alors que tout lui indiquait qu'il était dupe d'une invention calomnieuse.

Nous disons, nous, qu'il a manqué à son devoir; nous posons en fait qu'après s'être prêté à la publication d'un fait calomnieux dont il connaissait le caractère mensonger, il a persisté dans la calomnie et le mensonge, et cela pour ruiner la considération politique de M. Chavoix.

Peu d'efforts suffiront à établir notre affirmation :

Au mois de juillet 1850, MM. Chavoix n'étaient pas dans le département de la Dordogne. On savait qu'ils étaient, l'un à Royan (Gironde), et l'autre à Cauterets (Hautes-Pyrénées). C'est ce moment que l'on choisit pour l'attaque. M. Dupont reçoit le 12 et publie le 16 un article intitulé : *Exemple de fraternité démocratique et sociale...*

« M. Chavoix, représentant du peuple, et M. Chavoix, notaire, ont prétendu que le père de J. Roux, colon de Saint-Sulpice, avait acheté, il y a vingt-cinq ans, pour sept francs de sangsues au pharmacien Chavoix, leur père. Jean Roux s'est refusé à payer une somme qu'il savait avoir été acquittée par feu son père. Les deux démocrates Chavoix ont poursuivi l'affaire, au point qu'il y a eu pour 135 francs de frais, et ils viennent de faire vendre la récolte de ce malheureux, et par suite de le mettre aux portes ainsi que ses enfants.

« C'est par exploit de Fricout, huissier à Lanouaille, que la vente a eu lieu.

« Voici la pièce authentique :

« Le public est prévenu que le quatorze juillet mil huit cent cin-
« quante, etc., etc. ».

Je conjure le tribunal de fixer un instant son attention sur ces deux dates : c'est le *douze* que le dénonciateur anonyme annonce comme accomplie une vente qui ne devait s'exécuter que le *quatorze*, et qui n'a pas eu lieu, qui ne pouvait avoir lieu.

Eh bien! le misérable auteur de cet article savait que la récolte de Jean Roux ne devait pas être vendue, car il avait vu le dossier de l'affaire entre les mains d'un homme honorable, de M. Picaud de Larivière, qui, se portant fort pour les sentiments d'humanité de MM. Chavoix, avait désintéressé l'huissier.

Eh quoi! vous étiez écrivain intelligent, et la contradiction des deux dates contenues dans la lettre du 12 ne vous a pas révélé la fausseté des assertions de celui sur la foi duquel vous avez poursuivi un honnête homme! Vous n'avez pas vu le mensonge! Mais la passion politique vous avait donc bien changé, bien aveuglé!

Ah! il ne doit plus y avoir de voile pour le misérable qui a porté ses coups dans l'ombre, qui vous a trompé. Il faut qu'il soit connu; il faut que l'opinion publique lui attache au front le stigmate de l'infamie; il faut que vous nous le livriez! Cet homme, nous le connaissons; nous pourrions le clouer au pilori, prononcer son nom. Nous ne le ferons pas; mais vous le ferez connaître sans doute dans votre réplique. Vous nous direz quel est l'infâme qui a ourdi cette trame odieuse que les mots de notre langue ne peuvent caractériser. Vous nous le direz, car si vous ne le dites pas, vous serez dans la nécessité de porter seul le poids de sa honteuse calomnie. Vous nous le direz, afin de faire rougir, s'il est encore capable de rougir, celui qui, se cachant dans l'ombre, d'une main lâche et perfide, a bourré les armes homicides avec lesquelles deux hommes d'honneur sont allés, le 20 août suivant, jouer leur vie en champ clos. Vous nous direz qui il est, d'où il vient et quelle est la robe qui le couvre!... Et si j'établissais, comme je puis le faire, que celui qui se rendait coupable de cette action abominable n'ignorait pas que M. Chavoix avait assisté son père à son lit de mort; qu'il avait donné ses soins gratuitement à tous les membres de sa famille pendant vingt ans!... de quelles expressions pourrais-je me servir pour caractériser une action si criminelle?

M. Chavoix, notaire, je l'ai dit, était aux bains de mer de Royan avec sa famille. M. Chavoix, représentant, malade depuis longtemps, ayant obtenu un congé, part de Paris le 12 juillet pour se rendre aux eaux thermales des Pyrénées. En passant à Bordeaux, il se rend à Royan pour y embrasser son frère, sa belle-sœur et leurs enfants.

Là ils reçoivent, le 20 au soir, le numéro de l'*Écho de Vésone* du 16, renfermant la lettre du 12, et ils adressent à l'*Écho de Vésone* une lettre de protestation que je mets sous les yeux du tribunal.

Le devoir de M. Dupont, en lisant cette lettre, n'était-il pas de se renseigner près de M. Chavoix. Il persiste au contraire dans ses affirmations.

Cependant M. Chavoix, notaire, reçoit à la date du 18 juillet 1850 une lettre de M. Fricout, huissier, qui l'informe avec détails des faits concernant le débiteur Roux.

Cette lettre, qui porte le timbre de la poste, n'a pas été créée pour le besoin de la cause; elle est la preuve palpable, irréfutable, que MM. Chavoix ignoraient complétement les poursuites dirigées contre Jean Roux.

Comment! MM. Chavoix auraient connu les poursuites dont Jean Roux était l'objet; ils auraient envoyé des ordres spéciaux à cet égard, et l'huissier Fricout croirait nécessaire de donner des détails tels, qu'il en résulte évidemment que cette affaire leur était absolument inconnue! D'un autre côté, remarquez ceci : *l'article de l'Écho de Vésone* du 16 arrive à Lanouaille le 17, et aussitôt M. Fricout s'empresse d'adresser à M. Chavoix, notaire, en ce moment à Royan, la lettre inédite dans laquelle il lui apprend ce qui s'est passé.

Aussitôt M. Chavoix écrit à M. Fricout pour lui demander des renseignements au sujet de la créance de Jean Roux et exprimer ses regrets de n'avoir pas été prévenu à temps des poursuites exercées contre ce débiteur.

Cette lettre demeura sans réponse.

L'ignorance de MM. Chavoix à l'égard de la créance de Jean Roux s'explique d'une manière bien naturelle.

MM. Chavoix père et oncle avaient laissé s'accumuler, dans une période de quarante-cinq ans, des créances dont le nombre s'élevait à plus de huit mille, et le chiffre à plus de 25,000 francs. C'est que, pendant cette longue carrière, ils n'avaient jamais demandé le prix de leurs travaux, et ils avaient toujours attendu qu'on vînt leur offrir ce qui leur était dû. Que devaient faire leurs héritiers? Obligés de payer les dettes qu'ils trouvaient dans ces successions, et de régler leurs intérêts respectifs, ils s'adressèrent à des hommes d'affaires, et une procuration avec note des débiteurs que l'on croyait solvables fut donnée à M. Fricout, en lui enjoignant d'agir avec ménagement, de tenir compte de la position des débiteurs. Les registres portent souvent à la marge ces recommandations. Ces instructions ont-elles été suivies?

Messieurs, c'est une singulière position que l'on veut faire aux créanciers en présence de la résistance souvent mal fondée du débiteur. Ne faut-il pas reconnaître que le débiteur qui a refusé de répondre à toutes les demandes, a manqué à ses devoirs envers la justice, et que le créancier ne peut être responsable des résultats causés par cette résistance du débiteur? Mais, je le répète, MM. Chavoix n'ont pas donné l'ordre de faire le moindre acte de poursuites.

Le 29 juin, M. Fricout dénonce l'acte de saisie ; le 30, jour de foire à Excideuil, il se rend dans cette ville, où il aurait dû voir M. Chavoix, notaire, et cependant il lui laisse complétement ignorer la saisie opérée la veille.

Mais voici une circonstance qui vient donner la mesure de la moralité de nos adversaires dans toute cette affaire.

Le 5 juillet 1850, M. Picaud, propriétaire à Larivière, dont le colon Jean Roux exploitait la métairie, intervient. Il se rend à Lanouaille, près de l'huissier Fricout; il lui manifeste son étonnement des poursuites rigoureuses exercées contre Jean Roux : il proteste que MM. Chavoix n'ont pu donner de pareils ordres; il connaît leurs sentiments d'humanité, et pour empêcher la vente annoncée pour le 14 juillet, il règle cette affaire avec M. Fricout, qui se fait consentir à son ordre une valeur de 128 fr. 45 c. pour le montant des frais et de la dette.

Le jour même, un homme entre chez M. Picaud; il trouve sur la cheminée de sa chambre le dossier de l'affaire Jean Roux; il le parcourt, il s'informe des circonstances qui ont précédé l'arrangement; il acquiert la conviction que cette affaire est terminée, et que Jean Roux ne sera pas inquiété. Faudra-t-il perdre le bénéfice de l'aubaine hideuse sur laquelle il a compté? Non! des hommes tels que lui ne se rebutent pas. Il sort de la maison de M. Picaud, et il va furtivement détacher de la porte de l'église le placard qu'il veut adresser avec sa lettre du 12 juillet à M. Auguste Dupont, qui en fera l'usage que vous savez.

Et maintenant, apitoyez-vous sur le sort de Jean Roux, qui n'a souffert aucun dommage! Nous avons ici la preuve irréfutable de l'abominable machination dont le dénoûment funèbre s'accomplira le 20 août. Nous avons saisi la main du coupable sur le fait, nous l'avons surpris dans sa hideuse persévérance; et pour réparer le trépas du téméraire qui s'est fait le complice de sa perversité, on vous demande la confiscation de la fortune de celui qui a eu le triste avantage de sortir d'une lutte fatale, non pas victorieux, mais préservé!...

Est-ce que M. Dupont ne devait pas s'arrêter dans cette voie déplorable? Eh bien! au lieu de s'arrêter, il persiste, il aggrave le mal.

Dans le numéro du 25 juillet, il publie une liste de souscription dont j'épargnerai la lecture au tribunal et à l'auditoire qui m'entoure.

Sans doute, toutes ces choses paraissent plaisantes, toutes les listes de souscriptions qui ont sali les colonnes de l'*Écho de Vésone* sont pour le journaliste des épigrammes de bon aloi. Mais parmi tous les souscripteurs il n'y a pas une seule individualité, la plus infime, même la plus tarée, qui ait voulu s'associer nominativement à l'œuvre diabolique que poursuivait l'homme qui en a été la victime.

On vous disait : Ce n'est rien, ce sont des misères! des vivacités excusables. J'en demande pardon à mon contradicteur, ces vivacités, ces gentillesses sont plus graves qu'elles ne lui paraissent : ces déplorables productions dans lesquelles sont offensés les personnes, le bon goût et la langue française, doivent vous conduire fatalement sur le terrain où succombera le malheureux A. Dupont!...

M. Dupont se faisait un tel jeu de la diffamation, que celui qui défend aujourd'hui sa mémoire, est obligé, à son insu, de s'identifier avec ses allures ordinaires.

La famille Chavoix pourrait, usant de représailles, faire la contrepartie de la revue biographique à laquelle vous vous êtes livrés; mais cela n'est pas nécessaire à sa cause, et, je l'ai promis, nous ne dirons que ce qui est dans le procès.

On vous a parlé de poursuites dirigées contre un *citoyen honorable* pour une créance de 6 francs. Oui, il est vrai, M. Chavoix, notaire, a usé de son droit contre un individu auquel je ne veux pas faire l'injure de le nommer.

Voici, en peu de mots, quelle est cette affaire :

Ce débiteur, après plusieurs avertissements, fut cité devant la justice de paix, et se présenta ensuite dans l'étude de Me Chavoix, où il ne rencontra que son premier clerc, auquel il paya la somme de 6 fr. 45 c., qu'il devait depuis longtemps.

Ce dernier lui remit une note, qu'il oublia de dater, en invitant le débiteur à se rendre chez l'huissier qui l'avait cité, afin de prévenir toute poursuite ultérieure.

Mais il ne tint aucun compte de cette invitation et laissa faire quelques frais, dont le clerc de M. Chavoix a eu la générosité de lui faire la remise.

Plus tard, ce débiteur a reconnu lui-même ses fautes et sa mauvaise foi ; les pièces qui attestent l'exactitude de tous ces faits seront mises sous les yeux du tribunal.

Il y a partout des gens de mauvaise foi ; et tous les Normands ne sont pas sur les bords de la Seine-Inférieure.

Si vous voulez juger de la valeur morale des souscripteurs compris dans la liste de l'*Écho de Vésone* par la moralité de cette *victime* de M. Chavoix, notaire, je vais vous la faire connaître. Naguère, cet honorable individu avait eu le malheur de faire trotter sous lui une jument qui ne lui appartenait pas, et la justice lui avait infligé, pour cette peccadille, moins que rien, un an et un jour de prison. Le tribunal de Périgueux a confirmé lui-même le premier jugement, sur l'appel qui en avait été fait devant lui.

Voilà un exemple du danger qu'il y a à divulguer légèrement des faits dont les détails ne sont qu'imparfaitement connus.

Vous m'avez obligé à dire ce que j'aurais voulu taire : vous recueillez ce que vous avez semé.

Je reviens à l'affaire Jean Roux. MM. Chavoix attendirent paisiblement le moment où il leur serait permis de réfuter d'une manière complète l'accusation portée contre eux.

De son côté, M. A Dupont, qui avait conscience de la position fausse dans laquelle il s'était placé, ne perdit pas de temps ; non qu'il voulût revenir en arrière par un sentiment de louable justice, mais pour se fortifier en quelque sorte dans sa funeste résolution. Dans ce but, il adresse sur les divers points du canton de Lanouaille des lettres circulaires dont voici la formule :

« Périgueux, le 23 juillet 1850.

« MONSIEUR,

« MM. Chavoix se prétendent calomniés au sujet de la saisie qu'ils ont provoquée contre Jean Roux.

« Seriez-vous assez bon pour vouloir bien me faire connaître *confidentiellement* toutes les circonstances de ce pitoyable procès et de cette honteuse vente judiciaire ?

« Soyez certain que votre nom ne sera pas prononcé dans une affaire que je prends pour mon compte.

« Recevez, etc.

« *Signé :* A. DUPONT. »

Toutes ces lettres, moins une, restèrent sans réponse. Et savez-vous à qui elle est due? A l'auteur anonyme de la dénonciation du 12 juillet, à ce lâche personnage dont je cherche encore à démêler les traits au milieu de l'obscurité dans laquelle il essaye de se cacher.

Je fais grâce au tribunal de ces diatribes contre les démocrates socialistes. Elles sont dans les habitudes de la feuille de M. Dupont.

On avait dit que du 1er au 18 août le silence le plus complet avait été gardé par l'*Écho* sur l'affaire J. Roux. Cela est inexact. Le numéro du 8 août le prouve.

Un ami commun de MM. Chavoix et Dupont tenta de ramener M. A. Dupont à plus de modération. Il lui fit observer que la guerre qu'il faisait à M. Chavoix était injuste; que le passé et le caractère généreux et bien connu de celui-ci ne permettaient pas de douter de son désintéressement.

M. A. Dupont répondit que c'était son affaire, qu'il tenait son adversaire et ne voulait pas le laisser échapper.

Preuve est au dossier.

Le 13 août, MM. Chavoix envoient à M. Dupont une protestation qu'ils lui demandent d'insérer dans son journal.

Cette lettre est-elle autre chose qu'une explication loyalement donnée, un moyen offert à M. Dupont de rentrer en lui-même, de réparer le mal accompli? Le mot *mépris* est, il est vrai, écrit dans cette lettre; mais ce mot n'est-il donc pas une légitime vengeance de toutes les indignes publications de l'*Écho de Vésone?*

Les commentaires dont M. Dupont accompagna l'insertion de cette lettre dépassèrent toute mesure. M. Chavoix aurait encore dédaigné les injures qui s'adressaient à sa personne; mais on avait entr'ouvert une tombe pour livrer l'ombre vénérée de son père à la risée publique; il n'y avait plus d'hésitation possible.

Cependant, vient-il à Périgueux le fer à la main, entraîné par la passion de la vengeance qui n'écoute rien, qui veut être assouvie dans le sang?... Non, il demande une rétractation des paroles qui l'ont blessé dans ses sentiments de fils pieux. Il ne réclame rien pour son injure personnelle, il consentira à retirer le mot *mépris,* qu'il avait pourtant le droit de maintenir, pourvu que M. Dupont exprime le regret d'avoir insulté à la mémoire de son père.

Reconnaissez-vous là l'homme qui veut se battre quand même, qui ne veut aucun arrangement acceptable?

Quelle est la réponse de M. A. Dupont aux deux honorables témoins de M. Chavoix? La voici : elle peint fidèlement ce caractère hautain et vindicatif :

Ma position est trop belle pour que je renonce à la partie ; je ne ferai aucune rétractation.

C'est-à-dire : Je tiens en puissance celui que je hais, mon ennemi politique; je puis le terrasser sous mes coups, le briser : je ne veux pas laisser échapper une si belle occasion!.....

C'est que M. Dupont avait l'habitude de ces sortes d'affaires; c'était pour lui une partie de plaisir que ces rencontres dans lesquelles il jouait la vie de son semblable et la sienne.

Et ne croyez pas que j'exagère : j'emprunte le langage des témoins du duel, tel qu'il est consigné au procès-verbal.

Et maintenant, messieurs, je le demande, n'est-il pas démontré de la manière la plus évidente que c'est M. Dupont qui a voulu le duel; qu'après avoir publié des accusations mensongères, il a persisté à les maintenir, malgré les réclamations de MM. Chavoix, et qu'il a refusé obstinément même la réparation que la loyauté lui faisait un devoir d'accorder à la mémoire des morts?

Il ne veut rien concéder, il ne veut rien entendre, il ne veut d'aucune transaction. M. Chavoix est un ennemi qu'il veut abattre : la partie est belle, il veut la jouer!

Notre adversaire nous reprochait hier d'avoir voulu le duel immédiat; tout n'est point exact dans ce reproche. M. Chavoix ne voulait pas le duel; il a fait ce qu'il était moralement et matériellement possible de faire pour l'éviter; je l'ai surabondamment prouvé; mais le duel rendu inévitable par la résistance de M. Dupont, M. Chavoix demandait que la rencontre eût lieu sans retard, et voici pourquoi :

M. Chavoix savait que sa femme, son fils et son frère, qui avaient vu l'effet produit sur lui par l'article du 19, qui avaient compris qu'une rencontre était désormais inévitable, étaient dans l'inquiétude depuis son départ d'Excideuil; ils pouvaient arriver d'un instant à l'autre, et alors la situation se serait compliquée. M. Chavoix, ayant à lutter contre les supplications d'une épouse, d'un fils, d'un frère, n'aurait plus eu la liberté d'esprit indispensable à l'accomplissement d'un devoir fatalement nécessaire.

Madame Chavoix, son fils, et M. Chavoix, notaire, arrivèrent un quart d'heure avant le duel.

Mais M. Chavoix n'a pas prononcé le mot impitoyable : *Il est trop tard!* Ce mot, il appartient à M. A. Dupont, qui avait dit : Si nous allons sur le terrain, ce ne sera pas pour y jouer la comédie. M. Chavoix, je le répète et je l'ai prouvé, aurait consenti à retirer le mot *mépris*.

On arrive sur le terrain; les témoins mesurent la distance qui devra séparer les combattants, vingt-huit mètres. Le terrain présentant une pente d'un centimètre et demi par mètre, on a tiré au sort pour le choix des places. M. Chavoix obtint l'avantage, bien faible, il faut le dire, et plus que compensé par le voisinage d'une maison qui, placée derrière lui, à peu de distance, l'encadrait en quelque sorte comme dans une cible.

Favorisé à son tour par le sort, M. Dupont tire le premier. Un nuage de fumée l'enveloppe, M. Chavoix lève son arme; mais comme il ne voit pas son adversaire, il la baisse immédiatement. Alors un des témoins lui crie : Tirez, vous y voyez assez.

La vérité, c'est que le nuage de fumée, très-épais, ne s'était pas dissipé, tant l'air était calme.

M. Chavoix relève son arme, le nuage est toujours là; il tire, et lorsque la balle frappe le malheureux Dupont, sa tête était encore cachée par le même nuage.

Toutes les péripéties de ce drame fatal se sont accomplies en moins de temps que je n'en mets à les raconter. Et puisque je vois un signe de dénégation de la part de mon contradicteur, je mets sous les yeux du tribunal les dépositions d'un témoin qui vous appartient.

On a représenté M. Chavoix dirigeant froidement, avec précision, avec précaution, l'arme meurtrière. C'est une nouvelle calomnie. Si M. Chavoix, après les précautions prises par les témoins pour que le duel n'eût pas de suites fâcheuses, a néanmoins frappé M. Dupont, c'est un coup fatal d'un hasard inexorable. Et quand M. Dupont fut tombé, quel ne fut pas le désespoir de M. Chavoix! Penché sur le cadavre, il gémit sur son destin, il le pleure! Il espère qu'il sera peut-être possible par son art d'y retrouver, d'y faire jaillir quelque source non épuisée de vie. Alors on le presse de fuir, d'éviter la justice. Non, il refuse; il est médecin, il reste! On le saisit, on l'emprisonne! Pendant quatre mois entiers, les quatre témoins de M. Chavoix attendent une décision. L'Assemblée législative se prononce enfin; il n'y a pas lieu à suivre. La liberté est rendue aux captifs.

L'Assemblée a refusé d'autoriser les poursuites; la chambre des mises en accusation a prononcé un arrêt de non-lieu en faveur des témoins.

Il semble que tout est fini, il semble que le deuil qui s'est étendu sur la contrée impose silence aux rancunes passionnées, et que désormais il y a deux familles qui pleurent en silence, l'une la perte irréparable qu'elle a faite, l'autre le malheur dont elle est l'instrument involontaire.

Il n'en est rien. La lutte qui semblait éteinte se ranime. Cette fois ce n'est plus au nom des grands principes légaux, politiques et d'égalité qui nous régissent, que cette affaire se poursuit. Non! ces débats judiciaires sont pousuivis par des enfants qui viennent faire expertiser leur père mort; qui basent une spéculation de fortune sur le coup dont il a été frappé, et qui exposent ainsi à des débats cruels, douloureux, la mémoire de celui qui devrait être saint à leurs yeux! saint par son titre de père, saint par le trépas!

Les héritiers Dupont demandent la réparation d'un préjudice; c'est à cela qu'ils se bornent, c'est cela qu'il faut examiner.

Le fait sur lequel s'appuie la famille Dupont n'est point un crime, n'est point un délit. Les mœurs ont toujours donné le démenti le plus formel aux édits prohibitifs des rois contre le duel, depuis le neuvième siècle jusqu'aux temps plus rapprochés de 1791. Alors le duel ne fut pas nommé dans le Code des peines. Ce silence subsiste encore. Jusqu'en 1817, pas même de poursuites; à partir de 1817, la cour de cassation annule tous les arrêts de poursuites. En 1837 seulement, cette même cour de cassation déclare le duel punissable; mais il y a lutte entre les diverses corporations de la magistrature, lutte en sens inverse, et le duel est presque toujours, toujours même, on peut le dire, mis hors de cour par le jury. N'y a-t-il pas eu, d'ailleurs, des duels dans lesquels des existences bien précieuses ont été tranchées? et les adversaires, hommes élevés en dignité, n'ont jamais été poursuivis. L'Assemblée législative n'a jamais voulu permettre de poursuites contre ses membres accusés de duel.

La justice n'intervient pour sévir que lorsque le combat est suivi d'une triste issue. N'est-ce pas une preuve catégorique qu'à ses yeux le duel est hors de la législation et ne doit pas être compris dans les mesures communes? Donc la justice s'associe à la tolérance du duel, et dès lors, on est ici sur un terrain particulier, et il serait injuste d'appliquer les règles ordinaires des crimes ou délits. La question reste réservée à l'omnipotence des tribunaux, et doit être résolue d'après les circonstances.

Sur le point civil, il doit en être comme au point de vue criminel. On a dit, au nom des héritiers Dupont, que l'homme n'a pas le droit de disposer de sa propre vie! problème redoutable, car comment admettre que l'on ne puisse tolérer le duel quand on permet le suicide? Comment condamner celui qui s'est battu pour venger l'honneur de son père outragé, tandis qu'on en voit un autre demander une indemnité en spéculant sur la tombe de son père? Quel est celui des deux descendants dont je raconte l'histoire, dont la conduite est la plus louable? Le premier peut-il être condamné?

D'ailleurs, il ne peut y avoir de culpabilité aux yeux de la loi qu'autant qu'il y a eu faute à réparer. Or, y a-t-il eu faute? Notre adversaire, dans de brillantes considérations, s'est élevé contre les duellistes avec talent. Donc, deux duellistes sont l'un et l'autre également coupables. C'est si bien l'esprit de la justice que Me Princeteau a reconnu que la victime ne serait pas recevable dans ses poursuites. On dit que les héritiers Dupont poursuivent comme intéressés. Le fait est inexact; si vous renoncez à votre titre d'enfant de la victime, vous perdez votre procès. Vous invoquez donc un délit de la victime, puisqu'à vos yeux le duel est un délit, pour réclamer des dommages-intérêts. Vous ne pouvez sortir de ce cercle. La justice est omnipotente, je le répète, en fait de duel, et elle ne voudra pas assigner des dommages-intérêts aux héritiers d'un homme mort en duel, crime commun, si crime il y a, avec son adversaire, avec cette circonstance que la provocation originaire ne venait pas du vainqueur fortuit.

La provocation est venue du côté de M. Dupont. Son animosité contre M. Chavoix était ancienne. Pendant trois ans, depuis 1848 jusqu'en 1850, ce dernier fut en butte aux attaques de M. Dupont, qui le poursuivit non-seulement avec acharnement, mais encore avec mauvaise foi, allant jusqu'à évoquer l'ombre du père de M. Chavoix pour l'insulter. Est-ce une polémique que M. Chavoix pût tolérer? Et n'est-il pas permis de dire, même dans le sanctuaire de la justice, que la législation ayant sur ce point laissé des lacunes regrettables, il n'est pas possible de contester la cruelle nécessité où souvent on se trouve de laver une injure dans le sang? Quoi! avec nos mœurs, avec notre sang bouillant, notre législation imparfaite, vous voulez que nous, descendants de ces Gaulois si ardents, si opiniâtres à venger une injure, nous laissions traîner sur la claie ce qui est le plus cher à notre cœur, les êtres pour nous les plus vénérables, sans demander réparation ou satisfaction? Une rétractation, on la demande; et quand on la refuse, vous ne voulez pas qu'on aille, au péril de sa vie, chercher à venger un honneur foulé aux pieds. Le tribunal ne voudra pas condamner sur la réclamation des héritiers de celui qui avait provoqué.

Vous croyez peut-être que les haines se sont éteintes devant un cercueil? Détrompez-vous; la feuille que continue M. A. Dupont renouvelle chaque jour la même guerre odieuse.

Que dis-je! la provocation persiste encore au delà du tombeau! L'*Écho de Vésone,* organe de nos adversaires, distille son venin, et jette avec une affreuse persévérance la boue à M. Chavoix.

Discuterai-je les chiffres sur lesquels on a basé la demande de 100,000 francs?

Je rougis pour les enfants Dupont des explications auxquelles ne craint pas de descendre leur avocat pour justifier leur inqualifiable exagération, et je ne saurais consentir à les suivre sur ce terrain spéculatif.

Que vient-on nous demander à nous, provoqués et calomniés? Sait-on bien ce qui pourrait en résulter? Comment ne voyez-vous pas que vous pourriez exposer vos intérêts eux-mêmes à une inquisition qui peut-être vous serait cruelle? Voyons, voudriez-vous qu'on vînt fouiller vos registres, compulser vos cahiers, et établir, ce qui pourrait être possible, qu'au lieu d'être un malheur, la mort d'Auguste Dupont a été un bénéfice pour sa famille, parce que, grâce à sa générosité, à son caractère chevaleresque, il était un de ces hommes qui ne savent pas spéculer et entre les mains duquel l'argent ne s'accumulait pas! Voilà pourtant où vous pourriez nous conduire!

Est-ce que le tribunal pourrait vouloir permettre une enquête que la conscience repousse? Est-ce que nous ne devons pas reculer devant des diffamations judiciaires et posthumes?

Le tribunal appréciera comme il le voudra les affirmations des adversaires; mais ma conscience me dit que je ne dois pas me servir des armes qui me sont offertes. Et que dirai-je de cette prétention inouïe : que la douleur causée par la mort d'un père peut être apaisée par de l'argent?

Je proteste au nom de la piété filiale contre cette profanation de la mémoire paternelle, contre ce calcul qui insulte à tous les sentiments élevés de la famille. Mettre un écu sur la blessure du cœur! Allons donc! c'est une erreur qui vous a échappé.

Descendez en vous-même, demandez-vous ce qu'il faut penser de cette action, ce que la conscience publique en pense, ce que les vôtres en pensent.

Je sais bien que vous avez dit que M. Dupont avait bien géré la fortune commune, que, dans la dernière année, sa part fut de 14,000 francs de bénéfices. Je tiens entre mes mains une réponse sûre, un guide fidèle, un inventaire. J'y trouve d'un côté 50,000 fr. de passif, et de l'autre, 16,000 francs d'actif seulement. Eh quoi! vous voulez, écartant le voile du deuil qui vous couvre, tendre la main pour recevoir le prix du meurtre! Vous estimez à 100,000 francs la valeur de votre père mort, au risque de laisser croire que vous voulez profiter de la circonstance pour payer de pressants créanciers avec l'argent de cette dépouille arrachée sur le bord du cercueil d'Auguste Dupont à un homme que l'on a injurié! Et d'ailleurs, n'avez-vous pas dit que la prospérité de l'*Écho de Vésone* est aussi grande que jamais? Que voulez-vous qu'on pense de cette conduite?

Ce qu'on pense? je vais vous le dire : vous êtes jugés, jugés cruellement, et par qui? Je l'ai proclamé en commençant : par votre famille elle-même! Et dans cette famille, ceux qui vous répudient, ce sont : et celle que M. Dupont avait choisie pour lui donner son nom, et son fils, mineur encore, je le reconnais, mais auquel le malheur a donné la robe prétexte.

Votre action est un *outrage à la mémoire* de M. A. Dupont : ainsi s'expriment et l'épouse et le fils de la victime. L'épouse, celle qui a porté dans ses entrailles les enfants de M. Dupont, et qui craindrait de profaner sa mémoire par une demande d'argent! Une mère, c'est-à-dire ce qu'il y a de plus respectable, de plus sacré; un fils jeune, mais dont le cœur bat animé des plus nobles sentiments.

La question ainsi posée, la solution ne peut être un seul instant douteuse. Il n'est pas un tribunal qui consente à la résoudre contre M. Chavoix.

Je ne sais rien de plus grand, rien de plus auguste, rien de plus religieux que cette protestation d'une mère. Je ne sais rien de plus beau que la protestation de ce fils qui, du haut de sa jeune dignité, répudie votre action.

Comment un gendre peut-il rejeter de pareils exemples et persévérer dans de misérables prétentions?

Si le malheureux A. Dupont nous entend du haut du monde meilleur où il se trouve, si son âme plane dans cette enceinte, de quels transports d'indignation ne doit-elle pas être animée contre ceux qui profanent son ombre en la tarifant! Ses mânes murmurent contre cette odieuse exploitation, contre ceux qui osent peser dans je ne sais quel trébuchet de juif la rançon de son trépas, de ceux qui oublient le respect dû au père, pour ne se souvenir plus que des intérêts du commerçant.

Que vous importe? vous n'en persistez pas moins. Votre père valait 100,000 francs. L'un de vous se retire. C'est un quart à déduire, vous ne demandez plus que 75,000 francs.

Vous avez senti l'indignité de votre position, vous avez tenté de vous y soustraire en balbutiant les mots de générosité. La charité qui se fait au prix de la spoliation n'est pas agréable aux yeux de Celui qui nous juge tous. L'obole de la veuve a cent fois plus de prix que l'aumône fastueuse du riche. Faire parade d'intentions généreuses, en même temps que vous poursuivez une mauvaise action, c'est ajouter l'hypocrisie à la honte.

Mais quelle est donc la garantie de la vérité de vos paroles? Si, par impossible, le tribunal vous allouait le prix que vous réclamez, vous en profiteriez, vous en arrondiriez votre fortune.

Ah! si j'étais votre ennemi, je vous souhaiterais le gain de votre procès! Je ne voudrais pas d'autre vengeance. Enrichis par le patrimoine de l'innocent, je vous verrais frappé par la réprobation à laquelle vous ne sauriez échapper.

Qui sait? Vous avez peut-être déjà jeté les yeux sur quelque riche domaine dont il vous tarde de prendre possession; mais les populations intelligentes et fières de ce département ne vous pardonneraient pas cet héritage; elles montreraient au doigt cet *haceldama,* ce nouveau *champ du sang* paternel qui resterait à jamais infertile dans vos mains déshonorées.

A l'audience du 17 mai, M. de Tholouse, procureur de la République, a développé ses conclusions tendant à faire condamner M. Chavoix à 45,000 francs de dommages-intérêts envers les héritiers Dupont.

Le tribunal, après avoir délibéré, a rendu un jugement qui condamne M. Chavoix *à trente mille francs* de dommages-intérêts envers les demandeurs.

Ce jugement est motivé de la manière suivante :

« Attendu que la vie de l'homme est au-dessus de toutes les transactions; que toute convention qui permet de porter atteinte à la vie d'un citoyen est une violation de la loi et qu'elle doit être écartée par les tribunaux;

« Que Chavoix ne peut invoquer la nécessité de sa défense personnelle, puisque ayant essuyé le feu de Dupont, il n'avait plus rien à redouter lorsqu'il a tiré sur lui, et que d'ailleurs, ayant demandé le duel, il était complétement libre d'y mettre un terme;

« Que si, comme il le prétend, il n'avait fait qu'obéir à un préjugé fatal, profondément enraciné dans nos mœurs, il eût honorablement satisfait à toutes les exigences du point d'honneur, en épargnant la vie de son adversaire désarmé; qu'il faut reconnaître qu'en usant contre Dupont de toute la rigueur du droit des duellistes, il a cédé à un sentiment d'animosité et de vengeance;

« Attendu, dès lors, que c'est par sa volonté et par sa faute qu'est arrivée la mort d'Auguste Dupont;

« Que Dupont, par son courage et sa fermeté dans les moments difficiles, par la loyauté de son caractère, par son talent de publiciste, avait acquis l'estime et la considération publique, et qu'il en avait reçu des témoignages irrécusables; qu'un grave préjudice est la conséquence certaine et immédiate de cet événement,

« Par ces motifs, etc. »

COUR D'APPEL DE BORDEAUX

AUDIENCE D'AVRIL 1852

M. Chavoix fait appel du jugement du tribunal de Périgueux, le condamnant à payer des dommages-intérêts aux héritiers de M. Dupont, son diffamateur, qu'il a tué en duel.

Me Jules Favre, avocat de l'appelant, s'exprime en ces termes :

Je chercherais en vain à dissimuler mon émotion profonde en paraissant aux pieds de la cour, où je viens défendre un collègue, un ami, et combattre en son nom la doctrine d'un jugement qui prononce contre lui une confiscation véritable, et qui est devenu entre les mains de ses adversaires un instrument de vengeance et de cupidité. Ce jugement renferme une telle violation des règles protectrices de la loi civile, il porte une atteinte si directe au sens intime de la conscience, que je n'aurai besoin que de peu d'efforts pour en obtenir l'infirmation de votre sagesse. Les circonstances qui l'ont précédé, qui ont fait illusion au juge, violenté son esprit et trompé son cœur, ne méritent pas une complète et solennelle explication; mais je tiens à vous dire comment le souffle des passions s'est levé dès l'origine de cette triste cause, et comment il a obscurci l'évidence des vérités légales les plus saintes. Pouvait-il en être autrement? Poussé par une odieuse et persévérante agression, outragé dans son honneur privé, dans la mémoire vénérable de son bien-aimé père, M. Chavoix n'avait pas reculé devant les hasards d'un combat singulier. Il a eu le triste avantage d'y échapper, alors que son adversaire y succombait. La justice s'était émue, c'était son devoir; mais l'inviolabilité parlementaire invoquée en présence de la double constatation de la cause sérieuse et de la loyauté parfaite de la rencontre, avait couvert le prévenu de son égide. La justice s'était inclinée, mais l'esprit de parti ne pouvait imiter sa sagesse; il lui fallait une représaille, une accusation scandaleuse, une poursuite acharnée, un mal considérable à faire subir. Après cinq mois d'hésitation bien naturelle, les enfants de la victime n'ont pas craint de devenir acteurs dans ce drame : ils ont osé spéculer sur la mort de leur père et chercher dans son sang une source de lucre. Ses enfants, ai-je dit; non, grâces à Dieu! Je ne les accuse pas. Pour l'honneur de la famille, j'aime mieux renvoyer la responsabilité de cette pensée aux alliés, aux gendres, qui ont vu dans cette tragédie un honnête moyen d'obtenir un augment de dot, d'arrondir leur fortune. Quant au fils du défunt, l'héritier de son nom, le continuateur de sa vie morale, il s'est enfui avec épouvante de cette arène ensanglantée, en jetant avec indignation des paroles de réprobation généreuse à ceux qui infligeaient à la mémoire de son père la honte de ce trafic en demandant une somme de 100,000 francs. Cette protestation n'a pas paru suffisante, et, cédant à des considérations étrangères et supérieures au procès réel, les premiers juges ont prononcé contre M. Chavoix une condamnation qui, tout en réduisant des trois cinquièmes le chiffre de la demande, n'en demeure pas moins exorbitante. Elle ne pouvait être acceptée. Non-seulement elle ruine M. Chavoix, mais elle l'accable, elle l'atteint dans sa considération, elle le frappe ainsi qu'un homme qu'on veut et qu'on peut tuer. M. Chavoix est venu à vous pour prouver qu'il n'est pas cet homme, et que cette rigueur est une criante injustice. Pour vous le démontrer comme je le sens, que de difficultés, que d'écueils, que de problèmes délicats à sonder! que de questions ardues à résoudre! Je m'en effraye quand je songe à l'illustration de la compagnie devant laquelle j'ai l'honneur de parler et dans le sein de laquelle vit l'auguste majesté des traditions parlementaires, rajeunies par la science et par la sagacité de l'esprit moderne; à l'éclat de ce barreau dont l'art de bien dire est une qualité vulgaire, tant sont riches les dons que Dieu a libéralement répandus sur cette heureuse contrée; de ce barreau qui, sans s'appauvrir, peut fournir à nos assemblées délibérantes les jurisconsultes les plus profonds, les orateurs les plus éminents, dignes héritiers de ces grands noms que la persécution, l'histoire et la poésie ont immortalisés. Je voudrais être digne de ces maîtres; mais, impuissant à les imiter, j'aime mieux me réfugier dans l'austère gravité de ma cause et, n'empruntant aucune arme aux inspirations passionnées de l'imagination, demander les éléments de votre conviction à l'étude sévère de la loi, trop souvent dédaignée ou méconnue.

Avant tout, je dois dire qui figure dans ce débat et comment il a pris naissance. Devant une autre juridiction, je n'avais eu qu'à nommer M. Chavoix qui, depuis de longues années, exerce la médecine dans le département de la Dordogne et qui toujours a été le soutien et l'ami du pauvre. Malgré sa grande clientèle, il ne s'est point enrichi. J'ai sous les yeux ses états, qui se chiffrent par treize cents francs par an. Quel éloge! et combien il faut le faire valoir pour le grandir au sein de notre société, qui ne me semble pas pécher par un excès de renoncement! Il avait trouvé ces traditions dans sa famille; son père et son oncle, l'un pharmacien et l'autre médecin, avaient parcouru leur longue carrière sans que jamais aucun nuage ne troublât leur amitié, tant ils étaient unis par leurs vertus. Ils laissèrent une modeste fortune et une renommée intacte. Les deux fils Chavoix, l'un notaire, l'autre médecin, s'étudiaient à suivre leurs traces. Jamais ils n'auraient recueilli que des témoignages de considération s'ils n'avaient pas été exposés aux calomnies de l'esprit de parti.

En 1841 commence la vie politique de M. Chavoix. Porté en concurrence de M. Bugeaud, il est combattu par l'*Écho de Vésone,* puis appuyé par lui en 1842. Mais à la révolution de Février, on ne lui pardonna pas sa qualité de commissaire. C'est alors que M. Dupont, rédacteur en chef de l'*Écho de Vésone,* eut recours à ce système persévérant d'injures et d'outrages, parce qu'il avait vu se fermer pour lui les portes de la Législative qu'une nouvelle élection avait rouvertes à son rival. Jamais M. Chavoix n'aurait eu à subir la moindre attaque s'il ne s'était pas mêlé à la vie politique. C'est une mission glorieuse que de servir son pays et de se dévouer à ses intérêts. Mais pour l'aborder, ce n'est pas trop d'un triple airain contre des adversaires sans ménagement et souvent sans conscience. Tout est travesti, envenimé, et l'on en viendrait à douter de soi-même si l'on n'apportait pas à l'exercice de ses fonctions une volonté ferme et une conscience pure. M. Chavoix a connu les amertumes des luttes politiques : il fut attaqué avec une violence extrême par M. Dupont, qui ne laissait échapper aucune occasion de satisfaire son ressentiment. Lui et son frère étaient aux eaux lorsque parut l'article du 16 juillet, les accusant d'avoir ruiné des malheureux pour rentrer en possession d'anciennes créances de leur père. On ne pouvait que s'étonner de cet article et le taxer d'exagération et de calomnie. M. Fricourt, l'huissier chargé d'opérer les rentrées, se hâta d'écrire tant à M. Chavoix qu'à son clerc, et ses explications prouvent qu'il avait agi sans ordre.

MM. Chavoix étaient, en réalité, complétement innocents. Aucun débiteur de leur père n'avait été poursuivi, ni chassé de sa maison. Ils répondirent comme ils le devaient à cette odieuse provocation, en exprimant leur surprise de la révélation d'un fait qu'ils ne connaissaient pas, et en en rejetant la responsabilité sur l'huissier qui avait outre-passé ses pouvoirs. Ils devaient croire qu'après avoir fait suivre la publication de leur réponse d'insinuations malveillantes, M. Dupont s'arrêterait. Il n'en fut rien. La mine de scandales et de calomnies lui parut bonne à exploiter ; il la fouilla sans pudeur.

L'*écho de Vésone* mit au jour une série de diffamations anonymes, livrées chaque matin à la malignité de ses lecteurs.

Vainement quelques amis communs intervinrent officieusement ;

leurs négociations échouèrent. M. Dupont ne voulut rien retrancher de ses attaques. La réponse de MM. Chavoix est le prétexte de nouvelles calomnies. Leur père est outragé. Cette offense était intolérable, elle atteignait un mort chéri. M. Chavoix, qui vit dans le culte de cette mémoire vénérée, devait obtenir la réparation. Il vient le même jour à Périgueux, la sollicite et la veut pacifique. Reculer était impossible, il lui fallait une rétractation d'une injure adressée à la mémoire paternelle. Un refus lui semblait la plus grave, la plus irrémédiable des offenses; et subissant la pression des mœurs, des traditions nationales, de ce préjugé puissant qui se confond en France avec les lois de l'honneur, il se retranchait derrière un appel suprême qu'il regardait comme son droit.

Le duel eut lieu; il fut sérieux et loyal. M. Dupont y perdit la vie. M. Chavoix, arrêté préventivement, fut conduit à Paris, où l'Assemblée refusa les poursuites, dans sa séance du 16 novembre 1852.

Les héritiers de M. Dupont ont demandé à M. Chavoix 100,000 francs de dommages-intérêts pour les indemniser de la perte de leur père. Ces héritiers étaient au nombre de quatre. A côté d'eux figuraient la mère de famille, la veuve de M. Dupont, et son fils mineur, dont les noms avaient été glissés dans la procédure malgré leur opposition. Ils l'en ont l'un et l'autre retiré avec éclat par un acte de désistement qui à lui seul tue moralement l'action; et dans cet acte ils déclarent qu'ils ne veulent pas s'associer, même par une adhésion indirecte et éloignée, à une demande qu'ils considèrent comme un outrage à la mémoire de M. Auguste Dupont et comme un oubli de la dignité de son caractère et de l'esprit de désintéressement dont il était animé.

MM. les gendres de M. Dupont n'ont pas compris ces nobles sentiments. Ils ont courbé la tête devant cette leçon de moralité et ont persévéré. Seulement, ils ont réduit leur demande à 75,000 francs, divisant ainsi le préjudice causé par la mort de leur père par portions viriles. Le tribunal, sans admettre tout à fait leurs chiffres, n'a pas repoussé leur système. Il a statué que c'est par la faute de M. Chavoix qu'est arrivée la mort de M. Dupont, qui a été frappé dans la plénitude de sa force et de son intelligence, à la tête d'une industrie considérable en voie de prospérité, et que ses héritiers sont en droit de demander pour cette douleur des dommages-intérêts, seule satisfaction qu'il soit possible à la justice de leur accorder. Il a condamné M. Chavoix à payer à l'une et l'autre des dames Dameron et Carré la somme de 8,000 francs, et à la demoiselle Pauline Dupont celle de 14,000 francs.

Il y a dans ce jugement des erreurs de fait et de droit qui sautent aux yeux. M. Chavoix ne pouvait se dispenser de tirer,

M. Dupont n'aurait point cessé le combat. C'était donc pour sa défense personnelle que M. Chavoix faisait feu. En cela, il usait, non pas seulement du droit barbare que crée le duel, mais encore du droit plus respectable que la loi pénale consacre et dont elle fait une excuse formelle en cas d'homicide.

Il est par conséquent tout aussi inexact d'accuser M. Chavoix d'avoir cédé à un sentiment d'animosité et de vengeance. Sans doute il poursuivait la réparation d'une offense. Sans doute il obéissait à une impulsion énergique; mais il était calme. Il croyait son honneur engagé à défendre celui de son père. Il ne risquait sa vie et ne menaçait celle de M. Dupont qu'après le refus fait par celui-ci d'effacer une injure.

Nous ne pouvons pas davantage admettre cette étrange proposition que les héritiers Dupont sont en droit de demander des dommages-intérêts pour leur douleur. Non, il y a dans le rapprochement de ces idées quelque chose qui blesse profondément la conscience, qui avilit et profane les élans du cœur. Accorder de l'argent pour sécher des larmes! changer en lucre la désolation d'un fils! cela est impie et barbare! cela n'est ni français, ni chrétien!

Cela n'est pas légal. La loi veut que les dommages-intérêts soient la représentation de la perte essuyée, du gain dont on a été privé. (C. civ., art. 1149.) Mais il s'agit ici, il ne peut s'agir que de la perte et du gain qui se chiffrent, et jusqu'ici, nous n'avons pas entendu dire qu'on eût songé à tarifer les joies et les souffrances de l'âme!

Nous repoussons enfin, au nom des mêmes principes, cette autre erreur légale qui mesure la réparation à l'opulence de celui qui a commis la faute, et non au mal de celui qui en souffre; c'est une doctrine aussi contraire à la saine morale qu'à la loi.

Il reste trois questions à résoudre :

1° Y a-t-il eu quasi-délit?

2° Y a-t-il eu responsabilité?

3° La demande est-elle soutenable?

La question de quasi-délit est fort controversable.

Le duel, tradition des mœurs barbares, autrefois toléré, régularisé, plus tard sévèrement puni, rencontre dans les faiblesses de notre législation, dans les hésitations des magistrats, dans les exigences des mœurs, un appui tel qu'on peut le considérer comme un fait exceptionnel, auquel ne sauraient s'appliquer les règles ordinaires de décision.

Il suffit de rappeler, sans remonter au temps où le combat singulier était consacré par la loi, que, lors de la révolution de 1789, les ordonnances de nos rois proscrivant le duel furent abrogées et que, depuis ce moment jusqu'en 1837, les tribunaux et la cour de cassation furent inflexibles à repousser la doctrine de ceux qui voulaient le ranger dans la catégorie des délits communs. Depuis 1837, la lutte a recommencé en sens inverse, c'est-à-dire la cour de cassation a déclaré le duel punissable, tandis que les cours d'appel, appliquant la jurisprudence qui avait jusqu'alors prévalu, le déclaraient innocent.

Cette lutte n'a pas tout à fait cessé. Les législatures qui se sont succédé et auxquelles le mal profond produit par cet antagonisme a été signalé, n'ont pris aucune mesure. Elles ont couvert les duellistes de leur protection.

En même temps, la magistrature se bornait à poursuivre les faits de meurtres ou de blessures, sans rechercher les tentatives ou l'intention, et les jurys refusaient de s'associer à cette dernière rigueur. Enfin, l'opinion continuait à signaler comme ayant manqué à l'honneur quiconque reculait devant un duel.

Certes, pour tout esprit sérieux, ne s'arrêtant pas à la superficie des choses, mais les interrogeant dans leur sens philosophique et moral, il est difficile de reconnaître aux caractères du duel les éléments d'un crime ou d'un délit.

Un crime ou un délit commandé au nom de l'honneur! Un crime ou un délit devant lequel les hommes d'État et les législateurs s'inclinent! Un crime ou un délit que les magistrats poursuivent suivant son résultat, décrétant ainsi d'accusation le hasard! Non, la conscience se révolte à toutes ces contradictions. Nous sommes prêts à rendre hommage aux intentions de ceux qui, par des procès criminels, veulent extirper le duel, mais nous croyons qu'ils vont au delà de leur droit. La loi pénale n'est pas un instrument arbitraire. Elle ne passe pas, par l'interprétation, du oui au non. Quand l'esprit du juge a douté, sa main est désarmée, et c'est au législateur à trancher la difficulté.

Mais, dit-on, il ne s'agit pas d'examiner la criminalité du duel. Dès l'instant qu'il a causé un préjudice par la faute d'un des combattants, ce préjudice doit être réparé.

On oublie que pour l'application de la règle d'éternelle justice contenue dans l'article 1382 du Code civil, deux conditions sont indispensables : la première, qu'il y ait violation du droit d'autrui de la part de celui qui est poursuivi; la seconde, que celui qui a souffert le préjudice n'en ait pas été lui-même l'auteur direct.

Or, dans le fait du duel, s'il y a faute, il y a faute commune. Les deux combattants sont placés dans la même position, ils attentent au même droit, ils sacrifient le même intérêt. La mort de l'un d'eux serait impossible sans la participation au combat de celui qui succombe. Cette participation est volontaire Vainement la proclamet-on contraire à la morale, à l'ordre public : nous ne le contestons pas, mais cette concession ne change rien à la thèse.

Quant à la responsabilité, elle cesse devant la provocation. C'est M. Dupont qui, en dehors de tous les usages de la presse, de toutes les convenances, a entrepris contre son adversaire une guerre de diffamation et de calomnie; c'est lui qui a résisté à la prière d'amis communs intervenus pour la faire cesser; c'est lui qui a insulté à la mémoire du père de M. Chavoix.

Là est la cause du duel, là est la provocation.

C'est ce qu'a très-juridiquement décidé la cour de Paris dans un arrêt du 21 mai 1840 (*Journal du Palais*, t. I, 1840, p. 714) :

« Qu'en matière de duel, c'est l'auteur de l'offense qui est le provocateur. »

Voilà la vérité juridique et morale.

« Considérant, dit la cour de Rennes, dans un arrêt du 25 avril 1836, infirmatif d'un jugement du tribunal d'Ancenis (*Journal du Palais*, nouv. éd. à sa date), que la défense légitime de soi-même exclut toute faute, et qu'il ne peut en résulter une action en dommages-intérêts, en faveur des ayants cause de ceux qui l'ont rendue nécessaire par leur agression... »

On nous dit : Ce n'est pas comme héritiers, c'est comme intéressés que les demandeurs agissent.

Cette doctrine nous paraît inacceptable; l'intérêt est la mesure d'une action, il n'en est pas la source. La source est dans le droit. C'est parce qu'on l'a violé en ma personne que, par réciprocité, j'acquiers un droit de réparation contre celui qui l'a violé. Hors de ces principes élémentaires, il n'y a plus que confusion.

Eh bien! s'il est vrai de reconnaître que le combattant blessé en duel ne peut demander des dommages-intérêts parce qu'on n'a pas porté atteinte à son droit, *nemini volenti fit injuria,* comment aurait-on porté atteinte à celui de ses ayants cause? Encore une fois, on a pu leur causer un préjudice, mais le préjudice seul n'engendre aucune action. Ces arguments, à mes yeux irréfragables, auraient sans contredit prévalu, si les magistrats, dans les affaires de ce genre, ne s'étaient pas constamment préoccupés de l'intérêt général. Qu'on étudie leurs décisions, on y trouvera la preuve qu'ils ont entendu réagir contre l'impunité du duel, frapper le duelliste par une peine pécuniaire, prévenir, par la crainte de la ruine, le retour de ces appels à la force. Ils ne s'attachent plus seulement au droit violé, au préjudice causé, ils veulent punir, et ils punissent. Ils veulent donner un exemple, et ils donnent un exemple. La loi civile se venge des obscurités et des faiblesses de la loi pénale.

Comme jurisconsulte, je le demande, est-ce de la justice?

J'estime que les héritiers Dupont ne peuvent légalement exercer une action en responsabilité contre M. Chavoix.

En fait comme en droit, aux yeux du moraliste comme aux yeux du jurisconsulte et du législateur, cette action est insoutenable.

Je ne puis croire qu'une pensée cupide soit la seule inspiration de votre action. Je crois que c'est la continuation des haines politiques, et il faut qu'elles soient bien vivaces pour être aussi implacables. Je retrouve ici cet auteur anonyme, ce serpent venimeux qui est l'instigateur de ce triste débat dans lequel on voulait immoler l'honneur et la fortune de M. Chavoix. Sa fortune est entre les mains de la justice, son honneur est plus haut : c'est le patrimoine qu'il tient de ses pères et qu'il transmettra pur à ses enfants.

Et quel moment choisissez-vous pour faire cette exécution? Ah! je comprends jusqu'à un certain point que le tribunal se soit montré inexorable, qu'il ait traité durement M. Chavoix, quand celui-ci paraissait à sa barre et que tout semblait lui sourire. Investi par la confiance de ses concitoyens du mandat le plus honorable et le plus élevé, il trouvait dans ses fonctions une augmentation de revenu. Il pouvait alors être regardé comme une puissance. Auprès de lui, il voyait avec orgueil, non-seulement des amis dévoués et sûrs, mais aussi un enfant qui était toute sa joie, toute son espérance!... Que sont devenus tous ces biens qui pouvaient exciter l'envie? Un coup de foudre les a mis en poussière. Au lieu du représentant du peuple couvert par la majesté de son caractère, vous n'avez plus à vos pieds qu'un proscrit, frappé par la persécution. C'est par la tolérance du pouvoir qu'il est admis à se défendre. Demain il peut être forcé d'aller demander asile à la terre étrangère et d'y partager le pain de l'exil avec ses compagnons d'infortune. Qui le sait? il peut être enlevé mystérieusement, disparaître d'au milieu de nous comme tant de victimes des fureurs politiques, et être jeté sur une plage lointaine. Et c'est à ce moment suprême où le malheur l'accable, que vous lui prenez la totalité de cette petite fortune nécessaire pour l'empêcher de mourir de misère. Que dis-je! elle ne vous suffira pas. Vous l'avez prévu. Ces terres patrimoniales, cette maison, berceau de sa famille, vous les ferez vendre. Et vous ne serez pas payés, et vous réclamez contre le proscrit la dernière des humiliations, la contrainte par corps. Vous voulez le réduire à la captivité, à l'esclavage, vous voulez le contraindre à travailler nuit et jour pour vous payer. Eh bien! sachez-le, le pût-il, fût-il laissé au milieu des siens, la force lui défaillirait; car au milieu de ces ruines, je n'ai pas montré la plus déplorable, je ne vous ai pas dit que ce fils qui était sa joie, son avenir, son rêve de bonheur, il l'a vu périr entre ses bras sans pouvoir conjurer le mal terrible qui le consumait. Oh! vous vouliez une expiation de votre douleur, vous êtes vengés! Lui aussi s'est vu ravir l'objet de son amour, de son culte! Tandis que pour vous la vie est encore pleine d'espérances et de faveurs, la sienne est finie et brisée.

Il est des épreuves auxquelles l'âme ne résiste pas et après lesquelles, atteint mortellement, l'homme n'a plus ici-bas d'autre recours que le culte de son propre désespoir.

Saisissez-le donc, ce proscrit, ce père consterné, ajoutez à ses chagrins la ruine matérielle, et dites-nous si vous êtes satisfaits!

Messieurs, je ne crains pas que la justice se prête à ce sacrifice impie. Certes, je serais bien mal compris si l'on pouvait croire que j'implore sa pitié; ce langage ne serait digne ni d'elle ni de moi; mais il m'appartient de la mettre en garde contre de funestes entraînements, de déchirer tous les voiles et de lui dire avec une conscience convaincue que, pour être respectés, vos arrêts doivent être les décisions de la justice et non des actes de parti. Ce à quoi je vous convie, c'est à vous élever au-dessus des sentiments même les plus louables. Il ne vous appartient pas de punir, il ne vous appartient pas de réglementer. Vous voulez faire cesser les duels en usurpant un mauvais moyen. Renfermez-vous dans la loi; proclamez-en l'insuffisance; dites en présence du législateur : « Vous nous avez désarmés. » Et en élevant un monument d'impartialité et de respect à la loi, vous ferez plus que par d'illégales sévérités.

La cour, statuant sur l'appel de M. Chavoix, a confirmé le jugement du tribunal de Périgueux, tout en réduisant à 12,000 francs les dommages-intérêts, et, faisant droit aux conclusions des demanderesses, a prononcé contre M. Chavoix la contrainte par corps

COUR D'ASSISES DU LOT

AUDIENCE DU 12 MAI 1851

Affaire du *Réformateur du Lot et du Cantal*. Délit d'excitation à la haine et à la guerre civile.

Me Jules Favre défend le journal en ces termes :

Après avoir lu et médité l'article incriminé, je m'étonnais qu'on eût pu songer à le poursuivre, car il n'est que le développement d'idées et de propositions qui ont été cent fois émises sans attirer l'attention de l'administration. Je m'en étonne bien plus encore après avoir entendu le réquisitoire de M. le procureur, qui a tout dit, hors ce qui peut servir de prétexte au procès.

Il me serait facile de répondre pourquoi. Mais j'aime bien mieux me renfermer dans la discussion et établir que la polémique n'a pas dépassé les limites permises, et que le délit reproché au journal est purement imaginaire.

Une première réflexion doit vous être soumise, et son appréciation est délicate. Dans les affaires ordinaires, il y a des preuves matérielles. Ici, c'est ce qu'il y a de plus subtil qui est en question, la pensée, et vis-à-vis de la pensée, l'intention de celui qui l'a émise. La loi spéciale ne voit de délit que dans la volonté de troubler la paix publique.

Ne le perdez pas de vue, cette appréciation ne doit pas être séparée des droits de la presse dont la liberté est garantie par la constitution et plus encore commandée par les mœurs. Cette liberté, la première de toutes, et sans laquelle les autres sont un vain mot, cette liberté doit demeurer tout entière. A quoi s'applique-t-elle? A tout ce qui touche la vie publique. Tout est de son domaine, et rien ne peut lui être soustrait. Elle discute les actes du gouvernement, sa marche générale, la conduite publique de ses fonctionnaires, le développement des idées, des théories, le mouvement, l'antagonisme des partis. Et ces discussions, elle peut les produire animées, passionnées même, empreintes d'exagération, et qui n'en est pas coupable? Pourvu qu'elle ne se serve pas de la calomnie, pourvu qu'elle n'ait pas la volonté de troubler la paix publique, elle ne saurait être attaquée.

Voilà le droit! Voilà notre privilége, placé sous la sauvegarde de notre indépendance et de notre patriotisme!

Eh bien! qu'a dit l'écrivain? Comment peut se résumer son article? Pourquoi tout ce bruit, cet armement en guerre? Il a dit que le travail peut augmenter la richesse et diminuer la misère, que de sages lois, d'utiles réformes peuvent amener ce résultat, et qu'il faut se hâter de le préparer. Il a cru rencontrer un parti qui conteste cette vérité, qui affirme qu'il n'y a rien à faire de sérieux, que la misère a toujours existé, qu'elle existera toujours et qu'il vaut mieux se croiser les bras. Il combat ce parti à outrance, l'accuse de manquer d'intelligence et de cœur, et le met en demeure de dire son dernier mot, de contester la justice éternelle de sa réclamation.

L'écrivain s'est-il trompé? Il se serait trompé, en effet, que s'il ne l'a pas fait méchamment, avec le dessein de nuire, pour porter le trouble dans la société et allumer la guerre civile, vous ne sauriez l'atteindre, car l'erreur n'est pas un crime. Nos adversaires ont bien besoin de se rappeler cette maxime.

Mais il ne s'est pas trompé : l'histoire d'un passé qui nous touche, le spectacle de nos luttes quotidiennes disent assez qu'il est demeuré dans la vérité.

Oui, il est vrai qu'il y a des hommes d'État, des philosophes, des écrivains qui ont enseigné que la misère est un mal nécessaire et qui l'ont même, par un blasphème impie, divinisée, non pas pour eux, mais pour ceux qu'ils y condamnent. Ils ont partagé l'humanité en deux camps : l'un nombreux où est la foule qui travaille, fouille la terre et en retire la pierre et le fer. Ces artisans dont le génie industriel crée tant de merveilles, tout ce qui agit utilement, tout ce qui produit, c'est la classe inférieure. Au-dessus d'elle, il y a l'aristocratie. Là sont les jouissances, l'orgueil, le rang, la fainéantise. N'avons-nous pas entendu préconiser ce système? Il était dans son lustre il y a soixante-dix ans.

Alors une classe privilégiée possédait presque tout le sol. Alors la France brillait de l'éclat de grands noms, de grandes maisons. La noblesse y était florissante, l'Église, par son opulence, faisait la joie des âmes religieuses. Ceux qui travaillaient pour les faire vivre étaient rarement affranchis. Ils relevaient du seigneur qui les avait admis à cultiver ses terres; ils subissaient sa loi. Ils tendaient la main aux portes des moines qui regorgeaient de biens. Les paysans payaient seuls l'impôt, seuls la corvée, la dîme. S'ils s'avisaient de tuer un lapin, ils étaient envoyés aux galères quand ils n'étaient pas aussitôt pendus.

On voudrait nous faire revenir à ces beaux temps! On a osé imprimer le retour à la féodalité! On voudrait relever tout cet échafaudage né de la violence, de la rapine, du brigandage et de l'extorsion, qui s'est écroulé sous le souffle puissant de la démocratie et de la liberté! Mais nous n'oublions pas que nos pères sont morts pour la liberté, qu'ils ont souffert et combattu pour maintenir cette glorieuse conquête, pour nous élever tous à la dignité de citoyens, de propriétaires, d'hommes libres!

Aussi, en parcourant votre pays privilégié, où Dieu a répandu tant de richesses; en admirant ces vallées fertiles et riantes, ces nappes de verdure qui jauniront pour nourrir vos familles, ces vignes hardiment plantées qui vous donneront une boisson généreuse, tous ces trésors du travail, de l'émancipation, au milieu desquels je découvrais les vestiges d'un chateau fort, sombre, ruiné, menaçant encore, mais décrépi, je sentais mon cœur gonflé d'un légitime orgueil. Oui, me disais-je, voilà les bienfaits de la démocratie, de la liberté! Ceux-là ne périront pas. Et que deviendrait ce sol, que deviendrait ce peuple, s'il était livré à lui-même, à son génie, à son ardeur, dégagé des entraves où l'étouffent des politiques sans cœur et sans entrailles?

Eh bien! ce mouvement vaste et fécond, il faut le généraliser. Au lieu de retourner lâchement en arrière, ou de faire halte dans le présent, il faut marcher en avant, marcher à la conquête des idées saines, à la destruction, à l'extermination de l'ennemi principal, la misère, ne pas plus être arrêtés par les sophismes que nos pères ne l'ont été par ces docteurs du passé qui leur disaient: « La noblesse vous fait vivre; le clergé, c'est votre lumière, ce sont vos tuteurs, vos pères; les murailles du couvent sont saintes »; et ne pas plus vous laisser prendre à ces grands mots de désordre, d'anarchie, de socialisme avec lesquels on voudrait tout empêcher.

La misère a trois sources: la fainéantise des uns, l'oppression des autres, l'ignorance de tous. Le jour où tout le monde sera attelé au travail, où ce travail sera la seule source d'honneur, de récompense, de grandeur véritable; le jour où régnera la vraie liberté; le jour enfin où tous comprendront que ces réformes sont possibles, désirables, ce jour-là, la misère sera bien près de sa fin!

Dans le moment présent, peut-on y arriver? Oui, cela est possible. On l'a demandé, on a proposé des remèdes dont on a prouvé l'efficacité. S'agit-il de bouleverser la société, d'inquiéter les existences? Non; il s'agit d'établir des réformes possibles pour lesquelles nous avons les expériences des autres pays. Que faut-il donc? Soulager la propriété écrasée par l'impôt: nous ne cesserons pas de le demander; faire entrer en ligne le capital qui fuit, se retire et ne veut pas être taxé; diminuer les dépenses, ne pas conserver, en république, un budget extramonarchique qui nous conduit à la banqueroute; répandre l'instruction, faire de l'homme l'égal de l'homme par l'intelligence, comme on le fait par le cœur; féconder ces richesses inconnues, enfouies dans les ténèbres de l'ignorance; réformer les lois hypothécaires, faire descendre l'intérêt de l'argent, le crédit foncier, favoriser l'agriculture, atteindre le capital par un impôt sur le revenu : voilà les affreux projets! Est-ce tout?

Non; il s'agit de dégrever les objets de consommation, de faire que le nombre des consommateurs augmente, que le travail puisse être rémunérateur, d'abolir l'impôt des boissons, l'ancienne corvée.

Tout cela a été demandé, tout cela a été refusé par les héritiers politiques de ceux qui ont résisté aux justes prétentions de nos pères et qui ont provoqué la Révolution. Eh bien! nous les accusons d'ignorance, d'insensibilité, de folie! Ne sommes-nous pas dans le vrai? Leur fol entêtement n'expose-t-il pas la nation entière à de grands désastres? En les signalant, en rappelant les lois éternelles, en nous plaignant de tant de mal accompli, de tant de bien repoussé, avons-nous voulu troubler la paix publique? Nous avons voulu, au contraire, prévenir tout trouble par la satisfaction des besoins légitimes.

Dans tous les cas, qu'avons-nous fait? Nous avons attaqué un parti, et ce n'est pas là un délit, les cours d'appel, la cour de cassation, la doctrine et la jurisprudence l'ont constamment enseigné.

Et, d'ailleurs, comment sommes-nous traités nous-mêmes? Quel débordement d'injures! Ne nous plaignons pas de cette rage qui est une preuve d'impuissance. Mais quand on la tolère, comment ne permettrait-on pas de dire la vérité sans passion?

Si nous voulions faire des récriminations, nous pourrions parler de tels de vos ministres condamnés pour vol, de crimes odieux commis par des pairs! Il nous serait facile de prouver, dans ces grands crimes, quelle est la part du vice des institutions que la société consacre. Mais nous n'accusons pas les intentions de votre parti.

Quant à nous, nous souffrons, nous travaillons et nous espérons! L'histoire tout entière nous apprend que ce n'est que pied à pied, par des combats de tous les jours, par des épreuves souvent sanglantes, que la vérité a triomphé. Ne lisons-nous pas, dans les historiens les plus renommés des temps antiques, qu'une secte accusée de pratiquer et d'enseigner le vice, de n'être qu'un ramassis de voleurs, d'hommes sans aveu, se réunissant dans les cavernes pour dévorer des enfants; une secte qui n'avait pour elle ni la tribune, ni la presse, ni les mille moyens de communication, mais qui avait pour elle la vérité et la foi, n'avait mis que trois siècles à triompher, à prendre possession du monde? La religion du Christ, non pas celle de l'Inquisition et des indulgences, mais celle de l'Évangile, ne périra pas. Nous sommes les sectateurs, les héritiers de ceux qui voulaient aussi, par des réformes jugées criminelles, sauver et régénérer le monde! La persécution et la calomnie ne nous effrayent pas plus qu'eux. L'idée de justice et de liberté que nous défendons ne périra pas ; mais plus heureux que ces illustres proscrits, nous avons pour nous la lumière que versent au milieu des générations la philosophie, la presse, ce qui nous reste de liberté. Au lieu des empereurs romains qui défendaient le vieux monde par le fer et le feu, nous avons la plus noble institution : nous sommes devant nos pairs, devant nos concitoyens, nous apparaissons forts de nos consciences, nous n'avons donc pas à redouter une condamnation.

Les rédacteurs du journal le *Réformateur du Lot et du Cantal* furent acquittés.

COUR D'ASSISES DE NANCY

PRÉSIDENCE DE M. SALADIN, CONSEILLER

AUDIENCE DU 4 AOUT 1851

Affaire du journal *le Travail*, prévenu du délit d'excitation à la haine et au mépris du gouvernement.

Me Jules Favre, défenseur du journal, prend la parole en ces termes :

Avant d'entendre M. l'avocat général, je me demandais comment il serait possible de découvrir et de démontrer l'existence de tous les délits signalés.

Je l'ai entendu, et je me le demande encore. Je commence à croire qu'on ne les a ainsi multipliés que pour rendre plus serrées et plus dangereuses les mailles du filet dans lequel on veut nous enlacer.

On a compté faire impression sur vos esprits. Accusé de six délits, nous ne pouvons être innocent. On compte sur l'aumône d'une réponse; on espère enfin une condamnation. *Enfin!* car déjà bien des fois on l'a essayé, et les poursuites sont venues se briser contre le bon sens et le patriotisme du jury de la Meurthe.

Néanmoins, on ne se rebute pas. Il faut anéantir cet organe incommode, populaire, qui gêne certaines ambitions, dévoile des mystères, rappelle au respect de la loi et combat de factieuses et coupables espérances.

Et ce symptôme n'est pas particulier à ce département. Sur toute la surface de la République on soutient la même guerre à outrance. Tandis que les journaux de certain parti traînent la constitution dans la boue, ceux qui la défendent sont non-seulement suspects, mais inculpés. On travestit leurs intentions, et leurs gérants sont menacés de l'amende et de la prison.

Ce n'est pas la première fois que nous sommes témoins de ce déplorable spectacle. Quand la Restauration, obéissant à de détestables conseils, voulut fouler aux pieds la charte qu'elle avait concédée, elle préluda aux coups d'État par des diatribes violentes. Les écrivains qui s'opposaient à cette usurpation étaient condamnés.

Partout où les procès de presse se multiplient, on peut dire que le gouvernement, en prenant à rebours les besoins publics, froisse l'opinion. C'est donc un devoir pour tous les hommes de cœur, dévoués à la cause de la liberté, de faire tête à l'orage, d'avertir le pouvoir qui s'égare, de le défendre contre ses entraînements et de protéger les écrivains exposés à ses coups.

C'est parce que j'ai cru que l'accomplissement de ce devoir m'était imposé, à moi plus qu'à personne, moi, vieux soldat de la presse et de la parole, homme du droit et de la discussion, ennemi du despotisme arbitraire, quelle que soit sa couleur, que j'ai cédé au vœu des deux écrivains, je suis venu à eux et à vous, fier de leur confiance, de votre bienveillance, du cordial accueil d'un barreau si éminent, dans lequel je vois tant de jeunes émules prêts à marcher dans la carrière ouverte par leurs illustres maîtres. Les prévenus y auraient trouvé une voix aussi éloquente que dévouée, celle de mon digne confrère et ami Louis, qui a préparé bien des triomphes. C'est lui surtout qui a vaincu mes serupules, et le plus puissant, il le sait (je le conserve, et c'est presque un remords), c'est de priver, par ma présence, les inculpés de son appui, et ses juges de sa chaleureuse parole.

J'essayerai, malgré ma fatigue et grâce à votre bienveillance, d'aborder et de combattre la prévention, et j'espère vous convaincre, comme je suis moi-même convaincu du néant des incriminations.

Il s'agit de défendre deux articles dont le premier renferme deux délits, le deuxième quatre. Je vous demande la permission de les grouper pour ne pas les confondre et pour rendre la discussion plus rapide et plus simple.

Un mot d'abord sur les délits :

1° D'excitation à la haine et au mépris du gouvernement;

2° D'intention de troubler la paix publique;

3° De provocation à la guerre civile;

4° D'atteinte à la liberté des suffrages.

Les deux derniers sont précis; je le reconnais, mais je prouverai que pas une ligne ne les justifie. On les comprend, ils n'ont donc besoin d'aucuns commentaires.

Il n'en est pas de même des deux premiers, qui sont les plus vagues et les plus élastiques. Or, en matière de droit pénal, rien n'est plus exorbitant et plus dangereux. Le législateur est coupable en édictant des dispositions équivoques. Où sera la règle pour le citoyen et pour le juge?

Le danger est d'autant plus grand que cette matière, étant plus délicate, est d'une appréciation plus difficile. Pour les délits ordinaires, la conviction se forme sur un fait matériel, sur les procès-verbaux, les dépositions. Ici, qu'avez-vous à faire? A interroger l'intention dans ce qu'il y a de plus subtil. Vous scrutez la pensée, vous la comparez aux faits extérieurs et vous concluez. Cette conclusion est la ruine, le désespoir de vos concitoyens. Combien il est donc nécessaire que tous les éléments de l'opération soient nets et précis, que vous les puissiez mesurer, limiter, définir!

Eh bien! les règles qu'on veut vous faire appliquer manquent tout à fait de ce caractère.

Les deux prévenus n'ont pas commis le délit si haïssable, si méprisable, d'excitation à la haine et au mépris du gouvernement.

Le droit de critiquer est entier, absolu; il s'étend à tout, aux hommes, aux choses et aux pensées. Tout ce qui touche à la politique est du domaine de l'écrivain. Pourquoi? Parce que le gouvernement, avant toutes choses, relève de l'opinion, dont l'expression partout forme la pensée sociale, qui, au point de vue d'un parti, se condense, se concentre dans un journal, dans la presse. Tout lui appartient, et quant à elle, elle ne relève que de vous. La critique est donc un droit, un devoir, la qualification des faits, une nécessité.

Quand la culpabilité commence-t-elle? Quand l'intention est mauvaise, quand on appelle à son aide la calomnie, le mensonge, la haine; quand on écrit, non pour remplir un devoir, non pour céder à un sentiment légitime, mais pour satisfaire une pensée coupable, pour obéir à un instinct de vengeance ou d'animosité.

Tout de même, il est permis de peindre les vices de la société, de montrer l'antagonisme des classes, de signaler les pernicieux effets des lois. Ce qui est défendu, c'est de s'en faire une arme de guerre. Ici le législateur l'a dit, on a cherché *à troubler la paix publique.*

Celui qui excite les passions mauvaises pour amener un bouleversement; qui remue la lie du vase pour empoisonner jusqu'à ses bords, celui-là est un mauvais citoyen.

A quoi le délit des deux prévenus se réduit-il pour des juges intelligents et éclairés, pour d'honnêtes magistrats du peuple? A une simple question d'intention, de bonne foi.

Les écrivains ont-ils trempé leur plume dans le fiel pour irriter, pour envenimer les blessures; ont-ils voulu aiguiser le ressentiment, préparer une lutte; ont-ils poussé les combattants sur la place publique; alors ils sont coupables.

Si, au contraire, ils ont cédé à l'émotion d'un grand péril public; si, en voyant la loi bafouée et la patrie menacée, ils ont averti, ils ont attaqué les téméraires qui mettent la société en danger, ils ont bien fait, et leur action est irréprochable. Si, dans leur zèle, ils ont oublié la modération, ils sont répréhensibles, mais non coupables. Il y a des passions respectables, saintes, et leurs emportements ne sauraient être des éléments de délits.

Eh bien! jugez maintenant les prevenus. Vous avez entendu M. Marchal : sa position, ses antécédents, sa famille garantissent sa sincérité. Il combat en homme d'honneur, vous pouvez accepter sa parole.

M. Quesne est un écrivain consciencieux et courageux, un homme de discussion et de pensée. Jamais vous n'en ferez un factieux ni un agitateur.

Je pourrais me dispenser d'aller plus loin, car les caractères des prévenus sont si honorables, leurs vues si pures, que l'incrimination s'évanouit. Il n'y a pas de condamnation pour l'erreur de la pensée et l'exagération du langage.

Si nous allons plus loin dans les articles, nous n'y trouvons rien qui tombe sous les coups de la loi. Le premier est une critique vive et malheureusement trop fondée des actes de la majorité; le deuxième est une défense de la constitution, une protestation contre ceux qui la veulent renverser. Si bien qu'on pourrait dire que ce procès est fait à des citoyens pour avoir trop aimé la République, comme Aristide a été banni pour avoir été trop vertueux. La République exigerait-elle l'emprisonnement de ceux qui ont pour elle une ardeur trop passionnée?

Cette critique ne repose-t-elle pas sur les faits? En dehors de toute préoccupation, ne faut-il pas reconnaître qu'il est un parti qui veut reprendre les conquêtes de 48, qui cherche à copier le Bas-Empire en élevant un César avili sur les boucliers prétoriens? Ne l'avons-nous pas vu à l'œuvre? Ne le voyons-nous pas? Ne se sert-il pas de tous les moyens, de la ruse, de la violence, de l'adresse, pour anéantir tout ce que 1848 a fondé, et surtout la République? N'entretient-il pas l'agitation dans le pays?

Voyons-le dans ses actes, précisément ceux qu'ont jugés les écrivains.

N'est-ce pas un fait malheureusement vrai que jamais les écrivains n'ont été soumis à des persécutions plus nombreuses et plus variées, qu'on les traque, leur tend des piéges, et qu'on fait tout pour émousser leur plume et pour la briser?

On a conservé toutes les lois anciennes, et l'on y a ajouté des dispositions rigoureuses. Le brevet peut leur être retiré à chaque instant, et l'on demande aux imprimeurs des certificats d'ordre. Bientôt on leur demandera des billets de confession.

Et que veut la République? Elle maintient les lois qui protégent la vie privée, le sanctuaire de la famille; elle punit la calomnie, la mauvaise foi. Mais la hardiesse des critiques, la passion des attaques, l'erreur du jugement, elle ne s'en inquiète pas. Elle marche dans sa force, généreuse et magnanime, répandant ses bienfaits; et comme autrefois les triomphateurs dans leur pompe, elle dédaigne les vaines clameurs qui ne sauraient l'atteindre.

Le suffrage universel, c'était la pierre angulaire, la base de l'édifice. C'était la loi suprême! C'était la raison de la grandeur et de la stabilité qu'il donnait au pays. Au lieu de diviser les citoyens, il les réunissait, les confondait dans l'accomplissement d'un même devoir et en faisait vraiment une nation de frères. Quelle réponse donnée en 1848 à ceux qui le déclaraient impossible, qui le taxaient de folie! Cette population marchant à ses comices, sans désordre, avec calme, avec majesté, avec force, les maires, les ministres en tête, associant ainsi la religion et la loi à ce grand acte!

Qu'en a-t-on fait? Parce que les électeurs de Paris ont envoyé un représentant sur quatre qui ne convenait pas à la majorité, celle-ci a décapité le suffrage universel. Sans égard pour le passé, elle a retranché au hasard trois millions d'électeurs; elle a rétabli le pays légal, les privilégiés et les exclus. N'est-ce pas elle qui a développé les sentiments de haine et de mépris?

Et l'instruction, comment est-elle entendue? L'instruction, c'est le pain de l'âme. Pour que les forces se réparent, il faut que l'enveloppe se soutienne. Dans toute société bien organisée, il faut que nul ne manque de pain.

La morale et la lumière ne sont-elles pas le patrimoine de tous? Projeter les clartés de la science sur une classe, et laisser l'autre dans les ténèbres de l'ignorance, c'est préparer une révolution violente.

C'est là ce qu'a fait la loi nouvelle. Elle a mis l'instruction aux mains d'un petit nombre; elle a autorisé les Jésuites à s'emparer des âmes, elle a placé nos enfants sous leur férule. Aussi les instituteurs sont traqués, destitués, forcés de recourir à l'hypocrisie. N'est-ce pas là un tableau bien affaibli? N'a-t-on pas couronné tout cet édifice par le despotisme de la police? N'est-il pas partout? Nous n'avons qu'à nous rappeler les circulaires du ministre de la Guerre pour nous rendre compte de l'esprit des fonctionnaires.

Pouvez-vous vous réunir sans la police? Pouvez-vous vous associer sans la police? Aller d'un lieu à un autre sans la police?

Je ne vais pas en province sans que MM. les gendarmes s'inquiètent de chacun de mes mouvements. Est-ce que ce n'est pas là la preuve d'un malaise profond? La France entend-elle être ainsi gouvernée?

Enfin la garde nationale, ce dernier boulevard de la République, on l'a détruite! On a mis cette institution civique dans la main du gouvernement; on en veut faire une garde privilégiée; on en veut exclure ceux qui font la force du pays!

Où mènent toutes ces violations du principe républicain? A la plus irrémédiable de toutes, à la violation de la constitution. Est-ce un mystère? N'y a-t-il pas conspiration flagrante? Ne l'annonce-t-on pas? Et ce mouvement que nous avons flétri, et qui est né de l'administration, n'est-il pas un mouvement contre la République? Et l'on accuse ceux qui le dénoncent de vouloir la guerre civile! Ils ne seraient pas des républicains s'ils se faisaient les fauteurs de la guerre. Maudite soit la guerre! Elle est impie! Elle offense Dieu! Maudite, entre toutes, soit la guerre civile, elle est un sacrilége! Pour l'empêcher, réfugions nous dans la loi! C'est là notre palladium! Si l'on vient nous y attaquer, si, pour faire triompher des prétentions insolentes, on voulait anéantir le régime républicain, fouler aux pieds la constitution, fuirions-nous? Courberions-nous lâchement la tête? Tendrions-nous notre front humilié au joug que lui préparent des pygmées en délire? Non! la France se lèverait, elle se lèvera, et les conspirateurs d'antichambre seront confondus!

Là est son avenir! La démocratie ne reculera pas! Par le progrès pacifique, le travail, la moralisation, elle a pris possession du monde, et elle ne le quittera plus.

On dit la République menacée par 1852, comme par une date fatale! Oui, fatale aux charlatans politiques qui ont trompé le peuple; aux tribuns qui veulent être plus républicains que nous en Février; à ces fabricateurs de professions de foi socialistes! Que ceux-là tremblent! Rien de mieux, c'est leur châtiment! Mais parce qu'ils tremblent, nous espérons. La République sortira triomphante Il lui sera donné de se montrer, appuyée d'une main sur le travail, de l'autre sur la liberté, respectant tous les droits, tolérant toutes les opinions, encourageant tous les efforts, unissant les hommes au lieu de les diviser, et donnant au pays tant d'éclat, tant de dignité, tant de bien-être, que les monarchies qui la menacent s'écrouleront par la seule puissance de sa majesté et la contagion de son exemple.

Le jury, après délibération, rend un verdict d'acquittement, qui est accueilli par les cris de : « Vive la République! Vive Jules Favre! »

TRIBUNAL DE COMMERCE DE MAMERS

PRÉSIDENCE DE M. PRÉVEL

AUDIENCE DU 5 AOUT 1853.

Affaire des syndics de la faillite de M. Boulay (ancien notaire), contre M. Guerrier (ancien notaire).

M. Guerrier était accusé de fraude dans les actes de transport de son étude à M. Boulay, et les syndics de la faillite de M. Boulay refusèrent de reconnaître sa créance.

Me Jules Favre, leur défenseur, s'exprime en ces termes :

MESSIEURS,

Lorsque l'année dernière nous nous présentions à votre barre pour demander contre le sieur Boulay l'application d'une mesure rigoureuse, la mise en faillite, vous n'avez pas oublié avec quelle vivacité passionnée nous étions combattus par quelques-uns de ses créanciers. Ils recherchaient dans la loi toutes les armes capables d'ébranler vos consciences. Ils vous présentaient également les considérations les plus propres à vous toucher. Ils invoquaient l'honneur d'une famille justement estimée, la dignité du notariat. C'est ainsi qu'ils essayaient de détourner comme un malheur la sentence que votre sagesse devait prononcer.

A ces objections des adversaires, messieurs, nos réponses furent simples.

Nous vous avons montré cet homme, investi d'un caractère public, jouissant pendant de longues années de la confiance de ses concitoyens et recevant des capitaux nombreux qui affluaient chez lui de toute part, soudainement précipité dans une ruine profonde, et essayant dans sa détresse, à l'aide d'actes équivoques et suspects, au mépris de ses devoirs et de la loi, de faire passer le patrimoine de tous les créanciers dans les mains avides de quelques-uns, devenus les complices de sa fraude.

En présence de ce résultat scandaleux et coupable, vous n'avez plus écouté que ce sentiment de justice, de morale, qui veut que l'égalité préside entre tous les créanciers d'un homme devenu insolvable; vous avez compris la nécessité de faire passer le niveau des faillites au milieu de ces inégalités si profondément blessantes pour l'équité; vous avez porté la lumière dans le cabinet de ce notaire infidèle à ses devoirs, et vous avez pu pénétrer les mystères dont il avait essayé de couvrir ses affaires : forts alors de votre indépendance, n'écoutant plus que la droiture de vos consciences, vous avez prononcé la faillite du sieur Boulay, que vous avez fait remonter à l'année 1848.

On s'est pourvu, messieurs, contre votre sentence. La cour d'Angers l'a confirmée, en y ajoutant un considérant remarquable qui passera sous vos yeux.

La cour, dans son arrêt, brise d'une main ces contrats équivoques fabriqués dans l'ombre, et qui absorbaient au profit de quelques-uns la fortune de tous.

De l'autre, elle déchire les voiles qui cachaient de criminelles connivences. Armée des sévérités de la loi pénale, elle a appelé à son aide le secours d'une instruction criminelle.

Si le résultat de cette procédure ne nous a montré qu'un coupable; si en dehors des débats sont demeurés d'autres acteurs de ce triste drame, les discussions devant les tribunaux criminels n'en ont pas moins inondé d'une clarté terrible ces opérations ténébreuses, ces comptes, ces actes qu'on veut aujourd'hui sauver à tout prix.

Cette lumière guidera votre sagesse à travers les complications de cette affaire. D'ailleurs, messieurs, dans ce procès, nous venons moins demander l'appui de votre savoir que celui de votre droiture. En effet, aujourd'hui comme à l'origine de ces débats, nous avons l'espoir que l'équité triomphera des sophismes, que la probité l'emportera sur la science des habiles.

Vous savez, messieurs, que le sieur Guerrier, ancien notaire, prédécesseur du sieur Boulay, se prétend son créancier de 33,000 francs.

Les syndics repoussent cette demande, et se présentent eux-mêmes comme créanciers du sieur Guerrier d'une somme de 27,000 francs. Ils demandent tout au moins un compte. Mes clients fondent leur réclamation sur une liquidation détaillée, minutieuse, dressée par M. Boulay, que M. Guerrier s'est toujours refusé de discuter.

Il se retranche, en effet, derrière deux arrêtés de compte et un transport, où il se croit à l'abri de toute attaque; cet abri est-il bien sûr? nous ne le pensons pas, messieurs; en effet, nous disons à l'adversaire :

Vos arrêtés de compte n'ont jamais eu de caractère définitif, ils supposent un compte, et ce compte, vous ne voulez pas le produire.

Votre transport n'est pas plus sérieux; il n'a été qu'un acte concerté entre vous et le failli, pour mettre à l'abri une somme importante.

Mais nous allons plus loin, messieurs; ces actes fussent-ils faits de bonne foi, qu'ils seraient frappés de nullité radicale par la loi commerciale; ils se placent, en effet, ou doivent être placés, étant sans date certaine, à l'époque où le failli était dessaisi de l'administration de ses biens.

Ils sont nuls, ajoutons-nous, comme entachés de fraude. La fraude, tout la démontre, tout, jusqu'aux précautions inimaginables prises par l'adversaire pour la dissimuler.

Donc vos arrêtés de compte, votre transport, écartez-les, la loi les condamne, l'honneur les réprouve, ils ont été arrachés à la faiblesse, ou conseillés par la fraude, ils ne peuvent soutenir les regards de la justice. Retirez-les. La dignité de la justice, votre honneur vous commandent d'asseoir votre compte sur des bases plus solides et plus honorables. Il vous faut compter franchement au grand jour sous les yeux de la justice.

Quoi! vous condamneriez l'illustre orateur dont vous avez sollicité l'appui, à se retirer derrière des fins de non-recevoir? Ah! laissez-lui la liberté qui lui convient; son talent la réclame.

Il ne peut accepter le débat dans les termes proposés. Triompher même à l'aide des moyens qu'on lui indique, il le sait, ce serait vous rendre un service perfide; il ne veut pas, il ne peut pas accepter une telle situation.

Enfin, messieurs, l'adversaire fût-il reconnu créancier d'une somme quelconque, nous soutenons que cette somme n'est garantie par aucun privilége.

Telles sont, messieurs, les questions du procès; elles ont une gravité considérable.

Elles tiennent en échec les intérêts de ceux que je représente, l'honneur même de l'adversaire; elles sont dignes de toute votre attention. Pour en bien faire comprendre la portée, les conséquences et la moralité, nous allons revenir sur les faits principaux de cette affaire que le tribunal n'a pas encore oubliée.

M. Guerrier est devenu notaire à La Ferté en 1831; il a acheté son étude à M. Croneau moyennant un prix de 31,000 ou 32,000 francs.

Dans un écrit qu'il a publié, M. Guerrier prétend avoir considérablement amélioré cette étude. Certes, il fallait qu'il l'eût relevée, puisqu'en 1839 il la revendait 62,000 francs.

Un bénéfice aussi considérable ne peut s'expliquer par la seule augmentation de valeur. Cette augmentation de valeur même est-elle réelle? nous ne le pensons pas. M Guerrier était un notaire peu actif, peu soigneux, médiocrement éclairé, peu ardent aux affaires; la preuve, c'est qu'il songeait à revendre lorsqu'il était encore à la fleur de l'âge.

Il revendait son étude à un prix considérable, parce qu'il avait ajouté aux produits de son étude des opérations qui venaient de remplir sa position d'embarras qu'il ne savait surmonter, et qui devaient causer la ruine de son successeur.

M. Guerrier vendait; et pourtant sa position était modeste. — Il avait besoin de travailler pour vivre, — pour vivre surtout comme il vivait. A Dieu ne plaise que je veuille pénétrer dans son intérieur; mais tout le monde sait à la Ferté que son existence était large, que ses goûts étaient dispendieux, que ses habitudes n'étaient pas exemptes d'un certain faste.

Pourquoi donc vendait-il? Il vendait pour réaliser un bénéfice important, pour fuir les embarras de ses affaires. Il ne vendait pas pour jouir du fruit de son travail, mais pour échapper à un labeur peu de son goût, et liquider, s'il était possible, une situation pleine de périls. Celui qui allait être appelé à lui succéder semblait préparé à l'avance au rôle qu'on allait lui faire jouer; jamais instrument ne répondit mieux à l'usage auquel on l'avait destiné. — M. Boulay, doux de mœurs et de caractère, sachant mal se défendre contre les obsessions, d'habitudes paisibles et laborieuses, sut à la fois inspirer une grande confiance et céder à toutes les impulsions; rien n'était plus facile que de le dominer, de l'entraîner, de le corrompre. — Il ne s'agissait que de le lancer sur la pente; on était sûr qu'il irait au fond de l'abîme.

M. Guerrier était merveilleusement propre à l'accomplissement de cette œuvre. Entré chez Guerrier en 1837, M. Boulay essaya de rétablir l'ordre dans l'étude; c'était une entreprise difficile : il n'existait pas même de registres, on voyait seulement quelques notes sur les dossiers, tout était dans la confusion la plus profonde.

En 1839, M. Guerrier fit des propositions à M. Boulay, qui les accepta. Un traité fut passé, mais avec cette clause singulière, demeurée secrète, que M. Guerrier continuerait, aux yeux des tiers, à être notaire, tandis qu'en réalité cette qualité devait appartenir à M. Boulay. D'un autre côté, il était chargé par M. Guerrier de faire toutes les rentrées, tous les payements; — tous ces détails commandèrent des écritures nombreuses et soigneusement tenues.

Le prix apparent de l'étude était de 50,000 francs; le prix réel était de 62,000. — M. Boulay avait quinze ans pour le payer. — Cette étude pouvait rapporter de 6,000 à 8,000 francs; sans être brillante, la position de M. Boulay était acceptable; mais il ne fut ni heureux ni prudent. En entrant en fonction, il fut atteint d'une maladie qui fut longue et coûteuse. Il acheta une maison à laquelle il fit des réparations considérables. Il ne craignit pas de faire des placements aventureux et de se livrer à des opérations de banque. Il continua en un mot la situation du sieur Guerrier, dont les intérêts furent confondus avec les siens. M. Boulay recevait pour Guerrier les sommes les plus importantes comme les plus faibles; il acquittait les plus grosses comme les plus petites dépenses.

Il était essentiel dès lors que des comptes loyaux fussent tenus pour faire connaître à la fin la position de chacun.

Il eût été nécessaire surtout de préciser le résultat final de ces opérations; c'est ce qui fut négligé d'une manière absolue.

Boulay dit cependant que, dès 1844, il prépara ce compte longuement détaillé qu'à la fin il appuie de pièces justificatives. Tout compensé, — intérêts, prix d'étude, répétitions de toute nature, — il prouve qu'il n'était plus débiteur, dès 1844, que de 18,000 francs. Telle est son assertion.

Cependant, à cette époque, 27 avril 1844, l'adversaire soutient qu'il se serait reconnu, par un arrêté de compte, débiteur d'une somme de 59,000 francs.

Nous verrons plus tard comment un résultat si extraordinaire peut être expliqué.

On dit qu'un nouvel arrêté de compte, non présenté, fut fait en 1846, et un dernier à la date du 1er mai 1850. Le tribunal remarquera qu'aucun de ces prétendus arrêtés de comptes n'a de date certaine. Les plus violents soupçons accusent surtout la sincérité du dernier; s'il faut en croire M. Boulay, cet arrêté est postérieur au 12 juillet; il a été signé en même temps qu'un transport antidaté qui fait passer entre les mains de M. Guerrier 26,000 francs dus par M. Morel, successeur de M. Boulay.

Tel est, messieurs, le résumé rapide des relations et des actes reprochés à MM. Guerrier et Boulay.

Pour comprendre le résultat de ces relations et de ces actes, il faut remonter un peu en arrière et interroger les années que nous venons de franchir.

M. Boulay ne pouvait pas réussir; il était sans fortune personnelle; il n'eut d'autres ressources que la dot de sa femme, qui fut bien vite entamée. Dès les premiers temps, des dépenses indispensables absorbèrent les revenus; aussi, dès la première année, il fut au-dessous de ses affaires, voué à la ruine. Au lieu de diminuer ses dépenses ou de s'arrêter, il les augmenta. Il demanda alors des forces au crédit. Il inspirait une grande confiance; les capitaux affluaient chez lui; il les jeta dans les spéculations; son étude devint la succursale de la caisse de la Sarthe, dont la fin a été si malheureuse. Il galvanisa ainsi par ce contact sa situation. Il négocia des billets. Peut-être a-t-il cru de bonne foi se soutenir et marcher à la fortune. Il a abouti à une catastrophe! Des signes précurseurs se manifestèrent dès 1846. A cette époque déjà il était fort gêné. Il songea à se retirer; il vendit à M. Morel, moyennant un prix de 80,000 francs; puis il chercha à s'utiliser dans la gestion d'une propriété, et se livra plus que jamais aux opérations de banque. Déjà épuisé, la crise de 1848 vint l'achever. A partir de ce moment, blessé à mort, il ne se releva plus!

Et cependant, grâce au crédit dont il jouissait, son agonie fut longue, désastreuse pour ses créanciers.

Dès 1848, il ne payait plus. Poursuivi, traqué de toutes parts, il se soutenait par les renouvellements, les emprunts à intérêts exagérés, par les moyens désespérés qu'emploient les débiteurs aux abois.

A la fin de 1849, sa position transpirait au dehors; les créanciers murmuraient; en 1850, ils ne voulurent plus attendre. Il invoqua vainement les considérations de famille. On voulut connaître sa situation, et l'on ne rencontra qu'un homme écrasé par le malheur. — Retiré dans une campagne écartée, M. Boulay passait les journées dans l'accablement et les larmes. Il était invisible pour tous, un seul excepté, et cet homme, nous le verrons plus tard, quand Boulay ne sera plus rien qu'une sorte de débris échoué appartenant au premier qui voudra s'emparer de lui, nous le verrons le harceler dans sa retraite, lui envoyer des émissaires, à toutes les heures de la nuit, pour lui arracher des obligations mensongères, des transports frauduleux.

Il profitera du trouble, de la douleur de sa victime pour conduire sa main non moins égarée que coupable.

Il fera plus, cet homme, il s'introduira dans la maison de ce malheureux, en son absence, nuitamment encore, et il enlèvera les papiers des créanciers, les reçus, les contre-lettres.

Qui donc a montré tant d'audace? Vous le connaissez, messieurs. La notoriété publique vous le signale : vous avez sous vos yeux l'auteur de ces hardis coups de main : il vient vous en demander le prix; il vous apporte ses titres; vous en connaissez maintenant l'origine. N'avais-je pas raison de dire en commençant que ces titres ne pourraient soutenir les regards de la justice?

Les faits que je viens de raconter sont constants; ils ont été révélés par une instruction criminelle.

D'abord ignorés par les créanciers loyaux, sérieux de la faillite, ils jetèrent, quand ils furent connus, sur cette faillite une triste lumière. Un examen nouveau, sommaire, provisoire, de la position de Boulay fut résolu; une commission fut nommée. M. Guerrier lui-même fit partie de cette commission. Chose singulière et digne de remarque, le sieur Guerrier lui-même, avec les autres membres de la commission, accepta l'abandonnement des biens du sieur Boulay, *avec réserve d'attaquer les actes faits en fraude de la masse des créanciers;* ces réserves faites par la commission étaient pleines de prudence, *car certains créanciers habiles avaient déjà pris les devants.*

M. Boulay, avec un passif de 300,000 francs, n'avait d'autre actif que le prix de l'étude, qu'il avait fait disparaître à l'aide de plusieurs transports.

On ne pouvait respecter un pareil résultat sans l'examiner. Quand M. Guerrier vit qu'il était question de discuter ses titres, il se retira prudemment du sein de la commission.

Des négociations amiables s'entamèrent alors. On réclama des communications loyales, des justifications sérieuses; mais on n'obtint que des refus obstinés.

M. Guerrier déclara qu'il n'avait d'autres pièces à fournir que son transport, que son arrêté de compte. Plus que jamais la position parut grave et appela des investigations sévères. Une nouvelle commission fut nommée, chargée spécialement de vérifier la créance du sieur Guerrier.

M. Boulay fut invité à produire un travail qu'il avait promis; plusieurs fois il avait déclaré qu'il était plutôt le créancier que le débiteur de M. Guerrier. On lui rapporta les témoignages des personnes auxquelles il avait fait ces aveux, les détails des scènes que nous avons rapportées plus haut : on mit sous ses yeux la misère de pauvres pères de famille plongés dans la ruine, la responsabilité terrible qu'il assumait, la douleur qu'il préparait à sa famille si l'on venait à prouver devant les tribunaux qu'avec sa fortune il avait aussi perdu son honneur, le dernier patrimoine de ses enfants. Vaincu par toutes ces considérations, il se mit au travail. Il fit une liquidation provisoire de laquelle il résultait qu'il était créancier du sieur Guerrier d'une somme de 16,436 fr. 20 c., avec réserve de 11,000 francs qu'il n'avait pas encore pu complétement vérifier.

Ce résultat de prime abord est certes fort extraordinaire, si on le compare aux titres signés par Boulay; mais il est conforme aux déclarations qu'il avait fait entendre à plusieurs personnes avant de signer ces arrêtés de compte coupables. Au surplus, il ne se dissimule aucune des objections que son travail peut soulever; mais il les réfute en indiquant les sources auxquelles il a puisé, et en provoquant la contradiction; nous le laissons parler :

Nous raisonnons comme si le compte que nous présentons avait acquis l'autorité de la chose jugée. Nous l'avons dressé promptement, il est vrai, mais nous l'avons fait néanmoins avec soin. Il ne repose pas sur des suppositions. *Tous les articles qu'il contient se trouvent sur des registres non écrits d'hier, et que M. Guerrier a vu des milliers de fois lui-même ; tous, par conséquent, seront facilement vérifiés et contrôlés.* Bien entendu que s'il se découvre des erreurs, elles seront rectifiées soigneusement.

D'après cela, en raison, ils ne peuvent être rejetés, alors surtout que l'on n'a aucune écriture à nous opposer. Donc, foi est due à nos journaux, à nos registres. *En droit, nous pouvons croire qu'ils ne seront pas sans valeur; car, appuyés des pièces du dossier, qui sans doute nous sera rendu, nous ne devons pas redouter la discussion.* Mais où vais-je? Dans notre bonne foi réciproque, nous n'avons pas à nous occuper de cette question. Tout fait reconnu sera admis sans contestation.

Au surplus, nous disons à M. Guerrier :

Vous le voyez bien, il est indispensable que nous nous livrions à une étude sérieuse et approfondie de notre situation réciproque. Il y va de votre intérêt.

D'abord, si vous détruisez mon compte en en démontrant les incorrections, les erreurs, les omissions, votre créance en apparaîtra plus solide, plus incontestable, et vous en pourrez jouir avec plus de quiétude, plus de tranquillité d'âme.

En second lieu, si le résultat de ce compte est reconnu exact par vous, vous en serez encore plus heureux, puisqu'il sera acquis alors pour vous que votre position distinguée n'aurait été due qu'à l'infortune d'une famille malheureuse.

Entrez donc, monsieur, entrez donc dans ces considérations. et ne refusez pas l'étude que je demande en ce moment avec la plus vive instance.

Vous m'avez vu, mon cher monsieur Charles, dans un état de pitié; ma douleur était si extrême, qu'elle vous a porté à l'exagérer encore par un mot qui m'avait presque blessé, tant le mal rend susceptible; vous avez pleuré sur le sort d'un pauvre père de famille que vous avez affectionné, et qui, lui, vous affectionnera aussi toujours, quoi qu'il arrive; vous vous êtes effrayé de l'avenir d'êtres qui me sont si chers, et pour lesquels vous vous êtes souvent intéressé. Venez donc, encore une fois, venez, afin que nous cherchions la vérité tout entière.

C'est en ces termes touchants que M. Boulay adjure M. Guerrier de vérifier ce compte avec lui. La forme, le ton de cet appel à la conscience, à la vérité, sont plus que modérés; ils sont affectueux.

Quelle fut l'attitude de M. Guerrier en cette occasion? Il ne s'agissait plus seulement d'une question de comptabilité; son honneur lui-même était engagé.

Il refusa néanmoins le débat, éluda toutes les sollicitations, se refusa à toutes les communications, déclara sa situation inattaquable.

La commission avait cru un instant pouvoir faire avec lui un examen sérieux et loyal de sa situation, mais elle vit bientôt ses espérances déjouées; elle se vit dans la nécessité de faire son rapport. M. Guerrier fait de ce rapport un moyen de triomphe.

Ah! oui, triomphez; les commissaires vous ont tressé de bien tristes couronnes.

Il est bien vrai que la commission déclare que vous vous retrancherez derrière des moyens de forme.

Mais elle ajoute que vous avez été sourd à la voix de l'honneur.

Elle dit : Les chiffres, les livres, les actes, les faits, toutes ces choses l'accuseront à la fois, mais il ne répondra pas.

Ils l'accuseront de frauder les droits de la masse, il ne s'en défendra pas ; de prendre le bien d'autrui, n'importe, il osera le garder!

Montez, monsieur, montez au Capitole! Jouissez en paix de cet odieux triomphe ; personne ici n'y veut mettre obstacle!

En présence du refus si obstiné de l'adversaire, Boulay enfin se relève et va faire tout seul ce que le sieur Guerrier refuse d'exécuter. Il reprend cette liquidation, qu'il avait déjà commencée; il s'entoure des livres et des pièces qui lui restent; il reprend ce compte de onze ans article par article, et prouve par des chiffres qu'il est créancier de 27,000 francs.

Il ne se contente pas de faire cette preuve par les articles du compte, il prouve que M. Guerrier n'a jamais été, par sa position de fortune, en état de se constituer créancier des sommes qu'il réclame. Il prouve au contraire, par les capitaux nombreux dont il avait la libre disposition, qu'il a pu faire à M. Guerrier les avances que ses livres établissent.

Après ce travail, il ne prie plus M. Guerrier d'entrer en discussion, il le poursuit pour l'y obliger; — ce n'est plus comme tout à l'heure les supplications qui se trouvent dans ce nouveau mémoire : le fiel découle de sa plume; il poursuit son créancier, l'injure, le sarcasme à la bouche, pour l'amener à une révision :

On entend mes adversaires, dit-il, crier à l'injustice, au guet-apens, à l'infamie!

Comment, de l'injustice! Ils voient de l'injustice quand on s'en va dire : Je vous ai trop payé ou trop compté, venez donc que nous examinions ensemble! Comment, ils crient au guet-apens, quand c'est nous, au contraire, qui sommes restés dans l'inaction et qui nous plaignons d'être victimes d'entreprises astucieusement dirigées et menées à fin! Comment, eux parlent d'infamie!... Eh bien! oui, s'il y a infamie, vous connnaissez l'infâme, messieurs; du moins, vous savez bien que ce n'est pas celui qui cherche la vérité avec sincérité et désir; vous savez bien qu'ordinairement ce n'est pas celui qui est dépouillé!!!

Après tout, quand notre adversaire, qui maintenant demande les preuves qu'il nous a ravies, aurait gain de cause, quand il serait absous, quand tous les tribunaux, toutes les cours se prononceraient pour lui, *nous*, nous lui dirons toujours : Il est des accusateurs dont vous ne vous débarrasserez jamais, *moi et votre conscience.* Les chiffres, les noms, les dates sonnent sans cesse à vos oreilles. N'entendez-vous pas les cris de votre conscience? Vous avez beau vous abriter à l'ombre de la réputation de votre famille, vous avez beau vous étourdir de votre bruit, quelque chose vous fera vous dire incessamment à vous-même : — Si mes appartements sont splendidement décorés, si on n'y voit que de riches tentures, que tapisseries, que corniches sculptées, qu'opulents fauteuils, que belles pendules, que magnifiques candélabres, c'est à même lui; si mes jardins, ma serre, ma cuisine, mon atelier, ma table, mes armes sont *ici* à nuls autres pareils, c'est à même lui; si nos habits sont somptueux, si les rubans, les marabouts ombragent nos têtes, c'est à même lui, toujours à même lui.

— Sans lui, je n'aurais eu que de quoi payer mes dettes; sans lui, je travaillerais au lieu de vivre en seigneur; sans lui, je n'aurais qu'une modeste demeure, une table frugale.

— Et lui, sans moi, continuerait à vivre honorablement; il élèverait sa petite famille sans recourir aux autres; il procurerait à ses chers enfants une éducation convenable; il leur laisserait une position honnête, et, de plus, avec un petit patrimoine, un nom dont ils n'auraient jamais qu'à s'honorer.

Homme de convoitise et fainéant, homme de vanité et de désordre, oui, partout mon image vous suivra. De pesants cauchemars troubleront votre sommeil; vous ne disposerez pas d'un sou sans trouble, et l'argent sera entre vos mains comme une matière brûlante.

Et, arrivé au terme de votre existence, mes reproches tinteront plus violemment; vous vous agiterez dans une agonie pleine d'angoisse; vous saurez alors à quoi vous auront servi toutes vos tromperies; vous saurez que votre fils aura, lui aussi, à supporter quelque chose de l'indignité qui s'attache à votre nom; vous saurez même que vos parents ont été travaillés par le doute à votre sujet.

Ainsi sera votre vie, ainsi sera votre mort, car les trois causes principales de votre faute seront écrites et retracées sans cesse sous vos yeux. Vous vous direz :

— J'avais des charges absorbantes, et j'ai trouvé moyen de les reverser sur mon successeur.

— Je m'y suis si bien pris, que lui, que je dirigeais à ma volonté, n'a pas osé me contredire; je l'ai arrangé comme je l'ai voulu, et il n'a pas osé me contraindre à une vérification promise.

— Enfin, quand me faisant, en dernier lieu, appel, je lui ai refusé de revoir les choses, parce que je savais que je trouverais ma ruine et ma condamnation.

Ainsi sera l'état de votre âme. O honte! vous apparaîtrez devant le Juge des juges tout couvert de malédictions. Au dernier moment, vous que des mains vertueuses et chrétiennes ont élevé, vous que les passions ont jeté dans l'incrédulité, au dernier moment, vous éprouverez au moins les déchirements du doute. Alors il sera trop tard : vos membres se crisperont comme pour se reprendre aux branches de la vie, et vous disparaîtrez en laissant ces pages à un fils pour l'interprétation des torpeurs de votre mort inquiète, heureux encore si ce fils, enfin éclairé, ne s'associe pas, pour son honneur, aux malédictions que d'autres innocents, victimes de vos frauduleuses manœuvres, lanceront contre vous.

Malgré ces récriminations brûlantes, Guerrier se tait. — On l'attaque avec la violence la plus extrême, il ne se défend pas.

On lui jette la boue à la face, il se retire derrière des titres véreux. Quel est donc le caractère de cet homme? Ses propres amis ont besoin d'être plus que lui soucieux de son honneur, pour qu'il fasse entendre sa voix. Ce n'est que deux ans après le mémoire de

M. Boulay qu'il rompt le silence, pour faire une réponse contre lui plus accablante encore que l'attaque.

Il fait un mémoire de neuf pages pour dire uniquement, sous toutes les formes, qu'il ne se sent pas blessé des injures d'un adversaire tombé si bas.

Que les faits qu'on lui reproche, les tribunaux les ont innocentés; que d'ailleurs, la considération dont sa famille et lui-même jouissent dans le pays, l'abrite suffisamment contre les imputations odieuses dont il a été l'objet. Quant au compte qu'on lui demande, il ne cesse de répéter que depuis longtemps il a été réglé entre lui et M. Boulay.

Réglé entre Boulay et vous, c'est vrai, monsieur, personne ne le nie; mais comment a-t-il été réglé? Telle est la question nouvelle que les syndics vous adressent aujourd'hui. Cet acte, ils ne l'acceptent pas; cet acte, ils le tiennent pour frauduleux; cet acte, ils le regardent comme une spoliation faite par vous et M. Boulay à la masse des créanciers. Écoutez donc ces accusations, voilà le procès tel qu'il est aujourd'hui posé devant le tribunal. — On vous accuse de connivence coupable, et vous ne répondez pas. Ignorez-vous donc qu'il n'est aucun acte qui puisse tenir quand il est inspiré par la fraude et le dol? Vous êtes ici devant un tribunal de bonne foi, et vous croyez pouvoir vous dérober à ses regards : vous le chercheriez vainement!

La considération de votre famille, vos juges la respecteront, mais ils sauront en même temps faire justice malgré votre silence. La considération de votre famille n'est pas la vôtre; oubliez-vous donc, monsieur, qu'il y a des fils indignes? Vous avez triomphé, dites-vous, devant les tribunaux correctionnels. Cruel triomphe, et que vous ne tarderez pas, messieurs, à apprécier comme il mérite de l'être.

Au milieu de ces débats si gros de scandales, les créanciers ne pouvaient rester inactifs; il fallait appeler les investigations de la justice sur tous ces actes suspects; il fallait que son œil pénétrât dans toutes ces ombres au milieu desquelles des faits condamnables avaient pu se consommer.

Une requête fut présentée le 11 février 1852, tendant à la mise en faillite. Un jugement par défaut déclara cette faillite; M. Boulay y forma opposition; après des débats solennels, vous prononçâtes, le 11 mai, un jugement contradictoire conforme au premier; votre décision a subi les épreuves d'un second examen de la part de la cour d'appel d'Angers, qui l'adopte; elle ajoute même à vos motifs, et ordonne une instruction criminelle.

Les créanciers faisaient de loyaux et courageux efforts pour faire la lumière dans les ténèbres dont l'adversaire se plaisait à envelopper ses actes. Guerrier traitait les syndics de fort haut, il les gratifiait des épithètes les plus malsonnantes, il les appelait des brouillons. Nous ne répondîmes pas à ces insultes par d'autres insultes, cela ne nous convenait nullement, mais nous parlâmes alors de pièces enlevées, de registres lacérés, et nous montrâmes les pages. La cour fut émue, elle ordonna le dépôt des registres. Le ministère public songea dès ce moment à diriger des poursuites contre les coupables éventuels. Voici le considérant qu'à cette occasion la cour ajouta aux motifs de votre décision :

« Attendu que les appelants ne peuvent raisonnablement être admis à opposer aux autres créanciers, qui sont des tiers, une convention occulte qu'ils auraient faite avec le failli, et au moyen de laquelle ils prétendent s'approprier exclusivement, au préjudice de ces tiers, une portion de l'actif de la faillite. »

Cependant, M. Boulay portait plainte contre M. Guerrier, l'accusant d'avoir enlevé des pièces, détourné des titres dont il détaillait l'énumération.

Sur la poursuite du ministère public, tant contre Boulay que contre Guerrier, le premier fut arrêté, le second laissé en liberté, puis relaxé par ordonnance de non-lieu confirmée par arrêt. Nous ignorons complétement les termes de ces décisions qu'on n'a jamais voulu nous montrer; mais nous avons eu dans nos mains la procédure dirigée contre Boulay, nous vous en livrerons les fragments, comme des éléments du plus utile enseignement. Il en résulte d'abord que les comptes n'ont jamais été réglés sérieusement; secondement, que Guerrier s'est refusé à tous les contrôles.

En troisième lieu, qu'il a abusé de la faiblesse de Boulay ou connivé avec lui; en quatrième lieu, enfin, qu'il a enlevé frauduleusement les pièces comptables.

Tout ceci, messieurs, ressort clair, évident, des dépositions et des interrogatoires que vous allez me permettre de faire passer sous vos yeux.

Je ne veux pas tout lire : je ne prendrai que ce qui a un trait direct à l'affaire.

Sur toutes les propositions que je viens d'avancer, voici ce qu'on lit dans l'interrogatoire du sieur Boulay :

Au mois d'avril 1837, je suis entré *comme clerc chez M. Charles Guerrier.* Au cours de 1838, il me manifesta son désir de vendre son étude, et, le 1er *janvier* 1839, j'entrai en jouissance de cette étude *par suite d'un contrat secret,* dans lequel il était stipulé *que j'achetais l'étude moyennant* 60,000 *francs.*

Comme M. Guerrier ne voulait pas faire connaître ce fait à sa famille, nous restâmes plus d'une année dans cette position, *et ce ne fut qu'au mois de février* 1840 que je devins officiellement *propriétaire de l'étude moyennant le prix apparent de* 50,000 *francs.* Les 10,000 francs stipulés secrètement en sus entraient en compte entre nous et se joignaient aux autres comptes résultant de la gestion par moi faite de l'étude depuis 1839. A peine fus-je devenu titulaire de cet office, que je tombai malade et fus alité pendant une année environ, année pendant laquelle mon étude fut dirigée par M. Guerrier, et où il me fut impossible de suivre exactement les diverses opérations, et je ne faisais que signer les billets, me reconnaissant souvent débiteur personnel des fonds déposés dans l'étude, ainsi que l'avait fait M. Guerrier pendant l'année que j'avais géré sous lui.

En 1843, *je voulus faire nos comptes, et au cours de* 1844, je présentai à M. Guerrier *ce compte, duquel il résultait que je ne lui devais plus qu'une somme de vingt-quatre mille et quelques cents francs,* car ce dernier, pendant les années 1839 et 1840, avait acquitté beaucoup de dettes que j'ignorais. M. Guerrier compulsa à son tour les registres, et le résultat de ses recherches fut que je restais lui devoir la somme de 58,000 francs. *Je refusai d'abord d'accepter ce compte; mais il me dit qu'il partait* pour aller chez son frère, à Beaune, et que sa femme insistait pour que notre compte fût réalisé avant son départ. *Sur cette insistance, et surtout sur la promesse qu'il me fit que ce compte serait vérifié à son retour, je consentis à le signer.* Lorsqu'il fut revenu de ce voyage, j'insistai en vain plusieurs fois pour que cette vérification eût lieu. *Nous étions si intimement liés et j'avais une telle confiance en lui, que je n'employai pas les voies rigoureuses. En* 1847, *lors d'un voyage qu'il était de nouveau sur le point d'entreprendre,* il vint encore me trouver, en me disant qu'il allait s'absenter, mais qu'il tenait à ce que notre règlement de compte fût définitivement arrêté à son retour. C'était une vaine promesse, et nous arrivâmes *ainsi jusqu'au* 1er *mars* 1850, époque à laquelle, par suite de payements faits par moi à l'acquit de Guerrier, *ce dernier ne se prétendait plus être mon créancier que pour une somme de* 33,000 *francs,* chiffre que je n'acceptais toujours que sous bénéfice de vérification. *A cette date du* 1er *mars* 1850, *Guerrier, qui savait mes affaires embarrassées et qui désirait avoir un privilége pour sa créance, insista et usa de son influence excessive sur mon esprit* pour obtenir de moi que je lui donnerais *un transport pour* 26,000 *francs sur le prix de mon étude,* que j'avais vendue à M. Morel au mois d'octobre 1847, et qui restait me devoir 50,000 francs environ. *Les sept autres mille francs dont Guerrier prétendait être mon créancier restaient dettes chirographaires.* Au mois d'août suivant, je fus obligé de réunir mes créanciers, et je donnai à cet effet procuration en blanc à Guerrier, dans lequel j'avais pleine confiance, pour qu'il y consentît en mon nom tous arrangements utiles. *A cette première réunion, les sieurs Guerrier, Lambert et Onillon furent nommés commissaires, et ma procuration en blanc fut remplie à leurs noms. Dans ce moment,* je m'étais retiré dans une terre à moi, à Champaissant, *et je me croyais encore à cette époque au-dessus de mes affaires;* et c'eût été avec raison, si Guerrier m'eût rendu un compte exact, et si mes biens et ceux de mes débiteurs n'eussent vu leur valeur dépréciée, au moment de leur vente ultérieure, par suite des événements politiques. Plusieurs créances que j'avais à recouvrer ont aussi périclité par suite de frais d'ordre et d'autres procédures. *Ceci pourra être établi par les syndics de ma faillite, parmi lesquels Guerrier n'a plus figuré depuis le* 8 *avril* 1851, *date à laquelle j'ai soumis, dans une réunion de mes créanciers, mon compte avec lui.* La procuration que j'avais donnée à Guerrier en l'étude de Me Morel ne contenait pas de nom de mandataire, parce que nous ignorions si elle devait servir. *Mais bien que Guerrier n'y fût pas indiqué comme mon fondé de pouvoir, cependant il avait moralement cette qualité*, et il en remplissait les fonctions, depuis mon départ pour Champaissant, en répondant à toutes les demandes faites par mes créanciers et en dirigeant le nommé Lhermenier, dit Faussabry, mon clerc ou employé à mes comptes, que j'avais laissé avec mes registres et papiers dans une chambre que je conservais à la Ferté-Bernard. *A peine fus-je retiré à Champaissant que le sieur Guillemin (Isidore), ancien clerc et homme de confiance de Guerrier, vint presque toutes les nuits m'obséder pour obtenir de moi diverses concessions. La première qu'il sollicita fut que la reconnaissance de* 33,000 *francs, antérieurement rédigée en forme d'arrêté de comptes résultant de nombreuses opérations, serait convertie en deux autres reconnaissances, l'une de* 7,000 *francs, également en forme d'arrêté de comptes*, et l'autre de 26,000 francs, indiquant l'acquisition de mon étude comme origine de cette dette envers Guerrier. *Je ne puis cependant rien affirmer de précis sur la forme de ces deux reconnaissances, que Guillemin m'apporta toutes rédigées, et que j'ai copiées et signées aveuglément, au milieu de la nuit et dans un moment de trouble.* DANS LES NUITS suivantes, Guillemin *m'obséda* pour que je consentisse *à faire disparaître mes comptes avec Guerrier existant sur les extraits que j'avais fait faire par Lhermenier et autres de mes livres-journaux ;* et il me présenta à cet effet tous les extraits; mais je refusai obstinément. *Il me demanda alors, au nom de M. Guerrier, de faire disparaître le dossier de M. Guerrier. A quoi je répondis :* CELA NE ME REGARDE PAS; FAITES CE QUE VOUS VOUDREZ.

Sur la prétendue créance du sieur Guerrier, voici comment s'expliquent Chevert, Lefèvre, Marteau, Berger et Lambert :

CHEVERT. — J'ai voulu relever le compte Guerrier; mais Boulay m'en a empêché, *prétendant qu'il était trop long et trop compliqué*, et je n'ai jamais eu connaissance de ce compte. Plusieurs fois je fis des observations au sujet des sommes importantes qu'il aurait dues à Guerrier, mais il *me répondait qu'il était plutôt son créancier que son débiteur.*

LEFÈVRE. — J'ai été nommé le 8 avril 1851, avec Marteau, membre d'une commission chargée de vérifier le compte particulier de Boulay avec Guerrier. A mes yeux, il est impossible d'arriver à un compte exact si Boulay et Guerrier ne sont mis en présence et ne viennent expliquer contradictoirement leurs dires respectifs sur chaque article douteux des registres. Dans ce moment, ni l'un ni l'autre ne peuvent connaître leurs droits, même approximativement. J'ai fait mes efforts pour obtenir une entrevue entre Guerrier et Boulay; *mais Guerrier s'est retranché derrière son titre*. D'abord, il est vrai, il pouvait motiver ce refus par le refus que faisaient les syndics de lui communiquer les registres de Boulay; *mais plus tard, lorsque je me suis fait fort de les lui communiquer, je n'ai pas davantage obtenu ce que je désirais* de lui.

MARTEAU. — Des recherches que nous fîmes, *il résulte pour moi la conviction que Guerrier ne pouvait être réellement créancier d'une somme aussi importante que celle qu'il réclamait, et que même Boulay ne devait rien lui devoir. Il fallait même, pour que Guerrier ne fût pas débiteur de Boulay, que le prix de l'étude fût plus élevé que le prix porté au traité*. Ce traité, d'après ce que m'a rapporté Boulay, avait eu lieu moyennant 50,000 francs avoués et 10,000 dissimulés, plus un pot-de-vin de 500 francs; en outre, 1,000 francs, une montre en or et une chaîne de 350 francs, je crois, pour madame Guerrier. En admettant même que les 26,000 francs du transport de Boulay à Guerrier, sur le prix de son étude, seraient payés, *Boulay serait créancier de cette somme au moins*. A mes yeux, une telle différence, qu'on peut évaluer à plus de 30,000 francs, puisque tel est le chiffre de la réclamation de Guerrier, *ne peut résulter que d'un concert frauduleux entre Boulay et lui.*

Berger. — J'ai la croyance que depuis la cessation de ses payements, Boulay a payé plusieurs de ses créanciers au préjudice de la masse, et a dissimulé une partie de son actif.

Quant à la créance Guerrier, qui s'élèverait, d'après les réclamations de ce dernier, à une somme de 33,000 *francs, et qui résulterait d'un arrêté de compte en date de* 1850, *je ne puis la considérer comme sérieuse :* d'abord, parce que Guerrier a refusé de produire toutes pièces à l'appui de ce compte, bien qu'elles lui aient été réclamées par une commission composée de MM. Marteau, avoué à Mamers, Lefebvre, notaire à Nogent-le-Rotrou, et Morel, notaire à la Ferté-Bernard, nommés pour vérifier le compte Boulay et Guerrier; ensuite, parce que Boulay non-seulement ne se reconnaît point débiteur d'une somme de 33,000 francs, mais encore prétend être créancier de Guerrier d'une somme de 27,000 francs, d'après un dernier compte fait par lui à la suite de recherches effctuées par le syndic Onillon, desquelles il résulterait que Boulay était plutôt créancier que débiteur de Guerrier. Ces recherches d'Onillon avaient eu lieu sur un agenda de Boulay, tenu en 1846. — Je ne puis croire non plus que Guerrier, qui faisait des dépenses plus considérables que ne le comportaient ses revenus, et pour lequel Boulay a payé notamment une somme de 25,000 francs environ, prix de sa maison, pût être créancier d'une aussi forte somme. Outre cela, il est avéré que Boulay a payé la plupart des dettes de M. Guerrier, et a été réellement son banquier pendant plusieurs années, ainsi que le constatent ses registres-journaux.

M. Lambert émet la même opinion.

En ce qui touche l'enlèvement des pièces,

L'interrogatoire si grave de Boulay se trouve confirmé par d'autres dépositions, notamment par celle du clerc qui a été témoin des visites faites pendant la nuit à Champaissant.

On lui représente les pièces déposées par Guerrier; il les reconnaît pour les avoir vues chez M. Boulay, à la Ferté-Bernard, où M. Guerrier les a enlevées.

Enfin, interrogé, voici comment il s'explique sur les visites nocturnes qu'il avait été obligé de faire :

En août 1850, *je recherchais en mariage la domestique de Boulay et faisais dans ce but de fréquents voyages à Champaissant.* Cette dernière me disait *que Guillemin y faisait de fréquents voyages la nuit, tantôt en voiture, tantôt à pied, pour y conférer avec Boulay. J'ai su par elle que, le lundi* 12 *août* 1850, *Isidore Guillemin était venu dans la nuit à pied trouver son maître pour lui demander la remise du dossier de Guerrier, lequel était déposé dans la chambre louée par Boulay à la Ferté-Bernard que j'occupais, avec tous les registres. A cette demande, Boulay répondit dans un moment de désespoir : Faites ce que vous voudrez.* Cette domestique, que j'ai épousée depuis, *a entendu elle-même cette conversation. Le lendemain ou le surlendemain de ce voyage* et quelques jours seulement avant la première réunion des créanciers, qui eut lieu le 19 août, *Guerrier arriva sur les trois heures et demie du soir* dans la chambre où je travaillais; Guillemin arriva presque en même temps. *Guerrier en arrivant me demanda où étaient toutes les pièces qui concernaient son compte, et, en même temps, il mit la main sur une feuille double, papier grand format, concernant le résumé de son premier compte fait avec Boulay, dont je ne sais ni la date ni le montant, laquelle était déposée sur une table en bois blanc placée à gauche en entrant dans la chambre.* DANS CETTE FEUILLE se trouvait renfermé SON TRAITÉ de l'étude avec Boulay recouvert de sa chemise que je crois être en papier rose. *Ce n'est pas tout, me dit Guerrier,* et je lui indiquai *le casier dans lequel était la liasse de ses papiers,* desquels il *s'empara* pour les réunir à son traité dans la feuille indiquée ci-dessus. J'ignore quelles étaient les pièces renfermées dans *cette liasse, qui en contenait bien trente ou quarante; ce que je puis affirmer, c'est que dans cette liasse il se trouvait des billets, quittances ou reconnaissances de sommes importantes, notamment:* 1° *un billet de* 6 *ou* 8,000 *francs souscrit par Guerrier au profit de la veuve Gédon et acquitté par Boulay;* 2° *un billet de* 6,000 *francs souscrit par Guerrier et non payé. Au même instant Guerrier mit aussi la main sur le dossier de M. Foreau, son beau-père, ou plutôt je le lui remis sur sa demande,* croyant qu'il voulait se livrer à de simples recherches; *il enleva de ce dossier un billet de* 15,000 *francs souscrit par M. Foreau au profit de la banque de la Sarthe, et qui devait être acquitté, puisqu'il était joint aux pièces du souscripteur. Pendant ce temps, Guillemin, sur l'injonction de Guerrier, s'était emparé des trois registres contenant les relevés faits par moi des registres de caisse, et ils délibérèrent tous deux sur les moyens de faire disparaître ou de rendre inintelligible le compte de Guerrier avec Boulay.* Il fut d'abord question entre eux de bâtonner chaque ligne de ce compte, mais ils changèrent d'idée, je ne sais pourquoi, et Guillemin se contenta de bâtonner chaque page en travers. *Guerrier s'empara à cet instant d'une petite liasse recouverte de papier blanc sur lequel étaient écrits ces mots :* CONTRE-LETTRE, *et il la mit dans la poche de son paletot* Après quoi Guerrier dit à Guillemin de prendre sur le registre le compte de la veuve Vasseur, laquelle touchait une rente viagère de 50 francs de M. Jumillac, dont M. Guerrier fait les affaires, et qui avait été payée, il paraît, depuis plusieurs années par Boulay, débiteur de Guerrier. Ce compte fut biffé par Guillemin comme le précédent. Guillemin biffa ensuite le compte de la veuve Vannier, sur lequel se trouvait consigné un payement de 800 francs au moins fait par Boulay, à l'acquit de Guerrier. — *Avant de s'en aller, Guerrier dit : Cela ne suffit pas, il faudrait trouver moyen de faire approuver ceci par Boulay, afin qu'on ne vienne pas me demander plus tard une vérification. Tu iras, toi Faussabry, avec Guillemin, ce soir même, à Champaissant, trouver Boulay,* afin que ce dernier inscrive au bas de chaque feuille bâtonnée transversalement ces mots : *Vu et approuvé, comptes faits et approuvés à telle époque* (dont j'ai oublié la date). *Il eût bien mieux valu que ces feuillets eussent disparu, et vous tâcherez de l'obtenir de Boulay.* Avant de partir, je *portai chez Guerrier, sur son injonction, la liasse de ses papiers en les cachant sous ma blouse. Puis, sur les neuf heures du soir, nous emprunâmes, Guillemin et moi, le cheval et la voiture du sieur Tortevoie,* pépiniériste à la Ferté-Bernard, et arrivâmes, *avec nos trois registres,* chez Boulay sur les onze heures et demie ou minuit, la distance à parcourir de la Ferté-Bernard à Champaissant étant de vingt kilomètres à peu près. *Avant de partir de la Ferté, nous avions été prendre avec la voiture les trois registres dans la chambre louée par Boulay et les avions enveloppés* dans un vieux manteau de Boulay et lié le tout avec une ficelle, après quoi nous les mîmes dans le coffre.

En cet instant, nous allâmes à la porte de M. Guerrier, chez lequel Guillemin entra pendant que je tenais le cheval et où il restait quelques minutes seulement. *Arrivés à Champaissant, Guillemin fit à Boulay les propositions dont Guerrier l'avait chargé.* Quant à moi, je ne sais pourquoi je m'y étais rendu, ne voulant point prendre part à cette démarche. *Boulay refusa son consentement en disant : C'en est trop. M. Guerrier se compromet; je ne crois pas lui devoir le montant du compte que j'ai signé.* Guillemin *lui dit que Onillon n'était plus à craindre, que M. Guerrier avait acheté son silence moyennant* 2,000 *francs. Tout ceci s'est passé en présence de la domestique, actuellement ma femme,* qui était couchée dans la chambre où travaillait M. Boulay et où cet entretien eut lieu.

Et quand on a recours à la déposition de cette femme, on voit qu'elle confirme toutes les déclarations du témoin.

Il est vrai que ces dépositions ont été démenties par l'artisan indigne de cette manœuvre; il nie avoir joué le rôle dont parle Faussabry; mais, les témoins confrontés, les spectateurs ont pu voir à l'audience quel était celui des deux qui disait la vérité.

On voit d'un côté Faussabry net, ferme dans ses allégations; de l'autre Guillemin incertain, cherchant des subterfuges.

Du reste, des témoins muets viendraient à l'appui de Faussabry s'il en était besoin.

Que dit Faussabry? Il dit que Guerrier s'est précipité dans la chambre du sieur Boulay pour faire main basse, une sorte de razzia sur les pièces qui avaient trait à son compte. Le fait est-il exact? Une partie de ces pièces sont au greffe qui témoignent de son exactitude.

Il dit encore que les registres ont été altérés. Le fait est-il vrai? Ouvrez les registres, et ils attesteront la vérité, la sincérité de la déclaration du témoin.

Avouez donc, plus d'échappatoires; vous avez pénétré dans la chambre de Boulay, vous avez pris des pièces.

En effet, messieurs, qui pouvait avoir intérêt à pénétrer dans cette chambre? Qui avait intérêt à enlever ces pièces, à opérer ces altérations?

Ne le devinez-vous pas? C'est celui qui aujourd'hui se trouve porteur de ces papiers dont il a bourré ses poches, celui qui refuse aujourd'hui de les montrer, celui qui refuse de compter avec les syndics de la faillite, celui qui redoute en ce moment les investigations de votre justice. — Voilà, messieurs, ce que révèle l'instruction criminelle; telle est l'innocence que proclament les ordonnances de non-lieu et les arrêts dont l'adversaire triomphe avec tant d'orgueil!

Triomphez, monsieur, triomphez; mais personne dans cette enceinte, le tribunal surtout, ne croira que vous rendiez un compte honorable des visites nocturnes que l'on vous reproche et que l'on vous reprochera toujours.

En présence de révélations si graves, de documents si précieux pour la manifestation de la vérité, il n'était plus possible à Guerrier de soutenir sérieusement ces prétendus titres. — Dès lors, les syndics durent établir le néant de cette créance, sur laquelle venait de luire une si fâcheuse clarté; il ne fallait plus que suivre la voie ouverte par votre justice et celle de la cour, et faire disparaître ces titres destinés à frauder la masse des créanciers.

Assignation fut en conséquence donnée le 25 mai dernier au sieur Guerrier pour comparaître au pied de votre tribunal, afin d'entendre prononcer la nullité du transport et des arrêtés de compte qui lui avaient été consentis par Boulay.

Ordonner l'établissement d'un compte entre lui et les syndics, agissant au nom de Boulay dans l'intérêt de ses créanciers;

Entendre dire enfin qu'il n'y aurait pas lieu à privilége pour la somme dont Boulay serait déclaré débiteur, si, par impossible, Guerrier venait à être reconnu créancier d'une somme quelconque.

Telles sont, messieurs, les questions qui nous restent encore à examiner; j'espère pouvoir parcourir avec rapidité ces différents chefs de ces conclusions.

En ce qui concerne le transport :

Cet acte, vous le savez, a été fait à une époque où tous les actes de cette nature sont frappés de nullité par la loi commerciale. Vous connaissez, messieurs, mieux que moi cette loi que vous appliquez tous les jours. Cet acte se trouve frappé d'une nullité radicale par l'article 446 du Code de commerce, que je vous prie de me permettre de placer sous vos yeux.

« Sont nuls et sans effet, dit l'article 446, relativement à la masse, lorsqu'ils auront été faits par le débiteur depuis l'époque déterminée par le tribunal comme étant celle de la cessation de ses payements, ou dans les dix jours qui auront précédé cette époque : tous actes translatifs de propriété mobilière ou immobilière, à titre gratuit; tous payements soit en espèces, soit *par transport*, vente, compensation ou autrement, pour dettes non échues et pour dettes échues; tous payements faits autrement qu'en espèces ou effets de commerce; toute hypothèque conventionnelle ou judiciaire, et tous droits d'antichrèse ou de nantissement constitués sur les biens du débiteur pour dettes antérieurement contractées. »

Vous le voyez, cet article est précis, *il défend tout payement par transport pour dettes échues ou non échues, à partir des dix jours qui auront précédé la cessation de payement du failli.*

Ceci admis, et cela est hors de toute contestation sérieuse, il suffit de faire un simple rapprochement de dates.

La faillite, vous avez déclaré dans votre sentence qu'elle devait remonter à 1848. Or, à quelle époque a été fait l'acte dont on soutient la validité? au 1er mai, si l'on en croit sa signature; au 3 juillet 1850, si l'on n'admet que la date de l'enregistrement. Mais, quelle que soit la date que l'on prenne, cet acte se place toujours dans la période de la cessation des payements du sieur Boulay; il doit donc être frappé de nullité.

Cette nullité est tellement évidente, qu'un créancier moins déterminé plaideur que le sieur Guerrier, quoique dans la même situation que lui, jouissant comme lui d'un transport de 35,000 francs depuis le 26 juillet 1849, a cru devoir renoncer aux avantages de son titre. Le directeur de la caisse de la Sarthe a refusé la lutte judiciaire, que M. Guerrier seul a osé tenter.

Je n'insiste pas, messieurs, sur un point qui ne présente réellement pas de difficultés. Le texte est clair; on ne prouve pas l'évidence.

J'arrive aux arrêtés de compte, à ces écrits qui ont donné lieu au transport et à ce regrettable procès.

Il suffit de jeter les yeux sur ces actes pour s'apercevoir qu'ils ne sont pas la reconnaissance d'une situation régulière, l'adversaire l'a compris comme nous, et pour empêcher qu'on ne portât la lumière dans cette situation, il s'est bravement retranché derrière l'article 541 du Code de procédure, qui interdit la révision des arrêtés de compte.

Cet article, messieurs, n'est pas applicable à la cause. Il ne l'est pas pour deux raisons.

La première et la principale, c'est que nous ne demandons pas la révision, mais la nullité de ces arrêtés de compte.

La seconde, c'est que la prohibition dont parle l'article 541 ne s'applique qu'aux arrêtés de compte faits en justice.

Cette disposition de l'article 541 est d'une prudence et d'une sagesse que personne ne peut méconnaître. — Il fallait mettre un terme aux décisions judiciaires que les détails embrouillés d'une comptabilité compliquée pouvaient amener. D'ailleurs, personne ne doute que la maturité la plus grande ne préside à l'établissement des arrêtés de compte faits en justice; que les soins les plus consciencieux ne leur soient donnés. Tout porte donc à croire qu'ils sont l'expression de la vérité, de la sincérité. Mais en serait-il de même d'un arrêté de compte consommé dans l'ombre, fait à la hâte, et plutôt pour masquer la situation des parties que pour éclairer, liquider cette situation? Est-ce que votre tribunal accordera aux deux chiffons de papier le crédit, la foi qu'il devrait accorder à un compte arrêté aux pieds de la justice? non, sans doute. — Nous le répétons, l'article 541 ne peut s'appliquer qu'aux arrêtés de comptes judiciaires. Il ne s'applique aux arrêtés de comptes extrajudiciaires que lorsqu'il résulte pour le tribunal à l'appréciation duquel on les soumet, qu'ils sont plutôt une transaction entre les parties qu'un arrêté de compte proprement dit. — S'il n'y a pas transaction entre les parties, le travail n'est pas encore un contrat intervenu entre elles; ce n'est qu'un travail provisoire, sujet à redressement.

Des monuments judiciaires pourraient être invoqués à l'appui de cette doctrine; mais, encore une fois, nous ne nous plaçons pas sur le terrain dont parle l'article 541, nous ne demandons pas la révision des comptes arrêtés entre le sieur Boulay et Guerrier; ces comptes, nous ne les reconnaissons pas, nous les considérons comme ayant été faits en fraude des droits de la masse, à une époque où il était impossible aux deux parties de faire de pareils actes sans les voir aussitôt condamnés, frappés de nullité par les sévérités de la loi.

Ces papiers qu'on vous présente comme des arrêtés de compte, des monuments respectables comme ceux auxquels l'article 541 du Code de procédure fait allusion, ces chiffons représenter la situation exacte, sincère, des deux parties! Allons donc!

Jetons, messieurs, un instant les yeux sur ces comptes étranges.

Le premier, celui de 1844, présente au débit quatre articles, à l'avoir trois articles; c'est avec une pareille pièce qu'on récapitule des opérations de cinq années indiquées aux livres par 700 ou 800 articles.

On lit au bas :

« Arrêté le présent compte à un reliquat de neuf mille francs, dont M. Boulay, soussigné, se reconnaît débiteur envers M. Charles Guerrier, son prédécesseur, pour toutes créances et avances portées à la charge et décharge de M. Guerrier; ledit reliquat productif d'intérêt à compter du 1er juillet dernier; le tout sans préjudice aux droits de M. Guerrier relativement aux cinquante mille francs que je lui dois pour le prix de ma charge de notaire, et aux intérêts dont ils sont productibles.

« *Signé :* BOULAY.

« La Ferté-Bernard, 27 avril 1844. »

Voilà le premier arrêté de compte; voilà la situation des deux parties réglée au mois d'avril 1844. M. Boulay est reconnu débiteur d'une somme de 50,000 francs!

Et cependant les pièces, dignes de foi, et la commission elle-même établissent qu'à cette époque M. Boulay était créancier de 17,000 fr.

Mais ces calculs, ces chiffres sont le produit d'un cerveau en délire, répond l'adversaire. — Accuser de folie votre contradicteur, c'est chose facile, mais ce n'est pas là un argument juridique. Voulez-vous le réfuter victorieusement? prenez ses livres et refaites votre compte; prouvez que vos titres, que votre créance sont sincères; sinon, nous tiendrons les quelques lignes que vous nous présentez comme des témoignages d'actes frauduleux consommés par vous et le failli, comme des tentatives de spoliation des biens de la masse.

Mais si cet arrêté, qui porte la date apparente de 1844, est l'œuvre de la fraude et du mensonge, et a été fait pour tromper la justice, celui du 1er mai 1850 est peut-être plus étrange et plus suspect encore. On y remarque tout d'abord la même façon de procéder que pour le premier; de plus, si l'on se reporte aux pièces, si l'on examine aux époques indiquées la situation que cet acte a la prétention de régler, on aperçoit les infidélités volontaires dont il fourmille. Nous nous bornerons à en citer quelques exemples; une analyse complète de ces artificieux mensonges nous mènerait trop loin.

Remarquons d'abord que cet arrêté de compte prétendu qui devrait contenir et résumer les opérations des neuf années pendant lesquelles les intérêts de MM. Boulay et Guerrier ont été confondus, ne contient que dix articles au débit et sept articles au crédit; qu'il est muet sur sept des neuf années dont il devrait produire le mouvement; qu'ainsi, et sous ce premier rapport, il ne peut mériter aucune confiance; mais en examinant de plus près chacun de ces articles, on acquiert la preuve de la mauvaise foi qui a présidé à sa confection. Ainsi, le premier de ces articles se réfère à une opération datée du 2 novembre 1845, et relative à la négociation d'un billet de 15,000 francs. Le montant de cette négociation est porté au débit de M. Guerrier. A son crédit sont différentes sommes dont la balance est, au profit de M. Boulay, 6,035 fr. 55 c.

Eh bien, tout cela est fictif et frauduleux; car voici le compte de M. Boulay et de M. Foreau, beau-père de M. Guerrier, sur lequel nous trouvons exactement les mêmes chiffres et les mêmes balances. On a donc appliqué à M. Guerrier ce qui concernait son beau-père. Ce n'est pas tout, on a altéré frauduleusement quelques-unes des mentions de ce compte; ainsi, on trouve au compte de M. Foreau une somme de 1,475 francs, avec cette mention : *compensation d'un intérêt demandé* par Guerrier et échu ledit jour sur le compte du 1er mai 1850.

Cet article en forme deux, et on lit : semestre d'intérêts du prix d'étude au 1er janvier 1846, 1,250 francs; six mois d'intérêts du reliquat, 225 francs. Ce dédoublement n'a été imaginé que pour faire croire qu'à cette époque M. Guerrier était créancier, pour le prix de son étude, de sommes produisant intérêt; et dans tout le cours du même compte, on affecte de rappeler ces mentions. On doit s'étonner d'abord que M. Guerrier ne touchât jamais ses intérêts, et les laissât figurer dans ses comptes, lui qui se livrait à des dépenses exagérées, et dont les revenus étaient plus que modestes. Mais en interrogeant l'agenda tenu par M. Boulay, et dont l'exactitude a été reconnue par la commission, par M. Guerrier lui-même, on y trouve, à la date du 1er janvier 1846, cette somme de 1,475 francs à l'avoir de M. Foreau; seulement la mention établissant la cause de ce versement a été surchargée, et il est impossible aujourd'hui de la connaître;

ce qui prouve au surplus que cette somme a été versée par M. Foreau, et n'était point une compensation d'intérêt, c'est qu'elle produit elle-même des intérêts, ainsi que le constate le compte de M. Foreau. Tout est donc mensonge, supposition frauduleuse; et quand nous voulons recourir à la source pour nous éclairer, nous y rencontrons la trace laissée par une main coupable, qui a faussé les écritures. Comment les adversaires peuvent-ils se retrancher derrière de pareilles turpitudes? Nous pourrions multiplier ces citations; qu'il nous suffise de dire que le chiffre des dépenses accusé par M. Guerrier s'élève à la somme de 36,155 fr. 42 c., tandis que celui des mêmes dépenses que M. Boulay justifie avec ses registres et ses pièces comptables, atteint le chiffre de 63,728 fr. 93 c.; différence à la charge de M. Guerrier : 27,583 fr. 51 c. Ainsi, nous sommes constamment ramenés au même résultat, et chacune des investigations auxquelles nous nous livrons nous montre M. Guerrier débiteur de la même somme.

Vous le voyez, messieurs, pour cet homme, qui veut arriver à ses fins, rien n'est sacré! Il se fait donner des règlements, et, pour que ses titres ne puissent pas être contestés, il vient aux sources, les trouble et les altère! Et vous voulez que de pareils actes aient l'autorité de ceux que l'article 541 protége, l'autorité de ces comptes arrêtés au flambeau de la justice?... Jamais, messieurs, jamais! Ne parlez donc plus de *vos titres,* ils ne peuvent soutenir les regards du tribunal, affronter la majesté de cette audience!

Mais enfin, je vais plus loin, messieurs. J'admets pour un instant que ces actes sont sincères, qu'ils sont l'expression exacte de la situation des parties; néanmoins, dans ce cas, il faudrait encore les annuler et ordonner que les syndics et le sieur Guerrier compteront de nouveau.

Pourquoi cela? C'est que ces arrêtés de compte n'ont pas de date certaine; c'est que ces actes pour les tiers, à qui on les présente, sont des actes faits du jour même où ils sont présentés.

Pour les syndics, qui sont des tiers dans ce procès, ces actes donc sont réputés faits dans la période qui a suivi la cessation des payements. Sur ce point il ne peut y avoir aucune difficulté.

Ceci admis, et on ne saurait le contester même au banc de la défense, tant cette doctrine est élémentaire, — nous invoquons la disposition de l'article 447 du Code de commerce, conçue dans les termes suivants :

Tous autres payements faits par le débiteur pour dettes échues, *et tous autres actes à titre onéreux par lui passés après la cessation de ses payements et avant le jugement déclaratif de faillite, pourront être annulés,* si de la part de ceux qui ont reçu du débiteur ou qui ont traité avec lui, *ils ont eu lieu avec connaissance de la cessation de ses payements.*

Ainsi, tous actes à titre onéreux passés par le failli après la cessation des payements et avant le jugement déclaratif de faillite, pourront être annulés.

Quand le seront-ils? Ils le seront, dit l'article, *si de la part de ceux qui ont reçu du débiteur ou qui ont traité avec lui, ils ont eu lieu avec connaissance de la cessation des payements.*

Voilà ce que dit cet article. Est-ce que cette condition de la connaissance de la cessation des payements n'existe pas?

Mais vous-mêmes, messieurs, vous avez dit dans votre jugement que cela était de notoriété publique.

Quoi! lorsque tout le monde le savait, M. Guerrier seul, l'ami de Boulay, l'aurait ignoré; — lui, l'ignorer, lorsqu'il se livre à tous ces actes que je ne veux plus rappeler, quand il fait ces visites nocturnes, quand il engage son ami à passer en Californie pour refaire sa fortune. Cette ignorance de la situation de Boulay, Guerrier n'osera pas l'invoquer : le tribunal ne peut pas l'admettre, il ne l'admettra pas.

Ainsi l'article 447 brise ces actes que le sieur Guerrier nous présente. Nous n'aurions pas eu cet article, que nous aurions pu invoquer encore l'article 1167 du Code civil; car enfin, non-seulement il avait connaissance de la situation de Boulay, mais encore, cela n'est plus douteux pour personne ici, il s'est concerté avec le failli pour frauder la masse. — J'en ai assez dit, messieurs, pour prouver que ces actes sont indignes d'arrêter vos regards et de servir de base à une de vos sentences.

Les actes écartés, il y a eu lieu de porter la lumière dans la situation des sieurs Guerrier et Boulay. Cette lumière se fera en ordonnant le compte que nous demandons. Certes, nous aurions pu sur-le-champ demander contre l'adversaire une condamnation; les éléments de la condamnation, nous les avons dans les mains; les travaux que le sieur Guerrier a refusé de faire, nous les avons faits. Boulay les a faits. — Son mémoire est complet. Je ne parle pas des incriminations, je parle de l'œuvre du comptable, qui est une œuvre remarquable. Ce ne sont pas des allégations, ce sont des chiffres qui sont posés, et il met son adversaire au défi de changer les bases de ses calculs appuyés sur des pièces justificatives. Il établit la situation année par année.

Et, pour que cette situation soit plus claire, il dresse un tableau qui est à la page 35.

Puis, pour plus de clarté encore, il renvoie aux numéros de ces livres, et il termine en disant :

« Telles sont les sommes payées à la décharge de M. Guerrier. *Quiconque désirera connaître les personnes, les époques et les causes, devra se référer à la liquidation.* A la vérité, dans cette masse figurent quelques intérêts postérieurs au 1er janvier 1839; mais il n'en est pas moins certain que les causes existaient au moment où M. Guerrier nous transmettait son étude, et que son avoir, encore une fois, était tellement grevé, que, s'il se fût alors liquidé, il lui serait resté fort peu de chose, si tant est qu'il en fût resté. Ceci sera démontré.

« Ainsi, ne craignons pas de nous répéter : *depuis le* 1er *janvier* 1839 *jusqu'au* 1er *janvier* 1850, *nous lui avons versé et il a reçu de nous, suivant le tableau page* 39, 72,838 *fr.* 29 *c. dont il a disposé à sa volonté.* A même cette somme on a payé le prix de sa maison; à même cette somme, et au moyen de ses rentrées directes, il a vécu sans doute; à même cette somme enfin, il a pu faire ses largesses, prêter comme nous le verrons et prendre des actions de banque.

« Notons, en passant, que ce qu'il toucha chaque année, d'après l'état dressé pages 36 et suivantes, ne se délivra que par fractions et au fur et à mesure des besoins. Surtout, remarquons que ces sortes de remises de fonds ne coïncident nullement avec les versements effectués directement par nous aux mains des créanciers de M. Guerrier. Par conséquent, l'argent qu'il toucha, comme nous le constatons, il ne put l'employer à sa libération. Donc, il est impossible de révoquer en doute tous les payements que nous avons faits. »

Et vous appelez cela des inventions. Mais toutes ces assertions sont justifiées; on vous dit dans quelles circonstances ces choses ont été faites, les personnes avec lesquelles on s'est trouvé en rapport; on vous offre un examen qui doit conduire à la justification de chacun des articles, et vous reculez : n'est-ce pas vous avouer vaincu?

M. Boulay fait des efforts désespérés aujourd'hui pour faire luire la vérité; il ne se contente pas de suivre le compte de Guerrier dans tous ses détails, il met d'autre part ses livres de caisse sur la barre du tribunal, et prouve qu'il était en mesure de faire à Guerrier les avances qu'il lui a faites; il va plus loin, il démontre que Guerrier, par sa situation de fortune, avec ses goûts et ses habitudes, était dans la nécessité d'avoir recours à des emprunts.

Il ne se contente pas d'invoquer la notoriété publique, il prouve ce qu'il avance par la récapitulation inflexible de chacune des sommes qu'il a payées pour le compte de son adversaire; puis, recomposant sa fortune, il établit avec une précision mathématique l'impossibilité où M. Guerrier se trouve d'avoir contre lui une créance de 33,000 francs. En effet, en calculant tout ce qu'il a pu recevoir tant de la cession de son office que de bénéfices réalisés par lui de 1831 à 1850, M. Guerrier ne peut atteindre un chiffre supérieur de 132,000 francs. Or, en calculant ce qu'il a dépensé pendant le même temps, on dépasse le chiffre de 175,000 francs. Voilà, messieurs, ce qui résulte du tableau que je mets sous vos yeux; il est accompagné des justifications les plus convaincantes, et il établit qu'en conservant sa maison, les richesses mobilières qu'il a accumulées, les créances sur divers, loin d'être créancier de 33,000 francs à M. Boulay, M. Guerrier est, en réalité, au-dessous de ses affaires de plus de 43,000 francs. Cette révélation terrible n'explique-t-elle pas d'une manière suffisante sa résistance obstinée à toute vérification?

Dans de telles circonstances, nous pourrions nous borner à demander au tribunal la condamnation de M. Guerrier au payement du solde de compte formé par M. Boulay; mais nous ne voulons l'accepter tel qu'il a été dressé qu'avec le bénéfice d'une libre contradiction.

Nous voulons qu'il soit loyalement discuté par les parties intéressées sous les yeux de la justice. M. Guerrier ne peut plus être sourd à cet appel.

Le tribunal ordonnera l'établissement de ce compte, nous en avons l'espérance la plus ferme, et s'il ressort de ce travail la preuve que le sieur Guerrier est créancier, il sera payé sans contestation; de plus, son honneur si rudement attaqué sortira de cette lutte, vengé de la façon la plus éclatante.

Si l'adversaire était créancier d'une somme quelconque, cette somme devrait elle être payée par privilége? Telle est la dernière question qu'il nous reste à examiner.

Pour trancher cette difficulté, nous avons encore un texte de loi qui ne supporte pas de contradictions sérieuses.

Ce texte, nous le puisons dans l'article 550 du Code de commerce, qui est ainsi conçu : « Le privilége et le droit de revendication établis par le n° 4 de l'article 2102 du Code civil, au profit du vendeur d'effets mobiliers, ne seront point admis en cas de faillite. »

Voilà qui est hors de doute. — Il nous reste donc à rechercher si un office est un effet mobilier. — Sur ce point, il n'y a pas de discussion; l'adversaire conviendra avec moi qu'un office est un effet mobilier.

L'article 550 est donc applicable dans l'espèce; il n'y a donc pas de privilége. La preuve que cet article est applicable, nous ne la trouvons pas seulement dans le texte, qui ne fait aucune distinction, mais encore dans la discussion de la loi, où l'un des orateurs présenta un amendement qui faisait une exception en faveur des offices. Cet amendement fut repoussé.

La jurisprudence a déjà confirmé à différentes reprises cette doctrine devenue aujourd'hui incontestable. A défaut de ce texte précis, nous aurions encore, pour faire régler le privilége, la doctrine contenue dans un arrêt de la cour de cassation rendu à la date du 23 juillet 1853, et qui déclare que le privilége n'existe qu'autant que le prix est encore entre les mains de l'acheteur.

Voici cet arrêt : « La cour, vu l'article 2102, § 4, du Code Napoléon; attendu que, aux termes de cet article, le privilége existe sur le prix d'effets mobiliers non payés qui *sont encore en la possession du débiteur;*

« Attendu que cette dernière condition, en vertu de la règle qu'en fait de meubles possession vaut titre, suppose toutefois que ces effets mobiliers ont été vendus, puisque le privilége ne s'exerce que sur le prix de la vente;

« Attendu que ce prix, représentatif de la chose vendue, *était en la possession du débiteur au moment où le privilége a été réclamé...* » Voilà qui est donc bien certain aux termes de cette jurisprudence. Il faut que le prix se trouve encore dans les mains du débiteur pour que ce privilége soit exercé. — Or, ce prix est-il encore entre les mains de Boulay? Non. C'est son successeur qui le doit, et à qui on le réclamerait en vertu du transport. On ne peut donc pas réclamer de privilége.

Mais, encore une fois, tout ceci est une discussion complétement inutile; il n'y aura pas de privilége, parce qu'il n'y aura pas de créance à réclamer de la part du sieur Guerrier.

Ces titres qu'il invoque, désormais n'existent plus pour le tribunal.

Quoi! je serai condamné en vertu de ces créances, lorsque j'arrive devant vous les mains pleines des preuves établissant le dol et la fraude de l'adversaire!

Quoi! dans de telles circonstances le sieur Guerrier se refuserait de compter! La justice aurait pour lui de si étranges faveurs! Tenez, un exemple qu'on trouvera dans le *Journal du Palais,* surgit en ce moment dans ma mémoire.

Il s'agissait d'un créancier qui réclamait dans une faillite, en vertu d'un titre authentique; les syndics demandèrent à voir ses livres, il refusa.

J'ai mon titre, disait-il, il me suffit. Vos livres, répondait-on; montrez-nous vos livres, nous voulons voir la cause de ce titre. Il résiste. La justice écarte ce titre suspect, elle décide qu'un créancier qui se borne à produire un acte en cachant les pièces qui en justifient la sincérité ne mérite aucune confiance, et la cour de cassation consacre cette doctrine éminemment morale! (C. de cass. rej. 21 février 1820.) Et M. Guerrier, porteur d'actes sophistiqués, serait plus favorisé que ce créancier; mais l'acte que vous invoquez contient lui-même une arme terrible contre vous : vous vous faites transporter une somme en vertu des titres que vous invoquez, et la somme n'est pas indiquée au transport. Vous allez faire un transport, vous ne connaissez pas la somme que l'on doit vous transporter malgré vos prétendus titres qui, selon vous, l'établissent. Ah! messieurs, tout cela serait ridicule, si cela n'était profondément indigne.

Vos titres, dites-vous, — nous savons qu'ils existent, mais où sont les pièces qui proclament leur sincérité?

Vos titres, nous savons maintenant comment vous vous les êtes procurés.

Vos visites, celles de vos amis, vos voyages de nuit à Champaissant, nous disent qu'ils sont le produit d'un coup de main hardi.

Nous savons aussi comment vous avez fait disparaître les pièces, altéré les registres qui pouvaient dévoiler la fraude de vos titres en les accusant de mensonge.

Vous vous êtes rendu maître de la chambre qui les contenait, vous avez tout pris, tout ravagé. — Voilà ce que vous avez fait, et vous voulez que la justice, en présence de pareils excès, ne s'émeuve pas, vous voulez qu'elle accepte ces actes comme des obligations librement consenties à un créancier loyal et plein de conscience... Jamais, monsieur, jamais. — Les tribunaux vous ont innocenté, dites-vous, des faits qu'on vous reproche; il en restera encore assez pour atteindre votre bonne foi.

Non, non, vous ne parviendrez pas à faire illusion plus longtemps; vous avez échappé à la justice criminelle, mais l'opinion publique a prononcé sur vous; la justice commerciale, qui s'en inspire, n'admet ni subterfuges ni vaines excuses de forme; elle ne souffrira pas le scandale d'un créancier convaincu de mensonge et de fraude venant, grâce à des titres véreux, enlever le gage commun de la faillite. Ne vous cachez plus dans les ténèbres, le flambeau de la vérité luit dans la main des magistrats. Vos efforts seront impuissants à l'éteindre, et vous serez condamné à subir sa clarté qui vous tue.

Me Chaix-d'Est-Ange, défenseur de M. Guerrier, trace l'histoire des arrêtés de compte et du transport, et prétend que ces actes ne peuvent être attaqués pour raison de fraude, et qu'on ne peut réclamer contre eux l'application de l'article 447 du Code de commerce.

Il dit que M. Guerrier doit être reconnu créancier de la somme qu'il réclame, et, de plus, que cette créance est privilégiée. Il soutient que l'article 550 ne s'applique pas aux offices ministériels; il cite l'opinion de M. Esnault.

Abordant ensuite le procès à son véritable point de vue, selon lui, il montre que ce procès n'est pas un procès, que la difficulté a été réglée par les parties, et qu'il n'est plus permis de la faire revivre; il montre que les titres sont sous la protection de l'article 541 du Code de procédure, qui refuse toute action en vérification. Cette opinion est celle de la commission chargée par les créanciers de la faillite de vérifier la créance Guerrier. Tout est donc clos et terminé.

RÉPLIQUE DE Me JULES FAVRE

MESSIEURS,

Vous êtes encore, comme moi, sous l'influence de cette plaidoirie si pleine de verve et d'esprit, que nous venons d'entendre. Je n'avais pas besoin de cette nouvelle preuve du talent de mon adversaire pour admirer et reconnaître l'étendue de ses ressources non moins brillantes que fécondes. Plus d'une fois j'ai été forcé de confesser sa puissance; cependant, aujourd'hui, j'ai la certitude que la victoire ne lui appartiendra pas. Malgré ses efforts, vous avez vu qu'il était mal à l'aise derrière cette triste fin de non-recevoir qu'on aurait dû abandonner; ce n'était pas là un terrain digne de lui; il combattait comme un homme qui fait retraite.

L'adversaire ne veut pas refaire le compte. Il vous le dit, vous le répète sur tous les tons et sous toutes les formes avec une grâce, un esprit infinis. Compter, lui! faire des chiffres, cela est impossible; les chiffres déchirent sa bouche, il ne comptera pas. Refaire le compte, ne serait-ce pas accepter les attaques de l'adversaire et ses injures? Boulay et les syndics ne font qu'une seule et même personne, il ne peut pas, il ne saurait accepter cette situation que nous voulons lui faire, il ne nous suivra pas sur notre terrain, il se refuse à secouer la poudre de nos livres, à tourner les feuillets de nos nombreux registres, il se contente de ses titres que rien ne saurait ébranler. Voilà ce qu'il nous dit dans son langage étincelant d'ironie et de grâce; compter avec Boulay, compter avec un pareil homme, c'est déroger, c'est descendre trop bas.

Prenez-y garde, vous avez beau couvrir l'auditoire des fleurs de votre parole, tout le monde verra encore la position déplorable qui est faite à votre client dans ce triste procès. Vous ne voulez pas compter.

Vous ne voulez pas compter, monsieur Guerrier! mais avez-vous bien calculé les conséquences d'un pareil refus? Ne voyez-vous pas ce que votre honneur et votre intérêt y perdent à la fois? Ne devinez-vous pas les soupçons terribles que vous accréditez?

De deux choses l'une, ou vos titres sont sincères, ou ils sont frauduleux. Dans le premier cas, que craignez-vous? Vous répétez partout que nos comptes, qui vous accusent, sont imaginaires, que nos chiffres sont chimériques, que vous n'avez qu'à souffler dessus pour les renverser! Soufflez donc, de grâce, et puisque vous avez en face un adversaire si pitoyable, confondez-le publiquement. Au lieu d'enlever d'assaut une créance restée douteuse par votre silence, vous en obtiendrez le payement après une discussion solennelle qui vous vengera, et fera évanouir toutes ces attaques sous lesquelles votre loyauté demeure accablée. — Ainsi, supposez vos titres sincères, vous avez tout à gagner et rien à perdre de la contradiction.

Mais, au contraire, supposez-les frauduleux. Ils ont pour eux la forme extérieure, l'apparence; en réalité ils couvrent un mensonge. La moindre lumière les ferait voir pour ce qu'ils sont, et vous les tenez dans l'ombre, et dans l'ombre vous les faites exécuter en enlevant le bien d'autrui que vous vous appropriez.

Voilà les deux alternatives qui vous sont faites, et de deux partis, l'un qui vous réhabilite, l'autre qui vous condamne moralement, c'est le dernier que vous préférez! Vous aimez mieux passer pour un spoliateur hardi, qu'exposer vos titres à une vérification! Allez, monsieur, ces titres sont jugés, et vous l'êtes aussi.

Au surplus, c'est par degrés, et quand vous avez conquis l'impossibilité où vous êtes de justifier votre créance, que vous êtes arrivé à ce mépris profond de votre propre dignité; dans le principe, vous paraissiez en avoir plus de souci. Quand la commission s'est réunie, vous ne refusiez pas les communications qu'elle vous demandait, vous n'osiez pas encore, vous ajourniez; et votre conseil, non pas l'orateur brillant que nous venons d'entendre, mais celui qui est votre ami, Me Chartier, vous engageait à livrer les pièces à l'appui de vos prétentions. Il se trouvait ainsi en opposition formelle avec votre défenseur actuel, et ce que celui-ci proclame monstrueux, il le jugeait utile, opportun, honorable. C'est que probablement vous ne lui aviez pas confessé la fraude qui infecte vos titres, et maintenant que l'heure suprême a sonné, vous lui faussez parole pour vous retrancher derrière vos arrêtés de compte, dût votre honneur périr par une telle défense!

Mais, messieurs, est-ce que nous avons besoin de prendre un tel souci de cet honneur dont M. Guerrier fait si peu de cas, et d'en être plus jaloux que lui-même? Est-ce qu'il nous faut le supplier d'abandonner sa fin de non-recevoir? — Nous vous l'avons déjà dit, il ne s'agit pas ici de révision, il s'agit de comptes à faire; à nos yeux, ceux qu'on a faits sont frauduleux et indignes des regards de la justice. Vos actes, je ne les reconnais pas, je n'en demande pas la révision, je les nie, je les détruis, ils n'existent pas. — L'adversaire n'a pu refuser, cette fois, de nous suivre sur ce nouveau terrain. J'ai écouté cette partie de sa plaidoirie avec une religieuse attention, mais, je l'avoue, j'ai le tort de ne pas trouver ses réponses sérieuses.

— Nos titres, dit-il, ont été faits à une époque où le failli avait encore l'administration de ses biens; M. Guerrier ne connaissait pas la situation de son débiteur, qui l'ignorait lui-même; donc ses actes ne peuvent tomber sous l'application des articles 446 et 447 du Code de commerce.

Et pour prouver la complète bonne foi de son client, l'adversaire, fécond en ressources de tout genre, raconte cette anecdote singulière que son talent de bien dire pouvait seul nous faire écouter; vous vous souvenez encore de cette conversation à la grille de la caisse de la banque de la Sarthe. Boulay se trouvait pressé par la banque, il s'adresse à M. Charles, à cet ami dévoué qui, plein d'un beau feu, s'empresse d'aller trouver le caissier, lui apportant une somme de 10,000 francs.

Arrivé là, il veut payer; mais voici que, saisi du plus singulier scrupule, le caissier refuse de recevoir. Il éprouve un chagrin véritable à la vue de ces écus qu'on lui apporte, il craint de compromettre M. Guerrier; car, lui dit-il, M. Boulay doit des sommes beaucoup plus fortes. — Mais encore à combien, répond Guerrier, peut s'élever le chiffre de cette dette? à 20,000 francs? — A plus encore. — A 40,000 francs? — Montez! — Combien donc? — 50,000 francs. — Quoi! telle est la situation de M. Boulay? — Oui, monsieur.

Là-dessus, Guerrier se retire, rapportant ses 10,000 francs. Il vient s'expliquer avec Boulay sur les confidences indiscrètes du caissier. Boulay alors, se voyant découvert, avoue sa situation à son ami et à M. Lambert, qui avait pour lui aussi de l'estime et de l'affection.

Voilà, messieurs, comment, selon l'adversaire, M. Guerrier a connu la situation de M. Boulay.

Ceci est-il sérieux? Je le demande. Comment! on apporte de l'argent à un caissier, et il le refuse! Il ouvre son guichet, pourquoi? pour recevoir, apparemment? — Non. — Pourquoi donc? — Pour prendre part à la conversation que vous venez d'entendre. Est-ce que jamais, de mémoire de caissier, chose pareille a eu lieu? Encore une fois, cela n'est pas sérieux, cela n'est que charmant, sortant surtout d'une bouche si ingénieuse.

Mais, nous dit le défenseur de M. Guerrier, nous n'avons pas besoin de prouver que la fraude n'existe pas; c'est au demandeur à prouver l'existence de cette fraude, et c'est ce qu'il ne fait pas.

Comment! nous ne prouvons pas la fraude? Nous ne prouvons pas que vous aviez connaissance de la situation de Boulay?

Mais niez-vous votre intimité avec Boulay jusqu'à l'époque du procès?

Niez-vous votre communauté d'intérêts jusqu'à la même époque?

Quoi! vous étiez son ami, vos affaires étaient à ce point confondues, que tout ce que vous payiez, c'était lui qui payait; tout ce que vous receviez, c'était lui qui le recevait, et vous ignoriez sa situation, lorsque le tribunal lui-même proclame qu'elle était connue de tous, lorsque les contraintes par corps pleuvaient sur lui de toutes parts; mais qui donc espérez-vous tromper ici? Vous l'ignoriez? Pourquoi donc ces visites nocturnes à Champaissant? pourquoi ces pièces enlevées? Vous l'ignoriez! Mais vos actes, vos actes eux-mêmes vous démentent. Au moment de faire votre transport, vous ne mettez même pas la somme, tant vous êtes pressé.

Vous ignoriez sa situation? Pourquoi donc cette demande d'argent que vous fait faire Boulay pour aller en Californie, où sur votre conseil il voulait se rendre pour refaire sa fortune?

Vous, ignorer cette situation, personne ici, non, personne ne le croit!

Écartons donc vos arrêtés, brisons ce transport comme la suite, la conséquence de votre système de fraude, et, en outre, comme fait au mépris de la loi, de l'article 447, qui le prohibe de la façon la plus formelle.

Et rentrons dans la situation vraie. Apportez vos pièces, dressons vos comptes; voici nos livres. Ne vous retranchez pas derrière la signature de Boulay, vous la lui avez surprise. Vous vous en défendez, je le sais, et de la façon la plus charmante; vous vous rappelez, messieurs, tous les traits d'esprit que l'adversaire a fait briller à ce propos. L'adversaire ne croit pas à cette influence si considérable de madame Guerrier sur l'esprit de son mari et sur celui de M. Boulay Ah! que j'aurais bien voulu voir mon éloquent adversaire obligé de remplir mon rôle, chargé de démontrer le despotisme adorable qu'exerce parfois ce sexe aimable qu'il connaît si bien! Que de choses gracieuses, piquantes, il nous eût dites là-dessus! Je n'essayerai pas de l'imiter. J'ai l'habitude de ne pas aspirer là où je ne puis atteindre.

Je n'ai d'ailleurs à m'occuper ni de la tyrannie de madame Guerrier ni des faiblesses de M. Boulay, que je vous livre complétement; je n'ai point à m'enquérir des motifs qui l'ont déterminé : tous les éléments de la cause démontrent d'ailleurs avec une trop victorieuse évidence votre connivence coupable, et que l'un et l'autre vous avez mis tant d'adresse à voiler. Aujourd'hui elle éclate. La fraude est manifeste, elle frappe tous les yeux, et cette fraude, à laquelle participent le failli et son créancier, nous n'avons pas besoin d'en connaître les causes cachées : son existence suffit pour que la justice anéantisse les actes qui en ont été le produit.

L'adversaire ici m'a adressé un reproche auquel j'ai été sensible : il m'a reproché de n'avoir mis sous vos yeux que des fragments de la procédure criminelle dirigée contre Boulay.

Le tribunal a déjà compris combien ce reproche était mal fondé; pouvais-je abuser, messieurs, de votre attention, vous faire consacrer à l'audition d'une lecture inutile les moments précieux que vous devez à la justice? Non, sans doute. Du reste, cette procédure, elle est là tout entière, elle sera soumise au religieux examen du tribunal.

Après tout ce qui vient d'être dit, parlerais-je encore de la question de privilége? Cela me paraît inutile; les objections soulevées par l'adversaire sur ce point n'auront pas troublé vos convictions, j'en suis certain.

Il a essayé de soutenir que l'article 550 ne s'appliquait pas aux offices; et à l'appui de cette assertion, il cite l'opinion de M. Esnault, qui, dit-il, dans la seconde édition de son livre, revient sur l'erreur qu'il avait professée dans la première.

Est-ce avec une pareille autorité qu'on peut combattre les dispositions si claires de l'article 550?

Il a confessé, dites-vous, dans la seconde édition, l'erreur qu'il avait professée dans la première. L'autorité d'un tel jurisconsulte, je ne l'accepte pas. — Il fait une chute, selon vous, dès son premier pas; qui m'assure qu'il se soit relevé au second? — Il s'est pieusement flagellé dans la seconde édition pour la faute qu'il avait commise dans la première; peut-être dans la troisième se flagellera-t-il plus pieusement encore pour n'avoir pas persévéré dans sa première opinion. Nous ne pouvons marcher avec un guide si peu sûr; évidemment M. Esnault doit être jeté par-dessus bord. Il faut revenir à l'article 550, qui ne fait aucune exception; et puis, nous l'avons déjà dit, cet article serait-il écarté que, dans l'espèce, l'arrêt de la cour de cassation du 23 juillet 1853 nous suffirait pour faire rejeter le privilége réclamé.

Mais un privilége, encore une fois, suppose une créance, — et votre créance n'existe pas. — Elle ne peut exister en vertu de vos titres que la fraude détruit, que la loi et l'honnêteté condamnent.

Si vous voulez être admis à discuter utilement la question de privilége, comptez avec nous, nous sommes prêts à une discussion sérieuse, loyale, et que vous ne pouvez refuser.

Il y a nécessité pour vous aujourd'hui de ne plus équivoquer, de ne plus vous arrêter au seuil de ce prétoire, mais d'y entrer résolûment pour repousser avec des armes plus solides que des épigrammes les attaques mortelles que nous dirigeons contre vous.

Discutez donc sérieusement et avec la dignité qui appartient à un homme qui se croit injustement offensé.

Vos juges apprécieront vos titres; vous avez beau les couvrir de la protection de l'article 541, cet article ne les couvre plus.

Aucun tribunal ne se fait l'exécuteur aveugle des titres qu'on lui soumet. La justice examine et apprécie, elle n'obéit pas aux sommations hautaines que lui fait un créancier porteur d'un acte frauduleux; vous n'avez plus droit au silence, il faut le rompre.

On vous dit : Vous aviez connaissance de la position de M. Boulay; vos visites, vos démarches, les altérations des registres, l'enlèvement des pièces, tout le prouve; répondez.

Vous connaissiez cette situation, et néanmoins vous avez arraché à un débiteur aux abois des arrêtés de compte et un transport qu'il a signés dans l'égarement du désespoir; répondez.

On vous demande où est le compte qui a précédé cet engagement, où sont les pièces, les billets, les décharges. Répondez.

On vous produit des livres, des agendas, des notes dont la sincérité est avouée par vous, et qui prouvent que vous êtes débiteur de cette masse que vous voulez spolier. Répondez.

Des commissaires intègres, désintéressés, soutiennent, après avoir examiné les livres, que vos titres sont mensongers, frauduleux, faits au détriment de la masse. — Répondez. — Il vous faut sortir enfin de ce retranchement de l'article 541, qui ne vous défend plus. — Répondez. Le tribunal vous écoute; parlez; ceux qui désertent la justice la craignent, ceux qui la craignent méritent ses sévérités.

Le tribunal reconnaît que les syndics de la faillite Boulay ne font qu'user d'un droit légitime en demandant l'établissement d'un compte à dresser sur pièces à produire par Boulay et Guerrier; ordonne qu'au jour indiqué les syndics et Guerrier devront se présenter et produire tous les renseignements, registres, propres à servir à l'établissement de ce compte, et réserve à statuer sur les deux autres questions du procès, celle du privilége et du transport.

TRIBUNAL CIVIL DE LA SEINE

PRÉSIDENCE DE M. PICOT

AUDIENCE DU 13 MAI 1853

Filiation naturelle. — Concours d'un acte de légitimation et d'un acte de reconnaissance. Demande en nullité de l'acte de légitimation.

Me Jules Favre, avocat du sieur Ubaldi Champon, demandeur, expose ainsi les faits du procès :

Mon client, fils de famille, résidait à Anvers en 1835. Il eut le malheur d'y faire la connaissance d'une figurante, Belge d'origine, Adolphine-Désirée Farez. Il l'avait vue, pour la première fois, d'une loge d'avant-scène dont il était locataire. Elle lui inspira une passion insensée, qui se traduisit en prodigalités folles.

La famille du jeune homme le rappela à Lille, où Désirée Farez le suivit. Elle entra au théâtre de Lille pour mieux afficher son amant, et ils furent bientôt obligés de se cacher à Paris. Tel était l'aveuglement de cette passion, qu'Ubaldi Champon quitta son nom pour prendre celui de sa maîtresse. Il se fit acteur; il joua la comédie en province. Ce qu'il endura de misères, d'humiliations, de privations, ne peut se rendre. On écrirait un roman bien douloureux et plein d'enseignements terribles si l'on retraçait tous les incidents de cette triste vie.

Ubaldi pouvait échanger ces mœurs nomades contre une existence calme et régulière. Son père et sa mère surtout demandaient instamment son retour; mais il ne le voulut pas. Le 15 octobre 1838, un enfant lui était né. Il se consacra sans réserve à cet enfant et continua sa vie d'épreuves et de souffrances.

Mais un événement cruel rendit plus vif le désir qu'avaient exprimé le père et la mère d'ouvrir les bras à cet enfant prodigue. Charles, leur fils aîné, fut atteint par un mal subit dans un voyage à Paris, et s'éteignit dans les bras de son frère Ubaldi. Celui-ci revint à Lille, et la famille accepta son enfant.

D'abord employé de son père, devenu plus tard son associé, Ubaldi, par son assiduité au travail, par sa piété filiale, par l'accomplissement de tous ses devoirs, effaça jusqu'à la moindre trace des fautes passées. Le plus grand, le plus saint, le mieux compris de ces devoirs était celui que lui dictait l'amour paternel. On a souvent célébré, et avec raison, tous les trésors de tendresse qui existent dans le cœur d'une mère. De quelles expressions faut-il se servir pour peindre cette affection lorsqu'elle s'empare du cœur d'un homme, qu'elle le subjugue, le transforme, lui enseigne ces délicatesses, ces raffinements d'amour, cet oubli de soi-même, cette vigilance jalouse s'attachant aux moindres détails, cette patience de tous les instants qui fait d'une mère un être saint et adorable?

Retrouver ces vertus chez un homme; le voir au berceau de son enfant, se constituant sa servante, sa nourrice, son garde-malade; épiant son sourire, guidant ses premiers pas, mettant sur ses lèvres bégayantes les premières syllabes, c'est un spectacle si touchant qu'on ne peut en parler sans être profondément attendri. Ubaldi l'a donné à la ville de Lille. Là, je n'aurais pas besoin de plaider; tous connaissent ce type si remarquable d'amour paternel.

La petite fille était d'une santé frêle et délicate; elle eut toutes les maladies de l'enfance : le croup, la rougeole, la petite vérole. Lui seul veilla à son chevet nuit et jour!... Lui, un housard, qui a servi de bonne à la petite fille; qui l'a prise par la main aussitôt qu'elle a pu marcher; qui la conduisait chaque jour à la promenade dans la ville et dans la campagne!

En 1846, M. Champon plaça une somme de 1,000 francs sur la tête de Delphine dans une compagnie tontinière. Il avait compris que ce n'était pas tout d'assurer l'existence de cette enfant; qu'il devait pourvoir à son avenir, lui permettre de vivre indépendante, développer son âme par l'étude; il la voua au culte du plus noble des arts. La nature avait doué Delphine des plus heureuses dispositions pour la musique. Dès l'âge de neuf ans, on commença son éducation musicale. Lille possède un Conservatoire de musique qui tient le premier rang parmi les établissements de province. Pendant cinq ans, de 1848 à 1852, la jeune fille s'y fit remarquer par les plus brillants succès, toujours sous le nom de Delphine Champon; jamais elle n'a été désignée autrement.

Les frais de cette éducation musicale avec tous les accessoires qu'elle comprend, et l'entretien de la jeune fille, dépassèrent plus de 6,000 francs. M. Champon n'excipe pas de ce fait pour s'en glorifier, mais pour prouver les liens qui rattachent à lui l'enfant dont on veut lui contester la paternité.

Pendant ces douze années, la mère, Désirée, Farez, est restée complétement étrangère à l'enfant. En 1848, en apprenant les succès de Delphine, elle a tenté, dans un but de spéculation, un scandale que le père détourna à prix d'argent. A la suite d'une entrevue, elle a, dans un écrit signé d'elle, à la date du 2 février 1848, écrit qui a été rédigé en présence de la dame Dubrule, protectrice de l'enfant, avoué et reconnu que M. Champon était le père de Delphine, et lui a prodigué sans sa participation tous les soins nécessaires à l'enfance.

Le 6 août 1850, la fille Farez a épousé un sieur Leclerc, et ils reconnurent et légitimèrent par leur mariage Eugénie-Louise-Delphine, née à Paris le 15 octobre 1838, et désignée dans son acte de naissance comme fille d'Adolphine-Désirée Farez, et de père inconnu. Deux autres petites filles, nées en 1841 et 1842 à Tours et à Vozemmes, furent aussi légitimées par ce mariage.

M. Ubald Champon, qui ne connaissait pas cet acte de légitimation, reconnut de son côté, par acte authentique, à la date du 22 mai 1851, Eugénie-Louise-Delphine pour sa fille naturelle.

Le 31 mai suivant, il se maria avec une femme dévouée qui connaissait l'existence de la jeune fille et consentait à lui servir de mère.

De nouveaux succès signalèrent les études de Delphine.

En 1852, M. Champon quitte Lille, abandonne ses affaires, rompt toutes ses habitudes, renonce à ses affections pour venir à Paris faire recevoir sa fille au Conservatoire, où le célèbre pianiste Herz l'admit dans sa classe.

Lorsque M. Champon voulut faire transcrire son acte de reconnaissance en marge de l'acte de naissance de Delphine, quelle ne fut pas sa stupeur en voyant qu'on y avait déjà transcrit l'acte de légitimation du 6 août 1850! Il voulut fuir; — plutôt l'expatriation, l'exil, les misères de toute nature, que de se séparer de son enfant.

Mais ce parti laissait subsister une déclaration mensongère, c'est-à-dire la profanation des sentiments les plus saints, une entreprise de lucre et de scandale. Rassuré par son défenseur, M. Champon reprit donc courage; nous lui montrâmes la loi protectrice de ces intérêts sacrés, la magistrature inflexible contre la fraude, indulgente pour des faiblesses rachetées par tant de vertus, et l'instance commença.

Nous demandons que la reconnaissance du 6 août 1850, suivie de la légitimation, soit déclarée nulle comme frauduleuse et mensongère; que le tribunal ordonne que l'acte de reconnaissance du sieur Champon soit transcrit en marge de l'acte de naissance, et que Delphine continue à rester confiée à la garde de son père.

La justice doit être guidée en cette matière par la vérité et par l'intérêt de l'enfant, et aucun des principes de notre législation ne s'oppose à la solution que nous réclamons.

Il existe des arrêts conformes dans notre ancienne jurisprudence, notamment un arrêt de 1747.

Vous êtes en présence de deux reconnaissances de paternité. D'un côté se présente Leclerc, de l'autre Champon.

Leclerc ! à l'époque de la naissance de l'enfant, il ne connaissait pas la fille Farez ; c'est douze ans plus tard qu'il la rencontra dans un bal à Vozemmes, puisqu'il l'a conduite à Paris où il l'a épousée.

Quels soins ont-il donnés à l'enfant ? Quelles preuves de tendresse et même d'intérêt ?

Depuis sa prétendue reconnaissance, Leclerc s'en est-il inquiété ? Il ne lui a pas donné signe de vie. C'est ici surtout que se manifeste la fraude. Singulière, honteuse position que celle d'un homme qui veut être le père d'un enfant et ne l'a jamais vu, qui lui est étranger et qui entend lui demeurer étranger, et réserver les effets de cette paternité frauduleuse comme un moyen de battre monnaie.

Champon, au contraire ! vous connaissez sa conduite, vous savez ce qu'il a été pour cet enfant, comment il lui a tenu lieu de mère, de nourrice, de précepteur, comme chaque jour il se dévoue à son éducation ! Il recueille la plus douce des récompenses dans la reconnaissance de cette jeune fille dont le cœur est d'or, dans ces succès qui lui présagent le plus brillant avenir, dans l'intérêt et l'estime dont l'entourent tous ceux qui ont été à même d'apprécier ses nobles sentiments.

Si la nature a ses droits sacrés, Champon n'a rien à craindre ; si ses droits sont confirmés par la tendresse, les soins, le culte le plus assidu, il n'a rien à craindre encore. Sa paternité, elle est écrite dans ces quinze années de sacrifices et de veilles, de souvenirs, de pleurs, d'inquiétudes, de joies, de triomphes ! Cette enfant lui appartient bien. Nul ne peut la lui disputer.

Et si sa voix était impuissante, qui lui viendrait en aide ? N'est-ce pas cette jeune Delphine ? Elle aussi vous supplie de ne pas la séparer de son père. J'ai vu couler ses larmes. J'ai recueilli l'ardente prière d'un cœur gonflé de reconnaissance et d'amour. Je lui ai promis d'obtenir de vous une décision qui lui permettra de chérir, d'honorer ce modèle des pères..... Je sais que je n'ai pas été téméraire, et que vous devez être impatients de mettre le sceau de la légalité à une affection si pure et si digne de respect.

« Le tribunal

« Donne défaut contre les époux Leclerc et leur avoué, faute de conclure ;

« Déclare la demande formée par Champon recevable, attendu que Champon justifie de la manière la plus complète que depuis sa naissance jusqu'à ce jour, Eugénie-Louise-Delphine a été constamment en possession d'état d'enfant naturel dudit Champon ;

« Attendu que par acte notarié du 22 mars 1851, Champon l'a reconnue pour sa fille naturelle.

« Ordonne que Eugénie-Louise-Delphine Champon demeurera à la garde de Champon, son père naturel, etc., etc. »

TRIBUNAL CORRECTIONNEL DE LA SEINE

PRÉSIDENCE DE M. D'HERBELOT

AUDIENCES DES 10, 11, 12, 13, 14 ET 16 JANVIER 1854

DÉLIT DE SOCIÉTÉ SECRÈTE

Bratiano, acquitté de la prévention de complot, est retenu comme prévenu du délit de société secrète et de détention d'imprimerie clandestine. Me Jules Favre, son défenseur, s'exprime en ces termes :

Lorsque, devant la cour d'assises, fut portée l'accusation de participation à un complot, le défenseur du prévenu a eu la satisfaction de faire partager au jury sa conviction consciencieuse et profonde. Je n'oserais pas dire que sa décision fût unanime ; mais j'affirme que tous ceux qui suivirent le débat ne purent conserver de doute sur l'innocence de Bratiano. La contagion de la vérité gagna même l'organe du ministère public, qui laissa échapper de sa main désarmée les foudres de son premier réquisitoire, qu'il avait lancées sans hésitation et sans ménagement. Ma conviction n'a pas changé : elle existe tout aussi forte à l'égard des faits sur lesquels repose le procès actuel ; j'espère pouvoir la faire passer dans vos esprits, et je formule par ces deux propositions le développement de toute ma défense :

En premier lieu, étant admises, comme vérité, les hypothèses sur lesquelles se base la prévention, vous ne pouvez, la loi à la main, prononcer condamnation, car nulle part il n'existe la moindre preuve de société secrète.

En deuxième lieu, au lieu de s'appuyer sur des faits précis, certains, clairement établis, la prévention ne repose que sur des suppositions et des erreurs : elle ne saurait donc tenir contre une discussion sérieuse.

A quel ordre d'idées, à quelle autorité demanderons-nous la lumière qui doit éclairer la cause ? A la loi, à la doctrine juridique, à la science et au respect du droit trop souvent méconnu ou remplacé par de dangereuses et fausses considérations d'utilité ou de salut politique.

Bratiano est prévenu d'avoir fait partie d'une société secrète dont on lui fait l'honneur de le dire un des chefs.

Or, avant d'examiner les faits sur lesquels est basée cette prévention, j'ai le droit de la caractériser et de la définir. Et cela importe à un double titre : d'abord, parce qu'il faut se rendre compte de ce que la loi permet et de ce qu'elle défend. Puis, disons-le sans détour, les sociétés secrètes sont réprimées par une pénalité si terrible; il y a dans ce décret sans précédent qui bouleverse tous les principes, quelque chose de si exorbitant, qu'on peut comprendre l'anxiété qui s'empare de l'esprit de ceux qui sont chargés d'appliquer ces dispositions, et demander à la défense un redoublement de zèle, à la magistrature un redoublement de scrupule et d'impartialité.

Or, qu'est-ce qu'une société secrète? Quel est le sens de la loi qui les prohibe?

Par une singularité exceptionnelle dans nos habitudes judiciaires et administratives, on applique un fragment d'une loi en partie disparue, qui, dans la pensée de ceux qui l'ont faite, formait un tout qu'ils croyaient harmonique et dont tous les éléments se coordonnaient. C'était un édifice symétrique, destiné à satisfaire à des besoins légitimes.

Mais les circonstances changent brusquement, et au milieu du trouble des événements, la loi est mutilée, on en détruit les dispositions principales, on en conserve quelques-unes sans s'occuper de savoir si, ainsi morcelées, elles ne sont pas illogiques, sans raison d'être, sans application possible, et l'on se fie à l'intelligence du juge pour en atténuer les inconvénients et en déguiser les vices.

Ces réflexions sont produites par une foule de textes de différentes dates, empruntés à des époques diverses, qui jettent dans la législation une fâcheuse bigarrure; et à coup sûr elles sont justifiées par l'histoire de la loi de 1848.

Que voulait-on en effet? Qu'a-t-on cru faire? Réglementer les clubs, accorder au droit de réunion et d'association une plus large part qu'aucune législation antérieure ne lui avait faite. Voilà ce que déclaraient à l'envi le gouvernement, le rapporteur et tous les orateurs qui soutenaient la loi. Et comme on édictait la constitution des clubs, on reconnaissait le droit de se réunir publiquement, de discuter les affaires du pays et de donner libre cours aux opinions. On n'interdisait d'une manière absolue que les réunions et les sociétés n'ayant pas un caractère public.

Ce système paraissait simple, logique et propre à satisfaire les exigences des plus intraitables. « De quoi vous plaignez-vous? ne cessait-on de répéter aux orateurs que ces dispositions prohibitives inquiétaient. N'avez-vous pas le droit de réunion illimité, pourvu que vous donniez de votre côté la garantie de publicité? Vous voulez plus de priviléges, une plus complète liberté, soit! Nous vous la concédons, même avec ses orages. Si vous voulez être libres, soyez dignes de cette liberté et ne vous cachez pas dans les ténèbres, sans quoi vous devenez suspects et dangereux. »

Ces déclarations étaient cependant loin de rassurer toutes les sollicitudes. On exprima des craintes sérieuses sur l'application de la loi. Sous prétexte d'avoir un forum où toute la nation était conviée, on fermait la porte aux réunions privées; on plaçait sous l'œil de la police l'épanchement de l'amitié, les travaux de la science, les communications intimes qu'établissent des espérances, des illusions, des affections communes. Ces préoccupations se traduisirent par de vives critiques de la loi et surtout par des interrogations loyales sur son sens, sa portée, sa définition. On demanda, on rechercha ce qu'il fallait entendre par société secrète, et plusieurs définitions proposées furent repoussées. Pourquoi? Parce que le mot de société secrète est employé par opposition à celui de réunion publique et de club. Tel fut le résumé des discours de tous les orateurs qui soutenaient la loi.

La société secrète est une société, c'est-à-dire un être moral, la collection de volontés, d'efforts et de sentiments qui se résume dans une organisation donnant à ces éléments divers et multiples la force et l'unité. La société a un nom, un mot d'ordre, une règle, un chef, une âme; elle vit de sa vie propre; c'est un être qui se voit, se sent, se manifeste; elle est cela ou elle n'est rien. Elle s'appelle Société « Aide-toi, et le ciel t'aidera », quand elle a pour but de conduire par les élections vers le triomphe des idées libérales; « Société des Droits de l'homme » quand elle veut préparer contre la monarchie de Juillet une insurrection républicaine, et « Société du Dix décembre » quand elle veut renverser la constitution de 1848. Toutes ces sociétés ont une individualité; elles sont permanentes, elles se recrutent et s'étendent.

Mais si plusieurs personnes se rencontrent, qu'elles se cherchent et se retrouvent pour l'accomplissement d'une œuvre déterminée, sans que cette collection ait les caractères ci-dessus indiqués, il n'y a pas de société secrète.

On accuse les prévenus d'avoir fait imprimer, publier et distribuer des écrits incendiaires. Ils sont cinq : Furet, François, Bratiano, Hubbard, Angot. Je veux que tout soit établi : Furet a acheté, lui ou tout autre a rédigé; Hubbard a imprimé; Bratiano a imprimé; Angot a imprimé; François a distribué. Est-ce là une société secrète? Non, mille fois non. Si c'est la perpétration d'un délit, poursuivez-les, faites-les condamner. Pourquoi ne l'a-t-on pas fait? Je m'en étonne. Aurait-on recherché une discussion publique devant le jury?

Ce n'est pas plus une société secrète que si les cinq prévenus s'étaient réunis pour rédiger un article de journal, une œuvre de poésie ou un pamphlet. Est-ce parce qu'il y a un comité directeur que vous les appelez société secrète? Mais c'est un titre de fantaisie qui peut être mis par trois, ou deux, ou même par un seul. Une seule personne peut donc constituer une société secrète.

Ou la prévention est sans fondement, ou il faut aller jusque-là et bien plus loin encore. Il faut dire que toute réunion, n'eût-elle pour objet que des études scientifiques, des travaux, des affaires, des plaisirs, doit tomber sous le coup de la loi; que nos maisons ne nous protégeront plus, que nos familles ne seront plus un asile; et, si nos amitiés sont tolérées, que nous le sachions bien, c'est par la bienveillance de la police, maîtresse d'y venir apposer son veto. Voilà où nous en serions venus après tant de luttes, tant de sang répandu, tant d'enseignements lumineux! Voilà ce que nous sommes; voilà le joug que nous portons!

Quant à moi, je me refuse à l'admettre. Non, malgré tout, le pouvoir énorme laissé à l'administration ne va pas jusque-là! Pour qu'une société secrète soit punissable, il faut y rencontrer une affiliation, une agrégation qu'on puisse nommer.

Ici vous en avez; trois ont été désignées. A laquelle vous rattachez-vous? Est-ce à Folliet? Est-ce à Mariette? Est-ce à Lux? Est-ce à Langardière? Est-ce à Martin? Tous nous sont inconnus. Jamais ils ne se sont vus, jamais ils n'ont soupçonné leur mutuelle existence! Singulière société quand aucun lien n'existe entre ses membres! Où sont vos preuves? Vous n'en avez aucune. Vous supposez, vous dites que le comité directeur plane au-dessus de tout; c'est une peinture de fantaisie. Cependant vous avez fait des investigations multipliées; car votre police à l'œil à tout, elle a tout scruté, tout interrogé; elle a fait des saisies dans tous les domiciles et n'y a pas trouvé un fétu! Vous n'avez rien à reprocher aux prévenus que l'impression et la publication d'écrits coupables que vous ne faites pas juger. Quant à la société secrète, elle se réduit au néant.

J'ai accepté par hypothèse les faits de la prévention, mais il y a une concession que je n'ai pas le droit de faire, c'est celle qui est contraire à la vérité. Il faut donc rechercher ce que le débat a produit, ce qu'il a juridiquement prouvé. C'est dans ces preuves seulement que vous pouvez trouver les éléments d'une condamnation.

Or, qu'a-t-on dit contre M. Bratiano? Je suis surpris et affligé de votre raillerie sur son origine, ses habitudes et son caractère. Vous semblez l'appeler avec dérision noble Valaque! Oui, il est né d'une famille patricienne, au sein de cette nation que son histoire, ses mœurs, ses aspirations et ses malheurs rapprochent de la France. C'est un noble Roumain; et comme noblesse oblige, tout ce qu'il a d'énergie, de courage, de dévouement et de fortune, il le consacre à la délivrance de son pays, à l'émancipation de ses compatriotes.

Élevé à Paris, il s'est initié à notre vie nationale. Il était à Bucharest en 1848 lorsqu'une révolution y éclata; il fut, bien jeune, désigné pour être chef du Gouvernement provisoire. Vaincu par l'effort combiné de la Russie et de la Turquie, il fut chargé de chaînes et traîné de prison en prison. Sauvé par l'héroïsme d'une noble femme, il est venu demander asile et hospitalité à la France. Depuis ce moment, nous avons traversé des époques bien orageuses; avez-vous pu saisir ou deviner sa participation à quelque entreprise contre le pouvoir? Non, il a vécu dans l'étude, dans la familiarité de plusieurs hommes importants. Il n'a cessé de travailler à la résurrection de son pays. Tous les gouvernements ont été sollicités par lui et mis en demeure de réveiller les nobles sentiments d'indépendance qui peuvent faire de la Roumanie une nation libre et une utile alliée.

J'aurais pu faire entendre de nombreux témoins, et parmi eux le ministre des Affaires étrangères aurait pu attester ses assiduités et ses réclamations ardentes. Il ne se contentait pas d'agir auprès du gouvernement français, il correspondait aussi avec l'Angleterre, et les lettres qu'il a écrites, soit au ministre du cabinet anglais, soit à l'ambassadeur, sont toutes empreintes des mêmes sentiments, des mêmes désirs. Le jour même où vous l'avez vu au bureau du *Siècle*, il déposait sa protestation contre l'envahissement des provinces danubiennes et demandait l'intervention de la France pour protéger le sol de sa patrie contre l'invasion des barbares. Comment, pourquoi et dans quel intérêt se serait-il jeté au milieu d'un complot de société secrète? Pourquoi aurait-il travaillé au renversement d'un gouvernement dont il sollicitait l'appui et qui se montrait prêt à le lui donner? Cette supposition choque toutes les notions du bon sens et de la vraisemblance. Cependant on veut le retenir! Qu'y a-t-il donc contre lui? Rien que la possession d'une caisse, une visite rendue à Hubbard et peut-être un serrement de main à Angot! pas autre chose!

Le 12 juin, il annonce une caisse à sa portière, il ne se cache donc pas, et quand on parle d'envoi mystérieux, on dénature les faits. Cet envoi est même si peu mystérieux, si peu grave, qu'il ne l'attend pas, il sort pour faire une promenade, laisse sa clef, et son appartement reste ouvert.

En son absence, la caisse arrive; il rentre, s'en enquiert, la trouve fermée et la fait ouvrir. Il a violé un dépôt, dites-vous! Ce reproche à sa loyauté est bien imprudent, bien mal inspiré. Il n'avait pas promis de recevoir une caisse fermée qui dût contenir des objets compromettants. Il la fait ouvrir. S'il avait su ce qu'elle contenait, pourquoi l'eût-il fait ouvrir? Comment ne l'eût-il pas ouverte lui-même? Pourquoi y eût-il fait apposer son cachet? N'y a-t-il pas autant de preuves péremptoires qu'il en ignorait le contenu? et s'il l'ignorait, il était étranger à tout.

Ce contenu, vous le savez, était une presse.

Ce qu'il y a de certain, c'est que la presse n'a pas fonctionné pendant quatre jours. Pourquoi la presse quitte-t-elle le domicile de Hubbard? Il la fait enlever pour s'en débarrasser, dites-vous. Sottise inutile! Hubbard demande à Bratiano de recevoir une caisse; on choisit son domicile comme un lieu sûr : l'aurait-on fait s'il eût été le chef d'une société secrète?

Dans sa visite à Hubbard, a-t-il pris connaissance des bulletins? les a-t-il composés? les a-t-il imprimés? Non, tout cela s'est fait en dehors de lui, c'est Angot qui le dit. Et l'on veut qu'il y ait eu participation!

Mais Bratiano rencontre Angot au bureau du *Siècle,* il lui serre la main en lui disant : A ce soir! Et la femme Angot lui dit : Vous savez que ce n'est pas chez Hubbard, c'est chez moi. Y a-t-il *nous?* Bratiano répondit-il? On ne le dit pas. Il sortait du bureau du *Siècle,* entouré de plusieurs personnes; il a donc pu prendre Angot pour un autre. Tout ceci est confus et ne prouve rien. Et c'est sur des éléments aussi fragiles que la prévention établit la démonstration d'une société secrète. Où est-elle? Parce qu'une personne reçoit une caisse qui contient une presse à imprimerie, parce qu'une autre s'en sert, parce que la première a fait une fois une visite, on en conclut à l'organisation, à l'affiliation et à la constitution d'un être moral qu'on appelle une société! En vérité, cela dépasse toutes les limites du droit de supposition ou d'analogie.

Rien n'est donc établi, si ce n'est que vous avez à juger des hommes jeunes, ardents, animés par des sentiments exaltés et généreux : Bratiano, dévoré d'amour pour sa patrie; François, doué d'un cœur tendre, toujours prêt à soulager le malheur; Furet, vétéran des luttes politiques dans lesquelles il a peut-être porté trop d'entraînement. Si vous les frappiez, ce serait certainement pour les punir de leurs antécédents, de leurs espérances, de leurs affections, et non parce que ce sont des prévenus convaincus d'un délit imaginaire.

Je vous demande avec instance de ne pas user ainsi des redoutables pouvoirs dont vous êtes dépositaires. Je le sais, la vie des peuples, comme celle des hommes, a ses heures mauvaises où le devoir est difficile. Ébranlées par des secousses multipliées, profondes, les âmes s'énervent, les courages s'amollissent, les esprits se troublent. L'idée du droit disparaît dans les luttes, les contradictions et les coups de fortune imprévus qui renversent et déplacent les hommes. Les lois elles-mêmes, nées de ces orages, empruntent à leur origine je ne sais quel caractère exceptionnel et violent qui rend leur application inflexible. Alors, aux règles éternelles sont substituées des considérations de salut public et des expédients politiques. Qui arrêtera de tels entraînements? Qui sèvrera la société de ces dangereux remèdes qui tuent en elle les germes de vie sous prétexte de guérir ses plaies? Qui mettra dans la balance l'équité et la raison pour faire le contrepoids à l'épée qui pèse si lourdement sur l'autre plateau? Qui? si ce n'est cette puissance que les anciens nommaient divine et qui, en effet, représente sur la terre l'autorité infaillible, laquelle prononce au nom de la conscience, la Justice! C'est à elle qu'est réservée cette noble victoire de la raison sur la passion, de la liberté intime de l'homme sur l'asservissement systématique des âmes. Croyez-le, il est temps de donner ces grands exemples qui ont fait, dans les siècles derniers, la gloire des parlements. Ce n'est pas au nom de mécontents irrités, de factieux en révolte, de conspirateurs endurcis que je vous les demande; c'est au nom de citoyens honnêtes, contristés, alarmés, inquiets sur les destinées de la patrie, qui attendent enfin, après tant de déceptions et d'amertumes, un mot qui les console et les fortifie! Que ce mot soit l'acte de justice que je réclame de votre fermeté en requérant l'acquittement!

« Le tribunal,

« En ce qui touche Furet, François et Bratiano :

« Attendu que c'est d'eux que partait la direction intellectuelle de la société, par la voie d'impressions et de publications, comme aussi à l'aide de secours pécuniaires; que, dans de telles conditions, la qualité de chefs doit leur être appliquée,

« Les condamne à trois ans de prison et 500 francs d'amende. »

TRIBUNAL D'ALTKIRCH

AUDIENCE DU 17 JUILLET 1854

Affaire de M. Favier contre MM. Oswald, prévenus du délit de diffamation.

M. Favier, se croyant diffamé par un écrit publié par MM. Oswald, chefs d'une maison rivale de la sienne, défère cet écrit à la justice, et Me Jules Favre, son avocat, s'exprime en ces termes :

MESSIEURS,

Les légitimes sévérités de nos lois sur la diffamation n'ont pas uniquement pour objet d'assurer l'inviolabilité du foyer domestique, la pudeur des affections intimes, la dignité de la famille ; elles couvrent encore de leur tutélaire égide des biens non moins précieux dans les sociétés civilisées et qui sont, je ne dirai pas le complément, mais la condition, la force, le ressort de notre existence. Je veux parler de l'estime d'autrui, conquise par une suite non interrompue d'utiles et honorables actions, de ce juste renom qui accompagne le talent et la vertu, de ce crédit que donnent de constantes habitudes de scrupuleuse probité. Qui ne sent l'inestimable valeur de ces récompenses décernées par l'opinion au travail, à l'ordre, au mérite, à la droiture? Qui ne sent la supériorité de ce noble patrimoine sur ces fragiles trésors qu'un vain caprice de la fortune entasse pour les renverser par le même jeu? Aussi, messieurs, porter atteinte à ce patrimoine, troubler dans sa possession celui qui l'a obtenu, ce n'est pas seulement une entreprise que la morale désavoue, c'est la méconnaissance audacieuse d'un droit sacré, une attaque directe contre la paix publique, c'est la négation du principe moral sur lequel repose la solidarité entre les hommes. Vous comprenez dès lors, messieurs, que le législateur ne se borne pas à ouvrir à l'offensé une voie de recours, il déclare la société tout entière attaquée dans l'un de ses membres, et mettant aux mains de la justice le glaive de la loi pénale, il lui donne mission de réprimer ces attaques coupables.

C'est en vertu de ces règles éternelles d'équité, de ces hautes considérations d'ordre et de salut public, que nous avons saisi votre justice. Une agression inexcusable a été dirigée contre l'un de nos concitoyens; je dis inexcusable, car jamais la calomnie ne fut plus violente, plus perfide. Jamais surtout elle ne déguisa moins ses vues intéressées, sa cupidité mécontente. La passion ardente égare parfois la raison; on peut alors, tout en le blâmant, plaindre celui qui subit son joug; mais quand le diffamateur obéit aux inspirations d'une basse envie, quand il tire sur l'honneur pour prendre la bourse, tout intérêt disparait, et il ne reste plus de place que pour la répression

Vous allez, messieurs, juger vous-mêmes. Et vous penserez comme nous; vous direz que telle doit être l'appréciation qu'on doit faire des actes et des écrits que nous sommes chargés de poursuivre. Tout d'abord, messieurs, quel est celui qui se plaint?

Il serait de mauvais goût de notre part, le tribunal le comprend, d'en faire l'éloge; d'ailleurs, ce soin est superflu au sein d'une province où sa bonne renommée commerciale est si bien et si justement établie.

Voici plus de cinquante ans que la maison Favier a été fondée en Alsace; elle y a fait d'importantes et vastes opérations; en est-il une dont le crédit soit mieux assis, les relations plus sûres, l'honorabilité moins contestable? Elle s'est enrichie, mais qui pourrait s'en étonner ou s'en plaindre? Cette aisance n'est-elle pas le fruit du travail, de l'intelligence, d'une infatigable activité? Quiconque en serait jaloux témoignerait des sentiments peu avouables : il n'appartient qu'à l'impuissance de porter envie à des succès légitimes; c'est là pourtant ce qui s'est rencontré. La maison Favier fait ombrage à des concurrents qui, désespérant d'égaler sa prospérité, ont cherché à l'amoindrir par le dénigrement et la calomnie.

Il y a douze ans environ, MM. Oswald frères, originaires de la Suisse, ont créé un établissement rival en Alsace. Il y avait place pour eux. M. Favier se garda de leur disputer ce droit à la libre concurrence commerciale; bien plus, il leur offrit la main. Elle fut acceptée avec empressement; dès lors les deux maisons furent unies, les services confondus, les bénéfices partagés; rien ne semblait devoir troubler cette bonne harmonie.

La rupture n'est survenue qu'au cours de l'année dernière, par suite d'événements que le tribunal doit connaître.

Il n'est personne qui n'ait remarqué ce mouvement vaste et profond qui pousse vers les États-Unis une partie des populations de l'Allemagne et de la Suisse. A quelles causes sont dues ces émigrations, qui paraissent s'accroître dans des proportions considérables? Est-ce une aspiration de la vieille Europe, ployant sous le poids de systèmes usés, vers ces régions merveilleuses où tout semble céder à la puissance du travail, à l'audace des entreprises? Heureuses contrées où le génie de la liberté nous montre ce que peut l'homme, quand ses facultés natives ne sont ni comprimées ni faussées! Est-ce à l'entraînement de ce magnifique exemple donné au monde par l'Amérique qu'est due cette grande impulsion? Je ne sais, je n'ai pas à le rechercher à l'humble point de vue de ma cause. Je me contente de constater seulement cet ébranlement extraordinaire, ce départ en masse de tant de familles qui vont chercher loin du tombeau de leurs ancêtres, du lieu qui fut leur berceau, ce que leur patrie leur refuse.

Il fallait pourvoir aux nécessités de ces longs et périlleux voyages, transporter ces cultivateurs, leurs femmes, leurs petits enfants sur les bords de l'Océan dont ils ne craignent pas d'affronter les hasards. C'est ici que les miracles des inventions modernes viennent au secours de cet immense pèlerinage vers un monde nouveau. Il ne fallait rien moins que les ailes de la vapeur pour enlever cette foule inquiète se pressant, pour ainsi parler, sur le seuil d'un avenir inconnu.

Mais ces moyens matériels, malgré leur puissance, ne suffisaient pas; il fallait centraliser ces flots humains, leur donner un cours régulier. Cette idée a été comprise par un de nos compatriotes, jeune, actif, plein de ressources. Mon client s'est mis à l'étude de cette question d'émigration et lui a donné la simplicité et la régularité d'un voyage ordinaire à l'intérieur de notre propre pays. — Cependant, à l'époque où il s'est occupé de ce travail, des difficultés assez graves se présentaient. Il ne suffisait pas d'appeler l'émigration à des jours donnés du fond de l'Allemagne et de la Suisse à Strabourg, il fallait s'entendre avec les compagnies du Havre qui la transportaient par mer sur les côtes des États-Unis. Il était nécessaire encore de combler la lacune du chemin de fer qui existait entre Strabourg et Commercy. La voie du chemin de fer de Strabourg ne reliait pas encore, en 1851, le Rhin à la mer, mais tous ces obstacles furent vaincus par M. Favier. Sa maison organisa un matériel énorme; voitures, attelages, engins particuliers pour les bagages, rien ne fut épargné pour la réalisation de cette entreprise, qui a nécessité pour son établissement une dépense de plus de 70,000 francs. Le personnel nombreux que M. Favier créa sur différents points des territoires suisse et allemand a donné une telle impulsion à l'émigration par Strabourg qu'elle a augmenté immédiatement de 32 pour 100.

Qui pourrait nier qu'il n'ait à ce moment rendu un service signalé à la Compagnie de Strasbourg, à l'émigration elle-même?

Et ce service, vous le voyez, il le rendait à l'aide d'une entreprise hardie, aventureuse même, qui pouvait se liquider par une perte énorme. — Si cette hypothèse eût été réalisée, il aurait fallu la subir. — Mais ses efforts ont été intelligents et sages, le succès les a couronnés ; est-ce une raison pour les dénigrer? Non ; aussi le motif des diffamations des frères Oswald n'est pas là tout entier. Il faut le chercher encore ailleurs.

En septembre 1853, la ligne entière de Strasbourg à Paris fut ouverte. Dans cette circonstance, M. Favier s'adresse à la Compagnie afin d'obtenir un traité pour le transport des marchandises, et ce qu'il y a de remarquable, c'est qu'il ne se présente pas seul. Il fait cette démarche de concert avec MM. Oswald frères. Les efforts et les profits de cette nouvelle entreprise devaient être communs si elle réussissait ; mais la Compagnie refusa les propositions qui lui furent faites. M. Favier et les frères Oswald se retirèrent ensemble, en convenant que, si la Compagnie changeait d'avis, les deux maisons profiteraient de ce qui serait fait. Il n'en fut rien cependant. La Compagnie finit par cesser d'être sourde aux propositions qui lui furent adressées. Par qui le furent-elles ? qui manqua à son engagement d'honneur? Ce ne fut pas Favier.

La maison Oswald obtint un traité qu'elle tenait secret. M. Favier en sollicita un semblable ; il lui fut accordé : de là une vive concurrence, concurrence qui n'a pas été heureuse pour les frères Oswald, malgré leur recours aux moyens les plus désespérés. Ils attaquent la maison Favier sur son propre terrain. Ils vont s'établir à côté d'elle, partout, même à Nancy ; vains efforts, M. Favier sort triomphant de cette lutte.

Le tribunal comprend quelle irritation les frères Oswald durent en ressentir ; ils cherchèrent l'occasion de se venger de tous ces échecs ; la question des émigrants la leur fournit.

Vous venez de voir, messieurs, comment cette entreprise avait été conçue par M. Favier ; il n'est pas inutile de vous dire comment elle avait été organisée par lui.

Nous l'avons déjà dit, M. Favier s'était activement occupé de la question de l'émigration bien avant l'ouverture du chemin de fer. Il avait réuni un matériel considérable ; il avait des agences nombreuses, un personnel parfaitement intelligent de ces sortes d'opérations.

Le chemin de fer était sur le point d'être achevé quand il sollicita de la Compagnie un nouveau traité pour le transport des émigrants.

La Compagnie avait un intérêt marqué, tout le monde le devine, à obtenir à des époques fixes un certain nombre d'émigrants ; c'est cet intérêt qui a été la raison de la concession du traité sollicité par M. Favier.

Mais M. Favier n'était pas le seul qui dût jouir d'une réduction sur le prix du transport des émigrants; la maison Christi-Henrich, du Havre, avait, de son côté, conclu un traité semblable.

Les deux maisons devaient à elles deux faire un contingent de 36,000 émigrants; et cette obligation n'était pas illusoire : il y avait une indemnité de 5 francs pour chaque émigrant manquant.

C'était une concurrence terrible qui pouvait devenir désastreuse pour l'une ou l'autre maison, si ce n'est pour les deux. — Cette guerre coûta de rudes sacrifices pendant quelques mois. — M. Favier ne se contentait pas de réunir les émigrants à Strasbourg et de les diriger sur le Havre; là, des bâtiments qu'il frétait lui-même les prenaient pour les transporter à New-York; tout cela lui imposait des charges énormes. Cet état de choses ne pouvait durer, les deux maisons transigèrent. Il fut convenu qu'une maison ferait le service de mer et l'autre celui de terre. Ce dernier service fut réservé à la maison Favier, qui se trouva, par son traité du 18 octobre 1852, obligée de fournir tous les ans à la Compagnie de Strasbourg le chiffre énorme de 25,000 émigrants.

Ce traité, messieurs, je dois le mettre sous vos yeux : c'est la meilleure réponse que je puisse faire aux déloyales attaques qu'on a eu le triste courage de diriger contre un négociant honorable. Voici les principales dispositions de ce traité:

« Entre la Société anonyme du chemin de fer de Paris à Strasbourg et M. Favier il a été convenu et arrêté ce qui suit :

« Article premier. M. Favier (Gervais-Voinier) s'engage à faire transporter sur le chemin de fer de Paris à Strasbourg, au départ de Strasbourg et de Forbach, aux prix et conditions stipulés aux présentes conventions, une quantité de 25,000 émigrants au moins dans le courant d'une année, sauf le cas de force majeure.

« Art. 2. La Compagnie du chemin de fer de Paris à Strasbourg prend l'engagement de transporter ces émigrants aux prix et conditions suivants :

« De Strasbourg et facultativement des stations, à partir de Strasbourg jusqu'au Havre, 26 francs par émigrant.

« De Forbach et facultativement des stations, à partir de Forbach jusqu'au Havre, 27 francs par émigrant.

« Les émigrants prendront place dans les troisièmes classes, et la Compagnie garantit leur transport de manière à effectuer leur départ après midi et leur arrivée le lendemain à Paris pour les faire continuer le même jour par le dernier train du soir sur le Havre, et leur éviter ainsi tout arrêt en route, sauf le cas de force majeure.

« M. Favier (Gervais-Voinier) aura la faculté de donner un guide par 45 émigrants.

« Art. 4. M. Favier (Gervais-Voinier), dans le but de fournir au chemin de fer de Paris à Strasbourg la plus grande quantité possible d'émigrants, entretiendra toutes relations utiles en Allemagne et en Suisse. Il montera des services par terre pour couvrir les lacunes de voie de fer qui existent dans les contrées qui fournissent les émigrants, qu'on peut attirer vers la ligne de Strasbourg, et il s'oblige à n'expédier des émigrants par aucune autre voie.

« Art. 6. Dans le cas où M. Favier (Gervais-Voinier) n'atteindrait pas le minimum garanti de 25,000 émigrants, il devrait à la Compagnie une indemnité de 5 francs par chaque émigrant manquant. Il est tenu de déposer dans la caisse de la Compagnie un cautionnement de 25,000 francs.

« Art. 7. Le présent traité est fait pour cinq années, avec faculté pour la Compagnie de le résilier après deux ans, en prévenant au moins trois mois à l'avance. »

Ce traité soumettait la maison Favier à des chances terribles.

Elle garantissait 25,000 émigrants; l'année précédente il n'y en avait eu que 10,000.

Si ce chiffre de 10,000 n'avait pas été dépassé dans l'année de l'exécution du traité, c'était une perte de 75,000 francs par année pour M. Favier; de plus, il s'obligeait à des dépenses considérables.

Cette affaire, nul ne le contestera, était une grosse entreprise, pleine de périls, et qui devait durer cinq années.

Elle absorbait toute l'activité de M. Favier.

En effet, il devait procurer un matériel considérable en chariots, chevaux, conducteurs, guides pour les émigrants; il avait dû organiser vingt-deux agences; sa comptabilité était pleine de détails; on prenait les émigrants à Kehl; il fallait charger dans cette ville, décharger à Strasbourg, à Paris, au Havre.

Est-il étonnant dès lors qu'avec des chances de perte si graves, des charges si lourdes, il ait pu poursuivre et réaliser des profits importants? C'est pourtant ce qui va fournir un texte à la diffamation et à la calomnie des adversaires.

Tous ces périls auraient dû fermer la bouche à l'envie.

Je sais bien que les frères Oswald ont une réponse toute faite quand nous parlons des dangers que la maison Favier pouvait rencontrer dans l'accomplissement de ce traité.

Des chances de perte, nous disent-ils; mais M. Favier n'avait point à les redouter dans cette affaire.

N'avait-il pas, pour le mettre à couvert de tous ces périls, quatre traités avec les maisons du Havre, qui lui garantissaient le nombre d'émigrants promis à la Compagnie de Strasbourg?

N'avait-il pas le traité du 2 octobre 1852 avec la maison Christi-Henrich, qui lui garantissait 10,000 émigrants pendant cinq ans; celui du 3 octobre, même année, avec la maison Barbe et Morisse, qui lui en garantissait 5,000; ceux du 12 janvier 1853, avec les maisons Lemaitre-Finlay et Paillette-Courteville, qui lui en garantissaient chacune 3,000?

Si l'envie ne les aveuglait pas, les adversaires auraient pu remarquer que ces chiffres réunis ne portent l'émigration qu'à 21,000 personnes; que, par suite, M. Favier se trouvait à découvert de 4,000; de plus, ils auraient vu que, sur ces 21,000 émigrants promis par les maisons du Havre, il n'y en avait que 15,000 qui fussent promis pendant cinq ans.

De telle sorte qu'à partir de la troisième année, la maison Favier était obligée de se procurer par ses seuls soins 10,000 émigrants, si elle ne voulait se voir atteinte par la clause pénale du traité.

Mais était ce là bien tout le danger que M. Favier avait à redouter? Si les maisons du Havre lui assuraient un grand nombre d'émigrants, si, par son intelligence, son activité, son habileté, il avait su conquérir ces avantages, cette situation heureuse le mettait-elle complétement à l'abri de tous les périls? Nul n'oserait le dire.

Les maisons du Havre sont bonnes, cela est hors de doute; mais les revers, dans le monde commercial, sont-ils donc absolument impossibles?

Les frères Oswald ignorent-ils que le commerce a ses tempêtes, que cette mer est fertile en naufrages, naufrages que la sagesse la plus profonde, l'expérience la plus grande, souvent ne peuvent conjurer? Est-ce que la fortune des armateurs du Havre court de moins grands dangers que celle des voituriers de terre? Non, non. Tous les jours nous sommes avertis de la fragilité de ces fortunes par de douloureuses et retentissantes leçons.

Il est donc bien certain que si la maison Favier s'assurait, par les traités que nous connaissons, de notables avantages, ces avantages étaient balancés par des éventualités terribles et des charges considérables.

Cette entreprise, qui lui assurait les profits que ses adversaires convoitent, ce traité qu'ils osent appeler monstrueux et immoral, était profitable à la Compagnie de Strasbourg, à l'émigration elle-même. Tel était, messieurs, le sentiment de la Compagnie qui prit part à cette convention, celui du ministre qui l'a approuvée.

Mais où est donc l'immoralité d'un tel traité?

Il s'agit, dit-on, de bénéfices énormes prélevés sur des personnes pauvres!

Quoi donc! nous serons obligés de disputer sur la quotité des bénéfices! C'est là que nous trouverons la cause unique de la juste indignation des frères Oswald pour ce monstrueux traité.

En vérité, cela est-il sérieux? La maison Favier a fait des bénéfices, des bénéfices considérables, cela est vrai; où est donc le crime? Pour nous, pour toute personne impartiale, ces bénéfices ne sont que la juste compensation des chances de perte dont elle était menacée.

Est-ce que si M. Favier avait eu à supporter des pertes, les frères Oswald et tous autres seraient venus en prendre leur part? N'est-il pas évident qu'ici, comme dans l'action la plus humble de la vie, toute peine mérite salaire? Donc, le travail considérable et plein de redoutables périls de la maison Favier appelait sa récompense.

M. Favier faisait gagner à la Compagnie de Strasbourg 700,000 fr., près d'un million par an; n'était-il pas juste qu'il prélevât une rétribution en proportion et des pertes possibles et des services rendus? Si, assurément; la vengeance, l'envie peuvent seules le méconnaitre.

Quoi! M. Favier aura consacré à cette affaire et ses veilles et ses capitaux, travaillé à régulariser le mouvement d'une nombreuse population d'émigrants, organisé des agences sur différents points des territoires de la Suisse et de l'Allemagne, fait l'acquisition d'un matériel considérable, non-seulement pour la commodité des voyageurs sur le chemin de fer, mais encore pour la partie de la route qui n'était pas encore ferrée en 1852; il se sera lancé dans les périls du transport par mer, pour donner de l'ensemble et de l'unité à son œuvre; pour arriver à faire que les émigrants voyagent de compagnie; que des familles, des communes presque entières arrivent ensemble en Amérique, de telle sorte qu'il semblera à ces pauvres exilés qu'ils n'ont pas quitté le sol de la patrie, ayant toujours autour d'eux ceux qu'ils avaient coutume de voir; quoi! M. Favier, par son activité, son intelligence, leur aura procuré tous ces bienfaits, et il ne trouvera pas une récompense pour ses travaux et ses sacrifices! — Non, messieurs. — Il se rencontrera une maison connue, jouissant d'un grand crédit dans cette contrée, qui osera le présenter comme un homme qui surprend ses concurrents et leur enlève des traités dont il ne remplit pas les engagements, qui rançonne de pauvres gens forcés par la misère de s'expatrier, qui s'empare, à l'exclusion de tous, de ces tristes populations, et les dépouille à l'aide d'un monopole inique, effrayant, d'un traité dont il fait un monstrueux abus, une horrible exploitation.

Parce qu'il ne se ruine pas, elle fera de lui une sorte de publicain, contre lequel il est permis à tous les impuissants, à tous les eunuques de l'industrie de se coaliser pour le calomnier et l'injurier. — Cela, messieurs, est indigne, intolérable!

Non, de telles choses ne seront pas permises; si elles l'étaient, que deviendrait l'émulation? qui voudrait courir les chances des grandes entreprises où les naufrages sont si communs?

Ce sont cependant ces attaques dirigées non-seulement contre le crédit du négociant, mais encore contre la probité de l'honnête homme, dont les frères Oswald se sont rendus coupables dans l'écrit soumis en ce moment à votre apréciation.

Au mois de mars de cette année, cet écrit fut répandu à Paris, à Strasbourg, au Havre, à l'étranger; cet écrit est un tissu d'indignes récriminations, d'odieuses calomnies. Il est difficile de rencontrer des diatribes plus cruelles, des accusations plus déshonorantes.

Et pourquoi tous ces efforts de la méchanceté? Jamais, messieurs, le but ne fut moins déguisé. Il s'agissait de faire l'isolement autour d'un concurrent, de creuser sa tombe, de le faire disparaître, pour se mettre à sa place et profiter de ses dépouilles.

Et l'on n'épargne rien pour atteindre ce but honorable.

Dans cette détestable publication, on dit que M. Favier s'enrichit de la misère des malheureux qu'il transporte en Amérique; qu'il fait en Suisse et en Allemagne une sorte de traite d'émigrants. Le mot y est : *une horrible exploitation;* nous n'exagérons rien, écoutez plutôt :

« L'émigrant est, en général, peu fortuné. La grande émigration est composée de gens véritablement nécessiteux qui ne possèdent pas même les moyens d'émigrer, et pour lesquels les communes sont obligées de s'imposer de grands sacrifices, et c'est sur ces gens que M. Favier prélève un bénéfice de 6 à 7 pour 100 par tête, auxquels s'ajoutent encore deux à trois francs au profit des agents subalternes.

« Nous admettons parfaitement le principe que toute peine mérite salaire, nous ne discutons donc pas que M. Favier ait droit à une commission, mais cette commission ne doit pas être de 25 pour 100 du prix concédé; elle ne doit pas être *une horrible exploitation.* »

L'interprétation calomnieuse et malveillante, le désir de diffamer et de nuire peuvent-ils aller plus loin? MM. Oswald n'épuisent-ils pas ainsi toutes les ressources de la passion et de l'envie?

Ils ne se contentent pas de signaler à la haine publique ce flibustier de l'émigration; ce commerçant est encore un homme indigne de la confiance de ceux qui seraient tentés de traiter avec lui; il manque « *à ses engagements et dénature les conventions* ».

Je lis : « *M. Favier, sans remplir aucun des engagements essentiels, a fait de ce traité un monstrueux abus, un effrayant, un inique monopole, une horrible exploitation.* »

Est-ce clair? cette entreprise doit causer autant d'erreur que d'effroi à l'émigration, et les personnes qui ont traité avec lui doivent aussi être dans la crainte; car cet homme, qui ne respecte rien quand il s'agit de s'enrichir, sait se délier de ses engagements.

Est-il permis, je le demande, de pousser l'injure jusqu'à cette limite? Mais ce n'est pas tout :

Le client que j'ai l'honneur de représenter ici n'est pas seulement un odieux trafiquant, un commerçant qui, non content de dénaturer ses engagements, les viole sans scrupule; il fait plus, il les surprend à la bonne foi de ceux qui traitent avec lui ou les impose à leur faiblesse. Telle est la conduite honorable que les frères Oswald ne craignent pas de faire tenir à M. Favier dans la réalisation des traités qu'il a passés avec des maisons du Havre, de Suisse et d'Allemagne à propos de l'entreprise qui nous occupe ; ils déclarent que c'est bien là la conduite qu'il a tenue, et pour que le public ne croie pas qu'ils sont mus dans leur récit par un mauvais sentiment, ils affirment n'obéir qu'au mouvement impérieux de leur conscience.

Nous n'inventons rien, le tribunal peut s'en convaincre par le passage suivant du factum :

« Après cet exposé des conventions et charges réciproques, nous ferons le *récit consciencieux* des faits qui se sont passés et des conséquences qui sont résultées de ce traité.

« Aussitôt après la conclusion, M. Favier se rendit au Havre auprès de diverses maisons qui affrètent des navires pour le transport des émigrants, et qui ont des agents réguliers sur toutes les frontières de France, et même en Allemagne et en Suisse.

« Ces maisons n'ayant pu obtenir des Compagnies de chemins de fer un prix différentiel, *d'ailleurs impressionnées par la force de ce traité monopole, et chacune prise isolément* A L'IMPROVISTE, *se résignèrent* à passer un traité avec M. Favier.

« *Mêmes démarches* furent faites aux diverses frontières de Suisse et d'Allemagne. »

Et pour que le public à qui ce *consciencieux* et honnête écrit s'adresse ne puisse pas se tromper sur les sentiments que la conduite de M. Favier dans toutes ces affaires doit inspirer, les adversaires ne manquent pas de faire connaître les leurs.

Écoutez-les :

« En envisageant ce traité sous le rapport de la *moralité, nous éprouvons quelque peine* à conserver le calme et la modération qui doivent présider à la tâche que nous avons entreprise. »

Et ils finissent par réclamer de M. le chargé d'affaires de Suisse son appui le plus énergique pour faire cesser cet *inique* monopole.

— Lisez : *unique,* dit Me CHAUFFOUR en interrompant l'avocat de M. Favier.

— Il est bien vrai, dit Me Jules FAVRE en reprenant, que le mot *unique* se trouve dans l'écrit, mais cette expression n'a pas de sens à côté du mot monopole. Monopole, comme chacun sait, signifie exploitation unique. Il n'est pas besoin dès lors d'y ajouter le mot que vous dites, à moins de vouloir faire un pléonasme, une de ces fautes de langage qui ne vous sont pas familières ; un *u* a été mis à la place d'un *i* par le lithographe ; c'est inique que vous avez voulu dire. Cette erreur était bien facile à relever. Qui ne voit que ces expressions, inique monopole, effrayant monopole, monstrueux abus, horrible exploitation ; que tous ces termes sont enfants d'une même lignée? Convenez que je n'ajoute rien à cet honnête écrit, et que, pour lui rendre ce qui lui appartient, je n'ai qu'à ouvrir votre riche vocabulaire.

Ainsi, les frères Oswald ne se contentent pas de poursuivre le traité fait par M. Favier avec la Compagnie de Strasbourg à Paris, de leurs odieuses épithètes, ils reprochent à ce traité *inique* de manquer de *moralité*. Jamais la diffamation ne fut plus cruelle, et ce n'est pas seulement en France qu'elle répand son venin. Elle le propage en Suisse. Là on ne se contente pas de faire remettre une copie de l'écrit aux divers gouvernements cantonaux, on le jette dans le public, on l'adresse aux journaux, on fait des publications de toute nature pour perdre un concurrent dont on a juré la ruine. Le 20 mars 1854, il paraît dans le *Messager de Soleure* un article plein de malveillance qui est rapporté par la *Gazette de Bâle*. On ne nomme point M. Favier dans cet article, mais il est si clairement désigné qu'il est impossible de ne pas le reconnaître ; on devine aussi bien vite quelle est la main qui a tracé ces lignes.

« Nous apprenons qu'il a été adressé au *gouvernement un mémoire* qui montre de nouveau les spéculations qui s'exercent sur l'émigration. Les prix du chemin de fer sont de 40 fr. 90 c. de Strasbourg au Havre, et 38 fr. 90 c. de Forbach au Havre. Un spéculateur est parvenu à obtenir du chemin de fer les prix de 27 et 26 francs, moyennant l'engagement de sa part d'expédier annuellement 25,000 émigrants, après quoi il a immédiatement conclu avec tous les agents des sous-traités d'après lesquels ce nombre doit lui être fourni, si bien que ce *monsieur* se fait 150,000 francs de profit par an. »

Ce sont ces profits qui retentissent douloureusement au fond du cœur des frères Oswald.

150,000 francs de profit par an ! Quel monstrueux abus ! quelle horrible exploitation !

Gagner 150,000 francs avec de si pauvres gens, cela est *inique* et sans *moralité*.

Ce n'est pas sans peine qu'on conserve son calme, sa modération, en présence de *ce monstrueux* et *effrayant monopole*.

Si bien que *ce monsieur* se fait 150,000 francs de profit par an !

Comme ce dernier trait trahit bien l'auteur de l'article ! La signature n'en dirait pas davantage.

Ah ! si ce monsieur ne profitait pas des bénéfices de cette opération, si ce monsieur cédait la place à ces messieurs, comme ces avocats d'office de la vérité et de la morale contiendraient facilement leur vertueuse indignation !

En voulez-vous la preuve, messieurs, lisez le résumé de cette estimable missive à M. le chargé d'affaires de Suisse :

« Le moment actuel *est opportun ; sans user de grands moyens*, ce traité peut être résilié, conformément au paragraphe que nous avons cité et dont nous répétons la teneur : « Le traité est fait pour cinq ans, mais la Compagnie se réserve le droit de le résilier après deux années d'exécution. »

« Il suffit donc de la part de la Compagnie de Paris à Strasbourg, d'une simple dénonciation pour faire cesser ces tristes effets dès le 1er septembre prochain.

« Nous sommes prêts à donner toutes les garanties que les maisons des armateurs du Havre couvriront non-seulement immédiatement un nouveau traité en tous points conforme à celui qui a été passé avec M. Favier, mais encore qu'elles feront jouir l'émigration des avantages qui en résultent avec une différence de 1 franc par personne au plus *pour couvrir les frais de correspondance et de comptabilité.*

« S'il en était besoin, nous nous déclarons même prêts *à nous y engager personnellement.* »

Vraiment, messieurs Oswald! vous poussez l'abnégation jusque-là! vous êtes prêts à saisir l'héritage de celui que vous venez d'assassiner! vous vous dévouez pour mettre la main sur ces profits qui vous révoltent quand vous ne les recueillez pas! vous consentez, par amour de la vertu, à remplacer vos concurrents dans *cet effrayant monopole, dans cette horrible exploitation!* On n'est pas plus généreux et plus pur! Allons, messieurs, votre comédie est jouée, vous n'avez plus besoin de feindre, votre masque est tombé, et nous voyons clairement qui vous êtes et ce que vous voulez!

N'ayant pu, dès l'origine, et malgré vos démarches assidues dans les bureaux de la Compagnie, dans l'antichambre du ministre, n'ayant pu obtenir le traité que vous sollicitiez, voyant que M. Favier avec de la hardiesse, de l'intelligence, de l'activité, avait su monter cette grande entreprise de l'émigration, voyant que l'affaire était faite, qu'il n'y avait plus de grands périls à courir, que l'émigration affluait vers le chemin de Strasbourg, qu'avec des efforts persévérants et puissants on l'avait rendue facile, vous avez voulu vous emparer du fruit de toutes ces peines, de tous ces labeurs, de tous ces sacrifices, et cela par la diffamation et la calomnie.

Et cela, comme vous le dites, *au moment opportun,* non dès l'origine du traité, mais lorsque vos calomnies pouvaient porter leurs fruits, à l'époque où la Compagnie de Strasbourg et les maisons du Havre, émues du bruit et du scandale que votre écrit a produits, *pouvaient demander la résiliation de leurs engagements.* Voilà le but de votre détestable publication; elle a eu les tristes résultats que vous vous proposiez.

En effet, messieurs, la Compagnie des chemins de fer de l'Est, malgré toutes les raisons excellentes, les avantages notables qu'elle avait de continuer ses bonnes relations avec la maison Favier, s'est résignée à réaliser un traité qui soulevait cette tempête. Le 14 avril, M. Favier a reçu de l'administration la lettre que voici :

« MONSIEUR,

« L'article 7 du traité que vous avez passé avec la Compagnie pour le transport des émigrants est ainsi conçu :

« Le présent traité est fait pour cinq années, avec faculté pour la Compagnie de le résilier après deux ans, en prévenant au moins trois mois à l'avance,

« Il commencera son exécution le 1er septembre 1852. »

« Nous venons vous prévenir que, usant de la faculté insérée dans le traité, la Compagnie entend cesser l'application du traité en question, à partir du 1er septembre prochain.

« Veuillez bien nous accuser réception de la présente, et recevez, etc. »

D'un autre côté, les maisons du Havre, espérant obtenir des conditions meilleures, ont demandé la résiliation de leurs traités; elles ont porté, le 15 mars, leur demande devant le tribunal de commerce de Paris.

Voilà les conséquences de cette publication méchante, inspirée par la cupidité et l'esprit de vengeance.

Certes, messieurs, la concurrence se comprend, elle est même louable quand elle tend à diminuer les charges de ceux qui la font vivre; ces grandes entreprises sont comme des annexes des services publics, dans lesquels l'État se trouve aidé par les particuliers; rien de plus honorable donc que les efforts de ces commerçants, de ces industriels honnêtes qui toujours tendent à mieux faire, à diminuer de plus en plus le budget que leur payent les contribuables.

On peut voir sans déplaisir la disparition d'une administration inintelligente ou onéreuse, quand elle est remplacée par d'autres qui font mieux et à meilleur marché.

Au contraire, ce que les honnêtes gens flétriront toujours, c'est le renversement de ce qui est par l'intrigue, par la trahison et le mensonge, et c'est ce que vous avez tenté de faire, messieurs Oswald.

M. Favier, jeune encore, possesseur d'une honorable fortune, héritier d'une grande position industrielle, ne s'abandonnant pas à un indigne repos, continue à rendre à son pays les services dont son père lui avait donné l'exemple. Déjà ses voitures de roulage sont sur presque toutes les routes de France; mais il ne s'arrête pas là, il rêve de mettre en communication facile l'Allemagne et la Suisse avec l'Amérique pour cette grande affaire de l'émigration, et il réussit, messieurs Oswald, dans cette affaire, et, comme dans beaucoup d'autres, il fait mieux que vous n'aviez su faire.

Vous aviez le droit de reprendre une revanche : que faites-vous au lieu de rivaliser honnêtement, loyalement, au lieu de redoubler d'efforts?

Vous faites appel à l'injure! Vous haut placés dans l'industrie, vous, qu'on dit honorables, vous abusez de cette position pour donner plus de crédit aux calomnies que vous allez répandre; vous descendez jusqu'à l'injure!

Vous dites que ce jeune homme surprend les maisons avec lesquelles il traite à l'improviste, que sa conduite est celle d'un industriel équivoque, ne respectant même pas les engagements qu'il contracte, faisant un monstrueux abus de celui qu'il a obtenu de la Compagnie de l'Est, exerçant une horrible exploitation sur de pauvres gens que la misère force à abandonner le sol de la patrie.

Dites, est-ce là un langage que puissent approuver les honnêtes gens? C'est avec ce langage que vous plaidez la cause de l'émigration sans contradicteur, dans un écrit qui circule de main en main en France, à l'étranger. Convenez-en, cette manière d'agir est indigne d'une maison honorable telle que la vôtre; vous le voyez, je ne veux pas vous outrager, mais, je le répète, ce sont des procédés qui ne conviennent qu'à l'envie, dont l'impuissance égale la bassesse et la méchanceté; il vous appartenait de mieux faire, ce n'était pas à vous d'essayer de triompher d'un adversaire en distillant le venin de la calomnie, en remplissant votre plume des souillures du ruisseau.

Gravement blessé dans son honneur, dans ses intérêts, M. Favier se devait à lui-même, il devait au nom honorable qu'il porte, à la vieille réputation de probité qui appartient à la maison dont il est le continuateur et le chef, de repousser ces indignes attaques. Il devait protester avec énergie, au grand jour, devant la justice de son pays, devant ses concitoyens assemblés. Il l'a fait, et c'est là ce qui nous amène devant vous; il vient vous démontrer et la fausseté des incriminations dont il a été l'objet et l'intention coupable qui les a dictées.

Est-il nécessaire, messieurs, après ce qui vient de vous être dit, de discuter longuement pour faire ressortir la criminalité de l'odieux écrit de MM. Oswald?

Le tribunal connaît les principes, il sait comme nous quels sont les caractères constitutifs du délit en matière de diffamation.

La loi et la jurisprudence frappent tous ceux qui ne respectent ni l'honneur ni la considération des personnes; aussitôt que la diffamation dépasse les limites de la confidence, quand elle cesse de parler à voix basse, quand de honteuse qu'elle était, elle s'arme d'audace pour paraître en public, la justice la saisit et la frappe.

La cour de cassation reconnaît qu'il y a publicité suffisante dans le dépôt au greffe d'un mémoire diffamatoire; dans des lettres confidentielles qui ne sont pas demeurées secrètes. Si l'adversaire le conteste, j'ai là les arrêts que je suis prêt à lui lire, s'il le désire. Ainsi, aussitôt que la confidence cesse, la publicité commence et la diffamation se produit.

Ici, messieurs, de quoi s'agit-il? d'une lettre confidentielle à M. Barman, chargé d'affaires de la Suisse.

Cette lettre reste-t-elle ce qu'elle devait être, une note secrète? Nullement.

On la fait lithographier, on la tire à plusieurs exemplaires.

On l'envoie aux maisons du Havre, au chemin de fer de Strasbourg; on la répand ensuite dans le public.

J'ai voulu, messieurs, connaître le nombre d'exemplaires qui avaient été tirés.

Je suis allé au ministère de l'Intérieur pour demander communication des déclarations que devait faire M. Palis, éditeur des exemplaires autographiés.

Recherches faites, il a été constaté que malgré les termes impératifs de la loi, M. Palis s'était abstenu à la fois de faire cette déclaration et d'opérer le dépôt.

La nature de l'écrit peut expliquer cette double contravention.

M. le chef de bureau m'a proposé d'envoyer un agent de police chez M. Palis et d'y faire vérifier ses registres.

Craignant d'exposer ce monsieur à un double procès, j'ai préféré m'adresser directement à lui : je pensais, d'ailleurs, qu'il se présenterait ici, qu'il y apporterait ses livres et y révélerait la vérité; il s'est contenté de me répondre la lettre suivante, que je livre à vos appréciations :

« MONSIEUR,

« Je n'ai jamais fait sortir de mes bureaux des écrits diffamatoires contre qui que ce soit, et quand j'ai reçu une note à autographier pour les frères Oswald, je savais que je ne travaillais que pour une maison honorablement connue en France, en Suisse et en Allemagne.

« Ainsi donc, je ne crains pas de vous déclarer ici que j'ai fait tirer pour leur compte une note autographiée *à quinze copies*, ayant pour titre : *Frères Oswald, négociants à Bâle, à M. le colonel Barman, chargé d'affaires de la Confédération suisse*, laquelle note ne pourra jamais passer pour une diffamation, et vous le verrez! »

Et vous le verrez! — Ce dernier mouvement part d'un cœur courageux, on le voit bien, — cela est très-brave. — Pourquoi donc ce vaillant M. Palis ne se présente-t-il pas? pourquoi déserte-t-il cette audience? pourquoi fuit-il? — Pourquoi? c'est qu'on a craint les explications de l'audience et qu'on lui a conseillé de rester prudemment à Paris. Nous l'y laissons. Est-ce que nous avons besoin, d'ailleurs, de sa présence aux débats pour démontrer le défaut de sincérité de sa déclaration; pour prouver que son aveu est un aveu incomplet? Nullement.

Est-ce que si les frères Oswald n'avaient eu besoin que de quinze exemplaires, ils auraient eu recours à la lithographie après l'autographie? Non, évidemment; mais il leur en fallait beaucoup plus pour le succès de leur dessein. — Il leur en fallait pour tous les gouvernements cantonaux, pour les maisons du Havre et de Strabourg, pour les journaux de Suisse, pour leurs amis, pour le public enfin. — Le tribunal le voit, cet écrit a été tiré à plus de quinze exemplaires. Mais n'importe; nous supposons pour un instant que votre aveu est sincère, nous le retenons, il nous suffit : quinze exemplaires, dites-vous? il n'en est pas besoin d'un aussi grand nombre pour faire la publicité voulue par la loi et la jurisprudence, que nous venons de faire connaître.

Cette note, pour qu'elle ne reçût pas de publicité, vous deviez l'adresser uniquement à M. le colonel Barman.

Or, vous l'avez répandue de votre propre aveu à Strabourg, à Paris, au Havre, en Suisse : donc la publicité est acquise; la diffamation est complète. — La loi pénale vous atteint.

La publicité étant établie, examinerai-je, messieurs, s'il y a diffamation? — Après la lecture que nous avons faite de l'écrit, cette démonstration devient tout à fait inutile; cet écrit est le réquisitoire le plus éloquent que l'on puisse formuler contre les inculpés.

Qu'est-ce donc que la diffamation? — L'article 13 de la loi est bien clair, il n'a pas besoin de commentaires :

« Toute allégation ou imputation d'un fait, dit cet article, qui porte atteinte à l'honneur ou à la considération de la personne ou du corps auquel le fait est imputé, est une diffamation. »

Ainsi, toute atteinte portée soit à l'honneur, soit à la considération d'une personne, est une diffamation. — La loi distingue, en effet, deux patrimoines également chers pour l'homme : l'honneur et la considération; elle dit que tous les deux doivent être respectés. — L'honneur? — Ce n'est pas seulement la pratique la plus pure de la morale, le culte de la vertu, c'est le respect de ce qui est beau, le sentiment délicat de tout ce qui est grand, le dévouement pour tout ce qui est vrai; c'est ce qu'il y a de plus subtil, de plus délicat, de plus vulnérable dans l'estime de soi. — L'honneur est à la vertu ce que la pudeur est à la chasteté, ce que le parfum est à la fleur, ce que le rayon divin est à la beauté. — Aussi les blessures que l'honneur reçoit sont les plus intolérables; elles exigent la réparation la plus prompte, la plus éclatante. — Si la loi ne réprimait pas les attaques qui les font, elle autoriserait les vengeances individuelles, elle anéantirait le lien qui fait les sociétés. — Voilà ce que c'est que l'honneur et la protection qui lui est due. — La considération diffère de l'honneur : ce mot désigne un sentiment moins intime, moins profond, moins excellent; la considération est quelque chose de nous, qui se fait jour, qui apparaît. — Nous ne sommes pas des entités ontologiques; — nous avons tous notre milieu; nous n'avons pas seulement besoin du repos que nous tirons de notre conscience satisfaite, nous avons encore besoin de l'appui de nos semblables. — Il ne nous suffit pas de vouloir faire le bien pour le faire, nous avons besoin qu'on appuie nos actes, nos intentions; c'est cette bonne opinion que le public a de nos actes et de nos intentions qui fait la considération. — Le tribunal le voit, ce dernier patrimoine est encore d'un grand prix; quiconque jouit de ce bien précieux doit le défendre; la loi vient à son secours. — Écoutez les auteurs eux-mêmes de la loi sur la diffamation. — Dans la séance du 21 avril 1819, M. de Chauvelin avait demandé la suppression du mot *considération* comme trop vague, celui d'*honneur* suffisant à toutes les nécessités de la répression. M. Guizot, commissaire du roi, insista pour son maintien.

« Il ne s'agit pas, disait-il, de savoir si le mot est nouveau dans nos lois, mais s'il explique bien l'idée que la loi veut qu'on y attache. Quel est l'objet de la loi? c'est de punir un tort que l'auteur d'une diffamation ou d'une censure fait à un citoyen dans l'estime publique. Le mot est clair, il s'adresse aux jurés. Les jurés en trouveront, selon le cas, l'application véritable. Il est impossible dans une loi de faire une définition précise d'une telle expression. Mais on peut dire que la considération tient particulièrement à la manière dont on exerce sa profession. Pour un négociant, particulièrement, elle s'explique assez d'elle-même. La question sera soumise au jury, qui entendra très-bien l'expression. Elle est peut-être plus claire que le mot honneur, elle remplit mieux l'intention de la loi, qui est de punir un tort et de le réparer; car la considération se rapporte à l'idée que les autres ont de vous, et l'honneur se rattache davantage à l'idée que vous tenez à en conserver vous-mêmes. »

M. le garde des Sceaux :

« M. Chauvelin désire supprimer le mot *considération* parce qu'il lui paraît trop vague, et que tout lui semble compris dans le mot *honneur.* Je crois que le préopinant s'est trompé. Quelque étendu que soit le mot *honneur,* il est cependant une sorte d'estime publique qu'il ne comprend pas. D'une part, on peut être un homme d'honneur, n'être pas attaqué sous ce rapport, et cependant l'être comme ayant plusieurs défauts très-considérables. Un sens du mot *considération* auquel le mot *honneur* ne répond pas du tout, c'est particulièrement, si j'ose me servir de ce terme, la considération professionnelle, l'estime que chacun peut avoir acquise dans l'état qu'il exerce, estime qui fait partie de sa fortune, qui est pour lui une propriété, un capital précieux, que la diffamation peut atteindre, sans porter atteinte à son honneur; car on peut être homme d'honneur, n'être pas diffamé comme tel, et l'être, par exemple, dans les autres qualités morales qui font un bon négociant, un bon avocat, un bon médecin ; en un mot, un homme quelconque a mérité par ses actions, par sa vie tout entière, une portion d'estime, il a acquis une mesure de considération morale parmi ses concitoyens; eh bien! voilà le patrimoine que la loi doit protéger et défendre, et c'est l'objet de l'article. »

M. Courvoisier, rapporteur :

« Si le mot *considération* est nouveau parmi nous, il ne l'est pas dans la législation anglaise, et l'exemple cité par la commission dans son rapport l'a prouvé. Prenez garde, messieurs, que si une grande liberté doit être laissée à la presse à l'égard des corps, des actes, des autorités et des discussions politiques, elle doit être sévèrement réprimée dans ses écarts, dans ses excès contre les particuliers. C'est de l'honneur, de la réputation, de l'existence des citoyens que vous vous occupez; la législation anglaise y a pourvu, et d'une manière extrêmement sévère. »

Il semble, messieurs, que cette discussion soit faite pour la cause. Les auteurs de la loi voulaient prévenir et punir ce que l'envie et la rivalité mécontentes inventent pour abattre ce qu'elles ne peuvent égaler.

Voyez combien dans cet écrit c'est le but qu'on se propose. — Qu'ont voulu les frères Oswald? Porter atteinte à l'honneur de M. Favier, le souiller, le détruire, anéantir sa bonne et légitime réputation d'honnête commerçant, le perdre dans l'opinion publique en le représentant comme un misérable monopoleur faisant trafic des malheureux émigrants de Suisse et d'Allemagne, prélevant un indigne tribut sur la pauvreté et le travail.

Et pourquoi toutes ces déloyales attaques? Pour arracher à la victime le fruit de ses efforts, de son labeur, de son intelligence, pour recueillir ce qu'elle a semé.

Cet écrit ne respire pas seulement la diffamation; la calomnie s'y montre avec la plus rare audace. — Les inculpés avancent hautement ce qu'ils savent être faux.

Ainsi, après avoir analysé les clauses principales du traité d'une manière incomplète, ils insinuent que M. Favier a fait avec la Compagnie un pacte honteux qui exclut leurs concurrents.

Et cela quand ils savent que tous peuvent avoir de la Compagnie un traité en tous points semblable.

Puis on se plaint au nom de la justice, de la moralité outragée, au nom des intérêts généraux.

On va plus loin, on accuse M. Favier de manquer *à ses engagements.*

On dit qu'il fait tort au chemin de fer, aux maisons du Havre, qu'il fait de cette affaire *un effrayant monopole, une horrible exploitation.*

Et cela ne serait pas outrager, ne serait pas diffamer!

Quoi! M. Favier pourrait être accusé de toutes ces énormités, on n'en ferait pas seulement un commerçant sans honneur, sans délicatesse, sans franchise, mais un homme dont il faudrait s'éloigner, des actes et de la signature duquel il faudrait se méfier; un homme qui, pour satisfaire une détestable cupidité, n'aurait pas seulement nui à ses concurrents, mais entravé le mouvement de l'émigration, fait un tort considérable à l'industrie, porté atteinte aux intérêts généraux, et ce ne serait pas diffamer! C'est, messieurs, la diffamation éclatant avec ses caractères les plus révoltants; c'est plus encore, c'est de la plus noire calomnie, car il n'y a pas un mot de vrai dans toutes ces odieuses accusations. Loin d'entraver le mouvement de l'émigration, M. Favier l'a favorisé: jamais il n'a été plus grand qu'aujourd'hui. Les chemins de l'Allemagne ne peuvent soutenir la concurrence; c'est en vain que les maisons de ce pays baissent leurs prix; les voyageurs se portent sans cesse du côté du Havre, parce que là se trouvent des navires. L'émigration se dirige toujours du côté où le service se fait régulièrement. Loin de rançonner cette malheureuse population, M. Favier a obtenu pour elle, du chemin de fer, une baisse de prix que les autres maisons, n'offrant pas les garanties que lui seul pouvait donner, n'avaient pu se faire concéder; il a fait partir ensemble les familles, et en grand nombre; il a régularisé leur départ, rendu moins pénible cette séparation toujours douloureuse du sol de la patrie. Voilà ce qu'il a fait; jugez après cela, messieurs, ce que valent les reproches de ces prétendus redresseurs de torts, de ces avocats d'office de l'intérêt public qui élèvent si généreusement la voix pour dénoncer de monstrueux abus, qui ont tant de peine à modérer leur indignation, et qui suffoquent de vertu. Voyez ce qu'ils font de la vérité, avec quelle hardiesse ils la sacrifient. Voyez quelle perfidie, quelle astuce ils déploient pour anéantir la réputation d'un concurrent qui les gêne et pour s'enrichir à ses dépens. De telles entreprises méritent partout et toujours le blâme des honnêtes gens et les sévérités de la loi. Les choses publiées dans ce détestable écrit n'auraient dû être dites par personne, mais encore moins par les frères Oswald; ce n'étaient pas eux qui devaient descendre à ces indignes pratiques. Qu'un homme sans consistance, sans précédent, ne connaissant de la vie que les mauvaises excitations, étranger au mouvement des affaires et n'en mesurant les difficultés qu'avec les illusions d'une ambition mécontente, prenne corps à corps un industriel, et sans tenir compte de ses sacrifices, de ses luttes ou des services qu'il a rendus, montre au doigt sa richesse... et soulève la cohue envieuse, le poursuive de ses invectives et de ses calomnies, nul ne peut s'en étonner; mais que des négociants rompus aux transactions commerciales, en connaissant les écueils et les périls, ayant conquis eux-mêmes une fortune considérable par des spéculations qu'ils attaquent, se fassent les procureurs fondés des ignorants et des jaloux, qu'ils travestissent les faits, incriminent les intentions et cherchent à égarer l'opinion par leurs mensonges, c'est ce qui est inexcusable et mérite toutes les sévérités de la justice. Ces sévérités, les frères Oswald les ont méritées : ils n'ont pas craint de porter cette rude atteinte à l'honneur, à la considération de M. Favier; ils ont aussi blessé profondément ses intérêts matériels. Je vous ai montré que la demande en résiliation des traités avec la Compagnie de l'Est et les maisons du Havre avait suivi de près la publication de l'écrit dénoncé à votre justice; la réparation qu'il vous demande serait loin d'être exagérée si elle lui était accordée. Je n'en dis pas davantage sur ce point. Ce que mon client sent le plus vivement, ce ne sont pas les agressions dirigées contre sa fortune : il n'aurait pas fait ce procès, s'il ne se fût agi que d'une question d'argent; ce qu'il a voulu, en vous saisissant de ce débat, vous le comprenez sans peine; attaqué dans son honneur, dans sa réputation, il a voulu avant tout montrer le néant des accusations dont il a été l'objet, il a voulu obtenir, de concurrents qui ont cherché à lui nuire, la réparation la plus éclatante et la plus sûre, celle que la loi promet à chaque citoyen outragé, celle que la justice ne refuse jamais; il l'attend.

Me Chauffour, défenseur de MM. Oswald, s'efforça de prouver que la lettre incriminée n'avait reçu aucune publicité, et que cet écrit ne contenait aucune imputation portant atteinte à l'honneur ou à la réputation de M. Favier.

Après la plaiderie de Me CHAUFFOUR, avocat des frères Oswald, Me Jules FAVRE a répliqué en ces termes :

MESSIEURS,

Malgré ses efforts, malgré son talent, il a été impossible à l'adversaire de dissimuler les caractères du délit reproché à ses clients. Toute sa défense peut se résumer ainsi : Il est bien vrai, les frères Oswald, en écrivant ce mémoire, n'obéissaient qu'à une inspiration de concurrence; ils n'avaient qu'un but, supplanter leur adversaire; mon confrère est prêt à le reconnaître. Ils se sont adressés aux personnes qui pouvaient prendre intérêt à cette querelle, mais dans des termes qui n'ont jamais dépassé les limites de la modération.

Que mon confrère me permette de le lui dire : les frères Oswald l'ont mal renseigné sur l'idée qui les guidait en rédigeant cet écrit.

S'ils n'avaient en vue qu'un simple acte de concurrence, si avant tout ils n'avaient pas cherché à salir M. Favier par les diatribes odieuses semées dans leur détestable factum, ils ne seraient point aujourd'hui traduits à votre barre.

Mais quelle que soit l'habileté qu'on déploie dans la lecture de leur écrit, il sera impossible d'en faire disparaître ce qu'il contient de perfide et de calomnieux.

On y trouvera toujours les frères Oswald, pleins d'une vertueuse indignation, reprochant au sieur Favier l'abus monstrueux qu'il fait de son traité en manquant à ses engagements, l'horrible exploitation qu'il exerce sur ces pauvres Suisses, ces pauvres émigrants.

C'est ce sentiment profond de pitié, c'est l'intérêt inspiré par ces populations malheureuses, qui seuls paraissaient mettre la plume à la main des frères Oswald. Aujourd'hui, dans la plaidoirie de leur avocat, ils avouent sans détour qu'ils ont tenté de prendre la situation de M. Favier, qu'ils aspiraient à sa succession. Mais pour cela, messieurs Oswald, il fallait le détruire; vous l'avez essayé, vous avez osé appeler la diffamation à votre aide.

Certes, je comprends la liberté du commerce, la libre concurrence; elle excite à mieux faire, et le public profite de ces efforts; mais je la veux à la condition qu'elle ne portera atteinte ni à l'honneur ni à la vérité. Il est dans toutes les luttes certaines bornes de décence dont il ne faut jamais savoir s'écarter.

Mais, tenez, je vais faire toucher du doigt, je l'espère, le côté faible de la défense des adversaires.

Je suppose, pour un instant, que la maison Oswald ait fait des offres plus avantageuses que la maison Favier ; j'avais raison de dire, en commençant, que ce procès n'était qu'un reproche fait au chiffre des bénéfices, c'est-à-dire à ce qui fait la loi, la vie du commerce.

Est-ce qu'il est permis de discuter une pareille question? Y a-t-il sur ce point une règle qui permette de dire jusqu'où les bénéfices peuvent monter, jusqu'où ils doivent descendre? Ne varient-ils pas selon le chiffre des affaires? Est-ce qu'on ne les accorde pas encore en raison des garanties offertes par les personnes avec lesquelles on traite? Je le répète, la quotité des bénéfices, en matière de commerce, doit être hors de discussion.

Mais je suppose, dis-je, pour un instant, que les frères Oswald sont en possession du traité obtenu par M. Favier. Ils ont baissé le chiffre de leurs bénéfices, ils se contentent d'un franc par émigrant (peu importe le chiffre pour la valeur du raisonnement); la Compagnie a accepté leurs propositions, elle y trouvait avantage; voici la maison Oswald gagnant 25,000 francs sur les émigrants.

Que va-t-elle dire? Dira-t-elle que c'est un monstrueux traité, un effrayant, un inique monopole, une horrible exploitation?

Ou ce monopole n'est-il exécrable que quand elle n'en profite pas? Sera-ce une réalisation de bénéfices sans travail perçus au sein de l'indolence, ou bien cette exploitation n'aurait-elle de fatigues que lorsque les frères Oswald l'exercent?

Mais ce n'est pas tout : je suppose que M. Favier, dépossédé, se résigne, qu'il accepte sa défaite sans murmure, un nouveau concurrent peut surgir; celui-ci, au lieu d'exiger, comme les frères Oswald, un franc par voyageur, se trouve satisfait avec cinquante centimes.

S'il fait cette proposition à la Compagnie, la Compagnie l'acceptera, rien n'est plus irréprochable, et la maison Oswald devra supporter la loi qu'elle a invoquée contre M. Favier.

Mais que dira-t-elle si ce nouvel adversaire, pour triompher dans la lutte qu'il engage, écrit à la Compagnie, au public, que les frères Oswald n'exécutent pas les engagements qu'ils ont pris, qu'ils en font un monstrueux abus, tant contre les maisons avec lesquelles ils ont traité qu'envers les pauvres émigrants, que la misère oblige de quitter leurs foyers? Que diront les frères Oswald en entendant de pareils discours? Nous n'en savons rien. Mais s'ils se taisaient, s'ils acceptaient ces injures en courbant la tête, leur honneur serait bien peu chatouilleux.

Ils ne se tairaient pas, nous en sommes convaincus : ils feraient un procès au diffamateur. Telle est la situation de M. Favier vis-à-vis d'eux.

Ah! si les frères Oswald s'étaient contentés de critiquer décemment et d'annoncer qu'ils pouvaient mieux faire; mais ils ont dédaigné cette voie : elle ne les aurait pas conduits à leur but. M. Favier n'eût rien dit, assurément; ils ont fait ce que je reprochais il y a un instant à ce concurrent supposé, et c'est pour cela que M. Favier leur fait le procès actuel. Il le devait à sa propre dignité.

Quoi! il aurait gardé le silence quand on lui reprochait de violer la sainteté des contrats! Mon adversaire aura beau adoucir ses inflexions de voix en lisant les passages odieux du mémoire, il n'effacera pas ce qu'il y a d'indigne et de méchant. On y trouvera toujours cette accusation inouïe, adressée à M. Favier, de manquer à ses engagements, de faire des traités passés à l'occasion du transport des émigrants un monstrueux abus, un inique monopole, une horrible exploitation.

Ces injures, cette diffamation, ont été publiques; nous avons, malgré les efforts de l'adversaire, établi l'existence des éléments constitutifs du délit. La preuve de la publicité de l'écrit incriminé, un document acquis au débat nous la donne; à défaut de ce document, nous l'aurions dans l'aveu, la parole même des inculpés contraints de confesser une partie de la vérité. Et quelle a été la raison de cette diffamation cruelle, qui consiste à déclarer celui qui en est l'objet indigne de l'estime publique? Pourquoi ces atteintes à l'honneur et à la considération d'un honnête homme, qu'on accuse de surprendre les personnes qui traitent avec lui, de manquer de moralité dans ses rapports commerciaux? Pourquoi cet outrage sanglant, cette trahison de la vérité, ces mensonges et ces calomnies? Pourquoi ces indignes choses? MM. Oswald frères les ont faites pour dépouiller leur adversaire du fruit de son travail, pour satisfaire deux mauvaises passions, la cupidité et la vengeance.

Vous poursuivez, messieurs Oswald, de toutes vos colères ce traité qui, selon vous, serait entaché de spéculation. — Parce qu'il procurerait à M. Favier des bénéfices considérables? Qu'en savez-vous? Avez-vous vu les livres? Avez-vous compté avec lui? Vous notez les avantages, mais avez-vous tenu compte des dépenses? Vous vous lancez dans les plus folles exagérations pour la satisfaction de vos vues coupables. Ce n'est pas assez, vous voulez encore que le public croie que les traités passés avec les maisons du Havre leur ont été surpris, et je vous prouve, pièces en main, que vous outragez audacieusement la vérité. — N'importe. Il faut que M. Favier ait exercé une pression, et vous en allez chercher les preuves dans un rapport d'arbitre qui n'a pas encore reçu les honneurs de la contradiction. Convenez, messieurs Oswald, que vous aimez bien mieux l'erreur que la lumière de la vérité; vous falsifiez tout, vous vous plaisez à la diffamation; loin d'atténuer celle qu'on vous reproche, vous venez l'aggraver encore à cette audience; vous essayez de soulever votre auditoire en montrant l'émigration payant à M. Favier un tribut annuel de 280 à 300,000 francs, quand vous savez que ces bénéfices n'ont pas atteint le tiers de ces sommes. Vous excitez le public contre cette exploitation horrible. Prenez-y garde, messieurs; il est imprudent à vous de parler de spéculations horribles; il en est certes qui méritent ce nom. Je ne sais s'il est mal de tirer un salaire quelconque des services rendus à de pauvres gens; mais ce qui sera odieux, infâme, criminel aux yeux même de la loi, ce sera de s'emparer de denrées alimentaires du peuple, de l'affamer pour le contraindre à donner sa bourse. Il existe de ces spéculateurs, messieurs Oswald, vous les connaissez. Ouvrez vos livres, et vous trouverez un gain de plus de 200,000 francs, réalisé pendant la famine de 1847. Cessez donc de parler de si haut; il ne vous convient pas de rechercher avec tant de sollicitude la paille de l'œil de votre prochain, quand vous ne distinguez pas la poutre qui écrase le vôtre!

Au surplus, les bénéfices réalisés par M. Favier et qui allument votre ardente convoitise sont loin d'être aussi considérables que vous le dites; — le chiffre de 9 francs par émigrant dont vous parlez est une pure fantaisie, une invention méchante de votre part. Il y a, si l'on n'examine que les traités, un bénéfice de 6 francs par voyageur; mais est-ce ainsi qu'on doit calculer? Il faut avouer, messieurs Oswald, que vous avez un bien grand intérêt à tromper le public, puisque vous travestissez la vérité avec cette rare complaisance. Vous savez mieux que personne quelles dépenses entraînent le matériel et le personnel que M. Favier a organisés; il prend les voyageurs, non à Strasbourg, mais à l'étranger, à Kehl et ailleurs; il faut pour cela des chariots et des chevaux; ces voyageurs descendus à Paris ont besoin de guides; il faut les payer; — dites donc tout. — M. Favier fait des bénéfices, cela est vrai, et ces bénéfices, on peut les chiffrer d'une façon à peu près exacte en les portant à la somme de 70 à 80,000 francs.

Ce chiffre peut paraître encore énorme, mais à qui? aux envieux et aux impuissants; jamais à des industriels qui apprécient les difficultés et les dangers de pareilles entreprises. Si M. Favier fait des profits, ne sert-il pas le chemin de fer de Strasbourg, l'émigration elle-même? N'est-ce pas lui qui a obtenu sur le prix du voyage une concession jusque-là vainement sollicitée? N'est-ce pas en faisant l'abandon des transports par mer aux maisons du Havre qu'il a fondé cette entreprise si utile pour tous les intéressés? — S'il fait des bénéfices, il les acquiert légitimement. — Ne dites donc pas qu'il ne fait rien, qu'il n'a rien fait; ne calomniez pas dans le seul but de satisfaire le triste intérêt qui vous anime. — Est-ce la lutte à laquelle des négociants, des industriels, des travailleurs honnêtes doivent se livrer?

J'en ai fini sur cette question de diffamation et d'injure. Le tribunal lira cet écrit, cette lecture sera suffisante pour faire sa conviction.

Les adversaires nous font une objection. Ils ne comprennent pas notre susceptibilité actuelle en présence de deux articles publiés en 1853 par les journaux du Havre. D'après eux, leur mémoire est un chef-d'œuvre de modération à côté de ces articles que M. Favier n'a nullement songé à incriminer.

Le tribunal en a entendu la lecture; je ne veux pas l'en fatiguer encore. — Il a vu que l'un de ces articles était d'une fadeur remarquable, et qu'il n'y avait guère de quoi s'émouvoir; l'autre a l'intention seulement d'être plus méchant en criant au monopole. Cette polémique de journaliste, en admettant qu'elle fût connue de M. Favier, ne devait pas lui causer de vives alarmes, tout le monde en conviendra.

D'ailleurs, M. Favier ignorait ces articles, dont je n'ai moi-même pris connaissance qu'hier au soir, par la communication qui m'en a été faite par mon confrère. — Je ne dis pas que M. Cazavan, leur signataire, ne soit un éminent publiciste dans le bassin du Havre; mais enfin ses publications n'ont pas un retentissement tel qu'elles commandent l'attention publique. M. Favier n'en a point entendu parler. Mais les eût-il connues qu'il n'aurait pas songé à s'en inquiéter, pour deux raisons: la première, c'est qu'elles ne renferment pas ces violences que l'on rencontre dans le mémoire des frères Oswald; la seconde, c'est qu'il faut être plein d'indulgence pour les journalistes qui souvent sont forcés de parler de beaucoup de choses qu'ils ignorent, et quand ils les connaissent, ces choses, ils écrivent avec tant de promptitude qu'ils n'ont pas le temps de peser les expressions cruelles qu'ils emploient; elles seraient coupables si elles étaient plus réfléchies. — Il faut tenir compte des exigences de certaines professions; M. Favier le sait, et si ces articles étaient venus à sa connaissance, il ne les aurait pas poursuivis; mais il ne pouvait avoir cette indulgence pour des commerçants, des industriels haut placés, pour des concurrents qui, dans son propre pays, venaient lui jeter à la face de si sanglants outrages. Il a fait le procès à la diffamation, il a conduit les frères Oswald à votre barre. Et c'est au nom de la loi, au nom des intérêts légitimes du commerce, qu'il vous demande leur condamnation. Un seul moyen d'y échapper leur reste, et ils l'invoquent de toutes leurs forces. La publicité voulue par la loi n'existe pas, disent-ils. L'écrit était destiné à M. Barman, chargé d'affaires de Suisse, et n'a été tiré qu'à quinze exemplaires. Il n'a donc pas été publié, dans le sens légal du mot.

Messieurs, ce dernier retranchement des adversaires doit être renversé en vertu de l'interprétation rationnelle et morale que la cour de cassation a faite de la loi sur la diffamation. Que l'écrit ait une source confidentielle, qu'il ait été destiné au secret d'une communication intime, peu importe, si la confidence a été trahie, si le secret a été divulgué. Dès l'instant que, par le fait de l'auteur de l'écrit, cette limite est franchie, il y a publicité, et par conséquent diffamation. Écoutez avec quelle sagesse, quelle fermeté, la cour suprême a posé ces règles salutaires :

« *Attendu que la communication d'un écrit diffamatoire à plusieurs personnes, dans un but de publicité, constitue la publication de cet écrit, surtout lorsque cette communication, comme dans l'espèce, n'avait aucun caractère confidentiel et a conduit aux résultats dommageables que l'arrêt a constatés;* que dès lors, et en qualifiant de publication lesdits faits, ledit arrêté, loin de faire une application fausse des articles de la loi de 1819, *s'est conformé à sa lettre et à son esprit,* — rejette. »

Le même principe a été consacré par un jugement du tribunal correctionnel de la Seine, dans une affaire Hersmanni et Thomès, lequel décide que la distribution clandestine à plusieurs personnes de lettres manuscrites diffamatoires constitue le délit de diffamation publique.

La cour de cassation a jugé que la distribution d'un écrit diffamatoire constitue le délit de diffamation publique prévu par l'article premier de la loi du 17 mai 1819, bien que cette distribution n'ait pas été faite dans des lieux et réunions publics.

Voici les termes mêmes de l'arrêt :

« Sur le deuxième moyen tiré de ce que l'arrêt attaqué a incompétemment saisi de la plainte en diffamation la juridiction correctionnelle, sans qu'il ait été articulé que cette diffamation ait reçu de publicité par l'un des moyens énoncés en l'article premier de la loi du 17 mai 1819;

« Attendu que l'un des moyens de publicité énoncés audit article consiste aussi bien dans la distribution des écrits que dans leur vente ou exposition dans des lieux ou réunions publics; que cette distribution, en effet, si elle est faite clandestinement, mais à divers et à un nombre plus ou moins considérable, peut être aussi dommageable à l'ordre public et aux citoyens que tout autre genre de publicité. »

C'est aussi ce qu'enseignent MM. Parant dans leur travail sur la loi de la presse.

Voilà donc le sens de la loi clairement fixé : j'ajoute, voilà sa véritable règle morale; elle ne pourrait, sans porter une dangereuse atteinte aux priviléges de l'amitié, aux devoirs de la famille, aux relations sacrées des hommes entre eux, permettre de fouiller les correspondances, épier les conversations, surprendre les épanchements du cœur ou les jeux de l'esprit; quand ces opinions, ces jugements, ces critiques sortent du mystère qui les devait couvrir, quand ils éclatent dans le monde, quand ils retentissent à toutes les oreilles, la loi s'émeut. Elle arrête le scandale. Elle permet à l'offensé d'invoquer le secours de l'autorité, l'appui de la force juridique.

Nous n'avons donc qu'une question à poser à vos consciences : L'écrit incriminé est-il demeuré confidentiel? S'il a cessé de l'être, il est devenu public, et le délit existe. Or, à quoi bon discuter l'évidence? Si M. Barman seul devait recevoir la note qu'on lui adressait, on ne l'aurait pas fait autographier et lithographier. Ce tirage prouve à la fois l'intention et le fait de la publicité. Le nombre d'exemplaires importe peu. Je demeure convaincu qu'il a de beaucoup dépassé ce chiffre de quinze indiqué par M. Palis. On ne met pas pour si peu deux presses en mouvement; on ne s'expose pas pour si peu aux chances d'une double contravention. Mais j'admets, par hypothèse, ce chiffre quinze. Qu'est-ce qu'une confidence faite à quinze personnes par la voie d'un écrit qui circule entre leurs mains? C'est la publicité dans toute la force du mot, c'est l'élément le plus certain et le mieux caractérisé du délit que nous déférons à votre sagesse.

Et d'ailleurs, qui ne sent la misère de ces subtilités légales et combien il est peu digne de s'en faire une arme? Abordons sans détours la question décisive du procès. Quel a été votre dessein, messieurs Oswald? Écriviez-vous à M. Barman ou au public, quand vous chargiez l'imprimeur Palis de reproduire votre factum en se dispensant de le déclarer et de le déposer? Qui ne voit que l'honorable chargé d'affaires de Suisse n'était là qu'un prétexte, une sorte d'enseigne à votre diffamation? Ce que vous visiez, c'était la réputation de M. Favier qu'il fallait perdre pour le brouiller avec la Compagnie du chemin de fer et profiter de ses dépouilles, et pour cela vous avez sciemment trompé M. Barman, les gouvernements cantonaux et le public, en disant que les émigrants étaient la proie d'un odieux monopole et d'une horrible exploitation. Vous les avez trompés sciemment en affirmant que le traité de M. Favier arrêtait l'émigration, alors que vous saviez qu'elle n'a jamais été plus florissante et que son extension est due précisément aux concessions qu'il a obtenues!

Puis, appelant la calomnie à votre aide, vous avez présenté un commerçant irréprochable comme un industriel sans foi, manquant à ses engagements, arrachant des traités par surprise et contrainte morale!

Voilà ce que vous avez fait sans autre intérêt que celui de votre cupidité, et c'est là ce qui vous vaudra la juste réprobation des gens de bien et la répression légitime que les tribunaux infligent à de telles entreprises.

Le tribunal, jugeant que la publicité n'était pas suffisamment prouvée, et que l'écrit poursuivi ne renfermait aucune imputation de nature à porter atteinte à l'honneur ou à la considération du demandeur, renvoie les défendeurs de la prévention dirigée contre eux, déboute Favier de sa demande et le condamne aux dépens.

M. Favier défère ce jugement à la cour de Colmar.

TRIBUNAL CORRECTIONNEL DE LA SEINE

PRÉSIDENCE DE M. DUBARLE

AUDIENCE DU 3 JUIN 1856

Affaire Madrazzo contre Gustave Planche et la *Revue des Deux Mondes*.

Le peintre Madrazzo, dont les toiles avaient été sévèrement critiquées par M. Planche, traduit le critique en police correctionnelle, se croyant diffamé par les articles que M. Planche avait publiés dans la *Revue des Deux Mondes*.

Me Jules Favre, défenseur de M. Planche, prend la parole en ces termes :

MESSIEURS,

C'est rappeler une vérité triviale que de dire que, si les poëtes et les artistes ont reçu du ciel le don d'une imagination brillante, d'un talent élevé, ils ont aussi, comme par compensation, un besoin immodéré de louanges et une impatience fébrile du moindre reproche, de la plus légère critique. Dites-leur en face que la foule enivrée applaudit à leurs œuvres et qu'ils ont dérobé à l'art ses secrets les plus cachés; inscrivez leurs noms à côté ou même au-dessus de ceux des plus grands maîtres, ils s'en étonneront peu, ils ne vous sauront pas gré de vos louanges et s'en rapporteront à eux-mêmes la gloire et le mérite. Mais essayez timidement d'insinuer que tel vers est faible, que tel passage pourrait être retouché, vous les voyez aussitôt froncer le sourcil. En face des miracles de leur pinceau, osez leur dire que la lumière du jour éclaire mal ce feuillage, que cette attitude est contrainte, que ces étoffes sont lourdes et prétentieuses, à l'intant même vous devenez un esprit chagrin, un jaloux, un persécuteur gagé de la gloire. Et si vous n'avez pas un nom qui vous protége, des amis qui vous défendent et surtout la bonne et solide cuirasse de la philosophie, vous courez risque d'être mis en pièces. L'histoire littéraire est pleine de ces querelles, de ces colères que la vanité blessée grossissait comme une tempête. Et quand le plus grand des génies que la France ait produits flagellait d'une main impitoyable cette ombrageuse outrecuidance, sur la joue des Oronte et des Trissottin ; quand son illustre ami vengeait le goût et proclamait les droits éternels du jugement humain, par ses persiflages contre les Cottin, les Pelletier, les Chapelain de son temps, ils défendaient l'un et l'autre les vérités profondes sur lesquelles reposent les progrès des arts : le sentiment du beau, le respect de la forme, le culte de l'idéal, et ils accomplissaient cette glorieuse tâche sans s'inquiéter des clameurs bruyantes de tous les sots qu'ils avaient démasqués.

Combien eût été grande leur surprise si, au lieu de déclamer contre leurs succès et de les accabler d'épigrammes bien vite oubliées, leurs victimes prétendues les avaient traduites devant le Parlement pour les forcer, sous peine d'amende ou de prison, de confesser publiquement leur crime ! Une pareille entreprise aurait pu, jusqu'à un certain point, paraître possible à une époque où le pouvoir absolu régnait sans partage ; et cependant elle eût été accueillie par une immense risée. Peut-être eût-il été difficile de trouver un avocat qui, au nom de la morale et des lettres, demandât l'holocauste de l'auteur de *Tartufe* ou de l'écrivain des *Satires*. Ce qui n'eût pas été fait à cette époque est essayé aujourd'hui.

Notre temps comporte tout, et voici un écrivain assis sur le banc des criminels pour avoir trouvé que le bras de Mœdina-Cœli n'était pas assez accusé et que sa robe était trop belle. Madrazzo, porté en triomphe en Espagne jusqu'à la porte du soleil, doit, à Paris, mêler les rayons de sa gloire à celle de Winteralter et Dubuffe !

Voilà le crime de l'écrivain ! Il n'a point admiré, il est demeuré froid devant ces créations qui éclipsent celles de Murillo, il a osé les blâmer ! Qu'on le mène aux carrières ! Qu'il y meure de consomption et de remords pour ne plus gêner, par ses imprudences, l'apothéose du peintre dont l'Espagne paye les toiles au poids de l'or !

Cela peut-il être sérieux ? Peut-on trouver dans la loi un appui pour une pareille prétention ? Ne révolte-t-elle pas les mœurs ? N'est-elle pas un outrage au sens commun et à l'art ?

Quant à la loi, elle est tout ce qu'il y a de plus clair et de plus simple. Elle a toujours distingué entre les faits et les actes qui ne sauraient être confondus. Elle protége et défend tout ce que le citoyen ne livre pas au public, ce qui doit rester dans le domaine de la discussion privée.

Je dis discussion, et c'est à dessein, car se serait une folie de croire que la vie privée soit murée. Ce serait un très-grand malheur, et la société serait pire que la sauvagerie si nous ne pouvions savoir ce que fait notre prochain, comment il vit, quelles sont ses habitudes. Je sais bien que nous avons la prétention de ne rencontrer que des éloges, que nous portons tous, à un degré quelconque, avec une grande complaisance pour nous-mêmes, une disposition innée à nous faire illusion sur nos défauts; mais si pour nous-mêmes nous sommes indulgents, notre entourage est sévère, et nous n'échappons jamais à son jugement. Nous pouvons nous en faire une idée par la manière dont on parle du voisin dans les salons où s'échangent tour à tour de graves et frivoles pensées et où nous serons mis sur la sellette aussitôt que nous aurons quitté ce fauteuil où notre présence seule force la compagnie à d'obligeants mensonges.

Tous sont critiqués, tous y passent, et souvent cette censure peut être fort préjudiciable. Qu'y faire? Se conduire honnêtement, éviter le ridicule, si l'on peut, et ne pas s'offenser de la raillerie.

Mais si cette censure franchit le cercle intime, si elle se produit au grand jour, elle peut devenir la diffamation, quand elle touche à des actes, à des sentiments qui sont du domaine essentiel de la vie privée.

Au contraire, la vie publique, par cela seul qu'elle est publique, appartient au jugement de tous; et le blâme qui, dans le premier cas, pourrait être permis, devient innocent.

Nous avons tous une vie publique; mais il est des hommes dont l'existence est exclusivement publique, qui ne comptent que par là et qui, dès lors, par une partie de leur individualité, appartiennent au domaine public.

Quand un écrivain compose un livre, quand un auteur fait jouer une pièce, quand un peintre expose un tableau, ils adressent au public une requête; et si le public daigne exprimer son jugement sur leurs œuvres, ce jugement doit-il être nécessairement un éloge?

Il cesserait d'être, s'il n'était libre, car il ne vit, il n'existe que parce qu'il est libre; et les applaudissements par lesquels on rend hommage à un auteur n'ont de prix que parce qu'on peut siffler son œuvre: c'est ce droit qui, seul, donne de la saveur à ces témoignages de satisfaction.

Tout de même un peintre qui expose ouvre une lutte, il se livre à la discussion, il affronte tous les regards, il se soumet à l'avance à la diversité des opinions. Celui-ci s'extasie, celui-là murmure. En quoi sa considération et son honneur seront-ils entachés parce que, dans la foule de ses partisans, se rencontrera un détracteur ou un adversaire?

Mais, me dit-on, la critique doit être faite avec mesure. Nous sommes d'accord. Jamais l'homme privé n'y doit être soumis: ses sentiments, son caractère, ses habitudes, doivent être respectés. Mais puisque son œuvre appartient au public, où sera donc la limite? Quelle puissance dira au critique: *Non ibitis?* Vous aurez le droit de critiquer ce bras, mais pas l'épaule; ce clair-obscur, mais pas ces draperies? — L'œuvre tout entière est mon domaine, dira-t-il. J'y applique librement mes facultés, et j'en dis mon avis sans être gêné par aucune règle. Quel préjudice cela cause t-il à l'artiste? N'est-il pas là pour se défendre? Si ma critique est injuste, le public, qui a des yeux, me sifflera et vengera l'artiste ; si elle est fondée, comprendriez-vous que l'artiste qui a méconnu les règles de son art, négligé l'anatomie, fait crier les couleurs, eût le droit de me faire payer sa maladresse et ses sottises?

Où irions-nous avec de tels précédents? Tout droit au règne absolu, despotique, des ignorants et des sots.

Voici un ouvrage qui, représenté à la scène, me déplaît. Je le critique. Aussitôt l'on m'intente un procès en diffamation, et je suis frappé d'une condamnation. Voilà la place libre pour un Pradon, sûr de l'impunité.

Je suis menacé de la prison pour goûter peu tel peintre qui se complaît à empâter les formes sous un pinceau efféminé et qui, dans sa fureur du joli, fait sourire jusqu'aux Euménides et met du vermillon aux Parques.

Au prochain Salon, il y aura une sainte insurrection de rapins méconnus contre Ingres et Delacroix, qu'on jettera à la porte comme deux profanes. On ira même jusqu'à chasser du Louvre et le divin Sanzio et l'immortel Titien, pour mettre à leur place des devants de cheminée en face desquels la population du faubourg Saint-Antoine se pâmera d'aise. Et, par les seules conséquences qu'on pourra être poursuivi pour la moindre velléité d'indépendance, les peintres monteront une garde assidue auprès de leurs tableaux. Et quand, vis-à-vis de leurs toiles, vous hasarderez quelque objection d'un simple : Oh! oh! à la vue d'un bras taillé dans le plâtre, ou d'une tête ridicule, vite ils chercheront des témoins, et vous voilà en police correctionnelle!

Quant à l'écrivain que je défends, voici de longues années qu'il tient la plume, souvent sévère, il est vrai, mais c'est son droit. Il n'a pas distribué beaucoup de couronnes : dans ses articles, dans ses livres, il a rendu justice au mérite ; mais il n'a jamais encensé le talent heureux, ni accompagné son char triomphateur. S'il est parcimonieux de louanges, on ne peut pas l'accuser de manquer de goût, d'être un esprit étroit, engoué des anciens, parce qu'il est un admirateur obstiné des vieilleries qu'on trouve au Vatican et au Capitole, sous ce ciel adorable où la ville des fleurs étale ses merveilles. Dites qu'il est corrompu par ce commerce trop prolongé avec les grands maîtres, que ses yeux ont perdu le sens quand ils ne voient pas en Madrazzo l'héritier direct de Corrége et de Van Dyck. Très-bien! Mais ne dites pas qu'il a voulu diffamer. C'est fausser la loi, méconnaître les faits, outrager un caractère honorable, insulter à sa conscience.

Il m'est permis de le dire en terminant, dans une telle cause, j'ai peine à me défendre d'un sentiment de profonde tristesse, quand je me reporte en arrière, aux souvenirs de ma jeunesse déjà lointaine, à une époque où l'intelligence, avide de connaître, s'ouvrait naïvement aux grandes vérités morales enseignées par les maîtres de la science et les docteurs de l'État. J'entendais répéter partout comme un axiome que la liberté de la presse était le palladium du pouvoir, la garantie des droits de tous, le flambeau mystérieux qui, puisant sa lumière au-dessus de l'humanité même, répandait sur la route de l'avenir cette lumière qui guidait ses pas. C'était un temps de lutte, mais de progrès. L'agitation était partout, partout aussi était le travail intellectuel, l'indépendance de la pensée, l'expansion ardente vers la vérité. C'était un grand, un noble spectacle. Je ne veux rien dire de celui qui lui succède : s'il n'a pas su conserver de tels bienfaits, ou si nous n'en étions pas dignes, ce n'est pas à moi qu'il appartient dans cette cause et dans cette enceinte d'en rechercher les raisons. Je ne veux pas faire entendre l'expression bien vaine de mes regrets et de mes espérances. Seulement, si à tous les sacrifices consommés il faut joindre celui de la liberté du goût, de la dignité des lettres, du respect de l'art, si toutes ces nobles prérogatives doivent succomber comme les autres, prêt à tout, résigné à tout, je n'aurai pas de murmure contre ce nouveau renoncement, gardant au fond de mon cœur le culte de tout ce que je crois beau, la foi de tout ce qui me semble vrai. Vous, messieurs, qui êtes les interprètes de la loi, les ministres du droit, quand le droit tient si peu de place, je vous adjure de laisser aux critiques cette innocente mais nécessaire liberté de censurer ce qui est mal, et de ne pas livrer l'esprit français au fisc ni au geôlier, parce qu'il s'est avisé de ne pas louer un peintre de cour et de mettre ses toiles au-dessous de celles de Murillo et de Velasquez.

Le tribunal, conformément aux conclusions de M. l'avocat impérial Marié, a rendu son jugement en ces termes :

« Attendu que les œuvres d'art ainsi que les œuvres littéraires sont soumises à l'examen de la critique littéraire;

« Que ce droit, consacré de temps immémorial par l'usage et les mœurs, est un droit imprescriptible, mais dont l'exercice doit être renfermé dans de certaines limites, et à la condition de ne porter atteinte ni à l'honneur ni à la considération professionnelle de ceux dont on examine ou apprécie les œuvres;

« Attendu que la critique, quelle que soit la forme qu'elle emprunte, doit toujours être faite de bonne foi, et s'appliquer à des œuvres qui existent réellement;

« Attendu que, dans le numéro de la *Revue des Deux Mondes* en date du 1er octobre 1855, et dans un article intitulé *Exposition des beaux-arts*, G. Planche, examinant les œuvres des peintres envoyées à l'Exposition universelle, et appréciant en particulier les œuvres de F. Madrazzo, s'est exprimé ainsi : « Je ne veux parler ni de la reine Isabelle, ni de son mari « don Francisco ; ce serait me montrer trop sévère à l'égard de M. Madrazzo « que de lui demander pourquoi il n'a pas fait du roi et de la reine d'Es- « pagne deux portraits magnifiques. »

« Attendu que cette phrase précédée de cette autre phrase : « Le roi et « la reine d'Espagne ont tour à tour posé devant lui », exprime de la manière la moins équivoque que le portrait de la reine d'Espagne était exposé au Palais des Beaux-Arts ;

« Attendu cependant qu'il est établi par les débats et reconnu par G. Planche que le portrait de la reine d'Espagne ne figurait pas à l'Exposition, et qu'il se trouve encore dans l'atelier du peintre, à Madrid, à l'état d'ébauche ;

« Attendu que, dans la suite de son article, G. Planche s'est livré à une critique sévère des tableaux de Madrazzo, auquel il reproche de ne prendre « aucun souci du masque humain », de ne se préoccuper nullement de la forme du corps, « de produire des œuvres informes », de mépriser toutes les lois de la peinture, et d'être un peintre « sans savoir et sans études » ;

« Attendu que cette critique, bien que pouvant être considérée comme injuste et passionnée, n'est cependant que l'exercice rigoureux du droit d'examen, et ne saurait constituer le délit d'injures ;

« Mais attendu que cette même critique, dans ses expressions générales, s'applique au portrait de la reine d'Espagne, c'est-à-dire à un tableau qui n'existait pas à l'Exposition, qu'elle a eu pour conséquence d'induire le public en erreur, et qu'en la faisant porter sur une œuvre imaginaire, elle revêt un caractère de mauvaise foi, de nature à porter atteinte à la considération professionnelle de l'artiste contre lequel elle est dirigée ;

« Attendu que ce fait est d'autant plus grave que la mission du critique est plus élevée ; qu'elle a pour but de diriger le public dans ses jugements, et qu'il doit soigneusement s'abstenir de tout ce qui aurait le caractère de la passion et ne reposerait pas sur un fait rigoureusement vrai ;

« Attendu que les passages ci-dessus rapportés de l'article de G. Planche constituent, au préjudice de Madrazzo, une véritable diffamation susceptible de porter atteinte à sa considération comme artiste, et qu'il a eu le droit d'en demander la réparation ;

« En ce qui touche de Mars, gérant de la *Revue des Deux Mondes* :

« Attendu qu'en publiant dans le numéro du 1er octobre l'article incriminé, de Mars doit être considéré comme l'auteur du délit de diffamation dont G. Planche s'est rendu complice en composant et fournissant ledi article ;

« Délit prévu par les articles 13 et 18 de la loi du 17 mai 1819, en faisant application à G. Planche, les condamne :

« G. Planche à 500 francs d'amende ;

« De Mars à 200 francs d'amende. »

COUR IMPÉRIALE DE GRENOBLE

PRÉSIDENCE DE M. ROYER, PREMIER PRÉSIDENT

AUDIENCE DU 27 AVRIL 1857

AFFAIRE LAMERLIÈRE CONTRE DÉLÉON

Mademoiselle de Lamerlière, se croyant diffamée par les écrits de M. l'abbé Déléon qui prétendait qu'elle avait joué le rôle de la Vierge dans l'apparition de la Salette, avait assigné M. Déléon devant le tribunal civil de Grenoble, en diffamation et demande de 20,000 francs de dommages-intérêts.

A l'audience du 25 avril 1855, le tribunal rend un jugement qui déboute mademoiselle de Lamerlière de sa demande, attendu que les écrits de M. Déléon ne lui ont porté aucun préjudice matériel ni moral, que l'auteur n'a pas eu l'intention de lui nuire dans son honneur ou dans sa considération, et qu'il n'a usé que de ses droits d'historien.

Mademoiselle de Lamerlière a interjeté appel de ce jugement. Me Jules Favre, son avocat devant la cour d'appel, s'exprime en ces termes :

MESSIEURS,

Cette cause serait fort simple et d'une explication facile, si elle ne touchait à des passions ardentes, à des colères implacables, dont le bruit et les excès ont rempli toute cette province d'invectives et de scandale; si d'ailleurs, forcément, les faits au milieu desquels elle a pris naissance ne se rattachaient à un événement diversement apprécié, considéré par les uns comme une intervention miraculeuse de la Divinité, et dénoncé par les autres comme un grossier mensonge, exploité par des prévaricateurs et devenant un instrument de superstition et de simonie. Veuillez, messieurs, un instant écarter par la pensée ces éléments de controverse qui peuvent jeter dans le débat une irritation irrésistible, qu'y reste-t-il? La recherche des règles qui, dans notre législation, établissent la répression de tous les faits diffamatoires; la question de savoir quelle est la limite imposée à l'écrivain chargé d'éclaircir et d'exposer un fait historique, et comment il lui est permis de mettre en scène des personnages qu'une noto riété vraie ou supposée lui signale; enfin l'interprétation de ces dispositions protectrices qui défendent l'honneur des citoyens, l'inviolabilité du foyer domestique, le repos des familles, la pudeur des femmes, de ces règles que cependant il faut concilier avec la liberté, si l'on veut que la vérité historique se fasse jour. Or, messieurs, déterminer la part qui doit revenir à chacun de ces éléments, c'est là une tâche difficile sans doute, mais qui néanmoins n'est pas au-dessus des forces de celui qui met à l'accomplir de l'honnêteté, du bon sens, et par-dessus tout l'autorité et la lumière que donne l'enseignement de vos arrêts. Malheureusement, ma cause ne peut s'enfermer dans ce cercle restreint : je serais coupable d'en exagérer les proportions; en les diminuant, je la déserterais. Je dois l'accepter telle qu'elle est; et telle qu'elle est, elle met en relief une polémique pleine d'injures, l'épiscopat cloué au pilori par la main d'un prêtre interdit, les querelles d'un autre âge troublant l'État par l'éclat de leurs violences; et au milieu de ce conflit de toutes les passions déchaînées, de ces insultes, de ces défis, l'opinion publique incertaine, attendant enfin la solution qui doit sortir de cette longue et laborieuse instruction.

Qui le sait, messieurs? Ce dernier mot, il appartient peut-être à l'une des compagnies judiciaires les plus savantes, les plus intègres et les plus religieuses de ce pays de le prononcer; et s'il arrive que ce débat fasse sortir de l'ombre, où il parait encore caché, le mystère qui tient tant d'esprits en suspens, nous devrons bénir Dieu et votre sagesse qui vous permettra de le révéler à tous. Mais, pour le rechercher, nous devons tous nous armer de fermeté et d'indépendance, marcher droit au but sans hésiter, renversant devant nos pas, s'il s'en présente, les obstacles que les artifices, la ruse et le mensonge pourraient y faire naitre, car ce que nous voulons tous sans exception, c'est que la vérité se manifeste. C'est au nom de la religion, de la philosophie, de la morale, trinité éternelle qui engendre et contient toute civilisation, comme elle produit toute justice, que nous sollicitons de votre souveraineté le secours suprême à l'aide duquel nous espérons atteindre ce noble but. S'il nous est donné de réaliser ce vœu, c'est à vous, messieurs, à votre sagesse, à votre pouvoir auguste, que l'honneur en devra revenir. Tous nous aurions été heureux d'y associer le nom d'un des membres de ce barreau, si riche en talents variés et en nobles caractères, dans lequel l'art de bien dire semble s'allier avec cette fierté native et cette loyale franchise qui est un des priviléges dont cette belle et riante contrée dote ses enfants. Pour moi, messieurs, qui suis né sur ses frontières, s'il m'est permis de revendiquer, à titre de parenté, de voisinage, un peu de cette bienveillante sympathie dont j'ai tant besoin, qui est précieuse à toutes les époques, à tous les âges, mais particulièrement aux nôtres, traversés par des mécomptes si cruels, qu'il me soit permis de le dire, en me retrouvant ici au milieu de tant de confrères, parmi lesquels j'ai rencontré des modèles, des maîtres et des amis, je me sens emporté malgré moi vers les jours, hélas! si rapides de ma confiante jeunesse J'en ressaisis les rêves trop vite écoulés, et après tant de tumultes et d'épreuves, tant d'illusions détruites, tant d'ingratitudes et d'aspostasies, il m'est précieux et doux de retrouver dans cette enceinte hospitalière le fraternel accueil d'autrefois, la persévérance des sentiments qui me soutiennent, et par-dessus tout, planant dans une sphère inaccessible aux passions et aux faiblesses, la majestueuse image de votre justice, aux pieds de laquelle je place avec confiance les graves intérêts qui me sont confiés.

Ces intérêts, vous les connaissez déjà! vous savez qu'ils sont la vie entière de celle que je viens défendre, son honneur, sa réputation, tout son avenir, compromis et sacrifiés par les indignes accusations dirigées contre elle.

J'ai à la venger, en déchirant les calomnies artificieusement imaginées pour la perdre, et s'il m'arrive en même temps, par la force des choses et l'analogie des situations, de venger ceux qui ont été insultés et calomniés avec elle, ce ne sera point une inutile digression, l'esprit public s'éclairera en s'inspirant de votre sagesse, et puisera ses raisons de décider dans le libre et salutaire enseignement de ces débats.

Je n'ai point à raconter longuement l'événement qui forme la base de ce procès, il est connu de toutes les personnes qui me font l'honneur de m'entendre, et le rapporter avec détail, ce serait abuser des moments que vous voulez bien m'accorder.

Vous savez que le 19 septembre 1846, deux jeunes pâtres, un berger et une bergère, prétendaient qu'en descendant de la montagne, où ils étaient allés faire paître leurs bestiaux, ils avaient été témoins d'une miraculeuse apparition; qu'ils avaient vu dans une auréole lumineuse et tout enveloppée de splendeur, une personne qui leur avait parlé, en s'avançant vers eux d'un pas si léger qu'à peine les herbes du pâturage en étaient effleurées, et qu'ensuite elle avait disparu à leurs yeux sans laisser aucune trace. Elle leur avait recommandé de transmettre et de propager la nouvelle qu'elle était venue leur apporter. Leur pasteur, après les avoir interrogés sérieusement, crut à une intervention divine. Cependant, le fait fut diversement jugé : les uns le considérèrent comme un miracle, et les autres n'y virent qu'une illusion des sens, une fiction, un mensonge.

Bientôt la polémique s'en empara, et la polémique, à cette époque représentée par une presse libre, dut naturellement s'exercer avec toutes les prérogatives qui lui appartenaient sur un événement de nature à exciter vivement la curiosité publique. Dans le sein du clergé se manifesta une scission fâcheuse. Si elle était demeurée dans les termes de la modération et de la convenance, le fait n'eût point été accompagné de scandale.

Le contraire eut lieu, et la dispute, allant en s'agrandissant, prit toutes les proportions d'un débat d'une autre époque. Les différentes publications qui virent successivement le jour abondèrent en attaques véhémentes dont les écrivains auraient dû s'abstenir, ne fût-ce que pour l'intérêt de la cause qu'ils voulaient servir.

Au milieu d'un pareil conflit, l'episcopat ne pouvait rester indifférent et neutre. Une commission fut chargée de recueillir tous les détails se rattachant au fait, de les contrôler, d'entendre des témoins. Ce ne fut que cinq années après l'apparition prétendue, c'est-à-dire le 19 septembre 1851, que parut le mandement de Mgr l'évêque de Grenoble, déclarant miraculeux le fait rapporté par les enfants et, sans en faire un article de foi, le recommandant à la dévotion des fidèles.

En 1852, c'est-à-dire un an après que le mandement avait paru, un livre est publié, sous le titre de : *la Salette-Fallavaux, ou la Vallée du Mensonge,* par Donnadieu. Ce pseudonyme n'est qu'un masque destiné à cacher les véritables traits de l'écrivain, dont le livre est dirigé contre le mandement qu'il a pour but de discuter et de détruire. L'auteur s'en explique clairement dès les premières lignes : son programme est complet, il va démontrer que l'événement de la Salette est une fourberie qui reçoit dès à présent son démenti par des faits acquis et patents, et que, de plus, ce mensonge, mis en lumière par des compères intéressés, est partout prôné et propagé par les procédés familiers aux charlatans et aux escrocs.

Pour parler avec cette sévérité, il n'est pas mal d'avoir par soi-même l'autorité que donnent le caractère et la vertu. Or, Donnadieu, qui se déclare simple laïque, à l'abri des foudres épiscopales, libre de se mêler de querelles religieuses et de produire ouvertement sa pensée, n'est autre qu'un prêtre retranché du corps sacerdotal par décision de l'autorité ecclésiastique, et devant rigoureusement s'abstenir de toute attaque vis-à-vis d'elle, ou tout au moins se montrer à visage découvert.

Sans doute le fait de la Salette peut être discuté sous plusieurs aspects et même par un prêtre. Les miracles admis par l'Église ont subi un semblable contrôle. La controverse entraîne avec elle d'inévitables vivacités. Mais les injures la déshonorent et l'affaiblissent : plus qu'un autre, l'abbé Déléon devait se faire une loi rigoureuse de ne pas toucher à de pareilles armes.

Il ne l'a pas compris ainsi, et, de son aveu, cette bruyante campagne entreprise contre la Salette, cet apostolat d'office usurpé avec fracas, pour annoncer aux populations abusées qu'elles étaient les victimes d'une indigne superstition, tout cela n'est qu'une œuvre de rancune et de vengeance. C'est une revanche à prendre contre l'évêque qui a prononcé dans la plénitude de son pouvoir. Telle a été la pensée inspiratrice de l'écrit que je dénonce à votre justice.

Je ne puis donc le prendre au sérieux, et lorsque, examinant les motifs du jugement, je demanderai avec vous si nous sommes en face d'un historien ayant droit au privilége que donne cette haute mission, je n'aurai qu'à vous ramener à ce double mensonge audacieusement produit par ce prétendu défenseur de la vérité, à ce caractère de prêtre interdit qui a été la réelle inspiration de l'écrivain.

Au lieu de cette discussion grave et loyale qui est permise à tous, même à un prêtre, même, jusqu'à un certain point, à un prêtre interdit, M. Déléon accumule les insinuations, les suppositions les plus calomnieuses pour perdre dans l'esprit public l'évêque de Grenoble et tous ceux qui ont respecté son mandement. L'économie de ce livre est celle-ci : L'auteur a commencé par déclarer que rien n'était moins vraisemblable et vrai que l'événement de la Salette, que rien n'était plus coupable que les moyens employés pour en répandre la croyance. Il développe cet argument; il établit d'abord que l'apparition n'a pas pu avoir lieu. Il en cherche la preuve dans une foule de faits physiques et moraux que je n'ai pas besoin d'examiner ici. Il prend les deux enfants sur la foi desquels le bruit s'est répandu. Il les conduit auprès d'un homme dont la vertu et la sagesse ne sont contestées de personne, M. le curé d'Ars, et là, il les surprend en flagrant délit de mensonge. Mais au lieu d'en tirer la conséquence que l'évêque et son clergé ont été trompés, M. Déléon en conclut qu'ils ont été trompeurs. Selon lui, les enfants ont été séquestrés dans différentes maisons religieuses où on leur a enseigné le mensonge. On leur a fait une éducation abominable, destinée à surprendre la bonne foi publique, et les instituteurs qui leur ont inspiré ces maximes perverses, c'étaient des prêtres, c'était la commission chargée par l'évêque de découvrir la vérité, et qui, trahissant tous ses devoirs, souillait les lèvres de ces deux enfants d'une imposture de commande pour propager la plus coupable des superstitions. Tel est le thème que M. Déléon expose dans les termes les plus amers et les plus injurieux pour toutes les personnes dont le nom vient sous sa plume. Il accuse positivement l'évêque de Grenoble d'avoir attiré Mgr de Bonald dans un piége, de l'avoir trompé, abusé par une comédie.

Quant au fait, le voici dans sa simplicité : M. de Bonald vient à Grenoble où il n'était pas annoncé, il manifeste le désir de recueillir le secret que les deux bergers prétendaient ne vouloir révéler qu'au Pape. Or, quelques jours auparavant, ils l'avaient déposé par écrit entre les mains de deux ecclésiastiques qui s'étaient chargés de le porter à Rome. Voilà ce que M. Déléon qualifie de mensonge, de supercherie, de mystification, qu'il impute, sans hésitation, à l'évêque de Grenoble et à son clergé! Ils ont reçu un supérieur, chargé d'une mission sacrée, et, par une coupable machination, ils l'ont mis dans l'impossibilité de la remplir!

Messieurs, que penseriez-vous d'une accusation semblable dirigée contre la magistrature? Si, en racontant une instruction judiciaire, un écrivain se permettait de dire que les juges d'une localité se sont entendus pour tromper et mystifier un collègue, vos consciences se révolteraient, et votre main userait des armes que la loi y a placées pour frapper les téméraires calomniateurs. Pourquoi seriez-vous plus indulgents quand ces audacieuses attaques atteignent le sacerdoce? N'a-t-il pas droit à votre protection? N'a-t-il pas besoin de respect? Serait-il à la merci du premier pamphlétaire qui voudra jeter sur lui l'insulte et la déconsidération? C'est cependant à cette impunité que M. Déléon ose prétendre : ce que je viens de citer n'est pas une injure isolée, tout son livre n'est qu'une longue et véhémente diatribe, où, d'un bout à l'autre, le clergé est accusé d'imposture et de simonie.

L'évêque de Grenoble avait laissé tomber sur cette œuvre le poids de son dédain et de sa réprobation. Il l'avait caractérisée en disant qu'elle renfermait autant de mensonges que de mots. Il l'avait censurée et condamnée. M. Déléon en fut mortellement blessé. Le jugement de son évêque attira ses haines et lui donna de nouvelles forces pour préparer un second pamphlet. Il reprit la plume et publia un autre opuscule sous le même titre : *la Salette-Fallavaux, ou la Vallée du Mensonge,* par Donnadieu. Là il traite la question avec un redoublement de violence, ses insinuations sont plus perfides et plus odieuses encore.

La rétractation des enfants devant le curé d'Ars devait clore la discussion; car, dès l'instant que tout reposait sur le mensonge des deux bergers, il était inutile de se préoccuper davantage de toutes ses conséquences. Mais ce n'était pas là la pensée, le but de M. Déléon; il voulait à tout prix atteindre ses supérieurs ecclésiastiques et leur faire jouer un rôle odieux et ridicule. Voilà sa pensée incessante dans sa première publication. Dans la seconde, il imagine un moyen radical; il prépare, dans le silence du cabinet, une machine de guerre; bientôt il la produira tout armée, afin que le public ne puisse douter désormais que la commission, que l'évêque et tout le clergé qui s'est rattaché à lui, n'ont été que les complices de je ne sais quel thaumaturge, poussé à jouer le rôle de la Vierge.

Tel est l'élément nouveau qui va prendre place au procès. Ce que j'affirme, ce que nous prouverons, si la cour, ne jugeant pas la cause suffisamment éclairée, veut bien ordonner une enquête, c'est qu'il a été fait à la main par M. Déléon et par d'autres personnes inutiles à nommer quant à présent; c'est qu'on s'est demandé quelle serait la personnalité mise en avant; c'est que plusieurs auraient été choisies, discutées, et nous trouverons dans les faits mêmes de la cause les traces de cette circonstance si importante. Il s'agissait, en effet, pour M. Déléon, de frapper un grand coup. Il fallait établir aux yeux de tous l'apparition fantastique d'une femme qui aurait été assez indigne, assez impie, assez hardie pour profaner ainsi son nom et sa personne, et jouer le rôle sacrilége qui devait la conduire devant la police correctionnelle.

On avait d'abord jeté les yeux sur une mendiante, une folle, une espèce d'illuminée qui, dans les conciliabules tenus par M. Déléon et ses pareils, avait été considérée comme devant avoir parfaitement l'étoffe de l'emploi. Mais on s'aperçût que cette femme était morte huit jours avant l'apparition prétendue, et dès lors il fallut renoncer à la mettre en scène. Plus tard, il fut question de deux vagabondes frappées par la justice. Mais toutes ces inventions pouvaient être discutées et démenties. M. Déléon pensa qu'il était beaucoup plus sage de prendre le nom d'une femme qui, par ses antécédents, sa situation et son caractère, devait répugner à une lutte judiciaire nécessairement bruyante, et par conséquent accepter l'espèce d'honneur qu'on semblait lui faire; car, tout en lui imputant un rôle sacrilége, on aura soin, par une habileté perfide, d'exalter sa vertu et de rendre hommage à sa réputation de piété.

Dans la seconde partie, le plan conçu, on passe à l'exécution, et voici l'épisode qu'on publie. Dans les premiers jours de septembre 1846, mademoiselle Constance de Saint-Ferréol de Lamerlière, ancienne religieuse, se serait rendue à Saint-Marcellin et, de là, à Corps, comme vous le savez, distant de la Salette de quatre ou cinq lieues, et là, le 19 septembre, elle aurait apparu aux bergers.

M. Déléon la présente comme une extravagante, une folle, se livrant à des pratiques insensées; elle adore une crèche élevée par elle dans sa maison, elle y appelle tous les paysans pour leur faire des discours. Il va plus loin encore, il l'accuse de se rendre dans les lieux publics, de monter, pour y prêcher, sur les tables des cabarets, d'y boire avec les consommateurs, tout cela dans l'intérêt de la plus grande gloire de Dieu, bien entendu. Il affirme que, dans différentes circonstances, elle s'est vantée d'avoir joué le rôle de la mère de Dieu, d'avoir montré à un grand nombre de témoins qu'il indique le costume qu'elle portait quand elle s'est présentée aux bergers, qu'elle a tiré vanité de sa conduite dans plusieurs maisons où elle a parlé de cette comédie.

Il n'est pas dans mon dessein, vous le comprenez, de réfuter une à une toutes les accusations de M. Deléon, ceci me conduirait trop loin; mais il importe cependant, en ramenant la discussion à ses véritables termes, de rechercher les prétextes de ses calomnies contre mademoiselle de Lamerlière. Issue d'une maison ancienne et justement considérée, elle y a puisé les traditions d'honneur, de délicatesse, de vertu, auxquelles elle a été fidèle dans tout le cours de sa longue carrière; renonçant dès son jeune âge à toutes les joies, à tous les plaisirs, à tout l'éclat du monde, elle s'est vouée à une vie d'abnégation, de piété, de sacrifice. Servante des pauvres, des malades, des abandonnés; ne consultant pour satisfaire les nobles instincts de son ardente charité que l'élan de son cœur; courageuse, infatigable, bravant pour faire le bien les railleries du vulgaire, partout où elle a passé, elle a été citée comme un modèle de bonté, d'exactitude, d'assiduité à remplir tous ses devoirs. Elle a habité pendant plusieurs années des maisons religieuses; quelle y était sa fonction? Elle enseignait les petits enfants, elle consolait les indigents, elle soignait les infirmes, elle savait se multiplier en venant en aide au malheur. Ainsi consacrée au service de toutes les souffrances, son existence a été agitée, pénible, traversée par mille épreuves. Mais interrogez ceux qui l'ont connue, tous vous répondront que ses vertus sont au-dessus de tout éloge.

J'ai dans les mains des certificats très-nombreux qui lui ont été délivrés par des prélats, des magistrats, des hommes du monde; tous la représentent comme une fille d'une admirable charité. Je ne les mets pas sous vos yeux; à quoi bon? Je ne crains pas que mon honorable et digne adversaire soit tenté de suivre son client dans ses diatribes contre mademoiselle de Lamerlière. Son caractère, ses mœurs, ici comme en première instance, demeureront au-dessus de toute insinuation; et si l'on peut lui reprocher de la singularité, c'est la singularité de la vertu et du zèle, et celle-là n'est pas d'un mauvais exemple, elle n'a pas beaucoup d'imitateurs.

Mademoiselle de Lamerlière, ainsi transformée par l'amour de Dieu et le besoin de se consacrer à ses œuvres, a pu jusqu'à un certain point paraitre peu soucieuse de ses intérêts matériels, et c'est pourquoi, en 1846, il s'est passé un fait dont ses adversaires ont cherché à tirer un parti cruel en le dénaturant. En 1846, précisément au moment de l'apparition prétendue, mademoiselle de Lamerlière était sous le coup d'une poursuite en nomination de conseil judiciaire, dirigée contre elle par le capitaine de Luzy, son beau-frère, et par madame de Luzy, sa sœur. Je n'ai point à rechercher le mobile de cette demande. J'en ai donné l'explication, elle est honorable, elle est dans les souvenirs et dans l'esprit de tout le monde. Peut-être aussi, en y regardant de près, en rencontrerais-je un autre dans les actes de mademoiselle de Lamerlière, bien qu'ils n'indiquassent aucune faiblesse d'esprit. Bien antérieurement à 1846, elle avait eu le malheur de perdre son père. La succession de celui-ci avait été partagée entre elle et sa sœur, et cette dernière avait été notablement avantagée.

Au mois de janvier 1846, madame de Lamerlière la mère décédait, et, dans les derniers jours de mars, mademoiselle de Lamerlière demandait un partage régulier. On lui sut un mauvais gré de cette hardiesse, et peut-être essaya-t-on de l'en punir par un procès en nomination de conseil judiciaire. Au reste, la demande n'alléguait contre elle que des faits honorables et rendait un complet hommage à ses vertus. Mademoiselle de Lamerlière, disait-on, ne connaît pas, n'a jamais connu le prix de l'argent; sa main s'ouvre pour tous ceux qui souffrent; sa bienfaisance est portée à l'excès; nous craignons qu'un jour elle ne se trouve sans ressource, et nous appelons sur elle la protection de la justice. Telle était la pensée de M. et madame de Luzy.

La procédure suivit son cours. Mademoiselle de Lamerlière y résista avec énergie, et lorsqu'elle parut devant le conseil de famille, elle se défendit pied à pied. Elle trouva la protection, l'appui sérieux qui appartient à une personne jouissant de ses facultés. M. Pachot d'Arsac, un de ses parents, ne la considérait pas comme cette illuminée dont M. Déléon trace la fantastique peinture, et qui aurait eu besoin, non pas d'un conseil judiciaire, mais à coup sûr d'un tuteur et du joug salutaire de l'interdiction.

Ces choses se passaient en mai 1846. Le 28 août, elle est interrogée, et ses explications fermes, précises, sincères, ne trahissent ni dérangement ni faiblesse d'esprit. Cependant M. et madame de Luzy poursuivent et lancent leur assignation. Or, par un hasard providentiel, cette poursuite, contre laquelle mademoiselle de Lamerlière se révoltait alors avec indignation, est devenue pour elle un argument sans réplique, détruisant, dans sa racine même, la calomnie audacieuse dirigée contre elle.

En effet, c'est le 18 septembre 1846, entre midi et deux heures, que l'huissier se présente chez mademoiselle de Lamerlière. Il la trouve chez elle et lui remet son exploit en personne. Elle en fut violemment froissée. Elle écrivit immédiatement à sa sœur, et demanda qu'on lui envoyât son beau-frère, M. de Luzy, pour essayer un arrangement. Elle était dans ces dispositions, dans cette attente, au milieu de ces préoccupations, lorsque le lendemain 19, vers quatre heures de l'après-midi, Maximin et Mélanie étaient sur le pâturage de la Salette, et le soir ils en descendent, racontant les détails de l'apparition.

Je vous le demande, messieurs, dès à présent, en l'absence de toute démonstration, de toute preuve morale ou matérielle, est-ce qu'il n'y a pas, dans ce seul rapprochement des faits, dans cette constatation des dispositions où se trouvait mademoiselle de Lamerlière, poursuivie en nomination d'un conseil judiciaire, demandant une transaction qui pût éviter le scandale, est-ce qu'il n'y a pas la preuve d'une impossibilité physique la plus absolue? Qui pourra croire que, dans l'anxiété qui la dévorait, elle ait imaginé de jouer le rôle ridicule, impie et compromettant qui lui est prêté par M. Déléon? Si vous ordonnez une enquête, de nombreux témoins attesteront que, pendant près de deux années, elle a refusé de croire à l'apparition de la Vierge sur la montagne de la Salette; il a fallu l'intervention d'ecclésiastiques considérables pour changer son opinion. Je conviens qu'en acceptant leur croyance, elle y a apporté sa chaleur d'âme, son enthousiasme, son esprit de propagande.

Et quand bien même elle aurait eu dans sa maison une crèche, comment lui en faire un crime?

Elle est allée plus loin, dites-vous; elle a fondé une œuvre religieuse; elle s'est mise à la tête de l'*Association des familles*, sous le vocable de Jésus, Marie, Joseph.

Cela est vrai, et j'ai dans les mains les attestations des ecclésiastiques les plus vénérables, qui ont approuvé cette association. Elle est un lien volontaire entre quelques âmes pieuses, qui y puisent le courage et l'espoir. Elle est une fraternité spirituelle qui console et fortifie; qui, dans les épreuves inévitables, élève au-dessus de l'adversité et calme les orageuses agitations du cœur. Hélas! messieurs, tous tant que nous sommes, ne sentons-nous pas le besoin de cette solidarité morale qui nous protége contre notre propre faiblesse, et qui, en nous purifiant par les ardeurs de la charité, nous arrache aux matérielles attaches de notre triste existence? N'est-ce pas un grand et salutaire apaisement que de nous réfugier dans une sphère supérieure, où nous oublions nos fatigues, nos douleurs, notre servage de chaque jour; où il nous semble que de plus près il nous est donné de contempler le seuil mystérieux de ce monde meilleur vers lequel nous entraîne si violemment le poids de notre cœur? Réunir les hommes dans la poursuite d'un tel but, quel que soit le vocable, c'est toujours une grande et noble pensée; c'est celle qui a inspiré mademoiselle de Lamerlière. L'exécution peut prêter à la critique; quelle est l'institution humaine qui y échappe? Mais à chacun des actes de cette personne si calomniée, je rencontre cette justification : ils s'expliquent par le zèle pour le service de Dieu, l'horreur du mensonge, la constante pratique d'une vertu pure. Que ses adversaires si impitoyables et si arrogants nous montrent leurs titres à la considération publique, à coup sûr nous n'y verrons rien de semblable.

Il est vrai, et c'est un des faits sur lesquels on s'appuie avec le plus d'insistance, il est vrai qu'en 1848 mademoiselle de Lamerlière a paru dans un club, qu'elle y est montée à la tribune, qu'elle y a prononcé un discours; qu'à en croire M. Déléon, ce discours a provoqué des applaudissements dérisoires et même une ovation dans laquelle le char de triomphe était une sorte de carriole à bras traînée par des hommes du peuple.

Cet épisode exagéré et commenté avec tant de complaisance se rattache aux causes que je viens de signaler. Douée d'une imagination vive, d'une rare facilité de parole, mademoiselle de Lamerlière est entraînée dans un club. Quels y sont son attitude et son langage? La calomnie est-elle sur ses lèvres? Cherche-t-elle à soulever les passions de la foule? Loin de là, elle parle pour rappeler les âmes à la religion, à la douceur, à la concorde. Ses intentions sont droites et sincères. Je ne défends pas la forme de ses motions, je vous laisse le plaisir d'insulter à son succès; mais je vous défie, malgré votre haine, de rencontrer dans cet incident quoi que ce soit qui puisse attaquer son caractère, qui, quoi qu'on fasse, demeurera un type de probité scrupuleuse et de délicate loyauté. Et cependant M. Déléon a entrepris de le flétrir. Ni le rang, ni l'âge, ni les vertus de cette femme ne l'arrêtent. Il la prend pour l'instrument de la fourberie; ainsi choisie, il faut qu'elle soit sacrifiée, et que la postérité retienne son nom comme celui d'une extravagante thaumaturge, complice d'une odieuse et sacrilége mystification!

Ces diffamations furent longtemps ignorées de mademoiselle de Lamerlière, et quand elle les connut, elle hésita beaucoup à introduire une action judiciaire contre un prêtre interdit et contre un curé de Grenoble qui s'était associé à lui. Cependant ces hésitations bien naturelles devaient avoir un terme; en ne demandant pas réparation de ces indignités, elle aurait accepté pour elle, pour sa famille, devant l'histoire, devant la postérité, le stigmate marqué sur son front par la plume de MM. Déléon et Cartellier; elle qui a passé toute sa vie dans l'exercice des pratiques religieuses, dans l'accomplissement de toutes les vertus, elle aurait avoué sa complicité dans la plus sacrilége des comédies! Courbant ainsi la tête sous le déshonneur, elle serait descendue au rang de ces misérables femmes que la justice de Grenoble a légitimement frappées pour avoir abusé de la crédulité publique!

Elle devait protester, elle a protesté; elle a saisi le tribunal d'une action en réparation, préférant cette voie à celle qu'elle aurait pu suivre; car ce qu'elle demande, ce n'est point une vengeance, un châtiment, c'est la manifestation de la vérité, c'est la démonstration éclatante, victorieuse du néant de toutes les inventions imaginées pour égarer l'opinion publique.

Devant le tribunal de première instance, M. Déléon se présenta lui-même et plaida sa cause; il demanda à grands cris l'autorisation de prouver certains faits qu'il disait être décisifs. Je les examinerai un peu plus tard, et avec d'autant plus de fruit, que je produirai des documents établissant dès à présent leur fausseté. Loin de s'opposer à l'enquête, mademoiselle de Lamerlière la demandait elle-même. Le tribunal ne crut pas devoir s'y arrêter et rendit le jugement dont est appel.

M. Déléon avait eu le courage de former contre mademoiselle de Lamerlière une demande reconventionnelle en 20,000 francs de dommages-intérêts, mais il en avait rougi à la barre, il y avait renoncé. Le tribunal lui donna acte de son désistement. Quant à M. le procureur impérial, il avait énergiquement demandé la condamnation de M. Déléon. Il l'avait demandée en invoquant les règles qui gouvernent la répression de la diffamation, et qui protégent la sécurité des familles. C'est après avoir entendu ce réquisitoire remarquable que le tribunal déclare que MM. Déléon et Cartellier sont de bonne foi, qu'ils ont rempli fidèlement, avec maturité, avec discernement, le rôle d'historiens; que d'ailleurs leurs assertions, quoique publiques, n'ont porté aucune atteinte à l'honneur et à la considération de mademoiselle de Lamerlière, qui ne reste pas moins après comme avant une personne pieuse, recommandable par ses vertus.

Quoi! messieurs, elle est désignée à tous, par le jugement dont vous venez d'entendre la lecture, comme l'héroïne de la Salette; il est décidé par le tribunal de première instance, et il le serait par vous si vous confirmiez sa décision, que MM. Déléon et Cartellier ont eu le droit de la représenter comme ayant joué un rôle infâme! son nom serait écrit dans l'histoire à côté de celui de ces charlatans, de ces bateleurs qui surprennent la crédulité publique, et elle n'aurait rien à souffrir de semblables attaques! Permettez-moi de le dire avec une conviction profonde, ce jugement la tue; si vous ne la relevez pas de l'opprobre sous lequel il l'a ensevelie, c'est fait à jamais de son existence, de sa réputation et de sa mémoire; car prétendre qu'elle vit, qu'elle a constamment vécu dans la pratique de la religion, et qu'elle a pu descendre, sans abaisser son caractère, jusqu'au rôle qui lui est attribué, qu'elle a pu paraître devant deux bergers couverts d'un costume de fantaisie, et y jouer une comédie indigne, c'est avancer la plus fausse, la moins acceptable des propositions, c'est renverser toutes les idées reçues. Je ne m'explique pas la décision du tribunal, mais je m'explique à merveille comment mademoiselle de Lamerlière vient dans cette enceinte vous demander sa réformation; car, encore une fois, ce jugement lui enlève plus que la vie, il lui enlève le repos, l'honneur, l'estime d'elle-même. Il est impossible, s'il est confirmé, que partout elle ne soit signalée comme l'auteur d'une fraude coupable. Et dès lors sa cause n'est-elle pas la plus sainte de toutes les causes, la plus digne de votre bienveillance? Est-ce que son sexe, sa faiblesse, son âge, tout son passé de dévouement et de charité ne sont pas des titres sacrés à votre justice? Ah! messieurs, jamais ne s'ouvrit devant vous un débat plus sérieux et plus déplorable tout à la fois; jamais certainement les regards de la justice n'ont été attirés par un malheur plus digne de son respect et de sa protection!

Toute l'économie du jugement repose sur une triple argumentation. En premier lieu, les auteurs des attaques dirigées contre mademoiselle de Lamerlière ont été de bonne foi. Ils ont pu dénoncer les faits dont mademoiselle de Lamerlière se plaint. Dans tous les cas, et c'est la seconde partie de l'argumentation, ces faits sont par eux-mêmes suffisamment vraisemblables, pour qu'il soit permis de les divulguer. Enfin, dans aucun cas, mademoiselle de Lamerlière n'a souffert de préjudice. Sa réputation n'a pas été atteinte, elle est demeurée aussi estimable après qu'avant ces accusations.

Telle est la triple argumentation que je dois examiner.

La première touche à un point de droit dont je ne dirai qu'un mot. Vous connaissez les termes de la loi de 1819, et vous savez avec quelle précision son article 13 définit la diffamation : « Toute allégation qui est de nature à porter atteinte à l'honneur et à la considération d'un citoyen. »

Cette définition est claire et n'a pas besoin de commentaires. Pour résoudre la question de savoir si un écrit présente les caractères de la diffamation, il suffit de se demander s'il est de nature à nuire à l'honneur et à la considération d'un citoyen. Prenez bien garde qu'ici il s'agit de la diffamation dirigée contre des personnes privées; car, ici, en ce qui concerne les personnes publiques, la loi de 1819 permettait la discussion en l'interdisant pour les actes de la vie privée. Dès lors, comment, en présence d'un texte aussi formel et dont l'esprit est si facile à saisir, soutenir que celui qui a publié un fait portant atteinte à l'honneur et à la considération d'autrui peut invoquer sa bonne foi? Elle ne saurait en rien couvrir un écrivain dont la publication seule est un délit et produit un dommage presque toujours irréparable.

Ainsi l'ont pensé presque tous les auteurs qui ont écrit sur la matière; je me contenterai à cet égard de très-courtes citations. Portalis, au conseil des Anciens, dans son rapport sur la presse, disait :

« Nous observons que, quand les écrits sont vicieux et dommageables par leur nature, c'est à celui qui les publie à justifier de son intention; alors la volonté de nuire est présumée jusqu'à la preuve évidente du contraire. » (*Choix de rapp.*, t. XVI, p. 99.)

Chassang, dans son *Traité des délits de la presse*, est tout aussi précis :

« Quand les expressions ou imputations sont par elles-mêmes diffamatoires, outrageantes ou impérieuses, l'intention méchante est présumée de droit, et c'est à celui qui est poursuivi à justifier l'exception dans laquelle il veut se placer, exception difficile, sinon impraticable à justifier, et qui d'ailleurs ne doit être admise que dans des circonstances extraordinaires. » (CHASSANG, t. I, p. 424.)

Je pourrais mettre sous vos yeux un grand nombre d'arrêts des cours impériales et de la cour de cassation. En voici un de la cour de cassation du 15 mai 1821, résolvant la question en ces termes :

« Attendu que celui qui se permet publiquement l'allégation ou l'imputation d'un fait qui porte atteinte à l'honneur ou à la considération d'une personne, agit nécessairement avec la connaissance que la publicité qu'il donnera à ce fait sera préjudiciable à la personne à laquelle il est imputé;

« Que cette allégation ou imputation doit donc être réputée de droit faite avec intention de nuire;

« Qu'elle constitue par elle-même une diffamation;

« Que c'est ainsi qu'elle a été caractérisée par l'article 13 de la loi du 17 mai, qui, n'ayant pas spécifié la circonstance de mauvaise intention, a reconnu qu'elle y existait de droit;

« Que si, dans des circonstances extraordinaires, cette présomption naturelle et légale pouvait être combattue par des faits particuliers, ces faits formeraient en faveur du prévenu une exception qu'il devrait prouver... casse. »

Les cours de Paris, de Toulouse, de Rouen, ont, par plusieurs arrêts, consacré cette doctrine. Ainsi la publication du fait diffamatoire emporte avec elle la présomption de mauvaise foi. Il n'est pas nécessaire qu'on prouve contre le prévenu l'intention de nuire. Quand bien même cette intention n'existerait pas, il devrait encore être condamné. C'est à lui de prouver qu'il s'est cru en droit de publier le fait diffamatoire, et que ce fait n'a pas causé de préjudice. C'est ce qui a été décidé par la cour de cassation le 2 mai 1851 en faveur de M. le comte d'Arlincourt, et ce qui me sera probablement opposé par mon adversaire. Cet arrêt est remarquable en ce qu'il sort des règles ordinaires et consacre les droits et le privilége de l'historien :

« Considérant, disait l'arrêt de la cour de Paris, que l'intention criminelle est un élément constitutif de tout délit, même du délit de diffamation; que s'il résulte d'une jurisprudence constante qu'une présomption légale d'instruction criminelle s'attache à tout écrit diffamatoire, le prévenu de diffamation a néanmoins toujours été admis à prouver sa bonne foi par des documents de nature à détruire cette présomption légale. »

La cour de cassation a cassé cet arrêt sur un chef qui était relatif à la suppression d'un des passages diffamatoires, et à la condamnation aux dépens. Quant à la doctrine, elle a été complétement confirmée par la cour suprême.

.Cette doctrine semble faite pour la cause. M. Déléon réclamera les priviléges de l'historien, et, comme tel, il prétendra avoir eu le droit de révéler toutes les circonstances du fait qu'il critiquait; il soutiendra avoir usé de ce droit avec ménagement et convenance.

Messieurs, c'est une grande question que celle de savoir quel est ce droit de l'historien vis-à-vis des personnes dont il parle. Sans aucun doute, quand un fait appartient à la vie publique d'une nation, ceux qui y ont joué un rôle doivent être compris dans la controverse à laquelle il donne lieu. Il est impossible de les en écarter, et par conséquent le journaliste, l'historien, ont le droit de mettre les personnalités en scène, à la double condition, bien entendu, d'être fidèles à la vérité et de respecter les convenances. Supposer que, par cela seul qu'un homme veut écrire l'histoire contemporaine, il soit investi du pouvoir singulier de faire comparaître à son tribunal privé tous les citoyens d'un pays, et que là, devant lui, ces derniers soient dépouillés de toutes garanties, que leur vie privée puisse être fouillée, leurs actes dénaturés, leur caractère avili, leurs intentions malicieusement interprétées, ce serait armer l'historien du fouet de la satire, ce serait mettre dans sa main le poison du calomniateur. La morale et la justice ne sanctionnent jamais un pareil abus. Jamais vous n'admettrez une jurisprudence qui autoriserait les révélations les plus scandaleuses, les plus déplorables débats. Aussi, sur ce point, les décisions judiciaires sont-elles extrêmement nombreuses. Vous connaissez le métier exercé par certains pamphlétaires, rédacteurs de biographies. Sous prétexte qu'ils viennent apporter à l'inflexible histoire le secours de leur impartialité, ils s'arrogent le droit de juger tous les actes des contemporains et de leur assigner vis-à-vis de la postérité la place qui leur semble convenable; ils le font à leurs périls et risques, et toutes les fois que leurs écrits, au lieu de discuter les faits, s'en sont pris aux personnes, ils ont été sévèrement condamnés. Les tribunaux ont ainsi maintenu le respect dû aux lois et aux mœurs : c'est aux principes par eux consacrés que je m'attache pour solliciter de vous une éclatante et légitime réparation.

Mais je n'ai même pas besoin de les invoquer, car je refuse d'une manière absolue à MM. Déléon et Cartellier la qualité d'historien que le tribunal leur a décernée. Comment, en effet, ont paru leurs publications? Est-ce que M. Déléon a voulu sérieusement, avec loyauté, après mûr examen, se livrer à la critique du fait de la Salette qui lui semblait tomber dans la controverse publique? A cet égard, messieurs, je n'ai qu'un mot à répondre : l'historien, celui qui prend sur lui-même l'accomplissement de cette tâche grave et difficile, celui-là se présente à ses concitoyens le front découvert et ne cache pas son nom. Le pamphlétaire recherche l'ombre, le secret du pseudonyme, et c'est précisément ainsi que procède M. Déléon. Et lorsque son supérieur veut savoir de lui s'il n'a pas emprunté le pseudonyme de Donnadieu, il répond imperturbablement :

« Celui qui a écrit la *Salette-Fallavaux,* c'est M. Donnadieu; je n'ai pas d'autres réponses à faire. » Le prélat insiste en changeant les termes de la question. Je réponds en variant les termes de mon langage, et en citant le texte de la loi.

« Lorsque la loi religieuse parle, me dit le prélat, la loi civile se tait. »

« Je ne pus pas élever ma faible intelligence à la hauteur de cette morale. »

Vous l'entendez, c'est lui qui s'apostrophe et s'accuse avec cette hauteur. Il croit, lui prêtre, devant son évêque, que la loi religieuse s'efface devant la loi civile. Permettez, monsieur Déléon, vous ne comprenez pas plus la loi civile que les lois de l'honnêteté. La loi civile, comme la loi de Dieu, ne défend-elle pas le mensonge? Ah! si vous aviez été membre de toute autre corporation que de la vôtre, et que, traduit devant une juridiction disciplinaire, vous eussiez donné l'exemple de cette persistance dans une semblable équivoque, mais à l'instant même vous eussiez été chassé de la corporation, que vous auriez déshonorée par votre présence. Et vous ne le comprenez pas! Vous ajoutez :

« Dans mon ignorance, je ne crus pas devoir, contre les droits inscrits dans la loi civile, déférer à la demande qui m'était faite.

« Sommé de répondre sous la foi du serment, je gardai le silence. Sommé une deuxième fois, je répondis : « J'ai parfaitement entendu, « je n'ai rien à ajouter à mon premier langage. »

Est-ce un historien, un homme sérieux et honnête, qui ferait de lui une semblable peinture, qui, au mépris de toutes les règles professionnelles, de tous les devoirs de la conscience, de toutes les délicatesses du sentiment, livrerait ainsi aux risées du public ce qui doit demeurer enseveli dans le secret de la conscience[1], et puis se mettrait

[1] Dans un livre intitulé : *la Conscience d'un prêtre.*

lui-même sur la sellette pour donner un exemple public de son indignité? Non, ce n'est pas la morale d'un historien. Celui qui s'affiche avec ce cynisme est un rebelle aveuglé par la passion, cherchant une satisfaction quelconque à sa rancune, voulant, avant tout, diffamer ceux qui l'ont frappé! Telle est l'unique explication des publications scandaleuses sur lesquelles vous avez à prononcer. Supprimez chez leur auteur l'orgueil, l'envie et la haine, cette lutte n'a plus de raison d'être; elle n'aurait jamais commencé.

Ah! M. Déléon s'est offensé que, dans le mémoire que j'ai eu l'honneur de faire distribuer à la cour, j'ai rappelé son interdiction, et il m'a répondu que, quant à lui, il s'en faisait gloire! Ceci est une affaire de situation et de goût que je ne discuterai pas; il n'entre ni dans mes habitudes, ni dans mon caractère de me faire une arme d'une condamnation contre qui que ce soit, à plus forte raison d'une condamnation ecclésiastique.

Tout ce que M. Déléon a imprimé sur les dangers d'une pareille juridiction, je l'ai pensé comme lui, je le pense encore; mais si l'interdiction d'un prêtre peut ne pas détruire l'intérêt qu'il inspire, c'est à la condition que ce prêtre ne déchire pas avec éclat la robe qu'il porte pour en jeter les lambeaux aux insultes et aux railleries de la foule.

Je le répète encore, c'est parce que vous avez été interdit, monsieur Déléon, que vous attaquez votre évêque! C'est parce que vous avez été éliminé du sacerdoce que avez voulu en tirer vengeance.

Voilà l'esprit de votre œuvre, et c'est pourquoi je vous dénie, au nom de ma conscience et de la vérité, ce titre d'historien que le tribunal vous a mal à propos donné. Non, encore une fois, vous n'avez jamais eu pour but de connaître et de faire connaître la vérité; vous n'avez pas contrôlé et mesuré chacun des éléments qui devaient composer votre édifice; vous l'avez bâti à la hâte; vous l'avez élevé dans les nuages; vos assises ont été la supposition, le mensonge, la calomnie, et vous vous êtes présenté aux yeux des populations égarées comme le vengeur de la religion et le destructeur de la superstition! Mon évêque est un simoniaque; la commission qui l'a nommé a participé à son imposture, et chacun de ces hauts personnages doit être précipité du piédestal où il a été placé par l'opinion. Voilà votre œuvre, monsieur Déléon; son point de départ et son but ne peuvent recevoir d'autre explication que celle que je viens de leur assigner. L'invective et l'outrage se rencontrent à chaque ligne de vos écrits; insultes, calomnies, calomnies encore, telle est votre tâche. Ce n'est pas ainsi qu'on peut se rendre digne des égards et de la protection de la justice.

Comment, en effet, pourrait-on soutenir, même en écartant les observations générales que je viens de soumettre à la cour, que M. Déléon ait été un historien de bonne foi; que M. Déléon, comme l'a dit le tribunal, ait cherché avec un examen réfléchi, sans imprudence, les documents sérieux, les témoignages respectables sur lesquels il devait appuyer ses accusations contre mademoiselle de Lamerlière? L'examen dans lequel nous allons entrer va réduire au néant et la défense de M. Déléon et l'erreur involontaire dans laquelle sont tombés les premiers juges.

Ah! vous avez recherché la vérité avec prudence et discrétion! Que la cour en juge par des exemples! Si je me reporte à la page 61 du livre intitulé : *la Salette devant le Pape*, qu'est-ce que j'y trouve? Un récit rendu vraisemblable par cette circonstance que mademoiselle de Lamerlière avait été l'objet d'un jugement qui lui avait donné un conseil judiciaire. Est-ce là une probabilité sous la plume de M. Déléon? Il parle après avoir consulté les pièces; il ne pouvait pas faire autrement. On comprend que quand un acte dénaturé se produit en public, on puisse s'en emparer, s'il n'y a aucun moyen de le contrôler; mais cette excuse échappe quand il s'agit d'une affaire juridique, d'une procédure qui est au greffe de Saint-Marcellin, et qu'il est facile de la vérifier. M. Déléon l'a vérifiée, car il indique à ses lecteurs une date précise. Il dit que la demande a été formée le 28 août 1846, et il ajoute que, le 5 septembre suivant, le tribunal a prononcé son jugement, et nommé un conseil judiciaire à mademoiselle de Lamerlière. Eh bien! non-seulement le tribunal n'a jamais nommé un conseil judiciaire à mademoiselle de Lamerlière, ce qui résulte, au besoin, du certificat du greffier que j'ai dans les mains, mais encore cette date du 5 septembre 1846 n'est point une imagination de M. Déléon. Il sait que ce jour-là un jugement a été rendu entre mademoiselle de Lamerlière et M. de Luzy; que ce jugement porte autre chose que ce qu'il lui fait dire.

Comment parler de la bonne foi d'un écrivain qui se livre à de pareilles pratiques, qui dénature sciemment les documents judiciaires qu'il a sous les yeux? Mais prenez-y garde! de pareilles assertions ont de la gravité. Au lieu de mademoiselle de Lamerlière, supposez une autre personne que M. Déléon ait voulu faire figurer; supposez que pour le besoin de son invention, il l'ait de son autorité pourvue d'un conseil judiciaire, est-ce que cette personne ne serait pas en droit d'intenter à M. Déléon un procès en dommages-intérêts? Est-ce que chacun de nous, ainsi calomnié, ne se sentirait pas blessé dans son honneur et dans sa dignité, et ne demanderait pas compte à M. Déléon de cette fantaisie historique? Eh quoi! parce qu'il s'agit du fait de la Salette, mademoiselle de Lamerlière pourra être mise hors de la loi et impunément sacrifiée?

J'avoue que je ne puis le croire, et par cela seul que M. Déléon a dénaturé un fait judiciaire, je lui refuse la bonne foi que le tribunal lui a accordée par erreur. Messieurs, je la lui refuse encore pour une autre raison, et ici la discussion va, je l'espère, se préciser de manière à rendre la vérité aussi claire, aussi évidente que la lumière du jour. Quel est le système général de M. Déléon dans son premier livre? Vous le savez, il consiste à soutenir que les enfants n'avaient rien vu, absolument rien vu, ni homme, ni femme, ni blanc, ni noir, ce sont les expressions qu'il place dans la bouche de Maximin. Tout ce premier ouvrage est échafaudé sur cette déclaration. C'est elle qui doit faire évanouir le fait de la Salette.

Eh bien! après avoir consacré ce premier ouvrage à soutenir que les enfants n'avaient absolument rien vu, M. Déléon reprend la plume, et pour la première fois il fait intervenir mademoiselle de Lamerlière, et soutient qu'elle est apparue aux enfants qui, dès lors, ont vu une dame. Or, il ne peut de bonne foi présenter ces deux récits dont l'un exclut l'autre. De plus, ceci prouve qu'au moment où il s'est posé comme l'adversaire de la Salette, il n'existait pas contre mademoiselle de Lamerlière une prétendue notoriété dont on a tant parlé et qui lui aurait imputé le fait de l'apparition. On m'accordera que M. Déléon, se mettant à l'œuvre en 1852, et dénonçant l'imposture consommée sur le plateau de Fallavaux, avait pris ses informations. S'il ne les avait pas prises, il aurait été imprudent, téméraire, irréfléchi, et le tribunal de première instance dit qu'il a tout examiné avec maturité. Il a donc entendu les témoins, il est remonté aux sources. Or, de deux choses l'une : ou il a rencontré cette opinion déjà répandue que mademoiselle de Lamerlière avait joué l'apparition, et dès lors pourquoi ne pas le dire dans le premier livre? ou il ne l'a pas rencontrée, et alors pourquoi la mettre en scène en lui attribuant l'événement du 19 septembre? Ce dilemme démontre jusqu'à la dernière évidence que M. Déléon n'a pas été de bonne foi.

Mais, vous le savez, le premier juge ne s'est pas contenté de lui accorder le bénéfice de la bonne foi que je lui refuse; il est allé jusqu'à dire qu'il n'aurait produit ses assertions qu'après un examen réfléchi, sans imprudence, sans légèreté, comme des écrivains graves remontant aux sources et vérifiant par eux-mêmes l'exactitude des événements. Or, il m'est absolument impossible d'admettre cette appréciation, et je n'ai qu'à jeter les yeux sur les écrits qui vous sont déférés pour en faire complète justice. Non, il n'est pas exact de dire que MM. Déléon et Cartellier, qui se sont écartés de toutes les règles et de tous les principes du vrai, aient été fidèles observateurs des convenances, des égards qu'on doit à ceux qu'on met en cause, et que, notamment, ils aient respecté le passé, la réputation et l'hon neur de mademoiselle de Lamerlière.

De même que je concède aux adversaires le droit d'examen, de critique, de contrôle, de même je puis aller jusqu'à dire qu'il leur était possible de parler de mademoiselle de Lamerlière, mais à la condition, bien entendu, de ne citer que des faits exacts, à la condition surtout de s'abstenir de personnalités la signalant à la risée publique. Est-ce que ces messieurs peuvent dire qu'ils ont conservé cette réserve, cette honnêteté? Savez-vous quel était leur but? Si nous sommes condamnés à entrer plus avant dans le champ des révélations, je signalerai les circonstances précises dans lesquelles, organisant leur fraude pieuse, ces ennemis du mensonge ont jeté les bases de celui qu'ils devaient produire devant le public; afin de le tromper, ils avaient besoin de frapper l'imagination.

Si la personne qu'ils ont introduite dans leur œuvre eût été ordinaire, inconnue, n'ayant jamais appelé sur elle l'attention, peut-être n'eussent-ils pas atteint leur but; et c'est précisément pourquoi ils ont choisi mademoiselle de Lamerlière, dont le caractère et les actes avaient une certaine notoriété. Ils ne se sont pas contentés de la menacer, ils l'ont encore et à différentes reprises insultée à plaisir. Ils ont cherché à rendre son intervention non-seulement possible, mais probable; ils ont fait d'elle un portrait fabuleusement burlesque; ils l'ont affublée de je ne sais quel costume emblématique qu'ils ont prétendu avoir été montré par elle à différentes personnes; ils l'ont fait se présenter aux bergers de la Salette; ils lui ont attribué les paroles qui sont racontées par les historiens de l'événement; et puis, analysant ce langage, ils ont prétendu que rien n'était plus naturel qu'il eût été tenu par mademoiselle de Lamerlière, chez laquelle l'absurde le dispute à l'extravagant.

Ainsi, voilà mademoiselle de Lamerlière mise en scène, et non-seulement on a travesti et dénaturé avec intention tous les actes de sa vie privée, non-seulement on l'a signalée comme pourvue d'un conseil judiciaire, comme cherchant à se réhabiliter, comme voulant faire un acte extraordinaire qui frappât l'attention, quand toutes ces choses étaient fausses, mais encore on n'a pas craint de l'outrager dans les termes les plus révoltants; elle est ballottée entre l'absurde et le ridicule, chose qui va très-bien à sa nature. Quand M. Déléon parle d'elle dans d'autres passages, il la peint comme une *religieuse illuminée;* il dit que l'événement de la Salette n'est autre chose que la *promenade fantastique de l'ancienne religieuse illuminée;* il répète ces expressions à satiété. Page 291 de son livre, il fait un paragraphe entier sur cette rubrique insultante: *la Vierge de la Salette.* Dans plusieurs autres passages il cite encore l'*héroïne de la Salette,* la *Vierge de la Salette.* C'est par ces expressions pittoresques et grotesques, tout à la fois, qu'il la dénonce à la risée publique. Et en effet, tout à l'heure, quand j'aurai à m'expliquer sur la portée et les conséquences d'une pareille inculpation, je vous montrerai que ces indignes calomnies ont été recueillies par la malignité publique, et qu'à diverses reprises, dans les rues de Grenoble et d'autres villes, après les publications de M. Déléon, des hommes qui semblaient n'être que les échos de ses invectives, accueillaient mademoiselle de Lamerlière par les mêmes épithètes insultantes.

Je vous le demande, messieurs, est-ce là de la décence? est-ce là du bon goût? Est-ce que vous trouvez dans cette manière d'écrire les égards que commandait cependant une personne du caractère, de la vertu, de l'âge de mademoiselle de Lamerlière? Je concède à mon adversaire tout ce qu'il voudra dire sur ses prétendues exagérations, sur ses excentricités supposées ; je concède qu'elle demeure, après comme avant, ainsi que l'a dit le jugement de première instance, irréprochable et pure. Est-ce que ce n'est rien, messieurs, que d'avoir consacré son existence tout entière à de bonnes œuvres, que d'avoir veillé au chevet des malades, que d'avoir secouru les pauvres et élevé de petits enfants? Est-ce que tous ces actes ne devaient pas trouver grâce devant M. Déléon? Est-ce que, à supposer qu'il eût imaginé de s'emparer de son nom, il ne devait pas l'entourer d'une auréole de respect? Et voici que par une misérable équivoque, pour échapper aux conséquences de sa mauvaise action, il s'écrie : Je ne l'ai pas attaquée, j'ai dit qu'elle avait cru servir les intérêts de la religion, faire une action agréable à Dieu. D'ailleurs, est-ce lui faire outrage que de l'assimiler à la Mère de Dieu?

Allons donc ! nous repoussons avec énergie et indignation ces éloges hypocrites et dérisoires. Mademoiselle de Lamerlière, avant tout, respecte le vrai, car elle adore le Dieu qui dans ses commandements a défendu d'y porter atteinte, et supposer que, pour sa gloire, pour la dignité de son nom et la propagation de son culte, elle s'est prêtée à cette farce impie, c'est lui faire la plus sanglante injure. M. Déléon prétend qu'il ne l'a pas insultée, qu'au contraire il a honoré son caractère, qu'elle a voulu faire le bien, qu'il ne l'accuse pas. C'est se préparer pour le jour de la justice un moyen d'excuse trop commode : c'est la mauvaise foi ajoutée à la mauvaise foi, l'hypocrisie ajoutée au mensonge.

A coup sûr, messieurs, quand vous aurez à vous demander si M. Déléon a été ce qu'il devait être vis-à-vis de mademoiselle de Lamerlière, à supposer, ce que je n'admets pas, qu'il fût dans la nécessité de parler d'elle, vous n'aurez pas grande difficulté à résoudre cette question dans le sens de l'action que je soutiens à votre barre.

Je n'ai plus rien à dire sur ce point, et je crois avoir, non pas épuisé, mais suffisamment éclairé la matière, pour que le doute ne soit plus possible. MM. Déléon et Cartellier ont fait une œuvre de parti ; ils ont voulu atteindre l'évêque de Grenoble et son clergé. Mademoiselle de Lamerlière a été choisie comme instrument dans l'accomplissement de cette œuvre ; ils l'ont couverte de ridicule et d'odieux, cela suffit amplement pour qu'ils soient condamnés.

Je pourrais, après cette démonstration, m'en remettre avec confiance à votre souveraine sagesse ; je veux aller plus loin. N'ayant rien à prouver, puisqu'on n'a pas le droit d'établir la preuve de faits diffamatoires, je livre entièrement, sans réserve, la personne et les actes de mademoiselle de Lamerlière à toutes les investigations qu'il plaira à la justice d'ordonner, et notamment à la libre contradiction d'une solennelle enquête.

Les premiers juges ont, à cet égard, indiqué une solution contre laquelle je m'élève de toutes mes forces ; ils ont cru rencontrer dans les éléments de la cause, dans les faits établis, ce sont les termes qu'ils emploient, des indices, sinon des preuves, que mademoiselle de Lamerlière avait rendu vraisemblables les accusations dirigées contre elle par MM. Déléon et Cartellier. Permettez-moi de le dire avec une complète franchise : de pareilles transactions, je ne saurais les admettre ; elles sont indignes de la justice. Quoi ! messieurs, les faits sont vraisemblables, et la justice laisse l'opinion indécise ; elle se refuse à entendre les témoignages qui feraient jaillir la certitude ! Elle préfère le doute et les probabilités ! Un tel parti n'est pas digne d'elle, et c'est au nom du principe sacré de vérité, sur lequel elle repose, que je l'adjure de sortir de cette situation intolérable qui blesse toutes les consciences.

Si le fait est vrai, sévissez ; s'il ne l'est pas, condamnez les calomniateurs. La cour a tous les moyens de découvrir la vérité ; elle doit en user, elle en usera. La lumière peut ressortir du débat engagé ; il faut que la lumière luise. Est-ce qu'elle ne luit pas déjà ? Les premiers juges ont cru en apercevoir certains rayons chancelants qui frappaient leurs regards, en laissant subsister des ombres. Il leur a semblé vraisemblable que mademoiselle de Lamerlière était montée à la Salette. Mon Dieu ! messieurs, il me semble, à moi, qu'il suffisait d'y regarder d'un peu près pour se convaincre que rien n'était plus ridicule, que rien n'était plus impossible.

Et tout d'abord, quels sont les témoins, les faits, les documents que nous devons interroger ? Il n'y en a pas, à coup sûr, dans la cause, de meilleurs que ceux qui émanent des adversaires, et c'est avec leur propre récit que je prétends les confondre. La moindre analyse, l'examen le plus superficiel, l'étude la plus légère, vont vous convaincre que tout ce qui a été raconté par M. Déléon, à cet égard, est un tissu de contradictions et d'impossibilités; que, sans se respecter lui-même, se souffletant sur les deux joues, il a présenté un mensonge, qu'il savait être un mensonge, et qu'il n'a pas même pris soin de le colorer.

Quelle était, en effet, sa version? je devrais dire : quelles sont ses versions? car il a changé plusieurs fois, sinon de manière, au moins de système, et si nous voulons contrôler chacune de ses publications, bien qu'il s'y répète, et qu'il s'y donne à lui-même les éloges les plus éclatants, nous sommes forcés de reconnaître que, dans chacune d'elles, il se rencontre des variations notables, dont il n'est pas possible de ne pas tenir compte. Dans la première, il rapporte un fait qui remonte aux premiers jours de la chasse de 1846, c'est-à-dire du 1er au 6 ou au 8 septembre, un voyage en diligence d'une demoiselle d'un âge mûr, de Saint-Marcellin à Grenoble.

Je crois très-important d'insister, sinon sur tous les détails, au moins sur les principaux détails, auxquels M. Déléon demande un appui. L'apparition n'a eu lieu que le 19 septembre. Il sera prouvé plus tard, et M. Déléon l'a reconnu, que, le 18 septembre, mademoiselle de Lamerlière était à Saint-Marcellin. Nous avions fait, bien entendu, d'une pareille circonstance une objection extrêmement grave. Nous avions prétendu en tirer la preuve de l'impossibilité qu'elle se fût rendue à la Salette le 19, à trois heures de l'après-midi.

M. Déléon a supposé que mademoiselle de Lamerlière, qui a quitté seule Saint-Marcellin avec son costume emblématique enfermé dans un carton, a pu se rendre de Saint-Marcellin à Grenoble et de Grenoble à Corps sans être remarquée. Cela n'est pas impossible; mais qu'elle soit montée de Corps au pâturage de la Salette, qui aurait été le théâtre du miracle, qu'elle ait pu y opérer ce changement de toilette indispensable pour apparaître aux yeux éblouis des enfants qu'elle entendait tromper, c'est là ce qui est matériellement impossible. Les impossibilités sont nombreuses et naissent tout à la fois de la situation, des lieux, de l'âge, de la corpulence et des habitudes de mademoiselle de Lamerlière. Je ne suis point allé à la montagne de la Salette, mais j'ai entendu faire de ces localités des descriptions fort exactes. Il est certain qu'après le village de Corps, la route est on ne peut plus inaccessible; qu'après avoir traversé un petit hameau qui en est distant de quatre ou cinq kilomètres, on s'engage dans des précipices et sur des crêtes où les bergers seuls peuvent conserver leur équilibre. Depuis 1846, on a tracé des routes qui sont encore assez difficiles à traverser. Or, mademoiselle de Lamerlière est à l'audience, vous pouvez la voir, elle n'a pas, elle n'avait même pas, en 1846, à cinquante-six ans, la vigueur et la légèreté nécessaires pour franchir de pareils espaces. Et cependant, à en croire M. Déléon comme le récit des bergers, la Dame Blanche leur est apparue, touchant de ses pieds le sommet des hautes herbes du pâturage qu'elle ne faisait point fléchir sous son poids. Mademoiselle de Lamerlière me semble peu propre, permettez-moi de le dire, à jouer un pareil rôle. Je ne connais, après la Dame Blanche, que la Camille de Virgile qui ait pu le jouer.

Je dis donc qu'on ne saurait admettre que mademoiselle de Lamerlière ait pu s'engager dans les sentiers qui conduisent à la Salette et y parvenir. Ce qui surtout rend le fait complétement impossible, et, à cet égard, ma démonstration ne laissera pas de doute, c'est que dans de pareilles localités la présence de mademoiselle de Lamerlière n'a pu être ignorée, et que sa disparition n'a pu être effectuée sans avoir frappé les regards. Je n'ai pas besoin d'entrer dans de longs détails pour prouver une telle vérité. Il est certain que dans les hameaux, les villages des montagnes, l'apparition d'une personne de la ville, vêtue comme devait l'être mademoiselle de Lamerlière, portant un carton et s'avançant vers ces solitudes, aurait frappé, étonné. Il est impossible d'arriver au plateau de la Salette sans traverser un petit hameau, puis le village de la Salette. Comme le sentier conduit fatalement au milieu de ces deux amas de maisons, mademoiselle de Lamerlière n'aurait pas pu se rendre au pâturage de la Salette sans être aperçue par les habitants. Si elle avait été aperçue, et le mois de septembre est l'époque où les travaux de la campagne sont extrêmement actifs et où, par conséquent, les paysans sont répandus dans la campagne, soit pour se livrer à ces travaux, soit pour faire paître les bestiaux; si mademoiselle de Lamerlière avait été aperçue dans ces localités, encore une fois, sa présence y aurait été un événement, e dès le lendemain, quand Maximin et Mélanie auraient annoncé qu'ils avaient vu une apparition, cette apparition se serait trouvée tout naturellement expliquée. On aurait dit : Nous avons vu la dame dont vous parlez, et elle portait son carton à la main; rien de plus simple qu'elle ait dû vous paraître vêtue d'un costume particulier.

Et cependant mademoiselle de Lamerlière n'a été remarquée de personne. Toutes les investigations de M. Déléon sont restées stériles. Il a été plusieurs fois sur les lieux; il a interrogé plusieurs personnes. Nous passons condamnation; nous acceptons toutes les accusations de M. Déléon, si un seul témoin vient déclarer avoir vu mademoiselle de Lamerlière dans un des jours de septembre 1846. Veuillez un instant réfléchir aux obligations étranges qui lui étaient imposées aux difficultés qu'elle devait trouver, portant un lourd carton dans des sentiers embarrassés.

Mais mademoiselle de Lamerlière ne devait pas seulement s'engager dans ces routes inaccessibles et dangereuses avec le carton qu'elle portait à la main; elle ne devait pas seulement traverser des villages et des champs dans lesquels elle devait rencontrer des paysans; il fallait encore qu'elle connût les pâturages dans lesquels Maximin et Mélanie faisaient paître leurs troupeaux. Or, pouvait-elle savoir que, dans ces hautes solitudes, elle rencontrerait quelqu'un? Connaissait-elle à l'avance Maximin Giraud et Mélanie Mathieu ou leurs parents? En aucune façon; on ne l'a jamais prétendu.

Vous savez, messieurs, vous qui êtes familiers avec la nature de la végétation des Alpes, qu'arrivé à une certaine hauteur, on ne trouve plus d'arbres ou d'arbustes; les croupes des montagnes sont couvertes d'une végétation fine et précieuse pour ceux qui fabriquent du laitage. Là on est assurément sous l'œil de Dieu, mais non sous les regards des hommes. Il n'y a pas un abri qui puisse cacher. Dès lors je demande comment mademoiselle de Lamerlière, sur cette pelouse en plein soleil, isolée, en évidence, aurait pu, en supposant qu'il lui eût été donné de gravir ces crêtes escarpées, procéder à l'œuvre de sa toilette qui devait être mystérieuse; car si un œil humain l'eût aperçue, c'en était fait du miracle.

M. Déléon n'a pas pensé à toutes ces choses; il est bien plus naturel de présenter une version telle quelle, et sans s'appesantir sur les détails. Mais je l'arrête, et je le prie de discuter, de raisonner, de me dire, non par des vraisemblances hasardées, mais par des raisons humaines, si de pareilles choses se peuvent faire. Voilà mademoiselle de Lamerlière qui les a accomplies! Enveloppée d'un nuage qui cachait sa personne, elle a pu monter d'un pas irrésistible des pentes sur lesquelles l'homme vigoureux trébucherait plus d'une fois; arrivée sur ces hauteurs, elle trouve cependant le moyen de changer de toilette sans être vue. Puis elle apparaît aux bergers et disparaît avec la même facilité.

On s'est demandé si elle n'avait pas pu, se laissant glisser sur le revers de la montagne, produire sur les bergers l'illusion d'un effet d'optique. Il est facile de répondre à une pareille objection. Les bergers, c'est leur récit au moins, avaient été très-émus d'une telle apparition : ils voulaient marcher sur elle, lui jeter des pierres, mais elle s'était évanouie. Assurément ils connaissaient mieux la montagne que mademoiselle de Lamerlière; ils auraient pu la suivre si elle avait cherché à s'échapper par le versant opposé. Ils n'auraient pas été aussi embarrassés que ne l'a pensé M. Déléon. Ils savent se glisser mieux que personne sur la pelouse de ces pentes escarpées; ils y sont parfaitement accoutumés quand ils suivent leurs bestiaux, ou qu'ils veulent jouer avec un papillon. Mademoiselle de Lamerlière ne leur aurait pas échappé. Elle aurait été aussi nécessairement aperçue par les paysans disséminés sur les flancs de la montagne; il ne lui eût pas été possible de paraître et de diparaître dans un nuage comme une fée de l'Opéra. A raison de ses habitudes, de son âge, de la pesanteur de ses pas, elle aurait été bientôt atteinte et bafouée par les bergers, dont elle aurait voulu surprendre la crédulité.

Voilà des circonstances qui me paraissent décisives! Il ne suffit pas de mettre mademoiselle de Lamerlière en scène; il faut encore lui attribuer des actes possibles, et tous ceux qui ont été imaginés par M. Déléon, pour peu qu'on y regarde, sont frappés d'une ridicule impossibilité.

Quant à la dernière objection de M. Déléon, que l'apparition aurait parlé en français d'abord, puis en patois, ce qui lui semble fort incroyable, je répondrai que je n'ai à m'occuper ni des paroles de l'apparition, ni à examiner si elle devait connaître la langue des bergers. Je discute autre chose au point de vue de mademoiselle de Lamerlière, et je déclare qu'il est acquis au procès qu'elle ne connaissait pas le patois de Corps, très-différent de celui de Saint-Marcellin. M. Déléon a pris soin lui-même de nous avertir que le patois de Corps est un provençal corrompu. Or, comment mademoiselle de Lamerlière aurait-elle pu deviner ce patois de Corps, dont elle n'a jamais entendu une parole?

Rien n'embarrasse M. Déléon. Il est, en même temps que l'écrivain le plus incomparable, le plus incomparable des prestidigitateurs. Mademoiselle de Lamerlière a appris le patois en traversant le village de Corps.

Elle est à Saint-Marcellin le 18 septembre; la pensée de l'apparition ne lui était venue qu'après le 5 : il lui a fallu le délai nécessaire pour fabriquer son costume emblématique; elle n'a pas perdu de temps. Le 18, elle a traversé le bourg de Corps sans y être remarquée par personne, et le 19 elle a opéré le miracle.

Permettez-moi de vous dire que vous ne faites pas seulement d'elle la thaumaturge la plus hardie, mais que vous lui accordez tout à la fois l'invisibilité et le don des langues, puisqu'elle traverse Corps sans voir personne, sans être vue de personne, et qu'elle apprend, dans un rapide passage, le patois du pays, de manière à le parler couramment aux enfants de la montagne. Des choses comme celles-là ne se discutent pas, mais elles prouvent qu'un homme lancé dans la voie du mensonge ne recule devant rien.

M. Déléon dit que mademoiselle de Lamerlière aurait pu apprendre le patois pendant les quelques jours qu'elle a passés au pays. Nous l'avons mis au défi de prouver que jamais elle y ait mis le pied avant 1847, et il a été dans l'impossibilité à cet égard de donner le moindre indice. Peu lui importe, mademoiselle de Lamerlière, qui conçoit le

5 septembre, après le jugement d'interdiction rendu contre elle, l'idée de son apparition, qui a le temps de fabriquer son costume, et le don d'arriver invisible à la Salette, apprend le patois par une inspiration, des langues de feu descendant sur elle de par l'autorité apostolique de M. Déléon.

Je sais bien que les choses les plus absurdes peuvent s'imprimer; mais oser les répéter en face de la justice me paraît téméraire, car c'est manquer de respect aux magistrats, que de leur conter des histoires qui, d'un bout à l'autre, choquent le bon sens et la raison.

Et si, messieurs, de ces preuves matérielles qui me semblent si fortes et si positives, je passe à un ordre d'idées empruntées, non plus cette fois aux livres de M. Déléon, et c'est une bonne fortune que de les abandonner, mais à d'autres circonstances sur lesquelles aucune équivoque n'est possible, est-ce que je ne peux pas établir avec plus d'autorité encore, non-seulement que mademoiselle de Lamerlière n'a pas joué le rôle qui lui est prêté, mais encore qu'il est, dès à présent, judiciairement établi qu'elle était à Saint-Marcellin le jour même où l'apparition a eu lieu, qu'elle n'a pas quitté cette ville, et que, par conséquent, M. Déléon l'a calomniée quand il a supposé qu'elle avait paru sur la montagne de la Salette, le 19 septembre 1846? Ce point si important, si capital au procès, nous demandons positivement à en faire la preuve par témoins, si la cour a la moindre hésitation. Il est assurément pertinent, il va droit au fait.

Mademoiselle de Lamerlière n'a pu être à la montagne de la Salette le 19 septembre : nous la voyons ce jour-là à Saint-Marcellin; à moins que M. Déléon, qui lui donne l'invisibilité, ne lui donne aussi l'ubiquité. Quelle était sa situation le 19 septembre? J'ai eu l'honneur de dire, messieurs, que par un de ces événements que la Providence permet, qui semblent, au moment où ils s'accomplissent, des épreuves douloureuses, et deviennent ensuite des moyens de justification, mademoiselle de Lamerlière, en septembre 1846, subissait l'angoisse d'une procédure qui lui paraissait une véritable humiliation. Elle avait été interrogée le 18 août, son interrogatoire lui était signifié le 18 septembre entre midi et une heure.

Eh bien, messieurs, sans aller plus loin, je le demande, est-ce que ce fait ne prouve pas invinciblement qu'elle n'est pas montée à la Salette le 19? Est-ce que vous pourriez admettre, d'une part, que mademoiselle de Lamerlière, qui luttait énergiquement contre la demande en nomination d'un conseil judiciaire, eût pu précisément se donner en spectacle avec cette désinvolture que lui prête M. Déléon, prévenant le conducteur de la diligence, annonçant qu'elle allait faire la plus extravagante des impiétés? Elle qui résistait à une demande qui lui paraissait injuste, elle eût été fournir à sa famille irritée le moyen non pas de se faire nommer un conseil judiciaire, mais de se faire envoyer à Charenton! Si elle fût allée à la Salette, est-ce que sa famille ne se serait pas emparée de ce fait? Comment, messieurs, madame de Luzy, inquiète de l'avenir de sa sœur, qu'elle voyait avec douleur entourée de personnes abusant de sa bienfaisance, aurait appris qu'elle avait abandonné Saint-Marcellin, où elle était observée; qu'elle avait apparu dans les pâturages des Alpes, couverte d'un costume emblématique, qu'elle y avait joué une scène grotesque et ridicule, et elle ne se serait pas emparée de cette circonstance pour augmenter et fortifier ses arguments, et elle n'aurait pas provoqué un jugement d'interdiction!

Ces faits, messieurs, bien qu'ils ne soient que de l'ordre moral, ont une portée extrême et doivent peser dans la balance de votre justice d'un poids que je n'ai pas besoin de signaler. Il est incontestable que, frappée d'une assignation qui mettait son avenir en jeu; que, devant une procédure qui lui semblait une atteinte à sa dignité, mademoiselle de Lamerlière n'aurait pas été assez oublieuse de ses intérêts pour faire un acte qui devait la discréditer à jamais et fournir à sa famille une victoire contre laquelle elle protestait. Aussi M. Déléon, qui a grand soin de dissimuler la vérité, n'a pas dit que mademoiselle de Lamerlière fût assignée, il a dit qu'elle avait été condamnée. Condamnée, on comprendrait jusqu'à un certain point qu'elle se permît un acte extraordinaire pour protester; mais assurément elle devait demeurer dans la situation qui lui était faite par une pareille procédure, objet de toutes ses préoccupations, et c'est ce qu'elle a fait. Qui va l'attester, messieurs? Mais les personnes les plus considérables et les moins suspectes du monde. Voici l'assignation qui lui a été remise par l'huissier, *parlant à sa personne*. Les mots *à sa personne* ont été écrits d'une autre encre et avec une autre plume que le corps de l'assignation; ce qui prouve que, fidèle à ses devoirs, l'huissier Giraud n'a pas écrit à l'avance dans son étude et par simple formule ces mots : *à sa personne;* qu'il les a écrits chez mademoiselle de Lamerlière, parce qu'il a trouvé mademoiselle de Lamerlière dans son domicile, comme il vous l'atteste au surplus dans un certificat légalisé.

Il est donc établi au procès que, dans le courant de septembre 1846, mademoiselle de Lamerlière était à Saint-Marcellin, attendant l'issue des poursuites dirigées contre elle, et que, entre midi et deux heures, le 18 septembre, elle recevait son assignation. M. Pachot d'Arzac, avocat à Saint-Marcellin, et l'un de ces hommes dont le caractère est à l'abri de tout soupçon, ayant appris que l'apparition avait eu lieu le 19 septembre 1846, délivrait, à la date du 21 novembre 1854, à mademoiselle de Lamerlière, sa parente, un certificat par lequel il disait que matériellement il était impossible que le 19 septembre 1846 elle fût à la montagne de la Salette, puisqu'elle était à Saint-Marcellin. Mais, ce qui résulte d'une déclaration ultérieure de M. Pachot d'Arzac, c'est que cette assignation avait plongé mademoiselle de Lamerlière dans un grand chagrin et une grande exaspération. Avec son caractère ardent, elle sentait vivement ce qu'elle considérait comme une injustice, et dès lors il est impossible qu'elle ait songé à faire la déplorable équipée qui lui est reprochée.

Toutefois, messieurs, nous qui n'avons rien à prouver, nous faisons encore un pas de plus dans la vérité. Grâce à Dieu, vous aller la voir éclater dans des circonstances qui sont véritablement miraculeuses, et je puis me servir de cette expression dans une cause de cette nature, où le procès intenté à mademoiselle de Lamerlière vient à notre secours d'une manière si prodigieuse. Voici, en effet, ce qui s'est passé et ce qui résultera de l'enquête, si vous voulez bien l'ordonner.

Mademoiselle de Lamerlière reçoit son assignation le 18 septembre 1846, de midi à deux heures; elle en est vivement froissée. Elle va voir M. Pachot d'Arzac, et lui réitère les offres que déjà elle avait faites de se soumettre aux exigences de sa famille pour obtenir un arrangement si désirable à tous les points de vue. Aussitôt madame de Luzy, qui habite à Roybon, à dix ou douze lieues de Saint-Marcellin, fait prévenir sa sœur que M. de Luzy viendra la voir le lendemain. Le colonel de Luzy se met en route pour venir à Saint-Marcellin. Il a attelé à sa voiture deux chevaux fougueux qui, effrayés par je ne sais quel obstacle, se cabrent; la voiture se verse, M. de Luzy est blessé légèrement. Cette blessure l'empêche de continuer son voyage. Il se voit obligé de s'arrêter au château de Murinais, qui se trouve au milieu du chemin. La journée se passe, mademoiselle de Lamerlière, attendant son beau-frère et ne le voyant pas venir, s'inquiète et envoie aux informations : elle apprend qu'il s'est arrêté au château de Murinais. Le lendemain, elle demande à deux personnes de vouloir bien se rendre au château. La première ne peut pas accepter cette mission; la seconde l'accepte. Elle va au château de Murinais, et y trouve le colonel de Luzy se promenant avec peine. Il entend la réclamation de sa belle-sœur, car il est très-disposé à l'arrangement. Il monte en voiture, malgré sa faiblesse, et arrive à Saint-Marcellin. Là une conversation s'engage; les bases de la transaction sont posées; toutefois, la transaction n'a lieu qu'une année après, en 1847, parce qu'il fallait un rapport d'expert, et que ce rapport, comme toutes les affaires de cette nature, s'est prolongé.

Mais, vous le voyez, le voyage de M. de Luzy, dans la journée du 19 septembre, pour venir de Roybon à Saint-Marcellin, la chute de

M. de Luzy, la station de ce dernier au château de Murinais, l'inquiétude de mademoiselle de Lamerlière, l'envoi de deux messagers, voilà des faits qui, en 1846, pouvaient paraître insignifiants, et aujourd'hui ils sont la justification, la preuve évidente que mademoiselle de Lamerlière n'a pas pu monter à la Salette le 19 septembre, car elle n'a pas quitté Saint-Marcellin; elle y était le 18, le 19 et le 20. Ainsi tombe l'assertion de M. Déléon, qui n'est qu'une fable calomnieuse.

Ces faits sont trop importants pour que je ne cherche pas à les éclaircir. Ils ont eu pour témoins le beau-frère et la sœur de mademoiselle de Lamerlière. Madame de Luzy a écrit différentes lettres dans lesquelles elle raconte ce que je viens d'avoir l'honneur de vous dire.

Mais, dit-on, madame de Luzy peut se tromper sur les dates! — Ah! messieurs, quel homme portant un cœur accessible aux sentiments de la famille oserait le dire? Comment la vie de cette femme, ainsi qu'elle le dit elle-même dans des termes simples et héroïques, n'aurait-elle pas été marquée par cette époque mémorable où son mari, le colonel de Luzy, la quitte plein de vigueur et de force! Il est entraîné sur la route par ses chevaux, et madame de Luzy le suit de loin du regard jusqu'à ce qu'il ait disparu. Puis, à quelques pas de là, sa vie est menacée; elle pourrait être à jamais tranchée. Une amie de madame de Luzy, mademoiselle de Murinais, lui envoie un messager pour la prévenir que son mari est tombé, mais que, grâce à Dieu, il ne court aucun péril; et madame de Luzy, qui a éprouvé dans son cœur une émotion pareille, n'aurait pas conservé le souvenir précis de la date à laquelle se serait accompli un pareil événement! A coup sûr les adversaires ne l'ont pas ignoré. Ne doutant pas que ce fait, venant au jour, ne fût discuté et contrôlé, madame de Luzy avait cherché avec grand soin la lettre de mademoiselle de Murinais. Cette lettre s'était égarée, rien de plus naturel après dix années écoulées. Mais la voici qui fait d'autres recherches, et qui, voulant trouver à tout prix un témoignage de la vérité, a l'idée de vérifier son livre de dépenses de 1846, et elle y rencontre, au mois de septembre, les frais de réparation de la voiture brisée dans la journée du 19.

Messieurs, les circonstances providentielles, il en faut toujours parler. Nous sommes si ignorants de ce qui nous touche et des mouvements de notre propre cœur, que le sentiment de notre faiblesse nous porte à notre insu, malgré nous, à nous élever à une cause supérieure qui nous gouverne et nous domine. Même dans les faits les plus vulgaires de la vie, nous sommes obligés de reconnaître son action. Est-ce que vous ne la voyez pas bien précisée, bien formulée dans cette chute qui, au 19 septembre 1846, afflige toute une famille et frappe mademoiselle de Lamerlière elle-même, inquiète, éperdue?

Le moment qui doit mettre son existence à couvert est celui qui fait couler ses larmes, paraît briser toutes ses espérances, et, dix ans après, ce même événement vient confondre la calomnie et faire briller dans tout son éclat la vérité.

Il me semble qu'à l'heure qu'il est, la conviction de ceux qui me font l'honneur de m'écouter doit être égale à la mienne. M. Déléon a calomnié avec impudence. Je l'ai, je crois, suffisamment prouvé.

Et d'ailleurs, est-ce que j'aurai à discuter devant vous cette assertion étrange qui forme la dernière proposition du jugement que je combats : que, dans aucun cas, les allégations de M. Déléon et ses attaques n'ont pu porter préjudice à mademoiselle de Lamerlière, aucun préjudice matériel d'abord, aucun préjudice moral ensuite?

Quoi! messieurs, on lui a imputé la plus scandaleuse des impiétés! on a affiché son nom dans tous les carrefours; on l'a signalée à la réprobation publique comme ayant renié toute son existence, tous ses sentiments; on a discuté, dénaturé, perverti tous les actes de sa vie privée; on l'a présentée comme une folle burlesque, comme une thaumaturge insensée, et on ne lui aurait pas porté préjudice! Mais il est ici de notoriété qu'après les livres de M. Déléon, sa sécurité a été menacée; qu'elle a été chassée de Grenoble par la populace. Et pourquoi? Est-ce qu'elle s'était permis quelque chose qui autorisât cet ostracisme? Je mets les adversaires au défi d'articuler quoi que ce soit de semblable. Un jour, à Grenoble, dans une église, elle fut désignée à la curiosité de la foule par un des disciples de l'apôtre saint Déléon. Aussitôt elle est entourée, huée, pressée, foulée; le commissaire de police est obligé d'intervenir, de la faire réfugier dans la maison du maire, et, le soir venu, de la faire monter en voiture et de la renvoyer à Saint-Marcellin. Une autre fois, en descendant de voiture pour se rendre chez elle, elle est assaillie au milieu de la rue par une foule furieuse qui lui prodigue les épithètes les plus outrageantes, l'appelle madame *de la Salette, la Sainte Vierge, la Folle;* elle ne doit qu'à l'obligeance d'un brave citoyen d'échapper aux coups et aux grossièretés dont elle était accablée.

Voilà, messieurs, la vie qui lui est faite. Et ces injures, ces outrages, ces insultes publiques, qui les lui a adressés? M. Déléon. C'est lui qui a jeté dans la populace le venin de cette calomnie qui a perverti la multitude; c'est lui qui a désigné à l'insulte publique cette malheureuse femme dont la sécurité est aujourd'hui troublée. Pour qu'elle puisse désormais la trouver, il faut qu'elle aille dans je ne sais quel désert cacher sa honteuse et misérable vie, car partout où elle rencontrera une face humaine, elle aura à redouter la réprobation dont les calomnies de M. Déléon sont la source.

Et dans une pareille situation elle n'aurait éprouvé aucun préjudice, quand elle ne peut mettre les pieds dans sa propre patrie sans être l'objet de l'insulte publique, sans être obligée de recourir à la force armée, au commissaire de police, pour que son domicile ne soit pas violé! Dire qu'elle n'a pas éprouvé de préjudice, c'est nier l'évidence et la clarté du soleil. Et prétendre encore, comme l'a dit le tribunal, qu'elle est restée après ce qu'elle était avant, c'est-à-dire une personne connue par sa réputation de piété, en vérité c'est donner aux mots dont on se sert une signification tout autre que celle qu'ils ont. Je dois m'expliquer à cet égard avec tout le respcct et toute la déférence que méritent les décisions de la justice, mais c'est avancer une proposition qui révolte la raison. Quoi! mademoiselle de Lamerlière, qui a été nourrie dans les sentiments de la piété la plus pure; mademoiselle de Lamerlière, dont l'existence tout entière n'est qu'une longue suite de bonnes actions; qui peut être critiquée par ceux qui l'accusent d'avoir une dévotion exagérée, mais enfin qui ne vit que par cette dévotion; elle aurait, pour la gloire du Tout-Puissant, joué sur ce haut pâturage des Alpes cette infâme comédie, cette profane représentation! Et, en descendant de la montagne, après cet acte sacrilége, elle serait encore digne de considération et d'estime! Oh! non, non, tous les rôles sont ici renversés; c'est à moi de les rétablir. Si elle s'est rendue coupable d'un acte pareil, ce ne sont pas des couronnes qu'il faut lui tresser; c'est au banc de la police correctionnelle qu'il faut la faire asseoir. Il ne faut pas qu'il soit dit que, dans une société comme la nôtre, les principes soient méconnus à ce point que, dans l'intérêt d'une passion, pour le triomphe d'une détestable rancune, une existence jusque-là honorable puisse être bafouée, calomniée, diffamée, et qu'il suffise de dire ensuite que cette existence est restée honorable après comme avant, que la calomnie, la diffamation ne l'ont pas atteinte. La loi a reçu un échec; il faut que cet échec soit réparé; il faut que l'on prenne l'un ou l'autre parti. Ou mademoiselle de Lamerlière doit sortir de ce débat innocente et purifiée; ou elle doit être l'objet d'une instruction criminelle. Je la sollicite en son nom, au nom de ceux qu'on a osé faire ses complices. Elle n'est pas seule au débat; ceux qui ont été associés à son acte, ceux qu'on a considérés et fait considérer comme étant les propagateurs de ses mensonges, les éditeurs responsables de la superstition; ceux qui, selon le langage de M. Déléon, s'enrichissent de cette grossière imposture, ceux-là doivent eux-mêmes subir les conséquences de leur mauvaise action. Il faut nécessairement qu'ils soient frappés ou que la vérité les protége.

Voilà, messieurs, le dilemme fatal dans lequel vous êtes enfermés et qui ressort inexorablement de cette cause. Et, quant à moi, je ne crains pas un instant que vous la tranchiez par le doute, et que vous laissiez indécise une question qui intéresse à un si haut point la conscience publique si justement alarmée. Qui pourrait vous arrêter? Est-ce que vous craindriez par hasard qu'on ne vous accusât de dépasser vos pouvoirs, d'usurper des fonctions et un rôle qui ne vous appartiennent pas? Est-ce que vous seriez arrêtés par cette préoccupation que l'arrêt que vous allez rendre, s'il est favorable, comme j'en suis convaincu, à mademoiselle de Lamerlière, sera la consécration du miracle de la Salette? Non, messieurs, le miracle n'est pas en question; peu importe le miracle; qu'il existe ou qu'il n'existe pas, la puissance de Dieu reste la même. Et certes, messieurs, bien malheureux serait le jour où l'on en serait réduit à rechercher dans de pareils faits la manifestation de sa bonté et de son pouvoir! Les miracles! Grand Dieu! Mais nous, faibles vermisseaux que nous sommes, ombres fugitives qui paraissons et disparaissons sur la terre, si nous en voulons connaître, nous n'avons qu'à descendre au fond de nous-mêmes, qu'à interroger notre néant, qu'à mesurer la limite bornée qui nous sépare de l'infini, de l'inconnu. Qu'il y ait eu un miracle à la Salette, qu'il n'y en ait pas eu, le monde, permettez-moi de le dire, ne sera pas troublé par cet événement, et la société ébranlée n'oscillera pas sur ses bases.

Ce n'est donc pas là le dernier mot de votre décision. Vous n'avez point à usurper sur le rôle des pontifes et des conciles. Le jugement épiscopal même laisse la question entière. Il peut commander aux fidèles la soumission, au clergé, l'obéissance; mais il laisse debout, avec ses prérogatives éternelles, avec son action libre, la pensée de l'homme et l'exercice de sa raison. Le mandement, messieurs, ne peut priver, je ne dirai pas seulement les fidèles, mais ceux-là même auxquels il s'impose par la loi hiérarchique, du noble privilége de leur conscience. Qu'a-t-il donc fait? Il a fait cesser un doute; il a cru anéantir une polémique; il a prononcé une parole qui doit être respectée dans l'ordre des attributions qui lui étaient dévolues.

Est-ce que c'est là, messieurs, votre mission? Non, sans doute, la vôtre est plus restreinte; permettez-moi de dire qu'elle est encore assez grande pour que vous ne la désertiez pas. Le miracle vous importe peu; mais ce qui importe, c'est que la loi soit exécutée. Ce qui importe, c'est que, pour la commodité de la passion et pour le besoin de la vengeance, on n'immole pas impunément les droits du faible, on ne traîne pas l'épiscopat et le clergé aux gémonies, en entonnant des chants de triomphe toutes les fois qu'ils sont insultés. Je ne sache pas, messieurs, que la religion, la société et l'ordre gagnent quoi que ce soit à de pareilles saturnales; mais je vois très-bien ce qu'ils perdent par la violation des lois dont vous êtes les gardiens. Ce qu'ils perdent, c'est la paix et le repos des familles, l'inviolabilité des personnes, l'inviolabilité de la vie privée; c'est l'honneur des citoyens, le respect du sexe et de la vieillesse; c'est aussi, messieurs, les déférences et les égards que mérite la robe ecclésiastique. Tout ceci a été indignement bafoué par une passion que j'ai suffisamment caractérisée. Votre arrêt, messieurs, vengera tout ce qui a été immolé à un besoin immonde. Votre arrêt apprendra à ceux qui seraient tentés de suivre les traces de ces audacieux pamphlétaires, que vous êtes là pour arrêter leurs entreprises, et pour faire triompher, aux yeux de tous, la vérité dont vous êtes à la fois les dépositaires et les vengeurs.

AUDIENCE DU 30 AVRIL

RÉPLIQUE DE Me JULES FAVRE

MESSIEURS,

En me levant pour répondre à l'éloquente plaidoirie que vous avez entendue à l'audience d'hier, j'éprouve un embarras dont je ne puis me défendre. La première cause doit en être attribuée au vide de cette place, qui était occupée hier par l'illustre et éminent orateur qui m'a accablé de ses bontés, et nous a donné à tous une si mémorable leçon dans l'art de bien dire, de modérer et d'élever tout à la fois sa pensée. Il a fallu, messieurs, une circonstance bien impérieuse pour que cette cause, qu'il a défendue avec tant de générosité et de talent, fût, au moment suprême où le débat va se clore, discutée en son absence. Son cœur, qui l'avait appelé ici, vient de le ramener auprès d'un ami inopinément frappé d'un désastre domestique. Sans cette raison, soyez-en sûrs, Bethmont serait encore à cette barre, et moi je pourrais lui payer le tribut d'affection, de reconnaissance et d'admiration que je lui dois.

Cette absence, jusqu'à un certain point, me met à l'aise pour vous parler de ces qualités adorables que vous avez pu remarquer en lui, et qui en font non-seulement une des gloires de notre barreau, mais encore un de ces trésors d'affection et d'indulgence qu'il est impossible d'approcher sans en subir la séduction. Je voudrais, messieurs, qu'il me fût donné, je ne dirai pas de l'imiter, mais au moins de le suivre, quoique de loin. Je voudrais que cette parole si constamment sûre d'elle-même, et en même temps si éloignée de toute intention et de toute allusion blessantes, pût être dans ma bouche un instrument propre à la défense de la cause que je soutiens. Mais veuillez faire la part de la situation forcée où je suis et des nécessités impérieuses auxquelles il m'est impossible de me soustraire.

La défense de M. Déléon avait tout à gagner à cette modération qui a été l'un des attributs éminents de son discours. Je ne dirai pas, messieurs, qu'il lui était facile et politique de s'enfermer dans ses limites; mais, à coup sûr, sa cause, loin d'y perdre, s'en est fortifiée. Il a eu à établir la bonne foi de son client, et, quant à moi, je suis contraint de chercher la vérité dans une hypothèse contraire. Je suis malheureusement agressif, et, croyez-le bien, c'est malgré moi que je viens faire un nouveau pas dans la carrière que j'ai déjà parcourue.

Il semble tout d'abord que la matière soit épuisée; nous avons si longtemps fatigué votre attention bienveillante, nous vous avons traînés à la suite de tant de détails en apparence oiseux, que prendre encore la parole et solliciter de vous le bénéfice d'un temps quelconque, paraît une témérité. Et cependant cette cause est de telle nature qu'il est difficile de l'exposer complétement, même quand on dépasse les bornes qui semblent sages et raisonnables. La défense de M. Déléon a provoqué nécessairement sur des points divers des réponses qui doivent être, avant tout, catégoriques et précises, et tel sera le but de la réplique que la cour me permet de prononcer devant elle.

Encore une fois, messieurs, sans ambitionner la vaine satisfaction d'immoler un adversaire, je suis contraint de dire à M. Déléon la vérité qu'il a cachée. Je suis contraint, pendant cette audience encore, de mettre en relief les torts graves qui appellent sur sa tête la sévérité de la justice. Eh! messieurs, dans l'accomplissement de cette tâche, s'il m'est arrivé, entraîné par une indignation dont je n'étais pas le maître, de blesser quelques susceptibilités que j'aurais dû respecter, j'en ai regret. Et puisque la force des situations ici m'a amené à dire un mot de ma personne, ce qui me répugne toujours infiniment, je dois ne pas laisser sans réponse des allusions trop transparentes que j'ai rencontrées dans le discours de mon éloquent adversaire. Vous n'avez point oublié qu'on m'a représenté comme l'écho de colères qui ne seraient pas les miennes. Êtes-vous, m'a-t-on dit, l'avocat de mademoiselle de Lamerlière? Non, vous êtes l'avocat de l'épiscopat. Dès l'instant qu'une pareille question a été posée, il faut que j'y réponde. J'aime avant tout les situations franches; l'équivoque n'a jamais convenu à ma nature. Vous me demandez si je suis l'avocat de mademoiselle de Lamerlière ou celui du clergé? Je vous réponds nettement : Je suis l'avocat de mademoiselle de Lamerlière; mais la cause de mademoiselle de Lamerlière étant nettement liée à celle du haut clergé et de l'épiscopat, je ne pouvais pas sans déserter mon devoir, sans étouffer la vérité, ne pas rechercher quelle avait été, dans les faits qui ont donné lieu à cette contestation, la part de chacun.

Et puis voulez-vous que j'aille plus loin, que je mette mon cœur à nu? Rien de plus simple. Lorsque mademoiselle de Lamerlière me proposa sa défense devant la cour de Grenoble, j'étais mal initié à la connaissance du fait sur lequel j'exprime mon opinion. La première fois qu'elle m'en parla, je lui dis qui j'étais : Je suis un libre penseur, cherchant la vérité avec ardeur, et si mon programme pouvait être porté à la barre, non pas de ce que je suis, non pas de ce que j'ai été, mais de ce que je voudrais être, je dirais : Croire à ce que ma raison comprend; marcher avec indépendance à la conquête du vrai; tendre la main à tous ceux qui souffrent; protéger, dans la mesure de mes forces, les faibles, les humbles et les petits; détourner mes pas des sentiers des grands et des heureux de la terre, pour aller, quand cela est possible, essuyer les larmes et consoler les douleurs.

Telle serait, messieurs, ma religion; tel serait mon programme, et j'y ajouterais : Courir sus au mensonge et démasquer l'hypocrisie partout où je les rencontrerai. Et dès lors, comment voulez-vous qu'avec de pareils principes et de pareils sentiments, alors que le fait sur lequel vous avez aujourd'hui à prononcer m'a été connu, je désertasse la cause de ceux que j'y trouve nécessairement impliqués? Quoi! défendant mademoiselle de Lamerlière, j'aurais vu, comme mes yeux me l'ont appris, que la calomnie était allée jusqu'aux princes de l'Église, jusqu'aux hommes dont les cheveux ont blanchi dans la pratique du bien; ce mensonge imputé à ma cliente aurait eu pour complices ceux que vous êtes accoutumés à vénérer et à bénir; et, me renfermant froidement dans le cercle légal de la procédure, j'aurais lâchement déserté la défense de ces hommes que la réserve a empêchés de se produire! Ah! messieurs, j'aurais mérité votre mépris si j'avais poussé la faiblesse et la condescendance jusque-là.

Vous ne l'ignorez pas, cette attitude a soulevé des récriminations bruyantes, et, bien avant que je parusse à votre barre, on a murmuré à mes oreilles des mots qui n'étaient pas de nature à me faire faiblir, mais cependant peu agréables à entendre. Quoi! me disait-on, vous allez défendre une cause qui n'est pas la vôtre! Vous allez renier votre passé! Vous allez causer à vos ennemis la satisfaction de vous voir dans leur camp! Vous allez fouler aux pieds vos principes! Mes principes! messieurs, mais c'est la vérité, et la vérité avant tout. Mes ennemis! c'est le mensonge et ses propagateurs. Et si jamais j'avais la douleur de rencontrer de tels hommes parmi ceux que j'aurais crus mes amis, je me séparerais d'eux sans hésiter; et si par hasard les exigences d'une situation ou d'un parti quelconque devaient avoir pour conséquence de plier ma conscience à une résolution fatalement arrêtée d'avance, je le déclare, messieurs, j'abandonnerais un tel parti, et, soldat indiscipliné, je me réfugierais seul dans ma conscience et dans l'amour du bien.

Telle est ma profession de foi. Je vous demande pardon de vous l'avoir présentée, mais il fallait avant tout faire justice des insinuations produites; et puisqu'on a cherché par des allusions détournées à vous faire croire que je paraissais ici avec le mot d'ordre d'un parti, il fallait que je rétablisse la vérité sur ce point, que je reprisse le rôle indépendant qui m'appartient. Entré ainsi dans cette affaire, ayant acquis, par une étude attentive, la conviction que mademoiselle de Lamerlière est l'objet d'une calomnie indigne, que cette calomnie frappe à côté d'elle l'épiscopat tout entier, une grande partie du clergé, je devais les défendre comme je les ai défendus, libre, ferme, ne relevant, encore une fois, que de moi-même, de mes propres lumières, n'ayant reçu aucune inspiration venant d'autre part que du dossier que j'ai étudié. Mais aussi, lorsque le débat s'est agrandi; lorsque des faits nouveaux y ont été jetés par mes imprudents adversaires, j'ai dû, pour continuer l'accomplissement de ma tâche, pour éclairer votre justice, aller aux renseignements officiels, et ce sont ces documents nouveaux que je suis allé consulter, qu'on n'est point venu ici offrir, dont je dois maintenant la révélation.

En effet, c'est une cause de bonne foi que je plaide devant vous, et dès lors il importe de bien connaître le caractère des personnes qui y sont engagées. Vous avez entendu l'éloge magnifique que mon confrère vous a fait de M. Déléon. M. Déléon, d'un esprit ardent, d'une conscience indépendante, amant passionné de la vérité, a succombé dans la lutte qu'il a engagée contre le mensonge. Il a cessé d'exercer le ministère pastoral, il est demeuré citoyen. Il a droit au privilége que la loi nous accorde à tous, et l'on ne comprend pas comment il pourrait être déshérité du droit d'attaquer ce qui est blâmable et de signaler à la réprobation publique ce qui doit être condamné et flétri.

Cela est incontestable, messieurs, et je n'ai rien dit qui puisse en quoi que ce soit infirmer l'autorité d'une pareille thèse. Mon adversaire a parlé, je ne sais pourquoi, de doctrines qui l'avaient étonné et douloureusement contristé. Les paroles que j'ai prononcées lors de ma première plaidoirie sont dès à présent fixées et ne changeront plus. Je m'en réjouis, car elles seront la meilleure réponse à ces injustes attaques. Il était de toute nécessité qu'examinant le point de départ des livres qui vous sont déférés, je cherchasse la pensée qui les avait inspirés. J'ai cru la trouver, messieurs, dans l'interdiction qui a frappé M. Déléon.

J'ai dit, vous vous rappelez mes expressions : sans interdit, point de discussion, point d'attaque contre mademoiselle de Lamerlière et le clergé. Mais la cour me rendra ce double témoignage : d'une part, en racontant ce fait de la vie de M. Déléon, je me suis gardé d'en dire la cause. Je la savais cependant, mais je me suis incliné avec respect devant son malheur. J'ai été plus loin; et pour qu'aucune équivoque n'existât dans mon langage, comme je touchais à un point délicat sur lequel la doctrine pouvait jusqu'à un certain point être engagée, j'ai dit, messieurs, quelle était mon opinion sur les abus possibles et l'exagération du pouvoir épiscopal. Cette pensée de ma part n'était pas nouvelle; il y a longtemps que, par mes faibles efforts, j'ai cherché autant qu'il m'était possible à élargir la base des garanties qui doivent appartenir au bas clergé. Mais jamais a-t-il été dans ma pensée d'intervertir les règles de la hiérarchie, d'en briser la discipline et d'introduire l'esprit de révolte et de désobéissance là où l'Évangile, et à défaut de l'Évangile, la raison et le sens commun, nous enseignent que la soumission est une vertu nécessaire? Ce ne seraient pas, dans tous les cas, des esprits aussi élevés que les vôtres qui admettraient une semblable conclusion.

Mon contradicteur vous disait que l'administration épiscopale avait été violente, arbitraire et persécutrice. Ces choses, messieurs, sont possibles; une administration épiscopale est gouvernée par des hommes, on peut y rencontrer de détestables abus. Mais l'interdit prononcé contre M. Déléon, à la date du 30 janvier 1852, n'a pas été attaqué par lui. Il lui était cependant facile de se pourvoir auprès du métropolitain, il lui était facile de saisir la cour de Rome. Il ne l'a pas fait. Cet interdit, comme je vous l'ai déjà dit, a été la cause de la brochure de M. Déléon. Écrivant sous cette inspiration, était-il ce juge impartial, cet historien calme, froid, réfléchi, dont mon adversaire a fait à l'audience d'hier une si belle peinture? Ah! je revendique comme lui le droit de quiconque veut écrire les annales de son pays; ces droits touchent à la liberté la plus incontestable, pourvu que la bonne foi soit respectée. Mais, je vous le demande, s'enfermer dans son cabinet quand on s'y trouve en tête-à-tête avec une rancune inflexible, quand on cherche la vengeance, quand on a le cœur soulevé par des passions impétueuses, implacables, est-ce bien là la situation de l'écrivain qui ne cherche que la vérité? M. Déléon était-il véritablement historien? Non, il était un homme de parti, il était un polémiste, il était un ennemi blessé, à la recherche de tous les moyens possibles de frapper mortellement ceux qu'il regardait comme les auteurs de sa blessure, ceux auxquels il ne pardonnait pas de l'avoir interdit.

Vous le savez, M. Déléon ne prit la plume qu'en 1852, après avoir été l'objet d'une censure publique de la part de Mgr de Bruillard. Cette censure l'irrita; il lança bientôt une seconde publication plus vive, plus audacieuse encore que la première. Je touche ici à un fait nouveau, introduit par mon honorable adversaire à l'audience d'hier, et sur lequel par conséquent je dois une explication.

Cette publication donna lieu à des poursuites de la part de l'épiscopat; il était impossible qu'il en fût autrement, car M. Déléon dénonçait le clergé de Grenoble tout entier comme complice d'une imposture coupable. En effet, il avait prétendu qu'on avait enfermé les enfants dans une maison religieuse où on leur avait appris à mentir. M. Déléon a imprimé cela; ce bruit avait couru le monde; il avait perverti beaucoup de consciences. On apprend à mentir à ces enfants; on les séquestre, on les soustrait à toute sorte d'investigations; et puis quand on est sûr de leur mémoire abusée, on les met en scène pour leur faire débiter des impostures. Ces impostures, on les vend à beaux deniers comptants. En sorte que c'est ici le crime de séquestration conduisant au délit d'escroquerie pour enrichir l'évêché de Grenoble.

Est-ce qu'il était possible, je le demande, de laisser propager de pareilles allégations? Si j'ai un reproche à faire à l'évêché de Grenoble, c'est de n'avoir pas dénoncé un pareil livre à la justice des tribunaux. Je ne crains pas de le dire, une pareille réserve a été un acte de faiblesse.

Je n'ai pas à examiner les motifs qui l'ont arrêté. Il a cité M. Déléon à sa barre, c'était quelque chose; mais ce n'était pas assez. Le tribunal était secret, et il aurait fallu qu'au grand jour, en présence de toute cette population, aux yeux de la magistrature qui exerce aussi le plus noble, le plus élevé des sacerdoces, MM. Déléon et Cartellier vinssent expliquer leur conduite et désavouer les calomnies à l'aide desquelles ils avaient essayé de salir leurs supérieurs. On ne l'a pas fait, mais on a traduit M. Déléon devant le tribunal de l'officialité; et si le premier interdit a été prononcé contre M. Déléon par voie de simple rescrit épiscopal, comme les canons le permettent, le second n'a été prononcé contre lui qu'à la suite d'une procédure longue et minutieuse.

Ce que j'avance est facile à prouver. Que l'on m'accuse, si l'on veut, d'être l'avocat du clergé, je déclare que j'ai vérifié toutes les pièces. Je l'ai dit, le mensonge me fait horreur, de quelque part qu'il vienne. Si je l'avais rencontré là où je croyais la vérité, je ne serais point à cette barre. Mais enfin on avait prétendu, et M. Déléon l'a répété à satiété dans son livre intitulé : *la Conscience d'un prêtre,* qu'il avait été sacrifié. On avait fait parade de témoins dont on murmurait les noms en disant : Ils sont là derrière la porte, et ils n'ont qu'à entrer pour faire connaître la vérité. Eh bien ! je le répète, j'ai vérifié toutes les pièces, et j'ai vu dans les procès-verbaux signés par le secrétaire du chapitre et dans de nombreuses notes de M. Déléon lui-même, que M. Déléon, qui a comparu pendant plusieurs séances, a eu toute espèce de liberté pour se défendre. M. Déléon désirait faire entendre des témoins. Il avait demandé deux conditions : qu'ils ne pussent être inquiétés ni dans leur personne, ni dans leur fortune ; il a demandé que les frais de citation, à supposer que les témoins lui fussent favorables, fussent supportés par l'épiscopat. Monseigneur s'est empressé de signer cette double promesse. Il a été cité un grand nombre de personnes, et puis, au moment de les faire entendre, M. Déléon a dit que la défense n'était pas libre. Un de ces messieurs est allé chercher un de ces témoins, M. Genard, qui a fait sa déposition, et M. Déléon en a été si peu satisfait qu'à la page dans laquelle il raconte tout ce qui s'est passé, suivant lui, dans ce tribunal secret, il dit que M. Genard « a balbutié d'une voix incertaine quelques mots incohérents dont on n'a pu tirer aucun parti ». C'est une déposition qui pourra passer sous vos yeux ; je n'en parle pas, bien entendu, mais vous la voyez qualifiée par M. Déléon. Ce qui ressort de ces détails, c'est que M. Déléon a eu toute espèce de liberté pour se défendre ; qu'il a pu faire entendre des témoins, que ces témoins ont été cités, et que le seul qui a comparu n'a en aucune façon justifié ses allégations. Est-ce que M. Déléon, à cette audience, osera répéter ce qu'il a dit dans son livre, qu'il a été pris à un piége, que l'officialité était un tribunal inique devant lequel il devait succomber ? Était-il inique parce qu'il était disciplinaire ? A ce titre, tous les tribunaux particuliers devraient être maudits. Mais tous les jours, dans nos conseils de discipline, nous avons à exercer des fonctions aussi délicates que celles du tribunal de l'officialité : s'est-on jamais avisé de nous attribuer l'intention de tuer moralement un de nos confrères ? Et ceux qui ont quelquefois été frappés nous ont-ils accusés d'avoir cédé à une pensée de détestable concurrence ? Que diriez-vous d'un avocat réprimandé qui publierait un livre contre ses confrères, contre ses juges, dans lequel il les maudirait, les insulterait, les accuserait ? Mais, messieurs, s'il ne tombait pas sous le glaive des lois, il tomberait sous le mépris public. Est-ce qu'un prêtre est tenu à moins de décence, à moins de respect de lui-même et des autres ?

La question ne saurait être douteuse, et la conséquence que je tire de ces faits, c'est que, traduit devant le tribunal de l'officialité, M. Déléon a été mis à même de justifier chacune de ses assertions, qu'il a été impuissant, et qu'à la suite de la condamnation prononcée contre lui, il a persisté, comme vous savez, donnant encore la mesure des passions qui bouillonnent au fond de son âme et du but qu'il cherche à atteindre. Et dès lors, est-ce que ma tâche n'est pas accomplie? Est-ce qu'il n'y a pas dans ma cause une preuve surabondante que M. Déléon, dans tout ceci, pour se venger de sa propre injure, a mis mademoiselle de Lamerlière en jeu, et lui a fait jouer le rôle indigne que vous savez pour arriver à cette conclusion? Il a été de mon devoir de chercher quelle avait été la pensée de M. Déléon; cette pensée, je l'ai trouvée. Si je n'ai rien exagéré, si j'ai été dans le vrai en donnant à la conduite de M. Déléon le mobile que j'ai indiqué, il est incontestable que la cause est jugée. Je ne puis pas entrer dans tous les détails, surtout en réplique; mais tout de même que dans les principales assertions de M. Déléon j'ai rencontré et signalé l'altération manifeste et volontaire de la vérité, tout de même ici, si je voulais poursuivre sur d'autres points un semblable examen, il me serait facile de montrer à la cour que M. Déléon se joue de la vérité, et que je suis obligé d'ajouter qu'il ne la respecte jamais. Il est impossible qu'à l'heure où nous sommes je suive une à une, pour compléter mon travail, toutes les assertions de M. Déléon, mais je vous demande la permission de citer encore un ou deux faits pour le surprendre en flagrant délit de mensonge.

Il prétend que M. de Ségur, auditeur de rote, a dit en présence de vingt-cinq prêtres que le Pape avait traité l'histoire de la Salette de *niaiserie*, de *sottise*, de *monstruosité*, qu'il l'avait appelée en italien un *monde de stupidités*. Et M. de Ségur inflige à M. Déléon un éclatant démenti : « Le Saint-Père ne m'a jamais parlé de la Salette », écrit-il à l'évêque de Grenoble.

Est-ce notre faute, messieurs, si toutes les fois que M. Déléon se trouve en face d'un homme vénérable, ses assertions sont confondues? Vous avez cité M. de Ségur, et voici M. de Ségur, auditeur de rote, qui, blessé de votre audace, en fait justice.

Voulez-vous un nouvel exemple? Dans la *Conscience d'un prêtre*, je trouve la révélation d'un fait que, pour ma part, au risque d'être taxé d'exagération, je déclare aussi faux qu'imprudent.

M. Déléon raconte que lorsque Mgr de Bruillard fut décidé à se retirer et qu'il s'agit de trouver un successeur, il voulut avant tout, lui, l'inventeur de la Salette, que son successeur ne le démentit pas. La chose était difficile; il fallut chercher longtemps et beaucoup pour que Mgr de Bruillard trouvât selon son cœur. Or il arriva qu'il fit avec M. Ginouilhac un pacte aussi odieux qu'impie. M. Ginouilhac, pour obtenir l'épiscopat, consentit à vendre sa conscience et sa foi, à se faire l'apôtre de la Salette, à laquelle il ne croyait pas.

Ah! messieurs, si dans nos familles, si dans un cercle, dans une de ces corporations, dans une de ces compagnies que la loi civile a organisées et que son souffle pénètre de son esprit, il se manifestait une de ces exceptions déplorables que la publicité ne peut qu'aggraver, mais tous les membres de cette famille ou de cette compagnie s'empresseraient de la dérober à tous les regards. Le fait dont il s'agit aurait existé, il serait vrai autant qu'il est calomnieux, n'est-ce pas là la conduite réservée qu'aurait dû tenir M. Déléon? Eh bien! non; cet homme qui se dit catholique, qui prétend être à la recherche non du scandale, mais de la vérité, porte à la connaissance du public, dans les termes que vous savez, une stipulation indigne entre deux évêques, en rappelant ces paroles, que : Paris vaut bien une messe; ce qui pour lui veut dire : Un évêché vaut bien une apostasie. Est-ce que ce n'est pas là un acte dont un honnête homme doit rougir? Vous savez cependant comment il le raconte : « Les chanoines, les professeurs du grand séminaire, vont présenter leurs hommages et leurs condoléances au prélat qui administra le diocèse pendant vingt-six ans, et ils apprennent de sa bouche que, avant de prendre ce parti, il a stipulé avec son successeur pour le maintien de la Salette, et que si cette stipulation n'avait pas été agréée, il n'aurait pas donné sa démission. »

En vérité, il n'y a que M. Déléon pour inventer et raconter de pareilles choses! Non-seulement les actions indignes se commettent, mais encore leurs auteurs s'en vantent, et le sens moral est tellement effacé dans leur âme, qu'ils ne comprennent pas l'énormité d'une pareille révélation.

Si une enquête était ordonnée, il en résulterait, avec la dernière évidence, que Mgr de Bruillard n'a fait aucune proposition, ce qui ressort déjà de la correspondance que j'ai entre les mains et que je mets sous les yeux de la cour.

Est-ce que la cause n'est pas inondée d'une lumière qui en fait voir toutes les profondeurs? Est-ce que j'ai beaucoup d'efforts à faire pour réfuter la partie de la plaidoirie de mon adversaire dans laquelle il a vainement contesté le fait de la mauvaise foi de M. Déléon? Tout en rendant hommage à son inimitable talent, je crois être sans vanité l'écho de sa propre conscience en affirmant que cette partie de la discussion n'a point laissé la cause où l'avait placée le jugement, et il était impossible que la bonne foi de Bethmont ne fît pas cette défection involontaire. Quelle a été son argumentation perpétuelle? Vous l'avez entendue; elle se résume en ces termes : Il n'est pas démontré que mademoiselle de Lamerlière ne soit pas allée à la Salette.

A coup sûr, si la question était ainsi posée, nous aurions d'excellents éléments pour la résoudre ; mais vous voyez quelle distance le défenseur a parcourue et combien il s'est écarté de son client.

Je veux bien ne plus mettre sous vos yeux aucune espèce de lecture, on vous a trop lu ; mais vous avez pu remarquer avec quelle persistance M. Déléon a dit que mademoiselle de Lamerlière était l'auteur de l'apparition. Vous vous rappelez avec quels changements de système il a soutenu la même proposition. Dire aujourd'hui que la chose est probable, c'est la condamner. Si le fait est purement probable, M. Déléon doit porter la peine de son impudence, car ce fait probable est devenu certain sous sa plume, et il est odieux en ce qu'il met à la charge de mademoiselle de Lamerlière un acte impie et profane ; en ce que d'ailleurs il remonte jusqu'aux chefs de ce diocèse pour laisser planer sur eux un soupçon d'improbité. Il est incontestable que M. Déléon doit subir, au moins civilement, la peine de sa témérité. Mon honorable confrère n'a pas touché à la question véritable du procès, car la question est celle-ci : M. Déléon a-t-il été de bonne foi en mettant mademoiselle de Lamerlière en jeu ? Pour la mettre en jeu de bonne foi, il aurait fallu qu'il fût certain qu'elle avait fait l'apparition. C'est là le point extrême auquel il faut atteindre ; c'est, en définitive, la solution qui se présentera à vos consciences quand vous résoudrez ce grave et solennel procès.

Est-ce qu'après ce que j'ai dit, la solution est douteuse un instant? Mais il faudrait faire abstraction de tout ce que mon honorable adversaire n'a pas réfuté et ne pouvait réfuter ; je veux dire les contradictions dans lesquelles M. Déléon est tombé, et ces démentis qu'il s'est donnés à lui-même par la souplesse avec laquelle il a changé de système au fur et à mesure qu'un fait nouveau se présentait. Et d'ailleurs vous vous rappelez qu'à l'origine, en 1852, M. Déléon publie son premier livre dans lequel il n'est pas question de mademoiselle de Lamerlière. Non, M. Déléon n'est pas de bonne foi, parce que le nom de mademoiselle de Lamerlière n'est pas invinciblement lié à l'apparition, parce qu'il n'est pas de notoriété publique que mademoiselle de Lamerlière ait été la vierge de la Salette. Mais s'il en était autrement, si le nom de mademoiselle de Lamerlière était invinciblement lié à l'apparition ; s'il était de notoriété dans tout le pays qu'elle seule avait fait le miracle, M. Déléon, prenez-y garde ! avait eu le temps, un an après, de recueillir tout ce qui s'était dit, car il affirme qu'il est allé dans le pays, qu'il a visité le théâtre de l'événement, qu'il a fait des enquêtes minutieuses. Si donc le fait avait eu ce caractère éclatant dont il parle, il l'aurait saisi sans nul doute. Il ne l'a pas saisi, d'où je conclus que le fait n'existe pas et qu'il est de la fabrication de M. Déléon.

Vous n'avez pas oublié le parti que j'ai essayé de tirer des différentes versions présentées par M. Déléon. D'abord, suivant lui, mademoiselle de Lamerlière serait allée aux Alpes au commencement de septembre ; puis il place ce voyage à une époque postérieure, et pour l'expliquer, circonstance dont mon adversaire n'a pas dit un mot, il était impossible qu'il en parlât, M. Déléon a supposé un jugement de dation d'un conseil judiciaire qui n'existait pas.

Je viens de dire que mon adversaire n'en avait pas parlé ; qu'il n'avait pas pu en parler. Il en dit cependant un mot, et il prétend que s'il a commis à cet égard une inexactitude, la même inexactitude se trouve dans le mandement de Mgr Ginouilhac. Mgr Ginouilhac parle en effet d'une procédure en interdiction dirigée contre mademoiselle de Lamerlière par sa famille. Vous savez très-bien comment, dans la pensée des gens du monde, une procédure en dation de conseil judiciaire peut ressembler à une procédure en interdiction. Est-ce que Mgr Ginouilhac a affirmé qu'un jugement avait été rendu? Non. Qui l'a dit? M. Déléon, et il cite la date même du jugement. Son défenseur n'a rien répondu, il ne pouvait rien répondre à cet égard, car la bonne foi est exclusive d'un pareil système. M. Déléon avait besoin de trouver dans la conduite de mademoiselle de Lamerlière un mobile qui pût l'entraîner à la Salette ; il l'a supposé au moyen d'un mensonge, et quand il vient soutenir que les prétendues vérités qu'il dit, il les a recueillies autour de ces montagnes mystérieuses, c'est là une inexactitude contre laquelle vous ne pouvez pas ne pas vous élever.

Maintenant, peut-on dire qu'il est impossible que mademoiselle de Lamerlière soit montée à la Salette ; et mon adversaire a-t-il sérieusement réfuté la preuve que je vous ai présentée sur l'*alibi* nécessaire de cette demoiselle? Permettez-moi d'y revenir en quelques mots. Je ne veux pas répéter ce que j'ai déjà eu l'honneur de vous dire et ce qui est encore présent à vos souvenirs, je me bornerai à réfuter les objections présentées sur ce point par mon contradicteur.

J'avais dit et je maintiens qu'il est complétement impossible qu'une personne partie de Corps pour se rendre à la Salette ne soit pas aperçue des gens du voisinage, par les habitants des différents hameaux, assis sur les flancs de la montagne, et par les bergers qui gardent les troupeaux dans ces hauts pâturages. Voilà ce que j'avais affirmé, et je ne crains pas de dire que pour toutes les personnes du pays, c'est là une vérité acquise.

Que m'a répondu mon adversaire? Permettez-moi de dire, même en son absence, que la réponse n'a pas été sérieuse. J'avais dit que mademoiselle de Lamerlière avec sa corpulence, son embonpoint, sa difficulté de marcher, ne pourrait pas avoir atteint le sommet des Alpes. Mon adversaire a répondu : « Pourquoi cela? les bergers y sont bien allés. » Ceci ne mérite pas le mot de réponse, les bergers y vont tous les jours. Mon adversaire sait, comme tout le monde, qu'en 1846 il n'y avait pas de chemin pour aller à la Salette ; en conséquence tout ce que j'ai dit pour l'*alibi* subsiste. Mais ce que j'ai dit aussi, c'est qu'il était impossible que mademoiselle de Lamerlière s'y rendît sans que quelqu'un guidât ses pas. Vous n'avez pas oublié que le guide qui l'a conduite en 1847 y a mis deux jours, et qu'il a fallu des peines infinies pour la hisser sur ces pentes escarpées.

J'aurais fait une peinture fantastique de ces solitudes, elles ne présenteraient pas, suivant mon adversaire, les difficultés et les dangers que j'ai signalés. J'avoue que j'en parle sur le témoignage d'autrui ; mais cependant, pour qui connaît les montagnes, il est incontestable que, pour s'élever à leur sommet par des pentes couvertes d'un gazon fin et glissant, il faut un pied très-sûr et n'avoir pas accompli son neuvième ou son dixième lustre. Or, telle était la situation de mademoiselle de Lamerlière, elle avait cinquante ou cinquante-cinq ans ; il est par conséquent bien certain qu'elle n'a pas pu, sans l'intervention d'un guide, d'un soutien, arriver au sommet de la Salette, d'autant plus qu'elle ignorait complétement la carte du pays ; on n'a pas affirmé qu'elle y fût allée auparavant. M. Déléon, qui va d'invention en invention dans la *Conscience d'un prêtre,* a bien pu dire qu'elle avait habité un chalet dans les environs de la montagne de la Salette ; mais toutes les personnes que j'ai consultées m'ont déclaré qu'en 1846 il n'y avait aucun chalet dans ces parages, à moins que M. Déléon ne l'ait fait construire pour le besoin de sa cause. Dès lors, tout ce que j'ai dit se trouve justifié. Il faut gravir une pente presque à pic qui dure plus de trois lieues. Comment voudriez-vous qu'une personne de l'âge, de l'embonpoint et de la tournure de mademoiselle de Lamerlière l'eût gravie en portant un volumineux carton sous son bras ? Cela est complétement impossible.

Voulez-vous que j'aille plus loin? Un fait nouveau m'a été révélé, et j'adjure à cet égard M. l'avocat général de venir à mon secours. Je n'avais pas craint de dire que l'administration aurait dû procéder à une information. Cette information a eu lieu ; une enquête administrative et judiciaire a été faite. On a entendu des témoins, et, si je suis bien informé (je parle ici sur la foi d'autrui, mais sur la foi de personnes tellement recommandables, que je ne crains pas de m'aventurer à leur suite), l'enquête a produit ce résultat qu'aucune personne n'avait été vue dans les jours qui avaient précédé et suivi le 19 septembre, sur la montagne de la Salette. S'il en est ainsi, j'ai le droit de conclure une fois de plus à l'impossibilité du succès qu'on attribue à mademoiselle de Lamerlière sur cette montagne. Et quand, à côté de ce fait décisif, nous rencontrons cet autre que mademoiselle de Lamerlière était à Saint-Marcellin le 18 septembre 1846, entre midi et deux heures, et que l'apparition n'a eu lieu qu'après midi, entre deux et trois heures, n'est-il pas bien certain que l'*alibi* est prouvé?

Cependant mon honorable adversaire l'a contesté; mais vous avez vu avec quelle timidité il l'a fait. Il a prétendu que l'affirmation de l'huissier Giraud était sans valeur; il serait impossible à cet officier ministériel de savoir comment et à quelle heure s'est accompli, il y a dix ans, un événement de sa vie ordinaire.

Messieurs, il faut tenir compte des personnes pour apprécier les faits. Il n'est pas permis de dire que mademoiselle de Lamerlière soit une personne tellement inaperçue dans le monde, que les rapports qu'on a avec elle ne puissent pas demeurer gravés dans la mémoire. Le procès engagé en 1846 était, pour Saint-Marcellin comme pour elle, un événement. Il avait une extrême importance pour une famille considérable dans laquelle se trouvait le marquis de Luzy, qui se voyait dans la nécessité de provoquer une mesure de rigueur contre un de ses membres. Il est donc tout naturel que l'huissier Giraud se rappelle qu'il a remis à cette époque un exploit à mademoiselle de Lamerlière, et si une enquête était ouverte, l'huissier Giraud viendrait sans nul doute rendre compte des discours qui lui ont été tenus par cette demoiselle, de sa protestation, de la discussion qui eut lieu entre elle et lui à ce sujet. Et d'ailleurs, Giraud est-il un imposteur? Vous n'avez pas osé le dire, vous saviez bien que la voix publique s'élèverait pour défendre la réputation de l'homme du monde le plus irréprochable. En conséquence, quand il vient affirmer qu'il se rappelle parfaitement qu'entre midi et deux heures il a remis un exploit à mademoiselle de Lamerlière, je ne vois pas qui pourrait s'inscrire en faux contre sa déclaration.

Ce fait établi, je veux dire la présence de mademoiselle de Lamerlière à Saint-Marcellin le 18 septembre, il n'est pas physiquement, absolument impossible qu'elle ait pu se trouver le 19 à la Salette; mais si cela est possible, la possibilité n'existe qu'à la condition que son déplacement ne laissera pas de trace. Or, M. Déléon a interrogé minutieusement, et il n'a rencontré personne, si ce n'est Fortin, qui a dit que mademoiselle de Lamerlière était montée dans sa voiture et qu'il l'avait conduite jusqu'à Corps, où il l'aurait laissée à deux ou trois heures du matin. Mais le 19 septembre 1846, entre deux et trois heures du matin, la nuit était noire, et dès lors je demande ce que serait devenue mademoiselle de Lamerlière sans guide, dans des lieux qu'elle ignorait, et devant s'engager dans des sentiers perdus. Il est évident que si mademoiselle de Lamerlière a été ainsi conduite à Corps, elle a dû entrer dans une hôtellerie et réclamer le secours de quelqu'un. Aucune hôtellerie ne l'a vue, et elle n'a réclamé le secours de qui que ce soit; elle n'a laissé aucune trace de son passage.

J'argumentais tout à l'heure de l'impossibilité où elle aurait été de s'aventurer sans guide sur ces montagnes enveloppées de ténèbres. Mon honorable adversaire ne s'arrête à aucune de ces choses, et vous avez entendu avec quelle facilité vraiment merveilleuse, exploitant toutes les circonstances de ce procès, et se tirant des écueils avec une délicatesse que j'ai admirée, il vous a dit : « Comment! mademoiselle de Lamerlière n'aurait pas pu disparaître à tous les regards! Rien de plus facile, elle était protégée par les nuages. » Je ne sache pas que mademoiselle de Lamerlière ait pu savoir d'avance qu'une nuée bienfaisante serait là pour la soustraire aux regards indiscrets des bergers. Est-ce que ces choses-là sont sérieuses? Est-ce qu'elles peuvent être discutées sans rire devant une cour comme celle-ci? Évidemment non, et du moment que l'on admet que mademoiselle de Lamerlière était le 18 à Saint-Marcellin, on reconnaît l'impossibilité radicale qu'elle ait pu se trouver le 19 sur la Salette.

Cependant nous sommes allé plus loin, et nous avons produit au procès des correspondances desquelles il résulte que, du 19 au 20, mademoiselle de Lamerlière n'a pas quitté Saint-Marcellin. Depuis l'audience dernière, j'ai reçu les lettres originales de madame la marquise de Luzy, auxquelles j'avais fait allusion. Qu'a répondu sur ce point le défenseur de M. Déléon? « Je n'attaquerai pas, a-t-il dit, le caractère de madame de Luzy. » Je le sais bien; c'est une concession dont je lui sais peu de gré, quand il s'agit d'une femme telle que madame de Luzy. Si donc elle vient vous annoncer que, le 18 et le 19 septembre 1846, sa sœur était à Saint-Marcellin, c'est qu'elle le croit. Peut-elle se tromper? Voilà la seule question qu'il est permis de discuter. Si mon adversaire a pu, par de faciles épigrammes, je ne dirai pas atteindre, mais effleurer le certificat de Giraud, en sera-t-il de même pour celui de madame de Luzy? Quoi! messieurs, est-ce que nous ne gardons pas avec émotion dans nos cœurs le souvenir des êtres qui ont pu faire couler nos larmes en nous donnant des inquiétudes sur leur vie? Qu'y a-t-il donc d'extraordinaire à ce que madame de Luzy se souvienne de la date précise de l'événement douloureux qui a pu lui faire croire un moment que la vie de son mari était compromise? Rien de plus naturel que madame de Luzy, recueillant ses souvenirs, se rappelle que le 18 et le 19 au matin M. de Luzy était à Roybon; que le 19 il était parti pour aller à Saint-Marcellin; qu'un accident de voiture l'avait forcé de s'arrêter en route, et que le 19 il était arrivé à Saint-Marcellin, portant à sa belle-sœur le secours d'une parole amie. Ce fait, qui ne saurait être contesté, tranche complétement la question; car si mademoiselle de Lamerlière attendait M. de Luzy le 19, si M. de Luzy n'a pu arriver à Saint-Marcellin que le 20, par suite de l'accident du château de Murinais, l'argumentation de mon adversaire, qui consiste à dire qu'elle aurait pu être le 19 à la Salette et le 20 à Saint-Marcellin, ne mérite pas l'honneur d'une réponse.

Cependant, vous le savez, madame de Luzy, se défiant de ses souvenirs, et ne voulant pas se soumettre aux critiques de l'opinion, si cette opinion pouvait dire qu'elle eût affirmé quoi que ce soit, consulte son livre de dépenses, et elle trouve le montant de la réparation de la calèche brisée le 19 septembre.

Est-ce qu'il n'y a pas là une preuve aussi éclatante que le magistrat puisse la désirer? Sur ce point, nous demandons une enquête, nous l'avons toujours demandée. Quant à moi, quand j'ai accepté la défense de mademoiselle de Lamerlière, comprenant très-bien qu'il pouvait y avoir là, je ne dirai pas une supercherie, mais une illusion, j'ai déclaré que je demanderais une enquête. Je lui ai dit : « Ma première et ma dernière parole devant la cour seront une supplication adressée à sa souveraineté pour que la lumière se fasse complétement, et que les magistrats voient sur ce point tous leurs doutes se dissiper. » Jusque-là, messieurs, l'impossibilité matérielle et morale pour mademoiselle de Lamerlière d'être allée à la Salette se déduit tout à la fois de la situation des lieux, de son âge et de son état physique, de la position où elle se trouvait vis-à-vis de sa famille; elle me paraît établie de la manière la plus victorieuse. Dès lors, nous avons fait une preuve à laquelle nous n'étions pas tenus, à savoir que mademoiselle de Lamerlière n'est pas montée à la Salette le 19 septembre 1846, et c'est là un fait énorme pour elle, pour toutes les calomnies, toutes les avanies sous le poids desquelles elle gémit depuis quatre ans. C'est aussi un fait énorme pour relever le front de ceux qu'on a prétendu humilier à côté d'elle, qu'on a accablés d'indignités et d'outrages. C'est un fait énorme aussi pour les auteurs de ces outrages, qui ne peuvent pas s'attendre à l'impunité.

Il ne reste plus à M. Déléon qu'un moyen de se soustraire, et vous avez vu à votre audience dernière avec quelle habileté mon adversaire vous a dit : Mais M. Déléon a pu être trompé; les apparences étaient tellement fortes, tellement puissantes, qu'il était impossible d'échapper à leur action. Et c'est alors que, s'emparant, avec un bonheur qui ne peut être égalé que par son inimitable talent, de la vie, des habitudes de mademoiselle de Lamerlière, rendant hommage à la pureté de ses intentions, travestissant involontairement plusieurs de ses actes, exagérant tout, il a tiré de cette discussion une double conclusion : la première, que mademoiselle de Lamerlière avait rendu tous ces faits probables; la seconde, que M. Déléon avait pu les croire, et que dès lors il avait été de bonne foi.

Quels sont ces faits sur lesquels mon adversaire s'est appuyé? Je les examine d'un seul mot. Mademoiselle de Lamerlière, en 1848, aurait joué un rôle qu'on vous a suffisamment raconté : elle aurait paru dans un club avec un costume extraordinaire; elle aurait fait parade devant différentes personnes de ce costume burlesque, qu'elle portait dans un carton.

Tous ces faits de 1848 ont été suffisamment caractérisés, je ne m'y arrête plus. Mon adversaire a bien compris qu'à cette époque où tant de choses s'accomplissaient, il était naturel que mademoiselle de Lamerlière succombât à la tentation de paraître en public. Mais y a-t-il là rien qui se rattache nécessairement au rôle impie de l'apparition prétendue?

On dit encore : Après 1848, elle s'est montrée, à diverses reprises, à plusieurs personnes, auxquelles elle a fait voir les costumes qu'elle portait, et parmi ces costumes se trouvait précisément celui de l'apparition. Elle a fait mieux, elle s'est vantée à plusieurs personnes d'être l'héroïne de l'apparition.

J'arrête ici mon honorable adversaire, réduit à de simples allégations. Tout à l'heure il faisait bon marché des certificats; il disait que mademoiselle de Lamerlière s'en faisant à elle-même, ces témoignages ne pouvaient avoir aucune autorité, et il nous en oppose à son tour, notamment celui du maire de Tullins. A cet égard, messieurs, l'enquête seule peut nous éclairer. Quelle est la situation des personnes qui sont pour ou contre mademoiselle de Lamerlière? Quels sont les motifs qui les ont déterminées à se prononcer dans tel ou tel sens? Nous l'ignorons quant à présent, et dès lors ce sont des éléments de preuves qu'il est indigne de discuter devant vous.

Les propos prêtés à mademoiselle de Lamerlière, à quoi se réduisent-ils? On parle de deux personnes qui auraient entendu de sa bouche qu'elle serait montée à la Salette. On a nommé M. Vial, M. Fortin, et puis ce sont d'autres personnes qui l'ont entendu dire et qui sont venues le répéter complaisamment à M. Déléon.

Est-ce à vous, messieurs, à vous, consommés dans les affaires et dans l'expérience du cœur humain, qu'il faut dire que rien n'est plus suspect qu'une conversation, qu'elle se défigure de bouche en bouche, que souvent la même personne la rapporte de deux ou trois manières différentes, et que conséquemment ce ne sont pas là des preuves qui puissent être prises au sérieux, qui soient de nature à convaincre? Il n'y a donc contre mademoiselle de Lamerlière rien, absolument rien, si ce n'est ces offres de preuves faites par les adversaires et que nous attendons nous-mêmes avec impatience.

Ainsi, tant qu'une enquête n'aura pas été faite sur ces conversations, nous en serons réduits à des récits contradictoires. Il en est de même de toutes les pièces déposées fastueusement par M. Déléon, desquelles il résulterait que mademoiselle de Lamerlière aurait laissé entendre qu'elle avait fait l'apparition, ou qu'elle ne se serait pas défendue d'une manière suffisamment claire de cet honneur insidieux qu'on lui attribuait. Tout cela est tellement contredit par tous les éléments du procès, qu'il serait superflu d'y insister pour le réfuter. Sans aucun doute, dans les dernières années et après que les calomnies de M. Déléon avaient couru le monde, mademoiselle de Lamerlière, dont le repos était troublé, dont la sécurité était compromise, a dû être plus d'une fois l'objet d'interpellations de cette nature, et, suivant son tempérament et ses idées, l'interrogateur a pu traduire diversement ses impressions et les interpréter quelquefois d'une manière favorable à M. Déléon. Mais, prenez garde! tous ces faits sont postérieurs à 1853, c'est-à-dire que, pour en trouver la cause, il faut remonter aux calomnies de M. Déléon.

Ce sont ces calomnies dont je viens vous demander réparation. J'ai prouvé, j'espère, d'une manière suffisante, qu'elles avaient été produites avec mauvaise foi, avec le dessein de nuire. Quand bien même cette pensée méchante n'eût point été dirigée contre mademoiselle de Lamerlière, il suffirait que M. Déléon eût été poussé à une telle entreprise dans un but déshonnête et qu'il ne peut justifier; il suffirait que mademoiselle de Lamerlière en ressentît un grave et irréparable préjudice, pour que vous deviez ordonner que mademoiselle de Lamerlière soit désormais à l'abri de pareilles imputations. Et encore, messieurs, quels que soient ici à vos pieds nos efforts pour faire triompher la vérité, quelle que soit l'autorité de votre décision, la tyrannie de l'imposture ne disparaîtra pas pour cela. Dans certaines consciences, mademoiselle de Lamerlière est et demeurera ce que M. Déléon a dit dans son langage burlesque et insultant, l'héroïne, la Vierge de la Salette. Sans doute, quand vous aurez parlé, les esprits sérieux recueilleront vos enseignements avec confiance et réserve, mais le venin a été répandu à profusion, il en restera à l'abri de toute espèce de remède, et quoi qu'il arrive, mademoiselle de Lamerlière sera profondément atteinte.

J'entendais dire à votre dernière audience : Peu importe qu'elle soit humiliée, c'est une vagabonde, elle fera toujours ce qu'elle a fait, elle ira toujours de masure en masure porter ses pas incertains et sa charité ardente; dès lors, qu'importe qu'on la voie figurer, cette vierge indigne, comme l'héroïne de la Salette! sa réputation et son repos ne seront pas compromis.

Grand Dieu! plus elle est faible, et plus le malheur pourrait l'atteindre, plus elle serait condamnée! Oh! non, non, il n'en sera pas ainsi; et pour mon compte, plus on l'accablera, plus je croirai de mon devoir de venir à vos pieds vous supplier de protéger sa vieillesse et sa pauvreté.

Elle n'a pas, dites-vous, de domicile! Mais vous vous trompez très-fort, elle a une maison dans les environ de Roybon, elle a aussi à Cras un domicile dont vous avez plusieurs fois parlé; vous l'avez très-spirituellement raillée de ce que dans l'intérieur de sa maison elle avait établi avec complaisance certains objets de culte, devant lesquels elle aime à s'agenouiller, à réciter des prières. Oh! je le sais, le langage de mon adversaire a été plein de bienveillance et de respect; il me semblait cependant que cette bienveillance et ce respect avaient un caractère contraint qui laissait percer, malgré le défenseur, je ne sais quelles insinuations de dénigrement. Mon honorable contradicteur subissait malgré lui l'influence du milieu dans lequel il a vécu; la calomnie déteignait sur son grand cœur, et il ne s'apercevait pas que chaque parole un peu cruelle qui tombait de sa bouche empruntait tout cela à la malice, aux impostures de son client. Moi, je vous demande de relever ce front vénérable qui ne doit pas être courbé; je vous demande de permettre que mademoiselle de Lamerlière trouve dans son pays la protection des lois et l'intérêt de la justice, qu'elle ne soit pas sacrifiée aux rancunes et aux haines d'une polémique qui a prétendu atteindre autres qu'elle; qu'elle ne soit pas condamnée à aller sans feu ni lieu, humiliée sur cette terre de France où l'on a toujours eu pitié des faibles, et où le droit n'a jamais été invoqué en vain.

M. l'avocat général Alméras-Latour conclut à la condamnation de M. Déléon, comme diffamateur, en admettant des circonstances atténuantes.

A l'audience du 6 mai, la cour, par son arrêt, met à néant l'appellation de mademoiselle de Lamerlière, confirme le jugement du tribunal civil de Grenoble et condamne l'appelante aux dépens, attendu que les documents versés au procès prouvent que les abbés Déléon et Cartellier ont agi de bonne foi et sans intention de nuire, et qu'il n'y a pas lieu d'ordonner des enquêtes.

COUR D'ASSISES D'ORAN

PRÉSIDENCE DE M. ANDRÉ IMBERDIS

AUDIENCES DU 6 AU 23 AOUT 1857

PROCÈS DU CAPITAINE DOINEAU ET DE SES COACCUSÉS

Le 23 septembre 1856, l'agah Si-Mohammed-Ben-Abdallah et son interprète Hamadi-Ben-Cheuk se rendaient en diligence de Tlemcen à Oran, en compagnie de quatre autres voyageurs. Un quart d'heure après sa sortie de Tlemcen, la voiture fut entourée par douze ou quinze cavaliers en costume arabe; les balles sifflèrent, l'un des voyageurs, M. Valette, fut mortellement blessé. Les malfaiteurs brisèrent le vasistas du coupé où se trouvaient l'agah et son interprète qu'ils étaient venus assassiner, et déchargèrent sur eux leurs pistolets à bout portant.

La veuve d'Abdallah, éplorée, parcourut les rues de Tlemcen, en accusant à haute voix l'agah Bel-Hadj d'avoir trempé les mains dans le sang de son mari.

Le 21 septembre, Bel-Hadj abandonna le territoire et le service de la France, et passa dans le Maroc, où il résista à toutes les instances du capitaine Doineau qui le pressait de rentrer en Algérie. Le général commandant la province, ému de ces faits qui proclamaient la légitimité de l'accusation proférée contre l'agah par la veuve d'Abdallah, envoya à Tlemcen un émissaire intelligent et sûr qui découvrit les preuves de la culpabilité de Bel-Hadj et de ses douze ou treize complices. On arrêta les prévenus, dont plusieurs firent des aveux compromettants pour le capitaine Doineau. L'un d'eux soutint même que le crime était le résultat de la haine du capitaine Doineau et de l'agah Bel-Hadj contre Abdallah, dont ils avaient depuis longtemps concerté entre eux la mort. Le capitaine fut arrêté, et, dans une perquisition faite à son domicile, on trouva un paquet cacheté renfermant 38,000 francs que son khodja y avait enterrés par ordre de son maître, la veille du départ de celui-ci pour Oran, après le crime de Tlemcen.

Bel-Hadj, rentré en Algérie sous les auspices du consul de France à Tanger, subit plusieurs interrogatoires, dans lesquels il représenta le crime comme l'accomplissement des volontés du capitaine Doineau. Celui-ci, interrogé sur la provenance de la somme d'argent trouvée chez lui, prétendit qu'elle avait rapport à une affaire intime, privée, particulière, qu'il n'avait pas besoin de révéler.

Après l'audition des nombreux témoins, M. l'avocat général Pierrey, à l'audience du 20 août, prononça son réquisitoire qui signala le capitaine Doineau comme le « père, l'engendreur du crime », inspiré par l'amour de la vengeance et la crainte de l'influence d'Abdallah sur le général de

Montauban, à qui il allait révéler les exactions du capitaine. Après avoir conclu à la culpabilité de Doineau, M. l'avocat général demande à la justice de le frapper sans pitié comme un grand criminel, dont l'immense responsabilité diminuait celle de ses coaccusés.

Me Nogent-Saint-Laurens présente la défense de Doineau, avec autant d'éclat que d'habileté.

A l'audience du 21 août, Me Jules Favre, défenseur de Bel-Hadj et de Ben-Ayad, s'exprime en ces termes :

MESSIEURS,

Je comprends et j'apprécie les nobles efforts tentés par mon honorable confrère pour soustraire le premier accusé au châtiment légitime qui lui est réservé, si vous le proclamez coupable. Si le talent pouvait le sauver, il serait à l'abri de tout péril. Le cœur généreux de mon confrère repousse avec énergie cette pensée abominable que l'assassinat ait pu être conçu, préparé, organisé, commandé, exécuté par celui-là même auquel la puissance publique a donné la mission redoutable de protéger les personnes, de rechercher, de punir les malfaiteurs. Il lui répugne d'admettre que celui qui porta l'épée ait pu, la nuit, sur une grande route, embusqué derrière un rideau de bois, lâchement égorger le vieillard dont il venait quelques heures auparavant de serrer la main, de mendier l'humiliante protection. Cette révolte de la conscience chez mon honorable confrère est naturelle; nous l'avons tous ressentie. On peut dire, sans être téméraire, que le premier, le plus solide moyen de défense, c'est l'atrocité même du forfait reproché. Il y aurait cependant, que mon adversaire me permette de le lui dire avec M. l'avocat général, un crime plus hideux que cette abominable lâcheté, un acte plus odieux, ce serait le complot ourdi par quelques indigènes pour égarer la justice, pour faire tomber une tête innocente. Quoi! après avoir trempé leurs mains dans le sang des leurs, après avoir satisfait une implacable vengeance, ils viendraient rejeter la responsabilité de ce grand crime sur leur chef, leur ami, leur bienfaiteur!

A ces trois victimes de leurs passions sauvages, immolées dans les ténèbres, ils en ajouteraient une quatrième qu'ils auraient l'audace de saisir en plein soleil, d'arracher à son pouvoir suprême, à son rang, à son grade, pour la flétrir, pour la livrer au bourreau. Ah! si cette conspiration a été formée, elle est infâme; ses auteurs sont d'odieux scélérats. Je ne sache pas de supplice qui puisse punir une telle ignominie.

Tel est le dilemme qui se dresse fatalement et que nous devons résoudre.

Ou Doineau est coupable, et alors vous n'avez plus ici que les instruments aveugles de sa volonté ; ou il est innocent, et les misérables qui le dénoncent pour se couvrir méritent toutes les sévérités que la justice pourra épuiser, sans jamais atteindre les limites de la réprobation publique.

C'est là le dilemme fatal qui se dresse devant nous. Mais à l'heure qu'il est, je le dis hardiment, ce n'est plus une question ; un doute n'est pas possible. En acceptant la défense de Bel-Hadj, j'ai tout de suite compris ce qu'un pareil duel avait de terrible, j'ai vu que la première nécessité qui m'était imposée était de joindre ma voix à celles qui accusent le capitaine Doineau; situation cruelle que celle qui m'est faite aujourd'hui, et pour la première fois, à moi qui ai consacré ma vie entière à un ministère de secours, de protection ; situation dont j'eusse repoussé les périls si elle n'eût été l'unique moyen de salut des malheureux qui m'ont remis leur sort, et si je n'eusse deviné l'intérêt immense qui s'attache à la manifestation complète de la vérité. Dieu m'est témoin que je suis entré dans ce débat sans prévention, sans opinion préconçue, sans parti pris, tout prêt à accueillir les preuves d'innocence, bien résolu à ne pas franchir le seuil du doute, si le doute seul m'apparaissait, mais aussi puisant au fond de ma conscience la fermeté nécessaire à l'entier accomplissement de ma tâche, si j'arrivais à ne pas douter.

Eh bien, je le déclare aujourd'hui, à mes yeux la discussion est superflue ; la vérité s'est faite ; elle s'est dégagée de cette volumineuse instruction ; elle est sortie de ces longs débats avec la lumineuse clarté de l'évidence. Cette vérité, je n'hésite plus à la proclamer, c'est que le capitaine Doineau est le seul coupable de la pensée, de la direction, de la mise en scène de ce grand crime, dont les populations se sont émues, et dont elles attendent la répression.

Cette vérité, elle ressort de l'instruction écrite ; or, nous savons tous avec quel soin minutieux, quelle sagacité, quel courage elle a été dirigée ; nous savons tous par quelles entraves elle a été arrêtée dès le début. Elle était confiée au coupable !

Ces difficultés ont été vaincues. Honneur aux magistrats qui n'ont reculé devant aucune considération pour remplir leur devoir, qui ont compris que la première vertu du ministre de la loi était la fermeté, l'indépendance.

Honneur aussi au général commandant cette province : il fit une chose rare, il sut élever son âme au-dessus des affections de corps ; il a tenu à honneur de prouver qu'il portait l'épée pour la défense du droit ! Honneur aussi, et je puis le dire sans être accusé d'une pensée de flatterie, honneur au digne chef de cette cour, qui, depuis bientôt vingt jours, donne des preuves si éclatantes de dévouement à la justice, de perspicacité profonde, et surtout de noble modération! Et qu'il me permette de le lui dire, dans ces temps, dans ces contrées où le droit a été si cruellement humilié, où il a été pris à la gorge par l'arbitraire, c'est un grand et consolant exemple que celui de cette inflexible, de cette calme droiture, imposant par le seul prestige de son autorité morale les règles éternelles de la justice aux hommes disposés à s'en affranchir.

Quel que soit l'arrêt qui interviendra, nul ne doutera qu'il ne soit inspiré par l'impulsion d'une conscience sur laquelle la crainte n'a pas d'accès, et ces mémorables débats resteront dans l'histoire de l'Algérie comme un monument de fermeté et de sagesse; le pays y puisera des enseignements qui, je l'espère, profiteront à la cause de la civilisation et de l'humanité.

Et pour nous qui, dans une sphère plus humble, nous associons à vos travaux, ne nous sera-t-il pas permis d'être solidaires de ces grands sentiments, auxquels nous sommes heureux de rendre hommage? d'être les premiers juges du camp, de dominer les préoccupations de la défense pour rechercher la vérité sans égard pour les personnes, pour envisager en face, comme jurisconsultes et comme citoyens, les résultats du terrible drame qui va se dénouer devant vous?

C'est à remplir cette tâche que je vais m'appliquer. J'espère que, grâce à vous, grâce à l'étude approfondie que j'ai essayé de faire de cette procédure, ma tâche sera courte, grâce aux lumières qui, venues de l'Orient et de l'Occident, inondent aujourd'hui le procès. Je n'ai qu'une ambition; je veux éloigner de mon âme l'emportement qui égare, mais aussi les lâches ménagements qui obscurcissent la vérité; et pourtant ce n'est qu'en tremblant que j'arrive à formuler cette conclusion terrible : à savoir que c'est le capitaine Doineau qui a ordonné, exécuté le meurtre d'Abdallah.

Non pas que ma conviction personnelle ne soit profonde; mais elle atteint un officier français. Si douloureuse que soit cette tâche, je la remplirai sans faiblir, et je vous démontrerai que non-seulement c'est cet homme qui a préparé et exécuté le crime; mais je vous prouverai que sans lui l'assassinat de l'agah Ben-Abdallah n'eût jamais eu lieu, et qu'aujourd'hui nous n'aurions pas à gémir sur l'un des plus révoltants attentats qui aient affligé ce pays depuis que notre domination s'y est assise.

Le premier fait capital qui s'offre à l'esprit pour justifier cette proposition, c'est la comparaison naturelle de la situation et de l'autorité de chacun des accusés, et rien qu'à considérer le passé de ces deux hommes, il est impossible de ne pas arriver à des conclusions accablantes.

Qu'était le capitaine Doineau? Qu'étaient Bel-Hadj et le cadi? Laissons parler l'instruction.

De tous les recoins de cette vaste procédure, de tous les éléments du débat sort un cri qui peint la pensée publique, l'opinion de toute la circonscription de Tlemcen : Doineau était un sultan, il était le maître; tous tremblaient devant lui. Il est impossible de douter qu'il ne fût investi d'une autorité absolue, souveraine, dans le commandement qui lui était confié.

Je me heurte ici à une question redoutable. Quel était ce commandement? Quel était son titre légal? comme l'a demandé avec tant d'autorité M. l'avocat général.

Faut-il admettre, avec mon honorable confrère et ami Mᵉ H. Didier, que l'institution des bureaux arabes, à laquelle appartenait M. le capitaine Doineau, est une de celles qui, après avoir été le berceau d'une pléiade de brillants officiers, doit nécessairement disparaître devant le progrès inévitable des mœurs et de la civilisation? Faut-il, au contraire, nous associer au panégyrique des bureaux arabes, monter au Capitole comme le fait le défenseur de Doineau, traînant après lui le cortége des noms glorieux dont il est si fier, bien que quelques-uns de ceux qui portent ces noms glorieux soient aujourd'hui dans l'exil? Je n'ai pas, comme le défenseur de Doineau, la main pleine de documents officiels; aussi ne vous présenterai-je pas l'histoire complète de l'Algérie.

Je suis plus humble; en me renfermant dans ma cause, je la présente telle quelle est, sans restriction et sans réticences. Or, en la prenant telle qu'elle est, je vois que le capitaine Doineau avait sur les propriétés un pouvoir souverain; qu'en ce qui concerne la vie des personnes, son autorité était également souveraine. Je n'ai à faire ni l'éloge, ni la critique des bureaux arabes. Je n'ai pas la prétention de juger si vite et si bien ces questions capitales; mais ce qui m'appartient, c'est l'appréciation du bureau arabe de Tlemcen, gouverné par le capitaine; or, si tous les bureaux arabes doivent être jugés par celui de Tlemcen, il faut se hâter de les supprimer ou de les réformer profondément.

Or, que révèle la procédure? C'est qu'à l'ombre de ce qu'on a appelé le commandement, s'exerce une autorité sans borne, sans règle, sans contrôle. Et pourtant, nous dit-on, il existe des règles précises, des ordonnances minutieuses! Oui, mais de ces règles, de ces ordonnances, on trouve moyen de s'affranchir. On crée ce qu'on nomme une situation exceptionnelle pour n'exécuter que son bon plaisir. M. le général de Beaufort a repoussé ici toute participation aux affaires d'argent. Les lois militaires établissent en effet une distinction profonde entre l'administration, les finances et le commandement. Oui, cette distinction est sage; mais pour les bureaux arabes existe-t-elle? Elle est foulée aux pieds.

C'est ainsi qu'à côté des amendes régulières, dont le chiffre est fixé par les décrets, vous trouvez les amendes irrégulières, les silos sauvages, les confiscations, les razzias, et le produit venant de ces sources diverses reçoit le nom commode de fonds éventuels, dans lesquels on puise à pleines mains. Et, en effet, jamais il n'est donné de reçu pour les recettes de cette nature. Il n'existe aucun registre; c'est le désordre, c'est le chaos! Vous voulez qu'on accepte cette situation, qu'elle ne fasse pas naître le soupçon?

Et le général qui tient en main une toute-puissante épée a sur les yeux un bandeau qui ne lui permet pas de voir toutes les dilapidations. Je sais bien qu'ici, à cette audience, M. de Beaufort vous disait avec une grande énergie : « Nous autres qui manions le mousquet, nous sommes gênés par cette question d'argent. » Oui, seulement la réflexion eût dû être faite plus tôt.

Nous en sommes encore à savoir ce qu'était cette caisse qui n'était pas une caisse de l'État, sur laquelle le domaine n'avait pas action et qu'on a appelée la caisse du commandement, et dans laquelle le commandant, a-t-on dit, restait libre de puiser pour distribuer des récompenses, des gratifications, échappant à tout contrôle. Étonnez-vous après cela de l'opinion publique qui crie tout d'une voix qu'il suffit de traverser les bureaux arabes pour s'y enrichir. Ce sont là des calomnies, je n'en doute pas; mais ces rumeurs scandaleuses, cette renommée honteuse, qui les a autorisées? c'est le commandement.

Le système suivi à Tlemcen était si vicieux, prêtait à tant d'abus, qu'à côté même du capitaine Doineau le pillage était organisé. Et qui vous l'a appris? c'est vous-même, ce sont vos propres aveux. Vous l'avez dit, lorsqu'on vous demandait compte de ces exactions. Je ne pouvais empêcher la corruption, la spéculation; ils étaient plusieurs qui se battaient autour de mon bureau; qui souvent en faisaient payer l'accès; et vous rejetiez tout sur le khodja, *sur le petit Doineau.*

Ah! croyez-nous, c'était de votre part une imprudence singulière que de faire le sacrifice de votre khodja, de cet homme qui était rivé à vous depuis tant d'années.

Il pillait impunément, c'est vous qui l'avez dit, il rançonnait les indigènes, il s'était composé un patrimoine par le vol; et vous, si intelligent, si clairvoyant, vous le tolériez! Vous emmeniez cet homme de Maghrnia à Bone; de Bone, malgré les remontrances du général, à Tlemcen, et c'est enfin à ses mains prévaricatrices que vous confiez votre trésor! et après cela vous voulez qu'on absolve les bureaux arabes, ces bureaux qui, sous l'œil même du général, deviennent les instruments de ces scandales!

Mais si votre khodja s'est enrichi; s'il a échangé ses misérables vêtements contre de beaux habits; s'il a des chevaux de prix, des selles brodées d'or, des vaches, des terres, que sera-ce donc de son maître? Celui-ci sera-t-il moins bien traité?

Oh! vous avez eu beau prendre ce ton dégagé, ces airs superbes, quand on vous a parlé de ces 38,000 francs, dont à l'heure qu'il est nous ignorons encore l'origine, la question subsiste, elle est debout, et, en face de ces interpellations venues de tous côtés, persistantes, réitérées, vous avez gardé un silence décisif, accablant.

Vous ne sentez donc pas que si le sang versé déshonore, l'argent volé rend infâme. Quoi! un officier aura été placé devant la justice, devant son pays, et il aura refusé de donner des explications! Mais alors cet officier est un homme perdu; personne ne s'y trompera.

Votre général a été entendu, et quand on lui a demandé s'il avait des explications à donner sur cet argent, il a répondu : « Pour ce qui est des 38,000 francs, il est évident qu'eu égard aux circonstances dans lesquelles cette somme a été découverte; qu'eu égard aux personnes, il y a là un fait d'une importance telle, qu'il me semble indispensable pour le capitaine d'en justifier l'origine. »

Et cette question n'est pas d'hier; elle vous a été posée dès l'origine de la procédure, et vous avez refusé obstinément des explications! Nous tous qui sommes ici, nous nous rappelons encore de quel ton, qui faisait froid à nos consciences, vous disiez nonchalamment : Je ne veux pas répondre. Je crois même que vous avez ajouté d'un ton impatient et dédaigneux : Il serait plus convenable, monsieur le président, de ne pas insister!

Et c'est ainsi que vous avez osé répondre aux demandes de la justice! Mais si l'accusé a gardé le silence, son défenseur ajoute qu'il lui était impossible de demeurer sous le coup de pareilles charges. Ah! il eût mieux fait de ne rien dire à ce sujet : ne valait-il pas mieux s'en tenir au dédain cavalier, à ce ton de fière et hautaine bravade, que de faire balbutier ici par un honorable avocat une explication dérisoire, et que personne au monde ne prendra au sérieux?

Ah! c'est presque pis que l'assassinat. Nous en avons rougi pour notre honorable confrère. Comment a-t-il pu croire qu'il fût possible de venir devant un tribunal français produire une allégation que la moindre réflexion confondra?

Comment! vous auriez reçu en 1850, dites-vous, de votre belle-mère un don manuel de 30,000 francs en espèces; et ces 30,000 francs, vous les auriez gardés sans en faire aucun emploi; vous les auriez traînés avec vous dans votre vie précaire et vagabonde; et il vous est impossible d'indiquer personne à qui vous ayez confié ce dépôt! et ces 30,000 francs, vous les conservez comme capital, sans chercher à en tirer un intérêt légitime? Non, si avides de gloire que se montrent avant tout nos officiers, nous ne pouvons admettre qu'ils renoncent à 1,500 francs de rente, alors qu'ils sont chefs d'un bureau arabe.

Cet argent n'a donc été placé nulle part; il est resté entre les mains du capitaine, qui n'en a parlé à personne. Certes, M. le capitaine Doineau est venu ici escorté d'un cortége d'amis dévoués, trop dévoués peut-être; mais ce dévouement les honore; il n'est pas un de ses amis qui ait poussé le dévouement jusqu'à le justifier sur ce fait de l'argent. Tous ont déclaré qu'ils le savaient sans fortune. Quoi! la belle-mère de Doineau l'a jugé digne de libéralités considérables, et il n'en parle pas à ses amis, il n'en dit pas un mot à ses chefs, il ne va pas trouver le général de Beaufort, le général de Montauban, qui pour lui est un ami, et il ne leur confie pas ce bonheur qui doit faire époque dans sa vie!

Jusqu'à ce jour mon esprit se fatiguait à chercher toutes les histoires romanesques qui pourraient être inventées pour expliquer la possession de cet or. Je me demandais si l'on ne nous parlerait pas de certaines complaisances, de certaines générosités que les officiers français aiment à couvrir de voiles pudiques. Mais non, il n'y a pas là d'autre femme que la belle-mère de l'accusé, lui remettant ces 30,000 francs en espèces.

Mais en vérité c'est bien mal à moi d'insister, car de tous ceux qui m'entendent, il n'en est pas un qui n'ait senti combien une pareille explication était faible, indigne, misérable, compromettante, et jusqu'où il fallait que ce malheureux accusé fût descendu pour y avoir recours. Espériez-vous donc tromper la justice, tromper les avocats? Pouviez-vous croire que quelqu'un au monde pût être dupe d'une si pitoyable comédie? Ah! c'est avoir fait bien du chemin du côté de la perversité, du côté du crime!

Oubliez-vous donc que tous les renseignements de la cause viennent détruire cette invention? Votre père, à Dieu ne plaise que je dise cela pour vous contrister, est mort insolvable : son traitement était saisi. Sa belle-mère laisse une somme de 15,000 francs à son frère, qui s'honore ici par un noble et généreux dévouement qui émeut notre cœur.

Mais nous avons voulu, avant de vous donner un éclatant et humiliant démenti, épuiser tous les moyens d'information. Nous avons eu recours à une vérification contre laquelle il n'y aura pas de dénégation possible, et qui sera le dernier mot de ce douloureux épisode.

L'accusé a toujours gardé cette somme, il nous l'a dit; il était chez les Arabes, et il les imitait à cet égard : il enfouissait cette somme sans jamais la confier à personne. Or, nous avons constaté ce qui suit :

Les 17,000 francs qu'il avait donné ordre au khodja d'enfouir se composent de 796 pièces de 20 francs, dont voici la décomposition par la date des millésimes.

54 pièces de l'année 1851;
53 pièces de l'année 1852;
49 pièces de l'année 1853;
307 pièces de l'année 1854;
366 pièces de l'année 1855.

Maintenant, quant aux billets de banque, il en est un grand nombre dont la création est postérieure à 1850. En résumé, le chiffre de ces valeurs, qui accusent par leur millésime que le capitaine en impose à la justice, s'élève à 22,000 francs.

C'est ici le moment de rappeler tous ces actes odieux, violents, cruels, que la France n'apprendra pas sans stupeur et dont il n'était rendu compte qu'au général. Quand on avait, par l'extermination, vidé une tente, on en chassait les femmes et les enfants, et l'on confisquait le bien. C'est ainsi que je vois figurer la vente d'un mobilier pour 1,700 francs, et le profit de ces confiscations venait grossir ces deniers impurs dont je viens tout à l'heure de signaler la composition.

Et si le capitaine était maître souverain en ce qui concerne les propriétés, il ne l'était pas moins en ce qui concerne les personnes; on vous l'a dit sans détour, sans périphrase. Cela rentrait dans le pouvoir discrétionnaire du capitaine, et à cet égard nous avons la procédure, les aveux de l'accusé, les déclarations de ses chefs.

Je ne chercherai pas ici des émotions d'audience, je ne passionnerai pas le débat; mais à la vue de ces violations indignes du droit des gens, je rougirais de ne pas protester en face de la magistrature, de la justice, du pays.

Vous savez comment les choses se passaient. Le capitaine se bornait à dire : Escortez ces gens, et il vous a traduit cette consigne par un mot qui restera; cela voulait dire : Faites-moi disparaître ces hommes! Et quand la justice, qui se refusait à comprendre ces atrocités, lui demandait encore ce qu'il entendait par faire disparaître, le capitaine, en s'asseyant négligemment sur son banc, vous jetait ce mot : Fusiller!

Je n'ai pas à reprendre tous ces tristes et sanglants épisodes : ils sont présents à votre mémoire. Un jour, Doineau est en razzia, il emmenait du bétail; en chemin, il aperçoit un homme qui emmène un bourricot; un soldat ajuste cet homme qui tombe, et le soldat reste impuni. Voilà l'idée que vous vous faites de la vie humaine! Vous êtes les civilisateurs, et quand il s'agit d'une tête de bétail, vous versez le sang sans sourciller!

Est-ce qu'il existerait quelque part un texte quelconque armant votre bras d'un tel pouvoir? Mon honorable ami Me H. Didier a mis sous vos yeux les dispositions principales d'une ordonnance de 1844, émanée du maréchal Bugeaud; elle commence par ces réflexions, qu'il n'est pas hors de saison de rappeler ici :

« Jusqu'ici les grandes occupations de la guerre nous ont empêchés d'arriver dans les détails de l'administration des Arabes; mais le moment est venu de nous en occuper sérieusement. Nous ne pouvons pas les livrer plus longtemps à l'arbitraire des chefs arabes, qui semblent ne tenir un pouvoir que pour avoir la faculté de spolier leurs administrés. La politique, l'humanité, les sentiments paternels qui doivent nous animer, tout nous commande de réglementer toutes choses de manière à supprimer autant qu'il est en nous les abus et principalement ceux qui touchent aux perceptions de toute nature.

» Les amendes, plus que tout autre prétexte, donnent lieu aux exactions, etc... »

Voilà la loi, loi humaine, loi protectrice; et encore on était à une époque rapprochée de l'état de guerre, et c'est en faisant disparaître les Arabes sous le moindre prétexte, parce qu'ils emmènent un bourricot, que vous obéissez à ces règlements émanés du pouvoir militaire. C'est ici le lieu de rappeler que la loi de tous les temps, que la voix de tous les docteurs proclame que tuer son prochain quand il est désarmé est un crime sans excuse devant Dieu et devant les hommes.

Je sais bien qu'il est venu ici un général qui a revendiqué la responsabilité de ces actes. J'ai admiré son courage; mais encore sa responsabilité ne dépasse pas le droit, et le droit, je viens de le proclamer avec la conscience humaine : Oui, c'est attenter à la loi de Dieu, que de tuer un homme qui ne peut se défendre.

M. le général de Montauban, entendu dans ces débats, n'a pas été aussi loin que le général de Beaufort; il s'est borné à vous dire qu'il avait donné l'ordre de tirer sur des prisonniers qui cherchaient à s'échapper, ajoutant ces paroles que j'ai été heureux de recueillir, parce qu'elles honorent l'armée française, ajoutant ces paroles : « Il est impossible de confier ces missions à la gendarmerie, il faut alors s'adresser à des spahis, à des indigènes. »

Eh bien, comme nous ne devons rien laisser sans réponse, nous dirons que c'est encore là une déplorable exagération du droit des gens; un prisonnier est sacré! Garrottez-le, et s'il est à pied, suivez-le à cheval; mais ne remettez pas à un chef d'escorte le droit de vie et de mort sur cet infortuné. Qu'arrive-t-il alors? c'est que vous autorisez l'assassinat. Quand ce subalterne sera fatigué de sa surveillance, eh bien, derrière un buisson il fusillera celui qui lui est confié, et viendra triomphalement rapporter au général les oreilles de la victime! (*Sensation.*)

J'espère, pour la gloire de mon pays, pour l'avenir de notre conquête, que de pareils actes ne se renouvelleront plus. Quant à moi, il n'est pas douteux que c'est l'exercice habituel d'un semblable pouvoir qui a conduit ce malheureux officier sur la pente fatale jusqu'aux ténèbres où la voiture de l'agah Ben-Abdallah a été attaquée et les voyageurs massacrés.

Si vous voulez savoir d'où est venu le crime, voyons maintenant quelle était la position de Bel-Hadj. Si le capitaine Doineau était le sultan, Bel-Hadj, c'est incontestable, était le serviteur le plus soumis, le plus fidèle, le plus dévoué et surtout le plus tremblant qui se pût imaginer.

Que de fois, messieurs, interrogeant et cherchant à comprendre les faits dont nous sommes les témoins, avons-nous été involontairement reportés par nos souvenirs vers une époque que nos études nous ont appris à aimer comme empreinte d'une grandeur singulière, vers cette conquête de la Gaule que la même puissante main accomplit avec une si énergique habileté, et décrivit avec une simplicité si poétique! Il nous semblait voir passer sous nos yeux ces guerriers illustres, les rois éduéens, qui, après une héroïque résistance, reconnaissant l'ascendant victorieux de Rome, reniaient leur nationalité, leurs traditions, pour incliner leur épée devant César et servir sous ses drapeaux. N'est-ce pas notre histoire, notre cause? Ces vaillants soldats ne nous ont-ils pas courageusement combattus? Notre fortune a courbé leurs fronts. Et maintenant, associés à nos triomphes, soutenus par notre main, couverts de nos insignes, que sont-ils autre chose, si ce n'est des alliés obséquieux, fidèles, obéissants, n'attendant plus rien de leur patrie humiliée, tout au contraire de la généreuse initiative du vainqueur?

Quelle est la fortune de Bel-Hadj? D'où sort-il? Les notes officielles sur son compte nous apprennent qu'il fut autrefois un vaillant guerrier, qu'il avait porté haut l'épée, que son sang avait à plusieurs reprises coulé pour la France. Il a reçu des récompenses honorifiques et aussi des distinctions plus solides. C'est par les Français qu'il devint chef d'un agalick; c'est en France qu'il a trouvé une image séduisante de notre civilisation. Reçu en 1855 par l'empereur des Français, il a assisté aux merveilles de notre Exposition.

Si belle que fût sa position, elle était dépendante; c'était aux bureaux arabes qu'il devait sa fortune; d'un mot le capitaine Doineau et le général de Beaufort pouvaient la lui faire perdre.

Ce peu de mots suffit pour vous permettre de décider si, un acte si audacieux ayant été accompli, c'est à Bel-Hadj ou au capitaine Doineau qu'il faut l'attribuer, et ici j'écarte les considérations personnelles qui peuvent être tirées du tempérament du principal accusé, pour m'en tenir à la situation politique, que seule j'interroge.

Mais ici une objection m'est faite.

Comment expliquer le crime commis par un capitaine français sur un chef indigène? Comment, oubliant son intérêt personnel, son avenir, la croix qu'il porte sur la poitrine, un officier a-t-il été conduit à tremper sa main dans le sang? Pour Bel-Hadj, au contraire, la chose est facile à expliquer : il existait entre lui et Ben-Abdallah une rivalité ardente.

Que faut-il penser de cette figure problématique d'Abdallah, éclairée par les uns des rayons de la lumière et de l'intelligence, jetée par les autres dans les ombres de la dissimulation et de la fausseté?

Abdallah avait, il est vrai, résisté à la France; c'était son droit, c'était même son devoir, et il n'est pas un de nos officiers qui songeât à le lui reprocher. Il s'était soumis, il s'était attaché à notre service, et avait mérité la faveur des officiers généraux qui s'étaient succédé dans les grands commandements. Il exerçait sur l'administration française une influence redoutée; je n'ai pas besoin d'en multiplier les preuves, elles se rencontrent partout.

Le crédit dont jouissait Abdallah était tel que le capitaine Doineau, s'il faut croire surtout à l'épisode de la lettre écrite au général de Montauban et confiée à l'agah, ne rougissait pas d'incliner sa croix d'honneur et son épée devant un chef indigène pour solliciter de l'avancement par son intermédiaire.

Or, si Ben-Abdallah avait le pouvoir de faire avancer les officiers français, il avait un pouvoir plus dangereux, celui de les déplacer. Vous vous rappelez le premier mot échappé au capitaine Davoust en apprenant la mort de Ben-Abdallah: « Ah! le capitaine Leroux va être bien content, car il était sur le point d'être destitué. »

Tous les témoins vous ont dit qu'Abdallah avait le cœur ulcéré; il ne supportait qu'avec impatience les politiques compliments et les caresses hypocrites du capitaine, ne comprenant que trop que sous ces caresses se cachait la haine d'un ennemi.

Cette situation respective de l'agah et du capitaine se révèle dans un épisode significatif au procès, je veux parler de la saisie et de la vente des chameaux des M'haja. Cet épisode nous a causé un douloureux étonnement; il nous a révélé à tous égards les plus flagrantes irrégularités. Cette affaire, à son origine comme à son terme, a été signalée par des abus dont la réforme est aujourd'hui devenue indispensable.

Des laines étaient apportées par cent quatre chameaux du territoire du Maroc sur le territoire algérien. L'administration des douanes, après avoir fait payer les droits, rendit les laines à leur propriétaire. Les chameaux, saisis par des soldats, furent confisqués et vendus par ordre du commandant supérieur.

Et ici encore nous dirons toute notre pensée. Nous ne sommes pas de ceux qui s'inclinent devant un ordre sans le discuter, nous sommes des hommes de droit et de liberté, et à tous les pouvoirs nous demandons compte de leurs actes. Quelle est donc ici la loi militaire qui autorise de pareilles confiscations? On a parlé de coups de fusil tirés par les chameliers. J'attendais toujours qu'à cet égard on produisît un rapport qui établirait une attaque ou du moins une résistance armée de la part des chameliers; ce n'est pas le temps qui a manqué; on s'est contenté d'alléguer le fait; vous savez quelle a été la déclaration des chameliers et du négociant qui avait acheté les laines. Mais, nous dit-on, vous en croyez les chameliers intéressés dans l'affaire? Eh bien, non; mais je dis seulement que si les chameliers avaient tiré sur les spahis, il en serait resté au moins la moitié sur le carreau. Nous connaissons trop aujourd'hui la manière dont, en pareil cas, se passent les choses pour n'être pas suffisamment autorisés à maintenir cette assertion. Les trente chameliers, dont aucun n'a été arrêté, ont pris la fuite, et les spahis ont fait un récit quelconque que nous ne connaissons même pas.

Si de la saisie nous passons à la vente, nous ne rencontrons encore qu'une suite d'illégalités, nous tombons dans un autre cas d'arbitraire; mais ne savez-vous pas, nous dit-on encore, qu'il est indispensable d'avantager les chefs? L'Arabe n'est plus ce noble Sarrasin du temps du Cid, tirant son épée pour Dieu et sa belle; non. L'Arabe aujourd'hui est positif, et il faut savoir le récompenser. Mauvaise explication, car autant valait puiser dans les coffres de l'État, puisqu'en réalité c'est le trésor public qui payait ces largesses arbitraires.

Si les règles ordinaires eussent été suivies, si la saisie eût été justifiée, si la vente eût été régulière, il n'y eût pas eu de péril à redouter. Mais Abdallah connaissait tous les abus de cette affaire; il en avait adressé ses reproches au capitaine, qui avait eu en outre le tort de manquer à sa promesse. Abdallah en témoignait une vive douleur; il disait à tous qu'il irait se plaindre à Oran, non pour juger de l'élan des coursiers, mais pour épancher son cœur trop plein. Vous savez qu'il appelait le khodja son tourmenteur; or, n'était-ce pas dire assez que la responsabilité devait remonter jusqu'au maître? Il eût parlé sans nul doute de ces richesses scandaleusement acquises.

Vous n'avez pas perdu le souvenir de la déposition si pathétique de la veuve d'Abdallah. Sous le voile qui cachait la pudeur mauresque, elle vous a dit : Mon mari était indigné, il voulait aller se plaindre à Oran, dénoncer le capitaine et obtenir qu'à l'avenir on le laissât tranquille. Aussi est-ce bien le crime de l'impatience fébrile d'un homme qui dit à la plainte : « Tu n'iras pas plus loin, tu n'iras pas jusqu'au général de Montauban. »

Telle est la vérité tout entière, et ainsi s'explique un inexplicable forfait; la situation était extrême, terrible, solennelle; c'était celle de l'homme aux prises avec son intérêt personnel, son ambition, ses désirs effrénés, son amour du pouvoir; aussi est-ce l'acte d'un homme qui ne recule pas devant une action hardie, un coup d'éclat et même devant un crime. C'est que, voyez-vous, il s'opère dans le cerveau humain je ne sais quelle oblitération; quand on a pesé sur une race conquise, quand on a commandé des bataillons qui ont foulé les moissons des vaincus, quand on a vu les chefs incliner dans la poussière leurs fronts soumis, on se croit d'une race supérieure. Ainsi s'explique encore une fois cet inexplicable forfait de la part de ce jeune homme, enivré de pouvoir, et qui voulait se perpétuer dans les jouissances et dans les profits de sa domination. Il avait commencé par s'incliner avec une diplomatie menteuse devant ce Ben-Abdallah, dont la figure indécise finit par lui porter tant d'ombrage qu'il conçut de la faire disparaître, et elle a disparu.

Trouvez-moi parmi les Arabes un intérêt pareil? Il n'y avait que lui, d'ailleurs, pour croire à l'impunité du crime; et pourtant cette passion hautaine a presque, dans les élans de ses conceptions hardies, poussé jusqu'aux dernières limites la puissance du calcul. Quelques mètres plus loin, au pont de la Sassa, on était en territoire militaire, et croyez bien qu'alors il n'y eût pas eu de procès. Et même sans la fermeté généreuse du général, sans les révélations de ses complices, la terre discrète se fût refermée sur les cadavres des victimes, et Dieu seul eût connu les coupables. Pour qu'il n'en fût pas ainsi, il a fallu le concours de circonstances fortuites et aussi la fermeté, l'indépendance de ceux qui ont été les ministres de la loi.

Le seul organisateur du complot, c'est donc Doineau. Si Doineau n'est pas l'auteur de l'attentat, c'est donc Bel-Hadj. Or Bel-Hadj le pouvait-il concevoir? Le pouvait-il exécuter? Vous paraît-il être un de ces personnages à la taille suffisante pour exécuter un pareil rôle?

Si nous descendons aux détails, si nous interrogeons les faits du procès, est-ce que nous ne voyons par partout le main du capitaine? Le crime exécuté, les assassins se dispersent et rentrent presque aussitôt à Tlemcen même. Bientôt la voix publique les désigne, et le capitaine Doineau, insouciant de ces rumeurs, n'opère aucune recherche, aucune poursuite. Mais, vous dit-on encore, ce qui explique les difficultés de son action investigatrice, c'est que les coupables se trouvaient près de lui. — Quoi! il sera plus difficile de découvrir un attentat dont vos propres serviteurs sont les auteurs? Ah! ceci ne se discute pas. Il vous fallait alors fermer les yeux à la lumière. Pour peu que vous eussiez étudié les traces que vous indiquait l'opinion, elles vous eussent conduit jusque dans le bureau arabe.

Mais non, au lieu de cela, Doineau essaye de donner le change à l'opinion, il met en avant des bruits de vengeance; il cherche à faire peser la responsabilité de l'assassinat sur les tribus répandues dans le Maroc? Mais a-t-il envoyé au Maroc? Non! Et quand on lui parle de Bel-Hadj, il répond qu'il est malade sur son lit; puis il le couvre par des contre-vérités, lui donne l'ordre de monter à cheval à la recherche de malfaiteurs chimériques.

Ah! vous dites que les preuves morales sont des preuves sans importance. Quoi! vous apprenez qu'un chef puissant vient d'être assassiné; vous voyez trois cadavres ramenés à Tlemcen, et vous n'agissez pas, vous ne mettez la main sur aucun des coupables! On vous confie les pièces à conviction, et elles disparaissent. Vous n'avez de préoccupations que pour un trésor impur que vous confiez, non pas aux mains d'amis, de personnes honorables, tels que M. Peyre, M. Davoust, ou mieux M. le général de Beaufort, mais aux mains du khodja; car celui-là est votre ami, votre confident, votre associé. Ah! on voit bien que vous ne connaissez pas la conscience humaine, que vous n'avez rien à faire avec elle.

Qui nous accuse? dites-vous. Ce sont des coaccusés. Oui, mais ils sont unanimes, mais ils n'ont pas hésité. Qu'en thèse générale on accueille de pareilles déclarations avec méfiance, oui; mais qu'on les repousse systématiquement, ce n'est pas moins déraisonnable.

Ils n'ont pas d'autres moyens de se sauver. Prenez garde! ils n'ont pas d'autres moyens de se perdre. Où sont, s'il vous plaît, les accusateurs des accusés? Ce sont les accusés eux-mêmes; ils se sont livrés eux-mêmes. Remarquez que, au contraire, ils n'avaient qu'une protection, qu'un appui, qu'un sauveur, c'était vous. Personne ne les accusait. Qui donc a révélé la scène du serment, si ce n'est le cadi? C'est que la vérité pèse de son poids vainqueur même sur les consciences les plus perdues. Dévoré par le ver rongeur du remords, l'accusé va se soulager en ouvrant son cœur au juge; là, les yeux dans les yeux, les lèvres sur les lèvres, on arrache au coupable la vérité.

Ah! la révélation, dites-vous, est toujours impure! Osez-vous dire cela des déclarations de Bel-Khéir, qu'on a justement comparé à un héros d'Homère? Oui, c'est Achille, mais Achille devant Thersite. Et pourtant, vous, Doineau, l'homme au don manuel, vous osez accuser de mensonge cet homme si vaillant qui eut le courage de préparer lentement son suicide et qui, vaincu par la nature, sentait sa main porter malgré lui à ses lèvres des miettes de pain qui devaient écarter la mort; puis il sort de cette prostration sublime par une révélation qui apparaît comme un flambeau dans la cause.

Vous tirez aussi parti des réticences de Bel-Hadj; il y a, hélas! ceci de douloureux dans ma cause, c'est que ces paroles qui frappent l'air, il ne les entend pas; il y a entre nous la barrière de la confusion des langues, de sorte que ces paroles, au lieu de provoquer de sa part des exclamations qui seraient pour nous peut-être des traits de lumière, demeurent vaines et stériles. On l'a appelé l'homme-énigme, moi je l'appellerai l'homme-remords, l'homme-bonté; il a été entraîné par vous dans cette déplorable et détestable entreprise.

Écoutez-le sur le vapeur *Cerbère,* alors qu'il revient du Maroc et qu'il parle à un conseiller à la Cour d'Alger, magistrat ferme, impartial, éclairé. Voici ce que lui dit Bel-Hadj : Je n'ai à vous dire que ceci, c'est que si nous avons été jetés dans cet abominable crime, c'est par le fait du capitaine Doineau, qui nous a perdus. »

Le magistrat lui dit alors :

« Est-ce bien votre conscience qui parle, ou bien ne seriez-vous pas mû par la pensée, par l'espoir fondé, selon vous, qu'en accusant le capitaine Doineau vous vous placeriez dans une situation plus favorable à l'intérêt de votre cause? »

Bel-Hadj alors, la tête penchée, appuyée sur sa main, paraissant plongé dans des pensées intimes, nous dit, son visage ayant un aspect de tristesse :

« Ce que je vous dis est bien vrai; c'est le capitaine Doineau qui nous a jetés dans cette déplorable affaire! J'en prends Dieu à témoin, et si je ne vous l'ai pas dit tout de suite, c'est que j'étais retenu par la crainte pour le sort du capitaine. »

Ce n'est pas là un bandit qui parle, ce n'est pas un misérable espion, c'est un chef indigène, c'est un officier de la Légion d'honneur, un exilé qui revient obéissant au repentir, et ce qui le préoccupe, ce n'est pas son sort, c'est le vôtre.

Plus loin, Bel-Hadj s'explique sur ses rapports avec Ben-Abdallah.

« Il n'y a qu'un seul Dieu, et c'est le capitaine seul qui a ordonné l'assassinat. Est-ce que j'avais de la haine contre Abdallah, pour vouloir sa mort? Nous étions agahs tous les deux, avec les mêmes pouvoirs, avec la même autorité chacun dans son territoire.

« Quant à de la bienveillance de la part des chefs, j'en goûtais aussi quelquefois. J'ai eu aussi mes honneurs chez les généraux, et notamment chez le général de Montauban, qui m'a reçu parfois à dîner. J'ai été reçu en audience par divers gouverneurs, il y a deux ans, j'ai été prié avec d'autres chefs indigènes de l'Algérie pour assister à Paris aux fêtes de l'Exposition. A la suite, j'ai obtenu la croix d'officier, Abdallah n'était que chevalier; je ne vois pas ce que j'avais à lui envier. Il est vrai que parfois nous avions des discussions; mais c'était au sujet de nos administrés, dont nous soutenions chacun les intérêts devant l'autorité locale du bureau arabe. »

Est-ce là l'expression de la passion haineuse et violente? Devant vous, je le sais, il a varié de langage; mais il faut en vérité que la cause du capitaine soit bien désespérée pour qu'il cherche son salut dans les paroles entrecoupées d'un fiévreux. Aujourd'hui Bel-Hadj ne s'appartient plus, il se cherche lui-même.

Ne croyez pas que je serais venu devant vous sans avoir approfondi la question; j'ai eu dans mes conversations, dans l'intimité du cachot, le secret de ces changements de volonté; aussi ne me fais-je pas ici l'éditeur responsable des divagations d'un monomane; ce serait un rôle dont je rougirais devant mon pays, et je puis certifier que Bel-Hadj a dit vrai quand il accusait le capitaine.

On a tenté toutes sortes de manœuvres pour altérer les témoignages. L'amitié a dicté les dépositions de MM. Peyre et Péan. On pourrait caractériser ces témoignages en les appelant le complot de l'insomnie.

Je vous rappelle les dernières paroles de Bel-Hadj :

« Il n'y a qu'un Dieu, et Doineau est le capitaine. Qu'on dise tout ce qu'on voudra, c'est lui qui a ordonné l'assassinat et nous l'a ordonné le sabre sur la gorge. Nous n'avons pas pu résister à ses ordres. Dans ce monde, chacun se défend comme il peut; mais dans l'autre, devant Dieu, chacun sera en présence de sa victime, et la victime désignera le coupable. »

Et cette invocation suprême, cet ajournement solennel au tribunal céleste, qui vous les adresse? Les trouve-t-on sur les lèvres impures de ce misérable bandit de bas étage, de ce Mamar désavoué comme le khodja? Non, c'est un vaillant homme de guerre, c'est un chef intelligent, intrépide, généreux, qui fait entendre cette plainte touchante et ce redoutable défi. Il vous attend devant Dieu. Si l'heure de l'accomplissement de son vœu n'a pas encore sonné, nous sommes à la première épreuve; nous sommes aux pieds de la justice, à laquelle mission est donnée de découvrir, de consacrer la vérité.

Qu'elle prononce donc! Si Bel-Hadj et ses complices ont formé l'infâme complot de perdre Doineau, frappez-les sans pitié! L'échafaud sera une peine trop douce pour eux; mais s'ils ont obéi, s'ils ont cédé devant une autorité toute-puissante dont l'action était aussi sûre que terrible, voyez le crime où il est, dans la pensée, dans l'intelligence, dans le commandement.

Et ne craignez pas, par cet éclatant exemple, de porter atteinte à la considération de notre armée. Qu'ont de commun nos vaillants guerriers avec un assassin?

L'armée porte le glaive pour la défense du sol et du droit. Celui qui le trempe dans le sang pour satisfaire sa vengeance, pour sauver son trésor, celui-là n'est pas un soldat, il s'est dégradé lui-même, et n'appartient plus qu'au bras séculier. Ne craignez pas non plus de semer dans les tribus le vent de l'insurrection et de la révolte. Vous leur apprendrez, au contraire, le respect de l'obéissance. Non, il est temps que la France se manifeste à eux par d'autres révélations que par le fer et le feu.

Le sang de l'agah Ben-Abdallah n'aura pas été versé en vain. L'aurore d'un jour nouveau se lève. Dans cette aube rayonnante, je vois poindre l'image de la loi venant se substituer à l'arbitraire. A la force succédera le règne des règles écrites et du *droit*.

Vous, messieurs, ses ministres pacifiques, achevez votre œuvre avec ce grand cœur qui vous a permis de la commencer, de la poursuivre, en dédaignant les murmures, les colères, les menaces. La France, attentive au grand spectacle que vous lui donnez, compte sur votre fermeté, votre droiture, et cette colonie reconnaissante saluera, ainsi que la France, votre arrêt comme un gage de sécurité et de progrès.

(Une longue sensation agite l'auditoire. Doineau, très-ému, n'a cessé de tenir sa tête entre ses mains; il ne laisse plus échapper de ces paroles hautaines qui lui étaient familières, ni de ces gestes cavaliers par lesquels il affectait de montrer de l'insouciance sur son sort.)

A l'audience du 23 août, plusieurs des accusés, déclarés non coupables, sont acquittés et mis en liberté. Le capitaine Doineau est condamné à la peine capitale, Bel-Hadj à la peine des travaux forcés pendant vingt ans.

TRIBUNAL DE COLMAR

AUDIENCE DU 8 OCTOBRE ET JOURS SUIVANTS 1857

AFFAIRE MIGEON[1]

Prévention de fraude électorale.

M. le comte Jules Migeon avait été élu député de l'arrondissement de Belfort par 18,000 suffrages, malgré le candidat du gouvernement impérial, M. Charles Nizole fils. L'administration, prétendant qu'il y avait dans cette élection des faits de nature à en entacher la sincérité, provoqua son instruction judiciaire.

M. Migeon fut accusé d'avoir surpris ou détourné des suffrages par diverses manœuvres frauduleuses, par de fausses nouvelles, des promesses d'emplois, des menaces, par la diffamation des fonctionnaires administrateurs, par la distribution d'imprimés non déposés, et par le port illégal de la croix de la Légion d'honneur, et d'avoir outragé publiquement un brigadier de gendarmerie dans l'exercice de ses fonctions, et un maire en sa qualité et à raison d'actes de ses fonctions.

A l'audience du 8 octobre, Me Jules Favre conclut à l'incompétence du tribunal, le délit principal, celui de fraude électorale, s'étant accompli dans l'arrondissement de Belfort, et non celui de Colmar, et M. Migeon, député au Corps législatif, ne pouvant être poursuivi qu'en vertu d'une autorisation du Corps législatif. Il développe ses conclusions en ces termes :

Je n'aurais pas voulu, messieurs, prendre la parole, mais le langage de M. le procureur impérial, l'amertume de ses récriminations, ne me permettent pas le silence. Je croyais bien faire en me renfermant strictement dans les limites de la question d'incompétence, et en ne voulant pas entamer le débat qui va s'ouvrir; mais, du moment où le ministère public cherche dès les premiers mots de ce débat à jeter de la défaveur sur M. Jules Migeon, il est indispensable que je réponde, ne serait-ce qu'en quelques mots, à cette partie du réquisitoire.

On a commencé par vous dire que les conclusions que nous avions déposées n'étaient que des conclusions de pure forme, que nous n'avions pas osé les soutenir à cette barre. C'est là une parole quelque peu téméraire, et je ne sais où le ministère public a puisé le droit de l'énoncer. Nous ne reconnaissons à personne le droit de suspecter

[1] Ce procès eut un grand retentissement, parce qu'il dévoila toutes les corruptions des candidatures officielles.

nos intentions. Si nous n'avions pas jugé à propos de développer nos conclusions, c'est d'abord que nous avions pleine confiance dans la sagesse et l'intégrité de nos juges, que nous voulions épargner les moments du tribunal; que nous trouvions convenable de ne pas entrer dans le débat avant qu'il fût ouvert, et alors qu'il est défendu à qui que ce soit de pressentir ce qui va être dit par les témoins; mais enfin, puisque le ministère public le veut absolument, voici les raisons principales que nous présentons à l'appui de nos conclusions.

Je ne répondrai pas au ministère public dans l'ordre qu'il a adopté, mais je suivrai l'ordre logique des idées : j'examinerai d'abord la question de compétence, puis celle de la régularité de la procédure, et enfin la question de sursis; car si le tribunal est compétent, il a le droit d'examiner si la procédure est régulière; et si la procédure est régulière, il lui restera à se prononcer sur la question de sursis.

La question de compétence domine donc tout le débat. Je n'ai point à vous rappeler les principes élémentaires du droit; ce qui touche à l'ordre des juridictions est, vous le savez, d'ordre public; s'il en était autrement, toutes les garanties instituées par la sagesse de notre législation seraient bouleversées. Serait-il possible, par exemple, si l'on pouvait prévoir que le tribunal du domicile du prévenu fût plus éclairé, serait-il possible de le condamner devant un tribunal où la lumière fût plus difficile, où les tendances fussent défavorables? Or, la loi, vous le savez, dit que le prévenu sera jugé devant le juge du lieu du délit, du lieu du domicile ou du lieu de l'arrestation. Ce sont là des considérations familières à votre sagesse et que je me reprocherais de développer; mais ce qu'il importe de constater, c'est qu'au milieu des nombreux délits reprochés à M. Migeon, il en est de principaux et d'autres qui ne sont qu'accessoires.

Il est bien certain, par exemple, que le délit de port illégal de décoration est accessoire du délit de manœuvre électorale. Ce qui frappe les yeux à la lecture de l'arrêt de renvoi, c'est que M. Migeon se serait livré avec une ardeur coupable à des manœuvres ayant pour but de fausser la sincérité de l'élection; c'est là son crime. Il aurait violé les lois destinées à assurer la libre pratique du vote, et dont les principes répressifs sont invoqués contre lui. Il s'est donc livré à toute cette brigue signalée par le procureur impérial, je le veux; je suppose aussi pour un instant qu'il ait porté illégalement les insignes de la croix d'honneur, où trouvez-vous qu'il y ait là connexité?

Vous dites, il est vrai, que la connexité est un principe laissé à l'arbitraire des tribunaux; vous me permettrez de ne pas adopter une pareille maxime : la connexité a des lois qui la gouvernent. En tout cas, le délit de port illégal de décoration n'est évidemment qu'un épisode au milieu de l'histoire, au milieu du roman imaginé contre nous, car je crains bien que ce ne soit là le seul titre que l'opinion mieux éclairée donnera à la prévention échafaudée contre M. Migeon.

Ce qui est de principe, ce qui est vrai et juste, c'est que toutes les fois qu'il y a plusieurs délits, ce soit le juge du fait principal qui devienne le juge du fait nécessaire.

Vous ne ferez croire à personne que la procédure criminelle soit un amas de règles arbitraires; non, l'instruction criminelle en France est une réunion de principes, de règles, éclairés par le sens commun et par le droit. Or, en recherchant la volonté du législateur, volonté supérieure, devant laquelle nous nous inclinons tous, nous arrivons à reconnaître que si, en fait, nous ne pouvons trouver de meilleurs juges que vous, en droit, nous ne pouvons avoir d'autre juge que celui de l'arrondissement dans lequel le délit a été commis.

S'il est vrai que Belfort ait été mis en feu, nous rechercherons qui portait les torches, et peut-être serez-vous surpris de voir qu'elles étaient entre des mains amies; mais là n'est pas en ce moment la question, il convient de ne pas anticiper sur le débat.

Le juge qui peut donc le mieux connaître des faits, c'est évidemment le juge de l'arrondissement dans lequel se seraient accomplis les faits de fraude électorale.

En admettant ce fait du port illégal d'une décoration, il faut bien reconnaître que ce n'est là qu'un des incidents de cette vaste affaire. Le but que poursuivait M. Migeon était, c'est vous-même qui le dites, un siége au Corps législatif. Les moyens qu'il aurait employés pour atteindre ce but constitueraient les délits que vous relevez aujourd'hui contre lui; bien pauvres moyens, il en faut convenir, que cette croix microscopique, par exemple, que des télescopes grossissants ont permis d'apercevoir sur la poitrine de M. Migeon; mais enfin je veux admettre, pour un moment, ces moyens qui répugnent pourtant à mon bon sens; eh bien! la connexité en résulte-t-elle?

Dédaignant, quant à présent, toutes les attaques, persuadé que le débat dérangera tout cet arsenal d'armes arrangées à l'avance, je veux aujourd'hui m'en tenir à la question de droit, et je me demande s'il est permis de déclarer qu'il y a connexité entre un délit qui vient de se commettre et un délit qui remonte à une année et deux mois: le législateur a dit que pour que les délits soient connexes, il faut qu'ils aient été commis en même temps (art. 227 du Code d'instruction criminelle) par les mêmes personnes. Or, M. le procureur impérial a parlé avec un talent que je ne puis m'empêcher de reconnaître, mais j'aurais voulu qu'il discutât la loi.

Si l'on a exclu le tribunal de Belfort, c'est qu'on avait des raisons pour le faire, et l'on avait si bien ces raisons, que M. Migeon est interrogé sur tous les faits, sauf sur le chef de port illégal de la Légion d'honneur; ainsi, il n'a pas été mis à même de s'expliquer sur le fait devenu aujourd'hui le fait principal de la poursuite, et qui suffirait, selon le ministère public, à déterminer la compétence du tribunal. Ou l'interrogatoire est de pure forme, et les magistrats n'y attachent aucune importance (et je vous demande pardon d'une si irrévérencieuse supposition), ou alors je me demande pourquoi l'interrogatoire n'a pas porté précisément sur ce point. Il y a plus, tout dans ce procès promet d'être curieux; et j'ai peur qu'on n'en retire pas précisément tout le profit qu'annonçait tout à l'heure M. le procureur impérial. M. Migeon obtient 6,600 voix de majorité; aussitôt les juges d'instruction d'Altkirch et de Belfort instruisent; tout à coup l'instruction poursuivie par ces magistrats est suspendue, la cour de Colmar, mesure grave, solennelle, évoque l'information.

Or, c'est devant M. le conseiller délégué que M. Migeon est, à la date du 30 juillet 1857, interrogé; pas un mot n'est dit alors relativement au port illégal de la décoration. C'est qu'alors, il faut bien le dire, personne n'avait songé à ce chef; ce n'est qu'après l'interrogatoire que ce fait est introduit. Je ne veux pas dire qu'on ait voulu par là provoquer votre compétence, mais cela en a tout l'air.

Nous sommes ici devant des magistrats français, intègres, éclairés, qui prennent grand souci de la loi; or, je me demande si jamais la loi a été mise à pareille épreuve! Un prévenu enlevé à ses juges naturels, un chef d'accusation introduit après coup : ne sont-ce pas là des procédés nouveaux, et ne s'est-on pas montré dans cette affaire singulièrement dédaigneux des garanties que la loi accorde à l'inculpé? Je ne veux pas envenimer ce débat; aussi espérais-je n'avoir pas à prendre la parole, mais on m'y a contraint; je me réserve même de demander au ministère public un compte sévère de son indulgence d'autrefois rapprochée de sa rigueur actuelle.

Le délit de port illicite de décoration remonte à 1856, et, depuis cette époque, en présence d'une audace peu commune, il a fermé les yeux; et remarquez que cette cécité qui m'inquiète ne date pas seulement de 1856, mais qu'elle remonterait plus haut, car, en 1845, — et c'est ce que j'ignorais, et, pour le dire en passant, je crains que ce ne soit une erreur de M. le procureur impérial, — de pareilles choses se seraient passées et n'auraient pas été poursuivies. Ce n'est pourtant pas subrepticement que M. Migeon usurpait des insignes, c'était au grand jour, devant les premiers magistrats du département, en présence de M. le procureur impérial lui-même, et pourtant il n'y eut pas de poursuite. Serait-ce qu'alors il était le candidat préféré du gouvernement?

Le délit de 1856 n'a donc pas troublé gravement la société, puisque de si hauts personnages ont gardé le silence. Est-ce qu'en 1845 M. Migeon avait en vue les élections de 1857? Ce n'est pas possible. Je sais que tout est possible dans le réquisitoire du ministère public; mais il faut reconnaître que, dans ce cas, M. Migeon aurait, à coup sûr, la vue très-longue. Comment aurait-il eu recours, en 1856, à un acte que vous qualifiez de manœuvres électorales, alors qu'il était député du gouvernement? Réchauffé à chaque instant dans le sein même du pouvoir, il ne pouvait alors concevoir le moindre doute sur la certitude de sa réélection; M. Migeon était arrivé, passez-moi l'expression un peu ambitieuse, au zénith de sa fortune. Il était présenté comme l'homme indispensable du département, non-seulement par ses services réels, et que je vous signalerai, mais aussi par le bénéfice de cette chaleur que lui communiquait le gouvernement, et dont les rayons l'enveloppaient de toutes parts. Serait-ce donc en vue d'élections qui pouvaient n'avoir pas lieu, et qui, en tout cas, n'avaient pour lui rien de redoutable, que M. Migeon aurait porté ces insignes que vous prétendez avoir vus sur sa poitrine? Mais qui ne comprend que c'est là méconnaître à la fois les faits et les données du bon sens?

En 1856, il ne pouvait se livrer à des manœuvres électorales, alors que toutes choses étaient dans les hypothèses, alors que nul ne pouvait dire s'il y aurait des élections; car, qui peut prévoir l'avenir? Et puis ce serait chez le préfet que mon client se serait montré avec cette décoration usurpée? Mais c'est là un fait purement privé, un fait qui devait rester sans retentissement auprès des électeurs, et qui ne pouvait dès lors aider à son élection. C'est donc là, vous le voyez, un fait sans connexité avec le délit de fraude électorale que vous nous reprochez; mais votre compétence, encore une fois, n'eût jamais pu être établie sans l'intrusion de ce fait.

Maintenant, je viens vous dire : Seriez-vous compétents, que vous devriez prononcer la nullité de l'assignation. Loin de moi la pensée de vouloir vous conseiller une usurpation de pouvoir : vous devez obéir avant tout à la loi; or, l'irrégularité est flagrante : la cour a évoqué l'affaire en assemblée extraordinaire, et délègue M. le conseiller Lang, qui n'appartenait pas à la chambre d'accusation; le rapport de ce conseiller devait être fait à toutes les chambres réunies. C'est à la chambre d'accusation que fut lu ce rapport, et celle-ci, statuant sur l'œuvre d'un magistrat qui n'avait pas été pris dans son sein, rendit pourtant un arrêt qui nous renvoie devant vous, violant ainsi les règles protectrices et nettement tracées pour l'instruction des affaires criminelles.

Je vous ai dit enfin qu'en présence d'un scrutin constatant l'élection d'un représentant de la nation, vous deviez préalablement vous adresser au Corps législatif pour lui demander l'autorisation de poursuivre un de ses membres. M. le procureur impérial me répond que ce n'est pas l'élection seule qui confère le titre; qu'en tout cas, le Corps législatif ne jouit pas aujourd'hui des immunités que nous revendiquons; que du moment où la vérification des pouvoirs n'a pas eu lieu, il n'existe pas légalement de Corps législatif.

C'est, ce nous semble, mettre l'assemblée des représentants du pays bien bas, que de la condamner à ce rôle et de vouloir qu'elle assiste, insouciante et désarmée, à toutes les poursuites qui peuvent être dirigées contre ses membres à l'occasion même de son élection. Je n'ai pas à coup sûr à défendre cette assemblée, mais pourtant il me paraît difficile qu'un pouvoir sorti du suffrage universel soit ainsi restreint. Et puis, il y a dans le raisonnement du ministère public une erreur que vous avez déjà aperçue : c'est l'élection qui confère le mandat; or, du moment où le résultat du scrutin est reconnu, l'élu est investi de son titre de représentant.

Est-ce à dire que la vérification des pouvoirs n'est plus qu'un simple enregistrement? Non; mais l'assemblée, en jugeant elle-même les circonstances et les actes qui ont accompagné l'élection, a le droit de nommer des commissaires pris dans son sein, de faire elle-même une enquête, maintenant ainsi l'intégrité de ses prérogatives. Il vous faut donc attendre l'autorisation du Corps législatif.

Voilà, messieurs, ce que j'avais à vous dire pour développer les conclusions que j'ai déposées sur votre bureau. Je me serais abstenu de les développer, s'il n'avait convenu au ministère public, à propos d'une fin de non-recevoir, de jeter à M. Migeon des inculpations et des duretés fort inopportunes et que rien ne justifie; il m'a forcé ainsi à prendre la parole, ce que, encore une fois, je ne voulais pas; j'espère du moins que je ne l'aurai pas fait inutilement, et que le tribunal accueillera nos conclusions.

A l'audience du 9 et du 10 octobre, on entend les témoins à charge, et à celle du 12, les témoins à décharge.

A l'audience du 13 octobre, M. Martha, procureur impérial dépose des conclusions tendant à écarter toute question étrangère au débat : Me Jules Favre lui répond en ces termes :

Je ne sais, en vérité, si je dois prendre la parole pour répondre à ces singulières réquisitions, car le débat qu'elles soulèvent passe au-dessus de ma tête pour atteindre le tribunal. Nous sommes bien évidemment étranger à la direction du débat, et si des fautes graves, si des imprudences capitales, si des inconvénients sans exemple en sont résultés, il faut bien reconnaître que nous y sommes resté complétement étranger.

C'est la première fois, je l'avoue, que j'entends le ministère public élever des récriminations contre le tribunal et contre la direction imprimée à un débat.

Pour moi, je l'avoue, l'impression produite par ce débat a été tout autre que celle dont le ministère public vient de nous faire la si tardive révélation; car enfin, ce qui m'étonne par-dessus tout, ce qui étonnera tout le monde, c'est que le ministère public ait laissé entendre plus de soixante témoins sans se douter du danger qu'il signale aujourd'hui.

Pourquoi ne s'est-il pas levé au premier témoin? pourquoi, si l'administration était atteinte, s'est-il tu? Il a fallu la nuit, qui porte conseil, pour que M. le procureur impérial préparât ses conclusions, qu'il eût si bien pu prendre hier dans une audience qui n'a pas duré moins de six heures. Eh bien, faut-il le dire? ces conclusions me sont suspectes, non pas certes que je mette en question la probité du ministère public..... mais je ne puis m'expliquer cette façon de procéder bizarre, insolite, inouïe, que si un témoin eût été entendu par surprise, et que le ministère public, bien qu'il eût entendu son témoignage en silence, vînt récriminer contre les faits de cette déposition, je comprendrais cela jusqu'à un certain point; mais ce sont soixante témoins qui sont venus ici, où ils ont déposé, je me plais à le reconnaître, avec une entière liberté; et c'est en laissant ainsi à la vérité toute latitude pour se produire, que la justice s'honore, qu'elle conquiert des titres au respect des populations.

Oh! s'il y eût eu quelque danger pour l'ordre public, je comprendrais des mesures d'exception; si quelque démonstration inconvenante ou quelque manifestation séditieuse avait eu lieu, je comprendrais vos réquisitions; mais rien de pareil ne s'est produit, et dans ce cas la fermeté et la sagesse de M. le président y auraient pourvu.

C'est encore à ces garanties, à ces protections de la justice que je fais appel contre vous; et puis, je le répète, les mesures que vous sollicitez du tribunal sont étrangement tardives.

Quoi! c'est lorsque la lumière s'est faite que vous apportez le boisseau! Combien on a raison de le dire! il n'est rien de plus dangereux qu'un maladroit ami, et j'ai bien peur que l'administration supérieure ne soit pas défendue comme elle voulait l'être. Je ne sache pas qu'on ait jamais fait des actes d'un gouvernement une plus amère censure qu'en venant dire en plein tribunal que, si le voile qui couvre les actes de l'administration était levé, il y aurait à cela les plus graves inconvénients. Vous redoutez donc que le mépris public ne s'attache à ces actes? (*Approbation.*)

Le tribunal comprend, du reste, qu'il n'a pas à craindre un mot blessant au point de vue politique. Ce serait même de la part du défenseur qui est à votre barre une inconvenance souveraine, en même temps qu'un manquement grave à ses devoirs. Il n'aura garde d'oublier qu'il défend un homme qui a toujours montré au gouvernement actuel, aux institutions qui nous régissent, un dévouement qu'il ne demande qu'à continuer..... Et d'ailleurs, mes opinions ne sont-elles pas connues?.... Je puis, sans nulle préoccupation à cet égard, remplir mon ministère de défenseur. M. le procureur impérial n'a donc pas à craindre de voir attaquer ici ce qu'il tient sans doute à voir entouré de respect.

Ai-je besoin de rappeler notre situation? M. Migeon a obtenu une majorité de 6,500 suffrages. On avait dit que s'il était nommé, il serait traduit devant les tribunaux : il y avait donc un parti pris à l'avance; aujourd'hui, inculpé, nous avons besoin d'établir qu'il existait un parti pris de nous poursuivre. Quant au système de dénigrement et de calomnies poursuivi à notre égard, il n'est plus un mystère pour personne. On a mis tout en œuvre contre l'homme qu'on voulait détrôner. Il n'est pas jusqu'à des contes obscènes qui n'aient été inventés; on a lancé une foule d'agents qui ont bavé sur M. Migeon les calomnies les plus indignes; on en a fait un chevalier d'aventure qui surprenait des votes à l'aide de mensonges. M. Migeon a résisté alors, son honneur était en cause; mais la résistance est aujourd'hui un crime; il faut que tous les fronts s'abaissent, même ceux des amis, et nous n'aurions pas le droit de faire connaître les moyens odieux dont on a usé envers nous?

Le spectacle dont je suis témoin ici m'étonne à tous les titres. Je ne puis m'expliquer tant de contradictions; une si grande sévérité d'une part, une indulgente tolérance de l'autre. Quand M. Migeon, député, commet un délit (pour me placer dans l'hypothèse du parquet), il n'est pas poursuivi; du jour où il cesse d'être candidat de l'administration, on va rechercher ce vieux délit problématique pour le lui jeter à la face.

On nous dit qu'il ne faut pas soulever le voile qui couvre les actes de l'administration. Oh! nous n'avons pas à prendre cette peine, croyez-le bien; nous avons beau vivre dans des temps de silence, la conscience publique n'en est pas moins éclairée..... (*Sensation.*)

Or, ce n'est pas notre faute, vous le savez, messieurs, si ces révélations se sont produites ici. C'était dans l'intérêt de tous que nous demandions que le débat fût ajourné..... Mais, imprudents que vous êtes, vous avez voulu que le Corps législatif et l'administration supérieure tout entière fussent mis en cause dans le débat; ne vous en prenez donc qu'à vous. (*Marques d'approbation.*)

Si vous armez la justice, comprenez bien qu'elle voudra que la lumière soit complète; elle ne se contentera pas d'examiner la face de la médaille que vous aurez éclairée ; elle voudra aussi que le revers soit illuminé. On aura, je l'espère, pour mon caractère assez de justice pour comprendre que je n'ai pas cherché le scandale ; j'ai voulu, au contraire, ouvrir, dès le commencement de ces débats, une porte par où le procès pouvait passer tout entier. Vous ne l'avez pas voulu, ou vous ne m'avez pas compris, c'est votre affaire ! Aujourd'hui, vous voulez rentrer dans l'ombre que vous cherchez et que vous réclamez pour la fin de ces débats.

Mais voyez-en donc au moins les conséquences ; elles ne nous seront pas défavorables, je vous l'assure, car en ce moment tout est dit, et voyez ce qu'il advient : Il faut admettre qu'en France, en Europe, dans le monde entier, on n'est pas sans se préoccuper curieusement d'une administration qui fonctionne dans le silence, sans contrôle, sans contre-poids, sans presse qui la conseille, l'avertisse, l'éclaire..... Eh bien ! que pensera-t-on, je vous le demande, des mesures que vous réclamez ? On se dira : Ce pouvoir a eu une telle frayeur des révélations qui devaient se produire, qu'il a jugé prudent d'étouffer l'affaire ; il n'a pas osé aller jusqu'au bout !

Quant à moi, je suis désintéressé dans la question ; seulement, il me paraît impossible qu'à l'occasion de chaque déposition le tribunal engage une contestation avec la défense. Ce que je puis assurer, c'est que si, par impossible, une différence d'appréciation s'élevait entre M. le président et la défense, l'honorable magistrat serait assuré de trouver, du côté de la défense, le respect le plus profond pour la justice. Les magistrats, en France, éprouvent tous le désir ardent d'arriver à la découverte de la vérité ; or, cette vérité, comment voulez-vous qu'elle éclate si vous mettez un bâillon sur la bouche des témoins ? Serait-ce la crainte de voir développer ici je ne sais quelles théories ?... Oh ! rassurez-vous... En avez-vous d'ailleurs vu se produire jusqu'ici le plus léger symptôme ?

Vous redoutez les personnalités ! et c'est vous qui venez nous parler de je ne sais quel nom de femme !... C'est là un mystère, et nous sommes encore à attendre le mot de l'énigme.

M. LE PROCUREUR IMPÉRIAL. C'est un de vos témoins qui a parlé de ce fait.

Me Jules FAVRE. Vraiment ! le fait alors est bien peu saillant, car je n'en ai nul souvenir. (*Sourires.*) On a révélé certains propos et certains actes du juge de paix, mais ce ne sont pas là des personnalités ! ce n'est pas de l'homme qu'il s'agissait, mais de la fonction.

Nous pensons donc que ce qui est le plus désirable en l'état des choses, c'est d'abandonner le débat à la direction si sage, si prudente, si modérée, si digne, que nous sommes heureux de rencontrer devant le tribunal de Colmar.

M. le procureur, dans sa réponse, ayant cité comme précédent l'assassin Verger, faisant assigner des témoins dans l'unique but de les diffamer, Me Jules Favre reprend ainsi :

Il m'est impossible, en vérité, de laisser invoquer un pareil souvenir à propos de M. le comte Migeon.....

M. LE PROCUREUR IMPÉRIAL. Je déclare décliner toute pensée de comparaison; je ne rappelle ce précédent qu'au point de vue de la jurisprudence.

Me Jules FAVRE. C'est possible; mais ce que je sais, c'est que, dans les intelligences qui ne sont pas à la hauteur de la vôtre, il peut rester une impression fâcheuse.

Je n'ai pas d'ailleurs à m'occuper de ce qu'a pu faire la cour d'assises dans l'affaire que vous rappelez; de pareilles décisions sont tout à fait subordonnées aux faits; sans doute, la cour de Paris a bien fait ce qu'elle a fait; je respecte ses arrêts, tout en persistant à penser que si elle eût laissé divaguer cet insensé, la justice n'en eût reçu aucune atteinte. Mais est-ce qu'il y a une analogie possible, si lointaine qu'elle soit, entre cet homme qui assassine un prélat, en plein soleil, dans le parvis même d'une église, et qui devant ses juges se donne le suprême plaisir de faire entendre des ecclésiastiques pour souiller la robe même qu'il a portée? Est-ce que M. Migeon s'occupe des fonctionnaires publics pour des faits étrangers aux élections? Est-ce qu'un seul instant nous avons cherché à égarer le débat? M. le président a toujours eu soin de circonscrire les questions aux faits relatifs aux élections et spéciaux à l'élection de M. Migeon.

Mais, dites-vous, il faudra élargir le débat pour faire droit à toutes les réclamations. Si l'on devait adopter votre système et s'arrêter à votre objection, il n'y aurait pas de débat possible. Toutes personnes désignées dans un procès ne peuvent intervenir, par cela seul qu'il a été question d'elles : elles se défendent par leur honorabilité personnelle. Vous parlez de M. Japy, maire de Beaucourt; qu'il fasse parvenir au ministère public tous les renseignements que bon lui semblera.

A vous entendre, on dirait que nous n'avons fait citer à cette audience que des va-nu-pieds, des chevaliers d'industrie. Ce n'est pas là la vérité : nous avons amené au pied du tribunal des maires, des ecclésiastiques, des industriels, et quant au témoin qui a parlé de M. Japy, c'était un ouvrier, mais c'était aussi et en *même temps* le secrétaire de la chambre consultative de l'industrie, c'était le président du comice agricole. Vous ne voulez pas de personnalités! Est-ce que vous n'avez pas, à votre tour, introduit dans ce débat des personnalités qui ne touchaient en rien à la prévention? C'est, il faut bien le dire, l'irrévocable conséquence de tout procès. Je termine, et je dis que le débat a été contenu jusqu'ici dans les limites de la prudence et de la sagesse. Je demande qu'il continue de même, et je crois en cela me montrer plus respectueux pour le tribunal et plus soucieux des convenances et des véritables intérêts de la justice. (*Marques d'assentiment.*)

Le tribunal, statuant sur les conclusions déposées par le ministère public, déclare que la direction des débats appartient exclusivement au président du tribunal, et que les réquisitions de M. le procureur impérial sont prématurées et non recevables.

Après l'audition de tous les témoins à décharge et l'interrogatoire de M. Migeon et de son coprévenu M. Himbert, M. le procureur, dans un violent réquisitoire, s'efforce de prouver les chefs d'accusation. Me Jules Favre lui répond en ces termes :

Au nom de M. Migeon, je demande acte au tribunal de ce qu'un document attribué à M. le préfet a été lu, et de ce que M. Migeon se réserve de poursuivre en diffamation le signataire de cette pièce.

Ces conclusions seront régularisées.

Messieurs, s'il pouvait rester un doute dans les esprits sur la portée de ce procès, il serait dissipé par la dernière partie du réquisitoire que vous venez d'entendre. Ce qu'on veut évidemment, est-ce d'arriver à établir devant vous les faits de la prévention? Non, ce qu'on veut, c'est détruire M. Migeon, c'est le fouler aux pieds, c'est le rendre à jamais impossible dans le département où il vient d'obtenir 18,000 suffrages; c'est pour accomplir cette œuvre avec succès qu'on inonde le débat des pièces qui ont été soustraites jusqu'ici à la défense.

M. LE PROCUREUR IMPÉRIAL. Je vous demande pardon.

Me Jules FAVRE. Permettez, à mon tour; ce que je dis est parfaitement exact : tout ce que vous venez de lire, les lettres du garde des Sceaux, du grand chancelier, ce certificat du greffier, aucune de ces pièces n'était au dossier.

M. LE PROCUREUR IMPÉRIAL. Vous connaissiez bien les jugements prononcés contre vous...

Me Jules FAVRE. Pouvait-il me venir à la pensée que vous en parleriez ici, alors qu'il m'est impossible de dire au tribunal comment ces condamnations sont intervenues? Qu'il me suffise de dire que toutes les causes de ces condamnations ont été intégralement acquittées, et que, pour aller au-devant des susceptibilités du tribunal et couler à fond ce triste débat, j'apporte une lettre de l'honorable Me Boudin de Vesvres, notaire de la famille Migeon, lettre qui mérite, j'imagine, plus de créance que tous les rapports de ces messieurs de la police.

M. MARTHA, *procureur impérial*. Nous ne pouvons, monsieur le président, laisser traîner dans la boue le nom d'un des premiers magistrats de notre pays, de M. le préfet de police, qui occupe la position d'un ministre ; nous demandons acte des paroles du défenseur.

Me Jules Favre. Oh! très-volontiers... j'ai dit : de ces messieurs de la police, et je le répète; si, en disant cela, j'ai dit quelque chose d'injurieux, je consens à être condamné. Si quelque chose m'afflige, c'est justement de voir que, devant la justice, on s'appuie sur de pareils documents, et, si je voulais remonter un peu plus haut, je vous citerais les paroles d'un de nos grands magistrats, qui préside aujourd'hui une des chambres de la cour de cassation; l'honorable M. Bérenger ne trouvait pas de paroles trop sévères pour protester contre l'intrusion de la police dans le domaine de la justice.

Que M. le préfet de police ait un pouvoir à lui qui s'exerce dans des limites assez étendues, soit; que l'action de ce pouvoir s'exerce à l'aide de moyens, de procédés que nous ne devons pas connaître; mais qu'on ne cherche pas à influencer vos consciences par des documents puisés à pareille source; ce serait faire rougir le front de la justice, ce serait tendre à la perdre dans les sentiers les plus ténébreux et les plus détournés.

Mais quoi ! ce document, produit à la dernière heure, il me suffit d'en avoir entendu une rapide lecture pour y découvrir des calomnies. Il y est dit que le tribunal de la Seine a condamné M. Migeon au payement de différences de Bourse; or, le certificat de M. le greffier qu'on vous avait lu quelques instants avant apporte sur ce point un éclatant démenti.

On dit aussi que M. Migeon a été exécuté à la Bourse! c'est là une autre calomnie qui ne peut même avoir l'excuse d'être le résultat d'une erreur. On a aussi le courage de dire, dans ce document sans nom, que M. Migeon faisait des dupes!... Est-ce là, je vous le demande, le langage de la justice? Elle veut des faits précis, à l'origine desquels il soit possible de remonter, et en effet, que répondre à cela : M. Migeon faisait des dupes?... Ah! donnez-moi des faits que je puisse prendre corps à corps, au lieu de ces attaques qui viennent vous saisir par derrière; sinon nous avons le droit de mettre sous nos pieds ces pièces impures, et de jeter à la porte de ce prétoire ceux qui en sont les rédacteurs.

On va plus loin : on ose prétendre que M. Migeon aurait été publiquement souffleté sur le boulevard, au milieu de ceux qui se livrent à des opérations de Bourse. Nous devions croire qu'un pareil fait se passant au grand jour, au milieu d'une foule nombreuse, serait au moins établi d'une manière certaine... Eh bien, non, le rédacteur de ce document infâme ne craint pas d'ajouter que ce fait n'a pas été régulièrement constaté; c'est donc une abominable infamie jetée dans l'affaire pour y produire l'effet sur lequel on compte.

On vous dit également que M. Migeon a été ruiné, qu'il en est aux expédients, que ses voitures, ses chevaux sont traînés à l'encan : tout cela est faux... Mais, encore une fois, comment nous en défendre? comment nous opposer à l'œuvre venimeuse qu'on essaye d'accomplir? Voici, grâce à Dieu, une pièce émanée d'un homme de bien ; c'est la lettre de M. Boudin de Vesvres. Écoutez ce qu'il dit :

» Je vous dirai que depuis vingt-six ans je suis le notaire de la famille Migeon, et que, par conséquent, j'ai dû m'occuper des intérêts de M. le comte Migeon lui-même.

« Aussi personne mieux que moi ne peut connaître l'importance de sa fortune présente, comme celle qu'il est appelé à recueillir. Je puis donc vous affirmer en toute confiance ce dont, certes, vous n'avez jamais vous-même douté, que les bruits de ruine répandus contre M. le comte Migeon sont complétement faux.

« Je causais ces jours derniers avec l'honorable M. Viellard, beau-frère de M. le comte Migeon, de ces bruits méchamment répandus, et résumant ensemble l'état de fortune de M. le comte Migeon, je puis vous assurer que le présent, déjà fort beau, devra s'accroître d'un chiffre important pour l'avenir.

« Les actes dont les minutes sont dans mon étude attesteraient au besoin ces vérités.

« BOUDIN DE VESVRES. »

Voilà, messieurs, des documents officiels que je place à côté de ceux que je m'abstiens désormais de qualifier.

Et pour faire apprécier avec quelle légèreté, pour ne rien dire de plus, on a procédé, on vient vous dire que les domaines de M. Migeon sont couverts d'hypothèques, et l'on produit une liste d'inscriptions sans qu'elle comprenne, ainsi que le comportent d'ordinaire de semblables documents, sans qu'elle comprenne l'état régulier des radiations au fur et à mesure des payements. Quel est l'esprit qui peut se dire éclairé, satisfait, par la production d'un tel document?

M. Migeon est fortement intéressé dans les usines de Morvillars. Madame Migeon la mère a, de plus, fait un partage anticipé entre ses enfants. On voit dans le document auquel je ne réponds pas, mais dont je signale à la hâte les points capitaux, on voit dans cette pièce, où l'inconvenance le dispute à l'odieux, madame Migeon la mère mise en scène. M. le procureur impérial vous disait qu'il était bon dans ce débat d'écarter les personnes, mais n'était-ce pas surtout quand il s'agissait d'une mère que ce sentiment devait être écarté? Les mères dont le cœur gémit en secret, dont le chagrin mérite au moins un ménagement, ne devraient-elles pas toujours être respectées? Comment M. le procureur impérial, qui sait très-bien qu'on ne déshérite pas de son vivant, a-t-il bien pu vous lire ce passage du document qu'il a reçu de la police? Il semblait qu'un pareil principe de droit devait nous mettre à couvert d'une calomnie si énorme. Eh bien! madame Migeon ne déshérite pas son fils, mais elle donne un million à chacun de ses deux enfants. (*Sensation.*)

Voilà la vérité! la vérité écrite chez les notaires, entendez-vous?... Mais on n'a pas voulu la voir... on a mieux aimé s'armer de ce rapport surpris à la religion de M. le préfet de police. Mais tout le monde sait le secret de ces grandes administrations, et comment, où, et par qui sont dirigés ces documents : ils éclosent dans l'ombre, où la police se complaît; c'est pour cela qu'il y a quelque chose d'insolite à les produire au grand jour, et c'est là une raison décisive pour vous autres magistrats, hommes de vérité et de discussion, de les rejeter.

Si l'on eût voulu, on eût appris que madame Migeon avait fait de sa fortune une part égale entre ses deux enfants, car le cœur d'une mère est ainsi fait... Mais le rédacteur de l'étrange document produit par le ministère public n'entend rien à ces choses... On s'est dit : Ça courra le département, et l'œuvre que nous poursuivons sera accomplie...

Voilà, messieurs, la vérité toute simple, mais elle eût embarrassé le rédacteur de la pièce; mais laissons là un document qui offense les regards, qui n'est pas destiné à une discussion honnête qu'il ne saurait soutenir : je ne veux pas en dire davantage.

Mais en sortant de ce terrain fangeux, je suis encore sensiblement impressionné de rencontrer M. le procureur impérial, croyant qu'il est de son devoir, pour remplir la noble et pénible tache qui lui est imposée, de rendre publique une liste de condamnations commerciales prononcées par défaut, et de mettre au grand jour des procédures avortées.

En agissant ainsi, il a obéi sans nul doute à la contrainte violente de sa conscience; nous n'entendons élever à cet égard aucune critique, nous aimons mieux laisser parler les faits de cette cause qui ne vous sont pas encore connus.

Et qui donc croira que ce soit seulement à raison d'une infraction à l'article 259 du Code pénal, ou à raison de ses courses électorales et de ses écrits, que M. Migeon a été traîné devant vous? Qui donc croira qu'au-dessus et en dehors de la poursuite ostensible il n'est rien de supérieur et de particulier? M. le procureur impérial disait, et avec un grand sens, à mon avis, que cette cause abondait en enseignements graves et curieux. Cela est vrai, messieurs, il y a dans cette affaire des enseignements pour tout le monde.

Et, pour ne parler que de M. Migeon, par quel étrange retour des choses d'ici-bas, lui, le candidat bien-aimé de ce pays, le solliciteur infatigable de toutes les compétitions, l'initiateur de tous les avancements, lui pour qui il n'y avait naguère ni assez d'adulations ni assez de paroles serviles, est-il aujourd'hui, et cela dans le département même où son empire s'exerçait avec tant de prestige, honni, conspué, bafoué, abreuvé d'humiliations, d'outrages, traîné sur la claie et conduit à cette barre comme le dernier des malfaiteurs?

Ah! croyez après cela à l'amitié des grands et à la reconnaissance des obligés!... Et ce qui rend ce contraste d'autant plus frappant, c'est que ceux qui, aujourd'hui, poursuivent M. Migeon (je ne parle pas de la justice, et pour que son action soit en dehors, je me servirai d'une autre expression), c'est que, dis-je, tous ceux qui aujourd'hui persécutent M. Migeon sont ses adulateurs, ses courtisans d'autrefois; ils eussent peut-être pu agir dans l'ombre, et, s'ils m'avaient consulté, je le leur eusse conseillé, car je ne sache pas qu'ils aient à gagner au grand jour de votre audience.

M. le procureur impérial a rempli sa tâche avec la conviction et le talent qui le caractérisent; il ne paraît pas se douter des rancunes, des systèmes, des passions qui cherchent leur satisfaction dans le sacrifice de M. le comte Migeon. Heureusement que cette satisfaction est demandée à des hommes fermes dont le cœur est au-dessus de tous les périls. Nous avons le bonheur d'être devant un tribunal qui tiendrait à déshonneur d'être soupçonné de complicité et de faiblesse, et qui serait désolé si l'on pouvait penser qu'il ne repoussât pas avec dégoût toutes ces excitations ameutées contre nous, comme aussi toute entreprise indirecte sur son indépendance; aussi je me sens protégé, et précisément parce que l'équilibre a été rompu contre moi, je suis le plus fort; vous êtes, messieurs, dans mon camp.

Pour que vous puissiez accomplir la mission qui vous est imposée et qui est difficile, je n'en disconviens pas, il est indispensable que je me livre à une discussion libre et complète, mais qui ne s'écartera jamais, c'est indispensable, du respect dû aux convenances et aux hommes, mais qui touchera tous les points d'où la lumière peut jaillir.

Et certes, à cette barre où je compte déjà tant d'amis, où je rencontre tant de cœurs généreux, d'intelligences si distinguées, de talents que vous aimez, cette mission eût pû être remplie mieux que par moi; M. Migeon n'eût pas manqué d'y rencontrer un protecteur qui eût été mieux écouté; mais il s'est rappelé que nous avions ensemble traversé des assemblées politiques; il s'est souvenu que j'ai la lâcheté extrême d'être toujours du côté des vaincus, et quand il l'a été, il est venu à moi, et je lui ai dit : Si Dieu nous donne de véritables juges, vous ne pouvez être condamné.

Mais je dois solliciter en ma faveur toute votre bienveillante patience, car j'aurai à vous dire bien des choses pénibles, et il est des bornes que je ne pourrai me défendre de franchir qu'en jetant les yeux sur le tribunal qui doit m'inspirer.

Pour les hommes sensés, sérieux, ce procès a une portée plus étendue, plus élevée que celle qui vous a été officiellement avouée. Est-ce que cette cause n'est pas comme le fragment d'un miroir brisé, dans lequel la nation peut se contempler à la dérobée? Il est de tristes réflexions que ces débats ont suggérées à tous, je ne veux pas les énumérer, elles sont au fond de toutes les consciences; mais ce que je crois pouvoir affirmer, sûr d'être sur ce point d'accord avec vous, c'est que de l'étude que nous venons de faire de ce procès, c'est que de tous les incidents, de toutes les péripéties de cette affaire, de sa cause première, des développements qu'elle a reçus et jusque du dénoûment dont nous venons d'être les témoins, il résulte que M. Migeon n'est pas attaqué comme homme, mais comme homme politique; que c'est l'homme politique qu'on veut à tout prix détruire.

Je ne passerai donc pas en revue les antécédents de ce débat, cela pourrait me mener excessivement loin, et je ne tiens pas à inquiéter ici certaines personnes que je préfère laisser en paix. Je me bornerai à dire que de la double enquête à laquelle il a été procédé devant vous, et qui a été aussi significative que possible, il résulte que M. Migeon appartient à une famille très-riche, mais plus honorable encore que riche. M. Viellard, son beau-frère, membre du conseil général de ce département, et dont tout le monde connaît ici l'honorabilité et la haute position, vient répondre par sa présence à cette calomnie touchant une prétendue brouille de famille, qui n'est qu'une invention.

M. Migeon est né en 1815. Fort jeune, il s'est livré à des travaux littéraires, emploi à coup sûr bien innocent. Au début de la vie, les Muses doivent nécessairement nous sourire, sauf à nous tourner le dos quand l'âge mûr arrive.

M. Migeon publia des livres qui eurent un grand succès dans ce pays. Il commença par composer, à l'usage des jeunes détenus, un petit livre : *Bonheur et Infamie,* qui se répandit à un nombre infini d'exemplaires. Il s'est ensuite permis plusieurs romans. Je me garderai bien de vous donner ici les titres de tous les ouvrages publiés par M. Migeon; je ne veux pas faire de réclame au profit de son libraire, ce qui serait tout à fait déplacé. Il fut de bonne heure membre du comice agricole du Haut-Rhin, toutes choses qui vous indiquent que sa jeunesse fut studieuse et réfléchie.

Ses travaux ont été couronnés; je parle de son ouvrage sur la *France et ses Institutions,* sorte de tête de colonne d'une œuvre plus importante, et de *Louise,* épisode du dix-huitième siècle.

Ces diverses publications avaient un peu mis en lumière le nom de M. Migeon et avaient pu lui inspirer le désir d'obtenir une récompense honorifique très-respectable, à coup sûr, mais qui souvent a été accordée à des travaux littéraires moins importants. Il fut proposé pour la décoration, en compagnie de bien d'autres... Il avait des complices. Ce fut Mgr l'évêque de Maroc, *in partibus infidelium,* dont nous lirons les lettres, qui lui promit la décoration au nom de la reine des Français, dont il était l'aumônier... Une ordonnance conforme ne paraît pas avoir été signée. M. Migeon était candidat de l'opposition, mais la monarchie elle-même, qui ne se le rappelle? avait ses susceptibilités, ses embarras; si bien que l'ordonnance préparée serait restée dans les cartons de 1845 à 1847. A cette époque, M. de Bellonnet était, non pas candidat du gouvernement (car alors on ne connaissait pas encore cela), mais il était le candidat appuyé par le ministère. En 1847, il fut de nouveau question de donner à M. Migeon la croix d'honneur; il fut proposé pour cette distinction. La révolution arriva, et le brevet ne fut pas régularisé.

En 1848 et 1849, M. Migeon était encore candidat. En 1849, il fut nommé membre de l'Assemblée législative, où il a voté, c'est une justice à lui rendre, les lois dont l'application est aujourd'hui demandée contre lui, et notamment cette loi du colportage, que je combattis alors de mon mieux, mais sans succès. Cette loi eut tout l'appui de M. Migeon, qui était alors dans le camp des vainqueurs.

Aux élections de décembre, M. Migeon se fit remarquer par un zèle ardent pour le régime nouveau; en 1852, il fut candidat du gouvernement, prôné par le préfet du Haut-Rhin, présenté par lui aux populations comme orné de toutes les qualités et de toutes les vertus qui devaient en faire le meilleur et le plus vertueux des députés.

On savait alors et l'histoire des décorations et cette ordonnance Girma... Oh! tout cela était connu, ce qui n'empêcha pas l'administration de soutenir vivement M. Migeon; elle alla plus loin, elle l'aida à repousser ce qu'elle appelait alors des calomnies et des manœuvres révolutionnaires. Et c'est là, messieurs, un spectacle qui ne manque pas d'être piquant, s'il pouvait y avoir quelque chose de piquant dans ce triste procès.

L'ordonnance Girma, sur laquelle je m'expliquerai longuement, est à la date du 2 décembre 1851, et elle fut alors rendue publique par une indiscrétion que je ne m'explique pas, et que M. le procureur impérial a qualifiée (ce n'est pas moi qui trouverai le mot trop dur) de regrettable. On connaissait aussi cet article de la *Sylphide* qu'on est allé ramasser dans la poussière du passé; il y fut répondu au nom du gouvernement dans ses feuilles dévouées, et les attaques contre M. Migeon étaient traitées de manœuvres démagogiques.

Qui donc traitait alors M. Migeon de comte de contrebande, de chevalier frelaté? C'était la démagogie. Oh! que depuis elle a bien changé de peau! (*Sourires.*) Rien de plus intéressant que le retour qu'on fait ainsi sur les événements même qui nous touchent de plus près!

Nous nous trouvons obligé d'opposer aujourd'hui à la prévention les réponses que l'administration faisait, au nom de M. Migeon, à tous ceux qui l'attaquaient alors. (*Me Jules Favre lit ici quelques passages des articles que l'administration faisait alors publier pour soutenir la candidature de M. Migeon.*)

Eh bien! messieurs, ce qui était vrai en 1852 l'est encore aujourd'hui. Si quelque chose peut nous consoler, ce sont les dépositions dont vous n'avez pas perdu le souvenir et qui émanent des hommes les plus honorables, des curés, qui attestent ici les bienfaits de M. Migeon pour le peuple. Ils vous l'ont dit : Il n'était pas de larmes qu'il ne sût sécher; un pauvre petit enfant n'avait qu'à griffonner un mot à l'adresse de M. Migeon, pour qu'aussitôt sa mère ressentit les effets de sa générosité.

C'est de la charité utile, vous a-t-on dit. Je laisse au ministère public le triste courage de qualifier ainsi des actes pieux; pour moi, je ne veux voir que la bonne action et n'en pas rechercher la cause.

M. Migeon était charitable bien avant qu'il fût entré dans les voies de la politique, et la reconnaissance de tout ce peuple qu'il a soulagé le venge des injures dont on l'a abreuvé ici. Il n'y a qu'une voix à cet égard : M. Migeon s'est toujours fait remarquer par sa bienfaisance et son zèle à aller au-devant de tous ceux qui souffrent; et à cet égard, nous ne sommes pas réduits à des preuves si fragiles qu'un article de journal de la préfecture.

Voici des dossiers formidables que j'ai parcourus et qui m'ont laissé tout ébloui d'admiration! Jamais M. Migeon n'a laissé une seule lettre sans réponse! Représentant de son département, il l'a servi avec un zèle, avec une abnégation tels, qu'il n'est pas une question publique ou privée qui, de sa part, n'ait été l'objet d'une étude approfondie, d'une sollicitude persévérante et infatigable.

Quant à moi, je suis plein d'admiration pour un pareil zèle, dont je n'ai jamais approché et qui mérite bien la reconnaissance des électeurs, dont jamais une plainte n'est restée inexaucée.

Il peut être utile de faire passer sous vos yeux quelques lettres, qui prouveront que jamais on ne s'adressait en vain à M. Migeon. Peut-être ceux qui aujourd'hui le calomnient avec tant de persévérance éprouveront-ils un grand embarras à ces révélations inattendues, eux qui aujourd'hui couvrent de boue l'idole autrefois objet de leur culte et de leur fanatisme.

Non, il n'est peut-être pas une famille de l'arrondissement de Belfort qui n'ait été l'obligée de M. Migeon; je ne prétends pas faire passer sous vos yeux tous les témoignages de la reconnaissance publique qui grossissent mon dossier ; je me bornerai à citer au hasard les lettres d'une ou deux personnes qui ont figuré à cette barre.

Ainsi, vous vous rappelez l'attitude de M. Rothea, le juge de paix ; eh bien ! voici ce qu'il écrivait en 1851 :

« ... L'ami Welté partira lundi prochain pour le conseil général à Colmar. Il se réjouit aussi de vous revoir. Le brigadier de la gendarmerie m'a prévenu hier de votre arrivée. Nos cœurs vous sont ouverts.

« Recevez, Monsieur, la nouvelle assurance de mon estime et de ma haute considération.

« ROTHEA. »

Dans une autre lettre, M. Rothea n'est pas moins tendre.

« Dannemarie, 17 juin 1855.

« MONSIEUR LE DÉPUTÉ,

« Pardonnez-moi si je prends la liberté de vous distraire un instant de vos sérieuses occupations en venant solliciter votre généreux appui dans la demande que je fais pour remplacer M. Simon, qui vient de prendre sa retraite comme juge de paix de Cernay.

« Je crois, Monsieur le député, avoir quelque droit à la protection du gouvernement, et me rappelant les nombreux services que vous avez rendus au pays, mon cœur d'abord, et ensuite quelques amis, qui sont aussi les vôtres, qui me veulent du bien, m'ont conseillé de m'adresser à vous, pour avoir votre appui, que vous ne me refuserez pas, j'ose l'espérer, Monsieur le député.

« En m'aidant à quitter cette triste localité dont vous connaissez l'esprit, et où je lutte depuis passé cinq ans contre le hideux trafic de l'usure, et où par conséquent je n'ai pour satisfaction unique que les temoignages de ma conscience et de mes chefs, vous me rendrez, ainsi qu'à ma femme, un immense service.

« Si donc, Monsieur le député, vous daignez faire un accueil favorable à ma supplique, vous ajouterez un bienfait de plus aux nombreux actes de générosité qui ont marqué votre passage dans les hautes fonctions que vous remplissez, et qui vous élèvent à juste titre au rang que vous occupez.

« Dans cet espoir, j'ai l'honneur d'être, avec le plus profond respect et une reconnaissance sans bornes,

« Monsieur le député,

« Votre très-humble serviteur.

« ROTHEA, *juge de paix*. »

Voilà un spécimen de cette correspondance, et à coup sûr M. Migeon était fondé à penser, devant ces expressions admirables et ces si vives démonstrations de sympathie, que sa popularité, fondée sur des bienfaits, serait toujours respectée.

Ce n'est pas seulement dans les lettres privées que je rencontre une expression si passionnée de cette reconnaissance que le malheur a fait si vite évanouir ; mais je rencontre dans les relations officielles les expressions de la même estime.

Les rapports qui ont existé entre M. Migeon et l'honorable préfet du Haut-Rhin étaient non-seulement pleins d'égards, mais affectueux et intimes. Je ne veux pas dire que M. le préfet était l'obligé de M. Migeon, cette parole pourrait paraître désobligeante, et mon intention n'est nullement de chagriner M. le préfet.

Seulement, de cette volumineuse correspondance qui passera sous vos yeux, je ne veux extraire que quelques courts fragments qui suffiront à caractériser la nature des relations qui ont existé entre M. Migeon et M. Cambacérès. Que les fonctionnaires de l'administration se rassurent; il ne s'agit pas ici de lettres de service, et aucun secret d'État ne sera compromis; à Dieu ne plaise que je lève des voiles qui doivent être respectés; je ne veux qu'édifier le tribunal sur la liaison qui a existé entre le chef de l'administration de ce département et le député de Belfort :

« L'air de l'Alsace est excellent, et ma santé est entièrement rétablie. Aussi j'en profite pour m'occuper avec ardeur de toutes les améliorations qu'on peut introduire dans un pays qui n'est pas connu et apprécié à sa juste valeur.

« J'espère qu'avec votre concours je pourrai placer auprès de l'administration ce département au rang qu'il doit occuper, à raison de son importance.

« Veuillez agréer, Monsieur, l'expression de mes sentiments de haute considération et de dévouement.

« CAMBACÉRÈS. »

M. Migeon n'était donc pas ce personnage si ridicule et si décrié qu'on essaye de présenter aujourd'hui. Voici une autre lettre du 11 avril 1854 :

« J'ai reçu hier à Ferrette la lettre de M. le ministre qui vous désigne comme candidat du gouvernement pour le canton d'Habsheim. J'écris aujourd'hui à Colmar pour que cette candidature soit annoncée. A mon passage à Habsheim, plusieurs maires m'ont fait demander de leur désigner le conseiller futur; j'ai répondu à leur confiance en leur annonçant que le choix du gouvernement ne se ferait pas attendre, qu'il s'est fixé sur vous. »

M. Migeon était alors le candidat du gouvernement, et aux calomnies qui se dressaient contre lui M. le préfet se chargeait lui-même de répondre; parlait-on de l'ordonnance Girma, M. le préfet prenait le soin de rétablir lui-même la vérité, et il lui écrivait après l'élection :

« La lutte a été vive avec vos adversaires... Je suis heureux, Monsieur, d'avoir pu contribuer à la réparation qui vous était due pour votre dévouement à l'empereur, et de vous compter au nombre des membres du conseil général qui apporteront dans la prochaine session le fruit de leurs lumières et de leur expérience administrative, et qui donneront un appui zélé et bienveillant à l'administration du département. »

La victoire est remportée dans le canton d'Habsheim; les relations entre M. Migeon et M. le préfet deviennent plus intimes. M. de Cambacérès lui écrit à la date du 1er août :

« J'apprends avec plaisir que vous vous rendez dans le Haut-Rhin.

« ...Je voudrais bien que vous secondiez la demande que j'ai faite de la croix pour M. le maire de Mulhouse... »

Ainsi, M. Migeon était chargé par le préfet de solliciter la croix pour les autres! Après quelques autres demandes d'appui, M. le préfet termine ainsi :

« Je vous demande pardon, mon cher Monsieur, de mettre ainsi votre temps à contribution, surtout à la veille de votre départ; mais l'importance des intérêts que je recommande à votre sollicitude sera mon excuse auprès de vous. Nous voulons tous les deux sincèrement faire aimer le gouvernement de l'empereur, et dans votre élection aux portes de Mulhouse j'ai compté d'avance sur vous pour créer un appui à la population, qui tend chaque jour à reveinr à de meilleurs sentiments.

« Vous ne me parlez pas de la santé de madame Migeon, etc. »

Les deux familles vivaient dans une parfaite union.

A la date du 20, M. le préfet écrit encore :

« Monsieur,

« Je suis en retard pour vous remercier de la bonne lettre que vous m'avez adressée et du vif intérêt que vous prenez au sujet de la présentation du mémoire dont vous avez bien voulu vous charger près de Sa Majesté. Quoique la question soit scientifique, elle touche à la création d'une trop belle industrie pour ne pas espérer qu'il n'en sera pas rendu compte à l'empereur. Dans tous les cas, le peu que vous lui avez dit a pu suffire pour fixer l'opinion de Sa Majesté.

. . . .

« Vous me faites espérer que vous verrez l'empereur avant votre départ. Auriez-vous la bonté de lui dire qu'après le conseil général je lui demanderai, dans un voyage à Paris, une audience, pour l'entretenir de quelques intérêts majeurs de l'Alsace? J'espère que, s'il était donné suite à quelque projet que j'ai en vue, vous voudriez bien m'aider à le faire réussir.

« Veuillez présenter à madame mes hommages respectueux et agréer, Monsieur, l'expression bien sincère de mes sentiments affectueux et dévoués.

« Cambacérès. »

Ainsi, M. Migeon donnait à M. le préfet du Haut-Rhin le concours le plus actif et, je puis le dire, puisque M. le préfet l'a dit, le plus éclairé. Entre la famille de M. le préfet et celle de M. Migeon des relations presque intimes s'étaient établies. On allait ensemble au théâtre... A Paris, on se recevait mutuellement; en un mot, les relations étaient telles que, lorsqu'elles existent, toute espèce de dissimulation sur une chose importante est regardée comme une mauvaise action.

Je n'ai donc pas été téméraire en vous disant que M. Migeon était le plus fidèle et le plus obéissant serviteur du gouvernement; il en donna des preuves pendant toute la durée de la Législative. Je ne sais s'il y a ou non une opposition au sein du Corps législatif; je n'ai pas à m'inquiéter de ces choses; il paraît qu'il n'y en a pas, à consulter du moins les documents officiels; ce qui est certain, c'est que parmi ces âmes... dévouées, il ne s'en rencontrait pas de plus attachée à l'empereur, de plus empressée à soutenir son pouvoir, à se conformer à ses moindres désirs.

En retour de cet attachement, M. Migeon a recueilli, de la satisfaction impériale, des témoignages qu'il ne m'appartient pas de produire en public, mais qui ne sont un mystère pour personne parmi ceux qui l'approchaient.

Cependant, la législature allait prendre fin, il fallait recourir à des élections nouvelles. Une circulaire de l'honorable ministre de l'Intérieur, de M. Billault, disait que tous les membres du Corps législatif seraient proposés en masse aux électeurs, sauf pourtant quelques rares exceptions, et à cet égard on fit entendre un langage plein de convenance. S'il devait y avoir quelques exclusions au milieu de ces privilégiés, est-ce qu'une pareille défaveur devait être redoutée par M. Migeon?

Tout le monde l'acclamait, y compris les gendarmes, les instituteurs, les maires, le préfet, le sous-préfet; M. Migeon ne pouvait donc deviner sous ces bruits flatteurs les grondements de l'orage prochain. Il ne voyait poindre à l'horizon politique, pour me servir d'une comparaison fort usitée dans le camp de M. Migeon, aucune espèce de nuages, lorsqu'il lui revint, dans les premiers jours de 1857, qu'il pourrait bien être menacé! M. le ministre lui dit qu'en effet il avait reçu des nouvelles inquiétantes, qu'il avait perdu sa popularité, qu'il serait difficile de faire admettre sa candidature, sans parler d'autres raisons d'autant meilleures qu'elles n'étaient pas les vraies..... Eh! a-t-on le droit de s'en étonner?... Un ministre est bien un peu diplomate; il n'est pas tenu de faire connaître ses desseins, surtout à ceux qu'il entend exclure de sa politique.

M. Migeon apprit bientôt que quelque chose avait pris naissance dans les hautes régions... M. le ministre avait dit qu'il enjoindrait à son préfet de prendre de nouveaux renseignements, lors de sa tournée pour les conseils de révision. M. Migeon apprit bientôt que M. le préfet, contrairement aux ordres ministériels, avait gardé vis-à-vis des maires un silence plein de circonspection. Il ne voulait pas s'éclairer; j'ai peur qu'il ne fût déjà éclairé. J'ai dans les mains la preuve que dès ce moment s'ourdissait une intrigue, une sorte de conspiration souterraine; il y avait là des ambitions qui se gênaient les unes les autres. Quand on ne voit certains personnages qu'en grand costume, on n'aperçoit rien ; il faut les voir en déshabillé pour apprendre à les connaître.

Je m'explique : M. Migeon était, vous le savez, candidat pour le conseil général à Habsheim. Chacun lui disait que son succès était assuré ; on le portait, disait-on, avec enthousiasme, et au nombre de ceux qui allaient au-devant de son succès et lui traçaient le chemin du triomphe, se rencontrait M. Lefébure, qui a figuré dans ces débats comme témoin. Voici ce qu'à la date du 3 juin M. Lefébure écrivait à M. Migeon :

« Mon cher Collègue,

« J'ai vu quelqu'un de votre champ de bataille électoral qui m'en a donné de bonnes nouvelles. Toutefois il y a encore quelques oppositions assez puissantes qui, je l'espère, se dissiperont, si l'on ne se presse pas trop. Je me suis très-longuement entretenu avec M. le préfet, et j'ai été content de lui. Nous finirons par nous entendre. »

Or, à la même date, M. Migeon recevait de M. Marchal une lettre qui n'avait rien de confidentiel et qu'il suffit de lire pour démasquer l'intrigue qui s'ourdissait alors.

« J'ai l'honneur de vous retourner la lettre de M. Lefébure. M. le préfet, que j'ai dû consulter, me charge de vous dire d'appuyer, mais très-faiblement.

« M. Émile Dollfus a été ici ce matin pour voir M. de Cambacérès. Il a voulu lui faire abandonner votre candidature en faveur de Riéder ; mais, après un entretien de deux heures, M. Dollfus est parti convaincu que votre candidature doit être soutenue envers et contre tous. M. Lefébure avait agi contre vous auprès de M. Dollfus, et M. le préfet lui a dévoilé toute la conduite de ces messieurs à son égard et au vôtre. Il leur a montré les preuves écrites de toutes les démarches qu'ils ont faites pour vous brouiller avec l'ancien préfet, en mettant leurs démarches sur votre compte.

« M. le maire de Mulhouse a été ici avec M. Dollfus, et ces deux messieurs sont partis enchantés des explications qu'ils venaient d'entendre, et considèrent M. Lefébure et M. de Reinach comme deux c..... M. de Cambacérès me charge de vous prier de vous tenir sur vos gardes vis-à-vis de vos deux collègues, que vous ne connaissez qu'à demi. Il a annoncé à ces messieurs de Mulhouse qu'il parcourrait dans les journées de mercredi et jeudi, 7 et 8 courant, le canton de H....., pour travailler à votre élection.

« Si vous saviez combien cette affaire est poussée vivement ici, vous auriez autant de confiance que moi dans le succès. Rien n'est négligé pour arriver à ce résultat, soyez-en convaincu. »

Ainsi l'on jouait deux jeux, on montrait deux visages... C'est ainsi qu'à côté de tous les succès se rencontrent des ombres. Le complot ourdi par des rivalités jalouses s'est bientôt grossi ; il a fait des recrues, et bientôt M. le préfet lui-même a pensé que M. Migeon devait être abandonné, et il s'est décidé à faire cause commune avec ses adversaires.

Comment expliquer autrement cet incident si extraordinaire du port des décorations? Dès à présent, je le déclare comme galant homme, je n'ai rencontré de ma vie exemple pareil d'un délit qui aurait été commis au grand jour, puis mis sous le boisseau pour éclater plus tard; et c'est à l'égard d'un ancien ami qu'on agit ainsi, se promettant plus tard de le traîner dans la boue, lui et le titre dont il est revêtu; on a soin de laisser dans l'ombre cette mèche incendiaire qui doit mettre le feu à sa fortune. Comment! c'est à l'heure où on lui faisait la meilleure figure, qu'il existait déjà un parti pris de le détruire au profit de certaines ambitions... Tout le secret du procès est là; je le signale tout de suite du doigt, et comme vous êtes d'honnêtes gens, mon procès est gagné.

Ce qui me confond, c'est que nos adversaires aient été assez imprudents pour dévoiler ce qui devait rester soigneusement voilé. Quoi! voilà M. Migeon qui a usé ses veilles à répondre à toutes les sollicitations, qui s'est acquis la juste confiance et une incontestable popularité dans l'arrondissement de Belfort, qui jamais ne s'est rendu coupable d'hétérodoxie politique; qui, de tous les serviteurs de l'empereur, a été le plus dévoué à sa fortune, à sa destinée; c'est lui qu'on désavoue et que l'administration va combattre!

Jusqu'au 4 juin, rien ne pouvait laisser soupçonner à M. Migeon une pareille détermination. A partir du 4 juin, il ne peut plus se croire ni se dire avec loyauté le candidat du gouvernement. Jusqu'à cette date, il pouvait bien craindre une intrigue, mais non se croire abandonné. Il savait très-bien qu'il n'y avait que lui de candidat possible, et à coup sûr il ne se trompait pas.

Je rencontre ici, au point de vue de l'homme politique, une objection sérieuse, et qui ne m'a pourtant pas été faite par M. le procureur impérial; et en effet, n'y a-t-il pas une sorte d'illogisme dans ce fait de la persistance de M. Migeon à rester candidat, rapproché surtout de ces traditions d'obéissance auxquelles il s'était voué avec tant d'abnégation? J'aime les positions nettes, et je dois avouer que, sous ce rapport, ce procès a parfaitement satisfait à mes goûts.

Le gouvernement est maître absolu, vous a-t-on dit; oh! je le reconnais, et tout ce qui tient au gouvernement doit obéir et non raisonner. Le ministre ne doit pas raisonner; le préfet, pas davantage; le maire, encore moins. Je ne descendrai pas jusqu'aux gardes champêtres, agents voyers et autres appariteurs. Il n'y a que le paysan, à la queue de sa charrue, qui, lui, en agit à sa guise.

M. Migeon, qui avait adopté ces traditions, eût, sans aucun doute, respecté la décision de M. le ministre de l'Intérieur; il eût fait, j'en suis persuadé, le sacrifice de ses opinions et de sa dignité personnelle, si pourtant son honneur le lui eût permis; mais c'eût été passer condamnation sur toutes ces abominations qu'on avait déjà répandues contre lui; ce n'était pas seulement dire qu'il n'était plus candidat, c'était dire qu'il était indigne de l'être, ce qui est très-différent : M. Migeon était déjà diffamé!

Nous avons relevé dans la déposition de M. le préfet du Haut-Rhin une expression qui a une extrême valeur; il vous a dit qu'il avait désavoué toute pression étrangère et voulu laisser liberté entière de voter. Cependant, c'est M. le préfet qui lui-même convoque les maires, et remarquez qu'il ne s'est pas borné à leur dire que M. Migeon n'était plus candidat, mais qu'il leur a dit que M. Migeon s'était rendu coupable du port illégal de la Légion d'honneur, et, pour rendre la révélation plus perfide, il a ouvert devant ces braves maires un Code pénal et leur a lu l'article qui punit ce délit d'un emprisonnement de six mois à deux ans.

Or, qu'était-ce cela? C'était une diffamation. Est-ce que M. Migeon s'est rendu coupable du port illégal de la Légion d'honneur? Nul de nous n'a pu encore le dire. Moi, je reste convaincu du contraire, et M. Migeon dût-il être en octobre reconnu coupable de ce chef, il était au mois de juin protégé par la loi qui ne permet d'imputer à personne un fait de nature à nuire à son honneur ou à sa considération.

M. Migeon était donc représenté alors comme un chevalier d'industrie; lui était-il possible de ne pas résister? Ne devait-il pas tout faire pour éloigner de son nom ces indignes calomnies et pour conquérir une réhabilitation qu'on semblait vouloir lui rendre impossible? Il est donc descendu sur le terrain électoral. Ce qu'il y a trouvé, je ne veux pas le dire, c'est complétement inutile. Ce que je sais, c'est qu'il est poursuivi aujourd'hui pour avoir, à l'aide de fausses nouvelles, de menaces, de promesses, capté des suffrages.

Nous avons dû faire défiler à cette barre une longue procession de témoins, trop longue, hélas! puisque leur audition faisait perdre le temps du tribunal; mais jamais le temps donné à la recherche de la vérité n'est perdu pour la justice. Ces témoins n'étaient pas, comme on a essayé de le dire, les premiers venus. Parmi eux figuraient quinze curés, dix-sept maires, plus de vingt fonctionnaires publics.

Qu'ont-ils dit? Je ne veux pas envenimer ce débat. Je n'ai pas à faire ici le procès de l'administration, je n'en ai pas le droit, je ne veux que résumer ces témoignages; ce que la justice a entendu, le défenseur a bien le droit de le répéter. Ils vous ont dit combien d'entraves nous avaient été opposées : nos affiches déchirées, nos porteurs jetés dans les prisons, sous prétexte que ces braves gens, qui tous appartenaient au pays, étaient des gens sans aveu. Ils vous ont dit que des gens avaient été publiquement menacés de destitution, et toutes ces choses se passaient en plein soleil.

Mais, au surplus, est-ce que ces témoins nous étaient indispensables? Est-ce que tous ces faits n'étaient pas de notoriété publique? Vous vous rappelez ce qu'a dit M. le préfet à la réunion des maires : Vous êtes libres de voter comme bon vous semblera, à la seule condition, si vous ne votez pas pour le candidat du gouvernement, de donner votre démission. (*Rires.*)

Et ceci n'est pas resté à l'état de simple menace. Onze maires, à ma connaissance, ont été destitués, et pour ne parler que de l'un d'eux, de l'honorable M. Viellard, on a trouvé très-piquant d'exiger de lui qu'il votât contre son beau-frère... mais comment! je me trompe, il restait libre, parfaitement libre; seulement voici comment après l'élection il fut traité; il reçut de la sous-préfecture la lettre suivante :

« MONSIEUR LE MAIRE,

« Après ce qui s'est passé à l'occasion des élections dernières, je pense que vous devez comprendre que l'administration départementale ne peut plus vous compter au nombre de ses collaborateurs.

« A la veille des élections, M. le préfet n'a pas voulu prendre de mesure qui ait pu faire supposer qu'il voulait intimider les esprits; aujourd'hui, ces motifs n'existent plus. Je vous prie de me faire connaître s'il n'est pas dans vos intentions de vous démettre volontairement de vos fonctions de maire de Méziré; j'attendrai votre réponse pour proposer à M. le préfet telle mesure qu'il conviendra.

« Recevez, Monsieur le maire, l'assurance de ma considération distinguée.

BARTHÉLEMY. »

Je rends pourtant cette justice à M. le sous-préfet qu'on ne saurait employer de termes plus courtois, je dirais presque plus galants. M. Viellard est un grand manufacturier qui jamais ne s'était occupé de politique. Il avait eu l'ambition d'être maire de son village, afin d'avoir plus d'occasions de faire du bien à tous et de pouvoir protéger les plus faibles. Voici comment M. Viellard répondit à la lettre de M. le sous-préfet :

« MONSIEUR LE SOUS-PRÉFET,

« J'ai toujours déploré pour mon pays l'abus de la force, rien de stable ne se fondant par la compression.

« C'est ce sentiment qui m'a fait repousser les injonctions de l'administration en matière d'élection; et j'étais d'autant plus fondé dans ma résistance, que l'empereur d'abord, et après lui le ministre, avaient proclamé pour tous la plus grande indépendance dans le vote.

« Aujourd'hui vous me demandez ma démission de maire après dix-huit ans d'exercice. Non, Monsieur le sous-préfet, je ne vous donnerai pas cette satisfaction : je tiens à honneur d'être destitué pour n'avoir pas voulu manquer à ma conscience.

« VIELLARD,

« Chevalier de la Légion d'honneur, membre du conseil général. »

Tels sont les faits qui se sont passés : je me garderai bien d'élever, en face de ces faits, des théories politiques; la constitution d'ailleurs me lie la langue; il me suffit de vous montrer que M. Migeon avait en face de lui tous les maires, forcés sous peine de destitution de le combattre, tous les adjoints, tous les gardes champêtres, tous les cantonniers, tous les appariteurs, tous les gendarmes, c'est-à-dire un bataillon épais qui ne devait pas permettre à M. Migeon de passer avec sa candidature.

Ah! que je comprends la parole à la fois si noble dans sa simplicité et à la fois si intelligente de ce maire alsacien : On ne viendra pas nous arracher à la queue de notre charrue. Heureux ce noble laboureur qui apprécie du moins le bienfait de l'indépendance; malheureusement nous n'avons pas rencontré beaucoup de paysans de cette nature. La plupart n'ont pas résisté aux menaces de l'administration, et ils ont travaillé avec une ardeur extrême au succès du candidat Billault.

Dieu me garde de faire de la politique! mais ne puis-je remettre sous vos yeux quelques passages de la circulaire qui a précédé les élections?

« Un gouvernement fort et populaire dit nettement ce qu'il pense et ce qu'il veut. Pour les élections, ce que veut l'empereur, c'est la pratique libre et sincère du suffrage universel.

« En face de ces candidatures hautement avouées, résolûment soutenues, les candidatures contraires pourront librement se produire. »

Et plus loin :

« Tout électeur qui, non content d'écrire ou de faire écrire son vote, et d'exercer ainsi son droit individuel, voudra propager une candidature, en pourra librement distribuer les bulletins, si, sur l'un de ces bulletins légalement déposé, la signature du candidat constate son assentiment. »

Voilà la circulaire de M. le ministre; comparez-la aux faits du procès. Cette circulaire du 30 mai 1857, elle a été affichée dans les communes, mais le deuxième jour des élections, le lundi au soir, et encore vous savez comment! Un maire vous l'a dit naïvement, il l'avait affichée dans le tiroir de sa table, où, dit-il, on la retrouvera encore. (*Rires.*) C'est que, pour ce maire comme pour tant d'autres, les élections ne sont qu'une affaire d'obéissance, de discipline. Le suffrage universel réformé se réduit à la précision du mouvement d'une manœuvre de peloton.

Malgré les difficultés qui se dressaient devant lui, M. Migeon ne crut pas devoir déserter la lutte. Il était attaqué, je le répète, avec une infatigable activité par ceux-là même qui avaient si souvent recouru à sa protection; mais il était alors descendu du Capitole; ce n'était plus le député qu'on vénérait naguère, c'était un véritable excommunié politique. Il rencontra partout les portes fermées. Pour soutenir alors la lutte, il fallait bien l'organiser.

On a reproché à M. Migeon d'avoir établi à la Vieille-Poste un bureau, d'avoir eu des scribes autour de lui; or, qui ne sait ici comment les choses se passent lors des élections? on reçoit des centaines, des milliers de lettres, il faut bien y répondre; les maires viennent vous entretenir, il faut bien les écouter; c'est une tâche assez rude, dans laquelle il faut absolument être secondé. Ne pouvant seul écrire tant de lettres, il fallut bien que M. Migeon prît des scribes; rien de plus légitime. Et qu'a-t-il fait que n'aient fait son concurrent et presque tous les candidats?

Ah! messieurs, je suis convaincu que les élections attendent encore, je ne dis pas leur Pindare ou leur Tacite, mais leur Juvénal. Je n'ai pas à relever ici les scènes bouffonnes qui parfois ont signalé ces luttes; mais quand on nous reproche nos tournées et nos expéditions électorales, je puis bien dire que plus d'une fois il est arrivé aux deux candidats rivaux de se trouver côte à côte dans la même carriole que M. le procureur impérial a, je ne sais pourquoi, transformée en équipage élégant, traîné par des coursiers qui faisaient voler la poussière sous leurs pieds. Eh non; ces pauvres chevaux d'Alsace qui ont pris leur plus forte part des fatigues électorales, n'avaient pas ces attitudes fières que vous leur supposez. (*Rires.*)

Nous rencontrons donc sur les mêmes grandes routes et M. Migeon et M. Nizole, avec cette différence pourtant que celui-ci est accompagné de M. le sous-préfet et sous la protection des gendarmes; pour lui on fait traduire les circulaires en allemand, à l'usage des populations qui ne comprennent pas le français.

M. Migeon a donc usé de son droit en cherchant à lutter contre de si hautes et si actives influences.

Je ne veux vous présenter sur la physionomie de ces élections que des vues d'ensemble, que je me hâte de vous tracer à grands traits, en résumant les points saillants mis en lumière par les témoignages.

Si, de notre côté, il y a eu brigue, a-t-elle été, je vous le demande, aussi loin que du côté de nos adversaires? Nous n'avions pas la même puissance; nous ne pouvions tenir le même langage; nous ne pouvions, comme le faisait l'administration, menacer de châtier ceux qui désobéiraient et promettre de récompenser ceux qui seraient fidèles. Malgré cette évidente infériorité, M. Migeon est sorti vainqueur de la lutte avec 6,500 suffrages de majorité : triomphe éclatant qu'on redoutait lorsqu'on annonçait qu'il serait de courte durée. Vous savez qu'avant les élections on disait partout, M. le curé de Saint-Dizier vous en a particulièrement déposé, que si M. Migeon était nommé, on lui ferait un procès. Il y avait donc un parti pris, et la poursuite qui a suivi n'est que l'exécution d'une pensée antérieure. Prenez bien garde qu'en disant cela, ce n'est pas la justice que je prétends atteindre, mais l'administration, qui m'appartient, mais M. le préfet, qui eût pu vous dire : *Me, me adsum qui feci.* L'administration qui avait pris parti a succombé; or, quand on succombe, on est de mauvaise humeur, et par suite mal inspiré. Aussi je crois que l'administration regrettera le parti qu'elle a pris.

Une instruction a donc commencé. J'ai le droit de dire que le résultat n'en était pas bien concluant, lorsque la cour de Colmar, usant de sa prérogative, et pour l'appréciation plus complète des faits, a évoqué l'affaire. Cette seconde instruction n'a pas produit beaucoup plus que la première : ce n'en fut que la seconde édition, et elle ne faisait pas présager le résultat qu'on souhaitait si ardemment, lorsqu'on s'avisa, l'instruction étant terminée, la procédure étant complète, d'introduire dans ce procès cet incident de la Légion d'honneur!..... C'était là ce cas réservé qui dormait depuis 1856 du plus profond sommeil.

Sans doute, le fait était grave : il s'agissait du port de la croix d'honneur et d'un député soupçonné d'avoir, en public, cédé à un pareil acte de vanité; mais ce chef de prévention n'ayant aucune relation avec les faits concernant les élections, nous avons dû vous présenter les moyens d'incompétence sur lesquels vous avez statué. Mais combien votre jugement est empreint d'une haute sagesse! Il dit, j'en ai les termes présents à la mémoire, qu'en présence d'une prévention de cette nature, la justice (pour statuer convenablement et en pleine connaissance de cause) devait tout examiner. Vous avez voulu que la lumière se fît, qu'elle illuminât toute cette affaire, et alors ces débats se sont déroulés avec une liberté qui honorera à jamais la justice.

Mais ce que je me demande, c'est si M. Migeon, à la cérémonie Rapp, portait la croix dans le dessein de se faire élire député. Il eût été vraiment bien malavisé de le faire, et à supposer un instant qu'il eût revêtu illégalement cet insigne en face de la statue de ce brave général, c'eût été là de sa part, je n'hésite pas à le dire, un acte insensé, mais passager, et qui restait sans influence sur sa candidature, dont il ne pouvait être question, un acte qui avait été sans précédent, comme il est resté sans suite. Il me paraît donc impossible que, lorsque vous déciderez ces questions qui sont réservées, il me paraît impossible, dis-je, que ce fait ne se détache pas des autres, comme étant le seul qui soit de votre compétence, et que dès lors vous ne rejetiez les autres dans le domaine du droit commun.

Cependant, comme la prévention persiste et que nous avons le droit d'être modeste, faible que nous sommes, nous aborderons successivement chacun des chefs de la prévention et essayerons d'y répondre dans la mesure de nos forces.

Le premier chef de prévention qui pèse sur M. Migeon est relatif aux fausses nouvelles répandues, dit-on, dans un intérêt électoral.

Et d'abord, pour ne pas courir risque de nous égarer, précisons les caractères délictueux de ce fait, tels qu'ils résultent de la loi. Le législateur n'exige pas seulement que la fausse nouvelle ait été produite, il faut encore, pour qu'elle constitue une manœuvre, que cette fausse nouvelle ait déterminé un ou plusieurs électeurs à s'abstenir de voter; la cause ici doit être rattachée à l'effet, et si cette production de fausses nouvelles n'a eu aucun résultat, il n'est pas possible de prononcer une condamnation.

M. Migeon se serait, dites-vous, constamment présenté comme étant le candidat de l'empereur. Veuillez prendre garde à la situation qui lui était faite : il restait dévoué au gouvernement établi et à la personne de l'empereur. Il y avait bien une certaine singularité dans cette lutte; peut-être, en fait de fidélité personnelle, avait-il donné plus de gages que le compétiteur qu'on lui opposait... et ici le tribunal me comprendra à demi-mot... Que voulaient les populations? Ce n'était pas être agréables à l'administration, mais voter pour un candidat qui soutînt la politique de l'empereur; et il avait raison de leur répondre : Je suis résolu à soutenir, avec autant de dévouement qu'avant, les projets, les desseins de la politique impériale. Est-ce qu'il faut dire, avec ce chef de municipalité campagnarde, que voter pour M. Migeon, c'était voter pour les révolutionnaires? Vous savez très-bien qu'il n'en était rien; je mets le ministère public au défi de produire un seul électeur qui ait voté pour M. Migeon, croyant voter pour le candidat de l'administration.

On a été jusqu'à dire que M. Migeon avait tenté d'abuser sur ce point; qui? M. le sous-préfet lui-même; mais s'il eût entrepris une pareille campagne, c'est à Charenton qu'il faudrait l'envoyer.

Quoi! il aurait voulu tromper M. le sous-préfet; ce serait avoir à la fois une bien haute opinion de l'influence de M. Migeon, et une bien triste idée de l'intelligence de M. le sous-préfet, fonctionnaire parfaitement distingué, ainsi que nous avons pu tous en juger. M. Migeon aurait-il séduit M. le sous-préfet? Non, car pour être séduit, il faut être persuadé, et pour se laisser persuader, il faut faire usage de son raisonnement; or, un sous-préfet ne raisonne ni ne doit raisonner (*sourires*); il reçoit des ordres, ne les discute pas, et les exécute. M. Migeon est donc allé trouver M. le sous-préfet, mais pour lui dire qu'il était assuré du succès. Et encore une fois, l'événement a prouvé s'il se trompait.

Au surplus, tous ces témoins que vous avez entendus sont bien venus vous dire qu'ils savaient bien, qu'ils avaient très-bien reconnu que M. Migeon n'était pas le candidat de l'administration, mais qu'il leur suffisait de savoir qu'il était dévoué à la personne et aux institutions impériales.

Mais, dites-vous, M. Migeon a parlé de ses relations avec l'empereur. Eh bien! s'il s'en est vanté, il n'a rien dit que de vrai; ses relations avec l'empereur, elles sont certaines, elles sont attestées au procès.

Nous avons ici les preuves que non-seulement M. Migeon était reçu aux Tuileries, mais qu'il y fut reçu plusieurs fois; qu'en un mot, la faveur du maître n'avait pas cessé de rayonner sur lui. Eh bien! que veut donc l'administration? A quelle exagération de puissance prétend-elle? Quand, de quelque manière que ce soit, le souverain manifeste ses sympathies ou ses préférences, ne doit-elle pas s'incliner?

Quant à M Migeon, il est resté attaché de cœur à l'empereur, à sa politique, et vous, vous voudriez qu'il n'eût pas le droit de le dire, et, quand il le dit, vous travestissez sa pensée!

Mais, dit-on, il avait organisé à la Vieille-Poste, à Belfort, un bureau d'où partaient, dans toutes les directions, les nouvelles qui circulaient dans le département. Le ministère public n'a cité aucun nom; eh bien! comme en toutes choses il faut de la précision, je lui demande où sont ses preuves. Il nous a présenté un groupe anonyme d'hommes en blouse, qui avaient, dit-on, en main des petits papiers, lesquels petits papiers, dit-on encore, auraient été présentés par eux comme contenant l'énoncé d'une dépêche télégraphique annonçant la révocation du préfet.

Kreider a dit, il est vrai, qu'il avait entendu ce bruit répandu à Belfort, et que M. Fischter lui avait remis une lettre ouverte, adressée à M. Migeon et annonçant que M. le préfet était destitué. La seconde circonstance, et qui n'est pas moins explicite, c'est que M. Fischter a dit qu'il n'y croyait pas, que cette nouvelle l'intriguait beaucoup et qu'il voudrait bien en connaître l'origine : la déclaration nous en est faite par M. le curé Schuller. Cet homme était donc de bonne foi, et pourtant il était agent de M. Migeon, ceci est bien constant. Comment maintenant rattacher ce simple bruit, qui n'est même pas une nouvelle, à M. Migeon? Il faudrait établir que M. Migeon eût accepté et propagé cette nouvelle; or, il était absent de Belfort.

La meilleure preuve qu'il ne l'a pas propagée, c'est que c'est à lui qu'on la communique sous forme dubitative. Que M. Fischter eût été poursuivi pour cette nouvelle, je le comprendrais; mais M. Migeon, qui n'était pas à Belfort, qui, lorsque la nouvelle lui arrive, est le premier à la démentir! Il n'a pas été l'auteur de la fausse nouvelle, il n'en a pas même été la dupe. C'est donc là un élément sur lequel le ministère public n'eût pas dû insister.

Le second chef de prévention mérite encore bien moins d'être discuté. Le défenseur place sous les yeux du tribunal l'article qui punit les promesses faites en vue des élections. M. Migeon n'a jamais pu disposer d'une faveur ou d'un emploi. Ce qu'il pouvait promettre, c'était tout au plus l'espérance d'une faveur ou d'un emploi. Un candidat qui ne peut promettre que son influence est dans l'absolue impossibilité de se rendre coupable du délit prévu par l'article 38.

M. Migeon disait à M. Himbert : Ne soyez pas inquiet de votre fortune; il est tout simple, en effet, que si je nuis à votre fortune, je doive réparer les brèches qui ont pu résulter des appuis que vous m'avez prêtés. Mais est-ce qu'Himbert était un électeur? est-ce qu'il promettait son vote? Non, c'était son lieutenant, c'était lui qui devait mener les phalanges au scrutin. Oh! sans doute, la position de député ne devrait pas s'accommoder de ces brigues; oui, les voix devraient être toutes spontanées; elles devraient venir trouver le mérite sans que le mérite se déplaçât. Ce sont là des rêves de l'âge d'or; nous avons pu les faire dans notre jeune âge, les trouver dans les livres, mais dans la réalité, c'est, hélas! bien différent.

Quelles sont donc les autres promesses qu'aurait faites M. Migeon?

Un jour, se promenant dans la vallée de Saint-Amarin, il aurait promis une église. Mais M. Migeon ne pouvait s'engager à construire une église; il ne pouvait que déclarer qu'il s'intéresserait à la construction d'une église. Or, a-t-il fait de cette intention manifestée la condition d'un vote? Personne ne l'a déclaré.

Verriez-vous une promesse dans l'incident relatif à une permission de défricher, dont je ne sais plus quel maire était venu entretenir M. Migeon? C'est une affaire à examiner, répondit M. Migeon; nous en parlerons, si vous voulez partager mon dîner. Et puis M. le maire apprend, de la bouche de M. Migeon lui-même, qu'il a cessé d'être le candidat officiel. Alors, saisi d'une salutaire terreur, M. le maire tourne immédiatement le dos à celui qu'il venait solliciter.

Tous les autres épisodes sont de la même nature. Faut-il parler de la réunion qui a eu lieu chez M. le curé de Guewenheim? A en croire la prévention, M. Migeon aurait convoqué au presbytère de vieux officiers de l'Empire, et là se serait passé un pacte inique, au moyen duquel on aurait acheté leurs voix. La vérité est beaucoup plus simple, et je m'étonne qu'on se donne tant de peine pour la travestir. M. Migeon s'occupait du sort de tous les infortunés de son département, ceci ne fait doute pour personne; il s'occupait particulièrement des vieux militaires, auxquels il portait un intérêt spécial; il avait sollicité des secours pour eux, lorsqu'il reçoit une lettre du ministère dans laquelle on lui disait :

« Monsieur le comte et cher député, voici une liste de secours qui comprend grand nombre de noms, parmi lesquels se trouvent vos protégés, etc... »

Ah! M. le procureur impérial viendra dire sans doute que M. le chef de division qui adressait cette lettre à M. Migeon est son complice; peut-être y découvrira-t-il quelque erreur d'expéditionnaire, comme dans les lettres émanées de la grande chancellerie..... Ce qui est certain, c'est que, pour donner avis à tous ceux que cette lettre intéressait de la bonne nouvelle qu'il venait de recevoir, M. Migeon ne crut pouvoir mieux faire que de donner rendez-vous à ces braves militaires dans la demeure même du curé; mais où voyez-vous qu'il ait imposé aucune condition? C'est une regrettable erreur de la part du ministère public, d'autant plus regrettable qu'il a dénaturé, sans le vouloir assurément, un de ces actes de charité par lesquels M. Migeon n'a cessé de s'honorer. De toutes parts, sur ce point, nous ne rencontrons donc que le néant...

Parlerai-je des reproches adressés à M. Migeon à l'occasion de cette lettre du ministre annonçant à M. Migeon qu'il n'était plus le candidat du gouvernement? Vous en connaissez trop les termes pour que j'aie besoin de la faire passer de nouveau sous vos yeux. Elle contient une expression de regret, c'est évident.

Dès lors les personnes auxquelles M. Migeon a communiqué cette lettre ont bien pu y ajouter des commentaires qui en ont développé ou peut-être changé un peu le sens. Que dans les conversations on y ait ajouté tel ou tel propos, quoi d'étonnant à cela? Ne connaissez-vous pas l'histoire des œufs de la fable? est-ce que de commérages en commérages, ou de compérages en compérages, il est bien difficile de compléter la centaine? On ne saurait parler ici de fausse lettre; il avait une lettre, il l'a montrée.

M. Migeon n'a pas trompé les électeurs; il ne s'est pas présenté comme le candidat du gouvernement ni de l'empereur, mais de la politique de l'empereur, et il ne pouvait pas dire autrement, puisqu'il restait dévoué de cœur à cette politique et aux institutions actuelles. Je suis convaincu que vous n'éprouvez aucune hésitation à renvoyer M. Migeon sur ces deux chefs de prévention.

Maintenant, a-t-il fait usage de menaces? Un témoin est venu vous dire qu'il avait entendu dire que des propos menaçants auraient été tenus. J'ai, à cette audience, pressé M. le lieutenant de gendarmerie Noirot à cet égard; il a été dans l'impossibilité de signaler aucun nom propre; il n'y avait là que des commérages qui courent les villages; c'est la bulle de savon qui se colore d'autant plus qu'elle est sur le point de se dissoudre. C'est cependant sur de pareils nuages que l'on fonde la prévention.

Est-ce que Courbot a menacé? Il a dit, en général : Si l'élection triomphe, tous les maires seront destitués; mais ce M. Courbot qui n'avait pas, j'imagine, de prétention à la prophétie, ne s'est pas tant trompé, ce me semble. Vous savez que la liste des victimes est longue. Il a été suivi, à l'égard des fonctionnaires, les procédés de ces peuples qui ne manquaient jamais de décapiter leurs capitaines quand ils n'avaient pas remporté la victoire. Mais Himbert aurait dit à un camarade, à un portier, alors qu'on causait des élections : Oh! si nous réussissons, il y aura bien des gens fouettés. Eh! sans doute, c'est une manière de dire et qui n'a vraiment rien que de très-simple. Si M. Migeon est nommé, les partisans de M. Nizole seront confondus; voilà ce que cela signifie. Y a-t-il quelqu'un de menacé dans sa fortune, dans ses affections?

Il y a vraiment bien autre chose! M. le procureur impérial vous a parlé des violences exercées, et je vous avoue que j'ai été affligé, effrayé au premier abord; mais j'ai dû bientôt me rassurer. Un assassinat aurait été commis; mais par qui? C'est ce que nul ne peut dire; mais enfin nous savons aujourd'hui quelle est cette mort qui a dramatisé un instant le débat. Elle est regrettable assurément; un jeune arbrisseau (il comptait cinq printemps, si je ne m'abuse) a succombé, victime bien innocente de cette lutte politique à laquelle il devait espérer rester étranger. Il était plein de vie, son maître nous l'a dit; il eût, sans nul doute, donné plus tard des fleurs charmantes et des fruits savoureux. Et voilà qu'une main barbare fend sa jeune écorce pour y insérer ce billet incendiaire : « Si tu parles encore de Nizole, tu verras!... » Voilà les voies de fait...

M. LE PROCUREUR IMPÉRIAL. Je n'ai pas parlé de voies de fait.

Me Jules FAVRE. Je vous en demande bien pardon, monsieur le procureur impérial... Je trouve le mot sur mes notes, et les sténographes le rapportent. Mais enfin, nous ne sommes pas sûrs que le jeune poirier n'ait pu être redressé sur sa tige, et à tout événement, le propriétaire en aura été quitte pour en planter un à côté. (*Sourires.*)

Le quatrième chef de prévention serait plus grave, s'il pouvait être imputé à M. Migeon, s'il existait l'ombre d'une preuve à sa charge.

Il aurait été distribué, en nombre suffisamment grand, une lettre anonyme d'une rédaction détestable; lettre que vous avez indiquée sous la dénomination de lettre du 17 juin. On s'y plaint amèrement des procédés de l'administration à l'égard de la candidature Migeon.

Eh! mon Dieu, cette lettre pourrait bien être, je ne dis pas excusée, mais expliquée par les calomnies dont M. Migeon a été victime.

Vous vous souvenez que plusieurs témoins sont venus vous dire que M. Migeon s'était rendu coupable de quelques petits vols; qu'il avait été condamné à cinq ans d'emprisonnement; qu'il avait été exécuté à la Bourse. Eh bien! il fallait résister au torrent des calomnies. Qu'alors un ami maladroit et imprudent (qui n'a pas le malheur d'en avoir?) se sera avisé de rédiger cette lettre que vous savez et qui devait avoir une certaine efficacité, mais une efficacité contraire à la candidature de M. Migeon.

Mais qu'est-ce qui rattache cet écrit à M. Migeon? Cette lettre est du 17.

Le 16 au matin, M. Migeon a quitté Belfort; c'est donc en son absence que l'écrit a été composé et distribué au moyen de la carriole louée chez Lethrillard. Mais, nous dit-on, si cet écrit n'émane pas de votre main, c'est votre style; votre paternité ne saurait être déniée. Je ne sache pas que dans une affaire de calomnie ou d'outrage, on ait jamais eu recours à de pareilles présomptions, à de prétendues similitudes de style. Si jamais un pareil moyen d'incrimination venait à être en honneur devant la justice, je ne sache pas d'honnête homme qui pût reposer en sécurité. Il faut donc que M. le procureur impérial use d'une tout autre argumentation. Aussi l'essaye-t-il en vous disant que M. Lethrillard est allé réclamer son salaire de M. Himbert et qu'il l'a obtenu.

M. Migeon a-t-il vu ce M. Lethrillard? En aucune façon. M. Himbert refusait d'abord de payer, disant qu'il n'avait rien commandé; mais n'est-ce pas là la preuve que M. Migeon était resté étranger à la distribution de cette lettre? Est-ce que M. Migeon aurait laissé s'élever cette misérable question d'argent? Tantôt vous en faites un prodigue dévorant les millions paternels, tantôt vous voulez le travestir en un Harpagon maladroit. Si M. Migeon eût commandé cette distribution, il l'eût payée.

M. Migeon ne peut donc être puni pour le crime d'un inconnu. Cette lettre n'est pas de lui; elle est vraisemblablement d'un de ses amis, et vous savez s'il en avait d'infatigables, de dévoués, et quelquefois de peu éclairés. Vous avez pu juger par les protestations qui, à cette audience, se sont produites en sa faveur, protestations dont quelques-unes sont, jusqu'à un certain point, courageuses, combien de cœurs battent pour lui; les procédés dont on a usé à l'égard de ces créatures dévouées ont pu en irriter quelques-unes et les pousser à écrire cette lettre dont la rédaction et la distribution sont étrangères à M. Migeon.

Il me reste à parler du chef de colportage. Je n'ai rien à vous dire de la loi de 1849, M. Migeon l'a votée (*sourires*); et d'ailleurs elle est loi, et à ce titre elle mérite tous nos respects. Vous savez au surplus de quelle discussion cette loi a été l'objet de la part de savants jurisconsultes qui alors avaient l'honneur de siéger à l'assemblée. Elle fut présentée par l'honorable M. Odilon Barrot, qui jouissait de toute la confiance du prince qui l'avait élevé au poste éminent qu'il occupait alors... Ah! messieurs, lorsque nos neveux prendront connaissance de notre histoire, alors que nous ne serons plus qu'une humble poussière, ils auront bien de la peine à la comprendre... et à s'expliquer les entraves volontaires dans lesquelles nous aurons emprisonné la liberté, comme si elle portait avec elle un flambeau qui dût incendier le monde. (*Marques d'assentiment.*)

Vous savez la position de M. Migeon dans les dernières élections, avec quelle violence il était attaqué par les journaux de la préfecture, par les propos des agents de l'autorité. Il lui fallait tout subir et ne rien répondre; la voie des journaux lui était interdite. Le ministère public nous a énuméré les chiffres des imprimés de M. Migeon, qui ont été non pas colportés, prenez-y bien garde, mais qui sont sortis des presses.

Il y a, vous a-t-on dit, 4,000 *Vérités*... Je crois que de ces quatre mille, il en restera beaucoup qui ne verront jamais le jour... Il y a 4,000 *Calomnies*... Je crains fort, messieurs, que ces quatre mille calomnies n'aillent en se multipliant.

Enfin, vous a-t-on dit, il y a 4,000 *Biographies;* mais celles-ci sont, n'est-il pas vrai? les plus innocentes du monde... Et puis, tout ce bagage biographique est encore, à l'heure qu'il est, enfermé dans la caisse de blois blanc qui lui sert de tombeau depuis qu'il est sorti des presses de Paris, à l'exception de quelques exemplaires qui ont pu être donnés de la main à la main.

Au surplus, il faut sur ce chef de prévention avoir le courage de tout dire. La loi de colportage est la plus élastique de toutes les lois; il n'est pas un de nous qui ne se soit rendu coupable du délit de colportage, car, à la rigueur, et la loi va jusque-là, celui qui donne sa propre carte de visite se rend coupable de colportage; un auteur qui offre ses œuvres, et il en est bien peu qui résistent à donner à leurs amis le fruit nouveau de leur génie, et même qui ne sait qu'en pareil cas le cercle des amis s'élargit souvent? eh bien! celui-ci encore commet un délit... Ce qui prouve, messieurs, que, dans l'application de lois si élastiques et si vagues, il faut apporter une grande sagesse, une grande mesure; vous ne voudriez pas d'ailleurs, à raison d'un délit d'une si minime importance, faire déchoir, *ipso facto,* M. Migeon de sa dignité de député.

Maintenant, messieurs, que j'ai épuisé la discussion des faits principaux se rapportant aux événements accomplis dans l'arrondissement de Belfort, ce qui me reste à dire peut être considéré comme véritablement épisodique et accessoire. Je ne doute pas, en effet, que, sans le succès électoral de mon client, on n'eût jamais songé à recueillir contre lui le double procès-verbal du brigadier Gauchet et du maire Herbett.

Sans méconnaître, messieurs, ce qui est dû à la qualité de brigadier et de maire de village, il faut bien reconnaître que les faits relevés dans ces procès-verbaux n'ont pas la moindre gravité, et que la plus simple réflexion suffit à dissiper les nuages de la prévention.

La lutte est finie, M. Migeon était sorti vainqueur à près de 7,000 voix de majorité, ce qui prouve que son intuition n'était pas si fausse quand il allait trouver M. le sous-préfet et l'assurait qu'il était le candidat des populations alsaciennes, dont il avait si bien servi les intérêts et compris le caractère. Il restait bien alors une certaine agitation dans les esprits : — le plus vigoureux et le plus calme des athlètes sent encore bouillonner son sang dans ses veines, même quand il a pris du repos. Il y avait des dispositions à l'enthousiasme de la part des vainqueurs, comme de la part des vaincus, il y avait des dispositions au mécontentement, à l'humeur, à la susceptibilité, à l'enquête. C'est dans ces circonstances qu'on relève les faits relatifs au brigadier Gauchet.

Cet épisode se réduit aux plus minines proportions. Le soir de la fête de Rougemont, M. Migeon, qui dînait dans le voisinage, apprend qu'un certain nombre d'électeurs s'est réuni et espère le voir; il croit de son devoir d'aller les remercier; c'est ainsi qu'il va dans l'auberge de Vincent Perrot. Le brigadier s'empresse d'aller offrir ses devoirs à M. Migeon, qui, dans le premier moment, accepte sa main; puis, avant de quitter l'auberge et se rappelant la trahison de celui qui avait toujours été son plus obséquieux courtisan, M. Migeon va trouver le brigadier et lui dit : Monsieur Gauchet, je vous ai tendu la main, je le regrette, vous ne le méritiez pas. Le brigadier s'émeut, cherche des explications; M. Migeon répète sa phrase, et, bien que ce ne fût pas à haute voix, la foule qui se pressait auprès de son député s'émeut: M. Migeon de répéter une troisième fois sa phrase, sans qu'un mot soit proféré par lui contre l'arme qu'il respecte.

C'est alors qu'un inconnu (et les inconnus jouent un grand rôle dans ce débat quand il s'agit de charger M. Migeon), c'est alors qu'un inconnu profère une parole malhonnête. M. le brigadier, invité, dit-il, à faire son devoir par un suppléant de juge de paix, lance contre cet inconnu un de ses soldats dont vous avez pu apprécier la vigueur et la solidité; pour l'atteindre, il dérange les assistants, les bouscule, et il est tout simple qu'au contact des gendarmes, M. Migeon n'ait pu opposer une résistance égale. M. Migeon est remonté en voiture, il a conseillé le calme à tous ces bons paysans qui s'en sont allés se coucher. Tel a été le dénoûment de cette scène, dont vous avez à apprécier la moralité, bien qu'elle n'eût jamais dû mériter notre attention.

Mais enfin, puisqu'on veut tout ramasser et gonfler les grains de sable pour en faire des montagnes, voyons s'il y a lieu à des reproches sérieux.

Et d'abord, qu'est-ce que M. Gauchet? Si c'était un simple brigadier, qu'il eût été inconnu de M. Migeon, on pourrait taxer de dures, jamais d'offensantes, les paroles de M. Migeon; mais je dis que M. Gauchet n'avait pas, jusqu'à un certain point, le pouvoir de s'en plaindre. Il avait été le plus obséquieux des flatteurs; il avait été promettre à M. Migeon son concours le plus dévoué, et l'on comprend que M. Migeon eût pu montrer quelque irritation de ce changement de front.

Je ne veux pas abuser des citations, mais je prie le tribunal de croire que je suis, à cet égard, d'une richesse accablante. Quelles étaient les relations de ce brigadier avec M. Migeon?

Voici ses lettres :

« Monsieur le député, le brigadier de Massevaux prend la liberté de se rappeler à votre souvenir..... »

M. le brigadier sollicitait alors la faveur du pouvoir par l'intermédiaire de M. Migeon.

« Monsieur le député comte Migeon, j'ai l'honneur de vous adresser la présente, afin de venir vous remercier des bonnes dispositions que vous avez pour moi dans votre lettre du 24 courant. J'ai donc tout espoir à attendre la médaille militaire pour laquelle je suis proposé. C'est le motif pourquoi, etc. »

Puis il termine en disant : « Nos cœurs vous sont ouverts. » C'est un peu là l'histoire de bien des électeurs; si leur cœur est ouvert, c'est l'intérêt qui en tient la clef.

Voici une autre lettre dans laquelle le brigadier Gauchet demande des secours à M. Migeon pour des malheureux, et il ajoute ensuite :

«..... Il y a dans Rougemont beaucoup d'électeurs, dans laquelle commune M. le comte n'est pas inconnu. Jusqu'à présent, Monsieur le comte, il n'y a pas dans nos contrées aucune tentative de corruption, ni adversaires, car je serais le premier, sans trop dire, pour réprimer de pareilles choses. Je suis fidèle à la patrie (*sourires*) et je le serai toujours, je le promets. Je suis certain que vous avez toujours ignoré combien j'ai travaillé aux élections des députés dont vous faites partie. Si peut-être je vous en avais instruit de suite, j'aurais mieux réussi dans mes démarches et dans mes demandes. Comptez toujours sur le brigadier de Massevaux, et vous pourrez le savoir par d'autres combien il vous sera fidèle. » (*Rires.*)

Vous voyez avec quelle attitude martiale le brigadier attendait alors les adversaires de M. Migeon. Malheur à l'électeur récalcitrant!

Vous savez quelle a été son attitude depuis; il obéissait à sa consigne..... soit; et quant à moi, je ne lui en fais pas un reproche sérieux; il a fait son métier, seulement il l'a fait avec une extrême dureté, assez peu compatible avec les démonstrations de dévouement qu'il avait données précédemment. Pourtant M. Migeon n'eût jamais reproché à un brigadier d'obéir à ses chefs, si le brigadier, voyant M. Migeon triompher, n'eût cherché alors à pallier ses torts et à rétablir les degrés par lesquels il voulait monter à la fortune de a médaille militaire, qui, je crois, lui est arrivée bien à temps ces jours derniers, et n'eût eu le tort d'aller offrir sa main à M. Migeon. C'était agir sans délicatesse et sans convenance. Le brigadier devait se tenir à l'écart, se placer comme il l'a fait dans un coin obscur pour écouter et n'être pas vu; mais il vient au milieu de la foule offrir une main qui a signé hier tant d'ordres contre celui qu'il honore aujourd'hui. C'est là une conduite double, indigne d'un militaire.

Pour ce qui est des injures ou des violences, j'ai à répondre que M. Migeon a toutes les formes d'une éducation élégante; jamais personne n'a pu lui reprocher une parole malsonnante ou un propos grossier; c'eût été d'ailleurs un acte singulièrement insensé de la part de M. Migeon que de provoquer M. Gauchet et sa brigade, ayant derrière lui si peu de réserves pour soutenir une pareille provocation.

Hier, M. le procureur impérial a prêté involontairement, j'en suis convaincu, à M. Migeon des expressions dont aucun témoin n'a déposé; selon le ministère public, il aurait traité le brigadier de scélérat, de misérable.....

M. LE PROCUREUR IMPÉRIAL. Je ne crois pas m'être servi de ces expressions.

Me Jules FAVRE. A Dieu ne plaise que j'élève ici un reproche contre M. le procureur impérial; seulement, ces expressions, il les a dites, elles lui ont échappé, c'est incontestable. Tout ceci vous montre, messieurs, par quelles pentes forcées on arrive à grossir toutes choses. Supprimez ces expressions qui n'ont jamais été prononcées, que reste-t-il? Une phrase qui ne pourrait être considérée jamais comme outrageante, mais comme désobligeante. Il y a bien eu une variante qui s'explique à merveille : M. Migeon dit au brigadier : Je vous ai donné la main, je le regrette; vous ne la méritiez pas, vous *en* êtes indigne. Le brigadier, peu fort sur les nuances et substituant ses expressions de caserne à celles de M. Migeon, aurait entendu : Vous êtes *un* indigne! Vous voyez combien est ténu le cheveu qui nous sépare.

En définitive, messieurs, vous vous rappellerez, lorsque vous apprécierez cet incident, que le dépositaire de la force publique avait pris parti dans les élections, qu'il avait calomnié M. Migeon, lorsqu'il venait lui offrir le témoignage malencontreux d'une affection assez douteuse.

Quant à l'incident Herbett, il est encore plus insignifiant et plus ridicule. M. le maire de Bermont était venu à Belfort; il n'y avait pas été appelé par M. Migeon, comme il l'a inexactement rapporté, et il serait bien embarrassé aujourd'hui de montrer la lettre qui le conviait; mais en venant ainsi, M. le maire engageait bien un peu sa position; il venait d'ailleurs dire à M. Migeon : Vous serez nommé, je donnerai l'exemple. M. Migeon devait compter sur la reconnaissance de ce maire acquise par de nombreux services. Mais que voulez-vous? M. le maire a eu peur pour son écharpe, et il a mieux aimé la conserver et manquer de reconnaissance.

M. Migeon, à mon sens, eût été plus sage en élevant son cœur au-dessus de ces déceptions fréquentes dans la vie politique. M. Migeon, parcourant le canton, ne visite pas, comme on l'a dit, les cabarets, mais il est obligé, comme tous ceux qui voyagent, en Alsace aussi bien qu'ailleurs, de se reposer quelques instants dans les étapes indiquées. Ce n'était pas non plus dans les ombres de la nuit, comme l'a dit le réquisitoire, c'était à trois heures de l'après-midi, au mois de juillet, c'est-à-dire en plein jour. Il rencontre donc M. Herbett dans une auberge et lui dit : « Je vous félicite, monsieur le maire, vous avez tenu fidèlement votre parole; dorénavant, il me sera impossible d'y compter, je vous tiens pour un homme sans honneur et sans loyauté. »

C'était dur, mais était-ce mérité? C'est là la question que je pose au tribunal. Si la loi doit être interprétée de telle sorte qu'elle protége ceux qui manquent à leur parole, ceux qui méconnaissent les obligations sacrées aux gens de bien, je demande à être le premier poursuivi, condamné; j'aime mieux être dans ce camp que dans l'autre.

M. Migeon aurait-il dit, en tutoyant M. Herbett, les paroles dont celui-ci a déposé? Vous avez entendu la réponse de M. Migeon : « M. le maire, vous a-t-il dit, me prête sa prose; il a ouvert son propre dictionnaire pour y chercher des propos que je n'ai jamais tenus. »

Et à côté de cette dénégation, si vraisemblable d'ailleurs, se rencontrent tous les témoignages qui la corroborent. « Vous m'embêtez, aurait dit M. le maire; vous n'êtes qu'un zéro, et moi je suis le maire. » — Et puis, est-ce comme maire que M. Migeon interpellait M. Herbett? Non, c'était comme homme, car c'est comme homme que M. Herbett avait manqué à sa parole. La prévention doit donc être complétement écartée en ce qui touche ce fait.

Il est incontestable, comme je le disais, que jamais ces faits ne seraient venus à votre connaissance si M. Migeon ne se fût présenté aux élections, et surtout s'il n'y eût réussi. Mais, voulant le détruire, il était de bon goût, de symétrie en quelque sorte, de faire voir M. Migeon se livrant à toutes les excitations; or, le tumulte s'est réduit à ces deux faits, qui, vus à travers la loupe grossissante de la prévention, pouvaient faire illusion à des esprits superficiels.

Maintenant que j'ai examiné avec vous chacun des éléments de cette accusation formidable, je vous demande ce qu'il y a de sérieux, de fondé dans les griefs qui sont adressés à M. Migeon. Comment! c'est le député, c'est l'élu des populations qui lui ont donné leur mandat, au nombre de dix-huit mille voix, que vous faites asseoir sur ce banc, sous l'accusation de manœuvres électorales? Et voilà tout votre bagage? Mais nous supposions qu'il s'agissait de suffrages achetés, de votes surpris à l'aide de qualités frauduleuses audacieusement usurpées. Au lieu de cela, vous nous opposez des bruits insaisissables, des commérages qui courent les villages, des inconnus chargés de missions sans nombre, et voilà vos armes pour ce combat à mort, dans lequel M. Migeon doit nécessairement succomber! et voilà pourquoi vous posiez comme sentinelles de ce procès je ne sais quels affidés qui répandaient partout que si M. Migeon était nommé député, vous le feriez asseoir sur ce banc! La promesse a été tenue; le procès a été fait, le scandale a coulé à plein bord : l'opinion jugera quel est le rivage qu'il a le plus entamé.

Ce n'est pas sans un douloureux étonnement que j'ai entendu M. le procureur impérial, méconnaissant les nécessités du rôle qu'il remplit, se croire dans l'obligation de justifier ces bruits injurieux, les calomnies répandues contre M. Migeon, par tous les juges de paix et les agents obscurs qui se sont précipités dans cette lutte avec l'ardeur qu'ils puisaient dans la conviction de leur irresponsabilité..... Quoi! vous avez cru devoir étaler ici des secrets de famille, puisés à d'impures révélations, donner l'exemple de ce que vous appelez une indiscrétion, et de ce que je qualifie, moi, de violation de la loi. Le ministère public a ouvert un dossier qui devait rester secret et a pris une arme pour dire à M. Migeon qu'il avait fait de l'usure. Voilà un jugement, a-t-on dit aux électeurs, qui le déclare.

Et d'abord, ce n'était pas un jugement; un acte qui doit rester secret, qui ne peut être discuté, qui n'a pu être déféré à une juridiction supérieure, ne peut jamais être un jugement, et pourtant vous l'avez dit; c'est ainsi que le zèle vous a emporté au delà de toutes les limites du juste et du vrai. Non, ce que vous avez produit n'est pas un jugement, parce qu'il n'a pas pour base une procédure contradictoire; ce n'est rien, si ce n'est un acte d'instruction, un acte qui, aux termes de vos lois, devait rester dans les ténèbres..... Et voilà ce que M. le procureur impérial appelle une indiscrétion!

Si nous nous l'étions permise, cette indiscrétion, il n'y aurait pas contre nous assez de rigueurs. Cette ordonnance Girma n'est autre chose qu'un acte émanant de la chambre du conseil qu'il est contraire à notre droit d'élever à la hauteur d'un jugement.

Je n'en parlerai pas longuement, et pour cela j'ai de bonnes raisons, c'est que nous n'avons pu nous procurer les pièces, et notamment le rapport de l'expert. M. Migeon en a fait la demande, et voici la lettre que M. le procureur général lui a répondue :

« MONSIEUR,

« Les dispositions du décret de 1811 ne permettent pas de délivrer aux parties les copies d'une procédure instruite à l'occasion d'un crime, et je regrette vivement pour cette raison de ne pouvoir, suivant votre désir, autoriser le greffier de la cour à vous délivrer une copie du rapport de l'expert qui a été chargé de vérifier les livres du sieur Girma, inculpé de banqueroute frauduleuse. »

Voilà ce qu'on répond à la partie blessée : on lui ferme le dossier. Quant à la calomnie, elle y peut puiser à l'aise.

Voilà toute la vérité. Seulement, cette vérité n'est pas nouvelle. L'ordonnance est de décembre 1851, et en février 1852, M. le procureur impérial en a eu connaissance, M. le préfet l'a lue, et il a défendu alors M. Migeon contre ces mêmes attaques qu'il dirige aujourd'hui contre lui. Quoi! l'homme que vous prôniez, que vous couronniez de toutes les vertus, est aujourd'hui le même que vous représentez couvert de tous les opprobres! mais ne voyez-vous pas que cette arme est un trait empoisonné qui blesse vos propres mains!

Il me serait facile de vous démontrer que ce document, où l'œil du public ne s'est glissé que par un redoutable abus de pouvoir, ne saurait se soutenir. Il résulte des dépositions que Girma était aux abois, qu'il était saisi, qu'il ne pouvait plus faire face à ses engagements. M. Migeon avait ouvert sa bourse à cet homme; savez-vous ce qu'il en était sorti? 22,825 francs! Il est vrai qu'il n'y est pas rentré un denier, ce qui n'empêche pas de dire que Girma a été ruiné par M. Migeon. Girma a souscrit, pour la représentation de la part de bénéfices qui revenait à M. Migeon, des billets que, bien entendu, M. Migeon n'a jamais encaissés; puis Girma a emporté son mobilier et a disparu, laissant sur la porte de ses magasins une pancarte, sur laquelle on lisait : « Les magasins de M. Girma sont transférés au Havre »; ce qui était peu rassurant pour ses créanciers : tel est le favori actuel de M. le procureur impérial. Depuis, on a su que Girma avait fait vendre pour 7,000 francs de marchandises.

M. Migeon a porté plainte, c'est-à-dire qu'il a subi la peine des conseils qui lui furent donnés; il était alors en Alsace, il s'est peu occupé de cette affaire suivie par un homme d'affaires qui, au lieu de déposer une plainte en banqueroute, eût dû en déposer une en escroquerie. Le rapport d'expert arrive d'une manière bien simple aux conclusions qu'on vous a signalées; il se borne à additionner tous les billets souscrits par Girma, et dont plus de la moitié est en renouvellement de ceux qu'il ne payait pas, et il n'en a payé aucun. C'est ainsi que par un jeu de chiffres, un artifice de calcul, il est arrivé à cette démonstration d'un intérêt fabuleux de 66 pour 100...

Voilà la vérité! seulement elle mérite confirmation; et je trouve cette confirmation d'abord dans l'ordonnance même qu'on a produite. Elle n'affirme pas, en effet, que M. Migeon ait prêté à 66 pour 100; elle enregistre tout simplement la conclusion de l'expert reposant sur ce travail fantastique que je viens de vous signaler.

Mais voici qui vaut mieux encore, c'est une reconnaissance souscrite par Girma au profit de M. Migeon et postérieure au procès. Si cette accusation monstrueuse d'usure eût pu se soutenir, Girma, qui l'avait produite, n'eût pas manqué de s'en prévaloir pour se libérer de cette façon sans bourse délier, et pour traîner ensuite M. Migeon en police correctionnelle, où il eût obtenu des dommages-intérêts. Au lieu de cela, Girma se reconnaît l'obligé et le débiteur de M. Migeon, et implore dans l'acte que je mets sous vos yeux la continuation de sa bienveillance :

« M. Migeon, voulant venir en aide à M. Girma, lui a fait diverses avances de capitaux pour monter une maison de commerce de meubles. Ces sommes avancées s'élevaient à au delà de 30,000 francs. Le commerce de M. Girma, par suite des événements politiques de 1848, trompa ses espérances et le mit hors d'état de remplir les obligations qu'il s'était imposées vis-à-vis de M. Migeon.

« Les opérations de cette faillite ayant démontré la réalité des pertes éprouvées et constaté qu'il n'avait pas, comme le supposait M. Migeon, détourné l'actif, M. Girma a prié M. Migeon, son seul créancier, de vouloir bien lui continuer sa bienveillance d'autrefois et consentir, en conséquence, à réduire le chiffre de sa créance, à lui accorder terme et délai pour se libérer.

« Dans cette position, M. Migeon a consenti à réduire sa créance à 6,000 francs, accordant terme et délai pour sa libération. »

Il n'est donc pas vrai que M. Migeon ait été un usurier; mais ce qui est vrai, c'est qu'il a été généreux et bienfaisant. (*Approbation unanime.*)

Parlerai-je maintenant de cet autre incident que M. le procureur impérial a si fâcheusement introduit dans le débat, c'est-à-dire de la résolution un instant inspirée à la mère de famille par des raisons dont je n'ai pas à rendre compte à cette audience?

Le ministère public, s'armant d'un extrait délivré par un greffier, vous a dit, sans en avoir le droit, que M. Migeon, — et je suis sûr que son expression a ici trahi ou dépassé sa pensée, — que M. Migeon, s'il eût été commerçant, était placé dans le cas de la faillite et de la banqueroute. Et pourtant le ministère public sait mieux que moi la différence profonde qui existe entre la position d'un simple propriétaire et celle d'un commerçant qui dispose des ressources du crédit pour faire face à des embarras momentanés. Que M. Migeon, trompé par des tiers, n'ayant pas une expérience suffisante des affaires, ait été un instant lancé dans des opérations au-dessus de ses forces, je ne sais; ce qui est certain, c'est qu'il ne doit rien à personne, et je mets le ministère public au défi de produire un seul jugement de l'année 1857, et si M. Migeon était poursuivi, comme on l'a dit, par une meute de créanciers, ce serait facile. Non, tout est réglé, apuré; sa situation est celle que j'ai eu l'honneur de dire; il jouit de 50 à 60,000 francs de rente; c'est une ruine que beaucoup de gens accepteraient. (*Rires.*)

Or, il est arrivé qu'égarée par des suggestions ne venant pas de son cœur, madame Migeon, la mère, a signé une requête dans le but de pourvoir à un état de choses qu'elle considérait comme inquiétant. Mais, deux jours après, le 5 septembre, elle retire cette requête par la lettre que voici :

« MONSIEUR,

« Cédant aux sollicitations et aux instances de la famille de madame Migeon, ma bru, je vous avais prié de faire le nécessaire pour arriver à pourvoir mon fils d'un conseil judiciaire[1].

« Mais aujourd'hui que je suis mieux renseignée sur la véritable position des affaires de mon fils, ainsi que sur le but et sur les conséquences que l'on se proposait de tirer de ma démarche, je viens vous prier de ne rien faire, et, dans tous les cas, si vous avez fait commencer la procédure, de prier l'avoué que vous avez chargé de n'y point donner suite.

« Recevez, etc.

« Veuve MIGEON. »

Ah! madame Migeon ne se doutait pas, en septembre 1856, qu'un jour les secrets de famille seraient violés! quant à moi, je me demande comment il se fait que M. le procureur impérial soit si bien informé. Quoi! une requête est signée; deux jours après, elle est retirée; il ne devait pas en rester trace, et vous le savez!... Il faut qu'il y ait autour de nos adversaires des oreilles bien fines. Tout

[1] A cette époque (septembre 1856), la diffamation, mystérieusement protégée, habilement répandue, essaya d'atteindre M. le comte Migeon! Démasquée dans le Haut-Rhin, la calomnie vint se propager jusque sur les bancs du Corps législatif.... mais toucher du doigt l'intrigue, n'est-ce point, à la fois, montrer sa coupable origine et la flétrir?

ce qui peut faire scandale a été soigneusement recueilli, jusqu'à cette requête qui ne devait pas voir le jour. Ne doit-on pas s'étonner que M. Migeon, traduit pour fraudes électorales, soit dans la nécessité, pour résister aux coups qu'on lui porte, d'ouvrir les archives de sa famille et de justifier jusqu'aux cheveux blancs de sa mère?

Je me résume : M. Migeon n'a pas été l'homme de la brigue, il s'est présenté libre, le front découvert. S'il ne s'est pas incliné respectueusement devant l'autorité de son souverain, pour lequel il n'a jamais eu plus de dévouement et plus d'affection, c'est qu'il n'a pas voulu que son corps servît de litière à ses ennemis. Je viens de dévoiler l'intrigue de ceux-ci, et pourtant vous ne connaissez pas tout encore.

Un dernier fait, qui n'est pas moins grave, mais qui, grâce à Dieu, se détache avec une telle netteté, que tout ce que je vous ai plaidé sur la compétence devient éclatant comme la lumière du jour, j'arrive au port de la croix d'honneur.

Les manœuvres électorales sont de juin 1857. Le fait du prétendu port illégal des insignes de la Légion d'honneur se serait accompli en août 1856. Il est certain que ce simple rapprochement est de nature à jeter tout de suite une vive lumière sur le but et l'intérêt de ce délit annexé. Je crois qu'en annexant ce chef de prévention à ceux qui se seraient commis dans l'arrondissement de Belfort, nos adversaires ne pouvaient pas commettre une plus grande faute. Nous ne pouvions, quant à nous, avoir des juges plus dignes, et j'emporterai un éternel souvenir de la manière dont la justice est rendue devant le tribunal de Colmar.

Pour porter, sans en avoir le droit, la décoration de la Légion d'honneur, il faudrait que M. Migeon fût le dernier des hommes; je dis plus, il faudrait qu'il fût le plus insensé des hommes. Ah! je comprends que s'il eût fait usage vis-à-vis des électeurs de cet insigne, il y eût entre les chefs de la prévention une relation qu'on cherche en vain. Admettre que M. Migeon eût pu imposer à de simples montagnards par l'exhibition d'un ruban, c'est, selon moi, avoir une bien pauvre opinion de ces populations alsaciennes, c'est étrangement méconnaître la finesse si naïve de M. le maire de Bourogne qui sait si bien que, lorsqu'il conduit sa charrue, il est au-dessus de tous les fonctionnaires, et n'a de mot d'ordre à recevoir de personne.

Mais non, M. Migeon n'a jamais porté la croix dans les campagnes. Qu'a-t-il donc cherché à séduire? Il aurait voulu séduire et tromper le cortége brillant et respectable des fonctionnaires publics qui se rendaient en grande pompe à l'inauguration de la statue du général Rapp. Si M. Migeon avait eu de pareilles visées, il faudrait le dire atteint de folie, car enfin s'il pouvait espérer tromper des campagnards, et s'il n'a pas essayé, il ne pouvait avoir cet espoir au milieu des hauts fonctionnaires qui l'entouraient. Là une pareille exhibition était complétement inutile, car au milieu de ce cortége que signifiait une croix de plus? Ce n'est pas là qu'il cherchait à recruter des électeurs pour des élections dont il n'était pas d'ailleurs question.

Mais je reconnais que l'invraisemblance, si grande qu'elle soit, ne suffit pas; voyons donc si le fait matériel existe. Mais tout d'abord il importe de fixer la position de M. Migeon en tant que décoré. Est-il décoré? de quoi? et comment? Nous verrons ensuite ce que valent les témoignages contradictoires entendus à votre audience, et enfin nous examinerons un troisième ordre de considérations, à savoir si, dans tous les cas, la poursuite est possible, c'est-à-dire si elle est honnête.

Dégageons d'abord la prévention de toutes les considérations de détail qui n'auraient pas dû trouver place dans le réquisitoire. Il a été exhumé un article d'un journal qui a nom *la Sylphide*. Ce titre est engageant, d'accord. Mais pour ceux qui savent ce qu'était cette feuille, ce qu'étaient ceux qui la rédigeaient, on est douloureusement étonné de voir produire un pareil écrit devant la justice. Cette feuille n'avait pour rédacteurs que ces flibustiers qui, en embuscade, l'escopette d'une main et un article de l'autre, spéculent sur la juste crainte du déshonneur. Le ministère public n'est pas forcé de savoir ces choses. Je crois pourtant pouvoir dire que le personnel de cette feuille a été plusieurs fois traduit en police correctionnelle à raison de ces procédés, qui se continuent aujourd'hui dans une autre feuille qui dernièrement encore attaquait M. Migeon.

Le numéro de la *Sylphide* produit par M. le procureur impérial est peut-être celui-là même qui fut adressé à M. Migeon, et à propos duquel Philippe Dupin, consulté, disait :

« MONSIEUR,

« Si vous m'eussiez consulté plus tôt, le silence du mépris eût répondu aux attaques dirigées contre vous dans un but bien évident de chantage. Il n'est plus temps, Monsieur, mais restez-en là, et n'attaquez point correctionnellement des gens sans nom, sans domicile, et surtout sans moralité aucune.

« Votre bien dévoué,
« Philippe DUPIN. »

M. Mignon avait cru pourtant devoir répondre les lignes suivantes :

« J'ai été décoré, comme vous le dites, de quelque chose, et *ce quelque chose*, c'est la croix d'honneur dont j'ai été jugé digne. J'ai, de plus, été honoré *du titre de comte,* sans l'avoir jamais sollicité ni payé, et vous pouvez vous renseigner sur la cause de cette faveur chez les pénitenciers français et étrangers. Du reste, si honorable que puisse être ce titre, comme le nom tout plébéien de mon père est tenu par moi à un plus haut prix, vous auriez vu, en vous informant mieux, que je fais bon marché de ma noblesse. »

Et voici, à cet égard, nos preuves. Mgr Guillon, qui avait proposé M. Migeon pour la décoration, lui écrivait en février 1845 :

« C'est un bonheur pour moi d'annoncer à l'auteur méritant de l'excellent livre *Bonheur et Infamie,* que sa nomination de chevalier de l'ordre royal de la Légion d'honneur est enfin signée ; Mgr Nemours veut bien se charger du reste.

« M. N. J. GUILLON,
« Évêque de Maroc. »

Précédemment, Mgr de Maroc lui avait écrit :

« MONSIEUR,

« Je recevrai avec un nouveau plaisir l'exemplaire que vous avez la bonté de me promettre de votre intéressant ouvrage. La suppression que vous y avez faite des seules lignes qui m'aient paru hasardées et contraires à nos principes m'engage à vous inviter à en faire hommage à S. M. la reine, par une lettre d'envoi où vous mettriez sous sa protection l'écrit et l'auteur. Cette démarche préparerait la demande que vous vous proposez de faire de la croix de la Légion d'honneur. Si j'avais le crédit que vous voulez bien me supposer, j'aurais déjà prévu votre vœu ; *votre livre vous donne droit à cette récompense.* Il vous servira mieux que je ne pourrais le faire auprès de Leurs Majestés. Elles sont dans l'usage de consulter leurs ministres à cet égard. Vous pourriez, Monsieur, vous assurer le suffrage de M. Villemain, en lui faisant également parvenir un exemplaire de votre ouvrage, qu'il saura apprécier, et vous trouverez aisément l'occasion de lui exprimer le désir dont vous m'avez rendu dépositaire.

« M. N. J. GUILLON,
« Évêque de Maroc, aumônier de S. M. la reine. »

La révolution de Février éclata, le brevet ne fut pas régularisé. M. Migeon ne s'en occupa plus, et bien que son nom n'ait pas été porté sur les registres de la grande chancellerie, toutes les lettres qu'il a reçues de M. le chancelier le qualifient de chevalier. M. Migeon a donc été de bonne foi, non dans le port de la croix, il ne l'a jamais portée, mais dans ses conversations avec ses collègues.

Voilà en ce qui touche la Légion d'honneur. Mais si M. Migeon n'a jamais été régulièrement inscrit comme chevalier de cet ordre, il est du moins commandeur de l'ordre de Saint-Sylvestre ; il ne peut y avoir aucun doute à cet égard. Ce grade comprend ceux de chevalier et d'officier, car on ne saurait être commandeur à moins d'être déjà officier et chevalier. C'est en 1842 que M. Migeon fut fait chevalier de Saint-Sylvestre et de l'Éperon-d'Or, ce qui lui donnait le droit de prendre le titre de comte palatin; il paraît, assurent du moins ceux qui ont écrit sur la matière, que ces ordres longtemps distincts de Saint-Sylvestre et de l'Éperon-d'Or ont été réunis, et il suffit de lire les brevets que voici, venus de la chancellerie de Rome et écrits en latin. Je lis en tête :

Dilecto filio et comiti Julio Migeon salutem et apostolicam benedictionem.

Vous entendez : *Filio et comiti,* notre fils chéri et comte Jules Migeon. Et qui dit cela? Le Saint-Père... (*Sensation.*)

Voici, du reste, le brevet et les motifs de particulière estime énoncés en faveur de M. Migeon :

Cum itaque dominus Julius Migeon, quo nemo alter virtute secundus;
Pronti qui vitam, honorem, fortunamque religionis ministri salvo reddidit;
Qui ad majus religionis augmentum efficaciter operam dedit;
Qui denique auctor libri juvenibus incarceratis permaxime utiilis dignoscitur;
Eum dictum dominum Julium Migeon, virtus et scientia illustravit... comitem palatinum et equitem auratum facimus, creamus et solemniter ordinamus.

« Nous le créons, nommons, et avec toutes les solennités, nous l'instituons comte palatin et chevalier de Saint-Sylvestre, lui donnant en même temps, aussi bien qu'à ses descendants, le pouvoir de jouir de toutes les faveurs et pérogatives dont jouissent les autres chevaliers et comtes de droit, d'habitude ou de toute autre manière.

« Donné en notre palais.

« GRÉGOIRE XVI. »

Nous ne voyons pas ce qu'on pourrait répondre à cela. Le ministère public nous a dit qu'on n'avait pas trouvé trace à la chancellerie romaine de la promotion de M. Migeon au grade de chevalier. Il fallait vous adresser à la chancellerie de Bologne, car je lis : *Ex libro registri instrumentorum in camera actorum civitatis Bononiæ.*

M. Migeon est donc chevalier, officier et commandeur des ordres réunis de Saint-Sylvestre et de l'Éperon-d'Or, et il est comte palatin; quelle en sera la conséquence? C'est qu'il peut en porter les insignes que voici, tels qu'ils ont été expédiés par la chancellerie romaine, rouge et noir. Quant aux croix, il y a autant de croix que de grades...

M. BAILLEHACHE, *de sa place.* Ah! par exemple!

Me Jules FAVRE. J'entends je ne sais quels murmures; je ne vois dans ce que je dis rien de nature à les provoquer; que cela puisse paraître extraordinaire, je maintiens, bien qu'étranger à toutes ces choses, que c'est légal, et, bien que je sois peu familier avec les costumes officiels, je me rappelle fort bien avoir vu le buste souverain revêtu à la fois de la croix de chevalier, de celle d'officier... (*Le même témoin murmure une observation.*)

Me Jules Favre. En vérité, il y a ici des témoins qui sont bien impatients... Que tout cela, dis-je, puisse être critiqué au point de vue du goût, ce n'est là qu'une affaire d'appréciation personnelle.

M. Migeon s'est donc présenté à la cérémonie du général Rapp avec un ruban rouge et noir en sautoir et troix croix; il avait le droit d'en ajouter une quatrième, celle de Saint-Jean de Jérusalem. Il y a des gens parfaitement bien placés qui la portent commme souvenir pieux; je ne sache pas qu'elle oblige aujourd'hui ceux qui s'en décorent à repousser les infidèles au delà du désert, mais je ne puis croire que vous condamnerez M. Migeon à la peine de la dégradation pour un délit consistant à avoir porté cette croix. Le délit, c'est l'intention; or, voici le brevet de la croix de Saint-Jean de Jérusalem. — M. Migeon portait aussi une plaque. Quelle était cette plaque? Elle était d'acier, et je ne sache pas que l'acier ait un caractère tellement séditieux qu'il doive être poursuivi. Le soir, M. Migeon s'était débarrassé du collier et s'était borné à porter les croix. J'avoue, pour mon compte, ne pas attacher une grande importance à tout cela; j'ai peut-être tort; mais ce dont je suis persuadé, c'est que le tribunal ne voudra pas en attacher au point de vue pénal.

Mais je m'empresse de reconnaître que si M. Migeon eût dépassé son droit au point de paraître à cette cérémonie avec la croix d'honneur, ce serait là un délit inexcusable pour lequel il devrait y avoir une juste et sévère réprobation; il n'y a porté que les ordres étrangers qu'il s'était acquis. Encore bien qu'en 1847 il eût été décoré de la Légion d'honneur, que du moins telle ait été l'intention royale et qu'à cet égard M. Migeon ait pu se faire des illusions, il n'en est pas moins vrai que s'il eût essayé de séduire les bons habitants des campagnes en portant les insignes extérieurs de l'ordre, l'acte eût été grave; mais être allé revêtu de ces insignes usurpés au milieu des costumes officiels, à une cérémonie où l'œil des envieux, des jaloux, était ouvert, c'est ce que nul ne voudra admettre, et pour des gens intelligents cette considération sera d'une grande valeur.

Cinq témoins ont été produits par la prévention; de notre côté, nous avons fait entendre cinq témoins qui sont venus avec le même caractère et le même degré de sincérité attester que ce n'était pas la croix d'honneur que portait M. Migeon.

Que maintenant le ministère public établisse une distinction entre ce qu'il appelle les gens du commun et les fonctionnaires publics, au nom de la loi je repousse cette distinction. Les fonctionnaires publics, je les vénère; mais je ne puis aller jusqu'à refuser la même vénération à mon concitoyen, parce qu'il n'aura pas le bonheur de porter un costume officiel. Mais, du reste, votre distinction était assez inutile dans l'espèce. Quels sont nos témoins? L'un est ancien militaire, un autre employé des postes, un troisième commissaire de police. Et puis les gens du commun ont peut-être la vue moins basse que les fonctionnaires (*rires*); ils distinguent souvent les objets de plus loin. Les croix d'ailleurs étaient infiniment petites. Quand M. le procureur impérial disait que M. Migeon avait pu changer de costume, il disait là une chose d'abord tout imaginaire, et une chose ensuite qui a été démentie par les témoins mêmes de la prévention; ils disent que les croix que portait M. Migeon sur l'estrade étaient d'un module très-petit; M. Meny, maire de Belfort, vous a dit qu'il n'avait pu distinguer les croix à cause de leur petite dimension. M. le sous-préfet n'est rien moins qu'affirmatif; je ne dénature pas son témoignage en rappelant ces paroles de M. Barthélemy : « Je ne puis rien dire d'absolu »; or, en matière pénale, cela équivaut à ne rien dire du tout. Il est vrai qu'ensuite M. Barthélemy vous a fait connaître la cause de son imparfait examen; « les convenances, vous a-t-il dit, ne me permettaient pas de m'approcher de M. Migeon »; M. Barthélemy n'a pas cru qu'il fût d'un galant homme, — et je l'en félicite, — de faire l'examen de son prochain dans une fête. J'aurais fait absolument comme lui.

Quant à M. le procureur impérial de Schelestadt, troisième témoin de la prévention, il dit : « Je remarquai que M. Migeon portait trois décorations, dont la première m'a paru en effet être celle de la Légion d'honneur. »

Encore rien d'absolu. Quant à M. Lefébure, il est, je le reconnais et je le comprends, plus affirmatif : « J'ai reconnu que M. Migeon portait la croix de la Légion d'honneur. »

M. Cambacérès est entendu à l'audience : « M. Migeon, vous a-t-il dit, s'est présenté pour me saluer; un examen très-rapide me fit voir qu'il était décoré de la Légion d'honneur; il avait une croix à cinq branches. »

M. le préfet est affirmatif, mais ce n'est pourtant que par le résultat d'un raisonnement fait à la suite d'un examen très-rapide; et cela se comprend : M. le préfet était dans ses salons; il en faisait les honneurs avec cette courtoisie qui le distingue; il était le roi de la fête, il était courtisé, et dans cette situation, son attention distraite par tant de personnages ne pouvait facilement se concentrer sur un même objet.

Reste un dernier témoin que j'aurais voulu ne pas rencontrer sur mon chemin. Toutefois, je discuterai son témoignage.

M. BAILLEHACHE, *de sa place et avec une extrême vivacité.* Sachez bien que je ne le souffrirai pas...

Me Jules FAVRE. Et d'où vient donc une pareille irritation?... Je répète que j'eusse souhaité, et beaucoup seront de mon avis, que cette déposition ne se fût pas produite, surtout dans les termes où elle s'est produite. Telle qu'elle est, je dois l'apprécier, je comptais le faire avec les ménagements...

M. BAILLEHACHE. Je n'ai pas besoin de vos ménagements, monsieur.

Me Jules FAVRE. Nous ne pouvons pourtant pas procéder par colloque...

M. BAILLEHACHE. Arrangez-vous, mais je vous préviens que je ne tolérerai pas d'attaque.

Me Jules FAVRE. Voilà qui est de tous points insolite...

M. BAILLEHACHE. C'est possible.

Me Jules FAVRE. Je continue. Voici ce que M. Baillehache est venu vous dire : Sur l'estrade, j'ai d'abord été frappé des croix que portait M. Migeon, et parmi elles, j'ai cru reconnaître celle de la Légion d'honneur.

M. BAILLEHACHE. Je n'ai pas cru reconnaître.

Me Jules FAVRE. En vérité, il n'y a plus de défense possible.

M. BAILLEHACHE. Que m'importe! soyez exact, monsieur.

M. LE PRÉSIDENT. La défense doit être écoutée en silence.

M. BAILLEHACHE. Mais, monsieur le président, je ne puis laisser dire des inexactitudes. (*Explosion de rumeurs et de murmures.*)

M. LE PRÉSIDENT, *se levant*. Je rappelle à l'auditoire que la loi défend aucune marque d'approbation ou de désapprobation; c'est manquer à la justice, c'est aussi manquer à la défense que d'en agir autrement. (*Un silence profond s'établit aussitôt.*)

Me Jules FAVRE. Je remercie beaucoup le tribunal de ces paroles de protection... mais il comprendra qu'il n'y aurait plus de discussion possible si chaque témoin se permettait ainsi de m'interrompre; je m'étonne surtout que ce soit un magistrat qui manque ici à ses devoirs comme témoin.

M. BAILLEHACHE. Mais, monsieur le président...

M. LE PRÉSIDENT. Votre devoir est d'écouter la défense; je maintiens la parole au défenseur.

Me Jules FAVRE. J'avais l'honneur de vous dire, messieurs, que M. Baillehache avait cru reconnaître la croix de la Légion d'honneur sur la poitrine de M. Migeon : J'ai passé, vous a-t-il dit, très-près de lui; nous étions poitrine contre poitrine; cependant, a-t-il ajouté, je le remarquai peu, je me dis seulement que le nombre de ses croix avait augmenté.

M. BAILLEHACHE. C'est cela.

Me Jules FAVRE. Le soir, M. Migeon assistait au dîner, chez M. le préfet; c'est là que M. Baillehache reçoit de M. le procureur général la mission que vous savez. Vous vous approcherez, lui aurait dit ce magistrat, de M. Migeon, sous un prétexte honnête, vous engagerez avec lui une conversation polie, et pendant ce temps, vous examinerez ses croix... M. Baillehache, acceptant cette mission, s'approche de M. Migeon et le complimente.

M. BAILLEHACHE. Non, monsieur, je n'ai pas complimenté !

Me Jules FAVRE. Je déclare que si M. Baillehache m'interrompt une fois de plus, je m'asseois.

M. BAILLEHACHE. Je rétablis les faits que vous altérez. (*Murmures.*)

Me Jules FAVRE, *s'asseyant*. J'ai fini, monsieur le président ; je n'ai plus rien à dire.

M. LE PRÉSIDENT. Veuillez continuer, maître Favre...

Me Jules FAVRE. Si M. Baillehache n'a pas le courage de rester à l'audience...

M. BAILLEHACHE, *continuant à jouer avec sa canne*. Sachez, monsieur, que j'ai tous les courages...

Me Jules FAVRE. J'entends le courage d'y rester en silence.

M. LE PRÉSIDENT. Encore une fois, le défenseur ne doit pas être interrompu, et s'il l'est encore, le tribunal en délibérera.

M. BAILLEHACHE. Je demande pardon au tribunal, mais je n'ajoute plus un mot.

M. LE PRÉSIDENT. Sur cette assurance, veuillez continuer, maître Favre.

Me Jules FAVRE. Je vous disais donc, messieurs, que M. Baillehache, acceptant cette mission, s'approche de M. Migeon, le complimente ; non-seulement je trouve ce mot constaté sur mes notes d'audience, mais il se retrouve aussi dans tous les comptes rendus ; j'ai donc le droit de le maintenir. N'existait-il pas d'ailleurs entre M. Migeon et M. Baillehache des relations antérieures ? Voici une lettre écrite par M. l'avocat général qui témoigne de ces relations. Je puis en donner lecture, elle ne touche pas à la politique. M. Baillehache avait prononcé un discours qui, nous assure-t-il, avait été remarqué ; il le fit imprimer, et en envoya un exemplaire à M. Migeon, qui crut devoir le féliciter à l'occasion de cet envoi. Voici en quels termes lui répond à son tour M. Baillehache :

« MONSIEUR,

« Je suis doublement reconnaissant vis-à-vis de M. Tinel d'avoir bien voulu se charger pour vous d'un exemplaire du discours que j'ai eu l'honneur de prononcer récemment devant la cour, puisque cette communication, toute désintéressée de ma part, m'a valu de la vôtre une lettre si obligeante et si digne de remercîments, que des occupations excessives m'ont empêché de vous adresser plus tôt.

« Je serais heureux d'avoir pu contribuer par ce discours à la propagation de quelques idées utiles au bon ordre et à l'apaisement définitif des passions ; mais je suis particulièrement heureux, Monsieur, permettez-moi de vous l'exprimer, de votre appréciation personnelle pour le but et la forme de mon travail que le public a en effet accueilli avec quelque faveur.

« Je ne me réjouis pas moins de ce commencement de relations dû tout entier à votre bienveillante initiative, en retour de laquelle je vous prie de me croire, Monsieur, avec autant de gratitude que de haute considération,

« Votre très-humble et très-obéissant serviteur.

« DE BAILLEHACHE. »

Or, qui ne comprend que M. Baillehache prenant, en 1852, de telles formes avec M. Migeon, ne pouvait pas l'aborder autrement que pour le complimenter, et il l'a complimenté? Il me semble, et ce n'est pas seulement ma conscience, mais la conscience de tous qui le dit, c'était là un rôle pénible à remplir : il ne s'agissait pas de faire là un acte d'instruction, il n'y avait pas là le magistrat, et si les magistrats devaient en agir ainsi, cela mènerait à les fuir dès qu'on les rencontrerait dans un salon, car une conversation peut être mal interprétée; heureusement qu'il s'agit ici de choses qui sont sans précédent, comme j'espère bien qu'elles resteront sans suite, car il faut qu'on sache que M. le procureur général n'a pas mission à donner dans l'espèce, et que M. Baillehache n'en avait pas à recevoir; on oublie le texte de l'article 259, qui dit que, pour qu'il y ait délit commis, il faut que le port de la décoration ait eu lieu dans un lieu public, et les salons de M. le préfet étaient un lieu privé. Porter la croix là, ce pouvait être une inconvenance, un acte de ridicule vanité, digne du mépris des honnêtes gens; mais c'était un acte qui restait à l'abri d'une instruction judiciaire. M. Baillehache ne pouvait donc agir, ainsi qu'il l'a dit, comme officier de la police judiciaire. (*Sensation.*)

M. BAILLEHACHE. Je n'ai pas encore dit ça : j'ai dit, « en quelque sorte » comme officier de la police judiciaire. (*Explosion de murmures et de rumeurs. — Agitation.*)

Me Jules FAVRE. Décidément, c'est intolérable. Je demande que le tribunal délibère; on ne vit jamais pareil scandale.

(*Le tribunal se lève et se dispose à se retirer dans la chambre du conseil.*)

M. BAILLEHACHE. J'en demande bien pardon au tribunal, je n'ajoute plus un mot.

Me Jules FAVRE. Le témoin proteste contre ses propres paroles... (*Marques d'approbation.*)

M. LE PRÉSIDENT, *à M. Baillehache.* Laissez donc achever les plaidoiries.

M. BAILLEHACHE. Je ne demande pas mieux, mais qu'ensuite le tribunal veuille bien m'accorder la parole.

Me Jules FAVRE. Si quelque chose pouvait, messieurs, justifier mes appréciations, ce sont ces irritations; on ne rencontre d'ordinaire tant de passion que lorsqu'on est dans la vérité.

Non-seulement M. Baillehache a dit qu'il agissait comme officier de policc judiciaire, mais il a développé sa pensée : « Et j'apportais, dit-il, d'autant plus de soin à cet examen, que je pouvais avoir à sévir. » C'était donc bien d'un délit qu'il s'agissait. A cela, je réponds qu'il ne pouvait y avoir de délit à constater, puisqu'on était dans un appartement privé, et j'ajouterai qu'il n'est heureusement pas dans les habitudes de la magistrature d'aller chercher ses preuves sous le voile trompeur des relations d'amitié.

Quoi! c'est un magistrat qui s'approche ainsi de la poitrine de M. Migeon, qui engage avec lui une conversation dans laquelle il fait l'aimable, sourit, complimente, et, dans ce même temps, prépare son procès-verbal, à l'aide duquel il doit déshonorer un jour celui qui est en cause. Non, jamais la magistrature n'a été condamnée à un pareil rôle, et, comme ce rôle était nouveau, il est impossible qu'il ait pu être rempli sans un certain trouble, sans un certain embarras; non, on ne joue pas aussi impunément un double jeu sans que le regard y perde de son assurance, les yeux de leur clairvoyance; c'est donc là un acte sans nom que la loi ne saurait autoriser. Oh! je ne méconnais pas que les fonctions d'officier de la police judiciaire ne soient très-utiles, mais il faut alors qu'elles soient remplies dans les limites de la loi. Je ne sache pas que des pages du Code d'instruction criminelle puissent être déchirées et jetées au vent selon le caprice des puissants et des forts.

Sans doute un magistrat a parfois le droit d'interroger, mais en quel cas? En cas de flagrant délit. Et puis il y a des formes, des conditions, des formalités pour l'interrogatoire; il faut qu'il y ait trace de l'opération, et jamais un magistrat n'a souillé sa toge en descendant aux procédés de l'inquisition, en revêtant les dehors menteurs de la complaisance et de l'affection; il ne cache pas sa dignité, il la montre. Un ministre de la Justice ne prend pas le rôle d'agent secret.

Il y a même dans cette enceinte deux courants contraires: celui de la justice armée de la loi et procédant avec le respect de toutes les garanties dues au citoyen. Il y a un autre courant, celui de la police, souterrain, obscur, opérant sans se douter des ravages qui se font sous ses pas; ce dernier courant, je le condamne hautement; c'est celui auquel se rattache le témoin. La justice agit toujours à ciel ouvert, elle ne redoute pas la publicité.

Édifié par le rapport que M. Baillehache lui fit, M. le procureur général informa M. le garde des Sceaux, non pas de ce qui s'était passé dans les salons de la préfecture, mais de ce qui s'était passé sur l'estrade, et reçut à cet égard des ordres sur lesquels nous aurons à nous expliquer tout à l'heure.

Voyons tout de suite les témoignages qui battent en brèche ceux de la prévention. Ces témoignages se font remarquer par un caractère de précision et de certitude qui ne se rencontre pas dans les autres, non pas que je doute de la sincérité de ceux qui me sont défavorables.

Le premier témoin est M. Gourdin; mais il a été le domestique de M. Migeon; sans doute, et sans cela il ne saurait rien des faits; c'est lui qui a disposé l'habit sur lequel étaient attachées les décorations; mais n'aurait-il pas été renvoyé à l'occasion de l'affaire, et afin de pouvoir venir déposer? Si vous ne le savez pas, il ne vous est pas permis de l'insinuer; mais, dites-vous, le législateur fera bien de reviser le Code; pourquoi ne pas demander tout de suite la suppression des dépositions qui contrarient? Ce serait bien plus simple et le moyen d'aller droit au but.

Le second témoin est M. Cordonnier, et il vous a dit : J'ai connu M. Migeon et l'ai vu souvent, et jamais je ne l'ai vu qu'avec des décorations étrangères. Voilà un témoin qui est parfaitement désintéressé : il n'est pas domestique de M. Migeon, il est fonctionnaire; vous devez le prendre sous votre protection, il est employé des postes; il n'a pas cru voir de loin, comme M. Meny; il n'a pas vu rapidement comme M. le préfet: il n'a pas vu, dans l'accomplissement d'une mission nouvelle, comme M. de Baillehache...

Vient M. Robail; il est aussi fonctionnaire, ancien militaire; il a cinquante-six ans. Vous voyez que je les prends précisément dans les conditions qui, selon vous, donnent de l'autorité aux témoignages... Eh bien, il vous affirme que M. Migeon n'a jamais, à sa connaissance, porté la croix d'honneur ; que les croix qu'il portait étaient des croix étrangères dont il vous donne le signalement. Or, ces croix étaient à quatre branches, vous dit M. Robail; tandis que la croix d'honneur en a cinq.

Enfin, nous avons un témoin qui gêne singulièrement le ministère public, c'est M. Marchal; il a été secrétaire de M. le préfet, il est aujourd'hui commissaire spécial de police à Saint-Louis. Or, que dit-il? J'ai vu M. Migeon qui sortait de la cérémonie, je n'avais jamais vu les décorations qu'il portait, je les ai examinées avec soin, je n'ai pas vu celle de la Légion d'honneur.

J'ai dit du précédent témoin qu'il était indépendant; quant à la déposition de M. Marchal, elle ne se produit pas dans les mêmes conditions. Aussi le lendemain, ce témoin, revenant, essayait d'atténuer son témoignage : J'ai, dit-il, parlé de ce que j'ai vu ; mais ce n'est pas une raison pour mettre ma déclaration en opposition avec celle de M. le préfet.

Pourquoi le témoin se préoccupe-t-il tant de cette concordance avec la déposition du préfet? A quelle source était-il allé puiser ses inspirations? je n'en sais rien. Ou ce témoin ment, et alors qu'on lui fasse son procès; ou il dit la vérité, et cette déposition venant couronner et corroborer les quatre autres, ne laisse, ce me semble, rien subsister des témoignages de la prévention.

Viennent maintenant des raisons morales qui sont décisives. Je vous ai dit que M. le procureur général avait fait son rapport à M. le garde des Sceaux. Des recherches faites alors à la grande chancellerie, par les ordres du ministre de la Justice, donnèrent la preuve que M. Migeon n'était pas régulièrement décoré... Mais deux jours après sa première lettre, M. le procureur général en écrivait une seconde, dans laquelle il pensait, disait-il, qu'il était convenable de ne pas donner suite à l'affaire. C'était évidemment effacer le délit de sa main.

Or, M. le garde des Sceaux adressait, de son côté, à M. le procureur général la réponse que voici, et que je remercie M. le procureur impérial d'avoir bien voulu me communiquer, car elle tue la prévention :

« Paris, 5 septembre 1856.

« MONSIEUR LE PROCUREUR GÉNÉRAL,

« Votre rapport du 1er septembre m'a fait connaître qu'à la cérémonie d'inauguration de la statue du général Rapp, à Colmar, M. Migeon, député du Haut-Rhin, portait ostensiblement, au milieu de nombreux ordres étrangers, la croix de la Légion d'honneur qui ne lui appartenait pas.

« J'ai fait faire à la grande chancellerie de la Légion d'honneur une recherche qui a constaté en effet que M. Migeon n'est pas chevalier de cet ordre, et qu'il n'est autorisé à porter que la croix de commandeur de l'ordre romain de Saint-Sylvestre.

« J'allais vous inviter à donner à M. Migeon un avertissement officieux avant d'exercer contre lui les poursuites motivées par son infraction à l'article 259 du Code pénal, lorsque votre second rapport du 2 de ce mois m'annonça que M. Migeon, averti par la rumeur publique, n'a pas osé reparaître aux fêtes de l'inauguration. Je pense, comme vous, qu'il n'y a pas d'autre suite à donner à ce regrettable incident. Cependant, s'il arrivait qu'à l'avenir M. Migeon osât de nouveau porter la croix de la Légion d'honneur, ou même les insignes des ordres étrangers pour lesquels il n'a pas obtenu l'autorisation du gouvernement, vous ne devriez pas hésiter à diriger contre lui des poursuites.

« Dans ce cas, je vous serai obligé de me rendre compte de l'affaire.

« ABBATUCCI. »

M. le garde des Sceaux a trop bien le sentiment de ce qu'on doit à la fonction pour vouloir qu'une poursuite fût exercée sans être précédée d'un avertissement officieux.

Mais plus tard la lettre de M. le garde des Sceaux est déchirée : la vengeance la met en pièces, et bien que le délit eût été deux fois couvert par l'ordre de M. le garde des Sceaux et par l'appréciation du procureur général; mais, me dites-vous, la prescription n'est pas acquise; j'invoque, moi, la prescription des honnêtes gens. qui vaut bien celle de la loi. (*Approbation.*) Pourquoi, en effet, avez-vous désobéi au garde des Sceaux? La réponse est dans le succès de M. Migeon; on veut le détruire, et la poursuite a eu lieu dans l'espoir d'une condamnation entrevue dans les illusions de certains hauts fonctionnaires, comme elle est dans les intérêts de quelques autres; c'est ainsi, messieurs, que ce grief du port de la croix d'honneur a été annexé à une procédure qui se mourait et à laquelle on a ainsi rendu la vie.

La question que je posais tout à l'heure à M. le procureur général, touchant la lettre de M. le garde des Sceaux, je la pose aussi à M. le préfet, touchant une lettre de M. le ministre de l'Intérieur; je la pose aussi au point de vue de l'humanité, car on a beau être fonctionnaire, il faut reconnaître son empire; il faut se rappeler que les deux familles allaient ensemble au théâtre; je ne dis pas que M. Migeon donnait des conseils, mais M. le préfet le provoquait à en donner; enfin ils se considéraient tous deux comme les deux meilleurs bonapartistes du département. L'Évangile n'est donc rien? elle est donc foulée aux pieds de vos régions élevées, cette loi divine qui veut qu'on retienne son prochain près de tomber dans la fosse!

M. le préfet a gardé le silence, et j'ai même là une correspondance du mois d'août au mois d'avril, et dans laquelle M. le préfet accable M. Migeon de témoignages d'affection et de tendresse, et cela alors qu'il tenait le glaive suspendu pour le laisser tomber au moment opportun sur celui qu'on complimentait, dont on serrait affectueusement la main. Que deviennent donc la morale, le droit, les sentiments du cœur? Ah! j'ai hâte de sortir d'une pareille atmosphère. Si M. Migeon se fût incliné, s'il eût accepté la candidature de M. Nizole, jamais ce procès n'eût vu le jour; les mains unies de M. le procureur général et de M. le préfet l'eussent mis en pièces. C'est donc contre la nomination de M. Migeon que la poursuite est faite.

M. Migeon était invité aux Tuileries, il avait la faveur du souverain, même après que l'empereur avait eu connaissance de tous ces faits, puisque M. Migeon lui avait écrit pour les expliquer.

Vous vous étonnez que les populations, mécontentes, protestent et pétitionnent; vous accusez M. Migeon de fomenter dans leur sein une factice agitation..... Vous oubliez ces dépositions chaleureuses qui ont traduit avec tant d'énergie les sympathies qui accompagnent M. Migeon jusqu'à cette barre; ils vous ont tous dit qu'elle n'était pas suspecte, l'expression de cette persévérante affection, de ce dévouement inébranlable; que le peuple veut M. Migeon; que toucher à lui, c'est ébranler l'arche sainte?... Eh! pourquoi toutes ces sympathies? Vous voulez savoir sur quels fondements repose cet empire incontesté? on vous l'a dit : M. Migeon a couvert la nudité aux jours rigoureux; il a eu pitié de l'enfance; il a protégé et secouru la vieillesse; il a été infatigable, patient, miséricordieux; il n'a jamais éconduit un malheureux, jamais fermé son cœur à la prière!... Rappelez-vous la réponse simple et touchante d'un brave paysan : nous l'aimons, parce que nous savons que sa maison est toujours ouverte aux indigents! qu'il a beaucoup demandé pour ceux qui souffrent, et jamais rien pour lui; voilà pourquoi nous lui sommes des amis fidèles!...

Voilà pourquoi aussi la persécution qui l'accable inquiète, émeut, irrite le peuple alsacien. Ainsi, les pétitions se couvrent de signatures, et loin d'y voir un symptôme de trouble, sachez n'y voir que le témoignage de l'opinion justement offensée. Au lieu de cela, vous mettez vos gendarmes en campagne; vous vous prévalez d'une identité très-naturelle de rédaction pour ne voir dans ce grand mouvement qu'une détestable intrigue. Vous n'avez pas toujours été si dédaigneux du vœu du peuple : quand on apportait triomphalement à la tribune des pétitions demandant la révision de la constitution, il n'y avait qu'une formule, et pourtant vous les trouviez éloquentes et significatives. Plus tard, quand il s'est agi de l'Empire, c'étaient toujours les mêmes pétitions, vous les trouviez excellentes; pourquoi donc prétendez-vous qu'elles sont sans valeur?

Mais aujourd'hui elles dérangent vos calculs. Vous ne voulez pas que M. Migeon réussisse, parce que vous le combattiez, et que son succès est une hétérodoxie, qui peut aussi être votre perte, car si les maires sont destitués, les préfets ne peuvent-ils pas être frappés? L'auteur de l'exclusion de M. Migeon n'a-t-il pas un immense intérêt à perdre celui qu'il a attaqué, et dès lors, tout ne vous est-il pas expliqué?

Ce procès est né d'une intrigue pour aboutir à une vengeance politique dont on veut rendre la justice complice, comme si la mission de la justice n'était pas plus élevée et qu'elle dût, au milieu de ces compétitions, abaisser et laisser défigurer l'image de la loi. C'est à cette nécessité que vous immoleriez M. Migeon; qu'allant réveiller des querelles éteintes, vous le frapperiez dans son avenir, dans son honneur; vous porteriez contre lui une sentence de dégradation? Ah! quand je le vois précipité des hauteurs où l'adulation de tous l'avait porté, à la veille de cette déchéance morale qui tue, qui fait plus, qui déshonore, mon cœur se serre, je voudrais avoir la force qui me manque pour le protéger et le sauver.

Non, il n'est pas coupable des infamies qui lui sont reprochées; non, il est victime d'une persécution sans nom qui le jette à vos pieds, accablé sous le poids de la réprobation de ses adversaires. Vous voyez clairement leurs menées : votre sagacité vous révèle à quelle fortune, à quelle nécessité doit profiter cet holocauste qu'on vous demande. Condamné, que ferait-il? Il ne lui resterait plus qu'à mener une existence inutile, ignorée; à fuir le pays où il est si connu par ses bienfaits, à chercher ailleurs une terre hospitalière où ne puissent l'atteindre l'intrigue et la haine. Si encore ce sacrifice vous était demandé au nom de la loi, si c'était là une de ces nécessités impérieuses que réclame la société et pour lesquelles le glaive a été remis aux mains des magistrats, je ne vous dirais pas de n'être pas sévères.

Mais qu'ont de commun ces choses avec la justice? comment oser la compromettre dans de telles entreprises? Fuyons ces agitations malsaines; écartons-nous de cette mêlée d'intrigues, d'ambitions, de duplicités, de piéges, d'abus de pouvoir. Ne souffrons pas que l'auguste image de la loi y soit défigurée; abandonnons ce champ de tumultueux mouvements; réfugions-nous dans la sainte idée du droit, éternelle comme Dieu dont elle émane, calme comme la vérité, inflexible comme le devoir; elle peut seule dans cette société troublée opposer une barrière aux excès des passions, au caprice de l'arbitraire et de la force; seule elle peut dire à ces flots irrités: Ici votre puissance expire; elle n'ira pas plus loin!

A l'audience du 22, après une courte réplique de M. le procureur impérial et celle de Me Jules Favre, le tribunal ne se déclare compétent que pour connaître du seul délit de port illégal de la croix de la Légion d'honneur, délit qui avait été sans influence sur le vote, et condamne M. Migeon à un mois d'emprisonnement et aux dépens occasionnés par ledit chef de prévention, dépens liquidés à 48 fr. 85.

COUR D'ASSISES DE LA SEINE

PRÉSIDENCE DE M. DELANGLE

AUDIENCE DU 26 FÉVRIER 1858

Complot d'Orsini, 4 janvier 1858. — Attentat à la vie de l'empereur.

Après le réquisitoire de M. le procureur impérial Chaix-d'Est-Ange qui conclut à l'application de la peine capitale pour les auteurs et les exécuteurs du complot du 14 janvier 1858, Me Jules Favre, défenseur d'Orsini, prend la parole en ces termes :

MESSIEURS LES JURÉS,

Je voudrais pouvoir un instant écarter de mon âme les émotions douloureuses qui l'assiégent et la dominent, pour rendre un public et sincère hommage au talent de l'orateur éminent que vous venez d'entendre. Il a longtemps illustré notre ordre, où sa place est restée vide, sa personne regrettée ; il devait jeter un vif éclat sur les fonctions redoutables qu'il a acceptées et qui empruntent à sa parole un prestige rehaussant singulièrement leur autorité ; et cependant, messieurs les jurés, si un écueil pouvait s'offrir à lui, dans cette cause, c'était de ne rencontrer aucun obstacle, de se trouver, dans ce lugubre débat, sans adversaire sérieux.

Il n'avait pas en effet besoin, messieurs les jurés, de faire devant nous cet appel éloquent à la pitié, cette mâle invocation au respect de la vie humaine, pour que nous fussions, comme lui, saisis d'horreur au récit de la sanglante tragédie dans laquelle tant de victimes sont tombées mutilées ! Qui de nous n'a frémi à la peinture de cette hécatombe nouvelle offerte au fanatisme politique?

Avant d'entrer dans cette enceinte, tous, nous étions prêts à déplorer les destinées de notre nation, trop de fois exposée au retour de pareils forfaits.

Certes, on peut ici rencontrer des opinions différentes sur bien des choses, et pour ma part, — que M. le procureur général me permette de le dire, — je suis loin de m'incliner devant tous les principes, tous les actes, tous les hommes qu'il défend. Oui, messieurs les jurés, malgré les temps où nous vivons et qui s'opposent à la libre expression de ma pensée, je n'en conserve pas moins, au fond de mon cœur, avec une fierté jalouse, le dépôt sacré de mes sentiments et de mes croyances, — mais leur symbole n'a jamais été le glaive ni le poignard. Je suis de ceux qui détestent la violence, qui condamnent la force toutes les fois qu'elle n'est pas au service du droit. Je crois qu'une nation se régénère par les mœurs et non par le sang. Si elle était assez malheureuse pour tomber sous le joug d'un despote, ce n'est pas le fer d'un assassin qui briserait sa chaîne. Les gouvernements périssent par leurs propres fautes, et Dieu, qui compte leurs heures dans les secrets de sa sagesse, sait préparer à ceux qui méconnaissent ses éternelles lois des catastrophes imprévues, bien autrement terribles que l'explosion d'une machine de mort imaginée par des conspirateurs.

Voilà ma foi, messieurs, ma foi profonde, et cependant, quand Orsini m'a appelé, je ne l'ai point repoussé. J'ai senti le poids de cet horrible fardeau; j'ai mesuré la grandeur de l'effort et sa vanité. J'ai vu se dresser devant moi ces ombres lamentables dont l'image m'assiége. J'ai deviné, toutefois, qu'un aussi grand crime ne pouvait avoir pour mobile, ni la convoitise, ni la haine, ni l'ambition. La cause d'un pareil attentat devait se trouver dans l'égarement d'un patriotisme ardent, dans l'aspiration fiévreuse à l'indépendance de la patrie, qui est le rêve de toutes les nobles âmes. J'ai dit à Orsini : Je condamne votre forfait, je le proclamerai bien haut; mais vos malheurs me touchent, votre constance à combattre les ennemis de votre pays, cette lutte acharnée par vous entreprise, ce sacrifice de votre vie, je les comprends, ils vont à mon cœur. Italien, j'aurais voulu souffrir comme vous pour mon pays, m'offrir aussi en holocauste, verser mon sang pour sa liberté, tout, excepté ces meurtres que ma conscience réprouve. Mais vous confessez votre crime, vous l'expiez, vous donnez votre tête à la loi que vous avez violée, vous êtes prêt à mourir pour subir la peine de votre attentat à la vie d'autrui; eh bien! je vous assisterai à cette heure suprême... non pour présenter une inutile défense, non pour vous glorifier, mais pour essayer de faire luire sur votre âme immortelle qui va retourner au sein de Dieu, un rayon de cette vérité qui peut protéger votre mémoire contre des accusations imméritées.

Me voici donc, messieurs, devant vous, non, encore une fois, pour excuser, mais pour expliquer le coupable entraînement auquel cet infortuné n'a pu résister. Il ne m'appartient pas, et je n'en ai pas la liberté, il ne m'appartient pas, dis-je, de faire devant vous l'œuvre de l'histoire et de rechercher les causes qui ramènent si fréquemment dans notre pays le retour de pareils actes. Mais à ce moment solennel où la société va frapper, qu'il me soit permis d'étendre quelques instants ma faible main sur le malheureux Orsini, et d'examiner avec vous l'intérêt et le mobile de l'acte dont on demande l'expiation, et je ne désespère pas de faire entrer dans vos cœurs une partie des sentiments qui agitent le mien.

M. le procureur général se trompe. Non, messieurs les jurés, le crime d'Orsini n'a été dicté ni par la convoitise, ni par la haine, ni par l'ambition; ce n'est pas en semant la mort et les ruines autour de lui qu'il a voulu conquérir la puissance, non, il n'a pas voulu monter au pouvoir par ces degrés sanglants... Quelle est donc cette histoire, monsieur le procureur général? Elle n'est pas celle d'Orsini. — Qu'a-t-il voulu? — Affranchir sa patrie. Il nous le dit, accusez-le de folie, mais ne contestez pas la loyauté de sa déclaration; nous en avons pour caution sa vie tout entière; je n'en connais pas de plus inflexiblement logique. Il l'a usée sans partage dans une lutte énergique, incessante contre les étrangers qui foulent son pays. Il n'en pouvait être autrement, la haine de l'étranger, messieurs les jurés, il l'a puisée au berceau, dans le lait de sa mère, dans le sang de son père.

Le père d'Orsini était capitaine dans l'armée italienne organisée par Napoléon Ier; il a suivi nos légions jusque dans les glaces de la Russie, il a mêlé son sang au nôtre sur tous les champs de bataille, il n'a déposé les armes qu'après avoir vu tomber le dernier soldat de la cause bonapartiste, qui alors était celle de l'indépendance.

Quand le dernier soldat de cette noble cause fut tombé, que fit-il? Ce que plus tard a fait son fils. Après avoir mis son épée au fourreau, il conspire. En 1831, on le voit attaquer le pouvoir pontifical avec d'illustres complices dont l'histoire retient les noms et dont l'un est tombé sous les balles des sbires.

Félix Orsini avait douze ans à peine quand il fut témoin de ces malheurs; il vit la pierre du foyer domestique brisée, son père fugitif, jeté en exil, condamné à une vie errante. Et vous ne voulez pas qu'il ait senti naître en son cœur cette haine ardente, vivace, inflexible, qui l'anime contre les ennemis de sa patrie! Toutes les autres passions de son âme ont cédé devant ce sentiment profond qui a été comme un flambeau auquel son cœur s'est embrasé. Il n'y a qu'un instant, M. le procureur général vous dépeignait Orsini comme un conspirateur vulgaire, ne travaillant à la chute des gouvernements que pour monter au pouvoir et s'y livrer aux enivrements de la volupté et de la puissance. Je l'ai dit, M. le procureur général n'a pas fait l'histoire d'Orsini. Je ne veux pas d'ailleurs discuter avec lui sur ce point, ni agrandir ce débat. Seulement je le lui demande : Italien, ne souffrirait-il pas du mal qui dévore l'Italie? ne sentirait-il pas le poids des chaînes de la patrie, et tous ses efforts ne seraient-ils pas employés à secouer le joug odieux de l'étranger? Orsini l'a tenté, sa vie entière a été consacrée à ce noble but. L'indépendance, l'unité de l'Italie a été aussi la pensée de Napoléon Ier. Pour y arriver, que fallait-il? Briser le pouvoir temporel du Pape. Telle était la croyance d'Orsini; entraîné par cette pensée dans un complot, il est condamné en 1845 par le gouvernement pontifical. Amnistié, on lui fait prêter le serment de ne rien entreprendre à l'avenir contre le pouvoir papal. Quoi qu'on nous en ait dit, ce n'est pas lui qui violera son serment; il quitte les États romains, toujours pour conspirer, mais en Toscane, contre les Autrichiens.

Les événements de 1848 éclatent. Je n'ai pas à m'expliquer ici sur ces événements ni à reprendre le récit de l'expédition de Rome, si diversement jugée et qui a donné lieu à des débats si animés, à des incidents si funestes. Je me borne à constater l'état des esprits en ce moment. Le manifeste de Lamartine avait fait luire l'espoir de l'indépendance en Italie, et cet espoir était salué avec enthousiasme par beaucoup d'hommes qui tiennent aujourd'hui un tout autre langage. L'Autriche épouvantée repliait son drapeau derrière le Tagliamento. La France tout entière applaudissait à cette délivrance. Telles étaient nos promesses à cette époque. Le gouvernement pontifical est renversé, Orsini n'avait pas changé; mais il n'a pas violé son serment, on ne peut l'accuser d'avoir alors conspiré le renversement du pouvoir du Pape. S'il entre dans l'Assemblée constituante, c'est par le suffrage universel qu'il y arrive : Comment en est-il sorti? Dieu me garde, messieurs les jurés, de laisser tomber de mes lèvres des paroles amères ou imprudentes; mais peut-on ne pas dire que cette Assemblée issue, comme nos institutions à cette époque, du suffrage universel, a été renversée par l'Europe? Et qui l'a dispersée? Le canon de la France.

Alors cet homme condamné à la vie de proscrit, chassé par la violence, que va-t-il faire? Obéira-t-il aux anciens ennemis de la patrie? Le patriotisme du vieux soldat de l'Empire, ce patriotisme ardent que son père a allumé en lui par ses exemples et ses malheurs, s'éteindra-t-il dans son cœur? Non; il sera plus brûlant encore, Orsini n'aura désormais ni paix ni trêve qu'il n'ait brisé les fers de sa patrie. Que fait-il, en effet? Il conspire, il parcourt l'Italie, réchauffe les courages, organise la résistance. En Piémont, en Toscane, à Lucques, à Modène, partout même pensée. Arrêté à Gênes en 1853, il est mis en liberté, mais exilé. Il traverse la Suisse et la France, et se dirige sur Londres. En mars 1854, sous le nom de Tito Celsi, il essaye une expédition dans le duché de Parme, il échoue;

arrêté en Suisse, il échappe par miracle. En 1855, il se rend à Vienne sous le nom d'Herwag, toujours poursuivi par le même démon, par la même folie, diront les sages du temps. Il va chercher des soutiens, préparer des soulèvements ; mais il est découvert, arrêté, chargé de chaînes et jeté dans la citadelle de Mantoue, un véritable tombeau. Pendant dix mois, il voit sans fléchir la mort, une mort ignominieuse, suspendue sur sa tête. Ses juges eux-mêmes reconnaissent en secret la noblesse de son âme et la pureté de son patriotisme. Cependant il est condamné. Mais la générosité et le dévouement veillent près de lui. Une femme, sachant qu'un jeune patriote italien allait mourir, s'intéresse à cet infortuné... Grâce à des miracles de tendresse, à des prodiges de divination dont les femmes seules sont capables, des moyens de salut sont préparés, des intelligences ménagées jusque dans l'intérieur de la prison. Enfin l'heure de la délivrance est arrivée... huit barreaux sont sciés... Les instruments d'évasion miraculeusement fournis !!! Vous dirai-je, messieurs les jurés, le temps, la patience nécessaire à tous ces efforts ? Je le voudrais en vain. Orsini, à l'aide d'un lien fragile, essaye de descendre d'une hauteur de quarante mètres ; le lien se brise, et le fugitif tombe à demi brisé dans les fossés de la forteresse ; il se traîne néanmoins et reste vingt-quatre heures dans un lac glacé où des chasseurs viennent le recueillir. Vous le voyez, messieurs les jurés, la Providence ne voulait pas qu'il mourût... Pourquoi ne l'a-t-elle pas voulu? Mais est-ce bien à nous, faibles vermisseaux que nous sommes, qu'il appartient de l'interroger? Que savons-nous, que pouvons-nous savoir de ses desseins? Cependant le voici encore subjugué par les mêmes idées ; vaincu par les entraînements de toute sa vie, le voici de nouveau précipité dans l'entreprise horrible que je condamne, mais que je viens d'expliquer.

Après ce que je viens de vous faire entendre, aurai-je besoin d'une défense ultérieure? Me faudra-t-il encore discuter des preuves et des témoignages? Ne seriez-vous pas dès à présent persuadés qu'Orsini n'a eu en vue qu'une seule chose, la délivrance, l'affranchissement de sa noble et chère patrie? Encore une fois, cette pensée, ce désir, ne peuvent pas excuser un pareil attentat, ni la mort de ces tristes victimes auxquelles Orsini, il vous le disait hier, voudrait pouvoir rendre la vie au prix de tout son sang, mais ils l'expliquent : des sentiments impérieux, dominateurs, ont armé son bras.

Nous-mêmes, messieurs les jurés, n'avons-nous pas subi l'empire de ces redoutables sentiments? Parfois, dans les cabinets des rois, il arrive que leurs conseillers politiques essayent de disposer de la vie et de la puissance des nations. La nôtre a été l'objet d'une de ces tentatives dans un temps qui n'est pas encore bien loin de nous. Dans les pages récentes de notre histoire, ne rencontrons-nous pas les sanglants souvenirs de 1815? Napoléon Ier, malgré le prestige de son nom, malgré sa puissance, n'avait-il pas été précipité du pouvoir par les nations alliées? Le gouvernement qui a remplacé le sien n'est-il pas resté impopulaire parce qu'il était imposé? n'a-t-il pas été attaqué par les conspirateurs? ne lui ont-ils pas fait une guerre incessante et acharnée? et le pays enfin n'a-t-il pas, sinon glorifié, au moins plaint les victimes tombées dans cette lutte patriotique? Eh bien! messieurs, vous avez devant vous un Italien qui a voulu faire pour l'Italie ce qu'elles ont fait pour la France. Descendez dans son cœur, et voyez le mobile de son crime, vous ne le mépriserez pas, et surtout vous n'ajouterez pas à ce crime le sang des malheureuses victimes enveloppées dans cet horrible attentat. La responsabilité de ce sang répandu, il la portera devant Dieu, mais elle ne peut peser sur lui devant la justice des hommes; la loi le défend; pour elle, le crime, vous le savez, n'est que dans l'intention. M. le procureur général l'a compris comme nous; aussi, dans son loyal réquisitoire, s'est-il peu étendu sur ce point. Je n'en dirai donc pas davantage moi-même sur ces accusations accessoires.

Faudra-t-il parler plus longuement des réticences dans lesquelles Orsini a cru devoir envelopper ses explications, des contradictions, des dénégations contenues dans ses interrogatoires? Quoi, messieurs? est-ce qu'il est ici douteux pour personne que cet infortuné offre sa tête en expiation de son crime? Il a nié d'abord, il est vrai, son forfait; mais en face d'accusés qui niaient comme lui, il ne voulait pas les compromettre; ils avaient nié, il les a suivis dans cette voie. Vous voulez qu'il ait eu peur? Oh! non, non, vous ne le croyez pas! Enfin, voici le jour de la justice, le jour où il se trouve en face du jury; c'est en ce moment qu'il doit vous apporter, et qu'il apporte ses dernières explications. Eh bien! dissimule-t-il, et dans ses justifications entendez-vous une seule parole de forfanterie ou de faiblesse? Encore une fois, il avoue franchement, courageusement, et sa faute et ses desseins. Le voici donc, messieurs, devant vous, prêt à mourir... mais désireux encore que son sang soit utile à la cause de l'indépendance italienne; il a formulé ce vœu dans un testament suprême, dans un écrit que du fond de son cachot il adresse à l'empereur. Vous allez voir de nouveau, messieurs les jurés, dans ce document que je dois vous lire, après en avoir obtenu la permission de celui-là même à qui il a été adressé, se révéler la pensée de toute la vie d'Orsini :

« A Sa Majesté Napoléon III, empereur des Français,

« Les dépositions que j'ai faites contre moi-même, dans le procès politique intenté à l'occasion du 14 janvier, sont suffisantes pour m'envoyer à la mort, et je la subirai sans demander grâce, tant parce que je ne m'humilierai jamais devant celui qui a tué la liberté naissante de ma malheureuse patrie, que parce que, dans la situation où je me trouve, la mort est pour moi un bienfait.

« Près de la fin de ma carrière, je veux néanmoins tenter un dernier effort pour venir en aide à l'Italie, dont l'indépendance m'a fait jusqu'à ce jour braver tous les périls, aller au-devant de tous les sacrifices. Elle fut l'objet constant de mes affections, et c'est cette dernière pensée que je veux déposer dans les dernières paroles que j'adresse à Votre Majesté.

« Pour maintenir l'équilibre actuel de l'Europe, il faut rendre l'Italie indépendante, ou resserrer les chaînes sous lesquelles l'Autriche la tient en esclavage. Demandé-je pour sa délivrance que le sang des Français soit répandu pour les Italiens? Non; je ne vais pas jusque-là. L'Italie demande que la France n'intervienne pas contre elle, elle demande que la France ne permette pas à l'Allemagne d'appuyer l'Autriche dans les luttes qui peut-être vont bientôt s'engager. Or, c'est précisément ce que Votre Majesté peut faire si elle le veut. De cette volonté donc dépend le bien-être ou le malheur de ma patrie, la vie ou la mort d'une nation à qui l'Europe est en grande partie redevable de sa civilisation.

« Telle est la prière que, de mon cachot, j'ose adresser à Votre Majesté, ne désespérant pas que ma faible voix ne soit entendue. J'adjure Votre Majesté de rendre à l'Italie l'indépendance que ses enfants ont perdue en 1849, par la faute même des Français.

« Que Votre Majesté se rappelle que les Italiens, au milieu desquels était mon père, versèrent avec joie leur sang pour Napoléon le Grand, partout où il lui plût de les conduire; qu'elle se rappelle qu'ils lui furent fidèles jusqu'à sa chute; qu'elle se rappelle que, tant que l'Italie ne sera pas indépendante, la tranquillité de l'Europe et celle de Votre Majesté ne seront qu'une chimère; que Votre Majesté ne repousse pas le vœu suprême d'un patriote sur les marches de l'échafaud, qu'elle délivre ma patrie, et les bénédictions de 25 millions de citoyens la suivront dans la postérité.

« *Signé :* Félix ORSINI.

« De la prison de Mazas, le 11 février 1858. »

Telle est, messieurs, la dernière parole de cet homme qui se résigne à son sort. Elle est, vous le voyez, conséquente avec tous les actes de sa vie.

Cependant, je le reconnais, c'est une sorte de témérité de sa part de s'adresser à celui-là même qu'il voulait détruire comme un obstacle à la réalisation de ses desseins; mais encore une fois, toujours fidèle à la conviction, à la passion de toute sa vie, il ne veut pas que son sang versé soit inutile à son pays. Oui, messieurs les jurés, Orsini, engagé dans l'entreprise qu'il a tentée et dans laquelle il a échoué, grâce à Dieu, s'incline : il ignore, il va mourir !... Du bord de la tombe il adresse cette solennelle prière à celui contre lequel il n'a eu aucun sentiment de haine personnelle, à celui qui fut l'ennemi de son pays, mais qui peut en être le sauveur : Prince, vous vous glorifiez d'être sorti des entrailles du peuple, venez au secours des nationalités opprimées, secourez un peuple ami de la France, relevez le drapeau de l'indépendance italienne que votre vaillant prédécesseur avait restaurée. Prince, ne souffrez pas que cette contrée si belle, si noble, si infortunée, soit éternellement la proie des enfants du Nord qui l'étreignent; ne vous laissez pas prendre aux démonstrations hypocrites des vieilles royautés qui vous trompent. Prince, les racines de votre maison sont dans la souche révolutionnaire, soyez assez fort pour rendre à l'Italie l'indépendance et la liberté, soyez grand et magnanime, et vous serez invulnérable.

Voilà, messieurs les jurés, ses paroles ; il ne m'appartient pas de les commenter, je n'en ai ni la puissance ni la liberté ; mais ces paroles dernières d'Orsini vous disent clairement et la pensée et le but de son acte. J'ai fini, messieurs, ma tâche est terminée. Vous n'aviez pas besoin des adjurations de M. le procureur général pour faire votre devoir sans passion comme sans faiblesse. Mais Dieu qui nous jugera tous, Dieu devant qui les grands de ce monde, dépouillés du cortége de leurs courtisans et de leurs flatteurs, apparaissent tels qu'ils sont, Dieu qui seul mesure l'étendue de nos fautes, la force des entraînements qui nous égarent et l'expiation qui les efface, Dieu prononcera son arrêt après le vôtre, et peut-être ne refusera-t-il pas un pardon que les hommes auront cru impossible sur la terre.

La cour condamne Orsini à la peine des parricides.

TRIBUNAL CIVIL DU HAVRE

PRÉSIDENCE DE M. C. OURSEL

AUDIENCES DES 5 ET 6 MAI 1859

Procès de mademoiselle Marie Leroux, contre M. le maire et M. le directeur du théâtre du Havre. — Demande en 20,000 francs de dommages-intérêts.

« Le tribunal,

« Considérant que le maire du Havre n'est poursuivi qu'à raison de ses fonctions et que la demanderesse n'a pas obtenu l'autorisation du conseil d'État, met M. Leroux, maire du Havre, hors de cause, avec dépens contre mademoiselle Marie Leroux. »

Après le prononcé de ce jugement, M. le président donne la parole à Me Jules Favre, qui s'exprime en ces termes :

Dans la cause qui m'amène à l'honneur de paraître à la barre du tribunal, j'ai l'inestimable et très-rare avantage de défendre un intérêt sur le caractère duquel aucune contestation ne saurait s'élever; de parler de faits dont toute cette ville a été le témoin et dont, je puis le dire, la majorité des habitants a été le désapprobateur; de me placer à l'abri d'actes émanés de l'autorité supérieure qui ont qualifié, comme elle devait l'être, une éclatante violation du droit privé, et qui ont décidé que cette violation était d'une nature telle que ceux dont elle émanait, quelles que fussent d'ailleurs et l'honorabilité de leur caractère et la pureté de leurs intentions, devaient être publiquement blâmés.

Je viens tirer des conséquences de ces faits irrécusables, et c'est le droit qui est l'arme dont je prétends me servir pour faire triompher la demande de mademoiselle Leroux. Le respect des contrats, la volonté ferme et nette d'en maintenir l'exécution, de les soustraire à la violence, à l'illégalité, à l'arbitraire, ce sont là des principes qu'il suffit de poser devant vous; car je ne sache pas qu'il se puisse rencontrer en France, et ici moins qu'ailleurs, des magistrats qui, cédant à une complaisance quelconque vis-à-vis de l'autorité, voudraient consacrer, au mépris de l'intérêt privé, une erreur dans laquelle cette autorité serait tombée. Tout se tient en matière de principes, et la solidarité qui les unit est telle, que sacrifier à la fantaisie municipale celui qui serait le moins digne d'intérêt, c'est courber la société civile tout entière sous les fourches caudines du bon plaisir que, grâce à Dieu, nos législateurs ont pour toujours renversées. Aussi suis-je sans crainte, et, quelle que soit votre décision, ces grandes considérations derrière lesquelles je pourrais m'abriter ne subiront aucune atteinte; mais elles sont si intimement liées au sort de cette poursuite, elles protégent si efficacement la cause de mademoiselle Leroux, qu'après cette simple observation et l'appel fait à cette notoriété qui déjà a pénétré vos consciences, je pourrais presque m'asseoir et m'en rapporter à votre sagesse.

Quel est, en effet, le terrain du débat? Il est fort simple. Mademoiselle Leroux a un contrat signé de l'adversaire vis-à-vis duquel j'ai l'honneur de me trouver. Ce contrat a été brisé par une faute; je veux me servir de cette expression retenue. Est-ce que cette faute pourra dégager celui qui a mis sa signature au pied de la convention? Est-ce qu'il y pourra puiser une excuse quelconque pour légitimer sa défaillance? Est-ce qu'il a d'ailleurs accordé à mademoiselle Leroux, à sa propre parole, à son honneur engagé dans le contrat, la protection et le respect qu'il leur devait? Non, et vous verrez tout à l'heure qu'il a fait, au contraire, tout ce qui était en lui pour que la violence prévalût sur le respect de la convention.

Dès lors, mademoiselle Leroux, qui souffre un préjudice considérable dans son honneur, dans sa fortune, de l'inexécution de ce contrat, est en droit d'en réclamer la réparation. M. le maire du Havre est affranchi de toute espèce de responsabilité. Il s'en félicite, il en triomphe; c'est un goût qui lui appartient peut-être à lui seul. Il est peut-être d'autres administrateurs qui auraient été jaloux de revendiquer hautement la responsabilité que tout honnête homme doit subir de ses actes. Je respecte les motifs qui ont pu faire agir M. le maire du Havre; je constate seulement qu'il n'est pas au débat, qu'il s'en est retiré volontairement, que ce n'est pas d'office que le tribunal a consacré l'exception qu'il a invoquée avec ardeur. Il a réussi. Nous sommes vis-à-vis de M. Plichon, qui n'est pas un fonctionnaire public, qui a signé le contrat, et nous allons lui demander compte de son inexécution.

Cette inexécution est aussi évidente que la clarté du jour; il ne peut y avoir à cet égard aucune controverse, aucune contradiction. Permettez-moi, cependant, en quelques mots très-rapides, de vous rappeler des faits qui mettront encore en lumière la gravité de la faute commise par M. Plichon, puisque c'est M. Plichon qui est notre adversaire.

Mademoiselle Leroux a été engagée au théâtre du Havre dans les derniers jours de décembre 1857, en représentation extraordinaire, par la direction qui a précédé celle de M. Plichon, et elle a commencé à paraître sur le théâtre au mois de janvier. Qu'était-elle? Ceci serait assez indifférent au procès, et peut-être jusqu'à un certain point périlleux à examiner. Il s'agit de la réputation d'une artiste, d'une femme, et nous n'en devons parler qu'avec une extrême réserve, d'autant plus que je la représente, et qu'il serait de très-mauvais goût de ma part d'en faire un éloge de commande. Ce n'est donc pas moi qui parlerai; ce sont les faits, ce sont les organes de la presse du Havre que j'interrogerai; à coup sûr, je ne puis pas chercher des témoins qui soient moins suspects.

En 1857, lorsque mademoiselle Leroux est venue, sur les instances du directeur du Havre, mettre son talent à la disposition de son théâtre, elle n'était pas une inconnue, une artiste novice qui en fût à ses débuts.

C'est en 1849 que, pour la première fois, elle a paru sur la scène de Bruxelles, et bientôt, grâce à son intelligence, à son travail, à ses efforts, à sa persévérance, elle a conquis un rang honorable parmi cette pléiade d'artistes qui se voue à l'art si difficile de reproduire sur la scène les passions et les faiblesses humaines, d'y traduire les chefs-d'œuvre de nos grands maîtres.

J'ai sous les yeux plusieurs articles de journaux qui constatent les succès obtenus sur les scènes du second Théâtre-Français et de l'Ambigu à Paris par mademoiselle Leroux, dans les rôles qu'elle remplissait dans les pièces des *Contes d'Hoffmann,* de *François le Champi,* etc.

Sur la couverture de ce petit livre, qui est le *Roman du Village,* une comédie en un acte et en vers de Paul Mercier et Edouard Fournier, je rencontre ce petit quatrain qui témoigne de la reconnaissance des auteurs, qui, à coup sûr, ont le droit d'être exigeants vis-à-vis d'une artiste :

« Le double amour de Madeleine
Est par vous si bien raconté,
Que notre *Roman* sur la scène,
Grâce au fin talent qui le mène,
Devient une réalité.

« 19 juin 1853. »

Mademoiselle Leroux ne réussit pas moins dans le drame de *Richelieu,* de M. Félix Peillon, qui lui envoie, avec une charmante dédicace, la publication de cette œuvre, et dont la préface rappelle tout ce que mademoiselle Leroux avait su donner de charme, de sensibilité et de passion au personnage de Loréda, dont elle était chargée.

Enfin elle a joué dans la *Tour de Londres,* et voici comment M. Jules de Prémaray s'exprime dans la *Patrie :* « Mademoiselle Marie Leroux est une Clary touchante, pathétique, se jetant avec passion dans tous les emportements du drame. Elle a retrouvé à l'Ambigu tout le succès qu'elle avait obtenu à l'Odéon dans le *Richelieu* de M. Peillon. »

Voilà comment elle a été appréciée par les auteurs, par la presse de Paris, et j'avais raison de dire qu'en 1857 elle ne pouvait pas, elle ne devait pas être considérée comme une artiste ordinaire dont on pût mépriser le talent; d'autant plus qu'à côté de ces faits, dont j'ai l'honneur d'entretenir le tribunal, s'en placent d'autres qui ont consacré ces premiers succès. En 1855, elle a eu l'honneur d'accompagner en Russie notre illustre tragédienne Rachel, que la scène du Théâtre-Français pleure, et elle a joué avec elle les premiers rôles du répertoire; et dans les comédies où cette inimitable artiste ne craignait pas de montrer qu'elle était également supérieure dans tous les genres, mademoiselle Leroux l'a souvent suppléée, et elle l'a toujours fait avec succès. Elle a mérité ainsi l'amitié de la grande artiste, et en même temps les applaudissements des souverains qui voulaient bien encourager ses efforts par leur présence.

Elle est revenue en France en 1856. Elle a donné en province plusieurs représentations, et le succès l'a partout accompagnée, ainsi que le constate un article du *Charivari* que j'ai dans les mains.

Tel est donc son passé, passé plein de travaux, d'efforts consciencieux, de noble courage. Elle a recueilli la récompense qui lui était due. Pourquoi faut-il qu'une malheureuse inspiration l'ait conduite dans la ville du Havre, où tout ceci est venu se briser devant l'arrêté municipal que vous connaissez?

En 1857, elle recevait de toute part des propositions d'engagement, lorsqu'elle prêta l'oreille à celles qui lui étaient adressées par le directeur du théâtre du Havre. Elle s'engagea comme artiste en représentation, et de janvier à mai 1858, elle parut presque chaque soir sur la scène du Havre et y fut constamment applaudie.

Ce fait est incontestable. Je ne sais pas s'il entre dans la tactique des adversaires de le discuter, mais pour répondre à l'avance à leur posthume dénigrement, j'ai entre les mains la preuve de leur admiration de la veille, qui vaut bien leur mauvaise humeur d'aujourd'hui. Le public s'enivrait du son de sa voix. Elle est déclarée une artiste éminente dont la diction pure et correcte initie le spectateur aux moindres nuances de la pensée de l'œuvre qu'elle exprime. Quand le rideau s'était baissé, le public, idolâtre de son artiste, la rappelait, et c'était sous une pluie de fleurs qu'elle faisait sa rentrée sur la scène.

Voilà ce que constatent ces journaux, et ces journaux ont pour approbateurs tous ceux qui ont applaudi mademoiselle Leroux.

C'est encouragée par ces succès que la direction, représentée, non plus cette fois par M. Desfossés, qu'une maladie avait forcé d'abandonner momentanément ses fonctions, mais par M. Plichon, notre adversaire actuel, a fait à mademoiselle Leroux de nouvelles propositions. Puisque, comme artiste de passage donnant des représentations extraordinaires, elle avait été si bien au cœur délicat du public du Havre, il était tout naturel de cimenter cette union passagère et de la rendre durable. Mademoiselle Leroux avait toute espèce d'avantages à paraître sur d'autres scènes et à recueillir des bravos que l'attrait de la nouveauté eût rendus peut-être plus chaleureux, car nous nous lassons de tout, inconstants que nous sommes, même des plaisirs les plus doux et les plus légitimes. Mademoiselle Leroux pensa cependant, imprudente qu'elle était, que tous ces succès, toutes ces flatteries, toutes ces couronnes lui présageaient un avenir heureux, qu'elle ne verrait aucune de ces fleurs se faner, et qu'elle n'aurait pas affaire avec l'inconstance et l'intrigue. Elle s'est trompée. Mais enfin, au mois de juin, elle signe un engagement qui lui assurait un traitement annuel de 12,000 francs, plus un bénéfice et quelques autres avantages. Demandée par un grand nombre de directeurs de province, d'Orléans, de Nancy, etc., etc., elle est obligée de rompre plusieurs engagements pour se tenir à la disposition du directeur du théâtre du Havre. Mais comment résister à toutes ces douceurs tant de fois prodiguées? Comment ne pas croire que sur ce terrain, qu'elle avait déjà fécondé par son dévouement et son intelligence, croîtraient de nouveaux buissons fleuris, à l'ombre desquels elle pourrait continuer sa carrière? On lui a seulement demandé de se soumettre aux trois débuts d'usage. Cela pouvait paraître extraordinaire, car elle était au Havre depuis quatre mois, et elle avait été acceptée sans restriction ni réserve; les applaudissements l'avaient consacrée, et son droit de bourgeoisie était écrit dans les colonnes des journaux du Havre, tous frémissants encore de l'enthousiasme universel. Cependant, par amour pour les principes, par respect pour son art, et par suite de cette déférence que les artistes doivent toujours professer pour les arrêts et les volontés du public, quel que soit d'ailleurs son aveuglement, elle consentit à ces trois débuts; seulement ils ne pouvaient avoir pour elle le caractère qu'ils auraient eu pour une artiste ordinaire.

L'épreuve de l'eau et celle du feu, que la barbarie du moyen âge réservait à certaines procédures, n'étaient rien auprès de cette comparution devant un public curieux, malveillant, qui épie une faute, et qui, avec cet esprit français si prompt à saisir le moindre ridicule, tend involontairement à l'artiste des embûches au milieu desquelles il lui est fort difficile de ne pas tomber. Quant à mademoiselle Leroux, comme elle avait déjà parcouru d'un pas ferme cette scène, comme elle n'avait trouvé que des encouragements et des amis, elle n'obéissait à aucune de ces terreurs. Elle pensait que son succès était assuré, et les deux premiers débuts, qu'elle fit avec bonheur, ne furent pas de nature à la faire changer d'avis.

En fut-il autrement au troisième? C'est là un fait très-grave que l'histoire contemporaine pourra raconter de diverses manières, et cela n'est pas étonnant. Même en remontant aux faits les plus importants, on rencontre partout l'incertitude et la divergence. Ici tout s'est passé au grand jour. C'était au soir, il est vrai, mais la rampe était éclatante de lumière, mais le public était nombreux, et mademoiselle Leroux n'avait pas dégénéré depuis la veille. Cependant elle paraît. C'était, je crois, dans le drame *la Mendiante*. Elle était voilée. Cette simple apparition est le signal de quelques actes d'opposition, — parlons français, — de sifflets, car l'opposition au théâtre se traduit par cette musique discordante. Les instrumentistes composaient un orchestre de six ou sept personnes; mais comme les poumons étaient jeunes et vigoureux, le bruit était formidable. Il est cependant couvert par les applaudissements beaucoup plus nombreux dans la proportion de mille ou douze cents à sept ou huit, et ces applaudissements ont bientôt fait taire les sifflets.

C'est ainsi que ce troisième début se consomme, non peut-être sans orages postérieurs dont nous allons trouver tout à l'heure la trace dans un document dont je devrai parler. Mais est-ce que la mer sur laquelle s'aventure un débutant n'est pas toujours semée de quelques écueils? Est-ce qu'il n'y a pas la lame et le vent? Est-ce que sa barque n'est pas agitée? Pourvu qu'elle entre au port, qu'elle y soit saluée, c'est l'essentiel. Mademoiselle Leroux y est arrivée à pleines voiles. Elle a traversé vaillamment ces bas-fonds sur lesquels on avait essayé de faire échouer son esquif, et les six ou sept siffleurs qui ont montré un courage digne d'une meilleure cause ont été dans la nécessité de battre en retraite, et de leurs propres oreilles ils ont entendu la voix magistrale de M. le commissaire de police proclamer l'admission définitive de l'artiste. Ceci est la vérité pure, telle qu'elle sera écrite dans la grande histoire dramatique de la ville du Havre.

J'en tire cette conséquence que mademoiselle Leroux est admise, que son contrat est parfait, car si l'engagement d'un artiste est subordonné à l'agrément du public, lorsque le public n'a pas fait une opposition sérieuse, lorsque l'autorité, juge de ces questions délicates, a prononcé l'admission, le contrat est irrévocable et doit être exécuté.

Est-ce qu'on professerait cette étrange et nouvelle doctrine qu'il n'y a d'admission d'artiste au théâtre qu'à la condition que le début n'ait rencontré aucune opposition? Ce serait la méconnaissance de toutes les règles ordinaires de notre conduite. C'est par les majorités que nous nous décidons. Je sais bien que Montesquieu, dans son

Esprit des lois, dans un moment où il était sans doute de mauvaise humeur, a dit qu'il « serait peut-être plus sage de se laisser conduire par les minorités ». Mais

La raison du plus fort est toujours la meilleure.

C'est ce que dit notre grand fabuliste, et il a raison; au théâtre, les choses se passent ainsi; et lorsqu'on rencontre d'un côté un bataillon sacré de six personnes qui sifflent, d'un autre côté une salle entière qui applaudit un artiste, l'artiste est admis. Voilà ce qu'a pensé M. le commissaire de police, et suivant moi, il s'est parfaitement acquitté de la mission qui lui était dévolue.

Mademoiselle Leroux, ainsi admise le 26 juin, paraît sur le théâtre du Havre. Elle y est applaudie, en rencontrant semées çà et là sous les roses quelques épines. Les siffleurs ne s'étaient pas tout à fait découragés; ils avaient une sorte de parti pris. Ils étaient épars dans la salle, qui à droite, qui à gauche; ils se répondaient comme des échos très-désagréables; mais ce qui est constaté par le procès-verbal de l'autorité, c'est qu'ils avaient le dessous, et ils l'ont eu jusqu'à la fameuse et terrible représentation du 13 juillet 1858.

C'est ici que se place le fait véritablement dramatique du procès. J'ai le droit de me servir à tous égards de cette expression. Mademoiselle Leroux paraît en scène, et, comme à son troisième début, elle y est accueillie par des applaudissements et des sifflets qui se combattent et se contredisent. Cependant les applaudissements étaient beaucoup plus nombreux et plus vigoureux que les sifflets. Y a-t-il eu des menaces réciproques? Les deux partis ont-ils voulu en venir aux mains? A-t-on été sur le point de voir la scène changée en un théâtre de pugilat? Je crois qu'on a singulièrement exagéré et travesti les faits. Les siffleurs d'un côté, ceux qui applaudissent de l'autre, le commissaire de police au milieu. M. le commissaire de police, qui voulait apaiser la tempête, a fait son devoir; il a cherché à mettre le calme là ou était l'agitation et la discorde. Seulement, comme il a rencontré de la résistance, il a eu recours à ce qui est l'*ultima ratio* même des commissaires de police, non pas au canon, mais à ce qui en est le diminutif, c'est-à-dire à la police, qui a aussi la force derrière elle, et qui doit être respectée, puisqu'elle représente la loi. Il est impossible en effet que dans une grande assemblée réunie pour le plus noble et le plus délicat des plaisirs, on puisse impunément assister à des scènes de désordre et de violence. Il fallait à tout prix les faire cesser. On les a fait cesser par des moyens qui peuvent être désagréables pour ceux qui les subissent, mais qui sont nécessaires. Lorsque huit ou dix personnes, au théâtre, ont manifesté, comme elles en ont le droit, leur sentiment d'opposition, si elles rencontrent des applaudissements vigoureux qui éclatent de toutes les parties de la salle, comme il faut en revenir à l'application de la règle que je disais tout à l'heure, il faut que les dix se taisent, car sept à huit cents valent mieux que dix. Ici, les dix n'ont pas voulu se taire. Ils ont cru qu'il y avait pour eux une question d'honneur à persister dans la résistance. Il fallait faire arrêter quelqu'un. Fallait-il arrêter toute la salle, ou les dix personnes? Voilà le problème. M. le commissaire de police l'a résolu avec la sagesse ordinaire de l'autorité. Il a pensé qu'il était plus convenable, plus logique, plus raisonnable, et surtout plus commode, de faire arrêter le petit nombre, et le petit nombre a été escorté au violon. (*Rires.*) Certainement, je déplore un pareil état de choses, et je suis d'accord avec mon honorable adversaire que ce réduit infect et étroit ne ressemble en rien à la commode stalle dans laquelle ces messieurs avient pensé passer leur soirée. Mais enfin, ce sont eux-mêmes qui se sont conduits au violon; ils n'auraient eu qu'à se tenir paisibles et calmes, après avoir suffisamment sifflé, rencontrant une opposition qu'ils ne pouvaient vaincre. Ils ne l'ont pas voulu. Le désordre a été étouffé, la représentation a continué; mademoiselle Leroux a été applaudie.

Dire qu'après il n'y a pas eu parmi ceux qui avaient été arrêtés, leurs amis, leurs parents, une certaine émotion, ce serait méconnaître les faits. Mais cette émotion était inévitable, et aurait cédé le lendemain devant une nuit de réflexion. Les séditions civiles, quand elles prennent la forme d'une émeute théâtrale, n'ont rien de bien inquiétant. On se réunit pour s'amuser, on se contrarie, on se taquine par des sifflets. Cela peut être excellent un soir. Il y a des jeunes gens qui trouvent à ces choses un plaisir infini, mais c'est un plaisir qui ne peut pas se continuer impunément. Le lendemain, il est moins vif; le surlendemain, il dégénère en ennui, et l'artiste peut continuer son rôle. Les choses auraient pris ce tour s'il n'était intervenu un incident imprévu qui va changer singulièrement la face de la question.

Mademoiselle Leroux est rentrée chez elle : elle m'a déclaré, je la crois sans peine, que la ville du Havre jouissait de son calme accoutumé, qu'on n'avait vu apparaître ni patrouille armée, ni drapeau noir, ni émeutiers terribles, que la sécurité de qui que ce soit n'avait été mise en question, que cette nuit du 13 au 14 juillet s'est passée comme une autre. Cependant, le lendemain, la municipalité à pensé qu'il fallait faire un coup de vigueur, que le désordre ayant été poussé à son comble, c'était le cas de le prévenir. On a voulu applaudir une artiste, la siffler; on a eu recours à la force légitime, à celle qui émane de la loi pour faire cesser cette opposition. Donc c'est l'artiste qui doit être sacrifiée, dit M. le maire. C'est une logique à laquelle il est assez difficile de se soumettre. Voici les termes dans lesquels est conçu cet arrêté du 14 juillet 1858 :

« Nous, maire, etc.,

« Considérant que lors du troisième début de mademoiselle Marie Leroux, qui a eu lieu le 26 juin dernier, des faits regrettables se sont passés... »

La surprise me fait tomber le papier des mains. Comment! nous sommes au 14 juillet. Il s'est passé la veille, le 13, une scène violente, et le maire ne parle que des désordres qui ont éclaté le 26 juin! Est-ce que la prudence municipale a sommeillé du 26 juin au 14 juillet? Si l'on n'a pas pris de mesure le 27 juin, j'ai tout lieu de croire que des faits regrettables ne se sont pas passés le 26 juin, et que c'est par une erreur involontaire de date que le maire a transporté les prétendus désordres du 13 juillet au 26 juin. Pourquoi? C'est qu'il était nécessaire de rencontrer sous la date du 26 juin un échec fait à l'admission de mademoiselle Leroux, et M. le maire a, par cette précaution trop grande, comme disent les jurisconsultes, prouvé qu'il voyait déjà le côté faible de la question, et que si mademoiselle Leroux était admise, le contrat était parfait et l'autorité municipale n'avait plus rien à y voir.

Mais je continue la lecture de l'arrêté :

« Que les partisans de cette artiste ont été renforcés par un nombre considérable d'individus auxquels des billets avaient été donnés gratuitement, dans le but de fausser l'opinion publique; que la représentation a été signalée par la violence de ces mêmes individus; que des menaces ont été adressées à plusieurs reprises aux personnes qui s'opposaient à l'admission de mademoiselle Leroux;

« Considérant que ces faits ont produit un état d'irritation qui se traduit en manifestations hostiles à la personne de mademoiselle Marie Leroux..... »

C'est donc la personne de l'artiste qu'il faut protéger? Mais vous allez voir comment elle a été protégée :

« Arrêtons, dit le maire : Article premier : Mademoiselle Marie Leroux cessera de paraître sur la scène de notre théâtre. »

A la bonne heure! Les temps n'ont point changé. Nous n'avons pas à regretter le Fort-l'Évêque. Les acteurs ne sont pas privés de leur liberté; on ne les confine plus pour deux ou trois jours de correction dans un isolement salutaire, où la réflexion peut calmer la fougue de leurs passions. On fait bien mieux : on leur retire leurs moyens d'existence, on brise leur avenir; on porte atteinte à leur honneur, à leur dignité d'artiste; on déclare de par son autorité toute-puissante que l'artiste cessera de paraître sur la scène, que le contrat est brisé.

Cet acte mérite d'être critiqué pour plusieurs raisons graves et sérieuses. Non-seulement il dépasse les pouvoirs de celui qui a cru devoir l'accomplir; mais il manque de franchise. En effet, mademoiselle Leroux, ainsi que le déclare l'arrêté, était exposée à des menaces, sa présence pouvait être compromettante pour sa propre sécurité. Dans quelles circonstances ces menaces avaient-elles été proférées? Il est incontestable que c'est à l'occasion de la scène du 13 juillet que l'arrêté a été pris le 14. Cependant cette scène n'y est pas mentionnée. On ne parle que de la scène du 26 juin, jour du début de mademoiselle Leroux. On dit qu'à l'occasion de ce début, le théâtre aurait été, pour ainsi dire, envahi par des applaudisseurs soldés, porteurs de billets qui auraient été distribués gratuitement. C'est un fait qui atteint au plus haut degré deux personnes en cause, le directeur, mademoiselle Leroux. Où est la preuve? Est-ce que mademoiselle Leroux et le directeur n'étaient pas en droit de la demander, et si cette preuve n'a pas été faite, est-ce qu'il n'est pas certain que l'autorité municipale a été induite en erreur, qu'aucun fait de cette nature ne s'est manifesté, et qu'en conséquence, cet acte, qui contient une illégalité, j'ai le droit de le dire, puisque je parle avec la décision de l'autorité supérieure, repose également sur des faits inexacts et controuvés? Jamais aucun billet n'a été distribué gratuitement, et aucun Romain n'est venu grossir la cohorte de ceux qui avaient appuyé chaudement, j'en conviens, les succès de mademoiselle Leroux.

M. le maire notifie à mademoiselle Leroux cet arrêté qui devait lui fermer l'accès de la scène. Le commissaire central est chargé de le faire exécuter. Elle rencontre donc sur son passage l'autorité publique, et tant que ses actes ne sont pas désavoués, l'autorité doit être obéie. Cependant mademoiselle Leroux était en droit de protester, elle a protesté; elle était en droit de réclamer, elle a réclamé. Et savez-vous le reproche que je fais aujourd'hui à M. Plichon, son seul adversaire? C'est de n'avoir pas réclamé et protesté avec elle; c'est de ne s'être pas associé à son action. S'il l'avait fait, infailliblement nous aurions obtenu du conseil d'État l'autorisation qui nous a été refusée; car le conseil d'État a compris que M. Plichon, ne s'associant pas à mademoiselle Leroux, approuvait la conduite du maire, et il nous a été formellement dit : Que M. Plichon demande l'autorisation, nous verrons ce que nous aurons à décider! M. Plichon s'est tenu dans la réserve; il a courbé la tête, et il a paru penser que M. le maire avait eu raison de procéder ainsi qu'il l'a fait.

Cet arrêté a reçu une publicité déplorable pour mademoiselle Leroux. Il a été imprimé dans tous les journaux de théâtre de France et d'Europe. Il était nécessaire que mademoiselle Leroux fît une réponse, elle l'a faite; elle est insérée dans un numéro de la *Gazette des Théâtres,* qui l'a fait précéder de quelques réflexions.

Mademoiselle Leroux ne se contenta pas de cette réclamation. Pensant avec raison que l'autorité avait eu tort de se mettre du côté de la minorité et de donner la victoire à la sédition théâtrale, mademoiselle Leroux invoqua les hautes lumières et la puissance non moins considérable de M. le ministre de l'Intérieur, et celui-ci, qui n'a pas oublié qu'avant d'être un homme d'État, il a été un avocat illustre et un magistrat éminent, a reconnu que les droits de mademoiselle Leroux avaient été méconnus, que M. le maire du Havre avait dépassé ses pouvoirs, et il a donné à M. le préfet de la Seine-Inférieure l'ordre de prononcer l'annulation de l'arrêté du 14 juillet 1858, ce qu'il fit dans les termes suivants par son arrêté du 29 novembre 1858 :

« Considérant que mademoiselle Leroux, après avoir fait un traité avec le directeur du théâtre du Havre, s'est soumise aux trois débuts d'usage; que les rapports de police constatant que si quelques oppositions ont été manifestées au troisième début, l'actrice n'en a pas moins été admise à une imposante majorité;

« Qu'à partir de ce moment, la convention intervenue entre le directeur et mademoiselle Leroux était devenue définitive;

« Que si, aux représentations suivantes, les désordres se sont produits, il appartenait au maire d'en assurer la répression, en vertu des pouvoirs qu'il tient de la loi des 16-24 août 1790, mais que son droit ne pouvait aller jusqu'à prendre une mesure dont le résultat était de briser un contrat légitimement formé,

« Arrête :

« Article premier : L'arrêté précité de M. le maire du Havre, en date du 14 juillet 1858, est annulé. »

Voilà un langage ferme et décisif. Les principes y sont rappelés, et c'est à leur ombre que M. le préfet de la Seine-Inférieure, suivant en ceci l'ordre de son supérieur hiérarchique, brisa, pour qu'il n'en restât rien, l'arrêté du 14 juillet.

Cette justice faite, il restait à mademoiselle Leroux le droit et je puis dire le devoir de saisir la vôtre. Il ne peut se faire, en effet, qu'un acte illégal soit consommé d'où qu'il vienne, qu'un préjudice en soit le résultat, et que vous demeuriez impuissants. Mademoiselle Leroux l'a ainsi compris. Elle a assigné devant vous et M. le maire du Havre, auteur de l'arrêté, et le directeur du théâtre qui a signé l'engagement qui a été si témérairement brisé. M. le maire n'a pas accepté le débat; il s'est réfugié derrière le texte de l'article 75 de la constitution de l'an VIII ; il a dit : « Je suis inviolable, j'ai pu me tromper ; mais comme agent du gouvernement, je ne puis être poursuivi qu'après l'autorisation du conseil d'État; tant que la barrière ne s'est pas abaissée devant moi, elle me sert de bouclier pour défier tous vos traits. » J'aurais compris un autre langage, mais il ne m'appartient pas de critiquer ce qui n'est que l'exécution de la loi de mon pays. Seulement, de même que M. le maire du Havre a été appelé à présenter tous ses moyens de défense et toutes ses objections sur les réclamations de mademoiselle Leroux, tendant à briser l'arrêté qu'il avait pris, de même il a fait valoir avec une très-grande ardeur les moyens qu'il soulevait suivant la procédure administrative. Il a été examiné, instruit au ministère de l'Intérieur, où il n'a pas rencontré de faveur.

M. le ministre de l'Intérieur a donné un avis favorable à la poursuite. Cet avis n'a pas prévalu, et le conseil d'État, par un arrêté qui porte la date du 23 mars 1859, a refusé l'autorisation.

Grâce à Dieu, le conseil d'État, qui est un tribunal administratif, est dans la nécessité de motiver ses décisions. Nous allons donc trouver dans ces motifs les théories du droit, les considérations puissantes qui peuvent expliquer comment, dans une affaire de cette nature et au milieu de l'émotion qu'elle avait produite, le conseil d'État juge à propos, se plaçant ainsi dans une situation complétement opposée à celle de M. le ministre de l'Intérieur, de résister à son avis. Le fait est grave en matière administrative. On sait quelles ont été les conséquences de ce déplorable conflit qui a eu pour résultat de priver la ville du Havre, par les susceptibilités les plus honorables, d'une administration qu'elle regrette, et de la placer dans une position précaire vis-à-vis de l'autorité supérieure. Tous les bons citoyens devaient désirer que cela n'eût pas lieu. Le conseil d'État va donc intervenir, faire entendre sa voix puissante et sage; et, sous la plume des habiles conseillers d'État qui composaient la section du contentieux, nous allons trouver le développement de toutes les raisons qui l'ont déterminé, malgré l'avis du ministre, à refuser l'autorisation.

« Considérant, porte son arrêté, que, dans les circonstances de l'affaire, il n'existe pas de motifs suffisants pour autoriser des poursuites contre le sieur Larue... »

Cela n'est pas long, et cela n'est guère instructif. Voilà la théorie! voilà le droit! voilà la logique! Quand M. le ministre de l'Intérieur, quand M. le préfet de la Seine-Inférieure agissant d'après l'ordre du ministre, connaissant la loi de 1790 et le respect dû aux contrats, établissent d'une main ferme la délimitation qui sépare les droits de l'administration de ceux des simples particuliers; quand un fait aussi grave que celui-ci éclate, qu'un homme honoré, respecté, dont le caractère n'est pas en question, s'est trompé, mais s'est trompé gravement, lourdement, et qu'il subit l'humiliation désagréable de voir un de ses arrêtés brisé; quand il est traduit en justice, quand ce conflit existe, le conseil d'État n'a pas d'autre raison que celle-ci : « Dans les circonstances de l'affaire... » Pourquoi pas la décision opposée alors? Dans les circonstances de l'affaire, il y a lieu d'autoriser la poursuite. Dans les circonstances de l'affaire, il y a lieu de ne pas l'autoriser. L'une ou l'autre de ces décisions s'accommode de ce considérant. Vous avez le droit pour vous, la justice, la sainteté des contrats; tous ces grands principes parlent pour vous, ils crient pour protéger votre situation. « Dans les circonstances de l'affaire », vous ne pouvez être entendu. Les contrats, la probité, la délicatesse, toutes ces choses n'ont pas cours. Dans les circonstances de l'affaire... le plus faible est victime du plus fort; dans les circonstances de l'affaire, la justice ne doit pas être saisie.

A Dieu ne plaise que je veuille tourner en ridicule la décision du conseil d'État! Mais je m'étonne, et jusqu'à un certain point je m'afflige qu'un des grands corps de l'État, parlant dans une circonstance de cette nature, n'ait pas cru devoir s'exprimer avec plus de netteté et dire par quelles raisons de droit l'autorisation était refusée. Elle est refusée : nous nous inclinons. C'est le prince qui a parlé. Il y aurait de notre part une bien grande inconvenance à tenir un langage opposé au sien. Dès lors, voici M. le maire qui n'est plus dans le débat. Il ne peut plus être attaqué. Est-ce tout? Est-ce qu'il ne comprend pas que tout protégé qu'il est, il aurait un devoir de conscience à remplir? Qu'il ait obéi à une nécessité publique; qu'en rendant cet arrêté il ait été un sage administrateur, je le veux. Je suis loin d'attaquer ses intentions. Mais il a eu le malheur de méconnaître ses droits, d'outre-passer ses devoirs. Il a rendu un arrêté qui a été brisé. Cet arrêté a eu pour l'avenir et la fortune d'une artiste des résultats terribles. Il expose mademoiselle Leroux à perdre son pain quotidien; les 12,000 francs qui lui étaient assurés lui échappent. Dès lors, est-ce qu'il n'y a pas une obligation de conscience à remplir? Si, conduisant un char rapide, lancé par des chevaux fougueux, le premier citoyen de cette grande ville avait écrasé un passant sous ses roues, quand bien même il ne pourrait pas être déclaré responsable d'une imprudence quelconque, est-ce qu'il ne se croirait pas dans la nécessité morale de venir au secours de cette infortune dont il aurait été la cause involontaire? Je n'en veux pas dire davantage, c'est une question de conscience que je livre aux honnêtes gens. Je suis convaincu que M. le maire la comprendra ainsi posée, et s'il ne a comprend pas, je suis forcé de lui dire que nous ne sommes pas du même avis.

Je passe à celui de mes adversaires qui n'est pas protégé par l'exception que le maire a invoquée. Cet adversaire, c'est le directeur du théâtre. Le directeur du théâtre cherche cependant à repousser l'action que mademoiselle Leroux intente contre lui, attendu qu'il a eu la main forcée, qu'il a été commandé par un chef auquel il devait obéir.

Je dénie à M. Plichon le droit de tenir un pareil langage après l'arrêté préfectoral. Mon contrat subsiste. Il a été mis un instant en question. La foudre l'a frappé, mais une main plus puissante l'a vengé, et aujourd'hui je le représente intact et inexécuté. C'est là un spectacle qui ne peut pas se manifester en justice sans appeler une réparation. Il est impossible qu'un innocent subisse un préjudice, et que ce préjudice ne soit pas réparé. Mademoiselle Leroux était dans son droit; elle aurait dû y être maintenue. Au lieu de la frapper, il fallait sévir contre les perturbateurs, assurer le calme des représentations théâtrales. Elle est en droit de demander l'exécution de son contrat et des dommages et intérêts.

M. Plichon s'y refuse cependant. Il soutient que, subordonné du maire, il ne lui a pas été possible d'échapper à son action puissante. En d'autres termes, et pour parler le langage du droit, c'est derrière l'article 1148 du Code Napoléon qu'il croit trouver son refuge. Il dit: J'étais débiteur, je n'ai pas pu livrer ce que j'avais promis par force majeure. Vous allez voir que cette retraite est mal assurée pour le directeur du théâtre du Havre, et qu'il ne peut échapper à votre justice.

Qu'est-ce que la force majeure? Voici la définition qu'en donne Pinnius : « La force majeure, c'est ce qu'on ne peut pas empêcher, ou, lorsqu'on en est atteint, ce qu'on ne peut pas repousser. C'est le *vis divina*, l'impétuosité de l'ouragan, le feu du ciel, l'action des voleurs, le fait du prince; les auteurs joignent toutes ces choses, et il faut bien ne pas les séparer, puisqu'elles produisent les mêmes résultats. »

Si l'arrêté du maire repose sur des faits exacts, il en résulte que le troisième début de mademoiselle Leroux a été frelaté par des manœuvres frauduleuses, mais que le caractère de mademoiselle Leroux protestant suffisamment contre le soupçon de s'être rendue coupable d'une pareille bassesse, ces manœuvres doivent retomber sur M. Plichon, qui aurait préparé ce succès de mauvais aloi. Si, au contraire, ce qui est la vérité, le succès de mademoiselle Leroux a été légitime, l'autorité n'a pu prendre ses renseignements qu'auprès du directeur du théâtre chargé de maintenir dans la salle la paix et le calme nécessaires à la dignité des représentations théâtrales. C'est donc lui qui a induit l'autorité en erreur et n'a pas rempli sa mission. A tous ces points de vue il ne peut pas invoquer la force majeure pour se défendre de l'inexécution d'un contrat qu'il n'a pas su maintenir.

Ne croyez pas que je veuille faire un crime à M. Plichon de n'avoir pas armé ses partisans pour marcher à la tête de cette ardente sédition à la conquête de la municipalité ébranlée : ce que je lui reproche, c'est d'avoir manqué de ce courage qui est si rare de nos jours, qui serait si précieux et qui pourrait nous sauver de tant de catastrophes, ce courage qui consiste à s'attacher fermement au droit, à le considérer comme un solide rempart, à ne pas douter de l'indépendance et de la fermeté des magistrats, à épuiser jusqu'au bout la voie des réclamations qui est ouverte par la loi. Je lui reproche de n'avoir pas suivi mademoiselle Leroux, d'avoir eu moins de courage qu'une femme. Mademoiselle Leroux l'a supplié de partir avec elle sur l'heure pour Paris, de venir aux pieds du ministre de l'Intérieur réclamer sa puissante intervention. M. Plichon n'a pas voulu.

A Dieu ne plaise que j'accuse ses sentiments! je méconnaîtrais ceux de ma cliente. M. Plichon est le plus honnête homme du monde, mais il a manqué de fermeté, d'intelligence. Il a voulu tout ménager, il s'est prononcé pour le plus fort. Il était à côté du maire lorsque le maire se trompait. Aujourd'hui que le maire échappe, grâce à l'omnipotence et à la protection du conseil d'État, M. Plichon, demeuré seul dans l'affaire, doit être responsable de la faute que lui Plichon a commise. S'il avait accompagné mademoiselle Leroux, l'autorisation eût été accordée par le conseil d'État, et le débat serait complet devant vous. On aurait pu examiner laquelle de ces deux personnes est en faute vis-à-vis de mademoiselle Leroux, car je ne puis pas admettre qu'un contrat soit impunément brisé, qu'on puisse en prendre la poussière et la jeter à la face de celui qu'on humilie et qu'on vole en lui disant : Vous perdez votre avenir, peu importe; vous êtes atteint dans votre honneur, peu importe; le contrat est brisé, c'est une illégalité qui l'a fait disparaître; et la justice, organe de la légalité, ministre de la loi, sera impuissante à le faire revivre et à vous venger.

Il y a dans le domaine de l'administration publique des conflits dont cette cause est l'exemple. C'est un fait regrettable, mais ne produisant pas un mal irréparable. Les administrateurs sont investis d'un pouvoir nécessaire, souvent immense; mais ils ont un contrôle, une garantie, c'est la loi. On ne peut laisser la loi dans une théorie abstraite. Il faut la rendre efficace, vigoureuse et vivante; il faut qu'elle passe par votre sage interprétation. C'est donc à vous, en définitive, que viennent aboutir toutes ces grandes questions qui agitent et bouleversent les sociétés, soit dans une sphère humble ou élevée. C'est à votre conseil qu'on a recours lorsque éclate une division qui menace la paix publique, ou qui alarme les intérêts privés.

Un contrat existait, il a été brisé par un fait, non par un droit. Le droit subsiste, tant qu'il n'a pas obtenu satisfaction; aurons-nous l'humiliation et la douleur de voir la force triompher et la légalité sacrifiée? Est-ce que mademoiselle Leroux, qui n'a rien fait pour arriver à un résultat si désastreux pour ses intérêts, qui a obéi à son contrat, qui a exécuté toutes ses obligations, qui s'est dévouée avec ardeur au culte de son art, et qui n'avait recueilli jusqu'au 13 juillet 1858 que des ovations et des applaudissements, peut s'en retourner de cette enceinte sans consolation, sans appui? Forcés d'énoncer dans votre jugement que le droit est pour elle, est-ce que vous direz aussi que dans les circonstances actuelles le droit ne peut être écouté, qu'il doit être chassé hors de ce prétoire comme un témoin incommode et malsain du préjudice que souffre une victime innocemment immolée?

Si ces tristes spectacles sont possibles dans les régions où se débattent les intérêts tumultueux d'où dépendent les destinées des empires, dans le domaine calme, serein, de la vie civile, là où se meut votre justice, là où, interprètes patients, intègres et fermes de la loi, notre commune souveraine, vous faites respecter sa volonté et vous maintenez la sainteté des contrats, un pareil malheur n'est pas à craindre.

Ici, est-ce qu'il n'aurait pas un caractère doublement déplorable quand ces principes ainsi violés atteindraient à la fois dans sa double faiblesse une femme et une artiste, une femme qui se dévoue vaillamment à l'exercice de son art, qui a obtenu des succès qui vous ont émus, une femme qui a mouillé plusieurs fois vos yeux de larmes et qui a rendu avec une fidélité telle nos passions, nos faiblesses, nos vertus, que votre âme elle-même est allée au-devant de la sienne? Je ne le saurais croire, et sans invoquer pour elle ce passé qui, dans tous les cas, est cher à son cœur, je suis convaincu qu'il ne ressortira jamais de votre jugement une leçon qui pourrait faire croire que sous toutes ces couronnes, sous tous ces applaudissements, il y avait une pensée de déloyauté et de trahison. Que cette femme sache bien qu'en dévouant son organisation à cet art qui fait les plus nobles plaisirs du public, elle rencontrera toujours la garantie de votre sagesse, et qu'on n'arrachera pas à ses mains, qui ont été couvertes de fleurs, l'humble salaire qui assure son existence.

Le tribunal a rendu un jugement qui déclare mademoiselle Marie Leroux mal fondée dans sa demande, l'en déboute et la condamne aux dépens :

« Attendu que l'arrêté de M. le maire de la ville du Havre, qu'il fût légal ou non, était obligatoire vis-à-vis des deux parties et constituait pour elles un obstacle insurmontable à la continuation de l'exécution de leurs conventions, qui les rendaient non recevables à se demander réciproquement des dommages-intérêts;

« Que l'annulation de cet arrêté a fait cesser l'obstacle qui s'opposait à l'exécution des conventions, et rendait cette exécution possible pour l'avenir; mais qu'alors mademoiselle Leroux devait, aux termes de l'article 1146 du Code Napoléon, mettre M. Plichon en demeure de la recevoir sur la scène;

« Que M. Plichon n'avait aucune initiative à prendre, puisque l'arrêté n'était pas rendu contre lui; que d'ailleurs mademoiselle Marie Leroux n'articule contre lui aucun fait de négligence ou d'imprudence, ne lui impute aucun fait personnel, qu'elle lui reproche seulement l'exécution de l'arrêté qui était obligatoire pour lui;

« Qu'enfin elle ne peut se prévaloir de ce qu'il n'a pas donné adjonction à ses poursuites contre M. le maire de la ville du Havre, puisqu'elle est parvenue sans lui à obtenir l'annulation de cet arrêté. »

TRIBUNAL CIVIL DE LA SEINE

PRÉSIDENCE DE M. BENOIT-CHAMPY

AUDIENCE DU 19 AVRIL 1861

DEMANDE EN NULLITÉ DE MARIAGE

Me Jules FAVRE, avocat de M. le marquis de G... de V....., expose ainsi les faits du procès :

MESSIEURS,

Je viens au nom de M. le marquis de G... V... vous demander de prononcer la nullité du mariage qu'il a contracté le 26 octobre 1852, avec mademoiselle Marie C... Je viens soutenir que cette nullité est fondée sur un vice capital, irrémédiable, du consentement sans lequel le lien du mariage n'est pas formé. Ce consentement, j'espère le démontrer, a été vicié dans son origine, dans son essence même, et ne peut avoir, dans les circonstances où il a été donné, aucune valeur légale.

Certes, c'est une prétention bien hardie, après tant d'années écoulées, de soulever un pareil débat; mais le malheur de M. de G... est si grand, sa situation si affreuse, qu'il y faut un remède extrême, exceptionnel, tel que celui qu'il sollicite de la justice ; et quelle que puisse être l'opinion à laquelle on s'arrête sur la légalité de la mesure réclamée, nul honnête homme du moins n'en saurait contester le caractère équitable et nécessaire, nul ne niera qu'il soit désirable que les magistrats la puissent prononcer.

M. le marquis de G... est né à Avignon le 5 novembre 1829. Il est le dernier représentant d'une famille dont l'illustration remonte au douzième siècle. Originaire des rivages du Rhône supérieur, cette forte et noble race semble avoir transmis à ses rejetons la mâle et fière énergie qui, pendant de longs siècles, a fait la puissance de l'aristocratie française. Les noms de quelques-uns de ses membres sont inscrits dans l'histoire des Croisades; elle a donné des personnages distingués à l'Église, à la magistrature, à l'armée, des gouverneurs aux provinces du Lyonnais, du Dauphiné, du Gévaudan, et plus d'un G... a eu l'honneur de siéger dans les conseils de nos rois.

M. de G... a toujours eu à cœur de ne pas dégénérer d'une si illustre race et de rester digne de cette longue suite de nobles aïeux. Jeune encore, il avait perdu sa mère. Une sœur beaucoup plus âgée que lui, éminente par son caractère, son esprit, ses vertus, lui avait prodigué les soins les plus tendres et avait gravé dans son cœur les principes de la plus austère piété. Cette sœur, une véritable sainte (il n'y a qu'à relire ses lettres pour la juger), était madame la marquise de D...; ce fut elle qui conseilla et dirigea la jeunesse de son frère.

Avant de mourir, M. de G... père avait rendu à sa fille un témoignage qui vous en dira, messieurs, plus que toutes mes paroles. Voici ce que je lis dans son testament :

« Voulant donner à Julie-Thérèse de G..., ma fille aînée, mariée au marquis D..., à Florence, en Toscane, un témoignage de gratitude pour les peines et soins qu'elle prend dans la tenue de ma maison depuis la mort de sa pauvre mère; voulant réparer autant qu'il est en moi le tort que je lui ai fait en donnant les mains à un mariage désassorti, qui aurait fait le malheur de sa vie si elle n'eût trouvé un refuge dans la maison paternelle; voulant surtout lui assurer des moyens suffisants d'existence qu'elle ne saurait trouver près de son mari, qui la martyrisait et la faisait manquer du nécessaire, je lui donne et lègue l'usufruit, sa vie durant, de la portion disponible de tous mes biens. »

Et plus loin :

« Je recommande particulièrement à mon fils de ne jamais quitter sa sœur aînée, qui a besoin de trouver près de lui l'appui que lui refuse son indigne mari, et d'avoir pour elle tous les égards qu'elle mérite, en s'appliquant à lui procurer toujours toute la satisfaction qui pourra dépendre de lui.

« Je prie ma fille Julie-Thérèse d'être toujours aussi utile à son frère qu'elle le pourra, et de lui tenir lieu de mère. A son âge, il a besoin d'un guide sûr : j'ai la confiance que les conseils qu'elle puisera dans sa haute raison comme dans sa tendresse pour lui, l'éclaireront assez pour lui faire éviter toujours les nombreux écueils dont est jonché le chemin de la vie. »

Voici maintenant une autre pièce qui montrera au tribunal l'opinion qu'avaient inspirée à ceux qui les connaissaient les vertus de madame de D... et de M. de G... :

« Nous soussignés, parents de madame Julie de G..., marquise D..., et de M. le marquis Léon de G..., déclarons que nous avons vécu avec eux depuis leur enfance dans la plus grande intimité, et que leurs qualités personnelles nous les ont fait aimer plutôt comme des frères que comme des cousins.

« Nous attestons sur notre honneur et notre conscience que la vie tout entière de madame la marquise D... a été une vie d'abnégation et de dévouement; qu'elle a été la joie et la consolation de ses père et mère; qu'elle a donné à ses frères et à ses sœurs les preuves de l'affection la plus profonde et la plus désintéressée, et que tous ceux de ses parents qu'elle a perdus ont voulu expirer dans ses bras en la bénissant.

« Nous attestons, en outre, que, dans la famille, nous avons toujours regardé madame D... comme notre providence; son caractère conciliant, sa douceur extrême, son cœur aimant et dévoué la faisaient considérer comme le type de la perfection, et on ne la désignait que sous le nom de la *bonne Julie*.

« Aujourd'hui, elle a reporté sur son jeune frère Léon, dernier rejeton de la famille, toute son affection et toutes ses espérances; elle a été et est toujours pour lui la plus tendre et la plus éclairée des mères; sa seule ambition est de le rendre heureux, et elle est prête à tous les sacrifices pour arriver à ce but.

« Nous certifions aussi formellement que M. le marquis Léon de G... est le digne frère d'une telle sœur, que les qualités précieuses de son cœur et de son esprit l'ont fait chérir et estimer de tous ceux qui l'ont connu, et que son éducation, loin d'avoir été négligée, est parfaitement en rapport avec sa haute position sociale.

« Nous affirmons hautement que nous venons de rendre témoignage à la vérité, et que tout ce qui pourra être dit d'outrageant contre ces deux natures d'élite ne devra être considéré que comme d'infâmes calomnies.

« Fait à Montpellier, le 17 octobre 1857. »

Cette pièce, signée de six des membres de la famille de G..., est suivie de deux attestations, l'une de M. le président du tribunal de Montpellier, l'autre de Mgr l'évêque de la même ville, qui s'accordent à témoigner de la parfaite honorabilité des signataires, et à déclarer que la foi la plus complète doit être ajoutée à leurs affirmations.

Madame de D... voulut qu'à vingt-deux ans son frère songeât à un établissement qui devait, dans sa pensée, perpétuer la maison de G... et sauver la jeunesse du marquis des dangers des passions.

Des relations de société avaient rapproché madame de D... de la famille C...

La famille C... est connue : son nom est attaché à une des branches les plus considérables de la haute industrie. Son chef, M. C... avait pour fille mademoiselle Cléophile-Joséphine-Marie. Mademoiselle C... avait dix-sept ans; elle était charmante, douée de tous les agréments extérieurs, d'un esprit vif, ingénieux, plein de saillies. Aussi était-ce autour d'elle une admiration universelle : ses parents n'avaient que des adulations et des hommages pour cette enfant unique, la joie de leur intimité, et leur adoration courait au-devant de toutes ses fantaisies.

C'est ainsi que mademoiselle Marie apparut à l'imagination facilement inflammable d'un jeune homme de vingt-deux ans, élevé dans les principes de piété austère et dans une solitude qui devait rendre plus prompte et plus pénétrante l'illusion d'un premier amour.

Aussi, dès la première entrevue, M. le marquis de G... sentait que son bonheur était attaché à cette charmante créature, et il ne concevait pas de rêve plus délicieux que de devenir son époux. Mais il fallait bien que l'amour se fût mis de la partie pour dissimuler certaines révélations peu rassurantes qui apparaissaient au milieu des grâces un peu étourdies de mademoiselle Marie.

Un autre, moins aveugle, aurait remarqué certaines libertés de langage, certaines familiarités de tenue, certaines révoltes contre le bon sens, la raison, les maximes universellement admises, qui devaient singulièrement l'effrayer, lui, gentilhomme aux sentiments austères, aux habitudes si délicatement réservées; mais il n'avait plus son sang-froid; il ne remarquait rien de ce qui pouvait l'éclairer, ou, s'il devinait, il craignait de s'être trompé; il espérait que ces imperfections disparaîtraient dans un milieu nouveau; que la vie commune, son amour, son abnégation lui conquerraient pour jamais ce cœur auquel il s'était donné sans réserve.

M. le marquis de G... était donc épris éperdument de mademoiselle Marie, et il chargea madame de D..., sa sœur, de présenter une demande en mariage.

Je ne sais s'il sera répété à l'audience que M. de G... aura cédé à une pensée de spéculation en se faisant, grâce à son titre de marquis, agréer comme mari par une famille opulente. C'est tout le contraire qu'il faut dire.

M. le marquis de G..., élevé par sa sœur dans un genre de vie modeste, possède une fortune immobilière qui dépasse huit cent mille francs. Sa sœur, en le mariant, a en outre renoncé en sa faveur à l'usufruit de la moitié d'une pareille somme qu'elle tenait du testament de son père; l'apport du jeune mari était donc considérable.

Quant à la famille, je n'ai pas à contester son opulence; je me bornerai à dire qu'on ne promettait à mademoiselle Marie qu'une rente de 10,000 francs par année. Ce n'était donc pas, dans cette inégalité de fortune, M. de G... qui faisait une spéculation.

Madame la marquise de D... n'éprouvait pas les éblouissements de M. le marquis son frère; ses oreilles discrètes avaient été frappées par des paroles discordantes qui l'amenèrent d'abord à détourner son frère de l'union projetée; mais ses efforts furent inutiles. Elle prit alors le parti de s'adresser à M. C... père et lui fit comprendre que certains points de morale facile et réprouvée par la nature ne pouvaient être acceptés par elle comme ils l'étaient par lui.

M. C... alors lui écrivit une lettre que je recommande à l'attention toute particulière du tribunal, car elle s'applique à un fait qui a précédé l'union conjugale et jette un jour singulier sur les intentions de la famille C...

M. C..., s'exprimant sur l'avenir des deux jeunes époux, avait indiqué à madame la marquise de D... des idées et des théories sur le mariage, dont celle-ci se montra offensée. Aussi, pour apaiser ses scrupules, lui adressa-t-il, à la date du 8 septembre 1852, la lettre suivante, lettre que je ne commenterai pas, car la discussion en serait pleine d'écueils; mais la sagacité du tribunal suppléera à ma discrétion et saisira ce qui mérite d'être mis particulièrement en lumière :

« CHÈRE MADAME,

« ... vient de me communiquer la lettre que vous lui avez écrite au sujet d'un passage de celle que je vous avais adressée, et qui, je le regrette infiniment, a pu vous causer quelque chagrin.

« Jamais, non jamais, je n'ai eu les idées que vous avez trouvées dans ce maudit passage; j'ai formulé un désir de voir Marie ne devenir mère qu'un an ou deux après son mariage; mais ceci n'est qu'un vœu. Je ne pouvais prétendre à ce que ce mariage entraînât un célibat pour Léon; c'eût été une cruauté, et mon cœur a pour lui des sentiments d'une tout autre nature.

« Il sera bel et bien son mari, avec tous ses droits, ses avantages, et je serais le premier à les lui faire obtenir si besoin en était.

« Mon Dieu! que je regrette l'interprétation que vous avez donnée à ma lettre!

« Un vœu, un désir, rien de plus, rien de moins. Dieu seul décidera quand il voudra que ma famille augmente. Il nous montre, dans cette circonstance, qu'il nous aime, et c'est à lui qu'il faut s'en remettre. »

Assurément M. C... a raison de parler de l'amour de Dieu pour ses créatures; mais je me demande s'il ne lui prête pas un peu trop ses idées personnelles. La nature de cette lettre et les explications dans lesquelles le père de famille ne craint pas d'entrer prouvent qu'il y avait dissidence entre lui et madame de D... Mais M. C... déclare qu'il a été mal compris, qu'il a voulu non pas imposer une condition contraire à la loi du mariage, mais seulement exprimer un vœu : il promet d'user de son autorité pour que sa fille ne méconnaisse aucun de ses devoirs et cherche à rassurer madame de D... sur une union à laquelle il tient infiniment.

Madame de D... n'avait plus d'objection à opposer à l'amour de son frère, et le mariage se conclut le 26 octobre 1852.

Pour ne pas substituer un récit qui pourrait paraître de fantaisie à la réalité poignante de ce qui se passa ce jour tant désiré, je vais lire au tribunal le certificat d'un homme dont le nom est une garantie de véracité, de M. B..., ami, allié de la famille, et membre du Corps législatif :

« Je soussigné, député au Corps législatif, atteste devant Dieu et sous la foi du serment qu'ayant assisté en qualité de témoin obligé au mariage contracté entre M. le marquis Léon de G... et mademoiselle Marie C...,

1° que cette dernière s'est trouvée mal après le oui sacramentel; 2° que, revenue chez elle, elle a été d'une froideur méprisante pour son mari; 3° que madame C..., sa mère, m'a dit avoir en horreur cet homme (elle parlait de son gendre), qu'elle ne lui pardonnerait jamais, parce qu'il venait de lui enlever sa fille; 4° que le jeune mari fut laissé dans un isolement complet, tandis que sa femme vivait avec ses père et mère sans se préoccuper de lui; 5° que M. le marquis de G... versait d'abondantes larmes en me faisant part de ses chagrins et surtout du mal que lui faisaient les refus continuels de sa femme de se prêter à la consommation du mariage; 6° que, chargé officiellement de tenter un rapprochement, mademoiselle Marie répondit qu'elle ne voulait pas avoir d'enfants, et que c'était, entre autres choses, le motif qui lui faisait refuser tout rapprochement avec son mari; 7° que j'ai toujours reconnu que mademoiselle Marie avait une grande répulsion, pour ne pas dire de la haine, pour M. le marquis de G...

« En foi de quoi j'ai donné la présente attestation, pour lui servir au besoin.

« B.....,
« Député au Corps législatif. »

J'anticipe, messieurs, mais je ne veux pas scinder cette pièce, et je me hâte de montrer ce qu'a été ce premier jour.

Au moment solennel où la bénédiction du prêtre vient consacrer e serment qui unit à tout jamais ces deux jeunes existences, la mariée se trouble, elle éprouve un spasme nerveux. Est-ce un remords? est-ce une comédie? toujours est-il qu'à peine revenue à la maison conjugale, au lieu d'accueillir les empressements de son mari avec cette chaste et amicale réserve, charme ineffable de la nouvelle épouse et gloire du mari tout ébloui de son bonheur, mademoiselle Marie n'a pour M. le marquis de G... qu'une attitude dédaigneuse et des regards méprisants. Elle n'a de grâces, d'agaceries que pour les personnes de son entourage; elle scandalise même par ses manières inconvenantes la nombreuse compagnie au milieu de laquelle elle trône. Pour son mari, pas une parole.

Ce n'est pas tout. Le soir vient, l'appartement nuptial est préparé. Après plusieurs heures d'attente, elle envoie signifier à son mari qu'elle n'ira pas le rejoindre, et passe la nuit dans le lit de sa femme de chambre.

Qu'on se figure ce jeune mari durant cette nuit fatale; le bouleversement de tout son être, sa douleur, son désespoir.

Le lendemain, une explication a lieu, à la suite de laquelle M. le marquis de G... se réfugie dans une petite chambre où il va cacher ses larmes. On l'y laisse, et voilà ce jeune mari dont le bonheur semblait fixé, assuré, qui se trouve réduit à une situation impossible. Humiliations, amertumes, ridicules, outrages, sarcasmes, sa jeune femme ne lui épargne rien; elle le rend la fable, la dérision des domestiques; elle lui répète insolemment qu'elle ne l'a épousé que pour être marquise et pour avoir un valet de plus.

Une situation aussi violente ne pouvait se prolonger. Le malheureux jeune homme, après avoir tout fait pour vaincre une résistance obstinée, après avoir prodigué tendresses, prévenances, prières, larmes, supplications, après s'être fait petit pour attendrir cette femme hautaine, voyant que rien ne pouvait briser la glace qui entourait ce cœur impénétrable, s'enfuit enfin dans son pays. Là il se jette dans les bras d'un ami intime, en proie à un désespoir tel que la religion seule eut la force de maîtriser ses projets de suicide.

Cependant l'absence lui rendit l'illusion, l'espérance, il revint en février 1853; sa femme n'était pas changée; mêmes résistances, mêmes dédains : « Quoi! lui disait-elle, est-ce que je vous empêche de prendre une maîtresse?... Voyez madame X..., si charmante, si fêtée, que l'on cite pour ses amours faciles et ses grâces mercenaires. Eh bien! allez auprès d'elle, et peut-être parviendrez-vous à perdre dans sa fréquentation ce parfum provincial auquel une Parisienne ne saurait s'accoutumer. »

Quelles mœurs! quel langage!

Et l'infortuné mari cachait sa honte et ses larmes à sa sœur, qui finit cependant par tout comprendre et prit bravement en main la défense de son frère.

Elle-même ressentit l'injure. Elle voyait insulter le blason de sa famille qu'on avait volé par une indigne comédie pour en faire parade aux yeux des étrangers, sauf à le fouler aux pieds dans l'intimité et à livrer à la dérision celui qui l'avait apporté.

Madame la marquise de D... intervint donc en priant M. et madame C... de rappeler leur fille à ses devoirs. M. le marquis de G..., après s'être épuisé en sollicitations touchantes, désespérées, déclara enfin à sa femme que le maître, c'était lui. Il eut le courage de lui dire : Vous êtes ici dans un milieu plein de périls, où tout est un objet de perdition et de chute. L'air qu'on y respire est empoisonné par la flatterie. Fuyez avec moi les séductions de ce monde menteur où le sourire est un piége, qui ne vous caresse que pour mieux vous faire tomber, de ce Paris qui n'est pas fait pour abriter les amours sévères du marquis de G... Venez dans mon château de Provence; là, tous deux livrés à nous-mêmes, nous retrouverons ce bonheur que le tumulte du monde où vous avez vécu a jusqu'ici éloigné de nous.

A cette ouverture si naturelle, la jeune femme ne répondit que par des sarcasmes, et se réfugia près de son père, qui l'approuva et déclara même que, si son gendre osait essayer de le séparer de sa fille, il le chasserait et lui f..... un coup de fusil.

M. le marquis de G... sentit qu'il n'y avait plus à persévérer dans une lutte indigne de lui. Il quitte la maison, et toute cohabitation cesse, c'est-à-dire toute habitation commune, car, pour la cohabitation, elle n'a jamais existé.

Quelques documents émanés de la famille C... elle-même établissent ce point capital du procès.

Le 15 avril 1853, M. C..., répondant à plusieurs lettres de madame la marquise de D..., cherchait à expliquer comment la fatalité avait dès le premier instant désuni ce jeune ménage :

« .....Plusieurs choses nous ont empêchés d'être heureux, il faut les détruire. La première, c'est le caractère opposé de Marie et de Léon, caractère incompris par tous les deux, et, par cela, devenu incompatible à tous deux. Marie est naturellement très-vive, très-gaie, trop gaie, et, par suite, trop enfant pour son âge, aimant trop à rire et plaisantant mal et à tout propos. Par suite, les choses sérieuses entrent difficilement dans sa tête et y restent peu. Les choses frivoles qui charment les jeunes filles et les jeunes femmes, au contraire, ont pour elle beaucoup d'attrait et la fixent trop; elle préférait sans doute la position de femme à celle de jeune fille, parce qu'on a plus de liberté, qu'on peut sortir seule, non-seulement en voiture, mais à pied! Voilà le joug qu'elle aurait aimé à secouer, étant trop enfant pour en comprendre les conséquences.

« Je sais aussi qu'elle aime les hommages et qu'elle serait enchantée d'être entourée.....

« Voilà ses défauts essentiels. Quant aux conséquences, elles ne sont pas à redouter pour quiconque la connaît, sait la prendre et l'apprécier. »

Ainsi le père de famille, dans une intention excellente, essayait d'établir une sorte de compensation entre les torts des époux, et de trouver dans le peu de gravité de ces griefs réciproques, l'espérance et les symptômes d'un rapprochement à venir.

Madame de D... ne partageait pas cette manière de voir; elle sentait la nécessité de rompre un lien qui n'existait plus que de nom et d'en finir avec une situation impossible. La manifestation de ses sentiments à cet égard provoqua, le 3 avril 1853, une réponse de l'oncle de la jeune femme. Madame de D... avait parlé d'une demande en nullité. M. M. C... lui écrit la lettre suivante, dont les termes, comme vous allez le voir, établissent de la manière la plus claire du monde que le mariage n'a pas encore été consommé :

« MADAME,

« B...,notre ami commun, m'a donné lecture des lettres que vous lui avez écrites; votre douleur et celle de Léon sont bien naturelles, elles subissent les phases du mal que doit causer une séparation déchirante.....

« Hélas! que demandez-vous? qu'implorez-vous? Que la loi brise ce qu'elle a consacré, que la religion maudisse aujourd'hui ce qu'elle bénissait hier! Ce n'est pas là de la raison : c'est du désespoir. Laissez-moi, Madame, vous parler avec franchise. Ce n'est pas à vous, que j'honore et que j'admire, que s'adressent mes représentations; c'est aux excès de cet amour fraternel qui vous emporte au delà des réalités.

« Il faut rompre! et pourquoi? Est-ce parce que Marie s'est déshonorée?

Est-ce parce qu'elle a souillé le nom que lui a donné votre frère? Grand Dieu! mais, selon vous et Léon, cette vierge, qui ne devrait pas l'être, n'a même pas commis l'acte toléré... »

Puis M. M. C... entre dans l'examen des partis qui se présentent et qui peuvent conduire à un rapprochement entre les époux. Par malheur, ce rapprochement si désirable, si sincèrement souhaité par M. M. C..., était impossible; la jeune femme ne le voulait pas; son plan était arrêté à l'avance, et elle marchait avec fermeté vers un éclat inévitable qui servait ses secrets desseins.

Cependant madame de D... négocie, et c'est encore M. M. C... qui cherche à la calmer. Il lui écrit, le 4 juin 1853 :

« MADAME,

« Je tombe de surprise et de désespoir, et quand j'ai lu la lettre que vous aviez écrite à B..., confirmée par celle que je viens de recevoir, j'ai éprouvé cette sorte de défaillance qui s'empare de nous, lorsque, sans l'avoir prévu, on se brise sur des obstacles qu'on croit avoir aplanis.

« Il n'est pas de puissance au monde qui puisse faire que ce qui a existé n'a pas eu lieu. Dans ces malheureuses conjonctures, le repentir et l'oubli, vous ne l'obtiendrez pas en rappelant constamment les faits. Certes, je ne me prêterai pas à réveiller les cruels souvenirs de ce qui s'est passé, en demandant qu'on se rétracte en écrits ou en paroles. Quand on a expié de part et d'autre par des souffrances morales sans nom des torts dont on ne devrait plus se souvenir que pour n'y plus retomber à l'avenir, des paroles de rétractation! Mais qu'est-ce que c'est que cela comparativement aux sentiments nouveaux, aux résolutions prises de faire ce que vous demandez?

« Que voulez-vous qu'on devienne au milieu de toutes ces péripéties? Laissez-moi vous citer un exemple :

« On souhaitait qu'une fille de dix-sept ans, à peine nubile, ne devînt pas mère; au lieu de se borner à manifester ce vœu, on s'immisce dans le sanctuaire des intimités, et il en résulte que, pour ne pas devenir mère, on ne devient pas épouse comme cela devrait être. On reconnaît ce tort. On vous affirme qu'on n'y retombera plus, que Marie sera à Léon... Que répondez-vous, madame? Que non-seulement Léon et Marie seront l'un à l'autre, mais que dût-elle avoir quinze ou seize enfants, comme en a obtenu l'une de vos aïeules, vous n'entendez pas qu'on se préoccupe le moins du monde de cette promiscuité.

« A présent, on vous affirme que Marie, loin de Léon, souffre visiblement de cette séparation; qu'elle a renoncé à sa résolution de ne plus accompagner son mari dans ses voyages. On vous annonce qu'on la conduira à C...; qu'on se retirera après... J'ouvre votre lettre, et je n'y trouve que désespoirs, que récriminations!... »

Puis sous une autre date :

« L'impression que m'avait fait éprouver, Madame, la lettre dont je viens de rappeler la déclaration redoutable était trop vive. J'ai jeté là la plume, et après mon retour de B... je vous relis, et, tout bien considéré, je vais prendre la liberté, Madame, après avoir provoqué l'avis de V..., de vous adresser une profession de foi.

« Contre Marie adultère, contre Marie souillée, on ne prononcerait pas d'arrêt plus sévère que celui contre lequel je viens protester...

« Je veux bien, Madame, conduire la fille de mon frère à un époux; je serai le premier à dissuader mon frère de confier son enfant à l'hôte sévère qui l'attend. Dans de pareilles conditions, ne tentez pas d'épreuves, le résultat est certain. Une enfant comblée de marques de tendresse de son père et de sa mère, tout à coup séparée d'eux, ne vivrait pas à cent trente lieues de distance, dans l'état cellulaire et d'expiation que vous définissez. La nostalgie s'emparerait d'elle, et elle y succomberait.

« Je n'ai jamais ressenti plus de chagrin : il faut désormais se recommander à la commisération de Dieu.

« Adieu, Madame; recevez, avec l'expression de la douleur que j'éprouve, mes respectueuses civilités.

« M. C... »

Vous avez entendu, messieurs; l'oncle, qui, aussi bien et mieux que le père, est initié à tous les mystères, ne déchire-t-il pas ici complétement le voile? Encore une fois, il est des points de morale auxquels je ne veux pas toucher; mais ne voyez-vous pas sous l'influence de quels sophismes, de quelles idées fausses et malsaines cette jeune fille a été conduite à méconnaître ses devoirs d'épouse? Et l'on veut que madame de D... ne se révolte pas, et l'on s'étonne de sa vivacité. Quoi! s'écrie M. M... C..., vous exigez que Marie reconnaisse ses torts; vous lui dites que la sévérité a pris dans le cœur de Léon la place de l'indulgence; ce n'est plus un mari que vous lui annoncez, c'est un maître terrible qui entend faire respecter son pouvoir et son caractère : eh bien! il ne nous convient pas d'accepter de pareilles conditions, et, pour moi, je serai le premier à dissuader mon frère de confier sa fille à l'hôte sévère qui l'attend...

Eh! de quel droit compte-t-on ainsi avec l'époux, avec celui qui a qualité, je ne dirai pas pour être obéi, bien que le mot soit dans la loi, mais au moins pour ne pas être combattu et outragé! Quoi! le mari qui a rencontré dans la chambre nuptiale des calculs immoraux, des conseils intéressés qui lui ont fermé l'accès du cœur de sa jeune femme, n'a pas le droit d'isoler celle-ci de ces funestes influences et de lui dire : Venez chez moi; là, seul à seul, sans témoins, nous pourrons rappeler ce bonheur qui est près de nous fuir; je vous ramènerai dans la bonne route, et à force de tendresse et d'égards je saurai bien vous rendre à l'amour, à l'affection, à la sainteté des obligations domestiques... Non, lui dit-on, vous n'avez pas ce droit, et quant à nous, nous les parents, nous avons eu le tort peut-être de nous immiscer dans le sanctuaire de l'intimité maritale; mais au moins nous avions une raison : notre fille n'a que dix-sept ans, elle était à peine nubile, et nous avions peur qu'elle ne devînt mère!...

En quel temps vivons-nous donc pour que de pareils motifs puissent être invoqués devant un mari? Si votre fille était trop jeune, si elle était à peine nubile, eh bien! il fallait l'éloigner et ne pas faire du mariage, cette sainte chose, une vaine comédie! Notre vieux Montaigne a dit que « se marier sans s'épouser, c'est trahir ». Tel n'est pas le sentiment de M. M. C... Vous avez suivi le courant de ses idées, vous avez vu avec quel dédain il parle des lois du mariage. « Quoi, s'écria-t-il, vous en êtes encore là, vous nous renvoyez à votre aïeule Ysault, qui ne comptait pas avec ses enfants! Mais nous avons changé tout cela. Nous sommes aujourd'hui les maîtres du monde; les apôtres de la science, cette puissance moderne; nous tenons en main la clef même des générations, qui semblait n'appartenir qu'à Dieu. A quoi bon d'ailleurs une postérité? Notre fille est trop jeune pour être épouse, pour être mère. » Et en attendant que la famille veuille bien fixer l'époque où il lui sera permis de l'être, il faut que M. le marquis accepte et s'humilie.

M. le marquis écrit qu'il accepte : il aimait sa femme avec idolâtrie; il était malheureux, il se dit que si, par un moyen quelconque, il pouvait ramener vers lui celle que de funestes conseils lui avaient ravie, il trouverait dans les trésors de sa tendresse de quoi la décider à accomplir enfin la loi conjugale.

En juin 1853 un éclair semble luire dans le ciel orageux des époux. M. C... père se dispose à se rendre aux eaux de Cauterets; de Cauterets on reviendra par C..., où habite M. le marquis de G..., et là on laissera Marie. A cette occasion, madame de D... reçoit de M. C... une lettre conçue dans des termes presque affectueux et qui étaient de nature à laisser beaucoup d'espoir :

« ... Où avez-vous pu voir l'honneur de Léon engagé...? Je vois bien par votre lettre ce qui a causé votre irritation, pour ne pas dire plus, et c'est ce que je déplore; mais j'ai beau torturer ma lettre, non-seulement je n'y trouve pas ce qui vous a causé tant de ravages, mais j'y vois que je vous dis ceci : que le passé a suffi pour que nous ne voulions plus nous-mêmes de la vie et des repas journaliers en commun. Si ce n'avait pas été la volonté positive de Léon, c'eût été la nôtre; ma lettre ne dit que cela : la vie et le repas en commun de tous les jours étaient ce que nous voulions autrefois de part et d'autre; nous en avons goûté et n'en voulons plus, ni les uns ni les autres, malgré les premières conventions. Je ne dirai pas que c'est cela que j'ai voulu dire, c'est ce que j'ai dit.

« Je le répète, où l'honneur de Léon est-il engagé là dedans? Je ne le vois pas plus que le mien, et j'affirme que je suis tout aussi susceptible que lui sur ce point. Nous nous dégageons tous après expérience. Où est le mal? »

Ici, des détails sur la santé de madame ..... et de sa fille. Il apprend que le docteur Velpeau a prescrit à la jeune femme les eaux des Pyrénées, « et c'est pour cela, ajoute-t-il, qu'au lieu d'aller à Luchon pour moi, nous irons à Cauterets pour elle. M. Velpeau a dit que pour moi cela était indifférent, et vous devez bien penser que je n'avais pas à hésiter. Ce n'est donc qu'à notre retour que nous pourrons passer par A..., où nous laisserons Marie, car j'ai hâte de partir pour Cauterets... »

Ainsi, et c'est là un trait de caractère curieux à signaler, le chef de famille rattachait le rapprochement des deux époux aux commodités d'un voyage de santé. Il se trouve par bonheur que Cauterets n'est pas très-éloigné d'A..., et par conséquent de C...; eh bien! quand on aura passé la saison des eaux à Cauterets, en août ou septembre, on reviendra par A..., et la jeune marquise sera rendue à son mari.

Mais, me dira-t-on, la jeune femme a appelé elle-même son mari dans des termes qui ne laissent pas de place à l'équivoque. Je sais qu'une lettre a été écrite par madame de G... On désirait un rapprochement; il était tout simple que quelques avances fussent faites au mari. Je soutiens que cette lettre a été concertée entre madame de G... et ses parents, et quand vous la connaîtrez, vous ne pourrez conserver aucun doute. La voici; elle est datée du 4 juin 1853.

Mais auparavant, un mot d'explication sur le ton de cette lettre et sur cette particularité que madame de G... y tutoie son mari. Il y a là, sans nul doute, quelque chose d'étrange, eu égard aux relations dans lesquelles se trouvaient les époux, et aussi de contraire aux habitudes de M. le marquis de G... Mais mademoiselle Marie avait trouvé charmant d'introduire cette nouveauté dans la famille où elle entrait; M. de G... s'était empressé de consentir à son caprice, espérant qu'on lui tiendrait compte de cette concession. En effet, cette formule se retrouve dans la correspondance des époux, mais le fond des idées reste le même, et il est impossible de se faire illusion sur ce point, en présence de la lettre dont je vais donner lecture :

« Mon cher Léon, écrit madame de G..., lorsque j'ai vu M. B..., il m'avait fait espérer que nous serions bientôt réunis; tu dois avoir eu connaissance d'une lettre qu'il m'avait dit devoir écrire à ta sœur : et cependant il me semble que tu crains que ton absence, je ne veux pas dire séparation, ne dure longtemps encore.

« Tu as pardonné, me dis-tu, mais tu ne peux encore oublier; il me semblait pourtant que l'un était une conséquence de l'autre; il paraît que je me trompe, mais ce n'est pas lorsque nous sommes si éloignés l'un de l'autre que nous pouvons juger de notre manière d'être.

« Ce qui m'a dicté mon laconisme, c'est la crainte que j'avais de voir mes lettres mal accueillies ou même pas reçues; et, d'après les conseils de mon oncle (qui a dû vous le dire), j'ai dû m'abstenir de t'écrire. Mon père et mon oncle avaient eu connaissance des lettres de ma sœur à M. D..., lettres trop pénibles pour moi pour m'inspirer de la confiance. Cependant je n'ai pas voulu laisser passer le jour anniversaire de ma naissance sans t'écrire quelques mots; mais j'ai craint, et c'est ce qui a rendu ma lettre si courte...

« ...Mon père, qui ne veut pas que l'on m'accuse injustement (c'est lui qui me recommande cette expression), voyant par une lettre de ta sœur et la tienne que l'on revient toujours sur mon refus de te répondre le 11 avril, me dit de te dire (ce qui est vrai, du reste) que c'est lui qui m'avait conseillé de te répondre; que, puisque l'on devait parler à M. B..., je devais attendre que cela fût fait. Il ajoute que les innocents ne doivent pas payer pour les coupables.

« Voilà la seule chose que l'on m'ait jamais indiquée; tu vois que le grief que tu avais ne devait pas exister. »

Je disais que cette lettre avait été concertée avec le père et l'oncle. Mademoiselle Marie l'avoue ici. C'est sous la dictée de son père que la lettre a été écrite, et cette influence se trahit encore mieux dans le passage suivant :

« Si tu as reconnu et corrigé tes défauts, tu trouveras aussi en moi un grand changement. Je désire devenir mère; mes bons parents ont dissipé toutes mes craintes, et il me semble qu'un enfant sera le complément du bonheur que nous cherchons...

« ...M. Velpeau m'a ordonné les eaux de Cauterets pour ma santé; j'y serai on ne peut mieux soignée par ma mère; mais je serais bien heureuse si tu venais nous y rejoindre pour me ramener à C... après ma saison...

« ...Adieu, mon cher Léon; je t'embrasse de tout mon cœur, ainsi que ma sœur.

« Ta femme,

« Marquise de G... »

Je ne veux pas commenter ces lignes bien étranges sous la plume d'une jeune femme; mais les femmes qui ont à leur disposition tant de ressources de style pour exprimer les choses les plus délicates, pour faire comprendre les sujets les plus difficiles, seraient bien étonnées en voyant une des plus habiles d'entre elles dans l'art de rendre sa pensée, à l'aide de ces circonlocutions qui permettent de tout dire, se servir de ces termes crus qui traduisent si bien la situation qui avait été jusque-là celle des deux époux : « Je désire devenir mère; il me semble qu'un enfant serait le complément du bonheur que nous cherchons; mes bons parents ont dissipé toutes mes craintes... » Supposez un homme sérieux, un homme grave, habitué à comprendre tous les mystères, n'aurait-il pas conçu des inquiétudes mortelles en voyant une femme disposer ainsi de son corps et de son cœur vis-à-vis du mari, maître de tout, et cela sans obéir à un mouvement spontané ni à des inspirations personnelles?

Enfin elle écrit ce que vous savez. M. de G... aperçoit ce port lointain où son amour aspire depuis si longtemps, il voit le cœur de sa femme qui s'entr'ouvre. Vain espoir! son bonheur est encore différé. Le voyage ne se réalise pas; on juge à propos de revenir à Paris. Paris sera le théâtre de la réconciliation.

On avait fixé le second mardi de septembre. La famille C... et M. le marquis de G... devaient se rencontrer ce jour-là. On ne se presse pas, je parle de madame la marquise de G..., car M. le marquis se trouvait à Paris dès les premiers jours de septembre; une lettre de M. C... père va vous apprendre pourquoi madame de G... a manqué au rendez-vous donné :

« MON CHER AMI,

« J'ai dit hier à ma femme et à ma fille que mardi prochain Marie devait se trouver chez mon frère, où elle rencontrerait M. de G... et madame de D... Nous n'avions rien à objecter à cette manière de se revoir, ni pour le lieu ni pour le jour; mais ce matin, ma fille, en voyant le calendrier, est venue me dire que mardi est le 13 du mois, et qu'elle ne pouvait pas, sans en être malheureusement frappée, accomplir un acte aussi important sous de fâcheux auspices.

« Je viens donc te prier de donner connaissance des idées de ma fille à M. de G... et de lui dire qu'elle propose de remettre à mercredi 14 ce qui devait avoir lieu le 13.

« Je ne sais pas, mon cher ami, si tu te rappelles m'avoir entendu dire que le vendredi et le 13 sont des jours que ma fille redoute, qu'elle n'a jamais rien commencé ni rien accompli ces jours-là ni à cette date-là. Ainsi, elle ne pourrait ni partir ni arriver à destination un vendredi pas plus qu'un 13, sans crainte qu'il en résulte quelque chose de malheureux.

« Tu comprendras donc, je l'espère, et M. de G.., aussi, que, pour la circonstance actuelle, elle veuille éviter les mauvais présages.

« Lundi, cher ami, et quoique tu en dises,

« Ton ami toujours,

« E. C... »

Si la lettre est sincère, si ce malheureux 13 est vraiment une date si effrayante pour la jeune marquise, eh bien! qu'elle avance, au lieu de reculer, d'un jour le moment de la réunion. En faisant cela, elle eût été ingénieuse à concilier son amour et ses craintes. Mais non, c'est le 14 qu'elle choisit. Ah! s'il s'était agi d'une de ces frivolités mondaines qui sont la grave préoccupation de sa vie, d'une conférence avec sa couturière pour étudier une jupe monumentale ou rédiger un corsage à la mode du jour, à la bonne heure! mais ce n'est que son mari qui attend; il attendra vingt-quatre heures de plus... et sa souveraine l'ajourne.

Le 14 arrive; on se revoit, où? chez M. C..., et c'est assez vous dire quelles ont été les concessions par lesquelles M. le marquis de G... a successivement diminué et presque anéanti son caractère. Combien elle est douloureuse et affligeante l'histoire de ce pauvre mari qui attend chez lui sa femme qui ne vient pas! Elle a été aux Pyrénées; elle y a valsé, polké, monté à cheval; elle part chargée de ces fragiles et fausses couronnes que le monde décerne et qui ne valent pas un bon serrement de main; elle arrive enfin, mais c'est un

13. Son cœur ne bat pas le 13; c'est le 14 seulement qu'elle permet à son mari de venir la trouver.

M. de G... s'était fait si petit, qu'on peut l'accuser de s'être volontairement laissé méconnaître; au lieu d'exiger que sa femme vînt à C..., chez lui, il accepte que l'entrevue ait lieu chez M. M. C..., et le 14 chez son oncle, à cet homme qu'elle a chassé de la couche conjugale et à qui ensuite elle a écrit : « Venez, ayons un enfant », elle tourne publiquement le dos; elle lui déclare qu'elle ne lui adressera pas un mot et l'accable de ses dédains : si bien que, le cœur brisé, le visage inondé de larmes, il sort en prenant la main de sa sœur et lui disant : Nous n'avons plus qu'à aller cacher dans la retraite la misérable existence que la fatalité nous a faite.

M. de G... et madame de D... quittent Paris, et bientôt ils reçoivent un mot de M. M. C... Je dois rendre à M. M. C... cette justice que, fidèle jusqu'au bout aux intérêts de sa famille, il a fait tous ses efforts pour ramener sa jeune nièce à la pratique de ses devoirs.

Vous savez qu'il s'est montré plus d'une fois sévère pour madame la marquise de D...; eh bien! après la scène violente que j'ai racontée, voici la lettre qu'il lui écrit :

« Paris, le 30 septembre 1853.

« MADAME,

« Cette lettre vous précédera peut-être à C... En l'écrivant le lendemain de votre départ, je cède au besoin de vous exprimer les regrets bien sentis par V... et par moi de n'avoir pu échanger des adieux. Nous devions rentrer à Paris lundi soir, mais V... a été prise d'un accès de fièvre qui s'est renouvelé hier presque au moment où votre cher Léon est venu me voir et me donner les assurances d'entretenir les amicales relations de cette parenté par alliance que la communauté de nos chagrins ne fera que resserrer. Je suis pénétré d'une gratitude impérissable pour vos procédés généreux : ils correspondent à la noblesse de vos sentiments et de votre position, et, malgré toutes les raisons que le présent nous donne de désespérer de l'avenir, ils sont tels que l'on ne peut pas dire que le lien qui va se rompre ne se renouera jamais. On a vu, Madame, et l'on voit tous les jours des unions brisées par des torts de la plus déplorable gravité se réformer par l'influence du temps et la sincérité des repentirs. Eh bien! il serait par trop cruel de prédire que ce mariage qui n'a pas été consommé et que la justice aura grand'peine à dissoudre, faute de motifs appréciables et légaux, n'a aucune chance de se rétablir...

« . . . Je l'ai dit à Léon : les caractères changent avec les années et les événements; on ne commettrait pas à l'âge de la virilité les fautes et les folies dont on se rend coupable dans la jeunesse. On redemande bien souvent à la Providence de nous rendre les félicités qu'elle nous avait prodiguées et que nous avons eu l'ingratitude de répudier. Je ne viens pas vous dire que la perspective d'une réconciliation dans l'avenir nous porte, V... et moi, à vous demander à tous deux votre amitié et à l'entretenir en cultivant nos relations, pour qu'un trait d'union subsiste après cette rupture : non; c'est par les sympathies que vous nous avez inspirées, par celles que vous nous témoignez, c'est en leur nom que nous vous adressons cette demande. Toutefois, et quand cette raison ne serait pas complétement négligée, vous et Léon la trouverez bien naturelle.

« Adieu, Madame; croyez à la sincérité de nos sentiments, et agréez l'assurance de mon respectueux dévouement.

« M. C... »

Cette lettre est le dernier document que je veux mettre sous les yeux du tribunal pour éclairer sa religion sur la matérialité des faits et le caractère des personnes. Le mariage est brisé à jamais; tous ces semblants de réconciliation que vous connaissez ont prouvé l'impossibilité d'un rapprochement entre les époux. M. le marquis de G... a vainement fait tous les sacrifices; il a été repoussé. Que devait-il faire? Il suivit les conseils qu'on lui donnait. Il demanda la séparation de corps fondée sur les mépris, les insultes, les propos outrageants de madame de G... et son refus absolu de réintégrer le domicile conjugal.

Le tribunal accueillit sa demande par un jugement rendu le 14 novembre. Mais qu'était pour M. le marquis de G... un pareil résultat, qui laissait à sa femme et le droit de compromettre le nom qu'elle portait et le titre qu'il lui avait donné? Désespéré, renonçant à tout jamais aux joies de ce monde, il alla ensevelir ses chagrins dans une solitude profonde; mais là encore les bruits du dehors vinrent troubler son repos en lui rappelant la triste union dans laquelle il était engagé. Pendant l'été de 1858, un de nos plus habiles feuilletonnistes, faisant le tableau de la vie des eaux, signalait à ses lecteurs les extravagances élégantes de certaines personnes déclassées, le luxe de leurs toilettes, l'excentricité de leurs plaisirs. Passant en revue quelques-unes des dames qui, à Vichy, avaient le privilége de fixer sur elles l'attention générale, il traçait de l'une d'elles ce portrait, qui tomba sous les yeux de M. de G..., abonné pour son malheur au *Constitutionnel* :

« Cette autre dame plus jeune, assez jolie et non moins entourée que la première, a la maladie de la danse et des plaisirs. Il faut qu'elle s'amuse, il faut qu'elle valse, il faut qu'elle polke! Vous la mettriez sous clef, qu'elle s'échapperait par le trou de la serrure! Le seul défaut qu'elle a, c'est d'être un peu étourdie et de manquer de mémoire. Elle perd souvent une épingle, une broche ou des cheveux, parce qu'elle ne sait plus où elle les a mis. Quinze jours après ses noces, elle a égaré son mari et ne sait pas ce qu'il est devenu. Elle est cependant très-surveillée par de vieux parents qui n'entendent point raillerie, et qui ne la font voyager qu'en coupé et entre eux deux comme un détenu entre deux gendarmes. Mais le diable y met sa queue; et il ne se trouve jamais de coupé, aux trains qu'ils prennent. »

Voyez-vous d'ici la révolution violente qui dut s'opérer dans le cœur de M. le marquis de G... quand il lut ces lignes sous les ombrages de C..., lorsqu'il vit sa femme s'affichant à ce point et ne craignant pas de compromettre ainsi le nom de son époux? Il prit alors un parti que ses convictions religieuses expliquent. Il avait la profonde conviction que son mariage était nul; mais il ne lui convenait pas d'aborder la barre du tribunal séculier avant d'avoir satisfait à sa conscience. Le mariage n'était pas seulement un contrat, c'était avant tout pour lui un sacrement. Il avait juré au pied des autels fidélité à une femme, il ne voulait pas manquer à son serment. Ainsi, dès 1857, il introduit une action devant les tribunaux ecclésiastiques afin d'arriver à l'annulation du sacrement, et si je rappelle cette procédure, ce n'est pas pour influencer votre décision, c'est seulement pour expliquer les scrupules de conscience de M. de G...

La procédure fut régulièrement suivie. M. C... le père fut appelé; des mémoires détaillés furent produits, soit à Paris devant l'archevêché, soit en cour de Rome, et ces mémoires, parfaitement rédigés, honorent l'érudition de M. C... autant que sa tendresse.

Il contesta les faits. Des témoins nombreux furent entendus, et j'emprunte à leurs dépositions quelques lignes qui pourront particulièrement vous intéresser :

M. B... dépose :

« Je soussigné déclare, pour rendre hommage à la vérité, que la demoiselle Marie m'a très-positivement confirmé que son mariage avec M. de G... n'avait jamais été consommé; j'atteste que M. de G... et mademoiselle Marie ont toujours vécu séparés depuis longtemps. J'affirme aussi que les faits dans lesquels mon nom figure dans l'écrit ci-dessus sont exacts et par conséquent conformes à la vérité.

« Paris, le 18 août 1853.

« B..., député au Corps législatif. »

Voici le témoignage de l'abbé P... rapporté par M. le vicaire général de Mgr l'archevêque de Paris, dans les termes suivants :

« Devant moi, vicaire général de Mgr l'archevêque de Paris, M. l'abbé P..., demeurant dans la paroisse de Saint-Thomas d'Aquin, jouissant de l'estime générale, a déclaré qu'ayant voulu exhorter la mère de Marie à se prêter à la réconciliation de sa fille avec Léon de G..., époux de ladite Marie, il avait entendu la mère lui faire à lui-même cette absurde réponse : « Qu'elle n'avait pas consenti au mariage de sa fille avec Léon de G... « pour qu'ils eussent des enfants. » Cette réponse semble à M. l'abbé P... une preuve de la non-consommation du mariage. »

J'ajoute, pour ne rien omettre, que la cour de Rome, voulant que toutes les formalités fussent remplies et que les deux parties fussent également représentées devant elle, ordonna qu'un avocat ecclésiastique fût nommé pour défendre le mariage. Ces faits sont constatés dans un document qui doit être connu de mon adversaire, puisqu'il est au nombre des pièces que je lui ai communiquées; il est écrit en latin...

Me Mathieu, avocat de madame de G..., témoigne par un geste qu'il ne le connaît pas.

Me Favre, *continuant*. Il eût été écrit en italien qu'il n'aurait pas défié l'érudition de mon adversaire : c'est le bref du Saint-Père, qui porte la date du 5 juillet 1858 et qui proclame la nullité du mariage. En voici la traduction :

« PIE IX, PONTIFE.

« *A notre vénérable frère, salut et bénédiction apostolique.*

« Notre cher et noble fils Léon-Marie N... nous a fait exposer que le 26 octobre 1852, il s'est dûment marié devant l'Église avec la demoiselle Marie, et qu'il a cohabité avec elle pendant six mois sans avoir pu tout ce temps consommer ce mariage, à cause du refus absolu de sa femme.

« Les six mois écoulés, l'exposant s'est adressé au tribunal de... et a demandé la séparation de lit, de domicile et de biens. L'ayant obtenue par contumace de sa femme, il nous a présenté une supplique dans laquelle il sollicitait instamment la dispense de son mariage comme ayant été simplement célébré, mais jamais consommé, à cause des répugnances et de l'aversion de sa femme.

« Nous avons renvoyé toute l'affaire à la Sainte Congrégation chargée d'interpréter les décisions du concile de Trente, qui délègue l'évêque..... à l'effet d'ouvrir une instruction régulière, conformément à la constitution de Benoît XIV, notre prédécesseur d'heureuse mémoire, laquelle commence par ces mots : *Dei miseratione*.

« Cette procédure faite et transmise à la même Congrégation, on reconnut que des formalités substantielles n'avaient point été entièrement observées, puisque les pièces du procès avaient été dressées en l'absence d'un défenseur d'office du mariage et du témoignage des parents appelés *septimæ manus;* mais ayant, en vertu de notre autorité, couvert les vices de forme qui avaient pu se glisser jusque-là dans le procès, nous avons enjoint au même archevêque de désigner un défenseur qui parlerait en faveur du mariage, et de procéder en sa présence à l'audition des témoins dits *septimæ manus,* en se conformant aux instructions qui lui étaient données.

« Le prélat accomplit religieusement toutes ces prescriptions, et quoique la femme et son père persistassent à faire défaut, et refusassent de produire des témoins, il n'en acquit pas moins la certitude morale que le mariage n'avait pas été consommé par suite de résistance de la femme qui a constamment refusé de remplir ses obligations matrimoniales en ne répondant aux sollicitations de son mari que par des querelles, des injures et des menaces, et qu'il n'y avait aucun espoir de rapprocher et de réconcilier les deux époux. Il fut donc reconnu que la demande de la dispense était fondée sur de graves raisons. De là, question de savoir s'il y avait lieu de proposer au Saint-Père dans l'espèce la dispense d'un mariage célébré et non consommé.

« La Sainte Congrégation ajourna sa réponse à cette question, et décida qu'il fallait écrire de nouveau à l'évêque de..... en le chargeant de fixer à la femme, suivant qu'il le jugerait prudent et convenable, le délai dans lequel elle devrait produire les témoins *septimæ manus;* puis dans le cas où elle n'en produirait point, de procéder lui-même d'office à l'audition des parents, ou des amis, ou des gens de la maison de la femme dont le témoignage paraîtrait devoir être plus sûr.

« Cette décision fut communiquée par l'évêque, tant à la femme qu'à son père, et tous deux persistèrent dans leur contumace; bien plus, le père répondit qu'il ne permettrait jamais qu'aucun des siens comparût dans une enquête où la véracité et l'honneur de sa fille seraient en cause. De son côté, l'avocat du mari fit valoir de nouveaux arguments pour prouver l'aversion et la haine que sa femme avait pour lui, et que jamais le mariage n'avait été consommé, quoique pendant les six mois de cohabitation il n'eût rien négligé pour gagner son affection.

« Le défenseur d'office du mariage y opposa à son tour de nouvelles raisons, et la même question fut posée, de savoir s'il y avait lieu de proposer au Saint-Père, dans l'espèce, la dispense d'un mariage célébré et non consommé. A cette question la même Congrégation de nos vénérables frères les cardinaux de la Sainte Église romaine, interprète des décisions du concile des Trente, répondit affirmativement le 26 juin 1858.

« C'est pourquoi, confirmant ce qui a été statué par cette Congrégation dans la cause dont s'agit, nous vous déléguons, par les présentes, vénérable Frère, pour dispenser, dans votre prudence, et suivant votre appréciation, lesdits Léon de G... et Marie C... de leur mariage célébré et non consommé, et pour prononcer, en vertu de notre autorité, la dissolution de ce mariage, de sorte qu'il soit permis à l'un et à l'autre, si rien d'autre ne s'y oppose, de contracter de nouveaux liens devant l'Église. Ce que nous accordons, voulons et ordonnons, en déclarant que notre présent bref est et sera valide, définitif et efficace, qu'il doit sortir son plein et entier effet et profiter, dans toute sa teneur et dans toute son étendue, à ceux qu'il concerne comme à tous ceux qu'il concernera d'une manière quelconque à l'avenir, et qu'en conséquence l'affaire doit être ainsi entendue et jugée soit par tous les juges ordinaires, soit même par les auditeurs de la chambre apostolique, et que toute décision contraire doit être considérée comme nulle et non avenue, de quelque autorité et de qui que ce soit qu'elle émane, sciemment ou non sciemment, et ce nonobstant ce que nous et notre chancellerie avons statué *de jure quæsito non tollendo,* et nonobstant le statut de Benoît XIV, notre prédécesseur d'heureuse mémoire, ou autres statuts apostoliques, et toutes les constitutions ou ordonnances apostolique et générales ou spéciales promulguées dans les conciles œcuméniques, provinciaux et synodaux, et enfin toutes autres dispositions contraires.

« Donné à Rome, près Saint-Pierre, sous l'anneau du Pêcheur, le 30 juillet 1858, en la treizième année de notre pontificat.

« Pour le cardinal Macchi (Jean-Baptiste),

« BRANCALEANI CASTELLANI, son substitut. »

Cependant, délié devant Dieu, M. de G... était toujours lié devant les hommes. Le profond respect que j'ai pour la loi et pour l'intègre conscience des magistrats me dispense de dire que le document dont je viens de donner lecture ne vaut que comme élément moral; mais il témoigne suffisamment que ce n'est ni par esprit de libertinage, ni par dessein de nuire, que M. le marquis de G... s'aventure dans le procès que vous avez à juger; il obéit à un devoir de conscience; il vient à vous, chargé d'ineffables douleurs, vous demander s'il n'est pas possible de rompre le lien qui l'enchaîne, et de mettre un terme à ses malheurs.

J'examinerai la question juridique aussi brièvement que possible.

La demande repose sur cette idée que le consentement au mariage du 26 octobre 1852 y a été inefficace; qu'il est vicié dans son essence; qu'il n'a jamais existé, et par conséquent, qu'aux termes des articles 146 et 180 du Code Napoléon, M. de G... est en droit de faire prononcer la nullité du mariage.

La discussion que soulève ce procès est nouvelle, non que des demandes analogues n'aient jamais été soumises à l'appréciation des tribunaux, mais parce que jamais espèce n'a présenté la question sous le jour qui est celui de la cause. En effet, les documents écrits, irrécusables, établissent que le mariage n'a pas été consommé. Cette circonstance peut-elle entraîner la nullité de l'union? C'est une question, je le reconnais, fort difficile à résoudre en présence du silence de la loi, et je sais ce que ce silence peut fournir d'arguments à nos adversaires. Mais ce n'est pas seulement sur cette cause matérielle que je prétends m'appuyer : je demande à prouver, et ceci va résulter de l'ensemble des faits, que la non-consommation du mariage a été le fait volontaire, réfléchi et résolu par mademoiselle C... avant la célébration du mariage, de sorte que lorsqu'elle s'est rendue à la mairie, lorsqu'elle s'est agenouillée devant le prêtre, elle avait l'intention bien arrêtée de ne pas être la femme de M. de G.....; elle entendait recueillir les avantages matériels et pécuniaires que devait lui assurer l'union qu'elle contractait, mais non se soumettre à l'accomplissement des devoirs que le mariage impose : elle voulait être marquise et non femme.

Nous aurons à nous demander si la question que soulève cette affaire n'est pas différente de celles qui ont été plusieurs fois jugées, et qui ont même entraîné quelquefois la nullité du mariage. Peut-il donc ici y avoir doute sur la nullité du mariage? et d'abord y a-t-il une fin de non-recevoir tirée du fait de la cohabitation des époux? Voyons : l'article 180 porte cette disposition : « Le mariage qui a été contracté sans le consentement libre des deux époux ou de l'un d'eux ne peut être attaqué que par les époux, ou par celui des deux dont le consentement n'a pas été libre », et l'article 181 ajoute : « Dans le cas de l'article précédent, la demande en nullité n'est plus recevable, toutes les fois qu'il y a eu cohabitation continuée pendant six mois depuis que l'époux a acquis sa pleine liberté ou que l'erreur a été par lui reconnue. » Ni l'une ni l'autre de ces exceptions ne peut recevoir son application dans la cause. Le mariage, en effet, a eu lieu le 26 octobre 1852, et les époux se sont quittés le 11 avril 1853; depuis, il n'y a eu aucune espèce d'habitation commune.

Or, la loi est formelle; il faut une cohabitation de plus de six mois, et cette cohabitation n'a pas existé. La correspondance constate ce fait d'une manière formelle. Voici une lettre du 2 décembre 1857, qui est à cet égard très-catégorique. Cette lettre est adressée par un ami de la famille B..., député, à madame la marquise D..., sœur de M. de G... Il s'exprime ainsi :

« MADAME ET AMIE,

« ...Je vois combien la position de votre cher frère vous tourmente, et je comprends toute l'importance que vous mettez à le rendre libre d'une union faite sous de si heureux auspices et qui a si fatalement tourné, par suite de la conduite sans nom de sa jeune femme et de ses père et mère.

« Mais ce qu'il y a de plus infâme, ce sont les accusations qu'ils se permettent sur vous; rien n'est plus injuste, et je voudrais pouvoir être appelé à dire combien vous avez été bonne et dévouée, combien vous avez mis de ménagements envers la famille C...

« M. de G... a voulu, après toutes les avanies qu'on lui avait fait subir, se placer comme un mari peu satisfait doit le faire vis-à-vis d'une femme qui a l'air de se moquer de tout ce qu'il y a de plus saint. Mais vous, ma chère dame, qu'avez-vous à faire dans tout ceci? En vérité, on veut faire de votre cher Léon une espèce de niais qui ne sait rien et n'a pas de volonté; mais on a tort mille fois, et, si j'avais une fille, je me souhaiterais un gendre comme lui. Que voulez-vous penser de gens qui ont si mal agi et qui couronnent l'œuvre par les menaces les plus violentes? J'ai toujours présent à l'esprit la colère de M. C..., lorsque je lui disais que Léon avait le droit de venir chez lui réclamer sa femme : Qu'il se présente, s'écrie-t-il, je lui f... un coup de fusil!

« Du reste, mademoiselle Marie, poussée, je le pense, par les conseils de sa mère, qui, une heure après la cérémonie, me disait qu'elle avait en horreur cet homme qui venait lui enlever sa fille, mademoiselle Marie n'a jamais permis à son mari d'user de ses droits, et il est positif que le mariage n'a jamais été consommé...

« Ce fait résulte donc des déclarations de la famille elle-même. Une lettre de M. C... du 15 avril 1853 le confirme : il est certain qu'aucune réconciliation n'a eu lieu, et le 14 septembre suivant, la rupture a été éclatante. »

La première fin de non-recevoir doit donc être écartée; depuis, le temps a été rempli par la procédure préalable, et M. de G... est encore dans les délais que la loi a tracés.

Je sais bien que nos adversaires prétendent qu'ils seront plus heureux avec d'autres documents d'une nature plus grave.

Le 14 septembre 1853, chassé violemment par son épouse, M. de G... se retire dans son château et demande la séparation de corps. Or, nous dit-on, cette demande en séparation est la reconnaissance même du lien conjugal; votre demande actuelle en nullité est fondée sur les mêmes griefs. A quoi bon reproduire le scandale des faits déjà connus et jugés? (Non que tous ces faits soient insérés au jugement, cela n'était pas nécessaire; le fait seul de la révolte de mademoiselle Marie a suffi.) A cela nous répondons que nous sommes dans une des matières de question d'état des plus fondamentales, où sont engagés non-seulement des intérêts privés, mais des intérêts publics, contre lesquels ne peut prévaloir le détour que l'on veut prendre en invoquant l'exception de chose jugée. Il faudrait une reconnaissance expresse, et ici elle est insuffisante : la séparation de corps n'a été qu'une mesure provisoire pour arriver à saisir la cour de Rome de la question de validité du mariage. Il n'y a aucun texte formel dans la loi qui établisse et consacre cette nouvelle fin de non-recevoir, et pour soutenir cette théorie, il faut aller chercher des analogies dans des matières tout à fait dissemblables de l'espèce qui nous occupe.

Dans les nullités de mariage, tout est rigoureux; il faut que les règles tracées par la loi soient suivies; les principes salutaires du législateur doivent être strictement observés, il y va de l'intérêt général, et cet intérêt sacré veut qu'il n'y ait pas de demandes téméraires portées devant la justice! Mais pour que les sentiments les plus précieux de l'homme soient étouffés, pour que ses douleurs les plus intimes ne puissent s'exhaler, pour qu'il lui soit interdit de venir implorer les juges, il faut une disposition claire et précise de la loi : or, je le répète, il faudrait une ratification nette et précise du mariage, pour que la prière que vous adresse M. le marquis de G... soit repoussée, et cette ratification, jamais elle n'a eu lieu. Eh bien! je le demande à vos consciences et à vos cœurs, messieurs, dans cette situation terrible, où est placé celui qui est devant vous, pouvez-vous maintenir cette union?

Plus d'une fois ces questions ont été examinées, car elles ne touchent pas seulement à ces intérêts privés qui sont la joie, la douleur, ou le chagrin et le désespoir des familles, mais elles tiennent à l'ordre public et social : il ne doit y avoir ici, je le sais, rien d'arbitraire; mais les juges ont un pouvoir souverain d'appréciation dont ils peuvent user d'une main ferme et résolue.

Quelle que soit la gravité du mariage, plus même il est indissoluble, plus il est auguste et plus la base de l'union conjugale doit être certaine, et c'est pour cela qu'ont été écrits l'article 145 et l'article 180, qui n'est que le développement du premier.

« Le mariage est nul lorsqu'il y a erreur dans la personne. » Ces mots ont donné lieu à bien des systèmes, et la controverse née du laconisme de la loi n'est pas encore éteinte. Cette controverse vient d'être ranimée par un exemple récent, sur lequel la cour de cassation a statué dans le sens que je défends. Les jurisconsultes ont prodigué leurs efforts; on s'est demandé si, pour trouver l'application de la loi, il fallait recourir à ces exemples d'erreurs bibliques, comme celle de Jacob trompé par son beau-père, ou bien si, au contraire, l'erreur sur la personne morale et civile, sur l'état de cette personne, ne touchait pas à l'une des bases essentielles du consentement. De savants jurisconsultes l'ont pensé ainsi; MM. Demolombe et Marcadé sont de cet avis.

Non! la personne, telle que l'entend la loi, ce n'est pas l'être matériel que nous voyons; c'est l'être immatériel et libre qui, sous l'œil de Dieu, prend place et développe ses sentiments et ses facultés au sein de la grande famille humaine; le corps n'en est que le signe extérieur et la forme; la personne, c'est l'être libre avec toutes les modifications que lui font subir les droits dont il jouit. Si cette définition de la personne est admise avec toute sa latitude, il apparaît qu'il n'y a plus dès lors qu'une question d'interprétation et d'appréciation. Cette doctrine, elle est, messieurs, nettement posée dans une espèce qu'a jugée le tribunal de Chaumont.

Je passe les prolégomènes du procès, pour arriver aux attendus qui indiquent clairement la thèse de droit :

« Le tribunal,

« En droit :

« Considérant que l'article 146 du Code Napoléon, qui dispose qu'il n'y a pas de mariage lorsqu'il n'y a pas de consentement, s'applique logiquement en cas d'erreur sur la personne physique;

« Que dès lors l'article 180, en statuant pour le cas d'erreur dans la personne, a prévu une erreur autre que celle portant sur l'individu; qu'aussi divers auteurs et tribunaux sont d'avis que le consentement de l'un des conjoints doit être considéré comme infecté d'erreur, lorsque cette erreur porte sur l'état civil de son conjoint, sur les éléments constitutifs de la personnalité et même sur la personne morale; qu'en effet, l'erreur sur les qualités peut être telle, si grave, si essentielle, qu'elle soit appréciée par les magistrats comme une erreur dans la personne;

« Considérant que si cette interprétation, qui divise les meilleurs esprits, a ses dangers; que si elle ne saurait être appliquée avec trop de réserve et de sévérité, il faut reconnaître qu'elle se recommande par beaucoup d'avantages;

« Considérant, d'ailleurs, que l'erreur par elle-même est distinctive du consentement; que là où il n'y a pas de consentement déclaré, surtout relativement à une des qualités substantielles au point de vue de l'acte de mariage, il n'y a pas de mariage; que dans l'application des règles, même les plus obscures, la conscience du juge ne peut jamais faire abstraction complète de la moralité des faits;

« Considérant que l'erreur sur la personne morale une fois reconnue suffisante pour ouvrir aux tribunaux la faculté d'annuler un mariage, il n'y a pas lieu de distinguer en principe entre les faits et circonstances qui altéreraient plus ou moins profondément la position sociale des conjoints; qu'on ne saurait y voir qu'un incident de cette situation; qu'ainsi, l'erreur commise à l'égard d'un contractant noté d'infamie, engagé dans les vœux religieux, adultérin ou incestueux, ne porte réellement que sur les qualités de la personne; mais qu'affectant essentiellement la personne morale, elle peut devenir, eu égard aux circonstances qui en déterminent la gravité relative, une cause suffisante d'annulation du mariage; que la question se trouve donc ramenée à une pure question de fait, abandonnée à la conscience des magistrats, dont les décisions dépendront nécessairement des faits particuliers à chaque espèce. »

Cette doctrine a été consacrée tout dernièrement par un arrêt de la cour de cassation du 11 février 1861, qui a cassé un arrêt contraire de la cour de Paris; en voici le texte :

« La cour,

« Vu les articles 146 et 180 du Code Napoléon;

« Attendu que s'il résulte de la combinaison desdits articles que la nullité d'un mariage ne peut être prononcée pour cause d'erreur, que lorsqu'il y a erreur dans la personne, cette erreur doit s'entendre non-seulement de l'erreur dans la personne physique, mais encore de l'erreur dans la personne civile;

« Attendu que, lorsqu'une condamnation à une peine afflictive ou infamante a diminué la personne civile du condamné et l'a privé d'une partie notable de ses droits civils et civiques par application des articles 28 et 34 du Code pénal, il est du droit et du devoir des tribunaux d'examiner d'après les faits et circonstances de la cause jusqu'à quel point l'erreur portée sur des conditions substantielles, constitutives de la personne civile, a pu opérer erreur dans la personne, et par suite vicier le consentement de l'époux trompé;

« Attendu que, sans entrer dans cet examen, la cour impériale de Paris a repoussé péremptoirement la demande de la dame X..., par le motif que, pour être une cause d'annulation, l'erreur doit porter sur une personnalité complète et soulever une question d'identité, et que, dans la cause, l'individualité de X... n'était pas en question;

« D'où il suit qu'en jugeant ainsi, l'arrêt attaqué a faussement appliqué et par suite violé les articles de lois ci-dessus visés,

« Casse, etc.;

« Renvoie, pour être fait droit, devant la cour impériale d'Orléans, etc. »

Ce que je voulais établir, c'est que dans ces questions délicates une appréciation souveraine vous est laissée; il vous appartient de dire quels sont les éléments constitutifs du consentement, et lorsque votre justice protectrice rencontre un contrat menteur, une volonté surprise, elle peut briser l'union conjugale entachée d'erreur.

Parmi les causes de nullité par suite d'erreur, l'impuissance pourrait-elle aujourd'hui être invoquée? Pourrait-on faire revivre ces débats scandaleux qui ont fait rougir nos pères? Cette question a soulevé, non sans raison, de vives controverses. On comprend le doute : avec l'impuissance, la substance même du mariage manque; l'impuissance n'est pas seulement le désespoir de celui qui est soumis à cette honte physique, c'est une plaie sociale dont il importe d'éviter la contagion. Je ne veux pas citer à cet égard l'opinion des anciens docteurs, je prends celle de Merlin; que dit-il?

« On cherche dans le mariage la consolation de la vie et la sauvegarde de la vertu; il est destiné à donner des citoyens à la patrie, et l'impuissance de l'un des deux fait pour tous les deux le plus grand tourment de la vie de ce qui devait en être le plus grand charme; et ces désirs de la nature irritée vainement de ce qui devait les satisfaire, deviennent par l'impuissance l'attrait le plus terrible du vice et le danger le plus invincible pour la vertu, et la patrie perd à la fois par l'impuissance de l'un tous les fruits de la fécondité de l'autre.

« Le Code civil ne s'explique pas sur l'impuissance, et la loi du 20 septembre 1792 n'en parlait pas plus que lui. Doit-on en conclure que le législateur a voulu mettre à l'abri de toute attaque le mariage qu'aurait contracté un individu auquel la nature aurait refusé les organes nécessaires pour le consommer ou qui en aurait été privé, soit par une opération de l'art, soit par un accident quelconque?

« On peut dire qu'un pareil mariage serait essentiellement vicié, même d'après le Code civil, par l'erreur dans laquelle cet individu aurait induit la personne qui aurait cru en faire son époux, car l'article 146 de ce Code déclare qu'il n'y a point de mariage lorsqu'il n'y a point de consentement, et il n'y a point de consentement lorsqu'il y a erreur sur une qualité de cette nature. »

Ainsi, dans la pensée de Merlin, je trouve que la thèse qu'il soutient touche à la mienne : lorsque mon client a promis à cette jeune fille fidélité éternelle devant les autels, il a voulu en faire la compagne de ses joies et de ses douleurs, le soutien de sa virilité et la consolation de ses derniers jours. Eh bien! lorsqu'au lieu de rencontrer dans son épouse la vierge chrétienne qui consent à effeuiller sa couronne nuptiale sur la couche de son époux, il n'a trouvé qu'une femme lui refusant froidement à tout jamais les joies de la postérité, fermant le champ de ses légitimes espérances, le repoussant en lui disant d'un ton hautain et cynique : Je ne vous connais pas! n'est-il pas permis à cet homme de dire : Non, ce n'est pas là la jeune fille que j'ai cru épouser?

La jurisprudence paraît s'être cependant arrêtée à cette idée que l'impuissance ne peut être une cause de nullité : mais pourquoi? Parce que l'impuissance est un mystère dont la preuve fait outrage à la civilisation. Mais ces raisons n'ont point pourtant été consacrées par tout le monde, et Demolombe, avec son autorité dans la science, s'exprime ainsi touchant ce sujet :

« L'impuissance est une cause de nullité, toutes les fois qu'elle est extérieure et manifeste, sans distinguer alors si elle résulte d'un défaut naturel de conformation, ou d'un accident postérieur : et d'abord, que l'époux ainsi trompé puisse soutenir que son consentement est entaché d'une erreur dans la personne, c'est la conséquence logique de l'article 180, tel que nous l'avons expliqué. En vain objecte-t-on que l'erreur ne porte alors que sur les qualités physiques! J'ai déjà répondu que l'erreur dans la personne était finalement toujours, d'après l'article 180, le résultat de l'erreur sur les qualités, et qu'il appartenait aux tribunaux d'apprécier dans quel cas l'erreur sur les qualités avait un degré de force assez considérable pour devenir erreur dans la personne; or, telle est certainement l'erreur qui nous occupe! Les discussions du conseil d'État rappelées plus haut ne sauraient détruire cet argument : c'est même dans l'une d'elles que le Premier Consul, parlant de l'impuissance, s'écrie : « La matière du mariage manque alors. »

Je m'arrête, messieurs, je n'ai voulu pousser ma thèse jusqu'à ce point que pour vous faire pénétrer au sein des arguments qu'elle soulève pour ou contre. Vous voyez que les partisans de la doctrine contraire ne reculent que devant des difficultés impossibles à vaincre et devant l'indécence de la preuve : ils hésitent à renouveler ces scandales dont la trace subsiste dans nos vieux livres; mais s'ils repoussent la preuve de l'impuissance par les difficultés pratiques des moyens, les raisons mêmes qu'ils invoquent témoignent par leur nature que, lorsque la preuve est éclatante, il faut s'incliner devant les faits et reconnaître que l'impuissance touche à l'essence même du mariage, et qu'avec l'impuissance constatée il ne saurait y avoir de mariage.

Or, y a-t-il une impuissance naturelle ou accidentelle? Non, nous nous trouvons en face d'une impuissance d'un nouveau genre, créée par un sentiment d'orgueilleuse révolte, c'est l'impuissance volontaire qui place l'époux légitime en présence de refus pleins de dédain et de malédictions hautaines contraires à toutes les lois divines et humaines. Ah! je comprends le trouble de la conscience des magistrats lorsqu'ils se trouvent en face des mystères de l'union conjugale : il y a dans la vie intime du mariage des faits qu'il est difficile de juger.

Quand la jeune fille traverse la mairie, puis l'église, pour se rendre dans l'appartement secret de l'époux, tout doit être autour d'elle silence et mystère : un voile doit cacher à tous les transports de l'un, les chastes résistances de l'autre. Si alors la jeune fille est exaltée par le sentiment de sa pudeur froissée; si son âme entre en révolte, si ses idées religieuses en sont violentées, si alors cette jeune fille, ne pouvant supporter les empressements légitimes de l'époux, s'enfuit de la couche nuptiale, et cet exemple, je ne l'invente pas, pour aller demander au pied des autels un refuge contre son désespoir et contre les répugnances impossibles à vaincre; je comprends qu'un fait de cette nature puisse laisser les juges dans l'embarras; si c'était mon espèce, je ne manquerais peut-être pas encore d'arguments à faire valoir; mais non, nous sommes dans une tout autre situation : il ne s'agit pas d'une jeune fille bouleversée par des sentiments inconnus, il s'agit d'un guet-apens conjugal où mon client a perdu son honneur et ses rêves de félicité. Cette jeune fille, cela est certain, avait eu une liaison avant son mariage; c'est avec préméditation qu'elle est allée à l'autel, dans le but unique de conquérir et son titre de marquise, et sa liberté. Si maintenant M. de G... a la certitude que cette trahison a été favorisée par les parents, comprenez-vous qu'il ait à cœur, non de relâcher, mais de briser le lien fatal qui fait son désespoir et sa honte, et qui engloutit ses illusions de jeunesse et son avenir tout entier?

Y a-t-il preuve de ce que j'avance? Messieurs, j'articule des faits que je prouverai; je ne veux mettre sous vos yeux que des pièces dont l'origine et la portée ne sauraient être contestées. J'en prends deux qui ont passé sous les yeux de la Sainte-Congrégation. Nous allons retrouver dans ces pièces ces fameux artifices de langage que nous avons déjà rencontrés dans la lettre du 4 juin. Dans le premier de ces documents, mademoiselle Marie trace un tableau idéal de l'être aimé. Voici cette lettre tombée entre les mains de son mari; mais je n'ai pas besoin de dire qu'il n'y est pas désigné. Voici ce billet :

« Son visage exprime une très-grande finesse. Ses yeux vifs et brillants ont une pensée dans chaque regard. Son sourire est doucement railleur, et il sourit presque toujours, ou du moins ses lèvres fines se relèvent avec une moquerie et un esprit charmants; il est mince, svelte; sa taille se plie et se retourne avec une souplesse gracieuse.

« Son esprit ressemble à sa personne; il est séduisant; sa conversation charme et entraîne par son enjouement et sa vivacité. On ne l'a jamais assez entendu, on voudrait toujours l'entendre!

« Quant à sa voix, je ne puis que me taire, car je suis impuissante à rendre tous les sentiments qu'elle m'inspire; tantôt elle chante douce et plaintive, tantôt forte et vibrante; elle étonne et charme; tantôt tremblante et suave, et remplie de mille pensées, elle émeut et pénètre.

« Voilà comment il est, et voilà comment le jugent ceux qui l'ont vu dans l'intimité! Est-il de même dans le monde? Je ne sais, mais son caractère est trop franc, trop sincère, pour se courber à une courtoisie hypocrite.

« MARIE. »

Voici une autre lettre que le tribunal verra; elle est adressée à une personne dont je ne veux même pas donner l'initiale :

« MON CHER X...,

« Je viens vous dire que j'ai été grondée ce matin à cause de vous, et cela parce que vous êtes arrivé hier soir après le départ de ma mère. Maintenant, il faut que vous répariez tout cela. Voici ce qu'il faut faire. Vous viendrez demain voir ma mère avant deux heures; c'est ma mère que vous demanderez au concierge; c'est elle que vous demanderez au domestique qui vous ouvrira; c'est chez elle que vous rentrerez. Vous serez très-aimable et charmant comme toujours. Vous lui direz que vous n'avez pas considéré comme visites les quelques fois que vous l'avez vue chez moi; vous lui direz que, n'étant libre que le dimanche, vous en profitez pour venir lui présenter vos respects. Vous ne lui demanderez pas à me voir, et de ma lettre pas un mot, je vous en supplie.

« Votre amie affectionnée,

« Marquise DE G...

« *P. S.* Si vous passez de chez elle chez moi, sortez par la grande porte, et entrez par le petit passage.

« Adieu, mon cher X...

« Léon vous embrasse. »

Je cite ces faits, non pour établir qu'il y a eu des relations coupables (se tournant vers le défenseur de madame de G...), entendez-le bien, et nous savons que rien de semblable n'a existé ici, mais uniquement pour faire comprendre quelles étaient les habitudes et les mœurs de cette jeune femme dont le caractère se peint dans les élucubrations sentimentales et quasi mystiques que je viens de faire connaître.

Vous allez juger par un dernier fait de ce qu'est cette femme : elle a auprès d'elle une jeune fille dont l'origine est inconnue; elle a fait un voyage et a ramené cette enfant qui a pris place dans sa maison; le marquis, dites-vous, n'a rien à y voir, soit; mais cette circonstance vient corroborer ce que j'ai avancé.

Or, voici ce que nous articulons et demandons à prouver :

« Avant son mariage, mademoiselle Marie s'était fait remarquer par ses légèretés; elle avait même passé une nuit hors de l'hôtel de son père.

« Elle a manifesté avant le mariage un attachement exclusif de tout autre pour un M. de X..., habitant de Paris.

« Ce sentiment exclusif l'a si peu abandonnée, qu'elle a cru devoir prendre sur un don d'argent à elle fait par M. de G... pour la corbeille de mariage, une somme avec laquelle elle a acheté des boutons en brillant qu'elle a envoyés, après le mariage, à ce M. de X... par la demoiselle Marie Aniet, femme de chambre de sa mère.

« Le parti arrêté de ne contracter qu'une union factice et de ne pas appartenir à son époux s'est révélé chez mademoiselle Marie de G... dans toutes les circonstances qui ont précédé, accompagné et suivi le mariage.

« L'entrée du lit conjugal a été froidement refusée par la demoiselle Marie à son mari, et elle a couché avec la femme de chambre de sa mère.

« Elle a continué à refuser tout rapport avec M. de G..., et elle n'a pas craint de dire à plusieurs personnes qu'elle avait épousé M. le marquis de G... malgré l'aversion qu'il lui inspirait, mais que jamais elle ne serait sa femme.

« Depuis le jugement qui a prononcé la séparation entre les époux, madame Marie n'a pas cessé de tenir les mêmes propos.

« Depuis la séparation de corps, M. le marquis de G... a acquis la preuve des causes d'éloignement et d'aversion de la demoiselle Marie, et de la pression sur elle exercée par M. et madame C..., sauf la preuve contraire. »

Voilà les faits; ils sont prouvés, ils doivent assurément servir à faire prononcer la nullité du mariage. Ce n'est pas, je le répète, la résistance imprévue d'une jeune fille aux désirs de son mari, c'est un calcul antérieur au mariage, c'est l'adultère dans le mariage même; c'est la foi gardée à celui à qui elle adresse un présent prélevé sur sa corbeille de mariée. Mon client a été surpris par la plus déplorable des fraudes; qu'il y ait eu ou non pression de la famille sur mademoiselle Marie, M. de G... n'a rencontré que dédain et mépris, et de cette situation il n'en pourra sortir, car vous lui indiquez comme seul remède la séparation de corps. La séparation, mais c'est l'aggravation la plus intolérable de son malheur. Cet homme qu'enchaîne le sentiment du devoir, il lui faut aujourd'hui mutiler sa nature, étouffer ses généreuses affections, et ce, à cause du lien qui pèse sur lui et le condamne à de stériles regrets et à terminer dans les larmes une vie odieuse que ses principes religieux lui défendent d'abréger.

Et savez-vous, cet homme, ce qu'il fait en ce moment? Dans cette Italie si belle et si poétique, que nous aimons tous, au moins par nos souvenirs d'enfance; dans cette Italie, berceau de sa famille, au-dessus de cette belle et riante vallée de Florence, s'élève le sauvage Apennin; là, retiré dans une demeure dont la tristesse et le silence contrastent avec les rires et les joies de la ville dont il n'entend que l'écho lointain, il vit seul avec une garde, au milieu des rochers solitaires. A l'heure où je vous parle, il est là pleurant et priant; il élève son âme à Dieu et il dit que ce Dieu, l'avait fait jeune et bon, qu'il lui avait donné une âme ardente, et que Dieu ne peut cependant pas permettre que le flambeau qui avait été mis en lui soit éteint, que tous ses désirs légitimes soient étouffés, sans qu'il lui soit possible de secouer ce linceul maudit qui le retient sur terre pour s'élancer dans cette vie éternelle dont l'accès volontaire lui est interdit; il supplie pour qu'on arrache de son sein cette robe de Nessus qu'ont attachée sur lui les mains de la frivolité et de la spéculation.

Ayez pitié, messieurs, de cette intolérable situation; et vous le pouvez, car, dans ma conviction profonde, la morale et la loi vous ont armés d'un pouvoir souverain pour faire cesser une pareille infortune.

AUDIENCE DU 26 AVRIL.

Me Jules Favre, avocat de M. le marquis de G..., réplique en ces termes :

L'attention que le tribunal prête à ces débats s'explique et par l'importance de la question et par la nature particulière des souffrances morales auxquelles mon client est venu vous demander de mettre un terme. Il est impossible, en effet, de se soustraire au sentiment de profonde tristesse qui s'empare des cœurs à la vue de cette lutte engagée entre ce jeune homme plein de force, de vie et de générosité, et cette jeune femme qui ne peut donner aucune raison sérieuse de sa résistance.

Est-ce l'amour qui la fait combattre? est-ce pour conserver la vie commune qu'elle invoque ses droits civils et religieux? sont-ce les scrupules de son âme qui l'arrêtent? Non; elle a fait connaître au grand jour le fond de sa pensée, elle ne tremble que pour son titre en danger; elle aurait consenti à tout; sa complaisance facile aurait laissé anéantir dans les ténèbres cette union, si on lui en avait garanti les bénéfices honorifiques.

Mon adversaire vous a fait connaître, et je l'en remercie, ce fait que j'ignorais : il vous a dit que devant ce tribunal d'Avignon qu'on vous a représenté, je ne sais pourquoi, comme vivant à l'écart de tout progrès de la civilisation, et comme conservant encore les habitudes surannées de la domination des papes, mademoiselle C... aurait été toute prête à renoncer à tous ses autres droits si l'on avait consenti à laisser briller sur son front la couronne de marquise.

Cette révélation juge le procès; elle fournit l'explication de la résistance actuelle de mademoiselle C...; elle donne la mesure de sa moralité : j'emploie ce mot dans l'acception spéciale de la matière délicate dans laquelle nous nous trouvons.

Cette jeune fille, avez-vous dit, n'était pas nubile, elle avait été mariée trop tôt pour être mère. Ces déclarations de la famille ont rencontré un défenseur convaincu, mais elles ont trouvé un adversaire non moins convaincu, et malgré l'opinion émise par mon confrère, je n'admettrai jamais qu'un père de famille puisse conduire à l'autel sa fille lorsque la nature ne l'a pas encore disposée aux grands devoirs de l'épouse.

Mon honorable adversaire a affaibli sa thèse en la restreignant à l'impuissance volontaire, en vous montrant qu'en pareille matière les preuves étaient pleines d'incertitudes et de dangers; mes déclarations cependant avaient été bien nettes, j'ai dit que si l'impuissance pouvait être caractérisée suffisamment sans que la pudeur en fût offensée, il n'y avait pas de mariage, la substance même du mariage manquant dans ce cas, suivant la parole du Premier Consul. Comment admettre, en effet, qu'il soit possible d'enchaîner pour la vie un être plein d'ardeur et d'amour à un cadavre? L'impuissance à laquelle le législateur a, par respect pour la sainteté du mariage, sacrifié souvent le bonheur des époux, c'est celle dont la preuve est impossible. Mais ne perdez pas de vue que mon adversaire lui-même reconnait que lorsqu'il y a certitude de l'impuissance, le mariage ne saurait subsister. Eh bien! faites un pas de plus, et dites qu'il y a aussi vice de consentement là où il y a parti pris de sang-froid, projet bien arrêté d'avance, de ne pas consommer le mariage.

Telle est et telle a été ma thèse, messieurs, et, j'ai le droit de le dire, mon adversaire n'a point abordé les véritables difficultés du procès; je ne veux point rentrer dans les détails, mais je veux préciser les faits en les dégageant de la fin de non-recevoir, et je vais les examiner sans équivoques ni ambiguïtés; c'est à atteindre ce but que je bornerai mes nouveaux efforts.

Je conviens tout d'abord que la thèse de droit ainsi posée présuppose la constatation irrécusable du fait sur lequel elle est fondée. Dieu merci, il n'est pas nécessaire de recourir à ces procédures d'un autre âge, qui (je suis en ceci d'accord avec mon adversaire) étaient un outrage à la pudeur, une violation des lois de la nature; qui livraient à de scandaleuses vérifications ce qui ne peut se passer du silence, de la retraite, de l'ombre; qui enfin, si jamais elles devaient revivre, dégraderaient l'homme et le feraient descendre au dernier degré de l'animalité. Il n'est ici personne qui veuille demander le retour à ces traditions indignes; mais au moins faut-il reconnaître que, quand le fait éclate, quand il est fondé sur des témoignages irrécusables, sur des aveux, sur des correspondances, le magistrat peut accomplir son œuvre sans encourir les reproches qu'adressait si justement mon adversaire à ces procédures dont il rappelait le souvenir. Eh bien! je le demande, est-ce que dans les faits que j'articule il y a quoi que ce soit qui touche à la personne même de mademoiselle C...?

Mon adversaire nous dit : Mais ce n'est pas seulement une femme que vous avez amenée dans ce prétoire; c'est une jeune fille que vous avez dépouillée de sa robe d'innocence pour la souiller et la flétrir... Comment! je n'aurai pas le droit de me défendre, d'établir devant vous que mademoiselle C... n'a pas été sacrifiée, qu'au lieu des saintes intimités qui m'étaient promises, je n'ai rencontré devant moi que des résistances coupables, que ces calculs de vanité qui m'ont mutilé, pour ajouter un blason à cette gloire bourgeoise dont vous êtes si fier, et il me sera interdit de rechercher la cause de ces trahisons, de ces révoltes qui me réduiraient à un acte de désespoir, et, ce qui est bien autrement grave, à un acte coupable, si ces investigations, pratiquées sous l'œil de la justice, me conduisent à la preuve que ce n'est pas une jeune fille que vous m'avez présentée, mais que mademoiselle C... est arrivée au mariage le cœur engagé, l'existence fixée; si j'ai de cela la preuve dans les mains; si, en outre, à côté de cette jeune fille qui refuse d'accomplir ses obligations conjugales, je rencontre une enfant qu'elle prétend avoir adoptée et auprès de laquelle elle va chercher les joies de cette maternité qu'elle ne veut pas devoir à son époux; si je m'alarme, si j'interroge, il suffira que vous veniez dire aux magistrats que vous êtes prêt à leur révéler ce mystère que vous me cachez à moi, le mari! Qui veut-on tromper ici? Et quand la femme a la hardiesse d'afficher de pareilles prétentions, comment se plaindre que le mari dise tout haut ses soupçons, se demande s'il n'a pas été victime d'un piége, et s'il n'a pas conduit à l'autel une femme qui avait cessé d'être innocente?

On nous a accusé de chercher le scandale : on a oublié que madame de D... a fait tous ses efforts pour éviter qu'il n'éclatât, et que, quant à mademoiselle C..., la seule considération qui l'a empêchée d'accepter ce que nous demandons aujourd'hui, c'est la crainte de perdre le nom et le titre qui flattent son orgueil, c'est le seul désir de rester marquise.

Si donc les prétentions de M. le marquis sont telles que je viens de les présenter, en quoi sont-elles contraires à la loi? Est-ce qu'elles ne se rattachent pas, par un lien victorieux, à la thèse que j'ai développée? Est-ce que ce n'est pas là véritablement l'impuissance volontaire? Est-ce que dans le projet d'être femme sans être épouse, sans être mère, projet conçu, prémédité, exécuté avec une implacable persistance, il n'y a pas, comme je le disais, un véritable guet-apens conjugal?

Eh bien! voilà ma thèse, et si elle est légale, et si vous admettez un instant que je rapporte des correspondances où le dol conjugal éclate, où la fraude se manifeste, est-ce que, dans ce cas même où un commencement de preuve par écrit n'est pas nécessaire, vous ne trouverez pas des présomptions formidables? est-ce que vous pourriez me dénier le droit de faire entendre les témoignages destinés à affermir et compléter vos convictions?

Ainsi, M. le marquis de G... poursuit un but que la loi autorise. Seulement il est très-disposé à reconnaître qu'il serait téméraire si, demandant à prouver des faits aussi étranges et aussi déplorables que ceux qu'il articule, il se présentait sans avoir dans les mains aucun adminicule, s'il soulevait les voiles de l'intimité conjugale sans que rien semblât l'y autoriser. S'il en était ainsi, il perdrait son procès, en même temps qu'il verrait s'éloigner de lui ces cœurs honnêtes qui, ainsi que mon adversaire l'a reconnu lui-même, font cortége à M. le marquis de G...

Mais il n'en est rien, et, suivant moi, la situation se dessine bien mieux encore par la lecture des lettres que le tribunal connaît. Mademoiselle C... n'a pas pris garde, en effet, au danger du système qu'elle a adopté, aux conséquences auxquelles il aboutirait. Elle a déposé à la barre des déclarations diamétralement opposées à celles de son mari, et dans une circonstance plus solennelle encore, devant le prêtre délégué par le Saint-Père, sur le livre de sa foi, elle a affirmé que son mari avait menti et qu'elle avait été bien réellement sa femme.

Je veux le croire un instant, malgré les documents contraires qui abondent. Je suppose que les choses se sont passées comme elle le prétend. Je n'ai jamais demandé compte à une jeune femme de ses résistances légitimes et charmantes; je ne saurais comprendre un mari, créancier impitoyable et brutal, qui, son contrat de mariage à la main, vient faire un protêt au bord de cette couche conjugale qu'il doit environner de respect et de tendresse. Elle a accordé à son mari, et de bonne grâce, ce qu'il lui demandait. Soit; mais alors, pourquoi cette intimité n'aurait-elle pas continué? Suivant l'adversaire, c'est madame la marquise de D... qui l'aurait rompue; c'est elle qui a désuni les époux. Elle est intervenue comme une mère impérieuse, supputant le nombre des enfants à naître et lançant l'anathème contre ceux qui ne partageaient pas sa manière de voir. Les deux jeunes gens ne demandaient qu'à s'aimer. Madame de D..., pleine de son fiel religieux, a voulu faire de la jeune femme l'esclave de son mari. Elle est venue demander qu'elle priât, qu'elle pliât; elle a voulu l'ensevelir toute vivante dans les catacombes du château de C..., à la merci d'une geôlière impitoyable qui l'eût isolée de toutes ses affections et n'eût laissé arriver jusqu'à elle les lettres de sa famille que déshonorées par la rupture du cachet.

Tout cela est ingénieux, mais tout cela est faux.

Mademoiselle C... a protesté elle-même par toute sa conduite contre ce récit menteur. Si les époux se sont aimés, si madame de D... seule, par ses prétentions exorbitantes, a jeté le trouble dans un ménage qui ne demandait qu'à être heureux, comment expliquez-vous les faits?

La vie commune a duré, sauf trois parenthèses, trois absences des époux, du 26 octobre 1852 au 12 avril 1853, c'est-à-dire près de six mois.

Comment a-t-elle été rompue? Certes, je ne veux pas m'ériger en moraliste sévère; mais j'ai le droit de dire ce qui me paraît bien ou mal. Eh bien! je ne saurais accepter les étranges motifs par lesquels on prétend expliquer la scène du 12 avril.

M. le marquis de G... vivait depuis près de six mois à Paris, auprès de la famille C... Il avait besoin de retourner dans ses terres; il veut emmener sa femme, désir à coup sûr bien légitime, et c'est contre cet écueil que se seraient brisés l'union et l'amour des jeunes époux! Mais si M. et madame C... avaient compris leurs devoirs, est-ce qu'ils eussent encouragé les résistances de leur fille? Est-ce que le mari n'a pas le droit d'emmener sa femme en voyage, de se faire suivre par elle quand il va dans son château?

M. de G... a rencontré, dites-vous, une volonté contraire, et alors il a rompu de fait une cohabitation qui s'était poursuivie jusque-là sans trouble et sans nuages.

Est-ce que cela est possible? Est-ce que M. Ed. C... lui-même n'eût pas été le premier à trouver tout simple qu'on laissât partir ensemble les jeunes époux? Est-ce qu'on n'eût pas bien su retenir M. le marquis de G... s'il n'y avait pas eu entre lui et sa femme des sujets de discorde bien autrement graves?

D'avril à juin s'engage une négociation entre les deux familles : est-ce qu'elle roule sur la question de savoir si l'on habitera à la campagne ou à Paris? Est-ce que vous avez oublié la lettre de M. M. C..., et cet aveu que mon habile adversaire a appelé ingénieusement une hypothèse, et celle de mademoiselle C... elle-même, où elle dit à son mari : « Ma mère m'a ouvert les yeux, je consens à être mère... » Qu'est-ce que cela signifie? Et quand on se rappelle que cette lettre a été dictée par M. Ed. C..., est-ce qu'il n'est pas clair pour tous que le sujet des dissentiments qui existent entre les époux n'est pas celui que mon adversaire leur a assigné?

Est-ce qu'enfin M. et madame C... auraient souffert que, deux mois après, on eût prononcé ce jugement de séparation de corps qui constate que madame la marquise de G... a contrevenu à la loi du mariage? Il y a, messieurs, des sentiments d'honneur, de dignité, qui appartiennent à toutes les classes de la société, et il n'est pas besoin d'avoir des aïeux illustres pour comprendre qu'il y a certaines situations qu'on ne saurait accepter quand on ne les mérite pas. M. et madame C..., qui ont si justement l'orgueil de leur noblesse bourgeoise, auraient-ils consenti jamais à laisser mettre complaisamment sur le compte de leur enfant des torts qui n'eussent pas été les siens? Quoi! elle aura épousé un homme qui, dès le lendemain du mariage, se sera montré un maître brutal et dur, qui dans ses relations d'époux aura apporté les traditions les plus mauvaises des jours les plus détestables, et contre une pareille tyrannie, madame la marquise de G... n'aura pas fait entendre une protestation énergique, elle ne se sera pas écriée : C'est vous qui avez été un maître cruel, c'est vous qui avez rendu la vie commune intolérable! elle aura laissé prononcer la séparation sans justifier sa conduite, sans dénoncer à la justice les faits qui l'avaient contrainte à fuir le toit conjugal. Est-ce vrai, cela? est-ce possible?

Je me résume; il n'y aurait ici que le jugement de séparation de corps, qu'il viendrait détruire les dénégations de nos adversaires, dénégations combattues d'ailleurs par la correspondance de tous les membres de la famille et par celle de mademoiselle C... elle-même.

Mais elle a levé la main sur le livre sacré? Nous répondons que Celui-là seul peut savoir ce qu'il y a au fond de son cœur, pour qui les consciences n'ont pas de secret; c'est à lui qu'il appartient de juger le serment de mademoiselle C... Mais dans l'ordre des appréciations humaines, est-ce qu'il n'est pas certain que la vérité est avec M. le marquis de G..., alors que M. C... a répété dans plusieurs documents que le mariage n'avait pas été consommé; que M. Ed. C... l'a dit également; qu'enfin mademoiselle C... l'a déclaré elle-même à une foule de personnes qui en ont déposé?

Vous avez parlé de la procédure qui a été suivie devant l'officialité de Paris et devant la cour de Rome. Or, dans le dossier ecclésiastique se trouve une pièce qui prouve que M. le marquis de G... a demandé à être confronté avec sa femme. C'est une lettre où il affirme que, mise en face de lui, madame de G... n'oserait pas trahir la vérité. Madame de G... s'est refusée à cette épreuve, qui n'avait certainement rien de scandaleux; elle a fui la procédure, elle a cru que sa dignité s'opposait à ce qu'elle vînt confirmer de sa bouche les déclarations qu'elle avait signées; néanmoins mademoiselle C... et M. Ed. C... ont déposé plusieurs mémoires détaillés où ils ont donné, à leur manière, l'explication des faits soumis à l'appréciation de l'autorité religieuse, et c'est après en avoir pris connaissance que la cour de Rome a prononcé la nullité du mariage.

A Dieu ne plaise que je méconnaisse l'autorité des éminents magistrats qui nous jugent, et que je prétende apporter ici une décision entourée d'une auréole d'infaillibilité; il y aurait dans une pareille argumentation une erreur capitale. L'infaillibilité ne doit pas être invoquée; elle n'a jamais été appliquée aux jugements, même ecclésiastiques. Les délégués du Souverain Pontife rendent des jugements qui ne sont ni plus ni moins sacrés que les vôtres, et ces jugements n'apparaissent aux yeux des fidèles que revêtus de la même puissance qui appartient à ceux que vous rendez.

Mais il n'en est pas moins vrai qu'une discussion sérieuse a été provoquée, et l'adversaire, qui s'arme des solutions émanées de la justice régulière du pays, doit traiter avec respect la décision derrière laquelle s'abrite M. le marquis de G...

Nous avons donc pour nous toutes les vraisemblances : l'impossibilité manifeste des allégations de madame de G... et un jugement prononcé par un tribunal élevé, après une discussion qui éclaire la cause. Il nous est bien permis de dire que, s'il faut faire un choix entre deux affirmations contraires, c'est celle de M. de G... que nous pouvons accepter avec toute confiance.

Dégagé du lien religieux, M. de G... veut plus encore, et vous lui viendrez en aide, messieurs, pour briser un dernier lien qui n'oblige plus sa conscience, et vous ordonnerez la preuve des faits qu'il articule.

Je ne m'arrêterai pas à la fin de non-recevoir qui nous est opposée, je sais qu'elle est sérieuse; mais est-ce qu'une reconnaissance, même signée dans un acte authentique, peut être, en pareille matière, considérée comme une renonciation à se prévaloir d'un droit? N'est-ce pas une question d'ordre public qui s'agite ici?

Je ne reviendrai pas sur les principes, ils sont très-clairs, et mon adversaire les a parfaitement résumés : sans consentement, pas de mariage; sans volonté libre, pas de consentement. Or, l'impuissance volontaire qui éclate à tous les yeux vicie essentiellement ce consentement. Telle est ma thèse, et cette impuissance volontaire se rencontre ici.

Au mois de novembre 1853, M. de G... implorait des tribunaux un remède inefficace : la séparation de corps a été prononcée; le jugement ne s'applique pas au cas en vue duquel la nullité est demandée aujourd'hui. M. de G... a payé les reprises dont un état estimatif l'a déclaré débiteur; il a reconnu dès lors, dit-on, l'existence du mariage, soit; mais qu'importe, s'il est incontestable qu'il ignorait alors les faits sur lesquels il s'appuie dans l'instance actuelle? Froissé des résistances de sa femme, il lui avait été impossible de percer le mystère de ses mépris. Ce n'est que plus tard que des confidences et des révélations inattendues lui apprirent toute l'étendue de son malheur.

Mademoiselle C... ne lui avait apparu jusque-là que comme la statue de l'ironie et du dédain; il sait maintenant qu'en se mariant, elle n'avait d'autre volonté que de conquérir une couronne de marquise; il sait qu'elle l'a sacrifié à une autre affection; la séparation ne saurait donc être un obstacle à la demande en nullité.

Je ne me dissimule pas la difficulté de la thèse que je soumets à votre haute sagesse; il ne s'agit pas, je le sais bien, d'un contrat ordinaire; mais plus la loi maintient fermement l'indissolubilité du mariage, plus elle repousse énergiquement les principes dissolvants du divorce, plus elle impose de sacrifice à la nature humaine, et plus il importe qu'une conciliation soit possible entre les intérêts particuliers et les nécessités générales, plus il importe que les magistrats, mesurant dans la liberté de leur appréciation l'étendue de l'erreur, puissent se demander s'il y va de l'intérêt social qu'un lien, formé par un vain simulacre de consentement, soit maintenu. La plaidoirie de mon adversaire doit lever vos scrupules. M. C... sait quels troubles et quels orages ont jeté chacun des époux dans des voies différentes.

Lorsque le problème toujours redoutable de la séparation s'est posé devant mademoiselle C..., elle s'y est parfaitement résignée. Appelée à prêter serment devant l'autorité ecclésiastique, elle n'a point manifesté de regrets; mais posant sur l'Évangile sa main, cette main dont Dieu seul sait le secret, elle s'est contentée de jurer qu'elle avait été la femme de M. le marquis de G... Puis elle s'est retirée pour se réfugier dans l'accomplissement des devoirs d'une maternité fictive.

Vous vous demanderez, messieurs, si un mariage ainsi contracté et ainsi défendu est un mariage légitime, s'il n'est pas une protestation flagrante contre le sens sérieux de l'union conjugale, si madame de G... n'a pas apporté devant le magistrat et devant le prêtre le dessein prémédité de tromper son mari en conservant une liberté dont elle avait déjà disposé. Armés des pouvoirs que la société vous confie, lorsque vous examinerez le trouble prétendu qu'apporterait à cette société le jugement que nous sollicitons de vous, ou je me trompe beaucoup, ou le résultat de vos méditations recueillies sera la conviction profonde que non-seulement vous obéirez au besoin de vos cœurs en faisant cesser un malheur digne de toute votre pitié, mais que vous rendrez en même temps service à la société si profondément troublée, en montrant que, si habiles qu'aient été les combinaisons auxquelles on a eu recours, on n'a pu étouffer la lumière, et qu'un mariage dissous devant Dieu, déserté devant les hommes, ne saurait être consacré par vous quand il fait le désespoir et la honte de celui qui le subit.

Jugement.

« Attendu que, suivant le demandeur, mademoiselle C... n'aurait prêté qu'en apparence au mariage attaqué le concours de sa volonté, et que cette dissimulation l'aurait lui-même induit dans une erreur ayant vicié son propre consentement;

« Attendu que le lien de droit se forme entre les contractants par la libre manifestation de la volonté, quelles que puissent être d'ailleurs leurs réticences relativement à l'exécution des obligations qu'ils acceptent; que le vice dont est affecté le consentement de l'une des parties n'ouvre qu'à son profit exclusif l'action en nullité, et que ce principe trouve son application spéciale, quant au mariage, dans les dispositions de l'article 180 du Code Napoléon;

« Attendu, d'autre part, que l'erreur ne peut être utilement alléguée qu'autant qu'elle a porté sur la personne même du conjoint; qu'il n'est ni établi ni même prétendu que de G... V... ait contracté sous l'influence d'une pareille erreur;

« Attendu d'ailleurs qu'en introduisant la demande en séparation de corps sur laquelle un précédent jugement a statué, de G... V... a, par cela même, implicitement reconnu la validité de son mariage;

« Par ces motifs,

« Le tribunal déclare de G... V... mal fondé en sa demande, l'en déboute, et le condamne aux dépens. »

COUR IMPÉRIALE DE PARIS

1re ET 2e CHAMBRES RÉUNIES

PRÉSIDENCE DE M. DEVIENNE, PREMIER PRÉSIDENT

AUDIENCE SOLENNELLE DU 29 DÉCEMBRE 1861

Demande en nullité de mariage. — M. le marquis de G... contre madame la marquise de G..., née C...

Jules Favre s'exprime en ces termes :

Messieurs,

Lorsque les débats de ce grave procès se déroulèrent devant le tribunal de première instance, ils excitèrent une émotion profonde dans l'opinion publique. Faut-il en demander la raison uniquement au rang des parties, à la nature singulière de leurs révélations, et surtout au spectacle des passions dont les exagérations et les folies ont toujours le privilége de jeter dans les esprits, avec l'intérêt d'une curiosité fiévreuse, l'inquiétude, la terreur et l'étonnement? Quant à moi, messieurs, je ne saurais le croire. Ces causes, sans aucun doute, existent, mais elles ne sont pas les seules. Il en est de plus profondes et qui touchent trop intimement aux questions qui vous sont soumises pour que je n'essaye pas au moins de les indiquer.

Quel est ce procès? Un jeune homme, dernier rejeton d'une antique famille, cherche dans le mariage la sainteté d'une vie chrétienne, la joie et la force d'une postérité; il épouse une jeune fille riche, belle, pleine de séductions, et, au moment où s'ouvre devant lui cet avenir qu'il avait rêvé, où il est prêt à mettre la main sur ces voluptés légitimes qui devaient le remplir de bonheur, un anathème inattendu se dresse devant lui et l'arrête au seuil même de la chambre conjugale, qu'il lui est interdit de franchir. Ses larmes, ses remontrances, ses ordres, sont méconnus; on se raille de son désespoir comme on insulte à son autorité. Après cinq mois de luttes, dans lesquelles toutes les humiliations lui sont prodiguées, il quitte cette jeune fille qui n'a pas été sa femme, et, au bout de quelques années de tortures, de solitude, de chagrins, il vient se jeter aux pieds du Pape ; il lui demande si sa conscience est engagée par les liens du sacrement. Non, lui est-il répondu ; le sacrement ne consiste pas dans cette cérémonie touchante qui permet au prêtre de bénir le serment des deux fiancés, il suppose une confusion absolue des existences qui est dans les desseins de Dieu, et si un obstacle s'oppose à l'accomplissement de cette loi suprême, il réagit jusqu'au sacrement et le détruit : vous êtes libre; la main du ministre de Dieu n'a pu commettre un sacrilége, puisque celle qui y concourait ne s'y associait qu'avec le dessein de tromper; elle brise ces nœuds indignes que la religion désavoue.

Cet homme est venu aussi devant le magistrat civil, qu'il a interrogé à son tour. Il a prouvé devant lui la conspiration domestique dont il avait été victime; il a montré sur les lèvres de sa fiancée un parjure, sur les siennes une promesse non acceptée, et, au nom de la morale, de la loi, de l'humanité, il a protesté contre le fantôme d'un contrat qui est vicié dans sa naissance. Le magistrat lui a opposé le mutisme des textes, le scandale de sa plainte, la rigueur des nécessités sociales, devant lesquelles il devait s'incliner, et sans méconnaître la grandeur de son infortune, il l'a froidement renvoyé à cette lente agonie qui doit dévorer sa jeunesse sacrifiée.

Réfléchissez, messieurs, à ce contraste, et vous aurez le secret des causes morales qui font la grandeur et l'importance de la cause actuelle. Et en effet, chacun de nous sent très-bien que le principe qui y domine l'engage plus ou moins. A cette époque, où toutes les régles s'affaiblissent, nous nous inquiétons plus que nous ne nous irritons, s'il m'est permis de le dire, de ces entreprises parjures où le mépris du devoir, les caprices insolents de la fantaisie individuelle précipitent certaines femmes qui entendent ne se gouverner que par leur propre volonté et se mettre au-dessus des convenances comme des préceptes sociaux. Que de fois, messieurs, nous avons à gémir, les uns et les autres, quand nous rencontrons ces désordres qui troublent profondément l'union conjugale!

Mais ici, il ne s'agit plus d'une existence commune impossible. Cette révolte remonte jusqu'au mariage lui-même. C'est une jeune fille qui a sacrifié le devoir devant lequel cependant elle paraissait s'agenouiller, à une passion antérieure qu'elle a entendu respecter et faire prévaloir. Sciemment, elle a juré d'être épouse ; mais dans son cœur elle se promettait de ne l'être pas. Elle a vécu ainsi avec une froideur calculée, avec l'expression d'une inflexible aversion, malgré toutes les prières de celui dans la main duquel elle venait cependant de placer sa main ; elle l'a chassé de la maison conjugale. Elle avait voulu, par cette transaction, conquérir un titre de marquise, elle en convient cyniquement; elle a su concilier les calculs de sa vanité avec les entraînements de sa passion. Et maintenant, elle traîne dans le monde ce nom qui ne saurait cependant lui appartenir; elle le livre à toutes les aventures où il lui plaît de le compromettre, et c'est au nom du droit qu'elle a violé qu'on l'absout et qu'on la réhabilite; c'est en vertu de ces règles saintes, solennelles, qu'elle a méconnues, qu'elle conserve cette autorité et ce rang qu'elle n'a jamais su acheter par l'accomplissement des obligations qui lui étaient imposées.

Laissez-moi vous dire, messieurs, que si la conscience du jurisconsulte est en paix avec son savoir quand il prononce une décision consacrant de pareils résultats, la conscience universelle s'en alarme; elle se demande avec anxiété si la règle écrite protége efficacement le grand principe du juste, dont cependant elle doit toujours être l'expression.

C'est là ce qui explique le retentissement de cette cause, c'est là ce qui fait l'importance véritable de ce débat. Je voudrais, messieurs, n'en pas être tout à fait accablé, et cependant, quand je mesure la hauteur et la difficulté des questions que je dois traiter devant vous avec les ressources que j'ai puisées dans un travail consciencieux, je m'effraye, je me préoccupe du sentiment de ma faiblesse, et j'ai besoin plus que jamais de votre indulgente bienveillance, et surtout, messieurs, de ce secours suprême auquel nous ne faisons jamais vainement appel; je veux parler de celui de vos lumières et de votre haute sagesse.

M. le marquis de G..., pour lequel je me présente, est issu d'une noble et ancienne famille. En remontant la chaîne des temps, je vois ses ancêtres portant les armes avec la noblesse de France; quittant leur manoir pour aller risquer leur vie à la suite des croisés, qui vont protéger le tombeau du Christ contre les entreprises des Infidèles. Et si je prends la liberté de rappeler à la cour que dans cette généalogie figurent les personnages les plus illustres, quelques-uns assis dans les conseils de nos rois, d'autres gouvernant la province, ambassadeurs ou princes de l'Église, ce n'est pas, à coup sûr, pour en tirer vanité au nom de celui que je défends. Mais, lorsque je m'intéressais, pour l'étude de cette affaire, à ce qu'avait été dans le passé cette noble race, dont M. le marquis de G... est le dernier rejeton, il m'était impossible de me défendre d'un sentiment amer, en voyant celui-ci tué à la bataille de Pavie; celui-ci sur la brèche, au siége du bourg Saint-André; celui-ci sur la brèche encore au siége du bourg d'Olsans; tant de sang généreusement versé pour la défense des lois, pour l'honneur du drapeau, pour la gloire nationale, venant ainsi misérablement se dessécher devant le caprice d'une femme, qui saisit la couronne, mais qui refoule en même temps dans le cœur de celui qu'elle a accepté pour époux, la plus légitime espérance que Dieu l'avait autorisé à concevoir.

Laissez-moi ajouter qu'il n'est pas inutile, pour savoir qui vous devez juger, d'interroger les sources mêmes où son existence s'est formée. Regardez, ne fût-ce qu'un instant, ces eaux vives et salutaires où son âme s'est trempée, et, soyez-en sûrs, ce qui fait encore l'intérêt de cette cause, c'est l'originalité saisissante des caractères. Leur opposition va vous apparaître dans toute sa netteté.

M. de G... n'est pas seulement le fils de ces hauts personnages dont je viens de rappeler les services, il porte encore au fond de son âme le religieux héritage du respect qu'il leur doit, et la contemplation entière de sa vie est de demeurer digne de leurs exemples. Il en faut convenir, il avait été, pour remplir cette mission, à une école qui devait lui profiter. Son grand-père, le marquis Victor-Gabriel de G..., était maréchal des logis aux gardes du corps; dans les journées des 5 et 6 septembre, et surtout dans la dernière, la plus sanglante, la plus fatale pour la royauté, celle du 10 août, il paya vaillamment de sa personne, après quoi, il accompagna ses maîtres dans l'exil. Son fils, le père de M. le marquis de G... qui plaide à votre barre, rappelé après de longues années, céda à la séduction des gloires qui environnaient la dynastie impériale, et accepta une place de receveur général dans le département de Vaucluse. Mais M. le marquis Léon de G..., que je représente, eut surtout l'œil fixé sur les générations qui l'avaient précédé, et sans, bien entendu, qu'une pareille pensée diminuât en rien le respect religieux qu'il avait conservé pour son père, c'était surtout vers les images de ses ancêtres que revenait son culte le plus pur. Il avait, pour l'entretenir dans ces sentiments, mademoiselle Julie de G... sa sœur. Mademoiselle Julie, beaucoup plus âgée que Léon, avait été mariée de très-bonne heure à un homme dont le nom est historique dans les fastes de l'histoire italienne, M. le marquis de D...

A Dieu ne plaise que je veuille ici, compliquant la situation et multipliant les scandales, vous dire les causes qui rendirent le palais du marquis complétement inhabitable pour sa jeune épouse; elle fut dans la nécessité de le fuir, et elle vint se réfugier au vieux manoir, au château de C..., près d'Avignon, là où se conservaient intactes et pures les traditions du passé; elle y retrouva sa famille, qui l'accueillit avec joie. Dieu lui avait refusé le bonheur d'être mère, mais elle était sœur, et c'était aussi pour elle une véritable maternité. Elle le comprit, et vous allez voir qu'elle était digne d'un semblable honneur. J'en trouve le témoignage dans un document qui a au procès une haute importance, je veux parler du testament de M. le marquis de G... le père.

Je ne pense pas que pour venger madame la marquise de D..., je ne dirais pas des attaques, nul ne saurait s'en permettre contre elle, mais au moins des insinuations dont elle a été l'objet en première instance, j'aie à mettre sous les yeux de la cour un témoignage plus éclatant. Et cependant, qu'il me soit permis de faire connaître, entre autres documents, et j'en ai plusieurs de ce genre, deux certificats signés de personnes dont assurément le nom est aussi une garantie, et qui donnent en ces termes leur opinion sur madame de D... :

« Nous soussignés certifions que nous avons connu, depuis l'âge de seize ans, mademoiselle Julie de G..., aujourd'hui madame D..., et qu'elle s'est toujours distinguée par sa conduite, son jugement et la bonté naturelle de son caractère, soit dans notre maison du Sacré-Cœur, soit dans la Congrégation des Enfants de Marie. Ce que nous pouvons attester, ne l'ayant point perdue de vue jusqu'à l'âge de vingt-six ans, et l'ayant toujours retrouvée la même dans les circonstances où nous l'avons rencontrée depuis cette époque. Tout nous fait croire qu'elle persévère dans les mêmes sentiments.

« *Signé :* L. DE VIDAUD,
« Relig. du Sacré-Cœur.

« Je ne puis que confirmer le sentiment exprimé ci-dessus au sujet de madame Julie D..., née G..., ayant entendu toutes celles des nôtres qui l'ont connue et suivie en rendre les mêmes témoignages. Elle a toujours fait preuve, dans les circonstances difficiles où elle s'est trouvée dans le monde, d'une vertu solide et d'une grande sagesse.

« *Signé :* BARAT,
« Supérieure générale du Sacré-Cœur. »

Me MATHIEU. On n'a pas attaqué madame de D...

Me Jules FAVRE. Ce n'est pas parce que vous l'avez attaquée que je mets ces certificats sous les yeux de la cour; c'est parce que, dans une autre enceinte, on a fait entendre, relativement à madame de D..., des paroles contre la portée desquelles je dois dès à présent m'élever. On a voulu la faire considérer comme ayant, par son influence dominatrice, troublé le ménage sur la formation duquel je vais maintenant m'expliquer. J'étais bien aise, dès le début, pour que la cour pût en apprécier les effets, de lui dire quel avait été le véritable instituteur de M. le marquis Léon de G..., et, quant à lui, pour ne pas fatiguer la cour de lectures, je m'abstiendrai de mettre sous ses yeux d'autres certificats constatant ce qu'il était, bien que cependant, jusqu'à un certain point, cette démonstration préliminaire ne soit pas complétement inutile. On a cherché à insinuer que l'éloignement de Marie C..., n'avait été dû qu'aux imperfections physiques de M. Léon de G... qu'à l'insuffisance de son éducation, qu'à ses manières. La cour lira les pièces qui pourraient augmenter encore les développements dans lesquels j'ai à entrer, et elle verra que M. Léon de G... était en tous points digne de la haute situation sociale qu'il occupait.

Mais ce que je n'ai pas besoin d'ajouter, la cour l'a déjà pressenti, c'est que, avec de pareils précédents, Léon de G... a été élevé dans la piété la plus sincère, dans les principes d'un véritable ascétisme. Sa sœur n'avait pour lui d'autre ambition que de le conserver pur dans le monde ; elle se faisait des écueils et des orages de la vie une idée qui est loin d'être exagérée ; elle les redoutait pour son frère, et voulait l'y soustraire par un mariage hâtif. Aussi, à peine avait-il vingt-deux ans, qu'elle songeait à l'établir. A cet effet, elle regardait autour d'elle, lorsqu'un hasard qu'elle n'avait pas prévu mit mademoiselle Marie C... sur le chemin du jeune Léon de G...

Mademoiselle Marie C... (mon adversaire ne m'arrêtera certes pas dans mon affirmation) était, à cette époque, comme elle l'est encore aujourd'hui, parée de toutes les grâces. Née dans une famille qui l'idolâtre, accoutumée à satisfaire toutes ses fantaisies, environnée de cet encens domestique dont malheureusement nous faisons beaucoup trop l'atmosphère de nos enfants, elle n'avait jamais vu se dresser devant elle la moindre contradiction sérieuse. M. le marquis de G..., qui la rencontra, fut touché de ses agréments, de l'originalité piquante de son esprit, et d'ailleurs je n'ai ni à expliquer ni à justifier ces choses, lorsque je dirai qu'il en devint éperdûment amoureux. Sa sœur ne pouvait lui résister lorsque, informations prises, elle demeura convaincue que la famille de M. E. C... était parfaitement honorable, et que sa fortune n'était pas sans importance.

M. et madame C... accueillirent avec la politesse, l'affabilité du rang qu'ils occupent, les visites et les ouvertures de madame la marquise de D..., et bientôt, trop tôt peut-être, des engagements furent pris.

Cependant, madame la marquise de D... étant retournée à Courtines, une correspondance s'engagea entre elle et M. E. C..., le père de la future, et, dans cette correspondance, madame de D... crut découvrir des signes avant-coureurs de je ne sais quelles prétentions singulières de la part de M. E. C..., qui lui causèrent une vive inquiétude.

En effet, M. E. C... lui avait annoncé qu'il était à désirer que le marquis de G... devînt père le plus tard possible, et il s'était expliqué sur cette chose délicate dans des termes tels, que madame la marquise de D... lui répondit avec quelque vivacité. Lui-même alla au-devant des craintes qui lui étaient exprimées par une lettre portant la date du 8 septembre 1852.

Certainement, messieurs, si de pareilles déclarations sont sincères, il n'y a pas à s'arrêter aux scrupules qui avaient agité le cœur de madame de D... Et néanmoins, permettez-moi de dire que dans une affaire de cette nature, c'est une étrange singularité que de rencontrer, quand le lien n'est pas encore formé, une sorte de question préalable sur l'un des points les plus intimes de la vie conjugale et qui va devenir précisément l'occasion d'un débat scandaleux et d'une éternelle rupture.

Que signifie ce pressentiment du père de famille? A quoi bon en entretenir madame D...? Si, comme il le prétend, il n'y a là qu'un vœu, qu'un désir, si c'est dans l'intérêt de la santé de son enfant qu'il a été exprimé, pourquoi laisser aller ce secret de son cœur, où il aurait dû demeurer enfoui? Car enfin, je le disais en première instance, et je le répète devant la cour avec une profonde conviction, que signifie cette sorte de réserve et de transaction devant un devoir aussi grand, aussi net, que celui du mariage? Si votre fille est trop jeune pour le subir, attendez, rien ne vous oblige. Si, au contraire, et c'est le père de famille qui seul peut trancher une pareille question, vous jugez que ses forces lui permettent de supporter les fatigues du mariage et les douces obligations de la maternité, de quel droit... oui, je prononce ce mot! de quel droit, vous, le père, dont toute espèce d'autorité, remarquez-le bien, vient échouer devant les secrets de la chambre nuptiale, allez-vous prévoir que Marie pourrait rester deux ans sans être mère et jeter dans le cœur de madame la marquise de D... un pressentiment qui n'était malheureusement que trop fondé?

Encore une fois, je ne confie ce souvenir à la cour que comme un symptôme; elle va le voir grandir; la difficulté est nettement posée sur ces rapports intimes que le père prétend gouverner et réglementer.

Madame la marquise de D... crut à la sincérité des déclarations qui lui étaient faites; elle reprit sa correspondance parce que Léon ne voulait pas abandonner son amour. On vint à Paris, et le contrat de mariage fut dressé. Je n'en dis qu'un mot, toujours pour essayer de préciser les caractères et par conséquent la situation.

Je ne conteste pas, et je n'ai aucune espèce d'intérêt à contester la très-grande fortune de la famille C...; mais si je voulais, — et cela pourrait avoir son utilité, — établir un parallèle entre les mœurs, les habitudes, les principes des deux familles, je n'aurais pas de peine à démontrer qu'il y avait là des dissemblances profondes qui auraient dû assurément éloigner un futur moins amoureux que M. le marquis de G... En effet, tout le monde sait quels sont la réserve, la timidité, les scrupules des gens de province vivant dans leurs châteaux et conservant avec piété la religion des souvenirs. Tout ceci est fort déplacé au milieu de la vie élégante et malheureusement un peu frivole de Paris. Je ne m'étonne donc point qu'en mettant le pied dans le salon de M. C... le marquis de G..., y fût jusqu'à un certain point déplacé. Là, il rencontrait de l'intelligence de la part de M. E. C...; mais chez mademoiselle C... il y avait une étourderie, une irréflexion, un esprit qui s'attaquait à toute chose avec une hardiesse téméraire qu'on mettait sur le compte de l'enfantillage, mais qui, pour un observateur plus attentif, devait avoir une signification plus profonde. Cette manière d'être révélait une dissemblance énorme dans la façon de juger les questions qui intéressent le plus l'existence.

Madame la marquise de D... ne vit pas toutes ces choses. Léon de G... les vit encore moins; il marcha à l'autel les yeux bandés, le cœur plein d'espérance. Quant à madame la marquise de D..., elle fit tout ce qui était en elle pour que son frère fût, je ne dirai pas le plus heureux, mais enfin le plus riche et le plus rapproché possible de mademoiselle C..., dont la fortune était considérable.

Voici le contrat de mariage, qui constate que M. le marquis de G... se constitue pour son apport en mariage 200,000 francs en valeurs industrielles, et, outre son trousseau, différentes propriétés, parmi lesquelles figure le château de Courtines, évalué 6 ou 700,000 francs. En outre, madame de D... renonce, à son profit, à l'usufruit qui avait été constitué par le père dans le testament que j'ai lu et qui frappait la totalité de la portion disponible. Voici, en effet, comment l'article 4 du contrat est conçu :

« En considération du présent mariage, madame la marquise de D..., séparée de biens d'avec son mari et ayant, d'après les lois de la Toscane, la libre disposition de sa fortune, ainsi qu'elle le déclare,

« Donne et constitue en dot à M. le marquis de G..., son frère, qui accepte :

« L'usufruit d'une somme capitale de 321,843 fr. 25 c., formant la portion disponible des biens dépendant de la succession de M. le marquis de G... père, etc. »

Madame de D... venait donc accomplir son rôle de mère jusqu'au bout ; elle ne voulait pas conserver entre ses mains l'usufruit qui lui avait été donné par son père; elle en faisant volontairement l'abandon en faveur de son frère le marquis de G...

C'est ainsi que le 25 octobre 1852 fut célébrée cette union. Elle fut accompagnée de circonstances qui l'assombrirent singulièrement. Ainsi, le marquis, qui accompagnait sa femme à l'autel, la vit tout à coup, au moment où le prêtre lui demanda son consentement, pâlir et chanceler: son tremblement était tel qu'on fut dans la nécessité de la soutenir; elle s'évanouit complétement. Ceci est constaté par deux certificats dont je demande la permission de mettre l'un sous les yeux de la cour, afin de n'avoir plus à y revenir.

Cet événement fortuit avait singulièrement alarmé M. le marquis de G...

Mon honorable adversaire m'a répondu que la cause en était bien simple. Outre l'émotion naturelle que devait éprouver cette jeune fille en changeant d'état, elle se trouvait, dit-il, dans une situation de souffrance telle que ce phénomène s'explique à merveille, sans être dans la nécessité de fouiller les replis de son cœur.

Assurément il ne m'appartient pas, et la cour le comprend, d'approfondir un débat sur une question de cette nature.

Seulement je fais remarquer à mon honorable contradicteur qu'il résulte des certificats qu'il connaît que cette maladie a été de bien courte durée; car, rentrée chez elle, Marie C... n'a pas montré vis-à-vis des assistants l'indisposition dont son mari s'effrayait avec raison. On l'a vue, au contraire, avec toutes les personnes invitées, vive, alerte, gaie comme à l'ordinaire, prodiguant tous les trésors de son esprit enchanteur; mais toutes les fois que le marquis de G... lui adressait la parole, son front s'assombrissait; elle ne trouvait que des discours dédaigneux à lui tenir; elle plongeait dans son cœur un poignard qu'il lui était bien facile d'envenimer, et elle ne s'en refusait pas la douce volupté. Enfin, lorsque après l'épanchement des joies domestiques dont ces cérémonies sont accompagnées, le soir arrivant, le marquis de G... demanda la permission d'accompagner sa jeune épouse, elle lui fut refusée.

Mon adversaire fait encore ici intervenir la maladie dont Marie C... aurait souffert; mais cette maladie ne l'obligeait pas, elle et sa famille, à désigner au marquis de G... une sorte de mansarde qui, à l'avance, avait éte préparée pour lui. Il y monta en sanglotant; il comprenait alors toute l'étendue de l'outrage qu'on lui faisait subir, et pour grandir en quelque sorte l'insulte, comme s'il eût été assez oublieux de sa dignité personnelle et des égards que mérite une femme pour conquérir d'assaut cet appartement qui lui était disputé, mademoiselle Marie C... fit venir près d'elle, en manière de défense, une jeune femme de chambre qui verrouilla soigneusement toutes les portes. Voilà le commencement de ce triste ménage.

La suite a été en tous points pareille, mêlée de caprices, de l'expression des fantaisies les plus inexplicables et des humiliations les plus imméritées. J'en cite une entre mille; celle-ci me revient en mémoire.

M. de G..., avant le mariage, galant comme un jeune futur qui est amoureux, avait fait à sa fiancée cadeau d'un équipage; il avait choisi chez le premier carrossier de Paris une voiture qui fût au moins digne de transporter son idole, et l'avait attelée de deux charmants poneys fringants et qui semblaient ainsi comprendre la pensée de leur jeune maître. Le lendemain de l'hyménée, madame la marquise de G... avait demandé sa voiture; aussitôt elle est conduite sous le porche de l'hôtel; le mari, espérant pouvoir prendre place à côté de sa femme, s'avance timidement vers elle, lui offre une main que sa femme repousse, et il la voit s'élancer brusquement dans la voiture, dont elle ferme la portière en lui disant : Monsieur, vous n'y monterez jamais.

Et il n'y est jamais monté; peut-être aurait-il eu la faculté de monter par derrière, car madame la marquise de G... avait coutume de dire, et c'est là un axiome de son catéchisme conjugal, qu'un mari est un valet de plus.

Elle le faisait bien voir au marquis de G..., qui était ainsi traité. Il n'était admis à aucune des petites innocentes familiarités qui font la douceur de la vie intime; il ne rencontrait jamais de la part de sa femme que des querelles, qu'une humeur grondeuse, que des reproches blessants proférés en présence de tous ses amis.

Et quant à la marquise de D..., qui fut admise, elle, à l'honneur d'accompagner en voiture sa belle-sœur pour faire des courses dans Paris, la première confidence qu'elle reçut de celle-ci fut bien étrange, et de nature assurément à froisser l'âme pieuse et réservée de la pauvre marquise. Ouvrant tout à coup sa bouche de roses, Marie G... lui dit : « Connaissez-vous la *Priora?* » — Cette illustration n'était pas parvenue jusqu'à Courtines. La marquise de D... chercha dans sa mémoire s'il y avait une grande couturière qui portât ce nom. Elle n'en trouva point. Ce nom, en effet, est celui d'une Laïs fort répandue dans Paris, mais complétement inconnue de la cour. Et la jeune femme ajouta : « Il serait charmant que votre frère la prît pour maîtresse; ce serait adorable. » La marquise de D... changea de conversation, ou plutôt garda le silence; mais elle rentra chez elle le cœur navré.

Ces deux anecdotes vous font, messieurs, sans que j'aie besoin d'insister, la peinture du sort réservé à ce malheureux jeune homme et me permettent de mettre sous vos yeux la fin d'un certificat.

« Témoin de la douleur profonde de M. de G... et confident de toutes ses peines, je ne crains pas d'attester que mademoiselle C... avait une aversion marquée pour son mari; qu'elle ne s'est décidée à prendre pour époux M. de G... qui lui déplaisait que pour obéir aux ordres de M. C... son père, et peut-être aussi pour se procurer le nom de M. de G... et le titre de marquise. Comme conséquence de ces faits, j'ai été amené à avoir la certitude morale de la non-consommation du mariage.

« En foi de quoi, etc.

« *Signé* : E..... »

J'ai là encore d'autres déclarations qui prouvent que M. le marquis de G... dont la situation était intolérable dans la maison de M. et madame C..., pendant les cinq mois qu'a duré ce semblant de vie commune, a fait un grand nombre de voyages à Courtines; que dans ces voyages il a été en rapport avec plusieurs de ses amis, qu'il leur a fait la confidence de ses peines, qu'il leur à même annoncé que la vie lui paraissait si insupportable qu'il voulait y mettre un terme; — j'ai là un certificat qui a été produit devant la cour de Rome et qui émane de M. l'abbé P...; un autre de mademoiselle de M...; un autre de M. de M... L..., amis de M. de G...; je demande la permission à la cour d'en extraire ces quelques lignes :

« ...Peu de temps après son mariage, M. le marquis Léon de G..., avec lequel j'étais lié par une amitié étroite, puisque nous nous confiions sans réserve nos secrets les plus intimes, arriva inopinément dans ma chambre à Avignon. Je fus frappé de la profonde tristesse dont son visage était couvert, et lui en demandai la cause. Il me confia qu'il était très-malheureux, que sa femme était loin de répondre à sa tendre affection, qu'elle avait jusqu'alors refusé de se rendre à ses désirs, et qu'elle lui avait enfin déclaré formellement qu'elle ne voulait pas avoir d'enfants, et qu'il n'obtiendrait rien d'elle malgré toutes ses prières. »

Je ne crois pas, messieurs, qu'il soit nécessaire de caractériser par d'autres documents les incidents de cette vie commune dont vous comprenez facilement les orages et les douleurs.

Traité chez M. et madame C... comme une sorte d'être nul, à qui rien n'était à demander et auquel on pouvait infliger toutes les humiliations, M. le marquis de G... eut recours aux moyens les plus divers pour toucher sa femme.

Comme il l'aimait avec tendresse, il lui était facile d'oublier les questions de dignité qui souvent se dressent entre les inspirations du cœur et les mécontentements de l'esprit; il aurait consenti, si sa femme avait voulu l'aimer, à fuir avec elle dans un désert; mais il ne rencontra jamais que l'ironie et le mépris. Du 26 octobre 1852 jusqu'en avril de l'année suivante, il n'eut d'autre demeure que cette petite chambre dans laquelle il avait été honteusement exilé le jour des noces, et qui lui avait été assignée comme une demeure dans laquelle il devait afficher son ostracisme. — Madame de D... intervint; tout fut inutile, et enfin un jour M. Léon de G... essaya de faire prévaloir son autorité, de commander après avoir supplié; mais le père de famille prit sa fille dans ses bras et dit au marquis : « Si jamais il vous arrive d'agir ici comme un maître, je défendrai ma fille comme un soldat, et c'est à coups de fusil que vous sortirez de ma maison. »

En présence d'une pareille déclaration, M. de G... n'avait qu'à se retirer. Il fut se cacher à Courtines, et de là commença une négociation par correspondance, sur laquelle j'appelle toute l'attention de la cour. Cette correspondance s'échange particulièrement entre madame la marquise de D..., M. E. C..., le père de Marie C..., son oncle, que je pourrais appeler jusqu'à un certain point son père, tant il lui a montré de tendresse; tant, au milieu de ces tristes débats, il a sincèrement, loyalement, j'en suis sûr, essayé de vaincre les obstacles qui s'opposaient au bonheur des deux époux.

Le 18 avril 1853, M. E. C... adressait à madame la marquise de D... une lettre dans laquelle il reconnaissait que la vie avait été rendue impossible par les torts réciproques des époux, et en même temps il établissait, ce qui doit être la base de mon argumentation, que la situation conjugale de M. Léon de G... n'avait jamais été heureuse. Voici les termes de cette lettre :

« J'ai su par mon frère, chère Madame, et par la lettre que vous avez écrite à ma femme, que vous avez pris la peine de passer aux Messageries pour me dire adieu. J'ai beaucoup regretté de ne pas m'y être trouvé, de ne pas vous avoir vue, et vous devez savoir que mes regrets vont plus loin . . . .

. . . .

« Plusieurs choses nous ont empêchés d'être heureux; il faut les détruire. La première, c'est le caractère opposé de Marie et de Léon, caractère incompris par tous les deux, et, par cela, devenu incompatible à tous deux. Marie est naturellement très-vive, très-gaie, trop gaie, et, par suite, trop enfant pour son âge, aimant trop à rire et plaisantant mal à tout propos. Par suite, les choses sérieuses entrent difficilement dans sa tête et y restent peu. Les choses frivoles qui charment les jeunes filles et les jeunes femmes, au contraire, ont pour elle beaucoup d'attrait et la fixent trop; elle préférait sans doute la position de femme à celle de jeune fille, parce qu'on a plus de liberté, qu'on peut sortir seule, non-seulement en voiture, mais à pied! Voilà le joug qu'elle aurait aimé à secouer, étant trop enfant pour en comprendre les conséquences.

« Je sais aussi qu'elle aime les hommages et qu'elle serait enchantée d'être entourée...

« Voilà ses défauts essentiels. Quant aux conséquences, elles ne sont pas à redouter pour quiconque la connaît, sait la prendre et l'apprécier... »

Me MATHIEU. — Il y a autre chose...

Me Jules FAVRE. — Vous lirez tout, si bon vous semble. J'ai une copie dans laquelle j'ai fait des extraits; ces lettres sont d'une extrême longueur, et la cour peut être convaincue que je n'ai pas cité des passages en supprimant ceux qui les viendraient détruire. D'ailleurs, mon adversaire a le texte sous les yeux; pour moi, je sens la nécessité de me borner dans une affaire qui comporte tant de détails. Je continue donc :

« .....Elle a de la fierté, vous le savez, et la domination qu'exerce sa mère sur elle n'est due qu'à la force des raisonnements, et non à l'autorité naturelle. Non, Marie ne peut résister aux raisons éclairées dont sa mère se sert près d'elle, et ce sont toujours de bons et sages avis qu'elle en a reçus et qu'elle en recevra. Croyez-moi, chère Madame, il est à désirer que cette influence continue. Aussi déplorons-nous de n'avoir pas connu plus tôt mille détails qui ont engendré tant de chagrins, chagrins qui n'auraient même pas paru si ma femme en avait eu connaissance... Léon est naturellement timide, concentré en lui-même, et par conséquent triste.

Il n'a pas d'expansion... Il a pendant un temps infini souffert et fait souffrir, et augmenté cette déplorable habitude de taciturnité... »

Quant à M. Marc C..., il va plus droit aux difficultés qui lui sont signalées par la marquise de D... M. E. C..., le père, les élude; mais madame la marquise s'était exprimée vis-à-vis de l'oncle avec plus de franchise, et, dès avril 1853, sachant comment son frère avait été traité, elle avait songé à faire demander la nullité du mariage. Cette idée est repoussée très-énergiquement par M. Marc C..., dans une lettre datée du 23 avril 1853.

Ainsi, ce que je voulais constater, et ce que constate en effet ce document, c'est qu'à Courtines, de la part de la marquise de D..., la question était nettement posée.

La maison conjugale avait été désertée par le marquis de G..., parce que sa femme avait refusé d'accomplir ses devoirs. M. Marc C... l'en défend; ce n'est pas, suivant lui, une raison pour jeter le scandale et le déshonneur dans cette famille. Cette jeune fille que vous voulez sacrifier, elle touche à peine à sa dix-septième année; de grâce, dit-il à madame de D..., ne désespérons pas encore.

Il ne paraît pas cependant, messieurs, que la suite de la correspondance ait amené un adoucissement quelconque dans les esprits. Ils paraissent, au contraire, plus aigris, plus exaltés, plus possédés de je ne sais quelles passions irréconciliables.

Dans une lettre du même M. Marc C... portant la date du 4 juin 1853, il semble que la marquise de D..., à laquelle il répond, ait humilié sa famille, outragé sa nièce, en dictant à la réconciliation des conditions qui devaient être impossibles.

Tout à l'heure je vous disais que, sous des apparences frivoles, les symptômes qui se manifestaient dans la vie de M. et madame C... étaient de nature à faire comprendre à la marquise de D..., si elle n'avait pas été entraînée par son amour fraternel, qu'il y avait là des écueils contre lesquels infailliblement on devait se briser; qu'entre ces deux manières d'être, ces principes, ces scrupules, sur ce qui fait le fondement même de l'existence, il y avait un abîme. Nous y touchons, messieurs, et il importe de le signaler.

Non-seulement M. Marc C... reconnaît la vérité du fait en lui-même, mais encore il l'excuse jusqu'à un certain point, il le légitime, et dans quels termes? C'est une hypothèse qui vient sous sa plume, mais personne n'en est dupe. Une jeune fille de dix-sept ans se marie; on désire qu'elle ne soit pas mère, et M. Marc C..., en écrivant ces choses, n'en sent pas l'énormité; elles lui paraissent toutes naturelles; il les reprend dans le passé pour les opposer à l'avenir de ces deux jeunes époux; et comme si ce n'était pas assez, messieurs, de cette indication si claire qui devait effrayer madame de D..., il lui dit, sans craindre de la blesser : « Vous avez voulu, madame, que les choses se passassent autrement, et vous n'avez pas craint d'ajouter que dût-elle avoir douze ou quinze maternités successives, comme votre aïeule... »

Et quel est le substantif qui va venir sous la plume de M. Marc C...?

« ...Nous ne devons pas nous occuper de cette promiscuité... »

Comment! c'est un ascendant, un chef de famille qui parle! C'est un père!...

Me Mathieu. — Non, c'est un oncle.

Me Jules Favre. — Votre interruption me paraît singulière, après ce que j'ai dit de M. Marc C...

J'ai dit un père; j'ai le droit de tenir ce langage, car il avait pour Marie des sentiments d'affection qui lui permettaient de prendre ce nom; dans cette circonstance, il est l'interprète non-seulement de sa pensée, mais de celle de son père. Et vous voyez d'ici, messieurs, cette dissemblance radicale, cette inquisition qu'on se croit en droit d'exercer sur les rapports qui peuvent exister entre les deux époux, et qui donnent ainsi au père de famille une autorité telle qu'il arrêtera le nombre des conceptions de sa fille!

Est-ce que j'ai besoin d'une autre preuve pour faire comprendre à la cour dans quel milieu le marquis de G... avait été jeté? Que la cour y prenne bien garde, je n'entends pas ici envenimer ce débat, y faire paraître des incriminations qui ne doivent pas y figurer. Expliquer ces choses, c'était la nécessité même de ma cause, et la cour comprend maintenant comment M. de G... rencontra une résistance absolue, qui n'était pas seulement celle de la jeune fille, mais celle de la famille tout entière. La cour comprend comment ce grand devoir du mariage disparaît et s'anéantit au gré des fantaisies et des calculs modernes; comment il est permis de le fouler aux pieds, de le traiter comme une obligation secondaire, et d'en supputer les résultats. Grand Dieu! c'est là le dernier mot de cette morale, qui était bien assurément en droit d'imposer des scrupules à madame la marquise de D...!

Et cependant vous allez voir, par la lettre qu'elle a écrite, que cette déclaration de principes ne méritait pas de blesser M. Marc C..., et qu'elle n'avait imposé au rapprochement des deux jeunes époux aucune condition tellement extraordinaire qu'on ne pût l'accepter. Voici ce qu'elle écrivait, en effet, le 29 mai 1853, à M. Marc C... :

« 29 mai 1853.

« En répondant à M. votre frère, et heureusement après la réception de votre bonne lettre du 20 mai, j'ai cherché à me conformer le plus possible à vos désirs. Sans vos instances, la lutte recommençait plus vive que jamais; car jamais je n'admettrai, et Léon ne consentira jamais à laisser admettre que les torts de Marie, si même on lui en reconnait, ne soient que la conséquence de ceux qu'il s'est donnés lui-même, tandis que c'est l'inverse, et que ses représailles à lui ont été si légères que, pour le faire trouver coupable, il a fallu l'accuser d'ivrognerie, etc. Ah! tout mon être se révolte à ce souvenir, et je souhaite que Marie n'ait pas à se repentir toute sa vie de ces odieux mensonges. Elle a tué, complétement tué l'amour jusque-là si passionné, si plein de dévouement de son mari; sans doute il pourra renaître, je le désire et je l'espère même; mais que de soins, que de prévenances, quelle continuelle attention sur elle-même ne lui faudra-t-il pas! La susceptibilité de Léon, et une bien juste susceptibilité, est maintenant exaltée au plus haut point. La sévérité aura pris la place de l'indulgence; il verra tout, il remarquera tout; un rien lui rendra ses craintes et le froissera, et Dieu veuille qu'il ne paye pas son tribut à l'humaine faiblesse, en s'exagérant encore ce qu'il remarquera. Il était amant, on l'a repoussé, on le retrouvera seulement mari convenable et chef de famille, jusqu'à ce que Marie ait ranimé l'affection éteinte, et elle la ranimera, j'en ai la certitude : elle a si bien tout ce qu'il faut pour ça; pourvu qu'elle le veuille; mais le voudra-t-elle? et aura-t-elle le courage, elle si entière, si absolue, elle habituée à être prévenue et à ne prévenir jamais, si elle veut dominer son mari? Comprendra-t-elle que sans l'affection, de douces paroles, de caresses, de persuasives prières, elle n'obtiendra rien? Je ne pose jamais cette question sans effroi, et c'est avec un découragement complet que je vois arriver la dernière et décisive épreuve qui fixera la destinée de ce que j'ai de plus cher au monde. Ne soyez pas, je vous en prie, blessé de mes paroles; vous voyez, je les ai refoulées au cœur, en écrivant à M. Édouard, et si je vous fais part de ma réflexion, n'y voyez qu'une preuve de ma confiance en vous et de mon sincère désir que votre influence puisse préparer Marie au nouveau rôle qu'elle s'est créé bien malgré nous, etc... »

J'ai l'honneur de parler non-seulement devant des magistrats éminents, mais devant des pères de famille; ils se font une idée de cette situation pour leurs enfants. Madame de D... pouvait-elle tenir un autre langage?

Ne lui était-il pas indiqué par le désir d'arracher Marie C... du milieu dans lequel elle vivait et de la conduire près de son mari, dans cette retraite de Courtines? N'avait-elle pas raison de la prémunir contre toutes les fautes qu'elle pouvait commettre, fautes qu'elle envisageait elle-même telles qu'elles étaient, dont elle ne s'exagérait pas l'importance, mais qui, après toutes les souffrances du mari, nécessitaient un calme, une tendresse, des égards dont, malheureusement, madame de D... croyait Marie tout à fait incapable?

Et pendant ce temps, c'est-à-dire d'avril à septembre 1853, la vie commune ne cesse d'être interrompue. De part et d'autre on s'écrit, on espère, on fait appel à des sentiments de conciliation qui sont dans l'intérêt de tous.

Malheureusement, messieurs, c'était un rêve. M. E. C... semble jusqu'à un certain point le reconnaître dans une lettre du 2 juin 1853. Il s'en prend savez-vous à quoi? A des repas qui auraient été pris en commun et qui auraient pu troubler la bonne harmonie de la famille. Mais on va essayer une tentative nouvelle, on va conduire Marie près de son mari, au château de Courtines. Seulement, dit M. E. C..., rien ne presse; ma femme est indisposée; moi, j'ai besoin des eaux des Pyrénées, M. Velpeau me les a recommandées; nous irons à Courtines plus tard, comme nous serons dans le midi de la France, nous pourrons, sans nous déranger beaucoup, revenir par Avignon, et là, Marie verra son époux au château, où il sera possible qu'ils soient ensemble!

Que dirai-je? Cette manière de comprendre les devoirs du mariage est assurément nouvelle et contraire à tous les enseignements! Lorsque le mari exprime sa volonté, la femme doit s'y soumettre. Et quand cette volonté est de reprendre la vie commune, est-ce qu'il est possible à la femme de se réfugier dans la tendresse de ses parents et d'ajourner ce retour à la commodité d'un voyage? Non, assurément! Et au surplus, à cette époque, Marie C... écrivait à son mari une lettre que je recommande à toute l'attention de la cour, car l'adversaire en tire, ainsi que de plusieurs autres écrites dans le même temps, cette conclusion que les rapports qui existaient entre les époux ne sont pas aussi mauvais que je les fais à cette barre; que les époux avaient pu être divisés, mais que cette division n'a pas pour cause celle que j'ai indiquée. Nous allons rencontrer dans cette lettre, écrite par mademoiselle Marie C... à M. le marquis de G..., par les ordres de son père, la preuve irréfragable de ce que j'ai avancé, à savoir que Marie C... s'était refusée à l'accomplissement des devoirs du mariage. La lettre est du 4 juin 1853.

Messieurs, il suffit de jeter les yeux sur cette lettre pour se convaincre, ainsi du reste que le dit Marie C..., qu'elle lui a été dictée, qu'elle fait partie de celles qui ont été écrites par M. M... et par M. E. C..., et qu'elle devait ainsi compléter la série des documents diplomatiques qui, malheureusement, ont abouti à une rupture.

Mais ce que je recommande à l'attention de la cour, ce qui est un détail décisif pour qui sait lire et comprendre, c'est ce mot de jeune femme : « Mes parents m'ont enfin ouvert les yeux, ils ont dissipé mes craintes; je désire être mère, un enfant assurera notre bonheur. »

Il n'est pas besoin de tirer de ces paroles la conséquence que la cour comprend sans peine; elles sont inconciliables avec la situation que mon honorable adversaire voudrait faire à sa cliente. On ne les rencontrera jamais sous la plume d'une femme; elles ne peuvent émaner que d'une jeune fille qui n'a jamais accompli ses devoirs d'épouse.

M. Léon de G... y fut trompé. Mon adversaire mettra sous vos yeux plusieurs lettres émanées de mon client, et qui sont empreintes d'une grande tendresse, je le veux. Que prouvent-elles? qu'il désirait toucher le cœur de cette femme. Y est-il parvenu? Mais, grand Dieu! tous les éléments de ma cause protestent énergiquement contre une semblable supposition.

J'ai dit que M. E... C... avait promis à M. de G... de lui amener sa femme après avoir fait son voyage des eaux. Or, le voyage se fit, et l'on trouva bon de revenir à Paris en négligeant C...

Le mari comprit qu'une pareille situation ne devait plus se prolonger. Il partit pour Paris; il sollicita un rendez-vous de son beau-père, dont la maison lui était fermée. Ce rendez-vous lui avait été accordé; mais tout à coup on le changea par une lettre du 11 septembre 1853.

Je n'ai pas besoin de faire remarquer que la vie commune était brisée à cette époque; car si M. E. C... ne l'avait pas cru d'une manière irrémissible, assurément il n'aurait pas accepté une si étrange manière de recommencer cette vie commune.

Laissez-moi ajouter, messieurs, que tout ceci n'était qu'une indigne comédie dont la frivolité se chargeait des frais de mise en scène. Assurément, si mademoiselle C... avait éprouvé un désir sincère de revoir son mari, si la lettre du 4 juin 1853 n'était pas encore une vaine fiction, une amorce trompeuse pour égarer M. le marquis de G..., elle aurait fait comme une femme qui aime, et qui, sans aller consulter le calendrier, ouvre et ses bras et son cœur. Mais mademoiselle C... avait fait réserve du tout, et le 14 ne fut pas plus heureux que le 13. On se réunit chez M. B... Mademoiselle C... y arriva la lèvre dédaigneuse, la parole insultante; M. E. C... la soutint dans ses invectives contre son mari. La séance ne dura que quelques minutes. M. le marquis de G... et madame de D... s'éloignèrent, comprenant que tout était fini.

Et pour bien établir, à ce moment suprême, quelles étaient les dispositions du principal personnage de ce procès, de celui chez qui je rencontre le plus de désirs sincères, véritables et honnêtes, je veux parler de M. M. C..., il écrivit à la marquise de D... après ce triste événement, le 30 septembre 1853, pour prendre congé d'elle.

Il est impossible, messieurs, dans une affaire de cette nature, de rencontrer un document qui résume plus fidèlement la situation qu'il s'agit de préciser, et en même temps qui établisse sur des bases plus inébranlables le caractère de ceux qui ont aujourd'hui le malheur d'être les adversaires de mademoiselle C...

C'est M. M. C... qui leur rend hommage; c'est lui qui, après ces tristes divisions de famille dans lesquelles son cœur a penché du côté de sa nièce, reconnaît que la conduite de madame de D... et celle de

Léon ont été pleines de générosité, de bons sentiments, d'excellents procédés; il reconnaît en même temps que ce mariage n'a jamais été consommé, il ne désespère pas de l'avenir, sa foi est énorme, elle ne devait être qu'une illusion.

M. le marquis de G... eut recours tout d'abord à un remède que lui paraissait appeler une situation de cette nature; il voulut qu'une séparation de corps fût prononcée. Il fit, par procès-verbal du juge de paix, à la date du 22 septembre 1853, constater que sa femme refusait d'habiter le domicile conjugal. Mademoiselle Marie C... ne se présenta pas, et le tribunal, par jugement du 11 novembre 1853, prononça la séparation.

Je demande à la cour la permission de m'arrêter un instant sur cette phase du procès.

Cette séparation de corps, bien entendu, nous sera opposée comme une insurmontable fin de non-recevoir. M. de G..., me dira-t-on, a reconnu la validité du mariage, par cela seul qu'il en a demandé le relâchement. Nous verrons cette question en son temps; pour quelques minutes seulement, j'appelle l'attention de la cour sur ce document judiciaire, afin de le bien caractériser, soit au point de vue du fait, soit pour en faire ressortir les conséquences que mademoiselle C... voudrait contester et qui sont aujourd'hui juridiquement établies contre elle.

M. le marquis Léon de G... se prévalait non-seulement du procès-verbal du juge de paix, constatant le refus dont j'ai parlé, mais encore il avait articulé des faits. Ces faits avaient été signifiés par des conclusions à mademoiselle C..., donc ils étaient contenus dans la requête même qui formait l'exploit introductif d'instance. Ils précisent de la manière la plus formelle le point capital du procès, c'est-à-dire le défaut de consommation du mariage.

M. de G... demandait à prouver certains faits, notamment :

« Que madame de G... n'avait pas cessé, depuis le jour de son mariage, d'accabler son mari de mépris et de le repousser avec des paroles de haine et d'injures, malgré les soins assidus, la vive affection et la douceur inaltérable que M. de G... lui avait constamment témoignés;

« Que M. de G... avait consenti à demeurer pendant les premiers temps du mariage avec la dame son épouse chez M. et madame C..., père et mère de cette dernière; que le jour même du mariage et depuis, madame de G... s'est constamment refusée à cohabiter avec son mari ou même à demeurer dans la même chambre que lui;

« Que les légitimes observations adressées par M. le marquis de G... à la dame son épouse avec la plus grande modération n'ont jamais obtenu d'elle d'autre réponse que ces mots : Vous m'ennuyez; allez vous promener, je n'ai que faire de ce que vous me dites, je n'ai pas de compte à vous rendre, cela ne vous regarde pas; vous n'êtes qu'un prvoincial qui ne savez pas vivre; vous n'entendez rien aux usages; moi, je suis Parisienne, je veux rester Parisienne; je ne ferai jamais rien de ce que vous me direz. Un mari, c'est un valet de plus!...

Je passe les autres faits.

« Que madame de G... a tenu une conduite légère; qu'un jour elle a engagé son mari à prendre une maîtresse, et qu'elle lui a demandé ce qu'il penserait si, en entrant dans sa chambre, il trouvait un homme couché près d'elle. »

Eh bien! en présence de ces articulations si nettes, si précises, si graves, si attentatoires à son honneur, mademoiselle Marie C... a jugé à propos de ne pas paraître, de ne pas se défendre, et le tribunal a prononcé la séparation par le seul motif que voici :

« Attendu que du procès-verbal dressé par M. le juge de paix... »

Mademoiselle C... a donc accepté cette situation, à coup sûr très-étrange pour une femme qui n'aurait pas eu à se reprocher les torts graves dont on l'accusait, de garder le silence devant la justice et de courber le front devant sa décision.

Qu'était cependant cette décision pour M. le marquis de G...? Assurément, un remède bien insuffisant à sa douleur.

A partir de 1853 jusqu'en 1856, il a traîné misérablement une vie qui n'était pour lui qu'une continuelle torture : il n'avait pu arracher de son cœur cet amour qui lui rappelait les rêves enchanteurs que Marie C... avait si cruellement détruits. Il est forcé de vivre seul, de fermer à jamais son cœur à des affections nouvelles. L'idée de se laisser entraîner sur la pente des passions lui apparaissait non-seulement comme un crime irrémissible, mais comme une de ces taches qui auraient déshonoré le nom qu'il portait.

Ce fut à cette situation, cependant, qu'il crut possible de trouver un remède plus efficace. Il s'adressa à la cour de Rome; lui, profondément religieux, il n'aurait pas voulu saisir la justice civile avant d'avoir fait prononcer l'autorité ecclésiastique sur la validité du sacrement.

De cet incident, j'ai bien peu de chose à dire, si ce n'est qu'à en signaler les résultats, en prenant toutefois la liberté de faire observer à la cour que la procédure suivie devant la cour ecclésiastique, et dont je n'envie ni ne conseille les formes, fut aussi complète que possible. J'ai là les procès-verbaux d'audition de témoins, les défenses constatant que tous les points du débat, sans exception, ont été sérieusement examinés. Mademoiselle C... a été appelée à s'expliquer; son père a produit des mémoires en règle; la cour pourra y jeter les yeux. Elle a été plus loin encore, elle a comparu elle-même devant le juge ecclésiastique, et mon honorable adversaire tirera parti de l'attitude qu'elle y a prise. S'il faut l'en croire, elle aurait juré que la consommation du mariage aurait eu lieu. Nous verrons plus loin ce qu'il faut penser de la validité d'un pareil serment, s'il a été prêté. Quoi qu'il en soit, M. le marquis de G... a demandé la confrontation. Sa femme s'y est refusée; elle n'a pas voulu se trouver en face de celui qu'elle avait trompé, et quelle que puisse être d'ailleurs son assurance, elle a senti qu'elle en aurait manqué dans une circonstance aussi difficile.

Un défenseur d'office a été nommé au mariage, des investigations ont eu lieu. Je le répète, j'en ferai grâce à la cour; cependant il me paraît indispensable de mettre sous ses yeux le bref qui a été rendu, le 30 juin 1858, par le Saint-Père et qui a prononcé la nullité du mariage religieux.

Cette décision, messieurs, ne pouvait trancher la question qui nous occupe, et quel que soit le respect avec lequel elle doit être envisagée par les fidèles, elle est inefficace devant les exigences du droit civil. M. le marquis de G... pouvait-il rester dans cette situation douteuse, délié devant Dieu, sous le joug devant les hommes? Le pouvait-il surtout en présence des faits nouveaux qui surgissaient et qui venaient jeter sur sa position une sinistre lueur?

Mademoiselle Marie C..., qui avait obtenu par la séparation de corps l'affranchissement de toute espèce de contrainte, était livrée aux plaisirs frivoles, au luxe, aux distractions élégantes; elle avait une réputation dans les réunions et dans le monde artistique; elle ne faisait point un pas sans qu'on s'en inquiétât; or, le cortége que ses grâces attiraient était de nature à singulièrement alarmer M. de G..., si jamais, dans la retraite où il priait et pleurait, le bruit des triomphes de sa femme arrivait jusqu'à lui. De plus, un jour, il apprit que, dans cette maison dont il avait été chassé, un enfant était introduit; que cet enfant, dont l'origine mystérieuse n'était révélée à personne, sur le compte duquel on avait refusé des renseignements aux membres de sa famille et à ses amis les plus considérables, donnait à mademoiselle Marie C... le nom de mère; que celle-ci affichait pour lui les sentiments les plus tendres, et qu'ainsi bafoué dans son honneur, il se voyait lui-même menacé dans son avenir. Que devait-il faire? L'hésitation n'était pas possible, et malgré les difficultés énormes de la tâche qu'il allait entreprendre, son honneur lui commandait de ne pas reculer. D'autant plus qu'en examinant de près la question qui allait ressortir de ce débat, en interrogeant les origines, des circonstances nouvelles furent révélées, et elles étaient de nature à modifier la situation légale de M. de G... S'il s'était prévalu devant le juge civil d'un simple refus de consommation du mariage, la question se serait présentée environnée d'obscurités peut-être, quoique gouvernée par des traditions respectables. Mais voici qu'en étudiant davantage le passé de sa femme, M. de G... apprend qu'avant son mariage mademoiselle C... avait un soir quitté l'hôtel de son père et qu'elle n'y était rentrée que dans le milieu de la nuit. Il apprend, de plus, que les domestiques de la maison étaient au courant de visites qui lui étaient rendues. Il sait qu'au moment du mariage mademoiselle C... a donné une sorte d'arrhes pour la rupture d'une liaison qui n'était pas un mystère pour son entourage. Ainsi, un jour, M. de G..., après avoir présenté à sa fiancée une corbeille qui était en rapport avec sa situation, lui offrit un petit meuble charmant dans lequel se trouvait une somme de 10,000 francs destinés à ses pauvres. Le cadeau fut accepté, mais la distribution n'eut pas lieu aux pauvres, car le soir même Marie C... fit venir sa bonne et lui dit : « Fais venir demain un bijoutier. » Il vint ; on choisit deux boutons en diamant pour poignets de chemise, et ils furent envoyés à la personne indiquée dans les faits articulés.

Est-ce que ceci n'est rien? Est-ce que l'aversion, la froideur, le mépris ne se trouvaient pas subitement expliqués? Est-ce que vous ne comprenez pas que cette jeune fille qui était habituée à tout dompter, qui commandait en souveraine dans la maison paternelle et devant laquelle la faiblesse de M. E. C... était constamment à genoux, ait pu inspirer à son père ces pensées qui ont précédé le mariage, qui sont inexplicables de la part d'une jeune fille de dix-sept ans, qui craint de devenir mère et ne veut pas appartenir à son époux? N'y a-t-il pas dès lors, sinon un refus, du moins une préméditation, un calcul, une disposition pour des vues coupables, un désir de changer de situation, de devenir marquise, de conquérir un titre et de conserver avec ce passé qu'on n'abjure pas un lien qu'un mariage efficace pourrait rompre?

S'il en est ainsi, est-ce que la situation légale ne se trouve pas considérablement modifiée? Est-ce qu'il n'est pas vrai de dire qu'au moment où une personne, dans la situation que je peins, se présente à l'autel, au moment où elle promet son cœur en le retenant, au moment où à genoux devant Dieu et devant les hommes elle se dit à elle-même qu'elle ne sera jamais à son époux parce qu'elle est à un autre, est-ce qu'il n'est pas vrai de dire qu'il y a là, sans parler de la profanation du sacrement, une supercherie, un piége, un dol qui, atteignant l'essence même du mariage, celle sans laquelle le mariage ne saurait exister, rompt dans sa naissance le consentement du conjoint?

Si cette triste vérité lui avait été dévoilée, M. de G... aurait renversé ces flambeaux qui n'étaient allumés que pour éclairer sa honte ;

il aurait déserté cet autel où il était traîné en victime, il aurait échappé à cette sorte d'assassinat moral qui allait être consommé sur lui. Il ne l'a pas fait parce qu'il ignorait.

Cette erreur sera-t-elle de nature à le relever des liens qui pèsent sur lui ? Ce fut là la question soumise au premier juge. Il l'a résolue dans le jugement qui porte la date du 17 mai 1861.

Mais, messieurs, et c'est l'insuffisance de mes efforts que j'en dois accuser, le premier juge ne paraît pas avoir répondu au système, très-simple d'ailleurs, que je viens d'esquisser et que j'avais plaidé devant lui. Il a pensé que l'erreur dont je me plaignais, je la plaçais dans l'intention et dans le cœur de mademoiselle C..., et qu'ainsi l'autre conjoint ne pouvait s'en faire une arme. C'est précisément le contraire de la thèse que j'ai soutenue, et par conséquent je ne m'attacherai pas à réfuter un point de droit que je n'ai jamais développé.

Messieurs, avant d'entrer dans la discussion, j'ai d'abord, ce me semble, à vous exposer les fins de non-recevoir qui peuvent être opposées à la thèse développée devant la cour. Ces fins de non-recevoir doivent être soigneusement indiquées, et il n'est pas hors de propos de dire que nous sommes ici dans l'étude d'une matière qui en comporte de toutes spéciales.

La première fin de non-recevoir qui, en pareil cas, peut éteindre l'action de l'époux provoquant la nullité de son mariage, c'est précisément la présomption du fait dont l'absence constitue au procès un moyen radical de nullité. Si la cohabitation s'est prolongée pendant six mois, la loi présume la possession complète des deux époux, et elle en tire cette conséquence que le mariage est irréfragable et ne peut plus être attaqué. Par des raisons que j'expliquerai tout à l'heure, il était impossible que le législateur allât plus loin ; il devait se contenter de ce qui est probable : aller jusqu'à la certitude était pour lui une entreprise impossible et accompagnée de grands dangers.

Aussi, messieurs, cette fin de non-recevoir ne saurait-elle être opposée à l'action de M. le marquis de G... Il s'est marié le 26 octobre 1852 ; il a quitté sa femme le 11 avril 1853 ; il ne s'est donc pas écoulé six mois de cohabitation, et je ne pense pas que mon honorable adversaire, malgré son ingénieux talent, voie un fait de vie commune dans cette entrevue, transportée du 13 au 14 septembre, et qui s'est passée uniquement en pourparlers. Il est donc certain que la vie commune n'a duré que cinq mois et quelques jours, et qu'on ne saurait, de ce chef, empêcher l'action exercée par M. le marquis de G...

Le peut-on par le motif unique que j'ai rencontré dans le jugement de première instance et sur lequel mon adversaire s'appuyait avec une grande confiance? Est-il vrai de dire que le jugement de séparation de corps prononcé entre les époux, le 11 novembre 1853, constitue la reconnaissance de la validité du mariage, à tel point qu'il soit impossible aujourd'hui à M. le marquis de G... de l'arguer de nullité?

Il faut en convenir, si nous interrogeons les règles spéciales, nous ne rencontrons rien de semblable. Vous avez beau parcourir tous les articles qui concernent le mariage, — on y a prévu, avec un extrême détail, tous les cas qui peuvent s'opposer à l'action en nullité, — cette action est essentiellement défavorable, elle devait être entourée d'obstacles et elle l'a été; il n'en est pas un seul qui, de près ou de loin, soit tiré d'une ratification expresse et formelle qui aurait été donnée par l'époux à la validité du mariage.

Je vais plus loin, et je suppose que dans cet intervalle de six mois pendant lequel l'époux peut attaquer le mariage comme ayant été accompli sans son consentement, on obtienne de lui une reconnaissance en règle de la validité de son mariage, une renonciation absolue à le critiquer plus tard, je ne crois pas qu'il se présente un jurisconsulte osant soutenir la validité d'un acte semblable et en faire un motif de déchéance. Pourquoi cela, messieurs? Les raisons que j'ai données tout à l'heure gouvernent cette solution; c'est qu'ici les principes généraux ne sauraient être applicables, et qu'en matière d'action en nullité de mariage, il faut se placer dans les termes exprès de la loi et se défier des analogies. S'il est vrai, non-seulement par les raisons de fait, mais encore par les raisons empruntées au droit en général, qu'une reconnaissance, qu'une convention, qu'une transaction quelconque, sur une question d'état et d'ordre public, soit radicalement nulle, quand elle est intervenue à une époque où l'époux est encore investi de la faculté d'attaquer le mariage, elle ne saurait davantage lui être opposée comme une fin de non-recevoir quand elle est tirée d'une action en séparation de corps introduite par lui au moment où il est encore habile à invoquer la nullité du mariage; mon honorable adversaire ne pourra pas dire, et le premier juge ne l'a pas estimé, que le jugement de séparation de corps puisse être opposé au demandeur en nullité de mariage comme contenant une exception de chose jugée. Ce serait une entreprise vaine que d'examiner cette question en détail; on n'y peut tout au plus rencontrer, et c'est là l'argumentation du premier juge, qu'une sorte d'adhésion donnée au principe même de la validité du mariage dont on se borne à demander le relâchement.

Permettez-moi cependant de faire remarquer qu'il y a dans cette situation quelque chose d'étrange. J'ai tout à l'heure établi que la renonciation la plus directe à une action en nullité serait nulle, et que de même que l'essence du mariage répugne à l'intervention d'une convention privée, de même que c'est un acte qui intéresse l'État et ne peut être accompli qu'avec son intervention, de même ici il est impossible de rencontrer dans un jugement qui ne prononce pas sur la validité même du mariage, autre chose que ce qui a été décidé par le magistrat; et si cette question est entière, s'il ne l'a pas touchée, il est évident qu'elle pourra revivre plus tard. Or, comme je le disais à la cour, on veut faire ressortir la reconnaissance de la validité du mariage d'une procédure dans laquelle ce mariage est attaqué avec toute l'énergie que la partie elle-même pourrait avoir.

Quoi! une déclaration par laquelle M. le marquis de G... aurait reconnu, par exemple, que le mariage avait été consommé et aurait déclaré qu'il renonçait à l'attaquer à l'avenir, cette déclaration ne pourrait lui être opposée, elle serait, aux termes de nos lois, considérée comme radicalement nulle; et parce qu'il a demandé la séparation de corps, parce qu'il a voulu se plaindre d'un mariage qui lui a paru intolérable, parce qu'il n'était pas suffisamment éclairé sur les raisons qui plus tard lui ont permis de demander la nullité de ce même mariage, parce que le lien a été relâché, vous venez déclarer qu'il ne peut pas être admis! Je vous oppose la nullité radicale, absolue, d'une convention par laquelle vous auriez essayé de consolider ce lien à toujours; cette convention aurait dépassé les pouvoirs que la loi vous donne, et ici vous venez plaider pour être affranchie des obligations que ce mariage vous impose, vous demandez votre liberté! Entre la nullité d'un mariage et la séparation de corps, il n'y a, permettez-moi de le dire, que l'épaisseur devenue de plus en plus mince de la question du divorce; or, il est certain que dans une législation qui l'admet, la nullité du mariage n'a pas d'intérêt, et que souvent les questions qui se résolvent, avec notre législation, dans ces grandes contestations sur lesquelles vous êtes forcés de prononcer ces questions, dis-je avec cette solennité qui est pour nous la plus grande des garanties, ne pourraient pas naître.

Qu'est-ce donc que la séparation de corps lorsqu'elle est demandée? C'est la protection contre le lien du mariage, loin d'en être la reconnaissance. L'époux qui souffre d'un pareil état de choses cherche dans la législation un moyen d'échapper à ses douleurs; mais, assurément, ni de près, ni de loin, il ne reconnaît la validité de ce lien; il ne peut s'engager sur une question de cette nature, et s'il lui est impossible de le faire devant un notaire, il ne saurait être plus puissant devant la justice.

D'ailleurs, il y a dans la cause une raison qui me paraît devoir faire écarter souverainement cette objection tirée du jugement de séparation de corps. Puisque le tribunal a pensé, puisque l'adversaire plaide qu'il faut appliquer en matière de mariage les principes du droit commun; puisque, malgré celui qui veut que les renonciations soient de droit étroits, et qu'il ne faille pas les présumer, on veut faire passer l'action en nullité par le laminoir de cette action en séparation pour l'anéantir, au moins faut-il rechercher quelle était la situation des parties au moment où cette dernière action existait. Si elle a changé, si des faits nouveaux ont été découverts, s'ils présentent une lumière que la justice n'avait pu jusqu'ici recueillir, n'est-il pas certain qu'à moins de refuser à un demandeur l'action libre des lois qui protégent tous les citoyens, ce serait une entreprise cruelle que de lui fermer le passage de votre prétoire avec ce jugement qui n'a pas statué sur sa plainte?

Or, en novembre 1853, au moment où M. le marquis de G... demandait sa séparation de corps, que disait-il? Ce n'est pas sans dessein que j'ai mis sous vos yeux la partie de son articulation et que je l'ai recommandée à votre bienveillante attention. M. le marquis de G... se plaignait de l'aversion de sa femme; il n'avait rencontré dans sa maison que froideur et mépris, il avait été éloigné de la couche conjugale par un parti pris qui ne lui semblait explicable qu'en supposant à sa femme un sentiment de haine. Il n'y a pas autre chose dans la procédure.

Est-ce que c'est là le langage que nous devons tenir à cette barre? Est-ce que, depuis le jugement de séparation de corps, de terribles révélations n'ont pas eu lieu? Est-ce qu'il n'a pas été donné à M. le marquis de G... de mesurer la profondeur de l'abîme dans lequel on a englouti son honneur, son nom, son avenir tout entier? Ah! il sait aujourd'hui qu'en marchant à l'autel, Marie C... avait pris le ferme dessein de ne jamais lui appartenir; il en connaît les causes; il demande, au besoin, que la justice l'aide à soulever le voile qui les dissimule encore à demi, et, lorsqu'elle se sera rendu un compte exact de la perversité avec laquelle cette union a été préparée, du mensonge qui y a présidé, du piége indigne dans lequel ce malheureux jeune homme est tombé, je le demande, est-ce qu'il y aura dans ces faits à examiner quoi que ce soit qui ressemble à ceux qui ont servi de cause à la séparation de corps? Est-ce que ce n'est pas une question toute nouvelle? Est-ce que non-seulement on ne peut pas dire, ce qui résulte du reste de la procédure, que le juge n'a rien connu, rien dû connaître, de ce que M. de G... articule aujourd'hui, mais encore et surtout que M. de G... ne le connaissait pas lui-même, que l'erreur dans laquelle il se trouvait à cette époque a été dissipée depuis?

Or, messieurs, quels sont à cet égard les principes généraux du droit qu'on invoque contre nous? Nous pouvons à coup sûr, par voie de représailles bien permises, en réclamer le bénéfice.

Qu'y a-t-il donc, après la chose jugée, de plus respectable que la transaction? Elle lui est égalée par le législateur; et cependant, lorsque la transaction repose sur le dol, lorsque le dol est découvert, la transaction s'efface, tout disparaît, et celui qui l'a signée est recevable à invoquer l'erreur nécessaire dans laquelle il a été entraîné.

Je parle de la transaction! Mais, messieurs, la chose jugée elle-même, ces monuments majestueux qui dominent les passions humaines, et au pied desquels nous venons étudier la sagesse et la raison, est-ce qu'ils sont à l'abri de toute espèce de critique, quand nous pouvons soupçonner, quand vous soupçonnez vous-mêmes que votre religion a été surprise? Et de quelle époque date, s'il vous plaît, cette espèce de faculté suprême qui est accordée au plaideur, et par laquelle vous le relevez des liens augustes de cette chose jugée, qui est à nos yeux la vérité même? Mais, du jour où l'erreur a été reconnue, où le dol a été découvert, où il a été démontré que le juge a été surpris, est-ce qu'on voudrait nous condamner à retourner devant le tribunal pour y attaquer, par voie de requête civile, le jugement prononcé le 11 novembre 1853? Est-ce que, pour détruire cette décision qu'on nous oppose comme fin de non-recevoir insurmontable, il faudrait reprendre précisément cette procédure dans laquelle nous avons été trompés? Non, une pareille entreprise n'est pas indispensable; votre justice nous reste tout entière, et le jugement du 11 novembre 1853 ne saurait paralyser votre action souveraine par ces deux considérations également décisives : 1° qu'il n'y a pas de renonciation possible, et que la reconnaissance n'engage jamais la partie en matière de question d'état; 2° que depuis le jugement de séparation de corps, M. le marquis de G... a découvert des faits qui lui permettent d'attaquer son mariage comme nul, et qu'il est encore dans les délais de l'article 181 du Code civil.

J'ajouterai qu'en présence de la grandeur, de la nouveauté des questions qui sont soumises à la cour, une discussion sur une fin de non-recevoir paraît bien étroite, et, quand il s'agit dans ce débat de ce qu'il y a de plus respectable au monde, de ce qu'il faudrait sauver à tout prix, si l'État y pouvait être intéressé, il faut dire, messieurs, que nous sommes en droit d'examiner à fond et sans nous préoccuper des vains obstacles qu'on nous oppose, les questions capitales que soulève le procès.

Ces questions, vous l'avez pressenti, messieurs, elles ne sont pas précisément, ainsi que je l'ai dit, celles qui sont indiquées dans la sentence que nous attaquons. Cette sentence parle bien de l'erreur qu'elle suppose exister dans le consentement de M. le marquis de G..., mais c'est surtout au vice de celui de mademoiselle C... qu'elle s'attache, pour dire qu'il n'est pas possible que le vice de ce consentement puisse jamais fournir une arme à l'autre conjoint, et que c'est dans l'erreur dont il a été lui-même la victime qu'il doit puiser son propre secours.

Je suis de cet avis, et je n'avais pas plaidé autre chose ; j'avais soutenu, et je soutiens encore, que le consentement de M. de G... a été vicié dans son essence. Et pourquoi? parce qu'il a été trompé sur la personne même avec laquelle il a contracté; parce qu'il avait devant lui, au lieu d'une femme, une révolte préméditée qui devait mettre obstacle à ce que le mariage fût un mariage. Et c'est ainsi que, rentrant dans les termes mêmes de la loi, j'ai le dessein d'établir devant vous que les conditions substantielles du mariage ont été violées volontairement, que là où ces conditions manquent, il n'y a pas de mariage, et lorsque le juge en a la preuve, lorsque sa conscience est édifiée sur ce point important, son devoir est de prononcer la nullité. Telle est ma thèse.

Mais il importe de ne pas la laisser dans le vague de ces explications préliminaires; il faut préciser ce qui doit être l'objet de la discussion et l'aborder sans faiblesse.

Pour examiner la portée des articles 180 et 181 du Code Napoléon, qui ont donné lieu, comme vous savez, à des discussions si ardentes et à des explications si confuses dont la rédaction est condamnée par la plupart des commentateurs, il faut se souvenir du fait spécial qui occupe l'attention de la cour et qui doit gouverner ma démonstration.

L'erreur dans le consentement, dit l'article 180, est une cause de nullité ; seulement, il ajoute que l'erreur ne peut être une cause de nullité qu'à la condition d'être dans la personne. Ce sont les termes mêmes de la loi, et les commentateurs se sont demandé quelle pouvait être l'erreur dans la personne. Non-seulement les commentateurs, mais les magistrats appelés à se prononcer sur des cas de nullité, ont été plus d'une fois dans la nécessité d'essayer de préciser la pensée du législateur. D'autres n'ont pu y parvenir, et assurément ce n'est la faute ni de leur science ni de leur sagesse. On rencontre ici une difficulté qui est tirée précisément de la nature des expressions employées par le législateur, qui, pour être compréhensibles, laissent le doute et les ténèbres planer sur l'interprétation à laquelle il faut s'arrêter. Pour moi, messieurs, ne voulant pas m'égarer, désirant renfermer les explications que j'ai à présenter dans le cercle étroit du fait, et n'en pas sortir, je pose ainsi les principes que j'entends démontrer, qui, suivant moi, s'enchaînent les uns aux autres, et conduisent à la légitimité des conclusions que je défends.

Je dis que la consommation du mariage est de l'essence même du mariage, et cette première observation me conduit à celle-ci : que pour savoir quelle est la nature de l'erreur dans le consentement qui emporte la nullité de ce consentement, et par conséquent du mariage, aux termes de l'article 146 du Code Napoléon, il faut se demander si cette erreur touche à des qualités, à des conditions accessoires ou substantielles du mariage.

Certes, messieurs, dans un pareil cercle, le champ de la discussion est vaste, et vous savez qu'on s'est demandé, soit dans la doctrine, soit dans la jurisprudence, si des qualités qui, au premier abord, paraissent ne pas être indispensables pour le mariage, ne sont cependant pas tellement attachées à la liberté du consentement que, ces qualités venant à disparaître, la personne change, que l'erreur porte précisément sur elle, et que par conséquent le mariage soit nul.

Je vous rappellerai une espèce justement célèbre, et je fixerai votre attention sur un fait. Lorsqu'à cette barre, mon maître et mon ami à jamais regretté, Bethmont, ce noble orateur, dont la place est vide, soutenait la nullité du mariage contracté avec un forçat, comment interprétait-il l'article 180 du Code Napoléon? Il disait que cette qualité d'une personne qui se présentait ainsi au mariage était de telle nature qu'elle devenait une condition substantielle du consentement du conjoint, que là où il existait dans l'ombre cette tache d'infamie qui met l'homme au-dessous de l'animal innocent dont il demande les services, le consentement ne pouvait plus avoir d'action, et le mariage n'était qu'une dérision.

Il y avait dans ces grandes considérations présentées avec une onction éloquente quelque chose de saisissant. Néanmoins, vous crûtes devoir vous incliner devant l'inflexibilité de la loi, et déclarer que le salut de la société dominait ces douleurs et ces débats privés. Grand et légitime scrupule qui honore la magistrature, et qui fait comprendre à quel point le salut de tous l'intéresse et la guide !

Mais sommes-nous ici dans un cas analogue? Est-ce que nous ne pouvons pas faire un pas de plus dans le sentier difficile, je le reconnais, où il faut éclairer chaque endroit de peur de s'égarer? Évidemment; car, si le mariage est possible dans les conditions de l'espèce que plaidait Bethmont devant vous, assurément le mariage serait complétement impossible si M. le marquis de G... avait pu conduire à l'autel un jeune garçon sous des habits de femme. Tout le monde en convient, il y aurait là erreur dans la personne par excellence, et ici, je vais jusqu'au bout de ma démonstration par un fait, je ne dirai pas qui ne s'est pas présenté, car l'histoire en offre des exemples, mais qui, au moins, me permet de rendre ma pensée claire et précise. Dans le cas que j'ai dit, l'erreur vicie le consentement parce que le mariage n'est pas possible ; il devient une monstruosité.

Mais il peut exister des cas dans lesquels cette impossibilité se révèle avec la même énergie, et c'est pour cela que je prends la liberté de poser comme un principe juridique absolu qu'il n'y a de mariage qu'à la condition de la consommation.

Cette proposition est-elle trop hardie? Je vais prouver tout à l'heure qu'elle est l'expression exacte de la vérité juridique et du droit positif.

Mais je la suppose démontrée; je fais un pas de plus, et j'ajoute que, lorsque la consommation est impossible, cette impossibilité anéantit le mariage lui-même. Ceci, messieurs, n'est que la seconde branche d'un syllogisme.

Et enfin, la conclusion nécessaire que ces deux prémisses comportent, la voici : c'est que, si la preuve de cette impossibilité est acquise, ou si elle peut s'acquérir par des moyens que la loi, que les mœurs, que la dignité humaine avouent, le magistrat doit prononcer la nullité du mariage.

Voilà ma thèse.

J'ai dit qu'elle était l'expression de la vérité juridique et du droit positif. Je vais le prouver.

Je le prouve, permettez-moi de le dire, avec une certaine complaisance. Au milieu de nos habitudes frivoles, de notre goût à nous livrer à des jugements, à des appréciations qui semblent des lieux communs faciles, au milieu d'une société qui ne veut pas réfléchir, les enseignements que lui donne la justice ont au moins cet avantage qu'ils la ramènent aux vérités fondamentales et la forcent à se replier sur elle-même et à se demander, au lieu de se reposer perpétuellement ces vaines questions de jouissance, ce qu'elle est, où elle est et où elle va.

Est-il vrai, oui ou non, qu'il n'y ait de mariage qu'à la condition de la consommation de ce mariage? Je l'affirme, et pourquoi? Mais parce que je trouve cette vérité écrite partout; parce que la méconnaître, c'est nier le droit naturel, l'ordonnance du souverain Créateur. Assurément, messieurs, ce serait une témérité impie, bien étrange, que de faire du mariage une institution humaine, un fait isolé, contingent, à la disposition des législateurs qui décident du sort de leurs concitoyens; comme si ce n'était pas là l'anneau d'une grande chaine qui relie l'univers entier; comme si ce n'était pas là la condition nécessaire de la perpétuité de l'espèce, et cela, messieurs, non pas seulement pour l'homme qui cède ainsi à l'entraînement de cette loi mystérieuse et douce, le prenant par tout son être, entraînant son cœur et dominant toutes ses facultés, mais encore pour tout ce qui est autour de nous, pour tout ce qui compose cet ensemble admirable qui nous permet, sans le comprendre, d'ouvrir notre cœur et d'en laisser jaillir une hymne d'amour vers Dieu.

Est-ce que cela n'est pas vrai? Jetons les yeux autour de nous. Si les efforts de la science sont nécessaires pour nous faire deviner ces agrégations cachées qui transforment nécessairement notre globe par des millions d'enfantements différents; ces mouvements aériens qui transportent les végétaux les uns vers les autres pour accomplir cette destinée que nous ne saurions saisir, au moins autour de nous, en nous élevant de degré en degré dans la chaîne de la création, nous touchons ces êtres qui semblent avoir avec nous beaucoup de points de similitude et de contact; là leurs rapprochements sont expliqués par des fonctions, et, jusqu'à un certain point, par ce qui peut ressembler à l'accomplissement d'un devoir, témoin le sentiment de la maternité.

Et lorsque nous nous contemplons nous-mêmes, nous rencontrons la créature privilégiée, celle que Dieu a marquée de son sceau, celle à laquelle il a permis de lever les yeux vers le ciel, de le désirer, de le contempler, de sentir et d'aimer. Est-ce à dire qu'animé de ces espérances immatérielles, l'homme échappe aux conditions physiques qui sont la loi fatale de sa nature? En aucune manière, et s'il les méconnaissait, il entrerait en révolte vis-à-vis de Dieu; seulement, la moralité dont elles sont empreintes les revêt d'un caractère particulier et voile ce qu'elles peuvent avoir de brutal, de forcé; et c'est ainsi que cette loi du mariage, qui est dans les desseins de Dieu, devient, dans les sociétés civilisées, la source des familles, le foyer des jouissances les plus pures et le germe d'excitation aux actions les plus nobles et les plus généreuses.

Mais croyez-vous que les vues du souverain Créateur en soient absentes? Toutes ces choses seraient-elles possibles si l'on voulait s'en affranchir, et ne faut-il pas reconnaître, pour être fidèle à ces grandes considérations que le spectacle du monde et de nous-mêmes nous impose, que le dernier mot de la sagesse de Dieu, que ses desseins sont dans la possession complète de l'homme et de la femme qu'il a créés? Il le dit lui-même dans son langage énergique et choisi: « L'homme a été créé mâle et femelle »; il l'a été ainsi avec cette double nature pour servir et aimer Dieu, pour perpétuer la race, pour lui transmettre les traditions dont le germe est déposé dans son cœur. Supprimez la possession, tout s'écroule, et au lieu de cette ordonnance magnifique que nous admirons, au lieu de cette organisation devant laquelle nous sommes forcés de nous incliner avec respect, nous n'avons plus que le chaos et le néant.

Et l'on peut contester que la possession soit une loi du mariage! on peut dire que le mariage sera quelque chose sans la consommation! On n'aperçoit pas, quand on est jurisconsulte, philosophe, moraliste, législateur, qu'il s'agit là d'une condition essentielle à la substance même du mariage, condition à laquelle il est impossible de se soustraire, sans commettre précisément cet acte de révolte auquel sont attachées les conséquences que j'ai indiquées.

Si de ces notions du droit naturel je descendais dans la législation positive, assurément le travail que j'aurais à faire pourrait être long. Si je les voulais toutes parcourir, j'y rencontrerais des rites différents, mais toujours la même pensée. La matrone conduisant la vierge à l'autel, le prêtre bénissant la couche nuptiale, y faisant descendre, avec le rayon divin, la fécondité, la douce joie et les saintes espérances. Supprimez toutes ces choses, qu'y a-t-il, grand Dieu! La lutte organisée entre des êtres qui doivent s'aimer et se soutenir.

Aussi, voyez avec quelles précautions vigilantes tous les législateurs se sont occupés de ces choses, comme ils ont fait intervenir, pour calmer toutes les susceptibilités, pour apaiser toutes les passions, le prêtre qui venait toucher les cœurs et forcer les genoux à se ployer!

Dans la législation romaine, quelles étaient donc les conditions premières pour que le mariage soit parfait? Il y en avait deux. Pour ce qui était du droit civil, le mariage n'était valable qu'à la condition que les deux époux fussent pubères. Cela n'a pas besoin d'être expliqué. Mais lorsque la puberté venait à s'accomplir pendant l'existence du mariage, que se passait-il? Le mariage était valable...

« *Minorem annis duodecim nuptam, tunc legitimam uxorem fore, cum apud virum explesset duodecim annos.* »

Qu'est-ce que cela signifie?

Ce sont les articles 184 et 185 du Code Napoléon. J'en cherche la pensée intime, juridique : Pas de mariage sans puberté, parce qu'il n'y a pas de mariage sans consommation; si la puberté intervient pendant le mariage, il y a possession, tous les scrupules disparaissent.

A côté de ce mariage *per connubium,* il y en avait un autre, l'*usucapion.* Je rencontre ici peintes, avec une énergie que les expressions ne sauraient rendre, les pensées que j'ai exprimées à cette barre. Là, il n'y a pas de sacrement qui intervienne, pas de solennité; les rites sont absents; l'homme et la femme se sont rencontrés, ils se sont connus : « *Mulieris quæ annum matrimonii ergo apud virum remansit in trinoctium ab eo usurpandi ergo abessit usucapta esto.* »

Législation imparfaite, j'en conviens; mais retranchons ce qui répugne à nos mœurs dans ces expressions brutales d'une femme assimilée à un champ et qui devient la propriété de son mari par une possession annale. Qu'y a-t-il dans ces expressions, sinon la consécration de ce fait que : le mariage, c'est la possession; que le commerce de l'homme et de la femme est essentiel pour constituer cette union que la société avoue, et que sans ce commerce, l'union cesse d'être le mariage?

Cette vérité absolue a passé dans les législations suivantes. Je vous fais grâce de citations qui sont bien inutiles ; mais si je voulais jeter les yeux dans le droit coutumier, j'en trouverais d'une singulière naïveté. On y parle du prix de la virginité perdue, du douaire qui s'acquiert au coucher.

Sous le Code civil, en est-il autrement? Il n'est pas un de nous qui n'ait eu la fantaisie d'étudier les documents un peu confus, il est vrai, qu'on appelle les procès-verbaux du conseil d'État. Là apparait un homme qui n'était pas seulement un homme de génie, mais surtout un homme d'esprit, et qui, dans ces discussions, apporte, pour éclairer les questions qui lui sont soumises, une verve et un entrain qui lui arrachent des paroles assez embarrassantes à citer quelquefois en audience publique. Là encore se trouvait partout et toujours l'expression de cette pensée que le mariage est dans la consommation, si bien que la consommation en fait disparaître tous les vices.

C'est ainsi que devant le conseil d'État se discute cette grande question relative à l'erreur dans la personne, question qui a pris place dans le texte de l'article 181, et voici ce que je trouve dans M. Fenet, t. IX, p. 40 :

« M. Réal observe « que dans la jurisprudence actuelle, l'erreur ne vicie « le mariage que lorsqu'elle porte sur l'individu, et non quand elle ne « tombe que sur le nom ou sur les qualités ».

« Dans la séance suivante, il revient sur le même sujet, et il parle de l'effet que pouvait produire une allocution prononcée par l'officier de l'état civil.

« Plus loin, M. Tronchet dit « que la preuve de la consommation du « mariage serait aussi contraire aux mœurs qu'impossible », et cette disposition a pris place dans nos lois comme étant une fin de non-recevoir insurmontable à toute espèce de demande en nullité.

« Le Premier Consul dit que « dans le principe, il n'y a pas de contrat « s'il y a violence... »

« Un peu plus bas encore, s'expliquant toujours sur la même question, il dit:

« L'erreur ne peut pas porter sur la personne physique, elle ne peut « porter que sur les qualités; je veux épouser ma cousine qui arrive des « Indes, et l'on me fait épouser une aventurière; j'ai des enfants, je découvre « *qu'elle n'est pas ma cousine.* Le mariage est-il bon? La morale publique « ne veut-elle pas qu'il soit valable? Il y a eu échange d'âme. »

La cour peut voir par ces citations et ces exemples que la consommation du mariage était, je ne dirai pas la fin, mais la condition même du mariage, que cette consommation couvrait même tous les vices, faisait disparaître l'erreur et la violence, et que, suivant l'expression énergique du Premier Consul, elle était le contrat lui-même Donc, si la consommation est impossible, il n'y a pas de contrat.

Ici cependant, on m'arrête et l'on me dit : Mais vous oubliez les principes mêmes sur lesquels notre droit repose.

Il est parfaitement vrai que, dans le droit romain, on avait voulu pousser les choses jusqu'au bout ; la cour se rappelle les lois Popia et Poppea qui avaient défendu le mariage aux femmes qui avaient passé cinquante ans, et aux hommes qui avaient franchi la limite de soixante. Ces lois n'ont duré deux siècles peut-être que parce qu'elles étaient sages ; il y aurait beaucoup à dire si on voulait les défendre ; elles n'ont pas trouvé place dans le Code civil par la raison très-simple que cette législation est de beaucoup supérieure à la législation romaine, qu'elle respecte avant tout la volonté individuelle. Mais à quoi bon raisonner de ce qui se passe le plus rarement? Tout est dans la cause ; il s'agit d'un jeune homme plein de séve et d'espérance. Que sert de comparer son mariage à celui d'un octogénaire qui prendrait une femme aussi âgée que lui? Que ces mariages soient permis, je le veux ; qu'il y ait dans ces mariages autre chose que la consommation, c'est possible ; mais on ne peut pas faire une objection contre la thèse que je soutiens des mariages *in extremis*.

Je raisonne d'un mariage contracté entre personnes aptes au mariage, et la meilleure preuve de la valeur de mon argumentation, c'est que je rencontre dans le Code Napoléon une disposition analogue à celle du droit romain : Pour se marier, il faut être pubère. Est-ce que cela ne dit pas tout? L'article 190 n'ordonne-t-il pas au ministère public de faire prononcer non-seulement la nullité du mariage, mais la séparation des personnes qui ont manqué à l'observation de ce précepte? Est-ce que l'article 185 ne dit pas que cette nullité ne pourra plus être invoquée lorsque la puberté sera venue pendant le mariage, ou lorsque la femme aura conçu dans l'intervalle des six mois pendant lesquels elle peut demander cette nullité? Dès lors, ne voyez-vous pas que les mêmes préoccupations ont guidé les rédacteurs du Code Napoléon?

Et, sans recourir à ces citations dont je me faisais une arme et que j'aurais pu multiplier, n'est-il pas certain qu'aux yeux du législateur comme du philosophe, le mariage est dans la possession complète des deux êtres qui le contractent ; que supprimer cette possession, c'est anéantir le mariage, le rendre impossible *ab initio* et arriver droit à cette conséquence qu'il est nul avant d'être contracté, et qu'il ne peut trouver la consécration de l'autorité civile?

C'est là ma seconde proposition. Ici, messieurs, la discussion sera plus facile, et la conséquence sortira d'elle-même de ma démonstration.

En effet, messieurs, si la consommation du mariage est de l'essence même du mariage, toute impossibilité à cette consommation doit, en théorie, *in abstracto*, s'opposer à la validité du mariage ; et si, de la théorie et de l'abstraction, nous pouvons descendre dans les faits; s'il est possible, sans révolter les mœurs, sans arriver à des conséquences que personne ne peut vouloir méconnaître, de se former sur ce point délicat une opinion à l'abri de toute espèce de controverse, la pratique pourra être d'accord avec la théorie, et là où la raison conclura, le bras du magistrat pourra être armé.

Quels peuvent être les cas d'impossibilité absolue, radicale, de consommation du mariage? Ici se présente, et j'en dis un mot parce qu'elle se rattache directement à ma thèse, la question d'impossibilité qui s'est toujours appelée l'*impuissance.* Vous savez très-bien que, dans les législations primitives, là où les mœurs étaient plus grossières, les habitudes plus naïves, la où ces délicatesses si charmantes et si précieuses de la pudeur existaient à un degré moindre que dans les époques les plus avancées, cette question était examinée de très-près, et que les jurisconsultes la décidaient par la nullité radicale du mariage, par la raison très-simple que j'ai indiquée, qu'il n'y a pas de mariage sans prise de possession.

Dans l'ancien droit, ces théories ont prévalu. Ce qu'elles ont produit, tout le monde le sait. Aussi, messieurs, ne m'en occuperai-je qu'en passant, et pour dire que les raisons sur lesquelles elles étaient appuyées subsistent encore, et que la solution qu'elles attendent de votre justice ne doit pas changer toutes les fois que l'impuissance est d'une constatation qui ne souffre aucune espèce de doute.

Merlin, dans son *Répertoire de jurisprudence* (v. *Impuissance*), a dit en parlant de cette grande question :

« Sous la loi des chrétiens, le mariage, étant indissoluble de sa nature, devenait éternel dès qu'il était accompli; l'homme et la femme ne pouvaient donc se séparer, après s'être unis, qu'en prouvant qu'il n'y avait entre eux qu'un simulacre de mariage, et que les lois et la religion n'avaient pu éterniser des nœuds que la nature ne leur avait pas donné le pouvoir de former. »

Telle est l'origine de toutes ces accusations d'impuissance, qui ont été ignorées de l'antiquité et qui ont produit tant de scandale et une jurisprudence si incertaine dans les tribunaux de justice des peuples modernes. Justinien, qui proscrivit le premier le divorce par des lois civiles, est aussi le premier empereur qui ait promulgué des lois sur l'impuissance. Il n'en est point de plus nécessaire depuis la prohibition du divorce.

« On cherche dans le mariage la consolation de la vie et la sauvegarde de la vertu; il est destiné à donner des citoyens à la patrie, et l'impuissance de l'un des deux fait pour tous les deux le plus grand tourment de la vie de ce qui devait en être le plus grand charme; et ces désirs de la nature, irritée vainement de ce qui devait les satisfaire, deviennent par l'impuissance l'attrait le plus terrible du vice et le danger le plus invincible pour la vertu, et la patrie perd à la fois par l'impuissance de l'un tous les fruits de la fécondité de l'autre. »

Ces réflexions, messieurs, peuvent être anciennes, mais elles sont toujours justes; il est impossible de contester aucune des considérations sur lesquelles elles s'appuient.

Merlin, après avoir parcouru ce qui est relatif à l'ancien droit, en vient au Code actuel :

« Le Code civil, dit-il, ne s'explique pas sur l'impuissance, et la loi du 20 septembre 1792 n'en parlait pas plus que lui. Doit-on en conclure que le législateur a voulu mettre à l'abri de toute attaque le mariage qu'aurait contracté un individu auquel la nature aurait refusé les organes nécessaires pour le consommer ou qui en aurait été privé, soit par une opération de l'art, soit par un accident quelconque?

« On peut dire qu'un pareil mariage serait essentiellement vicié, même d'après le Code civil, par l'erreur dans laquelle cet individu aurait induit la personne qui aurait cru en faire son époux, car l'article 146 de ce Code déclare qu'il n'y a point de mariage lorsqu'il n'y a point de consentement, et il n'y a point de consentement lorsqu'il y a erreur sur une qualité de cette nature. »

Cette opinion est nette et ferme ; elle suppose l'impuissance établie, et elle conclut que cette impuissance établie entraîne la nullité radicale du mariage.

Je ne parle pas de Pothier, que j'avais cependant apporté, puisque je touche au Code civil; mais enfin, Pothier, dans son *Traité du Mariage,* examine plusieurs fois la question, et il soutient nettement qu'un mariage contracté avec un impuissant n'a jamais pu produire une nullité qui puisse être un empêchement à un autre mariage; il examine cette question avec détail et la résout dans le sens que j'indique.

M. Toullier donne une solution analogue dans un passage très-court que voici :

« Si l'impuissance était accidentelle et manifeste; par exemple, si un eunuque avait l'imprudence de contracter un mariage en célant son état à la future, il semble qu'elle serait recevable à faire déclarer le mariage nul. Cette nullité nous paraît dans le véritable esprit du Code, qui veut (art. 312) que l'impuissance accidentelle du mari soit un moyen suffisant pour désavouer l'enfant conçu pendant le mariage, quoiqu'il en soit autrement de l'impuissance naturelle. D'ailleurs, il y aurait, en ce cas, non-seulement erreur dans une qualité qui rendait la personne inhabile à contracter mariage; il y aurait, de plus, dol de la part du mari qui pourrait se prévaloir d'un consentement surpris par son dol personnel. L'impuissance survenue pendant le mariage n'en a jamais opéré la dissolution. »

Ainsi, à deux points de vue, suivant Toullier, le mariage est nul: nul comme contenant une erreur dans une qualité substantielle du mariage; nul comme formant un dol qui a affecté suffisamment de nullité le consentement ainsi surpris.

Enfin un dernier et très-recommandable auteur qui a écrit sur le Code Napoléon, M. Demolombe, a soutenu avec une vivacité extrême l'opinion que je développe devant la cour. Il lui a consacré, dans son *Traité du Mariage,* des développements assez grands. Je me contente de mettre sous les yeux de la cour la dernière partie de son argumentation :

« La troisième opinion, que je partage, enseigne que l'impuissance est une cause de nullité toutes les fois qu'elle est extérieure et manifeste... sans distinguer alors si elle résulte d'un défaut naturel de conformation ou d'un accident postérieur. Et d'abord, que l'époux ainsi trompé puisse soutenir que son consentement est entaché d'*une erreur dans la personne,* c'est la conséquence logique de l'article 180 tel que nous l'avons expliqué. En vain on objecte que l'erreur ne porte alors que sur les qualités physiques! J'ai déjà répondu que l'erreur portait sur les qualités, et qu'il appartenait aux tribunaux d'apprécier dans quels cas l'erreur sur les qualités avait un degré de force assez considérable pour devenir erreur dans la personne... Je ne parle que d'une impuissance démontrée par l'état extérieur et apparent de la personne à la vérité. Je ne distingue plus alors si cet état est naturel ou accidentel : cette distinction, je conçois que la loi l'ait faite dans l'article 313 et qu'elle n'ait pas voulu écouter l'odieux désaveu fait par un mari, qui viendrait dire lui-même qu'il était en se mariant dans un état d'impuissance démontrée ! Mais ici, c'est contre l'époux impuissant que la demande en nullité est dirigée par l'époux trompé ; et, dès lors, il n'y a aucun motif pour distinguer entre l'impuissance naturelle et l'impuissance accidentelle, puisque dans les deux cas la preuve en sera également possible et certaine. — Mais c'est là précisément qu'on m'arrête. Que feriez-vous si le défendeur refuse de se laisser visiter? — Je réponds d'abord que ce n'est point là une difficulté nécessaire et inévitable; supposez, en effet, que le défendeur se soumette à la visite et que le rapport des gens de l'art constate, de la manière la plus péremptoire, un vice patent et radical de conformation. Votre objection nous empêchera-t-elle alors d'atteindre notre but, c'est-à-dire la nullité du mariage? Non, sans doute. Je conviens pourtant qu'il pourra arriver le plus souvent, en pareil cas, que le défendeur fasse défaut, ou que même, en concluant et en protestant, il ne veuille pas accepter cette humiliante épreuve.

« Comment sortir d'embarras? Le fera-t-on visiter de vive force? Pourquoi pas?... Est-ce que les ordres de la justice ne doivent pas être exécutés toutes les fois qu'ils peuvent l'être ? Il ne s'agit pas du fait actif à l'égard duquel la contrainte n'est pas possible; il s'agit d'un fait passif, d'un acte de soumission, de résignation. Est-ce qu'en matière criminelle, ces sortes de visites ne sont pas quelquefois ordonnées, par exemple contre des individus accusés de viol, et dont il est nécessaire de connaître l'état, parce qu'une maladie aurait été communiquée à la victime? Est-ce que des visites n'ont pas lieu forcément encore pour l'exécution des lois sur le recrutement de l'armée ou sur les douanes? Pourquoi donc en serait-il autrement dans notre hypothèse? En vertu de quel privilége le défendeur pourrait-il, par son refus, arrêter ici l'exécution d'un ordre de la justice et rendre l'instruction du procès et, par suite, l'administration de la justice impossibles? — Je me hâte pourtant de le dire, ce moyen est unanimement repoussé, et je conviens aussi de tout ce qu'il a de fâcheux, de violent, de contraire à nos usages et à nos mœurs; que vous dirai-je alors? Eh bien! on cherchera la vérité par tous les autres moyens qui peuvent, en pareil cas, la découvrir, par les enquêtes, par la comparution des parties en personne, par l'interrogatoire sur faits et articles, etc. L'expérience des magistrats saura bien reconnaître si la demande est sérieuse ou ne cache qu'un projet de divorce par consentement mutuel; et en tout cas, s'ils doutent, ils maintiendront le mariage. Mais je n'en persiste pas moins à croire que si, au contraire, la preuve de l'impuissance leur est acquise, ils devront en prononcer la nullité. »

La cour me pardonnera la longueur de ces citations. Je n'ai pas pu résister au plaisir de les lui lire, parce qu'elles conduisent la doctrine jusqu'à ses conséquences les plus extrêmes, et que M. Demolombe, dont tout le monde connaît la modération et la douceur, va jusqu'à supposer que la puissance séculière pourra s'emparer du défendeur pour le soumettre sur le bureau du juge à une sorte de visite qui, bien que déplorable, n'en serait pas moins permise.

Mais immédiatement M. Demolombe recule devant la violence d'un pareil moyen, et je suis loin de le demander. Comme lui, je rougis de cet égarement qui a conduit nos pères jusqu'à cette extrémité juridique qui offensait la pudeur et révoltait la nature.

Mais je suppose, comme M. Demolombe, et dans l'espèce cette supposition est adéquate au fait, que la preuve de l'impuissance est acquise. Cette preuve acquise, n'est-il pas certain que le mariage doit être déclaré nul? Si la consommation en est l'essence, si l'impossibilité de cette consommation le détruit, si la preuve de cette impossibilité résulte de l'impuissance, le mariage doit être déclaré nul.

Ici, messieurs, est-ce que nous sommes dans la nécessité, comme le mari qui plaidait en 1808 devant la cour de Trèves et qui a gagné son procès, de demander que la défenderesse soit visitée par un expert, pour décider si elle est habile au mariage? Non, évidemment. Je ne serais pas à votre barre pour soutenir un système qui me paraîtrait une offense à la civilisation du temps où je vis. Je viens demander à la cour d'annuler le mariage, non-seulement pour un défaut de consommation, mais pour une inhabileté radicale à la consommation. Je demande la nullité du mariage pour une impossibilité morale tout aussi forte, aussi puissante et surtout aussi bien établie que s'il s'agissait d'une impossibilité physique. Je viens demander la nullité du mariage pour un dol odieux qui a trompé une honorable famille, qui a réduit un honnête homme au désespoir, qui le prive de la douceur d'être mari et de la joie d'être père. Et tout cela, messieurs, par un dessein prémédité, par un calcul fait à l'avance, par une volonté bien arrêtée de ne pas consommer le mariage.

Ah! je comprends, et la cour partagera mes scrupules, que si M. de G... se plaignait d'un défaut de consommation pur et simple, il fût bien dangereux d'admettre sa demande. Mais, sans aucun doute, le fait est constant, il n'est pas possible de le contester, et sur ce point mon honorable adversaire ne réussira pas, je crois, à changer votre conviction. Dès à présent il est acquis, je pense, que mademoiselle C... s'est refusée à la loi du mariage.

Mais c'est ici, messieurs, que se dresse devant le juge une question bien redoutable, et que, pour ma part, je ne voudrais pas avoir à résoudre. Cette prise de possession de l'homme et de la femme, réciproque, absolue, qui est la loi du mariage, qui a été traduite par Pothier dans ces expressions naïves que je ne veux pas reproduire, est-ce aujourd'hui qu'elle peut être considérée comme une loi absolue en présence de la faiblesse de nos mœurs et de la frivolité de nos habitudes? Est-ce que les femmes ne viennent pas sans cesse devant les tribunaux se targuer de répugnances insurmontables pour lesquelles nous n'avons tous que de trop secrètes complaisances? Est-ce qu'il n'est pas vrai de dire que la loi simple et sainte du mariage a, sur ce point important, subi une déviation que nous devons déplorer, mais qu'il faudrait être aveugle pour ne pas constater? N'est-il pas vrai aussi que, pour apprécier la nature de ces rapports, pour se faire juge de la légitimité de ces répugnances qui sont, à mon sens, une révolte mauvaise, il faut cependant pénétrer dans des considérations si délicates que le juge peut s'en alarmer? Il conserve au milieu de ces ténèbres le flambeau brillant de sa conscience; mais avec ses scrupules, qui font sa force, il peut craindre de s'égarer, d'abuser de son pouvoir, et il aime mieux laisser expirer dans sa main la foudre dont il est armé que de s'en servir au hasard.

Voilà pourquoi le défaut de consommation du mariage, après le mariage, pourrait entraîner des décisions bien graves et bien difficiles.

Mais ce n'est pas l'espèce. Je ne viens pas dire que Marie C... a refusé d'être la femme de M. de G... Je soutiens, et je demande à en faire la preuve, que Marie C... ne pouvait pas être la femme de M. de G..., qu'elle ne l'a pas voulu, qu'elle était enchaînée à d'autres liens, et que, lorsqu'elle se présentait à l'autel, elle y profanait volontairement le sacrement par un parjure. Et assurément nul ne croira que cette jeune femme rendue à l'intimité de la vie ordinaire, entourée de ses parents, qui ne lui donnaient que de bons conseils, voyant à ses pieds un jeune homme qui l'aimait éperdument, qui lui demandait avec larmes d'être enfin ce qu'il avait le droit de réclamer d'elle, ne se soit jamais laissé attendrir, si son cœur n'était pas cuirassé de ce triple airain bien plus solide que celui d'Horace, et que les passions mettent en nous pour faire repousser la voix du bien. Elles y étaient, ces passions odieuses, usurpatrices; elles avaient dicté à cette malheureuse jeune fille des semblants de candeur qui ont entraîné le marquis de G..., et lorsque celui-ci la ramenait dans la maison de son père, il était en présence d'une impuissance bien plus manifeste, bien plus établie, bien plus ridicule, bien plus opposée à la fin du mariage, et par conséquent le détruisant d'une manière bien plus irrémissible que si, par un jeu capricieux de la nature, cette belle et brillante jeune fille eût été privée des ressources qu'elle ne refuse qu'à peu de personnes pour accomplir les fins du mariage.

S'il en est ainsi, nous sommes en présence d'une impuissance constatée, d'autant plus grave qu'elle est accompagnée de dol, d'autant plus irrémissible qu'elle a été volontaire. Marie C... a fait cette supputation de vanité : « Je ne puis pas épouser celui que j'aime, je serai marquise en épousant celui que je n'aime pas, mais je conserverai à celui que j'aime ma personne et mon cœur. » Si ce calcul a été fait, et nous demandons à le prouver, est-ce qu'il n'est pas certain qu'il y a eu là une odieuse tromperie?

Et je ne parle pas seulement de la tromperie, j'établis aussi l'erreur dans la personne, et je rentre dans le cercle des articles 180 et 181 du Code Napoléon; cette erreur qui, portant sur une qualité substantielle du mariage, le détruit, est-elle constatée?

Messieurs, après les développements dans lesquels je suis entré, je fatiguerais la cour en insistant davantage pour la démonstration de ce point de fait. Vous vous rappellerez cet enchaînement rigoureux de circonstances qui ont chassé M. Léon de G... de la maison de M. et madame C... Vous vous rappelez les lettres de MM. Édouard et Marc C..., dans lesquelles ils reconnaissent que le mariage n'a pas été consommé et où ils disent qu'on s'appartiendra dans l'avenir comme cela aurait dû être dans le passé. Vous vous souvenez surtout de la lettre du 30 septembre 1853, écrite par M. Marc C... à madame la marquise de D..., dans laquelle il déclare que le mariage n'a pas été consommé.

A l'appui des documents décisifs, imposants, puisqu'ils émanent de la famille, puisqu'ils sont des aveux sortant de la maison même où mademoiselle C... est réfugiée, est-ce que je ne puis pas invoquer comme une autorité morale considérable ce qui s'est passé dans l'instruction suivie par les tribunaux ecclésiastiques? Je l'ai dit, à Dieu ne plaise que je prononce ici un mot qui puisse faire croire que ces documents aient d'autre valeur qu'une valeur morale, mais au moins faut-il ne pas la leur refuser tout à fait.

Mademoiselle C... a été sommée de paraître. Elle déclare qu'elle a prêté serment; je n'en ai pas trouvé de trace dans la procédure; mais ce que je sais, c'est qu'elle a refusé de le prêter en présence de son mari. Écoutez, en effet, la lettre que celui-ci a adressée au vénérable pasteur qui gouverne ce diocèse et qui avait été délégué par le Saint-Père pour résoudre cette difficile question :

« MONSEIGNEUR,

« Puisque la demande de confrontation que ma sœur, chargée de mes pleins pouvoirs, a eu l'honneur d'adresser à Votre Grandeur en mon nom, ne peut être considérée comme officielle, je viens la répéter directement aujourd'hui.

« Oui, Monseigneur, je vous supplie de vouloir bien ordonner que je comparaisse devant vous avec mademoiselle C... *seule,* et mes déclarations franches, nettes et positives ne laisseront pas, j'espère, la possibilité de les dénier encore. Si mademoiselle C... refuse de comparaître, je m'autoriserai de son refus pour demander une enquête, et les témoignages ne manqueront pas pour affirmer qu'on a reçu d'*elle-même* la déclaration que j'ai faite de la non-consommation du mariage.

« Dans tous les cas, Monseigneur, j'oserai réclamer de votre bonté et de votre justice que la lettre que j'ai l'honneur de vous adresser aujourd'hui soit jointe au dossier de mon affaire et envoyée à Rome avec lui. Je réclame encore que Votre Grandeur daigne constater dans le rapport qu'elle voudra bien faire, que si mademoiselle C... fait opposition à la dissolution ecclésiastique du mariage que je demande, ce n'est pas avec la pensée de vaincre la ferme et irrévocable résolution où je suis de plutôt mourir que de la reprendre, puisque elle-même ne se montre pas moins résolue à profiter du *bénéfice de la séparation judiciaire que j'ai demandée et obtenue contre elle,* confirmant ainsi la vérité de ce que j'ai avancé à ce sujet.

« J'ai l'honneur, etc.

« Marquis DE G... »

Je ne sais si je m'abuse, mais il me semble que ce langage est empreint d'une sincérité se révélant si bien qu'elle n'a pas besoin d'être démontrée. Et quant à cette sommation suprême, Marie C... a répondu par un refus.

Quand elle n'a pas osé affronter le regard de cet homme qu'elle a trompé, est-ce qu'elle n'a pas reconnu par là même la vérité de ses assertions? Que dis-je! nous demandons à prouver, c'est là notre articulation, que mademoiselle C... répète à chacun que le mariage n'a jamais été consommé. Avec cette nature frivole que j'ai mal esquissée, ne croyez pas qu'elle enferme en elle-même les secrètes pensées qu'il serait de son intérêt de cacher. Non, assurément; l'univers entier en serait le confident si elle était en rapport avec lui. Mademoiselle C... dit tout ce qu'elle a fait, elle ne le laisse pas ignorer. Elle dit que M. le marquis de G... n'a jamais été son mari; elle s'en fait gloire; elle est heureuse de l'avoir pris pour dupe en conservant son titre de marquise.

Elle va plus loin. Vous savez le fait important qui a été révélé depuis le jugement du tribunal ecclésiastique; fait que nous avons le droit de signaler à la conscience de la Cour et dont nous devons nous inquiéter en même temps. Mademoiselle Marie C... trouve mauvais que cet homme qu'elle a mis en poussière, sur le cœur duquel elle a versé le venin de cette passion qui devait l'empêcher d'aller à l'autel;

elle trouve mauvais qu'il se redresse, qu'il proteste, qu'il saisisse la justice et épanche ses douleurs; elle demande qu'en interdisant la publicité de ces débats, on empêche qu'elle ne soit troublée dans ses joies, dans ses plaisirs. Vous jugerez, messieurs ; je ne m'arrête pas à une pareille question.

J'use de mon droit devant les magistrats de mon pays. Je puis bien, au nom de ce mari bafoué, humilié, vilipendé par vous, vous demander compte, puisque vous entendez conserver votre titre de marquise, des actes par lesquels vous pourriez aussi le compromettre et le souiller. Est-ce que ce n'est pas mon devoir, mon droit? A Dieu ne plaise que je vienne ici égarer le débat dans des révélations qui seraient peut-être téméraires, mais qui me seraient faciles ! Non; mais seulement je puis user de pièces. J'en ai produit une en première instance qui a provoqué de la part de l'adversaire une réponse très-vive. J'avais dit cependant que cette lettre, de tous points inconvenante, n'était pas un document établissant une faute de la part de Marie C... J'avais mis ces lettres sous les yeux du tribunal pour établir quelle était la situation morale de Marie C..., pour faire comprendre ce qu'elle était. Vous savez ce qu'est son mari, quels sont ses scrupules, ses vertus et sa noble sévérité.

Quant à elle, messieurs, elle appartient à un monde, à des habitudes que M. le marquis de G... ne saurait comprendre. J'ai lu en première instance et je produis devant la cour le passage d'un bulletin dans lequel on parle de Marie C... C'est fait par un homme du monde, un écrivain connu, de beaucoup de grâce et d'esprit, mais enfin qui n'a pas le droit de parler de tout le monde et n'en parle pas.

Mademoiselle C... s'est permis des actes de nature à susciter les très-légitimes appréhensions de son époux. Dois-je vous les dire?

A l'heure où je parle, dans cette maison se trouve un enfant, une petite fille dont l'origine est inexpliquée. Elle est arrivée un jour, toute jeune, et peu après M. le marquis de G... en a été instruit. Il a voulu savoir la vérité. Toutes les explications lui ont été refusées ; on s'est borné à dire que l'origine mystérieuse de cette enfant était telle que mademoiselle C... ne voulait pas la révéler. Ceci n'était pas rassurant, alors surtout que cette enfant est appelée *ma* fille, et qu'elle appelle Marie C... sa mère ; alors qu'elle est arrivée au berceau et que madame de G... lui montre une tendresse qu'un enfant né de ses œuvres n'obtiendrait pas plus grande.

Devant le tribunal de première instance, j'ai dit avec la sincérité que je devais apporter à cette déclaration, qu'il y avait là un fait considérable à éclaircir. J'espérais, et je l'avais vainement demandé dans une communication antérieure, que l'adversaire aurait entre les mains des pièces qui satisferaient ma légitime curiosité. Savez-vous ce qu'il a dit? Le voici, et comme je ne veux pas dénaturer ses explications, je les emprunte au compte rendu des débats, auquel il n'a, je pense, aucune observation à faire...

Me MATHIEU. Je ne m'en suis pas occupé.

Me Jules FAVRE. Voici comment il s'est exprimé sur ce point délicat :

« Les adversaires ont découvert, il est vrai, dans la maison qu'habite madame de G..., une enfant qui donne à ma cliente et reçoit d'elle les plus tendres caresses. D'où vient cette enfant?... »

Au moins mon adversaire ne pourra pas dire que j'y ai mis le moindre artifice ; j'en suis complétement dépouillé, et je vais droit au but. Si vous prenez la chose pour une offense, je la prends pour une vérité tant que vous n'aurez pas prouvé le contraire.

« L'accusation indirecte et cachée sous les artifices du langage n'a échappé à personne. Vos enquêtes, si vous l'aviez voulu, vous auraient facilement révélé son origine. Après une rupture qui ne permettait pas de retour et lui interdisait le bonheur d'être mère, madame de G... a voulu au moins se donner les joies d'une maternité fictive. »

Une maternité fictive, de la part d'une femme qui a refusé à son époux le droit et le bonheur d'être père ! Il n'y aurait que cette circonstance suprême dans la cause, qu'elle serait, messieurs, pour vos consciences délicates, une révélation éclatante. Quant à moi, mettant la main sur mon cœur, je déclare que cette inconvenance ne peut être commise que quand la passion dépasse les bornes, que quand on n'est plus maître de soi ; alors on prend par la main l'enfant mystérieux pour le mettre dans la chambre à coucher et dire : C'est une maternité fictive que j'ai cherchée.

M. le marquis de G... n'accepte pas la sentimentalité fictive de madame de G... qui, suivant elle, n'aurait pas eu le bonheur d'une maternité. Où sont les pièces qui établissent la filiation de cette enfant? Si ces pièces ne sont pas produites, la conclusion est facile. Et dès lors, quel est donc en définitive le tréteau sur lequel vous placez ce mari voué à l'odieux et au ridicule? Vous appelez tous les carrefours à être témoins de la honte que vous lui infligez ! Vous ne vous êtes pas contentée de le chasser de chez vous, vous voulez avoir près de vous un enfant qui grandira, et un jour, car vos calculs sont faits, lorsque le temps se sera écoulé, quand les preuves auront disparu, quand la mort aura peut-être glacé le sang du marquis de G..., recherchant sa mère, cette enfant arrivera, avec votre complicité, à entrer dans la famille de G... et à prendre, pour sa part, comme les enfants légitimes, cette couronne de marquise que vous portez si bien.

Mais l'entreprise ne pourra avoir lieu que lorsque M. le marquis de G... aura épuisé tous les moyens de résistance. Il a fait le procès en nullité de mariage pour ne pas faire un procès en désaveu et en suppression de l'état. S'il perd ce procès, pour faire respecter son sang et celui de ses ancêtres, il est décidé à aller jusqu'au bout, et après avoir épuisé la justice des hommes, à espérer en celle de Dieu.

Dans une situation de cette nature, que peut donc être le bénéfice du maintien d'une union avant tout menteuse et sacrilége? En première instance, mon adversaire a fait connaître un incident à coup sûr bien étrange et bien imprévu, qui est le dernier par lequel je veuille caractériser cette déplorable procédure.

Si c'est là un crime, nous nous en sommes rendus coupables, nous avions espéré qu'il serait possible d'arriver à l'annulation de ce mariage sans un grand scandale. Le procès avait été porté devant le tribunal d'Avignon, et Marie C... avait déclaré qu'elle n'y comparaîtrait pas. C'est mon honorable adversaire qui parle, et je serais bien coupable si je révélais un secret qui lui appartient; il l'a mis sur la barre. Mademoiselle C... se rend chez son honorable avocat et lui dit: « Mais, après tout, je ne vois pas grand inconvénient à ce que mon mariage soit rompu, je serai encore plus libre; mais j'espère bien que je conserverai mon titre de marquise? » Son honorable défenseur lui dit: « Vous ne pouvez pas jeter le mari à l'eau et conserver la couronne. » Dès lors, elle reprend son consentement et elle déclare qu'elle se défendra. Qu'est-ce qu'elle défendra? Est-ce l'honneur de la maison, la sainteté de la famille? Non, c'est sa vanité; c'est là la seule contemplation qui l'a conduite à l'autel, c'est la seule qui la retient devant la justice; elle y défendra, pour cela seul, cette union qui ne sera certainement pas confirmée par vous.

Car enfin, est-il possible de douter après les explications trop longues dans lesquelles je suis entré? Pour moi qui voudrais faire triompher le droit confié à ma faiblesse, il me semble qu'on ne pourra jamais douter. Pourrez-vous supposer que dans le rapprochement de ces deux époux qui se sont rencontrés à l'autel, et alors que la femme n'a été guidée que par le calcul, l'ambition, alors qu'elle n'a éprouvé que de la haine pour son mari, il y a eu un mariage?

On dit que c'est là un mariage, parce qu'il y a eu séparation.

Singulière raison! Pourquoi la séparation n'est-elle qu'un relâchement du lien conjugal? Précisément, indépendamment des considérations religieuses, par cette raison profonde que le législateur a pressentie, que la séparation laisse subsister dans le cœur des époux l'espoir d'un rapprochement. Et sur quoi cet espoir est-il fondé? J'en prends à témoin le cœur de tous ceux qui m'entendent. Sur cette raison décisive de la possession réciproque, qui, un instant, a confondu les âmes et les existences de ceux qui étaient unis.

Mais ici, messieurs, est-ce qu'il y a quoi que ce soit de semblable? Est-ce qu'il n'est pas vrai de dire que tout a été mensonge et dérision, et que le malheureux jeune homme pour lequel je m'épuise en efforts à votre barre, n'a rencontré que la mort là où il cherchait la vie? Et à quelle existence a-t-il été condamné par ce désastre qui est venu le frapper? Ah! messieurs, nulle parole humaine ne le saurait dire; car, pour le bien exprimer, il faudrait ressusciter des mœurs qui ne sont plus de notre âge. Il faudrait vous peindre cet homme religieux, accablé par les sacrifices, par les dangers même de la vie, à ce point qu'il en est à chercher dans les occupations physiques, dans la prière, dans la solitude, au milieu des contrées les plus sauvages, l'oubli de lui-même et de ce fatal amour qu'il ne peut arracher de son cœur, qui l'empoisonne, qui l'empêche de laisser aller son âme vers d'autres objets qu'il ne peut contempler sans qu'à l'instant la fatalité qui pèse sur son existence ne se dresse devant lui.

Je m'arrête. J'admets que dans les hautes régions où plane votre sagesse, ces douleurs privées ne puissent exercer un souverain empire: c'est par des idées plus élevées que se forment vos décisions. On a dit devant les premiers juges, on répétera devant vous que vous deviez d'une main ferme et résolue maintenir la dignité du mariage. Je la demande ainsi que les adversaires; seulement, je m'interroge, et je cherche si consolider ce fantôme qui est devant vous, c'est rendre honneur au principe que vous prétendez asseoir sur les fondements les plus inébranlables.

Les philosophes, les moralistes et les législateurs qui étudient nos faiblesses, nos passions et les règles qui sont destinées à les contenir, nous apprennent que le meilleur remède pour en triompher, c'est la recherche sincère de la vérité et l'application sévère de chacun de nos actes aux conséquences qui en découlent. Vous, magistrats souverains, interprètes vivants du droit qui nous régit, descendez au fond de vos consciences et demandez-vous si le fantôme de contrat qui s'est dressé devant vos yeux peut être considéré comme un lien civil alors que la religion l'a brisé, alors que la haine l'avait à l'avance empoisonné. Et si vous êtes convaincus qu'il n'y a eu là que déception et mensonge, dans votre toute-puissance prononcez la nullité de ce lien, et par là vous aurez mieux servi la cause du mariage qu'en lui rendant un vain hommage et en cédant aux nécessités sociales contre lesquelles vos cœurs protesteraient.

La cour a rendu l'arrêt suivant :

« La cour,

« Sur l'appel principal :

« Considérant que la loi, en n'admettant que l'erreur dans la personne comme cause de nullité de mariage librement consenti, a voulu placer le contrat de mariage dans une condition spéciale et le mettre à l'abri des discussions qui peuvent atteindre les autres engagements;

« Que le bienfait de cette législation s'efface si l'erreur dans la personne est étendue à celle dans ses qualités civiles, morales ou physiques;

« Que l'appréciation de fait, qui dès lors remplace la disposition légale, ouvre la barrière à toutes les attaques et, de l'acte de mariage que l'esprit de nos mœurs et de notre législation veut irrévocable, fait un contrat ordinaire exposé à toutes les contestations;

« Considérant que le procès sur lequel il s'agit de statuer est né évidemment de la diversité récente des décisions sur l'interprétation de l'article 180 du Code Napoléon, que de l'erreur sur les qualités, le demandeur a pensé qu'on pourrait aller à celle sur les intentions;

« Qu'en effet, les articulations, soit de la demande, soit des conclusions prises devant la cour, tendent seulement à établir qu'au jour de son mariage la demoiselle, qui avait de l'antipathie pour son mari, était résolue à ne pas remplir les devoirs d'épouse, le demandeur concluant de là qu'il a été trompé sur la volonté de la demoiselle et qu'ainsi se trouve entaché d'erreur son propre consentement, dans le sens de l'article 180 du Code Napoléon;

« Considérant qu'ainsi ce n'est plus même l'erreur sur les qualités de l'un des contractants, mais l'erreur sur les dispositions de son esprit qu'on demande à prouver et qu'on présente comme une cause de nullité du consentement donné par l'autre partie;

« Qu'une telle demande est évidemment repoussée par le texte comme par l'esprit des dispositions des articles 180 et 181 du Code Napoléon; qu'elle démontre seulement qu'en de telles matières, admettre l'arbitraire appréciation du juge, c'est ouvrir la porte à toutes les espérances, et que le maintien de la disposition absolue de l'article 180 peut seule défendre le mariage contre les attaques inconsidérées et assurer ainsi la dignité des mœurs publiques et le repos des familles;

« Considérant qu'ainsi les conclusions principales de l'appelant doivent être repoussées; que les faits cotés par lui en preuve ne sont ni pertinents ni admissibles;

« Sur l'appel incident :

« Considérant qu'en l'état de la cause, l'appelant principal n'a pas dépassé dans ses conclusions la limite d'une légitime défense;

« Sur la fin de non-recevoir résultant de la demande en séparation de corps, poursuivie par l'appelant, et du jugement par lui exécuté :

« Adoptant les motifs des premiers juges, met les appellations au néant;

« Déboute les appelants de leurs fins et conclusions;

« Ordonne l'exécution du jugement frappé d'appel;

« Condamne les appelants à l'amende et aux frais de leur appel, le coût de l'arrêt restant à la charge de l'appelant principal. »

DISCOURS

PRONONCÉ A L'OUVERTURE DE LA CONFÉRENCE

LE 3 DÉCEMBRE 1860

MES CHERS CONFRÈRES,

Cette solennité qui, chaque année, inaugure la reprise de nos conférences, nous offre l'attrait particulier qui s'attache aux fortes études de la jeunesse. Deux d'entre vous, choisis par nos anciens entre les plus dignes, vont vous rappeler, l'un les règles difficiles de l'art de bien dire, l'autre les nobles leçons puisées dans la vie d'un grand ministre. Mais avant de leur donner la parole, permettez-moi d'user de mon privilége en vous ouvrant mon cœur, pour vous y laisser voir les sentiments d'affection profonde et de dévouement sans bornes qui le remplissent. C'est à eux seuls, je n'en doute pas, que je dois l'insigne honneur qui m'a été conféré par le conseil de notre ordre.

Comment n'en serais-je pas vivement touché? Il n'en est pas de plus éminent pour l'avocat qui a consacré son existence au culte de sa profession. Il n'en est pas qui lui soit plus précieux, puisqu'il est la plus haute expression de l'estime et de la confiance de ses confrères. Mais en même temps, il n'en est pas qui oblige davantage. Maintenir d'une main ferme les règles salutaires de notre discipline, diriger vers un but élevé les utiles travaux de stage, prévenir les difficultés et les conflits par un esprit de conciliante modération, suivre d'un œil vigilant les moindres faits qui intéressent notre dignité, défendre nos franchises contre de funestes empiétements, porter résolûment partout où il doit paraître le drapeau de notre ordre et savoir le faire respecter, telle est la tâche que nos traditions imposent à votre bâtonnier, tâche considérable et de nature à intimider les volontés les plus courageuses. Nul ne saurait se flatter de la remplir dignement; mais le devoir ordonne de s'y appliquer sans hésitation ni réserve, le regard fixé sur les exemples des devanciers. Et lequel mérita de servir de modèle, mieux que celui auquel je succède et dont l'exercice a été marqué par de si rudes épreuves?

Vous tous qui l'avez vu à l'œuvre, tantôt menant ces deuils illustres sous les coups répétés desquels le Palais a été comme accablé, tantôt revendiquant avec éclat le patrimoine inaltérable de nos vieilles libertés; vous tous encore qui, dans les relations privées, avez apprécié son indulgence éclairée, son zèle infatigable, son noble penchant pour les lettres dont il a été dans cette enceinte le brillant apologiste, vous ne me démentirez pas, lorsque, interprète du barreau tout entier, j'affirme que jamais chef de notre ordre n'a servi nos intérêts avec un cœur plus dévoué et n'a conquis des droits moins contestés à notre affectueuse reconnaissance.

Mais ce n'est point assez de ces inspirations : j'ai besoin du concours de tous mes confrères, et particulièrement du vôtre, mes chers stagiaires, vous, notre espérance, notre orgueil, vous à qui le temps appartient, vous que doit, à chaque heure du jour, harceler le désir de bien faire et de dépasser ceux qui vous montrent la route. C'est de vous que dépendent nos destinées, et pour qu'elles répondent aux vœux de ma vie entière, il faut que je vous dise comment je comprends cette profession que nous ne saurions trop aimer, puisqu'elle établit entre nous de si forts et de si doux liens.

On nous accuse quelquefois de lui prêter une feinte grandeur. Combien nous serions coupables si nous la faisions descendre au niveau de l'opinion commune! Sa force est précisément dans la hauteur à laquelle nous la plaçons, et l'exagération même qu'on nous reproche n'a d'autre résultat que de multiplier et d'épurer nos devoirs.

Au surplus, sa grandeur se justifie et s'établit par son origine, son essence et son but. S'il est vrai que, chez les nations civilisées, le sentiment le plus élevé soit celui du droit, le premier besoin, celui d'une législation éclairée et d'une justice impartiale, l'institution qui répond à ces nécessités occupe dans l'État un rang dont nul ne méconnaîtra l'importance. Aussi, partout où elle est indépendante, la magistrature a droit à de légitimes respects. Nulle mission n'est plus sainte ni plus difficile que la sienne. Mêlée aux faiblesses et aux passions humaines, elle doit s'y montrer supérieure; vouée à des travaux obscurs, elle trouve la récompense de ses efforts, non dans le bruit de la renommée, mais dans les calmes satisfactions de la conscience : elle est l'interprétation vivante de la loi; et dans ce commentaire puissant qui ressort de ses arrêts, elle ne peut obéir à d'autres mobiles que ceux d'une raison ferme et libre; enfin, vigilante protectrice de tous les intérêts menacés, ennemie infatigable de la fraude, de la violence, de l'oppression, étendant sa sollicitude jusqu'aux plus humbles, elle est, dans nos sociétés modernes, le plus auguste et le plus redoutable des pouvoirs; elle en est le bienfait et la gloire, comme elle en serait le déshonneur et le fléau si elle pouvait, oubliant ses devoirs, abuser de l'immense autorité qui lui est confiée.

A côté d'elle est le barreau qui, à un point de vue différent, concourt à l'accomplissement de la même tâche. A elle la décision et la souveraineté, à lui la discussion et la liberté. Il est le champion du droit individuel, le refuge des persécutés, le patron et le consolateur de toutes les infortunes. Pour servir dignement cette noble cause, toutes les ressources de la science et de l'art lui sont nécessaires. Il explique la loi et s'efforce d'en fixer les incertitudes; il faut donc qu'il en connaisse les sources dans l'histoire, dans la philosophie, qu'il en devine l'esprit en étudiant les besoins sociaux auxquels elle correspond. Il doit aussi porter la lumière au milieu des ténèbres dont l'ignorance et la mauvaise foi entourent trop souvent les questions litigieuses. Il faut alors qu'il pénètre les plus secrets replis des cœurs, qu'il y surprenne le jeu des passions, qu'il sache, en les dominant par la pensée, démêler et traduire leurs entraînements. Enfin, et dans tous les temps, il s'enorgueillit de ce précieux privilége : il se porte résolûment au secours du droit partout où il est menacé par la force triomphante.

Dédaigneux de plaire, insoucieux du péril, il met sa gloire à se dévouer et sa plus haute fortune à sacrifier les avantages dont les hommes se montrent ordinairement le plus jaloux.

Tel est notre rôle, mes chers confrères; j'ai raison de le trouver grand, et ceux-là qui seraient tentés de me contredire seraient bien vite de mon avis si quelque revers les forçait à recourir à notre ministère. C'est alors qu'ils comprendraient l'erreur de ces esprits qui, dans un fol amour de l'autorité à tout prix, s'alarment de nos franchises; pour nous juger, il faut avoir souffert, et dans un temps où la fortune a de si brusques retours, où la prison et le trône se touchent de près, nous pouvons invoquer ce témoignage de la conscience publique, que nous restons fidèles au malheur, quel que soit son drapeau.

Mais à une tâche pareille la vie suffit à peine. Notre profession est de celles qui exigent une passion exclusive et un entier dévouement. Que ceux-là s'en éloignent qui ne veulent renoncer ni aux plaisirs du monde ni au tumulte des affaires. D'Aguesseau, écrivant pour son fils des conseils que nous ne saurions trop relire, lui enseigne qu'il n'y a pas de succès possible sans une claustration volontaire de plusieurs années. Le choix des lectures qu'il lui recommande comme indispensables constitue une véritable encyclopédie. Loin d'y rien retrancher, j'y ajouterais toutes les conquêtes de l'esprit nouveau, auxquelles l'avocat ne peut demeurer étranger. Lui demander de tout savoir ne serait en rien dépasser les limites de son domaine.

Il peut s'appliquer les vers dont Juvénal fait la préface de ses satires :

Quidquid agunt homines, votum, timor, ira, voluptas,
Gaudia, discursus, nostri est farrago libelli.

« Toutes les actions des hommes, leurs désirs, leurs craintes, leurs colères, leurs passions, leurs plaisirs, leurs disputes, tout rentre dans le sujet de notre livre. »

N'est-ce pas, en effet, la vie humaine avec ses accidents infinis, ses grandeurs et ses misères, ses clartés et ses ténèbres, qui se développe sans cesse dans ces drames variés qu'on appelle les procès? Ne touchent-ils pas à la morale, à l'histoire, aux lettres, à la science, à l'industrie, à la politique, et, pour n'être point au-dessous de leur intelligence, l'avocat ne doit-il pas s'initier à toutes les connaissances? Plus large sera son horizon, plus ferme sera son regard, plus féconde sera sa pensée, plus puissante son action sur ceux qu'il a mission d'éclairer et de convaincre.

Éclairer et convaincre! tel est le double but que se propose l'orateur. C'est aux vives lueurs de son esprit rayonnant sur chaque partie de son discours que s'avancent, rangés avec une savante méthode, les arguments destinés à subjuguer ses auditeurs; c'est par la noble chaleur de son âme que sa parole répand autour de lui ces insaisissables et mystérieuses attractions qui le rendent maître des volontés et des cœurs, et assurent ainsi son triomphe par la plus pure des conquêtes, celle qu'établit l'union intime des sentiments et des pensées!

Mais cette victoire exige un effort opiniâtre. Tacite l'indique, dans son *Dialogue sur les orateurs,* par quelques lignes utiles à méditer [1] :

« Le véritable orateur est celui qui, sur toutes matières, peut parler avec une élocution pure, ornée, persuasive, en ayant égard à la dignité du sujet, à la convenance du temps, au plaisir des auditeurs. »

Avant lui, Cicéron avait écrit les mêmes choses en les appliquant plus particulièrement à l'éloquence du barreau [2] :

« L'orateur ne doit pas se borner à satisfaire le client qui a besoin de lui; il doit se faire admirer de ceux qui le jugent indépendamment de tout intérêt. »

Et moi, mes chers confrères, s'il m'est permis de parler après ces grands génies, j'ajouterai que l'orateur ne doit pas se contenter d'instruire, de persuader, de charmer ceux qui l'écoutent; l'admiration dont les murmures mal contenus l'enivrent ne saurait être sa plus belle récompense : c'est à réaliser le type idéal du vrai et du

[1] Id est orator qui de omni quæstione pulchre et ad persuadendum apte dicere pro dignitate rerum et ad utilitatem temporum, cum voluptate audientium possit.

[2] Est igitur oratori diligenter providendum, non ut illis satisfaciat quibus necesse est, sed ut iis admirabilis esse videatur quibus libere liceat judicare.

beau mis en germe dans son sein que doit s'épuiser tout son être! noble et vaillant labeur qui élève la créature bornée aux limites mêmes des régions infinies où sa nature se transforme; puissantes et fécondes méditations dans lesquelles, poursuivant avec une ardeur infatigable le rêve qu'elle entrevoit malgré sa faiblesse, la pensée s'agrandit et s'échauffe, et comble l'âme de joies presque célestes! voluptés ineffables! dont nulle langue humaine ne saurait peindre la force et la douceur, car elles sont la plus haute expression du pouvoir de notre essence immatérielle. La poésie leur a donné un symbole en immortalisant le sublime délire de l'artiste qui sent palpiter le cœur de la femme sous le marbre que tourmente son ciseau, et se prosterne, éperdu d'amour, devant cette œuvre sans nom, pour l'enfantement de laquelle sa main s'est rencontrée avec celle de Dieu!

Et ne croyez pas que ce soit de ma part une téméraire exigence que de vous convier à ces aspirations; elles sont la source de tout ce qui est véritablement puissant. C'est par le cœur que se mènent les hommes, et c'est le beau qui le pénètre et le captive. La beauté morale exerce sur lui un empire bien plus irrésistible que la beauté physique, qui n'est que le reflet et le signe visible de la première. Dès lors, comment celui qui est chargé de persuader dédaignerait-il les séductions de la pensée? Comment renoncerait-il au secours décisif que lui apportent la pureté du langage, la grâce du tour, la noblesse de l'expression, la vivacité du trait, l'éclat des images, le rapprochement ingénieux des aperçus? C'est de la forme, dit-on, et notre siècle positif ne s'y arrête plus; il demande avant tout des idées pratiques et précises qui peuvent se rendre sans phrases.

Mes chers confrères, tenez ces maximes trop répétées pour un sophisme à l'usage des impuissants. Je suis loin de méconnaître la tendance de beaucoup d'esprits à tout rapetisser; les médiocrités trouvent leur compte à cet abaissement. Certains politiques en font la base de leur fortune. J'en vois aussi les traces funestes dans la littérature et dans les arts, et c'est pourquoi je vous conjure de réagir avec courage contre cet amoindrissement progressif de nous-mêmes. Autant il est nécessaire de fuir l'enflure et le mauvais goût, autant il faut s'attacher avec un pieux respect à nos vieilles traditions d'élégance et de distinction qui forment l'un des plus précieux patrimoines de notre nationalité. Cette belle langue française, la langue de Descartes, de Bossuet, de Pascal, de Racine, de Molière, de Voltaire, est un si admirable instrument, que ceux qui sont appelés à l'insigne honneur de s'en servir pour une fonction publique, — et quelle fonction? la libre défense du droit! — seraient coupables au premier chef de la laisser se dégrader et se fausser entre leurs mains.

Cicéron disait avec une extrême justesse que « le plus grand vice d'un discours, c'est de s'éloigner trop de la manière ordinaire de parler ». Mais il a prouvé par son exemple que la trivialité doit être évitée aussi soigneusement que le néologisme, et que la première force de l'orateur est dans la correction de son style et la noblesse de son langage[1]. Et comment n'en serait-il pas ainsi? La beauté de la forme attirera toujours par d'irrésistibles enchantements; à elle seule elle impose.

Et vera incessu patuit dea,

dit le poëte : les plus rebelles subissent son charme. Ils voudraient se révolter, les voilà pris et captifs. On peut dès lors leur faire tout entendre : les hardiesses ne les choquent plus. Entraînés par la magie de la séduction, ils oublient leur passion pour se livrer à celui qui sait les éblouir, et quand ils reviennent à eux-mêmes, il n'est plus temps de comprimer l'essor de la pensée, dont l'art a brisé les entraves.

Cette préoccupation de bien dire, que je vous conseille de toutes mes forces, cette habitude scrupuleuse de rechercher soigneusement le signe le mieux approprié à la pensée, ne vous serviront pas seulement dans les circonstances difficiles où l'habileté est une condition de salut, elles donneront à chacun de vos discours, même les plus ordinaires, deux qualités rares et dont vous tirerez le plus grand fruit : la propriété de l'expression et la sobriété des développements. Nous nous plaignons quelquefois d'être mal écoutés : au lieu d'en accuser le juge, prenons-nous-en à nous-mêmes. Commandons son attention en l'intéressant et en le charmant. Lorsque Périclès montait à la tribune, il se disait : « Souviens-toi que tu vas parler à des hommes libres, à des Grecs, à des Athéniens. »

Il croyait ainsi nécessaire d'élever son esprit par le sentiment de la dignité de son auditoire. Nous, qui nous adressons à des magistrats rompus aux affaires, n'oublions jamais que le premier tribut du respect que nous devons à la justice, c'est un examen approfondi de notre cause.

Cicéron insiste sur ce précepte banal en apparence, et cependant fort utile à rappeler[2] : « Ce que je recommande d'abord à mon élève, c'est, quelque cause qu'il ait à traiter, de l'étudier avec soin et de la connaître à fond..... car on ne peut que fort mal parler de ce qu'on ne connaît pas. »

Mais ce n'est point assez de pénétrer toutes les parties de son pro-

[1] Dans son livre *De l'orateur*, il conseille aux jeunes gens de se former par de nombreuses compositions écrites. « La plume, disait-il, nous forme à bien dire; c'est le premier et le plus habile des maîtres. *Stylus optimus ac præstantissimus dicendi effector ac magister*. »

[2] Hoc et primum præcipiemus, quascumque causas erit acturus, ut eas diligenter penitusque cognoscat..... quod nemo potest de ea re quam non novit nisi turpissime dicere.

cès; le choix réfléchi des moyens, la combinaison logique des idées et la recherche sévère de la forme la plus parfaite, vous permettront d'être clairs, simples et brefs dans l'explication de ce qui ne soulève aucune difficulté sérieuse, substantiels dans la discussion, éloquents et pathétiques quand la passion devra naturellement prendre place dans votre discours. Par ces efforts assidus, vous deviendrez maîtres de vous-mêmes et souvent aussi de ceux dont vous aurez ainsi mérité la confiance et l'estime.

Vous entendrez répéter que les dissertations de droit ne sont plus tolérées dans nos plaidoiries. S'il en était ainsi, j'en accuserais le barreau. Une bonne discussion est toujours écoutée. Elle ne le sera pas moins pour être belle. Mais condamner la magistrature à des lieux communs, à des doctrines hasardées, à des thèses jetées dans le débat sans préparation, c'est tenter une entreprise où celui qui perd le plus est l'imprudent qui se brise contre l'inattention dont sa légèreté est la seule cause.

Vous vous défierez donc, mes chers confrères, de ces conseillers, trop communs aujourd'hui, qui vous enseigneront les commodes préceptes du sans gêne oratoire. Vous ne croirez pas que l'art de bien dire soit inconciliable avec la logique et la science, et vous vous appliquerez avec une intelligente persévérance à rehausser l'éclat du barreau par l'alliance naturelle du droit, de la philosophie et de l'éloquence! Les conférences, qu'un usage immémorial a établies parmi nous, celles que vous formerez vous-mêmes, vous seront, à cet égard, une excellente préparation. Plutarque nous apprend l'ardeur avec laquelle Cicéron s'y consacra : « Il se remit de reschef à estudier en rhétorique et à cultiver son éloquence comme un util nécessaire à qui se veut entremettre du gouvernement de la chose publique, en s'exercitant continuellement à faire des harangues sur des subjects supposez et en s'approchant des orateurs et maistres d'éloquence qui lors estoient le plus renommez. »

Ces luttes, où vos généreux instincts se donneront libre carrière, où vos succès auront d'autant plus de prix qu'ils ne seront achetés par aucune défaite, vous initieront peu à peu aux combats plus sérieux qui rempliront votre vie. Vous les affronterez avec la force que donnent de consciencieuses études, l'amour du travail et la noble ambition de bien faire, et votre jeune gloire, rayonnant sur nos dernières années, sera la plus douce récompense des efforts que nous aurons tentés pour faire fructifier et grandir au sein de votre génération les leçons que nos anciens nous ont transmises!

D'ailleurs, mes chers confrères, en vous façonnant aux rudes labeurs de notre profession, vous vous disposez à servir la patrie sur d'autres théâtres, si jamais elle en appelle à votre dévouement. On ne saurai être un homme d'État sans une connaissance approfondie du droit, et tous ceux qui ont exercé une décisive influence sur leur époque ont été habiles dans le maniement de la parole.

Je sais que l'heure présente semble peu favorable à l'éloquence politique. Si je voulais en rechercher les causes, je les trouverais sans peine. Tacite, dans son *Dialogue sur les orateurs*, se posait la même question, et y répondait ainsi[1] : « La gloire de l'orateur s'affaiblit et s'obscurcit au milieu des bonnes mœurs et d'une sage subordination. Qu'est-il besoin de longues discussions dans le Sénat, lorsque les bons esprits sont si vite d'accord? Que deviennent toutes ces harangues au peuple, lorsque l'administration publique n'est plus confiée à l'ignorance de la multitude, mais à la sagesse d'un seul? »

Pour moi, mes chers confrères, j'estime que dans les jours les plus difficiles, le courage et l'éloquence peuvent beaucoup encore, et que, pour une nation condamnée à de pénibles épreuves, c'est un honneur, une consolation et une espérance que d'entendre, ne fût-ce que de loin en loin, des voix aimées s'élever pour la défense des causes perdues et la revendication des droits imprescriptibles de l'avenir.

Sachons donc tenir nos âmes aussi bien au-dessus des lâches défaillances que des aspirations inconsidérées. Accomplissons notre tâche quotidienne avec modération et fermeté, et soyons prêts, si les temps l'exigent ou le permettent, à paraître dignement sur cette grande scène publique, que les malheurs et l'éloquence de nos pères ont fait briller d'un lustre si éclatant.

Et quelle que soit la destinée que Dieu nous réserve, soyons heureux et fiers de nous vouer à une profession qui se distingue entre toutes par la sévère obligation d'un travail opiniâtre. Honorons-la en demeurant fidèles au culte de la science et de l'art, à la plus scrupuleuse pratique de nos devoirs. Respectueux vis-à-vis de la magistrature, obtenons d'elle, sans faiblir, le maintien de nos priviléges, qui ne sont, après tout, que les droits sacrés de la libre défense. Bannissons avec soin des débats judiciaires les personnalités inutiles et les violences du langage; conservons religieusement entre nous ces règles si précieuses de la confraternité, qui nous imposent la douce nécessité de nous aimer les uns les autres; et ne perdons jamais de vue que notre plus grande force consiste à garder, au milieu de la société qui nous entoure, des traditions d'un autre âge, des principes et des scrupules qu'on chercherait vainement ailleurs que parmi nous.

Ainsi, la loi commune fait de la rémunération la condition naturelle

[1] Minor oratorum obscuriorque gloria est inter bonos mores et in obsequium regentis paratos. Quid enim opus est longis in senatu sententiis quum optimi cito consentiunt? Quid multis apud populum concionibus quum de republica non imperiti et multi deliberent, sed sapientissimus et unus?

du travail. Notre vie n'est qu'un long et rude labeur. C'est à peine si l'avocat occupé peut goûter les saintes joies de la famille. Ses veilles ne lui appartiennent point. Courbé sous un joug que la conscience d'être utile seule allége, incessamment agité par le sentiment d'une responsabilité d'autant plus lourde qu'elle n'a pas de sanction, prodigue de son repos et de sa santé, jetant sans ménagement son esprit et son cœur dans cette lutte dévorante où tout son être se consume, usé souvent avant l'heure, tombant glorieusement à la barre comme Paillet, ou s'éteignant dans sa vigoureuse maturité comme les confrères bien-aimés dont la perte récente nous paraît encore impossible, après tant d'efforts, tant de sacrifices, tant d'abnégation volontaire, il arrive rarement à la conquête d'un modeste patrimoine. Qu'ils s'éloignent donc de cette noble carrière, ceux qu'aiguillonne le désir du gain et qui ne comptent les succès que par les richesses! L'industrie la plus méprisée leur sera plus profitable; qu'ils prêtent l'oreille à la sanglante ironie du grand satirique écrivant à propos des orateurs de Rome :

Veram deprendere messem
Si libet : hinc centum patrimonia causidicorum,
Parte alia solum russati pone Lacernæ.

« Veux-tu au juste apprécier le fruit de leur métier? mets d'un côté la fortune de cent avocats réunis, et de l'autre celle du cocher Lacerna. »

Les temps ne sont point changés, et les avocats peuvent encore se glorifier de leur médiocrité, car elle n'a d'autre cause que le désintéressement, qui est leur règle fondamentale. A eux appartient la noble prérogative de tendre au pauvre et à l'opprimé une main qui repousse tout salaire. A eux cette délicate pudeur qui leur fait, sans débat, trancher contre eux-mêmes toute question d'intérêt personnel. Que ces principes vous soient particulièrement sacrés, mes chers confrères; mettez votre honneur à les maintenir dans leur pureté, et plus le monde au milieu duquel vous vivez semble violemment entraîné vers le culte aveugle des jouissances matérielles que donne l'opulence, plus vous vous élèverez en lui offrant le contraste de la simplicité, de la modération et du désintéressement que nos traditions vous enseignent.

Et si jamais vous étiez disposés à vous en écarter, jetez les yeux sur les exemples de ceux qui ont été nos modèles et demeureront la gloire de notre ordre. Hélas! pourquoi faut-il que, pour mieux vous rappeler leurs éminentes qualités, je sois condamné à interroger deux tombes à peine fermées, dans la nuit desquelles sont venus se glacer deux grands cœurs, s'éteindre deux nobles intelligences! Le Palais n'avait-il pas été assez cruellement éprouvé? Ne pleurait-il pas encore

Landrin, auquel vous me pardonnerez de rendre ce dernier hommage, triste et douloureux tribut de l'étroite amitié qui nous unissait? Non, ce n'était point assez de deuil, et, dans une même semaine, deux de nos confrères les plus considérables, deux anciens bâtonniers, et tous ceux qui les ont approchés pourront dire deux amis, nous étaient enlevés dans la force de l'âge, quand il semblait que de nombreuses et fécondes années leur fussent encore réservées. Frappés l'un et l'autre dans des conditions différentes, l'un par une catastrophe soudaine, l'autre par une lente désorganisation, ils mouraient comme deux sages, nous laissant à la fois consternés par leur perte, édifiés par leur vertu, et prenant place dans l'histoire de notre ordre parmi les plus illustres dont la vie fut sans tache, dont la mémoire est une pure et complète leçon.

Bethmont et Lionville! votre vie a commencé et fini à quelques jours de distance; elle s'est écoulée ici, dans les travaux et les devoirs de notre profession, sur laquelle vous avez jeté tant d'éclat! Vous avez été notre orgueil et notre joie! Vous nous avez ardemment aimés! Nos cœurs vous cherchent et vous appellent encore! Ils seront l'asile sacré où, jusqu'à ce qu'ils aient cessé de battre, votre souvenir recevra un culte pieux. Aujourd'hui souffrez qu'échappant au recueillement de mes regrets, pour l'instruction de cette jeunesse que vous ne pouvez plus charmer ni guider, j'essaye, non de vous louer, mais de dire simplement ce que vous étiez, afin que nous apprenions tous ce que nous devons être!

Le jour funeste où, après les cruelles alternatives qui nous tenaient suspendus entre la crainte et l'espoir, la grande âme de Bethmont retournait à Dieu, Paris fut comme voilé de tristesse. Autour de son cercueil, la désolation était sans bornes, mais plus loin il produisait de proche en proche une sorte de commotion douloureuse dont les plus indifférents ne pouvaient se défendre.

Jamais hommage public ne fut mieux mérité, car celui qui venait de nous être ravi était une de ces rares natures sur lesquelles tous les dons semblent accumulés. Ses nobles qualités éclairaient son beau visage tout rayonnant de grâce et de douceur. Son organe, à la fois caressant et grave, se prêtait merveilleusement à une diction toujours élégante, originale, et dont la fréquente nonchalance renfermait d'incroyables séductions. Doué d'une intelligence vaste et féconde, d'une imagination inépuisable, d'une puissante faculté de saisir et de créer les rapports des choses, de deviner les sciences, de combiner les systèmes et d'atteindre sans efforts aux plus hautes généralisations, il s'était fait de bonne heure, par de fortes et profondes études, une langue pure, souple, harmonieuse, colorée, riche d'ornements solides et d'un goût constamment irréprochable, malgré ses adorables mollesses, et qui aurait suffi à elle seule à lui assurer une des premières places parmi les orateurs les plus éminents. Mais ce mérite si élevé n'était que l'instrument qui faisait valoir les autres plus précieux. Il avait en lui-même l'instinct de l'ordre et du beau. Partout où il dirigeait son esprit, la lumière naissait d'elle-même et comme par le jeu naturel de son entendement capable d'exceller dans tous les sujets; il avait l'art merveilleux de dissiper l'obscurité et de triompher de l'aridité. Les causes les plus ingrates et les plus épineuses paraissaient faciles quand il les expliquait, et les hommes spéciaux étaient éblouis de son aptitude à pénétrer et divulguer leurs secrets.

Mais là où éclatait la supériorité de son inimitable talent, là où il est demeuré sans rival, c'est dans la discussion des thèses juridiques, dans la peinture des passions, des douleurs, des sentiments que ses causes mettaient en relief. Jurisconsulte consommé, il ne s'était pas borné à fouiller les sources du droit; il les avait éclairées par la philosophie, et ses commentaires de la loi montraient à la fois et le lien primordial qui la rattache aux règles éternelles et les nécessités sociales auxquelles elle satisfait.

Quand il touchait aux théories, ses plaidoiries étaient un lumineux enseignement, toujours noble, toujours inspiré par les idées les plus élevées.

Quand il discutait les faits, elles devenaient un modèle de grâce, d'atticisme, de pathétique. Nul ne poussa plus loin le pouvoir de remuer les cœurs, parce que nul n'eut en partage une sensibilité plus vraie; son âme débordait par tout son être, et son émotion, qui semblait le dominer, alors qu'il la gouvernait avec le plus d'habileté, avait des accents si victorieux, que, pour lui résister, il eût fallu cesser de l'entendre.

Aussi, que de triomphes! Dès ses débuts, il fut accueilli par une admiration unanime.

Pour raconter ses succès, il faudrait citer toutes les grandes affaires qu'il a plaidées.

Un jour, il était encore au stage, un président d'assises l'envoie chercher pour remplacer un jeune confrère éloigné de la barre par un mal subit. Il s'agissait de défendre un Anglais qui, entraîné dans une maison de jeu, après avoir tout perdu, égaré par la pensée de la détresse de sa femme et de ses petits enfants dont il venait de dévorer la dernière ressource, s'était élancé par une croisée en emportant un paquet de billets de banque. Bethmont demande une demi-heure de recueillement.

Dans cette courte méditation, son cœur s'est pénétré de toutes les misères morales qui ont rendu le crime possible. Il les traduit dans un langage si éloquent, il peint avec un art si magique la fièvre insensée qui a troublé la raison de son client, que le jury le récompense de sa bonne action par un acquittement.

Une autre fois, soutenant une prévention d'adultère, il donne à sa démonstration une forme si pressante, sa parole a des flammes si vives, qu'éblouie et ramènée, l'épouse coupable se prosterne et confesse sa faute.

Ceux qui ont eu, comme moi, le bonheur d'assister aux débats de l'affaire de l'accident du 8 mai 1842, reconnaissent que jamais cause plus difficile ne fut traitée avec une plus admirable habileté; lorsqu'en terminant son magnifique discours, il traça l'histoire de l'industrie, transformant le monde par ses miraculeuses conquêtes et marquant chacun de ses progrès par des souffrances et des sacrifices, immolant la vie de l'homme dont le sang, par un impénétrable mystère, semble le ciment de toutes les grandes entreprises, l'auditoire se leva tout entier dans un transport d'enthousiasme auquel les magistrats s'associèrent ouvertement. Que de fois j'ai été le témoin du charme et de la puissance indicible de son action oratoire!

Hélas! lorsque l'année dernière, après des vacances qui nous avaient permis de goûter quelques jours de douce intimité, je le rencontrais ici, souriant, affectueux, tout paré de cette fine bienveillance qui était l'une de ses plus grandes séductions, qui m'eût dit qu'au lieu de se préparer à de nouvelles victoires, il penchait déjà vers l'éternité, et que moi, qui l'ai tant aimé, je serais appelé au douloureux honneur de lui adresser dans cette solennité des paroles d'adieu qu'il ne peut plus entendre et des regrets malheureusement stériles?

Et pour comprendre l'étendue de notre irréparable perte, ce n'est pas assez d'avoir connu l'avocat, il faut avoir pu juger l'homme. L'âme de Bethmont ne se révélait vraiment que dans la familiarité des conversations privées. La grâce exquise qui semblait être sa nature était née tout enveloppée de pudeur; il lui fallait le mystère de l'amitié pour se livrer sans réserve. Cherchant plus à être aimé que loué, l'affection le mettait plus à l'aise que l'admiration.

Alors son esprit étincelait, mille coquetteries charmantes en voilaient et en montraient tour à tour les ingénieuses surprises; puis sa parole onctueuse s'échauffait, sa verve s'allumait. Il s'abandonnait librement à ses enthousiasmes, à ses indignations. Son cœur si noble, si grand et si tendre, paraissait à nu. Il ne songeait pas, comme en public, à en retenir les trésors. Avec quelle ardeur il aiguisait la controverse! avec quelle merveilleuse facilité il sondait les plus vastes problèmes! Quelle ironie toujours empreinte de bonté il savait jeter dans la discussion au secours de sa dialectique! Vous, mes confrères, mes amis, qui avez pu jouir de ses entretiens, vous savez combien la parole est impuissante à en retracer le charme; vous avez pu mesurer la grandeur et l'harmonie de cette intelligence, la bonté infinie de ce cœur fait pour toutes les vertus, et vous pouvez dire avec le poëte pleurant la mort de Quintilien :

> Quis desiderio sit pudor aut modus
> Tam cari capitis.....
> Multis ille bonis flebilis occidit.
> . . . .
> Cui pudor et justitiæ soror,
> Incorrupta fides et nuda veritas
> Quando ullum inveniunt parem?

Laissez-moi vous dire encore ce que beaucoup d'entre vous ne savent point et ce qu'il est utile de leur apprendre, que Bethmont eut à surmonter de considérables obstacles pour atteindre le rang qu'il a occupé.

Il était né dans une famille peu aisée. Son père, boulanger-meunier au faubourg Saint-Antoine, élevait péniblement sa famille. Sa mère, douée d'un esprit juste et droit, d'une volonté forte, d'une âme tendre, distingua les heureuses dispositions de son fils et s'imposa mille privations pour lui faire donner une éducation dont elle sentait le prix. Il fut placé par elle au lycée Charlemagne. En 1814, pour le soustraire aux dangers et à l'agitation qui menaçaient Paris, elle le confia aux Pères de l'Oratoire, qui dirigeaient le collége de Juilly. Il y devint bientôt l'idole de ses maîtres, dont lui-même conserva toujours le plus affectueux souvenir. Mais les temps étaient mauvais. La famille assemblée décida que les dépenses du collége ne pouvaient plus être supportées. L'écolier, la mort dans l'âme, quitta ses professeurs, non moins désolés que lui, et vint garde-moulin chez son père. Il avait quatorze ans. Les dignes prêtres qui l'avaient apprécié n'y tinrent point. Ils ne pouvaient oublier leur élève, ils conspirèrent avec sa mère, et l'enfant, pleurant de joie, retourna à son Virgile délaissé, promettant d'indemniser ses généreux protecteurs par deux années de professorat. Il tint fidèlement sa parole, puis il vint faire son droit à Paris. Il trouva la gêne dans la maison paternelle. Sa digne mère, déjà malade, s'en inquiétait. Le jeune homme séchait ses larmes en lui cachant les siennes, et lui apportait fièrement l'argent des leçons qu'il donnait.

Dieu récompensa son courage. Les dettes furent payées, et sa mère put s'éteindre en paix en bénissant son fils. Quant à lui, il grandit rapidement dans cette carrière où la renommée venait au-devant de lui, et malgré les malheurs cruels qui l'éprouvèrent, malgré les assauts répétés d'un mal qui plus d'une fois mit sa vie en danger, il eut bien vite conquis au barreau l'une des premières places. L'éclat de son talent lui ouvrit, en 1842, les portes du Palais-Bourbon, où l'envoyèrent les électeurs de son faubourg. Il y siégea sur les bancs de l'opposition, et bien que défenseur inébranlable des principes libéraux, il eut l'art de rallier tous les suffrages par son inimitable parole, sa connaissance des affaires, sa constante modération.

Député de la Rochelle en 1846, vous savez quelle fut sa conduite au mois de février 1848. Oubliant le soin de sa santé gravement compromise, il accourut à la voix de son ami, notre illustre et digne confrère Marie; il accepta le poste difficile de ministre du Commerce et y montra les éminentes qualités de son intelligence et de son cœur. Plus tard, successivement ministre de la Justice et président de section au conseil d'État, il étonna les hommes les plus consommés dans le maniement des affaires par sa merveilleuse aptitude à comprendre et à élever toutes les questions. Le coup d'État nous le rendit, et depuis, il résista à toutes les tentatives essayées pour le ramener à des fonctions qu'il aimait, mais que sa conscience ne lui permettait plus d'accepter. Son retour parmi nous fut une fête. Le conseil s'empressa de lui ouvrir ses rangs, et, deux ans après, il recevait le bâtonnat des mains du grand orateur qui est notre maître à tous, au barreau comme à la tribune.

Dans l'exercice de ces hautes dignités il fut toujours le même. Esclave de son devoir, indulgent et ferme à la fois, bon d'une bonté pour laquelle il faudrait créer un mot dont il a emporté le secret, fidèle à ses convictions comme à ses amitiés, le plus adorable des hommes et le plus éminent des avocats. Sa place est vide, et nul ne la remplira.

Mais en écoutant ce récit, mes jeunes confrères, avec l'émotion qui vous pénétrait, n'avez-vous pas senti s'agiter au fond de vos âmes la noble ambition d'imiter cette vertu? N'avez-vous pas rougi intérieurement de vos défaillances et de vos murmures? Les rudes souffrances de cette nature d'élite ne vous sont-elles pas un profitable enseignement? Voyez ce que peut une volonté ferme animée par un grand cœur!... Ah! que chacun de vous ait devant les yeux la touchante abnégation de cet enfant qui renonce à ses chères études pour servir son père, et qui, rendu au travail qu'il aime, s'y dévoue sans relâche, veille et s'épuise pour obtenir un succès qui console et honore sa mère; n'oubliez jamais que la gloire et la réputation appartiennent à quiconque sait en comprendre le prix, et cherche dans le sacrifice de lui-même les moyens de les conquérir.

Ces vérités salutaires ne ressortent pas avec moins d'éclat des exemples laissés par notre cher Liouville. Vous pouvez le suivre du commencement à la fin de sa laborieuse carrière, et vous le trouverez toujours digne de vous servir de modèle par son infatigable ardeur au travail, sa scrupuleuse délicatesse, son amour enthousiaste de sa profession.

Né à Lille le 11 décembre 1805, il se fit remarquer de bonne heure par des dispositions peu ordinaires. Après de brillantes études, il fit son droit à Paris, et fut en 1825 l'un des cinq docteurs reçus par la Faculté. Il n'avait alors que vingt et un ans, et il faisait marcher de front la préparation à ses examens et les travaux de la cléricature. En même temps, il était inscrit au stage. Il avait cru possible de concilier tous ses devoirs; son zèle y eût suffi, mais nos règles s'y opposaient.

Vous connaissez tous l'incident qui révéla leur infraction. Liouville était maître clerc chez M. Oger, avoué de première instance, auquel il n'a cessé de témoigner les sentiments de la plus respectueuse amitié; Me Dupin l'aîné, chargé d'un grave et difficile procès de l'étude, est tout à coup forcé de partir. Le client va demeurer sans défenseur. Le temps pressait. Liouville cède aux instances de son patron et paraît à la barre à la place de l'illustre avocat que les juges attendaient. Le Palais tout entier applaudit à sa plaidoirie; mais le conseil s'en émut. Le prix de ce premier triomphe fut la perte de son stage, qu'il aima mieux sacrifier que d'abandonner M. Oger, comme on le lui avait offert. Cependant, cette épreuve ne devait être que passagère. Liouville n'avait d'autre ambition que d'être avocat, et il n'avait donné cinq années de sa jeunesse à la procédure que pour aborder la barre, couvert d'une solide armure. On put la deviner à ses premiers coups, et les praticiens, en l'entendant, comprirent que les affaires avaient en lui un interprète consommé qui saurait ne rester au-dessous d'aucune difficulté.

C'est qu'en effet son esprit vigoureux, méthodique et sain, était merveilleusement apte aux discussions juridiques. Il saisissait la vérité avec une sagacité rapide et sûre, et savait prévoir à l'avance les obstacles que sa manifestation devait rencontrer.

C'était un homme d'affaires dans le sens le plus élevé du mot. Les ignorants seuls peuvent considérer cette dénomination comme un amoindrissement de l'avocat; elle en est, à vrai dire, le plus bel éloge. L'homme d'affaires tel que je le comprends, tel que l'était Liouville, est celui qui, sans hésitation, devine la raison d'être d'une contestation. Écartant d'une main expérimentée les détails accessoires, il touche et fait sentir le point décisif; il montre le piége, indique le remède et conduit au milieu du dédale des procédures et des actes le fil lumineux qui permet de ne jamais s'égarer. Faut-il protéger un droit menacé, il choisit les moyens qui convaincront le mieux les juges. S'agit-il de régler une situation compliquée, d'asseoir des garanties, d'éviter des procès, il trace la route, éclaire les écueils, défend la bonne foi, décourage la ruse. Enfin, à l'audience comme dans le cabinet, il est le droit en action, et l'autorité légitime qu'il inspire n'est que la naturelle consécration des services de tous les instants que les magistrats et les justitiables reçoivent de lui.

Liouville possédait au plus haut degré ces qualités précieuses. Il les fécondait incessamment par un travail opiniâtre, par des études chaque jour renouvelées, par les inspirations d'une âme généreuse et pure. Sa vie a été un holocauste au devoir. Nul ne s'en fit une idée plus austère, nul n'y dépensa plus d'efforts. Ses préparations étaient toujours minutieuses et complètes, et souvent il y ajoutait des publications qui en étaient le résumé. On est épouvanté en considérant l'immensité du labeur qu'il a accompli. Surchargé et constamment prêt, maître de ces causes dont aucune particularité ne lui était étrangère, abordant résolûment son argumentation, renversant par la puissance de sa logique les obstacles qui lui étaient opposés, il était à la barre le bon sens, l'honnêteté, la science légale. Sa parole incisive frappait juste et ferme, et l'on sentait en l'entendant que, n'oubliant ni ne hasardant rien, il était pour le juge un guide aussi sûr qu'il avait été pour le client un utile conseil.

J'ai toujours admiré combien légèrement il portait ce fardeau, sous le poids duquel tout autre aurait succombé. Bien que le plus occupé d'entre nous, il avait l'art de se créer des loisirs qu'il consacrait aux lettres. Il était attiré vers elles par un goût éclairé et délicat. Il connaissait à fond le dix-huitième siècle, dont les libres tendances allaient à sa nature indépendante. Il n'avait cependant pas négligé les autres. Il savait presque par cœur Molière et Racine, et citait fort à propos Horace et Virgile. Mais c'était seulement dans l'intimité qu'il s'abandonnait ainsi; à l'audience, il sacrifiait ses charmants souvenirs aux sévères nécessités de la dialectique, et nul ne pouvait deviner son culte secret pour la poésie.

A ses amis il a été donné de lire des vers signés de lui, et que plus d'un écrivain en renom n'aurait pas désavoués. D'autres ont pu priser la rare finesse de ses avis en matière littéraire. C'est que, sous une écorce un peu rude, il cachait une âme toute pénétrée de nobles sentiments, un cœur affectueux, tendre, dévoué. Vous le savez mieux que je ne le puis dire, vous tous auxquels il a tendu une main secourable; si divulguer un bienfait n'était pas le profaner, vous raconteriez son ingénieuse délicatesse, son respect pour le faible, et la vigilante sollicitude avec laquelle il allait au-devant du malheur. Aussi, nul avocat n'a été plus aimé de ses confrères et ne les a plus sincèrement aimés. Le barreau était sa famille. Il lui avait donné toutes ses affections, et s'il en gardait à ses dignes enfants la part la plus excellente, c'était pour puiser dans ces pures et profondes satisfactions une plus énergique aptitude à remplir les sévères devoirs de sa profession.

Le bâtonnat était la couronne méritée d'une si vaillante existence.

Il le désirait avec la sainte et naïve ardeur de celui qui sent tout le bien qu'il peut faire. Déjà depuis seize années membre du conseil, il avait conquis une vaste clientèle. Le nombre et la variété de ses affaires avaient mis sa valeur en relief. On peut rappeler ce grand débat de l'accident de la rive gauche, dans lequel il eut l'honneur de lutter contre Bethmont; le procès Servient, plaidé par lui à la cour d'assises de Rouen, l'une de ses rares causes criminelles, et pour laquelle il déploya une sensibilité profonde et une véritable éloquence; une quantité considérable de procès de contrefaçon, qu'il traitait avec une science achevée et une remarquable lucidité. Les avoués eux-mêmes le consultaient dans les cas difficiles. Cette autorité si bien établie, et que rehaussait son généreux désintéressement, le désignait comme notre chef. Le Palais tout entier l'acclamait; et cependant, Bethmont nous étant brusquement revenu par suite d'événements politiques fort imprévus, Liouville s'effaça devant lui. Ce sacrifice de ses plus chères espérances fut d'autant plus grand, qu'il mettait un pieux orgueil à faire rayonner la dignité à laquelle il aspirait, sur le front vénérable de son vieux père.

La modestie et la confraternité l'emportèrent, et je rapporte ce trait si honorable de sa vie comme un enseignement pour nous tous, comme une preuve nouvelle de la noblesse de cette âme dont l'abnégation et l'amour du devoir étaient la vraie substance.

Enfin, au mois d'août 1856, il fut placé à la tête de l'ordre. Vous avez tous présent à la mémoire le discours par lequel il inaugura la reprise des conférences. Liouville y respire tout entier; c'est bien son amour exclusif pour notre chère profession, sa mâle indépendance, son esprit d'ordre, de discipline et de logique, son soin minutieux à tout prévoir, son désir ardent de maintenir les traditions, la dignité, l'éclat du barreau. En parlant de Paillet et de sa fin glorieuse, il sut trouver des accents élevés et pathétiques dont l'effet fut immense. Ce n'était là pour lui qu'un programme. Son œuvre, ce fut son enseignement quotidien, son zèle infatigable, son dévouement de toutes les heures à nos intérêts.

Hélas! il y a épuisé sa vie. C'est dans ces travaux excessifs qu'il a contracté le germe de la maladie terrible qui a miné lentement sa puissante organisation. Martyr volontaire, il s'est immolé au culte de cette profession pour laquelle il croyait n'avoir jamais assez fait.

Déjà la souffrance avait brisé le lien qui l'unissait à la barre et le condamnait à cette mort anticipée qu'on appelle le repos; toutes ses préoccupations nous appartenaient encore.

En Italie, où les médecins l'avaient exilé, il recevait les hommages des avocats, et, prenant la plume pour défendre les droits d'un compatriote menacé par l'arbitraire d'un pouvoir heureusement disparu, il répondit ainsi à des invectives contenues dans un écrit ministériel : « L'auteur des observations ne sait pas encore que l'insulte et la calomnie ne sont qu'un aveu d'impuissance. Il ignore que, lorsqu'un avocat, digne de ce nom, a embrassé une juste cause, l'intimidation n'arrive pas jusqu'à son cœur; enfin il lui reste à apprendre que cet avocat succombât-il, d'autres prendraient sa place immédiatement, parce qu'il en est de ces courageux défenseurs du droit et de la vérité comme du rameau d'or toujours renaissant qu'a chanté le poëte immortel dont Naples garde le tombeau. » Jusqu'au dernier jour, il a songé à nous. Ses mains affaiblies ont corrigé les trois discours dans lesquels, sans en omettre aucun, il a tracé le lumineux tableau de nos droits et de nos devoirs. Pour leur exposé fidèle, il n'avait qu'à se souvenir de ce qu'il avait été.

Ces écrits, que nous ne saurions assez méditer, forment son véritable testament; il y a déposé son cœur, et cependant ni lui ni Bethmont ne se sont crus quittes envers l'ordre par de si éminents services et un si rare dévouement. L'un et l'autre, suivant l'exemple de Paillet, nous ont fait un legs de 10,000 francs dont le revenu doit être employé à un prix décerné au plus digne des stagiaires. Ces prix, qui conserveront chacun leur spécialité, perpétueront leur mémoire et deviendront pour ceux qui nous suivront le plus puissant des encouragements à imiter leurs vertus! Pour nous, leurs contemporains et leurs amis, nous n'avions pas besoin de ce touchant témoignage de leur inaltérable attachement. La mort a pu nous les ravir; elle ne nous a pas séparés. Si nous ne pouvons plus serrer leurs loyales mains, nous n'en sommes pas moins avec eux, et nous leur demeurerons fidèles jusqu'à la fin.

Nous les retrouverons parmi vous, mes jeunes et chers confrères, où Bethmont et Liouville ont laissé des fils qu'ils ont trop aimés pour qu'ils ne soient pas dignes d'eux. Leur image est si avant dans nos cœurs, nous sommes si pleins de leurs exemples, si fiers de leur renommée, que nous continuerons leur vie en prolongeant la nôtre! Non, vous ne vous éloignerez pas, douces et chères ombres, vous serez toujours l'âme de nos travaux, le souffle de notre inspiration, notre force comme notre gloire! Vous serez associées à nos épreuves, et si jamais Dieu récompense nos efforts par le succès, c'est à vous que notre amitié en reportera l'honneur!

J'aurais fini, mes chers confrères, si la mort qui nous frappe sans relâche ne m'obligeait à reprendre la plume. Pendant ce doux loisir des vacances, plus particulièrement doux pour moi, puisqu'il m'a permis de m'occuper de vous, s'éteignait paisiblement, dans sa soixante-seizième année, un avocat que peu d'entre vous ont connu et dont les hommes mêmes de notre génération n'ont pu apprécier à la barre les éminentes qualités. Né à Lauzun en 1785, M. Charrié, par ses goûts, ses études, ses traditions, appartenait à cette famille élégante et polie de beaux esprits qui projetèrent sur le commencement de ce siècle les brillantes clartés que reflétait encore celui qui venait de fuir.

Élève de Bellart, il fut salué à ses débuts comme le continuateur du grand art de Gerbier; il le rappelle, en effet : la noblesse de son langage, la distinction de sa personne, la grâce de ses conceptions, la richesse de son imagination le placent de suite au rang des orateurs. Quelques-uns de ses plaidoyers resteront des modèles. Paris entier s'émut en l'entendant défendre, avec une éloquence véritable, les droits de madame la baronne Lesparda revendiquant les manuscrits de Chénier; et si la cause de l'amitié et des lettres ne triompha point des rigueurs de la loi, l'avocat sut lui donner à la fois le charme et la grandeur qui vengent suffisamment d'une défaite.

Plus heureux en dénonçant à la justice l'audace des loteries étrangères, il eut le courage et l'habileté de s'élever au-dessus des intérêts de l'administration qu'il représentait et d'obtenir au nom de la morale publique une répression qui profitait à une institution par lui hautement condamnée. Je pourrais citer plusieurs autres grandes affaires dans lesquelles il parut avec autant d'éclat. Cependant ses qualités mêmes lui permettaient peu de suivre le mouvement rapide qui déjà transformait les habitudes judiciaires. Il exigeait trop de son style et de sa pensée pour ne pas travailler avec lenteur. Enfin sa modestie lui était un obstacle.

Plus désireux de bien faire que de paraître, simple comme un sage, cherchant ses plaisirs dans le commerce d'esprits cultivés, l'étude des lettres et les délicates distractions du monde, il s'éloigna du tumulte qui, de nos jours, est peut-être un peu trop une condition de la vie, et se fit, de bonne heure, une existence calme, intelligente et douce, qui semblait exactement appropriée à sa nature honnête et réservée.

Il fut longtemps membre du conseil de l'ordre, et, jusqu'à la fin de sa carrière, il eut à cœur de conserver avec ses confrères des rapports affectueux. Conseil de plusieurs administrations et notamment de celle de la Comédie française, il s'y fit remarquer non-seulement par son aimable bienveillance, mais encore par une sagacité pleine de finesse, par une connaissance approfondie de tous les détails spéciaux mis en discussion. Il était parmi nous comme un des derniers représentants des formes et des mœurs d'un autre âge. Son exquise urbanité n'avait rien de banal. On sentait qu'elle avait traversé son cœur, et que la bonté l'inspirait autant que l'instinct des belles manières. Charme rare et précieux! aujourd'hui trop dédaigné! La haine prétendue de l'afféterie nous pousse vers une rudesse inculte qui bannit des relations ordinaires la science des ménagements et des égards. Craignons, mes chers confrères, de faire dans cette voie facile des progrès trop rapides, et pour nous y arrêter à propos, recueillons pieusement les souvenirs et les exemples de ces anciens vénérables qui ont su, comme M. Charrié, concilier l'accomplissement des plus austères devoirs avec la constante aménité qui, en étant la plus haute expression du respect des droits d'autrui, est aussi la meilleure sauvegarde de la dignité personnelle.

Avant de nous séparer de M. Charrié, la mort avait atteint dans nos rangs deux confrères auxquels est dû un mot d'hommage mérité par leurs vertus. M. Charles Favier de Coulomb, qui nous a été enlevé dans un âge avancé, n'a pour ainsi dire jamais paru à la barre. Exclusivement voué aux travaux du cabinet, il a attaché son nom à de remarquables études juridiques qui lui survivront.

Né à Montpellier d'une ancienne famille de magistrats, il eut l'honneur de concourir à la rédaction de nos Codes comme auxiliaire éminemment utile dans le sein des commissions. Successivement juge à Soissons et sous-chef de bureau à la direction des affaires civiles, il prépara plusieurs projets de lois et d'ordonnances, et s'occupa spécialement des offices ministériels.

Aussi, lorsqu'il quitta la chancellerie pour rentrer au barreau, fut-il associé aux travaux des jurisconsultes qui consacraient leurs veilles à ces questions spéciales. Collaborateur de M. Rolland de Villargues, l'un des principaux rédacteurs du *Journal du Notariat,* arbitre et conseil de presque toutes les chambres de discipline, il fit briller dans un grand nombre d'articles de jurisprudence toutes les richesses de son profond savoir. Ses consultations sobres, claires et savantes ont souvent contribué à d'éclatantes victoires dont d'autres que lui avaient l'honneur. Par un hasard singulier, il a signé les deux dernières qu'aient données nos confrères bien-aimés, Bethmont et Liouville ! comme si la mort, qui allait les confondre dans une commune délivrance, voulût s'en prendre à ce rapprochement fortuit qui, un instant, avait arrêté sur une même pensée ces intelligences prêtes à briser leurs entraves !

Moins heureux que M. Favier de Coulomb, qui a pu vieillir dans les douces et fortes pratiques de l'étude, notre confrère Hacquin est tombé avant le temps, épuisé par la maladie qui avait brisé ses forces en laissant son courage debout. Fils d'un avocat estimé de Châlons, orphelin à dix ans, livré sans fortune aux difficultés de la vie, il lutta vaillamment et put un instant se croire assuré du succès. Des miracles d'énergie lui avaient permis d'arriver à la licence. Reçu avocat, il trouva un utile secours dans la rédaction des journaux judiciaires, où l'accueillirent de généreuses et fidèles amitiés. Son caractère inoffensif et doux, son esprit ingénieux, son amour du travail, devaient le soutenir et le faire avancer. En 1848, il fut appelé au poste de substitut près le tribunal de la Seine ; cet honneur lui fut fatal.

Le pouvoir que donnent les brusques changements politiques est nécessairement précaire. Il est plus digne de le perdre que de le conserver quand tout change autour de soi. Ainsi le comprit M. Hacquin, qui aurait pu, comme bien d'autres, concilier son origine avec les exigences de ses nouveaux chefs. Il aima mieux la disgrâce. Mais les relations étaient brisées. Qui pourrait peindre l'amertume de ces longues heures de loisir forcé qu'impose au jeune avocat la dispersion de sa clientèle?

Vous qui avez été les témoins de sa résignation et de sa constance, les consolateurs de ses chagrins, vous ses dévoués camarades, vous pourriez mieux que moi raconter les douloureuses péripéties de ce long sacrifice dont, par un pieux mensonge, vous lui cachiez le dénoûment trop prévu! Vous avez jeté un dernier sourire sur les ombres de cette nuit mystérieuse, qui s'avançait pour l'envelopper! Vous l'avez sauvé de la défaillance en faisant luire à ses yeux affaiblis un espoir que vous n'aviez plus. Vous garderez sa mémoire comme un symbole de malheur et de vertu, et vous puiserez dans cette noble et touchante leçon le secret du courage et de la fidélité aux devoirs que trace la conscience!

Une perte plus considérable nous était réservée. Il y a quelques jours, M. de Vatimesnil succombait à de cruelles souffrances supportées avec la fermeté stoïque d'un chrétien. Il touchait à sa soixante et-onzième année, et si Dieu ne l'eût frappé au cœur en retirant à son amour une compagne chérie, sa vigoureuse nature aurait longtemps encore résisté au mal et à l'âge. C'est qu'il avait pour soutien une âme forte, une intelligence saine et droite, une volonté puissante. Ces biens inestimables étaient la noble hérédité qu'il tenait de sa famille.

Son père, conseiller au parlement de Normandie, lui fit donner dans sa maison, par les soins d'un vénérable ecclésiastique, une éducation austère qui imprima à toute sa vie un caractère particulier de sévérité. A peine connut-il l'adolescence. Son talent, empreint d'une saveur virile peu ordinaire, lui ouvrait les rangs de la magistrature; à vingt-deux ans, il était nommé conseiller auditeur à Paris ; à vingt-cinq ans, substitut du procureur du roi; à vingt-sept, il reparaissait à la cour comme substitut du procureur général; à trente-deux, il était appelé par M. de Peyronnet au secrétariat général du ministère de la Justice, qu'il quittait deux ans après pour occuper le siége d'avocat général à la cour de cassation. La chute du ministère de

Villèle lui préparait les plus hautes et les plus périlleuses destinées.

Le portefeuille de l'Instruction publique, qu'il reçut le 10 février 1828, le fit asseoir dans le conseil qui, sous l'inspiration de M. de Martignac, essaya loyalement de conjurer la tempête qu'un fol entêtement allait déchaîner sur la royauté. M. de Vatimesnil mit au service de cette entreprise une ardeur, une décision, qui purent surprendre quelques-uns de ses anciens amis, mais dont nul ne suspecta la franchise. Il fut le promoteur des ordonnances célèbres qui plaçaient l'enseignement des petits séminaires sous le contrôle de l'État.

Les attaques factieuses dont cet acte d'autorité nécessaire fut l'objet n'ébranlèrent pas sa résolution; mais elles furent une des causes de l'avénement du ministère Polignac. M. de Vatimesnil abandonna le pouvoir avec le double regret de laisser d'utiles réformes inachevées et de n'avoir pu sauver le trône. Déjà l'abime s'entr'ouvrait. La Chambre des députés déclara fièrement une guerre que le monarque accepta. M. de Vatimesnil, élu après sa retraite par deux colléges à la fois, signa l'adresse des 221, qu'on peut justement appeler l'arrêt de déchéance de la branche aînée.

Pour se faire une idée des passions qui embrasaient les âmes à cette heure suprême, il faut lire les discussions qui précédèrent ce vote mémorable. Un orateur, nouveau dans cette assemblée, célèbre déjà par ses triomphes judiciaires, rivalisa vainement d'éloquence, de courage et de foi. L'incomparable athlète ne pouvait pas par son prodigieux effort faire reculer le destin qui marquait de mort le principe du droit divin. Ce jour-là son adversaire, M. de Vatimesnil, défendait la cause de l'avenir, et si son cœur souffrit des conséquences de sa victoire, sa raison et sa conscience le consolèrent par la certitude que la vérité était avec lui.

Il conserva son siége à la Chambre jusqu'en 1834. Rendu à cette époque à la vie privée, il revint au barreau, où l'appelaient les souvenirs et les études de sa jeunesse. Il y parut avec éclat. L'autorité de son nom, la vigueur de son talent, lui conquirent bientôt une vaste clientèle. Il prit place dans le conseil de l'ordre, et quand il renonça à la plaidoirie, à la suite d'un incident où il montra une véritable grandeur d'âme, peut-être mal appréciée, il consacra ses loisirs à des consultations qui toutes portent l'empreinte de son vaste savoir et des merveilleuses qualités de son esprit. En 1849, il reparut sur la scène politique comme représentant à l'Assemblée législative, et l'on put se convaincre que l'âge, sans rien diminuer de son ardeur, n'avait fait qu'accroître son éminente aptitude.

Le coup d'État de 1851 termina sa carrière publique; car, cédant à des convictions auxquelles il est demeuré fidèle jusqu'à la fin, il se retira même du conseil général, dont son père et lui avaient toujours fait partie, et retourna sans regret à ses travaux judiciaires, à ses champs qu'il aimait, à sa famille dont il était justement vénéré.

C'est dans ce milieu paisible que la mort est venue à lui. Il l'a envisagée avec un front serein, illuminé déjà des célestes clartés, et de sa bouche défaillante sont tombées sans apprêt et sans effort de touchantes et sublimes paroles que ses enfants ont recueillies avec un pieux respect. M. le curé de Saint-Thomas d'Aquin, qui l'assistait, lui ayant demandé s'il pardonnait à ceux qui l'avaient offensé, il répondit :

« Oui, si quelqu'un m'a offensé, je lui pardonne de tout mon cœur, et moi aussi je demande pardon à tous ceux que j'aurai pu offenser. Si j'ai commis quelque erreur dans ma vie privée ou publique, j'en demande pardon à Dieu, et ici je veux parler d'une circonstance solennelle que je n'ai pas besoin de rappeler ; elle est présente à la mémoire de chacun. Si alors j'ai pu agir contre les intérêts de l'Église, je ne l'ai pas voulu ; j'ai consulté, j'ai éclairé ma conscience ; si je me suis trompé, j'en demande pardon à Dieu et aux hommes ; *mais je ne le crois pas,* et je n'ai voulu, en cela, que sauver les intérêts de la religion et de mon vieux roi, le bon et loyal Charles X. »

N'estimerez-vous pas comme moi, mes chers confrères, que la persévérance de cette âme d'élite en face de l'éternité est à la fois un grand spectacle et un utile enseignement ? L'humilité du chrétien n'affaiblit pas la conviction de l'homme politique, et sa main à moitié glacée signerait encore les actes qui ont marqué sa vie. Qu'ils méditent ces paroles, ceux qui rêvent le retour d'une suprématie à jamais condamnée, et qu'ils cessent de considérer comme une œuvre de passagère ambition la pensée réfléchie et convaincue de l'homme éminent qui, sans le savoir peut-être, préparait l'avénement des destinées nouvelles que notre siècle verra s'accomplir.

Pour nous, en face de ces tombes où sont venus se perdre tant de rares trésors de l'intelligence et du cœur, loin de nous abandonner au découragement, apprenons à élever nos âmes et à nous rendre dignes des exemples que nous ont laissés nos illustres devanciers.

La mort, qui brise nos périssables organes, n'est qu'une initiation à une vie supérieure, et l'immortalité dont elle nous couronne se révèle à notre esprit sans le secours d'aucune fiction. Ne vivent-ils pas en nous, ceux que nous avons aimés et admirés ? Ne sommes-nous pas leurs continuateurs ? Ne devons-nous pas transmettre à ceux qui nous suivront, accru par notre labeur, l'héritage de science, de moralité, de civilisation qu'ils nous ont laissé ? Tâche sublime à laquelle concourent les efforts les plus ignorés ! Dévouons-nous-y, chacun à la mesure de nos forces, et soyons sûrs que cette sainte coalition de généreuses et libres aspirations ne sera pas sans profit pour le triomphe définitif du droit et de la grandeur de notre chère patrie.

ALLOCUTION

PRONONCÉE

DANS LA SÉANCE DE CLOTURE DES CONFÉRENCES DU STAGE

LE 5 AOUT 1861

Mes chers Confrères,

Voici l'heure du repos, heure douce entre toutes et à tous les âges de la vie, lorsqu'elle n'est qu'une halte dans le travail. Heure des rêves, où l'homme de lutte et d'étude dépose sa chaîne et jouit du bien le plus précieux en ce monde, de la liberté. Cette inflexible loi du devoir, qui chaque jour le tient en haleine en lui montrant la tâche du lendemain, l'arrête et lui décrète des loisirs. Heureuse et charmante contrainte que la sagesse de nos pères nous a imposée comme pour retremper nos esprits dans le recueillement de la méditation, les rafraîchir par de saines distractions, les élever par le commerce trop négligé de la nature. C'est le calme, c'est la fantaisie, c'est l'infini, qui s'ouvre devant nous pendant cette trêve bénie, et plus justement que le poëte de Rome, nous pouvons nous écrier :

Nunc pede libero
Pulsanda tellus..... sodales.

Oui, en secouant pour deux mois ce joug nécessaire d'un rude labeur, chacun de nous se sent léger et comme transfiguré. Tout nous sourit et nous enchante. Loin du tumulte des affaires, nous allons savourer les ineffables voluptés d'une vie dont nous disposerons seuls. Nous aimerons, nous penserons, nous admirerons à notre aise, sans mesurer d'un œil inquiet la marche de l'aiguille qui ne marquera plus que nos plaisirs. Nous reprendrons les livres aimés et les sentiers pleins de souvenirs, et soit que nous interrogions les enseignements du passé, soit que, penchés sur le mystérieux abîme de l'avenir, nous cherchions à deviner ses secrets, nous pourrons nous abandonner au caprice de notre imagination et au libre mouvement de notre cœur.

Autrefois, quand, pour me servir du vieux langage, Thémis fermait les portes de son temple, tous ses ministres couraient aux champs. Chacun y avait sa retraite préférée, où il retrouvait l'indépendance et la paix. C'est qu'il existe entre la terre et l'homme une forte et naturelle attraction, source de jouissances pures et profondes qui, à la différence de presque toutes les autres, défient et charment la vieillesse. C'est le calme bienfaisant qui apaise, l'intérêt de chaque détail, l'illusion de la puissance créatrice qui s'attribue le mérite de résultats souvent contrariés par elle; enfin, et par-dessus tout, ce bonheur intime, doux, pénétrant, que donne la contemplation de la campagne sur laquelle la main libérale de l'auteur de toutes choses a répandu à profusion la prodigalité de ses merveilles.

At secura quies, et nescia fallere vita,
Dives opum variarum; at latis otia fundis,
Speluncæ, vivique lacus; at frigida Tempe
Mugitusque boum, mollesque sub arbore somni.

Ainsi le comprenaient ces vaillants athlètes qui s'empressaient de quitter l'arène pour se cacher sous leurs ombrages. Ils s'y livraient aux nobles et délicates joies de la famille, de l'amitié, de l'étude. Car dans leurs délassements virils, ils faisaient à l'esprit une large part. Leurs promenades et leurs exercices étaient une préparation à la lecture, et par elle, ils revenaient au commerce des beaux génies qui demeureront toujours nos modèles. Doucement agitée par ces paisibles émotions, leur âme se fortifiait aux enseignements élevés de la philosophie, en même temps que tout leur être captivé subissait les irrésistibles séductions de la nature à laquelle ils s'abandonnaient. Sans doute, c'est pour l'homme une grande et légitime satisfaction de concevoir et d'accomplir de vastes desseins, de dominer et de conduire par sa pensée la foule confiante et subjuguée, de soulever des tempêtes à la tribune aux harangues, et d'y arracher à un frémissant auditoire des applaudissements passionnés.

Hic stupet attonitus rostris, nunc plausus hiantem,
Per cuneos geminatus enim plebisque patrumque
Corripuit.......

Mais ne sentons-nous pas tous, comme le chantre divin auquel j'emprunte cette incomparable peinture d'éternelles vérités, qu'il est en nous un besoin plus impérieux encore? L'effort de notre puissance si misérable et si limitée ne nous ramène-t-il pas sans cesse à nous replier sur nous-mêmes, à nous réfugier au sein du grand tout qui nous absorbe et substitue à notre individualité la perception de l'infini? Oui, la science nous appelle, le monde s'ouvre à nos investigations, l'histoire nous éclaire; dans notre folle ardeur, nous croyons pouvoir tout connaître, et, dès les premiers pas, nous nous heurtons à d'insondables mystères; et pour nous arracher au découragement, à la défaillance, la poésie et la nature viennent à notre aide et nous consolent par leurs enchantements tout pleins de graves leçons. Écoutez : il y a deux mille ans, ces sentiments remuaient un grand cœur, il les traduisait par cette inimitable harmonie, qui, jusqu'à la fin des intelligences, retentira au milieu du recueillement attendri des générations :

Sin has ne possim naturæ accedere partes,
Frigidus obstiterit circum præcordia sanguis;
Rura mihi et rigui placeant in vallibus amnes;
Flumina amem silvasque inglorius. O ubi campi,
Sperchiosque et virginibus bacchata Lacænis
Taygeta! O qui me gelidis in vallibus Hæmi
Sistat, et ingenti ramorum protegat umbra!

Ah! mes chers confrères, mes élèves bien-aimés, en relisant pour vous, hier, ces pages adorables, mes yeux se mouillaient de douces larmes. Je reconnaissais, à travers les âges, la voix du maître que nous ne saurions jamais assez écouter! Que rien ne vous soit étranger, que vous ne repoussiez point les richesses de la littérature moderne, j'y consens; mais si vous vous souvenez un peu de moi, toujours vous reviendrez aux anciens; là est la forte substance, le miel divin, le généreux et puissant breuvage, la vraie nourriture des âmes d'élite. Je ne veux rabaisser aucun siècle, mais à mon avis nul n'a su rendre le beau, le vrai, l'éternel, avec la grandeur et la simplicité qui éclatent dans les œuvres que je recommande à votre étude et à votre admiration.

Elles me remettent en mémoire une touchante anecdote, qui peint mieux que je ne pourrais le faire l'influence souveraine exercée sur nous par les lettres. Un jeune fils de famille, entraîné par la fougue d'une imagination ardente, s'était, au sortir du collége, jeté dans les aventures d'une vie dissipée. Elle le conduisit bientôt sous les drapeaux, où, un instant, il sembla braver les rigueurs de la discipline militaire. Cette lutte brisa ses forces et le mit aux portes du tombeau. Il résista cependant, et convalescent dans un lit d'hôpital, il se laissait aller un jour à de mortelles tristesses, lorsqu'un prêtre, homme de tact et qui avait deviné cette généreuse nature, mit dans sa main un exemplaire de Virgile. Le malade ouvrit ce livre, et, à la vue de cette poésie, aliment et charme de sa jeunesse, il éclata en sanglots. Le ministre de Dieu lui ouvrit les bras. Cette forte commotion l'avait sauvé, en lui rappelant ses études abandonnées, ses devoirs délaissés. Rendu à la santé, il déposa son épée, se consacra courageusement au travail et prit au barreau, dans une de nos villes de province, une place considérable où il put faire briller les nobles qualités de son esprit et de son cœur.

Demeurez donc fidèles à ces illustres compagnons de vos premières années. Vous leur devez beaucoup, ils vous récompenseront de votre constance en vous rendant meilleurs et plus forts. Ils peuvent vous suivre, même dans vos courses lointaines, et c'est à vous particulièrement que je m'adresse, intrépides voyageurs, attirés par la nouveauté de lieux inconnus, dévorant déjà par le désir les espaces qui vont s'ouvrir devant vous. Grâce aux prodiges de la science et de l'industrie, le monde est à vous, et vous pouvez dire, sans témérité, comme le sublime orgueilleux de la Fable :

Quousque non ascendam?

Les montagnes abaissées, les vallées comblées, les fleuves franchis; le globe entier assoupli sous un ruban de fer qui sillonne ses flancs, l'Océan dompté, toutes ces merveilles vous sollicitent : la vapeur bouillonne et frémit jusqu'à ce que, docile à la main de l'homme, elle vous enlève sur ses ailes de feu. En quelques heures, vous serez loin de nous : les uns gravissant les sauvages solitudes des Alpes, admirant la silencieuse majesté de leurs forêts de sapins et de leurs glaciers gigantesques; les autres trouvant avec moins de peine, près de nous, dans notre France si belle et si variée, des paysages aussi splendides; ceux-ci cherchant de grands souvenirs et de fortes émotions au berceau même de notre civilisation, dans ce jeune royaume d'Italie où le magique éclat des arts se mêle à la gloire de nos armes, au rayonnement de la liberté qui, je l'espère, achèvera bientôt son œuvre; ceux-là interrogeant d'un œil attentif les mœurs naïves de la vieille Allemagne, qui s'agite aussi pour secouer le linceul usé de la diplomatie et devenir une puissante et libre nation : tous enfin entraînés par la soif de connaître, et se livrant sans contrainte aux honnêtes plaisirs d'une vie de mouvement et de rapide observation. Eh bien! si pleine qu'elle soit, cette vie aura ses loisirs, sur lesquels Horace ou Virgile, cachés dans le havre-sac du voyageur, répandront un charme d'autant plus vif que vous converserez avec eux dans les grands bois d'oliviers de Tibur, au pied d'un château fort suspendu au-dessus du Rhin, ou sur les grèves désertes où la mer vient se briser en mugissant. Partout aussi où le hasard vous conduira, vous remarquerez à quel point les institutions sociales d'un peuple impriment un caractère particulier à la nature au milieu de laquelle il vit. Souvent emporté à travers nos campagnes, autrefois par le galop des chevaux, aujourd'hui par le tourbillon de la vapeur, j'ai reconnu l'empreinte du Code civil à la bigarrure de nos champs, témoignant, par la variété de culture de chaque parcelle, la puissance du principe sur lequel repose notre égalité civile. C'est qu'il est vrai de dire que le droit est partout, même dans le paysage, quand la main de l'homme y a touché. Les sérieuses pensées s'uniront ainsi à vos innocentes joies de voyage. Vous nous reviendrez riches d'impressions nouvelles, dispos au travail, préparés à de puissants et féconds efforts auxquels j'applaudirai avec bonheur. Allez donc et recevez ces adieux que me fournit encore notre poëte aimé :

> Te fratres Helenæ lucida sidera
> Ventorumque regat pater
> Obstrictis aliis præter Iapyga.

Que les destins vous soient propices, qu'ils vous donnent un repos profitable et doux, qu'ils tiennent enchaîné le souffle pernicieux de la douleur et des soucis, mais qu'ils laissent quelquefois, à vos heures de solitude et de recueillement, glisser jusqu'à vos cœurs le souvenir d'un ancien qui vous aime et dont les loisirs vous seront consacrés.

FIN DU TOME PREMIER.

TABLE DES MATIÈRES

DU TOME PREMIER

FIN DE LA TABLE DU TOME PREMIER.

PARIS. TYPOGRAPHIE DE H. PLON ET Cie, RUE GARANCIÈRE, 8.

www.ingramcontent.com/pod-product-compliance
Lightning Source LLC
Chambersburg PA
CBHW060544280326
41932CB00011B/1394

* 9 7 8 2 0 1 2 7 6 2 6 4 0 *